복 있는 사람

오직 여호와의 율법을 즐거워하여 그 율법을 주야로 묵상하는 자로다.
저는 시냇가에 심은 나무가 시절을 좇아 과실을 맺으며 그 잎사귀가 마르지 아니함 같으니
그 행사가 다 형통하리로다.(시편 1:2-3)

1994년, 이 책『조직신학』이 처음 출간되었을 때 조직신학의 새로운 장르를 접하는 것 같은 신선함을 느꼈다. 마치 성경과 조직신학이 절묘하게 어우러져 복음의 빛을 한층 더 선명하게 드러내는 진귀한 작품을 보는 듯했다. 기존의 조직신학 책들은 기독교 진리를 논리적으로 체계화하는 틀 속에 성경의 가르침을 온전히 드러내기보다 오히려 억압한다는 비판을 받았는데, 웨인 그루뎀은 그런 비판을 불식시키듯 성경으로만 풀어 가는 새로운 조직신학을 선보인 것이다. 그는 각 분야의 주제를 다루면서도 수많은 신학자들의 주장을 기계적으로 나열하거나 따분한 논쟁으로 만들지 않았다. 이번에 출간되는 개정증보판은 현대에 새롭게 제기된 문제들뿐 아니라 이전에 논의한 주제들까지 더욱 정교하게 다루고 보완했다. 그루뎀은 개혁주의 신학 전통을 따르면서도 성경 말씀과 다르다고 확신하는 부분에서는 분명하게 이견을 제시한다. 전통적인 신앙관을 가진 이들에게는 낯선 부분도 있겠지만, 열린 자세로 이 책을 읽는다면 큰 유익이 있을 것이다.

이 책의 가장 큰 장점은 다루는 내용의 범위와 깊이를 희생하지 않으면서도 누구나 이해하기 쉽게 전달하는 간결함과 명료함이다. 또한 실천적이고 목회적이기 때문에 교회 현장에서 가르치는 목회자 및 신학생들뿐 아니라, 영적 성숙을 추구하는 신자들에게도 유익하다. 그렇기에 이 책은 전 세계적으로 광범위한 독자층을 확보하며, 신학교 교재로뿐 아니라 성경 공부 교재로도 널리 애용되고 있다. 성경을 사랑하고 더욱 성숙한 믿음에 이르고자 하는 모든 그리스도인이 곁에 두고 참고할 만한 필독서로 이 책을 기쁘게 추천한다.

박영돈 고려신학대학원 교의학 명예교수, 작은목자들교회 담임목사

웨인 그루뎀의『조직신학』초판은 출간된 뒤 25년 동안 영미권의 수많은 복음주의 신학교와 신학생들의 격찬을 받으며 최고의 조직신학 교과서로 자리매김했다. 이번에 출간된 개정증보판은 그루뎀의 고유한 신학적 관점을 견지하면서도 상당 부분 개정이 이루어졌다. 이 책을 적극 추천하는 이유는 다음과 같다.

첫째, 개념 설명이 대부분이거나 성경을 다만 증거 본문으로 삼는 기존의 조직신학 교과서와 결이 상당히 다르다. 그루뎀에게 성경의 가르침과 교리는 불가분의 관계로서, 성경을 단순히 교리를 세우기 위한 증거 본문으로 사용하지 않는다. 따라서 이 책을 읽는 내내 독자들은 조직신학 교과서가 아닌 탁월한 성경 해설을 보는 듯한 착각에 빠질지도 모른다. 둘째, 전문 용어 사용을 최소화하고 친숙하고 다정한 언어로 조직신학을 풀어낸다. 단순히 옛것을 반복하는 대신 전통적 개혁주의 신학을 오늘을 살아가는 그리스도인에게 실질적인 도움이 되도록 재해석하고 적용하는 데 주력한다. 셋째, 큰 틀에서는 전통적 개혁주의 신학을 따르면서도 현대 이슈들에 대한 신학적 대답을 주저 없이 제시한다. 특히 성경의 무오성, 신자의 세례, 오래된 지구론, 남성과 여성의 상호 보완성, 천년왕국 등의 주제에서 저자만의 신학적 관점이 도드라진다. 넷째, 각 장마다 제시된 개인적 적용을 위한 질문은 개인과 교회 모임에 아주 유익할 것이다. 마지막으로, 각 주제마다 서로 다른 신학적 관점들(성공회, 아르미니우스주의, 침례교, 세대주의, 루터파, 개혁주의, 오순절 등)을 일목요연하게 비교할 수 있는 도표는 독자들 자신의 신학적 위치를 확인하게 해줄 것이다.

이 책은 교회를 위한 신학을 추구한다. 교회가 단단한 신학적 기반 위에 서기를 바라는 목회자와 신학생, 교회 직분자에게 필독서가 되기를 바란다. 또한 성경과 교회를 사랑하는 모든 그리스도인이 이 책으로 독서 모임을 만들어 진지하게 토론하면서 하나님과 사람과 세상에 대해 더욱 깊이 알아 가게 되기를 바란다.

류호준 백석대학교 신학대학원 구약학 은퇴교수

웨인 그루뎀은 조직신학을 '교리에 대해 성경이 가르치는 바를 체계적으로 연구하는 학문'이라고 규정한다. 따라서 이 책『조직신학』은 사변적인 철학이 아니라 성경을 기초로 조직신학을 전개해 나간다. 이 책의 특징은 여섯 가지로 설명할 수 있다.

첫째, 이 책은 철두철미하게 교리별로 성경을 해설한다. 성경의 권위, 신론, 인간론, 그리스도론, 구원론, 새 하늘과 새 땅을 다루는 종말론으로 이어지는 건실하고 적실한 교리별 성경 해설은 성경을 통독하는 데도 유익하다. 둘째, 이 책은 기독교 교리를 명료하고 명쾌하게 해설하여, 교리에 대해 혼란과 의심을 불러일으키는

풍조를 극복하도록 도와준다. 저자는 자신이 취한 정통적, 종교개혁적, 복음주의적 관점을 선명하게 밝힘과 동시에 확고한 성경적 근거를 제시한다. 따라서 일부 주장에 동의하지 않더라도 저자의 관점을 이해하며 그와 토론할 수 있다. 셋째, 이 책은 경건을 연습하는 데 매우 유익한 교리 해설서다. 교리가 오늘날 그리스도인의 삶과 얼마나 밀접한 관계에 있으며 어떻게 그것을 적용해야 할지 잘 설명해 준다. 넷째, 이 책은 전도의 필요성과 긴급성을 강조하는데, 책 곳곳에서 그 열정을 느낄 수 있다. 다섯째, 이 책은 현재 교리적 차이로 분열된 교회가 하나님의 은혜와 신자들의 노력으로 일치와 연합이 일어날 것을 기대하며 교회 일치를 추구한다. 교리 공부는 하나님을 아는 지식을 자라게 하고, 이 지식은 교회의 일치를 촉진시킨다는 확신 때문이다. 마지막으로, 이 책은 기독교 교리의 풍성함과 장엄함을 깊이 이해하는 것이 얼마나 중요한지 강조한다. 교리에 대한 이해가 깊어질수록 우리의 신앙 실천은 더욱 진실하고 활발해질 것이다.

이러한 이유로 이 책이 성경을 가르치는 목회자 및 신학생, 교사들에게 애독되기를 기대한다. 교회의 미래를 비관적으로 바라보는 냉담한 신자들에게도 일독을 권한다. 이 책은 우리를 낙담하게 만드는 교회의 현실을 극복하고, 하나님 나라가 지금도 이 땅 가운데 이루어지고 있음을 깨닫게 도와줄 것이다.

김회권 숭실대학교 기독교학과 교수

웨인 그루뎀의 『조직신학』은 몇 가지 주제에 관해 침례교 신학을 수용하는 만큼 성례전, 은사, 언약신학, 성자의 영원한 종속 등에서 바빙크나 벌코프와 같은 개혁주의 신학과 견해 차이를 보인다. 하지만 그루뎀이 다루는 여러 논제들은 개혁주의 신학을 충분히 반영하기 때문에, 그와 다른 견해를 가진 독자들에게도 이 책은 유용하다. 특히 그는 아르미니우스주의 신론과 유신 진화론의 오류를 밝히고 자유주의 신학으로부터 성경을 지키려 한다는 점에서 개혁주의 침례교뿐 아니라 개혁주의 신학을 소중히 여기는 이들에게 유익을 준다.

이 책은 학문적으로 서술된 책이 아니기에 다른 조직신학 책들에 비해 이해하기 쉽다. 또한 각 장 마지막 부분에서 제시하는 참고 문헌도 유익하다. 무엇보다 관련 성경 구절과 찬송가를 소개하며 하나님께 영광을 돌리는 신학의 책임을 다하려고 노력한다. 사실 이것이 이 책의 궁극적인 목적이며 독자는 이 점을 결코 잊지 말아야 할 것이다. 어떤 신학적 견해와 배경을 가지고 있든, 목회자와 성도들은 이 책을 자신의 책장에 꽂아 두기를 바란다.

김병훈 합동신학대학원대학교 조직신학 교수

이 책은 기독교 문해력의 기반이 성경과 삶에 있음을 분명히 보여준다. 그루뎀은 조직신학을 성경 전체를 통해 형성된 가르침을 오늘을 사는 우리의 신앙과 삶에 어떤 의미와 가치를 지니는지 여러 주제에 걸쳐 정리하는 학문이라고 이해한다. 달리 말해 조직신학은 성경에 근거를 두지만, 동시에 오늘의 삶을 기준으로 삼는다. 따라서 조직신학의 주요 관심사는 성경의 다양한 진술과 표현 방식이 모순이 아니라 역설적 지혜이자 삶의 원리임을 밝히고, 이를 우리 삶의 자세와 태도가 되도록 적용하는 것이다.

저자가 중요하게 여기는 가치는 '명료성'이다. 기독교를 명료하게 이해하지 못하면 명료한 적용도 없기 때문이다. 이 책은 기독교 신학에 입문하는 학생이나 평신도가 쉽게 이해할 수 있도록 어려운 용어를 지양하지만, 동시에 다양한 신학적 논점을 소개하는 데도 많은 지면을 할애한다. 그 진술은 명료하고 명쾌하며 깊고 넓다. 이러한 차원에서 이 책은 기독교 문해력의 증진을 위해 탁월한 도움을 준다. 만일 그리스도인으로서 정체성을 잊고 방황할 때가 있다면, 이 책 『조직신학』을 읽기를 바란다. 이 책은 그리스도인으로서 삶의 원리를 이해하도록 도우며 나아가 삶을 변화시키도록 이끌 것이다.

김인수 감리교신학대학교 조직신학 교수

조직신학 책은 자칫하면 모래를 씹는 것처럼 읽히기도 한다. 최악의 경우, 필요한 정보를 찾기 위해 보는 전화번호부처럼 여겨질 수도 있다. 이처럼 조직신학이 따분하고 어려우며 접근할 수 없는 그 어떤 것으로 치부되는 것의 일차적인 책임은 조직신학자들에게 있다. 이런 점에서 웨인 그루뎀의 『조직신학』은 의미가 크다. 우선 이 책은 다른 조직신학 책들과 다르게 모든 기독교 교리를 성경에 근거해 익숙한 언어로 풀어내기 때문에 접근하기가 쉽다. 따라서 신학교뿐 아니라 교회 현장에서 신자들을 양육할 때도 충분히 사용할 만하다. 또한 초판이 출간된 뒤 25년 동안 변화되고 발전된 상황을 담아내려고 노력한 흔적이 역력하다. 여러 면에서 기대되는 이 귀중한 책을 기쁜 마음으로 추천한다.

박찬호 백석대학교 신학대학원 조직신학 교수

수년 전 이 책 『조직신학』을 요약한 『성경 핵심 교리』를 번역하면서 내린 결론은, 그루뎀의 책은 탄탄한 신학적 관점을 가지기 위해 모든 그리스도인이 기본적으로 읽어야 한다는 것이었다. 이제 그 결론은 살짝 바뀌어, 모든 그리스도인은 이 책 『조직신학』 개정증보판을 반드시 읽어야 한다고 강조하고 싶다. 이 책의 가장 큰 장점은 민감한 현대적 논의들, 예를 들면 유신 진화론, 지구의 나이, 바울에 관한 새 관점, 교회 안에서 여성의 역할 등에 관한 주제를 전략적으로 피하지 않고 용기 있게 성경에 입각하여 충실히 반영했다는 점이다. 그루뎀 특유의 쉬운 문체로 모든 주제를 가독성 높게 서술한 것도 이 책의 장점 중 하나다. 현대 사회에서 신학적으로 치열하게 몸부림치며 살아가는 우리 모두가 이 책을 부지런히 읽지 않을 이유는 전혀 없다.

박재은 총신대학교 조직신학 교수

웨인 그루뎀의 『조직신학』은 교과서이지만 이런 유의 다른 책들과 다르게 쉽게 이해된다. 각각의 신학적 주제를 세밀하고 깊이 다루면서도 난해하거나 지루하게 느껴지지 않는다. 방대한 분량 때문에 처음에는 머뭇거릴 수 있지만 일단 읽기 시작한다면 곧바로 책 속으로 빠져들게 된다. 이 책의 가장 큰 특징은 성경과 기독교 교리의 깊은 세계를 제대로 경험할 수 있다는 점이며, 이를 통해 오늘날 삶의 다양한 문제들과 씨름할 수 있다는 점이다. 이 책에는 신학, 성경, 교리, 삶이 함께 촘촘히 엮여 있다. 저자는 자신의 관점을 보수적인 복음주의라고 특정하며 논의를 전개하지만, 그 방식은 진지하고 엄밀하며 더불어 열린 마음과 태도가 돋보인다. 비록 몇몇 주제에서는 저자의 신학적 관점과 방향이 낯설 수 있지만, 저자와 적극적으로 대화하고 토론한다면 독자들에게 큰 유익이 있을 것이다.

백충현 장로회신학대학교 조직신학 교수

고신대학교 신약학 교수로 은퇴한 은사께서 외국으로 떠나며 나에게 신학책 네 권을 보관해 달라고 부탁하셨는데, 그중에 웨인 그루뎀의 『조직신학』이 있었다. 은사께서 이 책을 정독하며 곳곳에 하이라이트와 메모를 남겨 두신 덕분에 나는 이 책을 편하게 읽을 수 있었으며, 당시 집필 중이던 웨스트민스터 신앙고백 해설집에 이를 적절히 활용할 수 있었다. 이번에 출간된 『조직신학』 개정증보판의 장점은 무엇보다 신학자들의 난해한 언어나 개념을 피하고, 성경 주해에 기초해 개혁주의 교리를 간명하게 해설한다는 점이다. 저자는 신학적 완숙미를 발산하며 '명료한 언어'라는 그릇에 '심오한 교리'라는 맛나고 영양가 넘치는 요리를 담아냈다. 기독교 교리에 대해 궁금한 사람이라면 누구나 이 책에서 큰 도움과 유익을 얻을 것이다.

송영목 고신대학교 신약학 교수

웨인 그루뎀은 성경신학자로서 조직신학을 강의하며, 가독성 높은 필력으로 이 책을 집대성해 기독교 교리에 대한 해설을 개진한다. 이 책 『조직신학』은 여러 신학교에서 교재로 사용하기 좋을 뿐 아니라 교회 내 교리 공부를 위해서도 큰 도움을 줄 것이다. 몇몇 그의 견해는 논의 대상이지만, 그는 침례교 신학자로서 역사적 개혁주의 관점에서 대부분의 교리들을 명쾌하게 해설해 주며, 또한 다른 의견들에 대해 반론을 잘 제시해 준다. 『조직신학』 개정증보판이 미려한 번역과 멋진 장정으로 국내에 소개되는 것을 환영하며, 성경적 진리에 관심을 가지는 모든 그리스도인에게 추천하는 바다. "집어서 읽어 보시기를!"(*Tolle lege!*)

이상웅 총신대학교 신학대학원 조직신학 교수

"성경 전체는 오늘날 우리에게 무엇을 가르치는가?" 이는 단지 신학자뿐만 아니라 모든 그리스도인이 성경을 읽으며 지금도 간절히 답을 구하는 질문이다. 그리고 이 질문에 대한 답으로서 '조직신학'은 당연히 신학자들만의 전유물일 수 없다. 이 질문을 두고 웨인 그루뎀은 모두가 쉽게 조직신학을 이해할 수 있을 뿐 아니라 삶에서도 적용이 가능하도록 이 책을 집필했는데, 그것은 두 가지로 입증된다. 하나는 이 책이 그동안 전 세계 100만 명이 넘는 목회자와 신학생, 평신도들에게 읽혔다는 사실이며, 또 하나는 내가 신학대학원에 들어가기 전, 곧 신학을 제대로 배우기 전에도 이 책을 쉽게 읽을 수 있었다는 사실이다! 비록 나는 장로교인으로서 저자의 의견에 동의하지 않는 부분이 있지만, 그는 모든 교단, 교파의 의견을 매우 공정하고 선명하게 설명한다. 따라서 여러분이 어떤 특정 교단에 속해 있다고 고민할 필요는 없다. 이 책은 모든 그리스도인이 쉽게 이해하도록 쓰였고, 신학 입문자나 교사가 배우기에 부족함이 없다. 특히 이번에 출간된 개정증보판은 저자가 가진 모든 신학적 발전을 총망라했기에 아주 유용할 것이다.

이정규 시광교회 담임목사

웨인 그루뎀의 『조직신학』은 전 세계의 복음주의 신학자 및 목회자들은 물론 평신도에게도 가장 많이 읽히는 교과서이다. 성경의 권위와 무오성에 대한 확신은, 이 책에서 논의되는 모든 주제의 신학적 전제로 자리 잡고 있다. 저자는 이번 개정증보판에서 초판 이후 제기된 여러 이슈들에 대해 성경에 기초한 복음주의적 신학의 응답을 제시한다. 또한 기독교 교리가 각 개인과 교회의 삶에서 어떻게 적용될 수 있는지를 초판보다 더욱 실제적으로 논증한다. 전문 용어를 최소화하고 기독교 교리를 성경적으로 쉽게 풀어냈기에 신학 교육을 받지 않은 이들도 이 탁월한 책에 큰 도움을 받을 것이라고 기대한다.

조동선 한국침례신학대학교 조직신학 교수

웨인 그루뎀의 『조직신학』은 현대 복음주의 조직신학 분야에서 손꼽히는 탁월한 작품이다. 무엇보다 이 책은 "오직 성경으로"(sola scriptura)와 "전체 성경으로"(tota scriptura)라는 종교개혁 원리에 충실하다. 또한 기독교 핵심 교리를 신론부터 종말론에 이르기까지 광범위하게 다룬다. 저자의 진술은 간결하고 명쾌하며 설득력 있다. 특별히 저자가 다루는 종말론은 높게 평가할 만하며, 아울러 은사론에 대한 논의도 공정하고 신중하게 제시한다.

정성욱 덴버신학대학원 조직신학 교수

이 책은 기독교 신학이 다루는 모든 주제를 총망라하는 기독교 교리의 백과사전과 같다. 이 책의 가장 큰 특징은 모든 주제를 성경에 근거해 논의한다는 점이다. 조직신학이 성경에 근거해 기독교 교리를 정립하는 것은 당연한 말이지만, 이 책처럼 초지일관 성경적으로 논증을 펼치는 조직신학은 이제까지 본 적이 없다. 이 책은 저자의 의도대로 "성경 교리 입문서"라고 할 수 있다. 기독교 핵심 교리를 성경적으로 연구하고 이해하고 싶은 이들에게 이 책은 믿고 의지할 만한 안내자가 될 것이다.

차준희 한세대학교 구약학 교수

웨인 그루뎀의 『조직신학』은 내가 영국에서 첫 담임 목회를 할 때 목회적 결정의 순간마다, 설교를 위한 본문 해석의 고민이 있을 때마다 유익한 조언과 지혜를 주었다. 이처럼 개인적으로 아끼고 사랑하는 책의 개정증보판이 출간되니 그 기쁨을 이루 다 표현할 수 없다. 웨인 그루뎀은 우리 시대 대표적인 복음주의 신학자이며, 그는 이 책에서 성경에 근거한 신학의 핵심 주제들을 쉽고 명료하게 풀어낸다. 복음주의 신학의 핵심이 일목요연하게 담긴 이 책은 이미 전 세계 유수 신학교들에서 교재로 사용되고 있다. 많은 목회자와 성도들이 내가 그랬던 것처럼 이 책을 통해 큰 유익과 도움을 받기를 기대하며 적극 추천한다.

화종부 남서울교회 담임목사

지난 25년 동안 전 세계적으로 유익하게 사용된 웨인 그루뎀의 『조직신학』 개정증보판은 초판과 마찬가지로 결합하기 쉽지 않은 특징들을 탁월하게 묶어 낸다. 날카로운 통찰력을 담고 있지만 혼란스럽지 않고, 직접적이며 명확하지만 무모하거나 과장하지 않고, 쉽게 읽히지만 피상적이지 않고, 성경에 기초하며 심지어 성경으로 가득 차 있지만 성경 본문을 경솔하거나 경박하게 다루지 않고, 경건하며 독실하지만 무비판적이거나 순진하지 않고, 실용적이지만 유행을 좇거나 감상적이지 않고, 광범위하게 다루지만 사소한 것에 지나치게 집중하지 않고, 교회를 위한 책이지만 편협하거나 분파주의적이지 않다. 이 책은 전 세계에 있는 모든 그리스도인을 위한 선물이며, 이 선물로 인해 나는 하나님께 감사드린다.

존 파이퍼 전 베들레헴 신학대학 총장

웨인 그루뎀의 『조직신학』 개정증보판에는 초판의 모든 덕목이 그대로 담겨 있다. 그는 논의된 교리가 어떻게 성경 본문에 근거하고 있는지를 보여주고 설명한다. 동의하지 않는 부분들이 있더라도 독자들은 그루뎀이 왜 그렇게 주장하는지를 이해할 수 있다. 그가 성경으로부터 자신의 주장을 펼쳐 나가기 때문이다. 명료함과 평이함에 있어서 이 책은 탁월하다. 오랫동안 전문적인 연구에 몰두해 온 학자들은 대다수의 사람들이 이전에 조직신학 책을 한 번도 읽어 본 적이 없음을 잊어버리기 쉽다. 그루뎀의 명쾌하고 단순한 문체는 이 책을 이상적인 교과서로 만들어 준다. 그렇다고 해서 학자들이 이 책에서 유익을 얻을 수 없다는 말은 아니다. 그는 자신의 주장을 논리정연하게 전개하면서도, 책 전체에 걸쳐 목회적인 태도를 탁월하게 유지한다. 각 장 마지막에 실린 찬송가는 신학이 추상적인 가르침에 머물지 않고 우리를 찬양과 예배로 이끌어야 함을 일깨워 준다.

토머스 슈라이너 서던 뱁티스트 신학교 성경신학 및 신약성경 해석학 교수

웨인 그루뎀은 1970년대 초 나와 함께 공부했으며, 우리 두 사람은 서로의 책에 추천사를 썼다. 어쩌면 이것은 이례적인 일이다. 우리가 집필한 책들은 서로 다른 '관점'에서 신학을 바라보았기 때문이다. 독자들에게 더 많이 읽힌 책은 그루뎀의 것이다. 우리는 풍성한 내용을 담고 있는 성경을 다양한 각도로 바라볼 수 있어야 한다. 우리에게는 더 많은 조직신학 책이 필요하다. 하지만 지금 당장은 웨인 그루뎀의 책 『조직신학』이 가장 탁월하다.

존 프레임 리폼드 신학교 조직신학 및 철학 명예교수

웨인 그루뎀의 『조직신학』이 오랜 시간 동안 많은 사람들과 교회와 신학교들에 얼마나 큰 유익을 주었는지 가늠하는 것은 불가능하다. 나는 트리니티 복음주의 신학교와 서던 뱁티스트 신학교에서 수천 명의 학생들에게 신학을 가르치면서 이 책을 교과서로 사용해 왔다. 학생들은 명료하고 포괄적이며 예배하는 마음으로 가득하고 성경에 충실한 이 교과서를 좋아했다. 이제 우리는 그루뎀의 수고로 더 완전해진 개정증보판을 가지게 되었다. 이 책이 그리스도인들에게 앞으로 더 꾸준히 읽힐 수 있는 것에 대해, 또한 하나님의 말씀을 공부하는 새로운 세대의 신학생들을 위해 개정증보된 것에 대해 하나님께 찬양을 드리며 웨인 그루뎀에게 감사한다.

브루스 웨어 서던 뱁티스트 신학교 기독교 신학 교수

웨인 그루뎀의 『조직신학』은 성경론, 신론, 구원론을 포함한 신학의 주요 논제에 관해 광범위한 개혁주의 전통을 그대로 따른다. 이 책의 가장 큰 장점은 이해하기 쉽다는 점이다. 그루뎀은 신학의 핵심 논점을 희석하지 않는다. 전문 용어를 최소화하고 찬송가와 질문, 적용점 등을 포함시켜 모든 그리스도인이 조직신학을 이해하면서 풍성한 삶을 누릴 수 있게 돕는다. 그는 이 개정증보판에서 새로운 자료를 추가하고 몇몇 어려운 주제에 대한 자신의 견해를 수정함으로써 중요한 개선을 이루었다.

번 포이트레스 웨스트민스터 신학교 조직신학 석좌교수

나는 『조직신학』의 초판이 출간되고 25년 동안 얼마나 큰 도움을 받았는지 가늠할 수조차 없다. 여러 가지 이유로 나는 이 책을 참고했고, 그때마다 믿을 수 있는 안내자가 되어 주었다. 이 책을 통해 나는 처음으로 기독교 교리를 탐구하기 시작했고 보다 깊게 연구할 수 있었다. 이 책은 내게 가장 의미 있는 책이다. 오랫동안 기다렸던 개정증보판을 통해 나와 나의 세대를 인도했던 이 책 『조직신학』은 다음 세대에도 동일한 영향을 줄 것이다.

팀 챌리스 토론토 그레이스 펠로우십 교회 협동목사

나는 사람들에게 그루뎀의 『조직신학』이 모든 신학적 주제를 한 번에 살펴볼 수 있는 '신학책의 결정판'이라고 말했다. 25년 동안 이 책을 사용해 본 결과, 나는 이 책이 지금까지 나온 모든 조직신학 책 중에서 최고라고 믿는다. 이 책은 학자에게 도전이 되는 동시에 새신자에게도 가르침을 줄 수 있는 드문 책이다. 이 개정증보판은 1994년 이후 신학계에서 일어난 가장 중요한 변화를 다루고 있으며, 완전히 개정증보한 참고 문헌을 싣고 있다. 이 책 『조직신학』은 학자든 새신자든, 그리스도인이라면 반드시 가지고 있어야 할 책이다.

잭 디어 전 달라스 신학교 구약학 교수

우리 세대는 존 파이퍼, 스프롤, 존 맥아더, 복음 연합(Gospel Coalition), 서던 뱁티스트 신학교 등에 의해 자극받은 개혁주의 신학과 실천의 재부흥을 목격하고 있다. 이 부흥의 핵심에는 100만 명 이상의 학생, 목회자, 기독교 지도자, 평신도가 읽은 교과서가 자리 잡고 있다. 웨인 그루뎀의 『조직신학』은 수십 개의 교리를 정의하고 설명하며, 그것을 성경과 연결시키고, 이를 뒷받침하는 핵심 본문에 대한 해석을 제공하며, 교리에 대한 개혁신학적 해석을 옹호하고, 구체적인 적용을 제시함으로써 오늘날 개혁주의 재부흥의 필수적인 토대를 제공해 왔다. 의심할 나위 없이 개정증보판은 이 재각성에 계속해서 활력을 불어넣을 것이다.

그렉 앨리슨 서던 뱁티스트 신학교 기독교 신학 교수

이미 '고전'이 된 책을 '더 좋은 책'으로 만들 수 있을까? 사람들은 불가능하다고 말한다. 하지만 나는 그렇게 생각하지 않는다. 『조직신학』의 개정증보판을 통해 웨인 그루뎀은 고전이 된 자신의 책을 그리스도인과 지역 교회를 위해 더 자세하고 통찰력이 가득한 자료로 사용될 수 있게 만들었다. 기독교 교리와 실천에 관한 훌륭하고 종합적인 한 권의 책을 추천해 달라는 부탁을 받으면 나는 결코 망설이지 않는다. 나는 정확하고 분명하게 권한다. "웨인 그루뎀의 이 책을 사라!"

샘 스톰스 오클라호마 시티 브리지웨이 교회 원로목사

여러분의 지성과 영성 모두에 도움이 될 만한 신학 교과서를 찾고 있다면 기뻐하라. 웨인 그루뎀이 정확히 여러분이 원하는 책을 썼고, 그것도 매우 탁월하게 서술했다.

제임스 패커 전 캐나다 리젠트 칼리지 명예교수

신학교에서 20년 넘게 교수로 재직하면서 나는 모든 수업을 웨인 그루뎀과 함께 가르치는 것처럼 느꼈다. 학생들은 기독교 신앙의 기초 교리를 세 학기 동안 필수 과목으로 배운다. 그루뎀의 『조직신학』은 나의 수업과 다른 여러 신학 과목을 위한 핵심적 내용을 제공해 준다. 그루뎀은 교회를 튼튼하게 하기 위해 이 책을 썼다. 명료함과 가독성은 물론 신학을 실제 삶에 적용하고자 성경에 기초한 접근 방식에 있어서 이 책은 탁월하다. 『조직신학』은 그루뎀의 목표—독자를 성경에 나타난 하나님에 대한 지식을 더 크고 깊게 하고, 그들로 하여금 예배로 이끄는 것—를 일관되게 성취한다.

에릭 소너스 바이올라 대학교, 탈봇 신학교 성경신학 및 조직신학 교수

웨인 그루뎀의 『조직신학』은 체계적이며 이해하기 쉽고 설득력 있으며 경건하다. 그루뎀은 지식을 전달하는 데 그치지 않으며, 독자의 감정을 움직여 삼위일체 하나님을 사랑하고 예배하게 한다. 그루뎀은 요즘 유행하듯이 비복음주의 신학자들과 핑퐁 게임을 하는 최첨단 현대신학 책을 쓰려고 하지 않는다. 성경 해석가와 신학자들이 무엇을 믿었는지를 남김없이 설명하는 역사신학 책을 쓰려고 하지도 않는다. 오히려 그는 신학 전문가가 아닌 그리스도인들이 하나님과 하나님의 말씀, 인간, 그리스도, 성령, 천사와 귀신, 구원, 교회, 종말에 관해 성경 전체가 무엇을 말하는지를 더 잘 이해할 수 있도록 도움으로써 교회를 섬기고자 한다.

앤디 나셀리 베들레헴 신학대학 조직신학 부교수

이 책을 통해 복음주의 기독교를 참신하게 제시한 웨인 그루뎀에게 우리 모두는 빚지고 있다. 이 책은 기초적인 복음주의 신학을 명료하게 진술하면서 다른 주요한 신학적 관점을 풍부하게 참조하고 있기 때문에 특정 부분에서 그루뎀의 견해와 다르게 생각하는 사람들에게도 유익하다. 그가 교리를 개인의 삶과 목회, 교회에 적용하는 데 언제나 초점을 맞춘다는 점은 특별히 귀하다. 그루뎀에게 지적인 이해는 마음의 경험과 분리될 수 없다.

앨런 카피지 전 애즈베리 신학교 기독교 신학 교수

『조직신학』 개정증보판의 출간을 열렬히 환영한다. 이런 책은 어디에도 없다. 이 책은 모든 신자가 읽고 이해할 수 있는 성경 교리 입문서다. 이 책을 읽을 때 우리는 학식이 풍부해질 뿐만 아니라 믿음이 세워지고 하나님을 예배하게 된다. 그리고 기독교 전통 안의 다른 자료를 소개하고 있어 특정 부분에서 그루뎀의 관점에 동의하지 않거나 더 깊이 연구하고 싶을 때 활용할 수 있다. 널리 사용된 초판만큼 이 개정증보판도 많은 유익을 줄 것이라고 확신한다.

빌 제임스 런던 대학 총장

웨인 그루뎀의 『조직신학』은 우리 믿음의 중요한 질문, 곧 우리 모두가 필연적으로 묻는 질문에 대해 깊이 생각하는 모든 그리스도인에게 도움을 줄 수 있다. 이 책에서 제시하는 답은 성경적이고 통찰이 넘치며 명료하다. 오랫동안 수없이 이 책을 참고할 때마다 나는 언제나 도움을 받고 풍성해졌다.

레이 오틀런드 내슈빌 임마누엘 교회 담임목사

내가 가장 좋아하는 조직신학자, 또한 내가 가장 좋아하는 책 『조직신학』이 이전보다 더 좋아졌다. 이 책은 단순하지만 지나치게 단순하지 않고, 꼼꼼하지만 지루하지 않으며, 관점이 분명하지만 논쟁이 될 수 있는 문제에 대해 교조적이지 않다. 이 책은 가장 까다로운 신학적 질문에 대해 충분한 설명을 제시한다. 무엇보다도 웨인 그루뎀의 글쓰기는 따뜻하고 경건하며 그리스도를 높인다. 다른 조직신학 책들을 소장할 타당한 이유가 있지만, 이 책을 소장하지 않을 타당한 이유는 없다!

C. J. 머헤이니 루이빌 사버린 그레이스 교회 담임목사

지난 25년 동안 신학의 특수한 질문과 관련된 좋은 자료에 대한 질문을 받으면 나는 케임브리지 대학교에서 만난 학생들(그리고 다른 많은 사람들)에게 수십 번 이렇게 말했다. "웨인 그루뎀의 『조직신학』에서 그 주제를 다룬 장으로부터 시작하는 것이 최선이라고 생각한다." 나 역시 이 책을 자주 참고했다. 1994년에 출간된 이 책은 수십 년 만에 나온 가장 유익하고 새로운 조직신학 책이었다. 그 이후로 다른 어떤 책보다 이 책은 신학적 문해력을 향상시키는 데 많은 기여를 해왔다. 이 개정증보판은 더 탁월하고 유용한 책이 될 것이다. 성경과 그리스도의 복음에 대한 그루뎀의 헌신적인 마음은 여전해 보인다. 배움은 더 깊어지고 더 진지해졌다. 내가 동

의하지 않는 무언가를 발견하면 나는 언제나 웨인 그루뎀의 주장을 읽음으로써 도움을 받는다. 그의 자세는 공정하며 사랑이 넘치고 송영적이다. 매우 특별한 점은 예배의 태도다. 이 책은 호흡하듯이 그리스도를 내쉰다. 내가 직접 만난 그루뎀은 늘 미소를 짓고 기도하는 사람이다. 이 개정증보판도 (다른 모든 특징에 더해) 그런 향기를 간직하고 있다.

줄리언 하디먼 영국 케임브리지 에덴 침례교회 담임목사

나는 이 책만큼 많은 신자들에게 큰 영향을 미친 조직신학 책을 알지 못한다. 나 개인적으로도 이 책으로부터 유익을 얻었고 이 책을 널리 추천하기도 했다. 이해하기 쉬우면서도 철저한 이 책은 독자가 성경을 진지하게 연구하도록 이끌어 준다. 새로운 자료가 추가된 개정증보판을 추천하게 되어 기쁘다.

테리 버고 뉴 프런티어 설립자

내가 기억하는 것보다 더 오랜 시간 동안 '그루뎀'(나와 내 친구 대부분이 이 책을 그렇게 부른다)은 내가 곡을 쓸 때마다 참고하는 책이 되었다. 명료하고 균형 잡힌 방식으로 심오한 통찰을 통해 기독교 신앙의 핵심 주제를 다루기 때문이다. 그리고 나는 이번 개정증보판에 형벌 대속 이론과 창조 논쟁을 비롯해 지금 가장 뜨거운 주제에 대한 필요한 논의가 포함되었다는 사실을 기쁘게 생각한다. 이 책은 목회자와 교사뿐만 아니라 작사를 진지하게 생각하는 예배 음악가도 반드시 읽어야 한다. 이 책을 적극 추천한다.

스튜어트 타우넨드 "예수 안에 소망 있네" 찬송가 작가

1994년 『조직신학』 초판이 출간된 이후 성경 교리에 대한 웨인 그루뎀의 이 입문서는 전 세계적으로 한 세대의 학생, 교인, 교사, 목회자가 철저하게 성경적인 조직신학을 공부할 수 있게 해주었다. 이번 개정증보판은 같은 방식으로 새로운 세대를 도와줄 것이다. 이 책의 큰 강점은 성경에 기초한 접근 방식과 아울러 방법론에 있어서 성경의 무오성, 충분성, 명료성에 대한 깊은 확신을 반영하고 있다는 것이다. 그루뎀은 이해하기 쉽고 체계적이며 확고한 결론을 끌어내기를 두려워하지 않으면서도 복음주의자들 사이에 존재하는 이견을 존중하는 온화한 태도를 견지한다. 이번 개정증보판에서 그루뎀은 하나님의 수난 불가능성, 성자의 영원한 나심, 삼위일체 안에서 성부와 성자의 존재론적 동등성에 대한 자신의 확신을 명확히 설명한다. 바울에 관한 새 관점, 로마 가톨릭, 몰몬교에 대한 유익하고 간결한 비판도 추가했다. 또한 개인적 적용을 위한 질문, 전통적인 찬송가, 현대 찬양곡을 포함시킴으로써 이 책에서 설명하는 진리가 결코 추상적이거나 지적인 것에 머물지 않게 하며, 신학이 현대 교회의 삶과 사역에 대해 갖는 함의를 강조한다. 이번 개정증보판을 통해 이 책은 성경 교리를 소개하는 가장 탁월한 신학 입문서의 자리를 유지할 것이다.

존 스티븐스 독립복음주의교회연합회 의장

나는 수많은 이유 때문에 웨인 그루뎀의 『조직신학』에 대해 하나님께 감사드린다. 가장 중요한 세 가지 이유만 소개하고자 한다. 첫째, 이 책은 신학을 모든 그리스도인이 쉽고 분명하게 이해할 수 있게 만드는 수단이다. 나는 이 책을 많은 사람들에게 추천해 왔고, 우리 자녀들이 집을 떠나기 전에 이 책을 '필수 기독교 서적'의 일부로 반드시 갖추게 했다. 둘째, 웨인 그루뎀은 우리가 신학을 삶과 기도와 노래로 실천해야 한다는 올바른 확신을 가지고 있다. 하나님과 그분의 말씀을 공부할 때 우리는 거룩한 경외를 느끼고 기쁘게 예배하며 기꺼이 순종할 수밖에 없다. 셋째, 이 책의 저자는 신자들이 수많은 신학적 주제에 관해 의견을 달리할 수 있다고 인정한다. 그리하여 그는 각 장마다 대안적인 저작들의 포괄적인 목록을 제시한다. 새로운 세대를 위해 이번 개정증보판이 출간된 것을 기쁘게 생각한다.

섀런 제임스 영국 기독교 연구소(CI) 연구원

조직신학 1

SYSTEMATIC THEOLOGY · Wayne Grudem

조직신학 1

웨인 그루뎀

성경 교리 입문서

박세혁 옮김

복 있는 사람

조직신학 1

2024년 7월 22일 초판 1쇄 발행
2024년 8월 12일 초판 2쇄 발행

지은이 웨인 그루뎀
옮긴이 박세혁
펴낸이 박종현

(주) 복 있는 사람
주소 서울특별시 마포구 연남동 246-21(성미산로23길 26-6)
전화 02-723-7183, 7734(영업·마케팅) 팩스 02-723-7184
이메일 hismessage@naver.com
등록 1998년 1월 19일 제1-2280호

ISBN 979-11-7083-141-9 04230
(세트) 979-11-7083-140-2 04230

Systematic Theology Second Edition
An Introduction to Biblical Doctrine
by Wayne Grudem

하나님이 주권적으로 내 삶에 보내 주신
여덟 명의 사람들에게 이 책을 바친다.

성경을 사랑하고 하나님을 신뢰하며
명료하게 말하고 쓰도록 가르쳐 주신
나의 부모님 아든과 진 그루뎀

—

내가 열세 살이었을 때 기독교 교리 수업을 통해
내 안에 조직신학에 대한 사랑을 일깨워 주고
성경의 모든 말씀을 믿도록 본보기를 보여주신
나의 침례교 목사님 케네스 햄

—

신학에 대한 나의 이해에
그 누구보다도 많은 영향을 미쳤으며
나에게 성경의 모든 말씀에 대해
겸손히 순종하는 개혁주의 신학을 가르쳐 준
웨스트민스터 신학교의 교수이자 친구인
에드먼드 클라우니, 존 프레임, 번 포이트레스

—

나에게 성령의 능력과 사역에 관해
그 누구보다도 많은 가르침을 준
목사이자 친구인 해럴드 브리드슨과 존 윔버.

3부 • 하나님의 형상으로 창조된 인간에 관한 교리

4부 • 그리스도와 성령에 관한 교리

[2권]

약어

BAGD *A Greek-English Lexicon of the New Testament and Other Early Christian Literature*. Edited by Walter Bauer. Revised and translated by Wm. Arndt, F. W. Gingrich, and F. Danker. Chicago: University of Chicago Press, 1979.

BDAG *A Greek-English Lexicon of the New Testament and Other Early Christian Literature*, 3rd ed. Edited by Walter Bauer. Revised and translated by Frederick W. Danker, Wm. Arndt, and F. W. Gingrich. Chicago: University of Chicago Press, 2000.

BDB *A Hebrew and English Lexicon of the Old Testament*. By F. Brown, S. R. Driver, and C. Briggs. 1907. Reprint, Oxford: Clarendon, 1968.

BTDB *Baker's Evangelical Dictionary of Biblical Theology*. Edited by Walter A. Elwell. Grand Rapids: Baker, 1996.

BETS *Bulletin of the Evangelical Theological Society*

BibSac *Bibliotheca Sacra*

CRSQ *Creation Research Society Quarterly*

CT *Christianity Today*

CThRev *Criswell Theological Review*

DPCM *Dictionary of Pentecostal and Charismatic Movements*. Edited by Stanley M. Burgess and Gary B. McGee. Grand Rapids: Zondervan, 1988.

EBC *Expositor's Bible Commentary*. Edited by Frank E. Gaebelein. Grand Rapids: Zondervan, 1976.

EDT1 *Evangelical Dictionary of Theology*. Edited by Walter Elwell. Grand Rapids: Baker, 1984.

EDT3 *Evangelical Dictionary of Theology*. Edited by Daniel J. Treier and Walter A. Elwell. Grand Rapids: Baker, 2017.

IBD *The Illustrated Bible Dictionary*. Edited by J. D. Douglas et al. 3 vols. Leicester: Inter-Varsity Press; Wheaton, IL: Tyndale, 1980.

ISBE *International Standard Bible Encyclopedia*. Rev. ed. Edited by G. W. Bromiley. Grand Rapids: Eerdmans, 1982.

JAMA *Journal of the American Medical Association*

JBL *Journal of Biblical Literature*

JETS *Journal of the Evangelical Theological Society*

JSOT *Journal for the Study of the Old Testament*

LSJ *A Greek-English Lexicon*. 9th ed. Edited by Henry Liddell, Robert Scott, H. S. Jones, R. McKenzie. Oxford: Clarendon Press, 1940.

n.d. 출판일자 미표기

n.p.	출판장소 미표기
NDT1	*New Dictionary of Theology*. Edited by S. B. Ferguson, D. F. Wright, and J. I. Packer. Leicester: Inter-Varsity Press; Downers Grove, IL: InterVarsity Press, 1988.
NDT2	*New Dictionary of Theology*. Edited by M. Davie, T. Grass, S. R. Holmes, J. McDowell, and T. A. Noble. London: Inter-Varsity Press; Downers Grove, IL: InterVarsity Press, 2016.
NIDCC	*New International Dictionary of the Christian Church*. Edited by J. D. Douglas et al. Grand Rapids: Zondervan, 1974.
NIDNTT	*The New International Dictionary of New Testament Theology*. 3 vols. Edited by Colin Brown. Grand Rapids: Zondervan, 1975-1978.
NIGTC	New International Greek Testament Commentaries
NTS	*New Testament Studies*
ODCC	*Oxford Dictionary of the Christian Church*. Edited by F. L. Cross. London and New York: Oxford University Press, 1977.
TB	*Tyndale Bulletin*
TDNT	*Theological Dictionary of the New Testament*. 10 vols. Edited by G. Kittel and G. Friedrich. Translated by G. W. Bromiley. Grand Rapids: Eerdmans, 1964-1976.
TNTC	Tyndale New Testament Commentaries
TOTC	Tyndale Old Testament Commentaries
TrinJ	*Trinity Journal*
WBC	Word Biblical Commentary
WTJ	*Westminster Theological Journal*

일러두기

1. 이 책은 저자가 초판이 출간(1994년)된 지 25여 년이 지난 2020년에, 현시대를 살아가는 목회자와 신학생뿐만 아니라, 여전히 성경을 진리로 믿고 하나님에 관한 지식을 알고자 힘쓰는 모든 그리스도인을 위해 새롭게 개정 증보하여 내놓은 것이다.
2. 이 책의 성경 인용은 『성경전서 개역개정판』 제4판(대한성서공회, 2005)을 따랐다. 필요에 따라 저자가 참고한 성경(ESV, NIV 등)이나 사역(私譯)은 별도 표시했다.
3. 인명과 지명 등은 국립국어원의 외래어 표기 원칙을 따랐다. 부분적으로는 현지 발음에 기초한 출판사 내부 기준을 따랐다.
4. 이 책에서 사용된 신학 용어는 복음주의 신학에서 통용되는 번역을 따랐으며, 부록에 포함된 신조 및 신앙고백은 각 교파의 공인된 번역을 따랐다. 공인된 번역이 없는 경우에는 각 교파의 여러 판본을 교차 참조했으며 번역자와 편집자의 의견을 반영했다.
5. 각 장 끝에는 개인적 적용을 위한 질문, 신학 전문 용어, 교파별 참고 문헌, 성경 암송 구절, 찬송가, 현대 찬양곡이 실려 있다. 수록된 찬송가, 현대 찬양곡은 한국 교회에서 통용되는 가사와 원래 가사를 번역해 병기했으며, 원가사의 번역은 ◈ 표시를 했다.
6. 각 장은 독립된 단위로 읽히도록 서술되었으며, 연관된 다른 주제가 있을 때는 교차 참조할 수 있도록 관련 자료를 표기해 두었다. 어떤 주제를 읽더라도 논증은 동일하며, 그 주제를 뒷받침하는 근거, 결론, 성경 본문도 동일하다.

한국의 독자들에게

『조직신학』*Systematic Theology* Second Edition: *An Introduction to Biblical Doctrine* 개정증보판을 한국의 독자들에게 소개하게 되어 기쁘게 생각합니다. 오늘날 한국은 경제 분야뿐 아니라 영적인 영역에서 놀라운 성장을 이루었습니다. 지금도 수많은 이들이 회심하고 교회와 사회를 위해 헌신하며 전 세계 곳곳에 선교사를 파송하는 사역을 감당하고 있다는 것을 잘 압니다. 하나님께 감사와 찬양을 올려드립니다.

내가 한국의 독자들을 위해 특별히 기도하는 점은, 이 책을 통해 하나님께서 그분의 영광을 위해 행하신 일들을, 또한 앞으로도 계속해서 행하실 일들을 더 깊이 이해하게 되기를 바라는 것입니다. 이 책이 한국 교회와 신학을 더욱 견고히 세우며 각자가 하나님께로 더 가까이 다가가는 도구로, 하나님을 바로 알고 사랑하며 예배할 수 있게 되는 도구로 사용되기를 소망합니다. 여러분이 신앙 여정에서 이 책을 통해 힘과 용기와 소망을 얻는다면 나에게 그보다 더 큰 영예는 없습니다.

2024년 6월

웨인 그루뎀

개정증보판 서문

먼저 이 책의 초판을 널리 읽히게 하신 하나님께 감사드린다. 많은 독자들은 내게 이 책 덕분에 믿음이 깊어지고 영적으로 건강해지며 성경의 가르침을 올바로 이해할 수 있게 되었다고 전해 주었다.

이번 개정증보판에는 다음과 같은 내용들이 추가되었다.

1. 참고 문헌을 개정증보함
2. 모든 성경 인용문을 RSV에서 ESV로 교체함
3. 기독교와 자유주의 신학,4장 기독교와 몰몬교,14장 개신교와 로마 가톨릭45장의 차이를 다루며, 특히 『가톨릭 교회 교리서』를 자세히 분석함45장
4. 성경의 무오성과 관련된 까다로운 난제 본문들을 추가적으로 논의함5장
5. 성경의 명료성에 관한 논의를 개정증보함6장
6. 하나님의 무시간적 영원성,11장 삼위일체 안에서 성부와 성자의 관계,14장 구도자 친화적 교회,44장 교회 안에서 여성의 역할,47장 현대 예배 음악,51장 성령의 기적적 은사52, 53장에 관한 논의를 개정증보함
7. 열린 신학에 대해 더 자세히 비판함12장
8. 지적 설계와 지구의 나이에 관한 최근의 증거를 포함하고 유신 진화론에 대해 더 자세히 비판하며 창조론과 진화론에 관한 논의를 개정증보함15장
9. 중간 지식몰리나주의에 관한 논의를 개정증보함
10. 형벌 대속 이론대리적 속죄 이론에 대한 최근의 비판에 반론함27장
11. '값없는 은혜' 신학에 관해 자세히 논의함35장
12. '바울에 관한 새 관점'과 이 관점의 칭의론을 비판함36장
13. 그리스도께서 주후 70년에 이미 오셨다는 과거주의 관점을 비판함54장
14. 각 장 마지막에 찬송가와 현대 찬양곡을 추가함

15. 1993년 이후에 출간된 새로운 번역서와 조직신학 교과서의 주제 색인을 추가함
16. 전 세계 독자들이 보내 준 이메일을 통해, 또한 지난 25년 동안 신학교에서 조직신학을 가르치면서 만난 학생들과의 소통을 통해 얻은 깨달음이 반영된 다수의 수정 사항

위 내용들이 추가되어 초판보다 분량이 약 16퍼센트 늘어났다.

독자들은 이번 개정증보판에서 "어떤 주제에 관해 생각이 변화되었는가?"라고 묻는다.

생각의 변화는 크게 없지만, 몇 가지 수정한 부분이 있다. (1) 이 책에서는 '고통을 당할 수 없다'는 의미에서 하나님의 수난 불가능성 교리를 분명히 받아들인다. 초판에서는 이 의미를 고찰하지 못했다.[11장] (2) 헬라어 단어 '모노게네스'에 관한 새로운 증거 때문에 이 단어는 '유일한'이 아니라 '독생하신'으로 번역해야 한다고 생각한다.[요 3:16] 또한 성부께서 성자를 영원히 낳으셨다는 교리를 지지한다.[14장] (3) 오래된 지구론과 젊은 지구론을 지지하는 과학적 증거가 많아졌다. 따라서 기독교 지도자들이 어떤 관점을 지지하든 문제가 없지만, 나는 오래된 지구론을 지지하게 되었다.[15장]

1994년에 이 책의 초판이 나온 뒤, 많은 복음주의자들이 조직신학 저서를 출간했다. 그 책들은 성공회, 침례교, 세대주의, 은사주의/오순절, 특히 개혁주의 등의 다양한 전통을 반영하며, 복음주의 내에서 조직신학 연구가 왕성하게 이루어지고 있음을 보여준다. 나는 그 자료들이 유용하게 쓰이기를 바란다. 따라서 관련 정보를 각 장 끝에 제시해 두어 각 장에서 논한 주제를 저자별, 관점별로 공부할 수 있도록 했다.

내가 신학교에서 가르친 학생들, 또한 스코츠데일 성경 교회에서 진행한 기독교 교리 강좌에 참여한 이들을 비롯해 많은 사람들이 이번 개정증보판을 준비하는 데 도움을 주었다. 또한 브라이언 아놀드, 대릴 델하우지, 존 델하우지, 피터 거리, 맬컴 하트널, 빙 헌터, 조나단 로건, 존 미드, 저스틴 스미스, 스티브 트레이시를 비롯해 피닉스 신학교의 동료 교수들은 각자의 전문 분야에 관해 내가 조언을 구할 때마다 도움을 주었다. 피닉스 신학교의 수서 담당 사서인 미치 밀러는 각 장 끝에 수록된 참고 문헌에 새

롭게 추가한 자료들을 수집해 주었다. 이반 곤잘레스는 초판과 달라진 부분을 표시한 전체 원고를 인쇄해 주었다.

스코츠데일 일루미네이트 커뮤니티 교회의 예배 인도자인 크리스 헤링튼은 각 장의 주제에 맞는 현대 찬양곡의 전체 목록을 만들어 주었다. 케이시 샌드버그는 참고 문헌에 추가할 많은 자료들을 보내 주었다. 트렌트 폴링은 원고의 마무리 단계에서 여러 문제들을 함께 다루었다.

휴 로스, 켄 월그머스, 귄터 베흘리, 존 위스터는 지구의 나이에 대한 연구에 도움을 주었다. 앤 고저는 인간 기원에 대한 진화론적 관점을 이해할 수 있도록 도와주었다. 이 책을 독일어로 번역한 티투스 보흐트는 편집할 때 수정할 내용을 제안해 주었다. 나의 오랜 친구인 그렉 앨리슨, 레이 오틀런드, 존 파이퍼, 번 포이트레스, 톰 슈라이너, 샘 스톰스, 에릭 소너스, 브루스 웨어는 지난 25년 동안 여러 신학적 주제들을 두고 함께 유익한 대화를 나누었다.

존더반 출판사의 스탠 건드리와 SPCK의 샘 리처드슨, 영국 IVP의 브라이언 윌슨은 이번 개정증보판의 범위와 내용에 관해 나와 소중한 대화를 나누었다. 편집자인 매디슨 트래믈과 필립 듀스, 맷 에스틀은 많은 점에서 나에게 탁월한 조언을 해주었다. 또한 제시 힐먼은 표지 디자인 작업과 함께 이 책의 홍보에 관해 조언을 해주었다.

피닉스 신학교의 조교들에게도 고마운 마음을 전한다. 조시 머코이와 제이슨 밀러는 성경 인용문을 RSV에서 ESV로 바꾸는 작업을 담당했다. 밀러는 컴퓨터에 문제가 생길 때마다 도움을 주었다. 필 호시와라, 에릭 월전, 라이언 카펜터, 제시 버스터맨트, 브렛 그레이는 교정과 각주 확인, 각 장의 참고 문헌, 원고 준비를 위한 기타 세부 작업에 중요한 도움을 주었다. 브렛 그레이는 현대 찬양곡 가사를 각 장 끝에 배치하는 데 도움을 주었다. 가사를 제공해 준 CMG(Capitol Music Group)를 비롯한 여러 저작권사에 감사를 드린다.

내가 개정증보판을 준비하는 동안 '기도 동역자'라고 부르는 친구들, 또한 9년간 성경 공부를 함께한 친구들을 비롯해 많은 사람들이 이를 위해 기도해 주었다. 나를 위해 기도해 준 모든 분께 감사를 드린다.

마지막으로, 나의 아내 마거릿에게 감사한다. 우리는 올해 6월 결혼

50주년을 맞이했다. 지난 긴 시간 동안 마거릿은 늘 나를 위해 기도하고 격려를 아끼지 않았다. 내가 글을 쓰느라 서재에 머물 때면, 마거릿은 식사를 서재로 가져다주기도 하고 내가 웃음과 여유를 잃지 않게 해주었다.

2015년 12월, 파킨슨병 진단을 받은 뒤 나는 이렇게 글을 썼다.

파킨슨병은 사람의 수명을 크게 단축시키지 않는다고 하지만, 상황이 어떻든 나는 주께서 원하시는 만큼 행복하게 살 것이고, 그분이 능력을 주시는 만큼 계속해서 글을 쓸 것이다. "나를 위하여 정한 날이 하루도 되기 전에 주의 책에 다 기록이 되었나이다."시 139:16 하지만 하나님이 허락해 주신다면 지금 진행하고 있는 글쓰기 계획을 마무리하고 싶다.

1. 1년이 필요할 것으로 예상되는 기독교 윤리학 교과서(2017년 1월까지)
2. 2017년부터 2019년까지 작업해야 할 『조직신학』의 개정증보판[1]

이 글을 쓴 뒤 하나님이 내게 은혜를 베푸셔서, 병의 증상은 크게 나타나지 않았다. 주치의는 병세가 천천히 진행되고 있다고 말한다. 내가 처음 계획한 기독교 윤리학 교과서는 2018년에 마무리했고, 두 번째 계획도 마무리할 수 있었다. 또한 나는 계속해서 피닉스 신학교에서 가르치고자 하며, 1988년에 출간한 『베드로전서』를 개정할 예정이다. 하지만 나를 향한 하나님의 계획이 무엇인지는 알 수 없다. 71세의 나에게 건강을 허락해 주신 것만으로도 감사할 뿐이다.

이 책의 초판을 널리 읽히게 하신 하나님께 다시 한번 감사드린다. 이 책은 지금까지 19개 언어로 번역되었고 앞으로 더 많이 번역될 예정이다.[2]

1 Wayne Grudem, "I Have Parkinson's and I Am at Peace," Desiring God, December 22, 2015, https://www.desiringgod.org/articles/i-have-parkinsons-and-i-am-at-peace.

2 알바니아어, 암하라어, 아랍어, 버마어, 중국어(번체), 중국어(간체), 프랑스어, 독일어, 이탈리아어, 징포어-카친어, 한국어, 네팔어, 포르투갈어, 루마니아어, 러시아어, 싱할라어, 에스파냐어, 타지크어, 타밀어. 이외에도 출간 정보는 나의 웹사이트인 www.waynegrudem.com에 게재해 두었다.

또한 제프 퍼스웰이 이 책의 내용을 축약한 『성경 핵심 교리』[3]와 나의 아들 엘리엇이 159쪽으로 축약한 『꼭 알아야 할 기독교 핵심 진리 20』이 출간되었으며,[4] 에릭 소너스가 작업한 6쪽 분량의 스터디 가이드도 출간되었다.[5] 하나님이 복을 주셔서 이 책들도 많은 사람들에게 유익을 주었다.

또한 이 책의 내용을 보충하는 두 권의 책이 있다. 하나는 각 장에서 다루는 교리들을 역사적으로 개관하는 그렉 앨리슨의 책이다.[6] 또 하나는 각 장에서 다루는 교리를 공부할 때 참고할 수 있는 질문과 실천적 요소들이 포함된 에릭 소너스와 브리애나 스미스의 워크북이다.[7]

나는 주께서 이 개정증보판을 통해 독자들의 믿음을 건강하게 하시고 그분과 깊은 인격적 관계를 맺게 하시기를 소망하며 기도한다.

여호와여, 영광을 우리에게 돌리지 마옵소서. 우리에게 돌리지 마옵소서.……주의 이름에만 영광을 돌리소서. 시 115:1

웨인 그루뎀
피닉스 신학교

3 Wayne Grudem, *Bible Doctrine*, ed. Jeff Purswell (Grand Rapids: Zondervan; Leicester: Inter-Varsity Press, 1999). (『성경 핵심 교리』 솔로몬)

4 Wayne Grudem, *Christian Beliefs*, ed. Elliot Grudem (Grand Rapids: Zondervan; Nottingham: Inter-Varsity Press, 2005). (『꼭 알아야 할 기독교 핵심 진리 20』 부흥과개혁사)

5 Wayne Grudem and Erik Thoennes, *Systematic Theology Laminated Sheet* (Grand Rapids: Zondervan; Nottingham: Inter-Varsity Press, 2008).

6 Gregg Allison, *Historical Theology: An Introduction to Christian Doctrine; A Companion to Wayne Grudem's Systematic Theology* (Grand Rapids: Zondervan, 2011).

7 Wayne Grudem, Erik Thoennes, and Brianna Smith, *Systematic Theology Workbook: Study Questions and Practical Exercises for Learning Biblical Doctrine* (Grand Rapids: Zondervan, 2020).

초판 서문

나는 신학교 교수들을 위해 이 책을 쓰지 않았다(물론 많은 신학자들이 이 책을 읽기를 바란다). 나는 학생들을 위해, 또한 성경의 핵심 교리를 더 깊이 알고자 하는 모든 그리스도인을 위해 이 책을 썼다.

이런 이유로 나는 이 책을 '성경 교리 입문서'라고 부른다. 이 책을 쓸 때 나는 신학을 공부한 적 없는 그리스도인도 이해할 수 있게 하려고 노력했다. 전문 용어는 최소화하고, 각 장은 단독으로 읽을 수 있게 하여, 독자들은 어느 장을 펼쳐 읽어도 충분히 이해할 수 있을 것이다.

입문서라고 하여 피상적이거나 지나치게 단순할 필요는 없다. 전문 용어를 사용하지 않고 성경의 교리적 가르침을 명료하게 설명할 수 있다면, 대다수 그리스도인들은 그 가르침을 깊이 이해할 수 있다. 따라서 이 책은 필요한 경우에 신학적 논쟁점을 자세하게 다룬다.

이 책은 많은 분량에도 불구하고 여전히 조직신학 입문서다. 이 책의 각 장에서 다루는 주제들에 관해 한 권 전체를 할애하는 저서들이 나왔고, 이 책에서 인용하는 수많은 성경 구절에 관해 한 편 전체를 할애하는 논문들도 발표되었다. 그러므로 각 장의 주제에 관심이 있는 사람들은 더 폭넓고 깊은 연구를 시작할 수 있다. 각 장 끝에 수록된 참고 문헌은 그러한 방향으로 나아가도록 도움을 준다.

아래에서 소개하는 이 책의 여섯 가지 특징은 조직신학이란 무엇이며 그것을 어떻게 가르쳐야 하는지에 관한 나의 확신에 기초한다.

1. **교리의 성경적 토대.** 나는 교리가 명시적으로 성경의 가르침에 기초해야 한다고 믿기 때문에, 각 장에서 다루는 교리가 어떻게 성경의 지지를 받는지 보여주려고 했다. 사실 나는 성경 말씀 자체에 능력이 있

고, 어떤 인간의 말보다 더 큰 권위가 있다고 믿는다. 따라서 성경 구절을 제시하는 데 그치지 않고 길게 인용하여 "이것이 그러한가 하여 날마다 성경을 상고"했던 베뢰아 사람들처럼[행 17:11] 독자들이 스스로 성경을 살펴볼 수 있게 했다. 또한 하나님의 말씀인 성경에 관한 확신으로 각 장 끝에 '성경 암송 구절'을 포함시켰다.

2. **교리 설명의 명료성.** 조직신학 공부의 결과가 혼란과 절망으로 이어지는 것은 하나님이 의도하신 바가 아니다. 교리에 대한 불확실성과 수많은 의문들로 가득 차 있는 조직신학 수업을 마친 학생이 "바른 교훈으로 권면하고 거슬러 말하는 자들을 책망"할 수 있는 가능성은 없다.[딛 1:9] 따라서 이 책은 교리를 설명할 때 명료하게 진술하고, 그 진술을 뒷받침하는 성경 본문이 무엇인지 보여주려고 노력했다. 독자들은 이 책이 교리를 설명하는 방식과 관점에 동의하지 않을 수 있다. 하지만 모든 독자는 이 책에서 주장하는 바와 그 주장의 근거인 성경 본문이 무엇인지 분명히 알 수 있을 것이다.

복음주의 안에서 논쟁이 되는 사안들에 관해, 이 책의 관점을 처음부터 밝히는 것이 독자들에게 도움이 되리라 생각한다. 이 책은 '국제성경무오성협의회'가 "시카고 선언"[5장, 부록 1]에서 정의한 성경의 무오성 교리에 대부분 일치하며, 그 교리를 따른다. 또한 하나님의 주권과 인간의 책임,[16장] 속죄의 범위,[27장] 예정의 문제[32장]에 관해서는 전통적인 개혁주의 관점을 따른다. 개혁주의 관점에서 나는 참으로 거듭난 이들의 구원은 상실되지 않는다고 주장한다.[40장] 남성과 여성의 관계에 관해서는 전통적이거나 여성주의적이지 않고 보완주의적 견해, 곧 하나님은 남성과 여성을 동등하게 창조하셨지만 그들에게 구별된 역할이 맡겨졌다는 견해를 가진다.[22장, 47장] 교회 정치에 관해서는 복수의 장로가 치리 직책을 맡는 수정된 회중 정치 형태를 지지한다.[47장] 세례에 관해서는 침례교의 관점, 곧 개인적으로 믿음의 증거를 나타내고 고백하는 이들에게 세례를 주어야 한다는 관점을 주장한다.[49장] 그리고 '성령 세례'라는 용어는 회심 때 적용하고, 그 이후에는 '성령 충만'이라는 용어를 사용하는 것을 주장한다.[39장] 신약에 언급된 모든 성령의 은사는 오늘날에도 지속되지만 사도는 은사가 아니라 직분이기 때문에 지속될 수 없다고 주장한다.[52, 53장] 그리스도는 이 땅에 다시 오셔서 천 년 동안 통치하실 것이다.[전천년설] 하지만 그 재림은 환난 뒤에 일어날 것이며, 많은 그리스도인들이 큰 환난을 겪을 것이다.[54, 55장]

이 책의 관점을 처음부터 밝히는 것은 다른 견해들을 무시하겠다는 뜻이 아니다. 복음주의 안에서 교리 차이가 있을 때는 서로 다른 관점을 공정하게 제시하려고 했다. 또한 동의하지 않는 관점의 논증을 소개하며, 그 관점에 동의하지 않는 적절한 이유도 설명하려고 했다. 그리고 독자들이 각기 다른 신학 전통에서 진술한 복음주의 저서들을 찾아볼 수 있게 했다. 이를 위해 각 장의 주제를 다루는 책들을 교파적 배경에 따라 분류해 표기했다.

3. **삶에 대한 적용.** 조직신학 공부가 메마르고 지루해지는 것은 하나님이 의도하신 바가 아니다. 신학이란 하나님과 그분이 행하신 모든 일에 대한 연구다. 신학은 삶과 기도와 노래로 실천해야만 한다. 바울이 쓴 로마서처럼 성경에 기록된 교리적 글들은 모두 하나님을 향한 찬양과 삶에 대한 적용으로 가득 차 있다. 따라서 이 책에는 적용에 관한 내용이 포함되어 있고, 각 장 끝에는 '개인적 적용을 위한 질문'과 그 장의 주제와 관련된 찬송가가 실려 있다. 참된 신학은 "경건에 관한 교훈"이며,[딤전 6:3] 조직신학을 올바르게 공부한다면 우리는 그리스도인으로서 더 성숙해지고 하나님을 예배하게 될 것이다.
4. **복음주의에 초점을 맞춤.** 나는 자유주의 신학 전통 안에서—성경이 하나님의 참된 말씀이 아니라고 생각하는 사람들에 의해—참된 신학 체계를 구축할 수 없다고 생각한다.[4장 참조] 따라서 이 책의 대화 상대는 대부분 복음주의 전통—종교개혁자 장 칼뱅과 마르틴 루터로부터 현대 복음주의자들에 이르기까지—안에 속해 있다. 나는 복음주의자로서 복음주의자들을 위해 글을 쓴다. 자유주의 신학자들의 말이 전혀 가치 없다는 것은 아니다. 하지만 복음주의와 자유주의 전통은 성경의 권위에 대한 입장에서 결정적으로 차이가 난다. 따라서 두 전통이 합의할 수 있는 교리는 제한적이다. 나는 자유주의 신학을 비판하는 글을 쓰는 복음주의자 친구들에게 고맙지만, 모두가 그처럼 부르심을 받았다고 생각하지 않는다. 또한 자유주의 신학에 대한 분석이 성경

에 기초한 신학 체계를 만들어 가는 가장 유익한 방법이라고 생각하지도 않는다. 그럼에도 안데르센 동화에 등장하는 소년처럼, 누군가는 복음주의 신학자들이 주지 못한 가르침을 자유주의 신학자들이 줄 수 있을지 의심스럽다고 말해야 한다.

복음주의 안에는 성경에 대한 상이한 관점들과 다양한 통찰들이 있지만, 사람들이 언제나 그 모든 것을 공부하고 이해하는 것은 아니다. 따라서 성경의 권위를 인정하는 복음주의 신학자들과 함께 공부한다면, 성경을 더 깊게 이해할 수 있을 것이다. 각 장 끝부분에 포함된 복음주의 신학자들의 저서를 교차 참조한 것도 그런 이유 때문이다. 이러한 교차 참조는 일곱 개의 신학 전통(성공회, 아르미니우스주의[또는 웨슬리파/감리교], 침례교, 세대주의, 루터교, 개혁주의[또는 장로교], 부흥 운동[또는 은사주의/오순절])으로 구분되지만, 이 모든 전통이 성경의 권위를 인정하며 따라서 보수적 복음주의 입장에 속한다. (로마 가톨릭의 대표적인 저서도 교차 참조 항목에 추가했다. 로마 가톨릭은 전 세계적으로 영향력을 미치고 있기 때문이다.)

5. **교리적 통일성을 이룰 것이라는 소망.** 나는 교회가 더 깊고 순수한 교리적 이해를 통해 오래된 걸림돌, 심지어 수 세기 동안 존재해 온 걸림돌까지 제거될 수 있다는 소망이 여전히 있다고 믿는다. 예수께서는 "자기 앞에 영광스러운 교회로 세우사 티나 주름 잡힌 것이나 이런 것들이 없이 거룩하고 흠이 없게 하려 하"시려고 그분의 교회를 온전하게 만들어 가신다.[엡 5:27] 또한 그분은 "우리가 다 하나님의 아들을 믿는 것과 아는 일에 하나가" 되기를 원하신다.[엡 4:13] 교회의 분열 때문에 낙심할 수 있지만, 이러한 성경 말씀은 여전히 참되기 때문에 우리는 마침내 교리적 통일성을 이루게 될 것이다. 이미 우리는 언약 신학자들과 세대주의 신학자들 사이에, 또한 은사주의자들과 비은사주의자들 사이에 교리적 통일성을 이룬 것을 목격했다. 지난 몇십 년 동안 성경의 무오성과 영적 은사에 대한 교회의 이해 역시 크게 확장되었다. 남성과 여성의 적합한 역할에 관한 논쟁도 궁극적으로 교리적 통일성을 이루게 될 것이다. 이 책은 교리적 통일성을 이루기를 바라는 마음으로 성경을 새롭게 바라보고 다른 관점들을 이해하기 위해 노력하며,

오래된 문제들(세례, 성찬, 교회 정치, 천년왕국과 환난, 예정 등)도 다시 한 번 살펴보고자 했다.

6. **교회들이 교리를 더 깊이 이해해야 한다는 확신.** 오늘날 교회들은 기독교 교리, 곧 조직신학을 더 깊이 이해해야 한다고 확신한다. 목회자와 교사들뿐 아니라 교회 전체가 교리를 깊이 이해할 수 있어야 한다. 언젠가 교회는 사람들이 직업이나 취미 등에 관해 이야기하는 것처럼 기독교 교리에 관해 자세히 이야기하고 토론하며 적용하고 실천할 수 있게 될 것이다. 문제는 그리스도인들에게 교리를 이해할 능력이 부족하다는 것이 아니라, 그들에게 이해가 되는 형식으로 교리에 접근할 수 있어야 한다는 것이다. 많은 그리스도인들이 교리에 쉽게 접근할 수 있다면, 교리를 이해하고 실천하는 것을 기쁘게 생각할 것이다.

이 책을 쓸 때 많은 사람들이 나를 도와주었다. 먼저 베델 칼리지와 트리니티 복음주의 신학교 학생들을 언급하지 않을 수 없다. 강의실에서 그들과 나눈 대화는 이 책의 모든 내용에 영향을 미쳤다.

또한 많은 작업자들의 도움이 있었다. 쉐리 컬에 의해 원고 기록이 시작되었고, 그 후에는 메리 모리스, 란 틸리, 캐스린 쉬언, 쉘리 밀스, 레베카 하이든리히, 제니 하트, 캐럴 페더슨이 각기 원고의 일부를 기록해 주었다. 태미 토머스는 원고의 가장 많은 부분을 기록한 뒤 편집에도 도움을 주었다. 앤디 리데스마와 조이스 리엉은 원고를 복사하는 데 도움을 주었다. 킴 페닝튼은 이 책의 편집 과정에서 수정된 내용을 기록해 주었다. 나를 도와준 이 모든 분께 감사드린다.

존 스티븐슨은 참고 문헌을 수집해 주었으며, 단 라스월은 교차 참조 작업을 마무리해 주었다. 스캇 볼드윈, 톰 프로븐졸라, 마크 래핀척은 교정과 전반적인 작업에 큰 도움을 주었다. 마크 래핀척은 색인을 정리해 주었다. 베스 맨리는 교정에 도움을 주었다. 조지 나이트, 로버트 레이몬드, 해럴드 호너, 로버트 소시, 더글러스 무, 톰 네틀스, 톰 머카미스키, 덕 핼슨, 스티브 니컬슨, 덕 브랜트, 스티브 피거드, 그렉 앨리슨, 엘린 클락, 테리 모튼슨은 여러 주제들에 대한 자세한 의견을 보내 주었다. 레이몬드 딜러드는 친절하게 웨스트민스터 신앙고백 텍스트 파일을 제공해 주었다. 브루스 쇼거는 사사로운 문제들을 도맡아 해결해 주었고, 팀 머클라클린은 기술적으로 도움을 주었다. 오랜 친구인 존 휴즈는 작업 방법과 출판에 관해 조언해 주었다. 마감이 다가올 때는 나의 아들들도 힘을 보탰다. 엘리엇은 검색 작업을, 올리버와 알렉산더, 알렉산더의 친구 맷 툴리는 색인 작업을 해주었다.

이 책이 최종적으로 만들어지는 데 도움을 준 사람은 영국 IVP의 신학책 담당 편집자인 데이비드 킹든이다. 현명한 편집자인 그는 모든 내용을 세심하게 읽은 뒤 수정할 내용을 제안해 주었다. 또한 내가 주장한 내용에 방대한 양의 메모를 달았는데, 여러 신학들에 관한 그의 광범위한 지식은 내게 큰 도움이 되었다. 그뿐만 아니라 존더반 출판사의 스탠 건드리, 짐 루어크, 로러 웰러, 프랭크 엔트위슬은 이 책의 출간과 연관된 수많은 세부 사항을 알려 주었다.

트리니티 복음주의 신학교의 배려가 없었다면 이 책을 마무리할 수 없었을 것이다. 연구 학기를 허가해 준 트리니티 이사회에 감사드린다. 또한 경제적으로 도움을 주신 나의 부모님 아든과 진 그루뎀에게 진심으로 감사드린다. 두 분은 이 책이 교회를 위해 귀하게 사용될 것이라는 믿음으로 나를 격려해 주었다.

나와 함께한 모든 이들이 이 책을 위해 기도해 주었다고 생각한다. 하나님은 그들의 기도에 응답하셔서 나에게 건강과 집필 환경, 작업을 마무리할 수 있는 열망을 주셨다.

아내 마거릿과 아들 엘리엇, 올리버, 알렉산더는 오랜 시간 인내하면서 나를 위한 격려와 기도, 사랑으로 내 삶에 기쁨이 되었다. 이 모든 것으로 인해 하나님께 감사드린다.

이 책에는 실수와 부주의, 어쩌면 잘못된 주장도 포함되어 있을 것이다. 문제가 있다면 보완하려고 노력할 것이다. 독자들 가운데 수정해야 할 내용을 발견한다면, 내게 제안해 주기를 바란다. 모든 제안을 다 받아들일 수 없겠지만, 모든 내용을 숙고한 뒤 가능하다면 반영할 것이다.

여호와께 감사하라. 그는 선하시며 그의 인자하심이 영원함이로다.시 118:29

여호와여, 영광을 우리에게 돌리지 마옵소서. 우리에게 돌리지 마옵소서.……주의 이름에만 영광을 돌리소서.시 115:1

웨인 그루뎀

트리니티 복음주의 신학교

1. 조직신학 개론

조직신학이란 무엇인가?

그리스도인이 조직신학을 공부해야 하는 이유는 무엇인가?

조직신학을 어떻게 공부해야 하는가?

설명과 성경적 기초

A. 조직신학의 정의

조직신학이란 무엇인가? 많은 정의가 존재하지만 이 책을 위해서는 다음의 정의를 사용할 것이다. 조직신학이란, 주어진 주제가 무엇이든 그것에 관해 "성경 전체가 오늘 우리에게 무엇을 가르치는가"라는 물음에 답하는 모든 학문을 가리킨다.[1]

이 정의에 따르면, 조직신학은 다양한 주제와 관련된 성경 본문을 수집하고 그 가르침을 요약해 각 주제별로 우리가 무엇을 믿어야 하는지 알게 해주는 작업이다. 교회사(교회의 위대한 신조들과 신학자들의 저술)와 철학 연구도 다양한 주제를 다루는 성경의 내용을 이해하는 데 큰 도움을 준다. 하지만 교회사와 철학 연구가 성경보다 더 크거나 성경과 동일한 권위를 갖지는 못한다.

1. 다른 학문 분야와의 관계

위에서 서술한 정의를 통해 알 수 있듯, 이 책은 역사신학(다른 시대의 그리스도인들이 여러 신학적 주제를 어떻게 이해해 왔는지에 관한 역사적 연구)[2]이나 철학신학(성경을 사용하지 않고 철학적 추론의 도구나 방법 및 우주를 관찰함으로써 하나님에 관해 알 수 있는 바를 활용해 신학적 주제를 연구), 변증학(비신자를 설득하기 위한 목적으로 기독교 신앙의 진실성에 대한 변론을 제공)에 초점을 맞추지 않는다. 이 세 분과는 그리스도인이 연구할 가치가 있으며, 조직신학이라는 폭넓은 정의에 포함된다. 이 책의 여러 곳에서 역사적, 철학적,

변증적 내용을 다루고 있음을 발견할 수 있다. 역사적 연구는 성경을 이해하고자 할 때 얻었던 과거의 통찰이나 오류를 알 수 있으며, 철학적 연구는 우리 문화와 다른 문화에서 볼 수 있는 올바른 또는 잘못된 사고 형식을 이해하는 데 도움을 얻을 수 있기 때문이다. 변증적 연구는 비신자들이 제기하는 반론에 대답하려고 할 때 성경의 가르침을 적용하는 데 도움을 얻을 수 있기 때문이다. 하지만 이 연구 영역들은 이 책의 주된 관심사가 아니다. 이 책의 초점은, 성경 자체가 우리에게 말하는 여러 신학적 주제들을 이해하기 위해 성경 본문을 직접 다루는 것이다.

만일 누군가가 위에서 정의한 협소한 의미 대신에 보다 넓은 의미로 조직신학(변증학, 특별히 역사신학과 철학신학을 포함)이라는 단어를 선호해도 큰 차이는 없다. 협소한 정의를 사용하는 사람들은, 다른 연구 영역들이 조직신학적 이해에 긍정적으로 기여한다는 데 동의할 것이다. 폭넓은 정의를 사용하는 사람들은, 역사신학이나 철학신학, 변증학이 다양한 주제와 관련된 성경 본문을 수집하며 종합하는 과정과 구별된다는 데 동의할 것이다. 역사적, 철학적 연구가 신학적 물음에 도움을 준다고 해도 오직 성경만이 우리가 믿는 바를 규정할 최종 권위를 지니며,[3] 따라서 성경 자체의 가르침을 분석하는 과정에 우선적으로 초점을 맞추는 것이 합당하다.

이 책의 정의에 따르면, 조직신학은 구약신학과 신약신학, 성경신학과 다르다. 성경신학은 성경의 주제들을 역사적으로, 곧 성경에 제시된 순서대로 체계화한다. 구약신학은 다음과 같이 질문할 수 있다. "신명기는 기도에 관해 무엇을 가르치는가?" "시편은 기도에 관해 무엇을 가르치는가?" "이사야서는 기도에 관해 무엇을 가르치는가?" 나아가 이렇게 물을 수도 있다. "구약 전체는 기도에 관해 무엇을 가르치며, 그 가르침은 구약의 역사를 통해 어떻게 발전되었는가?" 신약신학의 경우도 다음과 같이 질문할 수 있다. "요한복음은 기도에 관해 무엇을 가르치는가?" "바울은 기도에 관해 무엇을 가르치는가?" 또한 "신약성경은 기도에 관해 무엇을 가르치며, 그 가르침은 신약성경을 통해 어떻게 역사적으로 발전되었는가?"

성경신학은 신학 연구에서 특수한 의미를 가진다. 성경신학은 위에서 정의한 구약신학과 신약신학을 모두 아우르는 더 넓은 범주다. 성경신학은 성경의 각 책과 저자들의 가르침에 특별한 관심을 기울이며, 아울러 성경의 역사적 발전 과정에서 각 가르침이 차지하는 위치에도 특별한 관심을 기울인다.[4] 따라서 "기도에 관한 가르침은 구약과 신약을 통해 어떻게 역사적으로 발전되었는가?"라고 물을 수 있다. 물론 이 질문은 "성경 전체가 오늘날 우리에게 기도에 관해 무엇을 가르치는가?"라는 질문과 직결되며, 이 책의 정의에 따르면 이는 조직신학이 된다. 다양한 신학 분과 사이의 경계가 겹쳐지고, 한 연구의 일부가 그다음 연구에 섞여 포함되는 것은 자명하다. 그럼에도 여전히 차이가 존재하는데, 성경신학은 한 교리의 역사적 발전을 추적하며, 그 발전 과정이 특정한 교리를 이해하고 적용하는 방식에 어떤 영향을 미쳤는지 살펴보기 때문이다. 또한 성경신학은 성경의 저자 개개인과 본래의 청자나 독자들이 각각의 교리를 어떻게 이해했는지에 초점을 맞춘다.

반면에 조직신학은 성경신학의 자료를 활용하고 그것의 연구 결과를 기초로 삼는 경우가 많다. 경우에 따라서는 성경신학의 방법을 사용해 성경의 역사적 형성 과정에서 각 교리가 어떻게 발전했는지를 분석한다. 하지만 조직신학의 초점은 여전히 다르다. 조직신학은 특정한 주제에 관한 성경의 모든 가르침을 수집한 다음, 그것을 요약하는 데 초점을 맞춘다. 예를 들면, 조직신학의 질문은 이렇다. "성경 전체는 기도에 관해 오늘날 우리에게 무엇을 가르치는가?" 조직신학은 성경의 가르침을 간략하고 이해하기 쉬우며 신중하고 공식화된 진술로 요약하기 위해 노력한다.

2. 삶에 대한 적용

더 나아가 조직신학은 각각의 교리를 오늘날 그리스도인이 이해해야 하는 방식으로 요약하는 데 초점을 맞춘다. 이를 위해 조직신학은 성경의 저자들이 사용하지 않았지만, 특정 주제에 관한 하나둘 또는 그 이상의 가르침을 적절히 결합해 얻은 용어와 개념을 사용하기도 한다. 예를 들면, 삼위일체, 성육신, 그리스도의 신성이라는 용어는 성경에 등장하지 않지만 성경적 교리 개념을 요약하는 데 유용하다.

조직신학의 정의에 "성경 전체가 오늘날 우리에게 가르치는 바"를 포함시킨다는 것은 조직신학을 연구할 때 삶에 대한 적용을 마땅히 추구해야 함을 암시한다. 따라서 연구 대상이 되는 교리는, 그리스도인의 삶을 살고자 할 때 그 교리가 어떤 실천적 가치를 지니는지를 기준으로 평가된다. 성경 어디에서도 교리를 위한 교리, 삶과 분리된 교리를 발견할 수 없다. 성경 저자들은 일관되게 그들의 가르침을 삶에 적용한다. (로마서, 에베소서, 히브리서처럼) 가장 교리적인 내용을 담고 있는 책들도 그리스도인의 삶에 직접 적용할 수 있는 내용을 많이 포함하고 있다. 그러므로 이 책을 읽는 그리스도인은 자신의 삶이 더 풍성해지고 깊어지는 것을 깨달을 것이다. 만일 개인의 영적 성장이 이루어지지 않는다면, 저자가 이 책을 제대로 쓰지 않았거나 독자가 이 책의 내용을 올바로 공부하지 않은 것이다.

3. 조직신학과 비(非)조직적 신학: 핵심적 차이

조직신학을 이처럼 정의한다면, 대다수 그리스도인들이 일주일에도 여러 번 조직신학을 (또는 적어도 조직신학적인 진술을) 한다는 사실을 알게 될 것이다. 예를 들어, 사람들은 이렇게 말할 것이다. "성경에 따르면, 예수 그리스도를 믿는 모든 사람은 구원을 받는다. 예수 그리스도는 하나님께로 가는 유일한 길이며 그분은 다시 오실 것이다." 이는 모두 성경이 말하는 바의 요약이며, 따라서 조직신학적인 진술이다. 어떤 의미에서 그리스도인은—위에서 정의한—조직신학을 하고 있는 셈인데, 그리스도인은 성경 전체가 말하는 바를 논할 때마다 다양한 주제에 관해 생각하며 다음과 같은 물음에 답하기 때문이다. "성경 전체가 오늘날 우리에게 가르치는 바는 무엇인가?"[5]

그렇다면 대다수 그리스도인들이 공부하는 조직신학과 이 책의 차이는 무엇인가? 첫째, 이 책은 중요한 모든 주제를 고찰할 수 있도록 주의 깊고 조직화된 방식으로 성경적 주제를 다룬다. 이 조직화는 각 주제에 대한 부정확한 분석을 방지할 수 있다. 서로 다른 모든 주제를 각 주제와 비교함으로써 일관된 방법론을 견지하며 교리들 사이에 모순이 없음을 확인할 수 있기 때문이다. 또한 조직화는 상호 보완적인 교리들을 균형 잡힌 방식으로 고찰할 수 있다. 예를 들면, 그리스도의 신성과 인성을 함께 연구하거나 하나님의 주권과 인간의 책임을 함께 연구할 때, 성경의 온전한 계시를 어느 한쪽으로 치우친 방식으로 강조해 잘못된 결론을 도출하는 것을 막을 수 있다.

조직신학systematic theology에서 '조직적'systematic이라는 형용사는 '주제에 따라 주의 깊게 체계화된'이라는 의미로, 곧 연구하는 주제들이 일관된 방식으로 결합되어 성경의 모든 중요한 교리적 주제를 포함한다는 의미로 이해해야 한다. 따라서 '조직적'이라는 말은 '아무렇게 나열된' 또는 '체계화되지 않은'의 반대말로 보아야 한다. 조직신학은 주제들을 질서 있게 조직적인 방식으로 다룬다.

이 책과 대다수 그리스도인들이 조직신학을 공부하는 방식의 두 번째 차이점은, 이 책은 각각의 주제를 대다수 그리스도인들보다 더 자세히 다룬다는 것이다. 예를 들면, 규칙적으로 성경을 읽은 뒤 평범한 그리스도인은 "성경은 예수 그리스도를 믿는 모든 사람이 구원을 받을 것이라고 말한다"라는 신학적인 진술을 할 수 있다. 이 고백은 중요한 성경적 가르침에 대한 완벽하고 참된 요약이다. 그러나 이 책은 "예수 그리스도를 믿는다"라는 말의 뜻을 더 정확히 설명하며,[6] 열두 장32장-43장을 할애해 이 말의 뜻과 수많은 함의를 설명한다.

셋째, 조직신학을 본격적으로 연구한다면, 그렇지 않은 그리스도인들보다 더 정확히 성경의 가르침에 대한 요약적 진술을 공식화할 수 있다. 조직신학은 성경적 진술을 요약할 때 오해를 방지하고 거짓 가르침을 배제하도록 정확한 말로 표현해야 한다.

넷째, 타당한 신학적 분석을 위해서는 특정 주제를 다룰 때 연관된 일부 또는 몇몇 본문이 아니라 연관된 모든 성경 본문을 찾아 공정하게 다루어야 한다. 이것을 위해 복음주의 해석자들이 일반적으로 동의하는 신중한 성경 주석의 결과해석에 의존해야 할 때가 많다. 중요한 해석상의 차이가 존재할 때, 조직신학에는 상세한 주석이 포함되어야 할 것이다.

4. 믿음은 인간의 권위나 전통이 아닌 성경에 기초해야 한다

한 권의 조직신학 교과서는 수많은 주제들을 자세히 분석하여 다룬다. 따라서 조직신학을 공부하거나 수업을 처음 듣는 사람은 자신의 개인적인 믿음이 도전받고 변화를 겪거나 정교해지고 풍성해지는 경험을 하게 된다. 조직신학 공부를 시작하는 모든 사람은 성경의 가르침과 명백히 모순되는 것으로 판명된 사상을 거짓된 것으로 버리기로 굳게 결심하는 것이 중요하다. 동시에 이 책이나 조직신학 교사가 성경 본문 자체를 근거로 학생을 설득할 수 없다면, 단지 이 책이나 다른 교과서 또는 교사가 참이라고 말했다는 이유로 그 교리를 믿어야 하는 것은 아님을 깨닫는 것도 중요하다. 보수적 복음주의 전통이나 다른 어떤 인간의 권위가 아니라, 오직 성경만이 우리가 믿어야 하는 바에 관한 규범적 권위를 가진다.

5. 교리란 무엇인가?

이 책은 교리doctrine라는 단어를 성경 전체가 특정한 주제에 관해 오늘날 우리에게 가르치는 바로 이해할 것이다. 이 정의는 앞서 제시한 조직신학의 정의와 직결된다. 교리는 특정 주제에 관해 조직신학을 공부하는 과정의 결과이기 때문이다. 이 방식으로 이해할 때 교리는 매우 폭넓을 수도 있고 매우 협소할 수도 있다. 우리는 중요한 교리적 범주인 하나님에 관한 교리에 대해 논할 수 있고, 여기에는 성경이 오늘날 우리에게 하나님에 관해 가르치는 모든 것의 요약이 포함된다. 이러한 교리는 대단히 광범위할 것이다. 보다 협소하게는 하나님의 영원성에 관한 교리나 삼위일체 교리, 하나님의 공의에 관한 교리에 대해 논할 수도 있다.[7]

이 책은 일곱 가지 주요 교리에 따라 크게 일곱 개의 부분으로 나뉜다.

1부: 하나님의 말씀에 관한 교리
2부: 하나님에 관한 교리
3부: 하나님의 형상인 인간에 관한 교리
4부: 그리스도와 성령에 관한 교리
5부: 구속의 적용에 관한 교리
6부: 교회에 관한 교리
7부: 미래에 관한 교리

이러한 주요 교리적 범주 안에는 더 많은 구체적인 가르침이 포함된다. 일반적으로 이 구체적인 가르침들은 다음 세 가지 기준 중 하나를 충족한다. (1) 이 가르침들은 성경에서 강조하는 교리다. (2) 이 가르침들은 교회사 전체에서 중요하게 여겨졌으며, 모든 시대 모든 그리스도인에게 중요한 교리다. (3) 이 가르침들은 (일부 교리는 교회사 초기에는 큰 관심을 받지 못했을 수도 있지만) 교회사 안에서 현재 그리스도인들에게 중요해진 교리다. 세 번째 범주에 속한 교리의 몇 가지 예시가 있다. 성경의 무오성에 관한 교리, 성령 세례에 관한 교리, 특히 영적 전쟁과 관련해 사탄과 귀신에 관한 교리, 신약 시대의 영적 은사에 관한 교리, 오늘날 남성과 여성에게 적합한 역할의 이해와 관련해 남성과 여성으로 창조된 인간에 관한 교리 등. 이 책은 다른 조직신학 교과서보다 현대의 상황과 밀접하게 관련된 교리들을 더 강조해 설명한다.

6. 조직신학과 기독교 윤리의 차이

신학 연구와 윤리학 연구 사이에 어느 정도 중첩이 존재할 수밖에 없지만, 이 책은 둘 사이의 구별을 일관성 있게 설명하려고 노력했다. 조직신학은 하나님이 우리에게 무엇을 믿고 알기를 원하시는지에 초점을 맞추는 반면, 기독교 윤리는 하나님이 우리에게 무엇을 행하고 어떤 태도를 갖기 원하시는지에 초점을 맞춘다. 이러한 구별이 아래 정의에 반영되어 있다. 기독교 윤리는 다음과 같은 물음에 답하려는 모든 연구를 일컫는다. "어떤 행동과 태도, 개인적 성품이 하나님께 칭찬을 받으며 어떤 것이 그렇지 못한지에 관해 성경 전체는 오늘날 우리에게 무엇을 가르치는가?"[8] 신학은 우리가 무엇을 믿어야 하는지를 논하며 윤리학은 우리가 어떻게 살아야 하는지를 논한다. 신학과 윤리학 사이에는 주제별로 일정한 중첩(예를 들어, 결혼은 두 가지 연구 모두에서 다룰 수 있다)이 존재하지만, 보통 신학이 신념에 초점을 맞춘다면 윤리학은 삶의 정황에 초점을 맞춘다.

예를 들어, 윤리학 교과서는 결혼과 이혼, 진실한 말과 거짓말, 도둑질과 사유 재산권, 낙태, 피임, 동성애, 정부의 역할, 자녀의 훈육, 사형, 전쟁, 가난한 이들에 대한 돌봄, 인종차별 등의 주제들을 다룬다. 물론 겹치는 부분도 존재한다. 신학은 삶에 적용되어야만 하고(어느 정도 윤리적이다), 윤리학은 하나님과 그분이 창조하신 세계에 대한 올바른 관념에 기초해야 한다(어느 정도 신학적이다).

이 책은 분명한 적용점이 있을 때 신학을 삶에 적용하기를 주저하지 않지만 초점은 조직신학에 맞추었다. 기독교 윤리를 본격적으로 다룬 내용은 나의 책『기독교 윤리학』을 참조하라.

B. 이 책의 기본 전제

이 책은 두 가지 가정 또는 전제로부터 출발한다. (1) 성경은 참되고 유일하며 절대적인 진리의 기준이다. (2) 하나님은 존재하시며, 그분은 성경이 계시하는 바로 그 하나님—하늘과 땅, 그 안에 있는 모든 것을 지으신 창조주—이시다. 물론 이 두 가지 전제에 대해 언제나 조정이나 변경, 보다 깊은 확증의 가능성이 열려 있지만, 이 두 가지 가정이 우리의 출발점이다.

C. 그리스도인이 조직신학을 공부해야 하는 이유는 무엇인가?

그리스도인이 조직신학을 공부해야 하는 이유는 무엇인가? 다시 말해, 우리는 왜 특정한 주제에 관한 수많은 성경 본문의 가르침을 수집하고 요약하는 과정에 참여해야 하는가? 우리가 날마다 규칙적으로 성경을 읽는 것으로 충분하지 않은 이유는 무엇인가?

1. 기본적인 이유

이 물음에 대해 많은 답이 제시되었지만, 많은 경우 조직신학이 성경의 가르침을 성경 자체보다 더 체계화하고 더 명확히 설명함으로써 성경을 향상시킬 수 있다는 인상을 준다. 마치 암묵적으로 성경의 명료성[6장]과 성경의 충족성[8장]을 부인하는 것처럼 보인다.

예수께서는 대위임The Great Commission을 통해 그분이 말씀하신 모든 것을 신자들에게 가르치라고 제자들에게 명령하셨으며, 이제는 그것을 우리에게 명령하신다. "그러므로 너희는 가서 모든 민족을 제자로 삼아 아버지와 아들과 성령의 이름으로 세례를 베풀고 내가 너희에게 분부한 모든 것을 **가르쳐** 지키게 하라. 볼지어다. 내가 세상 끝날까지 너희와 항상 함께 있으리라."[마 28:19-20] [9] 좁은 의미로 '예수께서 명령하신 모든 것'을 가르친다는 것은 복음서 이야기 안에 기록된 것, 곧 예수께서 구두로 전하신 내용을 가르치는 것을 뜻한다. 넓은 의미로 '예수께서 명령하신 모든 것'을 가르친다는 것은 그분의 삶과 가르침을 해석하고 적용하는 것까지 포함한다. 사도행전은 예수께서 부활하신 이후 사도들을 통해 계속 행하고 가르치신 내용을 담고 있음을 암시한다(사도행전 1:1이 "예수께서 행하시며 가르치시기를 시작하심"에 관해 말하고 있음에 주목하라). '예수께서 명령하신 모든 것'에는 서신서도 포함될 수 있다. 서신서는 성령의 감독 아래 기록되었으며 "주의 명령"고전 14:37; 또한 요 14:26; 16:13; 살전 4:15; 벧후 3:2; 계 1:1-3 참조으로 여겨졌기 때문이다. 따라서 넓은 의미에서 '예수께서 명령하신 모든 것'에는 신약 전체가 포함된다.

예수께서 하나님의 말씀인 구약의 권위와 신뢰성을 절대적으로 확신하셨다는 신약의 기록4장과 서신서들이 구약을 절대적 권위를 지닌 하나님의 말씀으로 확증하고 있음을 고려할 때, (구약이 구속사 안에서 새 언약 시대에 적용되는 다양한 방식에 따라 올바르게 구약을 이해한다는 전제하에) 구약 전체를 포함시키지 않은 채 '예수께서 명령하신 모든 것'을 가르칠 수 없다는 점이 명백해진다.

대위임을 완수하는 책무에는 전도뿐만 아니라 가르침도 포함된다. '예수께서 명령하신 모든 것'을 가르치는 책무는 오늘날 성경 전체가 우리에게 무엇을 말하는지 가르치는 책무라고도 할 수 있다. 성경 전체가 무엇을 말하는지 우리 자신과 다른 이들에게 효과적으로 가르치기 위해 특정 주제에 관한 모든 성경 본문을 수집하고 요약하는 일은 필수적이다.

예를 들어, 누군가가 나에게 "성경은 그리스도의 재림에 관해 무엇을 가르치는가?"라고 묻는다면, 나는 "계속 성경을 읽는다면 알게 될 것이다"라고 대답할 수도 있다. 질문한 사람이 창세기부터 읽기 시작한다면 그 답을 발견하기까지 오랜 시간이 걸릴 것이다. 성경을 읽어 내려가는 동안 대답이 필요한 수많은 다른 물음이 생겨날 것이며, 대답하지 못한 물음의 목록이 매우 길어질 것이다. "성령의 사역과 기도에 관해 성경은 무엇을 가르치는가? 죄에 관해 성경은 무엇을 가르치는가?" 이처럼 교리에 관한 물음이 생겨날 때마다 답을 찾기 위해 스스로 성경 전체를 읽기는 어렵다. 그럴 때 우리는 성경 전체를 살펴보며 그런 다양한 주제에 대한 답을 이미 찾고자 했던 다른 이들의 작업을 통해 큰 유익을 얻을 수 있다.

우리가 다른 이들을 가르칠 때도 특정 주제와 가장 연관성이 높은 본문들을 알려 주거나 그 본문들의 가르침을 적절히 요약하여 제시한다면 매우 효과적일 수 있다. 그런 다음 사람들로 하여금 스스로 이 본문들을 살펴보게 한다면 특정 주제에 관한 성경의 가르침이 무엇인지 더 빨리 배울 수 있을 것이다. 성경이 무엇을 말하는지 가르칠 때 조직신학이 필요한 이유는, 일차적으로 우리에게 주어진 시간이 짧기 때문이다.

조직신학을 공부해야 하는 기본적인 이유는, 조직신학을 통해 성경 전체가 무엇을 말하는지 우리 자신과 다른 이들에게 가르칠 수 있으며, 따라서 대위임 중 가르침에 해당하는 부분을 완수할 수 있기 때문이다.

2. 우리 삶을 위한 유익

조직신학을 공부해야 하는 이유는 무엇보다 그것이 주님의 명령에 순종하는 수단이기 때문이다. 하지만 우리는 이 공부를 통해 특별한 혜택을 부차적으로 얻을 수 있다.

첫째, 조직신학 공부는 우리의 잘못된 관념을 극복하도록 도와준다. 만일 우리 마음속에 죄가 없다면 성경을 처음부터 끝까지 읽을 수 있고, 비록 성경 안에 있는 모든 것을 즉시 배울 수는 없더라도 하나님과 그분이 지으신 피조물에 관한 참된 진리를 배울 수 있을 것이다. 성경을 읽을 때마다 더 많은 참된 것들을 배우며, 그 안에 기록된 참된 것들을 받아들이기를 거부하지도 않을 것이다. 하지만 우리 마음속에 있는 죄와 우리의 문화 안에 만연한 거짓 신념 때문에 우리는 여전히 하나님께 맞서 반역하는 태도를 지니고 있으며, 여러 가지 이유로 성경의 가르침을 받아들이기를 원하지 않는다(이것은 우리 모두에게 해당된다). 조직신학 공부는 이처럼 하나님께 반역하는 태도를 극복하는 데 도움이 된다.

예를 들어, 예수께서 친히 이 땅에 다시 오실 것을 믿지 않는 사람이 있다고 생각해 보자. 우리는 그 사람에게 예수께서 이 땅에 다시 오실 것과 관련된 성경 말씀을 한두 구절 제시할 수 있겠지만, 그는 여전히 그 말씀이 지닌 힘을 회피할 방법을 찾아내거나 다른 의미를 넣어 해석할지도 모른다. 하지만 우리가 예수께서 친히 이 땅에 다시 오실 것이라고 말하는 구절을 모두 찾아서 종이에 적어 보여준다면, 그 사람은 이 교리를 뒷받침하는 성경적 증거의 광범위함과 다양함 때문에 이를 받아들일 가능성이 더 높아질 것이다. 물론 우리 모두에게는 이러한 영역, 곧 성경의 가르침에 대한 우리의 이해가 불충분한 영역이 있다. 그런 영역에서는 그 주제에 관해 성경이 가르치는 바의 온전한 무게를 직면하는 것이 도움이 된다. 그렇게 할 때, 어떤 교리가 우리가 처음에 가지고 있던 잘못된 성향에 반反하더라도 그 교리를 더 기꺼이 받아들일 수 있게 될 것이다.

둘째, 조직신학 공부는 새롭게 발생할 교리적 문제들에 관해 더 나은 결정을 할 수 있도록 도와준다. 10년, 20년, 30년 후에도 주께서 재림하지 않는다면, 우리가 살아가고 섬기는 교회들 안에서 어떤 새로운 교리 논쟁이 생겨날지 알 수 없다. 이 논쟁에는 그때까지 아무도 세심하게 다루지 않았던 물음들이 포함될 수도 있다. 그리스도인들은 "이 주제에 관해 성경 전체는 무엇을 말하는가?"라고 물을 것이다. (예를 들어, 성경의 무오성의 정확한 본질과 성령의 은사에 대한 성경적 가르침의 올바른 이해는, 교회사에서 어느 때보다 지난 50년 동안 첨예한 논쟁의 대상이 된 두 질문이다.)

앞으로 어떤 새로운 교리 논쟁이 제기되든지, 조직신학을 제대로 배운 사람은 새롭게 생긴 물음에 잘 대답할 수 있다. 그 이유는, 성경이 말하는 모든 것은 성경의 다른 모든 것과 어떻게든 연관이 있기 때문이다(적어도 이 세계에 대한 하나님의 깊은 이해 안에서 하나님의 본성과 피조물의 본질은 그 모든 것이 일관되게 조화를 이루기 때문이다). 모든 새로운 물음은 성경을 통해 이미 배워서 아는 많은 내용과 연관이 있을 것이다. 이전의 내용을 철저하게 공부할수록 새로운 물음도 더 잘 다룰 수 있다.

이러한 유익은 더 광범위하게 확장된다. 우리는 형식적, 교리적 토론보다 다양한 맥락에서 성경을 삶에 적용하는 문제에 직면한다. 성경은 남편과 아내의 관계에 관해 무엇을 가르치는가? 자녀 양육 또는 직장 동료에게 복음을 증언하는 일에 관해서는 어떻게 가르치는가? 심리학이나 경제학, 자연과학 공부에 관해 성경은 우리에게 어떤 원칙을 제시하는가? 소비와 저축, 헌금, 십일조에 관해서는 어떤 지침을 주는가? 모든 영역의 물음에서 특정한 신학적 원리가 영향을 미칠 것이며, 성경의 신학적 가르침을 배운 사람들은 하나님을 기쁘시게 하는 결정을 내릴 수 있다.

이와 관련해 유익한 유비는 조각 퍼즐 맞추기다. 퍼즐이 "성경 전체가 모든 것에 관해 오늘날 우리에게 가르치는 바"를 상징한다면, 조직신학 공부는 테두리와 퍼즐 안에 묘사된 몇몇 중요한 요소들을 채우는 것과 같다. 하지만 우리는 성경이 가르치는 모든 것을 다 알 수 없으며, 우리의 퍼즐에는 여전히 채워야 할 공백이 많이 남아 있다. 새로운 실제 생활의 문제를 푸는 것은 퍼즐의 또 한 부분을 채우는 것과 비슷하다. 더 많은 조각을 제자리에 채울수록 새로운 조각을 맞추기 쉽고 실수할 가능성이 적다. 이 책의 목적은 그리스도인들로 하여금 그들의 신학적 퍼즐 안에 가능한 한 많은 조각을 정확하게 채울 수 있게 하고, 그들의 삶에서 점점 더 많은 조각을 정확하게 채우는 일을 계속해 나가도록 권면하는 것이다. 여기서 공부하는 기독교 교리들이 진리와 관련된 삶의 모든 측면을 채워 가는 데 도움이 되는 지침 역할을 할 것이다.

셋째, 조직신학 공부는 우리가 그리스도인으로서 성장하도록 도와준다. 우리가 하나님과 그분의 말씀에 관해, 그분이 세상과 맺으신 관계 및 인류와 맺으신 관계에 관해 더 많이 알수록, 우리는 그분을 더 온전히 찬양하고 그분께 더 기꺼이 순종하게 될 것이다. 조직신학을 바르게 공부한다면 우리는 보다 성숙한 그리스도인이 될 것이다. 그렇지 않다면 우리는 하나님이 의도하신 방식으로 조직신학을 공부하지 않은 것이다.

성경은 건전한 교리와 그리스도인의 성숙한 삶을 자주 연결한다. 바울은 "경건에 관한 교훈"딤전 6:3을 논하면서, 사도로서 자신의 사역이 "하나님이 택하신 자들의 믿음과 경건함에 속한 진리의 지식"딛 1:1을 위한 것이라고 말한다. 반면에 모든 종류의 불순종과 부도덕은 "바른 교훈을 거스르는" 것이라고 지적한다.딤전 1:10

3. 주요한 교리와 부차적인 교리의 차이는 무엇인가?

그리스도인들은 교회 안에서 주요한 교리에 관해 일치를 추구하는 동시에 부차적인 교리에 관해 차이를 허용하기 원한다고 자주 말한다. 이에 관해 나는 아래의 지침이 유용하다고 생각한다.

주요한 교리란, 다른 교리들에 관한 우리의 생각에 중대한 영향을 미치는 교리 또는 우리가 그리스도인으로서 살아가는 방식에 중대한 영향을 미치는 교리다. 부차적인 교리란, 다른 교리들에 관한 우리의 생각이나 우리가 그리스도인으로서 살아가는 방식에 거의 영향을 미치지 않는 교리다.

이 기준에 따라 성경의 권위,[4장] 삼위일체,[14장] 그리스도의 신성,[26장] 이신칭의[36장]와 다른 많은 교리들을 주요한 교리로 간주할 수 있다. 역사적 복음주의의 교리 이해에 동의하지 않는 사람들은, 이러한 교리의 중요성을 주장하는 복음주의 그리스도인들과 광범위한 영역에서 차이를 나타낼 것이다. 대조적으로 교회 정치의 형식,[47장] 주의 만찬과 관련된 몇몇 세부 사항,[50장] 대환난의 시점[55장]을 둘러싼 차이는 부차적인 교리에 관한 것으로 볼 수 있다. 이 문제에 대해 생각을 달리하는 그리스도인들이 다른 모든 영역의 교리에 대해 동의하며, 중요한 방식에 있어서 크게 다르지 않은 그리스도인의 삶을 살고 서로 참된 교제를 나누는 것은 가능하다.

이 기준을 적용할 때 주요한 교리와 부차적인 교리 사이 어딘가에 자리 잡고 있는 교리들도 있다. 예를 들어, 그리스도인들이 세례[49장]나 천년왕국[55장]이나 속죄의 범위[27장]에 관한 교리에 어느 정도의 의미를 부여할 것인지 의견을 달리할 수도 있다. 이것은 당연하다. 많은 교리들이 다른 교리나 삶에 일정한 영향을 미치지만, 그것을 중대한 영향으로 보아야 하는지는 이견을 가질 수 있기 때문이다. 여기서 중대한 영향에도 광범위한 차이가 존재한다고 인정하면서, 한 교리가 다른 교리나 삶에 더 많은 영향을 가질수록 더 주요한 교리가 된다고 말할 수도 있다. 더 나아가 이러한 영향력의 크기는 역사적 상황이나 특정한 시점에 교회의 필요에 따라 다양할지도 모른다. 그런 경우 그리스도인들은 특정한 상황에서 한 교리를 어느 정도까지 주요한 교리로 간주해야 할지 판단하려고 할 것이며, 그럴 때는 성숙한 지혜와 건전한 판단력을 달라고 하나님께 간구해야 한다.

D. 조직신학에 대한 세 가지 반론에 관하여

1. 결론이 깔끔해서 참일 리가 없다

어떤 학자들은 조직신학의 가르침들이 모순을 이루지 않고 조화를 이룰 때—심지어는 그렇기 때문에—의심의 시선으로 조직신학을 바라본다. 그들은 결과가 깔끔하기 때문에 조직신학자들이 성경의 가르침을 인위적으로 틀 안에 끼워 맞추거나 질서 정연한 하나의 신념을 만들기 위해 성경의 참된 의미를 왜곡한다고 반론한다.

이 반론에 대해 두 가지로 대답할 수 있다. (1) 먼저 우리는 반론을 제기하는 사람들에게 구체적으로 어떤 점에서 성경이 잘못 해석되었는지 묻고, 그 이후 본문을 어떻게 이해해야 하는지 논해야 한다. 실제로 오류가 있을 수도 있으며, 그런 경우에는 교정이 이루어져야 한다.

반론을 제기하는 사람들이 특정한 본문을 염두에 두지 않거나 무엇이 명백하게 잘못된 해석인지를 지적하지 못할 가능성도 있다. 조직신학뿐만이 아니라 성경신학의 모든 분야에는 역량이 부족한 신학자의 서투른 주석이 포함될 수 있다. 이것은 나쁜 예시로, 그 신학자가 속한 분야에 대한 반론이 아닌 서투른 신학자에 대한 반론일 뿐이다.

반론을 제기하는 사람들이 이 점에 관해 구체적인 내용을 밝히는 것이 중요하다. 하나님의 말씀으로부터 모든 것, 심지어 하나님에 대해 보편적으로 참된 결론을 도출할 수 있는 가능성에 관해서도 회의적인 우리 문화 때문에—아마도 무의식적으로—이런 반론을 제기하는 경우가 종종 있기 때문이다. 신학적 진리에 대한 이러한 종류의 회의주의는, 조직신학을 철학신학과 (신약을 기록한 초기 그리스도인들과 그 시대 및 교회사 전체에서 다른 그리스도인들이 믿었던 다양한 관념에 대한 역사적 연구를 포함해) 역사신학의 관점에서만 연구하는 현대 대학 세계에서 흔히 찾아볼 수 있다. 이러한 종류의 지적 분위기는 이번 장에서 정의한 조직신학 연구를 불가능한 것으로 간주할 것이다. 그런 관점은 성경을 수많은 인간 저자들이 천 년 이상에 걸쳐 다양한 문화와 경험을 통해 기록한 작품으로 가정하기 때문이다. 어떤 주제에 관해 "성경 전체가 가르치는 바"를 찾고자 하는 노력은 특정한 질문에 관해 "모든 철학자가 가르치는 바"를 찾고자 하는 노력만큼이나 가망이 없다고 여겨질 것이다. 두 경우 모두에 대한 답변은 하나의 관점이 아니라 다양하고 때로는 수많은 모순되는 관점들을 포함할 것이기 때문이다. 성경을 인간 저자들과 신적 저자의 공동 산물이자, 하나님과 그분이 창조하신 우주에 관한 모순 없는 진리를 가르치는 문헌의 모음집으로 보는 복음주의자들은 이 회의적인 관점을 거부할 수밖에 없다.

(2) 하나님 안에서, 그리고 실재 자체의 본성에 의해 모든 참된 사실과

이론들은 서로 조화를 이룬다고 우리는 대답해야 한다. 우리가 성경에 담긴 하나님의 가르침을 정확하게 이해했다면 우리의 결론은 조화를 이루고 상호 일관성을 유지할 것이다. 내적 일관성은 조직신학의 개별적인 결과물을 반박하는 논증이 아니라 오히려 이를 뒷받침하는 논증이다.

2. 주제의 선택이 결론을 결정한다

조직신학에 대한 또 다른 일반적 반론은, 주제의 선택과 배열, 곧 성경 자체가 강조하는 것이 아닌 다른 범주로 배열된 주제별 성경 연구를 행한다는 것을 문제시한다. 성경 저자들이 강조하는 주제를 다루지 않고 왜 다른 신학적 주제를 다루는가? 왜 주제를 다른 방식이 아니라 이런 방식으로 배열하는가? 어쩌면 우리의 전통과 문화가 우리가 다루는 주제들과 그 배열을 결정했으며, 이처럼 성경을 조직신학적으로 연구한 결과, 우리 자신의 신학 전통에서는 받아들여질 수 있겠지만 성경 자체에서는 받여들여지기 어렵다는 반론이다.

이 반론의 변형은, 우리의 출발점이 우리가 논쟁하는 주제의 결론을 이미 결정하는 경우가 많다는 주장이다. 예를 들어, 하나님이 성경의 저자임을 강조하는 입장에서 출발한다면 우리는 결국 성경의 무오성을 믿게 될 것이지만, 인간이 성경의 저자임을 강조하는 입장에서 출발한다면 우리는 결국 성경 안에 오류가 존재한다고 믿게 될 것이다. 마찬가지로 하나님의 주권을 강조하는 것으로부터 시작한다면 우리는 결국 칼뱅주의자가 될 것이지만, 자유로운 선택을 할 수 있는 인간의 능력을 강조하는 것으로부터 시작한다면 우리는 결국 아르미니우스주의자가 될 것이다.[10] 이 반론에 의하면 출발점이 결론을 결정하기 때문에, 중요한 신학적 질문도 어디에서 출발하는지에 따라 그 결론이 달라질 수 있는 것처럼 보인다.

이 반론에 대한 대답과 관련해, 성경을 가르쳐야 할 필요성에 관한 이번 장의 논의가 중요하다. 우리의 주제 선택은 성경 저자들의 주된 관심사에 제한될 필요가 없다. 우리의 목적은 오늘날 우리에게 중요한 모든 영역에서 하나님이 우리에게 무엇을 요구하시는지 아는 것이다.

예를 들어, 성령 세례나 교회 안에서 여성의 역할, 삼위일체 교리와 같은 주제들은 어떤 신약 저자에게도 주된 관심사가 아니었지만, 오늘날 우리에게는 유효한 관심사다. 따라서 그 주제들에 관해 "성경 전체가 가르치는 바"를 이해하고 설명하고자 한다면, 우리는 (특정한 용어가 언급되었든 아니든, 그 주제들이 본문의 주된 관심사이든 아니든) 그 주제들과 연관된 성경의 모든 본문을 살펴보아야 한다.

이 반론의 유일한 대안은 각 주제와 연관된 한두 본문을 무분별하게 선별해 "하나님의 [온전한] 뜻"행 20:27에 일치하는 균형 잡힌 견해로 제시한 뒤, 이 본문에 대한 분석을 자신의 입장의 근거로 삼는 것이다. 이러한 접근 방식은 오늘날 복음주의 진영에서 흔히 볼 수 있는데, 이는 비조직적이며 무질서하고 임의적인 신학 방법이다. 따라서 이 대안은 주관적인 방법을 사용하기 때문에 교회로 하여금 교리적 파편화와 불확실성의 위험에 빠지게 만들며, 또한 교회를 "온갖 교훈의 풍조에 밀려 요동"하는 어린아이엡 4:14와 같이 신학적으로 미숙한 상태에 머무르게 한다.

주제들의 선택과 배열에 있어서 우리가 어떤 교리적 물음에 대한 대답을 성경에서 어떤 순서로 찾든지, 그처럼 하지 못하도록 막을 수는 없다. 또한 이 책이 주제를 배열하는 방식은 매우 일반적인 것이며, 배열된 주제들은 그 자체로 배움과 가르침에 유익하다. 어떤 순서든 원하는 대로 이 책의 각 장을 읽을 수 있지만 결론은 일관적일 것이며, 만일 그 결론이 성경으로부터 올바르게 논증된 것이라면 설득력도 높을 것이다. 사실 나는 이 책을 읽는 대부분의 독자들이 1장부터 순서대로 읽기보다 관심 있는 주제부터 먼저 읽을 것이라고 생각한다. 이것은 크게 문제가 되지 않는다. 각 장은 독립된 단위로 읽히도록 서술되었으며, 또한 연관된 다른 주제가 교차 인용되기 때문이다. 새 하늘과 새 땅에 관한 주제57장를 처음에 읽거나 마지막에 읽거나 또는 그 사이 어디쯤에 읽거나 논증은 동일할 것이며, 이를 뒷받침하기 위해 인용한 성경 본문이나 결론도 동일할 것이다.

3. 성경 본문에서 직접 교리를 끌어낼 수는 없다

세 번째 반론은 조직신학 전반이 아니라 이 책에 나타난 특정한 접근 방식과 관계가 있다. 이 책 초판에 대한 평가는 대부분 긍정적이었지만, 논증 방법에 대해서는 비판이 있었다. 초판에서 나는 수많은 성경 구절들을 인용한 뒤 그것을 교리 주제들의 근거로 삼았는데, 이처럼 서술한 이유가 무엇이겠는가? 교회사 속 위대한 신학자들의 저작과 저명한 동시대 신학자들의 저작을 인용해 근거로 삼는 방법을 몰라서 그러했겠는가?

자유주의 신학 경향을 가진 교수들에게 영향을 미치기 위해 노력하고 가르치는 복음주의자 교수들이 제기하는 이런 반론은 이해할 만하다. 나 자신도 그와 같은 상황(하버드 대학교와 케임브리지 대학교)에서 공부한 적이 있기 때문이다. 만일 내가 그런 교수진을 설득하려고 했다면 성경에 대한 이해 가능성, 성경의 완전한 진실성, 성경의 권위나 내적 정합성을 전제하는 방법으로 교리 주제들을 서술하지 않았을 것이다. 그들은 성경 말씀이 곧 하나님 말씀이며 절대적인 권위를 지닌다는 것을 믿지 않기 때문이다. 만일 그들에게 글을 쓴다면, 공유된 전제가 더 적고 협소해 논증 방법도 달라질 것이다.

복음주의 외부에 있는 대다수 신학자들에게 성경 말씀은 하나님에 관한 인간의 생각을 표현하는 인간의 말일 뿐이다.[11] 교회사 속 위대한 신학자들의 저작도 그저 인간의 생각이나 말일 뿐이다. 그들의 관점에서 교리는 성경이나 신학자들의 저작에 기록된 하나님에 관한 인간의 생각을 다루기만 하면 된다.

물론 오늘날 복음주의자들은 아우구스티누스와 장 칼뱅, 마르틴 루터와 같은 신학자들의 저작을 그들과 같은 입장에서 공부할 수 있다. 복음주의자들도 그 저작들이 인간의 산물이라는 점에 동의하며, 때로는 그들도 틀릴 수 있다는 점에 동의한다.

그러나 대학에서 복음주의자들이 성경 전체가 하나님 말씀이며 절대적인 권위를 지닌다는 전제에 기초해 연구하거나 글을 쓰려고 하면 공유된 전제가 없다는 것을 깨닫게 될 것이다. 실제로, 케임브리지 대학교에서 나의 박사과정을 지도했던 모울 교수는 1994년에 이 책의 초판을 받은 뒤 아래와 같이 편지를 보냈다(그가 무엇을 인정하고 무엇을 인정하지 않는지 눈여겨보라).

당신의 귀한 책을 선물로 보내 준 것에 감사한 마음으로 편지를 씁니다.……나는 언제나 정확히 글을 쓰는 당신의 능력에 감탄하고 있습니다.……그리고 존더반 출판사는 이 책을 아주 잘 만들었더군요.……내가 교리적으로 당신에게 동의할 것이라고 당신이 기대하지 않을 것임을 알고 있습니다. 우리는 많은 것의 기초가 되는 권위에 대한 이해에서 정반대 위치에 있지만, 같은 주님을 섬기며 한 몸에 속한 지체라는 점에서 기뻐할 수 있습니다.[12]

나는 그에게 인정받기 위해 이 책을 쓰지 않았다. 나는 성경이 평범한 인간이 성령의 인도하심을 받아 쓴 하나님의 말씀[2, 3, 4, 5장]이라고 믿는 복음주의 그리스도인들을 위해 이 책을 썼다.

교회사 속 많은 신학자들의 연구 업적이 없이는 나는 이 책을 결코 쓸 수 없었을 것이다. 성경의 교리에 대한 나의 이해는 벤저민 워필드, 그레샴 메이첸, 에드워드 영의 저작을 섭렵하고, 웨스트민스터 신학교 교수인 존 프레임, 에드먼드 클라우니, 리처드 개핀과 평생의 친구인 번 포이트레스를 비롯한 다른 이들에게서 배운 결과다. 신학의 다른 분야에 대한 나의 이해는 장 칼뱅, 존 머레이, 루이스 벌코프, 헤르만 바빙크, 찰스 하지의 글과 웨스트민스터 신앙고백에 큰 영향을 받았다. 이 신학자들은 모두 1세기에 교회가 시작된 이래, 그들보다 앞선 시대 사람들의 글에서 가르침을 받았다. 이 책에서 나는 가끔 이 저자들 중 한두 사람을 인용하기도 했지만, 그처럼 하지 않을 때도 그들의 저작에 익숙한 이들은 그 영향을 알아차릴 것이다. (복음주의 저자들 사이의 관점 차이를 다루는 곳에서 다른 저자들의 주장을 인용하기도 했다.)

이 책의 초판이 출간된 시점부터 지금까지, 나는 날마다 성경을 읽으며 그 성경의 가르침에 부합하는지에 따라 그들의 저작 중 다양한 부분을 받아들이거나 거부했다. 나는 그들의 영향력을 인정하면서 동시에 성경 본문으로부터 직접 교리 체계를 구축하는 것이 가능하다고 생각했다.

E. 그리스도인은 조직신학을 어떻게 공부해야 하는가?

우리는 조직신학을 어떻게 공부해야 하는가? 성경은 이 물음에 답하기 위한 지침을 제공한다.

1. 우리는 기도하면서 조직신학을 공부해야 한다

조직신학 공부가 성경을 공부하는 특정한 방식이라면, 하나님 말씀을 공부하는 방식에 관해 다루는 성경 본문에서 지침을 얻을 수 있다. 시편 기자가 "내 눈을 열어서 주의 율법에서 놀라운 것을 보게 하소서"시 119:18라고 말하듯, 우리는 하나님 말씀을 이해하고자 할 때 기도하며 그분의 도우심을 구해야 한다. 바울은 "육에 속한 사람은 하나님의 성령의 일들을 받지 아니하나니 이는 그것들이 그에게는 어리석게 보임이요 또 그는 그것들을 알 수도 없나니 그러한 일은 영적으로 분별되기 때문이라"고전 2:14고 말한다. 이처럼 조직신학 공부는 성령의 도우심이 필요한 영적 활동이다.

아무리 뛰어난 학생이라도 엄밀한 지성과 겸손한 믿음을 달라고 하나님께 지속적으로 기도하지 않는다면, 또한 그가 개인적으로 하나님과 동행하는 삶을 유지하지 않는다면, 성경의 가르침을 오해하거나 믿지 않게 될 것이다. 그 결과 교리적 오류에 빠질 것이고, 그의 정신과 마음은 악화할 것이다. "모든 지킬 만한 것 중에 더욱 네 마음을 지키라. 생명의 근원이 이에서 남이니라."잠 4:23 조직신학을 공부하는 학생은 처음부터 하나님에 대한 불순종이나 그분과의 관계가 깨질 만한 죄가 없도록 자신의 삶을 지키겠다고 결심해야 한다. 엄격하고 규칙적이며 경건한 삶을 유지하겠다고 다짐하며, 지혜와 성경을 이해하는 능력을 달라고 계속 기도해야 한다.

미국의 위대한 신학자 중 한 사람인 찰스 하지는 1820년부터 1878년까지 프린스턴 신학교에서 가르쳤다(당시 프린스턴 신학교의 성경의 권위에 대한 관점은 보수적이었다). 그는 2년 동안 독일에서 공부한 뒤 1828년에 프린스턴으로 다시 돌아왔다. 그때 학생들에게 행한 연설을 통해 그는 개신교의 위대한 중심지였던 곳—특히 독일—에서 어째서 기독교가 더 이상 명목상의 종교도 아니게 되었는지 물음을 던지며, 그 이유가 "생명의 종교"라고 불렸던 것의 쇠퇴라고 답했다.

거룩함은 하나님의 것에 대한 올바른 지식과 오류를 막는 위대한 방어 수단에 필수적이다.……종교의 생명을 발견하는 곳마다 타락과 부패, 거듭남, 속죄, 그리스도의 신성에 관한 교리를 발견할 것이다.……온 힘을 다해 여러분의 마음을 지키라. 생명이 그곳에서 나오기 때문이다.……거룩함은 하나님의 것에 대한 올바른 지식과 오류를 막는 위대한 방어 수단에 필수적이다.……종교의 생명을 상실할 때, 인간은 가장 기괴한 교리를 믿고 그런 교리를 자랑하게 된다.[13]

우리에게 성경을 바르게 이해할 수 있는 능력을 주시는 분은 성령이기 때문에 우리가 마땅히 해야 할 일, 특히 성경 본문과 교리를 이해할 수 없을 때 마땅히 해야 할 일은 하나님의 도우심을 구하는 것이다. 많은 경우 우리에게 필요한 것은 더 풍부한 자료가 아니라 이미 우리에게 주어진 자료에 대한 더욱 깊은 통찰이다. 오직 성령께서 이러한 통찰을 주신다.고전 2:14; 또한 엡 1:17-19 참조

2. 우리는 겸손한 자세로 조직신학을 공부해야 한다

베드로는 우리에게 말한다. "다 서로 겸손으로 허리를 동이라. 하나님은 교만한 자를 대적하시되 겸손한 자들에게는 은혜를 주시느니라."벧전 5:5 조직신학을 공부하는 사람은 자신이 속한 교회의 일반 신자들이 몰랐거나 잘 알지 못했던 부분들을 배우게 될 것이다. 또한 교회의 몇몇 직분자들이 이해하지 못하고 심지어 목회자가 제대로 배우지 못하거나 잊어버린 성경에 관한 내용을 이해하게 될 수도 있다.

이런 경우에는 조직신학을 공부한 적 없는 사람들을 향해 우월한 태도를 취하기 쉽다. 논쟁에서 이기기 위해, 대화 중 동료 그리스도인에게 망신을 주기 위해, 다른 신자가 주님의 일을 할 때 스스로 초라함을 느끼게 하기 위해 하나님 말씀에 관한 지식을 이용한다면 얼마나 추한 일이겠는가? 야고보의 충고는 우리에게 매우 유익하다. "사람마다 듣기는 속히 하고 말하기는 더디 하며 성내기도 더디 하라. 사람이 성내는 것이 하나님의 의를 이루지 못함이라."약 1:19-20 그는 겸손과 사랑의 마음으로 성경에 대한 이해를 나누어야 한다고 말한다.

너희 중에 지혜와 총명이 있는 자가 누구냐. 그는 선행으로 말미암아 지혜의 온유함으로 그 행함을 보일지니라.……오직 위로부터 난 지혜는 첫째 성결하고 다음에 화평하고 관용하고 양순하며 긍휼과 선한 열매가 가득하고 편견과 거짓이 없나니 화평하게 하는 자들은 화평으로 심어 의의 열매를 거두느니라.약 3:13, 17-18

조직신학을 바르게 공부한다면 그 공부는 교만하게 하는 지식고전 8:1이 아니라 겸손과 다른 이들을 향한 사랑으로 귀결된다.

3. 우리는 이성을 활용해 조직신학을 공부해야 한다

첫째, 인간의 오성과 논리, 이성을 사용해 성경의 진술로부터 결론을 도출하는 것은 옳은 일이다. 우리는 신약에서 예수와 신약 저자들이 성경 구절을 인용하여 논리적인 결론을 끌어내는 것을 볼 수 있다. 그러나 우리가 추론을 통해 성경에서 올바른 논리적 결론을 도출했다고 생각할 때도 가끔 오류를 범할 수 있다. 우리가 성경의 진술로부터 끌어낸 결론은 확실성과 권위에 있어서 성경의 진술과 동등하지 않다. 결론을 도출하고 추론하는 우리의 능력은 진리의 궁극적 기준이 아니기 때문이다. 오직 성경만이 궁극적 기준이다.

성경의 진술로부터 결론을 도출하는 우리의 추론 능력을 사용할 때 그 한계는 무엇인가? 성경의 진술을 넘어 결론에 이르기 위해 추론하는 것이 성경을 공부할 때 적절하며 심지어 필수적이라는 사실과 성경 자체가 진리의 궁극적 기준이라는 사실을 결합한다면 이러한 원칙을 세울 수 있다. 그 추론이 성경의 다른 본문이 분명히 가르치는 바와 모순되지 않는 한, 우리는 모든 성경 본문으로부터 결론을 도출하는 추론 능력을 자유롭게 사용할 수 있다.[14]

이 원칙은 성경으로부터 그릇된 논리적 결론을 도출하는 것을 막는다. 우리의 추론은 오류가 있을 수 있지만 성경에는 오류가 없다. 예를 들어, 우리는 성경을 읽은 뒤 성부 하나님이 하나님으로 불리시고,고전 1:3 또한 성자 하나님이 하나님으로 불리시며,요 20:28; 딛 2:13 성령 하나님이 하나님으로 불리신다행 5:3-4는 것을 발견한다. 우리는 세 하나님이 존재한다고 추론할 수도 있다. 하지만 우리는 성경이 명시적으로 하나님은 한분이라고 가르친다신 6:4; 약 2:19는 사실도 발견한다. 우리는 하나님에 관한 논리적 추론이라고 유효하게 생각했던 바가 오류였으며, 성경은 (a) 세 위격성부, 성자, 성령이 존재하고 각각 온전한 하나님인 동시에 (b) 한분 하나님이 존재한다고 가르친다는 결론을 내린다. 어떻게 그럴 수 있는가? 우리는 인간의 경험을 통해 세 인격체—예를 들면, 세 친구—를 안다는 것이 무엇을 뜻하는지 이해한다. 하지만 이 세 친구는 별개의 세 존재다. 어떻게 하나님은 세 위격인 동시에 한 존재일 수 있는가?

둘째, 기독교 신학은 역설을 허용할 수 있지만, 하나님은 우리에게 모순을 믿으라고 요구하지 않으신다. 우리는 하나님에 관한 두 진술이 정확히 어떻게 모두 참일 수 있는지 이해할 수 없다. 두 진술은 함께 하나의 역설("모순되어 보이지만 참일 수 있는 진술")을 이룬다.[15] 하나님의 생각은 우리의 생각보다 더 높고사 55:8-9 궁극적으로 하나님만이 그분 자신을 온전히 아시며, 그분의 이해 안에서 역설은 온전히 조화를 이룬다.[16] 따라서 우리는 "하나님이 세 위격이며 한 하나님이시다"라는 역설을 허용할 수 있다. 하지만 "하나님이 세 위격이며 하나님은 세 위격이 아니다"와 같은 진술은 궁극적으로도 모순이며, 따라서 이러한 모순은 있을 수 없다.

"주의 말씀의 강령은 진리이오니 주의 의로운 모든 규례들은 영원하리이다."시 119:160 이 시편 기자는 하나님의 말씀이 개별적으로 참될 뿐 아니라 전체적으로도 참됨을 선언한다. 하나님의 말씀은 전체로 묶어 함께 보아도 진리다. 궁극적으로 성경 안에서든 하나님의 이해 안에서든, 내적인 모순은 존재하지 않는다.

4. 우리는 다른 이들의 도움을 받아 조직신학을 공부해야 한다

"하나님이 교회 중에 몇을 세우셨으니 첫째는 사도요 둘째는 선지자요 셋째는 교사요……."고전 12:28 우리는 하나님이 교회 안에 교사들을 세우신 것에 감사해야 한다. 가르치는 은사를 지닌 교사들은 사람들이 성경을 이해하도록 도와야 한다. 이것은 교회사 속 교사들의 저작을 일부 사용해야 한다는 뜻이다. 또한 조직신학 공부에는 우리가 공부하는 주제를 두고 다른 그리스도인들과 대화를 나누는 것도 포함되어야 한다. 우리가 대화를 나누는 사람들 중에는 성경의 가르침을 명확히 설명하고 우리가 더 쉽게 이해하도록 도울 수 있는 가르침의 은사를 지닌 이들도 있다. 사실 조직신학 수업에서 가장 효과적인 배움은, 강의실 밖에서 성경의 교리를 스스로 이해하려고 노력하는 학생들 사이의 비공식적인 대화를 통해 이루어진다.

5. 우리는 특정 주제와 연관된 모든 성경 본문을 수집하고 이해함으로써 조직신학을 공부해야 한다

앞서 조직신학의 정의를 제시했지만, 조직신학을 공부하는 실제 과정을 추가로 설명할 필요가 있다. 특정 주제에 관해 모든 성경 본문이 가르치는 바를 교리적으로 요약해 공부할 때 어떤 과정을 거쳐야 하는가?

많은 사람들은 이 책(및 다른 조직신학 책들)의 관련된 장들을 공부하고 그 장들에 인용된 성경 구절을 읽는 것으로 충분하다고 생각할 것이다. 어떤 사람들은 특정 주제에 관해 더 심층적으로 공부하거나 여기서 다루지 않는 새로운 주제에 관심을 가질 것이다. 우리에게 주어진 조직신학 교과서가 논하지 않는 주제에 관한 성경의 가르침은 어떻게 공부할 수 있는가?

그 과정은 이러하다. (1) 관련된 모든 성경 구절을 찾으라. 이 단계에서 가장 유익한 도구는 핵심 단어를 검색하고 그 주제를 다루는 성경 구절을 확인할 수 있는 성구 사전이나 성경 검색 프로그램이다. 예를 들어, 사람이 하나님의 형상과 모양을 따라 창조되었다는 본문을 공부할 때 '형상과 모양', '창조하다'라는 단어가 등장하는 모든 구절을 찾아야 한다(사람과 하나님이라는 단어는 자주 등장하므로 검색에 적합하지 않다). 성경에 관한 교리를 공부할 때는 찾아볼 단어가 매우 많으며(기도, 중보, 탄원, 간구, 고백, 찬양, 감사 등), 어쩌면 성경 구절의 목록이 너무 길어 다 살펴보지 못할 수도 있다. 성경 구절을 찾지 않고 성구 사전의 항목이나 검색 결과를 훑어보아야 할 수도 있고, 검색 결과를 항목별로 나누거나 제한해야 할 수도 있다. 또한 성경 구절이 역사적으로 언제 등장하는지 살펴본 뒤 해당 주제를 더 자세히 다룰 수도 있다. 예를 들어, 기도에 관해 연구하는 사람은 한나의 기도,[삼상 1장] 성전 봉헌식에서 했던 솔로몬의 기도,[왕상 8장] 겟세마네 동산에서 했던 예수의 기도[마 26장과 병행 본문] 등과 같은 본문을 읽어 보아야 한다. 그다음 성구 사전이나 검색 프로그램을 활용해 그 주제를 다루는 다른 본문을 읽고 조직신학 책을 살펴보면 놓친 구절을 발견할 수도 있다. 성구 사전에서 찾아본 핵심 단어가 전혀 언급되지 않았을 수도 있기 때문이다.[17]

(2) 두 번째 단계는, 관련 구절을 읽고 메모하며 그 안에 담긴 주장을 요약하는 것이다. 때로 하나의 주제가 자주 반복되므로 다양한 성경 구절들을 비교적 쉽게 요약할 수도 있다. 이해하기 어려운 구절이 있을 수도 있

고 만족스러운 이해에 도달할 때까지 시간을 들여 (문맥 속에서 그 구절을 반복해 읽고 주석이나 사전 같은 특별한 도구를 활용해) 한 구절을 깊이 공부해야 할 수도 있다.

(3) 마지막 단계는, 다양한 성경 구절들의 가르침을 요약해 그 주제에 관해 성경이 가르치는 바를 한두 개의 논점으로 정리하는 것이다. 이러한 요약이 이 주제에 관한 다른 누군가의 결론과 정확히 같은 형식을 취할 필요는 없다. 우리는 각자 성경 안에서 다른 이들이 놓친 것을 볼 수도 있고, 같은 주제를 저마다 다르게 체계화하거나 다른 점을 강조할 수도 있기 때문이다.

이 시점에서 가능하다면 관련된 조직신학 책들을 읽는 것도 유익하다. 이때 오류나 간과한 부분을 점검할 수 있고 입장을 수정하거나 강화하는 대안적 관점과 주장에 대해 알게 된다. 자신과 다른 관점을 주장하는 책이 있다면, 그 관점을 공평하게 다룰 수 있어야 한다. 다른 책을 통해 교회사에서 다루어진 역사적, 철학적 고찰을 배울 수 있고, 이 과정에서 추가적인 통찰을 얻거나 오류를 피할 수 있다.

성경을 읽고 성구 사전에서 단어를 찾거나 성경 검색 프로그램을 사용할 수 있는 모든 그리스도인은 위에서 제시한 과정을 따라 공부할 수 있다. 시간이 지나고 경험이 쌓여 그리스도인으로서 더 성숙해지면 이 과정을 더 빠르고 정확히 마칠 수 있다. 많은 그리스도인들이 스스로 성경의 주제를 찾아 적절한 결론을 도출할 수 있다면, 이는 교회에도 큰 유익이다. 성경의 주제를 발견하는 작업은 기쁘고 보람찬 일이기 때문이다. 특별히 목회자들과 성경 공부를 인도하는 교사들은 성경을 이해하고 가르치는 일에서 새로운 활기를 찾게 될 것이다.

6. 우리는 찬양하는 마음으로 조직신학을 공부해야 한다

조직신학 공부는 지적 활동으로 끝나지 않는다. 조직신학은 살아 계신 하나님과 창조와 구속을 행하신 그분의 경이로움을 공부한다. 우리는 이 주제를 냉철한 마음으로 공부할 수 없다. 우리는 하나님의 존재 전부, 그분이 하신 모든 말씀, 그분이 행하신 모든 일을 사랑하지 않을 수 없다. "너는 마음을 다하고 뜻을 다하고 힘을 다하여 네 하나님 여호와를 사랑하라." 신 6:5

성경을 중심에 두고 조직신학을 공부하고 있다면, 우리는 시편 기자처럼 반응해야 한다. "하나님이여, 주의 생각이 내게 어찌 그리 보배로우신지요."시 139:17 하나님 말씀의 가르침이 집약된 조직신학을 공부할 때 우리 마음이 시편 기자처럼 기쁨과 찬양을 쏟아 낸다면, 그것은 전혀 놀라운 일이 아닐 것이다.

여호와의 계명은 순결하여 눈을 밝게 하시도다.시 19:8

내가 모든 재물을 즐거워함 같이 주의 증거들의 도를 즐거워하였나이다.시 119:14

주의 말씀의 맛이 내게 어찌 그리 단지요. 내 입에 꿀보다 더 다니이다.시 119:103

주의 증거들로 내가 영원히 나의 기업을 삼았사오니 이는 내 마음의 즐거움이 됨이니이다.시 119:111

사람이 많은 탈취물을 얻은 것처럼 나는 주의 말씀을 즐거워하나이다.시 119:162

조직신학을 공부할 때 그리스도인의 반응은, 바울이 로마서 11:32에 이르러 마친 자신의 긴 신학적 논증을 묵상하면서 나타낸 반응과 비슷해야 한다. 그는 하나님이 자신으로 하여금 표현하게 하신 교리의 풍성함에 감격해 기쁨으로 찬양한다.

깊도다. 하나님의 지혜와 지식의 풍성함이여. 그의 판단은 헤아리지 못할 것이며 그의 길은 찾지 못할 것이로다. 누가 주의 마음을 알았느냐. 누가 그의 모사가 되었느냐. 누가 주께 먼저 드려서 갚으심을 받겠느냐. 이는 만물이 주에게서 나오고 주로 말미암고 주에게로 돌아감이라. 그에게 영광이 세세에 있을지어다. 아멘.롬 11:33-36

개인적 적용을 위한 질문

각 장 마지막에 있는 질문들은 삶의 적용에 초점을 맞춘다. 교리는 지적 차원에서 이해할 뿐 아니라 영적, 정서적 차원에서 경험해야 한다고 생각하기에 여러 장에서 특정 교리를 어떻게 느끼고 생각하는지 묻는 질문을 포함시켰다. 이 질문을 깊이 묵상하고 나누면 개인과 교회에 큰 유익을 가져다줄 것이다.

1. 여러분은 조직신학을 어떤 학문으로 이해하고 있는가? 이번 장을 통해 조직신학을 더 잘 이해하게 되었는가?

2. 교회와 교단에 조직신학이 필요한 이유는 무엇인가? 만일 조직신학 공부를 포기한다면 어떤 일이 일어나는가?

3. 이 책의 주제 중 특별히 관심 있는 주제가 있는가? 조직신학을 공부할 때 경계해야 할 것들은 무엇인가?

4. 조직신학을 공부하면서 지성과 영성이 함께 성장하려면 어떤 태도를 가져야 하는가?

신학 전문 용어

교리
교의신학
구약신학
기독교 윤리
모순
변증학
부차적인 교리
성경신학
신약신학
역사신학
역설
전제
조직신학
주요한 교리
철학신학

참고 문헌

참고 문헌은 대부분 오늘날 보수적 복음주의라고 부를 수 있는 입장에서 쓴 저술만을 포함시켰다. 이 부분의 목적은 학생으로 하여금 성경의 본질에 관해 이 책과 같은 일반적인 확신—성경 전체가 전적으로 참되며 하나님이 우리에게 주신 독특하고 절대적으로 권위 있는 말씀이라는 확신—을 공유하는 신학자들이 각 주제를 다룬 다른 글들을 접할 수 있게 하는 것이다. 이 확신으로부터 벗어난다면 놀라울 정도로 다양한 신학적 입장들이 존재하며, 아래에 인용한 최근의 저술에서 충분한 참고 문헌을 쉽게 발견할 수 있다. (로마 가톨릭 교회는 세계의 거의 모든 사회에 큰 영향을 미쳤기 때문에 대표적인 두 로마 가톨릭 저술을 포함시켰다.)

저자들은 광범위한 교파 범주에 따라 분류했으며, 각 범주 안에서 연대순으로 저자들을 배치했다. 물론 아래의 범주는 완벽히 분리되어 있지 않으며 겹치는 경우도 많다. 예를 들어, 다수의 성공회 교인들과 다수의 침례교인들은 신학적으로 개혁주의자이지만 이 범주에 속한 다른 이들은 신학적으로 아르미니우스주의자이다. 다수의 세대주의자들은 침례교인이기도 하지만 다른 세대주의자들은 장로교인이다. 이 범주들은 복음주의 안에서 구별하는 신학 전통을 대표한다고 볼 수 있다.

표기된 연대는 각 저자의 조직신학 책이나 주요한 신학 저술의 최종판이 출간된 연대다. 단일한 주요 신학 저술이 출간되지 않았을 경우 저자가 활발하게 가르치며 조직신학에 관한 글을 썼던 연대를 표기했다. 자세한 서지 자료는 2권 부록 2에서 확인할 수 있다.

복음주의 조직신학 저술의 관련 항목

1. 성공회

1882–1892	Litton, 1–8
1930	Thomas, xvii–xxviii, 146–152
2001	Packer, xi–xiii
2013	Bird, 19–86

2014 Bray, 27–68

2. 아르미니우스주의(또는 웨슬리파/감리교)

1875–1876 Pope, 1:3–32, 42–46
1892–1894 Miley, 1:2–54
1940 Wiley, 1:13–123
1960 Purkiser, 19–38
1983 Carter, 1:19–101
1992 Oden, 1:11–14, 375–406
2002 Cottrell, 9–36

3. 침례교

1767 Gill, 1:vii–xxx
1887 Boyce, 1–8
1907 Strong, 1–51
1976–1983 Henry, 1:13–411; 6:7–34
1987–1994 Lewis and Demarest, 1:13–123
1990–1995 Garrett, 1–48
2007 Akin, 2–71
2013 Erickson, xi–117

4. 세대주의

1947 Chafer, 1:3–17
1949 Thiessen, 1–20
1986 Ryrie, 9–22
2002–2005 Geisler, 1:15–226
2017 MacArthur and Mayhue, 33–68

5. 루터교

1917–1924 Pieper, 1:3–190
1934 Mueller, 1–89

6. 개혁주의(또는 장로교)

1559 Calvin, 1:3–33, 35–43 (prefaces, 1.1–2)
1679–1685 Turretin, *IET*, 1:1–54
1724–1758 Edwards, 2:157–163
1871–1873 Hodge, 1:1–150
1878 Dabney, 133–144
1887–1921 Warfield, *SSW*, 2:207–320
1894 Shedd, 43–84
1910 Vos, 1:vii–x
1937–1966 Murray, *CW*, 1:3–8, 169–173; *CW*, 4:1–21
1938 Berkhof, *Intro.*, 15–128, 170–186
1998 Reymond, xxv–xxxvi
2008 Van Genderen and Velema, 1–19
2011 Horton, 13–34
2013 Culver, 1–18
2013 Frame, 3–52
2016 Allen and Swain, 1–6
2017 Barrett, 43–66
2019 Letham, 33–38

7. 부흥 운동(또는 은사주의/오순절)

1988–1992 Williams, 1:11–28
1993 Menzies and Horton, 9–13
1995 Horton, 7–60
2008 Duffield and Van Cleave, 5–6

대표적인 로마 가톨릭 조직신학 저술의 관련 항목

1. 로마 가톨릭: 전통적 입장

1955 Ott, 1–10

2. 로마 가톨릭: 제2차 바티칸공의회 이후

1980 McBrien, 1:3–78, 183–200
2012 CCC, pp. 1–16, paragraphs 1–25

기타 저술

Baker, D. L. "Biblical Theology." In *NDT1*, 671.

Berkhof, Louis. *Introduction to Systematic Theology.* Grand Rapids: Eerdmans, 1982, 15–75. (『조직신학』 크리스찬다이제스트)

Bray, Gerald L., ed. *Contours of Christian Theology.* Downers Grove, IL: InterVarsity Press, 1993.

____. "Systematic Theology, History of." In *NDT1*, 671–672.

Cameron, Nigel M., ed. *The Challenge of Evangelical Theology: Essays in Approach and Method.* Edinburgh: Rutherford House, 1987.

Carson, D. A. "Systematic Theology and Biblical Theology." In *NDBT*, 89–104.

____. "Unity and Diversity in the New Testament: The Possibility of Systematic Theology." In *Scripture and Truth*, edited by D. A. Carson and John Woodbridge, 65–95. Grand Rapids: Zondervan, 1983.

Clark, David K. *To Know and Love God: Method for Theology.* Wheaton, IL: Crossway, 2003.

Davis, John Jefferson. *Foundations of Evangelical Theology.* Grand Rapids: Baker, 1984.

____. *The Necessity of Systematic Theology.* Grand Rapids: Baker, 1980.

____. *Theology Primer: Resources for the Theological Student.* Grand Rapids: Baker, 1981.

Demarest, Bruce. "Systematic Theology." In *EDT1*, 1064–1066.

Enns, Paul. "Introduction to Systematic Theology." In *The Moody Handbook of Theology, Revised and Expanded Edition*, 149–153. Chicago: Moody Publishers, 2008. (『신학 핸드북』 생명의말씀사)

Erickson, Millard J. *Concise Dictionary of Christian Theology.* Grand Rapids: Baker, 1986.

Erickson, Millard J., and L. Arnold Hustad. *Introducing Christian Doctrine*, 3rd ed. Grand Rapids: Baker Academic, 2015. (『조직신학 개론』 기독교문서선교회)

Frame, John. *Salvation Belongs to the Lord: An Introduction to Systematic Theology.* Phillipsburg, NJ: P&R, 2006. (『조직신학 개론』 개혁주의신학사)

____. *Van Til the Theologian.* Phillipsburg, NJ: Pilgrim, 1976.

Geehan, E. R., ed. *Jerusalem and Athens*. Nutley, NJ: Craig, 1971.

Grenz, Stanley J. *Revisioning Evangelical Theology: A Fresh Agenda for the 21st Century*. Downers Grove, IL: InterVarsity Press, 1993. (『복음주의 재조명: 21세기를 위한 새로운 의제』 기독교문서선교회)

Horton, Michael Scott. *Pilgrim Theology: Core Doctrines for Christian Disciples*. Grand Rapids: Zondervan, 2011. (『조직신학: 그리스도의 제자들을 위한 핵심 교리』 부흥과개혁사)

House, H. Wayne. *Charts of Christian Theology and Doctrine*. Grand Rapids: Zondervan, 1992.

____. *Charts on Systematic Theology*. Grand Rapids: Kregel, 2006.

Kuyper, Abraham. *Principles of Sacred Theology*. Translated by J. H. DeVries. Grand Rapids: Eerdmans, 1968(재판. 1898년에 *Encyclopedia of Sacred Theology*라는 제목으로 처음 출간).

Machen, J. Gresham. *Christianity and Liberalism*. Grand Rapids: Eerdmans, 1923. (『기독교와 자유주의』 복 있는 사람) (내가 생각하기에, 180쪽 분량의 이 책은 역사상 가장 중요한 신학 저술 중 하나다. 이 책은 주요한 성경 교리를 명확하게 소개하며 모든 점에서 자유주의 신학과의 중대한 차이점, 오늘날 우리가 여전히 마주하고 있는 차이점을 보여준다. 나는 모든 신학 입문 강의에서 이 책을 필독서로 삼고 있다.)

Morrow, T. W. "Systematic Theology." In *NDT1*, 671.

Poythress, Vern. *Symphonic Theology: The Validity of Multiple Perspectives in Theology*. Grand Rapids: Zondervan, 1987. (『조화신학』 나침반)

Preus, Robert D. *The Theology of Post-Reformation Lutheranism: A Study of Theological Prolegomena*. 2 vols. St. Louis: Concordia, 1970.

Thornbury, Gregory Alan. "Prologomena: Introduction to the Task of Theology." In *A Theology for the Church*, edited by Daniel L. Akin et al., rev. ed., 3–70. Nashville: B&H, 2007.

Treier, D. J. "Systematic Theology." In *EDT3*, 853–855.

Vanhoozer, K. J. "Systematic Theology." In *NDT2*, 885–886.

Van Til, Cornelius. *In Defense of the Faith*, vol. 5, *An Introduction to Systematic Theology*. Philadelphia: Presbyterian and Reformed, 1976, 1–61, 253–262.

____. *The Defense of the Faith*. Philadelphia: Presbyterian and Reformed, 1955. (『변증학』 개혁주의신학사)

____. *Introduction to Systematic Theology: Prolegomena and the Doctrines of Revelation, Scripture, and God*. 2nd ed. Edited by William Edgar. Phillipsburg, NJ: P&R, 2007. (『조직신학 서론』 크리스챤)

Vos, Geerhardus. "The Idea of Biblical Theology as a Science and as a Theological Discipline." In *Redemptive History and Biblical Interpretation*, ed. Richard Gaffin, 3–24. Phillipsburg, NJ: Presbyterian and Reformed, 1980. (1894년에 논문으로 처음 발표되었다.) (『구속사와 성경 해석』 크리스챤다이제스트)

Warfield, B. B. "The Indispensableness of Systematic Theology to the Preacher." In *Selected Shorter Writings of Benjamin B. Warfield*, ed. John E. Meeter, 2:280–288. Nutley, NJ: Presbyterian and Reformed, 1973. (1897년에 논문으로 처음 발표되었다.)

____. "The Right of Systematic Theology." In *Selected Shorter Writings of Benjamin B. Warfield*, ed. John E. Meeter, 2:21–279. Nutley, NJ: Presbyterian and Reformed, 1973. (1896년에 논문으로 처음 발표되었다.)

Wells, David. *No Place for Truth: Or Whatever Happened to Evangelical Theology?* Grand Rapids: Eerdmans, 1993. (『신학 실종 : 세속화된 복음주의를 구출하라』 부흥과개혁사)

Woodbridge, John D., and Thomas E. McComiskey, eds. *Doing Theology in Today's World: Essays in Honor of Kenneth S. Kantzer*. Grand Rapids: Zondervan, 1991.

Yarnell, M. B. "Systematic Theology, History of." In *NDT2*, 886–889.

성경 암송 구절

많은 학생들은 조직신학 수업에서 가장 소중한 경험으로 성경 암송을 꼽는다. "내가 주께 범죄하지 아니하려 하여 주의 말씀을 내 마음에 두었나이다."시 119:11 나는 각 장에 적합한 성경 본문을 포함시켜 가르치고 배우는 사람들이 성경을 암송할 수 있도록 했다.

마태복음 28:18-20 | 예수께서 나아와 말씀하여 이르시되 하늘과 땅의 모든 권세를 내게 주셨으니 그러므로 너희는 가서 모든 민족을 제자로 삼아 아버지와 아들과 성령의 이름으로 세례를 베풀고 내가 너희에게 분부한 모든 것을 가르쳐 지키게 하라. 볼지어다. 내가 세상 끝날까지 너희와 항상 함께 있으리라 하시니라.

찬송가

훌륭한 조직신학은 찬양으로 귀결된다. 각 장 마지막 부분에는 그 장의 주제와 연관된 찬송가가 있어 수업 전후에 함께 부를 수 있다. 개별 독자라면 혼자 부르거나 조용히 가사를 묵상할 수 있다.

대부분의 찬송가 가사는 미국장로교와 정통장로교에서 함께 펴낸 『트리니티 찬송가』[18]를 인용했지만 다른 교단의 찬송가에도 실려 있다. 따로 표기하지 않았다면[19] 찬송가 가사는 현재 공유 저작물에 속하며 더 이상 저작권의 제약을 받지 않기 때문에 자유롭게 활용할 수 있다.

오래된 찬송가를 이처럼 많이 사용한 이유는 무엇인가? 교회가 사용해 오던 찬송가는 여전히 교리적으로 풍성하고 폭이 넓다. 오늘날의 많은 찬양곡들도 아름다운 내용을 담고 있다. 『조직신학』 개정증보판에는 각 장 마지막에 현대 찬양곡도 덧붙였다.

이번 장에서, 나는 성경 본문으로부터 조직신학을 공부하는 특권에 대해 하나님께 감사하는 찬송가를 찾지 못했기에, 언제나 적절히 사용할 수 있는 일반적 찬양의 내용을 담은 찬송가를 선택했다.

"만 입이 내게 있으면"

찰스 웨슬리가 지은 이 찬송가는 "만 입"이 있다면 그것으로 하나님을 찬양하겠다는 가사로 시작된다. 2절에서는 온 세상에 하나님을 찬양할 수 있도록 하나님이 "날 도와주소서" 하며 기도한다. 그 이후에는 성부 하나님과 예수께 찬양을 드린다.

만 입이 내게 있으면
그 입 다 가지고
내 구주 주신 은총을
늘 찬송하겠네

내 은혜로신 하나님
날 도와주시고
그 크신 영광 널리 펴
다 알게 하소서

내 주의 귀한 이름이
날 위로 하시고
이 귀에 음악 같으니
참 희락되도다

내 죄의 권세 깨뜨려
그 결박 푸시고
이 추한 맘을 피로써
곧 정케 하셨네

◈ ———

천 개의 입이 있다면
그것으로 위대하신 구속자를 찬양하리라
나의 하나님이시며 왕이신 그분의 영광과
은혜의 승리를 노래하리라

은혜로우신 주님, 나의 하나님
주님의 영광스러운 이름을 선포하고
온 땅에 널리 전하도록
나를 도와주소서

예수, 두려움을 물리치고
슬픔이 사라지게 하는 이름
그 이름은 죄인의 귀에 음악이며
강건한 생명이자 평화입니다

그분의 말씀을 듣고
죽은 자들이 새 생명을 얻습니다
슬픔에 잠긴 이들은 기뻐하고
겸손하고 가난한 이들의 믿음은 강해집니다

귀 먼 자들아, 그분의 말씀을 들어라
어리석은 자들아, 너희 입술로 그분을 찬양하라
눈먼 자들아, 구원자가 오시는 것을 보라
저는 자들아, 기뻐하며 뛰라

이 땅의 성도와 하늘의 성도가
땅과 하늘의 교회가
하나님께 영광과 찬양과 사랑을
영원히 드릴 것입니다

그분이 죄의 권세를 깨뜨리십니다
그분이 포로된 자를 해방시키십니다
그분의 보혈이 씻기지 못할 사람은 없습니다
그분의 보혈로 나도 깨끗케 되었습니다

□ 1739년, 찰스 웨슬리 작사

* 새찬송가 23장

"찬양하세"

나 지금 갈보리 보네
날 위해 죽으신 예수
그의 상처 그 손과 발
나무 위에 내 구세주

눈물에 젖은 그의 몸
요셉의 무덤에 누여
큰 돌에 닫혀진 무덤
홀로 남겨진 메시아

사흘 지난 그 새벽에
부활한 하늘의 아들
죽음은 무릎을 꿇고
천군천사 주 높이네

어둠 뚫고 빛 가운데
흰 옷 입은 영광의 왕
그와 함께 나 올라가
주 얼굴만 바라보리

찬양하세 높으신 이름
찬양하세 영원토록
끝이 없는 주 향한 노래
오 주 내 하나님

◈

예수께서 나를 위해 피 흘려 죽으신
갈보리 언덕을 보네
그분의 상처, 그분의 손과 발을 보네
저주 받은 나무에 달리신 나의 구원자
그분의 몸이 달렸던 그 나무가 눈물로 흠뻑 젖었네
그분은 요셉의 무덤에 누우셨네
무거운 돌로 봉해진 입구
그곳에 메시아 홀로 계셨네

셋째 날 동이 틀 무렵
하나님의 아들이 다시 살아나셨네
짓밟힌 죽음아, 너의 쏘는 것이 어디 있느냐
천사들이 왕이신 그리스도를 향해 환호하네
그분은 흰 옷을 입고 다시 오시리니
타오르는 해가 밤을 환히 밝힐 때
나는 성도들과 함께 부활하리라
나는 예수의 얼굴만 바라보리라

주 우리 하나님의 이름을 찬양하라
그분의 이름을 영원히 찬양하라
우리는 영원히 주님을 찬양할 것입니다
오 주님, 우리의 하나님

ㅁ 벤저민 헤이스팅스, 딘 어셔, 마틴 샘슨 작사

1 조직신학에 대한 이 정의는 리폼드 신학교의 명예교수인 존 프레임 교수의 정의를 인용했다. 나는 1971년 부터 2년간 (필라델피아의 웨스트민스터 신학교에서) 그의 아래에서 공부하는 특권을 누렸다. 내가 매번 그에게 진 빚을 인정하기는 불가능하겠지만 여기서 그에게 감사를 표하면서 그가 나의 신학적 사유에, 특히 조직신학의 본질과 하나님의 말씀 교리라는 핵심 영역에서 그 누구보다도 더 큰 영향을 미쳤다고 말하는 것이 좋겠다. 그에게 배웠던 많은 학생들은 이 책에서, 특히 이 두 영역에서 그의 가르침이 반영되었음을 알아차릴 것이다.

2 Gregg Allison, *Historical Theology: An Introduction to Christian Doctrine; A Companion to Wayne Grudem's Systematic Theology* (Grand Rapids: Zondervan, 2011)은 이 책에서 다루는 모든 주제와 관련해 신약의 끝부터 현재까지 교회사를 살펴보는 탁월한 책이다. 이 탁월한 책을 쓰기 위해 엄청난 노력을 기울인, 나의 학생이었으며 이제는 평생의 친구가 된 그렉에게 감사를 전한다.

3 찰스 하지는 "성경이 신약의 모든 사실을 담고 있다"고 말한다(*Systematic Theology*, 1:15). 신학에서 직관이나 관찰을 통해 얻은 생각은 성경의 가르침에 의해 뒷받침될 때만 유효하다. 마찬가지로 루터교 신학자인 프랜시스 피퍼(Francis Pieper)는 "우리는 모든 교리, 곧 그 교리를 다루는 본문—물론 그 맥락 안에서 고려함—으로부터 끌어내 기독교 교리 전체를 얻는다.……교회는 그 자체의 교리를 가지고 있지 않으며, 그리스도의 말씀에 더해 또는 그 말씀 없이 어떤 교리도 가지고 있지 않다"고 말한다. Pieper, *Christian Dogmatics*, 4 vol. (St. Louis: Concordia, 1950), 1:202.

4 성경신학이라는 용어는 내가 조직신학이라고 불렀던 과정에 대한 자연스럽고 적합한 용어처럼 보일 수도 있다. 하지만 신학에서 이 단어는 성경 전체를 통해 교리의 역사적 발전 과정을 추적하는 작업을 지칭하는 용어로 굳어져 있기 때문에, 내가 조직신학이라고 불렀던 과정을 지칭하기 위해 성경신학이라는 용어를 사용하기 시작한다면 혼란을 초래할 뿐이다.

5 Robert L. Reymond, "The Justification of Theology with a Special Application to Contemporary Christology," in *The Challenge of Evangelical Theology: Essays in Approach and Method*, ed. Nigel M. Cameron (Edinburgh: Rutherford, 1987), 82-104에서는 이런 방식으로 교리적 결론을 논증하기 위해 성경 전체를 살펴보는 신약 본문의 사례를 몇 가지 제시한다. 누가복음 24:25-27(및 다른 본문)의 예수, 사도행전 18:28의 아볼로, 사도행전 15장의 예루살렘 공의회, 사도행전 17:2-3; 20:27, 로마서 전체의 바울 등이다. 이 목록에 (하나님의 아들이신 그리스도에 관한) 히브리서 1장과 (참된 믿음의 본질에 관한) 히브리서 11장, 서신서의 수많은 본문을 추가할 수 있다.

6 구원에 이르는 믿음은 35장, 2권 124쪽을 보라.

7 교의(dogma)라는 단어는 교리(doctrine)와 동의어에 가까운 말이지만 이 책에서는 이 단어를 사용하지 않았다. 교의는 로마 가톨릭과 루터교 신학자들이 더 자주 사용하는 용어이며, 공식적인 교회의 승인을 받은 교리를 가리키는 경우가 많다. 교의신학은 조직신학을 지칭하는 또 다른 용어다.

8 기독교 윤리에 대한 이러한 정의는 나의 책 *Christian Ethics: an Introduction to Biblical Moral Reasoning* (Wheaton, IL: Crossway, 2018), 37에 제시되어 있다. 나는 John Frame, *The Doctrine of the Christian Life* (Phillipsburg, NJ: P&R, 2008), 10에 제시된 정의를 채택했다. (『기독교 윤리학: 그리스도인의 삶에 대한 교리』 개혁주의신학사)

9 성경 본문에 포함된 볼드체 표기는 원저자가 추가한 것이다.

10 칼뱅주의와 아르미니우스주의라는 용어에 관한 논의는 16장, 615-616쪽을 참조하라.

11 여기서 많은 로마 가톨릭 학자들은 자신을 복음주의자로 여기지 않을 것이라는 점을 덧붙여야 한다. 하지만 그들 역시 성경의 말씀이 하나님의 말씀이라는 것은 동의할 것이다.

12 1994년 12월 19일 모울이 웨인 그루뎀에게 보낸 편지. 나는 1979년 케임브리지 대학교에서 박사 학위를 받았지만, 모울 교수는 자신이 가르쳤던 학생들과 정기적으로 연락을 주고받았다.

13 David B. Calhoun, *Princeton Seminary*, vol.1, *Faith and Learning, 1812-1868* (Edinburgh and Carlisle, PA: Banner of Truth, 1994), 123.

14 이 지침 역시 리폼드 신학교의 존 프레임 교수에게서 가져온 것이다.

15 *The American Heritage Dictionary of the English Language*, ed. William Morris (Boston: Houghton-Mifflin, 1980), paradox 항목, 950 (first definition). Essentially the same meaning is adopted by *Oxford English Dictionary* (1913 ed.), 7:450, *Concise Oxford Dictionary* (1981 ed.), 742, *Random House College Dictionary* (1979 ed.), 964, and *Chambers Twentieth, Century Dictionary*, 780에서도 본질적으로 같은 의미를 채택하지만 역설이 (덜 흔하기는 하지만) '모순'을 뜻할 수도 있다고 지적한다. 철학사의 여러 고전적인 역설에 대한 해법을 제시하는 *Encyclopedia of Philosophy*, ed. Paul Edwards (New York: Macmillan; Free, 1967), 5:45과 같은 책 45-51에 실린 장 판 헤이어노르트(John van Heijenoort)의 글 "논리적 역설"("Logical Paradoxes")을 참조하라. (역설이 '모순'을 뜻한다면 그런 해법은 불가능할 것이다.)

이 사전들에 정의된 일차적인 의미로 역설이라는 단어를 사용할 때 나는 (역설이 본질적으로 '모순'을 뜻한다고 이해하는) *EDT*, ed. Walter Elwell, 826-827에 실린 캔처(K. S. Kantzer)의 논문 "Paradox"와는 다른 입장을 취한다는 것을 알고 있다. 하지만 나는 역설이라는 단어를 일상적인 영어의 의미로 사용하고 있으며, 이것은 철학에서 익숙한 용법이기도 하다. 나는 모순처럼 보이지만 실제로 모순이 아닌 것을 지칭하는 데는 역설보다 더 나은 말이 없다고 생각한다.

현대 복음주의 진영의 논의에서 역설이라는 용어와 이율배반(antinomy)이라는 연관된 용어 사용에 있어서는 그 통일성이 다소 결여되어 있다. 이율배반이라는 단어가 때로는 여기서 내가 역설이라고 부르는 것, 곧 "모순된 것처럼 보이지만 그럼에도 불구하고 참인 진술"로 사용된다[예를 들어, John Jefferson Davis, *Theology Primer* (Grand Rapids: Baker, 1981), 18을 보라]. 이율배반이라는 말을 이 의미로 사용하는 용법이 널리 읽혔던 책인 제임스 패커의 *Evangelism and the Sovereignty of God*, (London: Inter-Varsity Press, 1961)에서 지지를 받았다. (『복음 전도와 하나님의 주권』 생명의말씀사). 18-22쪽에서 패커는 이율배반을 "모순처럼 보이는 것"으로 정의한다(하지만 18쪽에서는 그의 정의가 *Shorter Oxford Dictionary*와 다르다는 점을 인정한다). 내가 이율배반을 이 의미로 사용하는 것을 문제 삼는 이유는, 이 단어가 일상 영어에서 너무나도 낯설어 그리스도인이 신학자들을 이해하기 위해 배워야 할 전문 용어만 늘어나게 할 뿐 아니라 위에서 인용한 사전들도 이 의미를 지지하지 않기 때문이다. 인용된 모든 사전은 이율배반이 '모순'을 뜻한다고 정의한다(예를 들어, *Oxford English Dictionary*, 1:371). 심각한 문제는 아니지만 복음주의자들이 이러한 용어의 통일된 의미에 합의할 수 있다면 효과적인 소통에 도움이 될 것이다.

역설은 조직신학에서 분명히 받아들여지며, 사실 우리가 모든 신학적 주제를 유한하게 이해할 수밖에 없는 한 역설은 불가피하다. 기독교 신학은 모순(서로를 부인하는 한 쌍의 진술)을 절대 인정하지 않는다는 사실을 아는 것이 중요하다. "하나님은 세 위격이며 하나님은 세 위격이 아니다"라는 말은 (위격이라는 용어가 이 문장의 전반부와 후반부 모두에서 동일한 의미를 지닐 때) 모순일 것이다.

16 우리가 역설을 용인할 수 있다는 말은 기독교 신학에서 신비를 용인할 수 있다는 말이기도 하다.

17 예를 들어, 내가 읽었던 수많은 학생들의 보고서에서는 그리스도인이 어떻게 기도해야 하는지에 관해

요한복음은 아무것도 말하지 않는다고 주장한다. 그들은 성구 사전에서 찾아 보았지만 '기도'라는 단어가 요한복음에 등장하지 않고 '기도하다'라는 단어는 요한복음 14, 16, 17장에서 예수께서 기도하는 것을 묘사하면서 네 번밖에 등장하지 않기 때문이라고 말한다. 그들은 요한복음에 '기도하다' 대신 '구하다'라는 단어가 사용된 중요한 구절(요 14:13-14, 15:7, 16 등)이 포함되어 있다는 사실을 간과했다.

18 *Trinity Hymnal* (Philadelphia: Great Commission, 1990). 이 찬송가는 정통장로교회가 1961년에 같은 제목으로 출간한 비슷한 찬송가의 전면개정판이다.

19 21, 37, 5장의 찬송가에는 저작권 제한 규정이 여전히 적용되므로 저작권 보유자의 허락 없이 복제할 수 없다.

20 Copyright @ 2015 Hillsong Music Publishing (APRA) (adm. in the US and Canada at CapitolCMG Publishing.com). All rights reserved. Used by permission.

1부 · 하나님의 말씀에 관한 교리

2. 하나님의 말씀

하나님의 말씀의 여러 다른 형태는 무엇인가?

설명과 성경적 기초

'하나님의 말씀'이란 무엇을 의미하는가? 사실 성경에서 이 용어는 몇 가지 다른 의미로 사용된다. 이 공부를 시작하면서 이 용어의 다른 의미를 구별하는 것이 유익하다.

A. 인격체로서 하나님의 말씀: 예수 그리스도

성경은 하나님의 아들을 "하나님의 말씀"이라고 부른다. 요한계시록 19:13에서 요한은 하늘에 계신 부활하신 주 예수를 보며 "그 이름은 하나님의 말씀이라 칭하더라"고 말한다. 요한복음의 첫 부분은 이렇게 시작한다. "태초에 말씀이 계시니라. 이 말씀이 하나님과 함께 계셨으니 이 말씀은 곧 하나님이시니라."요 1:1 여기서 요한은 분명히 하나님의 아들에 관해 말하고 있다. "말씀이 육신이 되어 우리 가운데 거하시매 우리가 그의 영광을 보니 아버지의 독생자의 영광이요 은혜와 진리가 충만하더라."요 1:14 이 구절들및 요일 1:1은 성경에서 성자 하나님을 "말씀" 또는 "하나님의 말씀"으로 부르는 유일한 용례다. 하지만 이를 통해 삼위일체의 세 위격 중 특히 성자 하나님이 그분의 말씀뿐만 아니라 그분의 인격체를 통해 하나님의 성품을 우리에게 전달하고, 우리를 향한 하나님의 뜻을 표현하는 역할을 맡으셨음을 알 수 있다.

B 하나님이 하신 말씀으로서 '하나님의 말씀'

1. 하나님의 작정

때때로 하나님의 말씀은 사건을 발생시키거나 무언가를 존재하게 하는 강력한 의미를 가진 것으로 제시된다. "하나님이 이르시되 빛이 있으라 하시니 빛이 있었고."창 1:3 하나님은 동물의 세계도 강력한 말씀을 통해 창조하셨다. "하나님이 이르시되 땅은 생물을 그 종류대로 내되 가축과 기는 것과 땅의 짐승을 종류대로 내라 하시니 그대로 되니라."창 1:24 시편 기자는 "여호와의 말씀으로 하늘이 지음이 되었으며 그 만상을 그의 입 기운으로 이루었도다"라고 말한다.시 33:6

강력하고 창조적인 하나님의 말씀은 흔히 하나님의 작정decrees이라고 부른다. 하나님의 작정은 무언가를 일어나게 한다. 하나님의 작정에는 본래의 창조 사건만이 아닌 만물의 지속적인 존재도 포함된다. 히브리서 1:3은 그리스도께서 계속해서 "그의 능력의 말씀으로 만물을 붙드"신다고 말한다.

2. 개인에게 친히 하시는 하나님의 말씀

때때로 하나님은 이 땅의 사람들에게 직접 말씀함으로 소통하신다. 이는 개인에게 친히 하시는 하나님의 말씀이라고 부를 수 있으며, 성경 전체에서 그 예시를 찾을 수 있다. 창조의 가장 처음에 하나님은 아담에게 말씀하신다. "여호와 하나님이 그 사람에게 명하여 이르시되 동산 각종 나무의 열매는 네가 임의로 먹되 선악을 알게 하는 나무의 열매는 먹지 말라. 네가 먹는 날에는 반드시 죽으리라 하시니라."창 2:16-17 아담과 하와가 죄를 범한 뒤에 하나님이 오셔서 그들에게 친히 저주의 말씀을 하신다.창 3:16-19 하나님이 이 땅의 사람들에게 친히 말씀하신 또 다른 중요한 사례는 십계명을 주실 때다. "하나님이 이 모든 말씀으로 말씀하여 이르시되 나는 너를 애굽 땅 종 되었던 집에서 인도하여 낸 네 하나님 여호와니라. 너는 나 외에는 다른 신들을 네게 두지 말라."출 20:1-3 신약에서 성부 하나님은 예수께서 세례를 받을 때 하늘로부터 들리는 목소리로 "이는 내 사랑하는 아들이요 내 기뻐하는 자라"고 말씀하신다.마 3:17

하나님이 개인에게 친히 말씀하는 사례와 다른 몇몇 사례에서, 그것이 실제 하나님의 말씀이라는 사실은 듣는 사람에게 분명했다. 그들은 하나님의 목소리를 들었으며, 그들은 절대적으로 신적 권위를 지닌 신뢰할 수 있는 말씀을 들었다. 그 말씀을 믿지 않거나 그 말씀에 불순종한다는 것은 곧 하나님을 믿지 않거나 그분께 불순종하는 것이자 죄였을 것이다.

성경에서 하나님이 개인에게 친히 하신 말씀은 언제나 실제로 하나님이 하신 말씀이지만, 그 말씀은 인간이 즉시 이해할 수 있는 평범한 인간의 언어로 발화되었기에 인간의 말이기도 하다. 하나님의 말씀이 인간의 언어로 발화되었다는 사실이 어떤 식으로든 그 말씀의 신적 성격과 권위를 제한하지는 않는다. 그 말씀은 여전히 전적으로 하나님의 말씀이며, 하나님이 그분의 목소리로 친히 하신 말씀이다.

일부 신학자들은 인간의 언어는 어떤 의미에서 불완전하기 때문에 하나님이 인간의 언어로 우리에게 주신 모든 메시지는 그 권위나 진실성에서 제한될 수밖에 없다고 주장한다. 그러나 하나님이 개인들에게 친히 하신 말씀을 기록한 본문과 다른 많은 본문들에서는, 하나님의 말씀이 인간의 언어로 발화되었으므로 하나님 말씀의 권위와 진실성이 제한적이라는 암시가 전혀 없다. 오히려 그 반대가 참이다. 이런 말씀은 언제나 듣는 사람에게 그 말씀을 믿고 전적으로 순종해야 한다는 절대적인 의미를 부과하기 때문이다. 만일 그 말씀을 조금이라도 믿지 않거나 순종하지 않는다면, 하나님을 불신하거나 그분께 불순종하는 것과 같다.

3. 인간의 입술을 통해 발화된 하나님의 말씀

성경에서 하나님은 예언자를 세우고 그를 통해 말씀하시는 경우가 많다. 이는 평범한 인간에 의해 평범한 언어로 발화된 말씀이지만 그 말씀의 권위와 진실성은 결코 약화되지 않는다. 그것은 여전히 전적인 하나님의 말씀이다.

신명기 18장에서 하나님은 모세에게 이렇게 말씀하신다.

> 내가 그들의 형제 중에서 너와 같은 선지자 하나를 그들을 위하여 일으키고 내 말을 그 입에 두리니 내가 그에게 명령하는 것을 그가 무리에게 다 말하리라. 누구든

지 내 이름으로 전하는 내 말을 듣지 아니하는 자는 내게 벌을 받을 것이요. 만일 어떤 선지자가 내가 전하라고 명령하지 아니한 말을 제 마음대로 내 이름으로 전하든지 다른 신들의 이름으로 말하면 그 선지자는 죽임을 당하리라. 신 18:18-20

하나님은 예레미야에게 비슷한 말씀을 하신다. "여호와께서 그의 손을 내밀어 내 입에 대시며 여호와께서 내게 이르시되 보라, 내가 내 말을 네 입에 두었노라." 렘 1:9 또 하나님은 그에게 "내가 네게 무엇을 명령하든지 너는 말할지니라"고 말씀하신다. 렘 1:7; 또한 출 4:12; 민 22:38; 삼상 15:3, 18, 23; 왕상 20:36; 대하 20:20; 25:15-16; 사 30:12-14; 렘 6:10-12; 36:29-31 참조 주님을 위해 말한다고 주장하지만 그분께 메시지를 받은 적이 없는 자는 누구든지 혹독한 벌을 받았다. 겔 13:1-7; 신 18:20-22

인간의 입술을 통해 발화된 하나님의 말씀은 하나님이 친히 개인에게 하신 말씀과 동일한 권위를 가지며 참된 것으로 여겨졌다. 하나님의 말씀이 인간의 입술을 통해 발화되었다고 해서 그 권위가 약해지는 것은 전혀 아니었다. 그 말씀을 믿지 않거나 불순종하는 것은 하나님을 믿지 않거나 그분께 불순종하는 것과 같았다.

4. 기록된 형태의 하나님의 말씀(성경)

작정으로서 하나님의 말씀과 개인에게 친히 하신 하나님의 말씀, 인간의 입술을 통해 발화된 하나님의 말씀과 더불어 성경에는 하나님의 말씀이 기록된 형태로 남겨져 있다. 첫 번째 사례는 십계명이 기록된 두 돌판에 관한 이야기에서 확인할 수 있다. "여호와께서 시내 산 위에서 모세에게 이르시기를 마치신 때에 증거판 둘을 모세에게 주시니 이는 돌판이요 하나님이 친히 쓰신 것이더라." 출 31:18 "그 판은 하나님이 만드신 것이요 글자는 하나님이 쓰셔서 판에 새기신 것이더라." 출 32:16; 34:1, 28

이후 모세는 하나님의 말씀을 다음과 같이 기록했다.

또 모세가 이 율법을 써서 여호와의 언약궤를 메는 레위 자손 제사장들과 이스라엘 모든 장로에게 주고 모세가 그들에게 명령하여 이르기를 매 칠 년 끝 해 곧 면제년의 초막절에 온 이스라엘이 네 하나님 여호와 앞 그가 택하신 곳에 모일 때에 이 율법을 낭독하여 온 이스라엘에게 듣게 할지니……그들에게 듣고 배우고 네 하나님 여호와를 경외하며 이 율법의 모든 말씀을 지켜 행하게 하고……이 말씀을 알지 못하는 그들의 자녀에게 듣고 네 하나님 여호와 경외하기를 배우게 할지니라.신 31:9-13

모세가 기록한 이 책은 언약궤 옆에 두었다. "모세가 이 율법의 말씀을 다 책에 써서 마친 후에 모세가 여호와의 언약궤를 메는 레위 사람에게 명령하여 이르되 이 율법책을 가져다가 너희 하나님 여호와의 언약궤 곁에 두어 너희에게 증거가 되게 하라."신 31:24-26

이후 하나님의 말씀이 담긴 이 책에 추가적인 기록이 이루어졌다. "여호수아가 이 모든 말씀을 하나님의 율법책에 기록하고."수 24:26 하나님은 이사야에게 "이제 가서 백성 앞에서 서판에 기록하며 책에 써서 후세에 영원히 있게 하라"고 명령하셨다.사 30:8 다시 한번 하나님은 예레미야에게 "내가 네게 일러 준 모든 말을 책에 기록하라"고 명령하셨다.렘 30:2; 36:2-4, 27-31; 51:60 참조 신약에서 예수께서는 제자들에게, 성령이 그분 곧 예수께서 하신 말씀을 기억하게 해주실 것이라고 약속하신다.요 14:26; 16:12-13 바울은 그가 고린도인들에게 보낸 편지에 적은 말이 곧 "주의 명령"이라고 말한다.고전 14:37; 벧후 3:2

이런 말씀은 인간에 의해 인간의 언어로 기록되었지만 여전히 하나님의 말씀으로 간주되며 절대적으로 권위가 있고 참되다. 그 말씀에 불순종하거나 믿지 않는 것은 심각한 죄이며 하나님께 심판을 받게 될 것이다.고전 14:37; 렘 36:29-31

하나님의 말씀을 기록함으로써 몇 가지 유익을 얻을 수 있다. 첫째, 후대를 위해 하나님에 관한 기록을 더 정확히 보존할 수 있다. 기억과 구두 전승에 의존하는 것은 기록을 남기는 것에 비해 덜 믿을 만한 보존 방법이다.신 31:12-13 참조 둘째, 기록된 말씀을 반복적으로 검토할 기회가 있고, 이를 통해 말씀을 자세히 공부하고 토론할 수 있으며, 그 결과 말씀을 더 잘 이해하고 온전히 순종할 수 있게 된다. 셋째, 기억과 구두 전승을 통해 보존될 때보다 더 많은 사람들이 하나님의 말씀을 접할 수 있다. 말씀을 암송하거나 낭독할 때 그 자리에 참석할 수 있는 사람들로 접근 가능성이 제한되지 않으며, 언제든지 누구나 기록된 말씀을 자세히 살펴볼 수 있다. 하나님의 말씀이 기록될 때, 이러한 접근 가능성과 아울러 하나님 말씀의 보존 형태의 신뢰성과 영속성이 크게 향상되며, 결코 그 권위나 진실성이 약화되지 않는다.

C. 조직신학 공부의 초점

우리의 조직신학 공부는 기록된 하나님 말씀의 모든 형태 중[2] 성경에 초점을 맞춘다. 성경은 공적으로 검토할 수 있으며 우리의 토론의 기초가 되는 하나님 말씀의 형태다. 성경은 우리에게 인격체이신 하나님 말씀, 곧 현재 지상에 육체적으로 존재하지 않으시는 예수 그리스도에 관해 이야기하며 우리를 그분께로 인도한다. 우리는 더 이상 그분의 삶과 가르침을 직접 눈으로 보거나 모방할 수 없다.

하나님 말씀의 다른 형태는 조직신학 공부를 위한 일차적인 기초가 되기에 적합하지 않다. 우리는 작정으로서 하나님의 말씀을 듣지 못하므로 그 말씀을 직접 공부할 수 없고, 그 결과를 관찰함으로써만 공부할 수 있다. 설령 오늘날 하나님이 우리에게 친히 하시는 말씀을 들었다고 해도 우리가 그 말씀을 이해하고 기억한 뒤에 기록한 것이 정확한지 확신할 수 없다. 또한 그것이 그분의 말씀이라는 확실성을 다른 이들에게 전달할 수 없다. 신약의 정경이 완성된 이후로 인간의 입술을 통해 발화된 하나님의 말씀은 더 이상 우리에게 주어지지 않았다.[3] 이러한 다른 형태의 하나님 말씀은 조직신학 공부의 일차적 기초가 되기에 부적합하다.

우리에게 가장 유익한 것은 성경에 기록된 하나님 말씀을 공부하는 것이다. 성경은 그분이 우리에게 공부하라고 명령하신 기록된 하나님 말씀이다. 하나님 말씀을 "주야로 묵상하는" 사람은 복되다.[시 1:1-2] 하나님이 여호수아에게 하신 말씀은 우리에게도 적용된다. "이 율법책을 네 입에서 떠나지 말게 하며 주야로 그것을 묵상하여 그 안에 기록된 대로 다 지켜 행하라. 그리하면 네 길이 평탄하게 될 것이며 네가 형통하리라."[수 1:8] "하나님의 감동으로 된 것으로 교훈과 책망과 바르게 함과 의로 교육하기에 유익"한 것은 기록된 형태의 하나님 말씀인 성경이다.[딤후 3:16]

개인적 적용을 위한 질문

1. 여러분은 기록된 하나님의 말씀으로서 성경이 다른 무엇보다 확실한 권위를 갖는다는 것에 동의하는가? 그렇지 않다면 그 이유는 무엇인가? 하나님 말씀으로서 성경의 권위를 인정하기 위해 어떤 노력이 필요한가?

2. 하나님께서 다양한 방식으로 빈번히 그분의 뜻을 피조물에게 전하신다고 할 때, 거기서 발견되는 하나님의 속성과 하나님께 기쁨이 되는 것은 무엇인가?

참고 문헌

이 참고 문헌에 관한 설명으로는 1장, 60쪽을 보라. 자세한 서지 자료는 부록 2에서 확인할 수 있다. 이번 장의 주제를 명시적으로 다룬 조직신학 책은 많지 않지만 하나님 말씀의 권위를 논하는 부분에서 비슷한 내용을 많이 다룬다. 이 주제에 관해 4장 마지막 부분의 참고 문헌을 보라.

복음주의 조직신학 저술의 관련 항목

1. 성공회

1882–1892 Litton, 9–10
2001 Packer, 3–6
2013 Bird, 62–70
2014 Bray, 137–148

2. 아르미니우스주의(또는 웨슬리파/감리교)

1940 Wiley, 1:124–65
1992 Oden, 1:330–35, 345–351, 379–382
2002 Cottrell, 23–28

3. 침례교

1990–1995 Garrett, 1:105–212
2007 Akin, 118–175
2013 Erickson, 121–142, 143–167, 168–187, 210–229

4. 세대주의

2002–2005 Geisler, 1:229–243
2017 MacArthur and Mayhue, 69–142

5. 루터교

(명시적으로 다루지 않음)

6. 개혁주의(또는 장로교)

1679–1685 Turretin, *IET*, 1:55–61
1894 Shedd, 85–124
1906–1911 Bavinck, *RD*, 1:283–300, 301–322, 323–351, 401–402
1998 Reymond, 3–24
2008 Van Genderen and Velema, 58–116
2011 Horton, 151–219
2013 Culver, xvi–xvii
2013 Frame, 519–693
2016 Allen and Swain, 30–56
2017 Barrett, 145–188
2019 Letham, 41–65

7. 부흥 운동(및 은사주의/오순절)

1993 Menzies and Horton, 15–40
1995 Horton, 61–116
2008 Duffield and Van Cleave, 5–8

대표적인 로마 가톨릭 조직신학 저술의 관련 항목

1. 로마 가톨릭: 전통적 입장

1955 Ott (명시적으로 다루지 않음)

2. 로마 가톨릭: 제2차 바티칸공의회 이후

2012 CCC, paragraphs 101–141

기타 저술

Cameron, Nigel M. de S. "Bible, Authority of the." In *BTDB*, 55–58.

Carson, D. A., ed. *The Enduring Authority of the Christian Scriptures*. Grand Rapids: Eerdmans, 2016.

Fanning, B. M. "Word." In *NDBT*, 848–853.

___. "Bible, Inspiration of the." In *BTDB*, 60–61.

___. "Revelation, Idea of." In *BTDB*, 679–682.

Frame, John M. *The Doctrine of the Word of God*. Vol. 4.

Phillipsburg, NJ: P&R, 2010. (『성경론』 개혁주의신학사)

Holmes, S. R. "Revelation." In *NDT2*, 770–773.

Kline, Meredith. *The Structure of Biblical Authority*. Grand Rapids: Eerdmans, 1972. (『언약과 성경』 부흥과 개혁사)

Kuyper, Abraham. *Principles of Sacred Theology*. Translated by J. H. de Vries. Grand Rapids: Eerdmans, 1968, 405–412. (1898년에 *Encyclopedia of Sacred Theology*라는 제목으로 처음 출간)

Lillback, Peter A., and Richard B. Gaffin, eds. *Thy Word Is Still Truth: Essential Writings on the Doctrine of Scripture from the Reformation to Today*. Phillipsburg, NJ: P&R, 2013.

McDonald, H. D. *Theories of Revelation: An Historical Study, 1860–1960*. Grand Rapids: Baker, 1979.

___. "Word, Word of God, Word of the Lord." In *EDT3*, 945–947.

McKim, D. K., and P. S. Chung. "Revelation and Scripture." In *GDT*, 758–767.

McRay, John. "Bible, Canon of the." In *BTDB*, 58–60.

Meadors, Gary T. "Scripture, Unity and Diversity of." In *BTDB*, 715–718.

Meadowcroft, T. J. *The Message of the Word of God: The Glory of God Made Known*. Downers Grove, IL: InterVarsity Press, 2011.

Packer, J. I. "Scripture." In *NDT2*, 821–825.

Pinnock, C. H. "Revelation." In *NDT1*, 585–587.

Pyne, Robert A. *Humanity & Sin: The Creation, Fall, and Redemption of Humanity*. Nashville: Word, 1999.

Vos, Geerhardus. *Biblical Theology: Old and New Testaments*. Grand Rapids: Eerdmans, 1948, 28–55, 321–327. (『성경신학』 크리스찬다이제스트)

Ward, Timothy. *Words of Life: Scripture As the Living and Active Word of God*. Downers Grove, IL: IVP Academic, 2009.

Witmer, John Albert. *Immanuel: Jesus Christ, Cornerstone of our Faith*. Nashville: Word, 1998.

성경 암송 구절

시편 1:1-2 | 복 있는 사람은 악인들의 꾀를 따르지 아니하며 죄인들의 길에 서지 아니하며 오만한 자들의 자리에 앉지 아니하고 오직 여호와의 율법을 즐거워하여 그의 율법을 주야로 묵상하는도다.

찬송가

"주 예수 해변서"

이 찬송가는 주님께서 우리에게 육신의 떡뿐 아니라 "생명의 떡"bread of life, 우리말 찬송가에서는 번역되지 않음—옮긴이이라는 영적 양식도 주시기를 간구하는 기도다. 여기서 생명의 떡은 기록된 하나님의 말씀과 "생명의 말씀"이신 그리스도 모두를 가리키는 은유다.

주 예수 해변서 떡을 떼사
무리를 먹이어 주심 같이
영생의 양식을 나에게도
풍족히 나누어 주옵소서

생명의 말씀인 나의 주여
목말라 주님을 찾나이다
해변서 무리를 먹임 같이
갈급한 내 심령 채우소서

내 주여 진리의 말씀으로
사슬에 얽매인 날 푸시사
내 맘에 평화를 누리도록
영원한 생명을 주옵소서

성령을 내 맘에 보내셔서
내 어둔 영의 눈 밝히시사
말씀에 감추인 참 진리를
깨달아 알도록 하옵소서

◈ ———

사랑하는 주님, 생명의 떡을 떼어 주소서
해변에서 떡을 떼셨듯이
거룩한 책에서 주님을 찾습니다
살아 계신 말씀이시여, 내 영이 주님을 갈망합니다

사랑하는 주님, 진리를 가르쳐 주소서
갈릴리 해변에서 떡에 축사하셨듯이
모든 속박이 끝나고 모든 족쇄가 풀릴 것입니다
그곳에서 나의 모든 것 되신 평화의 주님을 찾게 될 것입니다

오 주님, 주님은 생명의 떡이십니다
주님의 거룩한 말씀, 구원하는 진리의 떡을 주셔서
그것을 받아 먹고 주님과 함께 살게 하소서
주님의 진리를 사랑하도록 나를 이끄소서

오 주님, 이제 주님의 성령을 보내 주셔서
내 눈을 밝히시고 그것을 보게 하소서
주님의 말씀 안에 숨겨진 진리를 보여 주소서
주님의 말씀 안에 계시된 주님을 보게 될 것입니다

□ 1877년, 메리 래스부리 저작

* 새찬송가 198장

"주 말씀"

주 말씀 내 발에 등이요
나의 길에 빛이라
주 말씀 내 발에 등이요
나의 길에 빛이라

잊을 수 없네 그 영원한 사랑
나의 맘 방황하여도
나를 붙드사 인도하소서
주 사랑하리 영원히

길을 잃고서 나 두려울 때도
주님 항상 내 곁에
주님 계시니 두려움 없네
나와 함께하소서

◈

주님의 말씀은 내 발의 등이며
내 길의 빛입니다
주님의 말씀은 내 발의 등이며
내 길의 빛입니다

나를 향한 주님의 사랑을
결코 잊지 않겠습니다
내 마음이 방황할 때
예수님, 나의 인도자가 되어 주시고
나를 주님 곁에 붙잡아 두소서
나는 끝까지 주님을 사랑하겠습니다

내가 두려워할 때
길을 잃었다고 생각할 때
그때도 주님이 바로 내 곁에 계십니다
주님이 가까이 계시니
나는 아무것도 두렵지 않습니다
끝까지 나와 함께하소서

▫ 에이미 그랜트 작사
▫ 마이클 스미스 작곡4

주

1 여기서 다루는 네 범주에 관해, 또한 어떻게 하나님의 전적인 권위가 이 네 범주 모두에 적용되는지 알려 준 존 프레임 교수에게 감사드린다.

2 하나님은 위에서 언급한 하나님의 말씀 형태 외에도 다른 형태의 일반 계시—곧 특정 사람뿐 아니라 모든 사람에게 일반적으로 주어지는 계시—를 통해 그분의 뜻을 전하신다. 일반 계시는 자연을 통해 오는 하나님의 계시(시 19:1-6; 행 14:17)와 모든 사람의 마음속에 있는 하나님의 존재에 대한 내적 자각과 옳고 그름에 대한 내적 감각을 통해서 오는 하나님의 계시(롬 2:15)를 포함한다. 이런 종류의 계시는 형식상 비언어적이며, 이번 장에서 논하는 다양한 형태의 하나님 말씀 목록에는 포함시키지 않았다(일반 계시에 대한 더 자세한 논의로는 7장, 224쪽 참조).

3 성경의 정경에 관한 논의는 3장, 82쪽을 보라. 현재 기독교 예언의 본질에 관한 논의는 2권 53장, 735쪽을 보라.

4 © 1984 Curb Word Music (ASCAP). All rights on behalf of Curb Word Music administered by WC Music Corp.

3. 정경

성경에 속하는 것은 무엇이며, 성경에 속하지 않는 것은 무엇인가?

설명과 성경적 기초

앞 장에서 결론을 내렸듯이, 우리는 기록된 형태의 하나님의 말씀인 성경에 특별한 주의를 기울여야 한다. 이것을 위해 어떤 글이 성경에 속하며 어떤 글이 속하지 않는지를 알아야 한다. 이는 곧 정경의 문제이며, 정경The Canon of Scripture이란 '성경에 속하는 모든 책의 목록'으로 정의할 수 있다.

이 문제의 중요성을 과소평가하면 안 된다. 성경 말씀은 우리의 영적인 삶의 양식이다. 모세가 이스라엘 백성에게 했던 하나님의 율법에 관한 명령은 우리에게도 여전히 유효하다. "이는 너희에게 헛된 일이 아니라 너희의 생명이니 이 일로 말미암아 너희가 요단을 건너가 차지할 그 땅에서 너희의 날이 장구하리라."신 32:47

하나님의 말씀에 무언가를 더하고 빼는 것은 하나님의 백성이 그분께 온전히 순종하지 못하게 막는 것과 다름없다. 제거된 명령은 백성에게 알려지지 않을 것이고, 추가된 말씀은 하나님이 명령하지 않은 것을 백성에게 요구할 것이기 때문이다. 모세는 이스라엘 백성에게 "내가 너희에게 명령하는 말을 너희는 가감하지 말고 내가 너희에게 내리는 너희 하나님 여호와의 명령을 지키라"고 경고했다.신 4:2

정경의 범위를 정확히 결정하는 일은 대단히 중요하다. 절대적으로 하나님을 신뢰하고 순종하고자 한다면, 우리에게 주시는 하나님의 말씀이라고 확신할 수 있는 말씀 모음집을 가져야 한다. 하나님의 말씀인지 아닌지 의심스러운 부분이 성경 안에 존재한다면, 우리는 그 부분이 절대적인 신적 권위를 가진다고 생각하지 않을 것이며, 우리가 하나님을 신뢰하는 만큼 그 부분을 신뢰하지는 않을 것이다.

A. 구약 정경

정경이라는 관념—이스라엘 백성이 기록된 하나님의 말씀 모음집을 보존해야 한다는 관념—은 어디서 시작되었는가? 성경 자체가 정경의 역사적 발전을 증언한다. 하나님의 말씀을 처음 기록으로 남긴 것은 십계명이다. 십계명은 정경의 시작을 이룬다. 하나님은 백성에게 명령한 말씀을 두 돌판에 친히 쓰셨다. "여호와께서 시내 산 위에서 모세에게 이르시기를 마치신 때에 증거판 둘을 모세에게 주시니 이는 돌판이요 하나님이 친히 쓰신 것이더라."출 31:18 또한 "그 판은 하나님이 만드신 것이요 글자는 하나님이 쓰셔서 판에 새기신 것이더라."출 32:16; 또한 신 4:13; 10:4 참조 그 돌판은 언약궤 안에 보관했으며,신 10:5 하나님이 그분의 백성과 맺으신 언약의 조건이 되었다.[1]

하나님께로부터 온 권위 있는 말씀 모음집은 이스라엘 역사를 통해 점점 더 방대해졌다. 모세도 추가적인 말씀을 기록해 그것을 언약궤 곁에 두게 했다.신 31:24-26 이 말씀은 신명기를 가리키는 것으로 보이지만, 모세가 쓴 글을 언급하는 구절에서 구약의 첫 네 권 역시 그가 썼다고 분명히 말한다.출 17:14; 또한 24:4; 34:27; 민 33:2; 신 31:22 참조 모세가 죽은 뒤 여호수아도 기록된 하나님의 말씀 모음집에 내용을 추가했다. "여호수아가 이 모든 말씀을 하나님의 율법책에 기록하고."수 24:26 하나님이 모세를 통해 그 백성에게 주신 다음의 명령에 비추어 볼 때 이 사실은 놀랍다.수 24:26 "내가 너희에게 명령하는 말을 너희는 가감하지 말고 내가 너희에게 내리는 너희 하나님 여호와의 명령을 지키라."신 4:2; 12:32 여호수아가 이토록 구체적인 명령을 어긴 것은, 분명 그가 기록된 하나님의 말씀에 무언가를 추가하는 것이 아니라 하나님이 친히 그 추가적인 기록을 승인하셨다고 확신했기 때문일 것이다.

나중에는 이스라엘에 속한 다른 이들, 곧 예언자의 직분을 이행하는 이들이 하나님이 주신 추가적인 말씀을 기록했다.

사무엘이 나라의 제도를 백성에게 말하고 책에 기록하여 여호와 앞에 두고 모든 백성을 각기 집으로 보내매.삼상 10:25

다윗 왕의 행적은 처음부터 끝까지 선견자 사무엘의 글과 선지자 나단의 글과 선견자 갓의 글에 다 기록되고.대상 29:29

이외에 여호사밧의 시종 행적은 하나니의 아들 예후의 글에 다 기록되었고 그 글은 이스라엘 열왕기에 올랐더라.대하 20:34; 또한 하나니의 아들 예후가 예언자로 불리는 왕상 16:7 참조

웃시야의 남은 시종 행적은 아모스의 아들 선지자 이사야가 기록하였더라.대하 26:22

히스기야의 남은 행적과 그의 모든 선한 일은 아모스의 아들 선지자 이사야의 묵시 책과 유다와 이스라엘 열왕기에 기록되니라.대하 32:32

이스라엘의 하나님 여호와께서 이와 같이 말씀하여 이르시기를 내가 네게 일러 준 모든 말을 책에 기록하라.렘 30:2 2

구약 정경의 내용은 저술 과정이 끝날 때까지 계속 늘어났다. 학개의 연대를 주전 520년으로, (아마도 주전 480년 이후 더 많은 내용이 추가되었을) 스가랴의 연대를 주전 520-518년으로, 말라기의 연대를 435년경으로 본다면, 우리는 구약의 마지막 예언자들의 연대를 대략 아는 셈이다. 이 시기는 구약 역사의 마지막 책들—에스라, 느헤미야, 에스더—이 기록된 때와 대체로 일치한다. 에스라는 주전 458년에 예루살렘으로 돌아왔으며, 느헤미야는 주전 445-433년에 예루살렘에 있었다.[3] 에스더는 주전 465년에 크세르크세스 1세또는 아하수에로가 죽은 뒤, 아마도 아닥사스다 1세가 다스리던 시기주전 464-423년에 기록되었을 것이다. 주전 435년경 이후 구약 정경에 추가된 내용은 없었다. 이후 유다 민족의 역사는 마카베오서와 같은 다른 글에 기록되어 있지만, 이 문서는 앞선 시기에 주어진 하나님의 말씀 모음집 안에 포함될 가치가 있다고 여겨지지 않았다.

구약 외부의 유대 문헌을 살펴보면, 하나님께로부터 오는 신적인 권위를 지닌 말씀이 중단되었다는 생각이 여러 곳에서 확인된다는 것을 알 수 있다. 마카베오상주전 100년경에서 저자는 더럽혀진 제단에 관해 "그래서 그들은 그 제단을 헐어버리고 그 돌들은 예언자가 나타나 그 처리 방법

을 지시할 때까지 성전 산 적당한 곳에 쌓아두었다"라고 기록한다.마카베오상 4:45-46 그들은 구약의 예언자들처럼 신적인 권위를 가지고 말할 수 있는 사람을 전혀 알지 못했음이 분명하다. 백성들 사이에서 권위 있는 예언자가 활동하던 기억은 먼 과거에 속한 것이었다. 저자가 "이렇게 하여 이스라엘은 예언자들이 자취를 감춘 후 처음 맛보는 무서운 압박을 받게 되었다"라고 말하기 때문이다.마카베오상 9:27; 14:41 참조

요세푸스주후 37/38년경 출생는 "아닥사스다로부터 우리 시대에 이르기까지 완전한 역사가 기록되었지만 예언자들의 정확한 계승이 이루어지지 않았기 때문에 이전의 기록과 동등한 신뢰를 받을 자격이 있다고 여겨지지 않는다"라고 말했다(『아피온 반박문』 1:41, 그는 『유대 고대사』 11:184에서 아닥사스다를 에스더서의 아하수에로와 동일시한다). 이 위대한 유대교 역사가또는 많은 동시대인들는 현재 외경Apocrypha의 일부로 간주되는 후대의 저술에 관해 알고 있었지만, 이런 저술이 오늘날 우리가 구약성경이라고 부르는 것과 "동등한 신뢰를 받을 자격"이 없다고 여겼음을 알 수 있다. 요세푸스가 보기에 주전 435년경 이후 더 이상 성경에 '하나님의 말씀'은 추가되지 않았다.

이런 맥락에서 요세푸스는 (주후 95년에 글을 쓰면서) 유대인들이 성경으로 간주하는 책들의 수가 확정되었으며, 그 수는 "오랜 시간" 고정되어 있었다고 말한다.

우리는 서로 모순되며 앞뒤가 맞지 않는 수많은 책들을 가지고 있지 않다. 우리의 책들, 곧 바르게 신뢰할 수 있는 책들은 22권뿐이며 모든 시대의 기록을 포함한다.

그중 5권은 모세의 책으로 율법과 인간의 탄생으로부터 율법 수여자의 죽음에 이르는 전통적인 역사로 이루어져 있다. 이 시기는 3천 년에 조금 못 미치는 기간이다. 모세의 죽음으로부터 아하수에로에 이어 페르시아의 왕이 된 아닥사스다에 이르는 시기에 관해 모세 이후 예언자들이 13권의 책에 자신의 시대에 일어난 사건의 역사를 기록했다. 나머지 4권은 하나님을 향한 찬송과 인간의 삶에 관한 교훈을 담고 있다.

아닥사스다로부터 우리 시대에 이르기까지 완전한 역사가 기록되었지만 예언자들의 정확한 계승이 이루어지지 않았기에 이전의 기록과 동등한 신뢰를 받을

자격이 있다고 여겨지지 않는다.

우리는 우리가 성경을 [하나님의 말씀으로] 존중해야 할 실천적인 증거를 제공했다. 그토록 오랜 시간이 지났지만 그 누구도 감히 더하거나 빼거나 한 글자도 바꾸지 못했기 때문이다. 또한 태어나는 날부터 성경을 하나님의 뜻으로 여겨 그것을 지키고 필요하다면 기꺼이 죽는 것이 모든 유대인의 본능이기 때문이다.『아피온 반박문』 1:38-42

오늘날 우리가 가지고 있는 구약성경은 39권인데, 왜 요세푸스는 22권5권, 13권, 4권**이라고 했는가? 아마도 당시 유대교의 구분법에 따라 아래와 같이 몇몇 책을 합쳐 하나의 책으로 보았기 때문일 것이다.**[4]

모세오경

1. 창세기
2. 출애굽기
3. 레위기
4. 민수기
5. 신명기

13권의 역사서

1. 여호수아
2. 사사기-룻기
3. 사무엘상하
4. 열왕기상하
5. 역대상하
6. 에스라-느헤미야
7. 에스더
8. 욥기
9. 이사야
10. 예레미야-애가
11. 에스겔

12. 다니엘

13. 12권의 소예언서

(호세아, 요엘, 아모스, 오바댜, 요나, 미가, 나훔, 하박국, 스바냐, 학개, 스가랴, 말라기)

찬송과 삶을 위한 교훈

1. 시편
2. 아가
3. 잠언
4. 전도서

이것은 1세기 유대교 지도자들이 정경의 범위를 어디까지로 봤는지 말해 주는 중요한 진술이다. 요세푸스는 주후 95년경에 쓴 글에서 "그토록 오랜 시간" 동안 어떤 유대인도 고정된 수의 책으로 이루어진 "성경"에서 한 글자도 감히 바꾸지 못했다고 말했다. 여기서 "오랜 시간"이란 에스더 시대를 의미한다.에 1:1; 아하수에로와 아닥사스다를 동일시함 요세푸스는 유대인들이 인정하는 성경의 정경이 에스더 시대에 완성되었으며, 그때 이후로 바뀌지 않았다고 암시한다.

랍비 문헌도 (예언의 영감을 주시는 성령의 역할과 관련해) 성령이 이스라엘을 떠났다는 반복된 진술을 통해 비슷한 확신을 반영한다. "후기 예언자 학개와 스가랴, 말라기가 죽은 뒤 성령께서 이스라엘을 떠나셨지만 이 예언자들은 여전히 하늘로부터 내려오는 음성바스 콜을 들을 수 있었다."『바빌로니아 탈무드』 요마 9b, 소타 48b, 산헤드린 11a, 『미드라쉬 라바』의 아가서 주석, 8.9.3 5

쿰란 공동체사해 사본을 남긴 유대교 분파도 이미 존재하는 규칙을 대체할 권위 있는 말씀을 전해 줄 예언자를 기다렸으며,1 QS 9.11 참조 다른 여러 고대 유대교 문헌에도 비슷한 진술이 등장한다.바룩 2서 85.3, 아사랴의 기도 15 참조 주전 435년경 이후의 저술은 일반적으로 유대인들에 의해 나머지 성경과 동등한 권위를 지닌 것으로 받아들여지지 않았다.

예수와 신약의 초기 그리스도인들은 히브리 성경의 모든 책을 구약으로 받아들였다.고후 3:14에서 바울이 구약을 언급한 것을 참조 이를 뒷받침하는 증거는, 예수와 유대인들 사이에 정경의 범위에 관한 논쟁이 있었다는 신약의 기록이 없다는 사실이다. 에스라와 느헤미야, 에스더, 학개, 스가랴, 말라기 시대 이후 구약 정경에 더 이상 내용의 추가가 이루어지지 않았다는 것에 대해 한편으로는 예수와 그분의 제자들이, 다른 한편으로는 유대인 지도자들이나 유대 민족이 전적으로 동의했던 것으로 보인다. 이 사실은 예수와 신약 저자들이 인용한 구약을 통해 확증된다. 한 통계에 따르면, 예수와 신약 저자들은 295번 이상 구약의 다양한 부분을 신적 권위를 지닌 말씀으로 인용하지만[6] 외경이나 다른 저술은 단 한 번도 신적 권위를 지닌 말씀으로 인용하지 않는다.[7] 이러한 사실은 신약 저자들이 확립된 구약 정경을 하나님의 말씀으로 받아들이는 데 동의했음을 강력히 확증한다.

외경, 곧 로마 가톨릭은 정경에 포함시키지만 개신교는 정경에서 제외하는 책들을 어떻게 보아야 하는가?[8] 유대인들은 외경을 결코 성경으로 받아들이지 않았지만 교회사 초기에는 그것을 성경의 일부로 보아야 하는지에 대해 이견이 존재했다. 사실 가장 이른 시기의 기독교 문헌에는 외경을 성경으로 보는 것에 단호히 반대했다는 증거가 존재하지만, 교회의 일각에서는 종교개혁 시대에 이르기까지 외경의 사용이 꾸준히 증가했다.[9] 히에로니무스가 (주후 404년에 완성된) 성경의 라틴어 번역본인 불가타에 이 책들을 포함시켰다는 사실이 외경을 성경의 일부로 보는 것을 뒷받침했다. 하지만 히에로니무스 자신도 외경은 "정경의 책들"이 아니며 신자에게 유익하고 유용한 "교회의 책들"일 뿐이라고 말했다. 이후 수 세기 동안 라틴어 불가타역이 널리 사용됨에 따라 외경도 지속적으로 활용되었지만, 그것의 히브리어 원문이 알려져 있지 않으며 유대교 정경에서도 제외되고 신약에서도 인용되지 않기 때문에 많은 사람들은 외경을 의심스럽게 바라보거나 그 권위를 거부했다. 예를 들어, 현존하는 가장 이른 시기의 기독교 구약의 목록은 주후 170년경에 사르디스의 주교 멜리토가 남긴 것이다.[10]

동방으로 와서 이런 것들이 선포되고 행해지는 곳에 도착해 구약의 책들을 정확히 배웠을 때, 나는 사실을 기록하고 이것을 여러분에게 보냈다. 그 책들의 이름은 이렇다. 모세의 다섯 책, 창세기, 출애굽기, 민수기, 레위기, 신명기, 눈의 아들 여호수아, 사사기, 룻기, 왕국에 관한 네 권의 책,[11] 역대기 두 권, 다윗의 시편, 솔로몬의 잠언과 그의 지혜,[12] 전도서, 아가, 욥기, 예언자 이사야, 예레미야, 한 권에 담긴 열

두 예언자, 다니엘, 에스겔, 에스라.[13]

여기서 멜리토가 외경을 전혀 언급하지 않지만 에스더를 제외한 현재 우리가 아는 구약의 모든 책을 열거한다는 점에 주목할 필요가 있다.[14] 교회사가인 유세비우스 역시 (에스더를 포함해) 현재의 구약 대부분을 받아들이는 (주후 254년에 죽은) 오리게네스의 글을 인용하지만, 외경은 한 권도 정경으로 인정하지 않으며 마카베오서에 대해서는 "이런 [정경의 책들] 외부"에 있다고 명시적으로 언급한다.[15] 마찬가지로 위대한 교회 지도자 알렉산드리아의 주교 아타나시우스는 주후 367년에 쓴 「부활절 편지」에서 현재의 신약과 에스더를 제외한 구약을 열거한다. 또한 그는 지혜서, 집회서, 유딧, 토비트 등 외경의 몇몇 책들을 언급하면서 그것은 "정경에 포함되지 않지만, 교부들이 새로 합류한 사람들 가운데 거룩한 말씀을 배우기 원하는 이들을 위해 지정한" 책들이라고 언급한다.[16] 하지만 외경 중 몇 권을 성경으로 인용한 다른 초대교회 지도자들도 있다.[17]

외경에서 발견되는 교리적, 역사적 모순에 관해 영은 이렇게 지적한다.

> 이런 책들은 신적 기원을 입증할 특징이 전혀 없다.……유딧과 토비트는 모두 역사적, 연대기적, 지리적 오류를 포함한다. 이 책들은 거짓과 기만을 정당화하며 구원이 공로에 의존한다고 설명한다.……집회서와 지혜서는 편의주의에 기초한 도덕을 가르친다. 지혜서는 이미 존재하는 물질로부터 세상이 창조되었다고 가르친다.지혜서 11:17 집회서는 자선을 베풂으로 죄를 속할 수 있다고 가르친다.집회서 3:20 바룩서는 하나님이 죽은 자의 기도를 들으신다고 말하며,바룩서 3:4 마카베오상 안에는 역사적, 지리적 오류가 존재한다.[18]

외경이 북아프리카에서 열린 세 차례의 공의회, 곧 히포 공의회,393년 카르타고 공의회397년, 419년에서 성경으로 인정된 것은 사실이지만,[19] 이 공의회들은 니케아와 칼케돈 공의회처럼 모든 교회가 모인 보편 공의회가 아닌 지역 공의회였다. 외경은 이런 공의회에서 점차 성경의 일부로 간주되고 있었다. 그렉 앨리슨은 이는 외경이 포함된 불가타의 엄청난 영향력 때문이었다고 지적하며, "불가타가 교회의 새로운 성경이 되었기 때문에 외경

은 정경의 일부로 간주되었다"고 말한다.[20]

1546년 트리엔트 공의회에서 로마 가톨릭은 (에스드라 1, 2서와 므낫세의 기도를 제외하고) 외경을 정경의 일부로 공식 선언했다. 여기서 중요한 점은, 트리엔트 공의회가 마르틴 루터의 가르침과 함께 급속히 확산되던 개신교 종교개혁에 대한 로마 가톨릭의 반응이었으며, 외경은 죽은 이들을 위한 기도나 오직 믿음에 의한 칭의가 아니라 믿음과 행위에 의한 칭의라는 가톨릭의 가르침을 지지하는 내용을 담고 있었다는 점이다. 로마 가톨릭은 외경을 정경 안에 포함시킴으로써 교회가 어떤 저작을 성경으로 인정할 수 있는 권위를 지닌다고 주장하는 반면, 개신교는 교회가 어떤 저작을 성경으로 만들 수 없으며 하나님이 이미 그분 자신의 말씀으로 기록되게 하신 것만 인정할 수 있다고 주장해 왔다.[21] (비유하자면, 경찰 조사관은 위폐를 위폐로 감별할 수 있으며 진폐를 진폐로 감별할 수 있지만, 위폐를 진폐로 만들 수 없으며 아무리 많은 수의 조사관이 선언한다고 해도 위폐가 진폐가 되는 것도 아니다. 한 나라의 중앙은행만이 진폐를 만들 수 있다. 마찬가지로 하나님만이 말씀을 그분 자신의 말씀으로, 성경 안에 포함될 가치가 있는 말씀으로 만드실 수 있다.)

외경은 성경의 일부로 간주될 수 없다. (1) 외경 자체가 구약과 동일한 권위를 지닌다고 주장하지 않는다. (2) 외경의 기원인 유대 민족은 외경을 하나님의 말씀으로 인정하지 않았다. (3) 예수와 신약 저자들은 외경을 성경으로 간주하지 않았다. (4) 외경은 성경의 나머지 부분과 조화를 이루지 못하는 가르침을 포함한다. 우리는 외경이 하나님의 감동으로 된 말씀이 아닌 그저 인간의 말이라고 결론을 내려야 한다. 외경은 역사적, 언어학적 연구를 위한 가치를 지니며, 구약 이후 시대의 많은 유대인의 용기와 믿음에 관한 유익한 이야기를 담고 있다. 그러나 외경은 결코 구약 정경의 일부가 아니며, 성경의 일부라고 생각해서도 안 된다. 외경은 오늘날 그리스도인의 생각과 삶에 대해 구속력 있는 권위를 가질 수 없다.

결론적으로, 구약의 정경과 관련해 오늘날 그리스도인은 필요한 무언가가 빠졌거나 하나님의 말씀이 아닌 무언가가 포함되었다고 걱정할 필요가 없다.

B. 신약 정경

신약 정경의 발전은 사도들의 저작으로부터 시작된다. 성경의 저술은 일차적으로 구속사 안에서 하나님이 행하신 위대한 행위와 연관되어 이루어진다는 점을 기억해야 한다. 구약은 세상의 창조와 아브라함을 부르심, 그의 후손들의 삶과 출애굽, 광야 생활과 가나안 정착, 군주제의 확립, 포로 생활과 귀환을 기록하고 해석한다. 역사 속에서 하나님이 행하신 위대한 모든 일은 성경 안에서 하나님이 친히 하신 말씀을 통해 우리를 위해 해석되어 있다. 구약은 오실 메시아에 대한 기대로 마무리된다.말 3:1-4; 4:1-6 구속사의 다음 단계는 메시아의 오심이며, 구속사에서 가장 위대한 이 사건이 발생할 때까지 성경의 기록이 추가되지 않았다는 사실은 놀라울 것이 없다.

이런 이유로 신약은 사도들의 글로 이루어져 있다.[22] 예수의 말씀과 행위를 정확히 기억해 내고, 다음 세대를 위해 바르게 해석할 수 있는 능력을 성령으로부터 부여받은 이들은 일차적으로 사도들이다.

예수께서는 요한복음에서 (부활 이후에 사도로 불리는) 그분의 제자들이 이 능력을 받게 될 것이라고 약속하셨다. "보혜사 곧 아버지께서 내 이름으로 보내실 성령 그가 너희에게 모든 것을 가르치고 내가 너희에게 말한 모든 것을 생각나게 하리라."요 14:26 또한 그분은 제자들에게 "그러나 진리의 성령이 오시면 그가 너희를 모든 진리 가운데로 인도하시리니 그가 스스로 말하지 않고 오직 들은 것을 말하며 장래 일을 너희에게 알리시리라. 그가 내 영광을 나타내리니 내 것을 가지고 너희에게 알리시겠음이라"고 말씀하시며, 성령으로부터 더 많은 계시를 받게 될 것을 약속하셨다.요 16:13-14 제자들은 성경을 기록할 수 있는 놀라운 선물과 함께 성령께서 그들에게 "모든 것"을 가르치시고, 예수께서 말씀하신 "모든 것"을 생각나게 하시며, 그들을 "모든 진리"로 인도하실 것이라는 약속을 받았다.

초대교회에서 사도 직분을 지닌 이들은 구약의 예언자들과 똑같은 권위, 곧 그 자체가 하나님의 말씀인 것처럼 말하고 기록하는 권위를 주장하는 모습을 보인다. 베드로는 자신의 독자들에게 "주 되신 구주께서 너희의 사도들로 말미암아 명하신 것"을 기억하라고 권면한다.벧후 3:2 사도들에게 거짓말하는 것행 5:2은 성령께 거짓말하고행 5:3 하나님께 거짓말하는 것행 5:4과 같다.

사도들의 말이 하나님의 말씀과 같은 권위를 가진다는 이 주장은 특히 바울의 글에 빈번히 등장한다. 그는 성령께서 "눈으로 보지 못하고 귀로 듣지 못하고 사람의 마음으로 생각하지도 못한" 것을 계시하셨을 뿐 아니라,고전 2:9 그가 이런 계시를 선포할 때 "사람의 지혜가 가르친 말로 아니하고 오직 성령께서 가르치신 것으로" 말한다고전 2:13고 주장한다.

바울은 고린도인들에게 "만일 누구든지 자기를 선지자나 또는 신령한 자로 생각하거든 내가 너희에게 편지하는 이 글이 주의 명령인 줄 알라"고 말한다.고전 14:37 바울은 고린도 교회에 대한 명령이 단지 자신의 명령이 아니라 하나님의 명령이라고 주장한다. 이후 그는 자신의 사도직의 정당성을 주장하며 "그리스도께서 내 안에서 말씀하시는 증거"를 제공할 것이라고 말한다.고후 13:3 비슷한 다른 구절도 언급할 수 있다.예를 들어, 롬 2:16; 또한 갈 1:8-9; 살전 2:13; 4:8, 15; 5:27; 살후 3:6, 14 참조

사도들은 그 자체로 하나님의 말씀인 말, 곧 진리의 권위와 지위에 있어서 구약성경의 말씀과 동등한 말을 기록하는 권위를 지닌다. 그들은 그리스도의 삶과 죽음과 부활에 대한 위대한 진리를 기록하고 해석해 신자의 삶에 적용하도록 한다.

몇몇 신약 문서가 구약성경과 나란히 정경의 일부로 간주되었다는 점도 놀라울 것이 없다. 실제로 이런 경우를 적어도 두 곳에서 확인할 수 있다. 베드로후서 3:16에서 베드로는 바울이 쓴 서신의 존재를 알고 있다고 말할 뿐 아니라 "그바울의 모든 편지"를 "다른 성경"과 동등한 글로 기꺼이 인정한다. "우리가 사랑하는 형제 바울도 그 받은 지혜대로 너희에게 이같이 썼고 또 그 모든 편지에도 이런 일에 관하여 말하였으되 그중에 알기 어려운 것이 더러 있으니 무식한 자들과 굳세지 못한 자들이 다른 성경과 같이 그것도 억지로 풀다가 스스로 멸망에 이르느니라."벧후 3:15-16 여기서 "성경"으로 번역된 단어는 '그라페'이며 신약에 51번 등장하고 그 모든 경우에 구약성경을 가리킨다. "성경"이라는 단어는 신약 저자들에게 특수 용어였으며, 하나님의 말씀으로 간주되고 정경의 일부로 여겨지는 글에 대해서만 사용되었다. 이 구절에서 베드로는 바울의 글을 (구약성경을 의미하는)

"다른 성경"과 같은 부류로 간주한다. 베드로는 바울의 글을 "성경"으로 부르기에 합당하며, 정경에 포함될 가치가 있다고 여긴 셈이다.

또 다른 사례는 디모데전서에서 확인할 수 있다. 바울은 "잘 다스리는 장로들은 배나 존경할 자로 알되 말씀과 가르침에 수고하는 이들에게는 더욱 그리할 것이니라. 성경에 일렀으되 곡식을 밟아 떠는 소의 입에 망을 씌우지 말라 하였고 또 일꾼이 그 삯을 받는 것은 마땅하다 하였느니라"고 말한다.딤전 5:17-18 첫 번째로 인용한 "성경" 구절은 신명기 25:4의 말씀이지만, 두 번째로 인용한 "일꾼이 그 삯을 받는 것은 마땅하다"라는 구절은 구약 어디에도 없는 말씀이다. 이 말씀은 누가복음 10:7에 (헬라어 원문에서 정확히 똑같은 단어로) 등장한다. 여기서 바울이 누가복음의 일부를 인용하며 이를 "성경", 곧 정경의 일부로 간주하고 있음을 확인할 수 있다.[25] 두 구절벧후 3:16; 딤전 5:17-18은 교회사의 아주 이른 시기에 신약의 글이 정경의 일부로 받아들여지기 시작했다는 증거다.

사도들은 그들의 사도직에 따라 성경 말씀을 기록할 수 있는 권위를 가지고 있었으므로, 초대교회는 사도들이 기록한 가르침을 정경의 일부로 받아들였다. 우리가 신약 저자들에 대한 전통적 관점을 받아들인다면,[26] 신약의 대부분을 사도들이 직접 기록했다는 이유 때문에 정경에 포함시킬 수 있다. 즉 마태복음, 요한복음, 로마서부터 빌레몬서까지의 서신서(바울의 모든 서신), 야고보서,[27] 베드로전후서, 요한일이삼서, 요한계시록이 포함된다.

이제 다섯 권, 곧 사도들이 기록하지 않은 마가복음, 누가복음, 사도행전, 히브리서, 유다서가 남는다. 이 책들이 초대교회에 의해 성경의 일부로 편입되는 자세한 역사적 과정을 보여주는 자료는 희박하지만, 마가복음, 누가복음, 사도행전은 매우 일찍 정경으로 인정받았다. 마가와 사도 베드로, (누가복음과 사도행전의 저자인) 누가와 사도 바울이 밀접한 관계를 맺고 있었기 때문일 것이다. 유다서는 저자가 야고보와 밀접한 관계를 맺고 있었기 때문에,유 1장 참조 아울러 그가 예수의 형제였다는 사실 때문에 받아들여졌을 것이다.[28]

또한 생존해 있던 사도들이 교회들에 어떤 글을 성경으로 보존하고 사용해야 하는지 지침을 제공했을 가능성이 매우 높다.골 4:16; 살후 3:14; 벧후 3:16

참조 (바울이 고린도인들에게 썼던 편지고전 5:9와 바울이 라오디게아인들에게 쓴 것으로 보이는 편지골 4:16처럼) 절대적인 신적 권위를 지녔지만, 사도들이 교회를 위한 "성경"으로 보존하지 않기로 결정했던 글이 있었던 것으로 보인다. 그뿐 아니라 사도들은 훨씬 더 많은 것을 구두로 가르쳤으며, 이 가르침은 신적 권위를 가졌다.살후 2:15 하지만 이런 가르침을 글로 적어 성경으로 보존하지 않았다. 어떤 글이 정경에 포함되기 위해서는 사도들에 의해 기록될 뿐 아니라 사도들의 지도 아래 교회에 보존되어야만 했다.

교회 안의 많은 이들은 바울이 히브리서를 썼다고 생각했으며, 이를 근거로 이 책을 정경으로 받아들일 것을 촉구했다. 하지만 아주 이른 시기부터 이 책의 바울 저작설을 거부하면서 다른 가능성을 주장하는 이들도 있었다. 주후 254년에 사망한 오리게네스는 히브리서의 저자에 관한 다양한 이론을 언급한 다음 "실제로 누가 이 서신서를 썼는지는 하나님만이 아신다"라고 결론 내린다.[29] 히브리서가 정경으로 받아들여진 것은 전적으로 바울이 저자라는 믿음 때문만은 아니었다.[30] 오히려 초기 독자들은 이 책 자체의 본질적 특성 때문에, 인간 저자가 누구든지 궁극적인 저자는 하나님일 수밖에 없다고 확신했으며 오늘날 신자들도 그렇게 확신한다. 히브리서 말씀 안에는 그리스도의 장엄한 영광이 너무나 밝게 빛나, 진지한 독자라면 누구도 이 책을 정경에 포함시키는 것에 대해 이의를 제기할 수 없을 것이다.

이것은 정경성이라는 문제의 핵심과 연결된다. 어떤 책이 정경 안에 포함되기 위한 절대적인 필수 요소는, 그 책의 저자가 하나님이어야 한다는 것이다. 그 책의 말씀이 (인간 저자들을 통해 주어진) 하나님의 말씀이라면, 또한 초대교회가 사도들의 지도 아래 그 책을 성경의 일부로 보존했다면, 그 책은 정경에 속한다. 하지만 그 책의 말씀이 하나님의 말씀이 아니라면, 그 책은 정경에 속하지 않는다. 저자가 사도인지 여부가 중요한 까닭은, 그리스도께서 절대적인 신적 권위를 지닌 말씀을 쓸 수 있는 능력을 일차적으로 사도들에게 주셨기 때문이다. 만일 어떤 글이 사도에 의해 기록된 것임을 입증할 수 있다면, 그것의 절대적인 신적 권위는 자동적으로 입증된다.[31] 따라서 초대교회는 사도들이 성경으로 보존하기 원했던 그들의 기록된 가르침을 정경의 일부로 자동적으로 받아들였다.

사도들이 직접 기록하지 않은 일부 신약 문서가 존재한다는 사실은, 그리스도께서 성령의 사역을 통해 초대교회 안의 다른 사람들에게도 하나님의 말씀인 말, 곧 정경의 일부가 될 말을 기록할 수 있는 능력을 주셨음을 입증한다. 이 경우 초대교회는 어떤 글이 (인간 저자들을 통해 주어진) 하나님의 말씀이 될 만한 특징을 지니고 있는지 식별하는 책무를 맡았다.

몇몇 책적어도 마가복음과 누가복음, 사도행전, 또한 아마도 히브리서와 유다서에 관해 교회는 적어도 일부 영역에서 이 책들의 절대적인 신적 권위를 인정하는 사도들의 개인적인 증언을 직접 들었다. 예를 들어, 바울은 누가복음과 사도행전 그리고 아마도 히브리서의 신뢰성을 확증했을 것이며, 베드로는 마가복음에 자신이 선포한 복음이 포함되어 있다고 확증해 주었을 것이다. 다른 경우에 또는 일부 지역에서, 교회는 그런 책들의 말씀 안에서 하나님 음성을 들을 수 있는지 판단해야 했다. 이런 경우 이 책들의 말씀은 자증自證적이었을 것이다. 그리스도인들이 이 말씀을 읽을 때, 그 말씀 자체의 저자가 하나님이심을 증언했다는 것이다. 히브리서가 그와 같은 경우였을 것이다.

초대교회가 히브리서와 사도들이 쓰지 않은 다른 글들을 하나님 말씀으로 인정했다는 것에 놀랄 필요는 없다. 예수께서 친히 "내 양은 내 음성을 들으며"요 10:27라고 말씀하지 않으셨는가? 초대교회가 사도의 보증, 나머지 성경과의 조화, 수많은 신자들에 의해 하나님의 감동으로 기록된 것으로 인정되는지의 여부 등 다양한 요소를 결합해, 어떤 글이 (인간 저자들을 통해 주어진) 하나님의 말씀이며 정경에 포함될 자격이 있는지를 판단할 수 있었을 것이라는 추론을 불가능하거나 개연성이 없다고 보아서는 안 된다. 또한 교회가 일정한 시간 동안—초대교회를 이루는 다양한 부분에서 이런 글을 회람하는 동안—이 과정을 활용했으며, 하나님의 감동으로 기록된 글을 정경에 포함시키고 그렇지 않은 글을 배제하는 절차를 거쳐 마침내 전적으로 올바른 결정에 이르렀을 것이라는 추론도 개연성이 없다고 보아서는 안 된다.[32]

신약을 필사해 수백 곳의 교회에서 회람하고, 또는 회람되던 의심스러운 책들을 거부하며 신빙성을 검증하는 과정은 현대의 기준으로 보면 더디게 이루어졌지만, 결국 고대 세계의 교회들은 정경의 범위에 대해 어느 정도 합의에 이르렀다.[33] 주후 367년에 기록된 아타나시우스의 39번째

「부활절 편지」에는 오늘날 우리가 알고 있는 신약의 27개의 정확한 목록이 포함되어 있다. 이것은 지중해 동부의 교회들이 받아들인 신약 정경 목록이었다. 30년 후인 주후 397년에 지중해 서부의 교회들을 대표하는 카르타고 공의회는 동방 교회와 동일한 정경의 목록에 동의한다고 결정했다. 오늘날 우리가 알고 있는 정경의 가장 이른 시기의 최종 목록이다.

우리는 더 많은 글이 정경에 추가될 것이라고 기대해야 하는가? 히브리서의 첫 문장은 이 문제를 적절한 역사적 관점, 곧 구속사의 관점에서 바라볼 수 있게 한다. "옛적에 선지자들을 통하여 여러 부분과 여러 모양으로 우리 조상들에게 말씀하신 하나님이 이 모든 날 마지막에는 아들을 통하여 우리에게 말씀하셨으니 이 아들을 만유의 상속자로 세우시고 또 그로 말미암아 모든 세계를 지으셨느니라."히 1:1-2

"옛적에 선지자들을 통해 하셨던 말씀"과 "이 모든 날 마지막에" 주신 말씀 사이의 대조는 하나님께서 그분의 아들을 통해 우리에게 하신 말씀이 인류를 향한 말씀의 절정이며, 이 구속사의 시기에 인류에게 주신 가장 위대하고 최종적인 계시임을 암시한다. 히브리서 1장과 2장 전체에서 옛언약 안에 담긴 모든 계시보다 성자를 통해 주어진 계시의 예외적인 위대함이 거듭 강조된다. 이 모든 사실은 그리스도 안에 있는 하나님의 계시가 최종적이며, 이 계시가 완성된 뒤에는 더 많은 것을 기대하면 안 된다는 것을 뜻한다.

우리는 어디서 그리스도를 통해 주어진 이 계시를 배울 수 있는가? 신약은 그리스도의 구속 사역에 대한 최종적이고 권위 있는 충분한 해석을 담고 있다. 사도들과 그들의 가까운 동료들은 그리스도의 말씀과 행위에 대해 보도했으며, 절대적인 신적 권위를 가지고 이를 해석했다. 그들이 글쓰기를 마쳤을 때, 동일한 절대적인 신적 권위를 지닌 말씀은 더 이상 추가되지 않았다. 신약 사도들과 그들의 인정을 받은 동료들이 쓴 글이 완성되었을 때, 우리는 하나님이 우리에게 알기 원하시는 모든 것, 곧 그리스도의 삶과 죽음과 부활과 모든 시대 신자들의 삶과 관련된 의미에 관한 최종적인 기록을 문서의 형태로 갖게 되었다. 이 기록은 인류를 위한 하나님의 가장 위대한 계시이므로 이것이 완성된 뒤에는 더 이상 어떤 것도 기대해서는 안 된다. 히브리서 1:1-2은 하나님의 가장 위대한 계시, 곧 그분의 독생자를 통해 주어진 그분의 계시, 신약을 이루는 책들 안에 기록되고 해석되어 있는 계시 이후 어떤 글도 성경에 추가될 수 없는 이유를 설명한다. 그러므로 정경은 이제 닫혀 있다.

요한계시록 22:18-19을 통해 비슷한 결론을 내릴 수 있다.

> 내가 이 두루마리의 예언의 말씀을 듣는 모든 사람에게 증언하노니 만일 누구든지 이것들 외에 더하면 하나님이 이 두루마리에 기록된 재앙들을 그에게 더하실 것이요. 만일 누구든지 이 두루마리의 예언의 말씀에서 제하여 버리면 하나님이 이 두루마리에 기록된 생명나무와 및 거룩한 성에 참여함을 제하여 버리시리라.계 22:18-19

이 본문은 일차적으로 요한계시록 자체에 관해 말한다. 여기서 요한이 자신의 글을 가리켜 "이 두루마리의 예언의 말씀"계 22:7, 10이라고 말하기 때문이다(또한 요한계시록 1:3에서는 이 책 전체를 가리켜 예언이라고 말한다). "이 두루마리에 기록된 생명나무와 및 거룩한 성"이라는 구절을 통해 이것이 요한계시록에 관한 이야기임을 알 수 있다.

이 진술이 요한계시록 마지막 장에 등장하며, 요한계시록이 신약의 마지막 책이라는 사실은 우연이 아니다. 실제로 요한계시록은 정경에서 가장 마지막에 배치되어야 한다. 다른 많은 책들의 경우, 정경 안에서 어디에 배치되는지 크게 중요하지 않다. 하지만 창세기가 (창조에 관해 이야기하는 책이므로) 가장 처음에 배치되어야 하듯이, 요한계시록은 (미래와 하나님의 새로운 창조에 초점을 맞추고 있으므로) 마지막에 배치되어야 한다. 요한계시록에서 묘사하는 사건은 역사적으로 신약의 나머지 부분에서 묘사하는 사건 다음에 일어나며, 그렇기 때문에 요한계시록은 이 자리에 배치되어야만 한다. 요한계시록의 마지막에 등장하는, 예외적으로 강력한 경고가 이차적으로 성경 전체에 적용된다고 이해하는 것은 부적절한 일이 아니다. 있어야 할 곳에 배치된 이 경고는 정경 전체의 적절한 결론을 이룬다. 히브리서 1:1-2과 이 구절에 암시된 구속사적 관점에 주목하는 동시에 요한계시록 22:18-19을 이런 방식으로 광범위하게 적용한다면, 우리가 이미 가진 것 이상으로 성경이 더 추가될 것을 기대해서는 안 된다는 것을 알 수 있다.

지금 우리가 가지고 있는 정경 안에 포함된 책들이 올바르다는 것을 어떻게 확신할 수 있는가? 이 물음에 대해서는 두 가지 다른 방식으로 답할 수 있다. 먼저 우리가 무슨 근거로 그렇게 확신할 수 있는지 묻는다면, 궁극적으로 우리의 확신이 하나님의 신실함을 근거로 삼는다고 답해야 한다. 우리는 하나님이 그분의 백성을 사랑하신다는 것을 알고 있으며, 하나님의 백성은 그분의 말씀을 소유하는 것을 지극히 중요하게 여긴다. 그분의 말씀이 우리의 생명이기 때문이다.신 32:47; 마 4:4 그분의 말씀은 우리에게 이 세상 어떤 것보다 귀하고 중요하다. 우리는 아버지 하나님이 모든 역사를 주관하시며, 그분이 우리를 속이거나 우리에게 신실하지 않거나 절대적으로 필요한 것을 갖지 못하게 하는 아버지가 아니라는 사실을 안다.

요한계시록 22:18-19에 기록되어 있듯이, 하나님의 말씀을 가감하는 사람들에게 준엄한 형벌이 내릴 것이라는 말씀은 하나님의 백성이 올바른 정경을 갖는 것이 얼마나 중요한지 확증한다. 우리에게 영원한 심판보다 더 큰 형벌은 없으며, 이는 하나님도 우리가 하나님의 감동으로 된 말씀을 가감 없이 기록한 것, 곧 올바른 말씀 모음집을 갖는 것을 중요하게 여기신다는 것을 보여준다. 이런 사실에 비추어 볼 때, 모든 역사를 주관하시는 아버지 하나님이 그토록 귀하게 여기시며, 영적 삶에 필수적인 그것을 그분의 교회가 2천 년 동안 소유하지 못한 채 내버려두셨다고 믿는 것이 옳은가?[34]

정경이 바르게 모이고 보존된 것은 하나님이 그분의 백성을 위해 행하신 위대한 구속 행위를 잇는 교회사의 한 부분이 아닌, 궁극적인 구속사 자체의 필수 요소로 이해해야 한다. 하나님이 창조와 그분의 백성 이스라엘의 부르심, 그리스도의 삶과 죽음과 부활, 그리고 사도들의 초기 사역과 글쓰기를 통해 일하신 것과 같이, 하나님은 교회 시대 전체에 걸쳐 그분의 백성의 유익을 위해 성경의 책들을 모으고 보존하기 위해서도 일하셨다. 궁극적으로 우리는 하나님의 신실하심을 근거로 현재 우리의 정경이 올바르다고 확신한다.

둘째로, 우리가 올바른 말씀 모음집을 가지고 있다는 것을 어떻게 알 수 있느냐는 물음에 조금 다른 방식으로 대답할 수 있다. 즉 지금 정경 안에 포함된 책들이 올바르다고 확신하게 된 과정에 초점을 맞추는 것이다. 이 과정에서 두 가지 요인이 작동하는데, 곧 우리 스스로 성경을 읽을 때 확신을 주는 성령의 활동과 우리가 활용할 수 있는 역사적 자료다.

성령께서는 우리가 성경을 읽을 때 그 안에 있는 책들이 모두 하나님으로부터 왔고 우리에게 주시는 그분의 말씀임을 확신하게 하신다. 모든 세대의 그리스도인들은 성경을 읽을 때, 그 말씀이 다른 책들과 전혀 다른 방식으로 그들의 마음을 향해 말한다고 증언해 왔다. 매년, 날마다 그리스도인들은 성경 말씀이 다른 어떤 글도 소유하지 못한 권위와 능력, 설득력을 가지고 그들에게 말씀하심을 깨닫는다. 하나님의 말씀은 "살아 있고 활력이 있어 좌우에 날선 어떤 검보다도 예리하여 혼과 영과 및 관절과 골수를 찔러 쪼개기까지 하며 또 마음의 생각과 뜻을 판단"한다.히 4:12

현재의 정경이 올바르다고 우리가 확신하게 되는 과정은 역사 자료에 의해서도 뒷받침된다. 물론 (위에서 주장했듯) 정경을 모으는 것이 구속사 안에서 행하신 하나님의 핵심 활동의 일부라면, 오늘날 그리스도인들이 정경에 무언가를 가감하려고 시도해서는 안 된다. 이 과정은 오래전에 완료되었다. 그럼에도 정경을 모으는 과정을 둘러싼 역사적 상황을 철저히 조사하는 것은, 초대교회가 내린 결정이 올바른 결정이었다는 우리의 확신을 확증하는 데 도움이 된다. 앞에서 이런 역사 자료의 일부를 언급한 바 있다. 보다 전문적인 조사를 원하는 이들을 위해 더 자세한 자료도 있다.[35]

한 가지 더 역사적 사실을 언급할 필요가 있다. 오늘날 정경에 추가되어야 할 것으로 거론되는 문서나 현재 정경 안에 포함된 책들에 대한 강력한 반론이 존재하지 않는다는 것이다. 초대교회 일부가 정경에 포함시키기 원했던 문서들 중 오늘날 복음주의자들의 지지를 받는 문서는 하나도 없다고 말해도 무리가 아니다. 아주 이른 시기의 저자들 중 일부는 사도들과 명확히 구별되고, 그들의 글 또한 사도들의 글과 명확히 구별된다. 자신의 글이 신약에 속하지 않는다는 것을 그들도 알고 있었다. 예를 들어, 주후 110년경에 이그나티우스는 "나는 베드로와 바울이 명령했듯이 여러분에게 명령하지 않습니다. 그들은 사도였지만 나는 죄인입니다. 그들은 자유로웠지만 나는 지금까지도 노예입니다"라고 말했다(이그나티우스, 「로마인들에게 보낸 편지」, 4.3, 클레멘스 1서 42:1, 44:1-2[주후 95], 이그나티우스,

「마그네시아인들에게 보낸 편지」 등에 나타난 사도들에 대한 태도와 비교하라. 그의 글은 「일곱 편지: 이냐시오스」에 번역 수록됨—옮긴이).

한때 정경에 포함될 가치가 있다고 여겼던 일부 문서에도 성경의 나머지 부분과 모순된 교리적 가르침이 들어 있다. 예를 들어, 헤르마스의 「목자」는 "고해성사가 필요하며" "세례를 받은 뒤 적어도 한 번은 죄를 용서받을 가능성이 있다"고 가르친다. "저자는 성령과 성육신 이전 성자를 동일시하며, 그리스도의 인성이 하늘로 올라간 뒤에야 삼위일체가 존재하게 되었다고 주장하는 것처럼 보인다."[36]

한동안 일부에서 정경에 속한다고 주장했던 「도마복음」은 아래와 같이 이상한 주장으로 마무리된다.114절

시몬 베드로가 그들에게 말했다. "마리아가 우리한테서 떠나게 하라. 여자들은 생명을 얻을 자격이 없기 때문이다." 예수께서 말씀하셨다. "보라, 내가 그 여자를 이끌어 남자로 만든 뒤에 남자들처럼 살아 있는 영이 되게 할 것이다. 스스로 남자가 되는 모든 여자들은 천국에 들어갈 것이다."[37]

초대교회 당시 정경에 포함될 가능성이 있던, 현존하는 다른 모든 문서도 명시적으로 정경의 지위를 거부당할 만한 요소를 포함하거나 성경 안에 포함되기에 부적합한 교리적인 문제를 가지고 있다. 초기 문서 중 (『디다케』처럼) 이른 시기에 형성된 것도 있지만, 그것만으로 이 문서가 사도들에 의해 인정받거나 오늘날 교리와 실천 자료로 사용되거나 신약에 포함된 책들처럼 하나님의 감동으로 기록되었다는 증거가 되지는 못한다.[38]

다른 한편으로, 현재 정경에 포함된 어떤 책에 대해서도 강력한 반론이 없다. 신약의 몇몇 책들 베드로후서, 요한이삼서이 모든 교회의 승인을 받기까지 시간이 오래 걸렸던 이유는 이 책들이 초기에 광범위하게 회람되지 못했고, 신약 문서의 내용 전체에 대한 온전한 지식이 교회 안에 매우 더디게 퍼졌다는 사실과 관련이 있다. (마르틴 루터가 야고보서에 관해 가졌던 주저함은, 그가 관여했던 교리 논쟁의 관점에서 충분히 이해되지만 그런 주저함은 분명히 불필요했다. 바울의 가르침에 관한 교리 갈등은, 야고보가 칭의와 믿음과 행위라는 세 핵심 용어를 바울과 다른 의미로 사용하고 있음을 인식한다면 쉽게 해소

될 수 있다.)[39]

현재의 정경이 올바르다고 하는 역사적 확증은 분명 존재한다. 하지만 역사적 연구와 관련해 초대교회는 단순히 인간이 쓴 글에 신적 권위, 교회적 권위를 부여한 것이 아니다. 이미 그런 권위를 지니고 있던 글을 하나님께서 친히 쓰신 글로 인정한 것임을 반드시 기억해야 한다. 정경성의 궁극적 기준은 인간과 교회의 승인이 아닌 하나님이 그 저자이신지 여부이기 때문이다.

누군가는 또 하나의 바울 서신이 발견된다면 어떻게 해야 할지 질문할 수도 있다. 우리는 그 글을 성경에 추가해야 하는가? 이것은 두 가지 모순이 있기에 까다로운 질문이다. 한편으로, 수많은 신자들이 이 글이 정말 바울이 사도직을 완수하는 과정에서 쓴 편지라고 확신한다면, 바울의 사도적 권위 때문에 그것이 (바울의 말일 뿐 아니라) 참된 하나님의 말씀이며 그 가르침은 성경의 나머지 부분과 조화를 이룰 것이다. 다른 한편으로, 이 글이 정경의 일부로 보존되지 않았다는 사실은, 그것이 사도들과 교회에 의해 성경의 일부로 보존되지 않은 글에 속했음을 뜻할 것이다. 그뿐만 아니라 이런 주장은 가설적일 뿐이라고 즉시 덧붙여 말해야 한다. 약 2천 년 동안 잃어버렸던 편지가 정말 바울이 쓴 것임을 온 교회에 설득력 있게 논증하는 역사 자료가 발견될 수 있다는 것은 매우 상상하기 어렵다. 그 긴 시간 동안 그분의 백성을 신실하게 돌보신 우리의 주권자이신 하나님이 그 백성이 갖도록 계획했던 그것, 곧 예수 그리스도 안에 나타난 그분 자신의 최종 계시의 일부를 갖지 못한 채 그 백성을 내버려두었다는 사실은 더 이해하기 어렵다. 이런 점을 고려할 때 미래의 어느 시점에 그런 문서가 발견될 가능성은 희박하며, 이런 가설적인 물음은 진지하게 고려할 만한 가치가 없다.

결론적으로, 현재 우리의 정경 안에 있어서는 안 될 책이 있는가? 없다. 우리는 우리 아버지 하나님의 신실하심을 근거로, 약 2천 년 동안 그분의 백성이 그분의 말씀이 아닌 무언가를 그분의 말씀으로 믿도록 내버려두지 않으셨음을 확신할 수 있다. 우리가 정경 66권을 읽을 때 특별한 방식으로 하나님의 음성을 듣는다는 확신은, 역사적 연구와 성령의 사역을 통해 거듭 확증된다.

잃어버린 책들, 성경 안에 포함되어야 하지만 포함되지 못했던 책들이 존재하는가? 그 답은 틀림없이 '아니요'이다. 알려진 모든 문헌 중 성경의 나머지 부분과의 교리적 일관성과 그 문헌이 스스로 주장하는 권위(또한 다른 신자들이 그런 권위에 대한 주장을 받아들였던 방식) 모두를 고려할 때 성경에 가까운 후보조차 없다. 그분의 백성을 향한 하나님의 신실하심에 근거하여, 우리는 우리가 알아야 한다고 하나님이 생각하시는 내용, 곧 우리가 하나님께 순종하고 그분을 온전히 신뢰하기 위한 그 어떤 내용도 성경에 누락되어 있지 않다고 확언할 수 있다. 오늘날 정경화된 성경은 정확히 하나님이 원하셨던 모습 그대로이며 그리스도께서 다시 오실 때까지 그대로 남아 있을 것이다.

개인적 적용을 위한 질문

1. 하나님의 말씀을 '정경'으로 명확하게 구분하는 것은 왜 중요한가? 그러한 기준 없이 교회사 속 기록된 모든 그리스도인의 글을 하나님의 말씀으로 인정하는 것에는 어떤 위험이 있는가?

2. 성경의 정경성에 의심을 품은 적이 있는가? 그 의문은 어떻게 해소했는가?

3. 몰몬교와 여호와의 증인처럼 성경과 동등한 하나님의 계시가 현재에도 있다는 주장을 어떻게 반박할 수 있겠는가?

4. 여러분은 외경을 어떻게 생각하는가? 구약의 외경[40]과 신약의 외경,[41] 『몰몬경』이나 『쿠란』과 같은 책들이 주는 영향력은 성경의 영향력과 어떻게 다른가?

신학 전문 용어

구속사
사도
언약
외경
자증
정경
하나님의 감동으로 된

참고 문헌

이 참고 문헌에 관한 설명으로는 1장, 60쪽을 보라. 더 자세한 서지 자료는 2권 부록 2에서 확인할 수 있다. 이번 장의 참고 문헌 중 "기타 저술"에는 비복음주의적 관점에서 기록된 저작도 일부 포함시켰으며, 이것은 이런 저작이 정경의 문제와 관련된 역사적 자료를 조사하는 데 중요하기 때문이다.

복음주의 조직신학 저술의 관련 항목

1. 성공회
1882–1892 Litton, 10–18
1930 Thomas, 101–115
2013 Bray, 137–148

2. 아르미니우스주의(또는 웨슬리파/감리교)
1875–1876 Pope, 1:193–230
1940 Wiley, 1:185–214
1983 Carter, 1:291–294
1992 Oden, 1:331, 335–339

3. 침례교
1907 Strong, 145–172, 236–240
1976–1983 Henry, 2:69–76, 4:405–475
1987–1994 Lewis and Demarest, 1:147–148
1990–1995 Garrett, 1:137–152
2007 Akin, 164–171

4. 세대주의
1947 Chafer, 1:95–102, 124–128
1949 Thiessen, 50–61
1986 Ryrie, 105109
2017 MacArthur and Mayhue, 119–126
2002–2005 Geisler, 1:514–540

5. 루터교
1917–1924 Pieper, 1:330–348

6. 개혁주의(또는 장로교)
1679–1685 Turretin, *IET*, 1:95–106, 112–116
1871–1873 Hodge, 1:152–153
1887–1921 Warfield, *IAB*, 411–418
1894 Shedd, 146–152
1906–1911 Bavinck, *RD*, 1:393–401
1938 Berkhof, *Intro.*, 116–143
1998 Reymond, 60–70
2008 Van Genderen and Velema, 63–69
2011 Horton, 151–155
2013 Frame, 585–590
2016 Allen and Swain, 30–56

2017 Barrett, 145–188
2019 Letham, 186–190

7. 부흥 운동(또는 은사주의/오순절)

1993 Menzies and Horton, 28–40
1995 Horton, 78–81, 107–109
2008 Duffield and Van Cleave, 9–15

대표적인 로마 가톨릭 조직신학 저술의 관련 항목

1. 로마 가톨릭: 전통적 입장

1955 Ott (명시적으로 다루지 않음)

2. 로마 가톨릭: 제2차 바티칸공의회 이후

1980 McBrien, 1:50–62, 201–243, 2:817–842
2012 CCC, paragraph 120

기타 저술

Allert, Craig D. *A High View of Scripture? The Authority of the Bible and the Formation of the New Testament Canon*. Grand Rapids: Baker Academic, 2007.

Allison, Gregg R. *Historical Theology: An Introduction to Christian Doctrine; A Companion to Wayne Grudem's Systematic Theology*. Grand Rapids: Zondervan, 2011, 37–58.

Beckwith, R. T. "The Canon of Scripture." In *NDBT*, 27–34.

____. "Canon of the Old Testament." In *IBD*, 1:235–238.

Beckwith, Roger. *The Old Testament Canon of the New Testament Church and Its Background in Early Judaism*. Grand Rapids: Eerdmans, 1985.

Bird, M. F. "Canon of Scripture" In *EDT3*, 156–158.

Birdsall, J. N. "Apocrypha." In *IBD*, 1:75–77.

____. "Canon of the New Testament." In *IBD*, 1:240–245.

Bruce, F. F. "Canon." In *DJG*, 93–100.

____. *The Canon of Scripture*. Downers Grove, IL: InterVarsity Press, 1988.

Carson, D. A., ed. *The Enduring Authority of the Christian Scriptures*. Grand Rapids: Eerdmans, 2016.

Carson, D. A., and John Woodbridge, eds. *Hermeneutics, Authority, and Canon*. Grand Rapids: Zondervan, 1986.

Dunbar, David G. "The Biblical Canon." In *Hermeneutics, Authority, and Canon*, edited by D. A. Carson and John Woodbridge. Grand Rapids: Zondervan, 1986.

Dockery, David S., and David P. Nelson. "Special Revelation." In *A Theology for the Church*, edited by Daniel L. Akin et al., 164–169. Nashville: B&H, 2007.

Evans, Craig A., and Emanuel Tov, eds. *Exploring the Origins of the Bible: Canon Formation in Historical, Literary, and Theological Perspective*. Grand Rapids: Baker Academic, 2008.

Feinberg, John S. *Light in a Dark Place: The Doctrine of Scripture*. Foundations of Evangelical Theology Series. Wheaton, IL: Crossway, 2018.

Gallagher, Edmon L., and John D. Meade. *The Biblical Canon Lists from Early Christianity: Texts and Analysis*. New York: Oxford University Press, 2017.

Geisler, Norman L., and William E. Nix. *A General Introduction to the Bible*. Rev. ed. Chicago: Moody Publishers, 1986, 203–317. (『성경 일반 총론』 솔로몬)

Green, William Henry. *General Introduction to the Old Testament: The Canon*. New York: Scribner's, 1898.

Harris, R. Laird. "Chronicles and the Canon in New Testament Times." *JETS* 33, no. 1 (March 1990): 75–84.

____. *Inspiration and Canonicity of the Bible: An Historical and Exegetical Study*. Grand Rapids: Zondervan, 1989. (『성경의 영감과 정경』 개혁주의출판사)

Hill, Charles E. Who Chose the Gospels? Probing the Great Gospel Conspiracy. Oxford: Oxford University Press, 2012.

Hixson, Elijah, and Peter J. Gurry, eds. *Myths and Mistakes in New Testament Textual Criticism*. Downers Grove, IL: IVP Academic, 2019.

Kline, Meredith G. *The Structure of Biblical Authority*. Grand Rapids: Eerdmans, 1972. (『언약과 성경』 부흥과 개혁사)

Kruger, Michael J. *Canon Revisited: Establishing the Origins and Authority of the New Testament Books*. Wheaton, IL: Crossway, 2012.

Leiman, S. Z. *The Canonization of Hebrew Scripture: The Talmudic and Midrashic Evidence*. Hamden, CT: Archon, 1976.

McDonald, Lee Martin. #*The Biblical Canon: Its Origin, Transmission, and Authority*. 3rd ed. Peabody, MA: Hendrickson, 2007.

____. "Canon." In DLNT, 134–144.

____. *The Formation of the Biblical Canon*. 2 vols. London; New York: Bloomsbury T&T Clark, 2017.

McRay, John R. "Bible, Canon of the." In *BTDB*, 58–60.

Metzger, Bruce M. *The Canon of the New Testament: Its Origin, Development, and Significance*. Oxford: Clarendon; New York: Oxford University Press, 1987. (『신약 정경 형성사』 기독교문화사)

Packer, J. I. "Scripture." *NDT2*, 821–825.
Patzia, Arthur G. "Canon." In *DPL*, 85–92.
___. *The Making of the New Testament: Origin, Collection, Text & Canon*. Downers Grove, IL: InterVarsity Press, 1995. (『신약성경의 형성: 기원·수집, 본문 및 정경』 기독교문서선교회)
Ridderbos, Herman N. *Redemptive History and the New Testament Scriptures*. 이전에 *The Authority of the New Testament Scriptures*이라는 제목으로 출간됨, translated by H. D. Jongste, revised by Richard B. Gaffin Jr., 2nd ed. Phillipsburg, NJ: Presbyterian and Reformed, 1988.
Trafton, Joseph L. "Apocrypha." In *BTDB*, 30–32.
Trebolle Barrera, Julio C. *The Jewish Bible and the Christian Bible: An Introduction to the History of the Bible*. Leiden: Brill; Grand Rapids: Eerdmans,1998.
Wegner, Paul D. *The Journey from Texts to Translations: The Origin and Development of the Bible*. Grand Rapids: Baker Academic, 2004.
Westcott, Brooke Foss. *The Bible in the Church: A Popular Account of the Collection and Reception of the Holy Scriptures in the Christian Churches*. First ed. with alterations. London: Macmillan, 1901.
Zahn, Theodor. *Geschichte des Neutestamentlichen Kanons*. 2 vols. Erlangen: Deichert, 1888–190. Reprint, Hildesheim and New York: Olms, 1975.

성경 암송 구절

히브리서 1:1-2: 옛적에 선지자들을 통하여 여러 부분과 여러 모양으로 우리 조상들에게 말씀하신 하나님이 이 모든 날 마지막에는 아들을 통하여 우리에게 말씀하셨으니, 이 아들을 만유의 상속자로 세우시고 또 그로 말미암아 모든 세계를 지으셨느니라.

찬송가

"참 사람 되신 말씀"

참 사람 되신 말씀 하늘의 지혜요
변하지 않는 진리 온 세상 빛이라
주 말씀 성경에 찬란히 빛나고
내 길에 등불 되니 늘 찬송하리라

이 말씀 깃발처럼 드높이 날리니
어두운 바다 위에 등대와 같도다
이 고해 같은 세상 나 평생 지낼 때
그 말씀 나의 길에 등불이 되도다

주께서 세운 교회 이 말씀 받아서
그 귀한 빛을 비춰 온 세상 밝힌다
귀중한 성경 말씀 금보다 귀하고
주님의 귀한 모습 잘 드러내도다

주님의 몸된 교회 빛나는 등 되어
이 세상 만민 앞에 비추게 하소서
저 방황하는 길손이 등불 따라서
주 얼굴 볼 때 까지 잘 가게 하소서

◈ ———

성육신하신 하나님의 말씀, 하늘에서 내려오신 지혜,
변치 않는 진리, 어두운 하늘을 비추는 빛,
거룩한 말씀으로부터 빛나는 빛이시며
영원히 우리 발걸음을 비추는 등불이신 주님을 찬양합니다

교회의 주인이신 주님께 거룩한 선물을 받아
교회는 온 땅에 그 빛을 비춥니다
그 빛은 보석이 담긴 금 보배함 같습니다
그 빛은 하늘이 그린, 살아 있는 말씀, 그리스도의 그림입니다

그 빛은 하나님의 천군 앞에 펼쳐진 깃발처럼 펄럭입니다
그 빛은 어두운 세상을 비추는 등대처럼 빛납니다
그 빛은 거센 바다의 안개와 바위와 위험 속에서도
우리를 주님께 인도하는 해도이자 나침반입니다

사랑하는 나의 구원자여, 주님의 교회를 순전한 금 촛대로 만드셔서
열방에 주님의 참된 빛을 비추게 하소서
방황하는 순례자들에게 갈 길을 가르쳐 주셔서
구름과 어둠이 걷힐 때 얼굴과 얼굴을 마주하고 주님을 보게 하소서

□ 1867년, 윌리엄 월샴 하우 저작

* 새찬송가 201장

현대 찬양곡

"나는 주를 높이리라"

주는 땅 위에서 지존하시고
주만이 참된 나의 신이라
주는 땅의 신이라

우리는 여기서 무릎을 꿇어
하나님만을 경배하리라

나는 주를 높이리라
높이리라. 오 주님

◈ ———

오 주님, 주님은 온 땅 위에 높이 계십니다
주님은 모든 신들보다 뛰어나십니다
오 주님, 주님은 온 땅 위에 높이 계십니다
주님은 모든 신들보다 뛰어나십니다

나는 주님을 높입니다. 나는 주님을 높입니다
오 주님, 나는 주님을 높입니다
나는 주님을 높입니다. 나는 주님을 높입니다
오 주님, 나는 주님을 높입니다

ㅁ 피트 산체스 저작 42

주

1 Meredith Kline, *The Structure of Biblical Authority* (Grand Rapids: Eerdmans, 1972), 특히 48-53쪽과 113-130쪽을 보라. (『언약과 성경』 부흥과개혁사)

2 하나님으로부터 온 기록된 말씀을 수집한 글이 점점 늘어났음을 예증하는 다른 본문을 참조하라(대하 9:29; 또한 12:15; 13:22; 사 30:8; 렘 29:1; 36:1-32; 45:1; 51:60; 겔 43:11; 단 7:1; 합 2:2). 이러한 수집은 대체로 예언자의 활동을 통해 이루어졌다.

3 "Chronology of the Old Testament," in *IBD*, 1:277을 보라.

4 구약의 책들을 열거한 이 목록은 Henry St. John Thackeray, trans., *Josephus: The Life; Against Apion*, Loeb Classical Library (Cambridge, MA: Harvard University Press, 1926), 179에서 인용했다. 요세푸스가 정경에 속한 책을 22권으로 제시한 이유에 관한 다양한 설명을 다룬 글은 Edmon L. Gallagher and John D. Meade, *The Biblical Canon Lists from Early Christianity: Text and Analysis* (Oxford: Oxford University press, 2015. 7), 60쪽 주 12와 62쪽 주 27을 보라.

5 '바트 콜'(하늘로부터 들린 목소리)이 성령을 대신한다고 간주된다는 사실과 랍비 문헌에서도 예언을 지칭할 때 '성령'이라는 표현을 자주 사용한다는 사실을 통해 성령이 일차적으로 신적 권위를 지닌 예언을 가리킨다는 것을 분명히 알 수 있다.

6 Roger Nicole, "New Testament Use of the Old Testament," in *Revelation and the Bible*, ed. Carl F. H. Henry (London: Tyndale, 1959), 137-141을 보라.

7 유다서 1:14-15에서는 에녹1서 60:8과 1:9을 인용하며, 바울 역시 적어도 두 차례 이교도인 헬라 저자를 인용한다(행 17:28; 딛 1:12 참조). 하지만 이런 인용은 증명이 아니라 예증을 위한 것이다. 이런 글을 소개할 때는 "하나님이 말씀하시기를" 또는 "성경에 이르기를" 또는 "기록된 바"와 같은 구절, 곧 인용된 말에 신적 권위를 부여한다고 암시하는 구절을 결코 사용하지 않는다. (에녹1서나 바울이 인용하는 저자들이 외경의 일부가 아니라는 점도 지적해 둘 필요가 있다.) 외경의 책들은 신약에서 언급조차 되지 않았으며, 외경에 포함된 어떤 진술도 권위 있는 성경으로 인용되지 않았다.

8 외경에는 다음의 문서가 포함된다. 에스드라 1, 2서, 토비트, 유딧, 에스델, 지혜서, 집회서, (예레미야의 편지가 포함된) 바룩서, 거룩한 세 젊은이의 노래, 수산나, 벨과 뱀, 므낫세의 기도, 마카베오상, 마카베오하. 이 문서들은 히브리어 성경에는 포함되어 있지 않지만 칠십인역(헬라어를 구사하는 유대인들이 사용했던 구약의 헬라어 번역본)에는 포함되어 있다. 훌륭한 현대 번역본은 *The Oxford Annotated Apocrypha* (RSV), ed. Bruce M. Metzger (New York: Oxford University Press, 1965)이 있다. 메츠거는 이 책들에 대한 간략한 개론과 유익한 주석도 덧붙였다.

9 외경을 바라보는 그리스도인들의 다양한 관점을 역사적으로 개괄하는 글은 F. F. Bruce, *The Canon of Scripture* (Downers Grove, IL: InterVarsity Press, 1988), 68-97이 있다. 이보다 더 자세한 연구는 Roger Beckwith, *The Old Testament Canon of the New Testament Church and Its Background in Early Judaism* (repr., Eugene, OR: Wipf & Stock, 2008), 338-433을 보라. 벡위드의 책은 복음주의 입장에서 구약 정경을 다룬 가장 권위 있는 연구서로 자리 잡았다. 이 책의 결론에서 벡위드는 "초기 그리스도인들의 정경에 다양한 외경과 위경을 포함시키려는 시도는 합의된 방식이나 가장 이른 시기에 이루어지지 않았고, 이방인 기독교 안에서 교회가 회당으로부터 떨어져 나온 후, 원시적인 기독교 정경에 관한 지식이 흐릿해지고 있던 사람들 사이에서 이루어졌다"고 말한다. 그는 "외경과 위경의 정경성에 관한 문제에

대해 원시 기독교의 증거는 부정적인 입장을 취한다"고 결론을 내린다(436-437).

10 Eusebius, *Ecclesiastical History* 4.26.14에서 인용. 주후 325년에 이 글을 쓴 에우세비우스는 최초의 위대한 교회사가였다. Kirsopp Lake, *Eusebius: The Ecclesiastical History*, 2 vols. (London: Heinemann; Cambridge, MA: Harvard, 1975), 1:393.

11 사무엘상, 사무엘하, 열왕기상, 열왕기하.

12 이것은 솔로몬의 지혜서라고 불리는 외경을 가리키지 않으며 잠언을 묘사하는 말이다. 에우세비우스는 4.22.9에서 고대의 작가들이 잠언을 지혜서라고 부르는 경우가 많았다고 지적한다.

13 에스라와 느헤미야 두 책을 묶어 지칭하는 경우가 많았던 히브리 방식을 따르면 에스라에는 에스라와 느헤미야가 모두 포함된다.

14 (서방이 아니라 동방의) 초대교회 일부에서는 에스더의 정경성에 관해 의심하기도 했지만, 이 의심은 해소되었으며, 결국 기독교는 유대교와 동일한 관점을 채택했다. 일부 랍비가 반대하기도 했지만 유대교는 언제나 에스더를 정경의 일부로 보았다. (유대교의 관점에 관한 논의로는 Beckwith, *Canon*, 288-297을 보라.)

15 Eusebius, *Ecclesiastical History* 6.15.2. 오리게네스는 주후 254년경에 죽었다. 오리게네스는 (한 권으로 간주되던) 열두 소예언서를 제외하면 현재의 구약 정경에 속한 모든 책을 열거한다. 하지만 이 경우 그의 "22권" 목록은 한 권이 모자란 21권이 된다. 따라서 에우세비우스의 인용은 적어도 오늘날 우리가 가지고 있는 목록과 비교할 때 불완전하다. 다른 곳에서 에우세비우스는 성경이 22권으로 이루어져 있지만 아닥사스다 시대 이후 정경에 아무런 추가도 이루어지지 않았다는 유대교 역사가 요세푸스의 주장을 반복하며(3.10.1-5), 이에 따르면 외경 전체가 정경에서 배제된다.

16 Athanasius, *Letter 39*, in *Nicene and Post Nicene Fathers*, 2nd ser., vol. 4, Athanasius, ed. Philip Schaff and Henry Wace (Grand Rapids: Eerdmans, 1978), 551-552.

17 Metzger, *Apocrypha*, xii-xiii을 보라. 메츠거는 외경을 성경으로 인용한 초기 라틴과 헬라 교부 중 그 누구도 히브리어를 알지 못했음을 지적한다. Beckwith, *Canon*, 386-389에서는 외경을 성경으로 인용하는 기독교 작가들에 관한 증거는 학자들이 흔히 주장하는 것보다 덜 광범위하며 덜 중요하다고 주장한다.

18 E. J. Young, "The Canon of the Old Testament," in *Revelation and the Bible*, 167-168.

19 Gregg Allison, *Historical Theology* (Grand Rapids: Zondervan, 2011), 50.

20 같은 쪽.

21 로마 가톨릭에서는 이 책들을 지칭할 때 **외경**(Apocrypha)이라는 용어보다 **제2경전**(Deuterocanonicus)이라는 용어를 사용한다.

22 신약의 몇몇 책(마가복음, 누가복음, 사도행전, 히브리서, 유다서)은 사도들이 아니라 그들과 밀접하게 연관된 사람들이 썼고 사도들에 의해 공인된 것으로 보인다. 92-103쪽의 논의를 보라.

23 이것은 고린도전서 2:13의 마지막 구절에 대한 나의 사역(私譯)이다. Wayne Grudem, "Scripture's Self-Attestation," in *Scripture and Truth*, ed. D. A. Carson and John Woodbridge (Grand Rapids: Zondervan, 1983), 365쪽 주 61을 보라. ESV의 난외주에서는 "영적 언어로 영적 진리를 해석함"이라고 번역하며, NIV에서는 "성령이 가르치신 말씀으로 영적 실체를 설명함"이라고 번역한다. 하지만 마지막 구절의 번역은 핵심 논점에 중대한 영향을 미치지 않는다. 핵심 논점은 바울이 성령께서 가르치신 말씀을 말한다는 것이며, 이 논점은 하반절을 어떻게 번역하더라도 상반절에 의해 확증된다.

24 누군가는 바울이 누가의 복음서가 아니라 예수께서 하신 말씀에 관한 구두 전승을 인용했을 수도 있다고 반론을 제기할지도 모르지만, 바울이 구두 전승을 "성경"으로 불렀을 가능성은 희박하다. 성경이라는

단어(헬라어 그라페, 문서)는 신약의 용례에서 언제나 기록된 본문에 적용되며, 바울이 누가와 밀접한 관계를 맺었음을 고려하면 누가가 기록한 복음서를 인용할 가능성이 높기 때문이다.

25 누가는 사도가 아니었지만 여기서 그의 복음서에는 사도적 문서의 권위와 동일한 권위가 부여된다. 이것은 그가 사도들, 특히 바울과 밀접한 관계를 맺고 있었으며 한 사도가 그의 복음서를 지지했기 때문인 것으로 보인다.

26 신약 문서의 저자에 관한 전통적 관점을 옹호하는 입장으로 D. A. Carson and Douglas Moo, *An Introduction to the New Testament*, 2nd ed. (Grand Rapids: Zondervan, 2005)과 Donald Guthrie, *New Testament Introduction*, 4th ed. (Downers Grove, IL: InterVarsity Press, 1990)을 보라. (『신약 개론』 은성) (『신약 서론』 크리스챤다이제스트)

27 고린도전서 15:7과 갈라디아서 1:19에서 야고보는 사도로 간주되는 것으로 보인다. 또한 다른 본문(행 12:17; 15:13; 21:18; 갈 2:9, 12)에서 그는 사도에게 합당한 역할을 수행한다.

28 유다서는 늦은 시기에 이르러서야 정경으로 인정받았으며, 이것은 일차적으로 정경이 아닌 에녹서를 인용하는 것에 관해 의심이 존재했기 때문이다.

29 오리게네스의 진술은 Eusebius, *Ecclesiastical History*, 6.25.14에 인용되어 있다.

30 히브리서 13:23에서 "우리 형제 디모데"를 언급하고 있기 때문에 히브리서의 저자가 바울이라는 주장에 대해 의심했던 이들조차도 이 책이 바울과 함께 여행했던 사람들의 무리와 연관 있음을 인정했을 것이다.

31 물론 이 말은 한 사도가 쓴 모든 것, 심지어 구입할 식료품 목록이나 거래 영수증까지 성경으로 간주된다는 뜻이 아니다. 여기서 우리는 사도의 역할을 하면서 교회들이나 (디모데나 빌레몬 같은) 개별 그리스도인들에게 사도적 가르침을 줄 때 쓴 글에 관해 말한다.

32 여기서 '본문의 이형'(지금까지 존재하는 성경의 수많은 고대 사본들 사이에서 발견되는 개별 단어와 구절의 차이)이라는 문제를 다루지 않는다. 이 문제는 5장, 153-154쪽에서 다룬다.

33 초기 교회사 안에서 이 과정의 세부 사항에 관한 탁월한 논의로는 Allison, *Historical Theology*, 37-58을 보라.

34 물론 이것은 필사자가 아무리 부주의하더라도 하나님이 모든 본문의 사본에 있는 단어들을 모두 섭리적으로 보존하신다는 불가능한 개념을 주장하고자 함이 아니다. 사실 성경의 다양한 고대 히브리어, 헬라어 사본(그중 다수는 사본의 사본의 사본) 안에 필사자의 실수로 인한 사소한 어휘상의 차이가 매우 많다. 이런 차이를 '본문의 이형'으로 부르며, 이런 이형에 대한 학문적 연구를 '본문 비평'으로 부른다. 이 시점에서 우리의 논의를 위해, 하나님의 선한 섭리를 통해 기독교 교리나 윤리의 논점을 바꾸어 놓을 만한 본문의 이형은 존재하지 않으며, 본문이 충실하게 전수되고 보존되었다고 진술하는 것이 중요하다. 하지만 동시에 지금까지 보존된 성경의 여러 고대 사본들 사이에 수많은 어휘상의 차이가 존재한다고 분명히 말해야 한다. 정경에 속한 책들의 현존하는 사본 안에 존재하는 본문의 이형에 관한 문제는 5장, 153-154쪽에서 다루어진다.

35 이 분야에 관한 유익한 최근의 연구로는 David Dunbar, "The Biblical Canon," in *Hermeneutics, Authority, and Canon*, ed. D. A. Carson and John Woodbridge (Grand Rapids: Zondervan, 1986), 295-360을 보라. 이에 더해 더 본격적인 탁월한 연구서로는 Roger Beckwith, *The Old Testament Canon of the New Testament Church and Its Background in Early Judaism* (London: SPCK, 1985; Grand Rapids: Eerdmans, 1986; repr., Wipf & Stock, 2008); Bruce Metzger, *The Canon of the New Testament: Its Origin, Development, and Significance* (Oxford: Clarendon; New York: Oxford University Press, 1987);

F. F. Bruce, *The Canon of Scripture* (Downers Grove, IL: InterVarsity Press, 1988); Michael Kruger, *Canon Revisited: Establishing the Origins and Authority of the New Testament Books* (Wheaton, IL: Crossway, 2012); Kruger, *The Question of Canon: Challenging the Status Quo in the New Testament Debate* (Downers Grove, IL: IVP Academic, 2013) 등이 있다. (『신약정경형성사』 기독교문화사)

36 *ODCC*, 764.

37 이 문서는 사도 도마가 쓰지 않았다. 최근 학계에서는 도마의 이름을 사용한 주후 2세기의 이름을 알 수 없는 저자가 이 책을 썼을 것이라고 추측한다.

38 여기서 『디다케』라고 불리는 문서에 관해 간략히 설명할 필요가 있다. 비록 이 문서는 교회의 초기 역사에서 정경에 포함된다고 간주되지 않았지만 많은 학자는 이 책이 매우 이른 시기의 문서라고 생각해 왔으며, 오늘날 일부 학자들은 이 책이 초기 교회의 가르침에 관해 신약 문서와 동일한 수준의 권위를 지닌 것처럼 이 책을 인용한다. 나는 이것이 실수라고 생각한다. 『디다케』는 1875년에 콘스탄티노폴리스의 한 도서관에서 처음 발견되었지만 저작 연대는 아마도 주후 1세기나 2세기일 것이다. 하지만 이 책은 많은 점에서 신약의 명령과 모순되거나 거기에 무언가를 덧붙인다. 예를 들어, 그리스도인들에게 연보를 누구에게 주어야 할지 알게 될 때 손에 땀이 나도록 연보를 쥐고 있으라고 말한다(1.6). 우상에게 바친 음식을 금지한다(6.3). 사람들에게 세례 전에 금식하도록 요구하며 세례는 흐르는 물에서 행해야 한다고 명한다(7.1-4). 수요일과 금요일은 금식을 해야 하지만 월요일과 목요일은 금식이 금지된다(8.1). 그리스도인들은 하루에 세 번 주의 기도를 해야 한다(8.3). 세례 받지 않은 사람들은 주의 만찬에서 배제되며, 주의 만찬을 행할 때 신약에서 알려지지 않은 기도가 모범으로 제시된다(9.1-5). 사도들이 한 도시에 이틀 이상 머무는 것을 금지한다(11.5; 하지만 바울은 고린도에서 1년 반 동안, 에베소에서 3년 동안 머물렀다). 성령으로 말하는 예언자들에 대해 시험하거나 조사할 수 없다(11.7; 이것은 고전 14:29이나 살전 5:20-21과 모순된다). 구원받기 위해 마지막 때에 완전해야 한다(16.2). 알 수 없는 저자가 기록한 이런 문서가 초대교회에서 사도들이 지지했던 가르침과 실천을 위한 믿을 만한 지침이었을 가능성은 희박하다.

39 R. V. G. Tasker, *The General Epistle of James*, TNTC (London: Tyndale, 1956), 67-71. 비록 루터는 야고보서를 자신의 신약 독일어 번역본의 거의 마지막 부분에 배치했지만 이 책을 정경에서 제외하지 않았으며, 자신의 글의 다양한 부분에서 야고보서의 구절들 중 절반 이상을 인용했다. Douglas Moo, *The Letter of James*, TNTC (Leicester: Inter-Varsity Press; Downers Grove, IL: InterVarsity Press, 1985), 18. 또한 야고보서에서 말하는 믿음과 행위에 관해서는 100-117쪽을 보라. (『야고보서』 기독교문서선교회)

40 *The Oxford Annotated Apocrypha* (RSV)을 보라. 또한 '신약 외경'(New Testament Apocrypha)으로 불리는, 신약 시대의 비정경 문서들도 있지만 이 문서들은 훨씬 덜 자주 읽힌다. 구체적으로 명시하지 않고 외경이라고 말할 때는 구약 외경만을 지칭한다.

41 E. Hennecke, *New Testament Apocrypha*, ed. W. Schneemelcher; trans. and ed. R. McL. Wilson, 2 vols. (London: SCM, 1965). 또한 초대교회의 더 정통적인 문헌은 '사도적 교부'로 불리는 문서 모음집에서 편리하게 찾아볼 수 있다. 좋은 번역본은 Kirsopp Lake, trans., *The Apostolic Fathers*, Loeb Classical Library, 2 vols. (Cambridge, MA: Harvard University Press, 1912, 1913)이지만 Michael W. Holmes, ed., *The Apostolic Fathers: Greek Texts and English Translations*, 3rd ed. (Grand Rapids: Baker, 2007)을 비롯해 다른 유익한 번역본도 출간되어 있다.

42 © 1977 Pete Sanchez Jr., Admin. by Gabriel Music Inc., PO Box 840999 Houston, TX 77284-0999. Used by permission.

4. 성경의 네 가지 특징 :(1) 권위

우리는 어떻게 성경이 하나님의 말씀임을 아는가?

앞 장에서 우리의 목표는 어떤 글이 성경에 속하며 어떤 글이 성경에 속하지 않는지를 결정하는 것이었다. 무엇이 성경인지 결정한 뒤, 다음 단계는 성경이 어떤 책인지를 묻는 것이다. 성경의 특징은 무엇인가? 성경 전체는 성경에 관해 우리에게 무엇을 가르치는가?

성경에 관한 성경 자체의 주요한 가르침은 '성경의 속성'이라고도 부르는 네 가지 특징으로 분류할 수 있다. 즉 (1) 성경의 권위, (2) 성경의 명료성, (3) 성경의 필요성, (4) 성경의 충분성이다.

첫 번째 특징에 관해 대다수 그리스도인들은 성경이 권위가 있다는 데 동의할 것이다. 하지만 성경이 정확히 어떤 의미에서 우리의 권위라고 주장하는가? 그리고 우리는 하나님의 말씀이라는 성경의 주장이 어떻게 참되다고 확신할 수 있는가? 이번 장에서는 이런 물음을 다룰 것이다.

설명과 성경적 기초

성경의 말씀을 믿지 않거나 그 말씀에 불순종하는 것은 하나님을 믿지 않거나 그분께 불순종하는 것이다. 따라서 이런 의미에서 성경에 기록된 모든 말씀은 하나님의 말씀이라고 할 수 있다.

이 정의는 다양한 부분에서 검토할 수 있다.

A. 성경은 그 안의 모든 말씀이 하나님의 말씀이라고 주장한다

1. 수많은 구절에서 성경 말씀이 하나님의 말씀이라고 주장한다

누군가가 성경 말씀이 우리에게 주어진 하나님의 말씀이라는 확신을 가지고 출발하든 그렇지 않든, 관심을 가지고 성경을 읽는 모든 사람은 적어도 성경 자체가 그 말씀이 (인간 저자들이 기록한 말씀일 뿐만 아니라) 하나님의 말씀이라고 계속해서 주장한다는 것을 인정해야 한다.[1] 어떤 사람이 이 주장을 믿으며 성경에 접근하든 그렇지 않든, 그 주장은 명백히 확인할 수 있다.

"여호와께서 이처럼 이르시되"Thus says the LORD라는 구절은 구약에 수백 번 등장한다(구약의 ESV 본문에는 417번 나타난다). 구약의 세계에서 이 구절은 왕이 신민에게 내리는 칙령, 도전하거나 의문을 제기할 수 없고 그저 순종해야 하는 칙령의 머리말로 사용되었던 "왕께서 이처럼 이르시되……"라는 말과 형식상 동일하다고 인정되었다.[2] 예언자들이 "여호와께서 이처럼 이르시되"라고 말할 때는 자신들이 이스라엘의 주권적인 왕, 곧 하나님의 전령이며 자신들의 말이 절대적 권위를 지닌 하나님의 말씀이라고 주장하는 것이다. 예언자가 이처럼 하나님의 이름으로 말할 때, 그가 하는 모든 말은 하나님으로부터 오는 것이어야 하며, 그렇지 않다면 그는 거짓 예언자일 것이다.민 22:38; 또한 신 18:18-20; 렘 1:9; 14:14, 23:16-22; 29:31-32; 겔 2:7; 13:1-16 참조

성경의 여러 구절들은 하나님이 예언자를 통해 말씀하신다고 묘사한다.왕상 14:18; 또한 16:12, 34; 왕하 9:36; 14:25; 렘 37:2; 슥 7:7, 12 참조 예언자가 하나님의 이름으로 말하는 것은 곧 하나님이 말씀하신 것이다.왕상 13:26, 21; 또한 21:19; 왕하 9:25-26; 학 1:12; 삼상 15:3, 18 이 구절들과 구약의 다른 곳에서 예언자가 한 말도 하나님이 친히 하신 말씀이라 할 수 있다. 예언자가 한 말을 믿지 않거나 그 말에 불순종하는 것은 곧 하나님을 믿지 않거나 그분께 불순종하는 것이다.신 18:19; 또한 삼상 10:8; 13:13-14; 15:3; 19, 23; 왕상 20:35, 36 참조

이 구절들에서 구약의 모든 말씀이 하나님의 말씀이라고 주장하는 것은 아니다. 이 구절들은 구약 안에 발화되거나 기록된 말씀 중 특정 부분만을 지칭하기 때문이다. 하지만 "여호와께서 이처럼 이르시되"로 시작하는

수백 개의 본문을 포함해, 이 구절들의 누적된 힘은 구약 안에 하나님의 말씀이라고 주장되는 기록된 말씀이 들어 있음을 논증한다. 이런 말씀들이 문서로 기록되어 구약의 많은 부분을 이룬다.

신약의 수많은 본문들은 구약 문서 전체를 하나님의 말씀으로 여긴다. 디모데후서의 말씀처럼 "모든 성경은 하나님의 감동으로 된 것으로 교훈과 책망과 바르게 함과 의로 교육하기에 유익"하다.딤후 3:16 [3] 여기서 "성경"그라페은 분명히 구약을 지칭한다. 신약에서 51번 등장하는 '그라페'라는 단어는 등장할 때마다 구약을 가리키기 때문이다.[4] 더 나아가 바울[5]은 바로 앞의 15절에서도 구약의 "거룩한 문서"Sacred writings에 대해 언급한다(개역개정은 "성경"으로 번역함—옮긴이).

여기서 바울은 구약의 모든 글을 '테오프뉴스토스', 곧 "하나님의 감동으로 된 것"이라고 분명히 말한다. 어떤 글을 가리켜 "감동으로 된 것"이라고 말하므로 이 감동은 성경의 말씀을 발화한 것에 대한 은유로 이해해야 한다. 이 구절은 구약 곳곳에 명백히 나타난 것을 간략한 형식으로 진술하고 있는 셈이다. 바울은 구약의 글이 문서 형식으로 된 하나님의 말씀이라고 주장하고 있다. 하나님이 인간 저자를 사용해 구약의 모든 말씀을 기록하게 하셨지만, 그것을 말씀하셨던 (그리고 여전히 말씀하시는) 분은 바로 하나님이시다.[6]

유사하게도 베드로후서 1:21은 구약 문서 전체가 하나님의 말씀이라고 말한다. 베드로는 성경의 예언에 관해 말하는데,20절 이것은 적어도 구약 성경을 의미한다. 그는 독자들에게 이 말씀에 주의를 기울이라고 권면한다.19절 그러면서 구약의 어떤 예언도 "사람의 뜻으로 낸 것"이 아니며 "오직 성령의 감동하심을 받은 사람들이 하나님께 받아 말한 것"이라고 강조한다. 베드로의 의도는 성경을 기록함에 있어 인간의 의지나 개성을 부인하는 것이 아니다(그는 사람들이 "말했다"고 설명한다). 대신 그는 모든 예언의 궁극적 원천은 무엇을 쓰고자 하는 것에 대한 인간의 결정이 아닌, 여기서 (사실 성경 어디에도) 명시되지 않은 방식으로 실행된 예언자의 삶 안에서 행하시는 성령의 활동이라고 주장한다. 베드로 역시 성경의 모든 예언이 "하나님께 받아 말한 것"—곧 하나님의 말씀—이라고 말한다.

또 다른 신약 본문도 구약 본문에 관해 비슷하게 말한다. 마태복음

1:22은 이사야 7:14에 기록된 이사야의 말을 "주께서 선지자로 하신 말씀"으로 인용한다. 마태복음 4:4에서 예수께서는 마귀에게 "사람이 떡으로만 살 것이 아니요 하나님의 입으로부터 나오는 모든 말씀으로 살 것이라"고 말씀하신다. 모든 시험에 대해 대답하면서 반복적으로 신명기를 인용했던 맥락을 고려할 때, 예수께서는 "하나님의 입으로부터" 나오는 말씀이 바로 기록된 구약의 말씀이라고 하시는 것이다.

마태복음 19:5에서 예수께서는 창세기 2:24의 말씀을 하나님이 "하신" 말씀으로 인용한다. 창세기 2:24은 그 말씀이 하나님의 말씀이라고 전혀 명시적으로 주장하지 않기 때문에 이것은 중요하다(이 말씀은 에덴동산에서 일어난 사건을 기록한 무명의 화자가 한 말일 뿐이다). 하지만 예수께서는 하나님이 "그들을 남자와 여자로 지으시고"마 19:4 "말씀하시기를"마 19:5이라고 하신다. 이것은 구약 본문이 "여호와께서 이처럼 이르시되"라는 구절이 포함되든 그렇지 않든, 예수께서 구약의 모든 본문을 인용하며 "하나님이" 그 본문에서 말씀하셨다고 주장할 수 있다는 사실을 암시한다.

마가복음 7:9-13은 구약의 같은 본문을 "하나님의 계명" 또는 모세가 한 말 또는 "하나님의 말씀"이라고 부른다. 사도행전 1:16은 시편 69편과 109편의 말씀이 "성령이 다윗의 입을 통하여……말씀하신" 것이라고 말한다. 성경의 말씀은 성령께서 하신 말씀이라는 뜻이다. 사도행전 2:16-17에서 베드로는 "선지자 요엘을 통하여 말씀하신 것"을 인용하면서 "하나님이 말씀하시기를"이라는 구절을 삽입하고, 요엘이 기록한 말씀이 하나님으로부터 기원했으며 하나님이 현재 그 말씀을 하고 계신다고 주장한다.

더 많은 본문들을 인용할 수 있지만, 구약성경의 말씀이 하나님께로부터 기원한 것으로 보는 경향은 명백하다. 더욱이 몇몇 본문에서 모든 예언자들의 말씀과 구약성경의 말씀은 믿음을 요구하거나 하나님께로부터 온 것이라고 말한다.눅 24:25, 27, 44; 또한 행 3:18, 24:14; 롬 15:4 참조

만일 바울이 디모데후서 3:16에서 "성경"에 관해 말할 때 구약 문서만을 의미했다면 어떻게 이 구절이 신약 문서에도 적용될 수 있는가? 이 구절이 신약 문서의 속성에 관해서도 무언가를 말하고 있는가? 이 물음에 답하기 위해 헬라어 단어 '그라페'성경가 신약 저자들이 사용하는 전문 용어였으며 특수한 의미를 지니고 있음을 알아야 한다. 이 단어는 신약에서

51번 사용되며, 모든 경우 성경의 규범 밖의 다른 말이나 문서가 아닌 구약 문서를 지칭하기 위해 사용되었다. 따라서 "성경"이라는 범주에 속하는 모든 것은 "하나님의 감동으로 된 것"이라는 속성을 지닌다. 그 말씀은 곧 하나님의 말씀이다.

하지만 신약의 두 곳에서 우리는 신약 문서 역시 구약 문서와 함께 "성경"으로 불리고 있음을 확인할 수 있다. 3장에서 언급했듯이, 베드로후서 3:16을 통해 베드로는 바울이 쓴 편지가 존재함을 알고 있을 뿐 아니라 "그바울의 모든 편지"를 기꺼이 "다른 성경"과 함께 분류하려는 것을 확인할 수 있다. 이것은 많은 사도들이 생존해 있던 교회사의 이른 시기부터 바울 서신 전체가 구약 본문과 같은 의미에서 기록된 하나님의 말씀으로 간주되었음을 말한다. 이와 비슷하게 디모데전서 5:18에서 바울은 누가복음 10:7에 실린 예수의 말씀을 인용하며 이를 "성경"으로 부른다.[7]

이 두 본문을 함께 묶어 생각하면, 신약 문서가 기록되던 시기에 "성경"이라고 부르는 이 특별한 범주의 문서, 곧 하나님의 말씀이라는 성격을 지닌 문서에 새로운 글이 추가된다는 사실을 의식하고 있었다고 결론을 내릴 수 있다. 신약의 한 문서가 "성경"이라는 특별한 범주에 속한다고 확증된다면 우리는 그 글에 디모데후서 3:16을 적용할 수 있으며, 그 문서 역시 바울이 "모든 성경"에 속한다고 말한 바로 그 속성을 지니고 있다고 말할 수 있다. 그 문서는 "하나님의 감동으로 된 것"이며, 그 모든 말씀은 곧 하나님의 말씀이다.

신약 기자들이 (구약뿐 아니라) 자신들의 글도 하나님의 말씀이라고 생각했다는 추가적인 증거가 존재하는가? 일부의 경우에는 그렇다. 고린도전서에서 바울은 "만일 누구든지 자기를 선지자나 또는 신령한 자로 생각하거든 내가 너희에게 편지하는 이 글이 주의 명령인 줄 알라"고전 14:37 고 말한다. 여기서 바울은 고린도 교회의 예배를 위한 여러 규칙들을 제시한 뒤 이런 규칙들이 "주의 명령"이라는 지위를 가진다고 주장한다.

때때로 바울이 자신의 말과 주님의 말씀을 구별하는 고린도전서 7:12을 근거로 신약 기자의 말을 하나님의 말씀으로 보는 것에 반대하는 사람들도 있다. "내가 말하노니 (이는 주의 명령이 아니라)."고전 7:12 하지만 이 본문을 바르게 이해하려면 25절과 40절을 고려해야 한다. 25절에서 바울은 미혼인 사람들에 관해 주님께 받은 계명이 없다고 말하지만 자신의 견해를 제시하겠다고 말한다. 이것은 그가 예수께서 지상에서 이 주제에 관해 하신 말씀을 알지 못하며, 아마도 이에 관해 예수께로부터 어떤 계시도 받지 못했다는 뜻으로 이해해야 한다. 이는 그가 그저 예수께서 지상에서 주신 가르침의 내용을 반복하여 "여자는 남편에게서 갈라서지 말고" "남편도 아내를 버리지 말라"고 말하는 10절과 11절의 상황과 다르지 않다. 따라서 12절은 비신자인 배우자와 결혼한 신자에 관해 예수께서 지상에서 가르침을 주셨다는 기록이 바울에게 없다는 뜻으로 이해해야 한다. 그러므로 바울은 자신의 가르침을 제시한다. "그 나머지 사람들에게 내가 말하노니 (이는 주의 명령이 아니라) 만일 어떤 형제에게 믿지 아니하는 아내가 있어 남편과 함께 살기를 좋아하거든 그를 버리지 말며."고전 7:12

바울이 12-15절에서 계속 고린도인들에게 구체적인 윤리 기준을 제시할 수 있다는 점은 주목할 만하다. 무엇이 그에게 이런 도덕적 명령을 할 수 있는 권리를 주었는가? 그는 자신이 "주의 자비하심을 받아서 충성스러운 자가 된" 사람으로서 말한다고 밝힌다.고전 7:25 그는 여기서 자신의 판단이 예수의 말씀과 동일한 권위를 지닌다고 암시하는 것처럼 보인다. 따라서 고린도전서 7:12에 기록된 "그 나머지 사람들에게 내가 말하노니 (이는 주의 명령이 아니라)"라는 구절은 바울의 권위에 대한 놀라울 정도로 강력한 주장이다. 어떤 상황에 적용할 예수의 지상적 말씀에 관한 기록이 주어져 있지 않다면, 그는 그저 자신의 말을 사용할 것이다. 자신의 말이 예수의 말씀만큼 권위를 지녔기 때문이다.

요한복음 14:26과 16:13에서도 신약 문서에 대한 비슷한 견해를 확인할 수 있다. 이 본문에서 예수께서는 그분이 제자들에게 말씀하신 모든 것을 성령께서 기억나게 하시고 그들을 모든 진리 가운데로 인도하실 것이라고 약속하셨다. 이것은 제자들이 예수께서 말씀하신 모든 것을 오류 없이 기억하고 기록하게 하시는 성령의 특별한 감독 사역을 뜻한다. 베드로후서 3:2과 고린도전서 2:13 또는 데살로니가전서 4:15과 요한계시록 22:18-19에도 비슷한 취지의 말씀이 기록되어 있다.

2. 성경을 읽을 때 우리는 성경이 하나님의 말씀이라는 주장을 확신하게 된다

성경이 하나님의 말씀이라고 주장한다는 것을 인정하는 것과 그 주장이 참되다고 확신하는 것은 별개의 문제다. 성령께서 성경의 말씀 안에서, 그 말씀을 통해 우리 마음에 말씀하시고 그것이 창조주께서 우리에게 하시는 말씀이라는 내적 확신을 주실 때, 우리는 성경 말씀이 하나님의 말씀이라고 궁극적으로 확신할 수 있다. 바울은 사도로서 자신이 하는 말이 성령께서 가르치신 말씀이라고 설명한 뒤고전 2:13 "육에 속한 사람은 하나님의 성령의 일들을 받지 아니하나니 이는 그것들이 그에게는 어리석게 보임이요 또 그는 그것들을 알 수도 없나니 그러한 일은 영적으로 분별되기 때문이라"고 말한다.고전 2:14 성령께서 일하지 않으시면 그 누구도 영적 진리를 받을 수 없으며, 특히 성경의 말씀이 참으로 하나님의 말씀이라는 진리를 받아들일 수 없다.

성령께서 사람들 안에서 일하실 때 그들은 성경 말씀이 하나님의 말씀임을 깨닫는다. 이 과정은 예수를 믿는 사람들이 그분의 말씀이 참이라는 것을 아는 과정과 매우 유사하다. 예수께서는 "내 양은 내 음성을 들으며 나는 그들을 알며 그들은 나를 따르느니라"고 말씀하셨다.요 10:27 그리스도의 양인 사람들은 성경 말씀을 읽을 때 그들의 위대한 목자의 말씀을 들으며, 이 말씀이 참으로 그들의 주님이 하시는 말씀이라고 확신한다.

성경 말씀이 하나님의 말씀이라는 확신은 성경 말씀과 별개로 또는 성경 말씀에 추가해서 오는 것이 아님을 기억해야 한다. 말하자면 성령께서 어느 날 우리 귀에 '너의 책상 위에 놓인 성경책이 보이느냐? 나는 네가 성경 말씀이 하나님의 말씀이라는 것을 알기 원한다'고 속삭이심으로 이런 확신을 갖게 되는 것이 아니다. 오히려 사람들은 성경을 읽을 때 성경 말씀 안에서 그들에게 말씀하시는 창조주의 음성을 듣게 되며, 자신이 읽고 있는 책이 다른 어떤 책과도 다르고 참으로 그들의 마음을 향해 말씀하시는 하나님의 말씀임을 깨닫는다.

3. 다른 논증은 유용하지만 최종적 설득력을 주지 못한다

앞 절의 의도는 성경이 하나님의 말씀이라는 주장을 뒷받침하기 위해 사용될 수 있는 다른 논증의 타당성을 부인하려는 것이 아니다. 성경이 역사적으로 정확하고 내적 통일성을 지니고 있으며, 다른 어떤 책보다 인간의 역사 과정에 많은 영향을 미쳤고 성경의 역사 전체에 걸쳐 수백만 명의 삶을 계속 변화시키고 있으며, 사람들로 하여금 구원을 얻게 하는, 다른 어떤 책과도 견줄 수 없는 장엄한 아름다움과 심오한 깊이를 지니고 있으며, 성경 자체가 수없이 하나님의 말씀이라고 주장하고 있음을 배우는 것은 유익하다. 이 모든 논증과 다른 논증은 우리에게 유익하며 우리가 성경을 믿을 때 방해되는 걸림돌을 제거해 준다. 그러나 개별적이든 총체적이든, 이 모든 논증은 최종적인 설득력을 주지 못한다. 1643-1646년에 작성된 웨스트민스터 신앙고백에서 말하듯, "교회의 증거에 감동되며 권유되어 성경을 높이 또는 숭경하"게 될 것이다. "그리고 그 내용의 천적 성질, 교리의 유효성, 문체의 장엄성, 모든 부분의 상호 일치, 모든 영광을 하나님께 돌리려는 전체의 목적, 사람의 구원의 유일한 길의 충분한 발견, 기타 다른 많은 것에 비할 데 없는 우수성과 전체의 완전성은 성경이 하나님의 말씀이라는 것을 풍부히 증명하는 변론들"이다. 더욱이 "말씀으로서 또는 말씀과 함께 증거하시는 성령의 내적 사역"을 통해 우리는 성경의 무오한 진리와 신적 권위를 온전히 신뢰하고 확신하게 된다.

4. 성경의 말씀은 자증적이다

우리가 성경을 읽을 때 성경 말씀이 하나님의 말씀이라고 확신한다는 사실은 성경 말씀이 자증적임을 뜻한다. 성경 말씀은 더 높은 권위에 호소함으로써 하나님의 말씀으로 증명될 수 없다. 성경이 하나님의 말씀임을 증명하기 위해 어떤 더 높은 권위(예를 들어, 역사적 정확성이나 논리적 정합성)에 호소해야 한다면, 성경 자체는 우리에게 최고의 또는 절대적인 권위가 될 수 없다. 그것은 성경이 하나님의 말씀임을 증명하기 위해 우리가 호소했던 그 권위에 오히려 종속될 것이다. 인간의 이성이나 논리, 역사적 정확성이나 과학적 진리를 성경이 하나님의 말씀임을 입증하는 궁극적인 권위로 삼는다면, 우리가 호소하는 그 대상이 하나님의 말씀보다 더 높은 권위를 지니며 더 참되거나 신뢰할 만하다고 가정하는 셈이다.

5. 반론: 이것은 순환 논증이다

어떤 이들은 성경이 하나님의 말씀임을 성경 자체가 증명한다고 말하는 것은 순환 논증을 사용하는 것이라고 반론을 제기한다. 우리는 성경이 하나님의 말씀이라고 주장하기 때문에 그러하다고 믿는다. 우리는 성경이 하나님의 말씀이기 때문에 그 주장을 믿는다. 우리는 성경이 하나님의 말씀이라고 주장하기 때문에 그러하다고 믿는다.

이것이 일종의 순환 논증임을 인정할 수밖에 없다. 그러나 이런 논증의 사용이 무효가 되는 것은 아니다. 절대적 권위에 대한 모든 주장은 궁극적으로 증명하기 위해 그 권위에 호소할 수밖에 없기 때문이다. 그렇지 않다면 그 권위는 절대적 권위가 될 수 없다. 이것은 성경의 권위를 주장하는 그리스도인만의 문제가 아니다. 무엇을 믿어야 하는지에 관한 궁극적 권위에 대해 논증할 때 모든 사람은 암묵적으로 또는 명시적으로 일종의 순환 논증을 사용한다.

비록 이런 순환 논증이 언제나 명시적으로 드러나는 것은 아니며 때로는 장황한 논증 아래 숨겨져 있거나 증명도 없이 그저 전제되어 있다 하더라도, 가장 기본적인 형태의 궁극적 권위에 대한 논증은 그 권위 자체를 순환적으로 호소하기 마련이다. 예를 들면 이런 방식이다.

- "나의 이성은 나의 궁극적 권위다. 이성을 궁극적 권위로 삼는 것이 나에게는 합리적으로 보이기 때문이다."
- "논리적 정합성은 나의 궁극적 권위다. 정합성을 궁극적 권위로 삼는 것이 논리적이기 때문이다."
- "인간의 감각적 경험으로 알게 된 것은 실재하는 것과 그렇지 않은 것을 발견하기 위한 궁극적 권위다. 인간의 감각적 경험은 결코 다른 어떤 것도 발견하지 못했기 때문이다. 따라서 인간의 감각적 경험은 내게 나의 원칙이 참되다고 말한다."
- "나는 절대적 권위란 존재할 수 없음을 알고 있다. 나는 그런 절대적 권위를 알지 못하기 때문이다."

진리의 궁극적 기준, 무엇을 믿어야 하는지에 관한 절대적 권위에 대한 이

런 모든 논증에는 순환적 요소가 포함되어 있다.[8]

그리스도인은 절대적 권위에 대한 다양한 주장 중에서 어떤 선택을 해야 하는가? 성경은 궁극적으로 성경 자체의 진실성 때문에 (『몰몬경』이나 『쿠란』 같은) 다른 종교의 경전이나 (논리학, 인간 이성, 감각 경험, 과학적 방법으로) 사람이 만든 다른 지적인 문헌보다 더 설득력이 강하다. 삶에서 경험하는 권위의 기준들은 일관성이 없거나 그 자격조차 없어 보인다. 하지만 성경이 진술하는 세계, 사람, 하나님에 관한 내용들은 온전히 입증될 것이다.

성경은 우리가 가진 지식과 조화를 이룸으로써 성경 자신의 권위를 입증할 것이다. 만일 세계와 하나님을 이해하는 우리의 지식이 올바르다면, 성경이 얼마나 설득력 있는지를 깨닫게 될 것이다. 문제는 죄 때문에 하나님과 세계에 대한 우리의 지식이 불완전하다는 것이다. 죄는 우리로 하여금 하나님과 세계에 대한 지식을 왜곡시켰다. 죄가 없다면 사람들은 성경이 하나님의 말씀임을 확신할 것이다. 하지만 죄는 사람들의 지각 능력을 왜곡시켜 성경을 제대로 보지 못하게 만들었다. 성경이 참으로 하나님의 말씀이라는 것을 우리가 확신할 수 있으려면 죄의 영향력을 극복하는 성령의 사역이 반드시 필요하다.

또 다른 의미에서 이러한 논증은 전형적인 순환 논증이 아니다. 이 논증 과정은 성경에 대한 지식과 하나님과 세계에 대한 지식이 조화를 이루는 나선형에 비유하는 것이 더 나을 것이다. 이것은 세계에 대한 우리의 지식이 성경보다 더 높은 권위를 가진다는 것이 아니다. 오히려 그 지식이 올바르다면 성경이 유일하고 참된 궁극적 권위이며, 다른 권위의 기준들은 옳지 못하다는 사실을 깨닫게 해준다는 것이다.

6. 성경의 저자가 하나님이라는 것은 하나님의 구술이 의사소통의 유일한 수단임을 암시하지 않는다

이번 장에서는 지금까지 성경의 모든 말씀이 하나님의 말씀이라고 주장해 왔다. 여기서 주의할 점이 있다. 성경의 모든 말씀이 하나님의 말씀이라고 해서 하나님이 인간 저자들에게 모든 말씀을 받아쓰게 하셨다고 생각하면 안 된다.

성경의 모든 말씀이 하나님의 말씀이라고 할 때, 우리는 성경이 존재하게 된 과정의 결과를 이야기한다. 성경 저자들이 그 말씀을 받아쓴 과정에 문제를 제기한다는 것은 그 결과에 이르는 과정에서 하나님이 어떻게 행동하셨는지를 묻는 것이다.[9] 성경은 하나님이 성경 저자들에게 한 가지 방법으로만 말씀하셨다고 주장하지 않는다. 하나님은 다양한 방법을 통해 그 결과에 이르게 하셨다.

물론 성경에는 하나님이 인간 저자들에게 받아쓰게 하시는 몇몇 사례가 명시적으로 언급되어 있다. 사도 요한이 환상 가운데 부활하신 주님을 뵈었을 때, 예수께서는 이렇게 말씀하셨다. "에베소 교회의 사자에게 편지하라……."계 2:1 "서머나 교회의 사자에게 편지하라……."계 2:8 "버가모 교회의 사자에게 편지하라……."계 2:12 이것은 단순하고 명백한 구술의 예다. 부활하신 주님은 요한에게 무엇을 써야 할지 말씀하셨고, 요한은 예수께 들은 말씀을 기록했다.

이와 비슷한 과정을 구약 예언서에서도 볼 수 있다. 이사야서에는 "이에 여호와의 말씀이 이사야에게 임하여 이르시되 너는 가서 히스기야에게 이르기를 네 조상 다윗의 하나님 여호와께서 이같이 말씀하시기를 내가 네 기도를 들었고 네 눈물을 보았노라. 내가 네 수한에 십오 년을 더하고 너와 이 성을 앗수르 왕의 손에서 건져내겠고 내가 또 이 성을 보호하리라"고 적혀 있다.사 38:4-6 이 이야기에서 이사야는 하나님이 히스기야에게 하시고자 하는 말씀을 들은 뒤 그대로 전달한다.

하지만 대부분의 성경 말씀은 하나님의 직접적인 구술로 존재하게 된 것이 아니다. 히브리서 저자는 하나님이 예언자들을 통해 "여러 부분과 여러 모양으로" 우리 조상들에게 말씀하셨다고 말한다.히 1:1 예를 들어, 누가복음의 저자가 사용한 역사적 조사 방법이 있다. 그는 이렇게 말한다.

우리 중에 이루어진 사실에 대하여 처음부터 목격자와 말씀의 일꾼 된 자들이 전하여 준 그대로 내력을 저술하려고 붓을 든 사람이 많은지라. 그 모든 일을 근원부터 자세히 미루어 살핀 나도 데오빌로 각하에게 차례대로 써 보내는 것이 좋은 줄 알았노니.눅 1:1-3

이것은 명백히 구술의 과정이 아니다. 누가는 예수의 삶과 가르침을 정확히 기록하기 위해 증인들과 이야기를 나누고 역사적 자료를 수집하는 평범한 과정을 따랐다. 그는 증인들의 보고를 듣고 자신에게 주어진 증거를 세심하게 평가하는 역사적 조사를 철저하게 수행했다. 그가 쓴 복음서는 그가 중요하다고 생각하는 바를 강조하며 그의 특징적인 문체가 반영되어 있다.

구술과 역사적 조사라는 두 극단 사이에서, 하나님이 인간 저자들에게 그분의 뜻을 전달하는 다양한 방식들이 존재함을 알 수 있다. 성경은 이 다양한 과정들을 암시한다. 성경은 예수의 가르침을 직접 들은 사람들, 성령의 사역에 의해 그 가르침을 정확하게 기억하는 사람들,요 14:26 또한 꿈이나 환상을 통해 그분의 음성을 듣거나 주님의 이름으로 모인 공의회의 경우에 관해 이야기한다. 하지만 다른 경우에는 성경 말씀의 형성 과정이 알려지지 않는다. 분명히 다른 방법들이 사용되었지만, 그 방법들이 정확히 어떤 것인지 우리가 알아내는 것은 중요하지 않다.

대부분의 성경은 각 저자의 개성과 문체가 반영된 것처럼 보인다. 하나님은 각 저자의 삶을 섭리하고 인도하셨다. 따라서 각 저자의 개성 및 사건을 평가하는 능력이나 그들이 역사적 자료를 활용하거나 판단하는 능력, 또한 성경을 기록할 당시의 개인적 상황[10]은 모두 하나님이 의도하신 대로였다. 그 결과 그들이 실제로 종이 위에 글을 쓸 때 그 글은 각 저자의 것이었다. 하지만 그 글은 하나님이 그처럼 기록되기 원하셨던 말씀, 곧 하나님의 말씀이라고 말할 수 있다.

B. 성경 말씀을 믿지 않거나 그 말씀에 불순종하는 것은 하나님을 믿지 않거나 그분께 불순종하는 것이다

성경의 모든 말씀은 하나님의 말씀이다. 따라서 성경의 말씀을 믿지 않거나 그 말씀에 불순종하는 것은 하나님을 믿지 않거나 그분께 불순종하는 것이다. 그렇기에 예수께서는 제자들이 "선지자들이 말한 모든 것"을 믿지 않음을 책망하신다.눅 24:25 신자들은 제자들의 말을 지키고 순종해야 한다.요 15:20 "주 되신 구주께서 너희의 사도들로 말미암아 명하신 것을 기억하[라]."벧후 3:2 바울의 글에 불순종할 때 출교살후 3:14와 같은 교회의 권징이나 하나님께로부터 오는 형벌의 대상이 될 수 있었다.고전 14:38, 고후 13:2-3 반면에 하나님은 그분의 말씀을 듣고 "떠는" 모든 사람으로 인해 기뻐하신다.사 66:2

교회사 속 위대한 설교자들은 성경에 기록된 하나님의 말씀을 사람들에게 전해야 한다고 생각했다. 그들은 성경 말씀이 인간의 말이나 지혜보다 더 강력하다고 생각했다. 따라서 그들은 설교할 때 본문을 설명한 뒤 사람들을 즐겁게 하기 위해서가 아니라 본문이 사람들의 삶을 어떻게 변화시켰는지에 초점을 맞추었다. 매주 이런 설교를 듣는 사람들은 "하나님의 말씀은 살아 있고 활력이 있어 좌우에 날선 어떤 검보다도 예리하여 혼과 영과 및 관절과 골수를 찔러 쪼개기까지 하며 또 마음의 생각과 뜻을 판단"하는 것을 경험한다.히 4:12 하나님의 말씀은 마치 "바위를 쳐서 부스러뜨리는 방망이" 같다.렘 23:29 하나님은 그 말씀이 "헛되이 내게로 되돌아오지 아니하고 나의 기뻐하는 뜻을 이루며 내가 보낸 일에 형통할" 것이라고 말씀하신다.사 55:11

C. 성경의 진실성

1. 하나님은 거짓말을 하시거나 거짓으로 말씀하실 수 없다

성경의 권위는 우리가 성경을 믿고 순종할 수 있게 하며, 그 믿음과 순종은 하나님에 대한 믿음과 순종이 되게 한다. 따라서 성경의 진실성은 필수다. 성경 말씀을 믿을 때 그 믿음에는 성경의 진실성에 대한 확신도 포함된다. 성경의 무오성에 관해 고찰할 때5장 이 문제를 더 다룰 것이므로 여기서는 간단히 다루고자 한다.

성경 저자들은 성경이 인간의 말이지만 동시에 하나님의 말씀이라고 주장한다. 하나님의 말씀에 관해 설명하는 본문을 살펴본 뒤 그 본문을 성경 말씀에도 적용해 볼 수 있다. 디도서 1:2은 "거짓이 없으신 하나님", 곧 (더 문자적으로) "거짓말을 하지 않으시는 하나님"에 관해 말한다. 하나님은 거짓말을 할 수 없으시기 때문에 그분의 말씀은 언제나 믿을 수 있다. 모든 성경은 하나님의 말씀이기 때문에 하나님이 그러하시듯 모든 성경에

도 거짓이 없다. 성경 안에는 어떤 비진리도 존재하지 않는다.[11]

히브리서 6:18은 "하나님이 거짓말을 하실 수 없는" 두 가지 변함없는 사실하나님의 맹세와 약속을 언급한다. 히브리서 저자는 하나님이 거짓말을 하지 않으실 뿐 아니라 그분이 거짓말을 하시는 것조차 불가능하다고 말한다. 본문은 하나님의 맹세와 약속 때문에 "거짓말을 하실 수 없"다고 하지만, 만일 그러하다면 그분이 거짓말하시는 것도 불가능하다(예수께서는 맹세를 할 때만 진리를 말하는 사람들을 책망한다. 마 5:33-37; 23:16-22). 마찬가지로 다윗은 하나님께 "오직 주는 하나님이시며 주의 말씀들이 참되시니이다"라고 말한다.삼하 7:28

2. 따라서 모든 성경 말씀은 온전하고 오류가 없다

성경 말씀은 하나님의 말씀이다. 또한 하나님은 거짓말을 하시거나 거짓으로 말씀하실 수 없다. 따라서 어느 부분에도 오류가 존재할 수 없다. 성경은 여러 곳에서 그처럼 주장한다. "여호와의 말씀은 순결함이여. 흙 도가니에 일곱 번 단련한 은 같도다."시 12:6 시편 기자는 생생한 이미지를 사용해 하나님 말씀의 순결함을 이야기한다. 그 말씀은 "일곱 번 단련한 은" 같다(성경에서 일곱은 완전수다). 따라서 하나님의 말씀에는 불완전함이 존재하지 않는다. 잠언 30:5은 "하나님의 말씀은 다 순전하며 하나님은 그를 의지하는 자의 방패시니라"고 말한다. 성경 말씀은 일부만 순전한 것이 아니라 모두 순전하다. 하나님의 말씀은 영원히 하늘에 굳게 서 있다. "여호와여, 주의 말씀은 영원히 하늘에 굳게 섰사오며."시 119:89 예수께서도 그분 자신이 하신 말씀이 영원하다고 말씀하신다. "천지는 없어질지언정 내 말은 없어지지 아니하리라."마 24:35 하나님의 말씀은 모든 인간의 말과 명확한 대조를 이룬다. "하나님은 사람이 아니시니 거짓말을 하지 않으시고 인생이 아니시니 후회가 없으시기" 때문이다.민 23:19 이 본문들은 모든 성경 말씀에 거짓이 존재하지 않음을 명시적으로 주장한다.

3. 하나님의 말씀은 진리의 궁극적 기준이다

예수께서는 성부께 "그들을 진리로 거룩하게 하옵소서. 아버지의 말씀은 진리알레테이아니이다"라고 기도하신다.요 17:17 이 기도가 흥미로운 까닭은, 예수께서 '참되다'는 의미를 가진 '알레티노스'나 '알레테스'를 사용하지 않고 오히려 그분은 '알레테이아'진리를 사용해 하나님의 말씀이 진리 자체라고 말씀하신다.

이 차이는 중요하다. 성경은 높은 기준에 일치한다는 의미에서 참된 것이 아니라, 성경 자체가 진리의 궁극적 기준이 되기 때문이다. 성경은 하나님의 말씀이며, 하나님의 말씀은 무엇이 참되고 무엇이 참되지 않은지를 판단하는 궁극적 기준이다. 하나님의 말씀 자체가 진리다. 따라서 우리는 성경을 진리의 궁극적 기준, 곧 다른 모든 진리 주장을 판단하는 기준으로 이해해야 한다. 성경과 일치하는 주장은 참되지만 성경과 일치하지 않는 주장은 참되지 않다.

진리가 무엇인가? 진리는 하나님의 말씀이며 그 말씀은 성경에서 찾을 수 있다(우리는 하나님의 말씀을 성경에서 찾을 수 있다. 하지만 하나님이 모든 것을 성경에 말씀하신 것은 아니다).

4. 새롭게 발견된 사실과 성경은 서로 모순될 수 있는가?

성경과 모순된 새로운 과학적, 역사적 사실이 발견될 수 있는가? 우리는 그것이 불가능하다고 확실히 말할 수 있다. 만일 성경과 모순된 사실이 발견된다면, (성경을 올바로 이해한다면) 그 사실은 거짓일 수밖에 없다. 성경의 저자이신 하나님은 (과거, 현재, 미래의) 모든 사실을 아신다. 성경이 기록될 때 하나님이 알지 못한 사실이 등장하는 일은 불가능하다. 모든 사실은 하나님이 영원 전부터 이미 아셨던 것이다. 따라서 새롭게 발견된 사실도 성경에 기록된 하나님의 말씀과 모순될 수 없다.

그럼에도 새롭게 발견된 과학적, 역사적 사실로 인해 우리는 성경을 다시 살펴보아야 할 수도 있다. 성경이 가르친다고 여겼던 것을 성경이 정말로 가르치는지를 알아보아야 하기 때문이다. 성경은 한때 일부에서 생각했듯이, 지구가 주전 4004년에 창조되었다고 가르치지 않는다(성경에 포함된 족보에는 공백이 포함되어 있기 때문이다).[12] 역사적, 고고학적, 천문학적, 지질학적 연구로 인해 성경이 참으로 젊은 지구론을 가르치는지 다시 주의 깊게 분석한 결과, 성경이 젊은 지구론을 가르치지 않는다는 것이 드러났다.

이와 비슷하게 성경은 태양이 지구 주위를 돈다고 가르치지 않는다. 성경은 우리가 보는 관점에서 현상을 묘사할 뿐이며, 우주 밖에 임의로 고정된 지점에서 우주의 운행을 묘사한 것이 아니기 때문이다. 하지만 지구가 자전축을 중심으로 자전한다는 것을 증명할 정도로 천문학 연구가 발전할 때까지, 사람들은 성경이 가르치는 바, 곧 태양이 지구 주위를 돈다고 가정했다. 그러나 이러한 연구로 인해 연관된 성경 본문을 재검토해야만 했다. 따라서 성경에 모순되는 사실을 접할 때 우리는 그 사실에 대해 논증하는 자료를 살펴보아야 할 뿐 아니라, 성경이 가르친다고 생각했던 것을 참으로 가르치는지 알아보기 위해 적합한 성경 본문을 다시 살펴보아야 한다.

우리는 연구를 통해 발견된 새로운 사실을 두려워하지 말아야 하며, 오히려 언제나 이를 환영해야 한다. 예를 들어, 시리아에서 연구하던 고고학자들은 에블라 점토판을 발굴했다. 주전 2000년경에 제작된 것으로 보이는 이 점토판은 족장들의 세계와 아브라함과 이삭, 야곱과 연관된 사건들을 이해할 때 큰 도움을 줄 수도 있다. 그리스도인은 이런 자료의 지속적인 발표와 분석이 창세기에 담긴 일부 사실이 틀렸음을 증명할까 염려해야만 하는가? 그렇지 않다. 우리가 이런 자료를 바르게 이해한다면 그 자료는 성경과 일치할 것이며, 성경의 정확성을 확증할 것이다. 따라서 우리는 확신을 가지고 그 모든 자료의 발표를 기대할 수 있다. 참된 사실은 모든 사실을 아시는 하나님, 또한 거짓으로 말씀하실 수 없는 하나님과 모순을 이루지 않을 것이다.

D. 우리의 최종적 권위는 본문의 배경에 관한 학문적 추정이 아닌 기록된 성경이다

성경의 권위 있는 최종 형태는 기록된 형태다. 모세가 언약궤 안에 보관했던 것은 돌판에 기록된 하나님의 말씀이다. 이후에 하나님은 모세와 그의 뒤를 잇는 예언자들에게 그들의 말을 책에 기록하라고 명령하셨다. 바울이 "하나님의 감동으로 된 것"이라고 말한 것은 기록된 형태의 성경이었다.딤후 3:16 마찬가지로 "주의 명령"고전 14:37과 "다른 성경"벧후 3:16으로 분류되는 것도 바울이 쓴 글이었다.

이 점은 중요하다. 때때로 사람들은 기록된 형태의 성경이 아닌 다른 기준을 최종적으로 삼으려 하기 때문이다. 예를 들어, 어떤 사람들은 복음서에 기록된 헬라어 단어를 아람어로 이해할 때 '예수께서 참으로 말씀하신 바'를 더 잘 이해할 수 있다고 주장한다. 실제로 예수의 말씀을 아람어로 재구성해 복음서의 잘못 번역된 부분을 바로잡을 수 있다고 말하기도 한다.

사람들이 '바울이 참으로 생각했던 바'를 안다고 주장할 때, 그것은 바울이 기록한 단어의 의도 및 의미와 다른 경우도 있다. 어떤 이들은 바울이 자신의 신학과 일관성을 유지하려면 이렇게 말했어야 했다고 주장하기도 한다. 이와 비슷하게 '마태가 편지를 보냈던 교회의 상황'을 언급하며, 그 상황 속에서 제시했던 해법에 초점을 맞추어 권위를 부여하려는 이들도 있다.

성경의 권위에 대한 또 다른 잘못된 견해가 드러날 때는, 성경을 비판하는 사람들이 성경이 실제로 말하는 바를 비판하기보다 고대 사람들이 믿었던 잘못된 생각을 비판할 때다. 예를 들어, 피터 엔스는 고대 근동의 세계관에서 세상은 물을 가둔 단단한 돔이 덮인 평평한 원반으로 이해되었으며, 창세기 저자도 이 세계관을 공유했다고 주장한다. 그는 "따라서 창세기는—고대 근동의 다른 이야기들과 마찬가지로—세상을 돔이 덮인 평평한 원반으로 묘사한다"고 말한다.[13] 하지만 이 주장은 성경의 권위에 대한 사람들의 믿음을 직접적으로 약화시킨다. 오늘날 우리는 세상을 물을 가둔 돔이 덮인 평평한 원반으로 이해하지 않기 때문이다. 이 주장에 대해 우리는 모세나 다른 성경 저자들이 가진 배경에 관한 추측이 아니라 성경에 기록된 하나님의 말씀을 믿어야 한다고 대답할 수 있다. (실제로 성경은 세계가 평평한 원반이거나 물을 가둔 돔이라고 가르치지 않는다.)[14] 모세가 지구를 평평한 원반이라고 믿었든지, 둥근 구라고 믿었든지, 그것은 크게 중요하지 않다. 중요한 것은 그가 성경에 기록한 내용이다. 성경의 권위는 성경에 기록된 그 내용에 대한 믿음을 요구한다. 모세나 다른 성경 저자들이 어떤 세계관을 가졌는지에 관한 누군가의 추정을 최종적 권위로 삼을 필요는 없다.

물론 성경 본문의 배경을 이해하는 것이 그 본문의 뜻을 이해하는 데 도움이 될 때도 있다. 그럼에도 아람어나 바울의 생각, 다양한 교회의 상황은 최종적 권위로서 기록된 형태의 성경을 대체할 수 없다. 또한 이것들이 성경 본문과 모순이라거나 성경의 정확성에 의문을 제기하도록 허용해서도 안 된다. 마태와 마가, 누가, 요한이 기록한 헬라어 단어들이 하나님께서 허용한 것이라면, 그 단어들은 예수께서 사용한 아람어의 가장 좋고 정확한 번역이다. 하나님의 말씀은 기록된 형태의 성경으로서 우리에게 주어져 있으며, 따라서 우리는 이 점을 기억하여 어떤 방법으로든 성경을 개선하려고 노력해서는 안 된다. 성경을 개선하는 일은 불가능하다. 다만 우리는 성경 본문을 이해하고 신뢰하며 전심으로 그 말씀에 순종하려고 노력할 뿐이다.

E. 자유주의 신학은 성경을 하나님의 말씀이 아니라 인간의 말일뿐이라고 이해한다

자유주의와 복음주의를 구별하는 주요한 특징 중 하나는 성경 이해다. 자유주의 신학자들은 성경이 인간의 말일 뿐 아니라 하나님의 말씀이라는 관점에 동의하지 않는다. 성경이 하나님의 말씀이라는 확신은 복음주의 신학과 교회사 전체에서도 필수적이다.

이와 달리 자유주의 신학자들은 성경에 기록된 글이 인간의 글, 곧 "종교적 사상과 경험을 다루고 오류가 있는 인간의 기록"[15]이라고 이해한다. 자유주의 신학에 따르면, 성경은 역사적 부정확성, 내적 모순, 오늘날 우리가 거부해야 할 낡은 신학적, 윤리적 가르침을 포함한다. 이것이 오늘날 대학교에서 이루어지는 성경이나 종교 관련 수업에서 옹호되는 지배적인 관점이다.

자유주의 신학자들이 참된 하나님의 계시로서 성경이 존재할 수 없다고 확신한다면, 성경이 하나님의 말씀이라고 주장하는 복음주의 신학자들은 스스로를 속이고 있는 셈이다. 복음주의 신학자들은 마치 자신들이 신학을 만들어 그 신학이 하나님께로부터 온 것이라고 주장하는 셈이다. 따라서 하버드 대학교 신학대학원의 교수였던 고든 카우프만은 이렇게 주장했다. "신학은 모든 면에서 인간의 작업이다.……자유주의 신학자들은 이를 인정해 왔다. 따라서 그들은 신적 승인을 받은 것처럼 말하는 전통적 신학자들의 주장이……오만하며 교활한 행태의 자기 우상숭배라고 비판하곤 했으며", 또한 그러한 전통적 신학자들의 주장은 "권위주의적 오만"과 "사탄적 권위주의"를 반영한다고 말했다.[16]

그러나 성경이 참으로 우리에게 주어진 하나님의 계시라면, 또한 그 말씀이 참된 하나님의 말씀이라면, 성경이 신적 권위를 가지고 우리에게 말씀하신다고 주장하는 것은 결코 오만하지 않다. 오히려 이러한 주장은 창조주의 말씀에 반응하는 우리의 겸손한 태도를 반영한다. 또한 성경은 성경 자체가 그러한 권위를 가진다고 계속해서 주장한다. 사도 바울의 담대한 주장은 자유주의 신학자들의 주장과 전혀 다르다. "형제들아, 내가 너희에게 알게 하노니 내가 전한 복음은 사람의 뜻을 따라 된 것이 아니니라. 이는 내가 사람에게서 받은 것도 아니요 배운 것도 아니요 오직 예수 그리스도의 계시로 말미암은 것이라."갈 1:11-12

덧붙이는 말: 기독교와 자유주의

약 100년 전 프린스턴 신학교의 신약학 교수인 그레샴 메이첸은 자신의 책 『기독교와 자유주의』를 출간했다.[17] 이 책은 신약의 기독교와 메이첸 시대의 교회에 침투한 자유주의 신학의 차이를 명확히 설명했고, 기독교 신학의 고전으로 인정받게 되었다. (메이첸은 프린스턴 신학교에 침투한 자유주의 신학에 반대하고 떠나 1929년에 웨스트민스터 신학교를 세우는 일에 참여했다.)

1969년 학부 시절, 나는 『기독교와 자유주의』가 유익하다는 것을 깨달았다. 이 책은 당시 내가 가지고 있었던 본능적인 의심, 곧 대학교에서 가르치는 자유주의 신학의 접근 방법을 불신했던 이유를 구체적이고 성경적으로 이해할 수 있게 도와주었다.

나는 조직신학과 교리에 대해 강의할 때마다 이 책을 필독서로 지정했다. 자유주의 신학에 익숙한 학생들은, 메이첸이 한 세기 전에 비판했던 내용들이 오늘날에도 여전히 널리 퍼져 있다는 사실에 놀라워했다.

자유주의 신학의 근본 전제 중 하나는 성경을 단순한 인간의 책으로 보는 것이다. 따라서 성경의 권위를 다룬 이번 장의 마지막에 이처럼 덧붙이는 말을 추가했다. 아래 도표에서는 메이첸의 『기독교와 자유주의』에 담긴 주장을 요약했으며, 각 주제에 관해 더 자세히 알아보기 원하는 이들을 위해 관련된 주제의 쪽수를 표기했다.

교리	자유주의	기독교	관련 성경 본문	「기독교와 자유주의」
기본적 세계관	자연주의(자연 세계가 우리가 알 수 있는 모든 것이다.)	초자연주의(우리는 하나님이 우리에게 계시하시는 초자연적인 사건도 알 수 있다.)	창 1:1; 고전 2:1-16; 히 11:6	35-36, 147-169
성경	단순한 인간의 책	인간적인 동시에 신적인 책	딤후 3:16; 벧후 1:21	116-123
	하나님의 말씀이 아님	하나님의 말씀	딤후 3:16; 출 20:1	116-123
	사람들의 종교적 경험과 사상에 대한 인간적 기록	하나님으로부터 온 신적 계시	요 16:13; 고전 2:9-10; 딤후 3:16	112-123
	초자연적 사건에 대한 보도는 신화다.	초자연적 사건에 대한 보도는 참되다.	잠 30:5; 벧후 1:16-18	146-169
교리	교리는 중요하지 않다. 사람들의 경험이 교리를 판단하는 시금석이 되어야 한다.	교리는 역사적 사건과 그 의미에 대한 진술이다. 참된 교리가 없다면 기독교 신앙도 존재하지 않는다.	딤전 3:15; 딛 1:9; 유 1:3	51-68, 112-123
하나님	하나님은 사람들이 무엇을 하든지 모든 사람을 사랑하신다.	하나님은 각 사람의 행동에 대한 책임을 물으시며, 자신의 죄를 회개하라고 요구하신다.	행 17:30-31; 롬 1:18-32; 벧후 4:4-5	96-111, 221-223
	하나님은 모든 사람의 아버지이시다. 모든 종교는 같은 하나님을 예배한다.	하나님을 알 수 있는 유일한 길은 예수 그리스도를 통해서다.	요 17:30-31; 롬 1:18-32; 벧전 4:4-5	99-104, 177-179
인간	인간은 본성적으로 선하다.	모든 인간은 하나님의 용서가 필요한 죄인이다.	롬 3:23; 6:23	108-111
예수 그리스도	예수는 위대한 도덕 교사, 놀라운 인간이었다.	예수 그리스도는 하나님이신 동시에 사람이시다.	요 1:1-3, 14; 골 2:9; 히 1:1-4	124-169
	예수는 우리가 모방해야 할 삶의 본보기이다.	예수 그리스도는 우리의 죄를 위해 죽으셨으며 우리가 믿는 구원자이시다.	막 10:45; 요 11:25-26; 롬 5:8; 고전 15:3-4	124-169, 180-220
	그리스도의 동정녀 탄생은 과학적으로 불가능하다.	예수 그리스도는 동정녀 마리아에게서 나셨다.	사 7:14; 마 1:23-25; 눅 1:34-35, 3:23	146-160
구원	구원은 인간의 자기 개선과 사회의 개선을 통해 이루어진다.	구원은 우리의 죄 사함을 위해 그리스도를 믿음으로써 이루어진다.	요 1:12; 롬 10:5-17; 고전 15:3-4	106-109, 170-220
	하나님이 그리스도에게 그분의 진노를 쏟으셨다는 생각은 하나님의 사랑이라는 진리와 모순된다.	예수 그리스도는 우리가 마땅히 받아야 할 죄에 대한 하나님의 진노를 받으셨다.	사 53:4-12; 롬 3:25; 히 2:17	170-200

교회	교회는 인간의 자기 개선을 위한 모임이다.	교회는 예수 그리스도께서 창조하신, 구속된 사람들의 공동체다.	마 16:18; 엡 5:25, 29; 딤전 3:15	108, 221-224, 247-248
	교회의 목적은 개인을 복음화하는 것이 아니라 사회를 갱신하는 것이다.	교회의 목적은 하나님을 예배하고, 신자를 믿음 안에서 세우고, 비신자에게 복음을 선포하는 것이다.	사 43:6-7; 엡 1:12-14; 고전 14:12; 마 28:19-20	221-224, 245-248
	교회는 지도력을 위한 교리적 경계를 두지 말아야 한다.	목회자는 기독교 교리를 믿고 가르쳐야 한다.	딤전 3:15; 딛 1:9; 유 1:3	223-232
결론	자유주의는 기독교가 아니다. 또 다른 종교일 뿐이다.			39-42, 91-92, 224-225, 238-246

개인적 적용을 위한 질문

1. 여러분은 누군가에게 성경이 하나님의 말씀이라는 진리를 설득할 수 있는가? 그에게 다른 어떤 책보다 성경을 읽도록 권할 수 있는가?

2. 성경을 읽기 싫거나, 믿고 싶지 않는 때가 있었는가? 만일 있었다면 그와 같은 생각을 어떻게 다룰 수 있는가?

3. 성경에 오류가 있다는 주장을 들은 적이 있는가? 그 주장이 여러분에게 어떤 영향을 미쳤는가? 그럼에도 성경이 하나님의 말씀이라고 말할 수 있는가?

4. 여러분은 성경이 스스로를 증거함을 신뢰하는가? 만일 신뢰한다면 하나님은 그 믿음을 어떻게 보실 것이라고 생각하는가? 성경의 모든 것을 신뢰하고 순종함에도 여러분을 죄에 빠지거나 하나님으로부터 멀어지게 하는 것들이 있는가?

5. 여러분은 자유주의 신학의 관점에서 성경을 이해하는 사람들과 대화를 나눈 적이 있는가? 이번 장을 읽은 뒤 여러분은 그 관점에 대해 어떻게 생각하는가?

신학 전문 용어

구술
성경의 권위
순환 논증
영감
자유주의
자증
절대적 권위
축자 영감
하나님의 감동으로 된

참고 문헌

이 참고 문헌에 관한 설명으로는 1장, 60쪽을 보라. 더 자세한 서지 자료는 2권 부록 2에서 확인할 수 있다.

복음주의 조직신학 저술의 관련 항목

1. 성공회

1882–1892	Litton, 18–40
1930	Thomas, 115–120, 123–133, 141–145
2001	Packer, 16–18
2013	Bird, 63
2013	Bray, 137–148

2. 아르미니우스주의(또는 웨슬리파/감리교)

1875–1876	Pope, 1:92–99, 156–192
1892–1894	Miley, 2:481–489
1940	Wiley, 1:166–84
1960	Purkiser, 60–80
1983	Carter, 1:287–330
1992	Oden, 1:335–404
2002	Cottrell, 64–66

3. 침례교

1767	Gill, 1:15–37
1907	Strong, 111–242
1976–1983	Henry, 2:247–334, 3:28–47, 203–488, 4:7–271, 470–493
1987–1994	Lewis and Demarest, 1:93–171
1990–1995	Garrett, 1:193–212
2007	Akin, 162–163
2013	Erickson, 210–229

4. 세대주의

1947	Chafer, 1:21–104, 120–123
1949	Thiessen, 43–49, 62–74
1986	Ryrie, 20–22, 63–76
2002–2005	Geisler, 1:239–241, 246, 495
2017	MacArthur and Mayhue, 100–107

5. 루터교

1917–1924	Pieper, 1:193–317, 349–359
1934	Mueller, 90–136

6. 개혁주의(또는 장로교)

1559	Calvin, 1:7–8, 74–93
1679–1685	Turretin, *IET*, 1:62–69, 85–94, 116–127, 154–162
1871–1873	Hodge, 1:153–182
1887–1921	Warfield, *IAB*, 3–410, 419–442; SSW, 2:537–638
1906–1911	Bavinck, *RD*, 1:449–474
1937–1966	Murray, *CW*, 3:256–262; CW, 4:30–57
1938	Berkhof, *Intro*., 144–65, 182–186
1998	Reymond, 73–78
2008	Van Genderen and Velema, 84–96
2011	Horton, 194, 197–198
2013	Frame, 581, 610–611
2016	Allen and Swain, 30–56
2017	Barrett, 145–188
2019	Letham, 188–199

7. 부흥 운동(또는 은사주의/오순절)

1988–1992	Williams, 1:22–25
1993	Menzies and Horton, 17–20
1995	Horton, 81–89

대표적인 로마 가톨릭 조직신학 저술의 관련 항목

1. 로마 가톨릭: 전통적 입장

1955	Ott (명시적으로 다루지 않음)

2. 로마 가톨릭: 제2차 바티칸공의회 이후

1980	McBrien, 1:62–77, 201–244
2012	CCC, paragraphs 75–83

기타 저술

Allison, Gregg R. *Historical Theology: An Introduction to Christian Doctrine; A Companion to Wayne Grudem's Systematic Theology*. Grand Rapids: Zondervan, 2011, 79–98.

Belt, H. van den. *The Authority of Scripture in Reformed Theology: Truth and Trust*. Leiden: Brill, 2008.

Cameron, Nigel M. de S. "Bible, Authority of the." In *BTDB*, 55–58.

____. "Bible, Inspiration of the." In *BTDB*, 60–61.

Carson, D. A., ed. *The Enduring Authority of the Christian Scriptures*. Grand Rapids: Eerdmans, 2016.

Carson, D. A., and John Woodbridge, eds. *Hermeneutics, Authority, and Canon*. Grand Rapids: Zondervan, 1986.

____. *Scripture and Truth*. Grand Rapids: Zondervan, 1983.

Dockery, David S. *Christian Scripture: An Evangelical Perspective on Inspiration, Authority, and Interpretation*. Nashville: B&H, 1995.

Dockery, David S. and David P. Nelson. "Special Revelation." In *A Theology for the Church*, ed. Daniel L. Akin et al., 162–163. Nashville: B&H, 2014.

Feinberg, John S. *Light in a Dark Place: The Doctrine of Scripture*. Foundations of Evangelical Theology Series. Wheaton, IL: Crossway, 2018.

Feinberg, P. D. "Bible, Inerrancy and Infallibility of." In *EDT3*, 124–127.

Frame, John M. *The Doctrine of the Word of God*. Vol. 4. Phillipsburg, NJ: P&R, 2010. (『성경론』 개혁주의신학사)

Geisler, Norman L., ed. *Inerrancy*. Grand Rapids: Zondervan, 1980.

Grudem, Wayne A. *The Gift of Prophecy in 1 Corinthians*. Washington, DC: University Press of America, 1982, 1–54.

Helm, Paul. *The Divine Revelation: The Basic Issues*. Westchester, IL: Crossway, 1982.

Henry, Carl F. H. "Bible, Inspiration of." In *EDT3*, 127–129.

Hoffmeier, James Karl, and Dennis Robert Magary, eds. *Do Historical Matters Matter to Faith? A Critical Appraisal of Modern and Postmodern Approaches to Scripture*. Wheaton, IL: Crossway, 2012.

King, David T., and William Webster. *Holy Scripture: The Ground and Pillar of Our Faith*. 3 vols. Battle Ground, WA: Christian Resources, 2001.

Kuyper, Abraham. *Principles of Sacred Theology*. Translated by J. H. de Vries. Reprint, Grand Rapids: Eerdmans, 1968, 413–563. (1898년에 *Encyclopedia of Sacred Theology*라는 제목으로 처음 출간)

Marshall, I. H. "Infallibility and Inerrancy of the Bible." In *NDT2*, 453–455.

McKim, D. K., and P. S. Chung. "Revelation and Scripture." In *GDT*, 758–767.

Montgomery, John W., ed. *God's Inerrant Word*. Minneapolis: Bethany Fellowship, 1974.

Nash, Ronald H. *The Word of God and the Mind of Man*. Grand Rapids: Zondervan, 1982. (『하나님의 말씀과 인간의 마음』 기독교문서선교회)

Packer, J. I. *"Fundamentalism" and the Word of God*.

London: Inter-Varsity Press, 1958. (『근본주의와 성경의 권위 & 자유주의』 개혁주의출판사)
___. "Infallibility and Inerrancy of the Bible." In *NDT1*, 337–339.
___. "Scripture." In *NDT2*, 821–825.
Pinnock, Clark. *Biblical Revelation*. Chicago: Moody Publishers, 1971.
Radmacher, Earl D., and Robert D. Preus, eds. *Hermeneutics, Inerrancy, and the Bible*. Grand Rapids: Zondervan, 1984.
Tatlock, Mark, ed. *The Implications of Inerrancy for the Global Church: The Truthfulness of God's Word Defended, Explained, and Extolled by Authors from Seventeen Countries across the Globe*. Maitland, FL: Xulon, 2015.
Van Til, Cornelius. *In Defense of the Faith*. Vol. 1, *The Doctrine of Scripture*. Ripon, CA: den Dulk Christian Foundation, 1967.
___. *In Defense of the Faith*. Vol. 5, #. Phillipsburg, NJ: Presbyterian and Reformed, 1976, 110–158.
Warfield, B. B. *Limited Inspiration*. Philadelphia: Presbyterian and Reformed, 1962.
Wells, Paul. *James Barr and the Bible: Critique of a New Liberalism*. Phillipsburg, NJ: Presbyterian and Reformed, 1980.
Wenham, John W. *Christ and the Bible*. London: Tyndale, 1972.
Woodbridge, John. *Biblical Authority: A Critique of the Rogers/McKim Proposal*. Grand Rapids: Zondervan, 1982. (『성경의 권위』 횃불)
Westminster Seminary Faculty. *The Infallible Word*. 3rd ed. Philadelphia: Presbyterian and Reformed, 1967.
Young, Edward J. *Thy Word Is Truth*. Grand Rapids: Eerdmans, 1957.

성경의 무오성을 받아들이지 않는 관점에서 저술된 책

Baillie, John. *The Idea of Revelation in Recent Thought*. New York: Columbia University Press, 1956.
Barr, James. *Fundamentalism*. London: SCM, 1977. (『근본주의 신학』 대한기독교출판사)
Barton, John. *People of the Book? The Authority of the Bible in Christianity*. Louisville: Westminster John Knox, 1988.
Beegle, Dewey M. *Scripture, Tradition, and Infallibility*. Grand Rapids: Eerdmans, 1973.
Berkouwer, G. C. *Holy Scripture*. Translation by Jack B. Rogers. Grand Rapids: Eerdmans, 1975.
Burtchaell, James Tunstead. *Catholic Theories of Biblical Inspiration Since 1810: A Review and Critique*. Cambridge: University Press, 1969.
Davis, Stephen T. *The Debate about the Bible*. Philadelphia: Westminster, 1977.
McKim, Donald K., ed. *The Authoritative Word: Essays on the Nature of Scripture*. Grand Rapids: Eerdmans, 1983.
Pinnock, Clark. *The Scripture Principle*. San Francisco: Harper and Row, 1984.
Rogers, Jack, ed. Biblical Authority. Waco, TX: Word, 1977.
Rogers, Jack, and Donald K. McKim. *The Authority and Interpretation of the Bible: An Historical Approach*. San Francisco: Harper and Row: 1979.
Vawter, Bruce. *Biblical Inspiration*. Philadelphia: Westminster, 1972 (최근 로마 가톨릭 진영에서 나온 책).

성경 암송 구절

디모데후서 3:16 | 모든 성경은 하나님의 감동으로 된 것으로 교훈과 책망과 바르게 함과 의로 교육하기에 유익하니.

“주님 약속하신 말씀 위에서”

주님 약속하신 말씀 위에서
영원토록 주를 찬송하리라
소리 높여 주께 영광 돌리며
약속 믿고 굳게 서리라

굳게 서리 영원하신 말씀 위에 굳게 서리
굳게 서리 그 말씀 위에 굳게 서리라

주님 약속하신 말씀 위에서
세상 염려 내게 엄습할 때에
용감하게 힘써 싸워 이기며
약속 믿고 굳게 서리라

주님 약속하신 말씀 위에서
영원하신 주의 사랑 힘입고
성령으로 힘써 싸워 이기며
약속 믿고 굳게 서리라

주님 약속하신 말씀 위에서
성령 인도 하는 대로 행하며
주님 품에 항상 안식 얻으며
약속 믿고 굳게 서리라

◈

나의 왕이신 그리스도의 약속 위에 서서
영원히 그분을 찬양하리라
나는 가장 높은 곳에서 영광을 외치고 노래하리라
하나님의 약속 위에 서서

나의 구원자이신 하나님의 약속 위에
나는 하나님의 약속 위에 서 있네

변치 않는 약속 위에 서서
의심과 두려움의 거센 폭풍이 몰려올 때
살아 있는 하나님의 말씀으로 이겨내리라
하나님의 말씀 위에 서서

주 예수 그리스도의 약속 위에 서서
사랑의 끈으로 그분께 영원히 묶여
성령의 말씀으로 날마다 이기며
하나님의 약속 위에 서리라

약속 위에 설 때 나는 넘어지지 않네
매순간 성령의 부르심에 귀를 기울이며
모든 것 되시는 나의 구원자 안에 안식하며
하나님의 약속 위에 서리라

ㅁ 켈소 카터 저작

* 새찬송가 546장

"빛 되신 주"

빛 되신 주 어둠 가운데 비추사
내 눈 보게 하소서
예배하는 선한 마음 주시고
산 소망이 되시네

나 주를 경배하리
엎드려 절하며
고백해 주 나의 하나님
오 사랑스런 주님
존귀한 예수님
아름답고 놀라우신 주

만유의 높임을 받으소서
영광 중에 계신 주
겸손하게 이 땅에 임하신 주
높여 찬양하리라

다 알 수 없네 주의 은혜
내 죄 위한 주 십자가
다 알 수 없네 주의 은혜
내 죄 위한 주 십자가

세상의 빛이신
주님이 어둠 안으로 들어오셨습니다
내 눈을 여시고 볼 수 있게 하셨습니다
주님이 주신 마음으로 그분의 아름다움을 예배합니다
주님과 함께하는 것이 삶의 소망입니다

나 예배하기 위해 이곳에 왔습니다
엎드려 경배하기 위해 이곳에 왔습니다
주님이 나의 하나님이라고 고백하기 위해 이곳에 왔습니다
주님은 사랑스러우신 분,
귀하시고 놀라우신 분이십니다

만세의 왕이신 주님
하늘 높이 영광스럽게
높임을 받으신 주님
주님은 겸손히
친히 만드신 이 땅에 오셨습니다

오직 사랑을 위해 가난해지셨습니다

십자가에서 나의 죄를 마주하시기 위해
얼마나 큰 대가를 치르셨는지 헤아릴 수 없습니다
십자가에서 나의 죄를 마주하시기 위해
얼마나 큰 대가를 치르셨는지 헤아릴 수 없습니다

ㅁ 팀 휴즈 작사18

1 물론 성경 안에 있는 모든 단어를 하나님이 친히 우리가 들을 수 있도록 말씀하셨다는 말이 아니다. 성경은 다윗 왕과 베드로, 심지어 사탄까지 수백 명에 이르는 사람들의 말을 기록하고 있기 때문이다. 하지만 나는 다른 사람들의 말을 인용하는 경우조차도 그들이 말한 바에 대한 하나님의 보도이며, 그 맥락 안에서 바르게 이해할 때 인용된 그들의 말은 하나님의 권위를 지닌 채 우리에게 다가온다고 생각한다.

2 Wayne Grudem, *The Gift of Prophecy in 1 Corinthians* (Lanham, MD: University Press of America, 1982), 12-13을 보라. 또한 Wayne Grudem, "Scripture's Self-Attestation and the Problem of Formulating a Doctrine of Scripture," in *Scripture and Truth*, ed. D. A. Carson and J. Woodbridge (Grand Rapids: Zondervan, 1983), 21-22을 보라.

3 일부에서는 "하나님의 감동으로 된 모든 성경 역시 가르침을 위해 유익하다"라는 대안적 번역을 제시한다. 그러나 이렇게 번역해야 하는 것으로 보기는 매우 어렵다. 이렇게 번역하면 헬라어 문장 안에서 카이("역시")가 극도로 어색해지기 때문이다. 일관된 방식으로 말하려면, 무언가가 또 다른 특징도 지닌다고 말하기 전에 하나의 특징을 지닌다고 먼저 말해야 한다. "역시"라는 단어는 앞서 서술한 무언가에 덧붙이는 것을 의미한다. 따라서 테오프뉴스토스("하나님의 감동으로 된")와 오펠리모스("유익하니")는 모두 서술 형용사로 이해하는 것이 최선이며, 최선의 번역은 "모든 성경은 하나님의 감동으로 되었으며 가르침을 위해 유익하다"라고 말할 수 있다.

4 적어도 디모데전서 5:18과 베드로후서 3:16 두 경우에 그라페는 그것이 지칭하는 구약 문서와 함께 신약 문서의 일부도 포함한다(아래의 논의를 보라). 이를 뒷받침하는 논증으로는 George W. Knight III, *The Pastoral Epistles*, NIGTC (Grand Rapids: Eerdmans; Carlisle: Paternoster, 1992), 4-54, William Mounce, *Pastoral Epistles*, WBC (Nashville: Nelson, 2000), lxxxiii-cxxx, D. A. Carson and Douglas Moo, *An Introduction to the New Testament* (Grand Rapids: Zondervan, 2005), 554-568을 보라.

5 나는 이 책 전체에서 디모데전후서와 디도서의 저자가 바울이라고 가정한다. (『목회서신』 솔로몬) (『신약개론』 은성)

6 더 오래된 조직신학 책에서는 성경의 말씀이 하나님에 의해 발화되었다는 사실에 관해 이야기하기 위해 영감(inspired/inspiration)이라는 단어를 사용한다. 이 용어는 특히 "모든 성경 기록은 하나님의 영감으로 주신 것으로"(KJV)라는 디모데후서 3:16의 더 오래된 번역에 기초했다. 그러나 오늘날 통상적인 용례에서 영감(inspiration)이라는 단어는 너무나 약한 의미를 지녀서(모든 시인이나 작곡가는 영감을 받아서 썼다고 주장하며, 심지어 운동선수도 영감을 받은 활약을 펼쳤다고들 말한다) 나는 이 본문에서 이 단어를 사용하지 않았다. "하나님이 숨을 불어넣으신"(breathed out by God)이라고 표현한 ESV의 번역이 더 낫다("God-breathed"라고 한 NIV의 번역도 비슷하다). "축자 영감"(plenary inspiration)이라는 오래된 구절은 성경의 모든 말씀이 하나님의 말씀이라는 뜻이며(plenary라는 말은 '완전한'이라는 뜻이다), 이번 장에서 나는 실제 이 구절을 사용하지 않은 채 이 사실을 주장하고 있다.

7 베드로후서 3:16과 디모데전서 5:17-18에 대한 논의로는 3장 93-94쪽을 보라.

8 이 점은 John M. Frame, "God and Biblical Language: Transcendence and Immanence," in *God's Inerrant Word*, ed. John Warwick Montgomery (Minneapolis: Bethany Fellowship, 1974), 159-177에 잘 제시되어 있다. 또한 우리가 우리 삶 속에서 중대한 의미를 지닌 이슈에 관한 확신에 어떻게 도달하는지에 관한 유익한 논의로 J. P. Moreland, "The Rationality of Belief in Inerrancy," *TrinJ* 7, no. 1 (1986):

75-86을 보라.

9 일부 조직신학 책에서는 하나님이 인간 저자들을 사용해 그분의 말씀을 기록하시는 이 과정을 "영감의 양식"(mode of inspiration)이라고 부른다. 이 구절이 오늘날 쉽게 이해되지 않는 것처럼 보이기 때문에 나는 이 책에서 이 용어를 사용하지 않았다.

10 여기에는 [전문적으로는 대필자(amanuensis)라 부르는] 필사자가 책의 문구에 미친 영향력도 포함된다. 로마서 16:22에 담긴 더디오의 인사말을 보라.

11 일부 학자들은 아래처럼 주장하는 것이 지나치게 단순한 논리라며 반대한다. "성경은 하나님의 말씀이다. 하나님은 절대로 거짓말하지 않으신다. 그러므로 성경은 절대로 거짓말하지 않는다." 하지만 바울은 디도서 1:2에서 정확히 이런 종류의 논증을 사용한다. 그는 하나님이 "영원 전부터 약속하신 것", 곧 성경 안에 있는 영생의 약속을 언급하며 이 약속은 "거짓이 없으신" 하나님이 주신 것이라고 말한다. 따라서 그는 하나님이 친히 하신 말씀의 진실성을 성경 말씀의 진실성에 대한 근거로 삼는다. 이것은 단순한 논증일지도 모르지만 성경적이며 참되다. 우리는 주저 없이 이를 받아들이고 사용해야 한다.

12 지구의 나이에 관한 논의로는 15장, 560-595쪽을, 족보 안의 공백에 관한 논의로는 561-564쪽을 보라.

13 Peter Enns, *Inspiration and Incarnation: Evangelicals and the Problem of the Old Testament* (Grand Rapids: Baker, 2005), 54. 같은 쪽에서 엔스는 "성경적, 고대 근동적 세계관"이라는 제목의 도표로 이 세계관을 설명한다. (『성육신의 관점에서 본 성경 영감설』 기독교문서선교회)

14 창세기 7:11에서는 "하늘의 창문들이 열려"라고 말하지만 이 표현은 말 그대로 하늘에 창문이 있었다는 가르침이라기보다는 시적 이미지로 이해하는 편이 낫다.

15 J. I. Packer, "Liberalism and Conservatism in Theology," in *NDT*, 385.

16 Gordon D. Kaufman, "Doing Theology from a Liberal Christian Point of View, in *Doing Theology in Today's World: Essays in Honor of Kenneth S. Kantzer*, ed. John Woodbridge and Thomas McComiskey (Grand Rapids: Zondervan, 1991), 408, 414.

17 J. Gresham Machen, *Christianity and Liberalism* (Grand Rapids: Eerdmans, 1923; repr., 2009). (『기독교와 자유주의』 복 있는 사람)

18 Copyright © 2001 Thankyou Music (PRS) (adm. worldwide at CapitolCMGPublishing.com excluding Europe which is adm. by Integrity Music, part of the David C Cook family. Songs@integritymusic.com). All rights reserved. Used by permission.

5. 성경의 무오성

성경 안에 오류가 존재하는가?

대부분의 조직신학 책에는 성경의 무오성을 별도로 다룬 장이 없다. 대체로 성경의 권위라는 제목으로 이 주제를 다루며, 추가적인 논의가 필요하다고 생각하지 않는다. 하지만 오늘날 복음주의 진영은 무오성이라는 주제에 대해 큰 관심을 가지며, 따라서 하나님 말씀의 권위를 다룬 다음 별도로 이 주제를 논할 필요가 있다.

설명과 성경적 기초

A. 성경의 무오성의 의미

4장에서 제시한 성경의 권위에 관한 논증은 여기서 되풀이하지 않겠다. 성경에 기록된 모든 말씀은 하나님의 말씀이며, 따라서 성경을 믿지 않거나 그 말씀에 불순종하는 것은 하나님을 믿지 않거나 그분께 불순종하는 것이라고 앞서 주장했다. 더 나아가 성경은 하나님이 거짓으로 말씀하실 수 없음을 분명히 가르친다고 주장했다.삼하 7:28; 딛 1:2; 히 6:18 따라서 성경에 기록된 모든 말씀은 참되며 오류가 없다.민 23:19; 시 12:6; 119:89, 96; 잠 30:5; 마 24:35 참조 또한 하나님의 말씀은 진리의 궁극적인 기준이다.요 17:17

성경에는 특별히 하나님 말씀의 전적인 진실성과 신빙성을 주장하는 구절들이 있다. "여호와의 말씀은 순결함이여. 흙 도가니에 일곱 번 단련한 은 같도다"시 12:6라는 구절은 성경의 절대적 신빙성과 순수성을 주장한다. 또한 "하나님의 말씀은 다 순전하며 하나님은 그를 의지하는 자의 방패시니라"잠 30:5라는 구절은 하나님이 하신 모든 말씀의 진실성을 주장한다. 인간의 말은 최소한의 거짓과 오류가 있지만, 하나님의 말씀은 죄 많은 인간을 통해 발화될 때조차도 거짓과 오류가 없다. "하나님은 사람이 아니시니 거짓말을 하지 않으시고 인생이 아니시니 후회가 없으시도다" 민 23:19 라는 구절은 하나님이 하신 예언에 관한 발람의 말이다.

우리는 성경의 무오성The Inerrancy of Scripture을 성경 원본이 사실에 반대되는 것을 말하지 않는다는 의미로 이해할 수 있다.

이 정의는 성경 언어의 진실성과 거짓이라는 문제에 초점을 맞춘다. 이 정의를 단순하게 표현하면, 성경은 언제나 진리를 말한다는 것이다. 이 정의는 성경이 모든 주제를 다룬다는 뜻이 아니라, 어떤 주제든지 그 주제에 관해 말하는 모든 것이 진리라는 뜻이다.

이 논쟁은 발화의 진실성이라는 문제에 초점이 맞추어져 있다. 발화의 진실성은 아래와 같은 각각의 유형의 진술과 조화를 이룬다.

1. 성경은 무오하지만 일상적으로 사용되는 언어로 말할 수 있다

이 유형은 사실이나 사건을 과학적, 역사적으로 서술하는 데 적용할 수 있다. 성경은 해가 뜨거나 시 113:3; 약 1:11 비가 내린다고 사 55:10; 마 7:25 말할 수 있다. 이는 화자의 관점에서 일어난 사건에 대한 정확한 묘사다. (만일 가능하다면) 우주에 있는 관찰자의 관점에서, 태양은 지구의 자전을 통해 시야에 들어오는 것이며, 또한 비는 중력에 의해 모든 방향을 향해 떨어지는 것이다. 이처럼 현학적인 설명은 일상적인 소통을 불가능하게 만든다. 화자의 관점에서 해는 뜨고 비는 내린다. 따라서 이 표현은 화자가 관찰하는 자연 현상에 대한 정확한 설명이다.

이것은 숫자로 측정된 언어에도 적용된다. 만일 기자가 어떤 전쟁에서 8천 명이 죽었다고 보도할 때, 이는 그 기자가 모든 사람을 세어 보았거나 죽은 사람의 수가 7,999명이나 8,001명이 아니었다는 뜻이 아니다. 약 8천 명이 죽었는데 1만6천 명이 죽었다고 말하는 것은 거짓이다. 하지만 8천 명이 죽었다고 말했는데 실제로 7,823명이나 8,242명이 죽었다면 그 보도는 거짓이 아니다. 이처럼 진실성은 화자가 암시하고 청자들이 기대하는 정확성의 정도에 달려 있다.

또한 누군가가 "나는 직장에서 멀지 않은 곳에서 살아"라고 말했든,

"나는 직장에서 1킬로미터보다 조금 더 떨어진 곳에서 살아"라고 말했든, "나는 직장에서 1킬로미터 떨어진 곳에서 살아"라고 말했든, "나는 직장에서 1.297킬로미터 떨어진 곳에서 살아"라고 말했든, 네 진술 모두 어느 정도 정확하다고 볼 수 있다. 더 정밀한 과학적 도구를 사용하면 추가적인 정확성을 확보할 수 있지만 여전히 이 진술들은 어느 정도의 정확성을 지닌다고 볼 수 있다. 이러한 측정이 참되기 위해서는 화자가 암시하고 청자들이 기대하는 정확성의 정도에 일치해야 한다. 따라서 성경이 무오하다는 주장과 성경이 일상의 언어로 자연을 묘사하거나 어림치로 측정된 숫자로 말할 수 있다는 진술은 전혀 문제될 것이 없다.

이러한 언어를 사용할 때, 거짓은 아니지만 모호하거나 부정확한 언어를 사용하는 경우가 있다. 누군가가 "나는 직장에서 1킬로미터보다 조금 더 떨어진 곳에서 살아"라고 말한다면, 이 말은 모호하거나 부정확한 말이지만 동시에 무오한 말이다. 이 말에는 전혀 거짓이 없다. 사실에 반대되는 어떤 내용도 주장하지 않는다. 이처럼 성경의 언어는 모호하거나 부정확할 수 있지만 여전히 무오할 수 있다. 무오성은 사건을 보고하는 정확성의 정도가 아니라 진실성과 관계가 있다.

2. 성경은 무오하지만 느슨하거나 자유로운 인용을 포함할 수 있다

타인의 말을 인용하는 방식은 문화마다 차이가 크다. 오늘날에는 타인의 말을 인용 부호 안에 넣어 그대로 인용하는 것에 익숙하다(이를 직접 인용이라고 부른다). 하지만 간접적으로 인용될 때는 그 말의 내용이 정확히 전달될 것이라고 기대한다. 이 문장을 생각해 보라. "엘리엇은 저녁 시간에 맞추어 곧장 귀가하겠다고 말했다." 이 문장은 엘리엇의 말을 직접 인용하지 않지만, "2분 뒤에 밥 먹으러 집으로 갈 거예요"라는 실제 엘리엇의 말을 정확히 전달한다. 하지만 이 간접 인용문은 화자가 실제 사용했던 단어를 전혀 쓰지 않는다.

신약 시대에 사용된 헬라어는 인용 부호를 사용하지 않았으며, 타인의 말을 인용할 때는 (간접 인용처럼) 그 말의 내용만 정확히 전달하면 문제없었다. 당시 독자들은 모든 단어가 그대로 인용될 것이라고 기대하지 않았다. 따라서 성경의 무오성은 원래의 진술과 내용이 모순되지 않는 한 구약이나 예수의 말씀을 느슨하거나 자유롭게 인용하는 것과 조화를 이룰 수 있다. 원저자는 화자가 했던 말을 그대로 사용한다고 암시하지 않았고, 원독자들도 직접 인용을 기대하지 않았다.

3. 성경에 포함된 특이한 문법 구조는 무오성과 모순되지 않는다

무오한 성경의 모습을 우리 마음대로 상상해 볼 수 있다면, 우리는 일관되게 우아하고 웅장한 문체로 쓰였으며, 잘못된 단어나 문법 규칙을 거스르는 요소가 없는 책일 것이라고 상상할지 모른다. 하지만 성경은 어느 곳에서도 문체나 문법이 완벽하다고 주장하지 않는다. 성경은 그 말씀의 진실성을 주장할 뿐이다. 사실 성경은 다양한 문체로 기록되었다. 어떤 언어는 우아하고 문체도 탁월하다. 어떤 언어는 저자의 거친 문체를 반영하고 있다. (문법 규칙상 단수형 동사를 사용해야 할 때 복수형 동사를 사용하거나, 남성 형용사가 예상되는 곳에 여성 형용사를 사용하거나, 한 단어에 대한 통상적인 철자법과 다른 철자법을 사용하는 등) 일반적인 문법 구조를 따르지 않을 때도 있다.

일반적인 문법 구조를 따르지 않는다고 해도 성경의 무오성에는 문제가 없다. 특이한 문법 구조는 그 말씀의 진실성에 영향을 미치지 않기 때문이다. 어느 한 진술이 문법적으로 잘못되어도 진실할 수 있다. 예를 들어, 교육을 받지 못한 시골 사람이 문법을 잘 몰라도 거짓말을 하지 않는다는 신뢰를 얻을 수 있다. 또는 내가 서둘러 자판을 입력하다가 "나는 피닉스 신하악교에서 가루친다"라고 적은 이메일을 보낼 수도 있다. 두 단어의 철자가 틀렸지만 이 문장은 전적으로 옳다. 마찬가지로 성경에는 특이한 문법 구조나 단어가 포함되어 있다. 하지만 그 말씀은 진실하기 때문에 여전히 무오하다. 이처럼 성경의 무오성 교리는 발화의 진실성을 의미한다.

B. 성경의 무오성에 대한 반론

이 부분에서는 성경의 무오성 교리에 제기되는 주요한 반론을 검토하고자 한다.

1. 반론: 성경은 신앙과 실천에 관해서만 권위를 갖는다

자주 제기되는 반론은, 성경은 오직 신앙과 실천, 곧 종교적 신념이나 삶의 윤리와 관련된 분야에 관해서만 가르친다는 것이다. 이 관점은 역사와 과학 분야에 관해서는 거짓이 있을 가능성을 용인한다. 이 분야들은 우리가 무엇을 믿고 어떻게 살아야 하는지를 가르치는 성경의 목적과 관련이 없다는 것이다.[1] 1960년대 중반부터 이런 견해를 주장하는 이들은 성경이 무류하다infallible고 말하면서 무오하다inerrant는 말은 사용하기를 주저해 왔다.[2]

이 반론에 대해 다음과 같이 대답할 수 있다. 성경은 "모든 성경은 하나님의 감동으로 된 것"딤후 3:16으로 우리에게 유익함을 확증한다. 따라서 성경은 순결하고시 12:6 완전하며시 119:96 순전하다.잠 30:5 성경은 어떤 주제에도 제한되지 않고 진리를 말한다.

또한 신약에는 성경의 모든 부분이 믿을 만하다는 추가적인 확증이 포함되어 있다. 사도행전 24:14에서 바울은 "율법과 선지자들의 글에 기록된 것을 다 믿으며" 하나님을 예배한다고 말한다. 누가복음 24:25에서 예수께서는 제자들에게 "선지자들이 말한 모든 것을 마음에 더디 믿는" "미련한" 자들이라고 말씀하신다. 로마서 15:4에서 바울은 "무엇이든지 전에 기록된 바", 곧 구약 전체가 "우리의 교훈을 위하여 기록된 것"이라고 말한다. 이 본문들은 성경 안에 믿을 수 없는 부분이 있다고 말하지 않는다. 마찬가지로 고린도전서 10:11에서 바울은 구약의 역사적 내용7절을 언급한 뒤 그 일이 "일어났으며" (성경의 역사성에 근거해) "[그 내용은] 우리를 깨우치기 위해 기록되었다"고 말한다.

신약이 구약의 역사적 내용들을 어떻게 받아들이는지 살펴보면, 신앙과 실천에 속하지 않은 분야의 진술에 오류가 있다고 생각하지 않는 것으로 보인다. 오히려 신약은 구약의 모든 내용을 순전한 것으로 인용하고 주장한다.

만일 신약이 인용한 구약의 역사적 내용들을 신앙과 실천의 문제로 제한해 이해한다면, 구약의 모든 역사적 진술은 신앙과 실천의 문제로만 이해해야 한다. 따라서 이러한 주장은 성경의 무오성에 대한 반론이 될 수 없다. 반면에 역사의 세부적인 내용들이 확증된다면, 구약의 모든 역사적 진술은 순전한 것으로 확증할 수 있다. 따라서 성경의 특정한 내용들을 신앙과 실천의 문제로 제한해 이해하자고 주장하면 안 된다. 성경의 진실성을 제한하거나 확증할 수 없는 내용은 존재하지 않는다.

다음의 목록은 신약이 구약의 역사적 내용을 인용한 사례들이다. 다윗이 진설병을 먹었다.[마 12:3-4] 요나가 큰 물고기 배 속에 있었다.[마 12:40] 니느웨 사람들이 회개했다.[마 12:41] 남방의 여왕이 솔로몬의 말을 들으려고 찾아왔다.[마 12:42] 엘리야가 사렙다 과부에게 보내심을 받았다.[눅 4:25-26] 나병에 걸렸던 수리아 사람 나아만이 치유를 받았다.[눅 4:27] 롯이 소돔을 떠나던 날 불과 유황이 하늘에서 비처럼 떨어졌다.[눅 17:29] 모세가 광야에서 뱀을 들어 올렸다.[요 3:14] 야곱이 요셉에게 땅을 주었다.[요 4:5] 이스라엘의 역사 가운데 하나님이 자신의 뜻을 이루셨다.[행 13:17-23] 아브라함이 할례를 받기 전에 믿고 약속을 받았다.[롬 4:10] 아브라함이 약 백 세였다.[롬 4:19] 리브가의 아들들이 태어나기 전에 하나님이 큰 자가 어린 자를 섬길 것이라고 말씀하셨다.[롬 9:10-12] 엘리야가 하나님과 대화했다.[롬 11:2-4] 이스라엘 백성이 바다 가운데로 지나갔고, 신령한 음식을 먹으며 신령한 음료를 마셨고, 악을 즐겨 행했고, 앉아서 먹고 마시며 일어나 뛰놀았고, 음행에 빠지고 원망했으며 멸망당했다.[고전 10:1-11] 아브라함이 멜기세덱에게 십일조를 바쳤다.[히 7:1-2] 구약의 성막이 구체적인 설계에 따라 제작되었다.[히 9:1-5] 모세가 붉은 양털과 우슬초를 사용해 피와 물을 백성과 성막에 뿌렸다.[히 9:19-21] 세상이 하나님의 말씀에 의해 창조되었다.[히 11:3] [3] 아벨과 에녹, 노아, 아브라함, 모세, 라합, 또한 여러 사람들의 삶 가운데 일어난 일은 실제적이다.[히 11장 참조] 에서가 한 끼 식사에 장자권을 팔고 나중에 눈물을 흘리며 되찾으려고 했다.[히 12:16-17] 라합이 정탐꾼을 접대하고 다른 길로 내보냈다.[약 2:25] 방주 안에 들어간 여덟 명이 구원을 받았다.[벧전 3:20; 벧후 2:5] 하나님이 소돔과 고모라를 불태워 재가 되게 했지만 롯을 구원하셨다.[벧후 2:6-7] 발람의 나귀가 말했다.[벧후 2:16]

이처럼 신약은 구약의 진술의 역사성을 신뢰하며, 구약의 역사적 내용을 신앙과 실천의 영역에 제한해 사용하지 않는다. 또한 신약은 신앙과 실천의 영역과 구별되는 역사와 과학 분야의 기록들을 신뢰할 수 없다고 암시하지 않는다. 성경이 다루는 주제들에 관해 성경 자체는 어떠한 제한도 두지 않아 보인다. 오히려 성경은 성경을 제한하는 태도를 배제한다.

성경의 진실성을 신앙과 실천의 문제로 제한하는 이들에 대한 두 번째 대답은, 이런 입장이 성경의 주된 목적을 성경의 총체적인 목적으로 착각하고 있음을 지적하는 것이다. 성경의 주된 목적이 신앙과 실천이라고 말하는 것은 우리에게 성경을 주신 하나님의 목적을 유익하고 바르게 요약한 것이다. 하지만 이 요약이라는 말에는 하나님이 우리에게 성경을 주신 가장 중요한 목적만 포함될 뿐이다. 하지만 이 요약문을 사용해 사소한 역사적인 세부 사항 또는 천문학과 지리학의 몇 가지 측면에 대해 이야기하는 것이 성경의 목적의 일부임을 부인하는 것은 합당하지 않다. 요약문이 요약하는 내용 중 하나를 부인하기 위해 그 요약문을 사용하는 것은 적절하지 않다. 이런 방식으로 요약문을 사용한다면, 그 요약문이 문제가 되는 모든 항목을 명시할 수 있을 만큼 충분히 자세하지 않다는 것을 보여줄 뿐이다.

성경의 전체적인 목적은, 어떤 주제에 관해서든 '성경이 말하는 모든 것'을 말하는 것이라고 설명하는 편이 더 낫다. 성경에 기록된 모든 하나님의 말씀은 그분이 생각하기에 우리에게 중요한 말씀이다. 따라서 하나님은 그분이 우리에게 하신 말씀에서 한 단어라도 제거하려는 사람에게 심각하게 경고하신다.신 4:2; 12:32; 계 22:18-19 우리는 하나님의 말씀에 무언가를 더하거나 뺄 수 없다. 모든 말씀은 그분이 우리에게 말씀하시는 더 큰 목적의 일부이기 때문이다. 성경에 기록된 모든 말씀은 그곳에 있도록 하나님이 의도하셨기 때문에 그곳에 있다. 하나님은 어떤 말씀도 의도치 않게 말씀하지 않으신다. 따라서 무오성에 대한 첫 번째 반론은 요약을 잘못 사용한 것으로, 하나님이 우리에게 말씀하시는 주제를 인위적으로 제한하려는 잘못된 시도일 뿐이다.

2. 반론: 무오성이라는 용어는 부적절한 용어다

두 번째 반론을 주장하는 사람들은 무오성이라는 용어가 지나치게 자세하며, 성경에 관해 우리가 주장하기를 원하지 않는 절대적인 과학적 엄밀성을 뜻한다고 말한다. 성경은 평범한 사람들의 일상적인 대화, 반올림된 숫자, 원문에 얽매이지 않는 인용을 포함하기 때문이라는 말이다. 더 나아가 이런 반론을 제기하는 사람들은, 성경 자체에 무오성이라는 용어가 사용되지 않는다고 지적한다. 그러므로 이 용어는 우리가 사용하기에 부적절한 용어라는 것이다.

이 반론들에 대해 다음과 같이 답할 수 있다. 첫째, 무오성이라는 용어를 사용했던 학자들은 백 년 넘게 이 용어를 명확히 정의했으며, 일상적인 언어의 대화에 덧붙여지는 한계를 언제나 허용했다. 어떤 경우에도 절대적이고 현대적인 과학적 엄밀성을 뜻하기 위해 이 용어를 사용한 적이 없다. 그러므로 이 용어에 반론을 제기하는 사람들은 한 세기 이상의 신학 담론에서 이 용어가 사용된 방식에 대해 세심한 주의를 기울이지 않는 것이다.

둘째, 우리가 성경의 가르침을 요약하기 위해 비성경적인 용어를 자주 사용한다는 점도 지적해야 한다. 삼위일체라는 단어는 성경에 등장하지 않으며, 성육신이라는 단어도 마찬가지다. 하지만 두 용어는 성경적인 참된 개념을 한 단어로 요약할 수 있게 해주며, 따라서 성경의 가르침을 더 쉽게 논할 수 있게 해주기 때문에 유익하다.

또한 총체적인 언어의 진실성에 관해 이야기하고자 할 때 우리가 주장하기 원하는 바를 이처럼 명확하게 표현한 단어가 제안된 적이 없었음을 지적할 필요가 있다. 무오성이라는 단어는 이러한 기능을 잘 수행하며 이 목적을 위해 이 단어를 계속 사용하지 않을 이유가 없다.

마지막으로, 오늘날 교회 안에서 이 용어를 사용하지 않고 이 주제에 관한 논의를 진행하는 것은 불가능해 보인다. 사람들이 원한다면 이 용어를 반대할 수 있다. 하지만 이 주제에 관한 논의는 좋든 싫든 이 용어에 초점을 맞추고 있으며, 이후 수십 년 동안에도 이 용어에 초점이 맞추어질 것이다. 1977년에 국제성경무오성협의회가 성경의 무오성 사상을 장려하고 옹호하기 위해 10년 동안 캠페인을 시작했을 때, 이 용어는 불가피하게 논의의 핵심이 되었다. 1978년에 국제성경무오성협의회의 후원 아래 작성하고 발표한 "성경의 무오성에 관한 시카고 선언"부록 1 참조은 대다수 복음주의자들이 무오성이라는 용어를 사용할 때 그 의미를 완벽하지는 않더라도 잘 정의했다. 따라서 이처럼 폭넓게 사용되고 잘 정의된 용어에 대한 추가적인 반론은 불필요하며 교회를 위해서도 유익하지 않아 보인다.[4]

3. 반론: 우리에게는 무오한 원본이 없다. 그러므로 무오한 성경에 대한 이야기는 오해를 초래할 뿐이다

이 반론을 주장하는 이들은, 언제나 성경의 최초 사본 또는 원본에 대해서만 무오성을 주장했다는 사실을 지적한다.[5] 현재 성경의 원본은 존재하지 않는다. 모세나 바울이나 베드로가 쓴 글의 사본의 사본이 있을 뿐이다. 그렇다면 아무도 가지고 있지 않은 원본에만 적용되는 교리에 그토록 큰 중요성을 부여하는 것이 무슨 유익이 있는가?

먼저 이 반론에 대해, 우리는 원본이 말한 것의 99퍼센트를 알고 있다는 점을 지적할 수 있다. 이문異文, 다른 고대 사본들에 기록된 같은 구절의 다른 단어이 존재하는 많은 구절들에서도 무엇이 올바른 결정인지는 분명하며, 평가하기 어렵거나 의미를 결정하는 데 중요한 영향을 미치는 경우는 극히 드물다. 원본이 무엇을 말하는지에 관해 불확실성이 존재하는 소수의 경우에도 그 문장의 일반적인 의미는 대체로 문맥을 통해 분명해진다. (덧붙이자면, 히브리어나 헬라어 학자가 아니어도 이런 의미 있는 이문을 확인할 수 있다. 현대의 모든 영어 번역본은 "일부 고대 사본에 따르면" 또는 "권위 있는 다른 고대 사본에 추가되어 있음"과 같은 표현을 사용해 난외주에 이본의 존재를 알려 두고 있기 때문이다.)

이것은 이러한 연구가 중요하지 않다는 말이 아니다. 다만 이 연구로 인해 성경의 원본에 관해 우리가 혼란스러워하지 않는다는 말이다.[6] 오히려 이 연구 덕분에 우리는 원본의 내용에 극도로 가까워졌다. 따라서 대부분의 실제적인 목적을 위해 현재 출간된 히브리어 구약성경과 헬라어 신약성경의 학문적 본문은 원본과 동일하다. 따라서 원본이 무오하다고 말할 때, 우리는 지금 가지고 있는 사본의 99퍼센트 이상이 원본의 정확한 사본이므로 무오하다고 말하는 셈이다. 더 나아가 우리는 불확실한 이문이 어디에 있는지 알고 있다(이문이 없는 곳은 원본을 잘못 필사한 부분이 있을 것이라고 기대할 이유가 전혀 없기 때문이다).[7] 지금 우리가 가지고 있는 사본은 대부분의 목적에 관해 원본과 동일하며, 따라서 무오성의 교리는 현재 우리의 사본과 직접적으로 연관된다.

이 원칙을 설명할 때 현대적인 유비가 도움이 될 것이다. 미국 헌법의 원본은 국립문서보관소 건물에 소장되어 있다. 만약 (절대 그런 일이 있어서는 안 되겠지만) 거대한 토네이도, 지진이나 태풍이 그 건물에 타격을 입혀 헌법 원본을 잃어버렸다고 가정해 보라. 우리는 헌법 원본의 정확한 내용을 결정할 수 있는가? 물론 그럴 수 있다. 정확한 사본이 수천 개 존재하므로, 우리는 그것들을 비교할 수도 있고, 내용이 일치하는 경우 원본이 무엇을 말했는지 알고 있다고 확신할 수 있을 것이다. 마찬가지로, 로마서 원본이 우리에게 없어도 원본이 무엇을 말했는지 알고 있다고 확신할 수 있다.

원본의 무오성을 확증하는 것은 대단히 중요하다. 왜냐하면 이후의 사본들은 하나님의 보증을 받지 못한 인간이 만들었기 때문에 완벽하다고 주장할 수 없다. 하지만 원본은 하나님의 말씀이라고 주장하는 것이 가능하다. (우리가 실제로 그러듯이) 사본을 만들 때 실수한다면, 이것은 인간의 실수일 뿐이다. 하지만 원본에 실수가 있다면, 우리는 인간이 실수했을 뿐 아니라 하나님이 실수하고 잘못 말씀했다고 말할 수밖에 없다. 우리는 이처럼 말해서는 안 된다.

4. 반론: 성경 저자들은 사소한 세부 사항과 관련해서는 그 시대에 통용되는 거짓된 사상에 자신들의 메시지를 적응시켰으며, 우발적으로 그 사상을 주장하거나 가르쳤다

무오성에 대한 이 반론은 성경의 무오성을 신앙과 실천의 문제로 제한하는 반론과 조금 다르지만 연관이 있다. 이 입장을 견지하는 이들은, 성경 저자들이 그 시대에 믿고 있던 잘못된 역사적, 과학적 정보를 전부 바로잡고자 했다면 그 시대 사람들과 소통하기 어려웠을 것이라고 본다. 그러므로 성경 저자들이 보다 광범위하게 주장하려고 할 때 당시 사람들이 믿었던 (과학적 관념처럼) 몇몇 잘못된 관념을 우연히 인정했다고 주장한다.

다니엘 풀러는 1968년에 발표된 유명하고 논쟁적인 논문에서 이 관점을 제시했다. 그는 하나님이 "비계시적 문제에 관해 그분의 언어를 원래의 독자들이 그들 주변의 세상을 바라보는 방식에 맞추어 일부러 적응시켰으며, 이로써 계시적 진리의 소통을 강화하셨다"라고 주장했다. 예를 들어, 예수께서는 겨자씨가 "모든 씨보다 작다"고 말씀하셨다.[마 13:32] 이에 관해 풀러는 "겨자씨는 사실 모든 씨 중에서 가장 작은 씨가 아니지만, 그 시대의 유대인들이 생각하기에……겨자씨가 눈으로 볼 수 있는 가장 작은 씨를 뜻했기 때문에 그렇게 말씀하셨다. 만일 예수께서 유대인의 생각에 맞추어 자신을 적응시키지 않으시고 그분의 전지하심을 사용해 실제로 가장 작은 씨에 관해 말씀하셨다면, 그분이 하신 말씀은 가장 중요한 계시적 문제인 믿음과 하나님 나라에 관한 진리를 그분의 청중에게 전달하려는 의도를 제대로 뒷받침하지 못했을 것이다"라고 말했다.[8]

무오성에 관한 이 반론에 대해 우리는 이렇게 답할 수 있다. 첫째, 하나님은 인간 언어의 주인이며, 당시 사람들이 견지했던 잘못된 관념을 인정하지 않으면서도 인간의 언어를 사용해 완벽하게 진리를 전달할 수 있다. 무오성에 대한 이 반론은 본질적으로 인간 언어에 대한 하나님의 효과적인 주권을 부인한다.

둘째, 하나님이 이런 방식으로 우리의 오해에 적응한다는 주장은 "거짓이 없으신" 하나님딛 1:2; 민 23:29; 히 6:18이 그분의 성품에 반하여 행동하셨음을 암시한다. 하나님이 은혜롭게 자신을 낮추셔서 우리의 수준에 맞게 말씀하셨다고 반복적으로 강조함으로써 이런 어려움에 집중하지 못하게 만드는 시도는 유익하지 않다. 물론 하나님은 자신을 낮추셔서 우리의 언어, 곧 인간의 언어로 말씀하신다. 하지만 어떤 성경 본문도 거짓말을 할 수 없으신 하나님이 그분의 도덕적 성품에 반하여 행동하기 위해 자신을 낮추신다고 가르치지 않는다. 하나님이 거짓된 무언가를—우연히—인정하기 위해 자신을 낮추실 수 있다는 말씀은 어디에도 없다. 하나님이 이런 방식으로 자신을 적응시킨다면, 그분은 더 이상 "거짓이 없으신" 하나님이 아니다. 그 하나님은 더 이상 성경이 말하는 하나님이 아닐 것이다. 그런 행동은 결코 하나님의 위대하심을 드러내지 못한다. 하나님은 그분의 성품과 모순되는 방식으로 행동함으로써 위대하심을 드러내지 않으신다. 무오성에 대해 이러한 반론을 주장하는 이들은 하나님의 모든 말씀과 행위에 영향을 미치는 그분의 순수함과 통일성을 오해하고 있다.

예수께서는 겨자씨가 "모든 씨보다 작다"고 말씀하실 때마 13:32 거짓을 인정했다고 하는 다니엘 풀러의 말에 동의할 필요가 없다. 성경 해석의 중요한 원리는, 원래의 청자와 독자가 그 시대와 문화 안에서 받아들였던 의미로 우리도 그 말씀을 이해해야 한다는 것이다. 이 경우 풀러는 '씨'라는 단어가 1세기 팔레스타인에서 살았던 농민들에게 무엇을 의미하는지를 오해했다. 예수께서 씨에 관해 말씀하실 때, 그들은 그분이 언젠가 지구상의 모든 식물에서 발견될 수십만의 씨앗에 관해 말씀하신다고 이해하지 않았을 것이다. 오히려 그들은 그분이 농사를 위한 씨, 곧 그들이 작물을 키우기 위해 땅에 심는 씨에 관해 말씀하고 계신다고 이해했을 것이다. 이것이 마태복음에서 네 차례 더 사용되는 헬라어 단어 스페르마씨가 뜻하는 바다.마 13:24, 27, 37, 38 그리고 이 씨의 의미와 관련해 예수께서는 거짓말을 하지 않으셨고 오히려 전적으로 참된 무언가를 주장하셨다.[9]

셋째, 성경 안의 (참된) 계시적 문제와 (언제나 참된 것은 아닌) 다른 문제를 분리하려는 풀러의 시도는 이번 장의 첫머리에서 인용한 본문, 곧 특정한 종교적 주제에 관해 하나님이 하신 말씀만이 아니라 하나님의 모든 말씀이 참되다는 것과 모순된다. (또한 성경의 진실성을 신앙과 실천의 문제로 한정하는 것이 그릇됨을 보여주는 위의 논의를 보라.)

넷째, '고대의 오류에 대한 적응'이라는 이론은 성경에 대한 우리의 확신에 파괴적인 영향을 미칠 수 있다. 우리는 '이것은 오늘날 믿지 않아도 되는 고대의 오류를 인정하는 또 다른 성경 본문인가?'라는 의문을 갖게 되는 사례를 계속해서 만나게 될 것이다. 이런 종류의 가능성이 열리고 나면 수백 개, 어쩌면 수천 개의 성경 본문에 대해 의문이 제기될 것이다.

마지막으로, 단지 더 잘 소통하기 위해 거짓인 내용을 인정하려는 종류의 적응이 성경에 포함되어 있다면, 이것은 우리에게 심각한 도덕적 문제를 초래할 것이다. 우리는 하나님의 도덕적 성품을 본받는 사람들이 되어야 한다.레 11:44; 또한 눅 6:36; 엡 5:1; 벧전 5:1 참조 우리는 말을 할 때 하나님의 진실성을 본받아야 한다.엡 4:24-25 참조 그러나 적응 이론이 옳다면 하나님은 소통을 강화하기 위해 의도적으로 거짓을 인정하신 것이다. 그러므로 우리도 소통을 강화하기 위해 언제든지 의도적으로 거짓을 인정하는 것이 옳지 않겠는가? 하지만 이런 주장은 선한 목적을 위해 사소한 거짓말을 하는 것선의의 거짓말은 잘못된 일이 아니라고 말하는 것과 마찬가지다. 하나님이 하시는 말씀은 전적으로 진실하심을 강조하는, 곧 위에서 인용한 성경 본문들과 모순되는 이 입장은 타당하다고 인정될 수 없다.

5. 반론: 무오성은 성경의 신적 측면을 지나치게 강조하고 인간적 측면은 무시한다

보다 일반적인 이 반론을 제기하는 사람들은 무오성을 옹호하는 이들이 신적 측면을 지나치게 강조해 성경의 인간적 측면을 축소한다고 주장한다.

이 책은 성경이 인간적 측면과 신적 측면을 모두 지니고 있으며, 이 두 측면 모두에 대해 적절한 주의를 기울여야 한다는 데 동의한다. 그러나 이 반론을 제기하는 이들은 성경의 진정한 인간적 측면에는 성경 안에 일부 오류가 존재한다는 점이 반드시 포함되어야 한다고 주장한다. 이에 대해 우리는 성경이 인간의 언어를 사용하는 인간들에 의해 기록되었다는 점에서 온전히 인간적임에도 불구하고, 성경의 기록을 감독하고 그것이 그분의 말씀이 되게 하시는 하나님의 활동 때문에 다른 많은 인간적 기록과는 다르다고, 곧 그 안에 오류가 포함되어 있지 않다고 답할 수 있다. 죄인이며 탐욕스럽고 불순종하는 발람조차도 죄인인 인간을 통해 하시는 하나님의 말씀은 인간의 평범한 말과는 다르다고 주장했다.민 23:19 "하나님은 사람이 아니시니 거짓말을 하지 않으시기" 때문이다. 그뿐만 아니라 모든 인간의 말과 글에 오류가 포함되어 있다는 것 역시 사실이 아니다. 우리는 날마다 전적으로 참된 진술을 수십 개씩 하기 때문이다. 예를 들어, "나의 이름은 웨인 그루뎀이다." "나에게는 자녀가 세 명 있다." "나는 오늘 아침에 밥을 먹었다."

6. 반론: 성경 안에 몇몇 분명한 오류가 존재한다

성경 안에 몇몇 분명한 오류가 존재한다는 이 마지막 반론은 무오성을 부인하는 이들 대다수가 암시하거나 주장하는 바다. 그리고 성경 안에 실제 오류가 존재한다는 확신은 그들로 하여금 무오성 교리에 도전하도록 부추기는 주된 요인이다.

이런 반론에 대한 첫 번째 대응은 어디에 그런 오류가 있는지를 묻는 것이어야 한다. 구체적으로 어떤 구절에 오류가 나타나 있는가? 놀랍게도 구체적인 오류가 어디에 있는지를 알지 못하면서도 다른 사람들이 그렇다고 말했기 때문에 오류가 존재한다고 믿는 사람들이 이 반론을 제기하는 경우가 많다.

하지만 다른 경우에는 거짓 주장이 존재한다고 주장하는 하나 이상의 구체적인 성경 본문을 언급할 것이다. 이런 경우 그 본문을 자세히 살펴보는 것이 중요하다. 성경이 참으로 무오하다고 믿는다면, 우리는 이런 본문을 자세히 살펴보는 일에 열정적이어야 하고 결코 이를 두려워해서는 안 된다. 놀랍게도 문제가 되는 본문의 영어 번역본만 주의 깊게 읽어 보아도 이런 난제에 대한 하나 이상의 가능한 해법이 드러나는 경우가 많다.

몇몇 본문의 경우 영어 번역본만 읽어서는 해법이 즉각적으로 드러나지 않을 수 있다. 그때는 본문에 대한 몇몇 주석을 참고함으로써 도움을 얻을 수 있다. 아우구스티누스와 장 칼뱅, 또한 오늘날 수많은 주석가들은 대부분 이른바 '문제 본문'을 논하고 이에 대한 가능한 해법을 제시하기 위해 노력해 왔다. 더 나아가 일부 저자들은 가장 까다로운 본문을 전부 수집하고 지금까지 제시된 대답을 소개하기도 했다.[10]

해법을 찾기 위해 히브리어나 헬라어 지식이 필요한 몇몇 본문이 있으며, 이런 언어에 직접 접근할 수 없는 이들은 더 전문적인 주석을 참고하거나 훈련받은 누군가에게 물어봄으로써 답을 찾을 수도 있다. 물론 우리의 성경 이해는 결코 완벽하지 않으며, 그렇기에 현재는 어려운 본문에 대한 해법을 찾을 수 없는 경우도 있다. 이런 경우, 본문을 바르게 이해하기 위해 필요한 언어적, 역사적, 문맥적 증거가 지금 우리에게는 알려져 있지 않기 때문일 수 있다. 그러므로 지금까지 이루어진 이 본문들에 대한 연구의 전반적 경향을 통해 오류가 존재하지 않는다는 것이 밝혀진 한, 까다로운 몇몇 본문 때문에 우려할 필요는 없다.[11]

우리가 특정한 문제를 해결할 수 없는 가능성을 인정해야 하지만, 동시에 오늘날 많은 복음주의 성경학자들이 현재 만족스러운 해법이 존재하지 않는 까다로운 본문에 대해 알지 못한다고 말할 것이라는 점도 지적해 둘 필요가 있다. 물론 그들이 미래에 그런 본문에 관심을 기울이게 될 수도 있지만, 성경의 무오성에 대한 논쟁이 진행된 과거 50여 년 동안 그런 방식으로 해결되지 않은 본문에 그들이 관심을 기울인 적은 없었다.[12]

마지막으로, 이 문제는 역사적 관점에서 바라보는 것이 유익하다. 성경 안에 정말 새로운 문제는 존재하지 않는다. 성경 전체가 완성된 뒤 이미 1,900년이 넘게 지났으며, 그 시간 내내 이른바 '문제 본문'이 존재했다. 하지만 교회사 안에는 이번 장에서 정의한 의미의 성경 무오성에 대한 확고한 믿음이 존재했다. 그뿐 아니라 수백 년 동안 매우 유능한 성경학자들이 이 문제 본문을 읽고 연구했지만 여전히 무오성을 주장하는 데 어려움이 없다고 결론 내렸다. 그러므로 우리는 이런 문제에 대한 해법이 존재하며, 무오성에 대한 믿음은 평생 성경 본문을 연구한 사람들의 결론과 전적으로 일치한다고 확신할 수 있다.[13]

C. 몇몇 까다로운 본문의 예시

이 시점에서 (위에서 논의했던 '겨자씨' 본문에 더해) 사람들이 성경 안에 역사적 오류가 존재할지도 모른다고 생각한 세 본문을 구체적으로 살펴보는 것이 유익할 것이다. 첫 번째 예시는 단순하지만 가능한 여러 다른 설명을 검토하는 법을 예증하기 위해 포함시켰고, 나머지 두 본문은 무오성 교리에 대한 반론으로 제시되는 가장 까다로운 난제들에 속한다.

1. 예수께서 받으신 시험의 순서(마 4:3-8; 눅 4:3-9)

마태복음에서 시험의 순서는 (1) 떡, (2) 성전, (3) 경배다.

시험하는 자가 예수께 나아와서 이르되 네가 만일 하나님의 아들이어든 명하여 이 돌들을 떡덩이이 되게 하라.……이에 마귀가……예수를 거룩한 성으로 데려다가 성전 꼭대기에 세우고 이르되 네가 만일 하나님의 아들이어든 뛰어내리라.……마귀가 또……천하 만국과 그 영광을 보여 이르되 만일 내게 엎드려 경배하면 이 모든 것을 네게 주리라.마 4:3-9

하지만 누가복음에서는 시험의 순서가 (1) 떡, (2) 경배, (3) 성전이다.

마귀가 이르되 네가 만일 하나님의 아들이어든 이 돌들에게 명하여 떡이 되게 하라.……마귀가 또……천하 만국을 보이며 이르되 네가 만일 내게 절하면 다 네 것이 되리라.……또 이끌고 예루살렘으로 가서 성전 꼭대기에 세우고 이르되 네가 만일 하나님의 아들이어든 여기서 뛰어내리라.눅 4:3-9

이 사건이 실제로 일어난 순서를 말해 주는 복음서는 어느 것인가? 확실히 알기는 어렵다. 가장 먼저 드는 인상은 누가가 주제에 따라 사건을 배열했고 일어난 순서대로 서술할 의도가 없었다는 것이다. 그는 순서를 명시하지 않은 채 "또"5절에서는 카이, 9절에서는 데라는 접속사로 사건을 연결하기 때문이다. 이와 대조적으로 마태는 5절의 "이에"토테와 8절의 "또"팔린라는 말로 시간적인 순서를 암시하는 것처럼 보인다. 하지만 이 부사들을 더 연구해 보면 항상 시간적인 순서를 뜻하는 것임을 알 수 있고, 다른 곳에서 마태는 시간적 순서를 엄격하게 명시하지 않은 채 주제에 따라 사건을 배열하는 경향도 있다. 따라서 시간적 순서가 아니라 주제에 따라 사건을 배열한 것은 오히려 마태라는 주장도 있다. 어떤 경우든 적어도 한 저자가 예수께서 받으신 시험을 주제에 따라 배열했을 뿐이며, 그렇지 않다고 주장하지는 않았기 때문에 이 본문은 무오성에 대한 심각한 도전이 아니다.

2. 드다와 유다의 순서(행 5:34-39)

일부 독자들은 누가누가복음-사도행전의 저자가 가말리엘의 연설을 보도하면서 역사적 오류를 범했다고 생각한다.

> 바리새인 가말리엘은……공회 중에 일어나……말하되 이스라엘 사람들아, 너희가 이 사람들에게 대하여 어떻게 하려는지 조심하라. 이전에 드다가 일어나 스스로 선전하매 사람이 약 사백 명이나 따르더니 그가 죽임을 당하매 따르던 모든 사람들이 흩어져 없어졌고 그 후 호적할 때에 갈릴리의 유다가 일어나 백성을 꾀어 따르게 하다가 그도 망한즉 따르던 모든 사람들이 흩어졌느니라. 이제 내가 너희에게 말하노니 이 사람들을 상관하지 말고 버려 두라. 이 사상과 이 소행이 사람으로부터 났으면 무너질 것이요 만일 하나님께로부터 났으면 너희가 그들을 무너뜨릴 수 없겠고 도리어 하나님을 대적하는 자가 될까 하노라 하니…….행 5:34-39

이 경우에 누가는 "그 후"메타 투톤, "이 사람 뒤에"라는 말로 시간적 순서를 구체적으로 명시한다. 이 본문과 관련된 난제는 유대인 역사가 요세푸스가 주후 95년에 쓴 글과 모순되는 것처럼 보인다는 것이다. 그 역시 유대인 혁명가 드다와 유다에 관해 이야기하지만, 사도행전의 순서와 반대로 유다가 먼저였고 드다가 두 번째였다고 서술한다.

하지만 '가말라'라는 도시 출신인……유다라는 사람이 반란을 일으켰다.『유대 고대사』 18.4 (『유대 전쟁사』 2.118에서는 그가 갈릴리 사람이었다고 말한다.)

그런 다음, 이후의 시기에 관해 서술하며 요세푸스는 이렇게 기록한다.

파두스가 유대의 총독이었던 시기에 드다라는 사기꾼이 군중을 설득해 그들이 자신들의 재산을 팔아 요단 강까지 그를 따르게 했다.……그러나 파두스가……그들을 진압하기 위해 기병대를 보냈다.……드다는 체포되었고, 그들은 그의 목을 잘라 예루살렘으로 가져왔다.『유대 고대사』 20.97-98

따라서 요세푸스는 드다가 갈릴리 사람 유다 이후에 등장했다고 말하지만, 사도행전 5:34-37은 드다가 유다보다 먼저 등장했다고 보도한다. 이것은 성경 안에 역사적 오류의 증거가 존재한다는 뜻인가?

(내가 수업에서 이 본문을 다룰 때 학생들이 언급했던) 첫 번째 제안은, 이름을 혼동한 사람은 가말리엘이고 누가는 가말리엘의 실수를 정확히 인용했을 뿐이라는 것이다. 하지만 가말리엘은 이 반란 당시 저명한 유대인 지도자였으므로 그가 이름을 혼동했을 가능성은 매우 낮다.

또 다른 제안은 누가가 실수로 이름의 순서를 바꾸긴 했지만 이것은 중요하지 않다는 것이다. 중요한 것은 이 사건의 결정적인 대목, 곧 "이 사상과 이 소행이 사람으로부터 났으면 무너질 것이요 만일 하나님께로부터 났으면 너희가 그들을 무너뜨릴 수 없겠고"행 5:38-39라는 가말리엘의 진술이기 때문이라는 말이다. 그러나 나는 이런 설명을 받아들일 수 없다. 이 설명을 받아들이기 위해서는 성경이 보도하는 역사적 세부 사항 중 일부가 진실하지 않다는 데 동의해야만 하며, 이는 내가 역사적 세부 사항에 관해서는 성경의 무오성을 더 이상 견지하지 않는다는 것을 뜻할 것이기 때문이다. 이 설명을 받아들이려면 하나님의 말씀이 언제나 진리를 말하지 않는다는 데 동의해야만 한다.

어떤 이들은 요세푸스가 실수로, 파두스가 유대의 총독이던 시기에

드가가 반란을 일으킨 것으로 기록했다고 주장한다. 에크하르트 슈나벨에 따르면, "드다의 반란이 파두스 총독 재직 시기에 발생했다는 요세푸스의 진술이 틀렸을 수도 있다."[14] 이런 실수는 불가능하지 않다. 파두스는 주후 44-46년에 총독이었으며, 요세푸스는 50년이 지난 주후 95년에 이 사건을 기록했기 때문이다.

그러나 더 나은 해결책은, 사도행전 5장의 가말리엘과 요세푸스가 드다라는 같은 이름을 가지고 있던 다른 두 사람에 관해 말한다고 보는 것이다. 슈나벨에 따르면, "드다는 일부에서 생각하는 것처럼 드문 이름이 아니다. 이 이름이 희귀하지 않다면 (요세푸스가 언급한 드다보다) 앞선 시기에 등장한 드다가 존재했을 가능성이 있다."[15]

이 경우 (대략적인 연대를 덧붙인) 사건의 순서는 다음과 같을 것이다.

- **주후 6년 이전**: 첫 번째 드다의 반란 행 5:36
- **주후 6년**: 가말라 출신 갈릴리 사람 유다의 반란 행 5:37과 요세푸스, 『유대 고대사』 18.4
- **주후 33-34년**: 가말리엘이 사도들에 대해 변론하면서 첫 번째 드다와 갈릴리 사람 유다를 언급한다. 행 5:34-39
- **주후 44-46년**: 두 번째 드다의 반란
- **주후 62년**: 누가가 사도행전을 기록한다.
- **주후 93-95년**: 요세푸스가 갈릴리 사람 유다와 두 번째 드다의 반란을 언급하는 『유대 고대사』를 발표한다.

이 해법에 대한 주된 반론은 주후 6년 이전에 첫 번째 드다가 일으킨 반란에 대한 역사적 기록이 없다는 것이다. 하지만 1세기 유대에서 일어난 많은 사건에 관해 현재 남아 있는 기록은 불완전하며, 따라서 이것은 결정적 반론이 아니다.[16]

결론적으로 이 본문은 무오성과 관련해 가장 까다로운 난제 중 하나지만, 이에 대해 적어도 두 개의 합리적인 해법이 존재한다. 성경 안에 참되지 않은 역사적 진술이 존재한다는 데 동의하는 것보다는, 이 해법들 중 하나 특히 두 번째 해법 를 받아들이는 쪽이 훨씬 더 쉬워 보인다.

3. 신과 지팡이를 가지고 가라, 또는 신과 지팡이를 가지고 가지 말라? (마 10:9-10; 막 6:8-9; 눅 9:3)

마태복음과 마가복음, 누가복음의 병행 본문을 읽어 보면 이 이야기들이 서로 모순을 이루는 것처럼 보인다. 마태복음에서는 예수께서 신이나 지팡이를 가지고 가지 말라고 말씀하시지만, 마가복음에서는 지팡이를 가지고 신을 신고 가야 한다고 말씀하신다. 누가복음에서는 지팡이를 가지고 가지 말라고 말씀하신다.

너희 전대에 금이나 은이나 동을 가지지 말고 여행을 위하여 배낭이나 두 벌 옷이나 신이나 지팡이를 가지지헬라어 크타오마이, 얻다, 자신을 위해 획득하다 말라. 이는 일꾼이 자기의 먹을 것 받는 것이 마땅함이라.마 10:9-10

명하시되 여행을 위하여 지팡이 외에는 양식이나 배낭이나 전대의 돈이나 아무것도 가지지헬라어 아이로 말며 신만 신고 두 벌 옷도 입지 말라 하시고.막 6:8-9

이르시되 여행을 위하여 아무것도 가지지헬라어 아이로 말라. 지팡이나 배낭이나 양식이나 돈이나 두 벌 옷을 가지지 말며.눅 9:3

마태복음과 마가복음의 이야기만 있다면 해법은 간단할 것이다. 마태복음에서는 예수께서 제자들에게 "일꾼이 자기의 먹을 것을 받는 것이 마땅하기" 때문에 여벌의 신과 여벌의 지팡이를 '획득하지' 말라고(나가서 사지 말라고) 말씀하신다.10절 그들이 여행하며 설교할 때 사람들이 그들의 필요를 채워 줄 것이기 때문이다. 한편 마가복음은 같은 대화의 다른 부분을 기록한 것으로 보인다. 여기서는 예수께서 그들이 여행을 떠날 때 원래 가지고 있던 지팡이를 챙기고 신을 신고 갈 것이라고 기대하신다는 것을 분명히 하신다. (예수께서 그들에게 1세기 팔레스타인의 돌길을 맨발로 여행하라고 명령하셨을 가능성은 거의 없다. 그렇게 여행한다면 여행이 끔찍하게 고통스럽고 느렸을 것이다.)

하지만 누가복음의 진술이 이 해법과 조화를 이룰 수 있는가? 누가복음 9:3이 마태복음 10:9-10과 비슷한 의미를 가지고 있을 가능성이 분명히 존재한다. 두 본문 모두에서 예수께서는 그들에게 사람들이 그들의 필요를 채워 줄 것이므로 "양식"이나 "돈"이나 "두 벌 옷"처럼, 눅 9:3 여분의 물건을 챙기지 말라고 말씀하신다. 그러므로 마태복음과 마찬가지로 누가복음에서도 예수께서는 제자들에게 여분의 지팡이를 가져가지 말라고 말씀하신다.[17]

이 해석에 대한 반론은, 누가가 마가와 같은 헬라어 동사 아이로 를 사용하므로 직접적인 모순이 존재한다고 결론을 내려야 한다는 것이다. 마가는 지팡이를 "가지고" 가라고 말하며, 누가는 지팡이를 "가지고" 가지 말라고 말한다. 그러나 '아이로' 가지다 라는 동사가 신약에서 단 하나의 특수한 용법을 지닌 전문 용어가 아니기 때문에 이런 반론은 설득력이 없다(이 단어는 신약에서 101번 등장한다). 다른 두 문맥에서 각각 적합한 의미를 나타낸다면 '원래 가지고 있던 지팡이를 가져가고' 마가 '여분의 지팡이를 가져가지 말라' 누가 고 말하기 위해 같은 동사를 사용하지 못할 이유가 전혀 없다.[18] (나중에 누가복음 10:4에서는 신—아마도 여벌의 신—을 "가지지" 말라고 말하는데, 이 역시 마태복음 10:10에서 신을 획득하지 말라는 것과 의미가 비슷하다.)

또 다른 반론은, 누군가가 여행할 때 여분의 지팡이를 가지고 다닐 가능성이 없다는 것이다. 나의 대답은 그럴 가능성이 얼마나 있을지 또는 없을지를 우리가 알지 못한다는 것이다. 이미 초대교회에서 마태복음을 필사하고 고대의 여행 관습에 익숙했던 수많은 필사자들은 예수께서 하나 이상의 지팡이를 가져가지 말라고 말씀하셨다고 생각했던 것으로 보인다. 적지 않은 고대 사본에서 마태복음 10:10의 "지팡이" 헬라어 라브두스, 복수형 를 복수형으로 표기하고 있으며,[19] 지금도 KJV "staves" 와 NKJV "staffs" 와 같은 영어 번역본은 이 번역을 따르고 있다.[20]

결론적으로, 마가복음에서는 예수께서 제자들에게 신을 신고 지팡이를 가지고 갈 수 있다고 말씀하시지만, 마태복음과 누가복음에서는 여벌의 신과 여분의 지팡이를 가져가지 말라고 말씀하신다고 해석하는 것이 합리적인 해법이다.

이 시점에서 독자들은 무오성과 관련된 마지막 두 난제에 대한 이런 해법이 합리적인 해법이 될 수 있다고 생각하는지를 자문해 보아야 한다. 그러할 때 독자들은 무오성에 도전하는 까다로운 다른 본문을 만나지 않게 될 것이다. 해석자들이 성경에 역사적 오류나 모순이 존재한다고 주장하기 위해 인용하는 몇몇 다른 본문들이 존재하지만, 이 모든 본문은 학문적인 주석을 통해 쉽게 확인할 수 있는 합리적인 해법이 존재한다.[21]

D. 무오성을 부인할 때 발생하는 문제

성경의 무오성을 부인할 때 발생하는 문제는 사소하지 않으며, 이 문제의 중대성을 이해할 때 우리는 무오성을 인정할 뿐 아니라 이 교리가 교회를 위해 중요하다는 것도 인정하도록 추가적인 격려를 얻는다. 여기서는 더 심각한 문제들 중 일부를 소개한다.

무오성에 대한 도전을 다루었던 앞 절과 관련해, 가말리엘이 사도행전 5:36에서 이전 시기의 또 다른 혁명가 드다를 언급했다고 생각하기 어렵다거나 또는 예수께서 누가복음 9:3에서 제자들에게 여분의 지팡이를 가져가지 말라고 말씀하셨다고 생각하기 어렵다는 점은, 성경 안에 있는 하나님의 말씀 중 일부가 전적으로 참되지는 않다고 말하기 어렵다는 점과 비교하면 사실상 중요하지 않아 보인다고 덧붙일 수도 있다.

1. 무오성을 부인한다면 우리는 심각한 도덕적 문제에 직면한다. 우리도 하나님을 본받아 사소한 문제에 관해 의도적으로 거짓말할 수 있지 않은가?

이 문제는 위에서 반론 4에 대해 답하면서 했던 주장과 비슷하지만, 여기서는 반론 4를 지지하는 이들뿐만 아니라 더 광범위하게 무오성을 부인하는 모든 사람에게 적용된다. 에베소서 5:1은 우리에게 하나님을 본받으라고 말한다. 하지만 성경의 말씀이 하나님의 감동으로 된 말씀임을 여전히 주장하면서 무오성을 부인한다면, 반드시 이 관점은 성경의 덜 핵심적인 주장 중 일부는 하나님이 우리에게 의도적으로 거짓으로 말씀하셨음을 암시하게 된다. 만일 하나님이 그렇게 하시는 것이 옳다면, 어떻게 우리가 그렇게 하는 것은 그르다고 말할 수 있겠는가? 우리가 이런 논리를 믿는다면, 우리는 보다 나은 소통에 도움이 되는 것처럼 보이는 상황에서 진실하지 않게 말하라는 강력한 압박을 받게 될 것이다. 이런 입장은 마치 미끄러운 비탈길처럼 우리의 삶에 점점 더 심각하고 부정적인 결과를 초래하게 될 것이다.

2. 무오성을 부인한다면 우리는 하나님이 하시는 모든 말씀에 관해 과연 그분을 신뢰할 수 있는지 의문을 품기 시작할 것이다

하나님이 성경 안에서 몇몇 사소한 문제에 관해 우리에게 거짓으로 말씀하셨다고 확신하게 되면, 이는 하나님의 말씀을 있는 그대로 받아들여 전적으로 신뢰하거나 온전히 그분께 순종하는 우리의 능력에 해로운 영향을 미칠 것이다. 우리는 먼저 성경에서 순종하기를 가장 덜 원하는 부분에 대해 불순종할 것이며, 가장 덜 신뢰하고 싶은 부분에 대해 불신하기 시작할 것이다. 이런 과정은 점점 심해져서 결국 우리의 영적인 삶에 큰 타격을 입게 될 것이다. 물론 무오성을 부인하는 모든 개인의 삶에 반드시 이런 방식으로 성경에 대한 신뢰와 순종의 약화가 뒤따르지는 않을 테지만 분명히 이런 경향성이 나타날 것이며, 한 세대에 걸쳐 무오성을 부인하라고 가르친다면 이 경향성이 드러나게 될 것이다.

3. 무오성을 부인한다면 우리는 사실상 인간의 지성을 하나님의 말씀보다 더 높은 진리의 기준으로 삼는 셈이다

우리는 우리의 지성을 사용해 하나님 말씀의 특정 부분을 판단하고 그것이 오류라고 선언한다. 사실상 이런 판단은 우리가 적어도 이 영역에서 하나님의 말씀보다 (또는 하나님보다) 진리를 더 확실히, 더 정확히 안다고 말하는 것과 다름없다. 우리의 지성을 하나님의 말씀보다 더 높은 진리의 기준으로 삼는 이런 과정은 모든 지성적 죄의 뿌리다.[22]

4. 만일 우리가 무오성을 부인한다면, 성경은 사소한 세부 사항뿐만이 아닌 성경적인 일부 교리에 대해서도 틀렸다고 말할 수밖에 없다

무오성을 부인한다는 것은 성경의 본질과 하나님 말씀의 진실성과 신빙성에 대한 성경의 가르침도 잘못되었다고 말하는 것을 뜻한다. 이것은 사소한 세부 사항만이 아니라 성경에 관한 주요한 교리적 관심사다.[23]

개인적 적용을 위한 질문

1. 성경 무오성에 관한 논쟁에 대한 여러분의 의견은 무엇인가? 양 진영은 이 문제를 왜 중요하게 여긴다고 생각하는가?

2. 성경에 몇몇 작은 오류가 있다는 주장은 여러분의 성경 읽기에 어떤 영향을 미치는가? 이것은 매일의 대화 속에서 진실성에 대한 여러분에 관심에도 영향을 미치는가?

3. 오류가 있어 보이는 성경 본문의 난제를 해결하기 위한 노력을 한 적이 있는가? 어떤 노력이 더 필요한가?

4. 그리스도인이 성경을 알아갈수록 믿음이 더 깊어진다고 생각하는가?

5. 성경이 가르쳐 주는 교리에 오류가 없다고 생각하는가? 이 주장이 기쁘게 받아들여지는가, 아니면 부담스럽다고 생각하는가?

6. 성경에 오류가 없다는 사실은 그리스도인의 삶을 건전하게 만드는가? '여호와의 증인'이 성경이 무오하다는 믿음으로 거짓 가르침을 가르친다는 것에 대해 어떻게 생각하는가?

7. 성경의 무오성이 교회와 신학교에서 필수적으로 가르쳐야할 항목이라고 생각하는가? 왜 그런가? 또는 왜 그렇지 않은가?

8. 교회 안에서 교리적 논쟁이 일어날 때, 성경 구절에만 입각하여 자기 주장을 하는 이들이 갖는 개인적인 위험은 어떤 것들이 있는가? 올바른 교리를 자랑하는 태도가 문제가 되는가? 그 해결책은 무엇이며, 여러분은 교회의 미래를 생각할 때 성경의 무오성이 중요한 사안이라고 생각하는가?

신학 전문 용어

국제성경무오성협의회

무류성

무오성

신앙과 실천

원본

이본

참고 문헌

이 참고 문헌에 관한 설명으로는 1장, 60쪽을 보라. 더 자세한 서지 자료는 2권 부록 2에서 확인할 수 있다.

복음주의 조직신학 저술의 관련 항목

무오성에 관한 구체적 논의가 포함되지 않은, 몇몇 더 오래된 중요한 저작을 언급할 때는 대신 일반적으로 성경의 권위를 논한 부분의 쪽수를 기록했다. 그런 경우 이곳의 쪽수는 성경의 권위를 다룬 4장의 목록과 동일하다.

1. 성공회

1882–1892	Litton, 18–40
1930	Thomas, 500–501
2001	Packer, 16–18
2013	Bird, 63
2013	Bray, 137–148

2. 아르미니우스주의(또는 웨슬리파/감리교)

1875–1876	Pope, 1:36–192
1892–1894	Miley, 2:41–49
1940	Wiley, 1:166–184
1960	Purkiser, 66–80
1992	Oden, 1:335–404
2002	Cottrell, 64–66

3. 침례교

1767	Gill, 11–18
1907	Strong, 222–242
1976–1983	Henry, 3:248–487; 4:129–255, 353–404
1990–1995	Garrett (Vol 1), 193–212
2007	Akin, 154–162
1987–1994	Lewis and Demarest, 1:93–171
2013	Erickson, 188–209

4. 세대주의

1947	Chafer, 1:63–88
1949	Thiessen, 105–115
1986	Ryrie, 77–104
2002–2005	Geisler, 1:248–249, 293–294, 299–300, 410–411, 499–513
2017	MacArthur and Mayhue, 100–107

5. 루터교

1917–1924	Pieper, 1:232–265, 338–349
1934	Mueller, 101–137

6. 개혁주의(또는 장로교)

1559	Calvin, 1:74–92
1679–1685	Turretin, *IET*, 1:70–85, 106–112
1871–1873	Hodge, 1:163–182
1878	Dabney, *DET*, 1:282–313, 466–481
1887–1921	Warfield, *IAB*, 여기저기
1937–1966	Murray, *CW*, 1:9–15; *CW*, 4:22–29
1938	Berkhof, *Intro*, 144–165, 182–186
1998	Reymond, 73–78
2011	Horton, 194, 197–198
2013	Frame, 597–606
2016	Allen and Swain, 30–56
2017	Barrett, 145–188
2019	Letham, 190–194

7. 부흥 운동(또는 은사주의/오순절)

1988–1992	Williams, 1:36–43
1993	Menzies and Horton, 17–20
1995	Horton, 81–89

대표적인 로마 가톨릭 조직신학 저술의 관련 항목

1. 로마 가톨릭: 전통적 입장

1955	Ott (명시적으로 다루지 않음)

2. 로마 가톨릭: 제2차 바티칸공의회 이후

1980	McBrien, 1:64
2012	CCC, paragraphs 75–83

기타 저술

4장 "권위"에 관한 참고 문헌도 보라. 이 참고 문헌 중 다수는 이번 장의 주제와도 관련되어 있지만 일부만 이 목록에 포함되어 있다.

Allison, Gregg R. *Historical Theology: An Introduction to Christian Doctrine; A Companion to Wayne Grudem's Systematic Theology*. Grand Rapids: Zondervan, 2011, 99–119.

Archer, Gleason. *Encyclopedia of Bible Difficulties*. Grand Rapids: Zondervan, 1982. (『성경 난제 백과사전』 생명의말씀사)

Arndt, William. *Bible Difficulties*. St. Louis: Concordia, 1932.

____. *Does the Bible Contradict Itself?* St. Louis: Concordia, 1955.

Beale, G. K. *The Erosion of Inerrancy in Evangelicalism: Responding to New Challenges to Biblical Authority*. Wheaton, IL: Crossway, 2008.

Boice, James, ed. *The Foundation of Biblical Authority*. Grand Rapids: Zondervan, 1978. (『성경의 무오설』 생명의말씀사)

Carson, D. A., ed. *The Enduring Authority of the Christian Scriptures*. Grand Rapids: Eerdmans, 2016.

____. *Scripture and Truth*. Grand Rapids: Zondervan, 1983.

Carson, D. A., and John Woodbridge, eds. *Hermeneutics, Authority, and Canon*. Grand Rapids: Zondervan, 1986.

Dockery, David S. and David P. Nelson. "Special Revelation." In *A Theology for the Church*, edited by Daniel L. Akin et al., 156–162. Nashville:

B&H, 2014.
Feinberg, P. D. "Bible, Inerrancy and Infallibility of." In *EDT3*, 124–127.
Geisler, Norman, ed. *Biblical Errancy: An Analysis of Its Philosophical Roots*. Grand Rapids: Zondervan, 1981.
____. ed. Inerrancy. Grand Rapids: Zondervan, 1979 (국제성경무오성협의회의 1978년 시카고 대회에서 발표한 논문을 모아서 출간한 책).
Geisler, Norman, and William C. Roach. *Defending Inerrancy: Affirming the Accuracy of Scripture for a New Generation*. Grand Rapids: Baker, 2011.
Gundry, Stanley N., Stephen M. Garrett, and James R. A. Merrick, eds. *Five Views on Biblical Inerrancy*. Grand Rapids: Zondervan, 2013. 『성경 무오성 논쟁』
Haley, John W. *Alleged Discrepancies of the Bible*. Grand Rapids: Baker, 1977. (1874년에 처음 출간)
Hixson, Elijah, and Peter J. Gurry, eds. *Myths and Mistakes in New Testament Textual Criticism*. Downers Grove, IL: IVP Academic, 2019.
Lewis, Gordon R., and Bruce A. Demarest. *Challenges to Inerrancy: A Theological Response*. Chicago: Moody Publishers, 1984. (『성경 무오: 도전과 응전』 엠마오)
Lindsell, Harold. *The Battle for the Bible*. Grand Rapids: Zondervan, 1976. (『교회와 성경 무오성』 기독교문서선교회)
____. *The Bible in the Balance*. Grand Rapids: Zondervan, 1979.
Montgomery, John W., ed. *God's Inerrant Word*. Minneapolis: Bethany Fellowship, 1974.
Moo, Douglas J., ed. *Biblical Authority and Conservative Perspectives*. Grand Rapids: Kregel, 1997.
Murray, John. "Infallibility of Scripture." In Thy Word Is Still Truth: Essential Writings on the Doctrine of Scripture from the Reformation to Today, edited by Peter A. Lillback and Richard B. Gaffin. Phillipsburg, NJ: P&R, 2013.
Packer, J. I. "Scripture." In *NDT2*, 821–825.
____. "Infallibility and Inerrancy of the Bible." In NDT, 337–339.
Poythress, Vern Sheridan. *Inerrancy and the Gospels: A God-Centered Approach to the Challenges of Harmonization*. Wheaton, IL: Crossway, 2012.
Schaeffer, Francis. *No Final Conflict: The Bible without Error in All That It Affirms*. Downers Grove, IL: InterVarsity Press, 1975. (『궁극적 모순은 없다』 생명의말씀사)
Tatlock, Mark, ed. *The Implications of Inerrancy for the Global Church: The Truthfulness of God's Word Defended, Explained, and Extolled by Authors from Seventeen Countries across the Globe*. Maitland, FL: Xulon, 2015.
Warfield, B. B. *Limited Inspiration*. Philadelphia: Presbyterian and Reformed, 1962.
White, James R. *Scripture Alone*. Minneapolis: Bethany House, 2004.
Woodbridge, John. *Biblical Authority: A Critique of the Rogers/McKim Proposal*. Grand Rapids: Zondervan, 1982. (『성경의 권위』 상, 하권, 선교횃불)
Young, Edward J. *Thy Word Is Truth*. Grand Rapids: Eerdmans, 1957. (『주의 말씀은 진리니이다』 생명의말씀사)

비무오성 관점의 저술

또한 4장의 참고 문헌을 보라.

Barr, James. *Fundamentalism*. London: SCM, 1977. (『근본주의 신학』 대한기독교서회)
Barton, John. *People of the Book? The Authority of the Bible in Christianity*. Louisville: Westminster John Knox, 1988.
Beegle, Dewey M. *Scripture, Tradition, and Infallibility*. Grand Rapids: Eerdmans, 1973.
Davis, Stephen T. *The Debate about the Bible*. Philadelphia: Westminster, 1977.
McKim, Donald K., ed. *The Authoritative Word: Essays on the Nature of Scripture*. Grand Rapids: Eerdmans, 1983.
Pregeant, Russell. *Reading the Bible for All the Wrong Reasons*. Minneapolis: Fortress, 2011.
Rogers, Jack, ed. *Biblical Authority*. Waco, TX: Word, 1977.
Rogers, Jack B., and Donald K. McKim. *The Authority and Interpretation of the Bible: An Historical Approach*. San Francisco: Harper and Row, 1979.
Stewart, Robert B. *The Reliability of the New Testament: Bart Ehrman and Daniel B. Wallace in Dialogue*. Minneapolis: Fortress, 2011.

성경 암송 구절

시편 12:6 | 여호와의 말씀은 순결함이여 흙 도가니에서 일곱 번 단련한 은 같도다.

찬송가

"주의 율법은 완전하여"

시편 19:7-11을 가사로 삼은 이 곡은 여러 다른 방식으로 하나님 말씀의 완전함을 표현하며 이 말씀이 우리 삶에 적용되는 다양한 양상을 보여준다.

주의 율법은 완전하여 영혼을 소성케 해
주의 증거는 확실하여 우둔한 자를 지혜롭게 해
주의 교훈은 정직하여 내 마음을 기쁘게 해
주의 계명은 순결하여 우리의 눈을 밝게 해

많은 정금보다 더 귀하며
꿀과 송이꿀보다 더 달도다
주를 경외하는 영혼은 정결하여 영원까지 가고
주의 규례는 확실하여 모든 것 다 의롭게 해

◈

주님의 율법은 완전하여
영혼을 소생시킵니다
주님의 증거는 확실하여
어리석은 자를 지혜롭게 합니다
주님의 교훈은 정직하여
우리 마음에 기쁨을 안겨 주고
주님의 계명은 순수하여
우리의 눈을 밝혀 줍니다

금보다 더 탐스럽고
정금보다 더 탐스럽습니다
꿀보다 더 달콤하고
송이꿀보다 더 달콤합니다
주님을 경외함은 정결하여
영원히 지속됩니다
주님의 심판은 참되며
완벽히 의롭습니다

ㅁ 작자 미상 (시 19:7-11 참조)

"오 주여, 말씀하소서"

진리의 말씀 깨달아
주님의 모습 닮게 하소서
세상에 주의 빛을 발하여
사랑의 모습 보이게 하소서
오 주여, 채워 주소서
주의 영광 보여 주소서

오 주여, 순종하오니
겸손한 모습 보게 하소서
생각과 모든 행실이
정결한 주님 닮게 하소서
믿음의 눈을 크게 뜨고서
사랑의 주님 보게 하소서
말씀의 능력 붙잡고
이 세상 승리하게 하소서

새롭게 하여 주소서
주님의 뜻을 이루어 주소서
진리의 아침 동트니
주님의 나라 영원하리라
주님의 은혜 주님의 약속
믿음 위에서 걸어가리라
교회를 세워 주소서
주님의 영광 가득하소서

◈ ———

오 주님, 말씀하소서
주님의 거룩한 말씀을 양식으로 받고자 주님께 나아갑니다
주님의 진리를 우리 안에 깊이 심어 주소서
우리를 주님의 형상으로 빚어 주셔서
사랑의 행동과 믿음의 일을 통해
그리스도의 빛을 비추게 하소서

오 주님, 우리에게 온전한 순종과
거룩한 경외와 참된 겸손을 가르치소서
주님의 순결한 빛으로
우리의 생각과 태도를 단련하소서
우리의 믿음이 자라나게 하시고
우리의 눈을 열어
주님의 영광스러운 사랑과 권위를 보게 하소서
변치 않는 능력의 말씀
그 말씀의 진리로 우리의 불신앙을 극복케 하소서

오 주님, 말씀하셔서 우리의 마음을 새롭게 하소서
우리를 향한 주님의 놀라운 계획을 깨닫도록 도와주소서
태초로부터 변하지 않는 진리가

영원히 울려 퍼질 것입니다

은혜로 우리는 주님의 약속 위에 섭니다

주님이 함께 걸으시니 우리가 믿음으로 걷겠습니다

오 주님, 말씀하소서 주님의 교회가 세워질 때까지

온 땅이 주님의 영광으로 가득 찰 때까지

ㅁ 키스 게티, 스튜어트 타운넨드 작사 24

주

1 잭 로저스(Jack Rogers)가 편집한 책 *Biblical Authority* (Waco, TX: Word, 1977)에 이 입장을 옹호하는 훌륭한 논문들이 실려 있다. 더 상세한 논의를 위해서는 Jack B. Rogers and Donald McKim, *The Authority and Interpretation of the Bible: An Historical Approach* (San Francisco: Harper and Row, 1979) 참조.

2 대략 1960년이나 1965년까지는 무류하다(infallible)라는 단어를 무오하다(inerrant)라는 단어와 서로 바꾸어 쓸 수 있었다. 하지만 최근, 적어도 미국에서는 무류하다(infallible)라는 단어가 더 약한 의미로, 곧 성경이 신앙과 실천의 문제에 관해서만은 우리가 길을 잃어버리지 않게 할 것이라는 뜻으로 사용되고 있다.

3 이것은 사소한 세부 사항이 아니라 구약에서 확언하는 과학적 사실 또한 우리가 믿음으로 그에 관해 알고 있다고 말하는 사실의 한 예다. 따라서 여기에서는 믿음이란 구약에 기록된 과학적, 역사적 사실의 진실성에 대한 신뢰를 포함한다고 명시적으로 말하고 있다.

4 신학 담론 내에서 무오성(inerrancy)이라는 용어가 영속성을 갖게 되었음을 보여주는 또 하나의 예는, 회원수가 4천 명 이상이며 성경신학과 신학을 연구하는 복음주의 학자들을 위한 최대의 전문적 학회인 복음주의신학회(Evangelical Theological Society, ETS)에서 이 용어를 학회의 교리적 기초의 일부로 포함시키고 있다는 사실이다. "성경만이 또한 성경 전체가 기록된 하나님의 말씀이며, 따라서 원본에 있어서 무오하다." 또한 정관에서는 무오하다(inerrant)라는 단어를 더 자세히 설명한다. "본 학회에서는 ETS의 교리적 기초에 포함된 성경의 무오성이라는 구절의 의도와 의미에 관해 회원들에게 성경 무오성에 관한 시카고 선언(1978)을 참고할 것을 권고한다." http://www.etsjets.org/about/bylaws에서 인용함.

5 신학 용어로 원래의 저자가 기록한 원고를 원본(autograph)이라고 부른다. autograph는 '자신'을 뜻하는 접두사 auto-과 '쓰기'를 뜻하는 어근 graph이 결합된 단어다.

6 현존하는 신구약 사본의 이문을 연구하는 작업에 관한 논의로는 Paul D. Wegner, *A Student's Guide to Textual Criticism of the Bible* (Downers Grove, IL: IVP Academic, 2006) 참조. 또한 Bruce M. Metzger and Bart Ehrman, *The Text of the New Testament: Its Transmission, Corruption, and Restoration*, 4th ed. (Oxford: Oxford University Press, 2005) 참조. (『사본학: 신약 본문 비평학』 기독교문서선교회) 오늘날 출간되어 있는 헬라어 본문의 정확성에 대한 변론으로는 Elijah Hixson and Peter J. Gurry, eds., *Myths and Mistakes in New Testament Textual Criticism* (Downers Grove, IL: IVP Academic, 2019) 참조.

7 물론 예를 들어, 바울 서신서 중 하나에 대한 최초의 필사본 안에 필사 과정에 발생한 오류가 있었고 이 오류가 남아 있는 모든 사본 안에 반복되었을 이론적 가능성이 존재한다. 하지만 이것은 가능성이 희박하다고 판단해야 한다. (1) 그렇다면 원본에 대한 단 하나의 필사본만 만들었거나 단 하나의 사본이 현존하는 모든 사본을 위한 기초였어야만 하고, (2) 앞서 우리가 주장했듯이 정경을 보존함에 있어서 하나님이 신실하셨다면, 설령 그런 실수가 정말로 발생했더라도 우리가 성경을 이해하는 것에 실질적으로 영향을 미치는 실수는 아니었을 것이기 때문이다. 이러한 필사 과정의 오류가 존재하는지 그 여부를 증명할 수 없지만, 확실한 증거도 없이 그런 오류가 있었을 가능성에 관해 추론하는 것은 유익해 보이지 않는다.

8 이 관점에 대한 설명으로는 Daniel P. Fuller, "Benjamin B. Warfield's View of Faith and History," *BETS* 11 (1968): 75-83을 보라.

9 사실 1984년판 NIV는 "그것은 너희의 모든 씨앗 중에서 가장 작다"(마 13:32)라고 번역하지만 헬라어 본문에는 "너희의"라는 대명사를 명시적으로 정당화할 만한 근거가 없으며, 2011년판 NIV는 "그것은 모든 씨앗 중에서 가장 작다"라는 보다 문자적인 번역을 채택했다.

10 관심이 있는 독자는 Gleason L. Archer, *Encyclopedia of Bible Difficulties* (Grand Rapids: Zondervan, 1982)와 William Arndt, *Does the Bible Contradict Itself?* (St. Louis: Concordia, 1955), Arndt, *Bible Difficulties* (St. Louis: Concordia, 1932), John W. Haley, *Alleged Discrepancies of the Bible* (1874; repr., Grand Rapids: Baker, 1977), Norman L. Geisler and Thomas A. Howe, *When Critics Ask: A Popular Handbook On Bible Difficulties* (Grand Rapids, MI: Baker, 1997)와 같은 책을 참고하면 된다. *ESV Study Bible* (Wheaton, IL: Crossway, 2008)과 D A. Carson, ed., *NIV Zondervan Study Bible* (Grand Rapids: Zondervan, 2015)의 주석은 거의 모든 난해 본문에 대한 합리적인 해법이 제시되어 있다. (『ESV 스터디 바이블』 부흥과개혁사) (『성경신학 스터디 바이블』 복 있는 사람)

11 J. P. Moreland, "The Rationality of Belief in Inerrancy," in *TrinJ* 7, no. 1 (1986): 75-86에서는 현재 명확한 해법이 제시되어 있지 않은 소수의 '문제 본문'(problem texts)이 있다는 이유만으로 그리스도인들이 무오성 교리를 포기해서는 안 된다고 설득력 있게 주장한다.

12 나의 개인적인 경험을 말하자면, (1970년에 신학교에 입학해 목회학 석사 과정을 시작한 이래로) 지난 48년 동안 나는 무오성 논쟁의 맥락에서 관심을 갖게 된 수십 개의 '문제 본문'을 검토했다. 그 모든 경우에 본문을 면밀히 검토하면 타당한 해법을 확인할 수 있었다.

13 교회 내 무오성의 역사에 관해서는 *Scripture and Truth*에 실린 필립 휴즈(Philip Hughes)와 제프리 브로밀리(Geoffrey W. Bromiley), 로버트 갓프리(W. Robert Godfrey), 존 우드브리지(John D. Woodbridge), 랜들 발머(Randall H. Balmer)의 논문을 보라. 또한 더 상세한 연구서로는 John D. Woodbridge, *Biblical Authority: A Critique of the Rogers and McKim Proposal* (Grand Rapids: Zondervan, 1982) 참조.

14 Eckhard Schnabel, *Acts*, ZECNT (Grand Rapids: Zondervan, 2012), 315. 이 책에서는 요세푸스의 서술 안에 포함된 다른 문제들도 자세히 다루고 있다.

15 Schnabel, *Acts*, 316. 다른 증거도 다루고 있다.

16 다른 주석가들도 가말리엘이 더 이른 시기의 드다를 언급하고 있고 누가가 가말리엘의 연설을 정확히 기록하고 있을 가능성이 있다고 생각한다. I. Howard Marshall, *The Acts of the Apostles*, TNTC (Leicester: Inter-varsity, 1980), 122와 David G. Peterson, *The Acts of the Apostles*, PNTC (Grand Rapids: Eerdmans, 2009), 225, Darrell Bock, *Acts*, BECNT (Grand Rapids: Baker, 2007), 250을 보라. (『사도행전』 기독교문서선교회) (『BECNT 사도행전』 부흥과개혁사). 브루스(F. F. Bruce)는 이 해법이 가장 가능성이 높은 이유를 이렇게 설명한다. "누가가 이중의 중대한 잘못, 곧 (1) 가말리엘로 하여금 자신이 연설하는 시점으로부터 한참 지난 후에 발생한 봉기를 언급하게 하고, (2) 주후 44년의 사건을 주후 6/7년에 일어났다고 연대를 확정할 수 있는, 갈릴리 유다가 이끌었던 봉기보다 먼저 발생한 것으로 만든 잘못을 범했다고 생각하는 사람들이 누가의 드다가와 요세푸스의 드다를 동일시해 왔다"(Bruce, *The Book of the Acts*, rev. ed., NICNT [Grand Rapids: Eerdmans, 1988], 116 주 57). (『NICNT 사도행전』 부흥과개혁사)

17 Darrell Bock, *Luke* 1:1-9:50, BECNT (Grand Rapids: Baker, 1994), 816에서는 이 해법을 선호한다. 또한 벅은 제시된 다른 여섯 가지 해법을 소개하고 이를 기각한다(815).

18 카슨(D. A. Carson)은 아이로이 누가복음 9:3에서 '획득하다'라는 뜻을 사용될 만큼 폭넓은 의미론적 폭을 지니며["Matthew," *EBC* 8 (Grand Rapids: Zondervan, 1984), 247), 따라서 누가복음 9:3이 마태복음 10:9-10과 비슷한 의미를 가질 수 있다고 지적한다.

19 단수형 라브돈이 아니라 복수형 라브두스이 사용된 사본은 다음과 같다. C, L, W, f13, M, a, ff1, k, μ, syh, boms.

20 그랜트 오스본(Grant Osborne)은 또 다른 해법을 제시한다. 마태와 누가는 "다른 때에 주어진 다른 지침"을 보도하고 있다[*Matthew*, ZECNT (Grand Rapids: Zondervan, 2010), 379]. 하지만 나는 각 복음서에서 앞뒤 문맥에 제시된 상황이 비슷하기 때문에 이 해법은 가능성이 희박하다고 생각한다. (『강해로 푸는 마태복음』 디모데)

21 내가 책임 편집자를 맡았던 『ESV 스터디 바이블』의 주석에는 무오성과 관련해 난해 본문 대부분 또는 전부에 대해 지금까지 제시된 해법을 소개하고 있다(위의 주 10에서도 언급했듯이 『성경신학 스터디 바이블』에서도 지금까지 제시된 많은 해법을 다루고 있다).

22 진리의 궁극적 기준인 성경에 관한 논의로는 4장, 128-129쪽을 보라.

23 위에서 열거한 바람직하지 않은 입장들은 논리적으로 무오성의 부인과 연관이 있지만 여기서 경계의 말을 할 필요가 있다. 무오성을 부인하는 모든 사람이 위에서 열거한 바람직하지 않은 결론을 채택하는 것은 아니다. 어떤 이들은 (아마도 일관되지 않은 태도로) 무오성을 부인하지만 이런 논리적 단계를 밟아가지 않을 것이다. 다른 신학적 토론에서와 마찬가지로, 무오성을 둘러싼 논쟁에서도 우리는 사람들이 실제로 견지하는 관점에 기초해 그들을 비판하고, 이런 관점과 우리가 생각하기에 그들이 견지한다고 말하는 관점과의 일관성을 유지한다면, 그들이 견지할 수밖에 없는 입장을 명확히 구별하는 것이 중요하다.

24 Copyright © 2006 Thankyou Music (PRS) (adm. worldwide at CapitolCMGPublishing.com excluding Europe which is adm. by Integrity Music, part of the David C Cook family. Songs@integritymusic.com). All rights reserved. Used by permission.

6. 성경의 네 가지 특징 : (2) 명료성

우리가 성경을 바르게 이해하는 것이 가능한가?

설명과 성경적 기초

성경을 진지하게 읽기 시작한 사람은 누구나 어떤 부분은 아주 쉽게 이해할 수 있지만, 어떤 부분은 모호해 보인다는 것을 깨닫게 될 것이다.[1] 사실 이미 교회사 초기에 베드로는 독자들에게 바울 서신의 일부가 이해하기 어렵다는 점을 상기시켰다. "우리가 사랑하는 형제 바울도 그 받은 지혜대로 너희에게 이같이 썼고 그 모든 편지에도 이런 일에 관하여 말하였으되 그중에 알기 어려운 것이 더러 있으니 무식한 자들과 굳세지 못한 자들이 다른 성경과 같이 그것도 억지로 풀다가 스스로 멸망에 이르느니라."벧후3:15-16 그러므로 우리는 성경의 모든 부분을 쉽게 이해할 수 있는 것이 아님을 인정해야만 한다.

하지만 성경의 대부분 또는 성경 전체가 이해하기 어렵다고 생각하는 것은 잘못일 것이다. 구약과 신약은 평범한 신자들이 그 가르침을 이해할 수 있는 방식으로 성경이 기록되었다고 빈번히 주장한다. 앞에서 인용한 베드로의 글도 그 문맥은 베드로의 독자들이 이미 읽고 이해한 바울 서신의 가르침에 호소하는 내용이다.벧후3:15 실제로 베드로는 도덕적 책임이 바울 서신의 본문을 뒤틀어 "스스로 멸망에 이르는" 이들에게 있다고 말한다. 또한 그는 이해하기 불가능한 것들이 있는 것이 아니라 이해하기 어려운 것들이 있다고 말할 뿐이다.

성경의 명료성은 성경이 이해될 수 있는 방식으로 기록되었음을 뜻하지만, 올바른 이해를 위해서는 시간과 노력, 일상적인 수단의 사용, 순종하는 마음과 성령의 도우심이 필요하며, 이생에서 우리의 이해는 불완전한 상태로 남아 있을 것이다.[2]

A. 성경 자체가 성경의 명료성을 주장한다

1. 명료성에 대한 구약의 주장

구약의 몇몇 본문은 성경을 이해할 수 있다는 주장을 지지한다. 예를 들어, "오늘 내가 네게 명하는 이 말씀을 너는 마음에 새기고 네 자녀에게 부지런히 가르치며 집에 앉았을 때에든지 길을 갈 때에든지 누워 있을 때에든지 일어날 때에든지 이 말씀을 강론할 것이며."신 6:6-7 하지만 "길을 갈 때" 하나님의 말씀을 강론하는 것은 부부나 이웃 관계, 하나님을 예배하는 것에 관한 어느 한 구절에만 국한되지 않는다. 당연히 자녀들은 부분적인 논의가 아니라 최종 결과, 곧 한 주제에 관해 하나님의 말씀이 말하는 모든 것의 최종 결과를 추구한다. 그들은 바로 그날 따를 수 있는 가르침을 추구한다. 그들은 무엇을 믿고 어떻게 살아야 하는지에 관한 직접적인 답을 추구한다. 또한 간단한 형태의 조직신학과 성경 전체가 가르치는 윤리적 가르침을 추구한다. 따라서 자녀를 가르치라는 이 명령은 수많은 다른 주제에 관한 "하나님의 [모든] 뜻"행 20:27을 요약하고 분명히 설명할 수 있는 능력을 전제한다.

구약의 다른 본문 역시 하나님의 백성이 그분의 말씀을 이해할 수 있음을 전제한다.

> 내가 오늘 네게 명령한 이 명령은 네게 어려운 것도 아니요 먼 것도 아니라. 하늘에 있는 것이 아니니. 네가 이르기를 누가 우리를 위하여 하늘에 올라가 그의 명령을 우리에게로 가지고 와서 우리에게 들려 행하게 하랴 할 것이 아니요. 이것이 바다 밖에 있는 것이 아니니. 네가 이르기를 누가 우리를 위하여 바다를 건너가서 그의 명령을 우리에게로 가지고 와서 우리에게 들려 행하게 하랴 할 것도 아니라. 오직 그 말씀이 네게 매우 가까워서 네 입에 있으며 네 마음에 있은즉 네가 이를 행할 수 있느니라.신 30:11-14

> 여호와의 율법은 완전하여 영혼을 소성시키며 여호와의 증거는 확실하여 우둔한 자를 지혜롭게 하며.시 19:7

이는 하나님의 증거가 우둔한 자조차 지혜롭게 하며, 우둔한 자를 지혜롭게 할 수 있다면 당연히 다른 모든 사람을 지혜롭게 할 수 있다는 뜻으로 볼 수 있다. 시편 119편에서도 비슷한 생각을 확인할 수 있다.

주의 말씀을 열면 빛이 비치어 우둔한 사람들을 깨닫게 하나이다.130절

같은 시편의 다른 곳에서는 등불을 은유로 사용해 깨달음—이 경우에는 삶의 "길"에서 만나는 일상적인 사건들 속에서 어떻게 살아갈 것인지에 관한 깨달음—을 전달한다는 관념을 표현한다.

주의 말씀은 내 발에 등이요 내 길에 빛이니이다.시 119:105

베드로는 구약 문서에 관해 비슷한 견해를 표현했다.

또 우리에게는 더 확실한 예언이 있어 어두운 데를 비추는 등불과 같으니 날이 새어 샛별이 너희 마음에 떠오르기까지 너희가 이것을 주의하는 것이 옳으니라.벧후 1:19

2. 명료성에 대한 신약의 주장

신약에도 비슷한 주장이 있다. 예수께서는 가르침과 대화, 논쟁적 질문에 답하실 때 구약의 불명료함을 탓하는 듯한 말씀을 한 번도 하지 않으셨다. 다윗과 아브라함 시대로부터 멀리 떨어져 있는 1세기 사람들에게 말씀하실 때도 예수께서는 여전히 그들이 구약성경을 바르게 읽고 이해할 수 있다고 전제하셨다.

성경을 바르게 해석하기 너무 어렵다고 말하는 사람들이 많아진 시대에 우리는 복음서에서 예수께서 다음과 같이 말씀하신 적이 한 번도 없다는 것을 기억해야 한다. "나는 너희의 좌절에 공감한다. 이 주제와 관련된 성경 본문은 오랫동안 학자들을 당혹스럽게 만들 정도로 이상하고 복잡한 해석의 난제를 포함하고 있다."

오히려 예수께서는 학자들에게 말씀하실 때든 학문적 훈련을 받지 않은 보통 사람들에게 말씀하실 때든, 오해는 성경 자체의 탓이 아니라 성경

을 오해하는 사람들의 탓이라고 말씀하신다. 반복적으로 그분은 이런 말씀으로 질문에 답하신다.

다윗이……한 일을 읽지 못하였느냐.마 12:3
너희가 율법에서 읽지 못하였느냐.마 12:5
읽지 못하였느냐.마 19:5
성경에……읽어 본 일이 없느냐.마 21:42
하나님이 너희에게 말씀하신 바.마 22:31
너희는 가서 내가 긍휼을 원하고 제사를 원하지 아니하노라 하신 뜻이 무엇인지 배우라.마 9:13
너는 이스라엘의 선생으로서 이러한 것들을 알지 못하느냐.요 3:10
너희가 성경도, 하나님의 능력도 알지 못하는 고로 오해하였도다.마 22:29

엠마오로 가는 길에 예수께서는 두 제자를 꾸짖으시며 "미련하고 선지자들이 말한 모든 것을 마음에 더디 믿는 자들이여"라고 말씀하셨다.눅 24:25 이해하지 못하는 것은 언제나 독자의 잘못이지 성경 자체의 잘못이 아니다.

마찬가지로 신약의 서신서 대부분은 교회 지도자들이 아니라 회중 전체에게 보내는 편지로 기록되었다. 바울은 다음과 같이 편지를 보냈다.

고린도에 있는 하나님의 교회들에게.고전 1:2
갈라디아 여러 교회들에게.갈 1:2
빌립보에 사는 모든 성도와 또한 감독들과 집사들에게.빌 1:1

바울은 독자들이 자신이 쓴 글을 이해할 것이라고 전제하며, 다른 교회들도 자신의 편지를 읽게 하라고 권면한다. "이 편지를 너희에게서 읽은 후에 라오디게아인의 교회에서도 읽게 하고 또 라오디게아로부터 오는 편지를 너희도 읽으라."골 4:16

성경을 공적으로 읽으라는 권면 역시 평범한 회중에 속한 신자들이 성경을 이해할 수 있다는 기대를 인정하는 셈이다. "내가 이를 때까지 읽는 것과 권하는 것과 가르치는 것에 전념하라."딤전 4:13; 또한 요 20:30-31; 고후 1:13;

엡 3:4; 딤전 4:13; 약 1:1, 22-25; 벧전 1:1; 2:2; 벧후 1:19; 요일 5:13 참조 바울의 편지를 읽을 때 회중 가운데 어린이들도 이를 들으며 기록된 내용 중 적어도 일부는 이해할 것이라고 전제하는 대목도 있다. 왜냐하면 바울은 "자녀들아, 주 안에서 너희 부모에게 순종하라. 이것이 옳으니라. 아버지와 어머니를 공경하라. 이것은 약속이 있는 첫 계명이니 이로써 네가 잘되고 땅에서 장수하리라" 고 쓰기 때문이다.엡 6:1-3

신약 저자들이 구약을 인용할 때마다 그들은 자신이 구약을 바르게 이해했고 자신의 바른 이해—적어도 신약 저자들이 그 권위에 호소할 수 있는 바른 해석이 존재함—를 독자들이 알 것이라고 전제한다. 이것은 개별 구절뿐 아니라 인류의 보편적인 죄인됨롬 3:9-20이나 그리스도의 위엄과 신성,히 1장 믿음의 본질히 11장처럼 특정한 주제를 증명하기 위해 그들이 수집한 여러 구절에도 적용된다.

우리는 그저 성경의 원래 독자들만 성경을 이해할 수 있었으며, 오늘날의 독자들은 성경을 반드시 이해할 수 있는 것은 아니라고 말하기 위해 성경의 명료성을 정의해야 하는가? 아니다. 나는 그런 제한을 덧붙이지 않겠다. 왜냐하면 예수께서는 그분의 말씀을 듣는 이들에 대해 구약 문서를 이해할 책임을 반복적으로 물으셨기 때문이다. 당시 구약의 많은 부분은 기록된 지 천 년 이상이 되었다. 또한 신약의 저자들도 자신의 독자들이 구약을 바르게 알고 이해할 수 있으리라 기대했다. 그러므로 성경의 명료성 때문에 오늘날의 독자들도 여전히 성경을 바르게 이해할 수 있다고 믿어야 할 것이다.

이런 본문을 통해 얻을 수 있는 적합한 결론은, 우리가 성경을 이해할 수 있다고 성경 자체가 거듭 확언한다는 것이다. 하나님의 백성은 특정한 구절이나 진술뿐 아니라 수많은 주제에 대한 성경 전체의 의미도 이해할 수 있다. 이런 주장은 근본적인 구원의 길 등의 주요한 주제, 특정한 주제나 부분을 이해하는 데 국한되지 않는다.[3] 이는 모든 부분에 적용되는 성경의 본질에 관한 주장이며,[4] 성경은 하나님의 백성에게 자신의 뜻을 분명히 전달할 수 있는 하나님이 주신 메시지라는 근본 전제에 기초한다.

그리고 하나님이 우리에게 그분의 말씀에 순종해야 할 도덕적 책임을 묻고자 하신다면, 성경은 반드시 이런 속성을 지녀야만 하는 것처럼 보인다. 그분이 혼란을 야기하거나 대부분의 사람들이 이해할 수 없는 명령을 주셨다면, 우리는 어떻게 그분이 우리에게 그 명령에 순종해야 할 책임을 정당하게 물으실 수 있는지 의아할 것이다.

B. 성경을 바르게 이해하기 위한 요건

하지만 몇 가지 필수적인 요건을 덧붙여야 한다. 그렇지 않으면 사려 깊은 저자들이 간파한 것처럼 우리는 이 교리를 오해하고 말 것이다. (이런 요건은 새로운 것이 아니며, 마크 톰슨의 주장에 따르면 종교개혁 시기 이후에 이 교리를 신중하게 다루는 사람들은 이 요건을 강조해 왔다.[5]) 이런 요건은, 우리가 본문에 어떤 명료성 개념을 적용하든지 성경이 우리의 개념에 상응하지 않는다는 것을 상기시킨다. 오히려 우리는 성경 본문에 세심한 주의를 기울이며, 성경의 명료성을 어떤 의미로 이해해야 하는지를 성경이 규정하도록 허용해야 한다.

1. 시간

이 첫 번째 요건은 성경의 이해가 즉각적으로 일어나지 않는 과정임을 우리에게 상기시킨다. 하나님의 율법을 묵상하라는 성경의 명령은 성경을 더 깊이 공부할수록 더 깊이 이해할 수 있음을 전제한다.

이 율법책을 네 입에서 떠나지 말게 하며 주야로 그것을 묵상하여 그 안에 기록된 대로 다 지켜 행하라. 그리하면 네 길이 평탄하게 될 것이며 네가 형통하리라.수 1:8

오직 여호와의 율법을 즐거워하여 그의 율법을 주야로 묵상하는도다.시 1:2; 시 119:15, 23, 48, 78

시편 119편에 자주 등장하는 이해를 구하는 기도 역시 더 깊이 공부할수록 더 온전히 이해할 수 있음을 암시한다.

여호와여, 주의 율례들의 도를 내게 가르치소서. 내가 끝까지 지키리이다.시 119:33

사도들조차 이방인 신자에 대한 구약 율법의 적용을 점진적으로 더 온전히 이해하게 되었다. 사도행전 15장의 예루살렘 공의회는 이 문제의 이해에 대한 합의를 이루려는 과정의 정점이었다. 그리고 지도자들이 예루살렘에 모였을 때도 합의에 이르기까지 어느 정도 시간이 걸렸다.

많은 변론이 있은 후에 베드로가 일어나 말하되 형제들아, 너희도 알거니와 하나님이 이방인들로 내 입에서 복음의 말씀을 들어 믿게 하시려고 오래전부터 너희 가운데서 나를 택하시고. 행 15:7

그 후에 바나바와 바울이 말했고, 이어서 야고보가 말했다. 그런 다음 그들은 편지를 썼다.

사람을 택하여 우리 주 예수 그리스도의 이름을 위하여 생명을 아끼지 아니하는 자인 우리가 사랑하는 바나바와 바울과 함께 너희에게 보내기를 만장일치로 결정하였노라. 행 15:25-26

성령과 우리는 이 요긴한 것들 외에는 아무 짐도 너희에게 지우지 아니하는 것이 옳은 줄 알았노니. 행 15:28

바울은 더 온전한 이해에 이르게 되는 과정에 관해 "오직 너희가 읽고 아는 것 외에 우리가 다른 것을 쓰지 아니하노니 너희가 완전히 알기를 내가 바라는 것은"이라고 말한다. 고후 1:13 그리고 믿음에 있어서 더 성숙한 이들에게는 더 깊은 이해가 주어진다.

그러나 우리가 온전한 자들 중에서는 지혜를 말하노니 이는 이 세상의 지혜가 아니요. 또 이 세상에서 없어질 통치자들의 지혜도 아니요. 오직 은밀한 가운데 있는 하나님의 지혜를 말하는 것으로서 곧 감추어졌던 것인데 하나님이 우리의 영광을 위하여 만세 전에 미리 정하신 것이라. 고전 2:6-7

단단한 음식은 장성한 자의 것이니 그들은 지각을 사용함으로 연단을 받아 선악을

분별하는 자들이니라.히 5:14

성경은 우리가 성경을 이해할 수 있지만 모든 것을 단번에 이해할 수는 없다고 말한다. 이해가 점점 더 깊어지는 것은 평생에 걸쳐 이루어지는 과정이다. 명료성은 성경의 속성이지 이해의 수준이 천차만별인 성경 독자의 속성이 아니다.[6]

2. 노력

위에 인용한 묵상에 관한 구절에는 노력도 포함되어야 할 것이다. 이를테면, "에스라가 여호와의 율법을 연구하여 준행하며 율례와 규례를 이스라엘에게 가르치기로 결심하였었더라."스 7:10 에스라는 주의 율법을 이미 알고 있었을 테지만 그것을 더 온전히 이해하기 위해 연구했다.

또한 성경의 명료성은 성경 전체가 이해하기 쉽다는 뜻이 아니다. 베드로가 인정하듯이 어떤 부분은 다른 부분보다 더 어렵다.

또 우리 주의 오래 참으심이 구원이 될 줄로 여기라. 우리가 사랑하는 형제 바울도 그 받은 지혜대로 너희에게 이같이 썼고 또 그 모든 편지에도 이런 일에 관하여 말하였으되 그중에 알기 어려운 것이 더러 있으니 무식한 자들과 굳세지 못한 자들이 다른 성경과 같이 그것도 억지로 풀다가 스스로 멸망에 이르느니라.벧후 3:15-16

성경에서 이해하기 어려운 부분은 우리의 더 많은 노력을 요구할 것이다.

3. 일상적인 수단의 수용

웨스트민스터 신앙고백은 통상적인 방편을 정당히 쓰면 교육을 받지 못한 이들도 구원을 위해 꼭 알아야 하며, 믿고 준수해야 할 성경의 내용에 대한 충족한 이해에 도달할 수 있을 것이라고 말한다.WCF 1.7

이러한 통상적인 방편이란 무엇인가? 나는 몇 가지를 제시하고자 하는데, 이것은 흔히 떠올리는 것보다 더 긴 목록일 것이다.

A. 자신의 언어로 번역된 성경 사용하기. 성경의 원어를 알지 못한다면

그 본문을 이해할 수 없기 때문이다.고전 14:10-11, 16 참조[7] 오늘날까지 그리스도인들은 성경이나 성경의 일부를 3천여 개의 언어로 번역해 왔다.

번역본의 필요성은 한 가지 특수한 어려움을 야기한다. 즉 성경 안에서 특정한 히브리어나 아람어, 헬라어 단어가 무엇을 뜻하는지 여전히 확실히 알 수 없는 경우가 있다. 한 예시는 바로 시편의 '셀라'다.[8] 대부분의 현대 번역본에서는 이 단어를 음역하고, 그 의미가 불확실하지만 아마도 음악이나 예전 용어일 것이라는 주석을 추가한다.[9] 이런 종류의 문제가 성경의 명료성 교리에 변경이나 수정을 가할 수 있는가?

물론 나는 한 단어가 무엇을 뜻하는지 알지 못할 때도 그 단어의 의미가 명료하다고 주장하는 것은 아니다. 그러므로 이 요건을 더 정확히 설명하자면 이렇게 말할 수 있다. "성경은 우리가 성경을 이해할 수 있다고 주장하지만, 이해를 위해서는 독자의 언어로 옮긴 번역본을 비롯해 일상적인 수단을 사용해야 한다." 이것은 우리가 아직 알지 못하는 단어가 있는 특수한 세부 사항의 경우 아마도 그 의미를 알지 못하고 있음을 암시한다. 하지만 문맥이 큰 도움을 줄 수 있기에 나는 "아마도"라고 말했으며, 문맥을 고려할 때 '셀라'라는 단어는 읽거나 노래할 때 일종의 휴지休止를 의미하는 것으로 보인다. 우리는 한 단어의 위치와 어원이 같은 용어들을 통해 전반적인 의미를 이해할 수 있다. 그리고 우리는 주변의 여러 구절에 찬양이나 기도, 탄식의 말이 포함되어 있음도 알고 있으며, '셀라'의 그런 의미를 본질적으로 바꾸어 놓지는 않는다. 또 하나의 예를 들자면, 우리는 출애굽기 28:17-20에 열거된 귀한 돌들 중 일부가 정확히 무엇을 가리키는지를 확실히 알지 못하지만, 그중 다수에 대해서는 알고 있으며 불확실한 단어들이 다른 귀한 돌들을 가리킨다는 것을 이해하고 있다.

그러므로 나는 정확히 번역할 수 있는 모든 곳에서는 우리가 성경을 이해할 수 있으며, 아직 알지 못하는 단어들은 성경 전체를 놓고 볼 때 상대적으로 소수에 불과하고, 한 단어의 의미가 알려져 있지 않은 경우에도 대개는 단락 전체의 맥락에서 그 의미를 이해할 수 있다고 말할 것이다.

B. 말씀을 가르치는 교사들에게 귀를 기울이기. 하나님은 교회에 가르치는 은사를 주셨기 때문이다.고전 12:28 [10]

C. 가능한 경우에 주석 읽기. 주석은 교회의 교사들이 가르치는 바를 글로 쓴 것이기 때문이다.[11]

D. 교회의 해석의 역사에 포함된 지혜를 알아 가기(비록 이 지혜를 직접 얻지 못하고 그 전통의 지식 중 일부를 반영하는 주석을 읽음으로써 얻게 되더라도).

E. 소모임 성경 공부또는 학회처럼 다른 이들과의 사귐 안에서 이해를 추구하기.[12]

F. 성구 사전, 히브리어와 헬라어 사전, 문법, 역사적 배경 정보에 관한 자료 등 현대적인 도구 활용하기. 이런 도구는 현대의 독자들이 원어의 의미와 한 본문이 기록된 역사적 맥락을 더 정확히 이해할 수 있도록 도와준다.[13]

성경 해석을 돕는 이러한 도구를 사용하기 시작한 독자들은 두 전문 용어, 곧 해석학과 석의라는 말을 자주 만나게 될 것이다. ('해석하다'라는 뜻의 헬라어 단어 '헤르메네우오'에서 유래한) 해석학은 올바른 해석 방법에 관한 연구특히 성경 해석를 뜻한다.[14]

석의라는 단어는 어떻게 해석해야 하는지에 관한 이론이나 원리가 아니라 성경을 해석하는 실제 행위를 가리킨다. 즉 성경 본문을 해석하는 과정이다. 따라서 해석의 원리를 공부할 때는 해석학이지만, 그 원리를 적용하여 실제로 성경 본문을 설명하기 시작할 때 그 사람은 석의를 행하고 있는 셈이다.

우리가 성경을 이해하기 위한 일상적 수단을 사용할 때 성경 자체에서 발견할 수 있는 것보다 더 많은 역사적 정보가 필요한가? 예를 들어, 어떤 본문을 바르게 이해하기 위해 고고학, 성경 외부의 고대 문헌을 통해 얻은 더 많은 정보가 요구되는가?

나의 대답은, 역사적 자료를 통해 얻은 배경 정보는 우리가 본문을 더 생생하고 정확히 이해할 수 있게 해준다는 점에서 유익할 때가 많다는 것이다. 하지만 본문의 전반적 의미를 이해하는 데 필수적인 것은 아니며,[15]

성경 본문이 실제로 말하는 바를 무효화하거나 뒤집기 위해 역사적 배경 정보를 사용해서는 안 된다고 생각한다. 예를 들어, 에스라가 바벨론에서 예루살렘까지 여행했다고 말하는 성경 본문에 대해,스 7:9 참조 역사적 배경 정보는 이 여정이 약 1,448킬로미터에 이르고 그 지형이 어땠는지를 말할 것이다. 다른 배경 정보는 에스라와 같은 남성이 도보로 이런 여행을 할 경우 하루에 평균 30-40킬로미터를 이동하며, 따라서 에스라에게 이 여행은 40일 또는 45일이 걸렸을 것이라고 말할 것이다. 이것은 (여전히 에스라가 예루살렘까지 여행했음을 의미하는) 본문에 대한 나의 이해를 바꾸지 못한다. 하지만 이를 통해 나는 그 여정을 더 생생히 이해할 수 있다.

4. 기쁘게 순종하려는 마음

성경을 바르게 이해하기 위해서는 기쁘게 순종하려는 마음도 반드시 필요하다.

너희는 말씀을 행하는 자가 되고 듣기만 하여 자신을 속이는 자가 되지 말라. 누구든지 말씀을 듣고 행하지 아니하면 그는 거울로 자기의 생긴 얼굴을 보는 사람과 같아서 제 자신을 보고 가서 그 모습이 어떠했는지를 곧 잊어버리거니와 자유롭게 하는 온전한 율법을 들여다보고 있는 자는 듣고 잊어버리는 자가 아니요 실천하는 자니 이 사람은 그 행하는 일에 복을 받으리라.약 1:22-25

또한 시편 119편은 이해를 구하는 기도와 이해한 바를 순종하고자 하는 마음을 연결시킨다. "나로 하여금 깨닫게 하여 주소서. 내가 주의 법을 준행하며 전심으로 지키리이다."시 119:34

반면에 예수께서는 그분을 반대하는 유대인 중 일부가 그분이 가르치시는 바를 기꺼이 받아들이려고 하지 않는다고 말씀하셨다. "어찌하여 내 말을 깨닫지 못하느냐. 이는 내 말을 들을 줄 알지 못함이로다."요 8:43 16

바울은 고린도 교회가 도덕적, 영적으로 성숙하지 못했기 때문에 더 깊은 지혜를 그들에게 전해 줄 수 없다고(그들에게 "젖"이 아닌 "밥"을 줄 수 없다고) 말한다.

형제들아, 내가 신령한 자들을 대함과 같이 너희에게 말할 수 없어서 육신에 속한 자 곧 그리스도 안에서 어린아이들을 대함과 같이 하노라. 내가 너희를 젖으로 먹이고 밥으로 아니하였노니 이는 너희가 감당하지 못하였음이거니와 지금도 못하리라. 너희는 아직도 육신에 속한 자로다. 너희 가운데 시기와 분쟁이 있으니 어찌 육신에 속하여 사람을 따라 행함이 아니리요. 고전 3:1-3

이 요건의 실천적 함의는 의도적, 반복적으로 죄를 짓기 시작한 그리스도인은 해석을 할 때 건전한 판단력을 가지지 못할 가능성이 높으며, 성경을 바르게 이해할 수 있는 능력이 점점 약해진다는 것이다.

5. 성령의 도우심

시편 119편에서 이해를 구하는 기도가 빈번히 등장하는 것은 하나님의 도우심이 필요함을 암시한다.

내 눈을 열어서 주의 율법에서 놀라운 것을 보게 하소서. 시 119:18

나에게 주의 법도들의 길을 깨닫게 하여 주소서. 그리하시면 내가 주의 기이한 일들을 작은 소리로 읊조리리이다. 시 119:27

나로 하여금 깨닫게 하여 주소서. 내가 주의 법을 준행하며 전심으로 지키리이다. 시 119:34

주의 손이 나를 만들고 세우셨사오니 내가 깨달아 주의 계명들을 배우게 하소서. 시 119:73

신약에서도 이해를 위한 하나님의 도우심이 필요하다는 비슷한 관점을 표현한다.

또 이르시되 내가 너희와 함께 있을 때에 너희에게 말한 바 곧 모세의 율법과 선지자의 글과 시편에 나를 가리켜 기록된 모든 것이 이루어져야 하리라 한 말이 이것

이라 하시고 이에 그들의 마음을 열어 성경을 깨닫게 하시고.눅 24:44-45

육에 속한 사람은 하나님의 성령의 일들을 받지 아니하나니 이는 그것들이 그에게는 어리석게 보임이요 또 그는 그것들을 알 수도 없나니 그러한 일은 영적으로 분별되기 때문이라.고전 2:14

그러나 그들의 마음이 완고하여 오늘까지도 구약을 읽을 때에 그 수건이 벗겨지지 아니하고 있으니 그 수건은 그리스도 안에서 없어질 것이라. 오늘까지 모세의 글을 읽을 때에 수건이 그 마음을 덮었도다. 그러나 언제든지 주께로 돌아가면 그 수건이 벗겨지리라.고후 3:14-16

만일 우리의 복음이 가리었으면 망하는 자들에게 가리어진 것이라. 그중에 이 세상의 신이 믿지 아니하는 자들의 마음을 혼미하게 하여 그리스도의 영광의 복음의 광채가 비치지 못하게 함이니 그리스도는 하나님의 형상이니라.고후 4:3-4

하지만 우리가 이해하도록 돕는 일이 성령의 일이라고 주장하는 이유는 무엇인가? 그것은 바로 성령께서 가르치시는 분이라는 강조 때문일 것이다.

보혜사 곧 아버지께서 내 이름으로 보내실 성령 그가 너희에게 모든 것을 가르치고 내가 너희에게 말한 모든 것을 생각나게 하리라.요 14:26

우리가 세상의 영을 받지 아니하고 오직 하나님으로부터 온 영을 받았으니 이는 우리로 하여금 하나님께서 우리에게 은혜로 주신 것들을 알게 하려 하심이라.고전 2:12

6. 우리의 이해가 불완전함을 겸손히 인정해야 함

명료성은 성경의 속성이지 성경 독자의 속성이 아니다. 성경의 명료성이란 성경이 바르게 이해될 수 있다는 말이지, 성경이 언제나 바르게 이해될 것이라는 말은 아니다.

이생에서 모든 신자는 어느 정도의 죄를 지니고 있으며, 이 죄가 우리의 이해를 왜곡한다. 그뿐만 아니라 우리는 유한하기 때문에 우리의 이해는 부분적이다. 이 두 가지 이유 때문에 우리는 어느 정도 오해할 수밖에 없다.

제자들은 예수께서 주신 몇몇 가르침을 이해하지 못했다.

이 말을 너희 귀에 담아 두라. 인자가 장차 사람들의 손에 넘겨지리라 하시되 그들이 이 말씀을 알지 못하니 이는 그들로 깨닫지 못하게 숨긴 바 되었음이라. 또 그들은 이 말씀을 묻기도 두려워하더라.눅 9:44-45

종려나무 가지를 가지고 맞으러 나가 외치되 호산나 찬송하리로다. 주의 이름으로 오시는 이 곧 이스라엘의 왕이시여 하더라. 예수는 한 어린 나귀를 보고 타시니 이는 기록된 바 시온 딸아 두려워하지 말라. 보라, 너의 왕이 나귀 새끼를 타고 오신다 함과 같더라. 제자들은 처음에 이 일을 깨닫지 못하였다가 예수께서 영광을 얻으신 후에야 이것이 예수께 대하여 기록된 것임과 사람들이 예수께 이같이 한 것임이 생각났더라.요 12:13-16

그때에야 무덤에 먼저 갔던 그 다른 제자도 들어가 보고 믿더라. 그들은 성경에 그가 죽은 자 가운데서 다시 살아나야 하리라 하신 말씀을 아직 알지 못하더라.요 20:8-9

이에 더해 교회 안에는 성경이 말하는 바를 의도적으로 오해하고 왜곡하는 사람들이 언제나 존재할 것이다.

또 그 모든 편지에도 이런 일에 관하여 말하였으되 그중에 알기 어려운 것이 더러 있으니 무식한 자들과 굳세지 못한 자들이 다른 성경과 같이 그것도 억지로 풀다가 스스로 멸망에 이르느니라.벧후 3:16; 3:3-6 참조

따라서 성경의 명료성은 성경이 바르게 이해될 수 있음을 보증하지만, 모든 신자가 성경을 바르게 이해할 것임을 보증하지는 않는다. 성경의 명료성은 다양한 사람들이 실제로 성경을 이해하는 방식에 관한 교리가 아니라 성경의 이해 가능성에 관한 교리다.

실제로 복음주의 학자들의 연구 중 많은 부분은 성경이 궁극적으로

이해될 수 있음에 대한 깊은 확신을 간접적으로 증언한다. 우리가 이해하기 어려워 보이는 본문에 관해서도 그들은 논문과 주석을 쓰고 있으며, 이것은 본문을 궁극적으로는 바르게 이해할 수 있다는 기대를 가지고 있음을 뜻한다.

만일 모든 하나님의 백성이 시편 1편의 "복 있는 사람"을 닮아야 하며 하나님의 율법을 주야로 "묵상"해야 한다면, 이것은 언제나 우리가 성경으로부터 더 많은 것을 배울 수 있음을 암시한다. 마찬가지로 성경을 묵상하라는, 하나님의 백성을 향한 다른 권면위의 B.1 참조도 이를 암시한다.

성경을 처음 읽는 독자들 또는 어린이들까지도 어느 정도 도달할 수 있는 일차적인 이해 수준이 존재하며, 성경을 더 깊이 읽고 그리스도인으로서 더 성숙해짐에 따라 얻을 수 있는 더 심층적인 이해 수준이 존재한다.[17] "단단한 음식은 장성한 자의 것이니 그들은 지각을 사용함으로 연단을 받아 선악을 분별하는 자들이니라."히 5:14

나는 베드로전서 주석을 쓰던 해에 언제나 성경으로부터 더 많은 것을 배울 수 있음을 실제로 경험했다.[18] 베드로전서는 총 105절로 이루어져 있으며, 어떤 사람들은 1년이면 이 책을 완전히 이해하고도 남을 만한 시간이라고 생각할지도 모른다. 하지만 그해를 다 보내고 주석을 탈고했을 때 나는 내게 시간이 더 있다면 베드로전서로부터 배울 것이 여전히 많다는 것을 깨달았다.

왜 우리는 성경으로부터 언제나 더 많은 것을 배울 수 있는가? 한 가지 이유는, 성경이 하나님의 무한한 지혜의 산물이기 때문이다. 또 다른 이유는, 성경을 바르게 이해하는 것은 개별 문장이나 단락에 대한 이해의 문제일 뿐만 아니라 성경의 모든 구절이 서로 어떻게 연결되는지, 여러 구절의 모든 조합이 다른 여러 구절이나 가르침의 모든 조합과 어떻게 연결되는지, 또한 이 모든 것이 역사 전체에 걸쳐 삶의 모든 상황과 어떻게 연결되는지에 대한 이해의 문제이기 때문이다.

다윗을 따라 우리도 모든 것을 아우르는 하나님 말씀의 지식에 관해 이렇게 말할 수 있다. "이 지식이 내게 너무 기이하니 높아서 내가 능히 미치지 못하나이다."시 139:6 그리고 이사야는 이렇게 기록한다. "이는 내 생각이 너희의 생각과 다르며 내 길은 너희의 길과 다름이니라. 여호와의 말씀이니라. 이것은 하늘이 땅보다 높음 같이 내 길은 너희의 길보다 높으며 내 생각은 너희의 생각보다 높음이니라."사 55:8-9

따라서 성경이 이해될 수 있기 때문에 우리가 성경을 이해하며, 성경은 언제나 더 온전히 이해될 수 있기 때문에 우리는 그러한 이해를 위해 언제나 노력한다고 말할 수 있다. 이 두 가지 모두가 성경의 명료성이 지닌 함의다.

바른 이해를 위한 이 여섯 가지 요건은 놀라운 것이 아니다. 이는 난해하며 복잡한 책을 이해하기 위한 적절한 요건들이다. 이 요건들이 필요하다는 것은 (1) 성경이 내적 모순을 지니고 있어서 어떤 명확한 메시지도 이해하고 가르칠 수 없다거나 (2) 최종적 분석에서 성경이 델포이 신탁처럼 이해할 수 없거나 전혀 말도 안 되는 광인의 글처럼 허튼소리일 뿐이라는 뜻이 결코 아니다.

7. 이런 요건이 필요한 이유

하나님은 우리에게 왜 더 단순하고 즉각적이고 자동적으로 이해할 수 있는 무언가를 주지 않으셨는지를 궁금해할 수도 있다. 아마도 다음 몇 가지 이유 때문일 것이다.

1. **주제의 복잡성.** 하나님은 인간에게 성경을 통해, 수 세기에 걸쳐 수백 개의 문화 속에서 살아가는 수십억의 사람들의 모든 신념 체계와 평생의 행동 지침을 제공하려는 목적으로 그분의 뜻을 전하셨다. 이 책무를 달성하기 위해 충분한 의사소통은 방대하고 복잡할 수밖에 없다. 무한하신 하나님이 그분 자신과 모든 피조물을 위한 목적을 우리에게 말씀하고 계신다. 주제 자체가 방대하다.
2. **관계라는 가치.** 하나님은 우리에게 그분과 맺는 관계에 대해 가르쳐 주기를 기뻐하신다. 성경에 있는 이해를 구하는 기도위의 B.5 참조는, 하나님과의 인격적 관계 안에서 또는 그분의 임재와 도우심을 통해 바른 이해를 구하는 기도라는 맥락 안에서만 성경을 바르게 이해할 수 있다는 자각이 담겨 있다.
3. **평생에 걸친 과정이라는 가치.** 하나님은 우리가 점점 더 그분을 닮는 과

정 속에서 기쁨을 누리게 하신다. 성경을 점점 더 깊이 이해하는 것은 성화라는 보다 광범위한 성장 과정의 일부일 뿐이며, 하나님은 그분의 지혜로 성화가 하나의 과정, 평생에 걸친 여정이 되도록 예정하셨다.

하나님은 과정을 기뻐하시는 것처럼 보인다. 그분은 오랜 시간에 걸쳐 점진적으로 그분의 영광을 드러내기를 기뻐하시기 때문이다. 그분은 세상을 단 하루가 아닌 여섯 날에 걸쳐 창조하기를 기뻐하셨다. 그분은 여자의 씨앗이 뱀의 머리를 상하게 할 것이라고 약속하시고, 그런 다음 "때가 차매 하나님이 그 아들을 보내사 여자에게서 나게 하시고 율법 아래에 나게 하"시기까지[갈 4:4] 수천 년 동안 그 길을 준비하기를 기뻐하셨다. 또 그분은 지난 2천 년 동안 그분의 교회를 세우고 정화하는 과정을 기뻐하셨다.

그리고 하나님은 우리가 그분의 말씀을 통해 그분 자신과 그분의 뜻을 이해하고 점점 성장해 나갈 때 기뻐하실 것이다.

이로써 우리도 듣던 날부터 너희를 위하여 기도하기를 그치지 아니하고 구하노니 너희로 하여금 모든 신령한 지혜와 총명에 하나님의 뜻을 아는 것으로 채우게 하시고 주께 합당하게 행하여 범사에 기쁘시게 하고 모든 선한 일에 열매를 맺게 하시며 하나님을 아는 것에 자라게 하시고.[골 1:9-10]

성경과 하나님을 더 많이 이해하는 과정은 이생에서 결코 끝나지 않는 과정이다. 나는 이 과정이 내세에도 결코 끝나지 않을 것이라고 예상한다. 유한한 우리는 무한하신 창조주에 관해 더 많이 배워 가는, 끝나지 않으며 기쁨으로 가득 찬 이 과정을 기뻐할 수 있다.

C. 하나님의 성품이 성경의 명료성을 위한 토대를 제공한다

성경의 명료성을 주장할 신학적 이유는 하나님의 속성에서 찾을 수 있다. 그분은 인간의 언어라는 놀라운 선물을 창조하시고 이를 사용해 우리에게 명확히 그분의 뜻을 전하신 전능하신 하나님이다. 그분은 우리에게 그분의 뜻을 전할 가장 효과적인 방법을 아시는 무한히 지혜로우신 하나님이다. 그분은 당신의 백성을 돌보시며 우리에게 명확히 그분의 뜻을 전하기를 열망하시는 무한한 사랑의 하나님이다. 그분은 인격적인 의사소통을 기뻐하시는 참으로 인격적인 하나님이다. 그분은 언제나 우리 가까이에 머무시고 편재하시는 하나님이다.

마크 톰슨은 이렇게 말한다.

> 이 교리는 언제나 성경의 명료성으로 남아 있었지만……하나님과 우리 안에서 행하시는 그분의 활동에 관해 이야기한다는 의미에서 강력하게 신학적이다. 우리가 17세기로 돌아간다고 해도……하나님의 임재와 그분의 주권적 능력, 그분의 풍성한 자비에 대한 강조는 그대로 남아 있다.[19]

D. 성경의 명료성에 대한 반론

이 교리에 대한 반론을 세 가지 주요 범주로 나누어 간략히 언급하고자 한다.

1. 자유주의 신학

자유주의 신학은 성경이 하나님의 말씀이 아닌 인간의 말일 뿐이며, 그저 사람들의 삶에서 행하시는 하나님의 일에 대한 인간의 증언을 모은 책이라고 생각한다. 제임스 패커는 자유주의 신학은 "성경을 진리와 실재에 대한 신적 계시가 아니라, 오류가 있을 수 있는 종교적 사고와 경험에 대한 인간적 기록으로 본다"고 말한다.[20]

이 관점에 따르면, 성경에는 서로 상충되는 의미가 존재한다고 예상하게 될 것이다. 왜냐하면 성경은 히브리와 헬라, 로마 문화 속에서 살았으며 하나님에 관해 크게 다른 생각을 가지고 있던 수많은 인간 저자들에 의해 기록되었기 때문이다. 이 관점에서도 개별 문서가 상대적으로 명료하다고 주장할 수는 있지만, 성경 전체의 특징 또는 성경의 말씀을 통해 우리에게 그분의 뜻을 전하시는 하나님에 의한 신적 저술의 결과로서 명료성을 주장하지는 않을 것이다. (이처럼 성경을 그저 인간의 책으로 이해하는 관점은 오늘날 모든 세속 대학교의 지적 분위기 안에서 지배적인 관점이 되었으며, 성경을 가르치는 세속 대학교의 모든 강의는 이 관점을 전제한다.)

대답: 이 관점은 성경의 본질을 이해함에 있어 근본적인 차이를 가진다. 나는 앞서 3-5장에서 성경이 인간 저자들의 저술인 동시에 신적 저자의 저술임을 길게 다루었다.[21] 성경의 본질을 다르게 이해하는 관점은 성경의 명료성에 대해서도 다른 관점으로 이어질 수 있다. 그러므로 많은 교리에 관해 성경의 메시지를 실제로 알 수 있다는 확신은 누군가가 성경이 신적 저자의 저술임을 확신한다는 뜻일 수 있다. 성경 전체의 명료성에 대한 믿음은 일반적으로 그보다 먼저 성경이 신적 저자의 저술임을 믿고 있음을 보여주는 증거다.

2. 후기 근대 해석학

후기 근대 해석학에 따르면 절대적인 진리는 존재하지 않으며, 본문에 단 하나의 의미도 존재하지 않는다(의미는 해석자가 본문으로 가지고 들어가는 전제와 목적에 따라 결정된다). 그러므로 성경이 다루는 어느 한 주제의 의미를 안다는 주장은 다른 이들에게 권력을 행사하려는 위장된 시도일 뿐이다. 마크 톰슨은 이러한 시도를 19세기 프리드리히 니체가 제기했던 의심, 곧 "무엇이 참인지를 안다는 모든 주장은 사람들을 조작하려는 은폐된 시도"라는 주장을 발전시킨 것이라고 지적한다.[22]

톰슨은 이 책에서 제시할 수 있는 것보다 더 자세히 이 입장을 설명한다.[23] 간략히 설명해 보면, 톰슨은 성경의 의미를 알 수 있다는 것을 부인하는 것은 궁극적으로 하나님의 속성—그분의 선하심과 백성들에게 자신의 뜻을 전하는 능력—에 대한 공격이라고 평가한다. 이런 부인은, 부모들에게 준 신명기의 가르침 또는 날마다 성경을 묵상하라는 시편 기자의 권면, 예수께서 자신의 말을 듣는 이들이 성경을 이해할 것이라는 예고, 또는 모든 회중이 올바로 이해할 것을 기대하며 연설했던 바울과 베드로의 모습을 통해 확인되는 성경의 이해 가능성과 그 전제에 모순된다. 후기 근대 해석학의 주장인 의미의 불확정성은 성경 저자들이 우리에게 권고하는 관점과 날카로운 대조를 이룬다.

이에 더해, 성경 저자들은 하나의 본문이 단 하나의 의미를 가지며 또 다른 의미를 가지지 않는다는 전제로 주장을 펼친다. 예를 들면 이렇다.

무릇 우리가 말하기를 아브라함에게는 그 믿음이 의로 여겨졌다 하노라. 그런즉 그것이 어떻게 여겨졌느냐. 할례시냐 무할례시냐. 할례시가 아니요 무할례시니라.롬 4:9-10

그러므로 그것이 그에게 의로 여겨졌느니라. 그에게 의로 여겨졌다 기록된 것은 아브라함만 위한 것이 아니요 의로 여기심을 받을 우리도 위함이니 곧 예수 우리 주를 죽은 자 가운데서 살리신 이를 믿는 자니라.롬 4:22-24

하나님이 우리가 말하는 바 장차 올 세상을 천사들에게 복종하게 하심이 아니니라. 그러나 누구인가가 어디에서 증언하여 이르되 사람이 무엇이기에 주께서 그를 생각하시며 인자가 무엇이기에 주께서 그를 돌보시나이까.히 2:5-6

만일 여호수아가 그들에게 안식을 주었더라면 그 후에 다른 날을 말씀하지 아니하셨으리라.히 4:8

믿음으로 모든 세계가 하나님의 말씀으로 지어진 줄을 우리가 아나니 보이는 것은 나타난 것으로 말미암아 된 것이 아니니라.히 11:3

3. 로마 가톨릭의 가르침

『가톨릭 교회 교리서』에 따르면, 성경에 대한 올바른 해석은 교회에서 가르치는 성직자로부터 나와야 한다.

기록된 말씀이나 전해지는 말씀을 올바로 해석하는 직무는 예수 그리스도의 이름으로 권한을 행사하는 교회, 그 교회에 살아 있고 가르치는 직분에 맡겨져 있다. 즉 로마 주교인 베드로, 그 후계자에게 일치하는 주교들에게 맡겨져 있는 것이다.[24]

하지만 예수의 가르침과 신약의 서신서는 성경을 읽는 신자들에게 로마 주교와 같은 권위 있는 해석자가 필요하다고 알려 주지 않는다. 심지어 1세기 사도들도 평범한 신자들이 성경을 바르게 이해하기 위해 권위 있는 해석자가 필요하다고 주장하지 않았다. 성경은 충분히 명료하기 때문에 이전 시대와 마찬가지로 오늘날 평범한 신자들도 성경을 이해하는 것은 어렵지 않다. 다만 성경을 바르게 이해하기 위해서는 시간과 노력이 필요하고 일상적 수단을 활용할 수 있어야 하며 성경에 순종하는 태도와 함께 성령의 도우심을 의지해야 한다.

E. 학자의 역할

(구약을 위한) 히브리어와 (신약을 위한) 헬라어에 대한 전문 지식을 갖춘 성경학자들이 맡아야 할 역할은 무엇인가? 적어도 네 가지 분야에서는 분명한 역할이 존재한다.

1. 성경학자들은 성경을 명료하게 가르침으로써 목회자나 전임 사역자가 되려고 준비하는 이들에게 그 내용을 전달하고, 이로써 신약에서 언급하는 "교사"의 직분을 성취할 수 있다.고전 12:28; 엡 4:11
2. 성경학자들은 성경의 가르침을 이해하기 위해 새로운 영역을 탐구할 수 있다. 이런 탐구가 수 세기 동안 지켜 온 교회의 주된 가르침을 부인하는 것으로 이어지는 경우는 (설령 있다고 해도) 거의 없을 것이다. 하지만 이런 탐구에는 새로운 삶에 성경을 적용하는 작업, 신자와 비신자가 제기하는 시대적 질문에 대답하는 작업, 개별 구절이나 교리 또는 윤리 문제에서 세부적으로 교회의 해석을 가다듬고 보다 정교하게 만드는 활동이 포함될 것이다. 성경은 세상에 존재하는 방대한 양의 문헌과 비교하면 그 규모가 크지 않을 수 있지만, 성경의 가치는 지금까지 기록된 다른 모든 책을 능가할 만하며 하나님의 지혜가 담긴 귀중한 보물 창고와 같다. 성경의 다양한 가르침을 서로 연결하고 종합하여, 그것을 새로운 세대에 적용하는 과정은 이 땅에서 결코 완성할 수 없지만 대단히 보람찬 작업이다. 하나님의 말씀을 사랑하는 학자들은 성경에 평생 배울 수 있는 것보다 훨씬 더 많은 가르침이 담겨 있음을 금방 깨닫게 될 것이다.
3. 성경학자들은 다른 학자들이나 전문적인 훈련을 받은 이들의 공격에 맞서 성경의 가르침을 지키고 거짓 가르침을 바로잡는 역할을 맡아야

한다. "바른 교훈으로 권면"할 뿐만 아니라 "거슬러 말하는 자들을 책망"할 수도 있어야 한다.딛 1:9; 또한 딤후 2:25, "거역하는 자를 온유함으로 훈계할지니"; 딛 2:7-8 참조 성경의 가르침을 공격하는 이들은 역사학이나 언어학, 철학 등 전문적인 지식을 갖추고 있으며, 그 지식으로 정교한 공격을 가하기도 한다. 이런 경우 전문적인 훈련을 받아 비슷하게 기술을 터득한 신자들은 그 기술을 활용해 이와 같은 공격을 이해하고 대응할 수 있다. 이런 훈련은 거짓을 가르치는 이단들에 대응하는 데 큰 도움이 된다. 전문적인 훈련을 받지 못한 신자는 거짓 가르침에 대응할 수 없다는 말이 아니라 (기도하며 성경을 잘 아는 신자는 거짓 가르침에 대해 분명하게 논박할 수 있지만) 논쟁할 때 전문적인 내용은 그 분야의 기술을 가진 사람들만 대답할 수 있다는 말이다.

4. 성경학자들은 교회의 유익을 위해 성경 연구를 보충할 수 있다. 성경학자들은 그들이 받은 훈련을 통해 성경의 가르침을 교회의 풍성한 역사와 연결시키고, 성경에 기록된 언어와 문화를 보다 깊은 지식으로 해석해 그 의미를 정확하고 생생하게 만들 수 있다.

이러한 네 가지 기능은 온 교회에 유익이 되며, 모든 신자는 이 기능을 수행하는 이들에게 감사해야 한다. 그러나 이 기능들은 교회 전체를 판단할 권리, 곧 무엇이 참되고 거짓된 교리인지 또는 어려운 상황 속에서 무엇이 올바른 행동인지를 판단할 권리를 갖지 않는다. 만일 공식적으로 훈련받은 성경학자들만 그런 권리를 가진다면, 그들은 교회를 다스리는 엘리트가 될 것이며 신약이 묘사하는 평범한 교회의 치리 기능은 중단될 것이다. 교회의 의사 결정 과정은 학자든 아니든 교회의 직분자들에게 맡겨야 한다(교회 치리의 형태가 회중주의라면 직분자뿐만이 아니라 전체 교인에게 맡겨야 한다).[25]

F. 성경의 명료성 교리가 지닌 함의

이 교리의 함의는 헤아릴 수 없이 많으며 소중하다.

1. 우리는 성경의 의미를 알 수 있다

첫째, 성경의 명료성은 성경 전체와 다양한 본문들이 우리가 알 수 있는 의미를 가지고 있음을 암시한다.

A. 우리는 성경의 명료성으로 인해 복음의 메시지를 자신 있게 선포할 수 있음을 확신할 수 있다. 성경이 무엇을 말하며 무엇을 뜻하는지를 알 수 있기 때문이다.

B. 성경의 명료성은 모든 그리스도인이 날마다 성경을 읽어야 함을 상기시켜 준다.

C. 성경의 명료성은 우리가 교회에서 성경적 교리를 가르칠 수 있다고 권면한다. 예를 들어, 우리는 스스로 제한을 두어 바울신학이나 구약신학만 가르칠 필요가 없고 (이 두 가지 모두 나름대로 소중하지만) 전체적인 성경신학을 가르칠 수 있어야 하며, 모든 교회의 목회자가 그러해야 한다.

D. 성경의 명료성은 우리가 교회에서 성경적 윤리를 가르칠 수 있다고 권면한다. 즉 바울서신의 윤리나 모세오경의 윤리, 구약의 윤리뿐 아니라 오늘날 사람들의 삶에 명확하게 적용할 수 있는 성경 전체의 윤리를 가르칠 수 있다.

   이 두 가지 점[위의 c와 d]은, 사람들의 삶에서 성경이 실질적인 권위를 갖기 위해 성경의 명료성이 절대적으로 필요한 이유를 보여준다. 성경의 명료성이 없다면, 사람들은 "나는 성경의 절대적인 신적 권위를 온전히 믿는다. 하지만 그것이 나에게 무엇을 믿으라고 요구하는지 또는 그것이 나에게 어떻게 살아야 한다고 요구하는지는 전혀 알 수 없다"고 말할 것이다. 따라서 성경이 명료하지 않다면, 사실상 그 권위는 실제 삶에서 무효화되고 만다.

E. 그러므로 구약학과 신약학을 훈련받은 학자들은 연구와 글을 통해 성경 전체가 오늘날 중요한 문제들 중 일부에 관해, 특별히 윤리적인 문제들에 관해 무엇을 가르치는지를 교회가 배울 수 있도록 도와야 한다. 이렇게 말하는 까닭은, 성경 전체가 교리적이고 윤리적인 주제를 명료하게 말한다는 믿음을 공유하지 않는 보다 광범위한 비복음

주의 학계만을 대상으로 글을 쓰고자 하는 유혹이 있을 수 있으며, 따라서 성경 전체가 특정 주제에 대해 오늘날 교회에 무엇을 가르치는지 설명한다고 주장하는 글을 전혀 발표하지 않으려는 유혹이 존재할 수 있기 때문이다. 그러나 정말 그러한가? 성경을 학문적으로 엄밀하게 해석하는 방법을 많이 알수록, 성경 전체가 무엇을 말하는지 교회에 설명하기가 더 꺼려지게 되는가? 그렇다면 누가 이 일을 해야 하는가? 전문성을 가진 성경학자들보다 훈련을 적게 받은 목회자들이 해야 하는가? 그렇지 않다면 목회자보다 훈련을 덜 받은 평신도들이 해야 하는가? 이것이 과연 하나님이 뜻하시는 바인가? 성경의 가르침을 이해할 수 있다면 또는 부분만이 아니라 전체를 이해할 수 있다면, 훈련을 가장 많이 받은 사람들이 교회를 위해 전체를 이해할 수 있는 방법을 본보기로 제공해야 하지 않겠는가?

복음주의 학자들이 이 일을 하지 않는다면 성경의 명료성—또한 그 메시지의 대부분—은, 누구도 읽을 수 없는 라틴어 성경만 허용했던 사제들이 아닌 새로운 학문적 사제들, 곧 오늘날 성경 전체가 어떤 것에 대해 무엇을 말하는지 가르칠 수 있는 훈련받은 사람이 없다고 은연중에 말하는 이들에 의해 숨겨지고 감추어지게 될 것이다. 이는 교회에 큰 손실이다.

2. 성경 번역을 장려해야 한다

성경의 명료성이 지닌 두 번째 함의는, 교회가 사람들에게 그들의 언어로 된 성경 번역본을 계속 제공해야 한다는 것이다.

이슬람은 『쿠란』을 제대로 번역할 수 없다고 가르치지만, 이와 대조적으로 성경은 자체적으로 성경 번역을 정당화한다. 신약의 저자들은 구약을 헬라어로 번역한 칠십인역을 직접 인용하며 그것을 하나님의 말씀으로 제시하는 경우가 많다. 그들은 이 과정을 통해 성경을 다른 언어로 번역하는 작업을 정당하게 여긴다.

따라서 사람들이 번역된 성경을 가질 수 있어야 한다는 신념은 이 교리, 곧 성경의 명료성에 기초한다. 성경이 평범한 신자에게 (완벽하지는 않더라도 잘) 이해될 수 있다면 또는 번역될 수 있고 성경 자체가 이 번역을 보증한다면, 교회는 오늘날 사람들이 말하고 이해하는 언어로 열심히 성경을 번역해야 한다.

이 신념은 실제로 역사를 바꾸어 놓았다. 성경의 명료성에 대한 신념 때문에 존 위클리프와 윌리엄 틴들 같은 사람들은 성경을 영어로 번역하는 일에 목숨을 걸었다. 마르틴 루터는 성경의 명료성에 대한 신념 때문에 생명의 위험을 무릅쓰고 약 1년 동안 숨어 지내면서 신약을 독일어로 번역했고 나중에는 구약도 번역했다. 이 신념 때문에 위클리프성경번역선교회에 소속된 수천 명의 번역자들은 성경을 수천 개의 다른 언어로 번역하는 일에 평생을 바쳤다.

3. 성경 읽기를 장려해야 한다

성경의 명료성이 지닌 세 번째 함의는, 교회가 모든 신자에게 개인적으로 성경을 읽고 정기적인 성경 공부 소모임에 참여하도록 강력히 권고해야 한다는 것이다.

더 나아가 교회는 이 땅에 있는 모든 나라가 보편적 문해력을 가지도록 앞장서야 한다. 실제로 북유럽 종교개혁의 위대한 성과 중 하나는 보편적 문해력을 대단히 강조했다는 것이다. 아이들이 모두 읽는 법을 배웠다. 부모들은 자신의 자녀가 성경을 읽고, 그것을 그들의 자녀에게 가르치기를 원했기 때문이다. 이처럼 이 교리는 성경의 명료성을 믿는 나라의 보편적 문해력과 직결된다.

4. 그리스도인들 사이에 이견이 있다면, 이것은 성경의 잘못이 아니다

역사적으로 성경의 의미에 관해 수많은 의견 불일치가 존재했다는 사실은, 성경의 명료성이라는 교리가 모든 신자에게 성경의 모든 교리에 대해 동의할 것을 주장하거나 암시하는 것이 아님을 상기시켜 준다. 그럼에도 이 사실은 매우 중요한 것을 말해 준다. 즉 문제는 언제나 성경이 아니라 우리에게 있다. 이는 성경의 권위에 대해서도 마찬가지다. 우리는 성경의 권위가 하나님께 있다고 주장하지만, 동시에 많은 사람들이 그 권위를 인정하거나 순종하지 않고 있음을 깨닫는다. 이와 비슷하게, 우리는 성경의 모든 가르침이 명료하고 이해될 수 있음을 주장하지만, 동시에 자신의 약점 때문에 명료하게 기록된 것을 오해하는 경우도 많다는 점도 인정한다.

그러므로 성경의 명료성 교리는 중요하며, 궁극적으로는 매우 고무적인 실천적 함의를 지닌다. 이는 교리나 윤리예를 들어, 세례나 예정론, 교회의 치리에 대해 의견이 불일치하는 영역이 존재할 때 그 원인은 두 가지밖에 없음을 의미할 것이다. (1) 한편으로는 성경 자체가 침묵하는 문제를 우리가 어떻게든 주장하고자 하기 때문일지도 모른다. 이런 경우 우리가 추구하는 물음에 대해 하나님이 답을 주지 않았음을 기꺼이 인정하고 교회 안에 다른 관점을 허용해야 한다. (전도의 방법이나 성경 교육의 방식, 적절한 교회의 크기와 같이 실제적인 물음은 이런 경우에 해당된다.) (2) 다른 한편으로 우리가 성경을 해석할 때 실수했을 수도 있다. 물음을 해결하기 위해 사용한 자료가 부정확하거나 불완전하기 때문에 이런 일이 발생할 수 있다. 예를 들면, 개인적인 교만, 탐욕, 믿음의 부족, 이기심, 비기독교적인 주변 문화의 신념을 지나치게 신뢰하는 태도, 심지어 기도하고 성경을 읽으며 공부하는 데 시간을 충분히 할애하지 못하는 상황처럼 개인적인 부족함 때문일 수도 있다.

하지만 우리는 어떤 경우에도 성경의 가르침이 혼란스럽다거나 바르게 이해할 수 없다고 말할 수 없다. 어떤 주제가 교회사 안에서 의견이 계속 불일치한다고 해서, 우리도 올바른 결론에 이를 수 없다고 생각하면 안 된다. 오히려 우리는 이 주제에 대한 관심이 생길 때 진심으로 하나님께 도움을 구한 뒤, 성경을 바르게 이해할 수 있는 능력을 주실 것을 믿고 온 힘을 다해 그 답을 구해야 한다.

더 나아가 교회사 안에 교리적인 의견 불일치가 존재했다고 인정해도, 교회사 전체는 성경의 핵심적인 진리에 대해서는 놀라울 정도로 의견이 일치되었음을 기억해야 한다. 실제로 다른 세계의 그리스도인들과 사귐을 나누었던 사람들은, 생명이 있는 그리스도인들의 모임이 이루어지는 모든 곳에서 기독교 신앙의 핵심 교리에 대해 놀라울 정도의 의견 일치가 존재한다는 사실을 확인했다. 사회나 문화, 교파를 막론하고 어떻게 이런 일이 실제로 일어날 수 있었는가? 이것은 그들 모두가 같은 성경을 읽고 믿었으며, 성경의 본래 가르침이 명료하기 때문이다.

5. 개인적 기록: 이 교리가 내 삶에 미친 심오한 영향

성경의 명료성 교리는 내 삶에 깊은 영향을 미쳤다. 이 교리를 듣기 전 여덟 살 소년이었던 나는, 흠정역 성경을 읽으면 그 메시지를 어느 정도 이해할 수 있다고 암묵적으로 전제했다. 어려운 단어를 만나면 그 의미를 추측하면서 계속 읽었고 당연히 그것은 내 영혼에 자양분이 되었다. 나는 그저 하나님이 이해할 수 있는 성경을 우리에게 주셨음을 전제했다.

이후 베델 칼리지에서 처음 교직을 맡고, 나중에 트리니티 복음주의 신학교와 피닉스 신학교에서 가르치게 되었을 때 나는 성경의 명료성을 확신했으며, 이 확신 때문에 나는 학생들에게 신학을 가르치기 위한 기초로 성경을 실제로 사용할 수 있다고 생각했다. 나는 성경을 기반으로 삼아 성경이 실제로 특정한 교리를 가르치며 다른 교리에는 반대한다는 것을 받아들일 수 있도록 논리적으로, 때로는 논쟁하면서 학생들을 설득하고자 노력했다. (바울이 데살로니가에서 회당으로 가서 "자기의 관례대로 그들에게로 들어가서 세 안식일에 성경을 가지고 강론"한 것처럼 행 17:2 성경을 기초로 가르친다는 것은 이해할 수 있는 의미가 존재하고, 다르게 제안된 의미들은 틀리다는 것을 전제한다.)

신학을 처음 가르칠 때, 나는 루이스 벌코프의 『조직신학』을 주된 교과서로 사용했다.[27] 이 책은 영어의 일부가 되었다고 전제하는 수십 개의 전문적인 신학 용어와 히브리어, 헬라어, 라틴어, 프랑스어, 독일어, 네덜란드어를 번역 없이 읽을 수 있는 사람들에게는 놀라울 정도로 유용한, 대단히 학술적이며 가치 있는 책이다. 그러나 이 용어들은 학계에 있는 사람들만 알고 있으며, 학생들은 이 책이 어렵다고 느꼈다.

나는 이 상황을 곰곰이 생각해 보았다. 예수와 바울, 히브리서 기자 중 누구도 신학을 가르칠 때 평범한 그리스도인이 이해하기 어려울 수밖에 없다고 생각하지 않았다. 그래서 나는 신학에 관한 글을 쓸 때 벌코프처럼 모호하지 않고, 성경의 명료성을 모방하는 것이 가능하다고 생각했다. 그 결과 나는 이 책 『조직신학』의 초판을 성경에 대한 이해와 석의를, 신학을 전문적으로 훈련받지 않은 이들을 대상으로 하는 성경 교리에 대한 설명과 결합시키려는 목적으로 썼다.[28]

하지만 더 중요한 점은, 성경의 명료성 교리 때문에 이 책을 쓸 수 있다고 확신하게 되었다는 사실이다. 일부 복음주의 학자들은 이 책에서 하는 것처럼 그저 다양한 성경 본문을 인용함으로써 기독교 교리의 요점을 발견하고 증명할 수 있다고 전제하면 안 된다는 반론을 제기할지도 모른다(실제로 몇몇 학자들은 그런 반론을 제기했다). 그러한 본문에 대한 대안적 해석은 여러 주석에 나타나 있지 않은가? 2천 년 교회사에서 철학자와 신학자들이 각각의 교리에 관해 쓴 수천 쪽 분량의 글이 존재하지 않은가? 일차적으로 학자들을 대상으로 삼는 언어로 이 모든 자료를 독창적으로 연구하지도 않으면서 어떻게 특정 교리를 지지하기 위해 성경을 사용할 수 있다고 생각하는가?

나는 이 반론들을 생각한 뒤, 신학의 모든 주제를 독창적으로 연구하려면 평생에 걸쳐도 시간이 부족할 것이라고 결론 내렸다. 그럼에도 하나님이 원하시는 바를 우리가 믿고 배우고 가르치는 데 긴 시간이 요구되지 않을 것이라 생각했다. 따라서 당시에 나는 37세까지 받았던 훈련을 기초로 글을 쓰기 시작했다. 물론 완벽하지 않았고 약점도 많았지만, 대부분의 경우 (신학교 교육, 박사 학위 과정, 그 후 몇 년 동안의 독서와 교육을 근거로 판단할 때) 나에게는 성경 전체에 가장 충실해 보였던 주류 복음주의의 입장 대체로 개혁주의의 입장을 반영하는 글이 되었다. 내가 이 책을 쓴 이유는 성경이 가르치는 신앙의 위대한 교리를 오늘날 그리스도인이 아는 것이 가능하며, 하나님은 그분의 백성이 명료하고 이해할 수 있는 언어로 그 가르침을 배우기를 원하신다고 믿었기 때문이다.

바로 이 확신—하나님은 그분의 말씀 전체가 다양한 주제에 대해 가르치는 바를 사람들이 발견할 수 있기를 원하며, 성경은 이것을 가능하게 할 정도로 충분히 명료하다는 확신—은, 교회와 가정 안에서 남성과 여성의 적절한 역할,[29] 기업,[30] 정치와 정부,[31] 경제적 발전,[32] 이외에도 수십 개의 구체적인 윤리 문제에 대해[33] 성경 전체가 가르치는 바를 설명하고자 다른 책들을 쓰게 만든 주된 요인이었다. 간단히 말해 성경의 명료성 교리는 나의 삶 전체에 큰 영향을 미쳤다.

G. 결론

성경의 명료성은 결코 부차적인 교리가 아니다. 이 교리는 우리의 언어로 번역된 성경을 가질 수 있는 근거를 제공한다. 이 교리는 성경을 읽고 이해할 수 있다고 생각할 근거를 제공한다. 이 교리는 선포해야 할 복음의 메시지가 있다고 생각할 근거를 제공한다. 이 교리는 하나님이 우리에게 무엇을 믿기를 원하시며, 어떻게 살기를 원하시는지 알 수 있다고 생각할 근거를 제공한다. 이 교리는 성경에 대한 자세한 연구, 심지어 성경에 대한 광범위한 학문적 연구가 큰 가치를 지닌다고 생각할 근거를 제공한다. 이런 연구는 궁극적으로 지혜와 지식의 무한한 창고인 성경을 보다 온전히 이해하도록 만들 것이기 때문이다. 이 교리 덕분에 우리는, 우리가 알고 예배하고자 하는 무한하신 창조주가 지성뿐만이 아니라 마음으로도 이해할 수 있게 말씀하실 정도로 우리를 사랑하신다고 확신할 수 있다. 우리는 이런 하나님의 말씀을 통해 그분을 알고 따른다. 따라서 우리는 예수께서 우리에게 일어날 것이라고 말씀하신 바를 우리 삶 속에서 경험한다. "내 양은 내 음성을 들으며 나는 그들을 알며 그들은 나를 따르느니라."요 10:27

개인적 적용을 위한 질문

1. 성경의 무오성 교리와 성경 가르침에 관한 다양한 해석의 관계를 어떻게 생각하는가? 성경의 가르침을 자기가 원하는 대로 해석하는 이들의 주장에 대해 어떻게 말할 수 있겠는가?

2. 전문적인 학자만 성경을 바르게 이해할 수 있다는 생각은 일반 신자들이 성경을 읽을 때 어떤 영향을 미치는가? 주변에서 이러한 현상을 본 적이 있는가?

3. 성경의 본문에 대한 바른 해석과 잘못된 해석이 존재한다고 생각하는가? 성경의 명료성에 대한 확신은 신학을 공부하는 여러분에게 어떤 영향을 미치는가? 까다로운 교리적, 도덕적 문제에 대한 답을 얻으려고 할 때 어떻게 성경에 접근해야 하는가?

4. 성경의 가르침에 관해 신학교 교수들조차 의견이 다른 것을 어떻게 생각하는가? 다른 그리스도인들이 그 가르침에 관해 올바로 판단할 수 있는가? 예수 시대에 학자들과 평범한 이들 중 누가 예수를 믿는 데 어려움을 겪었다고 생각하는가? 그 이유는 무엇인가?

5. 설교자가 전문적인 훈련을 받아야만 성경을 바르게 해석할 수 있다는 인상을 주지 않으면서 설교할 수 있는 방법이 있는가? 또한 학자가 대중적인 글이나 강연에서 전문 지식을 사용하는 적절한 방식이 있는가?

6. 종교개혁 시대에 교회 지도자들은 일반 신자들이 성경을 잘못 읽고 해석하지 못하게 라틴어 성경만을 허용했다. 이에 대항하여 종교개혁자들은 왜 그토록 성경을 자국어로 번역하기를 열망했다고 생각하는가? 성경을 다른 언어로 번역하는 일은 왜 그토록 중요한 선교 사역의 일부인가?

7. 성경의 명료성 교리는 구약을 접하지 않은 사람들도 신약을 온전히 이해할 수 있음을 의미하는가?

신학 전문 용어

석의
성경의 명료성
일상적 수단
해석학

참고 문헌

이 참고 문헌에 관한 설명으로는 1장, 60쪽을 보라. 더 자세한 서지 자료는 2권 부록 2에서 확인할 수 있다.

복음주의 조직신학 저술의 관련 항목

1. 성공회

2001	Packer, 6–8
2013	Bird, 62
2013	Bray, 137–148

2. 아르미니우스주의(또는 웨슬리파/감리교)

1875–1876	Pope, 1:223–230
2002	Cottrell, 2:747–767

3. 침례교

1767	Gill, 30–32
1976–1983	Henry, 4:272–367
1990–1995	Garrett 153–178
2007	Akin, 163–164
2013	Erickson, 222–225

4. 세대주의

1947	Chafer, 1:105–119
1986	Ryrie, 110–118
2002–2005	Geisler, 3:92
2017	MacArthur and Mayhue, 26

5. 루터교

1917–1924	Pieper, 1:319–30, 359–370
1934	Mueller, 138–141

6. 개혁주의(또는 장로교)

1679–1685	Turretin, *IET*, 1:143–147, 148–149
1871–1873	Hodge, 1:183–190
1906–1911	Bavinck, *RD*, 1:475–481
1938	Berkhof, *Intro*, 167
1998	Reymond, 87–88
2008	Van Genderen and Velema, 96–101
2011	Horton, 197
2013	Frame, 606–612
2016	Allen and Swain, 30–56
2017	Barrett, 145–188
2019	Letham, 206–208

7. 부흥 운동(또는 은사주의/오순절)

1995	Horton, 46

기타 저술

이 항목에서는 비복음주의권 저자가 쓴 유익한 세 권의 책[바(Barr)의 책 한 권과 허쉬(Hirsch)의 책 두 권]을 포함해 성경 해석 능력을 키우는 방법을 다루는 저작을 소개한다.

Allison, Gregg R. *Historical Theology: An Introduction to Christian Doctrine; A Companion to Wayne Grudem's Systematic Theology*. Grand Rapids: Zondervan, 2011, 120–141.

Barr, James. *The Semantics of Biblical Language*. London: Oxford University Press, 1961.

Berkhof, Louis. *Principles of Biblical Interpretation*. Grand Rapids: Baker, 1950.

Callahan, James Patrick. *The Clarity of Scripture: History, Theology and Contemporary Literary Studies*. Downers Grove, IL: InterVarsity Press, 2001.

Carson, D. A., ed. *The Enduring Authority of the Christian Scriptures*. Grand Rapids: Eerdmans, 2016.

___. *Exegetical Fallacies*, 2nd ed. Grand Rapids: Baker, 1996.

Dockery, David S. *Biblical Interpretation Then and Now: Contemporary Hermeneutics in the Light of the Early Church*. Grand Rapids: Baker, 1992.

Dockery, David S. and David P. Nelson. "Special Revelation." In *A Theology for the Church*, edited by Daniel L. Akin et al., 163–164. Nashville: B&H, 2014.

Fee, Gordon D., and Douglas Stuart. *How to Read the Bible for All Its Worth*. 4th ed. Grand Rapids: Zondervan, 2014. (『성경을 어떻게 읽을 것인가』 성서유니온선교회).

Feinberg, John S. *Light in a Dark Place: The Doctrine of Scripture*. Foundations of Evangelical Theology Series. Wheaton, IL: Crossway, 2018.

Frame, John M. *The Doctrine of the Word of God*. Vol. 4. Phillipsburg, NJ: P&R, 2010. (『성경론』 개혁주의신학사)

Hirsch, E. D., Jr. *The Aims of Interpretation*. Chicago: University of Chicago Press, 1976.

___. *Validity in Interpretation*. New Haven and London: Yale University Press, 1967.

Hubbard, Robert L., William W. Klein, and Craig L. Blomberg. *Introduction to Biblical Interpretation*. 2nd ed. Nashville: Nelson, 2004.

Inch, Morris A., and C. Hassell Bullock, eds. *The Literature and Meaning of Scripture*. Grand Rapids: Baker, 1981.

King, David T., and William Webster. *Holy Scripture: The Ground and Pillar of Our Faith*. 3 vols. Battle Ground, WA: Christian Resources, 2001.

Kaiser, Walter C., Jr. *Toward an Exegetical Theology*. Grand Rapids: Baker, 1982.

MacArthur, John. "Perspicuity of Scripture: The Emergent Approach." *The Master's Seminary Journal* 17, no. 2 (Fall 2006): 141–158.

Marshall, I. Howard, ed. *New Testament Interpretation: Essays on Principles and Methods*. Grand Rapids: Eerdmans, 1977.

McCown, Wayne, and James Earl Massey, eds. *Interpreting God's Word for Today: An Inquiry Into Hermeneutics From a Biblical Theological

Perspective. Wesleyan Theological Perspectives 2. Anderson, IN: Warner, 1982.

McKnight, Scot, ed. *Introducing New Testament Interpretation*. Grand Rapids: Baker, 1990.

___. *Interpreting the Synoptic Gospels*. Grand Rapids: Baker, 1988.

Mickelsen, A. Berkeley. *Interpreting the Bible*. Grand Rapids: Eerdmans, 1963.

Osborne, Grant R. *The Hermeneutical Spiral: A Comprehensive Introduction to Biblical Interpretation*. 2nd ed. Downers Grove, IL: InterVarsity Press, 2006.

Packer, J. I. "Infallible Scripture and the Role of Hermeneutics." In *Scripture and Truth*, edited by D. A. Carson and John Woodbridge, 325–356. Grand Rapids: Zondervan, 1983.

___. "Scripture." In *NDT2*, 821–25. Pettegrew, Larry Dean. "The Perspicuity of Scripture." *The Master's Seminary Journal* 15, no. 2 (Fall 2004): 209–225.

Ramm, Bernard. *Protestant Biblical Interpretation*. 3rd ed. Grand Rapids: Baker, 1970. (『성경해석학』 생명의말씀사)

Schultz, Samuel J., and Morris A. Inch, eds. *Interpreting the Word of God: Festschrift in Honor of Steven Barabas*. Chicago: Moody Publishers, 1976.

Silva, Moises. *Biblical Words and Their Meanings*. Grand Rapids: Zondervan, 1983. (『성경어휘와 그 의미』 성광문화사)

___. *Has the Church Misread the Bible? The History of Interpretation in the Light of Contemporary Issues*. Grand Rapids: Zondervan, 1987.

Sire, James. *Scripture Twisting: Twenty Ways the Cults Misread the Bible*. Downers Grove, IL: InterVarsity Press, 1980.

Sproul, R. C. *Knowing Scripture*. Downers Grove, IL: InterVarsity Press, 1977. (『성경을 아는 지식』 좋은씨앗)

Thiselton, Anthony C. *New Horizons in Hermeneutics: The Theory and Practice of Transforming Biblical Reading*. Grand Rapids: Zondervan, 1992. (『해석의 새로운 지평』 SFC출판부)

___. *The Two Horizons: New Testament Hermeneutics and Philosophical Description*. Grand Rapids: Eerdmans, 1980. (『두 지평』 IVP)

Thompson, Mark. *A Clear and Present Word: The Clarity of Scripture*. Downers Grove, IL: InterVarsity Press, 2006.

Ward, Timothy. *Words of Life: Scripture As the Living and Active Word of God*. Downers Grove, IL: IVP Academic, 2009.

Webster, John. "Biblical Theology and the Clarity of Scripture." In *Out of Egypt: Biblical Theology and Biblical Interpretation*, ed. Craig Bartholomew et al., 352–384. Grand Rapids: Zondervan, 2004.

성경 암송 구절

신명기 6:6-7 | 오늘 내가 네게 명하는 이 말씀을 너는 마음에 새기고 자녀에게 부지런히 가르치며 집에 앉았을 때에든지 길을 갈 때에든지 누워 있을 때에든지 일어날 때에든지 이 말씀을 강론할 것이며.

찬송가

"여호와의 율법은 완전하여"

시편 19편의 일부인 이 곡의 가사는 우리에게 성경의 여러 탁월한 특성을 상기시켜 주며, 그중에는 성경이 명료하게 쓰였다는 사실도 포함되어 있다. "여호와의 증거는 확실하여 우둔한 자를 지혜롭게 하며."7절

여호와의 율법은 완전하여 영혼을 소성시키며
여호와의 증거는 확실하여 우둔한 자를 지혜롭게 하며
여호와의 교훈은 정직하여 마음을 기쁘게 하고

여호와의 계명은 순결하여 눈을 밝게 하시도다
여호와를 경외하는 도는 정결하여 영원까지 이르고
여호와의 법도 진실하여 다 의로우니

금, 곧 많은 순금보다 더 사모할 것이며
꿀과 송이꿀보다 더 달도다
또 주의 종이 이것으로 경고를 받고
이것을 지킴으로 상이 크니이다

자기 허물을 능히 깨달을 자 누구리요 나를 숨은 허물에서 벗어나게 하소서
또 주의 종에게 고의로 죄를 짓지 말게 하사 그 죄가 나를 주장하지 못하게 하소서
그리하면 내가 정직하여
큰 죄과에서 벗어나겠나이다

나의 반석이시요 나의 구속자이신 여호와여,
내 입의 말과 마음의 묵상이 주님 앞에 열납되기를 원하나이다

□ 출처: *The Psalter* (시편 19:7-14)

현대 찬양곡

"옛 말씀"

오래도록 지켜 온 거룩한 말씀
이 세상 살아가는 우리를 위한 말씀
하나님의 마음을 전하는 말씀
옛 말씀을 주소서

생명의 말씀, 소망의 말씀

우리에게 힘을 주고, 우리가 이기게 하소서
이 세상 어디에 가든지
옛 말씀이 우리를 본향으로 인도하리라

옛 말씀은 영원히 참되도다
나를 변화시키고 우리를 변화시키네
열린 마음으로 온 우리에게
옛 말씀을 주소서

믿음의 거룩한 말씀
지금까지 전해지고
희생을 통해 우리에게 왔네
그리스도의 신실한 말씀에 귀를 기울이라

순교자의 피 묻은 말씀
이 믿음 위해 그들 죽었네
그 오랜 세월 그들의 울음소리를 들어보라
이 말씀에 귀 기울이고 이 말씀을 소중히 간직하라

ㅁ 린 데샤조 작사 34

1 이번 장은 이 책의 초판에 실린 내용과 비교해 많은 수정이 이루어졌다. 이번 장의 많은 부분은 2009년 7월 8일 영국 케임브리지에서 열린 틴들 펠로우십(Tyndale Fellowship) 모임의 존 웬함 강연(John Wenham Lecture)에서 처음으로 발표되었고, 이후 Grudem, "The Perspicuity of Scripture" in *Themelios* 34, no. 3 (2009): 288-308으로 출간되었다.

2 성경의 명료성(clarity)을 뜻하는 옛 단어는 perspicuity다. 오늘날의 사람들에게는 이 용어가 그다지 명료하지 않으며, 나는 이 책에서 이 용어를 사용하지 않는다.

3 웨스트민스터 신앙고백에서는 "구원을 위해 꼭 알아야 하며, 믿고 준수해야 할" 것들에 관해 성경이 명료하다고 주장한다(WCF 1.7). 여기에 "준수해야"라는 단어가 포함되었으므로 나는 "구원"이라는 말이 협소한 의미("최초의 구원에 이르게 하는 믿음")가 아니라 더 광범위한 의미("우리 삶 전체에서 누리는 구원의 복의 경험 전체")로 사용되었다고 생각한다. 어떤 경우든 방금 언급한 성경 본문 어디에도 성경의 명료성을 특정한 주제나 특정 유형의 본문에 제한할 수 있는 근거가 없다고 생각한다.

4 하지만 독자의 언어로 번역해야 할 필요성과 우리가 어떻게 번역해야 하는지 확실히 알지 못하는 몇몇 단어가 오늘날까지도 존재한다는 점에 관해서는 아래의 요건 (3) "일상적인 수단의 사용" 항목의 논의를 보라.

5 Mark D. Thompson, *A Clear and Present Word: The Clarity of Scripture, New Studies in Biblical Theology* (Nottingham: Apollos; Downers Grove, IL: InterVarsity Press, 2006).

6 다양한 독자의 오해가 아니라 성경의 속성에 이 교리의 초점을 맞춰야 함을 처음으로 강조했던 그렉 앨리슨(Gregg Allison)에게 감사하다. Gregg Allison, "The Protestant Doctrine of the Perspicuity of Scripture: A Reformulation on the Basis of Biblical Teaching" (PhD diss., Trinity Evangelical Divinity School, 1995) 참조.

7 사려 깊은 이메일을 보내 해석 수단의 목록에 번역을 추가하라고 촉구했던 데이비드 인스톤-브루어(David Instone-Brewer)에게 감사하다.

8 셀라와 같이 알려지지 않은 단어의 어려움을 제기하고, 이 단어를 두고 긴 대화를 나눴던 다니엘 힐(Daniel Hill)에게 감사하다.

9 대부분의 번역본에서 이 단어는 일종의 음악적, 예전적 지시 사항일 것이라고 말한다. 어휘 사전에서 이 용어는 휴지, 간주, 고조(노래의 성량이나 음높이를 높임), 또는 다른 무언가를 뜻하는지 확실하지 않다고 설명한다.

10 나는 '교사'라는 이 범주가 매우 광범위하여 교회 안에서 공식적으로 인정받는 목회자와 교사뿐 아니라 자녀에게 성경적 세계관을 전해 주는 아버지와 어머니, 새로운 그리스도인에게 영적 아버지와 어머니 역할을 하는 더 성숙한 신자들도 포함할 수 있음을 깨달을 수 있도록 도와준 데이비드 레이머(David Reimer)와 고든 웬함(Gordon Wenham)에게 감사드린다.

11 이 목록에서 (a), (b), (c), (f) 항목은 모두 전 세계 복음주의 신학교와 특히 케임브리지의 틴들 하우스 도서관(Tyndale House Library)과 같은 전문 연구 도서관에서 이루어지는 고등 학문 활동의 가치를 반영한다.

12 이것은 내가 30년 넘게 복음주의신학회(Evangelical Theological Society, ETS)에 활동 회원으로 몸담고 있는 이유다. 나는 복음주의 학자들에게 ETS 모임과 비슷한 다른 학회에 정기적으로 참여하여 논문을 발표할 것을 권한다. 이런 학회에서는 언제나 귀하고 때로는 열띤 토론이 이루어지기 때문이다!

13 그렉 앨리슨은 성경 자체에 포함된 외국어의 의미를 설명하는 과정에 관심을 기울인다(이 구절들은 그렉 앨리슨이 나에게 보내준 명료성에 관한 자세한 교안에 포함된 절들이다). "보라 처녀가 잉태하여 아들을 낳을 것이요 그의 이름은 임마누엘이라 하리라 하셨으니 이를 번역한즉 하나님이 우리와 함께 계시다 함이라"(마 1:23). "그 아이의 손을 잡고 이르시되 달리다굼 하시니 번역하면 곧 내가 네게 말하노니 소녀야 일어나라 하심이라"(막 5:41). "구브로에서 난 레위족 사람이 있으니 이름은 요셉이라 사도들이 일컬어 바나바라(번역하면 위로의 아들이라) 하니"(행 4:36). 또한 낯선 관습을 설명하는 경우도 있다. "옛적 이스라엘 중에는 모든 것을 무르거나 교환하는 일을 확정하기 위하여 사람이 그의 신을 벗어 그의 이웃에게 주더니 이것이 이스라엘 중에 증명하는 전례가 된지라. 이에 그 기업 무를 자가 보아스에게 이르되 네가 너를 위하여 사라 하고 그의 신을 벗는지라"(룻 4:7-8).

14 해석에 사용된 다양한 방법에 관한 논의로는 Grant R. Osborne, *The Hermeneutical Spiral* (Downers Grove, IL: InterVarsity, 1991) 참조. (『성경해석학 총론』 부흥과개혁사). 현대의 (특히 후기 근대적) 의미론에 대한 방대한 분석으로는 Kevin J. Vanhoozer, *Is There a Meaning in this Text?* (Grand Rapids: Zondervan, 1998) 참조. (『이 텍스트에 의미가 있는가?』 IVP)

15 앤드루 나셀리(Andrew Naselli)는 그의 탁월한 책 *How To Understand and Apply the New Testament* (Phillipsburg, NJ: P&R, 2017), 165–67에서 고린도전서 11:2-16(여자들을 위한 머리 가리개)이나 요한계시록 11:2-16(뜨거운 물과 차가운 물, 미지근한 물)과 같은 본문을 바르게 이해하기 위해서는 역사적, 문화적 맥락에 관한 정보가 필수적이라고 주장한다. (『신약, 어떻게 해석할 것인가』 죠이북스). 나는 그가 말하는 역사적, 문화적 정보를 통해 우리가 이런 본문을 훨씬 더 정확하고 자세히 이해할 수 있게 된다는 데 동의한다. 하지만 동시에 돌이켜 보면 나는 이런 정보를 알기 전에도 고린도전서 11:2-16의 전반적인 의미, 곧 교회 안에서 남자와 여자가 옷을 입는 방식에 차이가 존재해야 하며, 당시 여자들의 머리 가리개는 하나님이 정하신 남자와 여자의 역할 차이를 받아들인다는 의미였을 것임을 이해하고 있었다. 또한 요한계시록 3:15-16을 읽을 때 나는 공통된 인간의 경험을 통해 사람들이 목욕을 위해서는 뜨거운 물을 원하고 마시기 위해서는 차가운 물을 원하지만 어느 경우에도 미지근한 물을 원하지는 않을 것임을 이해하고 있었다. 따라서 아마도 우리는 본문의 전반적인 의미를 얼마나 폭넓게 이해하는지에 관해서만 의견이 다를 것이다.

16 "들을 줄 알지"라는 구절은 '듣고 받아들이다', '듣고 적절히 반응하다'라는 의미에서 '듣다'를 뜻하는 헬라어 동사 아쿠오의 번역이다. NET 번역본에서는 "이는 너희가 내 가르침을 받아들일 수 없기 때문이다"라고 말한다.

17 그랜트 오스본은 *The Hermeneutical Spiral*이라는 그의 책 제목(직역하면 해석학적 나선형—옮긴이)이 암시하듯이 성경 이해에 다양한 수준이 존재함을 인정한다. 그는 이렇게 썼다. "성경 이해가 점점 학계 엘리트만을 위한 것이 되어가는 것은 아닌지 평균적인 사람이 묻는 것은 다시 한번 정당화될 수 있다. 나는 그렇지 않다고 주장하겠다. 첫째, 다양한 수준의 이해가 존재한다.……각각의 수준은 그 나름대로의 타당성과 과정을 지닌다. 더 나아가 그런 다양한 수준에 걸맞은 해석학적 원리를 배우고자 하는 이들은 그렇게 할 수도 있다. 이런 원리는 엘리트에만 국한되지 않으며, 배우고자 하는 관심과 에너지를 지닌 모든 사람이 습득할 수 있는 것이다. 지역 교회의 차원에서 기본적인 해석학을 가르칠 수 있으며 가르쳐야 한다"(*The Hermeneutical Spiral*, 10).

18 Wayne Grudem, *The First Epistle of Peter*, TNTC (Leicester: Inter-Varsity; Grand Rapids: Eerdmans, 1988). (『베드로전서: 틴데일 신약주석 시리즈 17』 기독교문서선교회)

19 Thompson, *A Clear and Present Word*, 157, 강조는 추가됨.

20 J. I. Packer, "Liberalism and Conservatism in Theology," in *NDT*, 385.

21 또한 Wayne Grudem, "Scripture's Self-Attestation and the Problem of Formulating a Doctrine of Scripture," in *Scripture and Truth*, ed. D. A. Carson and John Woodbridge (Grand Rapids: Zondervan, 1983), 19-59을 보라.

22 Thompson, *A Clear and Present Word*, 33.

23 같은 책, 30-47.

24 *Catechism of the Catholic Church* (San Francisco: Ignatius, 1994), 27 (section 85), 강조는 추가됨. (『가톨릭 교회 교리서』 한국천주교중앙협의회)

25 다양한 형태의 교회 치리에 관해서는 47장, 515-533쪽을 보라.

26 나의 의도는 성경을 해석하는 활동이 개인의 단독적인 활동이어야 한다고 주장하려는 것이 아니다. 종종 하나님은 우리가 그분의 말씀을 바르게 이해할 수 있게 하시려고 다른 이들의 글이나 그들의 개인적인 조언을 사용하신다. 핵심적으로 그리스도인들은 그 방법이 무엇이든지 또한 일차적으로는 스스로 성경을 읽을 때 하나님이 그들에게 성경의 가르침을 바르게 이해할 수 있는 능력을 주실 것을 기대해야 한다.

27 Louis Berkhof, *Systematic Theology* (Grand Rapids: Eerdmans, 1941). (『벌코프 조직신학』 크리스천다이제스트)

28 Wayne Grudem, Systematic *Theology: An Introduction to Biblical Doctrine* (Leicester: Inter-Varsity Press; Grand Rapids: Zondervan, 1994).

29 John Piper and Wayne Grudem, eds., *Recovering Biblical Manhood and Womanhood: A Response to Evangelical Feminism* (Wheaton, IL: Crossway, 1991), 또한 Wayne A. Grudem, *Evangelical Feminism and Biblical Truth: An Analysis of More Than One Hundred Disputed Questions* (Sisters, OR: Multnomah, 2004). (『복음주의 페미니즘』 크리스천다이제스트)

30 Wayne A. Grudem, *Business for the Glory of God: The Bible's Teaching On the Moral Goodness of Business* (Wheaton, IL: Crossway, 2003). (『하나님을 영화롭게 하는 비즈니스』 CUP)

31 Wayne A. Grudem, *Politics according to the Bible: A Comprehensive Resource for Understanding Modern Political Issues in Light of Scripture* (Grand Rapids: Zondervan, 2010)

32 Wayne Grudem and Barry Asmus, *The Poverty of Nations: A Sustainable Solution* (Wheaton, IL: Crossway, 2013).

33 Wayne Grudem, *Christian Ethics: An Introduction to Biblical Moral Reasoning* (Wheaton, IL: Crossway, 2018). (『기독교 윤리학』 선3권, 부흥과개혁사)

34 Copyright © 2001 Integrity's Hosanna! Music (ASCAP) (adm. at CapitolCMGPublishing.com). All rights reserved. Used by permission.

7. 성경의 네 가지 특징 :(3) 필요성

성경은 어떤 목적을 위해 필요한가?

성경이 없다면 하나님을 알 수 없는가?

우리에게 왜 성경이 필요한가? 적어도 하나님이 존재하신다는 것을 알기 위해 성경이 무엇을 말하는지 배울 필요가 있는 것인가? 아니면 우리가 구원받아야 할 죄인임을 알기 위해서인가? 어떻게 구원받는지 알기 위해서, 또는 우리의 삶을 향한 하나님의 뜻을 알기 위해서인가? 이번 장에서 우리는 성경의 필요성에 관해 논하며 이러한 질문에 대답하고자 한다.

설명과 성경적 기초

성경의 필요성The necessity of Scripture이란 복음을 알기 위해, 영적 삶을 유지하기 위해, 하나님의 뜻을 알기 위해 성경이 필수적이지만, 하나님의 존재나 속성, 도덕법에 관해 알기 위해서는 성경이 필수적이지 않다는 것을 가리킨다.

아래에서 설명하듯이, 이 정의에 따라 특정한 것을 위해 성경이 필수적이라고 말할 때, 나의 의도는 모든 사람에게 실제로 인쇄된 성경책이 꼭 필요하다는 말을 하려는 것이 아니다. 왜냐하면 때로 사람들은 누군가가 큰 소리로 성경을 읽는 것을 듣거나 성경의 내용 일부를 이야기해 주는 것을 들을 수도 있기 때문이다. 하지만 이처럼 성경의 내용을 구두로 전달하는 것 역시 우리가 접근할 수 있는 기록된 성경의 존재에 기초해 있다.

이 정의는 여러 부분으로 나누어 설명할 수 있다.

A. 복음을 알기 위해 성경이 필수적이다

1. 몇몇 본문은 예수 그리스도를 믿는 믿음을 통해서만 구원받을 수 있다고 강조한다

로마서 10:13-17에서 바울은 이렇게 말한다.

누구든지 주의 이름을 부르는 자는 구원을 받으리라. 그런즉 그들이 믿지 아니하는 이를 어찌 부르리요. 듣지도 못한 이를 어찌 믿으리요. 전파하는 자가 없이 어찌 들으리요.……그러므로 믿음은 들음에서 나며 들음은 그리스도의 말씀으로 말미암았느니라.

이 주장은 다음의 논리를 따른다. (1) 구원받기 위해 먼저 주의 이름을 불러야 한다. (이 본문의 구체적인 문맥9절에서만이 아니라 바울의 일반적인 용례에서도 "주"는 주 예수 그리스도를 뜻한다.) (2) 그리스도를 믿어야만 그분의 이름을 부를 수 있다. (3) 그리스도에 관해 듣지 못했다면 그분을 믿을 수 없다. (4) 그리스도에 관해 이야기해 줄 누군가"전파하는 자"가 없다면 사람들은 그리스도에 관해 들을 수 없다. (5) 결론적으로, 구원에 이르게 하는 믿음은 복음의 메시지를 듣는 것에서 나며, 이처럼 복음을 듣는 것은 그리스도의 말씀그리스도에 대한 선포을 통해 이루어진다. 여기에는 그리스도의 복음에 관한 선포를 듣지 못한다면 누구도 구원을 받을 수 없다는 함의가 있는 것으로 보인다.[1]

이 본문은 예수 그리스도에 대한 믿음을 통해서만 영원한 구원을 받을 수 있고, 다른 방법은 전혀 없음을 보여주는 여러 본문 중 하나다. 요한복음 3:18은 그리스도에 관해 "그를 믿는 자는 심판을 받지 아니하는 것이요 믿지 아니하는 자는 하나님의 독생자의 이름을 믿지 아니하므로 벌써 심판을 받은 것이니라"고 말한다. 마찬가지로 요한복음 14:6에서 예수께서는 "내가 곧 길이요 진리요 생명이니 나로 말미암지 않고는 아버지께로 올 자가 없느니라"고 말씀하신다.

베드로는 산헤드린 공회 앞에서 재판을 받으며 "다른 이로써는 구원을 받을 수 없나니 천하 사람 중에 구원을 받을 만한 다른 이름을 우리에게 주신 일이 없음이라 하였더라"고 말한다.행 4:12 물론 그리스도를 통한 구원의 배타성은, 예수께서 우리의 죄를 위해 죽으셨고 그러하실 수 있는 유일한 분이기 때문이다. 바울은 "하나님은 한분이시요 또 하나님과 사람 사이에 중보자도 한분이시니 곧 사람이신 그리스도 예수라. 그가 모든 사람을 위하여 자기를 대속물로 주셨으니"라고 말한다.딤전 2:5-6 우리는 오직 그리스도를 통해 하나님과 화해할 수 있다. 거룩하신 하나님 앞에서 우리의 죄책을 해결할 수 있는 다른 방법이 없기 때문이다.[2]

하지만 사람들이 그리스도에 대한 믿음을 통해서만 구원받을 수 있다면, 누군가는 옛 언약 아래에 있던 신자들은 어떻게 구원받은 것인지 물을 수도 있다. 이 물음에 대한 답변은, 옛 언약 아래에서 구원받은 사람들도 그리스도를 믿는 믿음을 통해 구원받았다는 것이다. 다만 그들의 믿음은 메시아, 곧 구원자가 오실 것이라는 약속의 말씀에 근거해 앞을 내다보는 믿음이었다. 히브리서 기자는 아벨과 에녹, 노아, 아브라함, 사라와 같은 구약의 신자들에 관해 이야기하면서 "이 사람들은 다 믿음을 따라 죽었으며 약속을 받지 못하였으되 그것들을 멀리서 보고 환영하며"라고 말한다.히 11:13 그는 또한 같은 장에서 모세가 "그리스도메시아를 위하여 받는 수모를 애굽의 모든 보화보다 더 큰 재물로 여겼으니 이는 상 주심을 바라봄이라"고 말한다.히 11:26 그리고 예수께서는 아브라함에 관해 "너희 조상 아브라함은 나의 때 볼 것을 즐거워하다가 보고 기뻐하였느니라"고 말씀하신다.요 8:56 이것은 분명히 아브라함이 약속된 메시아가 오실 날을 고대하며 기뻐하였음을 가리킨다. 그러므로 구약의 신자들조차도 그리스도를 향한 구원받는 믿음을 가지고 있었고, 그리스도의 삶의 역사적 세부 사항을 잘 알지는 못했지만 하나님의 약속의 말씀에 대한 큰 믿음을 지닌 채 그분을 고대했다.

이런 의미에서, 곧 성경 안에 담긴 복음의 메시지를 직접 읽거나 다른 사람에게서 이 메시지를 들어야 한다는 의미에서 성경은 구원을 위해 필수적이다. 옛 언약 안에서 구원에 이른 신자들조차도 구원자가 올 것이라고 약속하신 하나님의 말씀을 신뢰했다.

사실 사람들이 하나님의 약속의 말씀을 신뢰했다는 이 반복되는 사례와 그리스도에 관해 듣고 그분을 신뢰하는 것이 필수적이라고 주장하는 위의 구절을 묶어서 생각하면, 죄인들은 그저 하나님이 구원의 수단을 제공하실 것이라는 직관적 추측이 아니라 그들의 믿음을 기댈 수 있는 그 이상의 무언가가 필요한 것처럼 보인다. 한 사람이 가진 믿음의 근거가 될 수 있을 만큼 확고한 기초는 (발화된 말씀이든, 기록된 말씀이든) 하나님의 말씀뿐이다. 가장 이른 시기에는 그것이 간략한 형태로 주어졌지만, 우리에게는 처음부터 구원이 올 것을 약속하신 하나님의 말씀, 하나님이 부르신 사람들이 믿었던 말씀이라는 증거가 있다.

예를 들어, 아담과 하와의 때에도 미래의 구원을 가리키는 하나님의 말씀이 존재했다. 창세기 3:15에 기록된 뱀에 대한 저주에는 여자의 씨앗 그의 후손 중 한 사람이 뱀의 머리를 상하게 할 것이지만, 이 과정에서 그 역시 상처를 입게 되리라는 약속—그리스도 안에서 궁극적으로 성취된 약속—이 포함되어 있다. 아담과 하와의 첫 두 자녀인 가인과 아벨이 주께 제사를 드렸다는 사실은, 창 4:3-4 그들이 자신의 죄책에 대해 어떤 대가를 치를 필요가 있으며 하나님이 올바른 제사를 받겠다고 약속하신 것을 자각하고 있었음을 보여준다. 매우 간략한 형태인 창세기 4:7("네가 선을 행하면 어찌 낯을 들지 못하겠느냐")을 통해서도 구원을 받을 수 있을 것이라는 하나님의 말씀을 확인할 수 있다. 구약의 역사가 진행되는 과정에서 약속의 말씀은 점점 더 구체적으로 드러나며, 따라서 앞을 내다보는 하나님의 백성의 믿음도 점점 더 명확해진다. 그 믿음은 언제나 구체적으로 하나님의 말씀을 신뢰하는 믿음이었던 것으로 보인다.

아래에서는 사람들이 성경 없이도 하나님의 존재하심과 그분의 법에 대해 무언가를 알 수 있다고 주장하겠지만, 약속의 말씀에 대한 구체적인 지식 없이는 구원받는 믿음에 이를 수 있는 가능성은 없어 보인다. 사망한 유아의 구원에 관해서는 24장, 912-915쪽 참조

2. 사람들이 어떻게 구원받을 수 있는지에 관한 여러 가지 견해

위에서 제시한 견해 이외에 몇몇 다른 견해가 지지를 받아 왔다. 가장 흔히 제시되는 견해는 다음과 같다.

A. **보편구원론**: (하나님은 모든 사람을 사랑하며 누구도 심판하지 않을 것이기

때문에) 지금까지 살았던 모든 사람이 구원받을 것이다.

B. **종교 다원주의**: (모든 종교는 같은 하나님께 이르는 다른 길이기 때문에) 모든 종교에 속한 모든 신실한 종교인은 구원받을 것이다.

C. **포괄주의**: 사람들은 그리스도의 구속 사역을 통해서만 구원받을 수 있지만, 사람들은—심지어 그분에 관해 들은 적이 없거나 그분을 믿지 않았던 사람들까지도—죽은 뒤에 그리스도의 사역을 통해 구원받았음포함되었음을 알게 될 것이다. 따라서 지금까지 살았던 모든 사람이 구원받게 될 것이다.

D. **영혼 멸절설**: 그리스도를 믿지 않은 사람들은 구원받을 수 없지만, 그들은 죽은 뒤 멸절되어 더 이상 존재하지 않을 것이기 때문에 형벌을 받지 않을 것이다(또는 오래 형벌을 받지 않을 것이다).

E. **사후의 복음 전도**: 비신자들은 죽은 뒤 그리스도를 믿을 또 한 번의 기회또는 첫 번째 기회를 얻을 것이며, 그들 중 대다수 또는 전부가 이 방법을 통해 구원받게 될 것이다.

F. **배타주의**: 그리스도에 관해 듣고 그분을 믿는 사람들만 구원받을 것이다.

이 중에서 내가 지지하는 견해는 마지막 범주인 배타주의다(이 용어는 다소 경멸적인 의미를 담고 있으며, 개인적으로는 이런 용어를 택하지 않겠지만 일반적으로 사용된다). 위에서 설명했듯이, 성경의 여러 본문에서 이것을 매우 분명히 가르치고 있는 것으로 보이기 때문에 이 입장을 견지한다.

그리스도에 관해 들을 수 없었던 사람들이 구원받을 가능성이 있는가? 다른 이들을 사랑하는 마음 때문에 그리스도에 관해 들을 수 없었던 사람들이 다른 방법을 통해, 예를 들면 천사의 증언을 통해 또는 꿈에서 그리스도가 나타나서 그들이 구원받을 수 있다고 기대하게 되는 것은 충분히 이해할 만하다. 나는 이 문제에 관하여 하나님이 우리에게 말씀하지 않은 측면이 존재할 가능성을 인정하지만, 성경은 그 가능성을 확신한다거나 설령 그런 가능성이 존재하더라도 하나님이 세상과 상호 작용하시는 방식에 있어서 그런 구원의 방식이 빈번하거나 정상적이라고 생각하도록 우리를 부추기지 않는다. 신약이 명확히 강조하는 바는, 예수 그리스도에 대한 복음이 선포될 때 구원이 사람들에게 이른다는 것이다. 이에 더해 우리는 사람들이 천사나 꿈을 통해 그리스도에 관해 듣는다면, 이것은 그리스도에 대한 믿음과 관련 없는 대안적인 구원의 길이 아니라 예수 그리스도의 복음이 알려져 사람들이 그리스도를 믿고 구원에 이르게 되는 추가적인 수단이며, 따라서 이는 여전히 배타주의 범주에 속한다는 점을 기억해야 한다. 하지만 신약은 사람들, 곧 복음 전파를 위해 세상 끝까지 여행하는 열성적 그리스도인들에 의한 복음의 선포를 강조한다.롬 10:14; 또한 15:20-21 참조 이것이 교회사 전체에서 기독교의 선교 사역을 위한 동기 부여가 되었다.

예를 들어, 복음이 전파되지 않은 외딴 마을에 사는 사람들은 실제로 우상숭배와 하나님의 도덕법에 반하는 관습에 몰두하고 있다(이것이 로마서 1-3장에서 바울이 펼치는 주장이다). 더 나아가 우리는 하나님이 언제나 공의로우시며, 그분의 심판은 사람들이 알고 있는 바와 (로마서 1-3장은 그 지식의 기준에 온전히 부합하게 살아가는 사람은 아무도 없음을 보여주지만) 그들이 지닌 지식에 대해 반응하는 방식에 상응할 것이다.

이 세상의 그 누구도 그리스도에 대한 개인적인 믿음 없이 구원받을 수 없다는 관념은 교회사 전체에서 성경을 믿는 그리스도인들이 보편적으로 견지했지만, 오늘날 거의 모든 세속적인 문화에서는 인기가 없는 관념이다. 모든 것을 창조하시고 성경을 통해 권위 있게 말씀하신 참된 한분 하나님의 존재를 믿지 않는 사람들은 이것이 다른 견해에 대해 관용을 베풀지 않는 오만한 관념이라고 생각한다. 그러므로 예수 그리스도에 대한 개인적인 믿음을 통해서만 영원한 구원을 받을 수 있다고 당당하게 주장하는지 여부는, 그 사람이 하나님의 말씀인 성경의 절대적 권위에 순종하는지, 아니면 여전히 세속적인 문화의 가치들을 더 높은 권위로 받아들이고 있는지를 가늠할 수 있는 유용한 기준이 된다.

B. 성경은 영적인 삶을 유지하는 데 필수적이다

예수께서는 (신명기 8:3을 인용하며) "사람이 떡으로만 살 것이 아니요 하나님의 입으로부터 나오는 모든 말씀으로 살 것이라 하였느니라"마 4:4 고 말씀하신다. 예수께서는 우리의 육체적 삶이 음식을 통해 물질적 양분을 날마다 섭취함으로써 유지되듯이, 하나님의 말씀이라는 양분을 날마다 섭취함으로써 우리의 영적인 삶이 유지된다고 말씀하시는 것이다. 물질적인 음식을 무시하는 것이 우리 몸의 건강에 해로운 것처럼, 규칙적으로 하나님의 말씀 읽기를 무시하는 것은 우리 영혼의 건강에 해롭다.

마찬가지로, 모세도 이스라엘 백성에게 하나님의 말씀이 그들의 삶에 중요하다고 말한다. "이는 너희에게 헛된 일이 아니라 너희의 생명이니 이 일로 말미암아 너희가 요단을 건너가 차지할 그 땅에서 너희의 날이 장구하리라."신 32:47 베드로는 편지의 수신자인 그리스도인들에게 "갓난 아기들 같이 순전하고 신령한 젖을 사모하라. 이것은 그로 말미암아 너희로 구원에 이르도록 자라게 하려 함이라"고 권면한다.벧전 2:2 이 맥락에서 "순전하고 신령한 젖"은 베드로가 다루어 온 하나님의 말씀을 가리키는 것이 분명하다.벧전 1:23-25 참조 따라서 성경은 영적인 삶의 유지와 그리스도인으로서 삶의 성장을 위해 필수적이다.

C. 성경은 하나님의 뜻을 확실히 알기 위해 필수적이다

다음에서 나는 지금까지 태어난 모든 사람이 양심을 통해 하나님의 뜻에 대한 일정한 지식을 가지고 있다고 주장할 것이다. 하지만 이 지식은 뚜렷하지 않은 경우가 많으며 확실성을 줄 수 없다. 실제로 기록된 하나님의 말씀이 없었다면, 우리는 양심이나 다른 이들의 조언, 성령의 내적 증언, 변하는 환경, 성화된 지성에 의한 추론, 상식의 사용과 같은 방법으로는 하나님의 뜻을 확신할 수 없었을 것이다. 이 수단들을 통해 어느 정도 신뢰할 수 있는 방식으로 하나님의 뜻을 짐작할 수는 있겠지만, 그에 대한 확실성은 결코 얻을 수 없을 것이다. 다시 말해, 죄의 옳고 그름에 대한 우리의 생각을 왜곡하고, 이 사고 과정에 잘못된 추론을 야기하며, 이따금 양심의 증언을 억누르게 만드는 타락한 세상 속에서는 그럴 수 없을 것이다.렘 17:9; 또한 롬 2:14-15; 고전 8:10; 히 5:14; 10:22; 딤전 4:2; 딛 1:15 참조

그러나 우리는 성경 안에서 하나님의 뜻에 대한 분명하고 명확한 진술을 발견한다. 하나님은 우리에게 모든 것을 계시하지 않으셨지만, 그분

의 뜻을 충분히 알 수 있도록 계시하셨다. "감추어진 일은 우리 하나님 여호와께 속하였거니와 나타난 일은 영원히 우리와 우리 자손에게 속하였나니 이는 우리에게 이 율법의 모든 말씀을 행하게 하심이니라."[신 29:29] 모세의 시대에 그러했듯이 지금 우리에게도 마찬가지다. 즉 하나님은 우리가 하나님의 율법에 순종하고 이로써 그 뜻을 행할 수 있도록 우리에게 그분의 말씀을 계시하셨다. 하나님이 보시기에 "복 있는 사람"은 "여호와의 율법을 따라 행하는 자들"이다.[시 119:1] "복 있는 사람"은 악인들의 꾀를 따르지 않고[시 1:1] "여호와의 율법을 즐거워하여" 하나님의 율법을 "주야로" 묵상한다.[시 1:2] 하나님을 사랑하는 것은 "그의 계명을 지키는 것"이다.[요일 5:3] 따라서 하나님의 뜻에 대한 확실한 지식을 갖고자 한다면, 우리는 성경 공부를 통해 그것을 획득해야 한다.

사실 어떤 의미에서 무엇에 관한 확실한 지식을 얻기 위해서는 성경이 필수적이라고 주장할 수 있다. 철학자라면 이렇게 주장할 것이다. 즉 우리가 모든 것을 알지 못한다는 사실은, 우리가 안다고 주장하는 모든 것에 대해 다소 확신 없는 태도를 취할 것을 요구한다. 이는 우리에게 알려지지 않은 어떤 사실, 곧 참이라고 여겼던 바가 사실은 거짓이었음을 증명하게 될지도 모르기 때문이다. 예를 들어, 우리는 우리가 태어난 날짜, 우리의 이름, 나이 등을 안다고 생각한다. 하지만 부모가 잘못된 정보를 주었음을 언젠가 알게 될 경우, 우리의 확실한 지식이 그릇된 것으로 밝혀질 수도 있음을 인정해야 한다. 우리는 모두 개인적으로 경험한 어떤 사건을 틀리게 기억하고 나중에 정확한 정보를 통해 그 기억이 수정될 수도 있음을 깨닫는다. 우리는 대부분 우리가 현재 경험하는 사건을 더욱 확신할 수 있다. 그것이 현재의 것으로 남아 있는 한 그러하다(하지만 누군가는 그것이 꿈일 수도 있으며, 깨어나서야 비로소 이 사실을 발견하게 될 것이라고 주장할지도 모른다). 어떻든 이러한 철학적 물음에 대답하기는 어렵다. 우리가 우주 안에 있는 과거와 현재와 미래의 모든 사실을 다 알지 못한다면, 우리는 어떻게 하나의 사실에 대한 올바른 정보를 가지고 있다는 확실성을 얻을 수 있는가?

궁극적으로 이 문제의 가능한 해법은 두 가지밖에 없다. (1) 우리는 추후에 발견될 어떤 사실이 현재 우리의 생각이 잘못된 것임을 증명하지 않도록 우주의 모든 사실을 배워야 한다. 또는 (2) 우주의 모든 사실을 참으로 알고 있고 결코 거짓말하지 않는 누군가가 참된 사실을 말해 줄 수 있다면, 우리는 그 사실이 절대로 반박되지 않을 것임을 확신할 것이다.

성경 안에 하나님의 말씀이 주어져 있다면, 사실 우리는 이 두 번째 해법을 가지고 있는 셈이다. 하나님은 지금까지 존재했거나 앞으로 존재할 모든 사실을 아신다. 그리고 전지하신 그 하나님은 절대적으로 확실한 지식을 가지고 계신다. 그분이 미리 알지 못하는 사실은 결코 존재할 수 없다. 따라서 하나님이 생각하는 그 무언가를 실제로 거짓이라고 증명할 수 있는 사실은 존재할 수 없다. 이 무한한 지식의 창고를 통해 절대 거짓말하지 않으시는 하나님은 성경 안에서 우리에게 말씀하셨으며, 그분 자신에 대해, 우리에 대해, 그분이 만드신 우주에 대해 수많은 참된 것들을 알리셨다. 어떤 사실도 모든 것을 아시는 하나님이 말씀하신 진리를 반박할 수 없을 것이다.

따라서 우리가 가진 어떤 지식보다 성경에서 읽는 진리를 더 확신하는 것이 마땅하다. 우리가 성경에서 얻은 지식은 최고 수준의 확실성을 가질 것이다. '확실하다'라는 말이 모든 종류의 인간 지식에 적용될 수 있다면, 이 지식에도 적용될 수 있다.[3]

따라서 성경에서 얻은 지식이 확실하다는 이 관념은 우리가 지닌 다른 많은 지식의 올바름을 확증하기 위한 합리적 기초를 제공한다. 우리는 성경을 읽고, 인간의 본성 또는 우리 주변이나 자신에 대한 성경의 관점이 주변 세계에 대한 우리의 감각적인 경험으로 얻는 정보와 밀접히 상응한다는 것을 발견한다. 따라서 우리는 주변 세계에 대한 감각적인 경험을 신뢰할 용기를 얻는다. 즉 우리의 관찰은 성경의 절대적 진리와 조화를 이룬다. 그러므로 우리의 관찰은 역시 참되며 대체로 신뢰할 만하다. 우리의 눈과 귀를 사용해 이루어진 관찰의 일반적인 신빙성에 대한 이 확신은, 하나님이 이런 능력을 부여하셨으며 성경에서 이 능력을 사용하라고 자주 격려하신다는 사실에 의해 추가적으로 확증된다. "듣는 귀와 보는 눈은 다 여호와께서 지으신 것이니라", 잠 20:12 참조

이런 방법으로 성경을 하나님의 말씀으로 받아들이는 그리스도인은 유한한 지성으로 확실한 지식을 얻을 수 있는 가능성에 대한 철학적 회의

론으로부터 벗어난다. 이런 의미에서 전지하지 않은 인간이 무언가에 대한 확실한 지식을 얻기 위해서는 성경이 필수적이라고 말하는 것은 옳다.

이 사실은 비신자가 주변 세계에서 볼 수 있는 일반 계시를 통해 하나님에 관한 무언가를 알 수 있다고 주장하는 다음의 논의와 관련해서도 중요하다. 이런 주장이 참되지만, 타락한 세상에서 관찰을 통해 얻은 지식은 언제나 불완전하며 오류와 잘못된 해석에 빠지기 쉽다는 것을 인정해야 한다. 그러므로 우리 주변의 피조물을 바르게 해석하기 위해서는 성경에서 얻은 하나님과 창조에 대한 지식을 활용해야만 한다. 아래에서 정의할 신학적인 용어를 사용하자면, 일반 계시를 바르게 해석하기 위해서는 특별 계시가 필요하다고 말할 수 있다.[4]

D. 하지만 하나님의 존재를 알기 위해 성경이 필수적인 것은 아니다

성경을 읽지 않는 사람들은 어떠한가? 그들이 하나님에 관한 지식을 얻거나 그분의 율법을 알 수 있는가? 그렇다. 성경이 없이도 비록 절대적으로 확실한 지식이 아닐지라도 하나님에 관한 일정한 지식을 얻을 수 있다.

사람들은 자신과 주변 세계를 관찰하기만 해도 하나님의 존재와 그분의 속성에 관한 지식을 얻을 수 있다. 다윗은 "하늘이 하나님의 영광을 선포하고 궁창이 그의 손으로 하신 일을 나타내는도다"라고 말한다.[시 19:1] 하늘을 보면 하나님의 무한한 능력과 지혜, 심지어 아름다움에 대한 증거를 볼 수 있다. 하나님의 영광에 대한 웅장한 증거를 관찰할 수 있다. 이와 비슷하게 바나바와 바울은 루스드라에 사는 헬라인들에게 천지를 창조하신 살아 계신 하나님에 대해 이렇게 말한다. "하나님이 지나간 세대에는 모든 민족으로 자기들의 길들을 가게 방임하셨으나 그러나 자기를 증언하지 아니하신 것이 아니니 곧 여러분에게 하늘로부터 비를 내리시며 결실기를 주시는 선한 일을 하사 음식과 기쁨으로 여러분의 마음에 만족하게 하셨느니라."[행 14:16-17] 우리가 동네 마트에서 날마다 보는 땅에서 난 음식, 우리가 자주 보는 사람들의 마음속 기쁨, 비와 수확기, 이 모두는 우리의 창조주가 자비와 사랑, 심지어 기쁨의 하나님이라는 사실을 증언한다. 하나님과 관련된 이 모든 증거는 우리의 주변 피조물 안에 있으며 기꺼이 보고자 하는 사람들은 이것을 볼 수 있다.

사악하게 진리를 억누르는 이들조차도 창조 질서 안에 있는 하나님의 존재와 속성에 대한 증거를 피할 수 없다.

이는 하나님을 알 만한 것이 그들 속에 보임이라. 하나님께서 이를 그들에게 보이셨느니라. 창세로부터 그의 보이지 아니하는 것들 곧 그의 영원하신 능력과 신성이 그가 만드신 만물에 분명히 보여 알려졌나니 그러므로 그들이 핑계하지 못할지니라. 하나님을 알되 하나님을 영화롭게도 아니하며 감사하지도 아니하고 오히려 그 생각이 허망하여지며 미련한 마음이 어두워졌나니.롬 1:19-21

여기서 바울은 피조물이 하나님의 존재와 속성에 대한 증거를 제시할 뿐 아니라 악한 사람들조차 이 증거를 인식한다고 말한다. 하나님을 알 만한 것이 "그들 속에 보"이며, 사실 그들은 알지만(분명히 그들은 그분이 어떤 분인지 알지만) "하나님을 영화롭게도 아니하며 감사하지도 아니"한다. 이 본문을 근거로 우리는 모든 사람, 심지어는 가장 악한 사람까지도 하나님의 존재와 그분이 창조주라는 일정한 내적 지식을 가지고 있다고 말할 수 있다. 이 지식은 "그가 만드신 만물"에 나타나 있다. 이 구절은 온 피조물을 가리킨다. 하지만 악한 사람조차 하나님의 존재와 속성에 대한 가장 큰 증거를 확인할 수 있는 것은 하나님의 형상으로 창조된 인간을 봄으로써—곧 자신과 다른 사람을 봄으로써—일 것이다.[5]

지금까지 살았던 모든 사람에게는 성경 없이도 하나님이 존재하고 그분이 창조주이며, 그들이 하나님의 피조물이라는 증거 또는 그분의 속성에 대한 증거가 피조물 안에 주어져 있었다. 그 결과 그들은 이 증거를 통해 하나님에 관한 무언가를 알았다(하지만 이런 지식이 그들을 구원으로 이끌 수 있었다는 말은 아니다).

E. 하나님의 속성과 도덕법을 알기 위해 성경이 필수적인 것은 아니다

바울은 로마서 1장에서, 기록된 하나님의 율법을 갖지 못한 비신자들도 그 양심 안에서 하나님의 도덕적 요구에 대한 일정한 이해를 지니고 있음을 보여준다. 긴 죄의 목록"시기, 살인, 분쟁, 사기"에 관해 이야기한 뒤, 바울은 이를 행하는 악한 사람들에 대해서 "그들이 이같은 일을 행하는 자는 사형에 해당한다고 하나님께서 정하심을 알고도 자기들만 행할 뿐 아니라 또한 그런 일을 행하는 자들을 옳다 하느니라"고 말한다.롬 1:32 악한 사람들도 적어도 자신의 죄가 잘못된 것임은 알고 있다.

그런 다음 바울은 기록된 율법을 갖고 있지 않은 이방인들의 양심이 어떻게 작동하는지 논한다.

율법 없는 이방인이 본성으로 율법의 일을 행할 때에는 이 사람은 율법이 없어도 자기가 자기에게 율법이 되나니 이런 이들은 그 양심이 증거가 되어 그 생각들이 서로 또는 고발하며 또는 변명하여 그 마음에 새긴 율법의 행위를 나타내느니라.롬 2:14-15

비신자의 양심은 하나님의 도덕적 기준을 증언하지만, 그들 마음에 새겨진 율법의 증거가 왜곡되거나 억제되는 경우가 있다.[6] 때로는 그들의 생각이 그들을 "고발"하고, 때로는 그들의 생각이 그들을 위해 "변명"한다고 바울은 말한다. 이 원천에서 유래한 율법에 관한 지식은 결코 완전하지 않지만, 모든 인류를 향한 하나님의 도덕적 요구에 대한 지각을 제공하기에는 충분하다. (그리고 바울은 바로 이것을 근거로 모든 인류가, 심지어는 기록된 율법을 갖지 못한 사람들까지도 하나님 앞에서 죄에 대해 책임져야 한다고 주장한다.)

창조를 통해 모든 인류에게 주어진 하나님의 존재와 속성, 도덕법에 관한 지식은 (일반적으로 모든 사람에게 주어져 있기 때문에) 흔히 일반 계시general revelation라고 불린다.[7] 일반 계시는 자연을 관찰하거나 역사 안에서 하나님의 직접적인 영향력을 경험함으로써, 또는 하나님이 모든 사람 안에 두신 하나님의 존재와 율법에 대한 내적인 감각을 통해 찾아온다. 일반 계시는 특별 계시와 구별된다. 특별 계시special revelation는 성경의 말씀, 곧 구약의 예언자들과 신약의 사도들의 말 또는 시내 산에서 모세가 두 돌판을 받을 때나 예수께서 세례를 받으실 때처럼 하나님이 특정한 개인들에게 친히 하신 말씀을 가리킨다.[8]

특별 계시에는 성경의 모든 말씀이 포함되지만 성경 말씀에만 국한되지 않는다. 예를 들어, 성경에 기록되지 않았지만 예수께서 하신 말씀이나 구약의 예언자들과 신약의 사도들이 신적인 권위를 가지고 했던 수많은 말도 특별 계시에 포함되기 때문이다.

모든 사람이 하나님의 도덕법에 관련된 무언가를 알고 있다는 사실은 사회를 위한 큰 복이다. 그렇지 않다면 사람들의 악행에 대한 사회적인, 양심적인 제약이 전혀 없을 것이기 때문이다. 옳고 그름에 대해 일정하고 공통적인 지식이 존재하기 때문에 그리스도인들은 시민법이나 공동체의 기준, 사업과 전문적인 활동의 기본적인 윤리, 일상적인 삶에서 받아들일 수 있는 행동 양식에 관해 비그리스도인들과 상당한 합의를 이룰 수 있다. 그뿐만 아니라 보다 나은 법을 시행하거나 나쁜 법을 폐지하려고 할 때 또는 사회에 존재하는 불의를 바로잡으려고 할 때, 사람들의 마음속에 있는 올바름의 감각[롬 2:14]에 호소할 수 있다. 또한 하나님의 존재와 속성에 관한 지식은 비그리스도인이 마음과 지성으로 복음을 이해할 수 있게 하는 정보의 기초를 제공한다. 즉 비신자는 하나님의 존재와 그분의 기준에 대한 위반 여부를 알고, 따라서 그들은 그리스도께서 그 죄의 대가를 치르기 위해 죽으셨다는 소식이 참 좋은 소식이라고 느낄 수 있다.

하지만 성경 어느 곳에서도 이 일반 계시를 통해 복음이나 구원의 길을 알 수 있다고 말하지 않는다는 점을 강조해야 한다. 그들은 하나님이 존재하고 그분이 그들의 창조주이며, 그들이 그분께 순종해야 마땅하고 그들이 그분께 죄를 지었음을 알 것이다. 원시 종교에 제사 제도가 존재했다는 점은 성경이 없어도 인간이 이런 것들을 분명히 알 수 있다는 사실을 입증한다. 사도행전 14:17에서 언급하는 "비"와 "결실기"가 반복되는 것을 보면서, 어떤 사람들은 하나님이 거룩하고 의로우실 뿐만 아니라 사랑과 용서가 넘치시는 분이라고 추론할지도 모른다. 그러나 하나님의 거룩하심과 공의가 어떻게 죄를 용서하고자 하시는 그분의 마음과 화해를 이룰 수 있는지는 성경 없이 어떤 종교도 풀 수 없었던 신비다. 또한 성경은 하나님이 주시는 특별 계시 없이도 이 신비를 발견할 수 있다는 소망을 제시하지 않는다. 우리의 속량이라는 위대한 신비는, 하나님이 하나님인 동시에 인간인 그분의 아들을 보내셔서 우리의 대표자가 되게 하고 우리의 죄에 대한 벌을 담당하게 하셨다는 것, 곧 무한히 지혜롭고 놀라우며 은혜로운 행동을 통해 공의와 사랑을 결합함으로써 구원의 길을 주셨다는 것이다. 그리스도인에게는 진부하게 들릴지도 모르는 이 사실의 경이로움을 우리는 잃어버리지 말아야 한다. 하나님의 특별한 언어적 계시가 없었다면 인간은 이 사실을 이해하지 못했을 것이다.

더 나아가 원시 종교의 신봉자가 하나님이 친히 우리의 죄를 담당하셨음을 분명하게 생각하더라도 그것은 비범한 추측에 불과할 것이다. 하나님이 친히 그분의 말씀으로—곧 (그 계시가 그리스도보다 이전에 주어졌다면) 그 일이 정말로 일어날 것이라거나 (그 계시가 그리스도보다 이후에 주어졌다면) 그 일이 정말로 일어났다고 선포하는 복음의 말씀으로—이 추측을 확증해 주시지 않는다면, 결코 그 생각은 구원받는 믿음을 위한 근거가 될 정도로 확실하게 견지할 수 없을 것이다. 성경은 절대로 하나님의 말씀과 무관한 인간의 추측을 믿음의 근거로 보지 않는다. 성경에 따르면, 구원받는 믿음은 언제나 하나님의 말씀의 진실성에 기초한 하나님에 대한 확신 또는 신뢰다.[9]

개인적 적용을 위한 질문

1. 여러분이 비신자에게 복음을 증언할 때 성경 읽기를 권하는 것이 필수라고 생각하는가? 성경을 읽거나, 성경이 무엇을 말하는지 듣지 않고 그리스도인이 될 수 있는가? 성경의 필요성이 우리의 선교에 어떤 영향을 미치는가?

2. 여러분은 말씀이라는 영적 양분을 세심하고 부지런히 영혼에 공급하고 있는가? 우리를 영적으로 둔감하게 만드는 것은 무엇이며, 이에 대한 해법은 무엇인가?

3. 여러분은 하나님의 뜻을 알기 위해 무엇에 시간과 노력을 쏟고 있는가? 성경에 계시된 하나님의 뜻과 우리의 감정, 양심, 논리, 사회적 의제들이 모순된다고 생각하는가? 이러한 모순을 해소하기 위해 어떤 노력을 할 수 있는가?

4. 성경에 계시된 하나님의 도덕적 원리와 기준에 근거한 입법 활동을 어떻게 생각하는가? 사회 구성원 대다수에게 이를 설득할 수 있는 타당한 근거가 있는가?

신학 전문 용어

성경의 필요성
일반 계시
특별 계시

참고 문헌

이 참고 문헌에 관한 설명으로는 1장, 60쪽을 보라. 자세한 서지 자료는 2권 부록 2에서 확인할 수 있다.

복음주의 조직신학 저술의 관련 항목

1. 성공회

1882–1892	Litton (관련 내용 없음)
1930	Thomas, 258–260
2013	Bird, 63
2013	Bray, 137–148

2. 아르미니우스주의(또는 웨슬리파/감리교)

1983	Carter, 1:288–289

3. 침례교

1767	Gill, 1:32–36
1976–1983	Henry, 1:17–29; 2:91–123; 4:494–522; 6:360–369
2013	Erickson, 144–167
1987–1994	Lewis and Demarest, 1:59–92
2007	Akin, 155–156

4. 세대주의

1947	Chafer, 1:48–60
2002–2005	Geisler, 1:65–80, 153–154, 496

5. 루터교

1934	Mueller, 90–98

6. 개혁주의(또는 장로교)

1559	Calvin, 1:69–74, 838–49(1.6; 3.19.6–16)
1679–1685	Turretin, *IET*, 1:55–61
1724–1758	Edwards, 2:479–485
1861	Heppe, 31–33
1871–1873	Hodge, 1:18–60, 364–365
1878	Dabney, 64–78
1906–1911	Bavinck, *RD*, 1:465–69
1938	Berkhof, *Intro.*, 128–33; 165–166
1998	Reymond, 56–58

2008 Van Genderen and Velema, 106–107
2013 Frame, 612–615
2016 Allen and Swain, 30–56
2017 Barrett, 145–188
2019 Letham, 52–65, 186

7. 부흥 운동(또는 은사주의/오순절)

1988–1992 Williams, 33–36, 239–241
1995 Horton, 375–376

대표적인 로마 가톨릭 조직신학 저술의 관련 항목

1. 로마 가톨릭: 전통적 입장

1955 Ott (관련 내용 없음)

2. 로마 가톨릭: 제2차 바티칸공의회 이후

1980 McBrien, 1:151–161; 245–281
2012 *CCC*, paragraphs 131–133

기타 저술

Allison, Gregg. *Historical Theology: An Introduction to Christian Doctrine; A Companion to Wayne Grudem's Systematic Theology*. Grand Rapids: Zondervan, 2011, 142–161.

Barrick, William D. "The Necessity of Scripture." *Master's Seminary Journal* 15, no. 2 (Fall 2004): 151–164.

Berkouwer, G. C. *General Revelation*. Grand Rapids: Eerdmans, 1955.

Carson, D. A., ed. *The Enduring Authority of the Christian Scriptures*. Grand Rapids: Eerdmans, 2016.

Demarest, Bruce A. *General Revelation*. Grand Rapids: Zondervan, 1982.

____. "Revelation, General." In *EDT1*, 944–945.

Frame, John M. *The Doctrine of the Word of God*. Vol. 4. Phillipsburg, NJ: P&R, 2010. (『성경론』 개혁주의신학사)

Gundry, Stanley N., Dennis L. Okholm and Timothy R. Phillips, eds. *Four Views on Salvation in a Pluralistic World*. Grand Rapids: Zondervan, 1996. (『다원주의 논쟁』 기독교문서선교회)

Henry, Carl F. H. "Revelation, Special." In *EDT*, 945–948.

Jensen, P. F. "Revelation." In *EDT3*, 747–748.

Jensen, Peter. *The Revelation of God*. Downers Grove, IL: InterVarsity Press, 2002. (『하나님의 계시』 IVP)

Kuyper, Abraham. *Principles of Sacred Theology*. Translated by J. H. de Vries. Grand Rapids: Eerdmans, 1968, 341–405 (originally published as *Encyclopedia of Sacred Theology* in 1898).

Lillback, Peter A., and Richard B. Gaffin, eds. *Thy Word Is Still Truth: Essential Writings on the Doctrine of Scripture from the Reformation to Today*. Phillipsburg, NJ: P&R, 2013.

McKim, D. K., and P. S. Chung. "Revelation and Scripture." In *GDT*, 758–767.

Moore, Russell D. "Natural Revelation." In *A Theology for the Church*, edited by Daniel L. Akin et al., 71–117. Nashville: B&H, 2014.

Packer, J. I. "Scripture." In *NDT1*, 821–825.

Van Til, Cornelius. *Common Grace and the Gospel*. Nutley, NJ: Presbyterian and Reformed, 1973. (『개혁주의 일반 은총론』 개혁주의신학사)

____. *In Defense of the Faith*. Vol. 1, *The Doctrine of Scripture*. Ripon, CA: den Dulk Christian Foundation, 1967, 1–15.

____. *In Defense of the Faith*. Vol. 5, *An Introduction to Systematic Theolog#*. Phillipsburg, NJ: Presbyterian and Reformed, 1976, 62–109. (『개혁주의 신학 서론』 기독교문서선교회)

Ward, Timothy. *Words of Life: Scripture As the Living and Active Word of God*. Downers Grove, IL: IVP Academic, 2009.

성경 암송 구절

마태복음 4:4 | 예수께서 대답하여 이르시되 기록되었으되 사람이 떡으로만 살 것이 아니요, 하나님의 입으로부터 나오는 모든 말씀으로 살 것이라 하였느니라 하시니.

찬송가

"여호와여, 주의 율례들의 도를 내게 가르치소서"

여호와여, 주의 율례들의 도를 내게 가르치소서
내가 끝까지 지키리이다
나로 하여금 깨닫게 하여 주소서
내가 주의 법을 준행하며 전심으로 지키리이다

나로 하여금 주의 계명들의 길로 행하게 하소서
내가 이를 즐거워함이니이다
내 마음이 주의 증거들을 향하게 하시고
탐욕을 향하지 말게 하소서

내 눈을 돌이켜 허탄한 것을 보지 말게 하시고
주의 길에서 나를 살아나게 하소서
주를 경외하게 하는 주의 말씀을
주의 종에게 세우소서

내가 두려워하는 비방을 내게서 떠나게 하소서
주의 규례들은 선하심이니이다
내가 주의 법도들을 사모하였사오니
주의 의로 나를 살아나게 하소서

□ 출처: *The Psalter*(시 119:33-40)

이번 장을 위한 또 다른 찬송가로 "먼저 그 나라와 의를 구하라"를 부를 수도 있다. 이 노래의 2절("사람이 떡으로만 살 것 아니요……")에서는 마태복음 4:4을 인용하며, 우리의 영적인 생명을 유지하는 데 성경이 필수적이라는 점을 표현한다. 우리는 하나님의 입에서 나오는 모든 말씀을 먹으며 살아간다. 이 노래의 다른 절에서는 성경의 필요성 교리를 직접적으로 다루지는 않지만 복음적인 초대의 말을 담고 있다.[1, 4, 5절] 이 노래는 모든 절에서 성경을 직접 인용하고 있으며, 이 노래를 부르고 묵상함으로써 우리는 영적인 양분을 얻을 수 있다.

현대 찬양곡

"예수 안에"

예수 안에 소망 있네 내 빛과 힘 나의 노래
환란 중에 도우시는 주 나의 견고한 반석
크신 사랑 크신 평화 두렴에서 날 건지네
내 위로자 내 모든 것 주 사랑 안에 서리라

완전하신 하나님이 우리와 같이 되셨네
주 사랑과 그 공의로 세상을 구원하셨네
십자가에 주 달리사 그 진노를 거두셨네
내 모든 죄 담당하신 주 은혜 안에 살리라

죽임당한 세상의 빛 어둠 속에 누이셨네
영광스런 그의 날에 무덤에서 부활했네
승리하신 우리 주님 원수들을 물리쳤네
나 주의 것 주 나의 것 주 보혈 안에 살리라

주 예수의 능력으로 내 속에 두려움 없네
나의 사는 모든 순간 주께서 다스리시네
어느 것도 주 손에서 날 빼앗지 못하리라
주 오실 날 기다리며 주 능력 안에 서리라

◈ ———

오직 그리스도 안에 소망 있네
그분은 나의 빛, 나의 힘, 나의 노래
모퉁잇돌과 견고한 반석
가장 혹독한 가뭄과 폭풍 속에도 흔들리지 않네
이 얼마나 크신 사랑, 깊은 평화인가
두려움은 사라지고 분투는 끝나리니
나의 위로자, 나의 모든 것 되시는 분
그리스도의 사랑 안에 나 서 있네

오직 그리스도만이 육신을 입고 오셨네
무력한 아기로 오신 하나님의 충만하심
사랑과 의로움의 선물을 주시네
구원하러 오신 그분을 사람들은 멸시했네
예수께서 죽으신 그 십자가 위에서
하나님의 진노가 멈추었네
모든 죄를 그분이 지셨으니
그리스도의 죽음 안에서 나 사네

무덤 안에 그분의 몸이 놓여 있네
어둠에 의해 죽임 당한 세상의 빛
영광스러운 날에 무덤을 이기고
그분이 다시 살아나셨네
그분이 승리하셨기에
죄의 저주가 더 이상 나를 지배하지 못하네
나는 그분의 것, 그분은 나의 것
그리스도의 보혈로 나를 사셨네

이생의 죄책도 없고, 죽음의 두려움도 없네
그리스도의 능력을 힘입어
요람에서 무덤까지
예수께서 내 삶을 주관하시네
지옥의 권세도, 인간의 술수도
그분의 손에서 나를 떼어낼 수 없네
그분이 다시 오시거나 나를 본향으로 부르실 때까지
그리스도의 능력 안에 나 서 있으리

□ 키스 게티, 스튜어트 타운넨드 작사 10

주

1 이어지는 로마서 10:18에서 시편 19:4을 인용하며 "그 소리가 온 땅에 퍼졌고 그 말씀이 땅 끝까지 이르렀도다"라고 말하는 것은, 모든 곳에서 모든 사람이 복음의 메시지나 그리스도의 메시지를 이미 들었음을 암시한다고 반론을 제기하는 사람도 있을 것이다. 하지만 시편 19편의 맥락에서 4절은 그리스도의 구원 사역이 아니라 자연의 피조물, 특히 천상의 피조물이 하나님의 영광과 그분의 창조 활동의 위대함을 선포한다는 사실만을 말할 뿐이다. 여기서는 그리스도를 통한 구원의 선포를 전혀 염두에 두고 있지 않다. 모든 곳에서 모든 사람이 자연 계시를 통해 그리스도의 복음을 듣는다는 생각은 바울의 선교 활동과도 모순을 이룰 것이다.

2 하나님이 그리스도에 대해 한 번도 들어본 적이 없는 사람들을 심판하시는 것이 온당한지를 묻는 물음에 관해서는 19장 761-763쪽과 2권 32장 76-78쪽을 보라.

3 이 주장은 성경이 참으로 하나님의 말씀이며, 우리는 적어도 성경의 일부를 바르게 이해하고 있다고 확신하고 있음을 전제한다. 하지만 이 시점에서 앞 장에서 논의한 성경의 명료성 교리 덕분에 우리는 성경의 교리를 바르게 이해할 수 있다고 확신하며, (하나님의 말씀의 여러 가지 형태와 성경의 권위를 다룬 앞 장들에서 논의했듯이) 성경의 압도적인 증언과 성령의 사역을 통해 우리는 하나님이 성경의 저자임을 확인할 수 있다. 이런 의미에서 이 주장은 순환 논리보다는 나선형 구조, 곧 성경에 관한 교리의 각 항목이 다른 항목을 강화하고 그 교리의 다른 항목의 진실성에 대한 우리의 확신을 심화하는 형태와 같다. 이 과정을 통해 우리는 성경을 보다 많이 공부하고 묵상할수록 성경이 하나님의 말씀이고 진리이며 명료하고 성경으로부터 얻은 지식이 확실하다는 확신이 점점 더 강해진다.

우리는 성경이 하나님의 말씀이라는 사실 또는 성경의 어느 하나의 가르침에 대한 우리의 해석, 또한 이것들에 대해 우리가 어느 정도로 확신하는지를 말할 수 있다. 따라서 개인적인 경험의 관점에서는 성경이 하나님의 영감으로 되었으며 명료하다고 확신하는 만큼, 성경에서 얻은 지식이 옳다는 확신도 더 커지게 된다고 말할 수 있다.

하지만 신학적인 관점에서는, 우리가 성경이 하나님의 감동으로 되었으며 그 가르침을 (적어도 성경의 중요한 가르침을) 바르게 이해할 수 있다는 주장으로부터 시작한다면, 성경에서 얻은 지식이 우리의 그 어떤 지식보다 확실하다고 말하는 것이 적절하다.

4 일반 계시와 특별 계시의 정의를 위해서는 226-228쪽을 보라.

5 신학자 칼 바르트(Karl Barth)는 자연적 인간이 자연에서 발견되는 일반 계시를 통해 하나님에 관해 무언가를 알 수 있음을 부인했으며, 그리스도 안에 있는 하나님의 은혜에 대한 지식을 통해서만 하나님에 대한 지식을 얻을 수 있다고 주장했다. 자연 계시에 대한 그의 급진적인 거부는 광범위하게 수용되지 못했다. 이 주장은 로마서 1:21이 하나님에 대한 실제적인 지식이 아니라 이론적인 지식을 의미한다는 가능성이 적은 견해에 기초해 있다.

6 비신자의 양심은 문화적 영향이나 개인적 환경에 따라 도덕의 다양한 영역에서 억눌리거나 굳어질 것이다. 예를 들어, 식인 풍습이 있는 사회의 경우 살인이라는 악에 대해 많은 구성원들의 양심이 굳어지고 둔감한 반면, 현대 미국 사회의 경우는 거짓말이나 부모의 권위를 존경하지 않는 태도, 성적 부도덕이라는 악에 관한 양심이 굳어지고 있다. 그뿐만 아니라 특정한 죄를 반복적으로 저지르는 개인들은 시간이 흐르면 양심의 가책이 약해지는 것을 발견하게 되는 경우가 많다. 도둑이 한두 번 도둑질한 뒤에는 큰 죄책감을 느낄지도 모르지만, 도둑질을 스무 번째 한 뒤에는 죄책감을 느끼지 않을 것이다. 도둑질을 할 때

마다 양심의 증언은 여전히 존재하지만 그 증언이 반복적인 악함에 의해 억제된다. (바울은 디모데전서 4:2에서 "자기 양심이 화인을 맞"은 사람들에 관해 이야기한다.)

7 일반 계시 교리의 역사와 그 성경적 근거에 관한 자세한 논의로는 Bruce Demarest, *General Revelation* (Grand Rapids: Zondervan, 1982) 참조. 또한 이 교리에 대한 탁월한 논의로는 Gordon R. Lewis and Bruce A. Demarest, *Integrative Theology* (Grand Rapids: Zondervan, 1987-1994), 1:59-91을 보라. (『통합신학』 부흥과개혁사)

8 하나님이 개인에게 친히 하신 말씀, 인간의 입을 통해 하나님이 하신 말씀, 성경 안에 있는 하나님의 말씀에 관한 논의로는 2장, 72-76쪽을 보라. 이 모두는 특별 계시의 범주 안에 포함된다.

9 신약에서는 구체적으로 하나님의 말씀을 가리켜, 곧 하나님이 사람들에게 영적인 생명을 주실 때 사용하는 매개체라고 말한다는 사실도 지적해 두어야 한다(약 1:18; 벧전 1:23).

10

8. 성경의 네 가지 특징 :(4) 충분성

하나님께서 우리에게 원하시는 바, 곧 우리가 무엇을 생각하고 행동하기를 원하시는지 알고자 할 때 성경으로 충분한가?

설명과 성경적 기초

우리는 성경 안에 있는 하나님의 말씀 외에 다른 하나님의 말씀을 찾아야 하는가? 성경의 충분성 교리는 이 물음을 다룬다.

A. 성경의 충분성에 대한 정의

성경의 충분성The sufficiency of Scripture이란 성경이 우리의 구원을 위해, 하나님을 온전하게 신뢰하고 순종하기 위해 필요한 하나님의 모든 말씀을 담고 있음을 뜻한다.

이 정의는 오직 성경 안에서만 하나님이 우리에게 주시는 말씀을 찾아야 함을 강조한다.[1] 또한 이 정의는 하나님이 성경 안에서 말씀하신 바가 우리에게 충분하다고 여기며, 그분이 우리에게 주신 위대한 계시를 기뻐하고 그것으로 만족해야 함을 상기시킨다.

바울이 디모데에게 했던 말에서 이 교리에 대한 중요한 성경적 지지와 설명을 확인할 수 있다. "또 어려서부터 성경을 알았나니 성경은 능히 너로 하여금 그리스도 예수 안에 있는 믿음으로 말미암아 구원에 이르는 지혜가 있게 하느니라."딤후 3:15 문맥에 따라 여기서 "성경"은 기록된 형태의 하나님 말씀임을 알 수 있다.딤후 3:16 이것은 성경 안에 있는 하나님의 말씀이 우리가 구원받기 위해 필요한 모든 하나님의 말씀임을 뜻한다. 이 말씀은 우리로 하여금 "구원에 이르는 지혜"가 있게 한다. 이 점은 성경 말씀이 우리를 구원으로 이끌기 위해 하나님이 사용하시는 강력한 수단이라고 말하는 다른 본문에 의해서도 확증된다.약 1:18; 벧전 1:23

다른 본문에서는 성경이 우리로 하여금 그리스도인의 삶을 살 수 있는 능력을 갖추도록 하기에 충분하다고 말한다. 다시 한번 바울은 디모데에게 쓴 편지에서 "모든 성경은 하나님의 감동으로 된 것으로 교훈과 책망과 바르게 함과 의로 교육하기에 유익하니 이는 하나님의 사람으로 온전하게 하며 모든 선한 일을 행할 능력을 갖추게 하려 함이라"고 말한다.딤후 3:16-17

여기서 바울은 성경이 기록되게 하신 하나님의 목적은 우리를 훈련시켜 "모든 선한 일을 행할 능력을 갖추게" 하는 것이라고 말한다. 이 본문은 하나님이 그리스도인으로서 행하기를 원하시는 "선한 일"이 있다면, 하나님이 그분의 말씀을 통해 그 일을 할 수 있도록 그리스도인을 훈련시킬 준비를 하신다고 말한다. 따라서 성경에서 가르치는 선한 일 이외에 하나님이 우리에게 원하시는 "선한 일"이란 존재하지 않는다. 성경은 우리가 모든 선한 일을 행할 능력을 갖추게 한다.

시편 119:1에서도 비슷한 가르침을 발견할 수 있다. "행위가 온전하여 여호와의 율법을 따라 행하는 자들은 복이 있음이여." 이 구절은 "온전"함과 "여호와의 율법을 따라 행"함을 동일시한다. 온전한 사람들은 여호와의 율법을 따라 행하는 이들이다. 여기서도 다시 한번 하나님이 우리에게 요구하시는 모든 것이 그분의 기록된 말씀 안에 적혀 있다고 말한다. 성경이 명령하는 모든 것을 행하는 것이 곧 하나님이 보시기에 온전한 사람이 되는 것이다.

따라서 하나님이 보시기에 우리가 도덕적으로 온전해지려면 성경에서 명령하신 것 이외에 다른 무엇을 해야 하는가? 아무것도 하지 않아도 된다. 성경의 말씀을 지키기만 하면 우리는 "온전"하며 하나님이 우리에게 기대하는 "모든 선한 일"을 행하는 셈이다.

B. 우리는 하나님이 특정한 주제에 관해 말씀하신 모든 것을 찾을 수 있으며, 우리의 물음에 대한 답을 찾을 수 있다

물론 우리는 이 땅에서 성경의 모든 말씀에 결코 온전하게 순종할 수 없음을 깨닫는다.약 3:2; 또한 요일 1:8-10 참조 따라서 처음에는 우리가 행해야 하는 모든 것이 하나님이 성경에서 우리에게 명령하신 바라고 말하는 것이 크게 중요해 보이지 않을지도 모른다. 이 땅에서는 결코 그 모든 것에 순종할 수 없을 것이기 때문이다. 하지만 성경의 충분성이라는 진리는 우리 그리스도인의 삶을 위해 대단히 중요하다. 왜냐하면 이 진리는 하나님이 우리에게 주시는 말씀을 찾고자 할 때 오직 성경에만 초점을 맞출 수 있게 하고, 하나님이 우리에게 무엇을 요구하시는지 알아내기 위해 역사 속에서 그리스도인들이 쓴 모든 글, 교회의 모든 가르침, 날마다 우리 마음속에 떠오르는 모든 주관적인 감정과 인상[2]을 샅샅이 살펴보는 끝없는 작업을 하지 않아도 되기 때문이다. 이것은 실천적인 의미에서 우리가 수많은 성경의 가르침에 관해 분명한 결론에 이를 수 있음을 의미한다. 예를 들어, (일정한 연구가 필요하겠지만) 결혼과 이혼, 자녀에 대한 부모의 책임, 그리스도인과 시민 정부 사이의 관계와 같은 문제와 직접적으로 연관된 모든 성경 본문을 찾아내는 것은 가능하다.

그뿐만 아니라 이 교리는 속죄나 그리스도의 인격, 오늘날 신자의 삶에서 행하시는 성령의 사역과 같은 교리적 문제와 직접적으로 연관된 모든 본문을 수집하는 것도 가능함을 의미한다. 이런 문제와 다른 수백 가지의 도덕적, 교리적 문제에 있어서 성경의 충분성에 관한 성경의 가르침은, 하나님이 이러한 영역에서 우리가 무엇을 생각하거나 행하도록 요구하시는지 우리가 알아낼 수 있을 것이라는 확신을 준다. 이 많은 분야에서 우리는 역사 내내 존재했던 대다수의 교회와 더불어 하나님이 우리에게 원하시는 바, 곧 우리가 무엇을 생각하고 행동하기를 원하시는지 알아내고 이를 바르게 공식화해 왔다는 확신을 얻을 수 있다. 간단히 말해서, 성경의 충분성이라는 교리는 우리에게 조직신학과 윤리학을 공부하고 우리의 문제에 대한 답을 찾는 것이 가능하다고 말한다.

이 점에 관해 우리는 로마 가톨릭 신학자들과 다르다. 그들은 우리가 역사 내내 존재했던 교회의 공식적 가르침에 귀를 기울이기 전까지는 특정 주제에 관해 하나님이 우리에게 말씀하시는 모든 것을 알아낼 수 없다고 말할 것이다. 『가톨릭 교회 교리서』는 "계시의 전달과 해석을 위임받은 교회는 오로지 성경으로만 계시된 모든 진리에 대한 확실성에 이르게 되는 것은 아니다. 이런 이유로 이 둘성경과 전통을 경건한 애정과 존경으로써 동일하게 받아들이고 공경해야 한다"고 말한다.[3]

우리는 성경 안에서 하나님이 우리에게 무엇을 말씀하시는지 이해하는 데 교회 역사가 도움이 되지만, 하나님은 결코 그 역사 속에서 성경의 가르침이나 명령에 무언가를 추가하지 않으셨다고 대답할 것이다. 성경은 "모든 선한 일"을 위해 우리를 준비시키기에 충분하며, 그 길을 걷는 것이 곧 하나님이 보시기에 "온전"해지는 것이다. 이것이 바로 "오직 성경으로"*Sola Scriptura*라는 종교개혁의 교리다.

이 점에 관해 우리는 비복음주의 신학자들, 곧 성경이 특별하고 절대적 권위를 지닌 하나님의 말씀이라고 확신하지 않으며, 따라서 하나님이 인류에게 말씀하신 바를 찾기보다는 하나님과의 관계에서 많은 초기 그리스도인들이 경험한 바를 찾기 위해 성경뿐만 아니라 수많은 다른 초기 기독교 문서를 연구하는 이들과도 다르다. 그들은 하나님이 특정한 문제에 관해 우리가 무엇을 생각하고 행하기를 원하시는지에 대해 단일하고 통일된 결론에 이를 수 있다고 기대하지 않으며, 몇몇 주요한 통합적 사상을 중심으로 수집된 다양한 견해와 관점을 발견할 수 있을 것이라고 기대할 뿐이다. 따라서 초대교회의 그리스도인들이 견지했던 모든 관점이 오늘날 그리스도인들에게도 유효한 관점이 될 가능성이 있다고 본다. 이에 관해 신학적, 윤리적 물음의 답을 찾으려는 우리의 노력은, 교회 역사 속에서 다양한 신자들이 무엇을 생각했는지 알아내려는 시도가 아니라, 하나님이 친히 성경 안에서 또는 오직 성경 안에만 담겨 있는 그분의 말씀 안에서 우리에게 무엇을 말씀하셨는지 찾아내고 이해하려는 노력이라는 것이다.

C. 주어진 성경의 양은 구속사의 각 단계마다 충분했다

성경의 충분성 교리는 하나님이 구속사의 어떤 시점에 백성들에게 이미 했던 말씀에 말씀을 더 추가할 수 없다거나 또는 단번에 성경 전체를 주셔야 했음을 암시하지 않는다. 왜냐하면 사실 그분은 약 1,500년에 걸쳐 "여러 부분과 여러 모양으로" 성경을 주셨기 때문이다.[히 1:1] 오히려 이 교리는 어떤 인간 저자도 하나님이 이미 하신 말씀 위에 다른 말을 더할 수 없음을 암시한다. 더 나아가 이 사실은 하나님이 성경을 통해 우리에게 하신 말씀이외에, 우리가 믿거나 순종해야 할 다른 어떤 말씀도 하나님이 하지 않으셨음을 암시한다.

이 점은 중요하다. 왜냐하면 하나님이 어떻게 구속사의 여러 지점에서 그분의 백성들에게 주신 말씀으로 충분하다고 하실 수 있는지, 또한 하나님이 나중에 그 말씀에 무언가를 더하실 수 있었는지 우리가 이해하도록 돕기 때문이다. 예를 들어, 신명기 29:29에서 모세는 "감추어진 일은 우리 하나님 여호와께 속하였거니와 나타난 일은 영원히 우리와 우리 자손에게 속하였나니 이는 우리에게 이 율법의 모든 말씀을 행하게 하심이니라"고 말한다.

이 구절은 하나님이 우리에게 무언가를 계시하실 때 언제나 그분이 이를 주도해 오셨음을 상기시킨다. 그분은 무엇을 계시할지와 무엇을 계시하지 않을지를 결정해 오셨다. 구속사의 각 단계에서 하나님이 계시하신 것은 그 시대의 백성들을 위한 것이었으며, 그들은 이를 공부하고 믿으며 순종해야 했다. 구속사가 진행됨에 따라 이 역사를 기록하고 해석하는 하나님의 말씀이 더 많이 더해졌다.정경의 발전에 관해서는 3장 참조

모세가 죽었을 때 하나님의 백성들은 구약의 처음 다섯 책으로도 충분했다. 하지만 하나님은 이후 시대의 신자들에게 성경이 충분할 수 있도록 후대의 저자들에게 더 많은 것을 추가하라고 명령하셨다. 신구약에 담긴 하나님의 말씀은 오늘날 그리스도인들, 곧 교회 시대를 살아가는 우리에게 충분하다. 그리스도의 죽음과 부활과 승천, 초대교회의 설립, 신약 정경에 포함될 책들의 수집, 이런 일들 이후에는 역사 안에서 하나님의 핵심적인 구원 활동(이후 모든 시대 모든 하나님의 백성에게 직접적인 영향을 미치는 활동)이 더 이상 일어나지 않았고, 따라서 우리를 위한 그분의 활동을 기록하고 해석할 추가적인 말씀은 더 이상 주어지지 않았다.

이것이 의미하는 바는, 우리가 정경의 여러 본문을 인용하여, 하나님이 각각의 특정한 시대마다 백성들에게 충분한 계시를 주신다는 원리가 동일하게 유지되었음을 보여줄 수 있다는 것이다. 이런 의미에서 더 이른 시기에 성경이 충분했다고 말하는 구절들은 우리에게도 직접적으로 적용될 수 있다. 다만 우리의 상황과 연관된 성경의 범위는 원래의 상황과 연관된 범위보다 더 크다.

내가 너희에게 명령하는 말을 너희는 가감하지 말고 내가 너희에게 내리는 너희 하나님 여호와의 명령을 지키라.신 4:2

내가 너희에게 명령하는 이 모든 말을 너희는 지켜 행하고 그것에 가감하지 말지니라.신 12:32

하나님의 말씀은 다 순전하며 하나님은 그를 의지하는 자의 방패시니라. 너는 그의 말씀에 더하지 말라. 그가 너를 책망하시겠고 너는 거짓말하는 자가 될까 두려우니라.잠 30:5-6

내가 이 두루마리의 예언의 말씀을 듣는 모든 사람에게 증언하노니 만일 누구든지 이것들 외에 더하면 하나님이 이 두루마리에 기록된 재앙들을 그에게 더하실 것이요 만일 누구든지 이 두루마리의 예언의 말씀에서 제하여 버리면 하나님이 이 두루마리에 기록된 생명나무와 및 거룩한 성에 참여함을 제하여 버리시리라.계 22:18-19 4

D. 성경의 충분성 교리의 실천적 적용

성경의 충분성 교리는 그리스도인의 삶에 몇 가지 실천적 적용점을 가진다. 아래의 목록을 제시하는 것은 도움을 주기 위함이지 모든 적용점을 나열하고자 함이 아니다.

1. 우리는 신학과 윤리를 가르칠 수 있다

성경의 충분성은 하나님이 우리에게 (특정한 교리적 문제에 관해) 무엇을 생각하거나 (특정한 상황에서) 행하도록 요구하시는지를 발견하려고 노력할 때 격려가 된다. 우리는 하나님이 이 문제들에 관해 우리에게 말씀하기를 원하시는 모든 것을 성경에서 발견할 수 있다는 사실로부터 격려를 얻어야 한다. 이것은 성경이 우리가 생각하는 모든 물음에 답한다는 뜻이 아니다. "감추어진 일은 우리 하나님 여호와께 속하였"기 때문이다.신 29:29 하지만 이것이 의미하는 바는, 우리가 그리스도인으로 살아가면서 중요한 문제를 만날 때 하나님이 그 문제를 위한 지침을 성경을 통해 제공하시리라는 확신을 가지고 성경에 접근할 수 있다는 것이다.

물론 우리가 찾은 답이 성경이 우리의 문제에 관해 직접적으로 말하지 않은 것일 때도 있다. (예를 들어, 성경을 통해 주일 아침에 어떤 예배 순서를 따라야 할지, 기도할 때 무릎을 꿇는 것이 좋은지 서 있는 것이 좋은지, 하루 중 어느 때 식사를 해야 하는지 등을 알아내고자 한다면 그런 답을 발견하지 못할 것이다.) 이런 경우에 우리는 하나님이 그 문제에 관해 (우리의 태도와 목적에 관한 더 일반적인 원칙을 제외하고는) 특정한 방식으로 생각하거나 행동하라고 우리에게 요구하지 않으셨다고 결론 내릴 수 있다. 하지만 다른 많은 경우에는 "모든 선한 일"딤후 3:17을 할 수 있도록 우리를 준비시키기 위한 그분의 직접적인 지침을 발견할 수 있을 것이다.

우리가 살아가면서 성경의 지침을 찾고자 노력한다면, 우리의 문제와 물음에 대한 정확하고 세심하게 공식화된 답을 찾는 능력이 점점 더 커질 것이다. 따라서 평생에 걸쳐 성경을 이해하는 능력을 기르는 과정에는 성경의 가르침을 바르게 이해하고 그것을 특정한 문제에 적용하는 능력을 기르는 과정이 포함될 것이다.

2. 우리는 다른 어떤 문서도 성경에 또는 성경과 나란히 추가해서는 안 된다

성경의 충분성은 우리가 성경에 아무것도 더해서는 안 되며 다른 어떤 문서도 성경과 동등한 가치를 지닌다고 생각해서는 안 된다는 것을 우리에게 상기시킨다. 기독교의 비정상적인 분파나 종파들 대다수가 이 원칙을 위반하고 있다. 예를 들어, 몰몬교인들은 성경을 믿는다고 주장하지만 동시에 『몰몬경』의 신적 권위를 주장하며 사실상 이 문서에 더 높은 권위를 부여한다(또한 그들은 잘못된 전달과 번역을 통해 성경 안에 수많은 오류가 들어 있다고 말한다). 크리스천 사이언스도 성경을 믿는다고 주장하지만, 실제로는 성경보다 메리 베이커 에디가 쓴 문서*Science and Health with a Key to the Scriptures*에 더 높은 권위를 부여한다. 이 주장들은 하나님의 말씀에 아무것도 더하지 말라는 그분의 명령을 위반하기 때문에 이런 문서에서 하나님이 우리에게 주시는 추가적인 말씀을 찾을 수 있다고 생각해서는 안 된다. 심지어는 기독교 안에서도 성경이 말하는 바를 넘어서는 추측에 근거해, 죽었다가 다시 살아나는 경험을 했다거나 하나님이나 천국에 관한 새로운 생각을 확신에 찬 목소리로 주장할 때 비슷한 오류를 범하는 경우가 있다.

바로 이 원칙 때문에 우리는 더 많은 하나님의 말씀, 예수와 사도들이 지상에 있는 동안 했던 말씀을 더 찾을 수 있으리라는 희망을 품고 다른 고대 문헌을 뒤질 필요가 없다. 예를 들어, 교회사의 첫 수백 년 동안 참된 복음서라고 주장하는 수많은 다른 문서가 만들어졌지만, 결국 이 문서들은 살아 있는 사도들이나 이후에 그 가르침을 따랐던 사람들에 의해 전부 거부되었다. 여기에는 베드로복음, 도마복음, 빌립복음, 마리아복음 등 수많은 문서가 포함된다.[5] 물론 이 문서들 안에 있는 예수의 말씀 중 일부는 예수께서 실제로 하신 말씀일 수도 있다(하지만 현재 우리는 어떤 말씀이 참으로 예수께서 하신 말씀인지 정확히 판단하는 것이 불가능하다). 그러나 우리가 이런 말씀들을 읽어 보지 못했더라도 그것은 그리스도인의 삶에 중요하지 않을 것이다. 왜냐하면 하나님은 온전히 그분을 신뢰하고 순종하기 위해 우리가 알아야 할 예수의 모든 말씀과 행적을 성경 안에 기록되게 하셨기 때문이다. 그와 같은 예수 말씀 모음집은 언어학적 연구 또는 교회사 연구에 제한적으로 가치가 있겠지만, 그리스도의 삶과 가르침에 관해 무엇을 믿어야 하는지를 배우거나 교리적, 윤리적 신념을 공식화하고자 할 때는 우리에게 어떤 직접적인 가치도 없다.

또한 이 시점에서 성경과 나란히 제시되는 다른 문서(성경 외부의 1세기 기독교 문헌이든, 로마 가톨릭 교회의 축적된 가르침이든, 『몰몬경』과 같은 다른 종파의 문서이든)의 형태로 성경의 충분성에 대한 도전이 제기될 때마다 언제나 (1) 성경 자체의 가르침에 대한 강조를 약화시키고 (2) 성경과 모순된 것을 가르치기 시작하는 결과를 초래한다는 것을 지적해 두어야 한다. 이것은 교회가 언제나 경계해야 할 위험이다.

3. 우리는 오늘날 하나님이 주시는 어떤 계시도 성경과 동등한 권위를 지닌다고 여겨서는 안 된다

교회사의 다양한 시대에서, 특히 현대의 은사주의 운동 때 사람들은 하나님이 교회의 유익을 위해 자신을 통해 계시를 주셨다고 주장했다. 이런 주장을 어떻게 평가하든지 상관없이[6] 우리는 결코 이런 계시를 성경과 동등한 수준에 두지 않도록 조심해야 한다.[7] 우리는 하나님이 그분 자신이나 그분이 하시는 일에 관해, 이런 계시에는 포함되어 있지만 성경에는 포함되어 있지 않은 어떤 것을 믿으라고 요구하지 않으신다고 주장해야 한다. 그리고 이런 수단을 통해 우리에게 전해지지만 성경에 의해 확증되지 않은 어떤 도덕적 명령에도 순종할 것을 요구하지 않으신다고 주장해야 한다. 성경에는 우리가 그분을 온전히 신뢰하고 순종하기 위해 우리에게 필요한 모든 하나님의 말씀이 담겨 있다.[8]

우리가 성령의 인도하심을 받는다는 주관적인 느낌에 관해 나는 그것이 그리스도인의 일상적인 삶에서 유효한 부분일 수 있다고 믿지만,행 16:6-7; 또한 롬 8:9, 14, 16; 갈 5:16-18, 25 참조 성령께서는 성경의 명령에 불순종하도록 우리를 인도하지 않으실 것이다. 또한 성령의 개인적인 인도하심에 대한 우리의 감각은 결코 성경과 동일한 무게를 지닐 수 없음을 기억해야 한다. 개인적인 적용 가능성의 한계에 추가적으로 조심해야 할 내용을 덧붙이고자 한다. 나는 하나님이 (예를 들어, 목요일마다 금식하는 것이나 일요일 신문 구독을 취소하겠다는 결정처럼) 특정한 행동을 취하도록 개인적으로 인도하실 수 있다고 믿지만, 그런 결정을 자신이 속한 교회의 모든 그리스도인에게 (목요일마다 금식을 하거나 일요일 신문 구독을 취소해야 한다고) 강요하면 안 된다. 성경의 명령만이 모든 그리스도인에게 보편적으로 적용될 수 있다.롬 14:1-12 참조

4. 우리는 성경에 의해 (명시적이든 암묵적이든) 금지되지 않은 어떤 것도 죄로 간주해서는 안 된다

모든 세대마다 이미 성경이 금지하는 죄의 목록에 무언가를 더하려는 유혹을 느낀다. 하지만 성경의 충분성은 명시적이든 암묵적이든 성경이 금지하지 않는 것은 어떤 것도 죄가 아님을 상기시켜 준다. 여호와의 율법을 따라 걷는 것은 "온전"함이다.시 119:1 그러므로 이미 성경에 명시된 금지 이외에 다른 것을 더해서는 안 된다.

이전 세대의 일부 기독교 지도자와 교회는 사람들에게 극장에 가지 않기, 춤추지 않기, 카드 놀이 하지 않기와 같은 특정한 규칙을 따르라고 요구했다.[9] 오늘날 이런 구체적인 금기를 주창하는 교회는 거의 없지만, (내가 생각하기에) 우리는 여전히 그리스도인들이 이미 존재하는 광범위한

경계 안에서 다양한 개인적 선호를 기꺼이 용인해야 하는 삶의 여러 영역에서까지 새로운 규칙을 부과하지 않도록 조심해야 한다. 여기에는 음식에 대한 기호(유기농이나 채식주의), 아기(언제 낳을지, 얼마나 많이 낳을지, 얼마나 많이 입양할지), 학교(홈스쿨링, 기독교 학교, 공립 학교), 건강(운동을 얼마나 많이 할지, 몸무게를 어떻게 조절할지), 휴일(할로윈과 성탄절, 부활절, 사순절을 어떻게 지킬지), 시간(가족, 운동, 교회 활동, 직업에 얼마나 많은 시간을 할애할지), 음악적 기호, 면도하는 방식 등이 포함될 것이다. 나는 이 각각의 범주에서 지혜로운 결정과 어리석은 실수를 행할 수 있다는 데 동의하지만, 성경이 무언가를 명확히 요구하거나 금지하지 않는다면 그리스도인들의 다양한 개인적 선택은 허용되는 것이 마땅할 것이다.[10]

더 나아가 성경 자체가 금지하는 죄의 목록에 우리가 무언가를 추가할 때마다 교회와 개별 신자들의 삶은 해를 입게 될 것이다. 성령은 성경으로부터 하나님의 승인을 받지 못하는 규칙에 순종할 수 있는 능력을 우리에게 주지 않으실 것이며, 신자들은 그들의 마음에 새겨진 하나님의 율법과 일치하지 않는 명령에 순종하기를 일반적으로 기뻐하지 않을 것이다. 어떤 경우에 그리스도인들이 전혀 죄가 아님에도 죄라고 생각하는 것에 대해 승리할 수 있게 하나님께 간구할 수 있지만 어떤 승리도 주어지지 않을 것이다. 왜냐하면 그런 태도나 행동은 사실 죄가 아니며 하나님께 반역하는 태도나 행동도 아니기 때문이다. 일반적으로 그 결과는 기도에 대한 큰 실망과 그리스도인의 삶에서 겪는 좌절일 것이다.

다른 경우에 그 결과는, 이 새로운 죄들에 대해 지속적으로 불순종하고 그와 더불어 잘못된 죄책감과 하나님으로부터의 소외감을 경험하게 되는 것이다. 이 새로운 규칙을 따르는 이들은 그 규칙을 점점 더 강경하게 율법주의적으로 고집하는 경우가 많고, 그로 인해 교회 안에서 신자들 사이의 참된 사귐은 사라지게 될 것이다. 복음 전도의 문이 막히는 경우도 많을 것이다. 왜냐하면 신자의 삶을 통해 이루어지는 조용한 복음 선포에, 그리스도의 몸을 이루는 지체가 되기 위해서는 이처럼 통일된 생활 양식을 따라야 한다는 추가적인 요구 사항이 포함된 것처럼 (외부자들에게) 보일 것이기 때문이다.

이런 방식으로 성경의 명령에 무언가를 추가하는 한 가지 분명한 사례는 인공적인 산아 제한 방법에 대한 로마 가톨릭의 반대다. 하지만 우리는 성경 안에서 이 정책에 대한 어떤 유효한 지지도 찾을 수 없다. 그 결과는 넓게 퍼진 불순종과 소외감, 거짓 죄책감이었다. 하지만 이런 규칙을 만들고자 하는 인간의 본질적인 성향이 강하기 때문에 아마도 대부분의 모든 교파의 기록된 또는 기록되지 않은 전통에서 다른 사례를 확인할 수 있을 것이다.

5. 우리는 (명시적이든 암묵적이든) 성경에 없는 명령은 어떤 것도 우리에게 요구된 것이라고 생각해서는 안 된다

이 주장은 우리가 하나님의 뜻을 찾고자 할 때 상황이나 감정의 변화를 구하는 기도를 통해 인도하심을 추구하거나 또는 성경과는 무관하게 성령의 직접적인 인도하심을 추구하기보다는, 성경이 가르치는 바에 초점을 맞추어야 함을 상기시킨다. 또한 누군가가 하나님이 우리에게 무언가를 해야 한다고 말씀하시는 메시지를 받았다고 주장할 경우, 성경 자체를 우리의 상황에 적용함으로써 그 메시지가 확증되지 않는 한 그에 불순종하는 것이 죄라고 생각할 필요가 없다.

이 위대한 진리를 발견할 때 오랜 시간 동안 성경 밖에서 하나님의 뜻을 찾으려고 노력했지만 그 뜻을 발견했는지 확신할 수 없는 경우가 많았던 수많은 그리스도인들은 큰 기쁨과 평화를 누릴 수 있게 될 것이다. 사실 오늘날 수많은 그리스도인들은 하나님의 뜻을 확실하게 발견할 수 있는 능력을 거의 확신하지 못한다. 따라서 하나님의 뜻을 찾으려고 노력하지 않으며 하나님 앞에서 점점 더 거룩해지지도 못한다.[11]

그 반대가 참이어야 한다. 성경의 충분성을 확신하는 그리스도인들은 성경 안에서 하나님의 뜻을 열성적으로 구하고 찾기 시작해야 한다. 그들은 그리스도인의 삶에서 누리는 위대한 자유와 평화를 알기에 하나님에 대한 순종에 있어서 열성적이며 꾸준히 자라야 한다. 따라서 그들은 시편 기자와 더불어 이렇게 말할 수 있을 것이다.

> 내가 주의 율법을 항상 지키리이다. 영원히 지키리이다. 내가 주의 법도들을 구하였사오니 자유롭게 걸어갈 것이오며……주의 법을 사랑하는 자에게는 큰 평안이

있으니 그들에게 장애물이 없으리이다.시 119:44-45, 165

6. 우리는 성경이 강조하는 내용을 강조하고 하나님이 주신 성경에 만족해야 한다

하나님이 성경을 통해 우리에게 전혀 또는 거의 말씀하지 않은 몇몇 주제가 있다. 우리는 "감추어진 일은 우리 하나님 여호와께 속하였"으며,신 29:29 하나님이 우리를 위해 적합하다고 판단한 것을 성경 안에 계시하셨음을 기억해야 한다. 우리는 이 점을 받아들여야 하고, 성경이 부족하다고 생각하거나 성경에서 거의 다루지 않는 주제에 관한 더 많은 정보를 요구해서는 안 된다. 물론 우리가 성경의 가르침이 강조하는 것보다 더 조심하거나 강조해야 하는 특정한 문제에 직면하는 상황도 발생할 것이다. 그러나 이런 상황은 상대적으로 빈번하지 않으며, 우리의 삶이나 사역의 일반적인 과정을 대표한다고 말할 수 없다.

수많은 비정통적 기독교 종파들은 성경의 모호한 부분이나 가르침을 강조한다(몰몬교가 성경의 단 한 구절고전 15:29에 언급된 주제인 죽은 이들을 위한 세례를 강조하는 것을 떠올려 보라. 현재로서는 이 구절의 정확한 의미를 판단하기가 불가능하다). 20세기 초의 자유주의 신약학자 한 세대 전체는 비슷한 오류를 범했으며, 연구 생활의 대부분을 현재 우리에게 주어진 복음서의 배후 자료나 그들이 진정한 예수의 말씀이라고 생각하는 바를 찾는 데 할애했다.

다양한 교단 내의 복음주의자들 사이에서도 이와 비슷한 경향을 확인할 수 있다. 복음주의 교단을 분열시키는 교리적 문제는 성경이 상대적으로 덜 강조하는 문제 또는 성경의 직접적인 진술보다는 우리의 노련한 연역을 통해 결론을 도출하는 문제였다. 예를 들어, 교회 치리의 적합한 형태, 주의 만찬에서 그리스도 임재의 정확한 본질, 그리스도의 재림을 둘러싼 사건의 정확한 순서, 주의 만찬에 받아들여야 할 사람들의 범주, 그리스도의 죽음을 통해 성취된 공로가 신자들에게는 적용되고 비신자들에게 적용되지 않도록 하나님이 계획하신 방식, 세례의 적합한 대상, 성령 세례에 대한 올바른 이해와 같은 문제 때문에 교파적 차이가 발생하거나 그대로 유지되었다.

우리는 이 문제들이 중요하지 않다고 말해서는 안 되며, 성경이 그 해법을 전혀 제시하지 않는다고 말해서도 안 된다(실제로 이 책은 이 문제들에 대한 특정한 해법을 옹호할 것이다). 그러나 이 모든 주제는 상대적으로 성경의 직접적인 강조가 부족하다. 교단 지도자들은 교단을 분리시키는 사소한 교리적 논점을 방어하는 데 삶의 많은 부분을 바치는 경우가 많은데, 이것은 아이러니이자 비극이다. 이런 노력은 참으로 교회에 일치된 이해를 제공하고자 하는 열망에서 비롯된 것인가, 아니면 어느 정도는 인간적인 교만과 다른 이들에 대한 권력을 유지하고자 하는 욕망 또는 하나님이 싫어하시는, 궁극적으로 교회의 덕을 세우는 데도 도움이 되지 않는 자기 정당화의 시도에서 비롯된 것인가?

개인적 적용을 위한 질문

신학 전문 용어

성경의 충분성

온전함

1. 여러분은 그리스도인으로서 성장하기 위해 또는 일상 속에서 하나님의 뜻을 알고자 할 때 성경과 다른 기독교 서적 중 어느 것을 더 읽고 강조했는가? 성경의 충분성 교리는 여러분이 성경을 더 강조하도록 만드는가?

2. 여러분이 궁금해하는 교리적, 도덕적 질문에 성경이 명확한 답을 제공할 수 있다고 생각하는가?

3. 성경이 모든 주제에 대한 답을 말해 주지 않는 이유가 무엇이라 생각하는가? 이번 장을 읽고 이 질문을 가진 사람에게 어떻게 설명하겠는가? 하나님께서 성경이 훨씬 더 길게 또는 보다 더 짧게 만들지 않으셨다는 사실을 통해 어떻게 그분의 지혜가 드러나는가?

4. 우리가 하나님의 뜻을 알기 위해 알아야 할 모든 것이 성경에 담겨 있다면, 하나님의 뜻을 찾는 데 다른 자료들(설교, 성경 공부, 다른 이들의 조언, 양심, 감정, 열망, 성령의 인도하심, 상황, 은사 등)은 어떤 역할을 하는가?

5. 이번 장에 비추어 볼 때, 여러분을 향한 하나님의 온전하신 뜻을 어떻게 발견할 수 있겠는가? 우리가 내리는 많은 결정 중 온전한 선택이 존재할 수 있는가?

6. 어떤 상황이나 문제에 맞닥뜨렸을 때, (a) 성경의 가르침 (b) 문제 파악 (c) 성경의 가르침을 문제에 적용하는 것 외에 우리가 신경 써야 할 부분이 있는가? 이 사안에서 기도의 역할과 내용은 무엇이 되어야 하는가?

참고 문헌

이 참고 문헌에 관한 설명으로는 1장, 60쪽을 보라. 자세한 서지 자료는 2권 부록 2에서 확인할 수 있다.

복음주의 조직신학 저술의 관련 항목

1. 성공회

1930	Thomas, 120–123
2013	Bird, 63
2013	Bray, 137–148

2. 아르미니우스주의(또는 웨슬리파/감리교)

1875–1876	Pope, 1:206–209
1983	Carter, 1:290–291

3. 침례교

1767	Gill, 1:25–30
2013	Erickson, 225–229
2007	Akin, 163–164

4 세대주의

1947	Chafer, 1:60
2002–2005	Geisler, 1:64–65, 69–70, 153, 496

5. 루터교

1917–1924	Pieper, 1:317–319
1934	Mueller, 137–138

6. 개혁주의(또는 장로교)

1559	Calvin, 1:93–96 (1.9)
1679–1685	Turretin, *IET*, 1:13, 38, 134–143
1871–1873	Hodge, 1:182–183
1906–1911	Bavinck, *RD*, 1:481–494
1937–1966	Murray, *CW*, 1:16–22; *PC*, 11–26
1938	Berkhof, *Intro*., 167–169
1998	Reymond, 83–86
2008	Van Genderen, 102–106
2011	Horton, 198–201
2013	Frame, 618–629, 679–680
2016	Allen and Swain, 30–56
2017	Barrett, 145–188
2019	Letham, 200–206

7. 부흥 운동(또는 은사주의/오순절)

1988–1992	Williams, 1:43–44

대표적인 로마 가톨릭 조직신학 저술의 관련 항목

1. 로마 가톨릭: 전통적 입장

1955	Ott (관련 내용 없음)

2. 로마 가톨릭: 제2차 바티칸공의회 이후

1980	McBrien, 1:62–77
2012	*CCC*, paragraphs 75–83

기타 저술

Allison, Gregg. *Historical Theology: An Introduction to Christian Doctrine; A Companion to Wayne Grudem's Systematic Theology*. Grand Rapids: Zondervan, 2011, 142–161.

Barrett, Matthew. *God's Word Alone: The Authority of Scripture; What the Reformers Taught ... and Why It Still Matters*. Grand Rapids: Zondervan, 2016. (『오직 하나님의 말씀』 부흥과개혁사)

Blomberg, C. L. "The Unity and Diversity of Scripture." In *NDBT*, 64–72.

Carson, D. A., ed. *The Enduring Authority of the Christian Scriptures*. Grand Rapids: Eerdmans, 2016.

Dockery, David S. and David P. Nelson. "Special Revelation." In *A Theology for the Church*, edited by Daniel L. Akin et al., 163–164. Nashville: B&H, 2014.

Duncan, J. Ligon. "The Sufficient Word of God." In Solid Ground: The Inerrant Word of God in an Errant World. Phillipsburg, NJ: P&R, 2012.

Feinberg, John S. *Light in a Dark Place: The Doctrine of Scripture. Foundations of Evangelical Theology Series*. Wheaton, IL: Crossway, 2018.

Friesen, Garry, and J. Robin Maxson. *Decision Making and the Will of God*, 25th anniversary ed., rev. and updated. Sisters, OR: Multnomah, 2004.

King, David T., and William Webster. *Holy Scripture: The Ground and Pillar of Our Faith*, 3 vols. Battle Ground, WA: Christian Resources, 2001.

MacArthur, John, Richard Mayhue, and John A. Hughes, eds. *Think Biblically! Recovering a Christian Worldview*. Wheaton, IL: Crossway, 2003.

Packer, J. I. "Scripture." In *NDT2*, 821–825.

Ward, Timothy. "The Diversity and Sufficiency of Scripture." In *The Trustworthiness of God: Perspectives on the Nature of Scripture*. Grand Rapids: Eerdmans, 2002, 192–218.

___. *Word and Supplement: Speech Acts, Biblical Texts, and the Sufficiency of Scripture*. Oxford: Oxford University Press, 2002.

___. *Words of Life: Scripture As the Living and Active Word of God*. Downers Grove, IL: IVP Academic, 2009.

Weeks, Noel. *The Sufficiency of Scripture*. Edinburgh and Carlisle, PA: Banner of Truth, 1988.

성경 암송 구절

시편 119:1 | 행위가 온전하여 여호와의 율법을 따라 행하는 자들은 복이 있음이여.

찬송가

"성도의 굳건한 토대"

성경의 충분성을 구체적으로 다룬 찬송가는 적다. 이 교리가 삶에 주는 큰 위로와 평화를 그리스도인들이 깨닫지 못했기 때문일 것이다. 하지만 이 찬송가의 1절에는 이 교리에 대한 진술이 담겨 있다. 1절의 첫 부분은 하나님이 그분의 말씀에 우리 믿음의 확고한 토대를 놓으셨다고 말한다. 그다음 "그분이 이미 말씀하신 것 외에 무엇을 더 말씀하실 수 있는가?"라고 말한다. 성경에 기록된 하나님의 풍성하고 온전한 약속은 모든 상황에서 우리의 필요를 충족시킨다. 이것은 우리가 마땅히 기뻐해야 할 이유다. 다음 절들에는 성경 곳곳에 흩어져 있는 하나님의 약속에 대한 인용과 의역, 암시 등이 담겨 있고, 그중 다수는 이사야서 말씀이다. 2-6절은 모두 하나님이 하시는 말씀으로 쓰였으며, 이 절들을 부르면서 우리는 다른 이들의 위로와 격려를 위해 하나님이 자신에게 주시는 약속의 말씀을 노래한다고 생각해야 한다.

주의 성도여, 주께서 말씀 안에
믿음을 위한 굳건한 토대를 놓으셨도다
그분이 이미 말씀하신 것 외에 무엇을 더 말씀하실 수 있을까
예수께 달려가 그분을 피난처로 삼은 성도여
예수께 달려가 그분을 피난처로 삼은 성도여

두려워하지 말라 내가 너와 함께함이라 놀라지 말라
나는 네 하나님이 됨이라 내가 너를 굳세게 하리라
참으로 너를 도와주리라
참으로 나의 의로운 오른손으로 너를 붙들리라
참으로 나의 의로운 오른손으로 너를 붙들리라

네가 물 가운데로 지날 때에 내가 너와 함께할 것이라
강을 건널 때에 물이 너를 침몰하지 못할 것이라
내가 너와 함께 있어 너의 곤경이 복이 되리요

너의 가장 큰 고통을 복이 되게 하리라
너의 가장 큰 고통을 복이 되게 하리라

네가 불 가운데로 지날 때도 타지 아니할 것이니
내 은혜가 네게 족하도다
불꽃이 너를 사르지 못하리니
불순물은 태워지고 정금 같이 단련되리라
불순물은 태워지고 정금 같이 단련되리라

너희가 노년에 이르기까지 내가 그리하겠고
백발이 되기까지 내가 너희를 품을 것이라
내가 지었은즉 내가 업을 것이요 내가 품고 구하여 내리라
내가 그들을 양떼처럼 품에 안으리라
내가 그들을 양떼처럼 품에 안으리라

예수를 의지하는 영혼은
내가 떠나지도 아니하고 버리지도 아니하리라
지옥이 그를 흔들려 해도
내가 그를 결코 버리지 아니하리라
내가 그를 결코 버리지 아니하리라

□ 출처: *Rippon's Selection of Hymns*

현대 찬양곡

"예수, 하나님의 아들"

하늘 보좌에서 세상에 내려오신 주님
주님 만드신 이 세상은 주님의 집이 아니었습니다
세상은 이런 사랑을 본 적이 없었습니다
주님의 이름을 조롱하는 가시 면류관
주님의 얼굴에 용서가 흘러내렸습니다
세상은 이런 사랑을 본 적이 없었습니다

찬양의 제단에
더 높은 이름이 없습니다
예수, 하나님의 아들
주님은 완전한 삶을 내려놓으셨습니다
주님은 제물이 되셨습니다
예수, 하나님의 아들
주님은 예수, 하나님의 아들

주님은 우리 죄를 가져가시고 우리의 수치를 담당하셨습니다
주님은 다시 살아나시고 무덤을 이기셨습니다
세상은 이런 사랑을 본 적이 없었습니다
주님은 우리 죄를 가져가시고 우리의 수치를 담당하셨습니다
주님은 다시 살아나시고 무덤을 이기셨습니다
세상은 이런 사랑을 본 적이 없었습니다

모든 것보다 더 높으신 주님
그 어떤 노래보다 더 크게 주님의 이름을 찬양합니다
어떤 권세도 주님의 사랑을 이길 수 없습니다
십자가는 충분했습니다
십자가는 충분했습니다

ㅁ 크리스 탐린, 맷 메이어, 제이슨 잉그럼 작사12

주

1 나는 성령의 인도하심과 예언의 은사 활용이 성경에서만 발견할 수 있는 독특하고 절대적으로 권위 있는 하나님의 말씀과 다른 범주에 속한다는 주관적인 인상을 이해한다. 이에 관해서는 아래와 53장의 추가적인 논의를 보라.

2 이것은 하나님의 뜻에 대한 주관적 인상이 무용하거나 이를 무시해야 한다는 뜻이 아니다. 그런 태도는 하나님이 그분 자녀들의 삶에 어떻게 관여하시는지(또는 관여하지 않으시는지)에 대한 이신론적인 관점에 가까우며, 하나님의 인도하심에 대한 매우 기계적이고 비인격적인 관점을 암시할 것이다. 하나님은 그분의 뜻에 대한 주관적 인상을 사용하셔서 우리를 일깨우고 격려하시며, 우리가 하루를 보내며 긴급한 결정을 내릴 때 올바른 방향으로 우리의 생각을 이끄실 수 있으시며 실제로 이끄신다—그리고 성경 자체가 인도하심에 있어 이런 주관적 요소가 작동한다고 말한다(행 16:6-7; 또한 롬 8:9, 14, 16; 갈 5:16-18, 25 참조). 하지만 성경의 충분성에 관한 이 구절들은 이런 주관적 인상이 성경 안에 이미 담겨 있는 도덕적 명령을 우리에게 상기시키거나, 우리가 (적어도 이론상으로는) 알 수 있었거나 실제로 알고 있는 사실을 떠올리게 하거나, 특정한 상황에 관해 지혜로운 지침을 제공할 뿐이라고 가르친다. 주관적 인상은 모든 시대에 모든 하나님의 백성을 위한 성경의 명령에 절대로 무언가를 추가할 수 없으며, 절대적인 신적 권위를 가지고 무엇이 하나님의 뜻인지를 정의함에 있어서 성경을 대체할 수 없고, 우리의 삶에서 성경과 동일한 권위를 지닐 수 없다. Wayne Grudem, *Christian Ethics: An Introduction to Biblical Moral Reasoning* (Wheaton, IL: Crossway, 2018), 하나님의 뜻에 대한 앎을 다루는 6장을 보라.

모든 종류의 기독교 전통에 속한 사람들이 하나님이 그들을 인도하셔서 특정한 결정을 내리게 했다고 확신을 느끼는 심각한 실수를 저질러 왔기 때문에, 성경의 명시적인 본문이 어떤 상황에 직접적으로 적용되는 경우를 제외하고는 우리가 이 땅에서 100퍼센트의 확실성으로 어떤 상황에서 하나님의 뜻이 무엇인지를 아는 것은 불가능하다는 점을 기억하고, 이 점을 명심해야 한다. 우리는 여러 다른 상황에서 다양한 정도의 확신을 가질 수 있을 뿐이다. 우리가 그리스도인으로서 성숙해질수록 하나님의 뜻을 분별하는 우리의 능력도 커지겠지만, 그래도 여전히 우리는 실수할 수밖에 없다. 이에 관해 에드먼드 클라우니(Edmund Clowney)의 말이 유익하다고 생각한다. "어떤 상황에서 하나님의 뜻이 무엇인지에 관해 우리가 가질 수 있는 확실성의 수준은 하나님의 말씀이 그 상황에 어떻게 적용되는지에 관해 우리가 가지고 있는 확실성의 수준과 정비례한다"(1992년 11월에 나눈 개인적인 대화). 나라면 아마도 이 말을 약간 수정해 "통상적으로는 정비례한다"고 말할 것이다.

3 *Catechism of the Catholic Church*, 2nd ed. (New York: Doubleday, 1997), paragraph 82 (p. 31), 강조는 추가됨. (『가톨릭 교회 교리서』 한국천주교중앙협의회)

4 물론 이 구절은 요한계시록 자체에 관해 말하고 있지만, 이것이 신약 정경의 마지막 책의 마지막 부분에 기록되었다는 사실은 우연이 아니다. 따라서 이 구절을 부차적으로 정경 전체에 적용하는 것은 부적절해 보이지 않는다(3장, 98-99쪽의 논의를 보라).

5 관심 있는 독자는 E. Hennecke, *New Testament Apocrypha*, vol. 1, *Gospels and Related Writings*, rev. ed. (London: SCM, 2012)와 Wilhelm Schneemelcher and R. Mcl. Wilson, eds., *New Testament Apocrypha*, rev. ed., vol. 2, *Writings Relating to the Apostles, Apocalypses and Related Subjects* (Louisville: Westminster John Knox, 1992), 신약 위경의 다른 편집본에서 이런 부류의 문서 영역본을 찾아볼 수 있다.

6 정경이 닫힌 오늘날에도 계속해서 일정한 계시가 하나님으로부터 올 가능성에 관해서는 2권 52장, 713-717쪽을, 특히 예언의 은사에 관해서는 2권 53장, 734-758쪽을 보라.

7 사실 더 책임 있는 자세로 현대 은사주의 운동을 대변하는 이들은 이런 경고에 대체로 동의하는 것처럼 보인다. Wayne Grudem, *The Gift of Prophecy in the New Testament and Today* (Eastbourne, UK: Kingsway; Westchester, IL: Crossway, 1988), 110-112; 245-250을 보라. (『신약성경이 가르치고 지금도 사용되는 예언의 은사』 솔로몬)

8 이에 관해 내가 영적 은사에 관해 중지설(cessationism, 곧 사도들이 죽은 뒤에 예언과 방언 같은 특정한 은사가 중단되었다고 주장하는 견해)을 채택한다고 생각하기를 원하지 않는다. 나는 여기서 명시적으로 심지어 암묵적으로, 그리스도인의 삶에서 성경의 권위나 충분성에 대해 사실상 도전하는 지위를 이런 은사에 부여할 위험이 존재한다고 주장하기를 바랄 뿐이다. 이런 은사에 관한 더 자세한 논의로는 아래의 53장과 Grudem, *The Gift of Prophecy in the New Testament and Today* (위의 주 4 참조)을 보라.

9 1973년 마거릿과 내가 박사 과정을 위해 영국으로 이주했을 때, 우리는 많고 좋은 그리스도인과 친구가 되었다. 하지만 우리는 그들 중 다수가 포도주 마시는 것이 아무런 문제가 되지 않는다고 생각한다는 것을 알고 놀랐다. 그러나 그들은 여성들이 화장을 하거나 그리스도인이 일요일 자 신문을 사는 것이 잘못이라고 생각했다.

10 물론 국가와 교회, 가정과 같은 인간 공동체는 ("이 가정의 아이들은 주중 저녁에 텔레비전을 볼 수 없다"처럼) 그 구성원의 행동을 위한 규칙을 만들 수 있다. 그 규칙들은 성경 안에서 찾을 수 없으며, 성경의 원칙으로부터 도출한 함의에 의해 논증될 수도 없어 보인다. 하지만 하나님은 이런 규칙에 대한 순종은 요구하신다. 성경은 우리에게 부모를 비롯하여 다스리는 권위들에게 순종하라고 말하기 때문이다(롬 13:1-7; 골 3:20; 벧전 2:13-3:6 등). 이것은 위에서 다룬 인도하심에 대한 주관적 감각의 경우와도 비슷하다. 누군가가 그것이 적절하게 작동할 수 있는 상황의 외부에서 그 규칙을 일반화시키기만 해도("우리 교회의 교인은 주중 저녁에 텔레비전을 보지 말아야 한다" 또는 "그리스도인은 주중 저녁에 텔레비전을 보지 말아야 한다") 성경의 충분성을 부인하는 결과가 초래될 것이다. 이런 경우에 그것은 특정한 상황에서 행동을 위한 규칙이 아니라 상황에 관계없이 모든 그리스도인에게 적용하기 위한 도덕적 명령이 된다. 우리 마음대로 성경에 그런 규칙을 더하여 우리가 영향력을 행사하는 모든 신자들에게 이를 강요하려고 해서는 안 되며, 교회 전체로서도 그런 시도를 해서는 안 된다. (다시 한번, 로마 가톨릭은 이것에 동의하지 않고 하나님이 교회의 모든 구성원에게 성경에 더해 도덕적 규칙을 강요할 권위를 교회에 주신다고 말할 것이다.)

11 하나님의 뜻을 앎에 관한 자세한 논의로는 Grudem, *Christian Ethics*, 6장을 보라.

12 Copyright © 2012 Thankyou Music (PRS) (adm. worldwide at CapitolCMGPublishing.com excluding Europe which is adm. by Integrity Music, part of the David C Cook family. Songs@integritymusic.com) / Worship Together Music (BMI) sixsteps Songs (BMI) Valley Of Songs Music (BMI) S.D.G. Publishing (BMI) (adm. at CapitolCMGPublishing .com). All rights reserved. Used by permission. Open Hands Music (SESAC) / So Essential Tunes (SESAC) / (admin at EssentialMusicPublishing.com [3]). All rights reserved. Used by permission.

2부 • **하나님에 관한 교리**

9. 하나님의 존재

우리는 하나님의 존재를 어떻게 알 수 있는가?

설명과 성경적 기초

우리는 하나님의 존재를 어떻게 알 수 있는가? 이 질문의 대답은 두 부분으로 나눌 수 있다. 첫째, 모든 사람은 하나님에 대한 내적 감각을 가지고 있다. 둘째, 우리는 성경과 자연에서 발견되는 하나님에 대한 증거를 믿는다.

A. 하나님에 대한 인간의 내적 감각

모든 사람은 하나님이 존재하신다는 것과 그분이 창조주이며 우리는 피조물이라는 내적 감각을 가지고 있다. 바울은 믿지 않는 이방인조차 "하나님을 알"지만 그분을 하나님으로 영화롭게 하지도 않고 그분께 감사하지도 않는다고 말한다.롬 1:21 그들은 "하나님의 진리를 거짓 것으로 바꾸"었다고 말하며,롬 1:25 하나님의 존재와 속성에 관한 진리를 적극적으로 또는 의도적으로 거부했다고 암시한다. 바울은 "하나님을 알 만한 것이 그들 속에 보"인다고 말하며 "하나님께서 이를 그들에게 보이셨"기 때문이라고 덧붙인다.롬 1:19

하지만 성경은 사람들 중 일부가 하나님에 대한 이 내적 감각을 부인하고 심지어 하나님의 존재도 부인하고 있다고 말한다. 마음속으로 "하나님이 없다"고 말하는 사람은 "어리석은 자"다.시 14:1; 53:1 먼저 "여호와를 배반하여 멸시하"고 그다음 교만하게 "하나님이 없다"고 반복적으로 생각하는 사람은 악인이다.시 10:3-4 이 본문들은 죄가 사람들로 하여금 비합리적으로 생각하고 하나님의 존재를 부인하게 만들며, 동시에 "하나님이 없다"고 말하는 사람은 비합리적으로 생각하거나 속고 있는 사람이라고 말한다.

바울도 역시 죄가 사람들로 하여금 하나님에 대한 내적 감각을 부인하게 만든다는 점을 인정한다. 그는 "불의로 진리를 막는 사람들"을 언급하며,[롬 1:18] 이처럼 행하는 사람들은 하나님을 부인한 것에 대해 "핑계하지 못할" 것이라고 말한다.[롬 1:20] 일련의 능동사가 사용된 것은 이것이 의도적인 진리의 억압임을 의미한다.[롬 1:23, 25, 28, 32 1]

그리스도인의 삶에서 하나님에 대한 이 내적 감각은 보다 강해지고 분명해진다. 우리는 하나님을 하늘에 계신 사랑이 넘치는 우리의 아버지로 알기 시작하며,[롬 8:15] 성령께서는 우리가 하나님의 자녀임을 우리의 영혼에 증언하심으로[롬 8:16] 우리의 마음속에 거하시는 예수 그리스도를 알게 하신다.[엡 3:17; 또한 빌 3:8, 10; 골 1:27; 요 14:23 참조] 그리스도인은 이 내적 감각의 강도가 크기 때문에 우리의 주 예수 그리스도를 보지 못했다고 해도, 우리는 그분을 참으로 사랑한다.[벧전 1:8]

B. 성경과 자연 안에 있는 증거를 믿음

하나님의 존재를 증언하는 우리의 내적 감각에 더해, 성경과 자연 안에서도 그분의 존재에 대한 분명한 증거를 볼 수 있다.

하나님이 존재하신다는 증거는 성경 전체에서 발견할 수 있다. 사실 성경은 어디서나 하나님의 존재를 전제한다. 창세기의 첫 구절은 하나님의 존재에 대한 증거를 제시하지 않고 곧바로 그분이 무엇을 하셨는지 말하기 시작한다. "태초에 하나님이 천지를 창조하시니라." 성경이 참되다고 확신한다면, 우리는 성경으로부터 하나님이 존재하신다는 것뿐 아니라 그분의 속성과 행동에 관해서도 많은 것을 알 수 있다.

또한 자연은 하나님의 존재에 대한 넘치는 증거를 제공한다. 바울은 하나님의 영원한 속성과 신성이 "그가 만드신 만물에 분명히 보여 알려졌"다고 말한다.[롬 1:20] 이처럼 "그가 만드신 만물"이라는 광범위한 표현을 사용한 것은, 어떤 의미에서 모든 피조물이 하나님의 속성에 대한 증거를 제시함을 암시한다. 그럼에도 하나님의 존재를 가장 풍성하게 증언하는 것은 하나님의 형상으로 창조된 인간이다. 다른 인간을 만날 때마다 우리는

(우리의 지성이 올바르게 사고한다면) 이토록 놀라울 정도로 복잡하고, 능숙하고, 소통하며 살아가는 생명체는 무한하며 전지하신 창조주에 의해서만 창조될 수 있음을 깨닫는다.

살아 있는 인간의 존재를 통해 확인할 수 있는 증거 외에 자연 안에도 탁월한 증거가 있다. 바나바와 바울은 모든 사람이 경험하며 그로부터 혜택을 입는 "비"와 "결실기", "음식과 기쁨" 역시 하나님에 대한 증거라고 말한다.행 14:17 다윗은 하늘의 증언에 관해 이야기한다.

> 하늘이 하나님의 영광을 선포하고 궁창이 그의 손으로 하신 일을 나타내는도다. 날은 날에게 말하고 밤은 밤에게 지식을 전하니.시 19:1-2

낮이나 밤에 하늘을 바라보면, 해와 달, 별, 구름이 모두 그 존재의 아름다움과 광대함을 통해 강력하고 지혜로운 창조주가 이것들을 창조했고 그 질서를 유지한다는 것을 계속해서 선포하는 것을 볼 수 있다.

이처럼 피조 세계가 다양하게 증언하는 하나님의 존재에 대한 증거는 어떤 의미에서 존재하는 모든 것이 하나님의 존재에 대한 증거임을 암시한다. 이 증거를 보고 바르게 평가할 수 있는 눈을 가진 사람들은 모든 나무의 잎사귀, 모든 풀잎, 하늘의 모든 별, 피조물의 다른 모든 부분들이 계속해서 "하나님이 나를 만드셨다!"고 외치는 소리를 듣는다. 우리의 마음과 지성이 죄에 의해 그토록 눈이 멀지 않았다면, 우리가 어떤 나무든 그 잎의 복잡성을 자세히 들여다보고 나서 "아무도 이것을 창조하지 않았다. 그저 우연히 발생했을 뿐이다"라고 말하는 것은 불가능할 것이다. 눈 결정체의 아름다움과 뇌우의 장엄한 힘, 꿀벌의 기술, 찬물의 시원한 맛, 인간의 손이 발휘하는 놀라운 능력, 이 모든 것과 피조물의 수많은 다른 양상은 전지전능한 창조주의 활동이 아니었다면 존재할 수 없었을 것이다.[2]

증거를 바르게 평가하는 사람들에게는 성경 안의 모든 것과 자연 안의 모든 것이 하나님이 존재하시는 것과 그분이 강력하고 지혜로운 창조주임을 분명히 증명한다. 그러므로 하나님이 존재하신다고 믿을 때 우리는 증거와 무관하게 일종의 맹목적인 희망을 우리 믿음의 근거로 삼는 것이 아니라 하나님의 말씀과 하나님이 하신 일로부터 얻을 수 있는 압도적인 양의 신뢰할 만한 증거를 그 근거로 삼는다. 참된 믿음의 특징은 신뢰할 만한 증거에 근거한 확신이라는 점이며, 하나님의 존재에 대한 믿음은 이런 특징을 공유한다.

더 나아가 이 증거들은 모두 하나님의 존재에 대한 유효한 증거로 간주될 수 있지만, 어떤 사람들은 이를 거부한다. 이것은 증거 자체가 무효하다는 뜻이 아니라, 그 증거를 거부하는 사람들이 잘못 평가하고 있다는 뜻이다.

C. 하나님의 존재에 대한 전통적 증명

역사의 다양한 시점에서 기독교 (또는 일부 비기독교) 철학자들이 고안한 하나님의 존재에 대한 전통적 증명은, 하나님의 존재라는 사상을 거부하는 것이 합리적이지 않다는 것을 사람들에게 설득하기 위해 증거, 특히 자연으로부터 얻은 증거를 극도로 정밀한 방식으로 분석하고자 하는 시도였다. 죄가 사람들로 하여금 비합리적으로 생각하게 만든 것이 참이라면, 이런 증명은 죄가 야기한 비합리적 경향성에도 불구하고 하나님의 존재에 대한 증거를 합리적으로 생각하게 하는 것을 목표로 한다.

하나님의 존재에 대한 전통적 증명은 네 가지 유형으로 구분할 수 있다.

1. 우주론적 논증cosmological argument은 우주 안에 있는 모든 사물은 원인을 가지고 있다는 사실을 고찰한다. 그러므로 우주 자체도 원인을 가지고 있으며, 우주의 원인은 하나님일 수밖에 없다고 추론한다.
2. 목적론적 논증teleological argument은 우주론적 논증의 하위 범주다. 이 논증에서는 우주 안의 조화와 질서에 초점을 맞추며, 이와 관련된 증거는 지적인 목적을 가지고 있다고 주장한다(헬라어 '텔로스'는 끝, 목표, 목적을 뜻한다). 우주가 목적을 가지고 설계되었다면, 그러한 방식으로 작동하도록 창조하신 하나님이 존재할 것이다.
3. 존재론적 논증ontological argument은 그보다 더 큰 존재를 상상할 수 없는 하나님이라는 관념을 전제로 시작된다. 그다음, 존재함이 존재하지 않음보다 크기 때문에 존재라는 속성은 반드시 그 존재에 속해야 한

다고 주장한다.[3]

4. 도덕적 논증moral argument은 옳고 그름과 정의가 이루어질 필요성에 대한 인간의 감각으로부터 출발하며, 옳고 그름의 원천이자 언젠가 모든 사람에게 정의를 나누어 주실 하나님이 틀림없이 존재하실 것이라고 주장한다.

이 모든 논증은 피조물에 관한 참된 사실에 기초해 있기 때문에 객관적인 의미에서 유효한 증명이며, 증거를 바르게 평가하고 올바른 추론으로 참된 결론에 도달한다는 의미에서도 유효하다고 말할 수 있다(사실 우주는 하나님을 그 원인으로 삼고, 목적을 지닌 설계를 나타낸다). 또한 하나님은 더 큰 존재를 상상할 수 없는 위대한 존재로 존재하고, 우리에게 옳고 그름의 감각과 언젠가 그분의 심판이 임할 것이라는 감각을 주셨다. 그러므로 이 증명들에서 언급된 사실은 참되며, 그런 의미에서 모든 사람을 설득하지 못한다고 해도 유효하다.

그러나 또 다른 의미에서 '유효함'이라는 말이 '거짓 전제로부터 출발하는 사람들조차 동의하게 만들 수 있음'을 뜻한다면, 이 증명들은 유효하지 않다. 하지만 이는 유효하지 않은 전제에서 출발하거나 그 증거로부터 바르게 추론하지 않기 때문이지, 증명 자체가 유효하지 않기 때문은 아니다.

따라서 이 증명들의 가치는 주로 비신자의 지적인 반론에 대답하는 데 있다. 이 증명들은 비신자를 구원받는 믿음에 이르게 할 수 없다. 왜냐하면 구원받는 믿음은, 성령께서 한 사람 안에 하나님의 말씀을 믿는 능력을 일깨워 주실 때, 곧 성경의 증언에 대한 믿음을 통해 생겨나기 때문이다. 하지만 이 증명들은 비신자의 반론을 극복하는 데 도움이 될 수 있으며, 신자를 위해서는 하나님에 대한 내적 감각을 통해 또는 성령의 증언을 통해 자신이 이미 확신하고 있던 무언가에 추가적인 지적 증거를 제공할 수 있다.

D. 하나님만이 우리의 죄를 극복하고, 우리가 그분의 존재를 확신할 수 있게 하신다

마지막으로, 이 죄악된 세상에서는 하나님이 우리로 하여금 그분을 믿을 수 있게 해주셔야 하며, 그렇지 않으면 우리는 결코 그분을 믿을 수 없다는 것을 기억해야 한다. 성경은 "그중에 이 세상의 신이 믿지 아니하는 자들의 마음을 혼미하게 하여 그리스도의 영광의 복음의 광채가 비치지 못하게 함이니 그리스도는 하나님의 형상이니라"고후 4:4고 말한다. 더 나아가 바울은 "하나님의 지혜에 있어서는 이 세상이 자기 지혜로 하나님을 알지 못하므로 하나님께서 전도의 미련한 것으로 믿는 자들을 구원하시기를 기뻐하셨도다"라고 말한다.고전 1:21 이 죄악된 세상에서 인간의 지혜는 하나님을 아는 데 이르기에 부적합하다. 따라서 바울은 "성령의 나타나심과 능력으로" 설교하여 "너희 믿음이 사람의 지혜에 있지 아니하고 다만 하나님의 능력에 있게 하려" 한다고 말한다.고전 2:4-5 하나님이 죄로 인해 발생한 비합리성을 제거하여, 우리로 하여금 증거를 바르게 평가하고 성경이 말하는 바를 믿으며 구원받는 믿음에 이를 수 있게 해주시도록 우리는 그분께 의지할 수밖에 없다.

개인적 적용을 위한 질문

1. 하나님 보좌 옆에 있는 천사들은 세상을 보는 관점이 우리와 다르다고 생각하는가? 어떻게 하면 우리도 그러한 관점으로 세상을 볼 수 있는가?

2. 여러분은 언제 하나님의 존재를 깊이 인식하는가? 또는 언제 인식하지 못하는가? 천국에서는 하나님의 존재를 인식하기 위한 노력이 필요한가?

3. 다른 복잡한 기계보다 정밀한 우리의 신체를 볼 때, 이 요소들이 우연한 조합으로 생겨났다고 생각하는가?

4. 인류 역사에서 대다수의 사람들이 하나님의 존재를 믿었다고 생각하는가? 오늘날의 사람들은 어떠한가?

5. 하나님의 존재를 부인하는 사람에게 어떻게 다가가야 하는가? 하나님의 존재를 믿는 것과 개인의 도덕성은 연관되어 있다고 생각하는가? 롬 1:18과 시 14:1-3 참조

신학 전문 용어

내적 감각
도덕적 논증
목적론적 논증
우주론적 논증
존재론적 논증

참고 문헌

이 참고 문헌에 관한 설명으로는 1장, 60쪽을 보라. 자세한 서지 자료는 2권 부록 2에서 확인할 수 있다.

복음주의 조직신학 저술의 관련 항목

1. 성공회

1882–189	Litton, 42–58
1930	Thomas, 3–14
2001	Packer, 9–10, 23–25
2013	Bird, 89–91
2013	Bray, 121–132

2. 아르미니우스주의(또는 웨슬리파/감리교)

1875–1876	Pope, 1:233–248
1892–1894	Miley, 1:57–136
1940	Wiley, 1:217–240
1960	Purkiser, 39–59
1983	Carter, 1:107–111
1992	Oden, 1:17–52
2002	Cottrell, 37–43

3. 침례교

1767	Gill, 1:1–15
1887	Boyce, 8–46
1907	Strong, 52–110
1990–1995	Garrett, 1:213–222
2007	Akin, 179–82, 214–216
2013	Erickson, 16–17, 129–142, 241–243

4. 세대주의

1947	Chafer, 1:129–178
1949	Thiessen, 21–42
1986	Ryrie, 25–34
2002–2005	Geisler, 1:18–41, 171, 565–584
2017	MacArthur and Mayhue, 143–145

5. 루터교

1917–1924	Pieper, 1:371–374

1934　Mueller, 143–47

6. 개혁주의(또는 장로교)

1559　Calvin, 1:43–69 (1.3–5)
1679–1685　Turretin, *IET*, 1:169–177
1871–1873　Hodge, 1:191–334
1878　Dabney, 5–26
1887–1921　Warfield, *SSW*, 1:34–40
1894　Shedd, 201–218
1906–1911　Bavinck, *RD*, 2:77–91
1938　Berkhof, 19–28
1998　Reymond, 131–152
2008　Van Genderen and Velema, 20–41
2011　Horton, 210–211
2013　Frame, 612–615
2013　Culver, 29–43
2016　Allen and Swain, 7–29
2017　Barrett, 218–222
2019　Letham, 42–52

7. 부흥 운동(또는 은사주의/오순절)

1993　Menzies and Horton, 46–48
1995　Horton, 117–144
2008　Duffield and Van Cleave, 53–57

대표적인 로마 가톨릭 조직신학 저술의 관련 항목

1. 로마 가톨릭: 전통적 입장

1955　Ott, 13–17

2. 로마 가톨릭: 제2차 바티칸공의회 이후

1980　McBrien (관련 내용 없음)
2012　*CCC*, paragraphs 198–231

기타 저술

Allison, Gregg. *Historical Theology: An Introduction to Christian Doctrine; A Companion to Wayne Grudem's Systematic Theology*. Grand Rapids: Zondervan, 2011, 187–209.

Boa, Kenneth, and Robert M. Bowman. *20 Compelling Evidences That God Exists: Discover Why Believing in God Makes so Much Sense*. Tulsa, OK: RiverOak, 2002.

Brown, Colin. *Philosophy and the Christian Faith*. Downers Grove, IL: InterVarsity Press, 1968.

Bullock, C. Hassell. "God." In *BTDB*, 288–295.

Charnock, Stephen. *The Existence and Attributes of God*. 1655–80; Reprint, Evansville, IN: Sovereign Grace Book Club, n.d., 11–67.

Clark, Gordon H. *Religion, Reason, and Revelation*. Nutley, NJ: Craig, 1961.

Craig, William Lane. *The Existence of God and the Beginning of the Universe*. San Bernardino, CA: Here's Life, 1979.

Davis, Stephen T. *God, Reason, and Theistic Proofs*. Grand Rapids: Eerdmans, 1997.

Dembski, William A. *The Design Revolution: Answering the Toughest Questions about Intelligent Design*. Downers Grove, IL: InterVarsity Press, 2004.

France, R. T. *The Living God*. Downers Grove, IL: InterVarsity Press, 1970.

Ganssle, Gregory E. *Thinking about God: First Steps in Philosophy*. Downers Grove, IL: InterVarsity Press, 2004.

Geisler, Norman. *Christian Apologetics*. Grand Rapids: Baker, 1976.

Geisler, Norman, and Paul Feinberg. *Introduction to Philosophy: A Christian Perspective*. Grand Rapids: Baker, 1980.

George, Timothy. "The Nature of God: Being, Attributes, and Acts." In *A Theology for the Church*, ed. Daniel L. Akin et al., 214–216. Nashville: B&H, 2014.

Guthrie, Donald and R. P. Martin. "God." In *DPL*, 354–369.

Hackett, Stuart. *The Resurrection of Theism*. Chicago: Moody Publishers, 1957.

Holmes, S. R. "God." In *NDT2*, 369–373.

Hoover, A. J. "God, Arguments for the Existence of." In *EDT*, 447–451.

Jastrow, Robert. *God and the Astronomers*. 2nd ed. New York: Norton, 1992.

Karkkainen, Veli-Matti. "God, Doctrine of." In *GDT*, 349–356.

Lewis, Gordon R. *Testing Christianity's Truth Claims*. Chicago: Moody Publishers, 1976.

Mavrodes, George I. *Belief in God*. New York: Random House, 1970.

McDowell, Josh. *Evidence That Demands a Verdict*. San Bernardino, CA: Here's Life, 1972.

Moreland, J. P., and William Lane Craig. *Philosophical Foundations for a Christian Worldview*. Downers Grove, IL: InterVarsity Press, 2003. (『인식론』 기독교문서선교회)

Newman, C. C. "God." In *DLNT*, 412–431.

Packer, J. I. "God." In *NDT1*, 274–277.

Sire, James. *The Universe Next Door: A Basic World View Catalog*. 5th ed. Downers Grove, IL: InterVarsity Press, 2009. (『기독교 세계관과 현대사상』 IVP)

Swinburne, Richard. *The Existence of God*. Oxford: Clarendon, 1979.

____. *Is There a God?* Oxford: Oxford University Press, 1996. (『신은 존재하는가?』 복 있는 사람)

Van Til, Cornelius. *The Defense of the Faith*. Philadelphia: Presbyterian and Reformed, 1955.

(『변증학』 개혁주의신학사) Yandell, Keith. *Christianity and Philosophy*. Studies in a Christian World View. Grand Rapids: Eerdmans; Leicester: Inter-Varsity Press, 1984.

성경 암송 구절

로마서 1:18-20 | 하나님의 진노가 불의로 진리를 막는 사람들의 모든 경건하지 않음과 불의에 대하여 하늘로부터 나타나나니 이는 하나님을 알 만한 것이 그들 속에 보임이라. 하나님께서 이를 그들에게 보이셨느니라. 창세로부터 그의 보이지 아니하는 것들 곧 그의 영원하신 능력과 신성이 그가 만드신 만물에 분명히 보여 알려졌나니 그러므로 그들이 핑계하지 못할지니라.

찬송가

"저 높고 푸른 하늘과"

시편 19:1-4에 기초한 이 찬송가는 해와 달, 별이 창조주에 대해 증언한다고 말한다. 1절의 하늘(firmament, 개역개정에서는 궁창으로 번역됨—옮긴이)이라는 단어는 우리가 땅에서 위를 올려다 볼 때 볼 수 있는 광활한 공간을 가리킨다. 이곳은 해와 달, 별이 존재하는 공간으로서 하늘이나 우주로 번역할 수 있다. 3절에서는 이런 천체들이 귀로 들을 수 있는 소리를 만들지는 않지만, 그럼에도 이것들에 관해 바르게 생각하는 모든 사람에게 "우리를 지어 내신 이 대주재 성부 하나님"을 선포하고 있음을 상기시킨다.

저 높고 푸른 하늘과
수 없는 빛난 별들을
지으신 이는 창조주
그 솜씨 크고 크셔라
날마다 뜨는 저 태양
하나님 크신 권능을
만백성 모두 보라고
만방에 두루 비치네

해지고 황혼 깃들 때
동편에 달이 떠올라
밤마다 귀한 소식을
이 땅에 두루 전하네
행성과 항성 모든 별
저마다 제 길 돌면서
창조의 기쁜 소식을
온 세상 널리 전하네

엄숙한 침묵 속에서
뭇 별이 제 길 따르며
지구를 싸고돌 때에
들리는 소리 없어도
내 마음 귀가 열리면
그 말씀 밝히 들리네
우리를 지어내신 이
대주재 성부 하나님

저 높고 광활한 푸른 하늘
반짝이는 별과 빛나는 태양
모두가 위대한 창조주를 선포하네
해는 지치지도 않고 날마다
창조주의 능력을 드러내며
전능하신 주님의 솜씨를 온 땅에 전하네

저녁 어둠이 내리면
달이 영광스러운 이야기를 시작하네
밤마다 온 땅에 자신을 만드신 하나님에 관해 이야기하네
달 주위에서 빛나는 모든 별과
궤도를 도는 모든 행성도
창조주에 관해 이야기하며 온 세상에 진리를 전파하네

무슨 이유로 별들이 장엄한 침묵 속에서
이 캄캄한 지구 주위를 도는가
목소리가 없고 소리도 없는
그 빛나는 별 속에서 무엇을 볼 수 있는가
모두가 기뻐하며 영광스러운 목소리를 낸다네
빛나는 별들은 영원히 노래하네
하나님이 우리를 만드셨다네

□ 1712년, 조셉 에디슨 저작

* 새찬송가 78장

현대 찬양곡

"시편 23편"

여호와는 나의 목자시니 내게 부족함이 없으리로다
그가 나를 푸른 풀밭에 누이시며
쉴 만한 물가로 인도하시는도다
내 영혼을 소생시키시는도다

내 평생에 선하심과 인자하심이 반드시 나를 따르리니
내가 여호와의 집에 영원히 살리로다

그가 의의 길로 인도하시는도다
주께서 내 원수의 목전에서 내게 상을 차려 주시고
기름을 내 머리에 부으셨으니
내 잔이 넘치나이다

내가 사망의 음침한 골짜기로 다닐지라도
해를 두려워하지 않을 것은
주께서 나와 함께하심이라
주의 지팡이와 막대기가
나를 안위하시나이다

ㅁ 스튜어트 타우넨드 작사4

1 어떤 이들은 자신이 하나님에 대한 내적 감각을 가지고 있음을 부인한다. 하지만 겉으로 표현되는 말과 행동을 통해 마음속 깊이 자리 잡고 있는 확신이 드러나는 개인적 위기의 시간에는 그들이 하나님에 대해 감각을 가지고 있음이 명백해진다. 여러 해 전에 나는 몇몇 친구와 차를 타고 가고 있었는데, 그중에 한 젊은 여성은 대화를 통해 자신이 하나님의 존재에 대한 내적 감각을 지니고 있음을 확고하게 부인했다. 그 직후에 빠른 속도로 달리던 차가 빙판길에 미끄러져 완전히 한 바퀴를 돌았다. 차가 (심각한 파손 없이) 큰 눈 더미 속으로 들어가 멈추기 직전 바로 이 여성은 "주 예수여, 우리를 도우소서!"라고 또렷이 들을 수 있는 목소리로 외쳤다. 나머지 일행은 그녀의 불가지론이 자신의 입에서 나온 말에 의해 논박되었음을 깨닫고, 놀라워하며 그녀를 바라보았다.

2 오늘날 대부분의 세속 문화에서는 신다윈주의 진화론이 모든 생물의 존재를 설명할 수 있다고 전제하지만, 최근에 등장한 여러 비판에 비추어 볼 때 그 설명은 점점 더 설득력이 약해지고 있다. 그런 주장에 대한 자세한 과학적, 철학적, 성경적 대답으로는 *Theistic Evolution: A Scientific, Philosophical, and Theological Critique*, ed. J. P. Moreland, Stephen C. Meyer, Christopher Shaw, Ann K. Gauger, and Wayne Grudem (Wheaton, IL: Crossway, 2017) 참조. 또한 15장의 추가적인 논의를 보라. (『과학적, 철학적, 신학적 관점으로 본 유신진화론 비판』 부흥과개혁사)

3 *ont*-라는 어간은 존재를 뜻하는 헬라어 단어에서 유래했다.

4 Copyright © 1996 Thankyou Music (PRS) (adm. worldwide at CapitolCMGPublishing.com excluding Europe which is adm. by Integrity Music, part of the David C Cook family. Songs@integritymusic.com). All rights reserved. Used by permission. © 1996 Getty Music Hymns and Songs (ASCAP) (admin. in North America by Music Services and elsewhere in the World by Capitol CMG Publishing)/ThankYou Music (PRS) (admin. by Capitol CMG Publishing). All Rights Reserved.

10. 하나님에 대한 인식 가능성

우리는 하나님을 인식할 수 있는가?

우리는 하나님에 관해 얼마나 많이 알 수 있는가?

설명과 성경적 기초

A. 하나님이 우리에게 그분 자신을 계시해야 할 필요성

우리가 하나님을 알고자 한다면, 그분이 우리에게 그분 자신을 계시하는 것이 필수적이다. 바울은 자연을 통해 오는 하나님에 대한 계시를 논할 때조차 "하나님께서 이를 그들에게 보이셨"기 때문에 하나님에 관해 알 수 있는 바가 사람들에게 알려져 있다고 말한다.롬 1:19 하나님이 이처럼 자신을 계시하기로 작정하셨기 때문에 자연은 하나님을 나타낸다.

구원을 통해 얻게 되는 하나님에 대한 인격적 지식은 더 명시적이다. 예수께서는 "아버지 외에는 아들을 아는 자가 없고 아들과 또 아들의 소원대로 계시를 받는 자 외에는 아버지를 아는 자가 없느니라"라고 말씀하신다.마 11:27 이러한 인식은 인간의 노력이나 지혜를 통해 발견할 수 없다. "하나님의 지혜에 있어서는 이 세상이 자기 지혜로 하나님을 알지 못하므로." 고전 1:21; 또한 고전 2:14; 고후 4:3-4; 요 1:18 참조 하나님이 우리에게 그분 자신을 계시해야 할 필요성은, 죄인인 인간이 자연 안에서 발견되는 하나님에 대한 계시를 잘못 해석한다는 사실을 통해서도 확인된다. "불의로 진리를 막는 사람들"은 "그 생각이 허망하여지며 미련한 마음이 어두워"진 사람들이다. 그들은 "하나님의 진리를 거짓 것으로 바꾸"었다.롬 1:18, 21, 25 그러므로 우리가 자연 계시를 바르게 해석하고자 한다면 성경이 필요하다. 세상에 있는 수백 개의 거짓 종교는 자연에서 발견되는 하나님에 대한 계시를 오해하고 왜곡하는 방식의 증거다. 오직 성경만이 자연으로부터 오는 하나님에 대한 증언을 어떻게 이해해야 할지 우리에게 말해 준다. 그러므로 하나님을 올바로 인식하고자 할 때 우리는 성경 안에서 우리에게 적극적으로 말씀하시는 하나님의 일하심에 의존한다.

B. 우리는 하나님을 온전히 이해할 수 없다

하나님은 무한하시고, 우리는 유한하고 제한적이기 때문에 하나님을 온전히 이해할 수 없다. 그런 의미에서 하나님은 불가해하다incomprehensible고 말할 수 있다. 여기서 '불가해하다'라는 용어는 '온전히 이해할 수 없음'이라는 옛 의미로 사용된다. 이 의미는 오늘날 더 흔히 사용되는 의미, 곧 '이해할 수 없음'과 구별되어야 한다. 하나님을 이해할 수 없다고 말하는 것은 옳지 않지만, 그분을 온전히 이해할 수 없다고 말하는 것은 옳다.

시편 145편은 "여호와는 위대하시니 크게 찬양할 것이라. 그의 위대하심을 측량하지 못하리로다"라고 말한다.시 145:3 하나님의 위대하심은 찾고 발견하는 우리의 능력을 넘어선다. 그 위대하심을 우리는 온전히 이해할 수 없다. 하나님의 지혜에 관해 시편 147편은 "우리 주는 위대하시며 능력이 많으시며 그의 지혜가 무궁하시도다"라고 말한다.시 147:5 우리는 결코 하나님의 지혜를 가늠하거나 온전히 알 수 없을 것이다. 그 지혜는 우리가 따라잡거나 이해할 수 없이 크다. 마찬가지로 다윗은 하나님의 지식에 관해 "이 지식이 내게 너무 기이하니 높아서 내가 능히 미치지 못하나이다"라고 말한다.시 139:6, 17 참조

바울은 "성령은 모든 것 곧 하나님의 깊은 것까지도 통달하시느니라"라고 말하고, 이어서 "하나님의 일[1]도 하나님의 영 외에는 아무도 알지 못하느니라"는 말로 하나님의 불가해성을 암시한다.고전 2:10-12 바울은 하나님의 위대한 구원 계획의 역사에 관한 긴 논의를 마무리하면서 하나님에 대한 찬양을 쏟아 낸다. "깊도다 하나님의 지혜와 지식의 풍성함이여. 그의 판단은 헤아리지 못할 것이며 그의 길은 찾지 못할 것이로다."롬 11:33

이런 구절을 통해 우리는 하나님의 불가해성에 대한 우리의 이해를 한 걸음 더 전진시킬 수 있다. 우리가 하나님을 온전히 이해할 수 없다는 것은 참일 뿐 아니라, 우리가 하나님에 관해 어느 하나도 온전히 이해할 수 없다는 것 역시 참이다. 그분의 위대하심,시 145:3 그분의 지혜,시 147:5 그분의

지식,시 139:6 그분의 풍성함, 지혜, 판단, 길,롬 11:33 이 모두가 온전히 이해할 수 있는 우리의 능력을 넘어선다. 다른 구절들도 이 생각을 뒷받침한다. 하늘이 땅보다 더 높듯이 하나님의 길은 우리의 길보다 더 높고 그분의 생각은 우리의 생각보다 더 높다.사 55:9 욥은 이 땅을 창조하고 유지하는 하나님의 위대한 행동이 "그의 행사의 단편일 뿐"이라고 말하며, "우리가 그에게서 들은 것도 속삭이는 소리일 뿐이니 그의 큰 능력의 우렛소리를 누가 능히 헤아리랴"라고 감탄한다.욥 26:14; 또한 11:7-9; 37:5 참조

따라서 우리는 자연을 통해, (더 정확히는) 성경을 통해 하나님의 사랑과 능력, 지혜 등에 대해 무언가를 알 수 있다. 하지만 절대로 그분의 사랑을 온전히 알 수는 없다. 우리는 결코 그분의 능력과 지혜를 온전히 알 수 없다. 하나님에 관해 어느 하나라도 부족함 없이 알기 위해서는 그분이 아시는 것처럼 우리도 알아야 한다. 즉 우리도 하나님과 관련된 모든 것, 창조와 관련된 모든 것 가운데 알아야 한다. 우리는 다윗과 더불어 "이 지식이 내게 너무 기이하니 높아서 내가 능히 미치지 못하나이다"라고 감탄할 수 있을 뿐이다.시 139:6

하나님의 불가해성 교리는 우리의 삶에 긍정적으로 적용될 수 있다. 이는 우리가 하나님을 온전히 이해할 수 없을 것임을 뜻한다. 그분에 관해 배워야 할 것이 계속해서 있을 것이기 때문이다. 따라서 우리는 결코 싫증을 내지 않고 그분의 탁월함과 그분이 하신 일의 위대함을 점점 더 많이 발견하며 기뻐할 것이다.

죄로부터 자유로워질 내세에도 우리는 절대로 하나님을 온전히 이해할 수 없을 것이다. 이는 위에서 인용한 본문에서 보듯이 하나님의 불가해성이 우리의 죄인됨 때문이 아니라 그분의 무한한 위대하심 때문이라는 것을 통해 확인된다. 우리가 하나님을 온전히 이해할 수 없는 까닭은 우리는 유한하고 하나님은 무한하시기 때문이다.[2] 우리는 영원히 하나님을 알아 가고 점점 더 많이 그분으로 인해 기뻐할 수 있을 것이다. 우리는 하나님의 생각을 점점 더 많이 배워 가며 다윗과 더불어 이렇게 말할 것이다.

> 하나님이여, 주의 생각이 내게 어찌 그리 보배로우신지요. 그 수가 어찌 그리 많은지요. 내가 세려고 할지라도 그 수가 모래보다 많도소이다.시 139:17-18

영원한 미래가 그러하다면 이생에서도 틀림없이 그러할 것이다. 바울은 "주께 합당하게 행하여 범사에 기쁘시게 하"는 삶을 살고자 한다면, 그 삶은 "하나님을 아는 것에 자라"는 삶이어야 한다고 말한다.[골 1:10] 우리는 우리의 삶 전체를 통해 하나님을 아는 지식에서 성장해야 한다.

우리가 하나님을 아는 지식에서 자라기를 결코 멈추지 않아야 한다는 사실은, 지식에 있어서 하나님과 동등해지기를 원하거나 지적인 교만이라는 죄로부터 만족을 얻으려는 우리의 시도를 단념시킬 것이다(하나님은 우리가 온전히 터득할 수 없는 연구 주제이시다). 하지만 하나님만이 하나님이시고 그분이 언제나 우리보다 무한히 크시며, 우리가 그분께 마땅히 예배와 경배를 드려야 할 그분의 피조물이라는 사실에 대해 기뻐한다면, 이것은 유익한 관념이 될 것이다. 우리가 날마다 시간을 들여 성경을 공부하고 하나님과의 사귐을 위해 노력할지라도 언제나 하나님에 관해, 그분과 우리의 관계나 그분과 세상의 관계에 관해 배워야 할 게 더 많이 있을 것이다. 따라서 우리가 감사할 수 있는 더 많은 이유와 그분을 찬양해야 할 더 많은 이유가 언제나 있을 것이다. 우리가 이것을 깨달을 때, 규칙적으로 성경을 공부하는 습관을 가지게 되고 심지어 평생에 걸쳐 (그것이 하나님의 말씀에 견고하게 뿌리를 내린 신학이라면) 신학을 공부하게 될 것이라는 전망을 가지게 될 것이다. 공식적 또는 비공식적으로 하나님의 말씀을 공부하고 가르치는 것은 언제나 큰 특권이자 기쁨일 것이다.

C. 하지만 우리는 하나님을 참으로 알 수 있다

비록 우리가 하나님을 빈틈없이 알 수 없지만, 하나님에 관한 참된 것들은 알 수 있다. 사실 성경이 하나님에 관해 우리에게 말하는 모든 것은 참되다. 하나님이 사랑이시고,[요일 4:8] 빛이시고,[요일 1:5] 영이시고,[요 4:24] 정의롭고 의로우시다고[롬 3:26] 말하는 것은 참되다. 이처럼 말한다고 해서 우리가 하나님에 관해, 또는 그분의 사랑이나 그분의 의로우심에 관해, 또는 다른 어떤 속성에 관해 모든 것을 안다는 말은 아니며 그럴 필요도 없다. 나에게 아들 셋이 있다고 할 때, 비록 내가 내 아들에 관해, 심지어 나 자신에 관해 모든 것을 알지 못하더라도 이 진술은 전적으로 참되다. 하나님에 관한 우리의 지식도 이와 마찬가지다. 비록 우리가 하나님에 관한 온전한 지식을 가지고 있지 못하더라도 성경을 통해 하나님에 관한 참된 지식을 가지고 있다. 우리는 성경을 통해 하나님의 생각 중 일부—심지어는 많은 것—를 알 수 있으며, 이것을 알 때 우리는 다윗처럼 이 지식을 "보배"롭게 여긴다.시 139:17

더 중요한 의미에서 우리는 단지 하나님과 그분의 행동에 관한 사실뿐 아니라 하나님 자신을 알 수 있다. 일상적으로 우리는 사실을 아는 것과 사람을 아는 것을 구별한다. 대부분의 미국 시민이 미국 대통령에 관해 많은 사실을 알고 있다고 말하는 것은 참되지만, 그를 안다고 말하는 것은 참되지 않다. 그를 안다고 말하는 것은 그를 만나 그와 이야기를 나누었으며 적어도 그와 인격적인 관계를 맺었음을 암시한다.

어떤 이들은 우리가 하나님을 알 수 없고 하나님에 관한 사실이나 그분이 행하시는 일만 알 수 있다고 말한다. 다른 이들은 우리가 하나님을 그분 자체로는 알 수 없고 우리와 관계를 맺으시는 분으로서만 알 수 있을 뿐이라고 말한다(이 두 개념이 다르다는 암시가 존재한다). 하지만 성경은 그처럼 말하지 않는다. 우리가 하나님을 아는 것에 관해 이야기하는 본문들이 있다. 우리는 예레미야에서 이런 하나님의 말씀을 읽는다.

여호와께서 이와 같이 말씀하시되 지혜로운 자는 그의 지혜를 자랑하지 말라. 용사는 그의 용맹을 자랑하지 말라. 부자는 그의 부함을 자랑하지 말라. 자랑하는 자는 이것으로 자랑할지니 곧 명철하여 나를 아는 것과 나 여호와는 사랑과 정의와 공의를 땅에 행하는 자인 줄 깨닫는 것이라. 나는 이 일을 기뻐하노라. 여호와의 말씀이니라.렘 9:23-24

여기서 하나님은 우리의 기쁨과 우리 자신이 중요하다는 생각의 원천은 우리의 능력이나 재산이 아니라 그분을 안다는 사실이어야 한다고 말씀하신다. 마찬가지로 예수께서는 하나님께 기도하면서 "영생은 곧 유일하신 참 하나님과 그가 보내신 자 예수 그리스도를 아는 것이니이다"라고 말씀하셨다.요 17:3 새 언약의 약속은 "작은 자로부터 큰 자까지" 모든 사람이 하나님을 알게 된다는 것이며,히 8:11 요한의 첫 편지는 하나님의 아들이 오셔서 우리에게 "참된 자를 알게" 하셨다고 말한다.요일 5:20; 또한 갈 4:9; 빌 3:10; 요일 2:3; 4:8 참조 요한은 "아이들아, 내가 너희에게 쓴 것은 너희가 아버지를 알았음이요"라고 말한다.요일 2:14

우리가 참으로 하나님을 알고 있다는 사실은, 그리스도인의 삶의 풍성함에 하나님과의 인격적 관계가 포함된다는 깨달음에 의해서도 입증된다. 이 본문들이 암시하듯이, 우리는 단지 하나님에 관한 사실을 아는 것보다 더 큰 특권을 가지고 있다. 우리는 기도로 하나님께 말하고, 하나님은 그분의 말씀을 통해 우리에게 말씀하시며 또한 인격적인 상호 작용과 관계를 통해 우리에게 가까이 다가오신다. "하나님을 가까이하라. 그리하면 너희를 가까이하시리라."약 4:8 우리는 그분의 임재 안에서 그분과 사귐을 나누고 그분을 찬양하며, 그분이 인격적으로 우리 가운데 또는 우리 안에 거하시며 우리에게 복을 주신다는 것을 알고 있다. 왜냐하면 예수께서 "사람이 나를 사랑하면 내 말을 지키리니 내 아버지께서 그를 사랑하실 것이요 우리가 그에게 가서 거처를 그와 함께 하리라"고 약속하셨기 때문이다.요 14:23 또한 당연히 이 약속—여러분의 집에 손님을 맞아들이는 것으로 비유할 수 있는—은 예수와의 인격적 관계를 암시한다. "볼지어다. 내가 문 밖에 서서 두드리노니 누구든지 내 음성을 듣고 문을 열면 내가 그에게로 들어가 그와 더불어 먹고 그는 나와 더불어 먹으리라."계 3:20

참으로 하나님을 아는 것은 성부 하나님, 성자 하나님, 성령 하나님과의 인격적인 관계를 통해 가능하며, 이것은 그리스도인의 삶의 모든 복 중에서 으뜸이라고 말할 수 있다.

개인적 적용을 위한 질문

1. 때때로 사람들은 천국이 새로운 것 없이 늘 지루한 곳처럼 보인다고 말한다. 하나님께서 온전히 이해할 수 없을 만큼 방대한 분이지만, 우리는 계속해서 알아갈 것이라는 사실은 앞의 의견에 대한 답변에 도움이 되는가?

2. 우리가 현재 가지고 있는 하나님에 대한 이해와 천국에서 온전히 알게 될 하나님 이해가 다르지 않다고 어떻게 확신할 수 있는가?

3. 여러분은 하나님을 더 깊이 알고자 하는 갈망이 있는가? 그 이유는 무엇인가? 만일 그렇지 않다면 그 이유는 무엇인가?

4. 하나님께서 우리에게 자신을 계시하시기로 작정한 이유가 무엇이라고 생각하는가? 여러분은 일반 계시와 특별 계시 중 어떤 것으로부터 하나님을 더 많이 배우는가? 하나님에 대한 생각은 왜 우리에게 "보배"롭다고 생각하는가?시 139:17 여러분이 다른 사람들과 맺는 관계와 하나님과의 관계는 어떻게 같으며, 어떻게 다른가? 그 관계를 더 깊게 하는 방법에는 무엇이 있는가?

신학 전문 용어

불가해성

인식 가능성

참고 문헌

이 참고 문헌에 관한 설명으로는 1장, 60쪽을 보라. 자세한 서지 자료는 2권 부록 2에서 확인할 수 있다.

복음주의 조직신학 저술의 관련 항목

1. 성공회

2001	Packer, 19–20
2013	Bird, 167–171
2013	Bray, 99–112

2. 아르미니우스주의(또는 웨슬리파/감리교)

1875–1876	Pope, 1:242–248
1892–1894	Miley, 1:137–158
1992	Oden, 117–152
2002	Cottrell, 44–49

3. 침례교

1767	Gill, 2:352–364
1887	Boyce, 8–54
1976–1983	Henry, 2:17–167, 247–334; 5:375–409
1990–1995	Garrett, 1:223–238
2007	Akin, 180–181
2013	Erickson, 109, 146–149, 165–167, 239–241

4. 세대주의

1947	Chafer, 1:179–186
1986	Ryrie, 25–34
2017	MacArthur and Mayhue, 145–154

5. 루터교

1917–1924	Pieper, 1:375–381

6. 개혁주의(또는 장로교)

1559 Calvin, 1:33–43 (1.1–2)
1679–1685 Turretin, *IET*, 1:183–187
1871–1873 Hodge, 1:191–202, 335–365
1894 Shedd, 185–200
1906–1911 Bavinck, *RD*, 2:27–31
1910 Vos, 1:1–2
1938 Berkhof, 29–40
1998 Reymond, 96–102
2008 Van Genderen and Velema, 117–131
2011 Horton, 47–57
2013 Frame, 304–306, 697–716
2013 Culver, 44–52
2016 Allen and Swain, 7–29
2017 Barrett, 218–222
2019 Letham, 62–63, 162

7. 부흥 운동(또는 은사주의/오순절)

1988–199 Williams, 1:29–46
1993 Menzies and Horton, 20, 263
1995 Horton, 121–122
2008 Duffield and Van Cleave, 52–53

대표적인 로마 가톨릭 조직신학 저술의 관련 항목

1. 로마 가톨릭: 전통적 입장

1955 Ott, 17–24

2. 로마 가톨릭: 제2차 바티칸공의회 이후

1980 McBrien (no explicit treatment)
2012 *CCC*, paragraphs 199–204

기타 저술

Allison, Gregg. *Historical Theology: An Introduction to Christian Doctrine; A Companion to Wayne Grudem's Systematic Theology*. Grand Rapids: Zondervan, 2011, 187–209.

Blackaby, Henry T. *Experiencing God: Knowing and Doing the Will of God*. Nashville: B&H, 1994. (『하나님을 경험하는 삶』 요단출판사)

Bray, Gerald L. *The Doctrine of God*. Downers Grove, IL: InterVarsity Press, 1993. (『신론』 IVP)

____. "God." In *NDBT*, 511–521.

Charnock, Stephen. *The Knowledge of God. The Complete Works of Stephen Charnock*. Vol. 4. Edinburgh: James Nichol, 1865; Reprint, Edinburgh: Banner of Truth, 1985, esp. 3–164.

Dowey, Edward A., Jr. *The Knowledge of God in Calvin's Theology*. Grand Rapids: Eerdmans, 1994.

Frame, John M. *The Doctrine of the Knowledge of God*. Phillipsburg, NJ: Presbyterian and Reformed, 1987. (『신지식론』 개혁주의신학사)

France, R. T. *The Living God*. Downers Grove, IL: InterVarsity Press, 1970.

Geivett, R. D. "Knowledge." In *EDT3*, 469–471.

Goldsworthy, Graeme. *Prayer and the Knowledge of God: What the Whole Bible Teaches*. Leicester: Inter-Varsity Press, 2003. (『기도와 하나님을 아는 지식』 IVP)

Holmes, S. R. "God." In *NDT2*, 369–373.

Issler, Klaus Dieter. *Wasting Time with God: A Christian Spirituality of Friendship with God*. Downers Grove, IL: InterVarsity Press, 2001. (『주님과 거닐다』 IVP)

Needham, David C. *Close to His Majesty: An Invitation to Walk with God*. Portland, OR: Multnomah, 1987.

Packer, J. I. "God." In *NDT1*, 274–277.

____. *Knowing God*. London: Inter-Varsity Press, 1973, 13–37. (『하나님을 아는 지식』 IVP)

Parker, T. H. L. *Calvin's Doctrine of the Knowledge of God*. Grand Rapids: Eerdmans, 1959.

Phillips, Timothy R. "Knowledge of God." In *BTDB*, 458–459.

Piper, John. *Desiring God*. Portland, OR: Multnomah, 2003. (『하나님께 굶주린 삶』 복 있는 사람)

Tozer, A. W. *The Knowledge of the Holy*. New York: Harper and Row, 1961. (『하나님을 바로 알자』 생명의말씀사)

Van Til, Cornelius. *In Defense of the Faith*. Vol. 5, *An Introduction to Systematic Theology*. Phillipsburg, NJ: Presbyterian and Reformed, 1976, 159–199. (『변증학』 개혁주의신학사)

Wakefield, Norm. *Living in God's Presence*. Loveland, CO: Walking Carnival, 2013.

Wright, Christopher J. H. *Knowing God the Father through the Old Testament*. Downers Grove, IL: IVP Academic, 2007. (『구약의 빛 아래서 하나님을 아는 지식』 성서유니온선교회)

성경 암송 구절

이 본문의 3절에서는 절대로 하나님을 온전히 알 수 없다고 말하지만, 다윗이 하나님을 찬양하고 그분께 말한다는 사실 자체는 그가 하나님에 관한 참된 것들을 알고 있으며 그분과 인격적 관계를 맺고 있음을 보여준다.

시편 145:1-3 | 왕이신 나의 하나님이여, 내가 주를 높이고 영원히 주의 이름을 송축하리이다. 내가 날마다 주를 송축하며 영원히 주의 이름을 송축하리이다. 여호와는 위대하시니 크게 찬양할 것이라. 그의 위대하심을 측량하지 못하리로다.

찬송가

"왕이신 나의 하나님이여, 내가 주를 높이고"

역사적으로 그리스도인들은 다양한 예배에서 시편의 말씀을 시적 운율에 맞추어 부르기를 즐겼다. 이 찬송가는 시편 145편에 찬송가 "햇빛을 받는 곳마다"의 멜로디를 입힌 노래다. 2절에서는 하나님의 불가해성에 관해 이야기하며, 다른 절에서는 성경 속 다양한 하나님의 속성에 관해 말한다. 우리가 하나님에 관해 참된 진리를 노래하고 있으며, 그분의 위대하심이 우리의 어떤 찬양보다 뛰어남을 알기 때문에 우리는 이 노래를 부르며 기뻐할 것이다.

왕이신 나의 하나님이여, 내가 주를 높이고
영원히 주의 이름을 송축하리이다
내가 날마다 주를 송축하며
영원히 주의 이름을 송축하리이다

여호와는 위대하시니 크게 찬양할 것이라
그분의 위대하심을 측량하지 못하리로다
대대로 주께서 행하시는 일을 크게 찬양하며
주의 능한 일을 선포하리로다

주의 존귀하고 영광스러운 위엄과
주의 기이한 일들을 나는 작은 소리로 읊조리리이다
사람들은 주께서 행하신 일들의 권능을 말할 것이요

나도 주의 위대하심을 선포하리이다

사람들은 주의 크신 은혜를 기념하고
주의 의를 노래하리이다

여호와는 은혜로우시며
긍휼이 많으시며
노하기를 더디 하시며
인자하심이 크시도다

여호와는 모든 것을 선대하시며
그 지으신 모든 것에 긍휼을 베푸시는도다
여호와여, 주께서 지으신 모든 것들이 주께 감사하며
주의 성도들이 주를 송축하리이다

ㅁ 출처: *The Book of Psalms with Music*, 시편 145편

현대 찬양곡

"나의 만족과 유익을 위해"

나의 만족과 유익을 위해 가지려 했던 세상일들
이젠 모두 다 해로 여기고 주님을 위해 다 버리네

내 안에 가장 귀한 것을 주님을 앎이라
모든 것 되시며 의와 기쁨 되신 주 사랑합니다

부활의 능력 체험하면서 주의 고난에 동참하고
주의 죽으심 본을 받아서 그의 생명에 참예하네

◈

한때 내가 소중히 여겼던 모든 것, 내 삶의 기초로 삼았던 모든 것
이 세상이 숭배하며 소유하기 위해 다투는 모든 것

한때 내가 이익이라고 생각했던 모든 것을 손해라고 여깁니다
이제는 헛되고 무익한 것일 뿐입니다

예수님, 주님을 아는 것
주님을 아는 것보다 더 귀한 것은 없습니다
주님은 나의 모든 것이시며, 가장 좋은 것이십니다
주님의 나의 기쁨, 나의 의이십니다
주님, 내가 주님을 사랑합니다

이제 나의 소원은 주님을 더 많이 아는 것입니다
내가 주님 안에 있다고, 주님의 것이라고 알려지는 것입니다
내가 얻을 수 없는 것, 가장 귀한 의의 선물을
믿음으로 소유하는 것입니다

나의 소원은 주님이 주시는 부활의 생명을 아는 것
주님의 고난 속에서 주님을 아는 것
주님의 죽음 안에서 주님을 닮는 것
그래서 주님과 함께 살고 결코 죽지 않는 것입니다

ㅁ 그레이엄 켄드릭 작사3

주

1 ESV, RSV, NIV, NASB에서는 모두 생각(thoughts)으로 번역한다. 왜냐하면 대구를 이루는 11절의 '타 투안트로푸'(인간의 것들) 고려할 때 문맥상 생각으로 번역해야 하는 것처럼 보이기 때문이다. 하지만 10절의 헬라어 구절은 '타 투 테우'로서 문자적으로 "하나님의 것들"을 뜻할 뿐이다(따라서 흠정역에서는 "the things of God"으로 번역한다). 10절에서 바울이 "하나님의 깊은 것"을 언급하는 점을 고려할 때 10절과 12절 모두에서 하나님의 생각뿐 아니라 그분의 존재 전체를 가리키는 것으로 보인다.

2 이것은 "지금은 내가 부분적으로 아나 그때에는 주께서 나를 아신 것 같이 내가 온전히 알리라"라는 고린도전서 13:12과 모순되지 않는다. "온전히 알리라"라는 구절은 '에피기노스코'라는 단어의 번역으로서 더 깊거나 더 정확한 지식(또는 아마도 현재의 부분적인 지식과 대조되는 오류나 거짓으로부터 자유로운 지식)을 의미할 뿐 모든 것에 대한 앎을 암시하지는 않는다. 바울은 결코 "그때는 내가 모든 것을 알리라"라는 식으로 말하지 않는다. 그렇게 하기를 원했다면 헬라어(토테 에피그노소마이 타 판타)로는 아주 쉽게 그렇게 말할 수 있었을 것이다.

3 © 1994 Make Way Music (admin. by Music Services in the Western Hemisphere). All Rights Reserved. ASCAP.

11. 하나님의 성품 : 비공유적 속성

하나님께서는 어떻게 우리와 다르신가?

설명과 성경적 기초

A. 하나님의 성품에 관한 연구 서론

1. 신적 속성의 분류

하나님의 성품에 관해 우리는 성경이 가르치는 모든 것을 한 번에 말할 수 없음을 깨닫는다. 우리는 하나님의 성품 중에서 어떤 양상을 먼저 논할지 또는 두 번째로 논할지를 판단할 특정한 방식이 필요하다. 다시 말해, 우리는 하나님의 속성을 범주화할 방식이 필요하다. 이것은 보이는 것처럼 사소한 문제가 아니다. 우리는 오해를 불러일으키는 방식으로 속성의 순서를 정하거나 어떤 속성을 너무 강조해 다른 속성을 적절하게 다루지 못할 가능성이 있다.

하나님의 속성을 분류하는 데 몇 가지 다른 방법이 사용되어 왔다. 이번 장에서 우리는 가장 흔히 사용되는 분류 방식을 채택할 것이다. 즉 하나님의 비공유적 속성(하나님이 다른 존재와 공유하지 않으시는, 곧 교류하지 않으시는 속성)과 공유적 속성(하나님이 우리와 공유하시는, 곧 교류하시는 속성)이다.

비공유적 속성의 예시로는 하나님의 영원성(하나님은 영원히 존재하시지만 우리는 그렇지 않다)과 불변성(하나님은 변하지 않으시지만 우리는 변한다), 편재(하나님은 어디에나 계시지만 우리는 한 번에 한 곳에만 존재한다)를 들 수 있다. 공유적 속성의 예시로는 사랑(하나님은 사랑이시며 우리도 사랑할 수 있다)과 지식(하나님은 지식을 가지고 계시며 우리도 지식을 가질 수 있다), 자비(하나님은 자비로우시며 우리도 자비로울 수 있다), 공의(하나님은 공의로우시며 우리도 공의로울 수 있다)를 들 수 있다. 이처럼 하나님의 속성을 두 가지 주요 범주로 구분하는 것은 유익하며, 대부분의 사람들은 어떤 속성을 비공유적이라고 불러야 하는지, 아니면 공유적이라고 불러야 하는지에 대해 일차적인 감각을 갖고 있다. 따라서 하나님의 사랑은 공유적이지만 그분의 편재는 비공유적이라고 말하는 것은 유익하다.

하지만 더 깊이 생각해 보면 이 구별이 유익하지만 완벽한 것은 아니다. 전적으로 공유적인 하나님의 속성도 없고, 전적으로 비공유적인 하나님의 속성도 없기 때문이다. 우리가 하나님에 관해 알고 있는 몇 가지만 생각해도 이 점이 명백해진다.

예를 들어, 우리도 지혜로울 수 있기 때문에 하나님의 지혜는 공유적 속성으로 불린다. 하지만 우리는 하나님처럼 무한히 지혜로울 수 없을 것이다. 어느 정도는 그분의 지혜가 우리에게 공유되지만 온전하게 공유되지는 않는다. 이와 비슷하게 우리는 하나님의 지식을 부분적으로 공유할 수 있지만, 절대로 그 지식을 온전히 공유할 수 없다. "하늘이 땅보다 높음 같이" 하나님의 생각은 우리의 생각보다 더 높기 때문이다.[사 55:9] 우리는 하나님의 사랑을 모방하고 어느 정도까지 그 속성에 동참할 수 있지만, 하나님처럼 사랑이 무한히 넘치지는 않을 것이다. 이것은 통상적으로 '공유적 속성'으로 불리는 모든 속성에 적용된다. 즉 어느 정도까지는 하나님이 이런 속성을 우리와 공유하시지만, 이런 속성 중에서 어느 것도 전적으로 공유적이지는 않다. 우리가 '공유적'이라고 부르는 속성들은 우리와 보다 많이 공유되는 속성이라고 말하는 편이 낫다.

우리가 '비공유적'이라고 부르는 속성은 우리에 의해 덜 공유되는 하나님의 속성이라고 말함으로써 더 잘 정의할 수 있다. 어떤 비공유적 속성도 인간의 성품 안에 어느 정도의 유사성이 존재한다. 예를 들어, 하나님은 불변하시지만 우리는 변한다. 그러나 우리가 완전히 변하는 것은 아니다. 대체로 변하지 않은 채 남아 있는 우리 성품의 몇몇 양상이 존재하기 때문이다. 우리의 개인적 정체성, 개인적 특징 중 다수, 우리의 장기간 목적 중 일부는 오랜 시간에 걸쳐 본질적으로 변하지 않은 채 남아 있다(또한 우리가 죄로부터 자유로워지고 영원히 하나님 앞에서 살기 시작할 때 대체로 변하지 않은 채 남아 있을 것이다).

마찬가지로 하나님은 영원하시지만 우리는 시간의 제약을 받을 수밖에 없다. 그러나 우리가 그분과 영원히 살고 영원한 생명을 누리게 될 것이라는 사실 또는 우리가 (하나님의 피조물 중 다수와 달리, 전 3:11 참조) 과거를 기억하고 미래를 강력히 자각하는 능력을 지니고 있다는 사실을 고려하면, 우리는 하나님의 영원성을 어느 정도 반영한다고 말할 수 있다. 하나님의 자존성과 편재라는 속성은 아마도 우리 자신의 속성에 반영되었다고 보기 가장 어려운 속성일 것이다. 하지만 우리 자신을 다른 피조물들과 비교하면 이 속성조차도 우리 안에 희미하게 반영되어 있음을 확인할 수 있다. 우리가 성장하고 어른이 되어 갈 때, 우리는 어느 정도 다른 이들로부터 독립을 이루고 스스로 존재하게 된다. 그리고 비록 우리는 한 번에 하나 이상의 공간에 있을 수 없지만 기도나 전화, 이메일, 화상 회의 등을 통해 한 번에 여러 공간에서 존재 효과를 발휘하는 방식으로 행동하는 능력을 지니고 있다(그런 점에서도 우리는 다른 피조물들과 구별된다. 고전 5:3 참조).

따라서 우리는 '비공유적' 속성과 '공유적' 속성이라는 두 범주를 사용하겠지만 이 두 범주가 전적으로 정확한 구분은 아니며 실제로 두 범주 사이에 겹치는 부분이 많다는 것을 기억해야 할 것이다.

2. 성경 속 하나님의 이름

성경에서 한 사람의 이름은 그 성품에 대한 묘사다. 마찬가지로 성경에서 하나님의 이름은 그분의 성품에 대한 다양한 묘사다. 광범위한 의미에서 하나님의 이름은 성경과 피조물이 하나님에 관해 말하는 모든 것과 동일하다. "이름이 거룩히 여김을 받으시오며"라고 기도할 때,[마 6:9] 우리는 사람들이 그분께 영광을 돌리고 그분의 성품을 정확히 반영하는 방식으로 하나님에 관해 말하기를 기도하는 셈이다. 이처럼 하나님의 이름을 영화롭게 하는 것은 말뿐 아니라 행동을 통해서도 이루어질 수 있다. 왜냐하면 우리의 행동은 우리가 섬기는 창조주의 성품을 반영하기 때문이다.[마 5:16] 그러므로 하나님의 이름을 영화롭게 하는 것은 곧 그분을 영화롭게 하는 것이다. "너는 네 하나님 여호와의 이름을 망령되게 부르지 말라"는 명령[출 20:7]은 어리석거나 오해를 야기하는 방식으로 그분에 관해 말함으로써 또는 그분의 참된 성품을 반영하지 않는 행동을 통해서 하나님의 명성을 더

럽히지 말라는 명령이다.

성경에는 수많은 하나님의 이름이 등장하며, 그 이름들은 모두 그 성품의 참된 양상을 반영한다. 그 이름들 중 다수는 하나님의 성품의 일부를 묘사하기 위해 인간의 경험이나 감정으로부터 취한 것이지만, 다른 이름들은 자연적 피조물로부터 취한 것이다. 어떤 의미에서 이 표현들, 곧 우주 안에서 볼 수 있는 것에 빗대어 하나님의 성품을 묘사하는 표현들은 모두 그분에 관해 참된 무언가를 우리에게 말해 주기 때문에 하나님의 이름이다.

헤르만 바빙크는 『신론』[1]에서 피조물로부터 취한 하나님에 대한 묘사의 긴 목록을 제시한다. 하나님은 사자,[사 31:4] 독수리,[신 32:11] 어린양,[사 53:7] 암탉,[마 23:37] 해,[시 84:11] 새벽별,[계 22:16] 빛,[시 27:1] 등불,[계 21:23] 불,[히 12:29] 샘,[시 36:9] 반석,[신 32:4] 은신처,[시 119:114] 망대,[잠 18:10] 좀,[시 39:11] 그늘,[시 91:1] 방패,[시 84:11] 성전[계 21:22] 등에 비유된다.

바빙크는 인간의 경험에서 취한 더 방대한 목록을 제시하며, 여기서는 일부만 소개하겠다. 하나님은 신랑,[사 61:10] 남편,[사 54:5] 아버지,[신 32:6] 재판장과 왕,[사 33:22] 용사,[출 15:3] 설계자와 건축자,[히 11:10] 목자,[시 23:1] 치료자[출 15:26] 등으로 불린다. 더 나아가 앎,[창 18:21] 기억함,[창 8:1; 출 2:24] 봄,[창 1:10] 들음,[출 2:24] 냄새를 맡음,[창 8:21] 맛을 봄,[시 11:5] 앉음,[시 9:7] 일어섬,[시 68:1] 걸음,[레 26:12] 눈물을 닦음[사 25:8] 등과 같은 인간의 행동에 빗대거나, 기쁨,[사 62:5] 슬픔,[시 78:40; 사 63:10] 분노,[렘 7:18-19] 사랑,[요 3:16] 미움,[신 16:22] 진노[시 2:5] 등 인간의 감정에 빗대어 하나님을 묘사하기도 한다.

비록 하나님은 물리적인 몸을 갖지 않지만[2] 성경은 몸의 다양한 부분에 빗대어 은유적으로 하나님의 활동을 묘사한다. 성경은 하나님의 얼굴,[출 33:20, 23; 사 63:9; 시 16:11; 계 22:4] 눈,[시 11:4; 히 4:13] 눈꺼풀,[시 11:4] 귀,[시 55:1; 사 59:1] 코,[신 33:10] 입,[신 8:3] 입술,[욥 11:5] 혀,[사 30:27] 목,[렘 18:17] 팔,[출 15:16] 손,[민 11:23] 손가락,[출 8:19] 마음,[창 6:6] 발[사 66:1] 등을 이야기한다. 선과 자비, 은혜, 의, 거룩함, 정의 등과 같은 인격적 특징을 묘사하는 용어들도 경험을 통해 우리에게 그 의미가 익숙하다. 그리고 우리는 영원성이나 불변성과 같은 용어를 직관적으로 이해할 수 없으나, 우리의 경험으로부터 터득한 개념을 부정함으로써(영원성은 시간에 의해 제한되지 않고 불변성은 변하지 않는다) 이해할 수 있다.

이 모든 본문을 수집하는 목적은, 첫째로 어떤 의미에서 모든 피조물이 하나님에 관한 무언가를 나타내며, 더 고등한 피조물—특히 하나님의 형상으로 창조된 인간—은 보다 온전히 그분을 나타낸다는 것을 보여주기 위함이다.

이처럼 긴 목록을 언급하는 두 번째 이유는, 성경이 제공하는 하나님에 관한 지식은 인간 경험에 의해 묘사되기 때문에 우리가 충분히 이해할 수 있음을 보여주기 위함이다. 더 전문적인 용어를 사용하자면, 우리는 성경이 하나님에 관해 말하는 모든 것이 신인동형론적인 언어, 곧 인간적인 관점에서 하나님을 이야기하는 언어를 사용한다고 말할 수 있다.[3] 성경 안에 신인동형론적인 언어가 존재한다는 사실에 당혹스러운 사람들도 있다. 하지만 우리는 이 사실에 당혹스러워할 필요가 없다. 왜냐하면 하나님이 우리가 (그분의 속성처럼) 직접적인 경험으로 알 수 없는 것을 가르치시고자 한다면, 우리가 아는 바를 기준으로 가르치셔야 하기 때문이다. 따라서 성경이 하나님에 관해 말하는 모든 것은 넓은 의미에서 신인동형론적이다. 이 사실은 성경이 우리에게 하나님에 관한 잘못된 관념을 제공한다는 뜻이 아니다. 왜냐하면 하나님은 이 방식으로 우리에게 그분 자신을 참되고 정확하게 계시하기로 작정하셨기 때문이다. 그럼에도 우리는 이 표현들을 그 자체로 받아들여 그 표현들의 즉각적인 맥락 또는 성경이 하나님에 관해 말하는 다른 내용들과 분리시키지 않도록 주의해야 한다.[4] 그렇게 한다면 하나님이 어떤 분이신지에 대해 오해하거나 불균형한 또는 부적합한 이미지를 갖게 될 위험에 빠질 것이다. 하나님의 속성에 관한 모든 묘사는, 성경이 하나님에 관해 우리에게 말하는 다른 모든 것에 비추어 이해해야 한다. 이 점을 기억하지 못한다면, 우리는 하나님의 성품을 잘못 이해할 수밖에 없을 것이다.

예를 들어, 우리는 경험을 통해 사랑이라는 관념을 알고 있다. 이것은 우리가 하나님이 사랑이라고 말할 때 성경이 뜻하는 바를 이해할 수 있도록 도와주지만, 사랑이 하나님께 적용될 때 그 의미는 인간관계 안에서 우리가 경험하는 사랑과 동일하지 않다. 따라서 하나님의 사랑에 대한 우리의 관념을 적절하게 다듬고 그 오해를 피하고자 한다면, 하나님의 사랑에 대한 실제 경험으로부터 배워야 할 뿐만 아니라 성경 전체에서 하나님이 어떻게 행동하시는지를 관찰함으로써 또는 성경에 제시된 하나님의 다른 속성을 통해서도 배워야 한다. 따라서 하나님에 관한 신인동형론적인 언어가 성경 안에 등장할 때 그것은 참되지만, 성경 전체의 맥락 안에서 그 언어를 이해하기 위해 성경을 꾸준히 읽을 때만 그것을 바르게 이해할 수 있다.

인간의 경험과 자연 세계로부터 취한 하나님에 대한 매우 다양한 묘사를 나열하는 세 번째 이유가 존재한다. 이러한 묘사는 하나님이 우주를 창조하셨고 이로써 우주가 그분의 성품의 탁월성을 드러내게 하셨음을, 곧 우주가 그분의 영광을 드러내게 하셨음을 우리에게 상기시킨다. 하나님은 만물을 창조하셨기 때문에 마땅히 영광을 받으셔야 한다.계 4:11 그러므로 만물은 그분께 영광을 돌려야 한다.

예를 들어, 시편 148편은 모든 피조물을 향해 하나님을 찬양하라고 촉구한다.

> 해와 달아, 그를 찬양하며 밝은 별들아, 다 그를 찬양할지어다.……너희 용들과 바다여, 땅에서 여호와를 찬양하라. 불과 우박과 눈과 안개와 그의 말씀을 따르는 광풍이며 산들과 모든 작은 산과 과수와 모든 백향목이며……세상의 왕들과 모든 백성들과……여호와의 이름을 찬양할지어다. 그의 이름이 홀로 높으시며 그의 영광이 땅과 하늘 위에 뛰어나심이로다.시 148:3, 7-11, 13

성경으로부터 하나님의 성품에 관해 배울 때, 우리는 눈이 열려 피조물을 바르게 해석할 수 있을 것이다. 그 결과 우리는 모든 피조물 안에 하나님의 탁월한 성품이 반영되어 있음을 볼 수 있을 것이다. "그의 영광이 온 땅에 충만하도다."사 6:3

성경이 하나님에 관해 우리에게 말하는 모든 것이 참되지만, 그분에 관한 모든 것을 알려 주지는 않음을 기억해야 한다. 결코 하나님의 성품을 전부 이해할 수 없다는 의미에서 우리는 하나님의 온전한 이름을 알 수 없을 것이다. 우리는 하나님에 관해 알아야 할 모든 것을 알지 못할 것이다. 그러므로 신학자들은 "하나님에게는 많은 이름이 있지만, 하나님에게는 아무 이름도 없다"고 말했다. 우리가 성경으로부터 하나님의 성품에 대한 수많은 참된 묘사를 알 수 있다는 점에서 하나님에게는 많은 이름이 있지만, 우리가 그분의 성품을 모두 묘사하거나 온전히 이해할 수 없다는 점에서 하나님에게는 아무 이름도 없다.

3. 하나님의 비공유적 속성에 대한 균형 잡힌 정의

하나님의 비공유적 속성은 가장 오해하기 쉬울 것이다. 우리의 경험에 익숙하지 않은 신적 속성을 정의해야 하기 때문이다. 그러므로 이번 장에서는 하나님의 비공유적 속성 각각을 두 부분으로 이루어진 문장으로 정의한다. 첫 부분에서는 해당 속성을 정의하고, 두 번째 부분에서는 이 속성과 관련해 균형을 잡거나 반대되는 양상을 진술함으로써 그 속성에 대한 오해를 막고자 한다. 예를 들어, 하나님의 불변성은 다음과 같이 정의된다. "하나님은 그분의 존재, 완전하심, 목적, 약속에 관해 변함이 없으시지만, 하나님은 행동하시며 다른 상황에서는 다르게 행동하신다." 이 문장의 후반부에서는 불변성이 행동할 능력이 전혀 없음을 뜻하는 관념을 경계한다. 어떤 이들은 불변성을 그처럼 이해하지만, 그러한 이해는 하나님의 불변성에 대한 성경의 묘사와 모순된다.

B. 하나님의 비공유적 속성

1. 독립성

하나님의 독립성independence은 다음과 같이 정의된다. 하나님은 그 무엇을 위해서 우리 또는 다른 피조물들을 필요로 하지 않으시지만, 우리와 다른 피조물들은 그분께 영광을 돌리고 기쁨을 드릴 수 있다. 하나님의 이 속성은 자존성aseity, '그 자신으로부터'를 뜻하는 라틴어 '*a se*'로부터 유래이라고 부르기도 한다.

성경은 하나님이 존재하기 위해 또는 다른 어떤 이유에서 피조물의 어떤 부분을 필요로 하지 않으신다고 가르친다. 하나님은 절대적인 독립성과 자존성을 가지신다. 바울은 아덴 사람들에게 "우주와 그 가운데 있는 만물을 지으신 하나님께서는 천지의 주재시니 손으로 지은 전에 계시지 아니하시고 또 무엇이 부족한 것처럼 사람의 손으로 섬김을 받으시는 것이 아니니 이는 만민에게 생명과 호흡과 만물을 친히 주시는 이심이라"고 선포한다.행 17:24-25 그 함의는 하나님이 인류에게서 오는 어떤 것도 필요로 하지 않으신다는 것이다.

하나님은 욥에게 "누가 먼저 내게 주고 나로 하여금 갚게 하겠느냐 온 천하에 있는 것이 다 내 것이니라"고 말씀하신다.욥 41:11 그 누구도 만물을 창조하신 하나님께로부터 오지 않은 것을 하나님께 드릴 수 없다. 그와 비슷하게 시편 50편에서 하나님은 이처럼 말씀하신다.

> 이는 삼림의 짐승들과 뭇 산의 가축이 다 내 것이며 산의 모든 새들도 내가 아는 것이며 들의 짐승도 내 것임이로다. 내가 가령 주려도 네게 이르지 아니할 것은 세계와 거기에 충만한 것이 내 것임이로다.시 50:10-12

어떤 사람들은 하나님이 외로우시거나 다른 인격체와의 사귐이 필요해 인간을 창조하셨다고 생각한다. 만일 그것이 참이라면 하나님이 피조물로부터 전적으로 독립적이지 않다는 뜻이 된다. 또한 하나님이 온전히 행복하기 위해 또는 인격적으로 온전한 성취를 이루기 위해 인격체를 창조할 필요가 있었다는 뜻이 될 것이다.

하지만 이런 생각을 지적하는 예수의 말씀이 있다. 요한복음 17:5에서 예수께서는 "아버지여, 창세 전에 내가 아버지와 함께 가졌던 영화로써 지금도 아버지와 함께 나를 영화롭게 하옵소서"라고 기도하신다. 이것은 창조 전에 성부와 성자께서 서로 영광을 나누고 계셨음을 뜻한다. 따라서 요한복음 17:24에서 예수께서는 "아버지께서 창세 전부터 나를 사랑하시므로 내게 주신 나의 영광"에 관해 말씀하신다. 창조 전에 성부와 성자 사이에 사랑과 교통이 존재했다.

이 본문은 우리가 삼위일체 교리를 통해 배울 수 있는 바, 곧 삼위일체의 위격들 사이에는 영원토록 완벽한 사랑과 친교, 교통이 존재해 왔음을 확인시켜 준다. 하나님이 세 위격이지만 한분 하나님이라는 사실은, 창조 전에도 하나님께 외로움이나 사귐의 결여가 전혀 없었음을 의미한다. 그 사랑과 위격 간의 사귐, 영광의 나눔은 언제나 유한한 인간인 우리가 하나님과 누릴 수 있는 것보다 더 온전했다. 위에서 인용한 구절에서 성부가 성자에게 주신 영광에 관해 말하듯이, 삼위일체의 위격들은 모든 피조물이 하나님께 드릴 수 있는 영광에 비교할 수 없는 그런 영광을 "서로 나누고 계셨음"을 알 수 있다.

또한 독립성 교리는 오직 하나님만이 자신의 본질에 힘입어 존재하시며, 그분은 창조되지 않은 분임을 상기시킨다. 그분은 언제나 존재하셨다. 이 사실은 하나님이 "만물을 지으"셨다는 것을 통해 확인된다.계 4:11. 또한 요 1:3; 롬 11:35-36; 고전 8:6 참조 성경은 피조물이 존재하기 전에 하나님이 존재하셨다고 말한다. "산이 생기기 전 땅과 세계도 주께서 조성하시기 전 곧 영원부터 영원까지 주는 하나님이시니이다."시 90:2 하나님의 독립성은 출애굽기 3:14에서 하나님이 친히 알려 주신 이름을 통해서도 확인된다. "하나님이 모세에게 이르시되 나는 스스로 있는 자이니라." 이 문장은 "나는 나일 것이다"로 번역할 수도 있다. 하지만 두 경우 모두 하나님의 존재와 속성이 오직 그분 자신에 의해 결정되며 다른 어떤 것에도 의존하지 않는다는 함의를 갖는다. 이것은 하나님의 존재가 언제나 그대로였고 앞으로도 그대로일 것임을 뜻한다. 하나님은 피조물의 어떤 부분에도 의존해 존재하지 않으신다. 하나님이 피조물을 창조하지 않았더라도, 하나님은 무한히 사랑이 넘치고 정의로우며, 영원하고 전지한 삼위일체로 존재할 것이다.

또한 하나님은 질적인 차별성을 갖는다. 하나님은 그 무엇을 위해 피조물을 필요로 하지 않을 뿐 아니라, 피조물을 필요로 할 수도 없다. 창조주와 피조물 사이에는 질적인 차이가 있다. 하나님은 근본적으로 다른 질서 안에 존재하기 때문이다. 이러한 질적 차이는 하나님이 피조물보다 무한하고 강하며 탁월하게 존재해야만 한다는 것이다. 하나님의 존재와 우리의 존재, 그 사이의 차이는 해와 양초 사이의 차이 이상이며, 대양과 빗방울 사이의 차이 이상이고, 북극의 만년설과 눈 결정체 사이의 차이 이상이며, 우주와 우리가 앉아 있는 방 사이의 차이 이상이다. 하나님의 존재는 피조물과 질적으로 다르다. 피조물 안에 있는 어떤 한계나 불완전함을 하나님께 투영해서도 안 된다. 그분은 창조주이시며, 다른 모든 것은 피조물이다. 다른 모든 것은 순식간에 사라질 수 있지만, 그분은 영원히 존재하신다.

독립성 교리가 균형을 잡기 위해 고려할 사항은 우리와 다른 피조물들이 하나님께 기쁨을 드릴 수 있다는 사실이다. 하나님의 독립성이 우리를 무의미하게 만든다는 모든 관념을 차단하기 위해서는 이 사실을 명확히 해야 한다. 누군가는 '만일 하나님이 우리를 필요로 하지 않으신다면 과연 우리가 중요한가?'라고 궁금해할지도 모른다. 이 질문처럼 우리나 피조물들의 존재는 과연 어떤 의미를 갖는가? 이 질문에 우리는, 하나님이 우리를 의미 있는 존재로 창조하셨고 또한 그러한 존재가 되도록 작정하셨다고 답해야 한다.

하나님은 "내 이름으로 불려지는 모든 자 곧 내가 내 영광을 위하여 창조한 자를 오게 하라. 그를 내가 지었고 그를 내가 만들었느니라"고 말씀하신다.사 43:7 이처럼 하나님은 우리가 그분께 영광을 돌리도록 우리를 창조하고 작정하셨다.엡 1:11-12; 계 4:11 참조

또한 우리가 하나님께 기쁨을 드릴 수 있다는 사실도 참되다. 하나님이 실제로 그분의 백성으로 인해 기뻐한다는 것은 성경 안에 담긴 가장 놀라운 사실 중 하나다. 이사야는 하나님 백성의 회복에 관해 이렇게 예언한다.

> 너는 또 여호와의 손의 아름다운 관 네 하나님의 손의 왕관이 될 것이라. 다시는 너를 버림받은 자라 부르지 아니하며 다시는 네 땅을 황무지라 부르지 아니하고 오직 너를 헵시바라 하며 네 땅을 쁄라라 하리니 이는 여호와께서 너를 기뻐하실 것이며 네 땅이 결혼한 것처럼 될 것임이라.……신랑이 신부를 기뻐함 같이 네 하나님이 너를 기뻐하시리라.사 62:3-5

이와 비슷하게 스바냐는 주께서 "너로 말미암아 기쁨을 이기지 못하시며 너를 잠잠히 사랑하시며 너로 말미암아 즐거이 부르며 기뻐하시리라"고 예언한다.습 3:17-18 하나님은 그 무엇을 위해서도 우리를 필요로 하지 않지만, 그분이 우리로 인해 기뻐하고 우리가 그분 마음에 기쁨을 드릴 수 있게 하기로 작정하셨다는 것은 우리의 존재에 관한 놀라운 사실이다. 이것이 하나님의 백성들의 삶에서 개인적인 중요성을 가지게 만드는 근거다. 하나님께 중요한 존재라는 것은 곧 가장 궁극적인 의미에서의 존재임을 뜻한다. 이보다 더 큰 개인적 중요성을 상상할 수 없다.

2. 불변성

우리는 하나님의 불변성unchangeableness을 다음과 같이 정의할 수 있다. 하나님은 그분의 존재와 완전함, 목적, 약속에 변함이 없지만, 행동하고 감정을 느끼며 다른 상황에서 다르게 행동하고 느낀다.[5] 하나님의 이 속성은 하나님의 불가변성immutability으로 불리기도 한다.

a. 성경 안의 증거. 시편 102편은 땅이나 하늘처럼 우리가 영구적이라고 생각했던 것들과 하나님을 대조한다. 시편 기자는 이렇게 말한다.

> 주께서 옛적에 땅의 기초를 놓으셨사오며 하늘도 주의 손으로 지으신 바니이다. 천지는 없어지려니와 주는 영존하시겠고 그것들은 다 옷 같이 낡으리니 의복 같이 바꾸시면 바뀌려니와 주는 한결같으시고 주의 연대는 무궁하리이다.시 102:25-27 [6]

하나님은 하늘과 땅이 창조되기 전에 존재하셨으며, 하늘과 땅이 영구적으로 변화된 뒤에도57장 참조 존재하실 것이다. 하나님은 우주의 변화를 일으키시지만, 이 변화와 대조적으로 그분은 동일하시다.

하나님은 자신의 속성인 인내, 오래 참으심, 자비에 관해 "나 여호와는 변하지 아니하나니 그러므로 야곱의 자손들아, 너희가 소멸되지 아니하느니라"고 말씀하신다.말 3:6 이처럼 하나님은 그분의 불변성의 구체적인 방식에 대해 말씀하신다.

야고보는 온갖 좋은 선물이 궁극적으로는 "변함도 없으시고 회전하는 그림자도 없으신" 하나님으로부터 온다고 말한다.약 1:17 그는 좋은 선물은 언제나 하나님으로부터 오기 때문에 미래에도 좋은 선물만 올 것을 확신할 수 있다고 주장한다. 왜냐하면 그분의 성품은 변함이 없으시기 때문이다.

위에서 제시한 정의는 하나님이 변하지 않으신다고—우리가 상상할 수 있는 모든 방식이 아니라 성경 자체가 주장하는 방식에 있어서만—명시한다. 이미 인용한 성경 본문은 하나님의 존재나 특정한 속성에 관해 이야기한다. 성경을 근거로 우리는 하나님이 적어도 그분의 존재에 관해 또는 그분의 온전하심(그분의 속성이나 그 속성의 다양한 양상)에 관해 변함이 없다고 결론 내릴 수 있다.

바빙크는 하나님의 존재가 변함없다는 사실이 창조주와 피조물의 구별을 유지하고, 우리가 하나님을 예배하는 데 중요하다고 지적한다.

하나님의 불변성 교리는 종교를 위해 최고로 중요하다. 있음being과 되어감becoming 사이의 대조는 창조주와 피조물 사이의 차이를 드러낸다. 모든 피조물은 계속해서 다른 무언가가 되고 있다. 피조물은 변할 수 있고, 계속해서 무언가를 추구하고, 안식과 만족을 구하며, 하나님 안에서, 오직 그분 안에서만 이 안식을 발견한다. 왜냐하면 오직 그분만이 되어감이 아니라 참된 있음이시기 때문이다. 따라서 성경에서는 하나님을 반석으로 부르곤 한다.[7]

위에서 제시한 정의는 하나님의 목적에 관해서도 그분의 불변성을 주장한다. "여호와의 계획은 영원히 서고 그의 생각은 대대에 이르리로다."시 33:11 하나님의 계획에 대한 이 일반적인 진술은 하나님이 영원토록 가지고 계시는 그분의 개별적인 계획이나 목적에 관해 이야기하는 몇몇 구절에 의해 뒷받침된다.마 13:35; 또한 25:34; 엡 1:4, 11; 3:9, 11; 딤후 2:19; 벧전 1:20; 계 13:8 참조 우선 하나님이 무언가를 일으키겠다고 작정하셨다면 그분의 목적은 변하지 않으며 반드시 성취될 것이다. 하나님은 이사야를 통해 이 점이 누구와도 같지 않음을 선언하신다.

나는 하나님이라. 나 같은 이가 없느니라. 내가 시초부터 종말을 알리며 아직 이루지 아니한 일을 옛적부터 보이고 이르기를 나의 뜻이 설 것이니 내가 나의 모든 기뻐하는 것을 이루리라 하였노라.……내가 말하였은즉 반드시 이룰 것이요 계획하였은즉 반드시 시행하리라.사 46:9-11

더 나아가 하나님은 그분의 약속에 변함이 없으시다. 하나님이 무언가를 약속하면 그 약속에 불성실하지 않으신다. "하나님은 사람이 아니시니 거짓말을 하지 않으시고 인생이 아니시니 후회가 없으시도다. 어찌 그 말씀하신 바를 행하지 않으시며 하신 말씀을 실행하지 않으시랴."민 23:19; 또한 삼상 15:29 참조

b. 하나님이 생각을 바꾸실 때도 있는가? 하나님이 그분의 목적에 관

해 변함없으시다고 말할 때, 우리는 그분이 백성들에게 심판하시겠다고 말씀하셨지만 그들의 회개나 기도 때문에 마음을 돌이켜 말씀하신 대로 심판을 내리지 않으셨다는 성경 본문을 궁금해할 수도 있다. 이처럼 심판의 위협이 철회된 예로는, 모세가 기도로 개입하여 이스라엘 백성들의 심판을 중단시킨 사건,출 32:9-14 히스기야의 생명이 15년 연장된 사건,사 38:1-6 니느웨의 회개로 인해 약속된 심판이 이루어지지 않은 사건욘 3:4, 10 등이 있다. 이는 하나님의 목적이 실제로 바뀐 사례가 아닌가? 또한 하나님이 이전에 어떤 행동을 하신 것을 후회한다고 말씀하시는 다른 본문들도 있다. 홍수 이전에 주께서 "땅 위에 사람 지으셨음을 한탄하사 마음에 근심하"셨던 때나 하나님이 사무엘에게 "내가 사울을 왕으로 세운 것을 후회하노니 그가 돌이켜서 나를 따르지 아니하며 내 명령을 행하지 아니하였음이니라"고 말씀하셨던 때를 떠올릴 수 있다.삼상 15:11 이런 경우에 하나님의 목적이 바뀐 것이 아닌가?

이 사례들은 모두 그 순간 존재했던 상황에 대한 하나님의 현재적 태도나 의도의 참된 표현으로 이해해야 한다. 상황이 바뀐다면 물론 하나님의 태도나 그 표현이 바뀔 것이다. 이것은 하나님이 다른 상황에 다르게 반응하신다는 말이다. 이에 관해 니느웨를 향해 하나님의 심판을 선언했던 요나의 사례가 도움이 된다. 하나님은 니느웨의 악함을 보시고 요나를 보내 "사십 일이 지나면 니느웨가 무너지리라"고 선언하게 하신다.욘 3:4 성경에 기록된 요나의 선포에는 사람들이 회개한다면 하나님이 심판을 보류할 가능성을 언급하지 않지만, 그 경고 안에는 그런 가능성이 내재되어 있다. 심판 선언의 목적은 회개를 일으키는 것이다. 사람들이 회개했을 때 상황은 달라졌고, 하나님은 변화된 상황에 다르게 반응하셨다. "하나님이 그들이 행한 것 곧 그 악한 길에서 돌이켜 떠난 것을 보시고 하나님이 뜻을 돌이키사 그들에게 내리리라고 말씀하신 재앙을 내리지 아니하시니라."욘 3:10

히스기야와 모세의 중재 역시 비슷한 상황이지만, 이런 경우에는 누군가가 기도했다는 것이 중요한 변화였다. 하나님은 심판을 내리겠다고 말씀하셨고, 만일 상황이 그대로 유지된다면 이것은 참된 선언이었다. 하지만 그 이후에 상황은 바뀌었다. 누군가가(한 사례에서는 모세가, 다른 사례에서는 히스기야가) 간절히 기도하기 시작했다. 하나님이 기도에 응답하고 심판을 보류함으로써 변화된 상황에 반응하셨다.

하나님이 인간을 창조한 것 또는 사울을 왕으로 삼은 것을 후회하신 사건의 경우가 의미하는 바는 이렇다. (a) 하나님의 행동이 있은 이후에 일어난 죄악된 결과를 고려할 때 하나님은 슬픔을 느끼셨지만 (b) 하나님을 슬프게 만든 이 사건들은, 하나님이 죄악된 행동을 심판할 때 공의와 거룩함을 나타내려는 그 장기적인 목적을 성취할 것임을 알고 계셨다는 관념과 여전히 조화를 이루고 있다. 이 본문들의 의미를 이해할 때, 하나님이 스스로 실수했다고 느끼시거나 다시 시작할 수 있다면 실제로 인간을 창조하지 않고 사울을 왕으로 삼지 않았을 것이라고 생각하면 안 된다. 이런 본문들은 인간의 죄악을 향해 하나님이 현재 느끼는 분노의 표현으로 이해해야 한다. 하나님이 이전에 하신 행동이 단기적으로는 그분께 슬픔을 주었지만, 그럼에도 장기적으로는 그분의 선한 목적을 성취하는 사건으로 귀결되었다. 이는 자신의 자녀가 길을 나서려고 할 때 장차 이것이 부모와 자녀 모두에게 큰 슬픔을 초래할 것임을 알지만, 그럼에도 장기적으로는 더 큰 선이 이루어질 것을 알기 때문에 그 길을 떠나도록 내버려두는 인간적인 아버지의 모습과 비슷하다.

그렇다면 하나님은 그분의 생각을 바꾸시는가? 답은 우리가 무슨 의미로 그렇게 묻는지에 따라 다를 것이다. (사람들이 회개나 기도 또는 둘 다를 행할 때처럼) 상황이 바뀔 때 하나님은 특정한 상황에 대한 그분의 현재적인 태도를 바꾸시기도 한다. 하지만 하나님의 장기적인 목적은 결코 변하지 않는다.

c. 하나님의 수난 불가능성 문제. 하나님의 속성을 논할 때 신학자들은 또 다른 속성, 곧 하나님의 수난 불가능성[impassibility]에 대해 이야기한다. 이것을 하나님이 감정[passions]을 가지고 있지 않다는 뜻으로 이해하면 안 된다. 하나님은 분명히 감정을 느끼시기 때문이다. 하나님은 기뻐하신다.[사 62:5] 그분은 슬퍼하신다.[시 78:40; 엡 4:30] 그분은 원수에게 불타는 분노를 느끼신다.[출 32:10] 그분은 그분의 자녀를 불쌍히 여기신다.[시 103:13] 그분은 한결같은 사랑으로 사랑하신다.[사 54:8; 시 103:17] 만일 수난 불가능[impassible]이 '감정을 느낄 수 없음'을 의미한다고 이해하면, 하나님의 수난 불가능성에 대해 말하는 것은 옳지 않다.

그러나 다른 의미의 수난 불가능성이 있다(이 책의 초판에서는 실수로 이 다른 의미를 고찰하지 못했다). 수난 불가능성은 '고통으로부터 면제됨' 또는 '해를 당할 수 없음'을 뜻할 수도 있다. 하나님의 존재는 그분 밖에 있는 어떤 것에 의해서도 변화되거나 해를 입을 수 없다.[8] 하나님이 창조한 사람들의 죄악으로 인해 슬픔을 느끼실 때, 이 슬픔은 그분을 놀라게 하지 않으며 또는 그분의 통제 밖에 있는 외부적 환경에 의해 강요된 것도 아니다. 이 슬픔은 하나님이 일어나도록 정해 두신 사건에 대한 그분의 진실한 반응이다. 그런 의미에서 하나님은 수난을 당할 수 없으시다.

d. 과정신학이 제기하는 도전. 최근에 과정과 변화가 참된 존재의 양상이며, 따라서 하나님도 존재하는 다른 모든 것과 마찬가지로 시간의 흐름에 따라 변할 수밖에 없다는 입장인 과정신학자들은 하나님의 불변성을 부인해 왔다. 실제로 과정신학의 아버지인 찰스 핫숀은 하나님이 우주 안의 모든 곳에서 일어나는 모든 경험을 계속해서 자신에게 더하시며, 따라서 그분은 계속해서 변화하고 있다고 말했다.[9] 과정신학의 진정한 매력은 모든 사람이 의미 있는 삶을 살고 자신이 우주에서 중요하다고 느끼고 싶은 갈망을 지녔다는 사실에서 온다. 하나님의 불변성 교리는 우리가 행하는 어떤 것도 하나님께 크게 중요하지 않다고 생각하게 만들기 때문에 과정신학자들은 이 교리를 싫어한다. 과정신학자들은 하나님이 참으로 변함없다면 우리가 행하는 그 무엇도—사실 우주 안에서 일어나는 그 무엇도—하나님께 아무런 영향을 미치지 않는다고 말할 것이다. 하나님이 변할 수 없기 때문에 그처럼 생각할 수 없다는 것이다. 그렇다면 우리가 행하는 일은 무슨 의미가 있는가? 어떻게 우리는 궁극적으로 의미를 지닐 수 있는가? 이 물음에 과정신학자들은 하나님의 불변성 교리를 거부하고, 우리의 행동이 중요하여 하나님의 존재에 영향을 미친다고 말한다. 우리가 행동할 때 또는 우주가 변할 때, 하나님은 이 행동에 의해 영향을 받으며 그 존재가 변화된다. 즉 하나님은 그분의 과거적 존재와 다른 무언가가 되신다.[10]

과정신학을 옹호하는 이들은 복음주의 그리스도인들이 (또는 성경 저자들마저도) 세상 안에서 활동하지 않거나 다르게 반응할 수 없는 하나님을 믿는다고 잘못 비판하는 경우가 많다. 의미 있는 삶을 살기 위해 우리가 하나님의 존재에 영향을 미칠 수 있어야 한다는 관념에 대해, 우리는 이 관념이 그릇된 전제이며 성경과 조화를 이루지 않는다고 대답해야 한다. 성경은 우리의 궁극적 중요성이 하나님의 존재를 변화시킬 수 있는 능력이 아니라, 하나님이 그분의 영광을 위해 우리를 창조하셨다는 사실로부터, 또한 그분이 우리를 중요하게 여기신다는 사실로부터 유래한다고 분명히 말한다.[11] 하나님만이 우주 안에서 무엇이 중요한지 또는 무엇이 중요하지 않은지를 궁극적으로 정의하시며, 그분이 우리를 중요하게 여기신다면 우리는 중요한 존재인 것이다.

과정신학의 또 다른 근본적인 오류는 하나님이 자신이 창조한 우주처럼 변화되어야 한다고 전제하는 것이다. 이것은 성경이 명시적으로 부인하는 바다.

또 주여, 태초에 주께서 땅의 기초를 두셨으며 하늘도 주의 손으로 지으신 바라. 그것들은 멸망할 것이나 오직 주는 영존할 것이요. 그것들은 다 옷과 같이 낡아지리니……주는 여전하여 연대가 다함이 없으리라.히 1:10-12; 시 102:25-27을 인용함

e. 하나님은 무한한 동시에 인격적이시다. 과정신학에 관한 우리의 논의는 성경적인 기독교와 다른 모든 신학적 체계 사이의 공통된 차이점을 예증한다. 성경의 가르침에서 하나님은 무한한 동시에 인격적이시다. 그분은 인간이나 피조물에 영향을 받지 않으며, 따라서 하나님은 무한하시다. 하나님은 창조한 모든 것보다 크시며, 존재하는 다른 모든 것보다 크시다. 하지만 또한 그분은 인격적이시다. 그분은 인격체로서 우리와 상호 작용하시며, 우리는 인격체로서 그분과 관계를 맺을 수 있다. 우리는 그분께 기도하고 예배하며 그분께 순종하고 그분을 사랑할 수 있으며, 그분은 우리에게 말씀하시고 우리로 인해 기뻐하시며 우리를 사랑할 수 있으시다.

성경 안에서 발견할 수 있는 참된 종교 이외에 어떤 종교 체계도 무한한 동시에 인격적인 하나님을 가지고 있지 않다.[12] 예를 들어, 고대 그리스와 로마 신화의 신들은 인격적이었지만(그들은 사람들과 자주 상호 작용했지만) 무한하지 않았다. 약점을 지녔으며 도덕적인 실패가 잦았고, 심지어는 시시한 경쟁의식을 드러내기도 했다. 다른 한편으로, 이신론은 무한하지

만 세상과 너무 동떨어져 인격적으로 세상에 개입할 수 없는 신을 묘사한다. 이와 비슷하게 범신론은 (온 우주가 하나님이라고 생각하기 때문에) 하나님이 무한하다고 주장하지만 그런 하나님은 인격적일 수도 없고 인격체인 우리와 관계를 맺을 수도 없다.

과정신학의 오류는 이런 전반적인 경향과 부합한다. 과정신학자들은 존재의 변함이 없는 하나님은 다른 피조물들과 달라서—너무도 무한하고, 인간에 의해 제한을 받지 않아서—인간이 영향을 미칠 수 없다고 확신한다. 따라서 그들은 무한한 하나님을 포기하고 계속해서 변화하는 과정 안에 있는 인격적인 하나님을 택해야 한다고 생각한다. 성경이 제시하는 하나님에 대한 수많은 (아마도 모든) 반론에 전형적으로 이런 종류의 논리가 등장한다. 하나님이 무한하면 인격적일 수 없고, 또는 하나님이 인격적이면 무한할 수 없다는 것이다. 하지만 성경은 하나님이 무한한 동시에 인격적이라고 가르친다. 우리는 하나님이 우주 안에서 일어나는 변화에 관해 무한한제약을 받지 않는 동시에 인격적이며, 우리와 인격적으로 관계를 맺고, 우리를 소중한 존재로 여기신다고 분명히 말해야 한다.

f. 불변성의 중요성. 하나님의 불변성을 주장하는 것이 우리에게 중요하지 않다고 생각할 수 있다. 이 관념은 추상적이기 때문에 그 중요성을 즉각적으로 깨닫지 못할 수 있다. 하지만 잠시 멈추어, 하나님이 변할 수 있다면 어떠할지 상상해 볼 때 이 교리의 중요성이 명확해질 것이다. 예를 들어, 하나님이 (그분의 존재나 완전함, 목적, 약속에 관해) 변할 수 있다면 모든 변화는 더 좋거나 더 나쁜 것이 될 것이다. 하지만 하나님이 더 좋게 변한다면, 우리가 처음 믿었을 때 그분은 가능한 최선의 존재가 아니셨다는 말이다. 그렇다면 우리는 어떻게 지금 그분이 가능한 최선의 존재라고 확신할 수 있는가? 하지만 하나님이 (그분의 존재 자체에 있어) 더 나쁘게 변할 수 있다면 그분은 어떤 하나님이 되시는가? 예를 들어, 전적으로 선한 하나님이 아니라 악한 하나님이 되시는가? 그리고 만일 그분이 조금이라도 악해질 수 있다면, 어떻게 우리는 그분이 더 많이 악해지지—또는 전적으로 악해지지—않을 것이라고 확신할 수 있는가? 더욱이 이에 대해 우리가 할 수 있는 일은 아무것도 없을 것이다. 왜냐하면 그분은 우리보다 더 강력한 분이시기 때문이다. 하나님이 변할 수 있다는 관념은 지금부터 수천 년

동안 우리가 전적으로 악하고 전능한 하나님의 지배를 받는 우주에서 영원히 살게 될지도 모른다는 끔찍한 가능성으로 귀결될 것이다. 어떻게 우리는 변할 수 있는 그런 하나님을 신뢰할 수 있는가? 어떻게 우리는 그분께 우리의 삶을 맡길 수 있는가?

그뿐만 아니라 하나님이 그분의 목적에 대해 변할 수 있다면, 비록 성경이 기록될 때는 예수께서 다시 와서 새 하늘과 새 땅을 다스리실 것이라고 약속했지만, 어쩌면 이제는 그 계획을 포기했을지도 모르고, 따라서 예수의 재림에 대한 우리의 소망이 헛된 것일지도 모른다. 또는 하나님이 그분의 약속에 대해 변할 수 있다면, 어떻게 우리가 영생을 위해 그분을 전적으로 신뢰할 수 있는가? 성경이 말하는 다른 모든 것에 관해서는 어떠한가? 성경이 기록될 때는 그리스도를 믿는 사람들에게 죄의 용서와 영생이 약속되었지만, (하나님이 변할 수 있다면) 이제는 그 약속에 대해 생각을 바꿨을지도 모른다. 우리가 어떻게 확신할 수 있겠는가? 그분의 전능함이 언젠가는 바뀔지도 모르고, 그 결과 비록 그분은 그 약속을 지키기 원하지만 더 이상 지킬 수 없을지도 모른다.

이처럼 조금만 생각해 보아도 하나님의 불변성 교리가 절대적으로 중요함을 알 수 있다. 하나님이 변함없는 분이 아니라면 우리의 믿음, 그 토대 전체가 무너지기 시작하고 우주에 대한 이해가 해체되기 시작한다. 이것은 우리 믿음과 소망, 지식 모두가 무한히 믿을 만한 그분의 인격에—그분이 그분의 존재와 온전함, 목적, 약속에 대해 절대적으로 영원히 변함없기 때문에—궁극적으로 의존하기 때문이다.

3. 영원성

하나님의 영원성eternity은 다음과 같이 정의할 수 있다. 하나님께는 시간의 시작과 끝, 시간의 순차적 연쇄가 없다. 또한 그분은 모든 시간을 똑같이 생생하게 보시고 동시에 시간 안에서 사건을 보시며 시간 안에서 행동하신다.

이 교리는 시간에 대한 하나님의 무한성infinity이라고 부르기도 한다. 무한성은 제한이 없다는 뜻이며, 무한성 교리는 시간이 하나님을 제한하지 않는다고 가르친다.

또한 무한성 교리는 하나님의 불변성과 연결된다. 하나님이 변하지 않는 것이 참이라면, 우리는 시간이 하나님을 바꿀 수 없다고 말할 수 있다. 시간은 그분의 존재나 온전함, 목적, 약속에 아무런 영향도 미치지 못한다. 하지만 이것은 예를 들어, 시간이 하나님의 지식에 영향을 미치지 못함을 의미하기도 한다. 하나님은 절대로 새로운 것을 배우지도 않고 무언가를 잊어버리지도 않으신다. 만일 그런 일이 일어난다면, 이것은 그분의 온전한 지식에 변화가 일어났음을 의미하기 때문이다. 또한 이것은 시간의 흐름이 하나님의 지식에 무언가를 더하거나 빼지도 않음을 뜻한다. 그분은 과거와 현재와 미래의 모든 것을 아시며, 그 모든 것을 똑같이 생생하게 아신다.

a. 하나님은 존재적으로 무시간적이다. 하나님께는 시작도 끝도 없다. 이 사실은 시편 90:2에서 확인할 수 있다. "산이 생기기 전 땅과 세계도 주께서 조성하시기 전 곧 영원부터 영원까지 주는 하나님이시니이다." 비슷하게 욥기 36:26에서 엘리후는 하나님에 관해 "그의 햇수를 헤아릴 수 없느니라"고 말한다.

또한 하나님이 언제나 존재하신다는 사실을 말하는 본문에서도 하나님의 영원성을 주장한다. "주 하나님이 이르시되 나는 알파와 오메가라 이제도 있고 전에도 있었고 장차 올 자요 전능한 자라 하시더라."계 1:8; 4:8 참조 13

영원성은 예수께서 적대적인 유대인들에게 대답하시며 현재 시제를 사용한 것을 통해 확인할 수 있다. "아브라함이 나기 전부터 내가 있느니라."요 8:58 예수께서는 2천여 년 전에 (아브라함이 존재하기 전에) 자신이 이미 존재했다고 말씀하신다. 하지만 그분의 주장은 그 이상이다. 그분은 단지 "아브라함이 나기 전에 내가 이미 살아 있었다"고 말씀하신 것이 아니다(물론 그것만으로도 충격적이었을 것이다). 그분은 "아브라함이 나기 전부터 내가 있느니라"고 말씀하셨다. 먼 과거에 관한 진술에 현재 시제 동사를 사용했다는 것은, 예수께서는 과거의 역사, 곧 그 모든 단계에서 일종의 현재성presentness을 지니신다는 것이다.

이곳에서 예수의 진술은 그 자체로 출애굽기 3:14에 등장하는 하나님의 이름("나는 스스로 있는 자이니라")에 대한 명시적인 주장이다. 이 이름은 역시 영원성을 나타낸다. 하나님은 영원히 스스로 있는 자, 영원히 존재하는 분이시다. 이에 더해 하나님은 이사야를 통해 "지극히 존귀하며 영원히 거하시며 거룩하다 이름하는 이가 이와 같이 말씀하시되"라고 말씀하신다.사 57:15

(1) 하나님은 시간을 창조하셨다. 우리는 하나님이 만물을 창조하셨으며, 그분이 비물질적인 영이라는 사실에서 그분에게는 존재의 시작이라는 것이 없다는 사실을 도출할 수 있다. 하나님이 우주를 창조하기 전에 물질은 존재하지 않았으며, 물질이 없는 상황에서 그분은 만물을 창조하셨다.창 1:1; 또한 요 1:3; 고전 8:6; 골 1:16; 히 1:2 참조 물리학 연구를 통해 우리는 물질과 시간과 공간이 모두 함께 발생해야 함을 알고 있다. 물질이 없다면 공간과 시간이 있을 수 없다. 이것은 하나님이 우주를 창조하기 이전에는, 적어도 순간의 순차적 연쇄라는 의미에서 시간이 존재하지 않았음을 뜻할 것이다. 그러므로 하나님은 우주를 창조할 때 시간도 창조하셨다. 따라서 "태초에"창 1:1는 하나님이 우주를 창조했을 때만 아니라 또한 시간의 시작, 곧 우리가 참으로 시작The Beginning이라고 부를 수 있는 것을 가리킨다. 하나님이 우주를 창조하기 시작하셨을 때 시간이 시작되었고 순간과 사건의 순차적 연쇄가 시작되었다. 하지만 우리는 단지 현대 물리학에 기초해 이런 결론에 도달할 필요가 없다. 왜냐하면 현대 물리학 이전에도 존경받는 성경 해석자들은 성경의 첫 구절 "태초에"가 시간 자체의 시작을 가리킨다고 이해했기 때문이다.[14]

우주가 존재하기 전에 또는 시간이 존재하기 전에 하나님은 시작도 없이 시간에 영향을 받지 않고 언제나 존재하셨다. 그러므로 시간은 그 자체로 존재하지 않으며, 다른 피조물들과 마찬가지로 존재하게 하시는 하나님의 영원성에 의존한다.

(2) 성경은 시간 이전의 사건을 이야기한다. 시간 이전의 무언가를 이야기하는 것이 가능한가? 기독교 철학자 윌리엄 레인 크레이그는, '이전'이라는 말은 한 사건이 다른 사건 이후에 일어난다는 것을 암시하고, 따라서 '이전'이라는 말은 무시간성과 모순되기 때문에 하나님이 시간이 시작되기 전에 존재하셨다고 말하는 것은 모순이라는 반론을 제기했다.[15]

이에 대한 나의 대답은, 성경이 이러한 언어를 사용해 창조 이전, 심지어 시간 이전의 하나님께 적용되는 것을 말하고 있다는 것이다. 유다는

"곧 우리 구주 홀로 하나이신 하나님께 우리 주 예수 그리스도로 말미암아 영광과 위엄과 권력과 권세가 영원 전부터 이제와 영원토록 있을지어다"라고 말한다.유 1:25 유다는 "영원 전부터" 존재한 하나님께 영광을 돌린다.[16] 이와 비슷하게 바울은 하나님이 "영원 전부터 그리스도 예수 안에서 우리에게 주신 은혜"를 이야기한다.딤후 1:9 [17] 다른 곳에서는 같은 헬라어 표현을 사용해 하나님이 "영원 전부터" 영생을 약속하셨다고 말한다.딛 1:2 그러므로 성경을 본받아 하나님이 시간 이전에 존재했다고 말하는 것은 타당하며 모순적이지 않은 것처럼 보인다.

사실 시간이 시작된 뒤 영원히 계속된다는 관념은 가능하지만, 시간이 과거로 무한히 확장된다는 관념은 불가능해 보인다. 과거의 시간이 무한하다면 현재의 순간에 도달하기란 불가능할 것이기 때문이다.[18]

앞에서 인용한 성경 본문과 시간이 존재하기 이전에도 하나님이 언제나 존재했다는 사실을 결합하면, 하나님의 존재는 시간의 연쇄 또는 하나의 존재 상태에서 다른 존재 상태로의 전진이 없음을 알 수 있다. 하나님께는 그분의 존재 전체가 언제나 현재적이다.[19] 하지만 그것은 우리가 경험하는 것과 질적으로 다르기 때문에 이해하기 어려울 것이다.

b. 하나님은 모든 시간을 똑같이 생생하게 보신다. 하나님이 모든 시간을 똑같이 생생하게 보신다는 것은 조금 더 이해하기 쉽다. 시편 90:4은 "주의 목전에는 천 년이 지나간 어제 같으며 밤의 한 순간 같을 뿐임이니이다"라고 말한다. 우리는 몇 주, 몇 달, 몇 해 이전에 일어난 사건을 기억하기 어려울 때가 있다. 우리는 최근의 사건을 더 생생히 기억하며, 시간이 지남에 따라 기억이 점점 더 흐릿해진다. 설령 우리가 천 년을 살 수 있다고 해도 수백 년 전의 사건은 거의 기억하지 못할 것이며, 그 기억의 선명도가 약할 것이다. 하지만 성경은 하나님이 천 년의 시간을 "어제"와 같이 보신다고 말한다. 그분은 천 년 전 사건의 모든 세부 사항을 우리가 "어제"의 사건을 기억하듯이 선명하게 기억하신다. 그분께 천 년은 "밤의 한 순간", 곧 야경꾼이 보초를 서는 서너 시간과 같다. 짧은 시간은 빠르게 지나가며 모든 사건을 쉽게 떠올릴 수 있을 것이다. 천 년의 시간은 하나님께 이와 같다.

시편 90:4의 용어에 관심을 기울이는 것이 중요하다. 본문에서 천 년

이 "지나간 어제" 같다고 말할 때, 이것은 하나님이 인간 역사의 과거 사건을 현재 일어나는 사건이 아니라 과거의 사건으로 보신다는 뜻이다. 본문은 "주의 목전에는 천 년이 지금, 곧 오늘 같을 뿐이니이다"라고 말하지 않고, "주의 목전에는 천 년이 지나간 어제 같을 뿐임이니이다"라고 말한다. 여전히 하나님은 인간 역사의 과거를 과거로 보신다.

"천 년"이라는 표현이 1,100년, 1,200년이 지나면 하나님이 잊어버린다는 뜻이 아니라 우리가 상상할 수 있는 가장 긴 시간을 표현한다는 점을 인지하면, 하나님이 과거의 모든 일을 선명하고 생생하게 보신다는 사실이 명백해진다. 하나님께는 창조 이후의 모든 시간이 생생하다. 그리고 모든 시간은 수백만 년이 지나도 그분께 언제나 똑같이 선명하게 남아 있을 것이다.

하지만 그것이 전부가 아니다. 베드로는 "사랑하는 자들아, 주께는 하루가 천 년 같고 천 년이 하루 같다는 이 한 가지를 잊지 말라"고 말한다.벧후 3:8 이 구절의 후반부는 시편 90편에서 언급된 바 있지만, 전반부는 "하루가 천 년 같고"라는 말을 덧붙인다. 즉 하나님의 관점에서 하루는 "천 년" 동안 지속되는 것처럼 보인다. 마치 그날이 결코 끝나지 않고 언제나 경험되는 것 같다. 다시 말해 "천 년"이 '우리가 상상할 수 있는 가장 긴 시간' 또는 '모든 역사'를 뜻하는 비유적 표현이라면, 이 구절을 근거로 우리는 인간 역사의 모든 사건이 하나님께 영원히 생생하게 남아 있다고 말할 수 있다.

이것은 하나님이 인간의 역사 안에서 시간의 경과를 의식하지 못한다는 뜻이 아니다. 왜냐하면 성경은 하나님이 그분의 백성에게 그분이 과거에 행하신 일을 상기시킨다고 자주 말하며 오직 그분만이 미래를 예상할 수 있음을 반복적으로 논증한다. 하지만 이것은 하나님의 시간 경험이 우리의 시간 경험과 전혀 다르다는 뜻이다. 하나님의 관점에서는 극도로 긴 시간도 마치 방금 일어난 것과 같다. 그리고 (하루처럼) 짧은 시간도 하나님께는 영원히 지속되는 것처럼 보인다. 따라서 하나님은 모든 과거와 현재와 미래의 사건을 똑같이 생생하게 보고 아신다.

하지만 하나님이 시간 안에서 사건을 보지 않고 시간 안에서 행동하지 않는다고 생각해서는 안 된다. 오히려 그 반대다. 하나님은 시간과 역사를 다스리는 영원한 주님이자 주권자이며, 누구보다 더 선명하게 시간과 역사를 보며 누구보다 더 단호하게 그 안에서 행동하신다. 하지만 우선 이처럼 말한 다음 우리는 이런 본문이 우리가 경험하지 못하거나 경험할 수 없는 방식으로 시간과 관계를 맺는 하나님에 관해 이야기하고 있음을 인정해야 한다. 하나님의 시간 경험은 끝없이 계속되는 오랜 시간을 거치며 참고 견디는 경험이 아니다. 그분은 우리와 질적으로 다른 방식으로 시간을 경험하신다. 이것은 하나님의 존재가 무시간적이라는 생각과 조화를 이룬다. 그분은 시간의 연속을 경험하지 않으신다. 하나님이 세상을 창조하기 전에는 시간의 경과가 없었으며, 그분은 무시간적으로 존재하셨다. 하나님의 무시간적 영원성은 자주 도전을 받았지만, 이 가르침은 교회사 전체에서 정통적이고 지배적인 견해였다.[20]

하나님의 존재가 무시간적이라는 사상에 대한 중대한 도전은, 존 파인버그가 신론에 관하여 쓴 두꺼운 책*No One Like Him*에서 발견할 수 있다.[21] 그는 "나는 하나님과 시간의 관계를 이해하는 최선의 방법은 그분을 시간적인 존재로 보는 것이라고 믿는다"라고 말한다.[22] 그는 (그가 "무시간적 영원성"이라고 부르는) 신적인 무시간성에 대해 네 가지 반론을 제기한다. (1) 당혹스러운 개념: "무시간적 영원성이라는 개념은 이해하기 어렵다.…… 지속되는 모든 것은 시간을 통과하며 지속되는 것처럼 보인다." (2) 새로운 생각이 불가능함: "만일 [하나님이] 시간적인 존재라면, 그분은 새로운 것을 생각하거나 새로운 방식으로 생각할 수 없을 것이다. 왜냐하면 이것은 변화를 뜻할 것이기 때문이다." 하지만 "언제나 같은 생각을 한다는 것은……분명히 성경이 하나님을 묘사하는 방식이 아니다." (3) 인격적 사귐이 불가능함: "이에 더해, 하나님의 무시간성을 상정한다면 어떻게 신성 안의 사귐에 관해 말할 수 있겠는가?" 그리고 "성경에서도 하나님은 다양한 시대의 인간들과 사귐을 나누며 상호 작용한다고 묘사한다. 어떤 시간의 연속도 없는 하나님께 어떻게 이런 일이 가능하겠는가?" (4) 무시간적인 행동이 시간 안에서 일어날 수 있는가?: "하나님이 무시간적으로 행동하면서도 알맞은 시간에 그 효과를 나타낸다는 무시간성 교리의 주장은 이해하기 어렵다."[23]

이에 대해 나는 하나님의 무시간성 사상이 "이해하기 어렵다"는 점에 동의한다. 하지만 무시간적으로 영원한 하나님이 시간 안에서 어떻게 행동하는지 이해하기 어렵다는 것을 받아들인다고 해서, 하나님이 시간을 창조하고 시간 안에서 행동할 수 없다는 것이 증명되는 것은 아니다. 하나님과 시간의 관계를 이야기할 때 우리가 이해할 수 없는 것이—특히 성경의 여러 본문에서 하나님이 시간 이전에 존재했고 행동하셨다고 분명히 말하고 있음을 고려할 때—불가능할 것이라고 말하는 것은 어리석은 일이다.

또한 나는 (2) 성경이 인간의 역사 안에서 일어난 사건에 관해 하나님이 자주 다른 시간에 다른 생각을 하신다고 묘사한다는 지적에 동의한다(예를 들어, 구약 시대에 하나님은 메시아가 아직 인간의 역사 안으로 들어오지 않았음을 알았지만, 예수의 지상 사역 이후에는 메시아가 도래했음을 알고 계신다). 또한 나는 (3) 하나님이 삼위일체의 위격들 사이에서 인격적인 사귐을 영원히 경험하며, 역사 전체에서 인간과 인격적으로 상호 작용한다는 점에 대해서도 동의한다. 하지만 하나님은 시간을 다스리는 분이기 때문에 (우리가 이해할 수 없는 방식으로) 무시간적인 동시에 시간 안에서 다른 방식으로 행동할 수 있다고 주장한다.[24]

이에 관해 그리스도의 성육신적 유비가 도움이 될 수 있다. 성자 하나님이 인간의 본성을 취했을 때, 피조물과 연합한 이 행동에 의해 성자의 신적 본성에 어떤 피조물의 속성도 부여되지 않았다. 오히려 칼케돈 신조가 주장하듯이 "각 본성의 속성이……보존[된 채로]" 성육신이 이루어졌다.[26장 참조] 성자에게 하나님의 신적 본성은 변하지 않은 채로 남아 있었다. 유비적으로, 하나님이 세상과 시간을 창조하고 지속적으로 인간과 상호 작용할 때도 그분의 무시간적 영원성은 바뀌지 않았다.

창조주와 피조물 사이에 질적 차이가 존재하기 때문에 성경이 하나님에 대해 가르치는 내용 중에는 우리가 이해할 수 없는 부분이 다수 존재한다. 우리는 어떻게 하나님이 세 위격이지만 한분 하나님인지를 이해할 수 없다. 우리는 예수께서 온전히 하나님이면서 온전히 인간이지만, 어떻게 한 위격인지를 이해할 수 없다. 우리는 우주의 어떤 공간도 담을 수 없는 하나님이 어떻게 모든 곳에 계실 수 있는지, 무시간적인 그분이 어떻게 시간 안에서 행동하실 수 있는지를 이해할 수 없다.

하나님과 시간의 관계는 표 11.1처럼 묘사할 수 있다. 이 표는 하나님이 시간을 창조했으며 시간을 다스리신다는 것을 보여준다. 그러므로 그분은 시간 안의 모든 사건을 똑같이 생생하게 보실 수 있지만 동시에 시간 안에서 사건을 보고 시간 안에서 행동하실 수 있다.

또한 이 표는 이어지는 논의를 예상하게 한다. 왜냐하면 하나님이 미래의 사건, 심지어는 무한히 길고 영원한 미래의 사건을 아신다는 것을 말하기 때문이다. 하나님은 구약의 예언자들을 통해 오직 그분만이 미래의 사건을 알고 그것을 선포할 수 있는 분임을 자주 주장하셨다.

나는 하나님이라. 나 외에 다른 이가 없느니라. 나는 하나님이라. 나 같은 이가 없느니라. 내가 시초부터 종말을 알리며 아직 이루지 아니한 일을 옛적부터 보이고 이르기를 나의 뜻이 설 것이니 내가 나의 모든 기뻐하는 것을 이루리라 하였노라. 사 46:9-10; 또한 41:23, 26; 42:9; 44:7-8; 24-48:3-5 참조

따라서 하나님은 시간을 초월해 존재하며 그분의 의식 안에서 모든 시간을 분명하게 보신다. (이런 유비가 완벽하지는 않겠지만) 긴 소설을 다 읽은 순간을 떠올려 보라. 책을 책꽂이에 다시 꽂기 전에 우리는 한 번 더 책을 빨리 넘겨 보며 소설 속에서 일어난 수많은 사건들을 회상해 볼 수 있다. 짧은 순간 동안, 오랜 기간에 걸쳐 일어난 일들이 전부 우리 마음속에 현존하는 것 같다. 이 유비를 통해 우리는 하나님이 역사 전체를 현재적으로 바라보는 방법을 희미하게나마 이해할 수 있다.

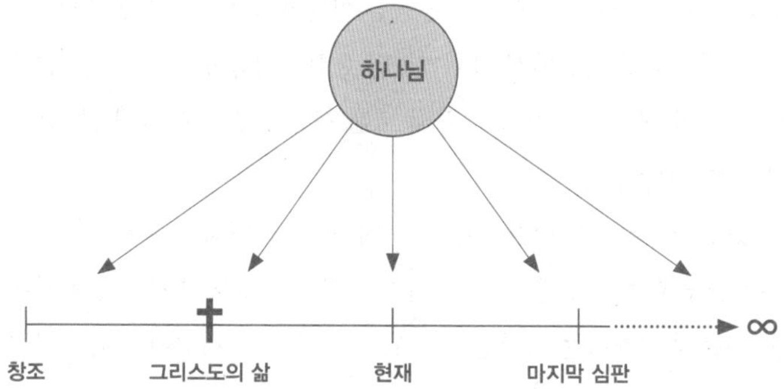

표 11.1 | 하나님과 시간의 관계

c. 하나님은 시간 안에서 사건을 보시며 시간 안에서 행동하신다. "하나님은 모든 시간을 똑같이 생생하게 보신다"고 말한 뒤, 우리는 하나님의 영원성에 대한 정의를 다음과 같이 완성함으로써 오해를 막아야만 한다. "하나님은 시간 안에서 사건을 보시며 시간 안에서 행동하신다." 바울은 "때가 차매 하나님이 그 아들을 보내사 여자에게서 나게 하시고 율법 아래에 나게 하신 것은 율법 아래에 있는 자들을 속량하시고 우리로 아들의 명분을 얻게 하려 하심이라"고 말한다.[갈 4:4-5] 하나님은 시간의 경과를 주시하며 피조물 가운데 다양한 사건이 발생하는 것을 선명하게 관찰하시고 정확히 아신다. 그 하나님은 알맞은 시간에, 곧 "때가 차매" 그분의 아들을 세상으로 보내셨다.

성경 전체에서 하나님은 시간 안에서 행동하시며 다른 시점에는 다르게 행동하신다고 분명히 말한다. 예를 들어, 바울은 아덴 사람들에게 "알지 못하던 시대에는 하나님이 간과하셨거니와 이제는 어디든지 사람에게 다 명하사 회개하라 하셨으니 이는 정하신 사람으로 하여금 천하를 공의로 심판할 날을 작정하시고 이에 그를 죽은 자 가운데서 다시 살리신 것으로 모든 사람에게 믿을 만한 증거를 주셨음이니라 하니라"고 말한다.[행 17:30-31] 이 진술에는 하나님이 과거에 행동하셨던 방식과 지금 행동하시는 방식, 그리고 미래에 행동하실 방식에 대한 묘사가 포함되어 있다. 하나님은 이 모든 행동을 시간 안에서 행하신다.

실제로 하나님의 미래 예측 능력을 반복적으로 강조하는 구약 예언자들의 말씀을 고려할 때, 하나님이 시간의 한 시점에서 그분의 행동을 예상하고, 그 이후 다른 시점에서 그 행동을 실행하신다는 것을 알 수 있다. 그리고 더 광범위한 차원에서 창세기부터 요한계시록까지 성경 전체는 하나님이 그분의 백성을 속량하기 위해 오랜 시간에 걸쳐 어떻게 활동하셨는지에 관한 기록이다.

그러므로 우리가 주장해야 하는 바는, 곧 하나님의 존재에는 순간의 연속이란 없으며, 그분은 모든 역사를 똑같이 생생하게 보시는 동시에 피조물 가운데 발생하는 사건을 보시고 시간의 다른 시점에는 다르게 행동하신다는 것이다. 간단히 말해, 그분은 시간을 창조하고 시간을 다스리시며 그분 자신의 목적을 위해 시간을 사용하신다. 하나님은 시간을 다스리는 주님이기 때문에 시간 안에서 행동하실 수 있다. 그분은 그분의 영광을 드러내기 위해 시간을 사용하신다. 실제로 하나님은 우리가 그분의 위대한 지혜, 그분의 오래 참으심, 그분의 신실함, 모든 사건에 대한 그분의 주되심, 심지어 그분의 불변성과 영원성을 더 이해할 수 있도록 일정한 기간에 걸쳐 그분의 약속을 성취하고 구속 사역을 실행하기를 기뻐하신다.

d. 우리는 언제나 시간 안에서 존재할 것이다. 우리도 하나님의 영원성에 참여하게 되는가? 구체적으로 장차 올 새 하늘과 새 땅에도 시간이 존재하는가? 어떤 이들은 그렇지 않을 것이라고 생각한다. 실제로 한 찬송가는 "주의 나팔 소리가 울리고 더 이상 시간이 존재하지 않을 때"라는 말로 시작된다(새찬송가 180장 "하나님의 나팔 소리"의 1절 가사—옮긴이). 또한 성경은 "그 성은 해나 달의 비침이 쓸 데 없으니 이는 하나님의 영광이 비치고 어린 양이 그 등불이 되심이라.……거기에는 밤이 없음이라"고 말한다.[계 21:23, 25; 22:5 참조]

그럼에도 천국이 무시간적이라고, 곧 그곳에는 시간이 없다고 말하는 것은 옳지 않다. 유한한 피조물인 우리는 사건을 순차적으로 경험할 수밖에 없다. 천국에 밤이 없을 것이라고 말하는 본문조차 이 땅의 왕들이 "만국의 영광과 존귀"를 천상의 도성 안으로 가지고 들어갈 것이라고 언급한다.[계 21:26] 천상 도성의 빛에 관해서는 "만국이 그 빛 가운데로 다니고"라고 말한다.[계 21:24] 천상의 도성 안으로 무언가를 가지고 들어가 그 빛 가운데로 다니는 이 행동은 사건이 순차적으로 이루어짐을 암시한다. 무언가가 천상의 도성 외부에 있으며, 그런 다음 이것은 천상의 도성 안으로 가지고 들어가는 만국의 영광과 존귀의 일부가 된다. 하나님의 보좌 앞에 관을 드리기 위해서는[계 4:10] 어느 순간에는 관을 가지고 있다가 그 이후의 순간에 그 관을 보좌 앞에 내려놓아야만 한다. 천국에서 하나님 앞으로 나아가 새로운 찬양을 드린다면 한 단어를 다른 단어 다음에 노래해야만 한다. 실제로 천상 도성 안의 "생명나무"는 "달마다 그 열매를 맺"는다고 말하는데,[계 22:2] 이는 규칙적인 시간의 경과와 사건이 시간 안에서 발생함을 암시한다.[25]

그러므로 천국에서도 여전히 순간의 연속이 존재할 것이며, 사건이 순차적으로 발생할 것이다. 우리는 영원성이라는 하나님의 속성을 정확히 복제하는 방식이 아니라 결코 끝나지 않을 시간의 지속, 그 안에서 영생을 경험할 것이다. 하나님의 백성으로서 우리는 영원토록—우리가 더 이상 시간을 경험하지 않을 것이라는 의미가 아니라 그분과 함께하는 우리의 삶이 영원히 지속될 것이라는 의미에서—하나님 앞에서 충분한 기쁨을 경험할 것이다. "다시 밤이 없겠고 등불과 햇빛이 쓸 데 없으니 이는 주 하나님이 그들에게 비치심이라. 그들이 세세토록 왕 노릇 하리로다."계 22:5

4. 편재

무한한 하나님은 시간과 공간의 제한을 받지 않으신다. 이러한 하나님의 속성을 편재omnipresence라고 부른다. 편재하는 하나님께는 공간의 차원이 없으며, 그분은 모든 공간 가운데 존재하지만 동시에 각 공간마다 다르게 행동하신다.

하나님이 공간의 주님이며 공간에 의해 제한될 수 없다는 사실은 하나님이 그 공간을 창조했다는 사실로부터 명백해진다. 왜냐하면 물질적 세계의 창조창 1:1는 공간의 창조도 내포하기 때문이다. 모세는 백성에게 하나님이 공간을 다스리시는 주님임을 상기시킨다. "하늘과 모든 하늘의 하늘과 땅과 그 위의 만물은 본래 네 하나님 여호와께 속한 것이로되."신 10:14

a. 하나님은 어디에나 존재하신다. 공간의 모든 부분에 존재하시는 하나님을 이야기하는 구체적인 본문들이 존재한다. 예레미야는 "여호와의 말씀이니라. 나는 가까운 데에 있는 하나님이요 먼 데에 있는 하나님은 아니냐. 여호와의 말씀이니라. 사람이 내게 보이지 아니하려고 누가 자신을 은밀한 곳에 숨길 수 있겠느냐. 여호와가 말하노라. 나는 천지에 충만하지 아니하냐"라고 말한다.렘 23:23-24 여기서 하나님은 자신들의 말이나 생각을 하나님께 숨길 수 있다고 생각하는 예언자들을 꾸짖으신다. 그분은 어디에나 존재하며 천지에 충만하시다.

다윗은 하나님의 편재를 아름답게 표현한다.

> 내가 주의 영을 떠나 어디로 가며 주의 앞에서 어디로 피하리이까. 내가 하늘에 올라갈지라도 거기 계시며 스올에 내 자리를 펼지라도 거기 계시니이다. 내가 새벽 날개를 치며 바다 끝에 가서 거주할지라도 거기서도 주의 손이 나를 인도하시며 주의 오른손이 나를 붙드시리이다.시 139:7-10

땅이든 바다든, 하늘이든 지옥이든 우주 전체에서 우리가 하나님의 임재로부터 벗어나 도망칠 곳은 어디에도 없다.

그러나 이는 하나님의 한 부분이 한 장소에 있고, 또 한 부분은 다른 장소에 있다는 말이 결코 아니라는 점을 지적할 필요가 있다. 다윗이 어디로 가든지 그곳에 계신 분은 하나님이다. 우리는 하나님의 일부만 계신다고 말할 수 없다. 왜냐하면 그것은 마치 그분이 공간에 의해 제한을 받기라도 하는 것처럼 그분의 존재를 공간의 차원에서 생각하는 것이기 때문이다. 공간의 모든 부분에 하나님의 존재 모두가 계신다고 말하는 것이 더 적합해 보인다(바울이 "우리가 그를 힘입어 살며 기동하며 존재하느니라"라는 말이 옳다고 인정하는 사도행전 17:28과 그리스도에 관해 "만물이 그 안에 함께 섰느니라"고 말하는 골로새서 1:17 참조).

b. 하나님께는 공간의 차원이 없다. 하나님이 공간의 모든 부분에 존재한다고 말해야 하는 것처럼 보이지만, 아무리 큰 공간이라도 하나님을 담을 수 없다고 말해야 한다. 솔로몬은 하나님께 기도하면서 "하나님이 참으로 땅에 거하시리이까. 하늘과 하늘들의 하늘이라도 주를 용납하지 못하겠거든 하물며 내가 건축한 이 성전이오리이까"라고 말한다.[왕상 8:27] 하늘과 가장 높은 하늘도 하나님을 담을 수 없다. 사실 상상할 수 있는 가장 큰 공간조차도 그분을 담을 수 없다.[사 66:1-2; 행 7:48 참조] 어떤 공간도 하나님을 담을 수 없다는 사실을 기억한다면 우리는 하나님께 특별히 접근할 수 있는 예배나 기도의 장소가 존재한다고 생각할 수 없을 것이다.

우리는 하나님이 끝없이 무한한 공간 안에 존재하신다고 생각하지 않도록 경계해야 한다. 또한 하나님이 우리가 아는 우주를 둘러싸고 있는 더 큰 공간이나 영역이라고 생각해서도 안 된다. 이런 생각은 모두 공간적 차원에서 하나님의 존재를 이해하려는 시도일 뿐이다. 하나님은 크기나 공간의 차원 없이 존재하신다. 하나님이 우주를 창조하시기 전에는 물질이나 재료가 없었고, 따라서 공간도 없었다. 하지만 하나님은 존재하셨다. 하나님은 어디에 계셨는가? 그분은 우리가 '어디'라고 부를 수 있는 공간에 계시지 않았다. 왜냐하면 '어디'라고 말할 공간이 존재하지 않았기 때문이다. 하지만 여전히 하나님은 존재하셨다. 이 사실을 통해 우리는 하나님이 우리를 비롯한 피조물과는 전혀 다른 방식으로 공간과 관계를 맺으신다는 것을 깨달아야 한다. 그분은 우리가 상상할 수 있는 것과 전혀 다르며 그보다 훨씬 더 큰 존재다.

또한 우리는 하나님이 피조물의 어떤 부분 또는 그 전부와 동등하다고 생각하지 않도록 조심해야 한다. 범신론자는 모든 것이 하나님이라거나 하나님이 존재하는 모든 것이라고 믿는다. 하지만 성경적인 관점은 하나님이 그분의 피조물 안에 존재하지만 동시에 피조물과 구별된다는 것이다. 어떻게 이러한 구분이 가능한가? 물로 가득 차 있는 스펀지의 비유가 도움이 될 것이다. 물은 스펀지 안 어디에나 있지만 여전히 물은 스펀지와 구별된다. 이제 이 유비를 스펀지 안의 아주 작은 지점으로 쪼갠다면, 한 지점 안에 스펀지는 있지만 물은 없고, 물은 있지만 스펀지는 없다고 말할 수 있을 것이다. 그러나 이 유비는 하나님과 달리 공간적 특징과 차원을 지닌 두 물질을 다룬다.

c. 하나님은 벌하거나 지탱하거나 복을 내리기 위해 존재하실 수 있다. 하나님의 편재라는 사상은 하나님이 지옥에도 존재할 수 있는가 하는 당혹스러운 물음을 일으킬 수 있다. 지옥은 하나님의 임재의 정반대, 곧 하나님의 부재가 아닌가? 예를 들어, 바울은 비신자들에 관하여 "이런 자들은 주의 얼굴과 그의 힘의 영광을 떠나 영원한 멸망의 형벌을 받으리로다"라고 말한다.살후 1:9; 또한 사 59:2; 마 25:41 참조 그렇다면 어떻게 하나님이 어디에나 존재하실 수 있는가?

하나님이 다른 장소에 다른 방식으로 임하신다는 것 또는 하나님이 피조물 안의 다른 장소에서는 다르게 행동하신다는 것을 깨달을 때 이 어려움이 해소될 수 있다. 때로 하나님은 벌하기 위해 임하신다. 아모스는 이처럼 하나님이 심판으로 임하시는 모습을 생생히 묘사한다.[26]

그중에서 한 사람도 도망하지 못하며 그중에서 한 사람도 피하지 못하리라. 그들이 파고 스올로 들어갈지라도 내 손이 거기에서 붙잡아 낼 것이요. 하늘로 올라갈지라도 내가 거기에서 붙잡아 내릴 것이며 갈멜 산 꼭대기에 숨을지라도 내가 거기에서 찾아낼 것이요. 내 눈을 피하여 바다 밑에 숨을지라도 내가 거기에서 뱀을 명령하여 물게 할 것이요. 그 원수 앞에 사로잡혀 갈지라도 내가 거기에서 칼을 명령하여 죽이게 할 것이라. 내가 그들에게 주목하여 화를 내리고 복을 내리지 아니

하리라.암 9:1-4

하나님은 벌하거나 복을 주기 위해서도 아니고 그저 유지하기 위해서, 곧 우주가 그분이 의도한 대로 계속 작동하게 하기 위해 임하실 때도 있다. 이런 의미에서 그리스도의 신적 본성은 어디에나 존재한다. "그가 만물보다 먼저 계시고 만물이 그 안에 함께 섰느니라."골 1:17 히브리서 기자는 성자 하나님이 (계속해서) "그의 능력의 말씀으로 만물을 붙드시며"라고 말한다.히 1:3 **27**

하지만 다른 공간에서 하나님은 복을 주기 위해 임하신다. 다윗은 "주께서 생명의 길을 내게 보이시리니 주의 앞에는 충만한 기쁨이 있고 주의 오른쪽에는 영원한 즐거움이 있나이다"라고 말한다.시 16:11 여기서 다윗은 벌하거나 피조 세계를 유지하기 위해 임하시는 하나님이 아니라 복을 주기 위해 임하시는 하나님을 이야기한다.

사실 성경이 하나님의 임재에 관해 이야기할 때 대부분의 경우는 복을 주기 위한 임재다. 예를 들어, "그룹 사이에 계신 만군의 여호와의 언약궤"삼상 4:4; 또한 출 25:22 참조는 하나님이 그분의 보좌로 정하신 장소, 곧 언약궤 위에 있는 금으로 만든 두 천상적 존재그룹의 형상 위에 임재하심을 알게 하고 그분의 백성에게 복을 주며 그들을 보호하기 위해 특별한 방식으로 행동하셨다는 사실을 지칭한다. 하나님이 다른 곳에 존재하지 않는다는 뜻이 아니라, 특별히 이곳에 그분의 임재를 알리고 그분의 성품을 드러내며 복을 주셨다는 뜻이다.

새 언약에서는 하나님이 그분의 특별한 거처로 택하신 공간이 존재하지 않는다. 우리는 어디서나 그분을 예배할 수 있기 때문이다.요 4:20 참조 하지만 이제 그리고 영원토록 하나님은 성경이 '하늘'이라고 부르는 공간을, 그분의 성품을 드러내고 그분의 복과 영광이 임하는 집중적인 공간으로 삼으셨다. 따라서 새 예루살렘이 하나님께로부터 하늘에서 내려올 때 요한은 환상 중에 하나님의 보좌로부터 울려 퍼지는 큰 소리를 듣는다. "보라, 하나님의 장막이 사람들과 함께 있으매 하나님이 그들과 함께 계시리니 그들은 하나님의 백성이 되고 하나님은 친히 그들과 함께 계셔서."계 21:3 하나님이 다른 어떤 곳보다 하늘에 "더 많이 임재하신다"고 말하는 것이 오해를 불러일으킨다고 생각할 수 있지만, 하나님이 하늘에 특별한 방식으로 임재하신다고, 특히 복을 주고 그분의 영광을 드러내기 위해 그곳에 존재하신다고 말하는 것은 오해를 불러일으키는 표현이 아니다. 우리는 하나님이 다른 어느 곳보다 하늘에서 더 온전히 그분의 임재를 드러내신다고도 말할 수 있다.

"[그리스도] 안에는 신성의 모든 충만이 육체로 거하시고"라고 했던 바울의 주장도 이처럼 이해할 수 있다.골 2:9 물론 어떤 의미에서는 하나님의 존재가 우주의 모든 공간에 임재하시며, 따라서 그리스도 안에뿐만 아니라 모든 사람 안에 임재하신다고 말할 수 있다. 하지만 그처럼 말하는 데는 두 가지 어려움이 있다. (1) 성경은 절대로 하나님이 직접적인 방식으로 비신자 안에 존재한다고 말하지 않는다. 아마도 이것은 하나님과 악한 행위의 책임을 연결하려는 모든 시도를 피하고, 또한 아마도 하나님이 복을 주기 위해 임재하신다는 암시를 철저히 회피하기 위해서일 것이다. 왜냐하면 이런 임재는 피조물을 유지하기 위한 임재일 뿐이기 때문이다. (2) 더 나아가 '피조물을 유지하기 위한 임재'는 바울이 골로새서 2:9에서 염두에 둔 의미가 아니다. 사실 바울은 하나님이 복을 주기 위해 모든 신자의 삶에 임재하신다는 의미에서 '복을 주기 위한 임재'를 말하는 것처럼 보이지도 않는다. 오히려 바울은 그리스도 안에서 하나님의 본성이 복을 베풀고 가장 충만하고 완전한 방식으로 그분의 성품을 드러내기 위해 임재하신다고 말하는 것처럼 보인다.

예를 들어, 하나님이 비신자 안에 임재하시는 방식을 표현하는 데 우리가 겪는 어려움 때문에, 비록 성경은 모든 곳에 계신 하나님을 이야기할 수 있지만, 대체로 하나님이 '계신다'라고 말할 때는 '복을 주기 위한 임재'를 뜻한다는 것을 깨닫게 된다. 즉 피조물을 유지하기 위한 하나님의 임재 또는 벌하기 위한 하나님의 임재를 이야기하는 몇몇 본문이 존재하지만, 하나님의 임재를 언급하는 성경 본문은 대부분 하나님이 복을 주기 위해 임재하신다고 말하는 더 간단한 방법일 뿐이다. 우리가 임재를 언급하는 성경의 이런 경향에 익숙해질수록 하나님의 임재를 다른 방식으로 말하기 어려워진다. 그리고 어쩌면 우리가 그 의미를 명확히 설명하지 않는 한 그처럼 말하는 것은 오해를 불러일으킬 수도 있다.

성경의 통상적인 표현 방식을 보여주는 사례는 다음과 같다. "주는 영이시니 주의 영이 계신 곳에는 자유가 있느니라."고후 3:17 "만일 너희 속에 하나님의 영이 거하시면 너희가……영에 있나니……그리스도께서 너희 안에 계시면……영은……살아 있는 것이니라."롬 8:9-10 "예수께서 대답하여 이르시되 사람이 나를 사랑하면 내 말을 지키리니. 내 아버지께서 그를 사랑하실 것이요. 우리가 그에게 가서 거처를 그와 함께 하리라."요 14:23 이 본문들은 모두 하나님의 임재에 관해 이야기하며, 복을 주기 위한 하나님의 임재를 뜻한다는 것을 우리가 이해하리라고 전제한다.

이와 짝을 이루는 표현으로 성경에서 멀리 계시는 하나님을 이야기할 때는 대부분 그분이 '복을 주기 위해 임재하지 않으심'을 뜻한다. 예를 들어, 이사야 59:2은 "너희 죄악이 너희와 너희 하나님 사이를 갈라 놓았고"라고 말하며, 잠언 15:29은 "여호와는 악인을 멀리 하시고 의인의 기도를 들으시느니라"고 선언한다.

요약하자면, 하나님은 그분의 존재 전체로 공간의 모든 부분에 임재하시지만, 다른 장소에서는 다르게 행동하신다. 더 나아가 성경이 하나님의 임재를 이야기할 때는 대부분 복을 주기 위한 임재를 뜻하며, 우리가 이런 성경의 용례를 따라 말하는 것은 자연스러운 일이다.

헤르만 바빙크는 『개혁주의 신론』에서 하나님의 편재 교리의 실천적 적용에 관한 실례를 보여주는 아름다운 단락을 인용한다.

여러분은 악한 일을 하고자 할 때 원수가 당신을 볼 수 없도록 공적인 공간에서 물러나 집 안으로 들어간다. 집 안에서도 사람들이 볼 수 있는 개방적이며 가시적인 공간에서 물러나 방 안으로 들어간다. 방 안에서도 다른 구역에 있는 누군가가 여러분을 목격하지 않을까 두려워한다. 여러분은 마음속으로 물러나 거기서 궁리한다. 하지만 그분은 여러분의 마음보다 더 내밀한 곳에 계신다. 그러므로 여러분이 어디로 도망치든지 거기에 그분이 계신다. 자신으로부터 도망쳐서 어디로 더 피할 수 있겠는가? 어디로 도망치든 여러분은 여러분 자신을 따라가지 않겠는가? 하지만 심지어 여러분 자신도 더 내밀한 곳에 계신 한분이 계시므로 진노하시는 하나님께로부터 도망쳐서 여러분이 피할 수 있는 곳은 진노를 풀고 화해하신 하나님뿐이다. 여러분이 도망쳐 피할 수 있는 곳은 없다. 그분께로부터 도망칠 수 있겠는

가? 그분께로 도망쳐라.[28]

5. 통일성

하나님은 부분으로 나눠지 않지만 우리는 다른 시대에 하나님의 다른 속성이 강조되는 것을 본다. 하나님의 이 속성을 하나님의 단순성simplicity으로 부르기도 하는데, 여기서 단순함simple이란 '복잡하지 않음' 또는 '부분으로 이루어지지 않음'이라는 덜 자주 사용되는 의미를 갖는다. 하지만 오늘날 단순함이라는 단어는 '이해하기 쉬움'이나 '우둔하거나 어리석음'이라는 의미로 더 자주 사용되기 때문에 하나님의 단순성보다는 통일성unity에 관해 이야기하는 것이 더 유익하다.[29]

a. 각 속성은 하나님의 존재 전체를 특징짓는다. 하나님의 속성에 관해 이야기할 때 성경은 하나님의 어느 한 속성을 지목해 나머지 모든 속성보다 더 중요하다고 말하지 않는다. 즉 모든 속성이 온전히 하나님과 그분의 성품 전체에 적용된다는 것을 전제로 한다. 예를 들어, 요한은 "하나님은 빛이시라"요일 1:5고 말한 뒤 "하나님은 사랑이시라"요일 4:8고 말할 수 있다. 하나님이 부분적으로 빛이며 부분적으로 사랑이라는 암시는 없다. 또한 하나님이 사랑보다는 빛이라거나 또는 빛보다는 사랑이라고 생각해서도 안 된다. 오히려 빛이신 분은 하나님 자신이며, 사랑이신 분 역시 하나님 자신이다.

이것은 출애굽기 34:6-7처럼 하나님의 성품에 대한 다른 묘사에도 적용된다.

여호와께서 그의 앞으로 지나시며 선포하시되 여호와라 여호와라. 자비롭고 은혜롭고 노하기를 더디하고 인자와 진실이 많은 하나님이라. 인자를 천대까지 베풀며 악과 과실과 죄를 용서하리라. 그러나 벌을 면제하지는 아니하고 아버지의 악행을 자손 삼사 대까지 보응하리라.

우리는 이런 속성이 하나님의 특정한 부분에만 적용된다고 말하기를 원하지 않으며, 이런 속성이 하나님 자신을 특징짓고, 따라서 하나님 전체를 특징짓는다고 말하기를 원한다.

이를 고려할 때 우리는 표 11.2에서 묘사하듯이 하나님을 다양한 속성을 한곳에 묶은 일종의 집합체처럼 생각해서는 안 된다.

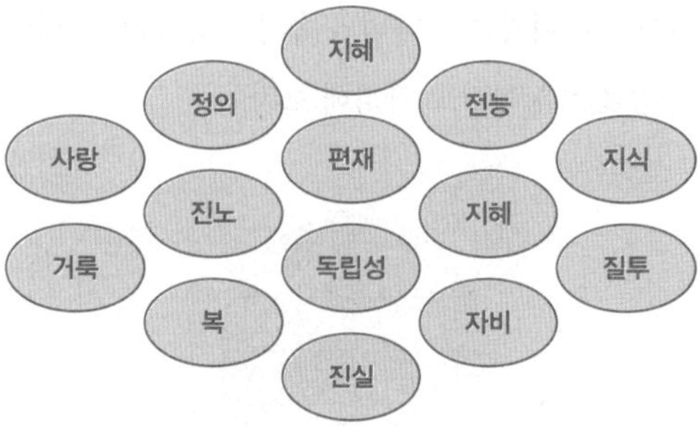

표 11.2 | 하나님의 존재는 다양한 속성의 집합체가 아니다

또한 표 11.3처럼 하나님의 속성이 하나님의 참된 존재나 참된 자아에 부가된 외적인 무언가 또는 하나님의 참된 본질에 더해진 무언가라고 생각해서도 안 된다.

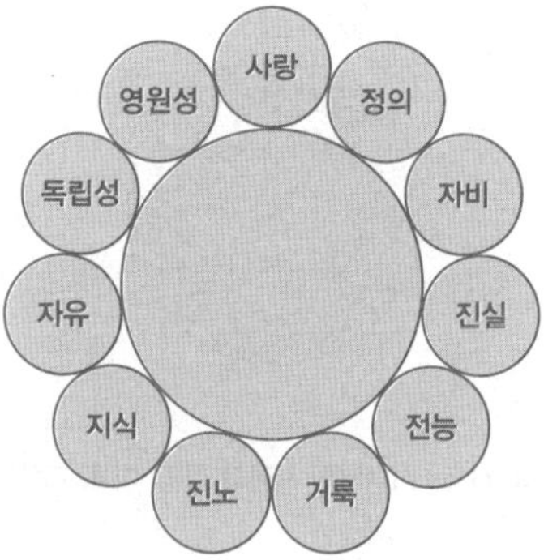

표 11.3 | 하나님의 속성은 그분의 참된 존재에 더해진 첨가물이 아니다

우리는 하나님의 존재 전체가 그분의 모든 속성을 포함한다는 것을 기억해야 한다. 그분은 전적으로 사랑이 넘치고 전적으로 자비로우며 전적으로 정의로우시다. 우리가 성경에서 발견하는 하나님의 모든 속성은 하나

님의 존재 전체에 적용되며, 따라서 하나님의 모든 속성은 다른 모든 속성에도 적용될 수 있다.

표 11.4는 하나님의 통일성 교리를 이해하는 데 도움이 될 수 있다. 이 표에서 가로선이 사랑이라는 하나님의 속성을 표상하고, 세로선이 하나님의 정의라는 양상을 표상한다고 가정해 보자.

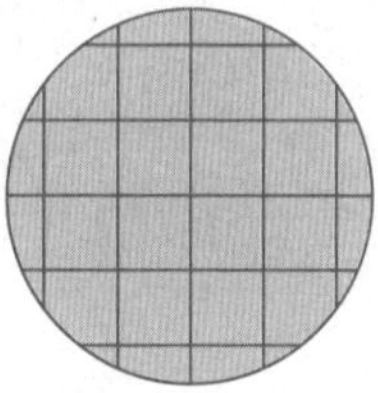

표 11.4 | 하나님의 사랑과 정의

더 나아가 표 11.5처럼 왼쪽 위에서 오른쪽 아래로 이어지는 대각선이 하나님의 거룩하심을, 오른쪽 위에서 왼쪽 아래로 이어지는 대각선이 하나님의 지혜를 표상한다고 이해해 보자.

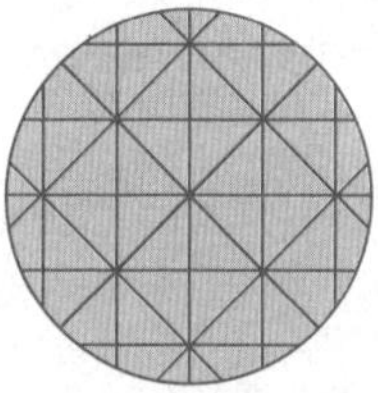

표 11.5 | 하나님의 사랑과 정의, 거룩, 지혜

물론 계속해서 하나님의 다른 속성들 각각에 관해 다른 종류의 선을 그어 볼 수도 있다. 하지만 각 속성이 하나님의 성품이나 존재 전체의 한 양상을 묘사하는 방식일 뿐이라는 점이 분명해질 것이다. 이처럼 하나님은 하나의 통일성이며 이 모든 속성 안에서 무한히 온전하고 통일된 인격체이시다.

그렇다면 왜 성경은 이처럼 다양한 하나님의 속성에 관해 말하는가?

그것은 아마도 우리가 한 번에 하나님의 성품 전체를 파악할 수 없으며, 일정한 기간 동안 여러 다른 관점에서 그분의 성품을 배워야 하기 때문일 것이다. 하지만 이런 관점들을 서로 대립시키면 안 된다. 그 관점들은 하나님의 성품의 총체성을 바라보는 다른 방식일 뿐이기 때문이다.

b. 하나님은 언제나 동일한 하나님이시다. 실천적인 적용의 관점에서 예를 들어, 하나님이 역사의 한 시점에서는 사랑이 넘치는 하나님이고, 역사의 다른 시점에서는 정의로운 또는 진노하는 하나님이라고 생각해서는 안 된다는 뜻이다. 그분은 언제나 동일한 하나님이며, 그분이 말하거나 행하는 모든 것은 그분의 모든 속성과 온전히 조화를 이룬다. 어떤 사람들이 말하듯이, 하나님이 구약에서는 정의의 하나님이며 신약에서는 사랑의 하나님이라고 말하는 것은 정확하지 않다. 하나님은 무한히 정의롭고 동시에 무한히 사랑이 넘치는 분이며 언제나 그러한 하나님이시다. 그리고 그분이 신약뿐 아니라 구약에서 행하는 모든 것은 이 두 속성과 전적으로 조화를 이룬다.

하나님의 몇몇 행동이 그분의 특정한 속성을 더 뚜렷하게 나타낸다는 말은 옳다. 창조는 그분의 능력과 지혜를 드러내고 속죄는 그분의 사랑과 정의를 드러내며 하늘의 광채는 그분의 영광과 아름다우심을 드러낸다. 하지만 이 모든 것은 그분의 지식과 거룩과 자비와 진실과 인내와 주권을 드러내기도 한다. 실제로 그분의 구속 행위 중 어느 하나에 일정한 정도로 반영되지 않은 하나님의 속성은 찾기 어려울 것이다. 이것은 위에서 언급한 사실 때문이다. 즉 하나님은 하나의 통일성을 가지며 그분이 행한 모든 일은 하나님의 온 인격체가 하신 행동이다.

c. 하나님의 어느 한 속성만 가장 중요한 것이 아니다. 하나님의 통일성 교리 때문에 우리는 하나님의 어느 한 속성을 선택해 다른 모든 속성보다 더 중요한 것으로 삼으려 하지 말아야 한다. 다양한 시대에 걸쳐 사람들은 하나님의 거룩이나 사랑, 자존성, 의로움 등 여러 다른 속성을 그분 존재의 가장 중요한 속성으로 간주하려 했다. 하지만 이 모든 시도는 하나님을 다양한 부분의 조합으로 이해하여 특정한 부분이 다른 부분보다 더 크거나 영향력이 있다고 오해한 것처럼 보인다. 더 나아가 '가장 중요하다'는 것이 정확히 무엇을 뜻하는지 이해하기 어렵다. 하나님의 어떤 행동은 그분

의 몇몇 다른 속성들과 더 온전하게 조화를 이루지 않는다는 뜻인가? 때때로 하나님이 어떤 속성과 조금 모순되는 방식으로 행동하기 위해 그 속성을 제쳐 두신다는 뜻인가? 당연히 우리는 이 견해를 주장할 수 없다. 그처럼 한다면 하나님이 그분의 성품과 조화를 이루지 못하고 변하거나 이전의 정체성과 다른 무언가가 되신다는 뜻이기 때문이다. 우리가 모든 속성을 하나님의 성품 전체의 다양한 양상일 뿐이라고 생각한다면, 이 물음 자체가 불필요할 것이고 어느 한 속성을 선택해 더 중요하다고 말할 수 없음을 깨닫게 될 것이다. 중요한 것은 그분의 존재 전체로서 하나님 자신이며, 우리가 알고 사랑해야 할 분은 그분의 존재 전체인 하나님이시다.

개인적 적용을 위한 질문

신학 전문 용어

공유적 속성
비공유적 속성
신인동형론적 언어

1. 우리 안에 하나님의 비공유적 속성(독립성, 불변성, 영원성, 편재, 통일성)이 반영되었다고 생각하는가? 이것을 닮기 위한 노력은 그분의 역할을 빼앗는 시도이며, 잘못된 것이라고 생각하는가?

2. 하나님의 비공유적 속성 중 우리가 어떤 부분에서 하나님을 닮거나 혹은 다른지 설명해 보라.

3. 하나님의 독립성 교리는 여러분의 영적 삶에 긍정적 영향을 미치는가, 아니면 부정적 영향을 미치는가? 그 이유를 설명하라.

4. 하나님의 불변성 교리는 자녀 양육, 하나님과의 사귐, 성경과 삶의 연관성 등 우리 삶에 어떤 도움이 된다고 생각하는가?

5. 하나님은 인간이 죄를 지을 때마다 슬퍼하셨다가 그치시는 것을 반복한다고 생각하는가? 여러분은 죄를 벌해야만 한다는 하나님의 성품을 이해하고 있는가? 하나님이 그저 죄를 잊는 것이 아닌, 그리스도를 통해 죄의 형벌을 담당시키신 이유를 무엇이라 생각하는가? 이제 여러분의 죄는 용서받은 죄라고 생각하는가?

6. 우리가 찬양을 부를 때, 그 순간에만 의미가 있는가? 아니면 궁극적인 시간의 의미를 갖는가? 매시간 하나님을 의지하고 순종한다는 것의 의미는 무엇이라 생각하는가?

7. 그리스도인으로서 하나님을 닮아 갈수록 시간을 잘 통제할 수 있는가? 어떤 점에서 그러한가?

8. 이번 장에서 살펴본 하나님의 다섯 가지 비공유적 속성이 여러분의 기도 생활에 각각 어떻게 도움이 될 수 있는지 설명하라.

참고 문헌

이 참고 문헌에 관한 설명으로는 1장, 60쪽을 보라. 자세한 서지 자료는 2권 부록 2에서 확인할 수 있다. 하나님의 공유적 속성을 다룬 이번 장과 관련해 일부 조직신학 책에서는 하나님의 속성을 공유적, 비공유적이라는 범주가 아닌 다른 범주로 분류하고 논하며, 따라서 비교할 수 있는 항목을 정확히 교차참조하는 것이 언제나 가능한 것은 아님을 지적해 둘 필요가 있다. 하나님의 속성 전반을 다룬 조직신학 교과서의 항목을 더 자세히 소개하는 목록은 13장 마지막의 참고 문헌에 수록되어 있다.

복음주의 조직신학 저술의 관련 항목

1. 성공회

1882–1892 Litton, 58–67
2001 Packer, 26–53
2013 Bird, 126–139
2013 Bray, 112–114

2. 아르미니우스주의(또는 웨슬리파/감리교)

1875–1876 Pope, 1:248–255, 287–325
1892–1894 Miley, 1:159–180, 214–222
1940 Wiley, 1:241–393
1960 Purkiser, 127–144
1992 Oden, 1:53–130
2002 Cottrell, 67–99

3. 침례교

1767 Gill, 25–31, 33–50, 119–122
1887 Boyce, 1:125–35, 183–190
1907 Strong, 243–303
1987–1994 Lewis and Demarest, 1:175–248
1990–1995 Garrett, 1:223–304
2007 Akin, 221–238
2013 Erickson, 233–253

4. 세대주의

1947 Chafer, 1:179–191, 212–224, 260–271
1949 Thiessen, 118–128
2002–2005 Geisler, 2:1–312, 338–355, 385–419, 518–595
2017 MacArthur and Mayhue, 168–178

5. 루터교

1917–1924 Pieper, 1:427–447
1934 Mueller, 160–167

6. 개혁주의(또는 장로교)

1559 Calvin, 1:96–120
1679–1685 Turretin, *IET*, 1:189–191
1871–1873 Hodge, 1:366–393
1878 Dabney, *ST*, 38–45, 144–154
1887–1921 Warfield, *SSW*, 1:69–87; *ST*, 109–114
1894 Shedd, 274–310
1906–1911 Bavinck, *RD*, 2:131–132, 134–136, 148–177
1910 Vos, 1:3–37
1938 Berkhof, 47–63
1998 Reymond, 163–204
2008 Van Genderen, 164–192
2011 Horton, 223–258
2013 Frame, 307–27, 335–419
2013 Culver, 60–92, 216–226
2016 Allen and Swain, 57–77
2017 Barrett, 217–240
2019 Letham, 158–160

7. 부흥 운동(또는 은사주의/오순절)

1988–1992 Williams, 55–59, 77–79
1993 Menzies and Horton, 48–53
1995 Horton, 120–131
2008 Duffield and Van Cleave, 58–61, 70–76

대표적인 로마 가톨릭 조직신학 저술의 관련 항목

1. 로마 가톨릭: 전통적 입장

1955 Ott, 24–38

2. 로마 가톨릭: 제2차 바티칸공의회 이후

1980 McBrien, 1:238–341
2012 *CCC*, 214–221

기타 저술

Allison, Gregg. *Historical Theology: An Introduction to Christian Doctrine; A Companion to Wayne Grudem's Systematic Theology*. Grand Rapids: Zondervan, 2011, 210–230.

Bray, G. L. "God." In *NDBT*, 511–521.

Bromiley, G. W. "God." In *ISBE*, 2:493–503.

Bullock, C. Hassell. "God." In *BTDB*, 288–295.

Charnock, Stephen. *The Existence and Attributes of God*. 1665–80; Reprint, Evansville, IN: Sovereign Grace Book Club, n.d., 69–180.

Diehl, D. W. "Process Theology." In *EDT1*, 880–885.

Dillard, Raymond B. "Name of God." In *BTDB*, 295–297.

Dolezal, James E. *God without Parts: Divine Simplicity and the Metaphysics of God's Absoluteness*. Eugene, OR: Pickwick, 2011.

Duby, Steven. *Divine Simplicity: A Dogmatic Account*. London: T&T Clark 2016.

Enns, Paul. "Theology Proper: Doctrine of God." In *The Moody Handbook of Theology*. Rev. ed., 191–200. Chicago: Moody Publishers, 2008.

Feinberg, John S. *No One Like Him: The Doctrine of God*. Wheaton, IL: Crossway, 2006.

George, Timothy. "The Nature of God: Being, Attributes, and Acts." In *A Theology for the Church*, edited by Daniel L. Akin et al., 176–241.

Nashville: B&H, 2014.
Helm, Paul. *Eternal God: A Study of God without Time*. Oxford: Clarendon, 1988.
Hinlicky, Paul R. *Divine Simplicity: Christ the Crisis of Metaphysics*. Grand Rapids: Baker Academic, 2016.
Hoggard-Creegan, N. "Process Theology." In *EDT3*, 700–701.
Horton, M. "God." In *EDT3*, 343–348.
Kaiser, Christopher B. *The Doctrine of God*. Westchester, IL: Good News, 1982.
Lewis, Gordon R. "God, Attributes of." In *EDT1*, 451–459.
Lister, Rob. *God Is Impassible and Impassioned: Toward a Theology of Divine Emotion*. Wheaton, IL: Crossway, 2013.
Martens, Elmer. "Names of God." In *BTDB*, 297–300.
McComiskey, T. E. "God, Names of." In *EDT3*, 349–352.
Newman, C. C. "God." In *DLNT*, 412–431.
Packer, J. I. *Knowing God*. London: Hodder and Stoughton, 1973, 67–79. (『하나님을 아는 지식』 IVP)
Saucy, R. H. "God, Doctrine of." In *EDT1*, 459–464.
Tozer, A. W. *The Knowledge of the Holy*. New York: Harper and Row, 1961. (『하나님을 바로 알자』 생명의말씀사)

성경 암송 구절

시편 102:25-27 | 주께서 옛적에 땅의 기초를 놓으셨사오며 하늘도 주의 손으로 지으신 바니이다. 천지는 없어지려니와 주는 영존하시겠고 그것들은 다 옷 같이 낡으리니 의복 같이 바꾸시면 바뀌려니와 주는 한결같으시고 주의 연대는 무궁하리이다.

찬송가

"신비롭고 영원한 지혜의 주"

이 찬송가는 하나님의 다양한 속성을 빠르게 언급하면서 지나가기 때문에 노래를 부르면서 각각의 속성을 묵상하기는 어렵다. 하지만 이 찬송가는 우리가 마침내 천국에서 영광 중에 계시는 하나님을 뵐 때, 그분과 그분의 완전함을 바라보는 경이로움이 우리를 압도할 것이며, 우리는 황홀하게 찬양에 몰두하게 될 것임을 깨닫게 해준다.

신비롭고 영원한 지혜의 주
큰 빛으로 감싸인 높으신 주
그 예부터 복되고 영화로신
큰 능력과 승리의 주를 찬양

온전하신 전지와 전능의 주
큰 능력의 빛으로 다스리네
저 산 높이 치솟는 정의의 힘
그 선함과 사랑이 솟아나네

온 만물을 지으신 생명의 주
큰 능력의 빛으로 다스리네
저 푸르던 나뭇잎 사라져도
주 하나님 참 사랑 변치 않네

주 영광과 빛으로 다스리네
저 천사들 주 앞에 경배하네
다 목소리 합하여 찬양할 때
그 빛 속의 주 영광 보게 되리

◈ ———

영원하고 감추어져 있으며 지혜로우신 하나님
우리가 다가갈 수 없는 빛 속에 계시는 하나님
가장 복되고 가장 영광스러우시며 옛적부터 항상 계신 이
전능하신 승리의 주 우리가 주님의 이름을 찬양합니다

쉬지 않으시고 서두르지 않으시며 빛처럼 고요하신 하나님
모자람도 없으시고 쇠하지도 않으시는 주님은 능력으로 다스리십니다
주님의 공의는 산처럼 높이 솟아 있으며
주님의 선하심과 사랑은 샘과 같습니다

위대하신 영광의 아버지, 순전하신 빛의 아버지
주님의 천사가 눈을 가리고 주님을 경배합니다
우리는 모든 찬양을 주님께 드립니다
빛의 광채만이 주님을 숨기고 있음을 우리가 보게 하소서

ㅁ 월터 챌머스 스미스 저작

* 미국장로교 한영찬송가 『찬송과 예배』 74장

"위대하신 주"

빛나는 왕의 왕
영광의 주님
온 땅 기뻐하라
온 땅 기뻐하라
광채의 옷 입고
어두움 물리쳐
저 원수는 떠네
저 원수는 떠네

위대하신 주
찬양해
위대하신 주
모두 알게 되리라
위대하신 주

영원한 주의 주
시간의 주관자
알파와 오메가
알파와 오메가
삼위의 하나님
아바 성령 예수
사자와 어린양
사자와 어린양

모든 이름 위에
뛰어나신 이름
다 찬양해
위대하신 주

◈

위엄으로 둘러싸인
왕의 광채
온 땅이여 기뻐하라
온 세상이여 기뻐하라
그분은 빛으로 둘러싸여 있고
어둠은 숨기려 하네
하지만 어둠은 그분의 목소리에 두려워 떠네
하지만 어둠은 그분의 목소리에 두려워 떠네

위대하신 우리 하나님
함께 찬양하세
위대하신 우리 하나님
모두가 위대하신 하나님을 보게 되리
위대하신 우리 하나님

세세토록 그분은 서 계시네
시간도 그분의 손 안에 있네
처음과 나중 되시네
처음과 나중 되시네
삼위일체 하나님
성부, 성자, 성령
사자이시며 어린양이신 분
사자이시며 어린양이신 분

모든 이름 위에 뛰어난 이름
모든 찬양을 받으시기 합당하신 이름
내 마음은 노래하리라
위대하신 우리 하나님

▫ 크리스 탐린, 제시 리브스, 에드 캐쉬 작사 30

주

1 Herman Bavinck, *The Doctrine of God*, trans. and ed. William Hendriksen (Grand Rapids: Eerdmans, 1951), 86-89. (『개혁주의 신론』 기독교문서선교회)

2 예수 그리스도께서는 지금 신인(神人)으로서 물리적인 몸을 가지고 계시지만 성부와 성령께서는 몸을 가지고 계시지 않으며 마리아의 자궁에 잉태되기 전에는 성자께서도 몸을 가지고 계시지 않으셨다. (하나님이 인간의 형상으로 나타나셨던 구약의 '신현'에서 인간의 몸은 일시적인 모습일 뿐이었고, 그리스도의 성육신을 통해 나타났듯이 한 신인의 인격체 안에 이루어진 온전한 인간의 본성과 성자의 신적 본성의 항구적 연합은 아니었다. 26장을 보라.)

3 신인동형론(Anthropomophic)이라는 말은 '인간'을 뜻하는 헬라어 단어 '안트로포스'와 '형상'을 뜻하는 '모르페'에서 유래했다. 신인동형론적 표현에서는 하나님을 인간의 형상이나 인간의 관점에서 묘사한다.

4 예를 들어, 성경이 하나님의 눈과 귀, 입 등에 관해 이야기하므로 그분이 인간의 몸을 가진다고 주장하는 사람들은 이런 실수를 저지르는 셈이다. 같은 논리라면 하나님이 사자와 어린양, 독수리, 불, 반석, 암탉, 샘, 해, 방패, 그늘, 성전을—동시에 이 모두를—닮으셨다고도 말해야 할 것이다! 이것은 이 표현들이 모두 하나님의 성품을 우리에게 말해 주는 은유임을 인식하지 못하는 실수다. 하나님은 "영"이며(요 4:24) 물질적인 몸을 가지고 계시지 않는다.

5 하나님의 변치 않으심을 요약하는 말로 사용된 네 핵심 단어(존재, 완전하심, 목적, 약속)는 Louis Berkhof, Systematic Theology (Grand Rapids: Eerdmans, 1941), 58에서 가져왔다. (『벌코프 조직신학』 크리스천다이제스트)

6 히브리서 1:11-12에서 이 본문을 인용하면서 이를 예수 그리스도께 적용한다는 점은 의미심장하다. 히브리서 13:8에서도 불변성이라는 속성을 그리스도께 적용한다. "예수 그리스도는 어제나 오늘이나 영원토록 동일하시니라." 따라서 성자 하나님은 이 신적 속성을 온전히 공유하신다.

7 Bavinck, *The Doctrine of God*, 149.

8 이에 관한 유익한 논의로는 John Frame, *Systematic Theology* (Phillipsburg NJ: P&R, 2013), 412-419과 *Michael Bird, Evangelical Theology* (Grand Rapids: Zondervan, 2013), 130-131을 보라. 또한 Michael Horton, *The Christian Faith: A Systematic Theology for Pilgrims on the Way* (Grand Rapids: Zondervan, 2011), 242-253을 보라.

9 찰스 핫숀은 시카고 대학교와 에모리 대학교, 텍사스 대학교에서 가르쳤다. 과정신학의 옹호자 두 사람이 쓴 입문서로는 *Process Theology: An Introductory Exposition by John B. Cobb Jr. and David R. Griffin* (Philadelphia: Westminster, 1976)이 있다(『과정신학』 열림). 복음주의의 관점에서 이 신학을 자세히 분석한 글로는 Carl F. H. Henry, "The Resurgence of Process Philosophy," in *God, Revelation, and Authority* (Waco, TX: Word, 1983), 6:52-75과 Royce Gruenler, *The Inexhaustible God: Biblical Faith and the Challenge of Process Theism* (Grand Rapids: Baker, 1983)이 있다.

복음주의적 관점에서 쓴 탁월한 두 논문으로는 Bruce A. Ware: "An Exposition and Critique of the Process Doctrines of Divine Mutability and Immutability," *WTJ* 47 (1985): 175-196 참조(과정신학에 대한 비판). "An Evangelical Reformulation of the Doctrine of the Immutability of God," *JETS* 29 (1986): 431-446 (하나님의 불변성에 관한 정통적 관점의 적극적 재천명) 참조.

10 하나님께 부족했을 가치를 우리가 그분께 더해 드린다는 핫숀의 관념에 대한 웨어(Ware)의 통찰력 넘치는 논의를 보라. "Exposition and Critique," 183-185.

11 인간을 창조하신 이유에 관해서는 21장, 823-826쪽을 보라.

12 엄밀히 말하자면, 비록 유대교에서는 구약에도 나타나 있는 하나님의 삼위일체적 본질을 결코 인정하지 않지만, 유대교 역시 우리가 구약이라고 부르는 문서에 기초해 있는 한 하나님을 무한한 동시에 인격적인 분으로 보는 신관을 가지고 있음을 우리는 인정해야만 한다(14장, 408-413쪽을 보라).

13 '알파와 오메가'는 헬라어 알파벳의 첫 글자와 마지막 글자이며, 따라서 하나님이 '알파와 오메가'라고 말씀하실 때 이것은 그분이 다른 모든 것 이전에도 또는 다른 모든 것 이후에도 계심을 뜻한다. 그분은 모든 것의 시작이며 언제나 모든 것의 마지막(또는 목적)이실 것이다.

14 카일과 델리취는 "태초에"가 "시간 자체가 시작된……맨 처음에"를 뜻한다고 말한다(C. F. Keil and F. Delitzsch, *Keil and Delitzsch Commentary On the Old Testament Pentateuch*, vol. 1 [1866-1891; repr., Peabody, MA: Hendrickson, 2006], 29). (『카일 델리취 구약주석』 기독교문화사). 헤르만 바빙크는 다음과 같이 말한다. "피조물이 없었다면 시간도 없을 것이다.……피조물과 함께 시간이 시작되었다."(*The Doctrine of God*, 155).

15 William L. Craig, "A Critique of Grudem's Formulation & Defense of the Doctrine of Eternity," *Philosophia Christi* 19, no. 1 (Spring 1996): 33-38을 보라. 나는 다음 호에 실린 논문을 통해 답했다. "The Nature of Divine Eternity: A Response to William Craig," *Philosophia Christi* 20, no. 1 (Spring 1997): 55-70.

16 KJV와 NKJV에는 이 표현이 없으며, 이것은 공인 본문(Textus Receptus), 곧 이 두 번역본이 저본으로 삼은 헬라어 사본 전통에 해당되는 헬라어 단어가 포함되어 있지 않기 때문이다. 하지만 이 단어들은 더 신뢰할 만한 사본들의 확고한 지지를 받고 있어서 UBS[4] 헬라어 본문에서는 이를 누락하는 이형을 언급조차 하지 않는다.

17 이 구절의 헬라어 원문은 '프로 크로논 아이오니온'으로서 더 문자적으로 번역하면 '영원한 시대 이전' 또는 '끝없는 시간 이전'이다. 이 표현은 이번 장에서 내가 지지하는 관점, 곧 하나님이 시간이 시작되기 이전에 존재했고 하나님이 시간을 창조했으며, 이제 시간이 존재하므로 결코 끝나지 않을 것이라는 관점과 전적으로 조화를 이룬다. (NET와 CSB에서는 이 표현을 "시간이 시작되기 전"으로 번역하며, NIV에서는 "시간의 시작 이전"으로 번역한다.)

18 하나님이 우주를 창조하실 때 시간이 시작되었다고 말하는 것에 대한 대안은 시간은 시작된 적이 없고 언제나 순간의 연쇄가 존재해 왔기에 과거로 무한히 확장되고 결코 출발점이 없었다고 말하는 것이다. 하지만 시작 없이 시간이 존재한다는 것은 많은 사람들에게 불합리하게 보이며 아마도 불가능할 것이다. 바빙크는 "시작 없는 시간이라는 의미에서 영원한 시간은 생각조차 할 수 없다"(*The Doctrine of God*, 157)라고 말한다. 이런 반론은 실제로 무한한 것은 존재할 수 없다는 주장의 한 형태다. 윌리엄 레인 크레이그는 *The Existence of God and the Beginning of the Universe* (San Bernardino, CA: Here's Life, 1979), 35-53에서 이 철학적 개념을 탁월하게 설명한 바 있다. 이런 주장에 대한 철학적 답변을 더 자세히 살펴보고자 한다면 J. P. Moreland, *Scaling the Secular City: A Defense of Christianity* (Grand Rapids: Baker, 1987), 15-34을 보라.

19 아래에서 살펴보겠지만 이것은 하나님께 역사의 모든 사건이 현재적으로 보인다는 뜻이 아니다. 왜냐하면 하나님은 시간 안에서 사건을 보시고 시간 안에서 행동하시기 때문이다.

20 칼 헨리는 *God, Revelation, and Authority*, 5:235-267에서 하나님의 무시간적 영원성이 기독교 정통의 역사적 입장이라고 주장하며, 당시 비복음주의권과 복음주의권 신학자들이 제기했던 도전을 자세히 분석한다. 하나님의 무시간적 영원성에 대한 주도면밀한 철학적 변론으로는 Paul Helm, *Eternal God: A Study of God without Time* (Oxford: Clarendon, 1988) 참조.

21 John Feinberg, *No One Like Him: The Doctrine of God* (Wheaton, IL: Crossway, 2001), 375-436을 보라.

22 같은 책, 428.

23 같은 책, 428-430.

24 스티븐 데이비스 역시 하나님이 무언가를 창조하는 순간 시간 안에서 행동하며, 따라서 시간 안에서 존재해야 하기 때문에 그분은 위에서 설명한 의미에서 "무시간적으로 영원하실" 수 없다고 반대한다. [예를 들어, Stephen T. Davis, *Logic and the Nature of God* (Grand Rapids: Eerdmans, 1983), 11-24을 보라.] 데이비스는 우리가 "영원한 원인이 시간적 효과를 만들어 내는 인과관계"라는 논리적인 개념을 가지고 있지 않지만, 우리 삶의 모든 경험이 시간의 구속을 받는 피조물 안에서 이루어지며, 따라서 어떻게 무시간적인 하나님이 시간을 창조하고 시간 안에서 행동하실 수 있는지를 우리가 이해할 수 없다는 것은 놀랍지 않음을 인정함으로 이를 설명할 수 있다고 말한다.

데이비스 역시 위에서 언급한 '하나님이 무한하다면 인격적일 수 없다'는 오류에 빠진다(위의 주 12를 보라). 그는 "무시간적 존재는 성경이 말하는 인격적이며 피조물을 돌보고 우리와 관계를 맺는 하나님이 될 수 없다"라고 말한다. 하지만 이를 증명하기 위해 그는 왜 하나님이 시간 안에서 행동하는(인격적으로 관계를 맺는) 동시에 그분의 존재 자체에 있어서 무시간적일(시간에 관해 무한하거나 제한이 없을) 수 없는지를 설명하지 않고 시간 안에서 이루어지는 하나님의 행동에 관해 말할 뿐이다. 마지막으로 그는 시간이 창조되었지만 언젠가 존재하기를 그칠 가능성을 언급하면서도 영생에 대한 성경의 약속에 비추어 볼 때 훨씬 더 가능성이 커 보이는 대안, 곧 시간은 창조되었지만 결코 미래에 존재하기를 그치지 않을 것이라는 가르침에 대해서는 고려하지 않는다.

25 흠정역(KJV)의 계시록 10:6에서는 "더 이상 시간이 존재하지 않을 것"이라고 번역하지만 이 맥락에서 헬라어 단어 '크로노스'에 대한 더 나은 번역어는 (ESV, RSV, NRSV, NASB, NET, NIV, NLT, NKJV의 번역처럼) '지체하다'이다. 실제로 다음 구절에서는 시간의 지속을 전제한다. 왜냐하면 "일곱째 천사가 소리 내는 날 그의 나팔을 불려고 할 때에" 성취될 사건에 관해 이야기하기 때문이다(계 10:7).

26 또한 짐승과 그의 우상을 예배하는 이들이 "거룩한 천사들 앞과 어린 양 앞에서 불과 유황으로 고난을 받"을 것이라고 말하는 계시록 14:9-10을 보라.

27 히브리서 1:3의 "붙드시며"에 해당하는 현재 분사 페론은 "만물을 붙드시"는(우주 안의 만물이 계속 존재하고 규칙적으로 작동하게 하시는) 그리스도의 활동이 지속적인 활동, 곧 절대로 중단되지 않는 활동임을 암시한다.

28 Bavinck, *The Doctrine of God*, 164. 이 글은 출처 표기 없이 이 책에 인용되어 있다.

29 조직신학자들은 하나님의 통일성의 또 다른 양상, 곧 하나님이 다수의 신들이 아니라 한분 하나님이라는 사실을 통해 확인되는 통일성을 구별하기도 한다. 이 사실을 '단일성으로서의 통일성'이라고 부르는 반면, 내가 여기서 하나님의 통일성이라고 부른 것은 '단순성으로서의 통일성'으로 불려 왔다.

하나님이 한분 하나님이시라는 것에 동의하지만 하나님 안에 있는 두 종류의 통일성에 관해 이야기하는 것은 혼란을 불러일으킬 수 있다. 그러므로 나는 단일성으로서의 통일성이라는 용어를 사용하거나 그 개념을 여기서 논하지는 않았다. 이 문제는 삼위일체를 논하는 14장에서 다루었다.

30 Copyright © 2004 worshiptogether.com Songs/six steps Music/ASCAP (adm. @ CapitolCMGPublishing.com)/Alletrop Music/BMI. All rights reserved. Used by permission. © 2004 Wonderously Made Songs (BMI) (a div. of Wondrous Worship & Llano Music, LLC) (admin. by Music Services)/ Worshiptogether.com Songs (ASCAP)/ Six Steps Music (ASCAP) (admin. by Capitol CMG Publishing). All Rights Reserved. Used By Permission.

12. 하나님의 성품 :공유적 속성(1)

하나님의 존재와 속성은 우리와 어떻게 비슷한가?

설명과 성경적 기초

이번 장에서 우리는 하나님의 공유적인 속성, 곧 앞 장에서 언급한 속성보다 우리와 더 많이 공유하는 그분의 속성을 살펴보고자 한다. 비공유적 속성과 공유적 속성을 나누는 것은 절대적인 구분이 아니며, 속성이 어느 범주에 들어가야 하는지에 관해서는 견해 차이가 존재한다.[1] 여기서 공유적 속성에 포함시킨 목록은 흔히 사용되는 것이지만, 중요한 것은 속성을 범주화하는 것보다 각 속성의 정의를 이해하는 것이다.

더 나아가 하나님의 속성을 다루는 모든 목록은 하나님의 성품의 다양한 양상을 얼마나 정교하게 구별하기 원하는지에 대한 이해에 기초해야 한다. 하나님의 선하심과 사랑은 두 속성인가, 한 속성인가? 지식과 지혜, 영이심과 불가시성은 어떠한가? 이번 장에서는 이런 속성을 분리해서 다루며, 그 결과 다양한 속성을 포함하는 목록이 매우 길어졌다. 하지만 몇몇 경우에는 쌍을 이루는 속성을 같은 속성의 다른 양상으로 다루어도 큰 차이가 없을 것이다. 우리가 온전히 통일된 인격체인 하나님에 관해 이야기하고 있음을 기억한다면, 다양한 속성의 구분이 교리적으로 대단히 중요한 문제가 아니라 성경의 자료를 제시하는 가장 효과적인 방법에 대한 한 사람의 판단에 기초한 사안이라는 점이 명확해질 것이다.

이번 장에서는 하나님의 공유적 속성을 다섯 가지 주요 범주로 구분하며, 각 범주에 속하는 속성들은 다음과 같다.

A. **하나님의 존재를 설명하는 속성**

1. 영이심
2. 비가시성

B. **정신적 속성**

3. 지식(전지)
4. 지혜
5. 진실하심(신실하심)

C. **도덕적 속성**

6. 선하심
7. 사랑
8. 자비(은혜, 오래 참으심)
9. 거룩하심
10. 화평(질서)
11. 공의(정의)
12. 질투
13. 진노

D. **목적의 속성**

14. 의지
15. 자유
16. 전능(능력, 주권)

E. **요약적 속성**

17. 완전하심
18. 복되심
19. 아름다움
20. 영광

우리는 삶에서 하나님의 공유적 속성을 모방해야 하기 때문에,[2] 아래의 각 절에는 어떻게 우리가 논의의 대상인 속성들을 모방할 수 있는지에 관한 짧은 설명이 포함될 것이다.

A. 하나님의 존재를 설명하는 속성

1. 영이심

사람들은 종종 하나님의 존재를 이루고 있는 것이 무엇인지 궁금해한다. 그분은 우리처럼 살과 피로 이루어졌는가? 물론 그렇지 않다. 그렇다면 하나님의 존재를 형성하는 재료는 무엇인가? 하나님은 물질로 이루어졌는가? 아니면 하나님은 순전히 에너지일 뿐인가? 아니면 그분은 순전히 정신인가?

성경의 대답은 하나님이 어떤 무언가가 아니라는 것이다. 오히려 성경은 "하나님은 영이시니"라고 말한다.[요 4:24] 예수께서는 사마리아 우물가의 여인과 대화를 나누면서 이처럼 말씀하신다. 이 대화는 하나님을 예배하는 장소를 주제로 하며, 예수께서는 하나님을 참되게 예배하기 위해 예루살렘이나 사마리아로 가야 할 필요가 없다고 말씀하신다.[요 4:21] 왜냐하면 참된 예배에서 중요한 것은 물리적 장소가 아니라 한 사람의 영적 상태다. 그것은 "하나님이 영"이시기 때문이며, 이는 하나님이 결코 공간적 장소에 제약을 받지 않으심을 뜻한다.

따라서 우리는 하나님께 크기나 차원이 있다고 생각해서는 안 되며, 심지어 무한한 크기나 차원이 있다고 생각해서도 안 된다. 예를 들어, 우리는 하나님이 영으로 존재한다는 것을 하나님이 무한히 크다는 뜻으로 이해하면 안 된다. 왜냐하면 공간의 모든 지점에 존재하는 것은 하나님의 일부가 아니라 하나님의 전부이기 때문이다.[시 139:7-10 참조] 하나님이 영으로 존재한다는 것은 하나님이 무한히 작음을 뜻한다고 생각해서도 안 된다. 왜냐하면 우주 안의 어느 곳도 그분을 둘러싸거나 담을 수 없기 때문이다.[왕상 8:27 참조] 따라서 영으로서 그분의 존재를 어떻게 이해하든지, 공간이라는 관점에서는 하나님의 존재에 관해 바르게 생각할 수 없다. 또한 하나님은 백성들에게 그분 자신의 존재를 물질적인 피조물 안에 있는 다른 어떤 것과도 비슷하다고 생각하지 말라고 말씀하신다. 십계명에는 이렇게 적혀 있다.

너를 위하여 새긴 우상을 만들지 말고 또 위로 하늘에 있는 것이나 아래로 땅에 있는 것이나 땅 아래 물 속에 있는 것의 어떤 형상도 만들지 말며 그것들에게 절하지 말며 그것들을 섬기지 말라. 나 네 하나님 여호와는 질투하는 하나님인즉 나를 미워하는 자의 죄를 갚되 아버지로부터 아들에게로 삼사 대까지 이르게 하거니와 나를 사랑하고 내 계명을 지키는 자에게는 천 대까지 은혜를 베푸느니라.출 20:4-6

이 명령에서 피조물을 지칭하는 언어("위로 하늘에……아래로 땅에……땅 아래 물 속에")는 하나님의 존재, 곧 그분은 본질적으로 창조하신 모든 것과 다름을 상기시킨다. 피조물의 관점에서 하나님을 생각하는 것은 그분을 잘못 표상하고 제한하며, 또한 그 참된 본질에 못 미치는 무언가로 생각하는 것이다. 예를 들어, 금송아지로 우상을 만든 것은 하나님을 (송아지처럼) 강하고 생명으로 가득한 존재로 묘사하려는 시도였을지도 모르지만, 하나님이 송아지와 비슷하다고 말하는 것은 그분의 지식과 지혜, 사랑, 자비, 편재, 영원성, 독립성, 거룩하심, 공의, 정의를 잘못 말하는 것이다. 우리는 하나님이 모든 피조물을 창조했기 때문에 피조물의 모든 부분이 그분의 성품 중 일부를 반영한다고 말해야 하지만, 동시에 하나님이 피조물 중 무언가를 닮은 하나의 형상으로 존재한다고 묘사하는 것은 오해를 불러일으키며 그분을 모욕적인 방식으로 생각하는 것이라고 분명히 지적해야 한다.

그렇기 때문에 하나님의 질투가 그분의 형상을 만들지 말라는 금지 명령의 이유로 제시된다. "나 네 하나님 여호와는 질투하는 하나님인즉." 출 20:5 하나님은 그분의 영광을 보호하기 위해 질투하신다. 하나님은 백성들이 그분의 본질을 올바르게 이해하기를 열렬히 원하시며, 반대로 그분의 영광이 축소되거나 잘못 표상될 때는 진노하신다(하나님의 영광을 위한 그분의 강렬한 질투가 그분의 형상을 만들지 말라는 금지 명령의 이유로 제시되는 신명기 4:23-24 참조).

따라서 하나님은 육체적인 몸을 가지고 있지 않으며, 다른 피조물들처럼 어떤 종류의 물질로도 이루어져 있지 않다. 더 나아가 하나님은 에너지나 정신, 피조물의 다른 어떤 요소도 아니다. 그분은 증기나 공기, 공간과도 비슷하지 않다. 이 모든 것은 피조물이기 때문이다. 하나님의 존재는 이러한 것들과 비슷하지 않다. 엄밀히 말해 하나님의 존재는 우리 자신의 영과도 비슷하지 않다. 우리의 영은 한 번에 한 곳에만 존재할 수 있는 피조물이기 때문이다.

하나님에 관한 이 모든 관념 대신에 우리는 하나님이 영이시라고 말해야 한다. 그 의미가 무엇이든지 이는 하나님이 어떤 피조물과도 다른 존재임을 뜻한다. 하나님은 우리의 모든 물질적 존재보다 더 우월한 존재다. 우리는 하나님이 '순수한 존재' 또는 '존재의 충만함이나 본질'이라고 말할 수 있다. 더 나아가 이런 종류의 존재는 우리의 존재보다 덜 실제적이거나 덜 바람직하지 않다. 오히려 모든 피조물의 물질적, 비물질적 존재보다 더 실제적이며 더 바람직하다. 그 모든 피조물이 존재하기 이전에 하나님은 영으로 존재하셨다. 그분의 존재는 너무나 참되게 실제적이어서 다른 모든 것을 존재하게 만들 수 있었다.

이 시점에서 우리는 하나님의 영이심을 다음과 같이 정의할 수 있다. 하나님의 영이심spirituality이란 하나님이 어떤 물질로도 이루어져 있지 않고 그분께는 부분이나 차원이 없으며, 우리의 신체 감각으로는 그분을 지각할 수 없음을, 그분은 다른 모든 종류의 존재보다 더 탁월하심을 의미한다.

하나님은 왜 영으로 존재하시는가? 우리는 이것이 존재의 가장 위대하고 탁월한 방식이라고 말할 수밖에 없다. 이는 우리가 아는 그 어떤 것보다 더 우월한 존재 양식이다. 이 사실을 묵상하는 것은 놀라운 일이다.

이에 관해 묵상할 때 우리는 '어쩌면 하나님의 영이심을 비공유적 속성이라고 불러야 하는 것은 아닌가' 하고 생각한다. 사실 어떤 의미에서 그렇게 하는 것이 적절할 것이다. 왜냐하면 하나님의 존재는 우리의 존재와 질적으로 다르기 때문이다. 그럼에도 하나님이 우리에게 영을 주셨고 우리는 그 영으로 그분을 예배하며,요 4:24; 고전 14:14; 빌 3:3 우리는 그 영으로 주의 영과 연합하고,고전 6:17 성령께서는 그 영과 더불어 우리가 하나님의 가족으로 입양되었음을 증언하며,롬 8:16 우리는 죽을 때 그 영 안에서 주의 임재 안으로 들어간다.눅 23:46; 또한 전 12:7; 히 12:23; 빌 1:23-24 참조 그러므로 하나님은 분명히 우리에게 영적인 본질, 곧 모든 점에서 비슷하지는 않지만 그분의 본질과 비슷한 무언가를 나누어 주셨다. 그러한 이유로 하나님의 영이심을 공유적 속성으로 생각하는 것은 적절해 보인다.

2. 비가시성

하나님의 비가시성은 그분이 영이시라는 사실과 관련되어 있다. 동시에 우리는 하나님이 자신을 드러내는 가시적인 방식도 이야기해야 한다. 하나님의 비가시성은 다음과 같이 정의할 수 있다. 하나님의 비가시성invisibility이란 하나님의 전적인 본질, 그분의 영적 존재 전체는 결코 우리가 볼 수 없지만, 하나님은 여전히 이 시대에 부분적으로 자신을 보여주시며 장차 올 시대에는 더 온전히 나타내실 것임을 의미한다.

많은 성경 본문들은 우리가 하나님을 볼 수 없다는 사실을 이야기한다. "본래 하나님을 본 사람이 없으되."요 1:18 예수께서는 "이는 아버지를 본 자가 있다는 것이 아니니라. 오직 하나님에게서 온 자만 아버지를 보았느니라"고 말씀하신다.요 6:46 바울은 "영원하신 왕 곧 썩지 아니하고 보이지 아니하고 홀로 하나이신 하나님께 존귀와 영광이 영원무궁하도록 있을지어다. 아멘"이라고 찬양한다.딤전 1:17 그는 하나님에 관해 "오직 그에게만 죽지 아니함이 있고 가까이 가지 못할 빛에 거하시고 어떤 사람도 보지 못하였고 또 볼 수 없는 이시니"라고 말한다.딤전 6:16 요한은 "어느 때나 하나님을 본 사람이 없으되"라고 말한다.요일 4:12

여기에 오늘날 우리의 눈으로 하나님을 볼 수 없다는 사실을 추가할 수 있다. 우리는 하나님이 왜 이 시대에 그렇게 작정하셨는지 궁금할 수 있다. 하지만 적어도 두 가지 유익이 있음을 깨달아야 한다. (1) 하나님의 비가시성은 하나님이 자신을 누구에게 계시할지 친히 결정하신다는 것을 의미한다. "아들과 또 아들의 소원대로 계시를 받는 자 외에는 아버지를 아는 자가 없느니라."마 11:27 (2) 하나님의 비가시성은 우리가 날마다 의도적으로 그분과의 사귐을 추구해야 하며 이를 당연하게 여겨서는 안 됨을 의미한다. "너희가 온 마음으로 나를 구하면 나를 찾을 것이요 나를 만나리라."렘 29:13

우리는 이런 본문들이 모두 성경 안에서 사람들이 하나님의 외적인 현현을 목격한 사건 이후에 기록되었음을 기억해야 한다. 예를 들어, 성경의 앞부분에는 "사람이 자기의 친구와 이야기함 같이 여호와께서는 모세와 대면하여 말씀하시며"라고 쓰여 있다.출 33:11 하지만 하나님은 모세에게 "네가 내 얼굴을 보지 못하리니 나를 보고 살 자가 없음이니라"고 말씀하셨다.출 33:20 그럼에도 하나님은 모세를 반석 틈에 숨기신 채 그분의 영광이 그를 지나가게 했고, 그다음 그분이 지나갈 때는 그분의 등을 보게 하셨지만 "얼굴은 보지 못하리라"고 말씀하셨다.출 33:21-23 이 본문 또는 구약의 비슷한 본문들을 통해, 어떤 의미에서 우리가 하나님을 볼 수 없지만 동시에 부분적으로 볼 수 있는 하나님의 외적인 형태나 현현이 존재했음을 알 수 있다.

우리는 결코 하나님의 총체적 본질을 볼 수 없지만, 그럼에도 그분이 가시적이며 창조된 것들을 통해 그분의 무언가를 우리에게 보여주신다고 말하는 것은 옳다. 이는 다양한 방식으로 이루어진다.

우리가 하나님에 대해 생각하고자 한다면 그분에 대해 생각하는 어떤 방식이 필요하다. 하나님은 이것을 아시고 인간의 삶 또는 창조된 세상에서 취한 수백 개의 유비들을 우리에게 주신다.[3] 이처럼 피조물에서 취한 다양한 유비들 중 어느 하나에만 초점을 맞추지 않는다면, 그 유비들은 모두 가시적인 방식으로 하나님을 계시하는 데 기여한다.창 1:27; 또한 시 19:1; 롬 1:20 참조

또한 구약에는 수많은 신현神顯이 기록되어 있다. 신현이란 하나님의 나타나심이다. 이 신현을 통해 하나님은 다양한 가시적인 형상을 취하여 사람들에게 자신을 보여주신다. 하나님은 아브라함,창 18:1-33 야곱,창 32:28-30 (낮에는 구름 기둥으로, 밤에는 불 기둥으로) 이스라엘 백성,출 13:21-22 이스라엘의 장로들,출 24:9-11 마노아와 그의 아내,삿 13:21-22 이사야사 6:1 등에게 나타나셨다.

신약에서는 예수 그리스도라는 인격체를 통해 구약의 신현보다 더 가시적이고 독특한 하나님의 현현이 이루어졌다. 그분은 "나를 본 자는 아버지를 보았거늘"이라고 말씀할 수 있었다.요 14:9 그리고 요한은 아무도 하나님을 본 적이 없다는 사실과 하나님의 독생자가 우리에게 알려지셨다는 사실을 대조한다. "본래 하나님을 본 사람이 없으되 아버지 품속 독생하신 하나님[4]이 나타내셨느니라."요 1:18 더 나아가 예수께서는 "보이지 아니하는 하나님의 형상"이시며,골 1:15 "하나님의 영광의 광채시요 그 본체의 형상"이시다.히 1:3

천국에서 우리는 어떻게 하나님을 보게 될 것인가? 우리는 결코 하나님의 전부를 보거나 알 수 없을 것이다. "그의 위대하심을 측량하지 못"할

것이기 때문이다.시 145:3; 또한 요 6:46; 딤전 1:17; 6:16; 요일 4:12 참조 그럼에도 성경은 우리가 하나님을 보게 될 것이라고 말한다. 예수께서는 "마음이 청결한 자는 복이 있나니 그들이 하나님을 볼 것임이요"라고 말씀하신다.마 5:8 우리는 물론 예수께서 구름을 타고 오시는 모습을 보게 될 것이다.계 1:7 하지만 정확히 어떤 의미에서 우리가 성부와 성자와 성령 하나님의 신성을 볼 수 있을지는 명확하지 않다.계 1:4; 또한 4:2-3, 5; 5:6 참조 아마도 우리가 천국에 이를 때까지는 이러한 '바라봄'의 본질이 우리에게 알려지지 않을 것이다.

유한한 우리가 무한하신 하나님을 빈틈없이 볼 수는 없을 테지만, 천국에 이르러 우리는 하나님을 완전히 참되고 명확히, 실제적으로 볼 수 있을 것이다. 우리는 "얼굴과 얼굴을 대하여" 보게 될 것이며고전 13:12 "그의 참모습 그대로 볼 것"이다.요일 3:2 우리가 경험할 개방적이며 친밀한 하나님과의 사귐에 대한 가장 놀라운 설명은 천상의 도성에서 "하나님과 그 어린양의 보좌가 그 가운데에 있으리니 그의 종들이 그를 섬기며 그의 얼굴을 볼 터이요 그의 이름도 그들의 이마에 있"을 것이라는 점이다.계 22:3-4

하나님은 우리가 고대하거나 바라는 모든 것의 완전함이며, 아름답거나 바람직한 모든 것의 총합임을 깨달을 때, 장차 올 삶의 가장 큰 기쁨은 "그분의 얼굴을 보고" 또한 이것이 암시하는 친밀하고 인격적인 사귐을 경험하게 되는 것임을 깨닫는다. 이처럼 "얼굴과 얼굴을 대하여" 하나님을 보는 것을 지복직관beatific vision이라고 불러 왔다. 이것은 '우리를 복되게 만드는 바라봄'을 뜻한다(지복beatific은 라틴어의 두 단어, 곧 '복되다'를 뜻하는 *beatus*와 '만들다'를 뜻하는 *facere*에서 유래했다). 하나님을 바라보는 것이 우리를 변화시키며 우리를 그분처럼 만든다. "우리가 그와 같을 줄을 아는 것은 그의 참모습 그대로 볼 것이기 때문이니."요일 3:2; 또한 고후 3:18 참조 이처럼 하나님을 바라보는 것은 우리가 하나님을 아는 것의 절정이 되고 영원토록 우리에게 충만한 기쁨과 즐거움을 줄 것이다. "주의 앞에는 충만한 기쁨이 있고 주의 오른쪽에는 영원한 즐거움이 있나이다."시 16:11

3. 지식(전지)

하나님의 지식knowledge은 다음과 같이 정의할 수 있다. 하나님은 그분 자신 또는 실재하거나 일어날 수 있는 모든 것을 하나의 단순하고 영원한 행동을 통해 온전히 아신다.

엘리후는 하나님이 "완전한 지식"을 가지고 계신다고 말하며,욥 37:16 요한은 하나님이 "모든 것을 아"신다고 말한다.요일 3:20 모든 것을 아시는 속성을 전지omniscience라고 부르며, 하나님은 모든 것을 아시기 때문에 그분은 전지하다고(모든 것을 아신다고) 말한다.

a. 하나님은 그분 자신을 아신다. 위에서 제시한 정의는 전지를 보다 자세히 설명한다. 먼저 하나님은 그분 자신을 완전히 아신다고 말한다. 이것은 놀라운 사실이다. 하나님의 존재는 무한하기 때문에, 곧 제한이 없기 때문이다. 물론 무한한 그분만이 그분 자신의 모든 세부 사항을 완전히 아실 수 있다. 바울은 "성령은 모든 것 곧 하나님의 깊은 것까지도 통달하시느니라. 사람의 일을 사람의 속에 있는 영 외에 누가 알리요. 이와 같이 하나님의 일도 하나님의 영 외에는 아무도 알지 못하느니라"고 말하며 이 사실을 암시한다.고전 2:10-11

"하나님은 빛이시라. 그에게는 어둠이 조금도 없으시다"라는 요한의 말 역시 이 사실을 암시한다.요일 1:5 이 맥락에서 "빛"은 도덕적 순결함과 완전한 지식 또는 지각을 암시한다. 하나님 안에 "어둠이 조금도 없"고 그분이 전적으로 "빛"이라면, 하나님은 완전히 거룩한 동시에 그분 자신의 지식으로 완전히 가득 차 있다.

b. 하나님은 실재하는 모든 것을 아신다. 또한 이 정의는 하나님이 "실재하는 모든 것"을 아신다고 말한다. 이것은 존재하는 모든 것과 일어나는 모든 것을 의미한다. 이것은 피조물에게 적용되는데, 하나님은 "지으신 것이 하나도 그 앞에 나타나지 않음이 없고 우리의 결산을 받으실 이의 눈앞에 만물이 벌거벗은 것 같이 드러나"는 분이시기 때문이다.히 4:13; 또한 대하 16:9; 욥 28:24; 마 10:29-30 참조 또한 하나님은 미래를 아신다. 그분은 "나는 하나님이라. 나 같은 이가 없느니라. 내가 시초부터 종말을 알리며 아직 이루지 아

니한 일을 옛적부터 보이고"라고 말씀할 수 있는 분이기 때문이다.사 46:9-10; 또한 42:8-9 참조 그분은 우리 모두의 삶의 자그마한 세부 사항까지도 아신다. 왜냐하면 예수께서는 "구하기 전에 너희에게 있어야 할 것을 하나님 너희 아버지께서 아시느니라,"마 6:8 "너희에게는 머리털까지 다 세신 바 되었나니"라고 말씀하시기 때문이다.마 10:30

시편 139편에서 다윗은 우리 삶에 관한 하나님의 지식의 놀라운 세부 사항을 묵상한다. 그분은 우리의 행동과 생각을 아신다. "여호와여, 주께서 나를 살펴보셨으므로 나를 아시나이다. 주께서 내가 앉고 일어섬을 아시고 멀리서도 나의 생각을 밝히 아시오며."시 139:1-2 그분은 우리가 말하기도 전에 우리가 할 말을 아신다. "여호와여, 내 혀의 말을 알지 못하시는 것이 하나도 없으시니이다."시 139:4 또한 그분은 우리가 태어나기도 전에 우리 삶의 모든 날을 아신다. "내 형질이 이루어지기 전에 주의 눈이 보셨으며 나를 위하여 정한 날이 하루도 되기 전에 주의 책에 다 기록이 되었나이다."시 139:16

c. 하나님은 일어날 수 있는 모든 것을 아신다. 앞에서 제시한 하나님의 지식에 대한 정의는 하나님이 "일어날 수 있는 모든 것"을 아신다고 명시한다. 이는 성경에서 하나님이 일어날 수도 있지만 실제로는 일어나지 않는 사건에 관한 정보를 주시는 경우가 있기 때문이다. 예를 들어, 다윗은 사울을 피해 도망치고 있을 때 블레셋으로부터 그일라를 구한 다음 한동안 그일라에 머물렀다. 그는 사울이 그일라로 와서 그를 공격할지, 또는 그일라 사람들이 그를 사울의 손에 넘겨줄지 하나님께 물어보기로 마음먹고 이렇게 말한다.

> 그일라 사람들이 나를 그의 손에 넘기겠나이까 주의 종이 들은 대로 사울이 내려오겠나이까 이스라엘의 하나님 여호와여 원하건대 주의 종에게 일러 주옵소서 하니 여호와께서 이르시되 그가 내려오리라 하신지라. 다윗이 이르되 그일라 사람들이 나와 내 사람들을 사울의 손에 넘기겠나이까 하니 여호와께서 이르시되 그들이 너를 넘기리라 하신지라. 다윗과 그의 사람 육백 명 가량이 일어나 그일라를 떠나서 갈 수 있는 곳으로 갔더니 다윗이 그일라에서 피한 것을 어떤 사람이 사울에게 말하매 사울이 가기를 그치니라.삼상 23:11-13

이와 비슷하게 예수께서는 두로와 시돈에서 기적을 행했다면 두 도시가 회개했을 것이라고 말씀하신다. "화 있을진저 고라신아, 화 있을진저 벳새다야, 너희에게 행한 모든 권능을 두로와 시돈에서 행하였더라면 그들이 벌써 베옷을 입고 재에 앉아 회개하였으리라."마 11:21 마찬가지로 그분은 "가버나움아, 네가 하늘에까지 높아지겠느냐 음부에까지 낮아지리라. 네게 행한 모든 권능을 소돔에서 행하였더라면 그 성이 오늘까지 있었으리라"고 말씀하신다.마 11:23; 왕하 13:19 참조

하나님 자신에 대한 그분의 완전한 지식으로부터 우리는 하나님이 일어날 수 있는 모든 것을 아신다고 추론할 수 있다. 하나님이 그분 자신을 완전히 아신다면, 그분은 자신이 할 수 있는 모든 것을 아시며, 여기에는 일어날 수 있는 모든 것이 포함된다. 이 사실은 참으로 놀랍다. 하나님은 놀랍도록 복잡하고 다양한 우주를 만드셨다. 예를 들어, 동물원에서 다양한 동물을 보거나 수족관에서 다양한 물고기를 볼 때 이를 분명히 알 수 있다. 하지만 하나님이 창조했을 수도 있지만 창조하지 않은 동물과 물고기, 곧 수많은 변이형이 존재한다. 하나님의 무한한 지식에는 이 잠재적인 피조물들이 각각 어떤 모습이었을지, 또는 그 피조물들에게 무슨 일이 일어났을지에 대한 자세한 지식도 포함된다. "이 지식이 내게 너무 기이하니 높아서 내가 능히 미치지 못하나이다."시 139:6 "이는 하늘이 땅보다 높음 같이 내 길은 너희의 길보다 높으며 내 생각은 너희의 생각보다 높음이니라."사 55:9 [5]

d. 하나님은 언제나 모든 것을 알고 계신다. 하나님의 지식에 대한 정의는 하나님이 하나의 '단순한 행동'을 통해 모든 것을 아신다고 말한다. 여기서도 '단순함'이라는 말은 '부분으로 나뉘지 않음'이라는 뜻으로 사용된다. 이것은 하나님이 모든 것을 언제나 완전히 아심을 뜻한다. 그분이 우리에게 해변의 모래알이나 하늘의 별의 개수를 알려 주기를 원한다면, 그분은 거대한 컴퓨터처럼 그 개수를 재빨리 셀 필요도 없을 것이며, 한동안 그 숫자를 생각해 본 적이 없기 때문에 머릿속에 그 숫자를 떠올려야 할 필요도 없을 것이다. 오히려 그분은 언제나 모든 것을 즉시 아신다. 이 모든 사실과 그분이 아시는 다른 모든 것은 언제나 그분의 의식 안에 완전히 나타나 있다. 그분은 대답하기 전에 추론을 통해 결론에 도달하거나 주의 깊

게 생각할 필요가 없다. 왜냐하면 그분은 처음부터 마지막을 아시며, 아무것도 배우지 않고 아무것도 잊지 않으신다.시 90:4; 또한 벧후 3:8; 참조 하나님의 지식의 모든 부분은 그분의 의식 안에 언제나 완전히 나타나 있다. 그 지식은 희미해지지도 않고 약해져서 그분의 무의식적인 기억에만 남게 되는 일도 없다. 마지막으로 이 정의는 하나님의 지식이 하나의 단순한 행동일 뿐만 아니라 '영원한 행동'이라고 말한다. 이것은 하나님의 지식이 결코 변하거나 증가하지 않음을 의미한다. 그분이 새로운 무언가를 배워야 한다면 그 전에는 전지하지 않았다는 말이 될 것이다. 하나님은 영원 전부터 일어날 모든 일과 그분이 할 모든 일을 알고 계셨다.

어떤 사람들은 하나님이 우리의 죄를 잊겠다고 약속하지 않으셨냐고 반론을 제기할지도 모른다. 예를 들어, 그분은 "네 죄를 기억하지 아니하리라"고 말씀하신다.사 43:25 하지만 이 본문은 죄에 대한 지식이 그분이 우리와 관계를 맺는 방식에 어떤 영향도 미치지 않게 하시겠다는 하나님의 약속으로 이해할 수도 있다. 즉 그분은 우리와의 관계에 있어서 죄를 잊으실 것이다. 하나님의 전지에 관한 성경의 가르침에 대한 또 다른 반론은 예레미야 7:31과 19:5, 또한 31:35을 근거로 제시한다. 이 본문들에서 하나님은 이방의 신 바알에게 자신의 자녀를 불에 태워 바치는 끔찍한 관행을 언급하면서 "내가 명령하지 아니하였고 내 마음에 생각하지도 아니한 일이니라"고 말씀하신다.렘 7:31 그렇다면 예레미야 시대 이전에 하나님은 부모가 자신의 자녀를 제물로 바칠 가능성에 관해 생각해 본 적이 없다는 말인가? 물론 그것은 아니다. 왜냐하면 한 세기 이전인 아하스왕하 16:3와 호세아왕하 17:17가 다스리던 시대에도 이미 이런 관행이 있었으며, 하나님이 친히 8백 년 전 모세가 지도자였던 때 이미 이를 금지하셨다.레 18:21 예레미야의 본문은 '그것이 내 마음속에 들어오지도 않았다'라고 문자적으로 번역하는 편이 더 나을 것이다.[6] 이 경우 '나는 그것을 바라지도 않았고, 원하지도 않았으며, 그것에 관해 긍정적으로 생각하지도 않았다'라는 뜻이 될 것이다.[7]

e. 열린 신학의 도전: 하나님은 미래에 인간이 할 선택을 알고 계시는가? 하나님의 전지와 연관되어 제기되는 또 다른 어려움은 미래에 일어날 모든 일에 관한 하나님의 지식과 우리의 자유로운 행동의 문제다. 하나님

이 일어날 모든 일을 아신다면 어떻게 우리의 선택이 자유로울 수 있는가?

이 도전을 심각하게 여기는 일부 신학자들은 하나님이 미래를 전부 아시는 것은 아니라고 결론 내리며 열린 신학으로 알려진 관점을 채택해 왔다. 그들은 하나님이 아직 일어나지 않은 인간의 자유로운 행동처럼 (그들이 보기에) 알려질 수 없는 것을 알지 못하신다고 말한다(이에 관해 '자유로운 도덕적 행위자의 우연적 행동'이라는 표현을 사용하는데, 여기서 '우연적'이란 '가능하지만 확실하지 않은'이라는 뜻이다). 그러므로 미래는 확정되어 있거나 확실하지 않고, 하나님께도 열려 있다.

리처드 라이스는 이 입장을 취한다.[8] 라이스는 "하나님이 일어날 일에 관해 많은 것을 알고 계신다.……하나님이 알지 못하는 모든 것은 미래에 이루어질 자유로운 결정의 내용이며, 이것은 실제로 결정이 이루어질 때까지 존재하지 않아서 알 수 없기 때문이다"라고 말한다.[9] 이 입장을 취하는 동시에 라이스는 하나님의 전지를 재정의한다. "전지한 존재는 논리적으로 알 수 있는 모든 것을 안다."[10] 그런 다음 그는 "논리적으로 알 수 있는" 것에 자유로운 인간의 선택이 제외된다고 정의한다. 이것을 근거로 라이스는 인간이 미래에 할 자유로운 결정의 결과는 논리적으로 알 수 없는 것이므로 하나님도 그것을 알지 못하신다고 주장한다.

클락 피녹은 어떻게 자신이 이 입장에 이르게 되었는지를 다음과 같이 설명한다. "나는 철저한 예지exhaustive foreknowledge가 영원 전 과거로부터 모든 것이 확정되어 있음, 곧 예정설을 뜻하는 칼뱅주의의 주장을 알고 있었으며 그 논리적 힘을 떨쳐 버릴 수 없었다."[11] 그는 철저한 예지를 거부하면서 "하나님이 알려질 수 있는 모든 것을 아시지만 자유로운 선택은 현실에서 아직 확정되지 않았기 때문에 하나님조차 알 수 없는 것이다. 아직 내리지 않은 결정은 어느 곳에도 존재하지 않기 때문에 하나님조차 이를 알 수 없으시다.……하나님도 아직 확정되지 않았기 때문에 전적으로 알지 못하는 미래를 향해 움직여 가신다"라고 결론 내렸다.[12]

하지만 이런 입장은 궁극적으로 하나님이 인간이 미래에 할 모든 선택에 관해 알지 못함을 뜻하며, 이것은 성경의 많은 부분과 분명히 모순된다. 열린 신학은 하나님이 내일 주식 시장에 무슨 일이 일어날지, 누가 미국의 차기 대통령으로 선출될지, 누가 회심하여 그리스도를 믿게 될지, 우리가 내일 점심에 무엇을 먹을지 알지 못하신다는 것을 의미한다. 그런 하나님은 참으로 전지하지 않다. 그런 하나님은 날마다 수십억 개의 새로운 사실을 배우고 인류를 지켜보며 그들이 무엇을 하기로 결심하는지 알아가야 할 것이기 때문이다.

이런 관점에서 볼 때 하나님은 인간 역사의 어떤 사건을 미리 또는 확실히 알 수 있는가? 아무것도 알 수 없다. 인간에게 일어나는 모든 사건은 인간이 내린 적어도 하나의 선택 또는 많은 경우 수십 가지 선택의 결과다. 이런 관념은 성경에 기록되어 있는 미래를 확실히 예측하는 예언 또는 그 성취를 통해 하나님이 참 하나님이심을 입증하는 예언의 수많은 사례와 모순을 이룬다.

브루스 웨어는 자신의 책 『더 작은 하나님의 영광』에서 열린 신학에 대해 설득력 있는 비판을 제시한다.[13] 그는 특히 이사야 40-48장에서 "참 하나님은 (자유로운 인간 행위를 비롯해) 미래가 일어나기 전에 그 미래를 아시며 미래에 관해 선포하는 반면에 그분을 참칭하는 경쟁자들은 그런 것을 알지도 또는 그에 관해 선포하지도 못한다"라고 논증한다.[14] 아래에서는 웨어가 강조한 이사야 본문 중 일부를 소개한다.

뒤에 올 일을 알게 하라. 그리하면 너희가 신들인 줄 우리가 알리라.……누가 처음부터 이 일을 알게 하여 우리가 알았느냐 누가 이전부터 알게 하여 우리가 옳다고 말하게 하였느냐 알게 하는 자도 없고 들려 주는 자도 없고……보라, 그들은 다 헛되며 그들의 행사는 허무하며 그들이 부어 만든 우상들은 바람이요…….사 41:23, 26, 29

나는 여호와이니 이는 내 이름이라. 나는 내 영광을 다른 자에게 내 찬송을 우상에게 주지 아니하리라. 보라, 전에 예언한 일이 이미 이루어졌느니라. 이제 내가 새 일을 알리노라. 그 일이 시작되기 전에라도 너희에게 이르노라.사 42:8-9

이스라엘의 왕인 여호와 이스라엘의 구원자인 만군의 여호와가 이같이 말하노라. 나는 처음이요 나는 마지막이라. 나 외에 다른 신이 없느니라. 내가 영원한 백성을 세운 이후로 나처럼 외치며 알리며 나에게 설명할 자가 누구냐 있거든 될 일과 장차 올 일을 그들에게 알릴지어다.사 44:6-7

네 구속자요 모태에서 너를 지은 나 여호와가 이같이 말하노라. 나는 만물을 지은 여호와라.……헛된 말을 하는 자들의 징표를 폐하며 점 치는 자들을 미치게 하며……그의 종의 말을 세워 주며 그의 사자들의 계획을 성취하게 하며 예루살렘에 대하여는 이르기를 거기에 사람이 살리라 하며 유다 성읍들에 대하여는 중건될 것이라. 내가 그 황폐한 곳들을 복구시키리라 하며……고레스에 대하여는 이르기를 내 목자라 그가 나의 모든 기쁨을 성취하리라 하며 예루살렘에 대하여는 이르기를 중건되리라 하며 성전에 대하여는 네 기초가 놓여지리라 하는 자니라. 사 44:24-26, 28 [15]

너희는 옛적 일을 기억하라. 나는 하나님이라 나 외에 다른 이가 없느니라. 나는 하나님이라 나 같은 이가 없느니라. 내가 시초부터 종말을 알리며 아직 이루지 아니한 일을 옛적부터 보이고 이르기를 나의 뜻이 설 것이니 내가 나의 모든 기뻐하는 것을 이루리라 하였노라. 사 46:9-10

웨어는 "하나님의 신적 예지를 부인하고, 하나님이 친히 신성에 대한 그분의 주장이 확증되고 알려질 것이라고 선언하신 그 근거를 부인하는 것은 얼마나 불손하고 오만한 일인가"라고 결론 내린다.[16]

그 외에도 성경에는 인간의 행동에 관한 수많은 다른 예언들이 있다. 스티븐 로이는 성경의 예언 4,017개를 찾아 목록을 만들었는데 그중에서 2,323개는 자유로운 인간의 결정에 관한 것이었다.[17] 성경은 이런 예언을 (열린 신학에서 주장하듯이) "일어날 가능성이 매우 높은 일"에 관한 하나님의 견해로 보지 않고 확실히 일어날 일에 대한 하나님의 단호한 선언으로 본다. 하나님의 전지에는 미래에 인간이 내릴 모든 자유로운 결정과 행동에 대한 지식이 포함되어 있으며, 따라서 열린 신학은 성경에 충실한 관점이 아니며 이 강력한 증거는 성경 전체에서 찾을 수 있다.

f. 하나님이 미래에 우리가 할 선택을 아신다면 어떻게 그것을 자유로운 선택이라고 할 수 있겠는가? 우리는 이 어려움을 어떻게 해결할 수 있는가? 이 물음은 하나님의 섭리를 다루는 16장에서 더 자세히 논하겠지만, 이 시점에서 하나님이 우리에게 "합리적인 자기 결정"을 허락하셨다고 말했던 아우구스티누스의 주장을 지적해 두는 것이 유익할 것이다. 그의 진술에 '자유로운'이나 '자유'라는 단어가 포함되어 있지 않다는 사실 때문

에 이점이 존재한다고 볼 수 있다. 이 용어는 다른 사람들에게 다른 의미를 갖는 경우가 많기 때문이다. 하지만 이 진술은 우리에게 중요한 것과 우리가 직접 경험을 통해 참되다고 느끼는 것, 곧 우리의 선택과 결정이 합리적임을 인정한다. 다시 말해, 우리는 무엇을 해야 하는지를 생각하고, 우리가 무엇을 할지를 의식적으로 결정하며, 그런 다음 선택한 행동의 과정을 따른다.

또한 아우구스티누스의 주장에 따르면, 우리는 "자기 결정"을 가지고 있다. 이것은 우리의 선택이 무슨 일이 일어날지를 결정한다는 주장이다. 우리가 결정하거나 행동하는 바와 관계없이 사건이 발생하는 것이 아니라, 우리가 결정하고 행동하는 바 때문에 사건이 발생한다는 말이다. 어떻게 우리의 선택이 '자유로운지'에 대해 만족스러운 이해에 도달하든 그렇지 못하든, 이는 크게 중요한 문제가 아니다. 우리가 생각하고 선택하며 행동한다는 것 또는 이런 생각과 선택과 행동이 실재하고 실제로 영원한 의미를 갖는다는 것이 중요하다. 만일 하나님이 우리의 모든 생각과 말과 행동이 발생하기 오래전부터 알고 계신다면, 어떤 의미에서 우리의 선택은 절대적으로 자유롭지 않다고 보아야 한다.

우리가 '자유 의지'라는 표현을 사용하기 원한다면, 우리의 선택은 브루스 웨어가 "성향의 자유"를 정의하는 방식으로 "자유롭다"고 말하는 것이 타당하다. 우리는 우리의 가장 강력한 성향이나 가장 심층적인 욕망에 따라 선택할 때 자유롭다. 간단히 말하면, 우리는 우리가 가장 하고 싶어 하는 것을 할 때 자유롭다.[18] 하지만 16장에서 자세히 다룰 수 있을 때까지 이 문제에 관한 논의를 남겨 두는 편이 더 낫다.

4. 지혜

하나님의 지혜wisdom란 하나님이 언제나 최선의 목적과 그 목적을 위해 최선의 수단을 선택하신다는 것을 의미한다. 이 정의는 하나님이 모든 것을 아신다는 관념을 넘어, 자신이 무엇을 하실지에 대한 그분의 결정이 언제나 지혜로운 결정이라고 명시한다. 즉 하나님의 결정은 언제나 (하나님의 궁극적인 관점에서 볼 때) 최선의 결과를 성취할 것이며, 가능한 최선의 수단을 통해 그런 결과를 성취할 것이다.

성경은 여러 곳에서 하나님의 지혜를 주장한다. 성경은 그분을 "지혜로우신 하나님"이라고 부른다.롬 16:27 욥은 하나님이 "마음이 지혜로우시고"욥 9:4 "지혜와 권능이 하나님께 있고 계략과 명철도 그에게 속하였나니"라고 말한다.욥 12:13 하나님의 지혜는 피조물 안에서 구체적으로 볼 수 있다. 시편 기자는 "여호와여, 주께서 하신 일이 어찌 그리 많은지요. 주께서 지혜로 그들을 다 지으셨으니 주께서 지으신 것들이 땅에 가득하니이다"라고 외친다.시 104:24 하나님이 우주를 창조하셨을 때 우주는 날마다 반복되는 과정 또는 그분이 우주를 창조하신 목적에 대해 그분께 영광을 돌리기에 완벽히 적합했다. 여전히 죄의 영향력과 자연 세계에 대한 그 저주를 목격하는 지금도 우리는 하나님의 피조물이 얼마나 조화롭고 정교한지를 바라보며 놀라지 않을 수 없다.

또한 하나님의 놀라운 구원 계획을 통해 우리는 하나님의 지혜를 볼 수 있다. 십자가는 그것을 거부하며 스스로 이 세상에서 지혜롭다고 생각하는 사람들에게는 "미련한 것"이지만,고전 1:18-20 부르심을 받은 사람들에게 그리스도는 "하나님의 지혜"이시다.고전 1:24, 30 하지만 이조차도 하나님의 지혜로운 계획을 반영한다. "하나님의 지혜에 있어서는 이 세상이 자기 지혜로 하나님을 알지 못하므로 하나님께서 전도의 미련한 것으로 믿는 자들을 구원하시기를 기뻐하셨도다.……하나님께서 세상의 미련한 것들을 택하사 지혜 있는 자들을 부끄럽게 하려 하시고……이는 아무 육체도 하나님 앞에서 자랑하지 못하게 하려 하심이라."고전 1:21, 27, 29

바울은 우리가 어린아이도 이해할 수 있는 단순한 복음의 메시지로 여기는 것이 그 지혜의 깊이에서는 인간이 상상할 수 있는 모든 것을 능가하는 하나님의 놀라운 계획을 반영하고 있음을 알고 있다. 열한 장에 걸쳐 하나님의 구원 계획에 반영된 지혜를 숙고한 뒤 바울은 자신도 모르게 찬양을 쏟아낸다. "깊도다. 하나님의 지혜와 지식의 풍성함이여. 그의 판단은 헤아리지 못할 것이며 그의 길은 찾지 못할 것이로다."롬 11:33

바울이 유대인과 이방인 모두에게 복음을 선포하고 그들이 그리스도의 한 몸 안에서 하나가 되었을 때,엡 3:6 "영원부터 만물을 창조하신 하나님 속에 감추어졌던" 놀라운 "비밀",엡 3:9 곧 그리스도 안에서 서로 철저히 다른 이들이 하나가 된다는 비밀이 모두가 볼 수 있도록 명백히 드러났다. 인종적, 문화적으로 다른 집단들이 그리스도의 한 몸을 이루는 구성원이 될 때, "교회로 말미암아 하늘에 있는 통치자들과 권세들에게 하나님의 각종 지혜를 알게 하려" 하신 하나님의 목적이 성취된다.엡 3:10

이는 오늘날 다양한 인종적, 문화적, 사회 계층적 배경을 지닌 사람들이 그리스도 안에서 연합될 때, 하나님의 지혜가 천사와 악마"통치자들과 권세들" 한테까지 드러남을 뜻한다. 기독교 교회가 하나님의 지혜로운 계획에 충실하다면, 교회는 세계 전역에서 인종적, 사회적, 계층적 장벽을 무너뜨리는 일에 언제나 앞장설 것이며, 따라서 거대한 다양성으로부터 거대한 일치를 만들어 내고 이로써 모든 피조물로 하여금 그분께 영광을 돌리게 하시는 하나님의 놀랍도록 지혜로운 계획을 가시적으로 드러낼 것이다.

또한 하나님의 지혜는 우리 개인의 삶에서도 드러난다. "우리가 알거니와 하나님을 사랑하는 자 곧 그의 뜻대로 부르심을 입은 자들에게는 모든 것이 합력하여 선을 이루느니라."롬 8:28 여기서 바울은 하나님이 우리의 삶에 있는 모든 것을 통해 지혜롭게 일하시며, 이 모든 것을 통해 그분은 우리가 그리스도의 형상을 닮는 목표를 향해 나아가게 하신다고 주장한다.롬 8:29 하나님이 모든 것을 통해 우리의 삶을 위한 그분의 궁극적인 목적, 곧 그리스도를 닮아 영광을 돌리게 하시는 목표를 향해 나아가게 하신다는 사실을 우리는 굳게 확신해야 하며 날마다 이를 평화의 원천으로 삼아야 한다. 이 확신으로 바울은 육체의 가시고후 12:7가 비록 고통스럽지만, 하나님이 그분의 지혜 안에서 제거하지 않기로 작정하신 무언가로 받아들일 수 있었다.고후 12:8-10

우리는 날마다 하나님의 무한한 지혜를 앎으로써 누리는 평안으로 우리의 낙심을 진정시킬 수 있다. 즉 우리가 그분의 자녀라면 그분의 일하심, 곧 우리가 더욱더 그리스도를 닮게 하기 위해 하나님은 우리 삶 속에서 오늘도 지혜롭게 일하고 계심을 우리는 알 수 있다.

물론 하나님의 지혜는 부분적으로 우리에게 공유된다. 우리는 지혜가 필요할 때 확신을 가지고 하나님께 구할 수 있다. 하나님은 그분의 말씀을 통해 "너희 중에 누구든지 지혜가 부족하거든 모든 사람에게 후히 주시고 꾸짖지 아니하시는 하나님께 구하라. 그리하면 주시리라"고 약속하시기 때문이다.약 1:5 이 지혜, 곧 하나님을 기쁘시게 하는 삶을 사는 능력은 일차적으로 그분의 말씀을 읽고 그 말씀에 순종함으로써 얻을 수 있다. "여호와의 증거는 확실하여 우둔한 자를 지혜롭게 하며."시 19:7; 또한 신 4:6-8 참조

"여호와를 경외함이 지혜의 근본이라."시 111:10; 또한 잠 1:7; 9:10 참조 우리가 하나님의 영광을 더럽힐까 또는 그분이 징계하실까 두려워한다면, 우리는 그분의 길을 따르고 그 명령에 따라 살기를 원할 것이다. 더 나아가 하나님으로부터 오는 지혜를 가질 때 교만하지 않고 겸손해질 것이며,잠 11:2; 약 3:13 오만하지 않고 온유하며 화평을 추구하는 사람이 될 것이다.약 3:14-18 하나님의 기준으로 볼 때 지혜로운 사람은 계속해서 주를 의지하면서 그분을 높이고자 하는 갈망을 가지고 살아갈 것이다.

하지만 하나님의 지혜가 전적으로 공유적인 것은 아니라는 점도 기억해야 한다. 우리는 절대로 하나님의 지혜를 온전히 공유할 수 없다.롬 11:33 실천적인 관점에서 이것은 하나님이 어떤 일이 일어나도록 내버려두는 이유를 이해할 수 없을 때가 자주 있을 것임을 뜻한다. 그때 우리는 그저 그분을 신뢰하고 계속해서 우리의 삶을 향한 그분의 지혜로운 명령에 순종해야 한다. "그러므로 하나님의 뜻대로 고난을 받는 자들은 또한 선을 행하는 가운데에 그 영혼을 미쁘신 창조주께 의탁할지어다."벧전 4:19; 또한 신 29:29; 잠 3:5-6 참조 하나님은 무한히 지혜롭지만 우리는 그렇지 않다. 그리고 우리는 그분이 무슨 일을 하시는지 이해할 수 없을 때도 믿음을 가지고 그분을 신뢰할 때 그분은 이를 기뻐하신다.

5. 진실하심(신실하심)

하나님의 진실하심truthfulness은 그분이 참된 하나님이며 그분의 모든 지식과 말씀이 참되고 진리의 최종적 기준임을 의미한다.

'진실됨' 또는 '믿을 만함'을 뜻하는 진실성veracity이라는 용어는 하나님의 진실하심과 동의어로 사용하기도 한다.

이 정의의 첫 부분은 성경에 계시된 하나님이 참된 하나님이며, 다른 모든 신들은 우상이라고 말한다. "오직 여호와는 참 하나님이시요. 살아 계신 하나님이시요. 영원한 왕이시라.……천지를 짓지 아니한 신들은 땅 위에서 이 하늘 아래에서 망하리라."렘 10:10-11 예수께서는 성부께 "영생은 곧 유일하신 참 하나님과 그가 보내신 자 예수 그리스도를 아는 것이니이

다"라고 말씀하신다.요 17:3; 또한 요일 5:20 참조

여기서 우리는 하나님 아닌 다른 존재들과 대비되는 참된 하나님이라는 말이 무엇을 뜻하는지 물을 수 있다. 그것은 하나님이 그 존재나 성품에 있어서 어떤 분인지에 대한 관념에 온전히 부합하는 분, 곧 힘과 지혜와 선하심, 시간과 공간을 다스리시는 주 되심과 같은 속성에서 완전한 분이심을 뜻한다. 그러나 더 나아가 우리는 "참된 하나님이란 누군가가 가지고 있는 하나님 관념에 부합해야 하는 것인가?"라고 물을 수도 있다.

이 점에 관해 우리의 사고는 다소 순환적으로 흐른다. 한 존재가 참된 하나님이기 위해 우리의 하나님 관념에 부합해야 한다고 말해서는 안 되기 때문이다. 우리는 피조물일 뿐이다. 우리는 참된 하나님이 어떤 분이어야 하는지를 정의할 수 없다. 따라서 우리는 참된 하나님이 어떤 분이어야 하는지에 대해 유일하게 참된 관념을 가지고 계신 분은 하나님이라고 말해야 한다. 그분은 그 존재와 성품에 있어서 참된 하나님이 어떤 분이어야 하는지에 대한 그분 자신의 관념에 완벽히 부합하기 때문에 참된 하나님이다. 이에 더해 그분은 참된 하나님이 어떤 분이어야 하는지에 대한 그 관념을 반영하는 생각을 우리 머릿속에 심어 주셨으며, 그 덕분에 우리는 그분을 하나님으로 인식할 수 있다.

또한 위에서 제시한 정의는 모든 하나님의 지식이 참되며 진리의 최종적 기준이라고 주장한다. 욥은 하나님의 지식이 완전하다고 말한다.욥 37:16 참조 하나님이 모든 것을 아시며 그분의 지식이 완전하다는 말은 그분이 세상에 대한 지각이나 이해에 있어서 결코 착오가 없으시다는 말이다. 그분이 알고 생각하는 모든 것은 참되다. 사실 하나님은 모든 것을 무한히 아시기 때문에 참된 지식의 기준은 하나님의 지식과 일치하는 것이다. 만일 우리가 우주 안의 어떤 것이든 그에 관해 하나님과 같은 것을 생각한다면 진실하게 생각하고 있는 셈이다.

또한 이 정의는 하나님의 말씀이 참되며 동시에 진리의 최종적 기준이 된다고 주장한다. 하나님은 그분이 행하겠다고 약속하는 바를 언제나 행하시며, 우리는 그분이 절대적으로 그분의 약속에 신실하실 것이라고 확신할 수 있다. 따라서 그분은 "거짓이 없으신 하나님"이다.신 32:4

사실 하나님의 진실하심이라는 이 구체적 양상은 별개의 속성으로 간

주되기도 한다. 하나님의 신실하심이란 하나님이 언제나 말씀하신 바를 행하시며 약속하신 바를 성취하실 것임을 뜻한다.민 23:19; 삼하 7:28; 시 141:6 참조 그분은 의지할 수 있는 분이며, 그분이 하신 말씀을 신뢰하는 사람들에게 신실하지 못한 태도를 보이지 않으실 것이다. 참된 믿음의 본질은 하나님의 말씀 그대로 그분을 받아들이고 그분이 약속한 대로 행하실 것이라고 믿는 것이다.

하나님이 그분의 약속에 신실하시다는 사실에 더해 우리는 하나님이 그분 자신과 그분의 피조물에 관해 하신 모든 말씀이 실제로 일치한다고 분명히 말해야 한다. 즉 하나님은 말씀하실 때 언제나 진리를 말씀하신다. 그분은 "거짓이 없으신 하나님"이시며,딛 1:2 "거짓말을 하실 수 없는 이"이시며,히 6:18 그분의 모든 말씀이 완벽하게 "순결"하신 분이시고,시 12:6 그분에 관해 "하나님의 말씀은 다 순전하며"라고 말할 수 있는 분이시다.잠 30:5 하나님의 말씀은 하나님 외부에 있는 어떤 진실성의 기준과 일치한다는 의미에서 참되다는 것에 그치지 않는다. 오히려 그분의 말씀이 진리 자체이며 진리의 최종적 기준이자 정의다. 따라서 예수께서는 성부께 "아버지의 말씀은 진리니이다"라고 말씀하신다.요 17:17 우리가 하나님의 지식의 진실성에 대해 말했던 것, 이를 또한 하나님의 말씀에 대해서도 말할 수 있게 된다. 왜냐하면 그분의 말씀은 그분의 완벽한 지식에 기초하고 있으며, 그 완벽한 지식을 정확히 반영하기 때문이다. 하나님의 말씀은 진실성을 판단할 최종적 기준이라는 의미에서 진리다. 하나님의 말씀과 일치하는 것은 무엇이든지 참되며, 그분의 말씀과 일치하지 않는 것은 참되지 않다.

하나님의 진실하심은 우리가 하나님 또는 그분의 세상에 관한 참된 지식을 가지려고 노력함으로 모방할 수 있기 때문에 공유적 속성이다. 사실 하나님과 피조물에 관한 참된 생각, 곧 자연 세계를 관찰하고 해석할 때 성경의 인도를 받음으로써 배우고 생각하기 시작할 때 우리는 하나님을 본받아 그분의 생각을 하기 시작한다. 우리는 시편 기자와 더불어 "하나님이여, 주의 생각이 내게 어찌 그리 보배로우신지요 그 수가 어찌 그리 많은지요"라고 외칠 수 있다.시 139:17

이런 깨달음 때문에 우리는 자연과학과 사회과학, 인문학의 모든 분야에서 지식을 적극적으로 추구한다. 어떤 분야를 연구하든지 세계에 관해 더 많은 진리를 발견할 때 하나님이 이미 알고 계시는 진리를 더 많이 발견하는 셈이다. 이런 의미에서 우리는 "모든 진리가 하나님의 진리"라고[19] 주장하며 이 진리의 학습이나 발견이 하나님을 기쁘시게 하는 방식으로 사용될 때마다 기뻐한다. 지식에서 자라는 것은 하나님을 더 많이 닮아 가는 과정 또는 더 온전히 하나님의 형상을 닮은 피조물이 되는 과정의 일부다. 바울은 우리가 "자기를 창조하신 이의 형상을 따라 지식에까지 새롭게 하"는 "새 사람"을 입었다고 말한다.골 3:10

구두 언어의 진실성에 관해 극도로 무관심한 사회에서 하나님의 자녀인 우리는 창조주를 본받아 우리의 말이 언제나 진실할 수 있도록 조심해야 한다. "너희가 서로 거짓말을 하지 말라. 옛 사람과 그 행위를 벗어 버리고 새 사람을 입었으니."골 3:9-10 또다시 바울은 "그런즉 거짓을 버리고 각각 그 이웃과 더불어 참된 것을 말하라. 이것은 우리가 서로 지체가 됨이라"고 권면한다.엡 4:25 바울은 자신의 사역에서 절대적인 진실성을 실천하려 노력했다고 말한다. "이에 숨은 부끄러움의 일을 버리고 속임으로 행하지 아니하며 하나님의 말씀을 혼잡하게 하지 아니하고 오직 진리를 나타냄으로 하나님 앞에서 각 사람의 양심에 대하여 스스로 추천하노라."고후 4:2 하나님은 그분의 백성이 "비뚤어진 말"을 멀리하고,잠 4:24 사람이 보기에 받아들일 뿐만 아니라 주께서 보기에도 받아들일 수 있는 말을 할 때시 19:14 기뻐하신다.

더 나아가 우리는 진리와 거짓에 대한 우리 자신의 반응에 있어서 하나님의 진실하심을 본받아야 한다. 하나님처럼 우리는 진리를 사랑하고 거짓을 미워해야 한다. 우리 이웃에 대해 거짓 증언을 하지 말라는 계명출 20:16은 다른 계명들과 마찬가지로 외적인 복종뿐 아니라 마음의 태도에서도 순종을 요구한다. 하나님을 기쁘시게 하는 사람은 "정직하게 행하며 공의를 실천"하고시 15:2 "거짓말을 미워하"는 의인이 되기 위해 노력한다.잠 13:5 하나님은 스가랴를 통해 그분의 백성에게 "마음에 서로 해하기를 도모하지 말며 거짓 맹세를 좋아하지 말라. 이 모든 일은 내가 미워하는 것이니라. 여호와의 말이니라"고 명령하신다.슥 8:17

하나님은 진리를 사랑하고 거짓을 미워하기 때문에 이런 명령을 주신다. "거짓 입술은 여호와께 미움을 받아도 진실하게 행하는 자는 그의 기뻐하심을 받느니라."잠 12:22; 또한 사 59:3-4 참조 거짓과 거짓말은 하나님이 아니라 그것을 기뻐하는 사탄으로부터 온다. "거짓을 말할 때마다 제 것으로 말하나니 이는 그가 거짓말쟁이요 거짓의 아비가 되었음이라."요 8:44 따라서 "거짓말하는 모든 자들"이 "두려워하는 자들과 믿지 아니하는 자들과 흉악한 자들과 살인자들과 음행하는 자들과 점술가들과 우상 숭배자들"과 함께 천상의 도성에서 멀리 떨어진 "불과 유황으로 타는 못에 던져지"게 되는 것은 당연하다.계 21:8

그러므로 성경이 우리에게 가르치는 바, 곧 거짓말은 그것으로부터 큰 해(그리고 거짓말로 우리가 깨닫는 것보다 더 큰 해를 초래한다)를 입게 되기 때문만이 아니라 그보다 더 심층적이며 근본적인 이유 때문에 잘못된 것이다. 즉 거짓말을 할 때 우리는 하나님의 이름을 더럽히며 그분의 영광을 약화시킨다. 왜냐하면 하나님의 형상으로 창조되었으며 그분의 영광을 우리의 삶에서 반영할 목적으로 창조된 우리가 하나님의 성품과 반대되는 방식으로 행동하고 있기 때문이다.[20]

C. 도덕적 속성

6. 선하심

하나님의 선하심goodness은 하나님이 선의 최종적인 기준이며, 하나님의 본성 전체와 그분이 행하시는 모든 일이 승인을 받을 자격이 있음을 뜻한다.

이 정의에서는 하나님을 참된 하나님으로 규정하면서 우리가 마주했던 상황과 비슷한 상황을 확인할 수 있다. 여기서 선이 '승인받을 자격이 있음'을 의미한다고 이해할 수 있지만 '누구에 의한 승인인가?'라는 물음에는 대답하지 않았다. 어떤 의미에서 우리는 참으로 선한 모든 것이 우리의 승인을 받을 자격이 있다고 말할 수 있다. 하지만 더 궁극적인 의미에서 우리는 무엇이 승인받을 자격이 있고 무엇이 승인받을 자격이 없는지를 마음대로 판단할 수 없다. 그러므로 궁극적으로 하나님의 존재와 행동은 그분 자신의 승인을 받을 자격을 완벽히 갖추고 있다. 그리고 그분은 선의 최종적인 기준이시다. 예수께서 "하나님 한분 외에는 선한 이가 없느니라"

라고 말씀하실 때 이것을 암시하신다.눅 18:19 시편은 자주 "여호와는 선하시니"라고 선언하거나시 100:5 "여호와께 감사하라. 그는 선하시며"라고 외친다.시 106:1; 107:1 등 다윗은 우리에게 "너희는 여호와의 선하심을 맛보아 알지어다"라고 권한다.시 34:8

하지만 하나님이 선하시며, 따라서 선의 궁극적 기준이시라면 우리는 윤리학과 미학 연구에서 우리에게 큰 도움이 될 수 있는, 선의 의미에 대한 정의를 가지고 있는 셈이다. 선이란 무엇인가? 선은 하나님이 승인하시는 바다. 그렇다면 우리는 "왜 하나님이 승인하시는 바가 선인가?"라고 물을 수 있다. 우리는 "그분이 그것을 승인하시기 때문이다"라고 대답해야 한다. 다시 말해서, 하나님의 성품과 그 성품에 일치하는 모든 것에 대한 그분의 승인보다 더 높은 선의 기준은 존재하지 않는다. 그럼에도 하나님은 우리가 선에 대한 그분의 감각을 반영할 수 있게 하셨으며, 따라서 하나님이 우리를 창조하신 의도대로 우리가 무언가를 평가할 때 우리 역시 하나님이 승인하신 바를 승인하고 그분이 기뻐하시는 것에 기뻐하는 셈이다.

또한 우리의 정의는 하나님이 행하시는 모든 것이 승인받을 자격이 있다고 주장한다. 우리는 창조 기사에서 이를 뒷받침하는 증거를 확인할 수 있다. "하나님이 지으신 그 모든 것을 보시니 보시기에 심히 좋았더라."창 1:31 시편 기자는 하나님의 선하심과 그분의 행동의 선하심을 연결한다. "주는 선하사 선을 행하시오니 주의 율례들로 나를 가르치소서."시 119:68 시편 104편은 피조물 안에 나타난 하나님의 선하심 때문에 그분을 찬양하는 탁월한 예시이며, 시편 106편과 107편을 비롯한 많은 시편들은 그 백성을 향한 그분의 모든 행동에 나타난 선하심에 대해 감사한다. 그리고 바울은 우리에게 우리의 삶을 향한 하나님의 뜻이 "선하시고 기뻐하시고 온전하"심을 실제로 깨달으라고 권면한다.롬 12:2

또한 성경은 하나님이 세상에 있는 모든 선의 근원이심을 말한다. "온갖 좋은 은사와 온전한 선물이 다 위로부터 빛들의 아버지께로부터 내려오나니 그는 변함도 없으시고 회전하는 그림자도 없으시니라."약 1:17; 또한 시 145:9; 행 14:17 참조 이뿐만 아니라 하나님은 그분의 자녀를 위해 선한 일만 행하신다. 시편 기자는 "정직하게 행하는 자에게 좋은 것을 아끼지 아니하실 것임이니이다"라고 말한다.시 84:11 바울은 "하나님을 사랑하는 자 곧 그의 뜻대로 부르심을 입은 자들에게는 모든 것이 합력하여 선을 이루느니라" 고 말한 뒤[롬 8:28] 곧바로 "자기 아들을 아끼지 아니하시고 우리 모든 사람을 위하여 내주신 이가 어찌 그 아들과 함께 모든 것을 우리에게 주시지 아니하겠느냐"라고 말한다.[롬 8:32] 하늘에 계신 우리 아버지께서는 지상의 아버지가 하는 것을 능가해 "구하는 자에게 좋은 것으로 주"실 것이며,[마 7:11] 징계도 아버지로서 그분의 사랑의 표현이며 우리의 유익을 위한 것이다.[히 12:10] 이처럼 하나님이 선한 분이심을 알 때 우리는 "범사에 감사"하게 될 것이다.[살전 5:18]

이 공유적 속성을 본받아 우리도 선을 행해야 하며(우리는 하나님이 승인하시는 바를 행해야 하며), 이로써 하늘에 계신 우리 아버지의 선하심을 모방해야 한다. 바울은 "그러므로 우리는 기회 있는 대로 모든 이에게 착한 일을 하되 더욱 믿음의 가정들에게 할지니라"고 말한다.[갈 6:10; 또한 눅 6:27, 33-35; 딤후 3:17 참조] 이뿐만 아니라 하나님이 모든 선의 정의이자 근원이심을 깨달을 때 우리가 추구하는 궁극적 선은 하나님이심을 깨닫게 될 것이다. 우리는 시편 기자와 함께 "하늘에서는 주 외에 누가 내게 있으리요 땅에서는 주 밖에 내가 사모할 이 없나이다. 내 육체와 마음은 쇠약하나 하나님은 내 마음의 반석이시요 영원한 분깃이시라"고 말할 것이다.[시 73:25-26; 또한 16:11; 42:1-2 참조]

하나님의 선하심은 그분의 본질의 여러 다른 특징, 특히 사랑과 자비, 오래 참으심, 은혜와 밀접한 연관이 있다. 때로는 이런 것들을 별개의 속성으로 간주하여 다루고, 다른 경우는 하나님의 선하심의 일부로 간주하여 그 선하심의 다양한 양상으로 다룬다. 사랑은 성경 안에 두드러지게 나타나므로 이번 장에서는 사랑을 별개의 속성으로 다룰 것이다. 다른 세 가지 특징[자비, 오래 참으심, 은혜] 역시 성경 안에 두드러지게 나타나지만 특정한 상황에서 개인을 대하시는 하나님의 선하심의 양상으로 한데 묶어서 다룰 것이다.

7. 사랑

하나님의 사랑[love]은 하나님이 영원히 그분 자신을 사람들에게 아낌없이 내어 주심을 뜻한다.

이 정의는 사랑을 다른 이들의 유익을 위해 자기를 내어 주는 것으로 이해한다. 하나님의 이 속성은 다른 이들을 위한 복이나 선을 만들어 내기 위해 자신을 내어 주시는 것이 그분 본성의 일부임을 보여준다.

요한은 "하나님은 사랑이심이라"고 말한다.요일 4:8 그 증거로 이미 창조 이전 삼위일체의 위격 사이에서 하나님의 이 속성이 작동하고 있었다는 것을 알고 있다. 예수께서는 "아버지께서 창세 전부터 나를 사랑하시므로 내게 주신 나의 영광"에 관해 말씀하시며,요 17:24 이로써 영원 전에 성부로부터 성자에게 전해지는 사랑과 영광의 수여가 존재했음을 분명히 하신다. 이것은 지금까지 계속된다. 왜냐하면 "아버지께서 아들을 사랑하사 만물을 다 그의 손에 주셨"기 때문이다.요 3:35

또한 이 사랑은 상호적이다. 예수께서는 "오직 내가 아버지를 사랑하는 것과 아버지께서 명하신 대로 행하는 것을 세상이 알게 하려 함이로라"고 말씀하시기 때문이다.요 14:31 명시적으로 언급되지 않지만 성부와 성자 사이의 사랑은 성령과 맺은 관계도 특징지어 줄 것이다. 이 영원한 사랑, 곧 성자를 향한 성부의 사랑과 성부를 향한 성자의 사랑, 성령을 향한 성부와 성자의 사랑은 천국을 사랑과 기쁨의 세계로 만든다. 왜냐하면 삼위일체의 각 위격은 다른 두 위격을 기쁘게 하기 위해 노력하기 때문이다.

삼위일체를 특징짓는 자기 내어 줌은 하나님이 인류, 곧 죄인인 인간들과 맺은 관계를 통해 명확히 표현된다. "사랑은 여기 있으니 우리가 하나님을 사랑한 것이 아니요 하나님이 우리를 사랑하사 우리 죄를 속하기 위하여 화목제물로 그 아들을 보내셨음이라."요일 4:10 바울은 "우리가 아직 죄인 되었을 때에 그리스도께서 우리를 위하여 죽으심으로 하나님께서 우리에 대한 자기의 사랑을 확증하셨느니라"고 말한다.롬 5:8 또한 요한은 "하나님이 세상을 이처럼 사랑하사 독생자를 주셨으니 이는 그를 믿는 자마다 멸망하지 않고 영생을 얻게 하려 하심이라"고 말한다.요 3:16 바울도 "나를 사랑하사 나를 위하여 자기 자신을 버리신 하나님의 아들"에 관해 이야기하며,갈 2:20 이를 통해 그리스도의 사랑이 각 죄인에게 직접적으로 적용된다고 분명히 말한다. 성부, 성자, 성령 하나님이 우리에게 참된 기쁨과 행복을 주기 위해 그분 자신을 내어 주시는 것을 목적으로 삼으신다는 것을 알 때 우리는 크게 기뻐할 것이다. 그 사랑을 베풀기로 작정하신 이들을 향해 그처럼 행동하시는 것이 하나님의 본성이며, 그분은 영원토록 우리를 향해 그처럼 행동하실 것이다.

우리는 먼저 하나님을 사랑하고, 그다음으로 다른 이들을 사랑하는 하나님의 그 사랑을 본받아 이웃을 사랑함으로써 하나님의 이 공유적 속성을 본받는다. 하나님에 대한 우리의 모든 의무는 이렇게 요약될 수 있다. "네 마음을 다하고 목숨을 다하고 뜻을 다하여 주 너의 하나님을 사랑하라……네 이웃을 네 자신 같이 사랑하라."[마 22:37, 39] 우리가 하나님을 사랑한다면 우리는 그분의 계명에 순종할 것이며,[요일 5:3] 따라서 그분이 기뻐하시는 일을 할 것이다. 우리는 세상이 아니라 하나님을 사랑하며,[요일 2:15] 우리가 이 모든 일을 하는 이유는 그분이 먼저 우리를 사랑하셨기 때문이다.[요일 4:19]

성경 전체에서 가장 놀라운 사실 중 하나는, 곧 하나님의 사랑에는 우리를 복되게 만들기 위한 그분의 자기 내어 줌이 포함되는 것처럼 우리도 우리 자신을 내어 주어 실제로 하나님께 기쁨을 가져다줄 수 있다는 것이다. 이사야는 하나님의 백성에게 "마치 청년이 처녀와 결혼함 같이 네 아들들이 너를 취하겠고 신랑이 신부를 기뻐함 같이 네 하나님이 너를 기뻐하시리라"고 약속하며,[사 62:5] 스바냐는 하나님의 백성에게 "너의 하나님 여호와가 너의 가운데에 계시니……그가 너로 말미암아 기쁨을 이기지 못하시며 너를 잠잠히 사랑하시며 너로 말미암아 즐거이 부르며 기뻐하시리라 하리라"고 말한다.[습 3:17]

하나님의 사랑에 대한 우리의 모방은 이웃을 향한 우리의 사랑을 통해서도 확인된다. 요한은 이를 분명히 한다. "사랑하는 자들아, 하나님이 이같이 우리를 사랑하셨은즉 우리도 서로 사랑하는 것이 마땅하도다."[요일 4:11] 실제로 신자들의 공동체에 속한 이웃을 향한 우리의 사랑은 우리가 그리스도를 본받고 있다는 명확한 증거가 되기에 세상은 이를 통해 우리가 그분의 백성임을 알게 될 것이다. "너희가 서로 사랑하면 이로써 모든 사람이 너희가 내 제자인 줄 알리라."[요 13:35; 또한 요 15:13; 롬 13:10; 고전 13:4-7; 히 10:24 참조] 하나님은 친히 우리에게 그분의 사랑을 주심으로써 우리가 서로 사랑할 수 있게 하신다.[요 17:26; 롬 5:5] 그뿐만 아니라 특히 우리의 원수를 향한 사랑은 하나님의 사랑을 반영한다.[마 5:43-48]

8. 자비(은혜, 오래 참으심)

하나님의 자비와 은혜, 오래 참으심은 구별되는 세 속성 또는 하나님의 선하심의 특정한 양상으로 볼 수 있다. 여기서 제시하는 정의는, 하나님의 선하심이 특정한 부류의 사람들의 유익을 위해 이 속성들을 사용하는 특수한 사례로 제시한다.

하나님의 자비[mercy]는 불행과 곤궁에 처한 사람들을 향한 하나님의 선하심을 뜻하고, 하나님의 은혜[grace]는 벌을 받아 마땅한 사람들을 향한 하나님의 선하심을 뜻하며, 하나님의 오래 참으심[patience]은 오랜 기간에 걸쳐 죄를 범한 사람들에 대해 형벌을 유보하는 하나님의 선하심을 뜻한다.

이처럼 하나님의 본성을 나타내는 세 가지 속성은 특히 구약에서 함께 언급되는 경우가 많다. 하나님은 모세에게 그분의 이름을 알려 주시며 "여호와라. 여호와라. 자비롭고 은혜롭고 노하기를 더디하고 인자와 진실이 많은 하나님이라"고 선포하셨다.[출 34:6] 다윗은 시편 103:8에서 "여호와는 긍휼이 많으시고 은혜로우시며 노하기를 더디 하시고 인자하심이 풍부하시도다"라고 말한다.

하나님의 이 속성들은 함께 언급되는 경우가 많기 때문에 구별하기 어려워 보일지도 모른다. 하지만 사람들이 불행이나 곤궁에 처해 있는 경우는 자비라는 속성이 강조되는 경우가 많다. 예를 들어, 다윗은 "내가 고통 중에 있도다. 청하건대 여호와께서는 긍휼이 크시니 우리가 여호와의 손에 빠지고 내가 사람의 손에 빠지지 아니하기를 원하노라"고 말한다.[삼하 24:14] 예수께서 자신들의 곤경을 보고 고쳐 주시기를 원했던 두 맹인은 "다윗의 자손이여, 우리를 불쌍히 여기소서"라고 소리 지른다.[마 9:27] 바울은 하나님이 환난 중에 있는 우리를 위로하신다는 사실에 관해 이야기하면서 하나님을 "자비의 아버지시요. 모든 위로의 하나님"이라고 부른다.[고후 1:3 21] 히브리서 기자는 우리가 "긍휼하심을 받고 때를 따라 돕는 은혜를 얻기 위하여 은혜의 보좌 앞에 담대히 나아갈 것이니라"고 말한다.[히 4:16; 또한 히 2:17; 약 5:11 참조] 우리는 다른 이들을 대할 때 하나님의 자비를 본받아야 한다. "긍휼히 여기는 자는 복이 있나니 그들이 긍휼히 여김을 받을 것임이요."[마 5:7; 또한 고후 1:3-4 참조]

은혜라는 속성에 대해 성경은 하나님의 은혜, 곧 호의를 입을 자격이 없고 오히려 벌을 받아 마땅한 이들을 향한 그 호의는 하나님이 반드시 베푸셔야만 하는 것이 아니라, 언제나 값없이 베푸는 것임을 강조하고 있다. 하나님은 "나는 은혜 베풀 자에게 은혜를 베풀고 긍휼히 여길 자에게 긍휼을 베푸느니라"고 말씀하신다.출 33:19; 또한 롬 9:15에서 인용됨 하지만 하나님은 그분의 백성을 향해 지속적인 은혜를 베푸신다. "주의 이름을 사랑하는 자들에게 베푸시던 대로 내게 돌이키사 내게 은혜를 베푸소서."시 119:132 따라서 베드로는 하나님을 "모든 은혜의 하나님"이라고 부른다.벧전 5:10

특히 받을 자격이 없는 이들에게 베푸시는 하나님의 선하심을 뜻하는 은혜는 바울의 글에서 자주 등장한다. 그는 은혜에 의한 구원이 인간의 노력에 의한 구원과 반대됨을 강조한다. 은혜는 값없이 주어지는 선물이기 때문이다. "모든 사람이 죄를 범하였으매 하나님의 영광에 이르지 못하더니 그리스도 예수 안에 있는 속량으로 말미암아 하나님의 은혜로 값없이 의롭다 하심을 얻은 자 되었느니라."롬 3:23-24 로마서 11:6도 은혜와 보상을 받을 만한 행위로 얻은 구원을 구별한다. "만일 은혜로 된 것이면 행위로 말미암지 않음이니 그렇지 않으면 은혜가 은혜 되지 못하느니라." 따라서 은혜는 호의를 얻을 자격이 없는 이들에게 값없이 주어지는 하나님의 호의다.

또한 바울은 은혜가 받을 자격이 없는 자에게 주어진다면, 그 은혜를 받기 위한 수단으로서 인간이 마땅히 취해야 하는 단 하나의 태도가 존재한다고 말한다. 그 태도는 곧 믿음이다. "그러므로 상속자가 되는 그것이 은혜에 속하기 위하여 믿음으로 되나니."롬 4:16 믿음은 자신을 의지하는 것과 반대되는 인간의 태도다. 왜냐하면 믿음이란 다른 누군가를 신뢰하거나 의지함을 뜻하기 때문이다. 믿음에는 자기 의존이나 인간의 노력에 의해 의를 얻으려는 모든 시도가 결여되어 있다. 하나님의 호의가 우리 자신의 공로와 무관하게 주어지는 것이라면, 그것은 우리 자신의 공로가 아니라 다른 누군가의 공로에 의지할 때, 바로 우리가 믿음을 지닐 때 주어진다.

신약, 특히 바울 서신은 죄 사함뿐만이 아니라 그리스도인의 삶 전체를 하나님이 계속해서 은혜를 베푸신 결과로 이해한다고 말할 수 있다. "내가 나 된 것은 하나님의 은혜로 된 것이니."고전 15:10 누가는 안디옥을 가리켜 바울과 바나바가 "이룬 그 일을 위하여 전에 하나님의 은혜에 부탁하던 곳"이라고 말한다.행 14:26 이는 바울과 바나바를 파송한 이곳의 교회가 그들이 행하는 사역의 성공이 하나님의 지속적인 은혜에 달려 있음을 알고 있었다는 말이다. 바울 역시 자신의 편지에서 독자들을 축복할 때 은혜의 복을 가장 자주 빌었다.롬 1:7; 16:20; 고전 1:3; 16:23; 고후 1:2; 13:14; 갈 1:3; 6:18 참조

비슷하게 하나님의 오래 참으심도 위에서 인용한 구절 중 일부에서 하나님의 자비와 관련되어 언급되었다. 구약은 "노하기를 더디 하시는" 하나님을 자주 이야기한다.출 34:6; 또한 민 14:18; 시 86:15; 103:8; 145:8; 욘 4:2; 나 1:3 참조 신약에서 바울은 하나님의 "인자하심과 용납하심과 길이 참으심"을 이야기하며,롬 2:4 예수 그리스도께서 다른 이들을 위한 본이 되도록 바울을 향해 "일체 오래 참으심"을 보이셨다고 말한다.딤전 1:16; 롬 9:22; 벧전 3:20

또한 우리는 하나님의 오래 참으심을 본받아 성내기를 더디 해야 하며,약 1:19 그리스도께서 그러하셨듯이 고난 중에 인내해야 한다.벧전 2:20 우리는 "오래 참음"의 삶을 살아야 하며,엡 4:2 "오래 참음"은 갈라디아서 5:22에서 성령의 열매로 언급된다.롬 8:25; 고전 13:4; 골 1:11; 3:12; 딤후 3:10; 4:2; 약 5:7-8; 계 2:2-3 참조 우리가 삶에서 본받아야 하는 하나님의 속성들과 마찬가지로 인내하기 위해 우리는 하나님이 택하신 때에 우리의 삶 속에서 그분의 약속과 목적을 성취하실 것이며, (비록 우리는 쉽게 초조해지지만) 그분이 택하신 때가 최선의 때임을 매 순간 신뢰해야만 한다. 주께서 우리의 선롬 8:28과 그분의 영광을 위해 최선의 때에 그 목적을 성취하실 것이라는 확신을 새롭게 한다면, 우리는 인내할 수 있을 것이다. 야고보는 이를 연결시켜 "너희도 길이 참고 마음을 굳건하게 하라 주의 강림이 가까우니라"고 말한다.약 5:8

9. 거룩하심

하나님의 거룩하심holiness은 그분이 죄로부터 분리되어 있으며 그분의 영광을 추구하는 일에 몰두하고 계심을 뜻한다. 이 정의에는 관계적 속성악으로부터 분리되다과 도덕적 성품죄와 악으로부터 분리되다, 하나님의 영광에 몰두하다 모두가 포함된다. 악으로부터의 분리 또는 하나님의 영광에 몰두, 이 두 가지를 모두 포함하는 거룩하심이라는 관념은 구약의 수많은 본문에서 발견된다. 예를 들어, '거룩하심'이라는 단어는 성막의 두 부분을 모두 지칭하는 데 사용

된다. 성막 자체가 세상의 악과 죄로부터 분리된 공간이었으며, 그 안의 첫 번째 방은 '성소'라고 불렸다. 이 공간은 분리되어 있었으며 하나님을 섬기기 위해 바쳐졌다. 하지만 하나님은 휘장이 있어야 한다고 명령하셨다. "그 휘장이 너희를 위하여 성소와 지성소를 구분하리라."출 26:33 언약궤가 보관된 지성소는 악과 죄로부터 분리되어 있으며 하나님을 섬기기 위해 바쳐진 공간이었다.

하나님이 거하시는 공간은 그 자체로 거룩했다. "여호와의 산에 오를 자가 누구며 그의 거룩한 곳에 설 자가 누구인가."시 24:3 '하나님을 섬기기 위해 바쳐지다'라는 요소는 안식일의 거룩함을 통해서도 확인된다. "나 여호와가 안식일을 복되게 하여 그날을 거룩하게 하였느니라."출 20:11; 또한 창 2:3 참조 22 안식일은 일상생활과 분리되고 하나님을 섬기기 위해 바쳐졌기 때문에 거룩해졌다. 마찬가지로 성막과 제단, 아론과 그의 아들들을 거룩하게 만들어야 했다.출 29:44 즉 그들은 일상으로부터 세상의 악과 죄를 분리시키고 하나님을 섬기기 위해 바쳐졌다.출 30:25-33 참조

하나님은 지극히 거룩하신 분이다. 그분은 "이스라엘의 거룩하신 주"로 불린다.시 71:22; 또한 78:41; 89:18; 사 1:4; 5:19, 24 등 참조 하나님의 보좌를 둘러싼 스랍들은 "거룩하다. 거룩하다. 거룩하다. 만군의 여호와여 그의 영광이 온 땅에 충만하도다"라고 외친다.사 6:3 시편 기자는 "여호와 우리 하나님은 거룩하심이로다"라고 외친다.시 99:9; 또한 시 99:3, 5; 22:3 참조

하나님의 거룩하심은 그분의 백성이 본받아야 할 모범을 제시한다. 그분은 그들에게 "너희는 거룩하라. 이는 나 여호와 너희 하나님이 거룩함이니라"고 명령하신다.레 19:2; 또한 레 11:44-45; 20:26; 벧전 1:16 참조 하나님이 그분의 백성을 애굽으로부터 불러내 그분께 나아오게 하고 그분의 목소리에 순종하라고 명령하셨을 때, 그분은 "너희가 내게 대하여 제사장 나라가 되며 거룩한 백성이 되리라"고 말씀하셨다.출 19:6 이 경우에 "거룩한 백성"이라는 예를 통해 (여기서는 애굽의 삶으로부터 분리된 것처럼) 악과 죄로부터의 분리라는 사상과 (그분을 섬기고 그분의 규례에 순종함으로써) 하나님께 바쳐짐이라는 사상이 둘 다 확인된다.

새 언약의 신자들 역시 "거룩함을 따"라야 한다. 왜냐하면 "이것이 없이는 아무도 주를 보지 못하"기 때문이다.히 12:14 그리고 하나님이 우리를

징계하는 이유는 우리가 "그의 거룩하심에 참여하게 하시"기 위해서임을 알아야 한다.히 12:10 바울은 그리스도인들에게 비신자와의 밀접한 접촉에서 오는 압도적인 영향력으로부터 분리될 것을 권면한 다음,고후 6:14-18 그들에게 "하나님을 두려워하는 가운데서 거룩함을 온전히 이루어 육과 영의 온갖 더러운 것에서 자신을 깨끗하게 하자"고 권면한다.고후 7:1; 또한 롬 12:1 참조 하나님은 교회 자체가 "주 안에서 성전이 되어 가"게 하시며,엡 2:21 그리스도께서는 지금 교회를 "거룩하게 하시고……자기 앞에 영광스러운 교회로 세우사……거룩하고 흠이 없게 하려 하"려고 일하신다.엡 5:26-27 개인뿐만 아니라 교회 자체도 거룩해져야 한다.

스가랴는 땅 위의 모든 것이 "여호와께 성결"하게 될 날에 관해 예언한다.

> 그날에는 말 방울에까지 여호와께 성결이라 기록될 것이라. 여호와의 전에 있는 모든 솥이 제단 앞 주발과 다름이 없을 것이니 예루살렘과 유다의 모든 솥이 만군의 여호와의 성물이 될 것인즉…….슥 14:20-21

그때는 땅 위의 모든 것이 악으로부터 분리되고 죄로부터 정화되며 참으로 도덕적으로 순결하게 되어 하나님을 섬기기 위해 바쳐질 것이다.

10. 화평(질서)

고린도전서 14:33에서 바울은 "하나님은 무질서의 하나님이 아니시요 오직 화평의 하나님이시니라"고 말한다. 화평과 질서는 전통적으로 하나님의 속성으로 분류되지 않지만 여기서 바울은 하나님의 구별된 속성으로 생각할 수 있는 또 하나의 특징을 이야기한다. 바울은 하나님의 행동이 "무질서"아카타스타시아(무질서, 혼란, 불안, 난동)가 아니라 "화평"에 의해 특징지어진다고 말한다. 하나님은 "평강의 하나님"이시다.롬 15:33; 또한 16:20; 빌 4:9; 살전 5:23; 히 13:20; 엡 2:14; 살후 3:16 참조 구약에서 하나님이 주시는 화평은 '샬롬'이라는 히브리어의 풍성하고 충만한 관념을 통해 묘사된다. 이 용어는 모든 상황과 관계에서의 복이라는 폭넓은 의미의 평화를 뜻한다. "여호와께서 자기 백성에게 평강의 복을 주시리로다."시 29:11 하지만 악을 행하는 이들은 화평을 누리지 못한다. "여호와께서 말씀하시되 악인에게는 평강이 없다 하셨느니라."사 48:22; 또한 57:21; 사 59:8 참조

하나님이 사랑하시는 사람들이 때로 "곤고하며 광풍에 요동하며아탁타스타토스(무질서함, 혼란스러움) 안위를 받지 못"함을 보실 때사 54:11 하나님은 귀한 보석으로 그들의 기초를 세우시고사 54:11-12 그들이 "평안히 인도함을 받을 것"이라고 약속하신다.사 55:12 하나님의 구원 계획에는 하나님의 백성에게 평화를 주신다는 약속이 포함된다.시 29:11; 85:8; 119:165; 잠 3:17; 사 9:6-7; 26:3; 57:19; 요 14:27; 롬 8:6; 살후 3:16 참조 실제로 바울이 성령의 열매로 제시하는 세 번째 요소는 "화평"이다.갈 5:22

물론 이 화평은 아무것도 하지 않음을 뜻하지 않는다. 누가는 왕성한 성장과 활동의 시기를 가리켜 "온 유대와 갈릴리와 사마리아 교회가 평안하여 든든히 서 가고"라고 기록한다.행 9:31 더 나아가 하나님은 평강의 하나님이지만 "졸지도 아니하시고 주무시지도 아니하시"는 분이다.시 121:4 그분은 끊임없이 일하시는 하나님이다.요 5:17 그리고 천국은 화평의 공간이지만 동시에 끊임없이 하나님을 찬양하고 그분을 섬기는 공간이기도 하다.

따라서 하나님의 화평이란, 하나님은 그 존재와 활동에서 모든 혼란이나 무질서로부터 분리되어 있고 질서가 잡혀 있으며, 완벽히 통제되는 헤아릴 수 없이 많은 동시적 활동들을 끊임없이 행하고 계심을 뜻한다.

이 정의는 하나님의 화평이 '활동하지 않음'이라는 개념과 무관하며 오히려 질서가 잡혀 있고 통제된 활동과 관련된다고 분명히 말한다. 물론 이런 종류의 무한한 활동을 하기 위해서는 하나님의 무한한 지혜와 지식, 능력이 반드시 필요하다.

하나님의 화평을 이런 방식으로 이해할 때, 우리는 갈라디아서 5:22-23에서 말하는 성령의 열매의 일부인 "화평"뿐만 아니라 성령의 열매에서 마지막으로 언급되는 요소, 곧 "절제"갈 5:23를 통해서도 하나님의 이 속성을 모방할 수 있음을 알 수 있다. 하나님의 백성으로서 그분의 길을 걸을 때 우리는 하나님의 나라가 참으로 "성령 안에 있는 의와 평강과 희락"롬 14:17임을 경험을 통해 점점 더 온전히 알게 되며, 하나님의 지혜라는 길에 대해 "그 길은 즐거운 길이요 그의 지름길은 다 평강이니라"고 말할 수 있다.잠 3:17

11. 공의, 정의

영어에서 공의righteousness와 정의justice는 서로 다른 단어지만, 구약의 히브리어와 신약의 헬라어에서 두 단어는 하나의 단어(구약의 경우 '체데크', 신약의 경우 '디카이오스')의 번역어다. 그러므로 이 두 용어가 하나님의 한 속성을 가리키는 것으로 간주할 것이다.[23]

하나님의 공의는 하나님이 언제나 옳은 것과 일치하는 방식으로 행동하며, 그분 자신이 옳음의 최종적 기준이심을 뜻한다.

모세는 하나님에 관해 "그의 모든 길이 정의롭고 진실하고 거짓이 없으신 하나님이시니 공의로우시고 바르시도다"라고 말한다.신 32:4 아브라함은 공의라는 하나님의 속성에 호소하며 "세상을 심판하시는 이가 정의를 행하실 것이 아니니이까"라고 말한다.창 18:25 또한 하나님은 옳은 것을 말씀하며 명령하신다. "여호와의 교훈은 정직하여 마음을 기쁘게 하고."시 19:8 그리고 하나님은 자신에 관해 "나 여호와는 의를 말하고 정직한 것을 알리느니라"고 말씀하신다.사 45:19 하나님은 그분의 공의(또는 정의)로 인해 사람들이 받아 마땅한 대로 그들을 대하신다. 따라서 하나님은 반드시 죄를 벌하신다. 죄를 범한 자는 상을 받을 자격이 없기 때문이다. 죄는 그릇된 것이며 벌을 받아 마땅하다.

하나님이 어떤 수단으로도 죄를 벌하지 않으신다면 그분이 불의한 것처럼 보일 수 있다. 그렇기 때문에 바울은 하나님이 그리스도를 희생제물로 보내셔서 죄에 대한 형벌을 담당하게 한 것에 관해 "하나님께서 길이 참으시는 중에 전에 지은 죄를 간과하심으로 자기의 의로우심을 나타내려 하심이니 곧 이때에 자기의 의로우심을 나타내사 자기도 의로우시며 또한 예수 믿는 자를 의롭다 하려 하심이라"고 말한다.롬 3:25-26 그리스도께서 우리의 죄에 대한 형벌을 담당하기 위해 죽으신 사건은 하나님이 참으로 의로우심을 보여주었다. 왜냐하면 이로써 하나님은 그분의 백성의 죄를 용서하셨지만 동시에 죄에 마땅한 형벌을 내리셨기 때문이다.

위에서 다룬 공의나 정의와 관련해 우리는 무엇이 옳은 것인지 물을 수 있다. 다시 말해서 무엇이 일어나야 하며 무엇이 존재해야 하는가? 이에 대해 우리는 하나님의 도덕적 성품과 일치하는 모든 것이 옳다고 답해야 한다. 하지만 왜 하나님의 도덕적 성품과 일치하는 모든 것이 옳은가?

그것은 그분의 도덕적 성품과 일치하기 때문에 옳다. 실제로 하나님이 공의의 최종적 기준이라면, 하나님 이외에는 우리가 공의나 정의를 가늠할 다른 어떤 기준도 존재할 수 없다. 오직 그분이 최종적 기준이다. (이것은 진리에 관해 우리가 마주했던 상황, 곧 하나님이 진리의 궁극적 기준이라는 점과도 비슷하다.) '하나님이 참으로 의로운가'라는 물음에 마주할 때마다, 성경의 궁극적인 대답은 언제나 하나님의 피조물인 우리에게는 하나님이 의롭지 않다거나 불의하다고 말할 권리가 없다는 것이다. 바울은 공의에 관한 까다로운 질문에 "이 사람아, 네가 누구이기에 감히 하나님께 반문하느냐. 지음을 받은 물건이 지은 자에게 어찌 나를 이같이 만들었느냐 말하겠느냐. 토기장이가 진흙 한 덩이로 하나는 귀히 쓸 그릇을 하나는 천히 쓸 그릇을 만들 권한이 없느냐"라고 대답한다.롬 9:20-21

욥이 하나님께 자신을 참으로 의롭게 대하셨는지 항변했을 때 하나님은 그에게 "트집 잡는 자가 전능자와 다투겠느냐……네가 내 공의를 부인하려느냐 네 의를 세우려고 나를 악하다 하겠느냐"라고 답하신다.욥 40:2, 8 그런 다음 하나님은 그분의 행동이 옳은 이유를 욥이 이해할 수 있게 설명하시는 대신 그분의 위엄과 능력을 선언하신다. 하나님은 그분이 욥에게 행한 일들이 옳은 것임을 설명하실 필요가 없다. 하나님은 창조주이며 욥은 피조물이기 때문이다. "네가 하나님처럼 능력이 있느냐 하나님처럼 천둥소리를 내겠느냐."욥 40:9 "네가 너의 날에 아침에게 명령하였느냐 새벽에게 그 자리를 일러 주었느냐."욥 38:12 "네가 목소리를 구름에까지 높여 넘치는 물이 네게 덮이게 하겠느냐 네가 번개를 보내어 가게 하되 번개가 네게 우리가 여기 있나이다 하게 하겠느냐."욥 38:34-35 "말의 힘을 네가 주었느냐."욥 39:19 "매가 떠올라서 날개를 펼쳐 남쪽으로 향하는 것이 어찌 네 지혜로 말미암음이냐."욥 39:26 그러자 욥은 "보소서 나는 비천하오니 무엇이라 주께 대답하리이까 손으로 내 입을 가릴 뿐이로소이다"라고 대답한다.욥 40:4

그럼에도 우리가 하나님의 공의와 전능을 깨달을 때 이것은 감사의 이유가 되어야 한다. 그분이 공의의 하나님이지만 그 공의를 집행할 능력이 없다면, 그분은 예배의 대상이 되지 못하고 우리에게는 이 땅에서 정의가 궁극적으로 승리할 것이라는 보장도 없을 것이다. 하지만 그분이 무한한 능력의 하나님이지만 그분의 속성에 공의가 없다면, 우주는 상상할 수 없을 정도로 끔찍한 곳일 것이다. 모든 존재의 핵심에는 불의가 존재할 것이며, 이를 바꾸기 위해 아무것도 할 수 없을 것이다. 존재는 무의미해지고 우리는 최악의 절망으로 내몰리게 될 것이다. 그러므로 우리는 하나님의 속성에 관해 계속해서 그분께 감사하고 그분을 찬양해야 한다. "그의 모든 길이 정의롭고 진실하고 거짓이 없으신 하나님이시니 공의로우시고 바르시도다."신 32:4

12. 질투

영어에서 질투jealousy라는 단어는 부정적인 의미로 자주 사용되지만 긍정적인 의미를 취할 때도 있다. 예를 들어, 바울은 고린도인들에게 "내가 하나님의 열심으로 너희를 위하여 열심을 내노니"라고 말한다.고후 11:2 여기서 질투는 '열성적으로 보호하거나 경계함'이라는 의미를 가지며, 자신 또는 다른 누군가의 영광이나 행복을 추구하는 데 깊이 헌신한다는 의미로 사용된다.

성경은 하나님이 이런 방식으로 질투하신다고 묘사한다. 하나님은 그분의 영광을 보호하려고 끊임없이 열정적으로 노력하신다. 하나님은 그분의 백성을 향해 우상에게 절하거나 우상을 섬기지 말라고 명령하며, "나 네 하나님 여호와는 질투하는 하나님"이라고 말씀하신다.출 20:5 하나님은 우리가 거짓 신들이 아니라 그분 자신을 예배하기를 원하신다. 그러므로 하나님은 이스라엘 백성에게 가나안 땅에서 이교 신들의 제단을 파괴하라고 명령하며 이런 이유를 제시하신다. "너는 다른 신에게 절하지 말라. 여호와는 질투라 이름하는 질투의 하나님임이니라."출 34:14; 또한 신 4:24; 5:9 참조 따라서 하나님의 질투는 하나님이 그분 자신의 영광을 보호하기 위해 끊임없이 노력하심을 뜻한다.

일반적으로 질투는 하나님의 바람직한 속성으로 여겨지지 않는다. 이는 인간으로서 우리 자신의 영광을 지키고자 하는 질투가 거의 언제나 잘못된 것이기 때문이다. 우리는 교만하지 말아야 하며 겸손해야 한다.약 4:6; 벧전 5:5-6 나아가 우리는 교만이 신학적인 이유 때문에 잘못된 것임을 깨달아야 한다. 우리는 하나님께만 속한 영광을 누릴 자격이 없다.고전 4:7; 계 4:11 참조

하지만 하나님이 그분 자신의 영광을 추구하는 것은 잘못된 것이 아

니다. 그분은 전적으로 영광을 받아 마땅하기 때문이다. 하나님은 그분의 백성에 대한 심판을 유보하겠다는 그분의 결정에 관해 "나는 나를 위하며 나를 위하여 이를 이룰 것이라……내 영광을 다른 자에게 주지 아니하리라"고 말씀하신다.[사 48:11] 하나님이 그분의 존귀를 추구하신다는 것 또는 그분의 피조물로부터 모든 존귀와 영광을 받기 합당하다는 사실이 우리 마음속에 자리를 잡게 되면, 이 사실은 영적인 건강에 유익이 된다. 오직 하나님만 찬양받기에 무한히 합당하시다. 이 사실을 깨닫고 그로 인해 기뻐할 때 참된 예배의 비밀을 알게 될 것이다.

13. 진노

성경이 하나님의 진노에 관해 얼마나 자주 이야기하는지를 알게 되면 놀랄지도 모른다. 하지만 하나님이 옳고 선한 모든 것 또는 그분의 도덕적 성품과 일치하는 모든 것을 사랑하신다면, 그분이 그분의 도덕적 성품에 반하는 모든 것을 미워하신다는 것이 놀랍지 않을 것이다. 그러므로 죄를 향한 하나님의 진노는 하나님의 거룩하심이나 공의와 밀접하게 연관된다. 따라서 하나님의 진노는 그분이 모든 죄를 맹렬히 미워하심을 뜻한다.

하나님의 진노에 대한 묘사는 성경의 서사적 본문에서, 특히 하나님의 백성이 하나님께 큰 죄를 범할 때 등장한다. 하나님은 이스라엘 백성의 우상숭배를 보시고 모세에게 "내가 이 백성을 보니……그런즉 내가 하는 대로 두라. 내가 그들에게 진노하여 그들을 진멸하"겠다고 말씀하신다.[출 32:9-10] 이후에 모세는 백성에게 "너는 광야에서 네 하나님 여호와를 격노하게 하던 일을 잊지 말고 기억하라……호렙 산에서 너희가 여호와를 격노하게 하였으므로 여호와께서 진노하사 너희를 멸하려 하셨느니라"고 말한다.[신 9:7-8; 또한 신 29:23; 왕하 22:13 참조]

성경에 등장하는 하나님의 진노 교리는 구약에 국한되지 않는다. 요한복음 3:36은 "아들을 믿는 자에게는 영생이 있고 아들에게 순종하지 아니하는 자는 영생을 보지 못하고 도리어 하나님의 진노가 그 위에 머물러 있느니라"고 말한다. 바울은 "하나님의 진노가 불의로 진리를 막는 사람들의 모든 경건하지 않음과 불의에 대하여 하늘로부터 나타나나니"라고 말한다.[롬 1:18; 또한 롬 2:5, 8; 5:9; 9:22; 골 3:6; 살전 1:10; 2:16; 5:9; 히 3:11; 계 6:16-17; 19:15 참조] 다수의 다른 신약 본문도 역시 죄에 대한 하나님의 진노에 관해 이야기한다.

하나님의 이 속성에 대해 우리는 그분의 다른 속성과 마찬가지로 감사하고 찬양해야 한다. 진노는 부정적인 개념처럼 보이기 때문에 어떻게 감사할 수 있는지 모르겠다고 생각할 수 있다. 따로 떼어 놓고 보면 진노는 두려움과 공포를 불러일으킬 뿐이다. 하지만 그분이 죄를 미워하지 않는 하나님이라면 어떠할지 묻는 것이 도움이 될 것이다. 만일 그러하다면 그분은 죄로 인해 기뻐하거나 적어도 죄에 대해 관심을 기울이지 않는 하나님일 것이다. 그 하나님은 우리의 예배를 받기에 합당하지 않을 것이다. 왜냐하면 죄는 미움으로 가득 차 있으며 그 죄를 미워하는 것이 합당하기 때문이다. 죄는 존재하지 않아야 한다. 실제로 악과 죄를 미워하는 것이 미덕이며,[히 1:9; 슥 8:17 참조] 우리는 큰 악과 불의, 죄에 대한 미움을 느낄 때 하나님의 이 속성을 바르게 모방하는 셈이다.[24]

더 나아가 우리는 그리스도인으로서 하나님의 진노를 두려워할 필요가 없다. 왜냐하면 우리가 "다른 이들과 같이 본질상 진노의 자녀이었"지만[엡 2:3] 이제는 "장래의 노하심에서 우리를 건지시는" 예수를 믿기 때문이다.[살전 1:10; 또한 롬 5:10 참조] 하나님의 진노를 묵상할 때 우리는 주 예수 그리스도께서 우리를 구원하기 위해 우리의 죄로 인해 마땅히 받아야 할 하나님의 진노를 담당하셨음을 생각하고 놀라워할 것이다.[롬 3:25-26] [26]

이뿐만 아니라 하나님의 진노를 생각할 때 우리는 그분의 오래 참으심도 떠올려야 한다. 시편 103편은 그분의 오래 참으심과 진노를 함께 언급한다. "여호와는……노하기를 더디 하시고[오래 참으심] 인자하심이 풍부하시도다. 자주 경책하지 아니하시며 노[진노]를 영원히 품지 아니하시리로다."[시 103:8-9] 사실 하나님이 악에 대한 진노의 집행을 미루는 것은 사람들을 회개로 이끄시기 위함이다.[롬 2:4 참조]

따라서 장차 올 하나님의 진노를 생각할 때 우리는 더 많은 사람들이 구원받을 수 있게 하려고 그 진노의 집행을 연기하는 그분의 오래 참으심에 감사해야 한다. "주의 약속은 어떤 이들이 더디다고 생각하는 것 같이 더딘 것이 아니라. 오직 주께서는 너희를 대하여 오래 참으사 아무도 멸망하지 아니하고 다 회개하기에 이르기를 원하시느니라. 그러나 주의 날이 도둑 같이 오리니 그날에는 하늘이 큰 소리로 떠나가고……."[벧후 3:9-10] 하나님의 진노로 인해 우리는 전도에 더욱 힘써야 하며, 하나님이 마침내 모든 악행을 벌하고 불의가 전혀 없는 새 하늘과 새 땅을 다스리실 것에 감사해야 한다.

개인적 적용을 위한 질문

[영이심]

1. 왜 하나님은 조각된 우상에 대해, 심지어 그분을 표상하려는 우상에 대해서도 그토록 엄격하게 말씀하시는가? 그렇다면 기도할 때 우리는 하나님을 어떻게 마음에 떠올리거나 생각해야 하는가?

2. 현대 문화와 사고방식은 어떻게 물질 세계를 영적 세계보다 더 참된 세계로 만들었는가? 영적 세계를 강조할 수 있는 방법은 무엇이 있는가?

[지식]

3. 우리는 언제 우리의 생각과 행동을 하나님께 숨기려고 노력해야 하는가? 어떻게 이 물음에 대한 대답이 여러분의 삶을 위한 축복이 될 수 있는가?

4. 하나님이 우리 삶에서 일어나는 실수나 예기치 못한 상황 등의 경우의 수를 고려하지 못하실 수도 있는가?

5. 여러분이 지금 여기서 이 문장을 읽을 것을 하나님은 언제 아셨는가? 이 물음에 대한 대답이 어떻게 여러분 삶에 복이 될 것인가?

[지혜]

6. 하나님이 오늘 우리의 세상과 삶 속에 지혜롭게 일하신다고 믿는가? 그러한 믿음이 약해질 때 우리는 무엇을 할 수 있는가?

[진실하심]

7. 그리스도인으로서 여러분은 '말의 진실성'을 지키기 위해 노력하는가? 삶에서 '말'을 통해 '하나님의 진실하심'을 온전히 반영하도록 노력하고 도움을 구하는가?

[선하심]

8. 여러분은 하나님께 받은 좋은 은사와 선물을 얼마나 많이 열거할 수 있는가? 그에 대해 하나님께 감사하고 있는가? 하나님의 은혜를 보다 자주 기억하기 위해 우리는 무엇을 할 수 있는가?

신학 전문 용어

공유적 속성
도덕적 속성
열린 신학
정신적 속성
지복직관

[사랑]

9. 사랑을 '자기를 내어 주는 것'으로 정의하는 것은 적합한가? 하나님의 사랑을 구체적으로 본받을 수 있는 방법은 무엇이라 생각하는가?

10. 사랑은 감정에 의존한다고 생각하는가? 아니면 누군가를 사랑하기로 결정하여 사랑할 수 있다고 생각하는가?

[자비]

11. 하나님의 자비하심을 본받고자 한다면, 여러분이 특별히 돌보아야 할 대상이 있는가?

[거룩하심]

12. 여러분의 삶에서 하나님의 영광을 추구하여 거룩해지고 죄로부터 분리하는 것을 어렵게 만드는 관계나 활동이 있는가?

[화평]

13. 여러분 개인의 정서적, 정신적, 영적 상태는 하나님의 화평을 누리고 있는가? 또한 여러분의 가족과 이웃, 직업, 교회에서도 같은 질문을 던져 보라. 여러분의 삶에서 하나님의 화평을 드러내고 있는가?

[공의]

14. 성경에 있는 하나님의 법 중에 바뀌었으면 하는 것들이 있는가? 그것은 하나님의 도덕적 성품을 거부하는 태도에서 나왔다고 생각하는가? 하나님의 성품과 법을 온전히 확신하기 위해 무엇을 할 수 있겠는가?

[질투]

15. 여러분은 누군가가 하나님을 부정하거나 모욕하는 이야기를 들을 때 하나님의 영광을 위한 질투를 반영하는가? 더 깊은 질투를 가지려면 무엇을 해야 하는가?

[진노]

16. 우리는 하나님이 죄에 대해 진노하시는 분이라는 사실을 기뻐할 수 있는가? 우리가 이 진노를 본받는 것이 옳은가? 그렇지 않은 이유는 무엇인가?

참고 문헌

12장과 13장은 밀접하게 연관된 주제를 다루므로 두 장의 참고 문헌을 13장 끝부분에 수록했다.

성경 암송 구절

출애굽기 34:6-7 | 여호와께서 그의 앞으로 지나시며 선포하시되 여호와라 여호와라 자비롭고 은혜롭고 노하기를 더디하고 인자와 진실이 많은 하나님이라. 인자를 천대까지 베풀며 악과 과실과 죄를 용서하리라. 그러나 벌을 면제하지는 아니하고 아버지의 악행을 자손 삼사 대까지 보응하리라.

주_ 이 본문의 마지막 부분에서는 "아버지의 악행을 자손 삼사 대까지 보응하"는 하나님에 관해 이야기한다. 어떤 이들은 이 본문을 암송할 때 이 부분을 제외하고 싶어 할지도 모르지만, 우리는 이 부분 역시 성경 말씀이며 우리의 건덕edification을 위해 기록되었음을 기억해야 한다. 이 문장은 개별 죄인을 훨씬 뛰어넘어 영향을 미치며 죄인 주변에 있는 사람들과 미래 시대에까지도 해악을 끼치는 죄의 무서운 속성을 보여준다. 일상생활에서 알코올 중독자의 자녀가 알코올 중독자가 되며 학대하는 부모의 자녀가 학대하는 부모가 되는 경우가 많다는 비극적인 사실을 통해 이 점을 확인할 수 있다.

그러나 그리스도에 의해 죄 사함을 받은 그리스도인들은 이런 단계가 그들에게 적용된다고 생각해서는 안 된다. 왜냐하면 그들은 죄책에 관해 다른, 곧 이 부분의 바로 앞에서 언급하는 다른 범주의 사람들에게 속하기 때문이다. 그들은 하나님이 "인자"를 베푸시며 "악과 과실과 죄를 용서하시는" "천대"의 사람들에 속한다.7절 누군가가 그리스도께 나아올 때는 죄의 사슬이 풀린다. 이에 관해 베드로의 말을 기억하는 것이 중요하다. "너희 조상이 물려 준 헛된 행실에서 대속함을 받은 것은 은이나 금 같이 없어질 것으로 된 것이 아니요 오직 흠 없고 점 없는 어린 양 같은 그리스도의 보배로운 피로 된 것이니라."벧전 1:18-19

찬송가

"영광의 왕께 다 경배하며"

수백 곡의 찬송가는 하나님의 몇 가지 특정한 속성, 그 특정한 양상을 노래하는 데 사용된다. 하지만 이 찬송가는 하나님의 여러 속성을 열거하여 반복적으로 부르며 그것들을 결합한다. 1절에서는 하나님의 영광과 능력, 사랑에 관해 이야기하며, 2절에서는 그분의 권능과 은혜, 진노에 관해 이야기한다. 이 찬송가는 그리스도인들이 서로를 격려하며 "영광의 왕께 다 경배"하라고 서로 권면하도록 쓴 곡이다. 하지만 이렇게 권면하는 가운데 하나님을 높이는 찬양도 포함되어 있다.

영광의 왕께 다 경배하며
그 크신 사랑 늘 찬송하라
예부터 영원히 참 방패시니
그 영광의 주를 다 찬송하라

능력과 은혜 다 찬송하라
그 옷은 햇빛 그 집은 궁창
큰 우레 소리로 주 노하시고
폭풍의 날개로 달려가신다

저 아름답고 놀라운 일이
가득한 이 땅 다 주의 조화
그 힘찬 명령에 터 잡히나니
저 푸른 바다는 옷자락이라

질그릇같이 연약한 인생
주 의지하여 늘 강건하리
온 백성 지으신 만왕이시니
그 자비 영원히 변함없어라

◈ ———

영광의 왕을 경배하라
감사함으로 그분의 능력과 사랑을 노래하라
우리의 방패, 우리의 보호자, 옛적부터 항상 계신 이
위엄으로 둘러싸여 있으시며 찬양받기에 합당하신 하나님

그분의 능력을 선포하고 그분의 은혜를 노래하라
그분의 옷은 빛이며, 그분의 차양은 우주라
그분의 진노는 전차처럼 짙은 폭풍 구름을 만들어 내고
폭풍의 날개 위로 달려가시는 그분의 길은 어둡다네

그 옛날 주님은 전능하신 능력으로
땅과 그 모든 경이를 만드셨습니다
변치 않는 섭리로 땅을 세우시고
바다를 두르셨습니다

주님의 풍성한 사랑을 어찌 다 노래할 수 있겠습니까?
그 사랑은 바람처럼 산들거리고, 빛처럼 반짝입니다
언덕에서 들판으로 흘러내립니다
이슬과 단비로 내립니다

연약한 땅의 자녀인 우리는
신실하신 주님을 신뢰합니다
부드러운 주님의 자비는 끝까지 견고합니다

우리의 창조주, 보호자, 구속자, 친구

헤아릴 수 없는 능력, 형언할 수 없는 사랑
천사도 기뻐하며 주님을 찬양합니다
비록 연약하고 비천한 피조물이지만
진실한 마음으로 주님을 찬양할 것입니다

□ 1833년, 로버트 그랜트 경 작사

* 새찬송가 67장

현대 찬양곡

"기뻐하라"

와서 창조주 앞에 서라
경이로우시며 경외할 분
와서 그분의 능력과 영광을 보라
담대히 그분께 나아오라
하늘을 다스리고
별들에게 명령하시는 분
변함없는 사랑으로
우리에게 복을 주시는 하나님이시라

기뻐하라
와서 손을 들고 목소리를 높이라
그분은 모든 찬양을 받기에 합당하시니
기뻐하라
왕의 자비를 노래하라
떨림으로 기뻐하라

우리는 약속의 자녀
영원한 사랑으로 구원받아
어린양의 피로 사신
주께서 사랑하는 이들이라
세상을 결코 버리지 않으실
아버지의 사랑을 알고 싶어 하는
세상에 화목을 전하세

모든 병과 모든 슬픔
예수께서 지고 오르셨네
우리보다 먼저 그 길을 걸으셨네
지금도 우리와 함께 걸으시며
비극을 승리로
고통을 찬양으로 바꾸시네
분투 속에 복이 있으니
담대히 주를 보라

기뻐하라

그분께 부르짖을 때 그분이 들으시리

너의 눈물 닦아 주시리

기뻐하라

고통 가운데

네가 노래할 수 있도록 도우시리

ㅁ 더스틴 켄스루, 스튜어트 타우넨드 작사 [26]

주

1 공유적 속성과 비공유적 속성에 관한 논의는 11장, 287-289쪽을 보라.

2 "사랑을 받는 자녀 같이 너희는 하나님을 본받는 자가 되"라고 말하는 에베소서 5:1에 주목하라. 또한 하나님이 그분의 성품을 우리 삶에서 반영하도록 우리를 창조하셨다는 사실에 관해서는 21장, 830-835쪽을 보라.

3 피조물로부터 취한 하나님의 이름에 관해서는 11장, 290쪽을 보라.

4 이 부분의 이형 본문이 존재하지만 "유일하게 나신 아들"(the only begotten Son)보다 "독생하신 하나님"(모노게네스 테오스)이 더 많은 지지를 받으며, 이런 해석은 문맥과도 이질적이지 않다. Leon Morris, *The Gospel according to John* (Grand Rapids: Eerdmans, 1971), 113-114을 보라. (『요한복음』 생명의말씀사)

5 '중간 지식'이라고 부르는 관점 또는 몰리나주의에 관한 논의로는 16장, 661-669쪽을 보라.

6 흠정역(KJV)에서는 예레미야 7:31에서 '마음'이라는 단어를 사용하며, NASB에서는 난외주에서 이를 언급한다. 히브리어 단어는 '레브'로서 '마음'으로 가장 자주 번역된다.

7 같은 구절("생각이 마음속으로 들어오게 하다")은 히브리어 구약에서 다섯 번 등장하는데 모든 경우에 '원하다, 바라다, 갈망하다'라는 뜻으로 사용된 것처럼 보인다. [사 65:17; 또한 렘 3:16(이 본문은 무언가에 관해 '사실적 지식을 가지고 있다'라는 뜻으로 해석할 수 없다); 7:31; 19:5; 32:35; 또한 같은 의미를 갖는 헬라어 구절 '아네베 에피 텐 카르디안'이 사용된 행 7:23을 보라.]

8 Richard Rice, "Divine Foreknowledge and Free-Will Theism," in *The Grace of God, The Will of Man: A Case for Arminianism*, ed. Clark H. Pinnock (Grand Rapids: Zondervan, 1989), 121-139 (esp. 129, 134-137). 열린 신학을 옹호하는 책으로는 Greg Boyd, *God of the Possible: A Biblical Introduction to the Open View of God* (Grand Rapids: Baker, 2000); Clark H. Pinnock, *Most Moved Mover: A Theology of God's Openness* (Grand Rapids: Baker, 2001); Clark H. Pinnock et al., *The Openness of God: A Biblical Challenge to the Traditional Understanding of God* (Downers Grove, IL: InterVarsity, 1994); John Sanders, *The God Who Risks: A Theology of Providence* (Downers Grove, IL: InterVarsity, 1998) 등이 있다.

9 Rice, "Divine Foreknowledge and Free-Will Theism," 134.

10 같은 글, 128.

11 Clark H. Pinnock, "From Augustine to Arminius: A Pilgrimage in Theology," in *The Grace of God, the Will of Man*, 25.

12 같은 책, 25-26, 강조는 추가됨.

13 Bruce Ware, *God's Lesser Glory: The Diminished God of Open Theism* (Wheaton, IL: Crossway, 2000). 웨어는 열린 신학이 성경과 배치되고 내적으로 모순되며, 우리 그리스도인의 삶에 파괴적인 영향을 미치고 궁극적으로 성경의 하나님과 다른 하나님을 묘사한다고 주장한다. 열린 신학에 대한 또 다른 자세한 비판으로는 John M. Frame, *No Other God: A Response to Open Theism* (Phillipsburg, NJ: P&R, 2001) 참조. (『열린 신학 논쟁: 열린 신학에 대한 응답』 P&R)

14 Ware, *God's Lesser Glory*, 102.

15 주전 700년경 이사야를 통해 주어진 이 놀라운 예언에서는 (주전 559-530년경에 다스렸으며 주전 539년에 바벨론을 정복한) 바사 왕 고레스의 이름을 구체적으로 거론하며, 그가 유다 민족을 망명지로부터 "예루살렘"과 "유다 성읍들"로 돌아가게 하는 하나님의 목적을 성취할 하나님의 "목자"가 될 것이라고 말한다

(사 44:26). 유다인들의 예루살렘 귀환을 허락하는 귀환 고레스 칙령은 에스라 1:1-4에 기록되어 있으며 주전 538년—이사야의 예언으로부터 약 160년이 지난 후—에 발표되었다(이사야는 바사가 아니라 바벨론이 패권을 차지한 제국이었을 때 이 글을 썼다).

16 Ware, *God's Lesser Glory*, 104.

17 그가 수집한 목록은 http://evangelicalarminians.org/wp-content/uploads/2015/12/Roy.-Predictive-Prophecies-Involving-Future-Free-Human-Choices.pdf에서 볼 수 있다. 이 목록의 첫 부분에서 그는 이 목록에 포함된 4,017개의 예언 중 "128개는 하나님이 자연 안에서, 자연을 통해 무엇을 행하실지에 관한 예언이고 1,893개는 하나님이 인간 안에서, 인간에게, 인간을 통해 무엇을 행하실지에 관한 예언이며 1,474개는 (명시적으로 하나님이 이런 일을 행하실 것이라고 말하지 않은 채) 신자들이 무엇을 할지 또는 그들에게 무슨 일이 일어날지에 관해 예언하고 522개는 비신자가 무엇을 할지 또는 그들에게 무슨 일이 일어날지에 관한 예언이다"라고 말한다. 그는 "문법 형식상 명시적으로 조건적인 예언적 진술은 포함시키지 않았다"라고 덧붙인다. 열린 신학에 대한 그의 통찰력 넘치는 분석으로는 Steven C. Roy, *How Much Does God Foreknow? A Comprehensive Biblical Study* (Downers Grove, IL: IVP Academic, 2006) 참조.

18 Bruce A. Ware, *God's Greater Glory: The Exalted God of Scripture and the Christian Faith* (Wheaton, IL: Crossway, 2004), 114. (『더 큰 하나님의 영광』 부흥과개혁사). 그는 이런 의미의 자유 의지와 그가 "모든 것이 있는 그대로인 상황에서 다르게 선택할 수 있는 능력"으로 정의하는 "자유의지론적 자유 의지"(libertarian free will)를 구별한다(112). 16장에 포함된 인간의 자유 의지에 대한 더 자세한 논의를 보라.

19 Arthur Holmes, *All Truth Is God's Truth* (Grand Rapids: Eerdmans, 1977) 참조. (『모든 진리는 하나님의 진리다』 크리스찬다이제스트)

20 거짓말하는 것은 언제나 옳지 않다는 입장에 대한 더 자세한 변론은 Wayne Grudem, *Christian Ethics: An Introduction to Biblical Moral Reasoning* (Wheaton, IL: Crossway, 2018), 12장을 보라.

21 이 구절은 '자비'를 뜻하는 엘레오스가 아니라 '긍휼, 자비'를 뜻하는 '오익티르모스'를 사용한다. 하지만 두 용어는 의미에 있어서 밀접한 연관성을 지니며, 둘 다 곤궁에 처한 이들을 향한 긍휼이나 선하심을 뜻한다.

22 동사는 '카다쉬'의 피엘 형태로서 '거룩하게 만들다'라는 뜻을 지닌다.

23 그러나 누군가가 하나님의 도덕법에 대한 '개인적 순종'이라는 의미의 영어 단어 공의(righteousness)와 '하나님의 도덕법에 따라 다른 사람들에게 보상과 처벌을 내린다'는 의미의 영어 단어 정의(justice)를 구별함으로써 공의와 정의를 두 개의 다른 속성으로 간주하기 원한다면 나는 이것에 반대하지 않을 것이다. 예를 들어, Millard Erickson, *Christian Theology*, 3rd ed. (Grand Rapids: Baker, 2013), 258-260을 보라.

24 그런 점에서 흔히들 말하듯이 "죄는 미워하지만 죄인은 사랑하는 것"이 마땅하다.

25 27장, 1027-1033쪽에 있는 하나님의 진노를 담당한 그리스도에 관한 논의를 보라.

26 © 2013 Dead Bird Theology/ It's All About Jesus Music/ We Are Younger We Are Faster. Townend Songs (All Administered by Music Services, Inc.). All rights reserved.

13. 하나님의 성품 : 공유적 속성(2)

하나님의 의지적, 요약적 속성은 우리와 어떻게 비슷한가?

설명과 성경적 기초

앞 장에서는 하나님의 존재,영이심, 비가시성 그분의 정신적 속성,지식, 지혜, 진실하심 그분의 도덕적 속성선하심, 사랑, 자비, 은혜, 오래 참으심, 거룩하심, 화평, 공의, 질투, 진노에 관해 논했다. 이번 장에서는 목적과 연관된 하나님의 속성, 곧 결정을 내리고 이를 실행하는 속성의지, 자유, 전능과 그분의 요약적 속성완전, 복되심, 아름다움, 영광을 살펴볼 것이다.

D. 목적과 연관된 속성

이 범주에서는 순차적으로 하나님의 의지, 의지의 자유, 의지의 전능성을 다룰 것이다.

14. 의지

하나님의 의지will는 자신 또는 피조물의 존재와 활동에 필요한 행위를 승인하고 결정하는 그분의 속성이다.

이 정의는 하나님의 의지가 하나님의 존재와 활동을 승인하고 결정하는 것과 관련이 있음을 밝힌다. 이것은 무엇을 할지와 무엇을 하지 않을지에 대한 하나님의 선택의 문제다.

a. 일반적인 하나님의 의지. 성경은 하나님의 의지가 일어나는 모든 일의 최종적인 또는 궁극적인 원인이라고 말한다. 바울은 하나님을 가리켜 "모든 일을 그의 뜻의 결정대로 일하시는 이"라고 말한다.엡 1:11 바울은 여기서 "모든 일"이라고 번역된 단어타 판타를 존재하는 모든 것 또는 피조물

안의 모든 것을 지칭하는 말로 자주 사용한다.예를 들어, 엡 1:10, 23; 또한 3:9; 4:10; 골 1:16(2회), 17; 롬 11:36; 고전 8:6(2회); 15:2-28(2회) 참조 1 "일하시는"으로 번역된 단어에네르게오(일하다, 성취하다, 야기하다, 생산하다)는 현재 분사로서 지속적인 활동을 암시한다. 이 구절을 더 명시적으로 번역한다면 '그분의 의지에 따라 우주 안에서 모든 것을 지속적으로 야기하시는 분'이 될 것이다.

더 구체적으로 모든 것은 하나님의 의지에 의해 창조되었다. "주께서 만물을 지으신지라. 만물이 주의 뜻대로 있었고 또 지으심을 받았나이다." 계 4:11 구약과 신약은 모두 인간의 정부가 하나님의 의지에 따라 생겨난다고 말한다. 하늘에서 들리는 목소리는 느부갓네살에게 "지극히 높으신 이가 사람의 나라를 다스리시며 자기의 뜻대로 그것을 누구에게든지 주시는 줄을" 알아야 한다고단 4:32 말하며, 바울은 "권세는 하나님으로부터 나지 않음이 없나니 모든 권세는 다 하나님께서 정하신 바라"고 말한다.롬 13:1

예루살렘 교회는 그리스도의 죽음과 연관된 모든 사건이 하나님의 의지에 따른 것이었다고 믿었다. 그들은 기도하면서 "과연 헤롯과 본디오 빌라도는 이방인과 이스라엘 백성과 합세하여 하나님께서 기름 부으신 거룩한 종 예수를 거슬러 하나님의 권능과 뜻대로 이루려고 예정하신 그것호사을 행하려고 이 성에 모였나이다"라고 말했다.행 4:27-28 여기서 그리스도의 죽음에 연관된 사건들에 참여한 분파들을 구체적으로 언급한 뒤 복수형 부정 대명사호사를 사용한다는 점은, 단지 예수의 죽음이라는 사실뿐만 아니라 그와 연관된 모든 자세한 사건들이 이 진술에 포함됨을 암시한다. 즉 하나님의 권능과 뜻을 통해 이 모든 일이 일어나도록 예정되어 있었다.

때로는 그리스도인들이 고통당하는 것이 하나님의 뜻이다. 예를 들어 베드로전서 3:17은 이렇게 말한다. "선을 행함으로 고난받는 것이 하나님의 뜻일진대 악을 행함으로 고난받는 것보다 나으니라." 이어서 다음 장에서 베드로는 "그러므로 하나님의 뜻대로 고난을 받는 자들은 또한 선을 행하는 가운데에 그 영혼을 미쁘신 창조주께 의탁할지어다"라고 말한다.벧전 4:19 이 구절에서 "하나님의 뜻대로"라는 말은 그리스도인들이 고난받는 방식을 뜻한다고 볼 수 없다. 그렇다면 이 구절은 사실상 '옳은 일을 하다가 고난받는 자들은 옳은 일을 행하고 그 영혼을 의탁할지어다'라는 뜻이 되기 때문이다. 이 경우 "하나님의 뜻대로"라는 말은 불필요한 반복이 되고 말 것이다. 오히려 "하나님의 뜻대로"라는 말은 앞 장에서 "하나님의 뜻"이 고통을 지칭했듯이,벧전 3:17 이 그리스도인들이 고통을 당하고 있다는 사실을 지칭한다고 보아야 한다.

야고보는 우리 삶의 모든 사건이 하나님의 뜻에 따른 것임을 알라고 권면한다. "오늘이나 내일이나 우리가 어떤 도시에 가서 거기서 일 년을 머물며 장사하여 이익을 보리라"고 말하는 이들을 향해 야고보는 "내일 일을 너희가 알지 못하는도다……너희가 도리어 말하기를 주의 뜻이면 우리가 살기도 하고 이것이나 저것을 하리라 할 것이거늘"이라고 말한다.약 4:13-15 너무 많은 사건, 심지어 악한 사건까지도 하나님의 의지에서 기인한다고 보는 태도가 그리스도인들에게 오해와 어려움을 야기하는 경우가 많다. 이 주제와 연관된 어려움 중 일부는 여기서 다루고 나머지는 하나님의 섭리를 다루는 16장에서 다룰 것이다.

b. 하나님 의지의 여러 양상에 대한 구별. 과거에 했던 구별이 하나님 의지의 여러 양상을 이해하는 데 도움이 될 수 있다. 우리가 무언가를 열정적으로, 마지못해, 행복하게, 유감스럽게, 비밀스럽게 또는 공개적으로 계획하거나 선택할 수 있듯이, 하나님도 그분의 성품의 무한한 위대함에 따라 여러 다른 방식을 선택할 수 있다.

(1) 하나님 의지의 양상에 적용된 유익한 구별로는 하나님의 필연적 의지necessary will와 하나님의 자유 의지free will 사이의 구별이 있다. 하나님의 필연적 의지에는 그분이 그분의 본성에 따른 모든 것이 포함된다. 하나님의 의지는 무엇을 필연적으로 의도하시는가? 그분은 그분 자신을 의도하신다. 하나님은 영원히 그분 자신으로 존재하고자 하시며, 또한 존재하기를 원하신다. 그분은 "나는 스스로 있는 자이니라"고 말씀하신다.출 3:14 하나님은 그분이 아닌 다른 존재가 되거나 존재하기를 그치겠다고 결정하실 수 없다.

하나님의 자유 의지에는 하나님이 뜻하시기로 결정했지만, 그분의 본성에 따라 필연적으로 뜻하실 필요가 없는 모든 것이 포함된다. 여기에는 우주를 창조하겠다는 하나님의 결정과 그 창조의 세부 사항과 연관된 모든 결정도 포함된다. 하나님의 본성 안에 그 어떤 것도 그분이 우주를 창조하도록 또는 그분을 위해 인류 중 어느 한 백성을 속량할 결정을 하도록 요구하지 않았다(하나님의 독립성에 관한 위의 논의를 살펴보라). 하지만 하나님은 창조하고 속량하기로 결정하셨으며, 이것은 전적으로 그분의 자유로운 선택이었다. 삼위일체의 세 위격 사이에 사랑과 사귐과 영광이 영원토록 무한히 존재하지만,요 17:5, 24 참조 그럼에도 하나님은 우주를 창조하고 그분의 영광을 위해 우리를 속량하기로 결정하셨다.사 43:7; 48:9-11; 롬 11:36; 고전 8:6; 엡 1:12; 계 4:11 참조 하나님의 존재에서 창조나 구속의 필연적 원인을 찾아내려는 시도는 잘못된 것이다. 이것은 하나님의 독립성을 부인하는 것과 다름없기 때문이다. 마치 우리가 없다면 하나님이 참으로 하나님이실 수 없다고 말하는 것과 같다. 창조하고 속량하겠다는 하나님의 결정은 전적으로 자유로운 결정이었다.

(2) 하나님 의지의 여러 양상에 적용된 두 번째 유익한 구별은 하나님의 감추어진 의지secret will와 그분의 계시된 의지revealed will 사이의 구별이다. 경험적으로 우리는 무언가를 비밀스럽게 뜻하고 이후에 이런 의지를 다른 이들에게 알릴 수 있음을 안다. 우리가 뜻한 바가 발생하기 전에 다른 이들에게 말할 때도 있고, 우리가 뜻한 사건이 발생할 때까지 비밀로 할 때도 있다.

성경은 하나님 의지의 여러 양상을 이처럼 구별한다. 모세에 따르면 "감추어진 일은 우리 하나님 여호와께 속하였거니와 나타난 일은 영원히 우리와 우리 자손에게 속하였나니 이는 우리에게 이 율법의 모든 말씀을 행하게 하심이니라."신 29:29 하나님이 계시하신 일들은 우리가 하나님의 뜻에 순종하게 하기 위한 목적으로 우리에게 주어졌다. "이는 우리에게 이 율법의 모든 말씀을 행하게 하심이니라." 하지만 하나님이 계시하지 않은 다른 계획들도 존재했다. 미래 사건의 세부 사항, 그들의 삶에 있을 역경이나 복 등이 있다. 이런 문제에 관해 그들은 그분을 신뢰해야만 했다.

하나님의 계시된 의지에는 보통 우리의 도덕적 행위를 위한 그분의 명령 또는 교훈이 포함되어 있기 때문에 이 의지는 하나님의 교훈적 의지will of precept 또는 명령적 의지will of command라고 부른다. 하나님의 계시된 의지는 우리가 행해야 하는 바 또는 하나님이 우리에게 행하도록 명령하신 바에 관해 하나님이 선언하신 의지다.

반면에 하나님의 감추어진 의지에는 하나님이 우주를 다스리고 일어날 모든 것을 결정하시는 그 감추어진 뜻 대부분이 포함된다. 그분은 (미래에 대한 예언의 경우를 제외하고) 보통 그 감추어진 뜻을 우리에게 계시하지 않으신다. 따라서 그 뜻은 참으로 하나님의 감추어진 의지다. 우리는 사건이 실제로 일어날 때 하나님이 뜻하신 바를 깨닫는다. 하나님의 감추어진 의지는 세상에서 사건이 일어나게 하시는 하나님의 뜻과 관계가 있기 때문에 작정하신 뜻will of decree이라고도 부른다.[2]

성경에는 하나님의 계시된 의지를 언급하는 여러 본문이 있다. 주의 기도 중 "뜻이 하늘에서 이루어진 것 같이 땅에서도 이루어지이다"마 6:10라는 간구는 하나님의 계시된 의지 또는 그분의 명령이 하늘에서 이루어진 것 같이 땅에서도 사람들이 그분의 뜻에 순종하기를 기원하는 기도다. 이것은 하나님의 감추어진 의지가 성취되기를 바라는 기도가 아니다. 하나님이 작정하신 바는 반드시 이루어질 것이기 때문이다. 하나님이 이미 작정하신 일이 일어나게 해달라고 간구하는 것은 '일어날 일이 일어나기를 빕니다'라고 기도하는 것일 뿐이다. 그것은 공허한 기도다. 실제로 아무것도 간구하지 않는 기도이기 때문이다. 더 나아가 미래에 관한 하나님의 감추어진 의지를 우리는 알 수 없지만, 하나님의 그 의지가 이루어지기를 기도하는 사람은 자신이 무엇을 위해 기도하는지 알지 못할 것이다. 그것은 이해할 수 있는 내용이 전혀 없고 효과도 없는 기도가 될 것이다. 오히려 "뜻이……이루어지이다"라는 기도는 이 땅에서 사람들이 하나님의 계시된 의지를 따르기를 간구하는 기도로 이해해야 한다.

이처럼 이해할 때 이 기도는 우리가 성경에 있는 하나님의 명령에 기초해 기도할 수 있도록 돕는 본보기를 제공한다. 그런 의미에서 예수께서는 극도로 광범위한 기도 요청의 지침을 우리에게 제공하신다. 예를 들어, 이 가르침에서는 사람들이 죄를 회개하고 그리스도를 구원자로 믿게 해달라고 기도하라고 권한다.요 1:12; 행 16:31; 17:30 하지만 "뜻이……이루어지이다"라고 기도하는 것은, 예를 들어 우리가 아는 특정한 사람들이 그들의 부모를 공경하고,출 20:12 살인하지 않고,출 20:13 간음하지 않고,출 20:14 도둑질하지 않고,출 20:15 거짓 증언을 하지 않고,출 20:16 탐하지 않기출 20:17를 기도하는 것이 옳다는 것을 의미한다. 이처럼 기도하는 것은 하나님의 계시된 뜻이 "하늘에서 이루어진 것 같이 땅에서도 이루어지"기를 기도하는 것이다. 이와 같은 이유 때문에 (오늘날 많은 사회가 그러하듯이) 사회가 그런 죄를 눈감아 주거나 미화하지 않도록 기도하는 것도 옳다. "뜻이……이루어지이다"라는 구절이 하나님의 계시된 의지를 지칭한다고 이해한다면, 성경의 모든 도덕적 가르침은 우리가 어떻게 기도해야 하는지에 대해 지침을 제공한다고 말할 수 있다.

이후에 예수께서는 "나더러 주여 주여 하는 자마다 다 천국에 들어갈 것이 아니요. 다만 하늘에 계신 내 아버지의 뜻대로 행하는 자라야 들어가리라"고 말씀하신다.마 7:21 이것은 하나님의 감추어진 의지나 작정하신 뜻이 아니라(설령 알지 못하더라도 모두가 이 뜻을 따르므로) 하나님의 계시된 의지, 곧 그리스도를 따르는 이들이 순종해야 할 하나님의 도덕법을 지칭한다.마 12:50; 마 18:14 참조 에베소인들에게 "주의 뜻이 무엇인가 이해하라"고 명령할 때도엡 5:17; 롬 2:18 참조 바울은 하나님의 계시된 의지에 관해 이야기한다. 이것은 요한이 "그의 뜻대로 무엇을 구하면 들으심이라"고 말했을 때도 마찬가지다.요일 5:14

디모데전서 2:4과 베드로후서 3:9 역시 이 범주에 넣는 것이 최선일 것이다. 바울은 하나님이 "모든 사람이 구원을 받으며 진리를 아는 데에 이르기를 원하시느니라텔레오(뜻하다, 바라다)"라고 말한다.딤전 2:4 "주의 약속은 어떤 이들이 더디다고 생각하는 것 같이 더딘 것이 아니라. 오직 주께서는 너희를 대하여 오래 참으사 아무도 멸망하지 아니하고 다 회개하기에 이르기를 원하시느니라"고 베드로는 말한다.벧후 3:9 이 두 구절에서 말하는 하나님의 의지는 그분의 감추어진 의지, 확실히 일어날 일에 대한 그분의 작정으로 이해해서는 안 된다. 신약은 최종적인 심판이 있을 것이며 모든 사람이 구원받는 것은 아니라고 분명히 말하고 있기 때문이다. 그러므로 이 구절들은 하나님의 계시된 의지 또는 하나님이 기뻐하시는 것과 인류가 순종해야 할 것에 관해 말한다고 이해할 수 있다. 즉 그분이 밝히신 바를 가리킨다.

반면에 많은 본문이 하나님의 감추어진 의지에 관해 말한다. 야고보가 "주의 뜻이면 우리가 살기도 하고 이것이나 저것을 하리라"고 말할 때약 4:15 이는 하나님의 계시된 의지나 교훈적 의지에 관한 이야기일 리가 없다. 왜냐하면 우리는 계획한 어떤 행동을 할 때 그것이 하나님의 명령에 따른 행동임을 알고 있기 때문이다. 오히려 하나님의 감추어진 의지를 신뢰한다는 것은 교만을 극복하고 우리 삶에서 일어난 사건들에 대한 하나님의 주권적인 통제를 겸손히 의지함을 표현하는 것이다.

또 다른 예를 창세기 50:20에서 찾을 수 있다. 요셉은 형들에게 "당신들은 나를 해하려 하였으나 하나님은 그것을 선으로 바꾸사 오늘과 같이 많은 백성의 생명을 구원하게 하시려 하셨나니"라고 말한다. 여기서 요셉의 형들에 대한 하나님의 계시된 의지는 그들이 요셉의 물건을 훔치거나 그를 노예로 팔거나 그를 살해할 계획을 세우지 않는 것이었다. 하지만 하나님의 감추어진 의지는 그들의 불순종 때문에 요셉이 애굽에 노예로 팔려 가서 그의 가족을 구할 수 있게 함으로써 더 큰 선을 이루시는 것이었다.

고린도인들에게 "주께서 허락하시면 내가 너희에게 속히 나아가서"라고 말할 때[고전 4:19] 바울은 하나님의 계시된 의지에 관해 이야기하지 않는다. 왜냐하면 바울은 하나님께 순종하여 또는 사도로서 자신의 직분을 수행하기 위해 고린도인들을 방문하러 가겠다고 이미 결심한 상태였기 때문이다. 오히려 그는 하나님의 감추어진 의지, 미래에 대한 그분의 감추어진 계획에 관해 이야기한다. 이것은 바울에게 알려져 있지 않으며, 실현된 뒤에야 이를 알게 될 것이다.[행 21:14; 롬 1:10; 15:32; 엡 1:11; 벧전 3:17; 4:19 참조 3]

복음이라는 기쁜 소식이 어떤 이들에게는 계시되고 다른 이들에게는 숨겨지는 것도 하나님의 의지에 따른 것이다. 예수께서는 "천지의 주재이신 아버지여, 이것을 지혜롭고 슬기 있는 자들에게는 숨기시고 어린아이들에게는 나타내심을 감사하나이다. 옳소이다. 이렇게 된 것이 아버지의 뜻이니이다"라고 말씀하신다.[마 11:25-26] 이것은 하나님의 감추어진 의지를 지칭한다. 그분의 계시된 의지는 모든 사람이 구원에 이르는 것이기 때문이다. 실제로 두 구절 뒤에 예수께서는 모든 사람에게 "수고하고 무거운 짐 진 자들아, 다 내게로 오라. 내가 너희를 쉬게 하리라"고 명령하신다.[마 11:28] 또한 바울과 베드로는 "하나님은 모든 사람이 구원"받기를 원하신다고 말한다.[딤전 2:4; 또한 벧후 3:9 참조] 따라서 어떤 이들은 구원받지 못하고, 어떤 이들에게는 복음이 숨겨져 있다는 사실을 하나님의 감추어진 의지에 따라 일어나는 일로 이해해야 한다. 우리는 그것을 알 수 없으며, 그것을 억지로 알아내려고 하는 것도 부적절하다. 마찬가지로 우리는 하나님의 의지를 언급하는 로마서 9:18("하나님께서 하고자 하시는 자를 긍휼히 여기시고 하고자 하시는 자를 완악하게 하시느니라")과 사도행전 4:28("하나님의 권능과 뜻대로 이루려고 예정하신 그것을 행하려고")도 하나님의 감추어진 의지를 뜻하는 것으로 이해해야 한다.

성경에서 종종 이런 방식으로 말하기는 해도, 악한 사건이 하나님의 의지에 따라 일어난다고 말하는 것은 위험할 수 있다. 한 가지 위험은, 우리가 하나님이 악을 기뻐하신다고 생각할 수 있다는 것이다. 하나님이 그분의 선한 목적을 위해 악을 이용할 수는 있지만,[16장 참조] 그분은 악을 기뻐하지 않으신다.[겔 33:11 참조] 또 다른 위험은, 죄를 우리 자신이 아니라 하나님의 탓으로 돌리거나 우리의 악한 행위에 대해 우리가 책임이 없다고 생각할 수 있다는 것이다. 하지만 성경은 하나님의 주권적 의지에 대한 진술과 악에 대한 인간의 책임에 대한 진술을 주저하지 않고 결합시킨다. 베드로는 같은 문장에서 예수께서 "하나님께서 정하신 뜻과 미리 아신 대로 내준 바 되었"고 동시에 이 예수를 "너희가 법 없는 자들의 손을 빌려 못 박아 죽였"다고 말했다.[행 2:23] 그는 이어서 하나님의 숨겨진 의지와 이를 수행하는 "법 없는 자들"의 사악함과 죄책을 동시에 주장한다. 하나님의 숨겨진 의지의 비밀스러운 작용을 어떻게 이해하든지, 그로 인해 우리가 악에 대한 책임으로부터 자유로워지거나 죄를 하나님의 탓으로 돌릴 수 있다고 생각해서는 안 된다. 어떻게 그러할 수 있는지는 이생에서 우리에게 신비로 남아 있겠지만 성경은 결코 그런 방식으로 말하지 않으며 우리도 그처럼 말할 수 없다.[4]

15. 자유

하나님의 자유[freedom]는 그분이 기뻐하는 모든 일을 하신다는 하나님의 속성이다. 이 정의는 모든 피조물 중 그 어떤 것도 하나님이 그분의 뜻을 행하시는 것을 막을 수 없음을 암시한다. 그러므로 하나님의 이 속성은 그분의 의지 또는 그분의 능력과 밀접하게 연관되어 있다. 하지만 자유라는 이 양상에서는 하나님이 외부적인 어떤 것에 의해서도 제약받지 않으며 그분은 행하고자 하는 모든 것을 자유롭게 행하신다는 사실에 초점을 맞춘다. 하나님에게 무엇을 행해야 하는지 명령할 수 있는 사람이나 권위는 없다. 그분은 어떤 권위나 외적 제약에도 영향을 받지 않으신다.

하나님의 큰 능력을 우상의 나약함과 대비시키는 시편 115편은 하나님의 자유를 이렇게 말한다. "오직 우리 하나님은 하늘에 계셔서 원하시는 모든 것을 행하셨나이다."시 115:3 인간 통치자는 하나님에게 맞서거나 그분의 뜻에 반대할 수 없다. 왜냐하면 "왕의 마음이 여호와의 손에 있음이 마치 봇물과 같아서 그가 임의로 인도하시"기 때문이다.잠 21:1 마찬가지로 느부갓네살은 회개하면서 하나님에 관해 "하늘의 군대에게든지 땅의 사람에게든지 그는 자기 뜻대로 행하시나니 그의 손을 금하든지 혹시 이르기를 네가 무엇을 하느냐고 할 자가 아무도 없도다"라고 말하는 것이 옳음을 깨닫는다.단 4:35

하나님은 자유로우시기 때문에 피조물 안에서 행하는 하나님의 행동에 대해 (하나님이 취하는 행동이 그분의 도덕적 성품과 일치되는 한) 그분이 무언가를 행하겠다고 작정하셨고, 그분의 의지는 완벽한 자유를 지닌다는 사실보다 더 궁극적인 답을 찾으려고 노력해서는 안 된다. 때때로 사람들은 하나님이 (세상을 창조하거나 우리를 구원하는 행동처럼) 어떤 행동을 하셔야만 했던 이유를 발견하려고 노력한다. 하나님이 세상을 창조하고 죄인을 구원하기로 작정하신 최종적인 이유는 (그분의 성품과 일치되는 방식으로 일하는) 하나님의 전적인 자유 의지라고만 말하는 것이 더 낫다.

16. 전능(능력, 주권)

하나님의 전능은 하나님이 그분의 모든 거룩한 의지를 행하실 수 있음을 뜻한다. 전능omnipotence이라는 단어는 라틴어에서 '모든'을 뜻하는 '*omni*'와 '강력한'을 뜻하는 '*potens*'에서 유래했으며 '모든 것을 할 수 있음'을 의미한다. 하나님의 자유가 하나님의 결정에 영향을 미치는 외적 제약이 존재하지 않는다는 사실을 지칭한다면, 하나님의 전능은 그분이 하기로 작정하신 바를 행하실 수 있는 그분의 능력power을 지칭한다.

성경은 이 능력을 자주 언급한다. 하나님은 "강하고 능한 여호와시요 전쟁에 능한 여호와"시다.시 24:8 "여호와께 능하지 못한 일이 있겠느냐"창 18:14; 또한 렘 32:27라는 수사 의문문은 (문맥상) 그분께 어려운 일은 아무것도 없음을 뜻한다. 실제로 예레미야는 하나님께 "주에게는 할 수 없는 일이

없으시니이다"라고 말한다.렘 32:17

바울은 하나님이 "우리가 구하거나 생각하는 모든 것에 더 넘치도록 능히 하실" 것이며엡 3:20 하나님은 "전능하신 주"라고 불리신다고 말한다.고후 6:18; 또한 계 1:8 여기서 사용된 용어판토크라토르는 모든 능력과 권위를 소유함을 암시한다. 더 나아가 천사 가브리엘은 마리아에게 "대저 하나님의 모든 말씀은 능하지 못하심이 없느니라"고 말하며,눅 1:37 예수께서는 "하나님으로서는 다 하실 수 있느니라"고 말씀한다.마 19:26

이런 본문들은 하나님의 능력이 무한하며, 따라서 그분은 그분이 실제로 하셨던 일만 하시도록 제한받지 않는다고 명확히 말한다. 예를 들어, 세례 요한은 마태복음 3:9에서 "하나님이 능히 이 돌들로도 아브라함의 자손이 되게 하시리라"고 말한다. 하나님은 "원하시는 모든 것을 행하"시는 분이다.시 115:3 그분은 이스라엘을 무너뜨리고 모세를 통해 큰 나라를 세우실 수도 있으셨지만출 32:10 참조 그렇게 하지 않으셨다.

그러나 하나님이 하실 수 없는 것도 있다. 하나님은 그분 자신의 성품을 부인하는 것을 절대로 뜻하거나 행하실 수 없다. 그렇기 때문에 전능은 "그분의 모든 거룩한 의지"를 행하실 수 있는 하나님의 능력으로 정의된다. 하나님이 하실 수 있는 모든 것이 아니라 그분의 성품과 일치되는 모든 것이다. 예를 들어, 하나님은 거짓말을 하실 수 없다. 디도서 1:2에서 그분은 (말 그대로) "거짓이 없으신 하나님", 곧 "절대로 거짓말을 하지 않으시는 하나님"이라고 불린다. 히브리서 기자는 하나님의 맹세와 약속에 관해 "하나님이 거짓말을 하실 수 없"다고 말한다.히 6:18 디모데후서 2:13은 그리스도에 관해 그분은 "자기를 부인하실 수 없으시리라"고 말한다. 더 나아가 야고보는 "하나님은 악에게 시험을 받지도 아니하시고 친히 아무도 시험하지 아니하시느니라"고 말한다.약 1:13 따라서 하나님은 거짓말하거나 죄를 짓거나 그분 자신을 부인하거나 악에게 시험을 받을 수 없다. 그분은 존재하기를 또는 하나님이기를 그치거나 그분의 속성과 모순되는 방식으로 행동하실 수 없다.[5]

이것은 하나님이 무엇이든 하실 수 있다고 말하는 것이 전적으로 정확하지 않음을 의미한다. 앞서 인용한, 이와 비슷한 구절을 사용하는 성경 본문조차 그 맥락에 따라 하나님이 뜻하시는 모든 것 또는 그분의 성품과 일치하는 모든 것을 하실 수 있다는 뜻으로 이해해야 한다. 하나님의 능력은 무한하지만 (하나님의 모든 속성이 그분의 모든 행동을 한정하는 것처럼) 그 능력의 사용은 그분의 다른 속성에 의해 한정된다. 그러므로 이것은 한 속성을 나머지 하나님의 성품과 분리하여 불균형하게 강조하면 오해를 초래할 수 있음을 보여주는 또 하나의 사례다.

하나님이 그분의 피조물에게 능력을 행하시는 것을 하나님의 주권 sovereignty이라고 부르기도 한다. 하나님의 주권은 (주권자 또는 왕으로서) 그분의 피조물에 대한 그분의 통치권이다. 이 주제는 하나님의 섭리를 다루는 16장에서 더 자세히 논할 것이다.

목적과 연관된 하나님의 속성에 관한 논의를 마무리하면서, 그분이 그분의 모든 속성을 희미하게나마 우리 삶에서 반영하도록 우리를 창조하셨음을 깨달아야 할 필요가 있다. 하나님은 의지를 지닌 피조물로 우리를 만드셨다. 우리는 우리 삶의 사건에 관해 선택을 하고 실질적인 결정을 내린다. 우리의 의지는 하나님의 의지처럼 절대적으로 자유롭지 않지만, 그럼에도 하나님은 우리에게 상대적인 자유를 부여하셨다.

사실 우리는 우리의 의지를 행사하고 선택을 내리는 능력을 가지고 있음을 직관적으로 알고 있다. 또한 상대적으로 자유롭게 그처럼 할 수 있다는 사실은 우리가 하나님의 형상을 지니고 있음을 보여주는 가장 중요한 표지 중 하나다. 물론 우리의 의지를 행하려는 욕망과 제약으로부터 자유로워지고자 하는 욕망은 죄악된 방식으로 드러날 수도 있다. 사람들은 교만해져서 하나님의 권위에 맞서 반역하고 그분의 의지에 순종하기를 거부하는 방식의 자유를 욕망할 수도 있다. 그럼에도 우리가 의지와 자유를 사용해 하나님을 기쁘시게 하는 선택을 할 때 우리는 그분의 성품을 반영하며 그분께 영광을 돌린다. 사람들이 악한 정부에 의해 또는 다른 상황에 의해 자유로운 선택을 할 수 있는 능력을 빼앗길 때 하나님을 닮은 그들의 형상의 중요한 부분은 억압을 당한다. 그들이 어떤 대가를 치르더라도 자유를 되찾으려는 것은 놀라운 일이 아니다. 하나님의 형상으로 창조된 모든 사람은 "자유 아니면 죽음을 달라!"는 미국의 혁명가 패트릭 헨리의 외침에 깊이 공감한다.

물론 우리는 무한한 능력이나 전능함을 지니지 않은 것처럼, 무한한 자유 또는 하나님의 다른 속성도 무한한 정도로 가지고 있지 않다. 하지만 우리가 전능하지 않음에도 하나님은 우리에게 결과를 만들 수 있는 능력, 신체적인 능력과 다른 종류의 능력, 곧 정신적 능력, 영적 능력, 설득하는 능력, 다양한 종류의 권위 구조가정, 교회, 시민 정부 등 안에서 작동하는 능력을 주셨다. 이 모든 영역에서 하나님이 기뻐하시게 또는 그분의 의지와 일치되는 방식으로 능력을 사용함으로써 우리는 그분의 성품을 반영하고 그분께 영광을 돌릴 수 있다.

E. 요약적 속성

17. 완전

하나님의 완전perfection은 하나님이 모든 탁월한 속성을 완전히 소유하며 조금도 결핍되지 않으심을 뜻한다.

이것을 별도의 속성으로 목록에 포함시켜야 할지, 아니면 단순히 다른 속성에 대한 설명에 포함시켜야 할지 결정하기 어렵다. 어떤 본문은 하나님이 온전하다 또는 완전하다고 말한다. 예수께서는 우리에게 "그러므로 하늘에 계신 너희 아버지의 온전하심과 같이 너희도 온전하라"고 말씀하신다.마 5:48 또한 다윗은 하나님에 관해 "하나님의 도는 완전하고"라고 말한다.시 18:30; 또한 신 32:4 참조 이처럼 하나님이 그분의 속성에 관해 조금도 부족함이 없다고 명시적으로 주장하는 성경적 선례가 존재한다. 하나님은 그분의 모든 속성을 완전히 소유하고 계시며 부족함이 없으시다. 더 나아가 하나님께 그 이상 필요한 속성은 존재하지 않는다. 그분은 모든 점에서 온전하며 완전하다.

이 속성은 지금까지 열거한 다른 범주에 잘 들어맞지 않기 때문에 요약적 속성으로 분류할 수 있다. 어떤 의미에서 하나님의 모든 속성이 다른 모든 속성을 한정하기는 하지만, 요약적 속성은 모든 속성에 직접적으로 적용되며 명시적으로 나타난다. 모든 속성에 더 직접적으로 적용되거나 명시적으로 진술할 가치가 있는 모든 속성의 특정한 양상을 묘사하는 것처럼 보인다.

18. 복되심

'복되심'은 충만하고 풍성한 의미에서의 행복을 뜻한다. 성경은 하나님의 길을 걷는 이들이 복되다고 자주 말한다. 하지만 디모데전서에서 바울은 하나님을 "복되시고 유일하신 주권자"라고 부르며,딤전 6:15 "복되신 하나님의 영광의 복음"에 관해 말한다.딤전 1:11 두 경우 모두 원문의 단어는 ('복되다'로 자주 번역되는) '율로게토스'가 아니라 ('행복하다'를 뜻하는) '마카리오스'다.

따라서 하나님의 복되심blessedness은, 하나님이 그분 자신으로 인해, 또한 그분의 성품을 반영하는 모든 것으로 인해 온전히 기뻐하심을 뜻한다. 이 정의에서 하나님의 복되심이라는 관념은 기뻐하거나 즐거워할 가치가 있는 모든 것의 핵심이 되시는 그분 자신과 직결된다. 이 정의는 하나님이 완전히 복되시며 그분이 그분 자신 안에 충만한 기쁨을 가지고 계신다고 말한다.

이 정의는 하나님이 피조물 안에서 그분의 탁월성을 반영하는 모든 것으로 인해 기뻐하신다는 사실을 반영한다. 그분은 창조 사역을 마치면서 그분이 만드신 모든 것을 바라보며 "심히 좋았더라"고 말씀하셨다.창 1:31 이는 자신의 피조물로 인한 하나님의 기쁨과 피조물에 대한 그분의 승인을 의미한다. 또한 이사야서에서 우리는 장차 하나님이 그분의 백성으로 인해 기뻐하시리라는 약속을 발견한다. "신랑이 신부를 기뻐함 같이 네 하나님이 너를 기뻐하시리라."사 62:5; 또한 잠 8:30-31; 습 3:17 참조

하나님이 그분의 피조물로 인해 기뻐하실 때, 심지어 우리로 인해 기뻐하실 때 사실은 그분이 그분 자신의 탁월성의 반영에 대해 기뻐하신다는 것이 처음에는 이상하거나 다소 실망스럽다고 느껴질지도 모른다. 하지만 바람직하고 탁월한 모든 것의 총합이 하나님께 무한히 존재함을 기억한다면 그러할 수밖에 없음을 깨닫게 될 것이다. 우주 안에 존재하는 모든 탁월성은 궁극적으로 그분께로부터 나온 것일 수밖에 없다. 왜냐하면 그분은 모든 것의 창조주이며 모든 선의 원천이기 때문이다. "온갖 좋은 은사와 온전한 선물이 다 위로부터 빛들의 아버지께로부터 내려오나니 그는 변함도 없으시고 회전하는 그림자도 없으시니라."약 1:17

그러므로 바울이 고린도인들에게 말하듯이 우리는 우리 자신에게 이

렇게 말해야 한다. "누가 너를 남달리 구별하였느냐. 네게 있는 것 중에 받지 아니한 것이 무엇이냐. 네가 받았은즉 어찌하여 받지 아니한 것 같이 자랑하느냐."고전 4:7 "이는 만물이 주에게서 나오고 주로 말미암고 주에게로 돌아감이라 그에게 영광이 세세에 있을지어다."롬 11:36

우리는 하나님이 기뻐하시는 모든 것으로 인해 기뻐하고 행복해할 때 하나님의 복되심을 모방할 수 있다. 기쁨과 행복은 하나님과 다른 이들에게 기쁨을 주는 우리 삶의 양상이다. 하나님이 개인으로서 우리를 창조할 때 부여하신 구체적인 능력이나 특성에 우리가 감사하고, 그로 인해 기뻐할 때도 우리는 복되심이라는 그분의 속성을 모방하는 셈이다. 더 나아가 우리는 그분의 탁월한 성품을 반영하는 피조물로 인해 기뻐함으로써 하나님의 복되심을 모방한다. 그리고 우리는 모든 선한 속성의 원천이신 하나님으로 인해 기뻐할 때 우리의 가장 큰 복을 누린다.

19. 아름다움

하나님의 아름다움beauty은 그분이 모든 바람직한 성질의 총합이심을 뜻하는 하나님의 속성이다. 하나님의 이 속성은 앞에서 다룬 많은 속성에도 암시되어 있으며, 특히 하나님의 완전과 연관되어 있다. 하지만 하나님의 완전은 하나님께 어떤 것도 부족하지 않았다는 것을 보여주는 방식으로 정의되었다. 아름다움이라는 이 속성은 하나님의 완전을 긍정적인 방식으로 정의한다. '완전'은 하나님께 어떤 것도 부족하지 않음을 뜻하며, '아름다움'은 하나님이 모든 것을 가지고 계심을 뜻한다. 같은 진리를 서술하는 두 가지 다른 방식인 것이다.

그럼에도 하나님의 완전을 이처럼 진술하는 것은 가치가 있다. 이를 통해 우리는 선하고 의로우며 우리 모두가 가져야 할 탁월함이 오직 하나님 안에서 성취됨을 되새길 수 있기 때문이다.

다윗은 시편 27:4에서 주의 아름다움에 관해 말한다. "내가 여호와께 바라는 한 가지 일 그것을 구하리니 곧 내가 내 평생에 여호와의 집에 살면서 여호와의 아름다움을 바라보며 그의 성전에서 사모하는 그것이라." 다른 시편도 비슷한 생각을 표현한다. "하늘에서는 주 외에 누가 내게 있으리요 땅에서는 주 밖에 내가 사모할 이 없나이다."시 73:25 두 경우 모두에서 시편 기자는 하나님의 아름다움을 사모하는 마음이 다른 욕망을 능가한다고 인정한다. 이 마음은 그분의 영원한 임재를 누리려는 갈망에서 절정에 이른다. 따라서 천국에서 누리는 가장 큰 복은 이것이다. "그의 얼굴을 볼 터이요."계 22:4

앤 커즌은 천국에 대한 올바른 관점을 가지고 있었다. 그의 찬송가 "이 세상 지나가고"의 마지막 절에서 그는 이렇게 고백한다.

날 위해 고생하신
주 얼굴 뵈려고
내 갈 길 험악하나
쉬잖고 나간다
주 예수 신랑처럼
날 기다리시니
큰 영광 중에 나가
주 얼굴 뵈리라

우리는 그분이 기뻐하시는 행실을 보임으로써 우리 삶 속에서 하나님의 아름다움을 반영한다. 따라서 베드로는 베드로전서에서 아내들에게 외모가 아닌 "오직 마음에 숨은 사람을 온유하고 안정한 심령의 썩지 아니할 것으로 [단장]하라. 이는 하나님 앞에 값진 것"이라고 말한다.벧전 3:4 비슷하게 바울은 종들에게 그들의 행실로 "우리 구주 하나님의 교훈을 빛나게" 해야 한다고 가르친다.딛 2:10

우리 삶의 아름다움은 그리스도께 중요한 문제다. 따라서 이제 그분의 목적은 교회 전체를 거룩하게 하여 "자기 앞에 영광스러운 교회로 세우사 티나 주름 잡힌 것이나 이런 것들이 없이 거룩하고 흠이 없게" 하시는 것이다.엡 5:27 개인 또는 공동체로서 우리는 그분의 성품을 드러내는 모든 방식을 통해 하나님의 아름다움을 반영한다. 우리가 그분의 성품을 반영할 때 그분은 우리로 인해 기뻐하며 우리를 아름답게 여기신다.

하지만 또한 우리는 주 안에서 형제자매인 사람들의 삶 가운데 하나님의 탁월성이 드러날 때 기뻐한다. 그러므로 우리가 서로 나누는 사귐을 통해 기쁨과 즐거움을 느끼는 것이 옳으며, 우리의 삶이 그리스도의 삶과 점점 더 닮아 감에 따라 이 기쁨도 더 깊어질 것이다. 우리가 하나님의 성품이 드러나는 하나님 백성의 사귐 안에 있기를 갈망하는 것은 옳은 일이다. 하나님 백성의 거룩함으로 인해 기뻐할 때 우리는 그 백성의 삶 속에 그분의 성품이 분명히 드러나는 것을 보게 되므로 궁극적으로 하나님으로 인해 기뻐하는 것이기 때문이다.

20. 영광

어떤 의미에서 영광glory이라는 말은 영예나 탁월한 평판을 뜻한다. 이 용어는 하나님의 자녀들에 관해 "내가 내 영광을 위하여 창조한 자"라고 말씀하시는 이사야 43:7이나 "모든 사람이 죄를 범하였으매 하나님의 영광에 이르지 못하더니"라고 말하는 로마서 3:23에서 그런 의미로 사용된다. 예수께서 "창세 전에 내가 아버지와 함께 가졌던 영화"에 관해 말씀하시는 요한복음 17:5 또는 "하나님의 영광의 광채"라고 말하는 히브리서 1:3에서도 그런 의미를 갖는다. 이런 의미에서 하나님의 영광은 엄밀히 말해 그분의 존재 속성이라기보다 우주 안의 모든 것이 하나님께 드려야 할 최고의 영광(히브리서 1:3과 요한복음 17:5을 통해서는 삼위일체의 위격들 사이에 공유되는 영광이 포함됨을 알 수 있다)을 묘사하는 말이다. 하지만 이것은 여기서 우리가 관심을 기울이는 영광이라는 말의 의미가 아니다.

다른 의미에서 하나님의 영광은 하나님의 임재를 둘러싸는 밝은 빛을 뜻한다. 하나님은 에너지나 물질이 아니라 영이시다. 따라서 이 가시적인 빛은 하나님의 존재 일부가 아니라 창조된 무언가다. 따라서 하나님의 영광은 하나님의 자기 계시를 둘러싸는 창조된 빛이다.

사실 하나님의 이 속성은 다른 속성과 같은 의미에서의 하나님의 속성이 아니다. 여기서 우리는 하나님의 성품이 아니라 그분이 피조물 안에서 자신을 드러낼 때 하나님을 둘러싸는 창조된 빛이나 광채에 관해 이야기하고 있기 때문이다. 그럼에도 하나님의 영광은 오직 그분께만 속한 무엇이며 그분의 탁월성의 적절한 외적 표현이다. 그러므로 하나님의 속성들을 논한 직후 여기서 이것을 다루는 것이 옳아 보인다.

성경은 하나님의 영광에 관해 자주 이야기한다. 다윗은 "영광의 왕이 누구시냐. 만군의 여호와께서 곧 영광의 왕이시로다"라고 묻는다.[시 24:10] 시편 104:1-2은 "여호와 나의 하나님이여, 주는 심히 위대하시며 존귀와 권위로 옷 입으셨나이다. 주께서 옷을 입음 같이 빛을 입으시며"라고 말한다. 그 외에도 구약에서는 이러한 하나님의 영광이 자주 언급된다.

신약에서는 이 하나님의 영광이 목자들에게 예수의 탄생을 알리는 사건과 연관하여 언급된다. "주의 사자가 곁에 서고 주의 영광이 그들을 두루 비추매 크게 무서워하는지라."[눅 2:9] 또한 그리스도의 변모 사건에서도 하나님의 영광이 나타났으며,[마 17:2 참조] 우리는 장차 올 천상의 도성에서 "그 성은 해나 달의 비침이 쓸 데 없으니 이는 하나님의 영광이 비치고 어린 양이 그 등불이 되심"을 알게 될 것이다.[계 21:23]

하나님의 자기 계시에 이런 빛과 광채가 동반되는 것은 매우 적절하다. 하나님의 이 영광은 하나님의 탁월한 성품의 가시적 현현이기 때문이다. 하나님의 존재적 위대함, 그분이 가진 모든 속성의 완전함은 우리가 결코 온전히 이해할 수 없으며, 경외와 예배하는 태도로 그 앞에 서 있을 수밖에 없는 그 무엇이다. 따라서 하나님의 가시적 현현 앞에서 우리는 그것을 온전히 바라볼 수 없을 것이며, 그것은 너무 밝아서 우리가 부분적으로만 보아도 큰 기쁨과 깊은 경외심을 자아낼 것이다.

놀랍게도 하나님은 우리가 그분의 영광을 반영하도록 만드셨다. 바울은 우리가 이미 지금 그리스도인의 삶에서 "그와 같은 형상으로 변화하여 영광에서 영광에 이르"고 있다고 말한다.[고후 3:18; 또한 마 5:16; 빌 2:15 참조] 지금 우리는 가시적인 빛으로 둘러싸여 있지 않지만, 많은 경우 하나님을 깊이 사랑하는 사람의 삶의 방식에는 빛이나 광채, 아름다움이 존재하며, 그런 사람 곁에 있는 이들은 이를 분명히 알 수 있다. 장차 올 삶에서는 그런 광채가 더 강해져서, 우리가 그리스도와 함께 다스릴 때 우리는 그런 통치와 하나님의 형상을 지닌 존재이자 주 예수 그리스도의 종이라는 우리의 신분에 걸맞게 빛나는 외모도 받게 될 것이다.[잠 4:18; 단 12:3; 마 13:43; 고전 15:43 참조]

개인적 적용을 위한 질문

신학 전문 용어

감추어진 의지
계시된 의지
요약적 속성
자유 의지
필연적 의지

[의지, 자유]

1. 아이가 자라면서 부모의 통제를 벗어나 자유롭게 행동하는 것은 어떤 점에서 적절하거나 적절하지 않은가? 이는 우리가 하나님의 형상으로 창조된 증거로 볼 수 있는가?

[능력]

2. 하나님의 능력은 그분이 행하려는 바를 이루시는 것이다. 우리에게도 이 땅에서 그분의 뜻에 순종하고 그분이 기뻐하시는 결과를 만들어 내는 능력이 있는가? 그 능력을 강화할 수 있는 방법을 말해 보라.

[완전]

3. 완전이라는 하나님의 속성은, 우리가 삶에서 하나님의 속성 일부만이라도 반영할 수 없음을 어떻게 드러내는가? 여러분의 삶에서 '하나님이 완전하시듯 완전하다'는 것이 어떤 의미인지 몇 가지 양상을 설명해 보라.

[복되심]

4. 여러분은 하나님께서 주신 신체적, 정서적, 정신적, 성별, 영적 은사, 능력, 지위 등 자신의 개성에 만족하는가? 어떤 의미에서 그것에 만족하는 것이 옳으며, 또 옳지 않은가? 우리는 온전히 만족하고 복된 삶을 살아갈 수 있는가? 언제 어떻게 그리될 수 있는가?

5. 신앙의 유무와 상관없이 여러분은 어떤 이들을 존경하는가? 존경하는 그 특성은 옳은가, 그렇지 않은가? 왜 그렇게 생각하는가? 우리는 어떻게 하나님으로 인해 더 자주, 온전히 기뻐할 수 있는가?

[아름다움]

6. 이전에 여러분이 갖고 있던 아름다움의 정의와 하나님 안에서의 참된 아름다움에 차이가 있는가? 이전에 아름답다고 생각한 것에 새로운 관점을 적용할 수 있는가? 그 이유는 무엇인가?

7. "내가 내 평생에 여호와의 집에 살면서 여호와의 아름다움을 바라보며

그의 성전에서 사모하는 그것"시 27:4이 다윗에게는 삶에서 가장 소망하던 바람이었다는 것을 이해할 수 있는가?

[영광]

8. 베들레헴 근처에서 목자들이 자신들을 둘러싼 주의 영광을 경험할 때 그들은 "크게 무서워"했다.눅 2:9 우리 또한 천상의 도성에 가면 주의 영광의 빛에 둘러싸여 있을 것이다.계 21:23 그때 우리도 두려움을 느끼게 될 것인가? 어째서 그런가? 여러분은 이 영광 안에 살고 싶은가? 이생에서도 이런 경험을 할 수 있는가?

참고 문헌

이 참고 문헌에 관한 설명으로는 1장, 60쪽을 보라. 자세한 서지 자료는 2권 부록 2에서 확인할 수 있다. 조직신학 책에서 하나님의 속성을 분류하는 방식이 다르기 때문에 아래에서 소개하는 항목 중 일부는 하나님의 공유적 속성만을 다루며 일부는 하나님의 모든 속성을 다룬다.

복음주의 조직신학 저술의 관련 항목

1. 성공회

1882–1892	Litton, 58–74
1930	Thomas, 14–20, 495–500
2001	Packer, 26–53
2013	Bird, 126–139
2013	Bray, 112–114

2 아르미니우스주의(또는 웨슬리파/감리교)

1875–1876	Pope, 1:248–55, 287–360
1892–1894	Miley, 1:159–222
1940	Wiley, 1:241–393
1960	Purkiser, 127–142
1983	Carter, 1:111–127
1992	Oden, 1:53–130
2002	Cottrell, 67–99

3. 침례교

1767	Gill, 1:37–187, 359–365
1887	Boyce, 54–115
1907	Strong, 243–303
1976–1983	Henry, 2:151–246; 5:9–164, 214–375; 6:35–89, 251–417
1987–1994	Lewis and Demarest, 1:175–248
1990–1995	Garrett, 1:223–304
2007	Akin, 221–238
2013	Erickson, 254–266

4. 세대주의

1947	Chafer, 1:179–224, 260–271
1949	Thiessen, 75–88
1986	Ryrie, 35–50
2017	MacArthur and Mayhue, 179–188

5. 루터교

1917–1924	Pieper, 1:405–466
1934	Mueller, 160–175

6. 개혁주의(또는 장로교)

1559	Calvin, 1:96–120 (1.10–12)
1679–1685	Turretin, *IET*, 1:189–91
1871–1873	Hodge, 1:366–441
1878	Dabney, 38–54, 144–174
1887–1921	Warfield, *BTS*, 505–522; SSW, 1:69–81; *ST*, 109–114
1894	Shedd, 274–310
1906–1911	Bavinck, *RD*, 2:96–97, 131–132, 135–136, 178–255
1910	Vos, 1:3–37
1938	Berkhof, 41–81
1962	Buswell, 1:29–71
1998	Reymond, 163–204
2008	Van Genderen and Velema, 164–192
2011	Horton, 259–272
2013	Frame, 232–279
2013	Culver, 60–92, 216–26
2016	Allen and Swain, 57–77
2017	Barrett, 217–240
2019	Letham, 158–159

7. 부흥 운동(또는 은사주의/오순절)

1988–1992	Williams, 1:47–82
1993	Menzies and Horton, 48–53
1995	Horton, 120–131

2008 Duffield and Van Cleave, 58–61, 70–76

대표적인 로마 가톨릭 조직신학 저술의 관련 항목

1. 로마 가톨릭: 전통적 입장
1955 Ott, 24–49
2. 로마 가톨릭: 제2차 바티칸공의회 이후
1980 McBrien, 1:283–342
2012 *CCC*, paragraphs 222–231

기타 저술

Alcorn, Randy C. *If God Is Good: Faith in the Midst of Suffering and Evil*. Colorado Springs: Multnomah, 2009. (『악의 문제 바로 알기』 두란노)
Allison, Gregg. *Historical Theology: An Introduction to Christian Doctrine; A Companion to Wayne Grudem's Systematic Theology*. Grand Rapids: Zondervan, 2011, 210–230.
Bray, Gerald L. *The Doctrine of God*. Downers Grove, IL: InterVarsity Press, 1993. (『신론』 IVP)
___. "God." In *NDBT*, 511–521.
Bromiley, G. W. "God." In *ISBE*, 2:493–503.
Charnock, Stephen. *The Existence and Attributes of God*. 1655–80; Reprint, Evansville, IN: Sovereign Grace Book Club, n.d., 181–802.
Duby, Steven J. *God in Himself: Scripture, Metaphysics, and the Task of Christian Theology*. Downers Grove, IL: IVP Academic, 2019.
Feinberg, John S. *No One Like Him: The Doctrine of God*. Wheaton, IL: Crossway, 2006.
Gavrilyuk, Paul L. *The Suffering of the Impassible God: The Dialectics of Patristic Thought*. Oxford: Oxford University Press, 2004.
Holmes, S. R. "God." In *NDT2*, 369–373.
House, H. Wayne, and Max Herrera. *Charts on Open Theism and Orthodoxy*. Grand Rapids: Kregel, 2003.
Kaiser, Christopher B. *The Doctrine of God*. Westchester, IL: Good News, 1982.
Keating, James, and Thomas Joseph White. *Divine Impassibility and the Mystery of Human Suffering*. Grand Rapids: Eerdmans, 2009.
Laney, J. Carl. God: *Who He Is, What He Does, How to Know Him Better*. Nashville: Word, 1999.
Lewis, Gordon R. "God, Attributes of." In *EDT1*, 451–459.
___. "Impassibility of God." In *EDT3*, 422–423.
Packer, J. I. "God." In *NDT1*, 274–277.
___. *Knowing God*. London: Inter-Varsity Press, 1973, 80–254. (『하나님을 아는 지식』 IVP)
Piper, John. *Desiring God*. Sisters, OR: Multnomah, 2003. (『하나님께 굶주린 삶』 복 있는 사람)
___. *The Pleasures of God*. Sisters, OR: Multnomah, 2000. (『하나님의 기쁨』 두란노)
Saucy, R. L. "God, Doctrine of." In *EDT1*, 459–464.
Tozer, A. W. *The Knowledge of the Holy*. New York: Harper and Row, 1961. (『하나님을 바로 알자』 생명의말씀사)
Van Til, Cornelius. *In Defense of the Faith*. Vol. 5, *An Introduction to Systematic Theology*. Phillipsburg, NJ: Presbyterian and Reformed, 1976, 200–252. (『변증학』 개혁주의신학사)
Wenham, John W. *The Goodness of God*. London: Inter-Varsity Press, 1974.

성경 암송 구절

시편 73:25-26 | 하늘에서는 주 외에 누가 내게 있으리요 땅에서는 주 밖에 내가 사모할 이 없나이다. 내 육체와 마음은 쇠약하나 하나님은 내 마음의 반석이시요 영원한 분깃이시라.

찬송가

"너 하나님께 이끌리어"

이 곡은 하나님의 주권으로 인해 그분을 신뢰한다는 것을 표현하는 아름다운 찬송가 중 하나다.

너 하나님께 이끌리어
일평생 주만 바라면
너 어려울 때 힘주시고
언제나 지켜 주시리
주 크신 사랑 믿는 자
그 반석위에 서리라

너 설레는 맘 가다듬고
희망 중 기다리면서
그 은혜로신 주의 뜻과
사랑에 만족하여라
우리를 불러주신
주 마음의 소원 아신다

주 찬양하고 기도하며
네 본분 힘써 다하라
주 약속하신 모든 은혜
네게서 이루어지리라
참되고 의지하는 자
주께서 기억하시리

◈ ———

우리가 하나님의 인도하심을 받으며
언제나 그분 안에 소망을 둔다면
무슨 일이 일어나든지 그분이 우리에게 힘을 주시고
고통의 시간 속에 당신을 지켜주시리라
변치 않는 하나님의 사랑을 믿는 사람은
흔들리지 않는 반석 위에 집을 지은 사람 같도다

불안과 염려, 그치지 않는 신음과 탄식이
우리에게 무슨 소용이 있겠는가?
닥쳐오는 어두운 순간마다
슬퍼한들 무슨 도움이 되겠는가?
우리의 십자가와 시련이 더 무겁게 우리를 짓눌러
우리를 비통하게 하도다

소망 가운데 온 마음을 다해
그저 잠잠히 그분의 때를 기다리라
하나님 아버지께서 기뻐하시는 모든 것을 받아들이고
하나님이 사랑으로 주신 모든 것을 받아들이라
우리를 자녀로 택하신 그분께서
우리의 가장 간절한 소망을 알고 계심을 의심하지 말라

모든 것이 가장 높으신 분 앞에 있도다
우리는 하나님이 모든 것을 할 수 있음을 안다
아무리 낮은 곳으로 떨어져도 당신을 일으켜 세우시고
부한 사람을 가난하고 비천하게 만드실 수 있으시도다
지금도 그분이 참으로 놀라운 일을 행하시니

그분은 세우기도 하시고 무너뜨리기도 하시니라

찬양하고 기도하고 굳건히 그분의 길을 걸어가라
맡은 일을 충실히 하라
그분의 말씀을 믿으라
우리에게 참된 말씀임을 깨닫게 되리라
진실로 그분을 신뢰하는 사람을
하나님은 결코 버리지 않으셨도다

□ 1641년, 게오르크 노이마르크 저작

* 새찬송가 312장

현대 찬양곡

"그 이름"

아침이 밝아올 때에
찬양의 마음 주시네
주를 향한 나의 찬양
주 마음 울리리

그 이름 강하고 견고한 성루
그 이름 나의 피난처 되시네
그 이름 구원의 능력 되시니
온 열방이 다 찬양하네
그 이름

주의 이름 부를 때
나의 마음 채우소서
내 삶을 주께 드리며
주 이름 높이리

◈

아침이 밝아오고 밤이 물러날 때
주님으로 인해 우리는 찬양의 노래를 부릅니다
그 노래가 하늘로 올라가 주님의 마음에 닿고
주님의 이름을 영화롭게 합니다

주님의 이름은 강하고 견고한 성입니다
주님의 이름은 무엇과도 비교할 수 없는 피난처입니다
주님의 이름으로 인해 열방이 큰 소리로 노래합니다
구원의 능력은 주님의 이름에만 있기 때문입니다

우리는 예수님의 이름으로 기도합니다

이곳에 오셔서 우리 마음을 채워 주소서

주님, 우리에게 주님을 위해 살 힘을 주시고

주님의 이름에 영광을 돌리게 하소서

□ 글렌 패키엄, 폴 발로쉬 작사 7

주

1 이 구절이 언제나 이런 의미를 갖는 것은 아니지만(롬 11:32; 또한 고전 12:6; 고후 12:19 참조), 바울이 생각하는 범위가 (이 본문에서처럼) 우주적이거나 보편적인 성격을 띠는 맥락에서 이 구절은 명백히 피조물 안의 모든 것을 지칭하는 것처럼 보인다.

2 16장, 641-644쪽에 있는 하나님의 작정에 관한 논의를 보라.

3 에베소서 1:9-10에서 바울은 하나님이 "하늘에 있는 것이나 땅에 있는 것이 다 그리스도 안에서 통일되게 하려 하"시려고 "그 뜻의 비밀을 우리에게 알리신 것"이라고 말한다. 여기서 그는 하나님의 감추어진 의지의 일부가 하나님의 계시된 의지가 되었으며, 이것은 하나님이 그것을 사도들에게, 그다음에는 교회에게 알려 주셨기 때문이라고 말한다.

4 하나님의 의지와 악의 관계에 관한 더 자세한 논의는 16장, 625-633쪽을 보라. 또한 존 파이퍼의 탁월한 논문 "Are There Two Wills in God? Divine Election and God's Desire for All to Be Saved," in *Still Sovereign*, ed. by Tom Schreiner and Bruce Ware (Grand Rapids: Baker, 2000), 107-132을 보라.

5 "하나님이 움직일 수 없을 만큼 큰 바위를 만드실 수 있는가?"라는 회의론자의 질문에 당당하게 "아니다"라고 대답해야 한다. 이 질문은 실제로 "하나님이 그분의 속성(전능)과 모순되는 일(바위 만들기)을 하실 수 있는가?"라고 묻는 것이다. 그렇지 않다. 그분은 자신의 속성을 거스를 수 없으시다. 전능이란 그분이 그분의 모든 거룩한 뜻을 행할 수 있다는 뜻일 뿐이다—우리의 삶과 그분에 대한 우리의 신뢰를 위해서는 이것만이 중요할 따름이다.

6 42장, 356-368쪽에 실린 영광에 관한 논의를 보라.

7 Copyright © 2006 Integrity's Hosanna! Music (ASCAP) Integrity Worship Music (ASCAP) (adm. at CapitolCMGPublishing.com). All rights reserved. Used by permission.

14. 세 위격으로 존재하는 하나님 : 삼위일체

그리스도께서는 반드시 죽으셔야 했는가?

어떻게 하나님께서는 세 위격인 동시에 한분일 수 있는가?

앞 장들에서는 하나님의 여러 속성에 관해 논했다. 하지만 이 속성들만으로는 하나님을 바르게 이해한다고 말할 수 없다. 다시 말해 하나님이 언제나 하나 이상의 위격으로 존재하신다는 것을 이해할 수 없다. 하나님은 세 위격으로 존재하지만 언제나 한분 하나님이시다.

하나님의 속성에 관한 공부는 삼위일체 교리와 연결해 기억하는 것이 중요하다. 영원하고 편재하며 전능하신 하나님에 관해 생각할 때 우리는 이 속성들을 성부 하나님에게만 연결시켜 생각하는 경향이 있다. 하지만 삼위일체에 관해 성경은 하나님의 모든 속성이 세 위격 모두에 적용된다고 가르친다. 각 위격이 온전한 하나님이시기 때문이다. 성자 하나님과 성령 하나님도 영원하고 전능하며 편재하고 무한히 지혜로우며 거룩하고 사랑으로 넘치며 전지하시다.

삼위일체 교리는 기독교 신앙에서 가장 중요한 교리 중 하나다. 삼위일체에 관해 공부함으로써 우리는 하나님을 향한 핵심적인 질문과 통찰력을 갖게 된다. 하나님은 과연 어떤 분이신가? 우리는 삼위일체 교리를 통해 하나님이 성부, 성자, 성령의 각 위격으로 존재하지만, 한분 하나님이심을 배울 수 있다.

설명과 성경적 기초

우리는 삼위일체 교리를 다음과 같이 정의할 수 있다. 하나님은 영원히 성부, 성자, 성령의 세 위격으로 존재하고, 각 위격은 온전히 하나님이며, 동시에 한분 하나님이 존재한다.

A. 삼위일체 교리는 성경 안에서 점진적으로 계시된다

1. 구약의 부분적 계시

'삼위일체'라는 말은 성경에 없지만, 성경은 많은 곳에서 이 말이 나타내는 내용을 가르친다. 삼위일체trinity는 '셋-하나'tri-unity 또는 '하나 안의 셋'three-in-oneness을 뜻한다. 이 용어는 하나님이 세 위격이지만 한분 하나님이라는 성경의 가르침을 요약하기 위해 사용된다.

삼위일체 교리가 구약에서는 발견되지 않고 신약에서만 발견된다고 생각하는 사람들이 있다. 하나님이 영원히 세 위격으로 존재한다면, 구약에서 그 증거를 찾을 수 없다는 것이 놀라운 일일 것이다. 삼위일체 교리가 구약에서 명시적으로 발견되지 않지만, 몇몇 본문은 하나님이 하나 이상의 위격으로 존재하심을 암시한다.

예를 들어, 창세기 1:26에서 하나님은 "우리의 형상을 따라 우리의 모양대로 우리가 사람을 만들고"라고 말씀하신다. 복수형 동사"우리가"와 복수 대명사"우리의"는 무엇을 뜻하는가? 어떤 이들은 이것이 장엄 복수plurals of majesty라고 주장해 왔다. 즉 왕이 "우리가 너의 탄원을 윤허한다"고 말할 때 사용하는 어법이다.[1] 그러나 구약의 히브리어에서는 왕이 자신을 가리켜 말할 때 복수형 동사나 복수 대명사를 사용하는 '장엄 복수'의 다른 용례가 없으며, 따라서 이 주장을 뒷받침하는 증거가 없다.[2] 또 다른 주장은 하나님이 천사들에게 말씀하셨다는 것이다. 하지만 천사들은 인간을 창조하는 데 참여하지 않았으며, 인간은 천사의 형상과 모양대로 창조되지 않았다. 따라서 이 주장은 설득력이 없다. 최선의 설명은 이미 창세기의 첫 장에서 하나님의 신성에 복수의 위격이 있다는 증거를 확인할 수 있다는 것이다.[3] 이 본문에서는 많은 위격의 존재 여부를 말하지 않고 완전한 삼위일체 교리에 가까운 내용도 찾아볼 수 없지만, 하나 이상의 위격이 창조에 참여했음을 암시해 준다. 창세기 3:22("보라, 이 사람이 선악을 아는 일에 우리 중 하나 같이 되었으니")과 창세기 11:7("자, 우리가 내려가서 거기서 그들의 언어를 혼잡하게 하여"), 이사야 6:8("내가 누구를 보내며 누가 우리를 위하여 갈꼬")에 대해서도 똑같이 말할 수 있다. (마지막 본문은 같은 문장 안에 단수형과 복수형이 동시에 사용되고 있다는 점에 주목하라.)

이뿐만 아니라 한 위격이 하나님 또는 주the Lord로 불리고, 하나님이라고 불리는 다른 위격과 구별되는 본문들도 있다. 시편 45:6-7은 이렇게 말한다.

하나님이여, 주의 보좌는 영원하며……왕은 정의를 사랑하고 악을 미워하시니 그러므로 하나님 곧 왕의 하나님이 즐거움의 기름을 왕에게 부어 왕의 동료보다 뛰어나게 하셨나이다.

여기서 시편 기자는 지상의 왕에게 적용될 수 있는 수준을 뛰어넘는 표현을 사용해 왕을 "하나님"이라고 부르며 그 왕의 보좌가 "영원"하다고 말한다. 하지만 그다음에 "하나님"이라고 불리는 위격에게 말하며 "하나님 곧 왕의 하나님이 즐거움의 기름을 왕에게 부어"라고 노래한다.7절 구별되는 두 위격이 "하나님"엘로힘으로 불리고 있다. 히브리서 저자는 이 본문을 인용해 그리스도께 적용한다. "하나님이여, 주의 보좌는 영영하며."히 1:8

시편 110:1에서도 다윗은 "여호와께서 내 주에게 말씀하시기를 내가 네 원수들로 네 발판이 되게 하기까지 너는 내 오른쪽에 앉아 있으라 하셨도다"라고 말한다. 예수께서는 다윗이 구별되는 두 위격을 "여호와" 또는 "주"로 불렀던 것을 정확히 지적하신다.마 22:41-46 다윗의 "주"가 하나님이 아니라면 누구일 수 있겠는가? 온전히 하나님이신 다른 누군가가 아니라면, 누가 하나님께 "너는 내 오른쪽에 앉아 있으라"고 말할 수 있겠는가? 신약의 관점에서 우리는 이 구절을 이렇게 바꾸어 쓸 수 있다. '성부 하나님이 성자 하나님에게 말씀하시기를 너는 내 오른쪽에 앉아 있으라 하셨도다.' 하지만 삼위일체에 관한 신약의 가르침이 없어도 다윗은 한분 하나님의 신성 안에 복수의 위격이 있음을 알고 있었던 것이 분명하다. 예수께서 이 본문에 대한 설명을 바리새인들에게 요구하셨을 때 "한 마디도 능히 대답하는 자가 없고 그날부터 감히 그에게 묻는 자도 없"었다.마 22:46 그 당시 바리새인들이 시편 110:1을 만족스럽게 설명하지 못한 것처럼 오늘날에도 한분 하나님의 신성에 복수의 위격이 존재한다는 것을 받아들이지 않는다면, 이 구절창 1:26 등을 만족스럽게 설명할 수 없을 것이다.

이사야 63:10은 하나님의 백성이 "반역하여 주의 성령을 근심하게 하였으므로"라고 말하는데, 여기서 성령은 하나님과 구별된다. 나아가 이 구절은 성령이 "근심"하실 수 있으며, 구별된 위격의 특징으로서 정서적인 능력을 지니고 있음을 암시하기도 한다. (이사야 61:1은 "주 여호와의 영"과 "여호와"를 구별하지만, 여기서는 주의 영이 지닌 인격적인 속성을 직접적으로 언급하지 않는다.)

말라기에서 비슷한 증거가 발견된다. 주께서는 이렇게 말씀하신다. "만군의 여호와가 이르노라. 보라, 내가 내 사자를 보내리니 그가 내 앞에서 길을 준비할 것이요. 또 너희가 구하는 바 주가 갑자기 그의 성전에 임하시리니. 곧 너희가 사모하는 바 언약의 사자가 임하실 것이라. 그가 임하시는 날을 누가 능히 당하며 그가 나타나는 때에 누가 능히 서리요."말 3:1-2 여기서 말씀하시는 분"만군의 여호와"이 자신을 "너희가 사모하는" 분과 구별하시는데, 이것은 두 분이 모두 "여호와" 또는 "주"로 불릴 수 있는 구별되는 두 위격임을 암시한다.

호세아 1:7에서 주께서는 유다 족속에 관해 "내가……그들의 하나님 여호와로 구원하겠고"라고 말씀하시며, 다시 한번 이것은 하나 이상의 위격이 "여호와"와 "하나님"으로 불릴 수 있음을 암시한다.

또한 이사야 48:16에서 (주의 종으로 보이는) 화자가 "주 여호와께서 나와 그의 영을 보내셨느니라"고 말한다.[4] 여기서 주의 영은 주의 종처럼 특별한 사명을 위해 주 여호와에 의해 보내심을 받았다. 보내심의 두 대상"나"와 "그의 영" 사이의 병행 구조를 고려할 때 두 대상을 모두 구별된 인격체로 보는 것이 논리적일 것이다. 이 말씀은 "여호와께서 나와 그분의 능력을 보내셨다"라는 말 이상의 것을 의미하는 것으로 보인다.[5] (이사야의 예언에서 말하는 주의 종이 메시아 예수임을 아는) 신약의 관점에서 이사야 48:16은 삼위일체적인 함의를 갖는다. 하나님의 아들인 예수께서 "주 여호와께서 나와 그의 영을 보내셨는니라"고 말씀하셨다면, 이 구절에 삼위일체의 세 위격이 모두 언급된 셈이다.

여호와의 사자를 언급하는 구약의 본문들도 하나님의 신성에 복수의 위격이 존재함을 암시한다. "사자"로 번역된 단어말라크는 메신저를 뜻할 뿐이다. 이 여호와의 사자가 여호와의 메신저라면, 여호와와 구별된다. 하지만 여호와의 사자가 "하나님"이나 "여호와"로 불리는 경우도 있다.창 16:13; 또한 출 3:2-6; 23:20-22("내 이름이 그에게 있음이니라"); 민 22:35, 38; 삿 2:1-2; 6:11, 14 참조 구약에서 여호와의 사자는 창조된 천사를 가리킬 때도 있지만, 이 구절의 경우 여호와의 특별한 사자메신저가 온전히 하나님이면서 여호와와 구별되는 인격인 것처럼 보인다.

2. 삼위일체에 대한 신약의 더 온전한 계시

신약을 통해 우리는 하나님의 아들이 이 땅에 오시는 역사 안으로 진입한다. 우리는 신약의 가르침, 곧 그 위대한 사건과 삼위일체적 본성에 대한 더 명시적인 가르침이 주어질 것이라고 예상할 수 있고 실제로 발견한다. 먼저 우리는 삼위일체의 세 위격이 모두 언급되는 본문들을 열거해 볼 수 있다.

"하늘이 열리고 하나님의 성령이 비둘기 같이 내려 자기 위에 임하심을 보시더니 하늘로부터 소리가 있어 말씀하시되 이는 내 사랑하는 아들이요 내 기뻐하는 자라 하시니라."마 3:16-17 예수께서 세례를 받는 이 본문에서 삼위일체의 세 위격이 세 가지 구별된 활동을 수행하는 순간이 묘사된다. 성부 하나님은 하늘로부터 말씀하고 성자 하나님은 세례를 받으며, 성령 하나님은 하늘에서 내려와 예수께 임하며 그분의 사역을 위한 능력을 주신다.

예수께서 지상 사역을 마칠 때 제자들에게 "가서 모든 민족을 제자로 삼아 아버지와 아들과 성령의 이름으로 세례를 베풀"라고 말씀하신다.마 28:19 익숙한 인간적 제도인 가족에서 취한 "아버지"와 "아들"이라는 명칭 자체가 성부와 성자의 구별된 위격성personhood을 강하게 암시한다. "성령"도 다른 두 위격과 표현으로 언급된다. 따라서 성령도 한 위격으로서 성부, 성자와 동일한 지위를 지니시는 것으로 보인다.

신약의 저자들이 일반적으로 성부 하나님을 지칭할 때 "하나님"테오스이라는 명칭을 사용하고 성자 하나님을 지칭할 때 "주"퀴리오스라는 명칭을 사용한다는 것을 알고 있다면, 고린도전서 12:4-6에도 삼위일체적 표현이 들어 있음이 분명해 보일 것이다. "은사는 여러 가지나 성령은 같고 직분은 여러 가지나 주는 같으며 또 사역은 여러 가지나 모든 것을 모든 사람 가운데서 이루시는 하나님은 같으니."

고린도후서의 마지막 구절의 표현도 삼위일체적이다. "주 예수 그리스도의 은혜와 하나님의 사랑과 성령의 교통하심이 너희 무리와 함께 있을지어다."[고후 13:13] 에베소서 4:4-6에서도 세 위격이 각각 언급된다. "몸이 하나요 성령도 한분이시니 이와 같이 너희가 부르심의 한 소망 안에서 부르심을 받았느니라. 주도 한분이시요. 믿음도 하나요. 세례도 하나요. 하나님도 한분이시니. 곧 만유의 아버지시라. 만유 위에 계시고 만유를 통일하시고 만유 가운데 계시도다."

베드로전서의 첫 문장은 삼위일체의 세 위격을 모두 함께 언급한다. "하나님 아버지의 미리 아심을 따라 성령이 거룩하게 하심으로 순종함과 예수 그리스도의 피 뿌림을 얻기 위하여."[벧전 1:2] 또한 유다서 1:20-21은 "사랑하는 자들아, 너희는 너희의 지극히 거룩한 믿음 위에 자신을 세우며 성령으로 기도하며 하나님의 사랑 안에서 자신을 지키며 영생에 이르도록 우리 주 예수 그리스도의 긍휼을 기다리라"고 말한다.

그러나 흠정역[KJV]의 요한일서 5:7은 예시로 들어서는 안 된다. "이는 하늘에서 증거하시는 이가 세 분이시니 아버지와 말씀과 성령이시요 이 세 분은 하나이심이라."[요일 5:7, KJV] 이 번역문의 문제는 신뢰할 수 없는 극소수의 헬라어 사본을 근거로 삼고, 그중 가장 이른 시기의 사본조차도 주후 14세기에 만들어진 것이라는 점이다. (NKJV를 제외하면) 현대의 번역본 중 흠정역의 이 해석을 받아들이는 번역본은 없다. 4-5세기로 추정되는 신뢰할 만한 사본들과 이레나이우스[주후 202년경 사망]와 알렉산드리아의 클레멘스,[주후 212년경 사망] 테르툴리아누스,[주후 220년 이후 사망] 삼위일체의 위대한 수호자였던 아타나시우스[주후 373년 사망]를 포함해 주요한 본문 전통에 속하는 대다수의 헬라어 사본도 마찬가지다.

B. 성경의 가르침을 요약하는 세 문장

삼위일체 교리는 어떤 의미에서 온전히 이해할 수 없는 신비다. 하지만 성경의 가르침을 세 문장으로 요약함으로써 우리는 그 진리의 일부를 이해할 수 있다.

1. 하나님은 세 위격이다.
2. 각 위격은 온전히 하나님이다.
3. 한분 하나님이 존재한다.

아래에서는 각각의 문장을 자세히 살펴볼 것이다.

1. 하나님은 세 위격이다

하나님이 세 위격이라는 사실은 성부는 성자가 아니고, 성부와 성자는 구별되는 위격임을 의미한다. 또한 성부는 성령이 아니고, 성부와 성령은 구별되는 위격이며, 성자도 성령이 아님을 의미한다. 앞에서 인용한 많은 본문뿐 아니라 다수의 신약 본문에서도 이 구별을 확인할 수 있다.

요한복음 1:1-2은 이렇게 말한다. "태초에 말씀이 계시니라. 이 말씀이 하나님과 함께 계셨으니 이 말씀은 곧 하나님이시니라. 그가 태초에 하나님과 함께 계셨고." (9-18절을 통해 그리스도임을 알 수 있는) 말씀이 하나님과 "함께" 계시다는 사실은 말씀이 성부와 구별됨을 보여준다. 요한복음 17:24에서 예수께서는 성부에게 "아버지께서 창세 전부터 나를 사랑하시므로 내게 주신 나의 영광"에 대해 말씀하신다. 이 말씀을 통해 영광을 공유하는 위격들은 구별되고, 세상이 창조되기 전 성부와 성자 사이에 사랑의 관계가 존재했음을 알 수 있다.

성경은 예수께서 성부 하나님 앞에서 우리의 대제사장과 대언자가 되어 주신다고 말한다. "만일 누가 죄를 범하여도 아버지 앞에서 우리에게 대언자가 있으니 곧 의로우신 예수 그리스도시라."요일 2:1 "자기를 힘입어 하나님께 나아가는 자들을 온전히 구원하실 수 있으니 이는 그가 항상 살아 계셔서 그들을 위하여 간구하심이라."히 7:25 하지만 그리스도께서 성부 하나님 앞에서 우리를 위해 간구하기 위해서는 반드시 성부와 구별되는 위격이셔야만 한다.

이뿐만 아니라 성부는 성령이 아니고, 성자도 성령이 아니다. 여러 구절에서 세 위격은 구별된다. 예수께서는 "보혜사 곧 아버지께서 내 이름으로 보내실 성령 그가 너희에게 모든 것을 가르치고 내가 너희에게 말한 모든 것을 생각나게 하리라"고 말씀하신다.요 14:26 또한 성령께서는 우리를 위해 "간구"하신다.롬 8:27 이 말씀을 통해 간구의 대상인 성부와 성령은 구별된다는 것을 알 수 있다.

성자가 성령이 아니라는 사실은 앞서 언급한 삼위일체적 본문 외에 대위임마 28:19처럼 그리스도께서 하늘로 올라간 뒤 성령을 교회에 보내셨다는 본문을 통해 확인할 수 있다. 예수께서는 "내가 떠나가는 것이 너희에게 유익이라. 내가 떠나가지 아니하면 보혜사가 너희에게로 오시지 아니할 것이요 가면 내가 그를 너희에게로 보내리니"라고 말씀하신다.요 16:7

어떤 이들은 성령을 구별된 위격이 아니라 세상에서 작동하는 하나님의 능력이나 힘으로 이해해야 한다고 주장해 왔다. 하지만 신약의 증거는 분명하고 강력하다.[6] 앞서 인용한 구절들 중에서 성령을 성부, 성자와 등위적인 관계로 언급하는 몇몇 구절이 있다.마 28:19; 고전 12:4-6; 고후 13:14; 엡 4:4-6; 벧전 1:2 참조 성부와 성자는 모두 위격이므로 등위적인 표현은 성령도 위격임을 강하게 시사한다. 그뿐만 아니라 보혜사파라클레토스(helper, counselor, comforter)라는 명칭은 일반적으로 다른 이들에게 도움이나 조언, 위로를 주는 사람에 관해 말할 때 사용되는 용어로서, 요한복음에서는 성령을 지칭한다.14:16, 26; 15:26; 16:7 [7]

성령의 인격적인 행동으로는 가르침요 14:26과 증언,요 15:26; 롬 8:16 우리를 위한 간구,롬 8:26-27 하나님의 깊은 것을 통달하심,고전 2:10 하나님의 생각을 아심,고전 2:11 그분의 뜻대로 각 사람에게 은사를 나누어 주심,고전 12:11 특정한 행동을 금하거나 허락하심,행 16:6-7 말씀하심,행 8:29; 13:2 지혜로운 행동을 평가하거나 승인하심,행 15:28 그리스도인의 삶에 나타나는 죄로 인해 근심하심엡 4:30 등이 있다.

만일 성령을 구별되는 위격이 아니라 단순히 하나님의 능력으로 이해한다면, 수많은 본문은 뜻이 통하지 않을 것이다. 그 본문들은 성령과 그분의 능력 또는 하나님의 능력을 동시에 언급하고 있기 때문이다. 예를 들어, "예수께서 성령의 능력으로 갈릴리에 돌아가시니"눅 4:14는 '예수께서 하나님의 능력의 능력으로 갈릴리에 돌아가시니'라는 뜻이 될 것이다. "하나님이 나사렛 예수에게 성령과 능력을 기름 붓듯 하셨으매"행 10:38는 '하나님이 나사렛 예수에게 하나님의 능력과 능력을 기름 붓듯 하셨으매'라는 뜻이 될 것이다.롬 15:13; 고전 2:4 참조 많은 본문에서 성령을 삼위일체의 다른 위격과 분명히 구별하지만, 고린도후서 3:17은 모호하다. "주는 영이시니 주의 영이 계신 곳에는 자유가 있느니라." 해석자들은 바울이 그리스도를 지칭할 때 "주"라는 명칭을 자주 사용하므로 여기서 "주"가 그리스도를 뜻한다고 가정하기도 한다. 하지만 이 본문은 그러하지 않을 것이다. 문법과 문맥을 근거로 이 구절은 성령을 주어로, 곧 '성령은 주이시니'라고 해석하는 편이 더 낫다고 주장할 수 있기 때문이다.[8] 그렇다면 바울은 성령께서 여호와, 구약의 "주"라고 말하고 있는 셈이다(7절을 시작으로 이 본문의 맥락이 명확히 구약을 배경으로 삼고 있다는 점에 주목하라). 신학적으로 이 해석은 충분히 받아들일 만하다. 왜냐하면 성부 하나님이 "주"이고 성자 하나님이 (하나님의 이름으로서 "주"라는 온전히 구약적인 의미에서) "주"라면, 성령도 역시 구약에서 "주"로 불린 분이시다(그리고 특히 새 언약의 시대에 우리에게 주의 임재를 나타내는 분은 바로 성령이시다).[9]

2. 각 위격은 온전히 하나님이다

성경은 각 위격이 구별되며, 더 나아가 각 위격이 온전히 하나님이라고 증언한다.

첫째, 성부 하나님은 분명히 하나님이다. 하나님이 천지를 창조하셨다고 말하는 성경의 첫 구절이 이것을 명백히 증언한다. 신구약 전체가 성부 하나님을 만물을 다스리는 주로 선포하며, 예수께서 하늘에 계신 아버지께 기도한다는 사실도 이것을 명백히 증언한다.

그다음으로, 성자는 온전히 하나님이다. 이 점은 26장 "그리스도의 위격"에서 더 자세히 다룰 것이므로 여기서는 이것을 명시적으로 밝히는 몇몇 본문을 간략히 다루고자 한다. 요한복음 1:1-4은 그리스도의 완전한 신성을 명확히 밝힌다.

> 태초에 말씀이 계시니라. 이 말씀이 하나님과 함께 계셨으니 이 말씀은 곧 하나님이시니라. 그가 태초에 하나님과 함께 계셨고 만물이 그로 말미암아 지은 바 되었으니 지은 것이 하나도 그가 없이는 된 것이 없느니라. 그 안에 생명이 있었으니 이 생명은 사람들의 빛이라.

여기서 요한은 그리스도를 "말씀"으로 칭하며, 그분이 "하나님과 함께" 계셨다고 말하는 동시에 그분이 "하나님"이시라고 말한다. 헬라어 본문은 창세기 1:1의 첫 구절"태초에"을 그대로 반복하며, 이는 요한이 세상이 만들어지기 전에 참이었던 무언가에 관해 말하고 있음을 상기시킨다. 성자 하나님은 언제나 온전히 하나님이셨다.

여호와의 증인은 "이 말씀은 곧 하나님이시니라"는 번역에 이의를 제기하며, 이것을 "이 말씀은 신a god이었다"라고 번역한다. 즉 이 말씀이 천상의 존재일 뿐 온전히 하나님은 아니라고 주장하는 것이다. 그들은 헬라어 단어 '테오스'"하나님" 앞에 정관사헬라어 호가 없다는 사실을 지적하면서 이 번역이 옳다고 주장한다. 그들은 '테오스'를 '신'으로 번역해야 한다는 입장이다. 그러나 권위 있는 헬라어 학자 중에서 이 해석을 따르는 사람은 아무도 없다. 이 문장이 헬라어 문법의 통상적인 규칙을 따르고 있다는 사실이 널리 알려져 있기 때문이다. 또한 정관사의 부재는 "하나님"이 문장의 주어가 아니라 보어임을 뜻할 뿐이다.[10] (최근 여호와의 증인에서 펴낸 책은 이 문법 규칙을 인정하지만 그럼에도 그들의 입장을 여전히 고수한다.)[11]

여호와의 증인의 입장이 지닌 모순은 요한복음 1장의 나머지 부분에 대한 그들의 번역에서도 확인된다. 다양한 문법적 이유 때문에 '테오스'는 6절("하나님께로부터 보내심을 받은 사람이 있으니")과 12절("하나님의 자녀가 되는 권세"), 13절("오직 하나님께로부터")과 18절("본래 하나님을 본 사람이 없으되") 등 요한복음 1장의 다른 부분에서도 정관사 없이 사용된다. 여호와의 증인이 정관사가 없다는 그들의 주장의 일관성을 견지한다면 이 구절들을 모두 '신'으로 번역해야 하지만 그들은 모든 경우에 '하나님'으로 번역한다.

요한복음 20:28도 그 맥락을 고려할 때 그리스도의 신성에 대한 강력한 증거다. 도마는 죽은 자 가운데서 다시 살아나신 예수를 보았다는 다른 제자들의 말을 의심하며, 예수의 손에 있는 못 자국을 보고 그분의 상처 난 옆구리에 손을 넣어 보지 않고서는 믿지 않겠다고 말했다.요 20:25 그 이후 도마가 제자들과 함께 있을 때 예수께서 나타나셨다. 그분은 도마에게 "네 손가락을 이리 내밀어 내 손을 보고 네 손을 내밀어 내 옆구리에 넣어 보라. 그리하여 믿음 없는 자가 되지 말고 믿는 자가 되라"고 말씀하신다.요

[20:27] 그러자 도마는 이렇게 대답한다. "나의 주님이시요. 나의 하나님이시니이다."요 20:28 여기서 도마는 예수를 "나의 하나님"이라고 부른다. 이 이야기에서 예수와 복음서를 쓰는 요한은 도마가 한 말을 승인하고, 도마 이야기를 듣는 모든 사람에게 도마가 믿은 것과 똑같은 것을 믿으라고 권면한다. 예수께서는 즉시 도마에게 "너는 나를 본 고로 믿느냐 보지 못하고 믿는 자들은 복되도다 하시니라"고 대답하신다.요 20:29 이 시점에서 요한복음은 극적인 절정에 이른다. 왜냐하면 요한이 곧바로—바로 다음 구절에서—독자들에게 이것이 그가 복음서를 쓴 이유였다고 말하기 때문이다.

예수께서 제자들 앞에서 이 책에 기록되지 아니한 다른 표적도 많이 행하셨으나 오직 이것을 기록함은 너희로 예수께서 하나님의 아들 그리스도이심을 믿게 하려 함이요 또 너희로 믿고 그 이름을 힘입어 생명을 얻게 하려 함이니라.요 20:30-31

예수께서는 그분을 보지 못하지만 믿는 사람들에 대해 말씀하셨고, 곧바로 요한은 독자들에게 자신이 이 복음서를 기록한 것은 그들이 도마를 본받아 믿음을 고백하도록 설득하기 위함이라고 말한다. 이것이 바로 요한이 설명한 이 복음서의 목적이기 때문에 이 문장에는 무게가 한층 더해진다.[12]

온전히 하나님이신 예수에 관해 말하는 다른 본문에는 히브리서 1:3이 포함된다. 저자는 그리스도께서 하나님의 본체휘포스타시스의 "형상"카락테르(정확히 똑같은 것)이라고 말한다. 이는 성자 하나님이 모든 면에서 성부 하나님과 동일한 존재와 본질을 가지고 계신다는 뜻이다. 성부 하나님의 모든 속성과 능력을 성자 하나님도 똑같이 지닌다. 계속해서 히브리서 기자는 8절에서 성자를 "하나님"으로 부르고("아들에 관하여는 하나님이여, 주의 보좌는 영영하며 주의 나라의 규는 공평한 규이니이다"), 그분이 하늘을 창조하셨다고 말한다. "또 주여, 태초에 주께서 땅의 기초를 두셨으며 하늘도 주의 손으로 지으신 바라."히 1:10, 시 102:25의 인용 디도서 2:13은 "우리의 크신 하나님 구주 예수 그리스도"라고 말하며, 베드로후서 1:1은 "우리 하나님과 구주 예수 그리스도의 의"에 관해 말한다.[13] 로마서 9:5은 유대인에 관해 "조상들도 그들의 것이요 육신으로 하면 그리스도가 그들에게서 나셨으니 그는

만물 위에 계셔서 세세에 찬양을 받으실 하나님이시니라. 아멘"이라고 말한다.[14]

이사야 9:6은 이렇게 예언한다.

> 이는 한 아기가 우리에게 났고 한 아들을 우리에게 주신 바 되었는데 그의 어깨에는 정사를 메었고 그의 이름은 기묘자라, 모사라, 전능하신 하나님이라……할 것임이라.

이 예언을 그리스도께 적용하면 그분을 "전능하신 하나님"으로 지칭하는 셈이다. 이와 비슷하게 메시아의 오심을 예언하는 이사야 40:3에서도 "여호와"와 "하나님"이라는 호칭이 그리스도께 적용된다. "너희는 광야에서 여호와의 길을 예비하라. 사막에서 우리 하나님의 대로를 평탄하게 하라." 세례 요한은 마태복음 3:3에서 그리스도의 오심을 준비하면서 이 말씀을 인용한다.

이 책 26장에서 다른 많은 본문을 논할 것이지만, 이미 언급한 본문만으로도 신약이 분명히 그리스도를 온전한 하나님으로 지칭하고 있음을 논증하기에는 충분할 것이다. 바울이 골로새서 2:9에서 말하듯이, 그분 안에는 "신성의 모든 충만이 육체로 거하"신다.

성령께서도 온전히 하나님이다. 우선 우리가 성부 하나님과 성자 하나님이 온전히 하나님이심을 이해한다면, 마태복음 28:19("아버지와 아들과 성령의 이름으로 세례를 베풀고")과 같은 본문의 삼위일체적 표현이 성령과 관련해 중요한 의미를 갖는다는 것을 알 수 있다. 왜냐하면 이런 본문들은 성령께서 성부, 성자와 동일한 분이라는 것을 보여주기 때문이다. 만일 예수께서 "아버지와 아들과 대천사 미가엘의 이름으로 세례를 베풀고"—이것은 비록 그가 대천사 미가엘이라고 해도, 창조된 존재에게 절대적으로 부적합한 지위를 부여하는 것이다—라고 말씀하시는 것은 도무지 상상할 수 없음을 깨닫는다면 이 점을 이해할 수 있을 것이다. 모든 시대에 걸쳐 신자들은 오직 하나님의 이름만으로 세례를 받을 수 있다(따라서 하나님의 성품을 닮은 존재로 변화될 수 있다).[15] (또한 위에서 언급한 다른 삼위일체적 본문들도 주목하라. 고전 12:4-6; 또한 고후 13:14; 엡 4:4-6; 벧전 1:2; 유

20-21 참조)

사도행전 5:3-4에서 베드로는 아나니아에게 "어찌하여 사탄이 네 마음에 가득하여 네가 성령을 속이고 땅 값 얼마를 감추었느냐……사람에게 거짓말한 것이 아니요 하나님께로다"라고 말한다. 베드로의 말에 따르면 성령께 거짓말을 하는 것은 곧 하나님께 거짓말을 하는 것이다. 바울은 고린도전서 3:16에서 "너희는 너희가 하나님의 성전인 것과 하나님의 성령이 너희 안에 계시는 것을 알지 못하느냐"라고 말한다. 하나님의 성전은 하나님이 거하시는 곳이다. 바울은 "하나님의 성령"이 그 안에 거하신다는 사실을 통해 이를 설명하며, 따라서 하나님의 성령을 하나님과 동일시하는 것으로 보인다.

다윗은 시편 139:7-8에서 "내가 주의 영을 떠나 어디로 가며 주의 앞에서 어디로 피하리이까. 내가 하늘에 올라갈지라도 거기 계시며 스올에 내 자리를 펼지라도 거기 계시니이다"라고 말한다. 이 본문은 편재라는 신적 속성, 곧 하나님의 피조물에게 적용할 수 없는 속성을 성령께 적용한다. 다윗은 하나님의 성령과 하나님의 임재를 동일시하는 것처럼 보인다. 하나님의 성령을 떠나는 것은 곧 그분의 임재를 떠나는 것이지만, 하나님의 성령을 피할 수 없는 곳은 어디에도 없으므로 다윗은 자신이 어디로 가든지 주께서 "거기 계시니이다"라고 말해야 함을 알고 있다.

바울은 고린도전서 2:10-11에서 '전지'라는 신적 속성을 성령께 적용한다. "오직 하나님이 성령으로 이것을 우리에게 보이셨으니 성령은 모든 것 곧 하나님의 깊은 것까지도 통달하시느니라. 사람의 일을 사람의 속에 있는 영 외에 누가 알리요 이와 같이 하나님의 일도 하나님의 영 외에는 아무도 알지 못하느니라."

이뿐만 아니라 거듭난 모든 사람에게 신생new birth을 주는 활동도 성령의 일이다. 예수께서는 "사람이 물과 성령으로 나지 아니하면 하나님의 나라에 들어갈 수 없느니라. 육으로 난 것은 육이요 영으로 난 것은 영이니 내가 네게 거듭나야 하겠다 하는 말을 놀랍게 여기지 말라"고 말씀하신다.요 3:5-7 하지만 그리스도인이 된 사람들에게 새로운 영적 생명을 주는 일은 오직 하나님만 하실 수 있는 일이다.요일 3:9 참조, "하나님께로부터 난 자" 그러므로 이 본문은 성령께서 온전히 하나님이라는 또 하나의 증거다.

지금까지 살펴보았듯이 우리는 두 가지 결론을 내릴 수 있으며, 이 두 가지는 모두 성경 전체에서 가르치는 바다.

1. 하나님은 세 위격이다.
2. 각 위격은 온전히 하나님이다.

성경이 이 두 사실만 가르친다면 둘을 조화시키는 데 아무런 논리적 문제가 없을 것이다. 왜냐하면 명백한 해법은 세 하나님이 존재한다는 것이 될 것이기 때문이다. 성부는 온전히 하나님이고, 성자는 온전히 하나님이며, 성령도 온전히 하나님이다. 우리는 똑같이 신적인 세 존재가 있는 체계를 갖게 될 것이다. 이 신념 체계는 다신론—더 구체적으로 삼신론, 세 신에 대한 믿음—으로 부를 수 있다. 하지만 이것은 결코 성경이 가르치는 바가 아니다.

3. 한분 하나님이 존재한다

성경은 오직 한분 하나님이 존재한다고 분명하게 가르친다. 목적이 하나이며 생각하는 바도 일치하는 삼위일체의 세 위격이 존재할 뿐 아니라, 이 세 위격은 본질에서도 하나다. 즉 본질적 성격에 있어서 하나다. 다시 말해 하나님은 오직 한 존재다. 세 하나님이 존재하는 것이 아니다. 오직 한분 하나님이 존재한다.

구약의 가장 익숙한 본문 중 하나는 신명기 6:4-5이다. "이스라엘아, 들으라. 우리 하나님 여호와는 오직 유일한 여호와이시니. 너는 마음을 다하고 뜻을 다하고 힘을 다하여 네 하나님 여호와를 사랑하라."

> 여호와여, 신 중에 주와 같은 자가 누구니이까. 주와 같이 거룩함으로 영광스러우며 찬송할 만한 위엄이 있으며 기이한 일을 행하는 자가 누구니이까.출 15:11

모세의 이 노래에 답한다면, "하나님과 같은 자는 아무도 없다"이다. 하나님은 유일하다. 그분과 같은 존재는 없으며, 있을 수도 없다. 솔로몬은 "이에 세상 만민에게 여호와께서만 하나님이시고 그 외에는 없는 줄을 알게

하시기를 원하노라"고 기도한다.왕상 8:60

하나님은 말씀하실 때 반복적으로 자신이 유일하게 참된 하나님이라고 분명히 밝힌다. 이처럼 극도로 강력한 진술에 비추어 볼 때 한분 하나님이 아니라 세 하나님이 존재한다는 관념은 상상조차 할 수 없다. 하나님만이 유일하게 참된 하나님이며 그분과 같은 존재는 없다. 그분이 말씀하실 때 오직 그분만이 말씀하신다. 그분은 우리가 예배해야 할 세 하나님 중 한 하나님으로 말씀하지 않는다. 그분은 이렇게 말씀하신다.

나는 여호와라. 나 외에 다른 이가 없나니, 나 밖에 신이 없느니라. 너는 나를 알지 못하였을지라도 나는 네 띠를 동일 것이요. 해 뜨는 곳에서든지 지는 곳에서든지 나 밖에 다른 이가 없는 줄을 알게 하리라. 나는 여호와라. 다른 이가 없느니라.사 45:5-6

마찬가지로 그분은 땅 위의 모든 사람을 향해 그분께 돌이키라고 말씀하신다.

나 외에 다른 신이 없나니, 나는 공의를 행하며 구원을 베푸는 하나님이라. 나 외에 다른 이가 없느니라. 땅의 모든 끝이여, 내게로 돌이켜 구원을 받으라. 나는 하나님이라. 다른 이가 없느니라.사 45:21-22; 44:6-8 참고

신약도 한분 하나님이 계신다고 분명히 말한다. 바울은 "하나님은 한분이시요 또 하나님과 사람 사이에 중보자도 한분이시니 곧 사람이신 그리스도 예수라"고 쓴다.딤전 2:5 또한 그는 "하나님은 한분이시니라"롬 3:30고 단언하며, "한 하나님 곧 아버지가 계시니 만물이 그에게서 났고 우리도 그를 위하여 있고"라고 밝힌다.고전 8:6 16 마지막으로 야고보는 귀신들조차 한분 하나님이 존재함을 알고 있다고 말한다. 물론 이 사실에 대한 귀신들의 지적 동의는 그들을 구원하기에 충분하지 않다. "네가 하나님은 한분이신 줄을 믿느냐 잘하는도다. 귀신들도 믿고 떠느니라."약 2:19 하지만 야고보는 하나님이 한분이심을 믿는 것은 잘하는 일이라고 말한다.

4. 모든 유비는 단점이 있다

사람들은 이 교리를 설명하기 위해 자연이나 인간적인 경험에서 가져온 몇몇 유비를 사용한다. 이런 유비가 초보적인 수준의 이해에는 도움이 될 수도 있지만 더 깊이 살펴보면 부적절하거나 오해를 불러일으킨다는 것을 알 수 있다. 예를 들어, 하나님이 세 부분으로 되어 있지만 하나의 클로버인 세잎 클로버와 비슷하다고 말하는 것은 적절하지 않다. 왜냐하면 각각의 잎은 클로버의 한 부분일 뿐이며, 어떤 한 잎도 클로버 전체라고 말할 수 없기 때문이다. 하지만 삼위일체에서 각 위격은 하나님의 나누어진 한 부분에 불과하지 않으며, 각 위격이 온전히 하나님이다. 이뿐만 아니라 클로버의 잎은 비인격적이며, 삼위일체의 각 위격처럼 구별되는 복합적인 인격성personality을 지닐 수 없다.

세 부분으로 된 나무의 유비를 사용하는 사람들도 있다. 뿌리와 줄기, 가지가 모두 하나의 나무를 이룬다는 말이다. 하지만 비슷한 문제가 발생한다. 이 셋은 한 나무의 일부일 뿐이며, 어떤 한 부분에 대해서도 그것이 나무 전체라고 말할 수 없다. 그뿐만 아니라 이 유비에서 각 부분은 하나님의 모든 속성을 똑같은 정도로 소유하는 삼위일체의 위격들과 다른 속성을 지닌다. 각 부분의 인격성이 결여된다는 사실도 역시 이 유비가 지닌 허점이다.

물의 세 가지 형태수증기, 물, 얼음라는 유비도 부적절하다. 왜냐하면 (a) 어느 하나의 물 분자는 동시에 이 세 가지 형태 모두가 아니며,[17] (b) 이 셋은 다른 속성이나 특징을 지니고, (c) 이 유비는 오직 한분 하나님이 존재한다는 사실과 연결되는 것이 전혀 없으며('하나의 물'이나 '우주 안에 있는 모든 물'과 같은 것은 존재하지 않는다), (d) 지성을 지닌 인격성의 요소도 결여되어 있기 때문이다.

인간적인 경험에서 취한 유비도 있다. 삼위일체란 마치 농부인 동시에 마을의 시장이며 교회에서 장로인 사람과 같다고 말하기도 한다. 그는 다른 때에 다른 역할을 하지만 한 사람이다. 그러나 이 유비에는 심각한 결함이 있다. 왜냐하면 다른 때에 세 가지 행위를 하는 한 인격체만 존재할 뿐이기 때문이다. 또한 이 유비는 삼위일체를 이루는 위격 사이의 인격적인 상호 작용을 설명하지 못한다. (아래서 논하겠지만 이 유비는 양태론이라고 부르는 이단을 가르칠 뿐이다.)

인간의 삶에서 취한 또 다른 유비는 한 사람 안에 있는 지성과 감정, 의지의 연합이다. 이 셋은 한 인격체를 이루는 부분들이지만 어느 한 요소도 그 인격체 전체가 될 수는 없다. 또한 각 부분의 속성이 동일하지 않으며 서로 다른 능력을 지닌다.

그렇다면 우리는 어떤 유비를 사용해 삼위일체를 가르칠 수 있는가? 비록 성경에서 하나님의 성품의 다양한 양상을 가르치기 위해 자연과 삶에서 취한 여러 유비를 사용하지만(예를 들어, 하나님은 그분의 신실하심이 반석과 같으시다. 그분의 돌보심은 목자와 같으시다) 흥미롭게도 성경 어디에서도 유비를 사용해 삼위일체 교리를 가르치지는 않는다. 유비에 가장 가까운 것은 '아버지와 아들'이라는 호칭이다. 분명히 이 호칭은 구별되는 인격체와 가정 안에서 그들 사이에 존재하는 친밀한 관계를 말한다. 하지만 물론 인간적 차원에서 아버지와 아들은 구별되는 세 위격으로 이루어진 하나의 존재가 아니라 전적으로 분리된 두 인간일 뿐이다. 어떤 유비도 삼위일체를 적절하게 가르칠 수 없으며, 더 깊이 들여다본다면 궁극적으로 모든 유비가 중대한 방식으로 오해를 불러일으킬 뿐이라고 결론 내리는 것이 최선이다.

5. 하나님은 영원히, 필연적으로 삼위일체로 존재한다

우주가 창조될 때 성부 하나님은 말씀으로 우주를 만드셨고, 성자 하나님은 이 말씀을 실행한 신적 행위자였으며,요 1:3; 고전 8:6; 골 1:16; 히 1:2 성령 하나님은 "수면 위에 운행하"고 계셨다.창 1:2 삼위일체를 이루는 세 위격 모두가 동일하게 온전히 하나님이라면, 세 위격은 모두 영원히 존재해 오셨고, 하나님은 영원히 삼위일체로 존재해 오셨다고 말할 수 있다.요 17:5, 24 참조 그뿐만 아니라 하나님은 그분과 다른 존재일 수 없다. 그분은 변함이 없으시기 때문이다. 그러므로 하나님은 필연적으로 삼위일체로 존재하신다고—그분은 그분이 아닌 다른 존재일 수 없다—결론 내리는 것이 옳아 보인다.

C. 성경의 가르침을 요약하는 세 진술 중 어느 하나라도 부인할 때 오류가 발생한다

앞부분에서 우리는 성경에 따라 다음 세 진술을 반드시 지지해야만 한다고 지적했다.

1. 하나님은 세 위격이다.
2. 각 위격은 온전히 하나님이다.
3. 한분 하나님이 존재한다.

성부와 성자와 성령 사이의 차이와 세 위격이 서로 관계를 맺는 방식을 더 자세히 살펴보기 전에, 교회사에 나타난 삼위일체에 관한 몇몇 교리적 오류를 돌아보는 것이 중요하다. 이러한 역사적 개관을 통해 우리는 어떤 오류를 피해야 하는지 알게 될 것이다. 실제로 지금까지 삼위일체에 관한 주요한 오류는 이 세 가지 핵심 진술을 부인하는 것에서 기인했다.[18]

1. 양태론(사벨리우스주의)은 세 가지 다른 형태(양태)로 우리에게 나타나는 한 위격이 존재한다고 주장한다

다양한 시대에 걸쳐 사람들은 하나님이 실제로 구별되는 세 위격이 아니라 다른 때에 다른 양태로 나타나는 한 위격일 뿐이라고 가르쳐 왔다. 예를 들어, 구약에서 하나님은 아버지로 나타나셨다. 복음서에서는 동일한 신적 위격이 아들로 나타나셨고, 사람들은 예수의 인간적 삶과 사역을 통해 그분을 보았다. 오순절 이후에는 동일한 위격이 교회 안에서 일하는 성령으로 자신을 계시하셨다.

이 가르침을 지칭하는 두 가지 명칭이 있다. 한 가지는 주후 3세기 초 로마에 살았던 사벨리우스Sabellius라는 교사의 이름을 따른 사벨리우스주의Sabellianism이며, 다른 하나는 양태론적 군주신론modalistic monarchianism이다. 왜냐하면 이 가르침은 하나님이 다른 양태로 자신을 계시하실 뿐만 아니라 우주에 오직 하나의 최고 통치자, 곧 오직 한 위격으로 이루어진 하나님이 존재한다고 말하기 때문이다.

사람들은 오직 한분 하나님이 존재한다는 사실을 명확히 강조하고자 양태론에 매력을 느낀다. 한분 하나님에 관해 말하는 본문뿐 아니라 요한복음 10:30("나와 아버지는 하나이니라")과 요한복음 14:9("나를 본 자는 아버지를 보았거늘") 같은 본문을 근거로 이런 가르침을 주장하기도 한다. 하지만 요한복음 14:9은 예수께서 성부 하나님의 성품을 온전히 계시하신다는 뜻일 수도 있고, 요한복음 10:30은 예수께서 성부 하나님이 주신 모든 사명을 성취한다는 맥락에서, 또한 그분이 주신 모든 사람을 구원할 것이라고 말씀하는 맥락에서 (본질의 하나됨을 암시할 수도 있지만) 예수와 성부 하나님의 목적이 하나라는 뜻처럼 보인다.

다른 많은 교리적 오류와 마찬가지로 양태론은 삼위일체를 이해하기 쉬운 것으로 만들고자 하는 시도다. 양태론은 하나님을 (예를 들면) 어떤 때는 농부로 일하고, 어떤 때는 마을의 시장으로 행동하고, 어떤 때는 교회 장로로 섬기는 사람처럼 다른 때에 다른 역할을 하는 인간과 비슷한 존재로 만든다. 동일한 인격체가 농부이자 시장, 장로의 역할을 담당한다. 하나님이 이처럼 다른 역할을 지닌 한 위격이라고 말한다면 삼위일체는 아무런 신비도 없으며 이해하기 어려운 것도 전혀 없다.

양태론의 치명적인 약점은 삼위일체의 세 위격이 구별되는 인격임을 부인해야만 하고, 성경에서 자주 등장하는 삼위일체 안의 상호 인격적 관계를 부인해야 한다는(또는 이런 관계가 환상일 뿐이라고 주장해야만 한다는) 사실이다. 따라서 예수께서 세례를 받으실 때 구별되는 세 위격이 존재했음을 부인해야 한다. 그때 성부는 하늘로부터 말씀하시고 성자는 세례를 받으시며 성령은 비둘기처럼 내려오셨다.[마 3:16-17] 또한 양태론은 예수께서 성부께 기도하신 일[마 11:25; 26:39; 요 11:41-42; 12:28; 14:16]은 모두 환상일 뿐이라고 말해야만 한다. 성자와 성령이 성부 하나님 앞에서 우리를 위해 간구하신다는 가르침[롬 8:26-27, 34]이 배제되기 때문이다. 마지막으로 양태론은 궁극적으로 속죄 교리의 핵심—곧 하나님이 대속제물로 그분의 아들을 보내셨고,[요 3:16] 성자께서 우리를 대신해 하나님의 진노를 받으셨으며, 성부께서 삼위일체의 관심사를 대표하며 그리스도의 수난에 대해 만족하셨다는 가르침[사 53:11; 롬 3:25]—을 잃어버리고 만다.

이뿐만 아니라 양태론은 하나님의 독립성을 부인한다. 하나님이 오직 한 위격일 뿐이라면, 그분은 피조물 안에 있는 다른 인격체 없이는 사랑하거나 소통할 수 없는 존재가 되고 말 것이다. 따라서 하나님은 반드시 세상을 창조해야만 했고, 그분은 더 이상 피조물로부터 독립적이지 않을 것이다. 기독교의 역사 전체에서 양태론을 단호히 거부해 온 것은 전혀 놀랍지 않다.

현재 (폭넓게 정의할 때) 개신교 안에서 교리적 입장이 양태론적인 교단은 연합오순절교회United Pentecostal Church다.[19]

2. 아리우스주의와 다른 고대의 이단들은 성자와 성령의 완전한 신성을 부인한다

a. 아리우스 논쟁

'아리우스주의'Arianism라는 용어는 주후 325년 니케아 공의회에서 이단 판결을 받은 견해를 주장했던 알렉산드리아 교회의 감독장로 아리우스Arius로부터 유래했다. 아리우스는 성자 하나님이 어느 시점에 성부 하나님을 통해 창조되었으며, 그 이전에는 성자와 성령이 존재하지 않았고 성부만 존재했다고 가르쳤다. 따라서 성자는 나머지 피조물보다 먼저 존재했고 훨씬 더 위대하지만, 성부의 모든 속성에 있어서는 그분과 동등하지 않다는 것이다. 아리우스의 가르침에 따르면, 성자는 본질적으로 성부와 비슷하거나 유사하다고 말할 수 있지만, 성부와 '동일 본질'이라고 말할 수는 없다.

1. 아리우스주의자들이 사용한 성경 구절. 아리우스주의자들은 그리스도를 "아버지의 독생자"라고 부르는 본문에 크게 의존했다.요 1:14; 또한 3:16, 18; 요일 4:9 참조 [20] 그들은 만일 성부 하나님이 그리스도를 낳으셨다면 (평범한 인간의 경험 속에서 '낳다'라는 단어는 아이를 잉태하게 하는 아버지의 역할을 지칭하므로) 그리스도는 성부 하나님에 의해 존재하게 되었다는 뜻이라고 추론했다. 그들은 골로새서 1:15도 아리우스주의적 관점을 지지한다고 보았다. "그는 보이지 아니하는 하나님의 형상이시요 모든 피조물보다 먼저 나신 이시니." 여기서 "먼저 나신 이"라는 말은 성자가 어느 시점에 성부를 통해 존재하게 되었음을 암시하는가? 성자가 그러하다면 성령도 그러해야만 할 것이다.

잠언 8:22도 아리우스주의자들이 사용한 구절이다. "여호와께서 그 조화의 시작 곧 태초에 일하시기 전에 나를 가지셨으며."잠 8:22, "여호와께서……나를 창조하셨으며", RSV 아리우스주의자들은 이 본문의 화자인 "지혜"가 하나님의 아들이며, 22절에서는 그분이 '창조되었다'고 가르친다고 주장했다. (고대 교회에서 널리 사용했던 구약의 헬라어 번역본인) 칠십인역 역시 아리우스주의자들을 지지하는 것처럼 보였다. 칠십인역은 "여호와께서 나를 창조하셨으며"라고 분명히 말했기 때문이다(헬라어로 '퀴리오스 에크티센 메', '창조하다'라는 뜻의 동사 '크티조'를 사용함).[21]

2. 아리우스주의적 해석에 대한 대답. 아리우스주의에 맞서 성자의 완전한 신성을 주창하는 교회 지도자들은 요한복음 3:16과 다른 본문에서 '독생하다'가 무엇을 뜻하든지 이 단어는 '창조되었음'을 뜻하지 않으며 오히려 성부와 성자 사이의 영원한 관계 안에 있는 무언가를 가리킨다고 결론 내렸다. 니케아 신조는 이 견해를 "[성자는] 영원 전에 성부에게서 나신……창조되지 않고 나셨으며"라고 표현했다.

그리스도를 "모든 피조물보다 먼저 나신 이"라고 부르는 골로새서 1:15은 그리스도께서 "먼저 나신 이"장자의 권리나 특권—곧 성경의 용례와 관습에 따라 한 세대 동안 가정 안에서 갖는 지도력이나 권위—을 가지고 계신다는 뜻으로 이해하는 것이 더 낫다. (에서가 "장자의 명분" 또는 "장자권"— 헬라어 단어 '프로토토키아'는 골로새서 1:15의 "먼저 나신 이"에 해당하는 헬라어 단어 '프로토코스'와 어원이 동일하다—을 팔았다고 말하는 히브리서 12:16에 주목하라.) 따라서 골로새서 1:15은 그리스도께서 권위와 통치의 특권, 곧 장자에게 속한 특권을 지니며, 특히 피조물 전체에 대한 특권을 가지고 계신다는 뜻이다. NIV는 이 의미를 명시적으로 드러내며 "모든 피조물을 다스리는 장자"the firstborn over all creation라고 번역한다(이것은 NKJV, NLT, NET도 마찬가지다).

잠언 8:22은 하나님의 아들이 아니라 지혜에 관해 말하고 있으며, 또한 지혜를 거리에서 사람들을 향해 자신을 따르라고 외치는 여인으로 의인화시켜 말한다고 이해하는 것이 최선이다. "사람들아, 내가 너희를 부르며……어리석은 자들아, 너희는 명철할지니라."잠 8:4-5 잠언 8:1-9:12의 지혜는 잠언 9:13-18에서 거리에서 외치는 여인으로 의인화된 어리석음과 대조를 이룬다. "미련한 여인이 떠들며 어리석어서 아무것도 알지 못하고 자기 집 문에 앉으며……행인들을 불러 이르되……어리석은 자는 이리로 돌이키라."잠 9:13-16 따라서 잠언 8:22은 하나님의 아들이 아니라 지혜에 관해 말하고 있다.[22]

3. 니케아 신조. 위에서 언급했듯이, 초기 교회 지도자들은 그리스도께서 하나님의 독생자라고 말하는 본문이 성부와 성자 사이의 영원한 관계를 지칭한다고 이해했다. 하지만 다수의 본문이 그리스도의 신성을 강력히 주장하기 때문에 초기 교회는 '독생하신'이라는 표현이 무엇을 의미하든지 '창조됨'을 의미하지는 않는다고 결론 내렸다. 그러므로 주후 325년 니케아 신조는 그리스도께서 "창조되지 않고 나셨"음을 천명한다.

> 우리는 하늘과 땅 그리고 모든 보이는 것과 보이지 않는 것을 지으신 한분, 전능하신 아버지 하나님을 믿습니다.
>
> 우리는 또한 하나님의 독생자이신 한분, 주 예수 그리스도를 믿습니다. 그분은 영원 전에 성부로부터 나신, 신 중의 신이시며 빛 중의 빛이시고, 참 신 중의 참 신으로서, 창조되지 않고 나셨으며, 성부와 동일한 본질을 가지신 분입니다. 모든 것이 그분으로 말미암아 창조되었습니다.[23]

381년에 열린 콘스탄티노폴리스 공의회도 같은 구절을 재확증했다. 이에 더해, 이 나심이 영원한 것임을 보여주기 위해 "성부에게서 나신" 앞에 "영원 전에"라는 말이 더해졌다. 이 나심은 일어나기 시작한 적이 없지만 성부와 성자의 관계에 영원히 적용된다. 하지만 이 나심이 성부와 성자의 관계와 관련이 있으며, 어떤 의미에서 성부는 이 관계에서 영원히 우선성을 지닌다고 말하는 것 외에는 이 나심의 본질에 대해 명확히 정의된 적이 없다.[24]

니케아 신조는 아리우스의 가르침을 반박하면서 그리스도께서 "성부와 동일한 본질을 가지신 분"이라고 주장한다. 아리우스와의 논쟁은 기독교 교리사에서 유명해진 두 단어, 곧 '호모우시오스'동일한 본질와 '호모이우시오스'비슷한 본질로 요약할 수 있다.[25] 여기서 핵심은 '동일한'을 뜻하는 헬라어 접두사 '호모-'와 '비슷한'을 뜻하는 '호모이-'의 의미 차이이다. 아리우스는 그리스도께서 천상적 존재이며, 그분이 우주의 나머지 피조물보다 먼저 하나님에 의해 창조되었고, 심지어 그분이 본성에 있어서 하나님과 비슷하다고 말했다. 아리우스는 '호모이우시오스'라는 단어에 동의했을 것이다.

하지만 325년의 니케아 공의회와 381년의 콘스탄티노폴리스 공의회는 이것으로 충분하지 않다는 것을 간파했다. 그리스도가 성부와 정확히 동일한 본성을 갖고 있지 않으면 그분은 온전히 하나님이 아니기 때문이다. 따라서 두 공의회는 그리스도인들이 예수께서 '호모우시오스', 곧 성부 하나님과 동일한 본질을 지닌다고 고백해야 한다고 주장했다. 두 단어 사이의 차이는 단 한 글자, 곧 '이오타'이며, 어떤 이들은 교회가 단 한 글자를 둘러싼 교리적 논쟁에 주후 4세기 동안 많은 에너지를 허비했다고 비판해 왔다. 어떤 이들은 '한 단어 안에 있는 한 글자를 놓고 논쟁하는 것보다 더 어리석인 일이 있을까?'라고 생각한다. 하지만 두 단어의 차이는 근원적이며, '이오타'가 있느냐 없느냐는 참된 삼위일체 교리를 지닌 성경적 기독교와, 그리스도의 온전한 신성을 받아들이지 않고, 따라서 삼위일체적이지 않으며 궁극적으로는 기독교 신앙 전체에 대해 파괴적인 이단 사이의 차이를 규정한다.

b. 종속설

초기 교회는 성자가 성부와 동일한 본질을 지닌다고 주장하면서 연관된 거짓 교리인 종속설subordinationism도 거부했다. 아리우스주의는 성자가 창조되었고 하나님이 아니라고 주장한 반면, 종속설은 성자가 영원하며(창조되지 않았으며) 하나님이지만 존재나 속성에 있어서 성부와 동등하지 않다고—존재와 속성에 있어서 성자가 성부 하나님보다 열등하거나 종속적이라고—주장했다.[26] 오리게네스185년경-254년경는 성자가 존재에 있어서 성부보다 열등하고 성자가 그분의 존재를 성부로부터 영원히 얻는다고 주장함으로써 일종의 종속설을 옹호했다. 오리게네스는 위격의 구별을 보호하고자 했으며, 삼위일체 교리가 교회 안에서 명확히 공식화되기 전에 글을 썼다. 나머지 교회는 그를 따르지 않았고 니케아 공의회에서 그의 가르침을 분명히 거부했다.

초기 교회 지도자들은 올바른 삼위일체 교리의 점진적인 공식화에 기여했지만 가장 큰 영향력을 발휘한 사람은 아타나시우스였다. 그는 불과 29세의 나이로 주후 325년 열린 니케아 공의회에 참석했고, 공식 회원이 아닌 알렉산드리아의 주교인 알렉산드로스의 비서로 참석했다. 하지만 그는 명민한 지성과 문장력 덕분에 공의회의 결과에 중요한 영향력을 미칠 수 있었고, 328년에는 알렉산드리아의 주교가 되었다. 아리우스주의자들은 니케아에서 이단 판결을 받았지만 자신들의 견해를 가르치기를 멈추지 않았고 교회 안에서 확보한 상당한 정치권력을 활용해 남은 4세기 대부분 동안 논쟁을 이어 갔다. 아타나시우스는 아리우스주의자들의 집중 공격을 받게 되었고, 아리우스주의에 맞서 글을 쓰고 가르치는 데 평생을 바쳤다. "그는 유배 생활을 다섯 차례나 해야 했고 17년 동안 도망치거나 숨어 지내야 했다." 그러나 아타나시우스는 지치지 않고 노력함으로써 "거의 혼자 힘으로 이단적 지성주의로부터 교회를 구했다."[27] 오늘날 그의 이름이 붙은 아타나시우스 신조는 그가 직접 쓴 것이 아니라고 여겨지만, 이 신조는 삼위일체 교리에 대한 분명한 진술로서 주후 400년경부터 교회 안에서 점점 더 널리 사용되기 시작했고, 개신교와 가톨릭은 여전히 이 신조를 사용하고 있다.부록 1 참조

c. 양자설

아리우스주의에 관한 논의를 마무리하기 전에 연관된 거짓 가르침을 언급할 필요가 있다. 양자설adoptionism은 예수께서 세례를 받을 때까지 평범한 인간으로 살았지만, 세례 후에 하나님이 그분을 자신의 아들로 입양하고 초자연적 능력을 부여하셨다는 견해다. 양자설을 주창하는 자들은 그리스도가 인간으로 태어나기 전에 존재했다고 믿지 않으며, 따라서 그분이 영원하다고 생각하지 않고, 아리우스주의자들처럼 그분이 하나님에 의해 창조된 높은 초자연적 존재라고 생각하지도 않는다. 그들은 예수께서 하나님의 아들로 입양된 뒤에도 본질적으로 신적이지 않고, 그저 하나님이 독특한 의미에서 그분의 아들로 부른, 높이 들림을 받은 인간일 뿐이라고 생각한다.

양자설은 아리우스주의만큼 강력한 세력을 확보한 적이 없었지만, 초기 교회에서 드문드문 양자설의 관점을 고수하는 사람들이 있었다. 그러

나 그들의 견해는 올바른 교리로 받아들여진 적이 없다. 예수께서 위대한 인간이자 하나님이 특별한 능력을 주신 존재이지만 하나님은 아니라고 생각하는 많은 현대인들은 양자설을 지지하는 셈일 것이다. 양자설도 성자의 신성을 (또한 비슷하게 성령의 신성을) 부인하기 때문에 여기서는 이 견해를 아리우스주의와 연관 지어 이곳에 배치했다.

주후 381년 콘스탄티노폴리스 공의회가 열릴 무렵 아리우스주의 논쟁은 종식되었다. 이 공의회는 니케아 공의회의 진술을 재확증했고, 니케아 이후의 시기 동안 공격받던 성령의 신성에 관한 진술을 추가했다. 콘스탄티노폴리스 공의회는 성령에 관해 "우리는 또한 성부와 성자로부터 나온, 생명을 주시는 주, 성령을 믿습니다. 그분은 성부와 성자와 함께 예배와 영광을 받으시며, 선지자를 통해 말씀하셨습니다"라는 문구를 덧붙였다. 오늘날 흔히 니케아 신조로 알려진 것은 콘스탄티노폴리스 공의회에서 재확증한 신조다.

d. 필리오케

니케아 신조와 관련해 교회사의 불행한 한 사건을 간략히 지적할 필요가 있다. 이것은 니케아 신조에 필리오케*filioque*라는 단어를 삽입하는 것에 대한 논쟁으로서, 이 단어의 삽입으로 인해 결국 주후 1054년에 서방 (로마 가톨릭) 기독교와 (그리스 정교회, 러시아 정교회 등 동방 정교회 기독교의 다양한 분파로 이루어진) 동방 기독교가 분열되고 만다.

필리오케는 '또한 아들로부터'라는 의미의 라틴어다. 이 용어는 주후 325년 니케아 신조의 첫 번째 판본과 주후 381년의 두 번째 판본에 포함되어 있지 않았다. 두 개의 판본은 성령이 "성부로부터 나온다"라고 말할 뿐이다. 하지만 주후 589년 톨레도에서 열린 지역 교회 회의에서 "또한 성자로부터"라는 문구가 추가되었고, 그 후로 신조는 성령이 "성부와 성자에게서 나온다"라고 말하게 되었다. 예수께서 성령을 세상에 보내겠다고 말씀하신 요한복음 15:26과 16:7에 비추어 볼 때, 이 진술이 성령께서 시간 속의 한 시점에(특히 오순절에) 성부와 성자로부터 나오셨음을 뜻한다면 이에 대한 반론이 있을 수 없어 보인다. 하지만 이는 삼위일체의 본질에 관한 진술인데, 문제의 문구는 성령과 성자 사이의 영원한 관계에 관한 진술로 이해되었다. 사실 이것은 성경이 명시적으로 논하지 않는 바다.[28] 이 추가 구절이 포함된 니케아 신조는 점차 널리 사용되었고, 주후 1017년에는 공식적인 승인을 받는다. 교회 내의 정치와 권력 투쟁 때문에 논쟁 전체가 복잡해졌으며, 크게 중요해 보이지 않는 이 교리적 논점이 주후 1054년 동서방 기독교의 분열을 초래했다(하지만 근원적인 정치적 쟁점은 동방 교회와 교황의 권위 사이의 관계였다). 교리 논쟁과 기독교의 두 분파 사이의 분열은 지금까지도 해소되지 않았다.

이 물음에 대한 올바른 입장이 존재하는가? (희박하지만) 증거의 무게는 서방 교회의 손을 들어 주는 것처럼 보인다. 요한복음 15:26이 진리의 성령이 "아버지께로부터 나오"신다고 말한다는 사실에도 불구하고, 이 본문은 성령이 또한 성자로부터 나오신다는 것을 부인하지 않는다(마찬가지로 요한복음 14:26은 성부가 성령을 보내실 것이라고 말하지만 요한복음 16:7은 성자가 성령을 보내실 것이라고 말한다). 실제로 요한복음 15:26의 같은 문장에서 예수께서는 성령을 가리켜 "내가 아버지께로부터 너희에게 보낼 보혜사"라고 말씀하신다. 그리고 만일 성자가 성부와 함께 성령을 세상으로 보내신다면, 이것은 유비적으로 위격들 간의 관계의 영원한 질서를 반영한다고 말하는 것이 적절해 보인다. 이것은 우리가 특정한 구절을 근거로 명확히 주장할 수 있는 무언가가 아니다. 하지만 성부, 성자, 성령 사이의 영원한 관계에 대한 우리 이해의 많은 부분은 시간 안에서 위격들이 피조물과 관계를 맺는 방식에 관해 성경이 말하는 바, 곧 유비를 통해 추론한 것이다.

이뿐만 아니라 ('필리오케'를 추가하지 않은) 동방의 진술은 성자와 성부 사이에 부자연스러운 거리가 존재한다고 암시하는 위험이 존재하고, 그 결과 개인적인 예배에서조차 오직 신비적인 성령의 영감에 의한 경험을 강조하며, 그리스도를 주님으로 경배하고 합리적으로 이해할 수 있는 예배의 자세를 무시하게 될 수도 있다. 그럼에도 이 논쟁은 궁극적으로 교리의 모호한 논점에 관한 것으로서 교회의 분열을 정당화할 만한 사안은 분명히 아니었다. 사실 이 논쟁은 교회의 치리권에 관한 근원적 차이에서 기인한 것이었다고 말할 수 있으며, '필리오케'라는 단어는 분열의 실질적인 이유보다 구실에 가까웠다.

3. 삼신론은 한분 하나님의 존재를 부인한다

삼위일체에 관한 성경적 가르침을 손쉽게 이해하는 마지막 방법은 한분 하나님이 존재를 부인하는 것이다. 그 결과 하나님은 세 위격이며 각 위격이 온전히 하나님이다. 세 하나님의 존재를 말하는 이 견해는 삼신론이라고 부를 수 있다.

교회사에서 이 견해를 고수한 사람들은 적다. 이 견해는 복수의 신을 숭배했던 다수의 고대 이교와 비슷하며, 신자들의 마음에 혼란을 야기한다. 여기에는 한분이신 참 하나님에 대한 절대적인 예배나 충성, 헌신이 존재할 수 없으며, 우리의 궁극적인 충성을 어느 하나님께 바쳐야 할지 알 수 없을 것이다. 그리고 더 심층적인 차원에서 이 견해는 우주 안에 있는 궁극적인 통일성에 대한 감각을 파괴할 것이다. 하나님의 존재 안에 통일성이 아니라 다원성이 존재하기 때문이다.

오늘날 어떤 집단도 삼신론을 옹호하지 않지만, 어쩌면 많은 복음주의자들이 성부, 성자, 성령의 구별된 위격성을 인정하면서도 나뉘지 않는 한 존재로서 동일성을 거의 인식하지 못하기 때문에 본의 아니게 삼위일체에 관한 삼신론적 견해로 기울어 있는지도 모른다.

4. 삼위일체 교리의 중요성

왜 교회는 삼위일체 교리에 그토록 관심을 기울였는가? 성자와 성령의 온전한 신성을 고수하는 것이 필수적인가? 그렇다. 이 가르침은 기독교 신앙의 핵심과 직결된 함의를 갖고 있기 때문이다. 첫째, 속죄의 문제가 걸려 있다. 예수께서 온전히 하나님이 아니라 창조된 인간에 불과하다면, 피조물인 그분이 우리의 모든 죄를 향한 하나님의 진노를 온전히 담당할 수 있다고 보기 어렵다. 아무리 위대한 피조물이라 해도 참으로 우리를 구원할 수 있겠는가? 둘째, 만일 우리가 성자의 완전한 신성을 부인한다면 이신칭의가 위협받을 것이다. (지금도 이신칭의를 믿지 않는 여호와의 증인의 가르침을 통해 이 점을 확인할 수 있다.) 예수께서 온전히 하나님이 아니라면 우리는 그분을 우리의 구원자로 믿을 수 있을지 의심할 수밖에 없다. 과연 우리의 구원을 위해 피조물을 전적으로 의지할 수 있는가?

셋째, 예수께서 무한한 하나님이 아니라면 우리는 그분께 기도하거나 그분을 예배할 수 있는가? 무한하고 모든 것을 아는 하나님 외에 누가 하나님의 백성의 모든 기도를 듣고 그 기도에 응답할 수 있는가? 또한 하나님 외에 누가 예배를 받을 자격이 있는가? 만일 예수께서 피조물에 불과하다면, 그분이 아무리 위대해도 그분을 예배하는 것은 우상숭배가 되고 말 것이다. 그러나 신약은 우리에게 그분을 예배하라고 명령한다.빌 2:9-11; 계 5:12-14 넷째, 만일 누군가가 그리스도께서 창조된 존재지만 그럼에도 우리를 구원한 존재라고 가르친다면, 그는 구원의 공로를 하나님이 아니라 피조물에게 돌리는 잘못을 범하는 것이다. 그는 창조주가 아니라 피조물을 높이는 잘못을 범한 것이며, 이는 성경이 절대로 허용하지 않는 일이다. 다섯째, 하나님의 독립성과 인격적 본질이 걸려 있다. 삼위일체가 없다면, 창조 이전에 하나님의 존재 안에는 어떤 인격적 관계도 존재하지 않으며, 인격적 관계가 없다면 하나님이 참으로 인격적이라거나 그분께 관계를 맺을 피조물이 필요하지 않다고 보기 어렵다. 여섯째, 우주의 통일성이 걸려 있다. 만일 하나님 안에 완벽한 다원성과 통일성이 존재하지 않는다면, 우주의 다양한 요소들 사이에 궁극적인 통일성이 존재한다고 생각할 근거가 전혀 없다. 분명히 삼위일체 교리에는 기독교 신앙의 핵심이 걸려 있다. 헤르만 바빙크가 말하길, "아타나시우스는 기독교가 그리스도의 신성과 삼위일체에 대한 고백 여부에 따라 서 있거나 무너질 것임을 동시대의 어떤 사람보다도 더 잘 이해했다."[29] 그는 덧붙여 말했다. "삼위일체를 고백할 때 기독교의 심장이 고동친다. 모든 오류는 이 교리에 대한 잘못된 견해에서 기인한다. 또는 더 깊이 성찰한다면 거기서 모든 오류의 기원을 찾을 수 있다."[30]

D. 성부, 성자, 성령은 어떻게 구별되는가?

삼위일체와 관련된 오류를 살펴보았으므로 이제 성부, 성자, 성령의 구별에 관해 무엇을 더 말할 수 있는지 물을 수 있다. 삼위일체의 위격들 모두가 온전히 하나님이며 각 위격이 하나님의 모든 속성을 온전히 공유한다고 말한다면, 과연 위격들 사이에 차이가 존재하는가? 예를 들어, 우리는 성부가 성자보다 더 강력하다거나 성부와 성자가 성령보다 더 지혜롭다거나 또는 성부가 성자와 성령이 존재하기 이전에 존재했다고 말할 수 없다. 왜냐하면 이처럼 말하는 것은 삼위일체의 모든 위격의 신성을 부인하는 것을 뜻하기 때문이다. 그렇다면 위격은 어떻게 구별되는가?

1. 삼위일체의 모든 위격은 세상과 관계를 맺을 때 각기 다른 일차적 기능을 수행한다

성경은 하나님이 세상과 관계를 맺는 방식에 관해 이야기할 때 삼위일체의 모든 위격이 창조와 구속에서 각기 일차적 기능을 수행한다고 말한다. 때로는 이것을 '삼위일체의 경륜'이라고 부른다. 옛 의미에 따르면 경륜economy이라는 말은 활동의 질서를 뜻한다. (이런 의미로 '가계'economy of a household나 '가정 경제'home economics라는 말을 쓰기도 했다. 이것은 한 집안의 재정 상태만이 아니라 집에서 이루어지는 활동의 질서 전체를 의미한다.) 삼위일체의 경륜은 세 위격이 세상과 관계를 맺고 (다음 절에서 논하겠지만) 영원토록 서로 관계를 맺는 다양한 방식을 의미한다.

창조 사역에서 이러한 다른 기능을 확인할 수 있다. 성부 하나님은 창조적인 말씀을 통해 우주가 존재하게 하셨다. 하지만 이 창조 행위를 수행한 분은 영원한 하나님의 말씀인 성자 하나님이다. "만물이 그로 말미암아 지은 바 되었으니 지은 것이 하나도 그가 없이는 된 것이 없느니라."요 1:3 이뿐만 아니라 "만물이 그에게서 창조되되 하늘과 땅에서 보이는 것들과 보이지 않는 것들과 혹은 왕권들이나 주권들이나 통치자들이나 권세들이나 만물이 다 그로 말미암고 그를 위하여 창조되었"다.골 1:16; 또한 시 33:6, 9; 고전 8:6; 히 1:2 참조 성령도 다른 방식으로 활동하셨다. 그분은 수면 위에 "운행"하셨다.창 1:2 이것은 피조물을 유지하며 피조물 안에서 하나님의 직접적인 임재를 드러내는 활동을 뜻하는 것으로 보인다(시편 33:6의 "기운"은 아마도 성령으로 번역해야 할 것이다. 또한 시 139:7 참조).

구속 사역에서도 구별되는 기능을 확인할 수 있다. 성부 하나님은 구속을 계획하고 그분의 아들을 세상으로 보내셨다.요 3:16; 갈 4:4; 엡 1:9-10 성자는 성부께 순종하고 우리를 위해 구속을 성취하셨다.요 4:4; 엡 1:9-10 등 성부 하나님은 이 땅에 오셔서 우리를 위해 죽지 않으셨고, 성령 하나님도 마찬가지다. 이것은 성자가 행하신 특별한 일이다. 그리고 예수께서 승천하신 뒤 성부와 성자는 성령을 보내셔서 우리가 구속함을 입게 하셨다. 예수께서는 "아버지께서 내 이름으로 보내실 성령"에 관해 말씀하시지만,요 14:26 친히 성령을 보낼 것이라고도 말씀하신다. 그 외에도 "내가 그를 너희에게로 보내리니"라고 말씀하시고,요 16:7 "내가 아버지께로부터 너희에게 보낼 보혜사 곧 아버지께로부터 나오시는 진리의 성령이 오실 때"에 관해서도 말씀하신다.요 15:26 우리에게 거듭남 또는 새로운 영적 생명을 주시고,요 3:5-8 우리를 거룩하게 하시고,롬 8:13; 15:16; 벧전 1:2 우리에게 능력을 주셔서 섬기게 하는 것행 1:8; 고전 12:7-11이 성령의 특별한 역할이다. 일반적으로 성령의 사역은 성부 하나님에 의해 계획되고, 성자 하나님에 의해 시작된 사역을 완성하는 것이라고 말할 수 있다.30장 참조

따라서 우리는 창조와 구속에서 성부의 역할은 계획하고 지시하며 성자와 성령을 보내는 것이라고 말할 수 있다. 이것은 놀랍지 않다. 왜냐하면 이것을 통해 성부와 성자의 관계가 인간적인 가족의 차원에서 아버지와 아들의 관계와 같음을 알 수 있기 때문이다. 아버지는 지시하고 아들에 대한 권위를 가지며, 아들은 순종하고 아버지의 지시에 응답한다. 성령은 성부와 성자 모두의 지시에 순종한다.

따라서 삼위일체의 위격들은 그들의 모든 속성에서 동등하지만, 피조물과 맺는 관계에서 차이가 있다. 성자와 성령은 신성에서 성부 하나님과 전적으로 동등하지만, 역할은 성부에게 순종한다.

그뿐만 아니라 이 역할의 차이는 일시적이지 않고 영원히 지속될 것이다. 바울은 마지막 원수, 곧 사망이 멸망하고 만물이 그리스도의 발 아래 복종하게 될 마지막 심판 이후에도 "아들 자신도 그때에 만물을 자기에게 복종하게 하신 이에게 복종하게 되리니 이는 하나님이 만유의 주로서 만유 안에 계시려 하심이라"고 말한다.고전 15:28

2. 모노게네스의 의미: 예수께서는 아버지의 독생자인가?

요한복음 3:16은 예수께서 아버지의 "독생자"only begotten Son라고 말한다.NASB; KJV와 NKJV "하나님이 세상을 이처럼 사랑하사 독생자를 주셨으니 이는 그를 믿는 자마다 멸망하지 않고 영생을 얻게 하려 하심이라."요 3:16

하지만 대부분의 현대 번역본은 "독생자"라고 번역하지 않는다. 널리

사용되는 영어 번역본은 '낳음'이라는 개념 없이 "독자"(only Son, one and only Son)라고만 번역한다.ESV, 또한 RSV, NRSV, CSB, NET, NIV, NLT 이런 번역의 차이는 다른 네 구절에 등장하는 헬라어 단어 '모노게네스'에 대한 다른 이해에서 기인한다.[31] 전통적으로 이 단어는 '독생하신'을 의미하는 것으로 이해했다. 이 단어는 '유일한'을 뜻하는 '모노'와 '낳다'를 뜻하는 동사 '겐나오'와 연관된 형용사인 '게네스'로 이루어진 합성어이며, 이 동사는 출생에서 아버지의 (또는 덜 흔하기는 하지만 어머니의) 역할을 지칭하는 말로 흔히 사용된다.

그러나 1866년부터 다양한 신약학자들이 '독생하신'이라는 의미에 대해 이의를 제기하기 시작했고, 이 단어에 '낳음'이라는 의미가 들어 있지 않으므로 '유일한, 독특한, 단 하나뿐인'이라는 뜻으로 이해해야 한다고 주장했다. 그들은 이 단어의 뒷부분은 동사 '겐나오'gennaō, 낳다가 아니라 '게노스'genos, 종류라는 단어와 밀접한 관련이 있다고 주장했다. 따라서 이 구절은 독생하신 아들이 아니라 단 하나뿐인 또는 유일한 아들을 지칭한다는 것이다.[32] 대부분의 성경 번역 위원회가 이런 주장이 설득력 있다고 간주해 온 것으로 보인다. 나 또한 『바우어 헬라어 사전』[33]과 여러 번역본, 대다수의 주석에서 이 주장을 지지하기 때문에 '유일한'only이라는 번역어를 채택했다. 또한 이 책의 초판 부록에 '유일한'으로 번역하는 것을 옹호하는 글을 실었다.[34] 나는 "성자의 영원한 나심(또는 출생)"에 관해 이야기하지 않는 편이 더 낫다고 말했다.[35]

그러나 2017년에 중대한 새로운 증거가 등장했다.[36] 찰스 리 아이언스가 "요한문서의 '독생하신'에 대한 어휘적 변론"이라는 중요한 논문을 발표한 것이다.[37] 아이언스는 헬라어로 기록된 초기 교부의 문서에서 '모노게네스'라는 단어가 수백 번 사용되었음을 발견했다고 말한다. 그런 다음 1886년에 나온 웨스트코트의 요한서신서 주석이 '독생하신'보다 '유일한'이라는 의미를 지지하는 최초의 글이라고 지적한다.[38] 이후에 나온 글은 웨스트코트의 주장을 따랐으며, 결국 1946년에 출간된 RSV는 이 다섯 구절에 '유일한'이라는 번역어를 사용했고 다른 성경 번역본도 이것을 따랐다.

'유일한'을 지지하는 관점에 대해 아이언스는 게노스genos와 겐나오

gennaō에서 'n'이 하나인지 둘인지의 차이는 전혀 중요하지 않다고 주장한다. 왜냐하면 두 단어 모두 궁극적으로 어원이 같으며 'n'을 겹쳐 쓰는 것은 헬라어에서 흔한 철자 변이형이기 때문이다.

의미심장하게도 아이언스는 고대 헬라어에서 "적어도 145개" 단어가 '게네스'라는 어간에서 유래했음을 발견했다. 그중 절대 다수는 '태어남, 생산됨'이라는 뜻을 갖는다. 여기에는 '탈라소게네스',바다에서 태어난 '네오게네스',갓 태어난 '파트로게네스',아버지에게서 난 '프로테게네스',더 일찍 태어난, 더 나이가 많은 '푸리게네스'불 안에서 또는 불로부터 태어난 등이 포함된다.[39] 그는 "'-게네스'라는 어간에서 유래한 145개의 단어 중 '종류'와 연관된 말은 12개 미만이다"라고 주장한다.[39]

아이언스는 '모노게네스'가 언제나 '독생하신'을 의미한다고 주장하지 않는다. 왜냐하면 이 단어가 '유일한, 독특한, 단 하나뿐인'을 뜻하는 명확한 사례가 많기 때문이다. 그러나 아이언스는 수백 개의 사례를 통해 이 단어가 분명히 '독생하신'을 뜻할 수 있음이 입증되며, "가장 기본적으로 빈번히 '모노게네스'는 부모가 낳은 유일한 자녀를 지칭하는 말로 사용되며, 이것은 형제자매가 없음을 암시한다"라고 주장한다.[40]

그는 또 다른 주장을 덧붙인다.

> 만일 이 단어가 '유일한'을 뜻한다면, 유일한 아내, 유일한 형제, 유일한 친구, 유일한 노예……유일한 옷, 유일한 집, 유일한 칼처럼 태어남이나 자녀 됨이라는 개념을 포함하지 않는 다른 많은 명사를 수식하는 말로 사용될 것이라고 예상할 수 있다. 하지만 성경 외의 헬라어 문헌 어디에도 이런 표현을 찾아볼 수 없다. 이것은 문자적 의미가……직접적으로 생물학적 의미임을 암시한다. '독생하신', 곧 '형제자매가 없는'을 뜻한다고 말할 수 있다.[41]

그 이후 아이언스는 "이 기본적 의미가 새로운 비문자적, 은유적 방향으로 점차 확장"되었고 (히브리서 11:17에서 이삭에게 적용된) "유일한 상속자"라는 의미와 궁극적으로 "그 부류에서 유일한"이라는 의미를 갖게 되었다고 설명한다.[42]

마지막으로 아이언스는 신약에 사용된 '모노게네스'의 의미를 살펴본다. 요한복음 1:14이 특히 중요하다. "말씀이 육신이 되어 우리 가운데 거하시매 우리가 그의 영광을 보니 아버지의 독생자의 영광이요 은혜와 진리가 충만하더라."요 1:14 문제는 "아들"후이오스이라는 단어가 헬라어 본문에 없다는 것이다. 헬라어 본문은 '독산 호스 모노게네스 파라 파트 로스'라고 되어 있다. '모노게네스'를 '유일한'으로 번역한다면 '아버지로부터 온 유일한 -의 영광'이라는 뜻이 통하지 않는 구절이 된다. 아이언스는 ESV와 NIV 같은 성경 번역본에서 "아들"Son이라는 단어를 삽입한 사실은 '모노게네스'가 단순히 '유일한'을 뜻하지 않고, '자녀 됨 또는 태어남'이라는 개념이 그 단어가 지칭하는 의미의 일부임을 보여준다고 말한다. 대조적으로 "아버지의 독생자의 영광"이라는 번역은 논리적으로 합당해 보인다.[43]

이에 더해 그리스도께서 성부에 의해 영원히 나셨다는 견해는 니케아 신조에 의해 명시적으로 확증되었고, 이 신조는 주후 325년에 처음 작성된 (또한 주후 381년에 수정된) 이후 그리스도인들에 의해 폭넓게 사용되고 있다. 신조는 이렇게 시작된다.

우리는 하늘과 땅 그리고 모든 보이는 것과 보이지 않는 것을 지으신 한분, 전능하신 아버지 하나님을 믿습니다.

우리는 또한 하나님의 독생자이신 한분, 주 예수 그리스도를 믿습니다. 그분은 영원 전에 성부로부터 나신, 신 중의 신이시며 빛 중의 빛이시고, 참 신 중의 참 신으로서, 창조되지 않고 나셨으며, 성부와 동일한 본질을 가지신 분입니다. 모든 것이 그분으로 말미암아 창조되었습니다.

니케아 신조를 작성한 이들은 '모노게네스'를 그저 '유일한, 독특한'이 아니라 '독생하신'으로 이해한 것이 분명하다. 그들은 두 차례 동사 '겐나오'낳다를 사용해 '모노게네스'가 무엇을 의미하는지 설명하기 때문이다. (1) 그리스도께서는 "영원 전에 성부로부터 나"셨기겐네텐타 때문에 이것은 영원한 나심이다. 또한 (2) 성자는 "창조되지 않고 나"셨으므로겐네텐타 우 포이에텐타 창조되었다는 것을 뜻하지 않는다.

아이언스가 제시하는 증거와 주장 덕분에 나는 신약에서 성부에 관해 사용된 '모노게네스'가 '독생하신'을 의미한다고 확신하게 되었다. 따라서

『조직신학』 개정증보판에서는 ('독생하신'에 대한 반론을 제시하는) 부록 6을 제거했다. 나는 이제 성자의 영원한 나심이라는 교리를 기꺼이 지지한다.

3. 성자의 영원한 나심이 의미하는 바

앞에서 말했듯이 이제 나는 다음 본문들 또한 요 3:18; 요일 4:19 이 헬라어 단어 '모노게네스'에 담긴 '독생하신'이라는 의미를 반영하는 방식으로 번역되어야 한다고 생각한다.

말씀이 육신이 되어 우리 가운데 거하시매 우리가 그의 영광을 보니 아버지의 독생자의 영광이요 은혜와 진리가 충만하더라. 요 1:14

본래 하나님을 본 사람이 없으되 아버지 품속에 있는 독생하신 하나님이 나타내셨느니라. 요 1:18 44

하나님이 세상을 이처럼 사랑하사 독생자를 주셨으니 이는 그를 믿는 자마다 멸망하지 않고 영생을 얻게 하려 하심이라. 요 3:16

하지만 그리스도가 아버지의 "독생자"라는 것은 무엇을 뜻하는가? 그리스도의 신성을 주장하는 데 이미 많은 지면을 할애했고, 또한 하나님은 영원히 존재하기 때문에 우리는 성자가 먼 과거에 창조되었다는 관념을 멀리해야 한다. 이 관념에는 인간의 태어남이라는 유비가 적용되지 않는다.

반면에 앞의 사례들을 통해, 곧 '게네스'를 사용하는 복합어가 일종의 기원을 암시함을 알 수 있다. 또한 성자는 어떤 의미에서 성부로부터 존재한다고 말하는 다른 구절들이 존재한다. 그리스도는 "하나님의 영광의 광채시요 그 본체의 형상"이시다. 히 1:3 "광채" 아마우가스마 라는 말은 빛의 근원으로부터 빛나는 밝은 빛이라는 느낌을 주며, "형상" 카락테르 은 다른 곳에서 (조폐국에서 찍어 만든 동전처럼) 원형의 정확한 모사를 뜻하는 말로 사용된다. 두 단어 모두 성자가 창조되지 않았지만 어떤 의미에서 성부로부터 존재하심을 뜻한다. 이와 비슷하게 성자가 하나님의 "말씀"이라고 말하는데, 요 1:1-2 말이란 한 인격체가 입 밖으로 낸 무언가를 뜻한다. 또한 요한은 예수께서 "아버지께서 자기 속에 생명이 있음 같이 아들에게도 생명을 주어 그 속에 있게 하셨고"라고 말씀하셨다고 기록한다.요 5:26

브루스 웨어는 영원한 나심에 관해 다음과 같이 주장하며, 나는 그의 주장이 옳다고 생각한다. "성부께서는 명목상으로 성부가 아니라 참으로 성부이시므로, 또한 성부께서는 영원한 성부이시므로 그분께는 참으로 성자가 존재해야 하며 성자는 참으로 그분으로부터 존재해야 하고(그렇지 않다면 그분은 참으로 성부가 아니다), 그분으로부터 존재해야 하는 이 성자는 마찬가지로 영원히 그분으로부터 존재해야 한다(그렇지 않다면 그분은 영원한 성부가 아니다)."[45]

그렇다면 성자의 영원한 나심은 무엇을 의미하는가? 그것은 성자가 어떤 의미에서 성부로부터 존재하심을 의미한다. 하지만 이것을 넘어서서 그것이 의미하는 바를 정확히 설명하는 것보다 그것이 의미하지 않는 바를 정의하는 것이 더 쉽다. 영원한 나심이란 시작된 무언가가 아니며 영원한 것이다. 그것은 성자가 성부에 의해 창조됨을 뜻하지 않는다. 그리고 성부가 하나님의 속성을 성자보다 더 많이 소유함을 뜻하지 않는다.

긍정적으로 말하자면, 우리는 성자의 나심이 (1) 성자가 성부와 동일한 본성을 지니며(아버지가 자신을 닮은 아들을 낳기에), (2) 성자가 성부와 구별된 위격이고(성자는 나셨고 성부는 나지 않았기에), (3) 성부와 성자 사이에 특정한 질서가 존재함(고린도전서 8:6에서 볼 수 있듯이 성경은 언제나 '성부로부터 성자를 통해서'라고 말한다)을 암시한다고 말할 수 있다. 하지만 이 세 가지 항목은 모두 영원한 나심의 교리가 없더라도 많은 성경 본문의 명백한 증언을 통해 입증할 수 있다(예를 들어 이 책의 초판에서 영원한 나심을 부인하면서도 세 가지 항목 모두를 주장했다는 사실을 통해서도 분명히 확인된다). 그러나 성자의 영원한 나심이라는 관념은 이 세 가지 항목을 동시에 암시하는 반면, 다른 방식을 활용할 경우 여러 다른 본문의 가르침을 조합해 이것을 입증해야만 한다.[46]

우리는 이러한 영원한 나심에서 무슨 일이 일어나는지에 관해 더 많은 것을 설명할 수 있는가? 이것은 어떤 종류의 나심인가? 삼위일체 교리의 본질적 요소와 명백히 모순되지 않는 성경적 설명은 적어도 두 가지가 존재한다.

A. 영원한 나심은 성부가 성자에게 신적 본질을 영원히 주셔서eternally communicate 성자가 성부의 모든 속성을 온전히 공유하는 것을 의미한다. 요한복음 5:26은 이 관념을 지지하는 것으로 해석할 수 있다. "아버지께서 자기 속에 생명이 있음 같이 아들에게도 생명을 주어 그 속에 있게 하셨고." 이것은 어떤 속성에서든 성부가 성자보다 더 크심을 뜻하지 않는다. 왜냐하면 성부가 신적 본질을 철저하게 주셨으므로 성자는 성부의 "형상"정확한 모사이기 때문이다.히 1:3 또한 이러한 나심은 영원하기 때문에 성자는 창조되지 않았으나 영원히 독생자로 존재하셨다. 이것이 교회사 전체에서 가장 지배적으로 통용되는 견해였다.[47]

B. 영원한 나심은 성부가 성부와 성자 (또한 함의에 따라 성령) 사이의 위격적 구별의 원천임을 뜻하지만, 성부가 이 위격들의 신적 본질존재의 원천은 아니다. 이것은 장 칼뱅의 견해였다.[48] 그는 (성부가 성자에게 신적 본질을 준다고 말하는) 첫 번째 견해는 성자와 성령이 열등하며 성부의 모든 속성을 온전히 가지고 있지 않다고 암시하는 것처럼 보인다고 우려했다.

나는 두 가지 견해 중에서 한쪽을 선택하기가 어렵다고 생각한다. 하지만 (a)가 "독생자"요 1:14, 18; 3:16의 의미로부터, 성부와 성자라는 이름으로부터, 또는 성자가 하나님의 말씀이고요 1:1-2 "하나님의 영광의 광채"이자 "그 본체의 형상"이며히 1:3 성부가 "생명을 주어 그 속에 있게" 하신 분요 5:26이라고 말하는 구절들로부터 이끌어 낸 더 자연스러운 결론으로 보인다.

그러나 나는 우리가 확신을 가지고 (a)나 (b)의 견해를 주장하거나 부인할 수 있을 만큼 충분한 정보를 하나님이 성경 안에 계시하셨다고 생각하지 않는다. 사실 성자의 영원한 나심의 실제 의미는 (c), 곧 우리가 지금은 이해할 수 없고 심지어 알 수도 없는 설명일지 모른다. 우리에게는 그리스도가 아버지의 "독생자"라고 말하는 다섯 구절이 있으며, 하나님이 영원하시다고 가르치는 다른 구절들이 있다.[49] 그러므로 우리는 확신을 가지고 성자의 영원한 나심을 주장할 수 있다. 하지만 여기서 우리는 거대한 신비에 속하는 주제를 다루고 있으며,[50] 이 주제의 많은 부분은 여전히 "우리 하나님 여호와께 속"한 "감추어진 일"임을 인정하는 것이 현명해 보인다.신 29:29

4. 성부, 성자, 성령의 다른 기능(역할)은 각 위격의 구별되는 정체성과 부합한다

삼위일체의 위격들이 피조물과 관계를 맺을 때 다른 역할을 하는 까닭을 궁금해할 수 있다. 그것은 우연적이거나 임의적이었는가? 성자 하나님이 아니라 성부 하나님이 오셔서 우리 죄를 위해 죽으실 수도 있었는가? 성령이 성부 하나님을 보내셔서 우리 죄를 위해 죽게 하시고, 그 이후에 성자 하나님을 보내셔서 우리가 구속함을 입게 하실 수도 있었는가?

아니다. 이런 일은 일어날 수 없었을 것이다. 왜냐하면 계획하고 지시하며 보내시는 역할은 삼위일체 위격들의 통상적인 질서성부로부터, 성자를 통해, 성령 안에서 중 첫 번째에 해당하며, 모든 인간적 아버지 역할의 본이 되시는엡 3:14-15 성부의 지위와 부합하기 때문이다. 그리고 성부의 계획에 응답하고 그분의 지시에 순종하며, 성부가 보내실 때 가고 우리에게 성부를 계시하는 역할은 하나님의 말씀이라고 불리는 성자의 역할과 부합한다.요 1:1-5, 14, 18; 17:4; 빌 2:5-11 참조 이런 역할은 뒤집힐 수 없었을 것이다. 그렇지 않다면 성부는 더 이상 성부가 아니고 성자는 더 이상 성자가 아니었을 것이다. 또한 이 관계 유비에 의해 우리는 성령의 역할도 마찬가지로 세상이 창조되기 전 그분이 성부, 성자와 맺은 관계에 부합하는 것이라고 결론 내릴 수 있다.

하지만 더 많은 것을 말할 수 있다. 성자가 이 땅에 오기 전에, 심지어 세상이 창조되기도 전에 영원토록 성부는 성부이고 성자는 성자이며 성령은 성령이다. 이 정체성과 각 위격 사이의 관계는 영원하며 시간 안에서만 발생하는 무언가가 아니다. 우리는 먼저 하나님의 불변성11장 참조으로부터 이런 결론을 내릴 수 있다. 만일 하나님이 지금 성부, 성자, 성령으로 존재한다면 그분은 언제나 성부, 성자, 성령으로 존재해 오셨다. 또한 우리는 세상이 창조되기 전 삼위일체의 위격들이 서로 맺고 있던 관계에 관해 말하는 성경의 다른 구절을 통해서도 이 관계가 영원하다고 결론 내릴 수 있다. 예를 들어, 성경은 세상이 창조되기 전 하나님의 선택 사역32장 참조에 관해 성부가 성자 안에서 우리를 택하셨다고 말한다. "찬송하리로다. 하나님 곧 우리 주 예수 그리스도의 아버지께서……창세 전에 그리스도 안에서 우리를 택하사 우리로 사랑 안에서 그 앞에 거룩하고 흠이 없게 하시려고."엡 1:3-4 선택이라는 최초의 행동을 하신 성부 하나님은 우리가 존재하기도 전에 우리가 그리스도와 연합해 있다고, 곧 "그리스도 안에" 있다고 간주하신다. 이와 비슷하게 바울은 성부 하나님에 관해 "미리 아신 자들을 또한 그 아들의 형상을 본받게 하기 위하여 미리 정하셨으니"라고 말한다.롬 8:29 또한 삼위일체의 다른 두 위격의 특수한 기능과 구별하여 "하나님 아버지의 미리 아심"에 관해 말한다.벧전 1:2; 또한 1:20 참조51 심지어 성부가 "독생자를 주셨"고요 3:16 아들을 세상에 보내셨다요 3:17는 사실도 그리스도께서 세상에 오시기 전에 성부와 성자의 관계가 존재했음을 의미한다. 성자는 성부가 세상에 보내실 때 성자가 되신 것이 아니다. 오히려 언제나 성부였던 분이 언제나 그분의 독생자였던 성자를 주셨다는 사실을 통해 하나님의 크신 사랑이 드러난다. "하나님이 세상을 이처럼 사랑하사 독생자를 주셨으니."요 3:16 "때가 차매 하나님이 그 아들을 보내사."갈 4:4

성경이 창조에 관해 이야기할 때도 성부가 성자를 통해 창조하셨다고 말하는데, 이것은 창조가 시작되기 이전의 관계를 암시한다.요 1:3; 고전 8:6; 히 1:2; 잠 8:22-31 참조 하지만 어디에서도 성자나 성령이 성부를 통해 창조하셨다고는 말하지 않는다. 이런 본문들은 창조 이전에 (기원이신) 성부와 (적극적 행위자이신) 성자의 관계가 존재했으며, 이 관계로 인해 삼위일체의 각 위격이 실제로 수행했던 그 역할이 적절하다는 것을 넌지시 말하는 셈이다.

그러므로 성부, 성자, 성령이 수행하는 서로 다른 기능은 세 위격 사이의 영원한 관계, 곧 언제나 존재했고 영원토록 존재할 관계의 적절한 발현appropriate outworkings일 뿐이다. 하나님은 언제나 구별된 세 위격인 성부, 성자, 성령으로 존재해 오셨다. 이처럼 구별되는 위격적 정체성은 하나님의 본성 자체에 필수적이며, 그렇지 않을 수 없다.

하지만 우리는 성부, 성자, 성령이 신성이나 속성, 본성에서 전혀 차이가 없음을 다시 한번 강조해야 한다. 각 위격은 온전히 하나님이며 하나님의 모든 속성을 지니신다. 삼위일체의 위격들 사이의 차이는 세 위격이 서로 관계를 맺는 방식 또는 피조물과 관계를 맺는 방식에 있다. 이 관계에서 세 위격은 각 위격에 적합한 역할을 수행한다.

삼위일체에 관한 이 진리는 '존재론적 동질성 및 관계적 차이'라는 말로 요약할 수 있다. 여기서 '존재론적'ontological이라는 단어는 '존재'being를 뜻한다. 이 표현의 두 부분은 모두 참된 삼위일체 교리에 필수적이다. 존재론적 동질성이 없다면 세 위격 모두가 온전히 하나님이 아니라는 뜻이다. 하지만 (역사적으로 기능상의 종속subordination in function이라고 불렀던) 관계적 차이가 없다면[52] 세 위격이 서로 관계를 맺는 방식에 일관된 차이가 존재하지 않게 되고, 따라서 성부, 성자, 성령으로서 구별되는 방식으로 영원히 관계를 맺는 세 위격이 존재하지 않는다는 뜻이다.

최근 일부 복음주의권 저자들이 삼위일체의 위격들 사이에 존재하는 역할의 영원한 종속을 부인하고 있다. 이들은 주로 남성과 여성의 관계에 대한 복음주의적인 여성주의 관점을 견지하는 저자들이지만 최근에는 그렇지 않은 다른 저자들 사이에서도 이런 경향이 나타난다.[53] 하지만 이것은 적어도 니케아 공의회주후 325 이후로는 분명히 교회가톨릭, 개신교, 정교회가 믿는 삼위일체 교리의 일부였다. 따라서 찰스 하지는 이렇게 말한다.

니케아 신조에는 (1) 성부에 대한 성자의 종속과 성부와 성자에 대한 성령의 종속이라는 원칙이 포함된다. 하지만 이 종속은 열등함을 암시하지 않는다.……여기서 종속은 위격적 존재subsistence와 기능operation의 방식에 관한 문제일 뿐이다.

신조들은 삼위일체 교리에 관한 성경의 사실들을 질서 있게 배치한 것에 불과하다. 신조는 성부, 성자, 성령의 구별되는 위격성과……세 위격의 완벽한 동등성, 위격적 존재와 기능의 방식에서 성부에 대한 성자의 종속, 성부와 성자에 대한 성령의 종속을 주장한다. 이것은 성경적 사실로서 신조들은 여기에 아무것도 더하지 않으며, 그런 의미에서 보편 교회에 의해 받아들여져 왔다.[54]

이와 비슷하게 스트롱은 이렇게 말한다.

성부, 성자, 성령은 본질과 위엄에 있어서 동등하지만 위격성과 직무, 기능의 질서에 따라 존재한다.

성부의 위격에 대한 성자 위격의 종속, 다시 말해 성부가 직무에서 첫째가 되고 성자는 둘째가 되며 성령은 셋째가 되게 하는 위격성과 직무, 기능의 질서는 동등성과 완벽히 조화를 이룬다. 우선성이 반드시 수위성인 것은 아니다.……**우리는 성부에 대한 성자의 영원한 종속을 인정하지만** 동시에 이러한 종속이 본질의 종속

이 아니라 질서, 직무, 기능의 종속이라고 주장한다.[55]

5. 성자는 성부의 권위에 영원히 복종하는가?

다른 곳에서 나는 성자가 언제나 성부의 권위에 복종한다는 일관된 경향을 성경에서 확인할 수 있으며, 삼위일체 내에서 성부와 성자의 관계가 영원히 존재해 왔다고 주장한 바 있다.[56] 여기서는 먼저 그 주장을 요약한 다음 최근의 다양한 반론을 살펴볼 것이다. 이런 반론에는 권위와 복종이 부적합한 용어라는 주장, 하나님 안에는 단 하나의 의지만 존재할 수 있다는 주장, 이 복종은 성육신이라는 목적만을 위한 것이라는 주장, 이 복종은 하나님이 자신의 외부에서 행하시는 자발적인 행위에만 적용된다는 주장 등이 포함된다.

a. 성부는 창세 이전과 최후의 심판 이후에도 통솔자로 행동하신다. 성자가 지상에 있는 동안 성부에게 복종하는 모습은, 그분이 창조 이전에 성부의 권위에 복종했으며, 따라서 영원히 복종한다는 사실의 반영이라고 생각할 만한 몇 가지 이유가 존재한다.

(1) 성부와 성자라는 영원한 이름은 이 관계 안의 차이를 나타낸다. 성경의 세계에서 한 가정의 아버지는 아들이 성인이 되어서도 갖지 못하는 지도자 역할과 권위를 지녔으며, 성경의 저자들과 원래 독자들은 자연스럽게 그런 관계를 성부와 성자라는 이름과 연결시켰을 것이다. (2) 성부는 "창세 이전에" 성자 안에서 우리를 택하셨으며,엡 1:4; 또한 롬 8:29; 딤후 1:9; 계 13:8 참조 이것은 이 영원한 행동에서, 곧 성부는 누가 구원받을지를 선택함에 있어서 주도하거나 이끄는 분이셨음을 뜻한다. (3) 성부는 성자를 통해 "모든 세계를 지으셨"다.히 1:2 "만물이 그로 말미암아 지은 바 되었"기 때문이다.요 1:3 물론 이것은 영원한 행동이 아니지만, 이 관계에서 성부의 일차적인 역할이 성육신26장 참조이 있기 오래전에 존재했음을 보여준다. (4) 성부는 "독생자를 주셨"으며요 3:16 "그 아들을" 세상으로 "보내"셨다.갈 4:4 이것은 그리스도께서 인간의 본성을 취하기 전에 자신을 세상으로 보내신 성부의 지시에 기꺼이 순종하셨음을 의미한다. (5) 성자의 영원한 나심이라는 교리는 성자가 영원히 성부로부터 계심을 뜻한다. 또한 이것은 성부가 이 관계에서 언제나 일종의 우선성을 지니심을 뜻한다. 더 구체적으로, 성

자가 성부의 권위에 복종한다는 것은 성부가 성자를 영원히 낳으신다는 것과 어울리며, 전자는 후자의 자연스러운 귀결이다.

성부와 성자의 관계는 예수의 지상 사역 내내, 또한 그분의 승천 후에도 계속된다. (6) 예수께서는 이 땅에 계실 때 "내가 하늘에서 내려온 것은 내 뜻을 행하려 함이 아니요 나를 보내신 이의 뜻을 행하려 함이니라"요 6:38 고 말씀하셨고, "나는 항상 그가 기뻐하시는 일을 행하므로"요 8:29 라고 말씀하셨다. (7) 예수께서는 십자가에 달려 죽기 직전에 "내가 갔다가 너희에게로 온다 하는 말을 너희가 들었나니 나를 사랑하였더라면 내가 아버지께로 감을 기뻐하였으리라. 아버지는 나보다 크심이라"고 말씀하셨다.요 14:28 [57] 카슨은 비록 이 구절이 "영광 중에 계신 성부와 성육신하신 성자 사이의 구별"을 전제하지만, "그럼에도 이 구절은……영원 전까지 거슬러 올라가는……성부에 대한 성자의 기능적 종속의 경향성을 보여주는 증거이기도 하다"라고 지적한다.[58]

(8) 승천하신 예수께서는 "우리를 위하여 간구"하신다.롬 8:34; 또한 히 7:25 참조 이것은 그분이 우리를 위해 성부에게 간구하고 계신다는 뜻이다. (9) 그리스도께서는 승천하신 후 성부로부터 권위를 받아 교회에 성령을 부어 주셨다.행 2:32-33 (10) 예수께서는 성부로부터 계시를 받아 요한계시록에 기록된 미래에 관한 예언을 요한에게 주셨다. 이 책은 "예수 그리스도의 계시라. 이것은 하나님이 그에게 주사 반드시 속히 일어날 일들을 그 종들에게 보이시려고"라는 말로 시작된다.계 1:1 (11) 그분은 "높은 곳에 계신 지극히 크신 이의 우편에" 앉아 계신다.히 1:3 우편에 앉는다는 것은 왕에게 종속된 이차적 권위를 가진 지위를 지니고 있음을 뜻한다.[59] (12) 그분은 마지막 심판을 집행할 권위를 성부로부터 받으셨다.요 5:26-27; 또한 행 10:42 참조 (13) 마지막 심판 후에 그분은 그 나라를 성부 하나님께 드릴 것이다. "[그런 다음 영원토록] 아들 자신도 그때에 만물을 자기에게 복종하게 하신 이에게 복종하게 되리니 이는 하나님이 만유의 주로서 만유 안에 계시려 하심이라."고전 15:28

(14) 카슨은 나중에 쓴 논문에서 성부와 성자에 의한 성령의 보내심에서도 병행적 경향성을 확인할 수 있다고 지적한다.

그러나 성령에 관해 숙고할 만한 것은 성령의 순종을 그분의 인간적 본성이라는 관점에서 설명할 수 없다는 것이다. 왜냐하면 성령은 인간적 본성을 지니시지 않기 때문이다.……그러나 성부와 성자가 성령을 보내거나 주시고, 또한 성령이 친히 가서 주어진다고 하는 논증이 가능한 '탁시스'순서가 존재한다.……이로부터 내릴 수 있는 최소한의 결론은, 삼위일체 내에서 관계의 받는 쪽—명령을 받고 순종하는 쪽, 가고 나아가도록 위임을 받는 쪽, 보냄을 받는 쪽, 성부가 행하신 바를 보고 같은 일을 행하는 쪽—이 된다는 것이 어떤 종류의 열등함을 드러낸다고 말할 수 없다는 것이다.[60]

b. 이 경향은 결코 역전되지 않는다. 성자에 대한 성부의 우선성성부의 지도적 역할이나 권위은 (신자들의 영원한 예정과 성부와 성자라는 이름에 있어서) 창조 이전에도 적용되며 최후의 심판을 넘어 미래까지 계속되는 성경의 일관된 경향성이다. 성자는 영원히 성부를 낳지 않으신다. 성자는 삼위일체의 영원한 협의를 통해 성부 안에서 우리를 예정하지 않으신다. 성자는 성부를 통해 창조하지 않으신다. 성자는 성부를 세상으로 보내지 않으신다. 성경은 성자가 세상을 이처럼 사랑하여 그분의 유일한 아버지를 주셨다고 말하지 않는다. 성부가 성자에게 기도하거나 성자 앞에서 우리를 위해 간구하신다고 말하지도 않는다. 성부는 성자로부터 권위를 받아 성령을 부어 주시지 않는다. 성부는 성자로부터 요한계시록에 기록된 계시를 받아 교회에 주시지 않는다. 성부는 성자의 우편에 앉아 계시지 않는다. 성자는 성부에게 마지막 심판을 집행할 권위를 주지 않으신다. 성부는 마지막 심판 이후 만물을 자신에게 복종시키는 성자에게 복종하실 것이라고 말하지 않는다. 성경에서 성부와 성자의 관계는 한 방향으로, 곧 성부로부터 성자를 통하는 방향으로 나타난다.

성부와 성자 사이에 한 방향으로 움직이는 관계를 부인하는 것은, 성경이 성부와 성자 사이의 영원한 관계에 관해 말하는 방식으로 말하지 않는다는 것을 뜻한다. 성경의 어떤 본문 또는 어떤 가르침도 성부가 성자의 권위 아래 있거나 성자에게 순종하여 어떤 행동을 수행한다고 암시하거나 가르치지 않는다. 이 문제와 연관된 모든 성경 본문은 성부의 권위가 우위에 있으며 성자는 언제나 성부의 뜻만을 행하신다고 말한다.

그러므로 성경의 일관된 증언은 성부가 성부이기 때문에 계획하고, 주도하고, 이끌고, 지시하고, 명령하고 보내는 권위를 영원히 지니고 계시며, 이것은 성자와 성령이 성부에게 가지고 있지 않은 권위라는 것이다. 성자는 성자이기 때문에 기꺼이 기뻐하며 성부의 권위에 영원히 복종하신다.

우리가 성부의 권위에 대한 복종이 성자의 큰 영광의 한 양상임을 이해하지 못한다면, 그것은 권위에 대한 적대감으로 인해 심각한 손상을 입었으며 지위나 권력에 지나치게 초점을 맞추는 죄악된 세상에서 살고 있기 때문일 뿐이다. 권위와 권위에 대한 복종은 성부와 성자의 큰 영광의 놀라운 구성 요소이자 영원토록 성부와 성자의 영광일 것이다.

c. 권위와 복종이 사용하기에 적합한 용어인가? 나는 성부와 성자가 언제나 온전한 일치를 이룬다고 말하는 동시에 성경 전체에 나타난 성부와 성자의 관계를 묘사하기 위해 권위와 복종이라는 용어를 사용해 왔다. 다른 이들은 나에게 권위와 복종이라는 용어가 부적절하다고 말했다. 그들은 이 용어가 마치 성자에게는 의견의 불일치가 존재하며 성부의 더 큰 권위로 이것을 극복해야만 함을 암시하기 때문이라고 말한다. 나는 이 용어가 성부와 성자 사이의 잠재적 불일치를 암시하지 않는다고 생각하며, 오히려 다른 용어보다 성경의 증언을 더 잘 표현한다고 주장하는 바다.

나는 권위와 복종이라는 용어에 반대하는 이들에게, 우리가 살고 있는 시대는 곧 비신자들이 모든 종류의 권위, 심지어는 부모나 정부의 정당한 권위—그리고 무엇보다도 하나님의 권위—마저도 심히 경멸하는 시대임을 깨달아야 한다고 충고하고 싶다. 나는 권위라는 관념에 대해 사람들이 가지고 있는 반감은 현대 문화의 일부 전제를 받아들이기 때문이라고 생각한다. 분명히 우리는 장차 올 시대에 죄가 없는 마음으로 그분의 명령에 절대로 이견을 갖지 않으며, 그분의 더 큰 권위에 기쁘게 순종할 것이다. 그리고 죄 없는 천사들 사이에도 더 큰 권위와 더 작은 권위를 지닌 지위가 존재하는 것처럼 보인다. 천사와 천사장이 존재하기 때문이다.살전 4:16; 유 1:9 그러므로 권위와 복종은 (물론 죄악된 인간에 의해 잘못 사용될 수 있음을 인정하지만) 우리가 기뻐하고 지지해야 할 긍정적인 요소처럼 보인다.

그러나 권위와 복종이라는 용어는 주된 문제가 아니다. 권위와 복종이라는 용어에 대해 여전히 불편해하는 이들을 위해서는 다른 용어를 사용하여 성경 전체에 나타난 이 일관된 행동 패턴을 묘사해 볼 수 있다. 우리는 삼위일체 안에 성부, 성자, 성령의 변치 않는 질서탁시스가 존재하며 이 질서는 하나님의 창조와 구속 사역에 반영되어 있다고 말할 수 있다. 또는 다른 용어를 사용해 성부가 언제나 주도하고 성자는 언제나 응답한다고 말할 수도 있다. 또는 성부가 언제나 이끌고 성자는 언제나 그 지도력을 따른다고 말할 수도 있다. 또는 성부가 지시하고 성자는 순종한다고 말할 수도 있다. 또한 하나님의 일에서 성부는 언제나 처음이며 성자는 언제나 둘째라고 말하거나 성부는 언제나 일차적이며 성자는 언제나 부차적이라고 말할 수도 있다.

어떤 용어를 사용하든지 성경 안에서 성부와 성자의 관계가 언제나 완벽히 대칭적이라고 주장하는 것은 실수다. 성부의 역할에 우선성이 있음을 부인하는 것은 성경적 언어의 일관된 경향성에 충실하지 못한 태도다. 하지만 평등주의egalitarian를 주장하는 일부 저자들은 최근 그런 태도를 보이고 있다. (이것은 결혼에서 남편에게 속한 지도자의 역할이 존재해서는 안 되며 남편과 아내의 관계는 전적으로 상호 복종의 관계여야 한다는 그들의 주장에서 중요한 부분을 차지한다. 삼위일체의 어떤 위격도 본질적으로 지도자의 역할을 맡지 않는 것처럼 결혼에서도 남편에게 자동적으로 주어지는 지도자의 역할이란 존재하지 않는다.)[61]

그러나 삼위일체 안에서 성자는 언제나 성부의 권위에 복종하지만 동시에 신성과 영광에 있어서 성부와 동등하다면 위격들 사이의 관계, 곧 다양한 종류에 관해서는 이 관계 안에 권위와 복종이 존재한다는 점 또는 두 위격이 중요성과 영광에 있어서 동등하다는 점이 양립 가능함을 이해할 수 있다. 이것은 정부의 권위에 대한 시민의 복종,롬 13:1 고용주에 대한 피고용인의 복종,엡 6:5 부모에 대한 자녀의 복종,엡 6:1 교사와 학교에 대한 학생의 복종, 장로에 대한 교인의 복종,벧전 5:5 남편에 대한 아내의 복종엡 5:22; 22장 참조과 같은 인간 사이에 존재하는 권위와 복종의 관계에 중요한 함의를 지닌다. 이런 관계에서 정당한 권위에 복종하는 사람은 복종이 덜 중요함을 뜻한다고 생각해서는 안 되고, 권위를 지닌 사람 역시 권위가 더 중요함을 뜻한다고 생각해서는 안 된다. 그리고 이것을 입증하는 사례는 성부의 권위에 대한 성자의 복종이다.

d. 이 가르침에 대한 심각한 왜곡. 불행하게도 성부와 성자 사이의 영원한 관계에 관한 최근의 진지한 논의에서 한 저자는 여기서 내가 옹호하는 입장을 심각하게 왜곡하여 묘사했다. 에이미 버드는 『성경적 남성성과 여성성 탈피하기』[62]에서 나와 브루스 웨어가 "영원한 복종과 권위의 관계"라는 교리를 옹호하면서 심각한 교리적 오류를 범하고 있는데, 그 이유는 "이 교리가 삼위일체의 두 번째 위격인 성자가 구원의 경륜만이 아니라 그분의 본질에 있어서 성부에게 종속된다고 가르치기" 때문이고,[63] 따라서 우리가 "니케아의 삼위일체 교리를 따르지 않는 비정통적 교사"[64]라는 거짓 주장을 제기한다.

이 비판은 나와 브루스 웨어의 주장에 대한 심각한 왜곡이라고 생각한다. 내가 삼위일체 교리와 같은 핵심적이고 정통적인 가르침으로부터 벗어났다는 비판은 전적으로 잘못된 것이다.

『조직신학』 초판과 개정증보판에서, 또한 삼위일체 교리에 관한 이후의 글에서 나는 성부와 성자가 동일한 본질 또는 동일한 존재를 지니고, 성자는 온전히 하나님이며, 또한 성부, 성자, 성령은 존재론적 동질성을 공유한다고 반복적이고 명시적으로 주장해 왔다. 또한 나는 성자가 성부보다 더 열등한 존재라는 생각을 초대교회가 거부했음을 자세히 설명했으며, 나 역시 이 가르침을 강력히 거부한다고 분명히 밝혔다. 나는 "초대교회는 성자가 성부와 동일 본질이심을 확증하면서 연관된 거짓 교리인 종속설도 거부했다.……종속설은 성자가 영원하며 (창조되지 않고) 신적이지만 존재나 속성에서 성부와 동등하지 않다고—성자가 존재적으로 성부 하나님보다 열등하므로 성부 하나님에 대해 종속적이라고—주장했다"라고 썼다.[65] 나는 "성자가 존재적으로 성부보다 열등하다고 주장하는 종속설 이단"을 지지하지 않고 거부했다(이런 글에서 나는 '존재'being라는 단어를 '본질'essence과 동의어로 사용했다). 또한 나는 『복음주의적 여성주의와 성경적 진리』에서 (비록 '존재'라는 단어를 더 자주 사용하기는 했지만) 본질적인 열등함이나 종속은 부인했다.[66] 버드가 인용한 바에 따르면, 나는 교회 전체가 받아들이는 삼위일체 교리에는 "본질이나 존재가 아니라 역할의 종속이 포함된다"라고 말했으며, "언제나 정통 교리는 본질 또는 동등성과 역할의 종속성이 존재하는데, 이 둘은 서로 조화를 이룬다"고 말했다.[67]

그리고 복음주의신학회에서 삼위일체에 관한 논문을 발표했던 2016년 11월 이후, 나는 성자의 영원한 나심을 기꺼이 지지해 왔다. 나는 니케아 신조가 성경에서 가르치는 교리를 충실하게 표현하고 있음을 지지한다. 내가 (또한 브루스 웨어가) "니케아의 삼위일체 교리를 따르지 않는다"는 버드의 주장은 악의 없는 실수나 합당한 견해 차이가 아니라 "네 이웃에 대하여 거짓 증거하지 말라"출 20:16는 계명을 직접적으로 어기는 심각한 비난이다.

e. 통일된 하나님의 의지와 그 의지의 구별되는 세 가지 표현. 하나님의 속성은 부분들로 나누어지지 않으며,11장 참조 따라서 하나님 본성의 한 속성인 하나님의 의지에 관해 말하자면 그분 안에는 하나의 의지가 존재한다. 이에 더해 성부, 성자, 성령 사이에 의견 불일치란 존재하지 않는다고 주장해야 한다. 세 위격은 언제나 완전한 일치를 이루신다. 그런 의미에서도 하나님 안에는 하나의 의지가 존재한다. 예수께서는 "나를 보내신 이가 나와 함께 하시도다. 나는 항상 그가 기뻐하시는 일을 행하므로 나를 혼자 두지 아니하셨느니라"고 말씀하신다.요 8:29 바울은 이런 완전한 일치에 관해 "성령이 하나님의 뜻대로 성도를 위하여 간구하심이니라"고 말한다.롬 8:27

다른 한편으로 하나님의 통일된 한 의지 안에 성부, 성자, 성령에 의한 그 의지의 구별되는 표현이 존재해 왔다고 말해야 한다. 그렇지 않다면 요한복음 6:38과 같은 진술을 온전히 이해하기는 어려울 것이다. "내가 하늘에서 내려온 것은 내 뜻을 행하려 함이 아니요 나를 보내신 이의 뜻을 행하려 함이니라." 이 구절에서 "나"는 그리스도의 인간적 본성을 뜻한다고 볼 수 없다. 왜냐하면 "하늘에서 내려온 것"은 그리스도의 인간적 본성이 아니라 성자의 신적 본성이기 때문이다. 그러나 그분은 "내 뜻"과 "나를 보내신 이의 뜻"을 구별하며, 이것은 삼위일체의 세 위격 사이에 있는 하나님의 통일된 의지에 대해 상이한 표현이 존재함을 암시한다고 보아야 한다.[68]

요한복음 8:42을 근거로 같은 주장을 할 수 있다. "내가 하나님께로부터 나와서 왔음이라. 나는 스스로 온 것이 아니요 아버지께서 나를 보내신 것이니라." 성부는 성자를 보내고자 하셨고, 성자는 보냄을 받고자 하셨다. 이것은 동일하지 않다. 그러나 성자는 성부를 보내고자 하지 않으셨으며, 성부는 보냄을 받고자 하지 않으셨다. 특히 요한복음에 이와 비슷한 여러 구절이 있다. 이것을 하나님의 통일된 의지를 구별하는 세 표현이라고 부르든 다른 어떤 표현을 사용하든, 이 구절의 의미를 충분히 전달할 수 있는 용어가 필요하다. 나는 성부의 위격이 우리의 구속을 획득하기 위해 성자의 위격을 세상으로 보내고자 하시고, 성자의 위격이 성부의 보내심에 응답하여 이 땅에 오고자 하시는 것이 하나님의 본성 안에 있는 한뜻을 따르는 것이라고 보지 못할 이유가 없다고 생각한다.

빌립보서 2:6에 관해서도 비슷한 지적을 할 수 있다. "그는 근본 하나님의 본체시나 하나님과 동등됨을 취할 것으로 여기지 아니하시고." (이처럼 "여기지 아니하"신 결과로 성육신이 이루어졌으므로) 이것은 성육신 이전에 있는 성자의 신적 본성을 가리키는 것이 분명하며, 여기서 "여기지 아니하시고"라는 구절은 하나님의 의지와 구별되는 표현이다. 만일 이것이 성자의 신적 본성의 결단을 가리키지 않는다면, 이 맥락에서 바울의 핵심 주장을 이루는 겸손의 예로 볼 수 없다.[69]

청교도 신학자 존 오웬은 어떻게 하나님이 하나의 통일된 의지를 가지는 동시에 그 의지의 세 가지 다른 표현을 나타낼 수 있는지를 이렇게 설명했다.

성부, 성자, 성령 하나님의 의지가 오직 하나임은 참된 사실이다. 그것은 자연적 속성이며, 오직 하나의 본성이 존재할 때 오직 하나의 의지가 존재한다. 하지만 위격들의 구별되는 행동에 관해 이 의지는 각각의 세 위격에 귀속되며, 그 결과 성부의 의지와 성자의 의지는 이에 관해 구별되는 것으로 간주될 수 있다. 이 의지는 본질적으로 하나이며 동일하지만 세 위격의 구별된 위격성에 있어서 이 의지는 성부의 의지와 성자의 의지로 구별된다. 성부와 성자 사이에 존재하는 본질의 통일성에도 불구하고 그 일은 두 위격에 의해 구별되어 실행된다. 따라서 동일한 하나님이 이처럼 구별되는 위격 안에서 심판하시는 동시에 보증이 되시고, 만족시키시는 동시에 만족하신다.

그러므로 이 언약은 영원하며 그 대상은 존재하지 않았을 수도 있는 것이고, 따라서 이런 점에 관해 하나님 작정의 잔재라는 성격을 지니지만, 서로와 관련하여 성부의 의지와 성자의 의지의 이러한 구별되는 행동 때문에 그것은 작정 이상이며 언약 또는 계약이라는 합당한 성격을 지닌다. 따라서 그 순간부터(나는 시간에 관해 말하는 게 아니다) 본질적으로 두 위격 안에 존재하지 않는, 성부와 성자 안에 서로를 향한 새로운 의지의 성향habitude이 존재한다. 나는 이것이 자연적으로가 아니라 자유롭게 하나님 안에 존재한다는 의미로 새롭다고 말한다. 따라서 성육신 이전에 그리스도의 맡으심undertaking과 중보, 죽음에 의해 인간의 구원이 존재했다.[70]

스캇 스웨인은 오웬의 말을 인용하여 "성자가 그분의 위격적 존재subsisting 방식에서 성부로부터 영원히 나오시기 때문에 그분의 위격적 의지willing 방식도 역시 성부로부터 나온다"라고 결론을 내린다.[71]

f. 성자의 영원한 복종에 대한 최근의 반론.[72] 지난 몇 년 동안 복음주의권 안에서 이 주제를 놓고 건전하고 정중한 토론이 이루어졌으며, 다수의 존경받는 저자들은 이 책의 초판에서 제시한 입장에 대해 이의를 제기했다. 예를 들어, 2019년 출간된 『삼위일체 신학』에 실린 매슈 에머슨과 루크 스탬프스의 논문을 읽어 보라.[73] 이들은 "권위와 복종이라는 관점에서 위격들이 구별된다면 신성Godhead 안에 구별되는 의지들이 존재해야만 하지 않겠는가?"라고 반론을 제시한다.[74] 하지만 그들이 언급했듯이, "전통적인 삼위일체 교리는 세 위격이 하나의 신적 의지를 공유한다고 주장해 왔기 때문에" 이러한 반론은 문제가 될 것이다.[75] 에머슨과 스탬프스는 성자가 성부에게 영원히 복종한다는 것이 니케아 신조에 반한다고 보지 않지만, 그것이 니케아 신조에 포함된 삼위일체 이해를 지지하는 많은 초기 교부의 관점에 상충한다고 주장한다. 예를 들어, 그들은 나지안조스의 그레고리우스와 니사의 그레고리우스를 언급하면서 "같은 주장을 했던 더 많은 사람을 인용할 수 있다. 즉 하나님은 그분의 의지적 능력을 포함해 (기원의 관계를 제외한) 모든 점에서 하나이시다"라고 덧붙인다.[76]

또 다른 저자인 글렌 버트너는 성자가 성부의 권위에 영원히 복종하신다는 관념에 반대한다. 이것은 성자가 성부의 의지와 구별되는 자신의 의지를 가지신다는 뜻이기 때문이다. 그러나 버트너에 따르면 이것은 의지가 하나님의 본성이 아니라 삼위일체의 각 위격에 속한다는 것을 의미하며, 그리스도의 위격에 관해 의지가 위격이 아니라 각 본성에 속한다고 판단했던 콘스탄티노폴리스에서 열린 제6차 공의회와 모순된다고 그는 믿는다. 하지만 같은 논리에 의해 하나님의 의지는 각 위격이 아니라 (하나인) 하나님의 본성에 속한다고 버트너는 주장한다. 그러므로 하나님 안에는 오직 하나의 의지만 존재할 수 없다. 권위와 복종은 두 개의 다른 의지를 암시하며, 따라서 우리는 삼위일체 내에 권위와 복종이 존재한다고 말할 수 없다.[77]

성자가 성부에게 복종하고 순종하며, 성부에 의해 보내심을 받고, 성부의 뜻을 행한다고 말하는 수많은 성경 구절에 관해 버트너는, (1) 삼위일체의 위격 사이의 "행동의 분리 불가능성" 교리에 따라 삼위일체의 한 위격이 행한 모든 행동에 삼위일체의 세 위격 모두가 참여했다고 보아야 하며,[78] (2) 이런 구절 중 다수는 성자의 신적 본성이 아니라 인간적 본성에 관해 말하고 있거나 그렇지 않으면 성육신과 관련해 성자에 관해 말하고 있다고 대답한다. 후자는 권위와 복종이라는 영원한 관계와 다른 특별한 경우라고 말한다.[79]

g. 반론에 대한 대답. 에머슨과 스탬프스에 대한 나의 대답에는 몇 가지 항목이 포함된다.

(1) 그들의 반론은 직접적으로 성경에 근거하지 않고 심지어 주요한 신조에도 근거하지 않으며, 주후 4세기에 삼위일체 교리를 변호했던 니사의 그레고리오스와 나지안조스의 그레고리오스와 같은 몇몇 신학자들을 근거로 삼는다. 에머슨과 스탬프스는 우리가 "교리를 공식화하고자 할 때 개별 성경 본문을 엄격히 논의해야" 한다고 주장하지만,[80] 그들이 제기하는 반론의 핵심은 성자가 성부에게 영원히 복종하신다는 것을 성경이 부인한다는 것이 아니라 "니케아를 지지하는 신학자들이 하나님 안에 하나의 의지, 하나의 지혜, 하나의 능력, 하나의 권위가 존재한다고 일관되게 주장했다"는 것이다. 또한 이것을 입증하기 위해 에머슨과 스탬프스는 성경 본문이 아니라 니케아 신조를 지지하는 여러 4세기 신학자들의 글을 근거로 제시한다.[81] 내가 이 점을 지적하는 이유는 이 4세기 신학자들에 대해 이의를 제기하기 위함이 아니라(나는 하나님의 본성 안에 하나의 의지가 존재한다는 그들의 생각에 동의하기 때문이다), 이 문제에 대한 이견이 특정 성경 구절에 대한 직접적인 이견이 아니고, 심지어 (내가 전적으로 동의하는) 니케아 신조에 포함된 삼위일체 교리의 이차적 권위에 대한 이견도 아니며, 존경받는 4세기 신학자들의 글에 대한 삼차적인 이해와 관련된 이

견도 아니고, 하나님 안에 하나의 의지가 존재한다면 삼위일체의 세 위격 사이에 이 하나의 의지의 다른 표현들이 존재할 수 없다는 사차적인 추론에 관한 이견일 뿐임을 지적하기 위함이다. 이것은 (내가 아는 한) 4세기 신학자들이 아니라 21세기 저자들이 제시한 추론이다.

이에 더해 초기 교부들의 글이 우리에게 성경과 동일한 권위, 심지어 초기 신조들과 동일한 권위를 갖지 않는다는 것을 기억하는 것이 중요하다. 찰스 하지는 "그러므로 니케아 교부들의 견해와 니케아 공의회의 결정 사이에 차이가 있다. 후자는 공교회가 받아들여 왔지만 전자는 그렇지 않다"라고 말한다.[82]

나는 하나의 신적 의지가 존재함을 인정한다고 하더라도, 이것이 삼위일체 안의 각 위격이 그 의지를 다르게 실현하거나 다르게 표현할 수 있다는 관념을 배제하지 않는다고 생각한다.

분명히 하나님의 한 의지 안에 어떤 종류의 구별이 존재한다. 왜냐하면 성부가 보내고자 하심과 성자가 보냄을 받고자 하심 사이에 차이가 존재하기 때문이다. 성부가 죄에 신적 진노를 쏟고자 하심과 성자가 우리를 위해 그 진노를 담당하고자 하심 사이에 차이가 존재한다. "너는 내 사랑하는 아들이라. 내가 너를 기뻐하노라 하시니라"막 1:11고 말씀하고자 하시는 성부의 의지와 이처럼 사랑하는 아들로 인정받음을 수용하고자 하시는 성자의 의지 사이에는 차이가 존재한다. 성부 앞에서 간구하는 성자히 7:25와 그 간구를 듣는 성부 사이에는 차이가 존재한다.

(2) 에머슨과 스탬프스는 초기 교부들에게서 취한 증거 중 일부에만 의존한다. 마이클 오베이는 아타나시우스와 힐라리우스, 아우구스티누스 등으로부터 이들이 성자의 완전한 신성과 성부에 대한 성자의 복종을 동시에 믿었음을 보여주는 중요한 증거를 찾아냈다. 그는 가장 영향력 있는 삼위일체의 옹호자 중 한 사람인 푸아티에의 힐라리우스의 글을 인용한다.

> 성자는 성부와 같은 수준이 아니며 그분과 동등하지 않다는 것은 무엇보다도 성자가 성부께 순종해야 했다는 사실을 통해 드러난다.……그런 다음 성자는 하나님의 오른편에 앉으셨고……그분은 보냄을 받으시고, 그분은 모든 일에서 자신을 보내

신 그분의 뜻에 복종하신다. 하지만 성자가 사랑으로 성부에게 종속되신다는 것이 성자의 본질이 성부에게 미치지 못한다는 뜻은 아니다.……그럼에도 하나님은 한 분이시며, 우리는 성자의 복종과 위엄 모두를 배운다. 왜냐하면 그분은 성자라고 불리심으로써……섬김과 이름 모두에 있어서 성부에게 복종하시지만, 그분 이름의 종속은 그분의 자연적이며 정확히 비슷한 본질의 참된 성격을 증언하는 방식으로 복종하시기 때문이다.[83]

또한 오베이는 성자의 신적 본질에 관해 논하며 아우구스티누스를 인용한다. "따라서 만일 참된 이성이 성부와 동등한 성자가 그분께 순종하셨다는 사실을 받아들인다면, 우리는 그 순종을 부인하지 않는다. 하지만 만일 당신이 이 순종 때문에 그분의 본질이 열등하다고 믿기를 원한다면 우리는 이것을 금한다."[84]

크리소스토무스는 (고린도전서 11:3을 주석하면서) 성자의 순종에 관해 다음과 같이 쓴다. "성자가 비록 성부에게 순종하게 되셨지만 그것은 하나님의 아들로서, 하나님으로서 행하신 것이다. 왜냐하면 성부에 대한 성자의 순종이 창조주에 대한 인간의 순종보다 더 큰 것과 마찬가지로 그분의 자유도 더 크기 때문이다."[85]

여기서 인용한 아우구스티누스와 크리소스토무스의 글은, 4세기와 5세기의 삼위일체 옹호자들이 성자가 성부에게 순종하셨지만 그렇다고 해서 그분이 성부보다 열등한 본질을 지니셨음을 뜻하지 않는다고 반복적으로 주장했음을 보여주는 예다. 그분이 참된 성자라는 사실이 그분이 성부와 동일한 본질을 지니셨음을 입증하기 때문이다. 이런 방식으로 그들은 성부에 대한 성자의 복종이 성자가 더 열등한 존재임을 보여주는 증거라는 아리우스주의의 주장에 대응했다. 마이클 오베이는 아리우스주의자들의 "핵심 전제는" "관계적 종속이 존재론적 동질성을 배제한다"는 것이었다고 말한다.[86]

(3) 에머슨과 스탬프스는 세 위격 사이의 관계와 하나님의 한 본질에 관해 무언가 참되지 않다고 확신할 수 있는 그들의 능력을 과신했을지도 모른다. 삼위일체 교리를 다룰 때 우리는 "하나가 존재한다면 셋은 존재할 수 없다" 또는 "셋이 존재한다면 하나는 존재할 수 없다"라는 주장에 지

나치게 의존하지 않도록 주의해야 한다. 루이스 벌코프는 "특히 우리가 세 위격과 신적 본질의 관계를 성찰할 때, 모든 유비는 우리를 실망시키며, 삼위일체가 우리의 이해를 훨씬 뛰어넘는 신비라는 사실을 깊이 깨닫게 된다. 그것은 신성의 불가해한 영광이다"라고 지혜롭게 말한다.[87]

에머슨과 스탬프스는 내 주장에 관해, 성자가 성부의 권위에 영원히 복종하신다는 결론을 과신하고 있다고 반박할 수 있다. 하지만 내 주장의 결론은 성부가 세상과 맺는 모든 관계에서 성자가 성부에게 순종하신다는 성경의 압도적인 증언과 조화를 이루기 때문에 차이가 있다.

(4) 버트너의 주장은 다르다. 왜냐하면 그는 그리스도의 두 본성, 따라서 두 의지인간적, 신적로부터 시작하고(이에 관해서는 나도 동의한다), 의지라는 속성은 위격이 아니라 본성의 속성이며 따라서 삼위일체의 한 신적 본성 안에 세 의지가 있을 수 없다고 추론하기 때문이다. 그러나 버트너의 논리에는 치명적 오류가 있다. 17세기 교회가 한 주제신인이신 예수 그리스도를 분석했던 자료를 가져와 다른 주제삼위일체에 그 범주들 중 일부를 부적절하게 적용하기 때문이다. 하지만 여기에는 중대한 차이가 있다. 왜냐하면 그리스도를 다룰 때는 오직 한 위격만 말하지만, 삼위일체를 다룰 때는 세 위격을 말하기 때문이다.

콘스탄티노폴리스에서 열린 제6차 공의회'제3차 콘스탄티노폴리스 공의회'라고 부르기도 함는 그리스도의 한 위격 안에 두 의지가 있을 수 있다고 선언했으며, 따라서 한 위격이 두 의지를 지닐 수 있다고 암시했다. 이 공의회는 세 위격에 의해 한 의지가 상이하게 표현될 수 있는지에 관해 아무런 선언도 하지 않았고, 신적 본성이 한 의지의 구별되는 세 표현을 가질 수 있으며 이런 표현이 일치되어 작동할 수 있음을 부인하지도 않았다.

버트너가 이 점에 관해 제6차 공의회의 공식 선언이 아니라 교회사에서 다소 알려지지 않은 두 인물, 곧 고백자 막시모스[88]와 교황 아가토[89]의 글에 호소한다는 사실은 의미심장하다. 삼위일체 교리에 관한 이들의 견해가 흥미로울 수 있지만, 이들을 삼위일체에 관한 무오한 권위자로 간주하는 것은 성경의 가르침의 직접적 권위에서 한참 동떨어진 입장일 뿐이다.

만일 어떤 의미에서 삼위일체의 세 위격 사이에 한 의지의 구별되는 세 표현이 존재할 수 있다는 것을 부인한다면 어떻게 실제로 세 위격이 존재할 수 있는지를 이해하기가 어려울 것이다. 마이클 오베이는 "영원한 종속은 성부와 성자 사이에 본성 차원의 구별이 아니라 위격적 관계의 차원에서 의지의 구별이 존재함을 뜻한다"라고 바르게 지적한다.[90]

또한 버트너는 삼위일체 위격들 사이의 "행동의 분리 불가능성" 교리에 호소한다. 만일 이 교리가 하나님 안의 한 본성 또는 본질에 의해 삼위일체의 세 위격 모두가 어떤 식으로든 한 위격의 모든 행동에 참여한다는 뜻이라면 나는 기쁘게 이 교리를 인정할 것이다. 하지만 이것이 삼위일체의 세 위격의 모든 행동이 정확히 같은 방식으로 이루어진다(따라서 성부가 성자에게 복종하지 않듯이 성자도 성부에게 복종하지 않는다)는 뜻이라면, 위에서 인용한 다수의 성경 본문과 배치된다.

성자의 순종을 말하는 다수의 본문은 그분의 인간적 본성만을 가리킨다는 버트너의 반론은 수많은 구절과 관련해 설득력이 떨어진다. 예를 들어, 하나님은 성자의 인간적 본성이 아니라 그분의 신적 본성을 통해 세상을 창조하셨다.[히 1:2] 성부는 "창세 전에" 성자 안에서 "우리를 택하"셨으며,[엡 1:4] (그때 인간적 본성은 존재하지 않았으므로) 이것은 분명히 신적인 성자를 지칭한다. 하나님이 "세상을 이처럼 사랑하사 독생자를 주셨"을 때[요 3:16] 성부가 우리의 구원을 위해 주신 것은 성자의 인간적 본성이 아니라 신적 위격이었다. 하나님이 "자기 아들을 아끼지 아니하시고 우리 모든 사람을 위해 내주"셨을 때,[롬 8:32] 하나님이 아끼지 않으신 것은 단지 그리스도의 인간적 본성이 아니라 신적인 성자였다. 그리스도가 하늘에 있는 성부 앞에서 "우리를 위하여 간구하"실 때[롬 8:34; 또한 히 7:25 참조] 그분은 세계 전역에 있는 수백만 명의 구체적인 상황을 위해 기도하시며, 이는 무한하고 신적인 위격만이 할 수 있는 일이다.

히브리서 5:8은 "그가 아들이시면서도 받으신 고난으로 순종함을 배워서"라고 말하지만, 이것은 그분이 이 땅에 오시기 전에 성부에게 순종한 적이 없었음을 뜻하지 않는다. 이 구절은 '비록 그분은 영원히 성자 하나님이셨지만 하나님이신 동시에 인간으로서 이 땅에서 30년 이상 사는 동안 마치 한 인간이 고통을 당하듯 순종을 처음으로 배우셨다'라는 뜻일 수도 있다. 그분은 성부에게 영원히 순종해 오셨지만 이제는 신인[God and man]으로서 새롭게 순종하게 된 것이다.

그리고 누군가가 성부에 대한 성자의 순종이 신인이신 그리스도의 성육신 안에서만 나타난다고 주장할지라도, 우리는 본질의 동등성과 역할의 차이가 동시에 존재한다고 말할 수 있다.

(5) 교회사의 어떤 신조나 신앙고백도 성자가 성부에게 영원히 복종한다는 견해가 비정통 교리라고 말하지 않는다. 오늘날 성부에 대한 성자의 영원한 복종을 주장하는 신학자들과 이것을 부인하는 신학자들 사이에는 견해 차이가 분명히 존재한다. 그러나 오늘날 이 문제에 관해 양쪽의 신학자들 모두가 니케아 신조에 표현된 삼위일체 교리와 칼케돈 신조에 표현된 그리스도의 한 위격 안에 있는 두 본성 교리를 진심으로 받아들임에 감사하는 것이 마땅하다. 우리는 복잡하고 신비로운 문제를 다루고 있으며, 양쪽의 지지자들은 우리가 이생에서 온전히 이해할 수 없고 내세에서도 온전히 이해하지 못할 주제에 관한 성경의 가르침을 충실히 대변하고자 진심으로 노력하고 있다. 우리가 동의하지 않는 이들에 대해 '반反니케아'나 '반反삼위일체'라고 하거나 정통의 범위를 벗어났다고 비난하는 것은 논의를 발전시키는 데 전혀 도움이 되지 않는다.

(6) 성자가 성부의 권위에 영원히 복종한다는 견해는 새로운 것이 아니며, 수 세기에 걸쳐 복음주의 신학자 인명사전에 등장할 만한 인물들이 확증하고 재확증한 견해다. 다음에서 나는 그중 몇 사람을 소개하고자 한다.

h. 성부의 권위에 대한 성자의 영원한 순종 또는 복종을 주장한 복음주의 신학자들.

이 시점에서 나는 앞에서 인용했던 이전 세대 신학자들이 이 주제에 관해 했던 말을 재인용하고자 한다.

> **찰스 하지**: 니케아 교리에는 성부에 대한 성자의 종속과 성부와 성자에 대한 성령의 종속이라는 원칙이 포함된다. 하지만 이 종속은 열등함을 암시하지 않는다.……여기서 종속은 위격적 존재와 기능의 방식에 관한 문제일 뿐이다.
>
> 신조들은 삼위일체 교리에 관한 성경의 사실들을 질서 있게 배치한 것에 불과하다. 신조는 성부, 성자, 성령의 구별되는 위격성과……세 위격의 완벽한 동등성, 위격적 존재와 기능의 방식에서 성부에 대한 성자의 종속, 성부

와 성자에 대한 성령의 종속을 주장한다. 이것은 성경적 사실로서 신조들은 여기에 아무것도 더하지 않으며, **그런 의미에서 보편 교회에 의해 받아들여져 왔다.**[91]

헤르만 바빙크: 중재자인 성자는 성부에게 복종하시고 그분을 하나님이라고 부르시며……성취된 순종에 대해……보상을 받는……그분의 종이다.…… 성부와 성자 사이의 이런 관계는 그리스도가 이 땅에 머무는 동안 가장 명백하게 드러났지만 그분이 성육신하실 때 처음 시작된 것이 아니다. 왜냐하면 성육신 자체가 성자에게 맡겨진 사역의 실행에 포함되어 있지만 영원 안에서 일어나며, 따라서 구약 시대 동안에도 이미 존재했다.[92]

오거스터스 스트롱: 그분의 형상으로 인간을 창조한 하나님 안에는 통일성 안의 다양성이 존재하며, 삼중적 의식과 의지는 단일한 본질과 조화를 이루며, 심지어 단일한 본질 안에서 완전함을 이룬다.[93]

성부, 성자, 성령은 본질과 위엄에 있어서 동등하지만 위격성과 직무, 기능의 질서에 따라 존재하신다.……성부의 위격에 대한 성자 위격의 종속, 다시 말해 성부가 직무에서 첫째가 되고 성자가 둘째가 되며 성령이 셋째가 되게 하는 위격성과 직무, 기능의 질서는 동등성과 완벽히 조화를 이룬다. 우선성이 반드시 수위성인 것은 아니다.……우리는 솔직히 성부에 대한 성자의 영원한 종속을 인정하지만 동시에 이러한 종속이 본질의 종속이 아니라 질서, 직무, 기능의 종속이라고 주장한다.[94]

루이스 벌코프: 우리가 말할 수 있는 유일한 종속은 질서와 관계에 관한 종속이다.……생성과 발출은 신적 존재 안에서 일어나며, 신적 본질의 소유에 관한 종속이 아니라 위격적 존재 방식에 관한 종속을 암시한다. 이러한 존재론적 삼위일체와 그 내재적 질서가 경륜적 삼위일체의 형이상학적 기초다.[95]

제임스 패커: 따라서 '신인'이 이 땅에 계실 때 성부에게 순종하신 것은 성육신에 의해 야기된 새로운 관계가 아니라 천상에서 성자와 성부 사이에 맺어진 영원한 관계가 계속된 것이다.[96]

칼 헨리: 신조들은 세 위격 중 어느 한쪽이 열등하다는 암시 없이 세 위격의 종속과 구별, 일치에 관해 말한다. 세 위격 모두 공통된 신적 본질을 지니기 때문에 신조들은 성부에 대한 성자의 종속과 성부, 성자에 대한 성령의 종속을 천명한다. 이러한 종속은 존재 방식, 작용 방식과 관계가 있다.[97]

토머스 오든: 성부에 대한 성자의 순종요 15:10은 성자가 성부보다 열등함을 암시하지 않는다. 성자는 성부의 뜻에 영원히 순종하심으로써 성부보다 더 못한 존재가 되지 않으셨다.빌 2:5-11 [98]

존 파인버그: 성부와 성자와 성령은 서로를 깊이 사랑하고, 우리의 우주 안에서 그분들의 목적을 성취하기 위해 함께 일하며, 필요할 때는 그분들의 개별적 의지를 복종시켜 신성의 다른 구성원의 뜻과 계획을 추구하는 것(예를 들어, 예수께서 그분 자신의 뜻이 아니라 아버지의 뜻에 관해 말씀하시는 마 26:39)을 보면서 우리는 이것을 우리 자신의 인격적 관계를 위한 본보기로 삼는다.[99]

존 프레임: 삼위일체의 위격들은 피조물에 관해 그분들이 수행하는 역할에서 자발적으로 서로에게 복종하신다. 우리가 보았듯이, 성부는 성자를 세상에 보내시고, 성자는 성부의 의지에 기쁘게 순종하신다.……성자와 성령은 성부의 명령에 자발적으로 복종하시며, 이는 그 복종이 위격으로서 그분들의 영원한 본성에 부합하기 때문이다.[100]

로버트 레담: 성부에 대한 성자의 복종은 그분의 완전하며 축소되지 않은 신성과 양립 가능하다. 그러므로 성자는 성부나 성령과의 절대 변하지 않는 하나됨을 깨뜨리지 않으시며, 또한 결코 그분의 동등성을 위태롭게 하지 않으시며 영원토록 성부에게 복종하신다고 말할 수 있다.[101]

브루스 웨어: 우리는 성부, 성자, 성령의 관계와 규칙 안에서 영원한 기원의 관계로부터 흘러나오며, 삼위일체의 세 위격이 관계를 맺고 기능하는 방식에 질서와 방향을 부여하는 전반적인 권위와 복종의 구조를 확인할 수 있다. 이런 주장은 광범위하며 통일된 성경적 지지를 받는다.[102]

마이클 호튼: 성경적 계시는 위격들이 각각 생각하고 의지하며 활동하는 주체라고 말한다. 영원 안에서 신적 위격들 사이에 맺어진 구속 언약보다 이 사실을 더 분명히 드러내는 것은 없다.……세 위격 모두가 신성의 모든 외적 사역에서 상호적으로 활동하지만, 세 위격은 다르게 활동하신다.[103]

이 글들을 살펴볼 때, 일부 반대자들이 성자의 영원한 복종 교리에 대한 믿음이 삼위일체 교리의 정통적 이해와 조화를 이루지 않는다고 주장하는 것은 놀랍다. 이는 마치 찰스 하지와 오거스터스 스트롱, 루이스 벌코프, 제임스 패커, 칼 헨리, 토머스 오든, 존 프레임과 같은 영향력 있고 존경받는 신학자들이 기독교 신앙의 핵심 교리 중 하나에 관해 모두 틀렸다고 주장하는 셈이다.

그뿐만 아니라 성자의 영원한 복종 교리에 반대하는 이들의 주장에는 큰 약점이 있다. 성자가 성부에게 영원히 순종한다거나 성부의 권위에 복종한다는 것이 성경에 배치된다고 말했던 (대략 1980년 이전) 교회사에서 중요한 신학자를 한 사람이라도 인용할 수 있겠는가? 나는 그들의 반론에서 그런 진술이 인용된 것을 한 번도 보지 못했다. 그렇다면 오히려 그들의 반론이 기독교 교리사에서 완전히 새로운 주장이 아니겠는가?

i. 우리는 성부에 대한 성자의 복종이 영원하지만 필수적이지 않다고 말해야 하는가? 성부와 성자 사이의 이러한 권위와 복종 관계는 (창조와 구속처럼) 하나님이 그분의 외부에서 행하시는 사역, 신학자들이 '*opera ad extra*'외부를 향한 사역라고 부르는 사역에서만 확인되는가? 아니면 이 관계가 삼위일체 내부에서 이루어지는 하나님의 필수 활동, 곧 신학자들이 '*opera ad intra*'내부를 향한 사역라고 부르는 것에도 적용되는가? 여기서 우리는 신중해야 한다. 왜냐하면 삼위일체의 세 위격 사이의 영원한 관계에 대해 성경의 명시적 증언이 거의 없으며, 따라서 많은 부분이 신비로 남아 있기 때문이다.

우리는 최소한 다음과 같이 말할 수 있다고 생각한다. (1) 성부와 성자또한 성령의 이름은 영원한 이름이며 이 관계에서는 성부의 일정한 우선성이 암시된다. (2) 하나님이 그분의 외부에서 행하는 모든 사역그분의 *opera ad extra*은 필수적이지 않고 자발적이며 따라서 창조와 구속에서 성부에 대한 성자의 복종을 보여주는 하나님의 모든 사역은 필수적이지 않고 전적으로 자발적이었다. (3) 창조와 구속에서 하나님이 행하신 사역에 관해 성경이 계시하는 내용은 하나님이 어떤 분이신지를 우리가 알 수 있는 일차적인 방법이다(즉 경륜적economic 삼위일체가 존재론적ontological 삼위일체를 반영한다). (4) 성자의 영원한 나심은 하나님의 본성에 필수적이며, 이것은 이 관계에서 내적 질서의 적합성을 암시한다.[104] (5) 권위와 복종이라는 영원한 관계를 부인하는 이들 중 다수는 결국 성경에 의해 명시적으로 지지를 받지 못하는, 곧 삼위일체 위격들 사이의 평등한 관계를 지지하게 되며 동시에 성부와 성자의 관계 속에서 하나님이 어떤 분인지를 성경이 우리에게 실제로 말해 주지 않는다고 주장하게 된다.[105]

조나단 에드워즈의 논평은 약 400년 전에 쓴 글이기 때문에 조금 어렵지만 우리에게 유익함을 준다.

> 삼위일체 위격들의 행위에서 종속은 자연적 종속에서 기인한 서로에 대한 종속이 아니며, 따라서 어떤 점에서는 상호 간의 자유로운 동의에 의해 확립된 것으로 이해해야 하지만……이런 경륜을 확립하는 동의를 그저 자의적인 것이라고 생각해서는 안 된다.……하지만 확립된 이 질서와 경륜 안에는 자연적인 온당함 또는 적합성이 존재한다. 삼위일체 위격들의 행동 질서가 위격들의 존재subsisting 질서와 조화를 이루는 것은 적절하다. 성부는 존재의 질서에서 첫째이므로 행동의 질서에서도 처음이셔야 한다.……그러므로 삼위일체의 위격들 모두가 이 질서에 동의하며 합의에 의해 이 질서를 세우신다. 위격들 모두가 그 자체로 적절하고 알맞으며 아름다운 것에 자연적으로 기뻐하시기 때문이다. 그러므로……외부를 향한 사역 *opera ad extra*에 대한 삼위일체 위격들의 이 질서 또는 경륜은 구속 언약보다 선행하는 것으로 이해해야 한다.
>
> 그분들의 존재 질서와 일치하는 행동 질서를 세우는 삼위일체 위격들의 경륜은 구속 언약과 전적으로 다르며, 그보다 선행한다는 사실은 사물의 본질을 통해서 나타날 뿐만 아니라 성경으로부터도 명백히 드러난다.[106]

j. 삼위일체에서 성부와 성자의 관계와 결혼에서 남편과 아내의 관계 사이에 유비가 존재한다고 보아야 하는가? "하나님이 자기 형상 곧 하나님의 형상

대로 사람을 창조하시되 남자와 여자를 창조하"셨으므로 창 1:27 사람의 삶 속에는 삼위일체 하나님의 유비를 확인할 수 있는 수많은 방식이 존재한다. 모든 유비에 필수적인 것은 비교 대상이 어떤 점에서 비슷하고 어떤 점에서 다르다는 사실이며, 이것은 여기서도 마찬가지다. 성경은 결혼과 그리스도와 교회의 관계에 유비가 존재한다고 지적하지만, 엡 5:22-33 다른 곳에서는 결혼과 그리스도와 성부의 관계 사이에 유비가 존재한다고 지적하기도 한다. 고전 11:3 [107] 따라서 우리가 이 유비를 사용하고 유사점과 차이점을 지적하는 것에 어떤 반대도 있을 수 없다. 한 가지 중요한 유사점은, 그리스도께서 그분의 신성에서 성부와 동등하지만 관계에서 성부에게 복종하듯이, 아내도 인간성과 중요성에서 남편과 동등하며 동시에 관계에서 남편의 지도력에 복종한다는 사실이다.

6. 세 위격과 하나님의 존재 사이에는 어떤 관계가 있는가?

앞의 논의를 마친 뒤에도 한 가지 질문이 해소되지 않은 채로 남아 있다. 위격과 존재 사이에 어떤 차이가 있는가? 하나님은 한분이지만 이 한분 안에 세 위격이 존재한다고 우리는 어떻게 말할 수 있는가?

첫째, 각 위격이 온전히 하나님이심을 밝히는 것이 중요하다. 즉 각 위격은 그 위격 안에 하나님 존재의 온전한 충만함을 지닌다. 성자는 부분적으로 하나님이거나 3분의 1만 하나님인 것이 아니다. 성자는 온전히, 전적으로 하나님이며 성부와 성령도 그러하다. 따라서 삼위일체에 관해 표 14.1처럼 각 위격이 하나님 존재의 3분의 1만을 표상한다고 생각하는 것은 옳지 않다.

오히려 우리는 성부의 위격이 그분 안에 하나님의 존재 전체를 소유한다고 말해야 한다. 마찬가지로 성자도 그분 안에 하나님의 존재 전체를 소유하며, 성령도 그분 안에 하나님의 존재 전체를 소유한다. 성부, 성자, 성령 모두에 관해 말할 때 우리는 성부에 관해서만 또는 성자에 관해서만 또는 성령에 관해서만 말할 때보다 더 큰 존재에 관해 말하는 것이 아니다. 성부는 하나님 존재의 전부다. 성자도 하나님 존재의 전부다. 성령도 하나님 존재의 전부다.

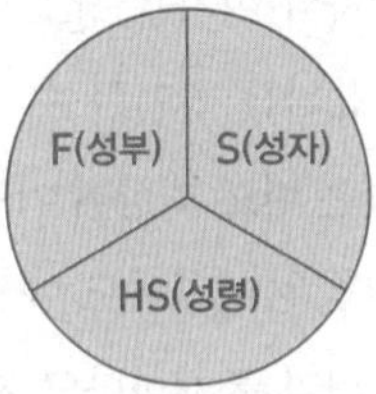

표 14.1 | 하나님의 존재는 동등한 세 부분으로 나누어지지 않는다

이것에 관해 아타나시우스 신조는 다음과 같이 말한다.

공적 신앙은 다음과 같습니다. 우리는 삼위로 계시는 한분 하나님, 일체이신 삼위를 예배하되, 위격을 합성하지 않으며, 실체를 분리하지 않습니다. 아버지는 한 위격이시요, 아들도 한 위격이시고, 성령도 한 위격이시기 때문입니다. 그러나 아버지와 아들과 성령의 신격은 하나이며, 그 영광은 동등하며 위엄은 함께 영원하십니다. 아버지의 어떠하심과 같이 아들도 그러하며 성령도 그러합니다.……기독교 진리가 강권하여 각 위격이 스스로 하나님이시고 주님이심을 고백하게 하듯, 공적 종교는 세 하나님이나 세 주님이 계신다고 말하지 못하게 금합니다.

하지만 모든 위격이 온전히 하나님이며 하나님의 존재 전부를 지닌다면, 표 14.2처럼 위격 사이의 차이가 하나님의 존재에 더해진 일종의 추가적 속성이라고 생각하면 안 된다.

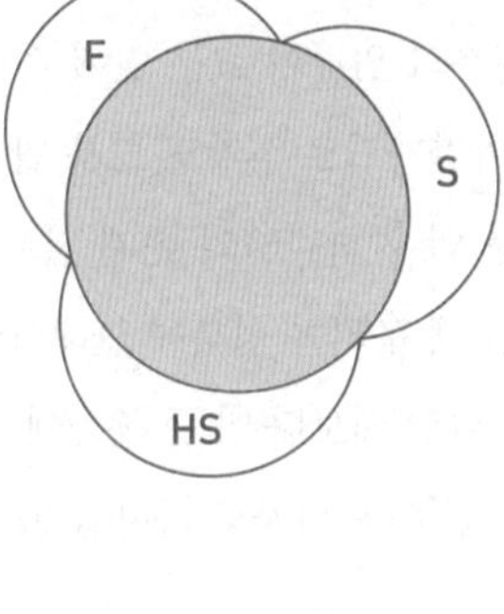

표 14.2 | 삼위일체 안에서 위격 사이의 차이는 하나님의 참된 존재에 더해진 무언가가 아니다

오히려 삼위일체의 각 위격은 하나님의 모든 속성을 가지고, 어느 한 위격도 다른 위격들이 소유하지 않은 속성을 가지지 않는다.

우리는 위격들에 관해 한분 하나님을 바라보는 다른 방식을 이야기하면 안 된다. (앞에서 논했듯이, 위격들에 관해 하나님의 한 존재를 바라보는 다른 방식이라고 말한다면 이것은 양태론이나 사벨리우스주의일 것이다.) 따라서 표 14.3은 적합하지 않다.

오히려 우리는 세 위격이 실제로 유지되는 방식으로 삼위일체를 생각할 필요가 있다. 각 위격은 나[1인칭]와 너[2인칭]와 그[3인칭]로서 서로 관계를 맺는다고 이해해야 한다.

이처럼 할 수 있는 유일한 방법은 위격 사이의 구별이 '존재'의 차이가 아니라 '관계'의 차이라고 말하는 것이다. 이것은 우리 인간의 경험과 매우 다르다. 모든 다른 인간의 인격은 다른 존재이기도 하기 때문이다. 하나님의 존재는 우리의 존재보다 훨씬 더 크며, 따라서 나뉘지 않는 그분의 한 존재 안에 상호 위격적 관계로의 펼쳐짐[unfolding]이 존재할 수 있으며, 그 결과 구별되는 세 위격이 존재할 수 있다.

그렇다면 성부, 성자, 성령 사이에는 어떤 차이가 있는가? 속성에는 전혀 차이가 없다. 위격들 사이의 유일한 차이는 위격들이 서로에 대해, 피조물에 대해 관계를 맺는 방식이다. 성부의 독특한 특징은 그분이 성부로서 성자, 성령과 관계를 맺는 방식이다. 성자의 독특한 특징은 그분이 성자로서 관계를 맺는 방식이다. 그리고 성령의 독특한 특징은 그분이 성령으로서 관계를 맺는 방식이다.

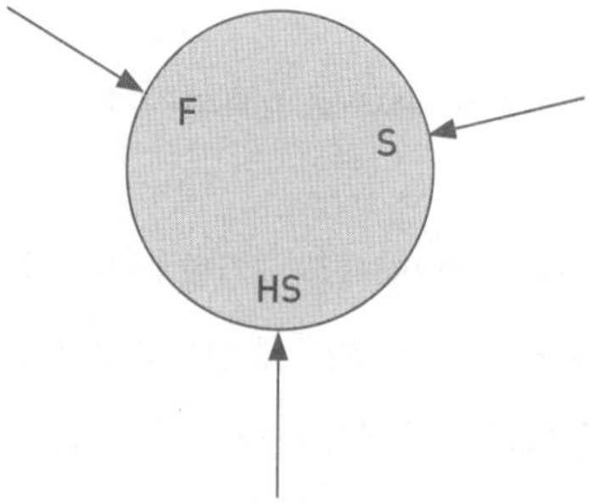

표 14.3 | 삼위일체의 위격은 한분 하나님을 바라보는 세 가지 다른 방식이 아니다

위에서 제시한 세 가지 도표는 피해야 할 잘못된 관념을 표상하지만, 다음의 도표는 하나님의 나눠지 않는 한 존재 안에 세 위격이 존재함에 대해 생각할 때 도움을 줄 수 있다.

표 14.4에서 성부는 원에서 F로 표시한 부분과 F로부터 시계 방향으로 움직이는 원의 나머지 부분으로 표상된다. 성자는 원에서 S로 표시한 부분과 S로부터 시계 방향으로 움직이는 원의 나머지 부분으로 표상된다. 그리고 성령은 원에서 HS로 표시한 부분과 HS로부터 시계 방향으로 움직이는 원의 나머지 부분으로 표상된다. 따라서 구별되는 세 위격이 존재하지만, 각 위격은 온전히 전적으로 하나님이다. 물론 이처럼 표현하는 것도 완벽하지 않다. 하나님의 무한성이나 인격성을—사실 그분의 어떤 속성도—표현할 수 없기 때문이다. 또한 이것을 이해하기 위해서는 원을 하나 이상의 방식으로 바라보아야만 한다. 점선은 하나님의 한 존재 안에 분리가 있다는 뜻이 아니라 위격 사이의 관계를 뜻하는 것으로 이해해야 한다. 따라서 원 자체가 하나님의 존재를 표상하며, 점선은 존재의 차이가 아니라 위격적 현존existence의 형식을 표상한다. 그럼에도 이 표는 오해를 방지하는 데 도움이 될 수 있다.

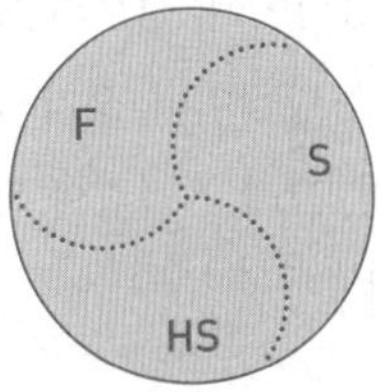

표 14.4 | 구별되는 세 위격이 존재하며, 각 위격의 존재는 하나님의 존재 전체와 같다

각 사람이 가진 개성도 삼위일체를 생각할 때 도움을 줄 수 있는 희미한 유비를 제공한다. 사람은 자신의 외부에 있는 다른 사물을 생각할 수 있으며, 그때 그는 사고를 행하는 주체가 된다. 또한 그는 자신에 관해 생각할 수 있으며, 그때는 사고의 대상으로서 객체가 된다. 따라서 그는 주체인 동시에 객체다. 이뿐만 아니라 그는 자신에 관한 자신의 생각을 주체도 객체도

아닌 세 번째 대상으로 삼아 성찰할 수 있다. 이 세 번째 대상은 주체인 그가 객체인 그에 관해 했던 생각이다. 이런 일이 일어날 때 주체와 객체, 생각은 구별되는 셋이다. 하지만 어떤 점에서 이 각각은 그의 존재 전체를 아우른다. 그 사람 전체가 주체이며, 그 사람 전체가 대상이고, (비록 더 약한 의미에서지만) 생각은 인격체인 그의 모든 것에 관한 생각이다.[108]

하지만 인간적인 인격성의 펼쳐짐이 이런 종류의 복잡성을 허용한다면, 하나님의 위격성의 펼쳐짐은 틀림없이 이보다 더 큰 복잡성을 허용할 것이다. 하나님의 한 존재 안에서 위격성의 펼쳐짐은 분명히 구별된 세 위격의 현존을 허용할 것이다. 하지만 각 위격은 여전히 그 위격 안에 하나님의 존재 전체를 지닌다. 위격의 차이는 존재의 차이가 아니라 관계의 차이지만, 각 위격은 참으로 존재한다. 이러한 존재의 삼위적tripersonal 존재 형식은 우리의 이해를 뛰어넘는다. 그것은 우리가 경험한 것과 전혀 다르고 우주 안에 있는 다른 어떤 것과도 전혀 다른 종류의 현존이다.

한분 하나님 안에 세 위격이 존재한다는 것을 우리는 결코 이해할 수 없기 때문에 기독교 신학은 이 관계의 차이를 이야기하기 위해 '위격'이라는 단어를 사용했다. 이것은 삼위일체를 가리킬 때 '위격'이라는 단어가 뜻하는 바를 우리가 온전히 이해하기 때문이 아니며, 오히려 아무것도 말하지 않는 대신에 무언가를 말할 수 있기 위함이다. 아우구스티누스는 이렇게 썼다.

> '어떤 셋인가?'라고 물을 때 인간의 언어는 지독한 말의 빈곤 속에서 대답하려 애쓴다. 그럼에도 '세 위격'이라고 대답한다. [남김없이] 말하기 위해서가 아니라 [전적으로] 말하지 않은 채로 남겨 두지 않기 위해서다.[109]

7. 우리는 삼위일체 교리를 이해할 수 있는가?

우리는 과거에 범했던 오류를 교훈으로 삼아야 한다. 그 오류들은 모두 삼위일체 교리의 신비를 제거하고 단순화해 완전히 이해할 수 있는 것으로 만들려고 시도할 때 발생했다. 우리는 이 실수를 다시 반복하면 안 된다. 하지만 우리가 삼위일체 교리를 전혀 이해할 수 없다고 말하는 것도 옳지 않다. 하나님이 세 위격이고, 모든 위격이 온전히 하나님이며, 한분 하나님이 존재함을 우리는 분명히 이해할 수 있다. 성경이 이 교리를 가르치고 있기 때문이다. 그뿐만 아니라 우리는 위격들이 서로 관계를 맺는 방식에 관해서도 알 수 있다. 하지만 우리는 이러한 가르침들을 어떻게 조화시켜야 하는지를 온전히 이해할 수 없다. 우리는 어떻게 구별되는 세 위격이 존재하며, 어떻게 각 위격이 하나님의 존재 전체이면서 동시에 동일한 한분 하나님으로 존재하는지 궁금해한다. 우리는 이것을 완전히 이해할 수 없다. 사실 하나님의 존재가 우리가 파악할 수 있는 것보다 더 크다는 것을 인정하는 것이 우리 영성에 유익하다. 이런 태도는 하나님 앞에서 우리를 겸손하게 만들며 망설임 없이 그분을 예배하게 한다.

하지만 성경이 우리에게 모순을 믿도록 요구하지 않는다고 분명히 말할 필요가 있다. "한분 하나님은 존재하며 한분 하나님은 존재하지 않는다" 또는 "하나님은 세 위격이며 하나님은 세 위격이 아니다" 또는 "하나님은 세 위격이며 하나님은 한 위격이다"라는 말은 모순이다. 삼위일체 교리는 우리가 이해할 수 없는 것이며, 따라서 신비 또는 역설이다. 그러나 신비의 상이한 양상이 성경의 분명한 가르침인 한 우리는 염려할 필요가 없다. 우리는 유한한 피조물이고 전지한 신이 아니므로, 온전히 이해하지 못하는 것들이 언제나 (영원토록) 존재할 것이기 때문이다. 루이스 벌코프는 이렇게 지혜롭게 말한다.

> 삼위일체는 신비다.……인간은 이것을 완전히 파악하여 이해할 수 있는 것으로 만들 수 없다. 삼위일체의 관계가 드러나는 방식 중 일부는 이해할 수 있지만 그 본질적인 성격은 이해할 수 없다.……정말로 이해하기 어려운 부분은 신성 안의 위격들이 신적 본질에 대해, 또한 서로에 대해 어떤 관계를 맺고 있는가 하는 점이다. 이것은 교회가 제거할 수 없는 어려움이며, 교회는 용어의 적절한 정의를 통해 이 어려움을 적절한 비율로 줄이려고 노력할 뿐이다. 교회는 삼위일체의 신비를 설명하려고 노력한 적이 없으며, 교회를 위험에 빠뜨리는 오류를 피하는 방식으로 삼위일체 교리를 공식화하고자 노력했을 뿐이다.[110]

또한 벌코프는 "특히 우리가 세 위격과 신적 본질의 관계를 숙고하고자 할 때 모든 유비가 우리를 실망시키며, 삼위일체가 우리의 이해를 훌쩍 뛰어

넘는 신비라는 사실을 깊이 깨닫는다. 그것은 신성의 불가해한 영광이다"라고 말한다.[111]

E. 적용

하나님은 그분 안에 통일성과 다양성을 모두 가지기 때문에 그분이 세우신 인간의 관계에도 통일성과 다양성이 반영된다는 사실은 놀랍지 않다. 먼저 우리는 결혼을 통해 이것을 확인할 수 있다. 하나님은 그분의 형상인 인간을 고립된 개인으로만 창조하지 않았다. 성경은 "하나님이……남자와 여자를 창조하시고"라고 말한다.[창 1:27] 또한 결혼의 통일성[창 2:24 참조]을 통해 우리는 하나님처럼 세 위격의 하나됨[triunity]이 아닌 두 인격체의 하나됨을 경험한다. 이 두 인격체는 구별되는 개인이지만 동시에 몸과 마음과 영에서 하나가 된다.[고전 6:16-20; 엡 5:31 참조] 사실 결혼으로 맺어진 남자와 여자의 관계에서 우리는 삼위일체 안에서 성부와 성자의 관계와 비슷한 이미지를 볼 수 있다. 바울은 "그러나 나는 너희가 알기를 원하노니 각 남자의 머리는 그리스도요 여자의 머리는 남자요 그리스도의 머리는 하나님이시라"고 말한다.[고전 11:3] 삼위일체 안에서 성부가 성자에 대해 리더십 역할을 맡으시듯이, 결혼 관계에서 남편은 아내에게 리더십 역할을 맡는다. 남편의 역할은 성부 하나님의 역할과 비슷하며, 아내의 역할은 성자 하나님의 역할과 비슷하다. 이뿐만 아니라 성부와 성자는 신성, 중요성, 위격성에서 동등하듯이 남편과 아내는 인간성, 중요성, 인격성에서 동등하다. 또한 성경에서 명시적으로 언급하지 않지만, 결혼을 통해 주어지는 선물인 자녀가 아버지와 어머니로부터 나오고 아버지와 어머니의 권위에 복종한다는 점은 삼위일체 안에서 성부와 성자에 대한 성령의 관계와 유사하다.

하지만 인간의 가정은 하나님이 세상에서 그분의 탁월하심을 반영하는 다양성과 통일성이 존재하도록 정해 놓은 유일한 방식이 아니다. 교회 안에 "많은 지체"가 있지만 교회는 "한 몸"이다.[고전 12:12] 바울은 인간의 몸을 이루는 지체들 사이에 놀라운 다양성이 있다고 지적하면서[고전 12:14-26] 교회도 동일하다고 말한다. 교회 안에는 다양한 은사와 관심을 지닌 수많은 교인들이 있으며, 그들은 서로 의지하고 도움으로써 놀라운 다양성과 통일성을 동시에 보여준다. 서로 다른 사람들이 교회에서 상이한 일을 행하는 것을 볼 때, 우리는 이것이 삼위일체의 통일성과 다양성을 반영함으로써 그분께 영광을 돌릴 수 있음을 깨닫고 감사해야 한다.

또한 우리는 우주의 역사 안에서 하나님의 목적도 다양성 안의 통일성을 드러낸다—따라서 그분의 영광을 드러낸다—는 점에 주목해야 한다. 우리는 교회에 존재하는 은사의 다양성고전 12:12-26뿐 아니라 유대인과 이방인의 통일성에서도 이것을 확인할 수 있다. 아무리 다양해도 모든 사람이 그리스도 안에 연합되어 있다.엡 2:16; 3:8-10; 계 7:9 참조 바울은 구속사를 위한 하나님의 계획이 마치 위대한 교향곡과 같아서 그분의 지혜를 도저히 헤아릴 수 없다고 놀라워한다.롬 11:33-36 그리스도와 교회 사이의 신비로운 하나됨 안에서도 우리는 상상조차 할 수 없는 하나됨, 곧 성자 하나님과 하나됨을 본다. 교회에서 우리는 '그리스도의 신부'라고 불린다.엡 5:31-32 참조 하지만 이 모든 것에서 우리는 개별적 정체성을 잃지 않으며, 언제나 독특한 개인으로서 하나님을 예배하고 섬길 수 있는 구별된 인격체로 남아 있다.

궁극적으로 우주 전체가 이러한 목적의 통일성에 참여할 것이며, 모든 다양한 부분이 성부, 성자, 성령을 예배하는 데 참여할 것이다. 언젠가 "하늘에 있는 자들과 땅에 있는 자들과 땅 아래에 있는 자들로 모든 무릎을 예수의 이름에 꿇게 하시고 모든 입으로 예수 그리스도를 주라 시인하여 하나님 아버지께 영광을 돌리게" 하실 것이기 때문이다.빌 2:10-11

더 일상적인 차원에서 생각해 보면, 우리가 인간으로서 수행하는 활동(예를 들어, 노동, 음악 연주, 스포츠 팀 또는 사회 조직에서의 활동 등) 중에는 다수와 구별되는 한 개인이 목적이나 통일성에 기여하는 경우가 많다. 이런 활동에서 우리에게 통일성과 다양성을 부여하는 하나님의 지혜가 반영되는 것을 볼 때, 하나님의 삼위일체적 현존이 드러내는 영광의 희미한 반영을 확인할 수 있다. 비록 우리는 결코 삼위일체의 신비를 온전히 이해할 수 없지만, 하나님의 탁월한 성품을 반영하는 찬양의 노래를 통해 또는 우리의 말과 행동을 통해 하나님을 예배할 수 있다.

덧붙이는 글: 기독교와 몰몬교

하나님의 속성과 삼위일체 교리에 관한 논의를 마무리하면서 기독교와 몰몬교의 차이를 추가적으로 설명하고자 한다. 몰몬교는 하나님이 어떤 분이신지에 대해 전혀 다르게 이해하고 가르치기 때문이다.

여기서 다루는 열 가지 논점은 짧지만 탁월한 통찰력이 담긴 론 로즈의 책 『몰몬교인에게 말해 주어야 할 열 가지 중요한 사실』에서 가져왔다.[112] 각각의 논점을 소개한 뒤 나의 의견을 추가했으며, 이는 몰몬교에 관한 로즈의 논의와 기독교 신학에 관한 나의 이해에 기초한 것이다. (관심이 있는 사람들을 위해 로즈는 몰몬교를 훨씬 더 자세히 다룬 책인 『성경에 입각한 몰몬교 비판』을 출간했다.)[113]

내 개인적인 글을 덧붙이면, 나에게는 평생 수많은 몰몬교인 친구들이 있었으며, 그들은 한결같이 친절하고 사려 깊으며 다정하고 정중한 사람들이었다. 그뿐만 아니라 그들과 나는 인간의 행동에 관해 비슷한 도덕적 신념을 공유하는 경우도 많았다. 그러므로 이 열 가지 논점을 소개하는 것은 그저 비판하기 위함이 아니라 그 친구들이 이 책을 읽고 몰몬교가 기독교 신앙의 다른 판본이 아니라 전적으로 다른 종교임을 깨닫기를 진심으로 바라기 때문이다. 그리고 그 깨달음의 결과로 행위가 아닌 오직 믿음을 통해 그리스도와 인격적 관계를 맺고자 하는 열망이 생겨나기를 바란다.

1. 몰몬교는 회복된 교회가 아니다

1820년, 몰몬교의 창시자인 조셉 스미스는 숲으로 들어가 기도한 뒤 하나님께 어느 교회에 참여해야 하는지 물었다. 그때 두 인격체, 곧 성부와 성자가 그에게 나타났으며, 성자는 그에게 어느 교회에도 참여하지 말라고 말했다. 왜냐하면 "나에게 말한 인격체는 그가 보기에 그들의 모든 신조가 가증스러운 것이라고 말했기" 때문이다.[114] 그리고 스미스는 "하나의 참된 교회, 회복된 교회"인 몰몬교를 창시했다.

이 주장의 함의를 이해하는 것이 중요하다. 이것은 수 세기에 걸쳐 주요한 신조를 통해 보존된 기독교 신앙의 장엄하고 감동적인 요약이 "가증스러운 것"이라고 말하고 있다. 니케아 신조를 생각해 보라.

우리는 하늘과 땅 그리고 모든 보이는 것과 보이지 않는 것을 지으신 한분, 전능하신 아버지 하나님을 믿습니다.

우리는 또한 하나님의 독생자이신 한분, 주 예수 그리스도를 믿습니다. 그분은 영원 전에 성부로부터 나신, 신 중의 신이시며 빛 중의 빛이시고, 참 신 중의 참 신으로서, 창조되지 않고 나셨으며, 성부와 동일한 본질을 가지신 분입니다. 모든 것이 그분으로 말미암아 창조되었습니다.

그분은 우리를 위하여, 우리 구원을 위하여 하늘에서 내려오셔서, 성령의 능력과 동정녀 마리아를 통해 육신을 입어 사람이 되셨습니다. 그분은 우리를 위하여 본디오 빌라도가 다스릴 때에 십자가에 못 박히셨습니다. 그분은 고난을 받고 장사되셨으며, 성경대로 사흘 만에 부활하시고, 하늘에 오르사 아버지의 우편에 앉으셨습니다. 그분은 산 자와 죽은 자를 심판하러 영광 중에 다시 오실 것이며, 그분의 나라는 끝이 없을 것입니다.

우리는 또한 성부와 성자로부터 나온, 생명을 주시는 주, 성령을 믿습니다. 그분은 성부와 성자와 함께 예배와 영광을 받으시며, 선지자를 통해 말씀하셨습니다.

우리는 하나의 거룩하고 사도적인 보편 교회를 믿습니다. 우리는 죄를 용서하시는 하나의 세례를 믿으며, 죽은 자의 부활과 내세의 삶을 기다립니다. 아멘.

이 신조가 "가증스러운 것"이라고 말한다면, (1) 하늘과 땅의 창조주이신 하나님과 (2) 하나님의 영원한 아들이신 예수 그리스도, (3) 그리스도의 동정녀 탄생, (4) 우리의 구원을 위한 그리스도의 십자가 죽음, (5) 사흘 만에 이루어진 그리스도의 부활, (6) 그리스도의 재림, (7) 그리스도께서 재판장이 되실 마지막 심판, (8) 성령의 신성, (9) 미래에 있을 우리의 부활, (10) 장차 올 세상에서 우리가 누릴 영생을 부인한다는 뜻이다. 이 교리의 대부분과 다른 교리들은 사도신조와 칼케돈 신조, 일치 신조, 웨스트민스터 신앙고백 등 기독교 교회의 수많은 주요 신조에도 포함되어 있다.부록 1 참조

만일 이 신조들이 "가증스러운 것"이라면 기독교 신앙의 주요 교리 전부가 거짓이며, 기독교는 더 이상 존재하지 않을 것이다. 이 신조들을 배제한다면 전혀 다른 종교가 될 것이다.

로즈에 따르면, 몰몬교의 가르침은 이러한 생각과 직결되어 있다. "예수그리스도후기성도교회몰몬교에서는 마지막 사도의 죽음 이후 교회가 전적인 배교에 휩싸였고, 따라서 하나의 참된 교회가 회복되어야 했다."[115] 하지만 이 주장은 명백한 거짓이며, 초기 교회사의 자료 조사를 통해 이것을 분명히 확인할 수 있다.

요한계시록을 쓴 사도 요한은 주후 90-95년에 사망했다. 하지만 요한과 다른 사도들이 죽기 전에 그들을 개인적으로 알고 있었던 기독교 지도자와 교사들 다수는 여전히 살아 있었다. 이 저자들은 흔히 속사도 교부 Apostolic Fathers로 알려져 있으며, 그들의 저작은 영어나 헬라어로 쉽게 구해서 읽을 수 있다.[116] 또한 속사도 교부 직후부터 주후 325년까지 활동했던 초기 교회 지도자들이 쓴 글은 『니케아 이전 교부 저작선』이라고 부르는 10권의 전집으로 출간되었다.[117]

그들의 저작을 읽어 보면 그들이 성경적 교리를 완벽히 이해하지 못했지만 "전적인 배교"를 저질렀다고 말하는 것은 명백한 거짓임을 바로 알 수 있다. 그들의 글에는 신구약 본문을 떠올리게 하거나 직접 인용하는 경우가 많다. 실제로 초기 기독교 저자들의 글에 인용된 성경 본문 색인만 작은 글씨로 56쪽에 달하며, 여기에는 수천 개의 성경 인용이 포함되어 있다.[118] 초기 교회는 결코 "전적인 배교"를 범하지 않았으며, 오히려 거짓 교사들에게 맞서 싸웠고 성경의 가르침에 대한 점점 더 정확하고 신실한 교리적 요약을 위해 노력했다.

몰몬교처럼 이 기독교 저자들의 합의에 근본적으로 반대하는 모든 집단은 참으로 회복된 교회일 수 없으며, 성경에서 가르치는 기독교 신앙으로부터 완전히 벗어나는 잘못을 범하는 것이다.

2. 몰몬경은 인간이 만든 책이다

몰몬경은 "하나님이 대략 주전 2247년부터 주후 421년까지 미주 대륙에 살던 원주민들을 어떻게 대하셨는지에 대한 간략한 설명"이라고 소개된다.[119] 몰몬교인들은 "이 책이 원래 고대 예언자들에 의해 개정된 이집트 문자로 금판에 새겨졌고, 돌상자 안에 넣어 뉴욕의 쿠모라 언덕에 묻히게 되었다.……스미스는 선견자의 돌을 사용해 금판에 기록된 몰몬경을 번역"했으며, 이 과정에서 모든 단어와 모든 문자를 하나님이 조셉 스미스에게 전해 주셨다고 주장한다.[120]

그러나 "1830년에 출간된 몰몬경 초판과 1970년대 중반에 출간된 몰몬경 사이에는 3,913개 이상 달라진 부분이 있다는 것이 역사적으로 입증되었다."[121] 모든 단어와 모든 문자를 하나님이 조셉 스미스에게 전해 주셨다면, 어째서 수정해야 할 부분이 그처럼 많았는가?[122]

이뿐만 아니라 성경의 정확성은 고대 지중해 세계를 이루었던 지역에 대한 수천 건의 고고학적 발견에 의해 반복적으로 확증되어 왔지만[123] "몰몬경을 뒷받침하는 고고학적 증거는 전혀 없다. 몰몬경에 따르면 니파이와 레이맨은 요새화된 거대 도시에서 사는 거대한 인구를 가진 나라였다. 이 두 나라는 수백 년 동안 서로 대규모 전쟁을 벌였고, 이 전쟁은 주후 385년 오늘날의 뉴욕 주 안에 위치한 쿠모라 언덕 근처에서 수십만 명이 살해된 사건에서 절정에 달했다.……그러나 이런 일이 일어났다는 [고고학적] 증거는 전혀 없다."[124]

또한 몰몬경에는 흠정역의 "이사야서에서 여러 장 전체를 그대로 가져온 것"을 비롯해 표절한 내용이 들어 있다.[125] 그런데 흠정역은 1611년에야 출간되었다. 그럼에도 몰몬교인들은 개정된 이집트 문자 금판이 흠정역보다 천 년 이상 앞선 주후 421년 이전 어느 시점에 기록되었고 조셉 스미스에 의해 번역되었다고 주장한다. 주후 421년의 금판에 기초한 몰몬경이 1611년에 나온 성경 번역본의 수많은 내용을 그대로 포함하는 것이 우연인가?

3. 성경은 하나님의 말씀이며 신뢰할 만하다

몰몬교인들은 "성경 저자들이 기록한 원본은 하나님의 말씀이라고 인정"하지만, "오늘날 성경으로 통하는 책은 오염되었다"고 주장한다. "바르게 번역된 것에 한에서만 신뢰할 수 있다"는 것이다. 또한 그들은 "수 세기에 걸쳐 성경의 많은 부분이 유실되었다"고 믿는다.[126]

그러나 이 책 3장에서 논했듯이 성경 정경에 관한 연구를 살펴보면 오늘날 우리가 올바른 성경을 가지고 있음을 알 수 있다. 그리고 성경의 올바른 번역을 위해 고도로 훈련된 수백 개의 성경 번역팀들이 전 세계에서 성경을 수백 개의 언어로 번역하고 있으며, 그 외에도 성경 사본의 원어인 히브리어와 헬라어 전문가들에 의해 발간된 수많은 성경 번역본이 존재한다. 오늘날 어떤 번역본을 사용하더라도 그 번역본을 통해 기독교 신앙의 모든 주요 교리를 가르칠 수 있다.

세계 전역의 연구 전문 도서관에 보관된 수천 개의 고대 사본은 수 세기에 걸쳐 성경 본문이 놀라울 정도로 신뢰할 만하게 전해 내려왔음을 확증해 준다. 고대 사본들 사이에는 철자법이나 어휘에서 사소한 차이가 있음을 모두가 인정한다. 하지만 몰몬교의 주장과 반대로 오늘날 기독교의 중요한 가르침을 수정해야 할 정도로 중대한 오류가 본문의 필사와 전수 과정에 발생했다는 역사적 증거는 없다.[4장 참조]

4. 유일하게 참된 하나님은 영원한 영적 존재다

몰몬교는 "아버지 하나님은 한때 죽을 수밖에 없는 인간이었으나 계속해서 진보하여 신[높아진 인간]이 되었다.……따라서 오늘날 하나님, 영원한 아버지, 하늘에 계신 우리 아버지는 살과 뼈로 되어 만질 수 있는 몸을 지닌 높아지고 완전해졌으며 영화로워진 인격체다"라고 가르친다.[127]

이와 대조적으로 성경은 "하나님은 사람이 아니"고[민 23:19; 또한 롬 1:23 참조] 보이지 않으며[골 1:15; 딤전 1:17] 영원하시다고[창 1:1; 시 90:2; 93:2; 계 1:8; 22:13 참조] 분명히 말한다. 우리는 이 책의 12장과 13장에서 제한되고 유한한 피조물이 아니라 영원하고 변함이 없으며 편재하고 전능하며 무한하신 성경의 하나님에 관해 자세히 논한 바 있다. 몰몬교는 하나님을 믿는다고 말하지만 그들이 말하는 하나님은 성경의 하나님, 유일하게 참된 하나님이 아니다.

5. 삼위일체는 한분 하나님 안의 세 위격을 뜻한다

몰몬교의 가르침은 다음과 같이 정리할 수 있다.

> 성부, 성자, 성령은 역사적 기독교에서 가르쳐 왔듯이 한분 하나님 안의 세 위격이 아니라 분리된 세 분의 신이다.……또한 다른 많은 신들이 있다.……몰몬교 신학에서는 예수께 아버지가 있듯이 성부께도 아버지가 있다고 주장한다.……아버지의 아버지의 아버지의 아버지가 있으며 이처럼 무한히 거슬러 올라갈 수 있

다.……또한 각각에게는 천상의 아내또는 아내들가 있다.……이 모든 것이 몰몬교의 다신교적 세계를 이루는 필수 요소다. 몰몬교인들은 수많은 신들을 믿는다.……그리고 그들은 언젠가 그들 역시 신이 될 것이라고 믿는다.[128]

몰몬교의 다신론은 유일하게 참된 성경의 하나님, 하늘과 땅에 있는 만물의 창조주를 믿는 기독교 신앙과 전혀 다르다. 하나님은 "나는 여호와라. 나 외에 다른 이가 없나니 나 밖에 신이 없느니라"고 말씀하신다.[사 45:5] 그리고 신명기는 "이스라엘아, 들으라. 우리 하나님 여호와는 오직 유일한 여호와이시니"라고 말한다.[신 6:4]

앞에서 설명했듯이, 성경의 수많은 구절에 근거를 둔 기독교의 삼위일체 교리는 세 분의 하나님이 존재한다는 가르침이 아니라 한분 하나님 안에 세 위격이 존재한다는 가르침이다. 이것은 몰몬교의 다신론과 전혀 다르다.

6. 인간은 피조물이며 절대로 신이 될 수 없다

몰몬교의 궁극적 목적은 신성이다. 로즈는 우리가 "하늘에 계신 우리 아버지처럼 신이 되도록" 창조되었다고 가르치는 몰몬교 지도자들의 말을 인용한다. 또한 그는 "이처럼 신성으로 고양되는 것은 몰몬교인들에게 영생을 얻는 것으로 알려져 있다"라고 덧붙인다. 이뿐만 아니라 몰몬교 교육 지침서는 "우리가 하늘에 계신 우리 아버지처럼 신이 될 수 있다. 이것이 고양이다"라고 말한다. 그러나 이런 상태에 도달하기 위해서는 "필멸"의 기간 동안 수많은 "육신적 유혹과 시련"을 극복해야 한다. 여기서 "필멸"의 기간은 여기 이 땅에서 살아가는 인간의 일생을 가리키는 용어다.[129]

하지만 성경은 우리가 신이 될 것이라고 가르치지 않는다. 우리는 "하나님의 형상대로" 창조되었지만,[창 1:26-27] 이것은 우리가 다양한 면에서 하나님과 비슷하며 우리가 그분을 대표한다는 뜻일 뿐이다. 인간은 신이 될 수 없다.[42장 참조]

7. 예수께서는 루시퍼 영의 형제가 아닌 하나님이다

이 주제에 관한 몰몬교의 가르침은 다음과 같이 정리할 수 있다.

예수는 아버지엘로힘와 이름 없는 그분의 아내들 중 한 명천상의 어머니의 첫 영의 자녀로 태어났다. 몰몬교는 예수께서 모든 영의 자녀들 중 첫째이자 가장 높으신 분이라고 주장한다.……천상의 아버지와 어머니에게 수많은 영의 자녀들이 있기 때문에 몰몬교인들은 흔히 예수를 우리의 형이라고 부른다. (루시퍼 역시 예수 영의 형제다.) 예수는 순종과 영 안의 진리에 대한 헌신을 통해 발전하여 결국 하나님이 되었다. 그렇게 되기까지 영겁의 시간이 걸렸다고 주장한다.……[몰몬교인들은] 예수를 예배하거나 그분께 기도하지 않는다. 몰몬교 신학의 관점에서 이것이 뜻하는 바는 예수가 크게 독특하지 않다는 것이다.……예수께서 죽을 수밖에 없는 인간으로 이 땅에 태어날 때가 되었을 때, 그분은 살과 뼈를 지닌 천상의 아버지와 마리아 사이의 성관계를 통해 태어났다.……예수는 "아담의 죄를 속죄했고, 우리 자신의 죄는 우리의 책임으로 남겨 두었다."[130]

예수 그리스도에 대한 이런 믿음을 고려할 때 몰몬교가 기독교와 완전히 다른 종교임이 다시 한번 분명해진다. 성경의 가르침은 예수께서 성부, 성령과 함께 영원히 존재하는 하나님의 아들이고, 동정녀 마리아에게서 태어났으며, 한 위격 안에 하나님인 동시에 인간으로서 이 땅에서 살았다는 것이다. 그리스도는 온전한 하나님이므로 그분은 우리의 예배를 받기에 합당하며 그분은 우리의 기도를 들으신다. 그분은 그분을 믿는 모든 사람의 죄를 담당하시고 그 죄에 대한 형벌을 다 받으셨다.26, 27장 참조 "태초에 말씀이 계시니라. 이 말씀이 하나님과 함께 계셨으니 이 말씀은 곧 하나님이시니라. 그가 태초에 하나님과 함께 계셨고 만물이 그로 말미암아 지은 바 되었으니 지은 것이 하나도 그가 없이는 된 것이 없느니라."요 1:1-3

8. 구원은 행위가 아니라 은혜에 의해 믿음으로 말미암아 받는 것이다

이 주제에 관한 몰몬교의 가르침은 다음과 같이 정리할 수 있다.

몰몬교인들은 흔히 죄를 '잘못된 판단, 실수'로 정의하며……따라서 도덕적 쓰라림을 제거한다.……이처럼 죄에 대해 빈약한 관점을 지니고 있으므로 구원에서 예수의 역할을 크게 축소시켰다는 사실도 놀랍지 않다.……예수의 속죄는 기본적으로 그분이 인류를 위해 신체적 죽음을 극복할 수 있으셨음을 의미한다.……그분이 성취하신 바 때문에 우리 모두 부활할 것이다. 몰몬교인들이 구원에 관해 말할 때……그들은 본질적으로 부활을 의미한다.……예수께서 그분의 역할을 다하셨고, 이제 우리가 우리의 역할을 다해 우리 자신이 신성으로 고양될 가치가 있음을 입증하는 것은 우리의 책임이다. 몰몬교인들은 이신칭의를 거부한다.……몰몬교의 구원에도 은혜가 포함된다고 말하지만, 몰몬교의 언어에서 은혜는 사람들이 스스로 최선의 노력을 다한 뒤 영생과 높이 들림을 쟁취할 수 있는 능력을 하나님이 주신다는 것을 뜻할 뿐이다.[131]

구원에 관한 몰몬교의 믿음을 고려할 때, 복음 메시지의 핵심에서 몰몬교는 신약과 전혀 다르고 교회사 전체의 기독교 신앙과도 다른 교리를 가르치고 있음이 분명하다. 기독교는 "그리스도께서 우리 죄를 위하여 죽으"셨다고 가르치며,[고전 15:3] "우리도 그리스도 예수를 믿나니 이는 우리가 율법의 행위로써가 아니고 그리스도를 믿음으로써 의롭다 함을 얻으려 함이라"[갈 2:16]고 가르친다. 자세한 논의로는 24장,[죄] 17장,[속죄] 33장,[복음의 부르심] 35장,[회심] 36장[칭의]을 보라.

9. 내세는 영광의 세 등급이 아니라 천국과 지옥으로 나뉜다

몰몬교의 가르침에 따르면, 이생 이후에 사람들은 세 왕국 중 하나에 이르게 된다. "해의 왕국"[celestial kingdom]은 "신실한 몰몬교인들이 사는 곳이다.……이 등급에서 사람들은 신성의 궁극적 고양을 획득할 수 있다." 두 번째 등급은 "달의 왕국"[terrestrial kingdom]으로서 "용감하지 못한 몰몬교인들과 도덕적인 삶을 사는 비非몰몬교인들"을 위해 예비된 곳이다. 세 번째 등급은 "대다수의 사람들이 가는" "별의 왕국"[telestial kingdom]이다.[132]

그러나 성경에 충실한 기독교 교리는 마지막 심판이 있으며, 그 후에 사람들은 영원히 천국이나 지옥에 머물 것이라고 가르친다.[56–57장 참조]

10. 예수께서는 내 삶을 영원히 변화시켰다

몰몬교와 기독교의 아홉 가지 차이점을 지적한 뒤 로즈는 개인적 증언의 중요성을 강조한다. 그는 이렇게 말한다. "내가 이것을 강조하는 까닭은, 여러분이 개인적으로 몰몬교인에게 기독교를 증언할 때 스스로 천국에 간다고 확신하는 것은 바로 **그리스도와 인격적 관계**를 맺고 있다는 점을 핵심으로 삼기 때문이다. 여러분은 (몰몬교인이 이 땅에서 사는 동안 지켜야 할 수많은 규칙처럼) 규칙에 순종하기 때문이 아니라 그리스도인이기 때문에 지금의 삶도 의미가 있다. 참으로 여러분은 **그리스도와 인격적 관계**를 맺고 있다."[133]

우리는 그리스도와 개인적이며 인격적인 관계를 맺을 수 있다는 관념을 신약의 많은 곳에서 확인할 수 있으며,[35장 참조] 수많은 본문이 살아 계시며 인격체이신 그리스도를 신뢰하는 것에 관해 이야기한다. 예수께서 라오디게아 교회에 하신 말씀도 이러한 관계 안으로의 초청이라고 말할 수 있다. 지금도 예수께서는 몰몬교인들에게 이처럼 말씀하실 것이다. "볼지어다. 내가 문 밖에 서서 두드리노니, 누구든지 내 음성을 듣고 문을 열면 내가 그에게로 들어가 그와 더불어 먹고 그는 나와 더불어 먹으리라."[계 3:20] 마태복음에서도 예수께서는 이렇게 초대의 말씀을 하신다. "수고하고 무거운 짐 진 자들아, 다 내게로 오라. 내가 너희를 쉬게 하리라. 나는 마음이 온유하고 겸손하니 나의 멍에를 메고 내게 배우라. 그리하면 너희 마음이 쉼을 얻으리니 이는 내 멍에는 쉽고 내 짐은 가벼움이라."[마 11:28-30]

개인적 적용을 위한 질문

1. 여러분의 가정은 어떤 방식으로 삼위일체를 따라 다양성과 통일성을 반영하는가? 어떻게 해야 다양성과 통일성이 부모와 자녀 사이에서 삼위일체 속성을 더욱 반영할 수 있는가?

2. 교회가 이전과 다른 새로운 사역을 추구하면 교회의 통일성이 약화된다고 생각하는가? 또는 다른 은사를 사용하면 교회가 분열될 가능성이 있는가? 삼위일체 안에서 통일성과 다양성은 이 문제에 어떤 도움을 줄 수 있는가?

3. 하나님의 삼위일체적 본질은 교회 안에 동일한 구성원들이 많을수록 또는 구성원이 다양할수록 더 온전히 반영된다고 생각하는가? 왜 그렇게 생각하는가?

4. 여러분이 속한 사회와 가정 및 여러 공동체에서 마주하는 권위들이 어떻게 하면 삼위일체의 관계를 더 닮아 갈 수 있는지 예를 들어 설명해 보라.

5. 하나님의 삼위일체가 우주에 있는 모든 통일성과 다양성의 조화를 이루는 기초가 된다면, 이 조화를 나타내는 피조물의 모습은 무엇이 있는가?(예를 들어, 지구 환경, 꿀벌들의 활동, 몸의 다양한 부분들의 조화 등) 여러분은 하나님이 우리를 창조하셨을 때, 통일성과 다양성을 동시에 드러내는 음악을 듣거나 운동 경기에서 완벽한 팀워크를 볼 때처럼 다양성 안의 통일성이 나타날 때 기뻐하도록 우리를 창조하셨다고 생각하는가?

6. 각 위격의 개성이 보존되는 동시에 무한한 통일성이 유지되는 삼위일체 하나님의 존재를 볼 때, 그리스도와 연합할 때 우리의 개성은 어떻게 될 것인가? 천국에서 우리는 모두 똑같은 존재가 될 것인가, 아니면 각자 개성을 가질 것인가? 이에 관해 (불교와 같은) 동양 종교와 기독교는 어떻게 다른가?

신학 전문 용어

경륜적 종속
독생자
사벨리우스주의
삼신론
삼위일체
성자의 영원한 나심
성자의 영원한 출생
아리우스주의
양자설
양태론
양태론적 군주신론
존재론적 동질성
종속설
필리오케
호모우시오스(동일본질)
호모이우시오스(유사본질)

참고 문헌

이 참고 문헌에 관한 설명으로는 1장, 60쪽을 보라. 자세한 서지 자료는 2권 부록 2에서 확인할 수 있다.

복음주의 조직신학 저술의 관련 항목

1. 성공회

1882–1892 Litton, 91–108
1930 Thomas, 20–31, 90–99
2013 Bird, 92–125
2013 Bray, 985–1021

2. 아르미니우스주의(또는 웨슬리파/감리교)

1875–1876 Pope, 1:253–287; 2:101–105
1892–1894 Miley, 1:223–275
1940 Wiley, 1:394–439
1960 Purkiser, 143–144, 199–203
1983 Carter, 1:127–129, 375–414
1992 Oden, 1:181–224
2002 Cottrell, 70–73

3. 침례교

1767 Gill, 1:187–245
1887 Boyce, 125–166
1907 Strong, 304–352
1917 Mullins, 203–213
1976–1983 Henry, 5:165–213
1987–1994 Lewis and Demarest, 1:251–288
1990–1995 Garrett, 1:305–338
2007 Akin, 182–188
2013 Erickson, 291–313

4. 세대주의

1947 Chafer, 1:272–347; 5:7–38; 6:7–46
1949 Thiessen, 89–99
1986 Ryrie, 51–59
2002–2005 Geisler, 2:53–54, 278–312
2017 MacArthur and Mayhue, 190–208

5. 루터교

1917–1924 Pieper, 1:381–404
1934 Mueller, 147–160

6. 개혁주의(또는 장로교)

1559 Calvin, 1:120–159 (1.13)
1679–1685 Turretin, *IET*, 1:253–310
1871–1873 Hodge, 1:442–534
1878 Dabney, 174–211
1887–1921 Warfield, *BTS*, 22–156; *SSW*, 1:88–92; *BD*, 133–174
1894 Shedd, 219–273
1906–1911 Bavinck, *RD*, 2:256–334
1910 Vos, 1:38–76
1937–1966 Murray, *CW*, 4:58–81
1938 Berkhof, 82–99
1998 Reymond, 206–342
2008 Van Genderen and Velema, 143–163
2011 Horton, 273–308
2013 Frame, 39, 421–513
2013 Culver, 104–112
2016 Allen and Swain, 78–106
2017 Barrett, 189–216
2019 Letham, 66–154

7. 부흥 운동(또는 은사주의/오순절)

1988–1992 Williams, 1:83–94
1993 Menzies and Horton, 53–58
1995 Horton, 145–178
2008 Duffield and Van Cleave, 88–120

대표적인 로마 가톨릭 조직신학 저술의 관련 항목

1. 로마 가톨릭: 전통적 입장

1955 Ott, 50–75

2. 로마 가톨릭: 제2차 바티칸공의회 이후

1980 McBrien, 1:343–366
2012 *CCC*, paragraphs 232–267

기타 저술

Allison, Gregg. *Historical Theology: An Introduction to Christian Doctrine; A Companion to Wayne Grudem's Systematic Theology*. Grand Rapids: Zondervan, 2011, 231–253.

Augustine. *On the Trinity*. In *The Nicene and Post-Nicene Fathers*, series 1, vol. 3, edited by Philip Schaff, 1–228. Reprint, Grand Rapids: Eerdmans, 1993. (이 책은 교회사에서 삼위일체에 관한 정통 교리를 가장 철저하게 다룬 글로 간주된다.) (『삼위일체론』, 분도출판사)

Ayres, Lewis. *Nicaea and Its Legacy: An Approach to Fourth-Century Trinitarian Theology*. Oxford: Oxford University Press, 2004.

Beisner, Calvin. *God in Three Persons*. Wheaton, IL: Tyndale, 1984.

Bickersteth, Edward H. *The Trinity*. Reprint, Grand Rapids: Kregel, 1957.

Bird, Michael F., and Scott D. Harrower, eds. *Trinity without Hierarchy: Reclaiming Nicene Orthodoxy in Evangelical Theology*. Grand Rapids: Kregel, 2019.

Bloesch, Donald G. *The Battle for the Trinity: The Debate Over Inclusive God-Language*. Ann Arbor, MI: Servant, 1985.

Bowman, Robert M., Jr. *Why You Should Believe in the Trinity: An Answer to Jehovah's Witnesses*. Grand Rapids: Baker, 1989.

Bray, G. L. "Trinity." In *NDT2*, 921–924.

____. "Tritheism." In *NDT2*, 924–925.

Bray, Gerald L. *The Doctrine of God*. Downers Grove,

IL: InterVarsity Press, 1993. (『신론』 IVP)
Brown, Harold O. J. *Heresies: The Image of Christ in the Mirror of Heresy and Orthodoxy From the Apostles to the Present*. Garden City, NY: Doubleday, 1984, 95–157.
Butner, D. Glenn, Jr. *The Son Who Learned Obedience: A Theological Case Against the Eternal Submission of the Son*. Eugene, OR: Wipf & Stock, 2018.
Byrd, Aimee. *Recovering from Biblical Manhood and Womanhood*. Grand Rapids: Zondervan, 2020.
Cole, Graham A. *He Who Gives Life: The Doctrine of the Holy Spirit*. Wheaton, IL: Crossway, 2007.
Coppedge, Allan. *The God Who Is Triune: Revisioning the Christian Doctrine of God*. Downers Grove, IL: IVP Academic, 2007.
Crowe, Brandon D., and Carl R. Trueman, eds. *The Essential Trinity: New Testament Foundations and Practical Relevance*. Phillipsburg, NJ: P&R, 2017.
Davis, Stephen T. *Logic and the Nature of God*. Grand Rapids: Eerdmans, 1983, 132–144.
Edgar, Brian. *The Message of the Trinity: Life in God*. Downers Grove, IL: InterVarsity Press, 2004.
Erickson, Millard J. *God in Three Persons: A Contemporary Interpretation of the Trinity*. Grand Rapids: Baker, 1995.
___. *Making Sense of the Trinity: 3 Crucial Questions*. Grand Rapids: Baker, 2002.
___. *Who's Tampering with the Trinity? An Assessment of the Subordination Debate*. Grand Rapids: Kregel, 2009.
Fairbairn, Donald. *Life in the Trinity: An Introduction to Theology with the Help of the Church Fathers*. Downers Grove, IL: IVP Academic, 2009.
Feinberg, John S. *No One Like Him: The Doctrine of God*. Wheaton, IL: Crossway, 2001.
Frame, John. *The Doctrine of God*. Phillipsburg, NJ: P&R, 2002. (『성경론』 개혁주의신학사)
George, Timothy. "The Nature of God: Being, Attributes, and Acts." In *A Theology for the Church*, edited by Daniel L. Akin et al., 182–88. Nashville: B&H, 2014.
Giles, Kevin. *The Trinity and Subordinationism: The Doctrine of God and the Contemporary Gender Debate*. Downers Grove, IL: InterVarsity Press, 2002.
Gruenler, Royce Gordon. *The Trinity in the Gospel of John*. Reprint. Eugene, OR: Wipf & Stock, 2004.
Gundry, Stanley N., and Jason S. Sexton, eds. *Two Views on the Doctrine of the Trinity*. Grand Rapids: Zondervan, 2014. (『삼위일체란 무엇인가』 부흥과 개혁사)
Gunton, Colin, ed. *Father, Son and the Holy Spirit*. London; New York: T&T Clark, 2003.
Harris, Murray. *Jesus as God*. Grand Rapids: Baker, 1992.
Holmes, S. R. "God." In *NDT2*, 369–373.
Johnson, Keith. *Rethinking the Trinity and Religious Pluralism: An Augustinian Assessment*. Downers Grove, IL: IVP Academic, 2011.
Jowers, Dennis, and H. Wayne House, eds. *The New Evangelical Subordinationism? Perspectives on the Equality of God the Father and God the Son*. Eugene, OR: Pickwick, 2012.
Kaiser, Christopher B. *The Doctrine of God: An Historical Survey*. Westchester, IL: Crossway, 1982, 23–71.
Kostenberger, Andreas J., and Scott R. Swain. *Father, Son, and Spirit: the Trinity and John's Gospel*. Downers Grove, IL: InterVarsity Press, 2008. (『아버지와 아들과 성령』 부흥과개혁사)
Letham, Robert. *The Holy Trinity: In Scripture, History, Theology, and Worship*. 2nd ed. Phillipsburg, NJ: P&R, 2019. (『개혁주의 삼위일체론』 개혁주의신학사)
Letham, Robert, and Veli-Matti Karkkainen. "Trinity, Triune God." In *GDT*, 901–913.
McCall, Thomas H. *Which Trinity? Whose Monotheism? Philosophical and Systematic Theologians on the Metaphysics of Trinitarian Theology*. Grand Rapids: Eerdmans, 2010.
McGrath, Alister E. *Understanding the Trinity*. Grand Rapids: Zondervan, 1988.
Mikolaski, S. J. "The Triune God." In *Fundamentals of the Faith*, edited by C. F. H. Henry, 59–76. Grand Rapids: Zondervan, 1969.
Ovey, Michael J. *Your Will Be Done: Exploring Eternal Subordination, Divine Monarchy and Divine Humility*. London: Latimer Trust, 2016.
Packer, J. I. "God." *NDT1*, 274–277.
___. *Knowing God*. Downers Grove, IL: InterVarsity Press, 1973, 57–63. (『하나님을 아는 지식』 IVP)
Parvis, S. "Augustine." In *NDT2*, 82–86.
Poythress, Vern S. *Knowing and the Trinity: How Perspectives in Human Knowledge Imitate the Trinity*. Phillipsburg, NJ: P&R, 2018.
Reeves, Michael. *Delighting in the Trinity: An Introduction to the Christian Faith*. Downers Grove, IL: IVP Academic, 2012.
Sanders, Fred. *The Deep Things of God: How the Trinity Changes Everything*. Wheaton, IL: Crossway, 2010.
Sanders, Fred, and Klaus Issler, eds. *Jesus in Trinitarian Perspective: An Introductory Christology*.

Nashville: B&H, 2007.
Swain, Scott R., and Fred Sanders, eds. *Retrieving Eternal Generation*. Grand Rapids: Zondervan, 2017.
Ware, Bruce A. *Father, Son, and Holy Spirit: Relationships, Roles and Relevance*. Wheaton, IL: Crossway, 2005.
Ware, Bruce A. and John Starke, eds. *One God in Three Persons: Unity of Essence, Distinction of Persons, Implications for Life*. Wheaton, IL: Crossway, 2015.
Whitfield, Keith S., ed. *Trinitarian Theology: Theological Models and Doctrinal Application*. Nashville: B&H, 2019.
Wright, D. F. "Augustine." In *NDT1*, 58–61.
Yang, Hongyi. *A Development Not a Departure: The Lacunae in the Debate of the Doctrine of the Trinity and Gender Roles*. Phillipsburg, NJ: P&R, 2018.
Yarnell, Malcolm B. *God the Trinity: Biblical Portraits*. Nashville: B&H Academic, 2016.

성경 암송 구절

마태복음 3:16-17 | 예수께서 세례를 받으시고 곧 물에서 올라오실새 하늘이 열리고 하나님의 성령이 비둘기 같이 내려 자기 위에 임하심을 보시더니. 하늘로부터 소리가 있어 말씀하시되 이는 내 사랑하는 아들이요. 내 기뻐하는 자라 하시니라.

찬송가

"거룩 거룩 거룩"

거룩 거룩 거룩 전능하신 주님
이른 아침 우리 주를 찬송합니다
거룩 거룩 거룩 자비하신 주님
성 삼위일체 우리 주로다

거룩 거룩 거룩 주의 보좌 앞에
모든 성도 면류관을 벗어드리네
천군천사 모두 주께 굴복하니
영원히 위에 계신 주로다

거룩 거룩 거룩 주의 빛난 영광
모든 죄인 눈 어두워 볼 수 없도다
거룩하신 이가 주님밖에 없네
온전히 전능하신 주로다

거룩 거룩 거룩 전능하신 주님
천지만물 모두 주를 찬송합니다
거룩 거룩 거룩 전능하신 주님
성 삼위일체 우리 주로다

◈ ———

거룩하고 거룩하고 거룩하신 주 전능하신 하나님
이른 아침 우리의 노래를 주님께 올려 드립니다

거룩하고 거룩하고 거룩하신 주 자비하고 전능하신 하나님
세 위격 안에 계신 하나님, 복되신 삼위일체

거룩하고 거룩하고 거룩하신 주 모든 성도가 주님을 경배합니다
금 면류관을 벗어 유리 바다 곁 보좌 앞에 내려놓습니다
그룹들과 스랍들이 주님 앞에 엎드립니다
전에도 계셨고 이제도 계시고 장차 오실 하나님

거룩하고 거룩하고 거룩하신 주 어둠이 주님을 감추려 하고
죄인의 눈은 주님의 영광을 보지 못하지만
오직 주님만이 거룩하십니다
주님만이 능력과 사랑과 순결함에 있어서 완벽하십니다

거룩하고 거룩하고 거룩하신 주 전능하신 하나님
땅과 하늘과 바다에서 주님이 하신 모든 일이 주님의 이름을 찬양합니다
거룩하고 거룩하고 거룩하신 주 자비하고 전능하신 하나님
세 위격 안에 계신 하나님, 복되신 삼위일체

□ 1826년, 레지널드 히버 작사

* 새찬송가 8장

현대 찬양곡

"만복의 근원 하나님"

만복의 근원 하나님
온 백성 찬송 드리고
저 천사여 찬송하세
찬송 성부 성자 성령

◈

만복의 근원이신 하나님을 찬양하라
땅의 모든 피조물아, 그분을 찬양하라

천군 천사여, 그분을 찬양하라

성부, 성자, 성령을 찬양하라

아멘 아멘 아멘

하나님, 우리가 주님을 찬양합니다

하나님, 우리가 주님을 찬양합니다

하나님이 행하신 모든 일을 찬양하라

승리하신 주님을 찬양하라

무덤을 이기고 사랑이 이겼네

하나님 우리의 구원자 그리스도 성자를 찬양하라

우리는 노래합니다

아멘 아멘 아멘

아멘 아멘 아멘

우리가 주님을 찬양합니다

우리가 주님을 찬양합니다

ㅁ 필 위컴 작사 134

* 새찬송가 1장

주

1 예를 들어, 알렉산드로스 대왕(주전 152년)과 데메트리오스 왕(주전 145년경)이 마카베오상 10:19과 11:31의 칠십인역 본문에서 이런 방식으로 자신을 지칭해 말한다. 하지만 이것은 히브리어가 아니라 헬라어이며 창세기 1장보다 더 후대에 기록되었다.

2 장엄 복수를 주장하는 입장에 관해서는 E. Kautzsch, ed., *Gesenius' Hebrew Grammar*, 2nd ed. (Oxford: Clarendon, 1910), Section 124g, n2을 보라. (『게제니우스 히브리어 문법』 비블리카 아카데미아). "창세기 1:26, 11:7, 이사야 6:8에서 하나님이 사용하는 복수형을 이런 방식으로 설명하는 것은 옳지 않다. 그들은 창세기 1:26을 자기 숙고의 복수(plural of self-deliberation)로 이해한다." 내가 직접 바빌로니아 탈무드와 타르굼(targumim, 구약의 아람어 번역본—옮긴이), 미드라쉬(midrashim)에 제시된 유대교의 해석을 광범위하게 연구한 결과에 따르면, '장엄 복수'와 '하나님이 천사들에게 하신 말씀'이라는 해석이 자주 제시되기는 했지만 이 본문의 만족스러운 해석에 관해 후대의 랍비 해석자들은 의견 일치에 이르지 못했다.

3 "교부들과 초기의 신학자들은 거의 만장일치로 복수형 '우리'가 삼위일체를 뜻한다고 보았다"[Keil and Delitzsch, *Old Testament Commentaries* (Grand Rapids: Associated Publishers and Authors, n.d.), 1:48, 이 책에서는 다른 입장에 대해 반대하면서 창세기 1:26에 "삼위일체적 관점의 기초에 자리 잡고 있는 진리"가 담겨 있다고 주장한다].

4 ESV의 이사야 48:16 번역문("Now the Lord God has sent me and his Spirit")은 히브리어 단어의 문자적 의미와 히브리어 본문의 어순을 정확히 재현한다.

5 "그의 영을 주시고"(endowed with his Spirit)라는 NIV의 번역문은 히브리어 본문이 요구하는 바가 아니며 주께서 "나"와 "그의 영"을 보내셨다는 본문의 내용을 모호하게 만드는 경향이 있다. NIV에서 "주시고"라는 표현은 대부분의 경우 단순히 '그리고'라고 번역되는 히브리어 접속사 '베'에 대한 번역자들의 해석이다. 일반적으로 'with'에 해당하는 히브리어 단어(임)는 본문에 없으며, 'endowed'를 뜻하는 별개의 단어도 히브리어 본문에는 존재하지 않는다.

6 성령이 구별되는 위격임을 다루는 아래의 내용은 Louis Berkhof, *Systematic Theology* (Grand Rapids: Eerdmans, 1941), 96에 있는 탁월한 논의를 충실히 따른다. (『벌코프 조직신학』 크리스천다이제스트)

7 (『조직신학』 초판에서 이처럼 주장했던 나를 포함해) 일부 저자들은 요한복음 14:26; 15:26; 16:13-14에 사용된 남성 대명사 그(에케이노스) 역시 성령의 위격을 뒷받침하는 증거가 된다고 주장해 왔다. 왜냐하면 영(프뉴마)이라는 단어는 남성이 아니라 중성이므로 헬라어 문법 규칙상 남성 대명사를 기대할 수 없기 때문이다. 하지만 이것은 올바른 주장이 아니다. 이 구절들을 더 자세히 살펴보면 에케이노스("그")의 선행사가 프뉴마("성령")가 아니라 남성 명사인 파라클레토스("보혜사")이기 때문이다. 이것은 헬라어 본문의 어순을 통해 에케이노스가 7절의 파라클레토스를 선행사로 취하는 8절의 에케이노스를 재진술한 것임을 알 수 있는 요한복음 16:13에도 적용된다. 이에 관한 자세한 논의로는 Andrew Naselli and Philip Gons, "Prooftexting the Personality of the Holy Spirit: An Analysis of the Masculine Demonstrative Pronouns in John 14:26, 15:26, and 16:13-14," *Detroit Baptist Seminary Journal* 16 (2011): 65-89을 보라. ('파라클레토스'라는 명사는 여전히 남성 인격체를 지칭하며, 따라서 여전히 이 구절들이 성령을 인격체로 지칭한다고 말할 수 있다.)

8 문법적으로 "성령"(토 프뉴마)과 "주"(호 퀴리오스)는 모두 주격, 곧 동사가 '~이다'인 문장에서 주어도 보어도 될 수 있는 격이다. 또한 헬라어는 영어처럼 어순이 주어를 규정하지 않는다. "주" 앞에 있는 정

관사(호, the)는 아마도 앞서 나온 어구를 가리키기 때문에 덧붙여졌을 것이다(anaphoric, 곧 앞서 16절에서 언급했던 "주"를 다시 가리키며, 이전 문장에서 언급했던 성령이 바로 그 "주"라고 말한다). (Murray Harris, "2 Corinthians," *EBC*, 10:338-39을 보라.)

9 또 다르게 가능한 해석은, 이 구절이 그리스도의 역할과 성령의 역할에 관해 말하고 있으며, 신약 시대에 두 위격의 역할이 밀접하게 연결되어 목적에 있어서 하나인 것처럼 말할 수도 있다는 것이다. 이 구절은 '이 시대에는 주 예수께서 성령의 활동을 통해 보이고 알려진다. 왜냐하면 성령의 역할은 그리스도를 영화롭게 하는 것이기 때문이다'와 비슷한 의미일 것이다. 하지만 이것은 설득력이 떨어지는 해석이다. 왜냐하면 바울이 이렇게 모호한 방식으로 역할의 동등성에 관해 말하려고 하거나, 심지어는 바울이 그리스도의 일과 성령의 일이 동일하다고 말하기를 원했을 가능성은 희박해 보이기 때문이다.

10 표준적인 헬라어 문법 입문서로 알려진 한 책의 경우 6장에서 ('콜웰의 규칙'이라고 부르는) 이 규칙을 다룬다. John Wenham, *The Elements of New Testament Greek* (Cambridge: Cambridge University Press, 1965), 35을 보라. 또한, *BDF*, 273을 보라. 이 규칙은 (헬라어 '에이미'처럼) '~이다'라는 동사로 연결되는 문장에서 한정 술어 명사(definite predicate noun)가 동사보다 선행할 때는 일반적으로 정관사를 생략하지만, 문장의 주어가 한정적일 경우에는 정관사를 남겨 둔다는 것이다. 따라서 요한이 "이 말씀이 하나님이시니라"고 말하기를 원했다면, 요한복음 1:1은 정확히 그가 말했던 그대로 기록되어 있는 셈이다. [최근의 문법적 연구에서도 콜웰이 처음 제시한 규칙을 확증했고, 심지어는 강화했다. Lane C. McGaughy, *Toward a Descriptive Analysis of EINAI as a Linking Verb in the New Testament*, SBLDS 6 (Missoula, MT: SBL, 1972), 특히 49-53, 73-77쪽과 E. V. N. Goetchius in *JBL* 95 [1976]: 147-149에 실린 이 책의 중요한 서평을 보라.]

물론 요한이 [부정 술어 명사 '신'(a god)을 사용하여] "이 말씀이 신이었다"라고 말하기를 했더라도 헬라어 원문은 다르지 않을 것이다. 처음부터 생략할 정관사가 없었을 것이기 때문이다. 하지만 그랬다면 요한이 온전히 하나님이 아닌 천상의 존재에 관해 말하기 위해 '테오스'라는 단어를 사용했다는 암시가 문맥 안에 존재해야 할 것이다. 따라서 '요한이 이 문맥에서 어떤 종류의 하나님(또는 신)에 관해 말하고 있는가?'라는 물음이 문제가 된다. 그는 하늘과 땅을 창조하신 한분 참 하나님에 관해 말하고 있는가? 그렇다면 테오스는 한정적이며, 이 단어가 술어 명사임을 보여주기 위해 정관사가 생략된다. 아니면 그는 한분 참 하나님이 아닌 다른 어떤 천상의 존재(신)에 관해 말하고 있는가? 그렇다면 테오스는 부정적(indefinite)이며 처음부터 정관사를 취하지 않는다.

이 물음은 문맥에 의해 명확히 결정된다. 1, 2, 6, 12, 13절 등에서 "하나님"을 지칭하기 위해 '테오스'라는 단어를 사용하고 있다는 사실과 창세기 1:1을 떠올리게 하는 첫 구절을 감안할 때, 요한이 하늘과 땅을 창조하신 한분 참 하나님에 관해 말하고 있음이 분명하다. 이것은 2절의 테오스 역시 같은 하나님을 지칭하는 것으로 이해해야 함을 뜻한다.

11 이런 주장은 삼위일체 교리를 자세하고 장황하게 공격하는 책인 *Trinity: Should You Believe in the Trinity?* (Brooklyn, NY: Watchtower Bible and Tract Society, 1989)에 실려 있다. 이 단체는 이 소책자가 자신들의 입장을 표현한 중요한 진술이라고 생각한다. 2쪽에 "영어 초판 5백만 부 인쇄"라고 적혀 있기 때문이다. 먼저 이 소책자에서는 정관사가 없으므로 요한복음 1:1을 '신'으로 번역해야 한다는 전통적인 주장을 제시한다(27쪽). 하지만 그런 다음 콜웰의 규칙이 요한복음 1:1에 적용됨을 인정하고(28쪽), 정관사의 부재가 아니라 문맥에 의해 "이 말씀이 하나님이었다"(한정적)로 번역해야 할지, "이 말씀이 신이었다"(부정적)로 번역해야 할지가 결정된다고 말한다. 그런 다음 이렇게 주장한다. "문맥에 따라 필요할 경우 번역자는 이런 유형의 문장 구조에서 명사 앞에 부정관사를 삽입할 수 있다. 문맥을 고려한다면 요한

복음 1:1에 부정관사가 필요한가? 필요하다. 왜냐하면 성경 전체가 예수께서 전능하신 하나님이 아니라고 증언하기 때문이다"(28절).

우리는 이 주장의 약점을 주의 깊게 살펴보아야 한다. 그들은 문맥이 결정적임을 인정하지만, 그런 다음 요한복음 1:1의 문맥으로부터 취한 증거를 한 점도 인용하지 않는다. 오히려 "성경 전체"에 관한 자신들의 결론을 재차 주장할 뿐이다. 그들이 이 문맥이 결정적이라는 데 동의하지만 이 문맥 안에서 그들의 견해를 지지하는 증거를 아무것도 찾을 수 없다면 그들의 주장은 기각되고 만다. 그러므로 그들은 콜웰의 규칙을 인정한 뒤에 뒷받침하는 증거도 전혀 없이 요한복음 1:1에 관한 그들의 견해를 여전히 고수하고 있다. 뒷받침하는 증거도 없이 어떤 견해를 고수하는 것은 부조리일 뿐이다.

이 소책자가 (언제나 적절한 출처 표기 없이) 수십 명의 신학자와 학문적인 글을 인용하기 때문에 평신도에게는 학문적인 글처럼 보일 것이다. 그러나 많은 인용문이 맥락과 무관하게 사용되고 있으며 저자들이 절대로 의도하지 않은 것을 말하는 것처럼 보이게 한다. 또한 다른 인용문들은 삼위일체 교리와 성경의 진실성에 의문을 제기하는 자유주의적인 가톨릭 또는 개신교 학자들이 쓴 글이다.

12 여호와의 증인의 소책자 *Should You Believe in the Trinity?*에서는 요한복음 20:28에 관해 두 가지 설명을 제시한다. (1) "도마에게 예수는 '신'과 같았다. 특히 그의 감탄을 자아낸 기적적인 상황 앞에서는 더욱 그랬다"(29쪽). 하지만 이 설명은 설득력이 떨어진다. 도마는 "신과 같은 분이십니다"라고 말하지 않았고, 오히려 예수를 "나의 하나님"이라고 불렀기 때문이다. 헬라어 본문에는 정관사가 있으며[신(a god)으로 해석할 수 없다] 명시적이다. '호 테오스 모우'는 '나의 신'이 아니라 '나의 하나님'이다.

(2) 두 번째 설명은, "도마가 놀라서 격정으로 감탄한 것에 불과하며 이것은 예수께 한 말이 아니라 하나님을 향해 한 말일 수도 있다"는 것이다(같은 쪽). "예수께 한 말이지만 하나님을 향해 한 말"이라는 이 문장의 후반부는 분명히 모순이다. 이것은 "예수께 한 말이지만 예수께 한 말이 아님"을 뜻하는 것으로 보인다. 이것은 자기모순일 뿐 아니라 불가능하다. 도마가 예수께 말하고 있다면 그는 예수를 향해 그 말을 하고 있다. 이 문장의 첫 부분, 곧 도마가 사실은 예수를 하나님이라고 부르지 않고 있으며, 그저 욕을 하거나 자신도 모르게 감탄하는 것일 뿐이라는 주장에는 이점이 없다. 왜냐하면 이 구절에서는 도마가 느닷없이 말하는 게 아니라 직접 예수께 말하고 있다고 분명히 밝히고 있기 때문이다. "도마가 대답하여 이르되 나의 주님이시요 나의 하나님이시니이다"(요 20:28). 그리고 즉시 예수께서, 또한 요한은 그의 글을 통해 도마를 칭찬하며, 이것은 그가 맹세했기 때문이 아니라 예수를 그의 주님이자 그의 하나님으로 믿었기 때문이다.

13 디도서 2:13과 베드로후서 1:1의 경우 RSV의 난외주에서는 예수를 "하나님"과 다른 존재로 지칭하며, 따라서 하나님으로 부르지 않는다. "크신 하나님과 우리 구주 예수 그리스도"(딛 2:13의 난외주), "우리 하나님과 구주 예수 그리스도"(벧후 1:1의 난외주). 문법적으로는 이런 대안적 번역이 가능하지만 가능성은 약하다. 두 절 모두 헬라어 구문에 있어서 하나의 정관사가 '~과'에 해당하는 헬라어 단어(카이)에 의해 결합된 두 명사에 걸리는 동일한 구조를 가진다. 이런 구문을 취하는 모든 경우에 두 명사는 통일된 것으로 간주하며, 동일한 사람이나 사물을 일컫는 다른 두 이름인 경우가 많다. 특히 베드로후서 1:1이 중요하다. 베드로가 이 책에서 "우리 주 곧 구주 예수 그리스도"에 관해 말할 때 동일한 구문을 세 번 더 사용하기 때문이다(벧후 1:11; 2:20; 3:18). 이 세 절에서 헬라어 원문은 하나님(테오스)이라는 말 대신 주(퀴리오스)라는 말이 사용된 점만 제외하면 정확히 똑같다. 모든 주요 번역본에서 그렇게 했듯이 이 세 경우를 모두 "우리 주 곧 구주 예수 그리스도"라고 번역한다면, 번역의 일관성을 위해 베드로후서 1:1 역시 "우리 하나님 곧 구주 예수 그리스도"로 번역해야만 할 것이고, 다시 한번 그리스도를 하나님으로 부르는 것으로 볼 수 있다. 디도서 2:13에서 바울은 그리스도의 재림이라는 소망에 관해 말하고 있는데, 신약

저자들은 재림에 관해 이야기할 때 일관되게 성부의 영광을 강조하기보다는 예수 그리스도께서 영광 중에 나타나실 것임을 강조한다.

14 NIV의 난외주에서는 RSV의 본문과 비슷한 번역을 제안한다. "육신으로 하면 그리스도가 그들 중에 나셨다. 만물 위에 계시는 하나님 영원히 찬양 받으소서. 아멘"(롬 9:5 RSV). 하지만 이런 번역은 문법과 문맥을 고려할 때 가능성이 훨씬 약하며, 일차적으로 바울이 그리스도를 하나님으로 칭하지 않았을 것이라고 주장해야만 정당화될 수 있다. 그리스도를 가리켜 "만물 위에 계"신 "하나님"이라고 말하는 NIV의 번역이 더 낫다. 왜냐하면 (1) 바울의 일반적 경향성은 자신이 말하고 있는 분에 관한 찬양을 선포하는 것이며, 이 경우에 그분은 바로 그리스도이시기 때문이다. (2) 헬라어 분사 '온'을 감안하면 이 구절은 문자적으로 "만물 위에 계신 하나님이신 그리스도께서 영원히 찬양 받으소서"가 되며, 이 경우에 RSV의 번역처럼 바울이 새로운 문장을 시작한다면 분사는 굳이 필요하지 않은 단어가 되고 말 것이기 때문이다. (3) 바울이 다른 곳에서 하나님을 찬양하는 말로 새 문장을 시작할 때, 헬라어 문장에서 "찬양 받으실"이라는 단어가 먼저 등장하지만(고후 1:3; 엡 1:3; 또한 벧 1:3에서 볼 수 있는 베드로의 구문 참조) 여기서는 그런 어순을 따르지 않으며, 따라서 RSV의 번역은 가능성이 약하다고 보아야 하기 때문이다. Donald Guthrie, *New Testament Theology* (Leicester: Inter-Varsity Press, 1981), 339-340을 보라. (『신약 신학』 기독교문서선교회). 예수를 하나님으로 부르는 모든 신약 본문을 다루는 글로는 Murray Harris, *Jesus as God* (Grand Rapids: Baker, 1992) 참조.

15 디모데전서 5:21을 이 주장에 대한 반응으로 해석해서는 안 된다. 여기서 바울은 디모데의 행실을 지켜보고 있는 수많은 천상의 증인, 곧 하나님과 천사들 앞에서 디모데에게 경고하고 있을 뿐이다. 이것은 거대한 천상의 회합을 언급하는 히브리서 12:22-24에서 하나님과 그리스도와 하늘의 천사들과 "온전하게 된 의인의 영들"에 관해 이야기하는 것과 비슷하다. 그러므로 디모데전서 5:21은 위에서 언급한 삼위일체적 본문들과 크게 다른 것으로 보아야 한다. 왜냐하면 삼위일체적 본문들은 모든 그리스도인에게 은사를 나눠 주심(고전 12:4-6) 또는 모든 신자가 세례를 받는 이름을 지니심(마 28:19)과 같이 고유한 하나님의 활동에 관해 말하고 있기 때문이다.

16 고린도전서 8:6에서는 성자 하나님과 성령 하나님 역시 하나님이심을 부인하지 않는다. 여기서 바울은 성부 하나님이 "한 하나님"이라고 말할 뿐이다. 이미 살펴보았듯이 다른 곳에서 그는 성부 하나님과 성령 하나님 역시 하나님으로 부른다. 그뿐만 아니라 같은 절에서 그는 "한 주 예수 그리스도께서 계시니 만물이 그로 말미암고 우리도 그로 말미암아 있느니라"고 말한다. 여기서 그는 '주'라는 단어를 구약에서 사용하는 하나님의 이름인 '야훼'라는 의미로 사용하고 있으며, 그분을 통해 만물이 창조되었다고 말한다. 따라서 그는 그리스도의 완전한 신성을 주장한다. 따라서 이 구절은 하나님의 통일성과 하나님 안에 있는 위격의 다양성 모두를 주장한다.

17 수증기와 액체의 물, 얼음이 모두 동시에 존재할 수 있는 (화학자들이 "삼중점"이라고 부르는) 특정한 대기 상태가 존재한다. 하지만 그런 경우에조차도 수증기인 물 분자는 얼음이나 액체가 아니며, 액체인 분자는 수증기나 얼음이 아니다.

18 여기서 다루는 삼위일체 관련 이단의 역사와 신학적 함의에 관한 탁월한 논의로는 Harold O. J. Brown, *Heresies: The Image of Christ in the Mirror of Heresy and Orthodoxy from the Apostles to the Present* (Garden City, NY: Doubleday, 1984), 95-157을 보라. (『교회사 안에 나타난 이단과 정통』 그리심).

19 이 단체를 결성한 지도자 중 일부는 하나님의 성회(Assemblies of God)가 1916년에 교단의 목회자들에게 삼위일체적인 신앙 진술서에 동의할 것을 요구하기로 결정함에 따라 교단에서 축출되었다. 연합오순절교회에서는 '오직 예수'(Jesus only)라는 표어를 내세우며, 사람들이 성부와 성자, 성령의 이름이 아니라

예수의 이름으로 세례를 받아야 한다고 주장한다. 이 교단은 하나님의 구별되는 세 위격을 부인하기 때문에 복음주의적 교단으로 볼 수 없다.

20 개역개정에서 '독생자'(only begotten)로 번역하지만 '유일한'(only) 또는 '단 한분이신'(one and only)으로 번역하기도 하는 헬라어 용어 '모노게네스'에 관한 논의로는 438-444쪽을 보라.

21 현대의 아리우스주의자들이라 할 수 있는 여호와의 증인들은 예수께서 자신을 "하나님의 창조의 근본"이라고 부르시는 계시록 3:14을 지적하면서 이 구절이 "예수께서 하나님의 보이지 않는 피조물의 시작으로서 하나님에 의해 창조되었음"을 뜻한다고 주장한다[*Should You Believe in the Trinity?* (Brooklyn, NY: Watch Tower Bible and Tract Society, 1989), 14]. 하지만 이 구절은 예수께서 하나님이 창조하신 최초의 존재라는 뜻이 아니라 "만물이 그에게서 창조되되"라는 골로새서 1:16 말씀처럼 그리스도께서 하나님의 창조의 기원 또는 첫째 원인이라는 뜻이다. 동일한 문맥(골 1:18)에서 그리스도를 "근본"이라고 부르는데 계시록 3:14과 똑같은 헬라어 단어(아르케)를 사용한다. 유대교 역사가 요세푸스는 이 단어를 사용해 하나님이 "만물"의 "근본"이라고 말한다. 하지만 그는 하나님이 창조되셨다고 생각하지 않는다. *Against Apion* 2.190을 보라.

또 다른 가능성은 계시록 3:14에서 아르케라는 단어가 통치자를 의미한다는 것이다(NIV의 번역, *BDAG*, 138, meaning 6을 보라. 같은 의미로 사용된 눅 12:11; 딛 3:1을 보라).

22 이에 더해 나는 잠언 8:22이 주께서 지혜를 '창조하셨음'을 뜻하는 것이 아니라 그분이 지혜를 '소유하심'을 뜻한다고 생각한다. "여호와께서 그 조화의 시작 곧 태초에 일하시기 전에 나를 가지셨으며"(잠 8:22). 이것은 주께서 지혜를 가지고 계시며 창조하실 때 지혜를 가지고 일하기 시작하셨음을 의미한다. 22절에서는 '창조하다'를 뜻하는 히브리어 단어(바라)를 사용하지 않으며, 구약에서 84회 등장하며 거의 언제나 '얻다, 획득하다'를 의미하는 '카나'라는 단어를 사용한다. [창 39:1; 또한 출 21:2; 잠 4:5, 7; 23:23; 전 2:7; 사 1:3("임자")에서 이 단어가 그런 의미로 사용되고 있음에 주목하라.]

23 이것은 니케아 신조의 원문이 아니라 381년 콘스탄티노폴리스 공의회에서 수정된 신조다. 이 공의회에서 오늘날 교회가 흔히 '니케아 신조'라고 부르는 문서가 채택되었다. 본문의 출처는 Philip Schaff, *Creeds of Christendom*, 3 vols. (1931; repr., Grand Rapids: Baker, 1983), 1:28-29다. [한국어 번역문은 북미주개혁교회(Christian Reformed Church in North America)에서 사용하는 것이나 일관성을 위해 "출생되었으며"를 "나셨으며"로 수정했다—옮긴이]

24 독생자(모노게네스)에 관한 더 자세한 논의는 438-444쪽을 보라.

25 더 오래된 번역에서는 '호모우시오스'를 'consubstantial'로 옮기기도 한다. 자주 사용되지 않는 이 영어 단어는 "동일한 본체나 본질을 지닌"이라는 의미를 갖는다.

26 성자가 존재적으로 성부보다 열등하다고 주장하는 종속설 이단과 역할이나 기능에서 성자가 성부에게 복종하신다(subordinate)는 정통 교리를 명확히 구별해야 한다. (성부와 성자, 성령 사이의 차이에 관해서는 아래의 D절을 보라.)

27 S. J. Mikolaski, "Athanasius," *NIDCC*, 81.

28 '나오신다'라는 단어는 성령이 창조되었다거나 그분이 성부와 성자로부터 그 존재를 얻으신다는 의미가 아니라 성령이 성부, 성자와 영원히 관계를 맺으시는 방식을 가리키는 것으로 이해했다.

29 Herman Bavinck, *The Doctrine of God*, trans. and ed. William Hendriksen (Grand Rapids: Eerdmans, 1951), 281.

30 같은 책, 285.

31 '모노게네스'가 사용된 다른 네 절 역시 요한문서 안에 있다. "말씀이 육신이 되어 우리 가운데 거하시매

우리가 그의 영광을 보니 아버지의 독생자의 영광이요 은혜와 진리가 충만하더라"(요 1:14). "본래 하나님을 본 사람이 없으되 아버지 품 속에 있는 독생하신 하나님이 나타내셨느니라"(요 1:18) "그를 믿는 자는 심판을 받지 아니하는 것이요 믿지 아니하는 자는 하나님의 독생자의 이름을 믿지 아니하므로 벌써 심판을 받은 것이니라"(요 3:18). "하나님의 사랑이 우리에게 이렇게 나타난 바 되었으니 하나님이 자기의 독생자를 세상에 보내심은 그로 말미암아 우리를 살리려 하심이라"(요일 4:9).

32 Dale Moody, "The Translation of John 3:16 in the Revised Standard Version," *JBL* 72 (1953): 213-219. 또한 표준적인 신약 헬라어 사전인 BDAG, 658을 보라.

33 같은 쪽.

34 Grudem, "The *Monogenēs* Controversy: 'Only' or 'Only Begotten'?," appendix 6 in *Systematic Theology*, 1st ed. (Grand Rapids: Zondervan, 2000), 1233-1234. (이 부록은 1994-2000년에 나온 초기 인쇄본에는 포함되어 있지 않았지만 2000년부터 초판의 새로운 쇄가 나올 때부터 포함되었다.)

35 Grudem, *Systematic Theology*, 1st ed., 1233.

36 나는 아이언스의 박사의 친절 덕분에 2016년 11월에 이 증거를 접했고, 그 달에 열린 복음주의신학회(Evangelical Theological Society)에서 이것을 반영해 삼위일체에 관한 논문을 발표할 수 있었다.

37 Charles Lee Irons, "A Lexical Defense of the Johannine 'Only Begotten,'" in *Retrieving Eternal Generation*, ed. Fred Sanders and Scott Swain (Grand Rapids: Zondervan, 2017), 98-116.

38 같은 글, 100.

39 Irons, "Lexical Defense," 104.

40 Irons, "Lexical Defense," 106.

41 같은 글, 106-107.

42 같은 글, 107-113.

43 또한 아이언스는 요한복음 1:18에서 "아버지 품 속에 있는 독생하신 하나님"(the only begotten God, who is at the Father's side, 아이언스가 추천하는 번역)이 ESV의 "아버지 품 속에 있는 유일하신 하나님"(the only God, who is at the Father's side)보다 신약의 가르침에 훨씬 더 부합한다고 덧붙인다(같은 글, 113-15).

44 2018년 8월 18일, 나에게 보낸 개인적인 이메일에서 나의 친구인 브루스 웨어(Bruce Ware)는 요한이 요한복음 1:18에서 "아들" 대신 "하나님"이라고 말했다는 사실은 "나심이 성육신 자체가 아니라 신적 위격에 있어서 성자와 연관됨을 말해 준다"라고 지적했다.

45 2018년 8월 18일 브루스 웨어가 나에게 보낸 개인적 이메일이다.

46 이것은 Scott Swain, "The Radiance of the Father's Glory: Eternal Generation, the Divine Names, and Biblical Interpretation," in Sanders and Swain, *Retrieving Eternal Generation*, 29-43에서 제시하는 주장이다.

47 Chad Van Dixhoorn, "Post-Reformation Trinitarian Perspectives," in Sanders and Swain, *Retrieving Eternal Generation*, 185, 207; Josh Malone, "Eternal Generation: ProNicene Pattern, Dogmatic Function, and Created Effects," in Sanders and Swain, *Retrieving Eternal Generation*, 275을 보라.

48 Van Dixhoorn, "Perspectives," 185-187을 보라. 또한 Richard Muller, *Post-Reformation Reformed Dogmatics* (Grand Rapids: Baker, 2003), 4:324-332을 보라.

49 11장 304-314쪽을 보라.

50 키스 존슨(Keith Johnson)에 따르면, 아우구스티누스는 "성자의 나심은 인간이 이해할 수 없다"고 믿었다. Keith Johnson, "Eternal Generation in the Trinitarian Theology of Augustine," in Sanders and Swain,

Retrieving Eternal Generation, 166.

51 기능적으로 이런 구별을 암시하는 또 다른 본문은 요한복음 17:5이다. 예수께서 성부께 "아버지여, 창세 전에 내가 아버지와 함께 가졌던 영화로써 지금도 아버지와 함께 나를 영화롭게 하옵소서"라고 간구하실 때(요 17:5), 그분은 성부께서 영광을 주고자 하시는 이에게 영광을 주시는 것이 성부의 권리이며, 성부께서 창세 전부터 성자를 사랑하셨기 때문에 이 영광을 성자에게 주셨다고 말씀하시는 셈이다.

52 경륜적 종속(economic subordination)을 종속설(subordinationism)의 오류와 구별하기 위해 주의를 기울여야 한다. 종속설은 성자나 성령이 존재적으로 성부보다 열등하다고 주장한다(위의 C.2, 428-436쪽을 보라).

53 예를 들어, Gilbert Bilezikian, *Community 101: Reclaiming the Church as a Community of Oneness* (Grand Rapids: Zondervan, 1997), 190-191; Rebecca Merrill Groothuis, *Good News for Women: A Biblical Picture of Gender Equality* (Grand Rapids: Baker, 1997), 57; Kevin Giles, *The Trinity and Subordinationism: The Doctrine of God and the Contemporary Gender Debate* (Downers Grove, IL: InterVarsity, 2002); Kevin Giles, *Jesus and the Father: Modern Evangelicals Reinvent the Doctrine of the Trinity* (Grand Rapids: Zondervan, 2006); Millard Erickson, *Who's Tampering with the Trinity? An Assessment of the Subordination Debate* (Grand Rapids: Kregel, 2009) 참조. (『공동체 101 : 하나님이 우리에게 주신 하나됨의 선물』 두란노). 로버트 레담(Robert Letham)["The Man-Woman Debate: Theological Comment," *WTJ 52*, no. 1 (Spring 1990): 65-78]은, 최근 복음주의권 저자들 사이에 이런 경향성이 나타나는 것은 종속적 역할이 반드시 덜 중요함 또는 더 열등한 인격성을 암시한다는 복음주의적 여성주의의 주장에 영향을 받은 결과라고 지적한다. 물론 삼위일체의 세 위격에 관해 그렇게 말할 수 없다면, 남편과 아내 사이의 관계 역시 반드시 그런 것은 아니다.

54 Hodge, *Systematic Theology*, 3 vols. (1871-1873; repr., Grand Rapids: Eerdmans, 1970), 1:460-462(볼드체는 추가됨). (『조직신학 1』 크리스천다이제스트)

55 Strong, *Systematic Theology* (Valley Forge, PA: Judson, 1907), 342 (볼드체는 추가됨).

56 Wayne Grudem, "Biblical Evidence for the Eternal Submission of the Son to the Father," in *The New Evangelical Subordinationism? Perspectives on the Equality of God the Father and God the Son*, ed. Dennis W. Jowers and H. Wayne House (Eugene, OR: Wipf & Stock, 2012), 223-261; Grudem, "Doctrinal Deviations in Evangelical Feminist Arguments about the Trinity," in *One God in Three Persons: Unity of Essence, Distinction of Persons, Implications for Life*, ed. Bruce Ware and John Starke (Wheaton, IL: Crossway, 2015), 17-45.

57 Hongyi Yang, *A Development, Not a Departure: The Lacunae in the Debate of the Doctrine of the Trinity and Gender Roles* (Phillipsburg, NJ: P&R, 2018), 288-299에서는 성자의 영원한 기능적 복종을 지지하는 이들이 요한복음 14:28에 대해 적절한 관심을 기울이지 않았다고 지적한다. 또한 그는 내가 여기서 인용한 카슨의 해석에 관심을 주목하도록 도와주었다.

58 D. A. Carson, *The Gospel According to John* (Grand Rapids: Eerdmans, 1991), 508. (『요한복음』 솔로몬)

59 통치자의 우편에 앉는다는 것이 통치자 바로 아래의 권위를 암시하는 예들(시 45:9; 110:1; 마 20:20-21)을 보라.

60 D. A. Carson, "John 5:26: *Crux Interpretum* for Eternal Generation," in Sanders and Swain, *Retrieving Eternal Generation*, 95.

61 이것은 내가 주 53에서 언급한 이들을 비롯한 몇몇 복음주의적 여성주의를 지지하는 저자들이 제기하는 주장이다. 그들은 삼위일체 안에서 성자가 성부의 권위에 영원히 복종하신다는 것을 부인해 왔다.

또한 Dennis Jowers and H. Wayne House, *The New Evangelical Subordinationism? Perspectives on the Equality of God the Father and God the Son* (Eugene, OR: Pickwick, 2012)에 실린 논문들인 Phillip Cary, "The New Evangelical Subordinationism: Reading Inequality into the Trinity," 1-12; Linda Belleville, "'Son' Christology in the New Testament," 59-81; Kevin Giles, "The Trinity without Tiers," 262-287; Dennis Jowers, "The Inconceivability of Subordination within a Simple God," 375-410을 보라.

62 Byrd, *Recovering from Biblical Manhood and Womanhood* (Grand Rapids: Zondervan, 2020).

63 같은 책, 101.

64 같은 책, 173.

65 Grudem, *Systematic Theology*, 1st ed., 244-245. 앞의 447쪽에서 나는 "우리는……동시에 이러한 종속이 본질의 종속이 아니라 질서, 직무, 기능의 종속이라고 주장한다"라고 말한 스트롱(A. H. Strong)의 말을 지지하며 인용한 바 있다.

66 Wayne Grudem, *Evangelical Feminism and Biblical Truth* (Wheaton, IL: Crossway, 2012), 415, 421, 428, 441.

67 John Piper and Wayne Grudem, eds., *Recovering Biblical Manhood and Womanhood* (Wheaton, IL: Crossway, 1991), 457. 버드가 이 페이지를 인용한 곳은 103쪽 주 13이다.

68 어떤 이들은 이 구절이 "내가 [나의 신적 본성에 있어서] 하늘에서 내려온 것은 내 [인간적] 뜻을 행하려 함이 아니요 [나의 신적 본성에 있어서] 나를 보내신 이[성부]의 뜻을 행하려 함이니라"라는 뜻이라고 주장하면서 반론을 제기할지도 모른다. 하지만 이것을 위해서는 '나의'라는 단어가 같은 문장에서 이 단어의 앞뒤에 등장하는 '나'가 아닌 다른 무언가를 지칭한다고 말하는, 의심스러운 해석 단계를 거쳐야만 한다.

69 이것은 Michael Ovey, *Your Will Be Done: Exploring Eternal Subordination, Divine Monarchy, and Divine Humility* (London: Latimer Trust, 2016), 105에서 제시하는 주장이다. 또한 Denny Burk, "Christ's Functional Subordination in Philippians 2:6: A Grammatical Note with Trinitarian Implications," in *The New Evangelical Subordinationism? Perspectives on the Equality of God the Father and God the Son*, ed. Dennis W. Jowers and H. Wayne House (Eugene, OR: Pickwick, 2012), 82-107을 보라.

70 John Owen, *The Works of John Owen*, 16 vols. (London: Banner of Truth, 1967), 12:497. 나는 나에게 존 오언의 이 글을 알려 주고 이 주제에 관한 오언의 글을 예리하게 분석한 매슈 배럿(Matthew Barrett)의 글을 추천한 데니 버크(Denny Burk)에게 감사를 전한다. Burk, "The Will of the Father and the Will of the Son in the Covenant of Redemption," DennyBurk .com, August 13, 2019, https://www.dennyburk.com/the-will-of-the-father-and-the-will-of-the-son-in-the-covenant-of-redemption/; Barrett, "Better Late Than Never: The Covenant of Redemption and the Trinity Debates," *Credo*, June 16, 2016, http://www.credomag.com/2016/06/16/better-late-than-never-the-covenant-of-redemption-and-the-trinity-debates-matthew-barrett/.

71 Scott Swain, "Covenant of Redemption," in *Christian Dogmatics: Reformed Theology for the Church Catholic*, ed. Michael Allen and Scott R Swain (Grand Rapids: Baker, 2016), 122.

72 이 논쟁의 상세한 개관과 세심한 분석으로는 Hongyi Yang, A Development Not a Departure: The Lacunae in the Debate of the Doctrine of the Trinity and Gender Roles (Phillipsburg, NJ: P&R, 2018) 참조. 양(Yang)은 여기서 내가 옹호하는 입장을 대체로 지지한다.

73 Matthew Emerson and Luke Stamps, "On Trinitarian Theological Method" and "Response to Bruce A. Ware and Matthew B. Yarnell III," in *Trinitarian Theology: Theological Models and Doctrinal Application*, ed. Keith Whitfield (Nashville: B&H, 2019), 95-128과 157-73. 또한 Michael Bird and Scott Harrower, eds., *Trinity without Hierarchy: Reclaiming Nicene Orthodoxy in Evangelical Theology* (Grand Rapids: Kregel, 2019) 참조.

74 Emerson and Stamps, "Method," 118.

75 같은 책, 119.

76 같은 책, 121.

77 D. Glenn Butner Jr., "Eternal Functional Subordination and the Problem of the Divine Will," *JETS* 58, no. 1 (2015): 131-49을 보라. 그는 *The Son Who Learned Obedience: A Theological Case Against the Eternal Submission of the Son* (Eugene, OR: Pickwick, 2018)에서 자신의 주장을 확장했다.

78 Butner, *The Son Who Learned Obedience*, 35-48과 49-57.

79 같은 책, 62-121; 짧은 요약은 91, 95-97, 197을 보라.

80 Emerson and Stamps, "Method," 100.

81 같은 글, 111-13, 119-21.

82 Hodge, *Systematic Theology*, 1:471.

83 De Synodis ("On the Councils"), 51. (NPNF, 2nd series, vol. 9, p. 18.)

84 Augustine, *Answer to Maximus the Arian II*, 18.3, Ovey, *Your Will*, 74에서 재인용.

85 Chrysostom, *Homilies on First Corinthians*, Homily 26 (NPNF, 1st series, 12:150).

86 Ovey, *Your Will*, 125.

87 Berkhof, *Systematic Theology*, 88.

88 같은 책, 69-80.

89 같은 책, 95.

90 Ovey, *Your Will*, 105.

91 Hodge, *Systematic Theology*, 3 vols. (1871-1873; repr., Grand Rapids: Eerdmans, 1970), 1:460-462(볼드체는 추가됨).

92 Herman Bavinck, *Reformed Dogmatics*, ed. John Bolt, trans. John Vriend, vol. 3, Sin and Salvation in Christ (Grand Rapids: Baker, 2006), 214.

93 Strong, *Systematic Theology*, 1:332.

94 Strong, *Systematic Theology*, 342.

95 Berkhof, *Systematic Theology*, 88-89.

96 J. I. Packer, *Knowing God* (Downers Grove, IL: InterVarsity Press, 1973), 54-55. (『하나님을 아는 지식』 IVP)

97 Carl F. H. Henry, *God, Revelation and Authority*, 6 vols. (Waco, TX: Word, 1976-1983), 5:205. (『신, 계시, 권위』 대한기독교서회)

98 Thomas Oden, *Classic Christianity: A Systematic Theology*, 3 vols. in 1 (New York: HarperOne, 1992), 109.

99 John S. Feinberg, *No One Like Him: The Doctrine of God* (Wheaton, IL: Crossway, 2001), 441-442.

100 John M. Frame, *The Doctrine of God* (Phillipsburg, NJ: P&R, 2002), 719-720. (『신론』 개혁주의신학사)

101 Robert Letham, *The Holy Trinity* (Phillipsburg, NJ: 2004), 402.

102 Bruce Ware, "Unity and Distinction of the Trinitarian Persons," in *Trinitarian Theology: Theological Models and Doctrinal Application*, ed. by Keith Whitfield (Nashville: B&H, 2019), 60.

103 Michael Scott Horton, *The Christian Faith: A Systematic Theology for Pilgrims on the Way* (Grand Rapids: Zondervan, 2011), 303. (『언약적 관점에서 본 개혁주의 조직신학』 부흥과개혁사)

104 스캇 스웨인(Scott Swain)과 마이클 앨런(Michael Allen)은 "성자의 순종은 그분의 영원한 나심을 성령에 의해 가능해진 피조물로서 순종의 삶으로 경륜적으로 확장한 것"이라고 말한다[Scott Swain and Michael Allen, "The Obedience of the Eternal Son," *International Journal of Systematic Theology* 15, no. 2 (April 2013): 117].

105 나는 이 네 번째 항목을 지적해 주고, 또한 삼위일체 안의 성부-성자 관계에 관한 이 구절 전체의 내용에 유익한 소통을 나눈 나의 친구 브루스 웨어에게 감사를 전한다.

106 Jonathan Edwards, "Miscellanies," in *Works of Jonathan Edwards*, vol. 20, no. 1062 (New Haven, CT: Yale University Press, 1957-), 431.

107 바울이 "각 남자의 머리는 그리스도요 여자의 머리는 남자요 그리스도의 머리는 하나님이시라"고 말할 때(고전 11:3) 그가 처음으로 사용한 "그리스도"는 신-인으로서 성육신한 그리스도를 지칭하며, 따라서 이 구절에서 두 번째로 사용한 "그리스도" 역시 신-인이신 그리스도를 지칭하는 것이 분명하다. 그러나 그분이 여전히 전적으로 하나님이라는 사실은 그대로 남아 있고, 따라서 모든 신적 속성에 있어서 여전히 성부와 동등하시다. 하지만 동시에 그분은 이 구절에서 그분의 "머리"로 묘사된 성부의 권위에 복종하신다.

108 어떤 유비도 삼위일체를 완벽하게 가르치지 못한다고 위에서 말한 바 있으며, 이 유비에도 몇 가지 약점이 있다. 이 사람은 한 인격으로 남아 있다. 그는 세 인격이 아니다. 그리고 그의 생각은 인격인 그의 전체와 같지 않다. 하지만 이 유비는 인간 인격성의 복잡성에서 실마리를 얻어서 신적 위격성의 복잡성이 이보다 훨씬 더 위대하다는 것을 깨닫게 하는 데 도움이 된다.

109 Augustine, *On the Trinity* 5.9, in *Nicene and Post-Nicene Fathers*, series 1, vol. 3, ed. Philip Schaff (repr., Grand Rapids: Eerdmans, 1993), 92. (『삼위일체론』 분도출판사)

110 Berkhof, *Systematic Theology*, 89.

111 같은 책, 88.

112 Ron Rhodes, The 10 Most Important Things You Can Say to a Mormon (Eugene, OR: Harvest House, 2001). 다음 각주를 제외한 이후의 모든 각주에서 로즈의 책을 인용한 경우는 이 책의 인용이다.

113 Ron Rhodes and Marian Bodine, *Reasoning from the Scriptures with the Mormons* (Eugene, OR: Harvest House, 1995).

114 Rhodes, *The 10 Most Important Things*, 9.

115 같은 쪽.

116 See Michael W. Holmes, ed., *The Apostolic Fathers in English*, 3rd ed. (Grand Rapids: Baker Academic, 2006); Holmes, *The Apostolic Fathers: Greek Texts and English Translations*, 3rd ed. (Grand Rapids: Baker, 2007).

117 Alexander Roberts and James Donaldson, eds., *The Ante-Nicene Fathers*, 10 Vols. (Edinburgh: T&T Clark, 1867-1873; repr., Grand Rapids: Eerdmans, 1973).

118 같은 책, 9:211-266.

119 Rhodes, *The 10 Most Important Things*, 19.

120 같은 책, 19.

121 같은 책, 21-22.

122 이것은 그리스도인들이 성경에 관해 주장하는 바와 전혀 다르다. 더 정확한 고대 사본을 발견한 결과로 현대의 성경 번역본에 수정을 가하는 것은, 원본 자체에 있는 무언가를 바로잡는 시도가 전혀 아니며 원본이 말하는 바를 더 정확히 확정하고자 하는 시도다. 하지만 몰몬교인들은 조셉 스미스가 영어로 구술한 몰몬경이 하나님이 조셉 스미스에게 직접 주신 원래의 말을 담고 있기 때문에 원본이었다고 주장한다.

123 Rhodes, *The 10 Most Important Things*, 40-41.

124 같은 책, 25. 로즈는 고고학자들의 학문적 연구를 여러 건 소개한다. 또한 Josh McDowell and Sean McDowell, *Evidence That Demands a Verdict: Life-Changing Truth for a Skeptical World* (Nashville: Nelson, 2017), 414-422을 보라. (『기독교의 역사적 증거들』 여운사). 또한 James Hoffmeier and Dennis Magary, *Do Historical Matters Matter to Faith?* (Wheaton, IL: Crossway, 2012), 427-516; *ESV Archaeology Study Bible* (Wheaton, IL: Crossway, 2016) 참조.

125 Rhodes, *The 10 Most Important Things*, 23-24.

126 같은 책, 33.

127 Rhodes, *The 10 Most Important Things*, 45.

128 같은 책, 53-54.

129 같은 책, 66.

130 같은 책, 77-78.

131 같은 책, 89-90.

132 같은 책, 103.

133 같은 책, 113.

134

15. 창조

하나님께서는 언제, 어떻게, 왜 우주를 창조하셨는가?

설명과 성경적 기초

하나님은 어떻게 세상을 창조하셨는가?[1] 하나님은 모든 종류의 식물과 동물을 직접 창조하셨는가, 아니면 일종의 진화 과정을 통해 생물이 가장 단순한 단계에서 가장 복잡한 단계로 발전하게 하셨는가? 또한 하나님은 얼마나 빠르게 세상을 창조하셨는가? 창조는 하루 24시간을 기준으로 6일 만에 완료되었는가, 아니면 수천 년 또는 수백만 년이 걸렸는가? 지구와 인류는 얼마나 오래되었는가?

창조 교리를 다룰 때 우리는 이러한 물음을 마주한다. 이 책 앞부분의 내용과 다르게 이번 장에서 다루는 여러 물음에 관해 복음주의 그리스도인들은 다양한 관점을 취하며, 때로는 그 다양한 관점을 강력히 고수한다.

이번 장에서는 먼저 성경이 명확하게 가르치는 내용, 또한 복음주의자들이 대부분 동의하는 내용을 다루려고 한다. 그다음 복음주의자들 사이에 존재하는 이견, 곧 하나님이 창조 때 진화 과정을 사용하셨는지, 지구와 인류는 얼마나 오래되었는지에 대해 논할 것이다.

우리는 창조 교리를 다음과 같이 정의할 수 있다. 하나님은 무로부터 우주 전체를 창조했고 창조된 우주는 심히 좋았으며, 이는 하나님 자신을 영화롭게 하기 위함이었다.

A. 하나님은 무로부터 우주를 창조하셨다

1. 무로부터의 창조를 뒷받침하는 성경적 증거

성경은 우리에게 하나님이 무로부터 우주를 창조하셨음을 믿을 것을 분명히 요구한다. ('무로부터'라는 뜻의 라틴어 *ex nihil*은 무로부터의 창조 교리를 가리키는 데 사용된다.) 이는 하나님이 우주의 창조를 시작하기 이전에는 하나님을 제외하고 다른 아무것도 존재하지 않았음을 뜻한다.[2]

이것이 "태초에 하나님이 천지를 창조하시니라"라는 창세기 1:1의 함의다. 여기서 "천지"라는 말에는 우주 전체가 포함된다. 시편 33편도 이렇게 말한다.

여호와의 말씀으로 하늘이 지음이 되었으며 그 만상을 그의 입 기운으로 이루었도다.……그가 말씀하시매 이루어졌으며 명령하시매 견고히 섰도다.[시 33:6, 9]

신약으로 오면 요한복음의 첫 부분에서 보편적인 진술을 확인할 수 있다. "만물이 그로 말미암아 지은 바 되었으니 지은 것이 하나도 그가 없이는 된 것이 없느니라."[요 1:3] "만물"이라는 말은 우주 전체를 지칭한다고 해석하는 것이 가장 타당하다.[행 17:24; 히 11:2 참조] 바울은 골로새서 1장에서 우주의 모든 부분, 가시적인 것과 비가시적인 것 모두를 명시적으로 언급한다. "만물이 그에게서 창조되되 하늘과 땅에서 보이는 것들과 보이지 않는 것들과 혹은 왕권들이나 주권들이나 통치자들이나 권세들이나 만물이 다 그로 말미암고 그를 위하여 창조되었고."[골 1:16] 하늘에 있는 이십사 장로들의 노래 역시 이 진리를 확증한다.

우리 주 하나님이여, 영광과 존귀와 권능을 받으시는 것이 합당하오니 주께서 만물을 지으신지라. 만물이 주의 뜻대로 있었고 또 지으심을 받았나이다.[계 4:11]

마지막 구절은 하나님의 뜻이 만물이 존재하는 이유이자 만물이 "지으심을 받"은 이유라고 말한다.

신약에서도 하나님이 하늘과 땅, 그 안에 있는 모든 것을 창조하셨다는 사실을 여러 차례 분명히 밝힌다. 예를 들어, 사도행전 4:24은 하나님을 가리켜 "대주재", 곧 "천지와 바다와 그 가운데 만물을 지은 이"라고 말한다. 하나님을 지칭하는 첫 번째 방식은 그분이 만물을 창조하신 분이라고 말하는 것이다. 바나바와 바울은 루스드라에서 이교도 청중에게 자신들이

"천지와 바다와 그 가운데 만물을 지으시고 살아 계신 하나님"의 복음을 전하는 자라고 설명한다.행 14:15 이와 비슷하게 바울은 아덴에서 헬라 철학자들을 향해 말하면서 참된 하나님은 "우주와 그 가운데 있는 만물을 지으신 하나님"이며, 바로 이 하나님이 "만민에게 생명과 호흡과 만물을 친히 주"신다고 말한다.행 17:24-25; 또한 사 45:18; 계 10:6 참조

히브리서 11:3은 "믿음으로 모든 세계가 하나님의 말씀으로 지어진 줄을 우리가 아나니 보이는 것은 나타난 것으로 말미암아 된 것이 아니니라"고 말한다. 이 번역문은 헬라어 본문을 정확히 반영한다.[3] 이 본문은 무로부터의 창조 교리를 명시적으로 가르치지 않지만 거의 그렇다고 볼 수 있다. 하나님이 보이는 무언가로부터 우주를 창조하지 않으셨다고 말하기 때문이다. 아마도 히브리서 저자는 우주가 보이지 않는 무언가로부터 창조되었다는 이상한 관념을 염두에 두지 않았을 것이다. 그는 이전에 존재하던 물질로부터의 창조라는 관념에 반대하고 있으며, 이 구절은 그 목적에 분명히 기여하고 있다.

로마서 4:17은 정확히 무로부터의 창조를 주장하지 않지만 그것을 암시하고 있다. 헬라어 본문은 하나님이 말 그대로 "없는 것을 있는 것으로 부르시는" 분이라고 말한다. "존재하지 않는 것을 존재하도록 부르신다"는 ESV의 번역은 (비슷하게 RSV와 NASB 역시) 특이하지만 문법적으로 충분히 가능하며[4] 무로부터의 창조를 명시적으로 주장한다. 하지만 헬라어 단어 '호스'를 통상적인 의미대로 '~로서'라고 번역하더라도 이 구절은 하나님이 "존재하지 않는 것을 존재하는 것으로 부르신다"라고 말하는 셈이다. 하지만 만일 하나님이 존재하지 않는 무언가가 실제로 존재하는 것처럼 그것에게 말씀하거나 그것을 부르신다면 이는 무엇을 암시하는가? 그분이 존재하지 않는 것을 마치 존재하는 것처럼 부르신다면, 또한 하나님이 언제나 진실하게 말씀하신다면, 이는 곧 하나님이 말씀하실 때 그분의 강력한 말씀에 의해 저항할 수 없는 방식으로 존재하도록 부르심을 받아 피조물들이 즉시 존재하게 되었음을 의미할 것이다.

하나님은 우주 전체를 무로부터 창조하셨기 때문에 우주 안에는 영원한 물질이 존재하지 않는다. 우리가 보는 모든 것—산과 바다, 별, 지구 자체—은 하나님이 창조하셨을 때 존재하게 되었다. 그것들은 존재하지 않

던 시간이 있었다.

산이 생기기 전 땅과 세계도 주께서 조성하시기 전 곧 영원부터 영원까지 주는 하나님이시니이다.시 90:2

이것은 하나님이 온 우주를 다스리시며, 피조물 안에 있는 어떤 것도 하나님 대신 또는 하나님에 더해 예배해서는 안 된다는 것을 우리에게 상기시킨다. 하지만 무로부터의 창조를 부인한다면 우리는 어떤 물질이 언제나 존재했으며 그것이 하나님처럼 영원하다고 말할 수밖에 없을 것이다. 이 관념은 하나님의 독립성, 그분의 주권, 오직 그분만이 예배를 받기 합당하다는 사실에 대한 도전일 것이다. 만일 하나님과 별개로 물질이 존재한다면 하나님이 어떤 고유한 권리로 그것을 다스리고 그분의 영광을 위해 그것을 이용하실 수 있다는 것인가? 그리고 물질 중 일부가 하나님에 의해 창조되지 않았다면, 우리는 어떻게 우주의 모든 양상이 궁극적으로 하나님의 목적을 성취할 것이라고 확신할 수 있겠는가?

긍정적으로 표현하면, 하나님이 무로부터 우주를 창조하셨기 때문에 우주는 의미와 목적을 갖는다. 하나님은 그분의 지혜로 무언가를 위해 우주를 창조하셨다. 우리는 그 목적을 이해하려고 노력해야 하며 그 목적에 부합하는 방식으로, 곧 하나님께 영광을 돌리기 위해 피조물을 사용해야 한다.[5] 더 나아가 피조물이 우리에게 기쁨을 줄 때마다딤전 6:17 참조 우리는 이 모든 것을 만드신 하나님께 감사를 드려야 한다.

2. 보이지 않는 영적 우주의 창조

온 우주의 창조에는 보이지 않는 영적인 영역의 창조도 포함된다. 하나님은 동물과 인간뿐 아니라 천사와 다른 천상의 피조물도 창조하셨다. 또한 그분은 그 임재가 분명히 나타나는 공간인 하늘을 창조하셨다. 하나님이 땅뿐만 아니라 "하늘과 그 가운데에 있는 물건"도 창조하셨다고 말하는 모든 성경 구절은 영적인 영역의 창조를 분명히 암시한다.계 10:6; 또한 행 4:24 참조 수많은 다른 구절은 이것을 명시적으로 밝힌다. 에스라의 기도는 이를 매우 명확히 말한다. "오직 주는 여호와시라. 하늘과 하늘들의 하늘과 일월 성신과 땅과 땅 위의 만물과 바다와 그 가운데 모든 것을 지으시고 다 보존하시오니 모든 천군이 주께 경배하나이다."느 9:6 이 구절에서 "천군"은 천사들과 다른 천상의 피조물을 지칭하는 것으로 보인다. 에스라는 이들이 하나님을 예배하는 활동에 참여한다고 말하기 때문이다(시편 103:21과 148:2의 "천군"에서 '군'에 해당하는 동일한 용어는 하나님을 예배하는 천사들을 말할 때 사용한다).[6]

신약에서 바울은 만물이 그리스도 안에서 "창조되되 하늘과 땅에서 보이는 것들과 보이지 않는 것들과 혹은 왕권들이나 주권들이나 통치자들이나 권세들이나 만물이 다 그로 말미암고 그를 위하여 창조되었고"라고 분명히 말한다.골 1:16; 또한 시 148:2-5 참조 여기서도 보이지 않는 천상의 피조물의 창조를 명시적으로 주장한다.

3. 아담과 하와의 창조

또한 성경은 하나님이 아담과 하와를 특별하고 인격적인 방식으로 창조하셨다고 가르친다. "여호와 하나님이 땅의 흙으로 사람을 지으시고 생기를 그 코에 불어넣으시니 사람이 생령이 되니라."창 2:7 그다음 하나님은 아담의 몸으로부터 하와를 창조하셨다. "여호와 하나님이 아담을 깊이 잠들게 하시니 잠들매 그가 그 갈빗대 하나를 취하고 살로 대신 채우시고 여호와 하나님이 아담에게서 취하신 그 갈빗대로 여자를 만드시고 그를 아담에게로 이끌어 오시니."창 2:21-22 하나님은 아담에게 무슨 일이 일어났는지 알려 주셨던 것으로 보인다. 아담이 이렇게 말했기 때문이다.

> 이는 내 뼈 중의 뼈요 살 중의 살이라. 이것을 남자에게서 취하였은즉 여자라 부르리라.창 2:23

이 본문은 명시적이기 때문에 성경의 완전한 진실성을 고수하면서도 인간이 긴 진화 과정의 결과물이라고 주장하는 것이 가능하다고 생각하지 않는다. 성경이 주께서 "땅의 흙으로 사람을 지으"셨다고 말할 때,창 2:7 그분이 수백만 년이 걸리는 과정을 거쳐 이 일을 하셨으며 수천 개의 점점 더 복잡해지는 유기체의 무작위적인 발전 과정을 활용하셨다는 의미로 이 말씀을 이해하는 것이 가능해 보이지 않기 때문이다.[7] 진화론과 화해하는 것이 더 불가능한 것은 이 서사에서 하와에게 여자인 부모가 없었다고 분명히 묘사하고 있다는 사실이다. 하와는 아담이 자는 동안 그의 갈빗대로부터 직접 창조되었다.창 2:21 그러나 진화론적 관점에서는 이것이 가능하지 않을 것이다. 왜냐하면 최초의 여자 인간에게도 거의 인간이기는 하지만 여전히 고등한 형태의 동물에 불과했던 남자와 여자인 부모가 있었어야 할 것이기 때문이다. 신약은 하와가 아담으로부터 이처럼 특별하게 창조되었다는 역사성을 재확증한다. 바울은 "남자가 여자에게서 난 것이 아니요 여자가 남자에게서 났으며 또 남자가 여자를 위하여 지음을 받지 아니하고 여자가 남자를 위하여 지음을 받은 것이니"라고 말한다.고전 11:8-9

아담과 하와의 특별한 창조는, 비록 인간의 몸이 많은 점에서 동물과 비슷할지도 모르지만, 그럼에도 인간이 동물과 전혀 다르다는 것을 보여준다. 사람은 "하나님의 형상대로" 창조되었으며, 하나님의 창조의 절정으로서 다른 어떤 피조물보다 하나님을 닮았고, 나머지 피조물을 다스리라는 명령을 받았다. 창세기의 창조 기사는 짧지만 사람이 우주의 나머지와 구별된다는 사실을 놀랍게 강조한다. 따라서 이것은 광대한 우주 속에서 인간이 무의미하다고 보는 현대의 경향성에 저항한다. 데릭 키드너는 성경이 "인간의 역사에서 의미를 제거하려는 모든 경향성"에 맞서 "위대한 창조 행위를 성경 전체를 통해 서서히 펼쳐지는 드라마의 서막을 여는 사건으로 제시한다"고 주장한다. "서막은 한 페이지에 불과하지만 그 뒤로 수천 페이지가 이어진다." 우주에 관한 근대 과학의 설명은 사실일 수도 있지만, "인간의 중요성을 축소시켜 거의 사라질 지경으로 만드는 통계 수치로 우리를 압도한다"고 그는 지적한다. "이제는 서막이 아니라 인간의 이야기 자체가 수천 페이지 속의 한 페이지에 불과한 것이 되고 말았으며, 지구 전체의 이야기라는 책은 도서 목록도 작성되지 않은 수백만 권 중 하나에 불과한 것이 되고 말았다."[8] 성경은 하나님이 창조하신 인간의 중요성에 대한 올바른 관점을 우리에게 제공한다. (이에 관해서는 21장에서 더 자세히 다룰 것이다.)

4. 시간의 창조

하나님의 창조의 또 다른 측면은 시간의 창조다. 11장에서 '하나님의 영원성'이라는 속성과 관련해 이 관념을 논한 바 있으며,[9] 여기서는 이것을 요약하는 것으로 충분하다. 세상을 창조하기 이전의 하나님에 관해 말할 때, 우리는 하나님이 시간의 끝없는 연장 속에 존재하셨다고 생각해서는 안 된다. 오히려 하나님의 영원성은 그분이 다른 종류의 존재, 시간의 경과가 없는 존재, 우리가 상상하기조차 어려운 종류의 존재였음을 의미한다.욥 36:26; 시 90:2, 4; 요 8:58; 벧후 3:8; 계 1:8 참조 하나님이 시간을 창조하셨다는 사실은 그분이 시간의 주인이며 우리는 그분의 영광을 위해 시간을 사용해야만 함을 상기시킨다.

5. 창조에서 성자와 성령이 하신 일

성부 하나님은 창조 행위를 시작한 일차적 행위자다. 하지만 성자와 성령도 일하셨다. 성자는 종종 "그로 말미암아" 창조가 이루어진 분으로 묘사된다. "만물이 그로 말미암아 지은 바 되었으니 지은 것이 하나도 그가 없이는 된 것이 없느니라."요 1:3 바울은 "한 주 예수 그리스도께서 계시니 만물이 그로 말미암고 우리도 그로 말미암아 있느니라"고전 8:6고 말한다. 또한 성경은 성자를 하나님이 "그로 말미암아 모든 세계를 지으신" 분이라고 지칭한다.히 1:2 이 본문들은 일관되게 성자를 성부의 계획과 지시를 수행하는 능동적 행위자로 묘사한다.

성령도 창조를 위해 일하셨다. 일반적으로 그분은 하나님의 창조를 완성하고 채우며 피조물에게 생명을 주신다고 묘사된다. 창세기 1:2은 성령이 보존하고 유지하며 다스리는 역할을 하신다고 묘사한다. "하나님의 영은 수면 위에 운행하시니라." 욥은 "하나님의 영이 나를 지으셨고 전능자의 기운이 나를 살리시느니라"고 말한다.욥 33:4 수많은 구약 본문에서 같은 히브리어 단어루아흐가 맥락에 따라 영이나 숨, 바람을 뜻할 수 있지만 많은 경우 의미상 큰 차이가 없다. 왜냐하면 어떤 구절을 '하나님의 숨'이나 심지어 '하나님의 바람'으로 번역하겠다고 결정해도 성령이 창조에서 하신 활동을 지칭하는 비유적인 방식처럼 보일 것이기 때문이다. 따라서 시편 기자는 땅 위와 바다 속에 있는 다양한 피조물에 관해 이야기하면서

"주의 영을 보내어 그들을 창조하사"라고 말한다.시 104:30; 또한 욥 26:13; 사 40:13; 고전 2:10 참조 그러나 창조를 위해 성령이 행하신 구체적인 활동에 대한 성경의 증언은 드물다. 성령의 활동은 성경 저자들에게 영감을 주고 그리스도의 구속 사역을 하나님의 백성에게 적용하는 일에서 더 두드러지게 나타난다.[10]

B. 피조물은 하나님과 구별되지만 언제나 하나님께 의존한다

하나님과 피조물의 관계에 관한 성경의 가르침은 세계 종교들의 가르침과 구별되는 독특한 가르침이다. 성경은 하나님이 그분의 피조물과 구별된다고 가르친다. 그분은 피조물의 일부가 아니다. 그분이 그것을 만들고 다스리기 때문이다. 하나님이 피조물보다 더 위대하다고 말하기 위해 초월transcendent이라는 용어가 자주 사용된다. 간단히 말해 이 단어는 하나님이 피조물보다 더 크며 피조물로부터 독립적이라는 의미에서 피조물보다 더 높이 계심을 뜻한다.

또한 하나님은 피조물에 적극적으로 관여하신다. 피조물은 존재와 기능을 위해 언제나 그분께 의존하고 있기 때문이다. 내재immanent라는 말은 하나님이 피조물에 관여하시는 것을 표현하는 전문 용어로, '피조물 안에 머물러 계심'을 뜻한다. 성경의 하나님은 그분의 피조물로부터 분리되어 존재하고 피조물에게 무관심한 분이 아니다. 성경은 그분의 피조물과 관계를 맺는 하나님의 이야기다. 욥은 동물과 식물조차 하나님께 의존한다고 말한다. "모든 생물의 생명과 모든 사람의 육신의 목숨이 다 그의 손에 있느니라."욥 12:10 신약에서 바울은 하나님이 "만민에게 생명과 호흡과 만물을 친히 주시"며 "우리가 그를 힘입어 살며 기동하며 존재하느니라"고 분명히 말한다.행 17:25, 28 "만물이" 그리스도 안에 "함께 섰느니라."골 1:17 또한 그분은 "그의 능력의 말씀으로 만물을 붙드"신다.히 1:3 바울은 "하나님도 한분이시니 곧 만유의 아버지시라. 만유 위에 계시고 만유를 통일하시고 만유 가운데 계시도다"라고 말하면서엡 4:6 한 구절 안에서 하나님의 초월과 내재를 동시에 주장한다.

피조물은 하나님과 구별되지만 언제나 하나님께 의존한다는 사실, 하나님은 피조물보다 더 높은 곳에 존재하지만 언제나 피조물과 관계를 맺는다는 사실은 표 15.1처럼 표현해 볼 수 있다.

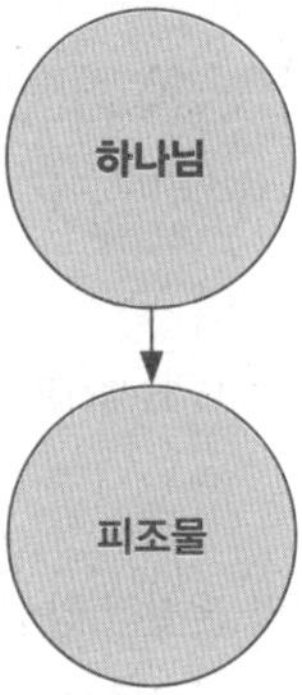

표 15.1 | 피조물은 하나님과 구별되지만 언제나 하나님께 의존한다
(하나님은 초월적인 동시에 내재적이다)

이것은 오늘날 흔하게 볼 수 있는 비신자들의 철학으로서 하나님의 존재를 전적으로 부인하는 유물론materialism과 명확히 구별된다. 유물론은 물질적인 우주가 존재하는 전부라고 말한다. 이것은 표 15.2처럼 표현할 수 있다.

오늘날 돈을 더 많이 벌고 더 많은 재산을 획득하기 위해 삶의 노력을 다하는 그리스도인들은 실질적 유물론자가 되고 만다. 하나님을 전혀 믿지 않는 유물론자들의 삶도 그 모습이 크게 다르지 않을 것이기 때문이다.

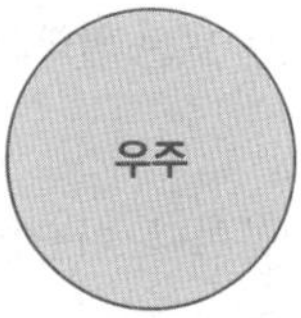

표 15.2 | 유물론

하나님이 피조물과 맺는 관계에 대한 성경의 설명은 범신론pantheism과도 구별된다. 헬라어 단어 '판'은 '전부, 모두'를 뜻하며, 따라서 범신론은 우주 전체가 하나님이거나 하나님의 일부라고 보는 사상이다.[11] 이것은 표 15.3

으로 표시할 수 있다.

표 15.3 | 범신론

범신론은 하나님의 성품의 몇몇 본질적 양상을 부인한다. 우주 전체가 하나님이라면 하나님께는 구별되는 인격성이 전혀 없다. 우주가 변하듯이 하나님도 변한다. 따라서 하나님은 더 이상 변함없는 분이 아니다. 이뿐만 아니라 우주 안에 있는 악도 하나님의 일부다. 따라서 하나님은 더 이상 거룩하지 않다. 또 다른 어려움은 (불교나 다른 동양 종교 등) 대부분의 범신론 체계는 궁극적으로 인간 개성의 중요성을 부인한다는 것이다. 모든 것이 하나님이므로 개인의 목적은 우주 안으로 녹아 들어가 우주와 점점 더 연합되어야만 하고, 따라서 개인은 그 독특성을 상실하고 만다. 하나님이 우주와 구별되는 독특한 인격적 정체성을 가지고 있지 않다면 우리도 그런 정체성을 가지려고 노력할 필요가 없다. 따라서 범신론은 하나님의 인격적 정체성을 파괴할 뿐 아니라 궁극적으로 인간의 인격적 정체성까지도 파괴한다. 피조물을 하나님으로부터의 유출emanation, 하나님으로부터 나왔지만 하나님의 일부이며 그분과 구별되지 않는 무언가로 보는 모든 철학은 모든 방식에서 범신론과 비슷하다.

또한 성경은 이원론을 거부한다. 이원론은 하나님과 물질적 우주가 나란히 존재해 왔다는 사상이다. 따라서 우주 안에는 두 가지 궁극적인 힘, 곧 하나님과 물질이 존재한다. 이것은 표 15.4처럼 표현할 수 있다.

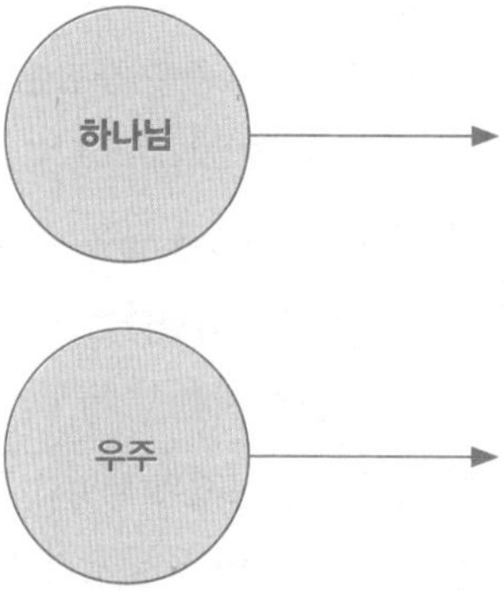

표 15.4 | 이원론

이원론의 문제는 하나님과 물질적 우주의 악한 측면 사이에 영원한 갈등이 존재함을 의미한다는 것이다. 하나님이 궁극적으로 우주의 악에 대해 승리를 거두실 것인가? 우리는 이것을 확신할 수 없다. 하나님과 악이 언제나 함께 존재해 온 것처럼 보이기 때문이다. 이원론은 피조물에 대한 하나님의 궁극적인 주되심을 부인하며, 피조물이 하나님의 뜻과 목적을 위한, 그분의 영광을 위한 존재임을 부인한다. 또한 이 관점은 우주 전체가 본질적으로 선하게 창조되었음을 부인하며,[창 1:31] 하나님이 피조물을 선하게 창조했고 그분의 목적을 위해 피조물을 다스린다는 창조에 관한 성경적 가르침과 다르게 물질 자체를 악한 것으로 생각하게 만든다.

현대 문화에 나타난 이원론의 한 예시는 영화 「스타 워즈」다. 이 영화는 선과 악의 측면을 모두 지닌 보편적인 존재를 상정한다. 만물을 다스리며 만물에 대해 반드시 승리할 거룩하고 초월적인 한분 하나님이라는 관념은 존재하지 않는다. 오늘날 비그리스도인들이 우주의 영적 측면에 대해 자각하기 시작할 때 그들은 이원론자가 되어 초월적 또는 영적 세계에 선과 악의 측면이 존재한다는 것을 인정하는 데 그치고 마는 경우가 많다. 대부분의 뉴에이지 종교는 이원론적이다. 물론 사탄은 하나님과 동등한 악의 세력이 우주 안에 존재한다고 생각하게 만들기를 기뻐한다.

창조에 대한 기독교적 관점은 이신론[deism]과도 구별된다. 이신론은 하나님이 지금은 피조물에 직접 개입하지 않는다고 보는 관점이다. 이것은

표 15.5처럼 표현할 수 있다.

일반적으로 이신론은 하나님이 우주를 창조했으며 우주보다 더 크다고 주장한다. 또한 일부 이신론자들은 하나님이 도덕적 기준을 가지며 궁극적으로 심판의 날에 사람들에게 책임을 물을 것이라는 데 동의한다. 하지만 그들은 하나님이 현재 세상에 개입한다는 것을 부인하며, 따라서 창조 질서 안에 그분의 내재를 위한 여지를 남겨 두지 않는다. 오히려 그들의 하나님 이해는 태초에 창조라는 시계의 태엽을 감은 뒤 그다음부터는 시계가 저절로 작동하게 놔두는 신적인 시계 제작자일 뿐이다.

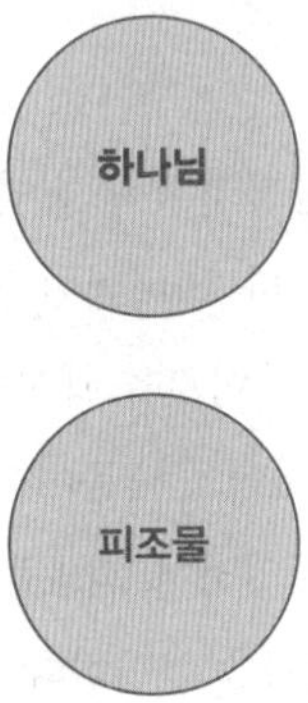

표 15.5 | 이신론

이신론은 하나님의 초월을 인정하지만 성경의 역사, 곧 세상에 적극적으로 개입하는 하나님의 역사를 부인한다. 오늘날 수많은 명목상의 그리스도인은 사실상 실질적인 이신론자들이다. 그들은 참된 기도, 예배, 하나님에 대한 경외, 우리의 필요를 하나님이 채워 주실 것이라고 매 순간 신뢰하는 태도가 결여된 삶을 살기 때문이다.

C. 하나님은 그분의 영광을 위해 우주를 창조하셨다

하나님이 그분의 영광을 위해 그분의 백성을 창조하셨음은 명백하다. 그분이 그분의 자녀를 "내가 내 영광을 위하여 창조한 자"라고 부르며 "그를 내가 지었고 그를 내가 만들었느니라"고 말씀하시기 때문이다.사 43:7 하지만 하나님이 인간만 이 목적을 위해 창조하신 것은 아니다. 피조물 전체가 하나님의 영광을 드러내도록 창조되었다. 무생물, 해와 달, 하늘과 별도 하나님의 위대하심을 증언한다.

하늘이 하나님의 영광을 선포하고 궁창이 그의 손으로 하신 일을 나타내는도다. 날은 날에게 말하고 밤은 밤에게 지식을 전하니.시 19:1-2

요한계시록 4장에 기록된 천상 예배의 노래는 하나님이 만물을 창조하신 것과 그분이 만물로부터 영광을 받기에 합당하다는 사실을 연결한다.

우리 주 하나님이여, 영광과 존귀와 권능을 받으시는 것이 합당하오니. 주께서 만물을 지으신지라. 만물이 주의 뜻대로 있었고 또 지으심을 받았나이다.계 4:11

피조물은 하나님에 관해 무엇을 나타내는가? 일차적으로 피조물이 상상할 수 있는 모든 것을 뛰어넘는 그분의 위대한 능력과 지혜를 나타낸다.[12] "여호와께서 그의 권능으로 땅을 지으셨고 그의 지혜로 세계를 세우셨고 그의 명철로 하늘을 펴셨으며."렘 10:12 예레미야는 무지한 인간들과 그들이 만든 헛된 우상과 대조시키며 하나님에 관해 이렇게 말한다.

야곱의 분깃은 이같지 아니하시니. 그는 만물의 조성자요……그 이름은 만군의 여호와시니라.렘 10:16

해와 별을 쳐다보기만 해도 우리는 하나님의 무한한 능력을 확신할 수 있다. 나뭇잎, 인간의 손, 살아 있는 세포 하나만 들여다보아도 하나님의 위대한 지혜를 확신할 수 있다. 누가 이 모든 것을 만들 수 있는가? 누가 무로부터 이것을 만들 수 있는가? 누가 끝없이 계속되는 시간 동안 날마다 이것을 유지할 수 있는가? 이 무한한 능력과 정교한 기술은 우리의 이해력을 완전히 넘어선다. 이것을 묵상할 때 우리는 하나님께 영광을 돌리게 된다.

하나님이 그분의 영광을 드러내기 위해 우주를 창조하셨다고 주장할 때 그분이 우주를 창조하실 필요가 없었음을 깨닫는 것이 중요하다. 우리는 하나님이 삼위일체 안에서 영원토록 소유한 것보다 더 많은 영광을 필요로 하거나 창조된 우주로부터 받을 영광이 없었다면 무언가 불완전했을 것이라고 생각해서는 안 된다. 그처럼 생각한다면 하나님의 독립성을 부인하면서 하나님이 온전히 하나님이 되기 위해 우주를 필요로 했음을 암시하는 셈이다.[13] 오히려 우리는 우주의 창조가 전적으로 자유로운 하나님의 행위였다고 주장해야 한다. 창조는 필수적인 행위가 아니라 하나님이 작정한 행위였다. "주께서 만물을 지으신지라 만물이 주의 뜻대로 있었고 또 지으심을 받았나이다 하더라."계 4:11 하나님은 그분의 탁월함을 보여주기 위해 우주를 창조하겠다고 작정하셨다. 피조물은 그분의 위대한 지혜와 능력을 보여주며, 궁극적으로 그분의 다른 모든 속성까지도 드러낸다.[14] 따라서 하나님은 피조물로 인해 기뻐하기 위해 우주를 창조한 것처럼 보인다. 피조물이 하나님 성품의 다양한 양상을 드러낼 때 그만큼 그분도 피조물로 인해 기뻐하시기 때문이다.

이것은 우리가 스스로 행하는 온갖 종류의 창조적 활동에 기뻐하는 이유를 설명해 준다. 미술이나 음악, 문학에 소질이 있는 사람들은 자신들이 창작한 작품을 보거나 듣거나 숙고하기를 즐긴다. 이처럼 하나님은 우리가 피조물로서 그분의 창조 활동을 모방하기를 즐기도록 우리를 만드셨다. 그리고 인간됨의—나머지 피조물과 구별되는—놀라운 측면 중 하나는 새로운 것을 만들어 내는 능력이다. 또한 이것은 우리가 다른 종류의 창조적 활동을 즐기는 이유를 설명해 준다. 많은 사람은 요리하기, 집 꾸미기, 나무나 다른 재료로 작업하기, 과학 발명품 만들기, 사회 문제의 새로운 해결책 고안하기 등을 즐긴다. 아이들도 색칠하기나 블록으로 집짓기를 즐긴다. 이 활동을 통해 우리는 하나님의 창조 활동을 작은 규모로 반영한다. 우리는 이로 인해 기뻐하며 그분께 감사해야 한다.

D. 하나님이 창조하신 우주는 심히 좋았다

이 논점은 앞의 논점에서 유래한다. 하나님이 그분의 영광을 드러내기 위해 우주를 창조하셨다면, 우리는 우주가 그 창조의 목적을 성취할 것이라고 기대할 수 있다. 실제로 하나님은 창조 사역을 마치고 그로 인해 기뻐하셨다. 창조의 각 단계 마지막에 하나님은 그분이 행한 일이 좋다고 말씀하셨다.[창 1:4, 10, 12, 18, 21, 25] 그리고 창조의 여섯째 날이 마무리되었을 때 "하나님이 지으신 그 모든 것을 보시니 보시기에 심히 좋았"다.[창 1:31] 하나님은 그분이 의도한 대로 창조된 피조물을 보며 기뻐하셨다.

죄가 세상에 들어왔음에도 물질적인 피조물은 하나님이 보시기에 여전히 선하며 우리도 이것을 선하다고 보아야 한다. 이 지식은 물질적인 피조물을 사용하고 향유하는 것을 잘못되었다고 보는 거짓 금욕주의로부터 우리를 자유롭게 할 것이다. 바울은 "혼인을 금하고" 특정한 음식물을 먹지 말라고 요구하는 이들이 "귀신의 가르침"을 따르고 있다고 말하면서 "음식물은 하나님이 지으신 바니 믿는 자들과 진리를 아는 자들이 감사함으로 받을 것이니라"고 가르친다.[딤전 4:1-3] 사도 바울이 이처럼 강경한 입장을 취하는 까닭은, "하나님께서 지으신 모든 것이 선하매 감사함으로 받으면 버릴 것이 없나니 하나님의 말씀과 기도로 거룩"해진다는 것을 이해하기 때문이다.[딤전 4:4-5] 여기서 "하나님의 말씀"이 음식이나 물질적인 피조물 중에서 우리가 향유하는 다른 것들을 거룩하게 한다는 것은 아마도 창세기 1:31에서 하나님이 "심히 좋았더라"고 말씀하며 피조물이 복되다고 선언하셨던 것을 가리킬 것이다.

창조 질서는 죄악된 방식이나 이기적인 방식으로 사용될 수 있고, 우리의 사랑이 하나님 아닌 다른 곳을 향하게 할 수도 있지만, 그럼에도 우리는 하나님의 피조물을 남용할 위험 때문에 우리 자신의 향유를 위해 또는 하나님 나라의 유익을 위해 피조물을 사용하기 두려워하면 안 된다. 바울은 부자가 되고자 하는 욕망과 "돈을 사랑함"에 대해 경고한 후,[딤전 6:9-10] "우리에게 모든 것을 후히 주사 누리게 하시는" 분이 바로 하나님이라고 말한다.[딤전 6:17] 이 사실은 그리스도인이 (환경 보호와 더불어) 올바른 산업과 기술의 발전을 장려하고, 하나님이 창조하신 지구의 모든 산물을—우리 자신과 우리가 가진 것을 후하게 나누어 주어야 할 사람들이—기쁘고 감사한 마음으로 사용하는 것을 장려할 수 있는 근거가 된다.[딤전 6:18 참조] 하지만 이 모든 것에 관해 우리는 물질적 소유가 영원하지 않고 일시적일 뿐임을 기억해야 한다. 우리는 하나님을,[시 62:10; 딤전 6:17 참조] 또한 흔들릴 수 없는 나라를 받게 된다는 것을 골 3:1-4; 히 12:28; 벧전 1:4 소망해야 한다.

E. 성경과 현대 과학의 관계

성경과 현대 과학의 관계를 논할 때, 우리는 먼저 역사적으로 기독교 신앙과 성경을 신뢰한 덕분에 과학자들이 우주에 관한 새로운 사실을 발견하는 경우가 많았으며, 이런 발견이 인류에 유익을 가져다주었음을 인지해야 한다. 아이작 뉴턴과 갈릴레오 갈릴레이, 요하네스 케플러, 블레즈 파스칼, 로버트 보일, 마이클 패러데이, 제임스 클럭 맥스웰을 비롯한 수많은 사람들의 삶이 이것을 예증한다.[15]

반면에 널리 받아들여지는 과학적 견해가 성경이 무엇을 말하는지에 대한 사람들의 이해와 충돌할 때도 있었다. 예를 들어, 이탈리아의 천문학자 갈릴레오가 (폴란드의 천문학자 코페르니쿠스의 이론을 따르며) 지구가 우주의 중심이 아니라 지구와 다른 행성들이 태양 주위를 돈다고 가르치기 시작했을 때 그는 비판을 받았고, 결국 로마 가톨릭은 그의 글을 금서로 지정했다. 많은 사람들은 태양이 지구 주위를 돈다는 것이 성경이 가르치는 바라고 생각했기 때문이다. 그러나 성경은 전혀 그렇지 않다. 오히려 코페르니쿠스의 천문학으로 인해 사람들은 성경이 가르친다고 생각했던 것을 성경이 정말로 가르치는지 확인하기 위해 성경을 다시 살펴보았다. 해가 뜨고 진다는 표현 전 1:5 등 은 인간 관찰자의 관점에서 보이는 대로 사건을 묘사한 것에 불과하며, 그런 관점에서는 정확한 묘사라고 할 수 있다. 하지만 이 표현은 지구와 태양의 상대적인 움직임에 관해 아무것도 암시하지 않으며, 성경 어디에도 무엇이 태양을 인간 관찰자의 관점에서 내려가게 하는지를 설명하지 않는다. 성경은 우주나 태양계의 중심이 지구인지, 태양인지, 다른 어떤 천체인지에 관해 아무것도 말하지 않는다(그것은 성경이 답하고자 하는 물음이 아니다). 하지만 자신의 가르침을 철회하도록 강요를 받고 생애의 마지막 여러 해 동안 가택 연금 상태로 지내야 했던 갈릴레오의 사례를 통해 우리는 자연 세계에 대한 세심한 관찰이 우리를 성경으로 되돌아가게 하고 성경이 가르친다고 우리가 생각했던 바를 성경이 정말로 가르치는지 재검토하게 할 수 있음을 되새겨야 한다. 때로는 본문을 자세히 살펴봄으로써 우리가 전에 했던 해석이 틀렸다는 것을 깨닫게 될 수도 있다.

예를 들어, 과학 연구 덕분에 그리스도인들은 지구의 나이에 관해 이전 세대가 가지고 있던 생각을 재평가하게 되었고, 그 결과 오늘날 어떤 복음주의 학자도 세상이 주전 4004년에 창조되었다고 주장하지 않을 것이다. 하지만 한때는 아일랜드 대주교 제임스 어셔 때문에 이것을 창조의 연대라고 믿는 사람들이 많았다. 당대의 위대한 학자 중 하나였던 그는 성경 족보에 따른 연대를 더하여 아담이 창조된 때를 추적했다. 오늘날에는 성경이 지구나 인류가 창조된 정확한 연대를 우리에게 말해 주지 않는다는 사실을 널리 받아들인다.

반면에 기독교 공동체 안의 많은 사람들은 진화론에 대한 과학자들의 지배적인 견해에 꾸준히 거부해 왔다. 이 문제를 놓고 수천 명의 그리스도인들은 반복적으로 성경을 살펴보았으며, 많은 이들은 살아 있는 유기체가 존재하게 된 과정에 대해 성경이 침묵하지 않는다고 결론 내렸다. 그뿐만 아니라 창조된 우주에 관한 사실을 관찰한 결과 진화론에 대해 광범위한 이견을 갖는 사람들이 나타났다.[16] 따라서 많은 그리스도인들은 성경적 근거와 과학적 근거 모두에 입각해 진화론에 이의를 제기해 왔다.

또한 우리는 우주 창조의 문제가 다른 많은 과학적 문제와 다르다는 것을 기억해야 한다. 왜냐하면 창조는 연구실에서 하는 실험을 통해 반복될 수 있는 무언가가 아니며, 어떤 인간 관찰자도 창조를 목격한 적이 없기 때문이다. 그러므로 창조와 지구의 초기 역사에 관한 과학적 사실들은 오랜 과거의 사건에 대한 추론일 뿐이다. 그러나 이 사건의 유일한 관찰자 하나님가 성경 말씀을 통해 우리에게 말씀하셨다고 확신한다면, 우리는 성경의 설명에 세심한 주의를 기울여야 한다.

아래서는 창조와 현대 과학의 관계를 다루고자 할 때 우리가 기준으로 삼을 수 있는 몇 가지 원리를 제시한다.

1. 모든 사실을 바르게 이해할 때 성경과 자연과학 사이에 '궁극적 모순은 없다'

'궁극적 모순은 없다'라는 주장은 기독교 변증학자인 프랜시스 쉐퍼의 책

『궁극적 모순은 없다』에서 가져왔다.[17] 우주의 창조와 관련된 물음에 쉐퍼는 자신이 판단하기에 성경의 완전한 진실성을 믿는 그리스도인들 사이에 이견의 여지가 존재하는 몇몇 영역을 열거한다.

1. 하나님이 완전한 우주를 창조했을 가능성이 있다.
2. 창세기 1:1과 1:2 또는 1:2과 1:3 사이에 단절의 가능성이 존재한다.
3. 창세기 1장의 하루가 긴 하루일 가능성이 있다.
4. 홍수가 지질학적 자료에 영향을 미쳤을 가능성이 있다.
5. 창세기 1장에 사용된 "종류"라는 단어가 폭넓은 의미를 지닐 수도 있다.
6. 타락 이전에도 동물의 죽음이 존재했을 가능성이 있다.
7. 히브리어 단어 '바라'가 사용되지 않은 곳에서는 이미 존재하는 것으로부터 무언가가 만들어졌을 가능성이 있다.[18]

쉐퍼는 이러한 관점들이 자신의 입장이 아니라 이론적으로 가능한 것을 말하고 있을 뿐임을 분명히 한다. 쉐퍼의 핵심 주장은 자연 세계와 성경에 대한 우리의 지식이 완전하지 않다는 것이다. 하지만 우리는 모든 사실을 바르게 이해할 때 또는 성경을 바르게 이해할 때, 우리가 발견한 내용이 서로 모순되지 않을 것이라는 확신을 가지고 과학과 성경을 공부할 수 있다. 따라서 궁극적 모순은 없을 것이다. 이는 성경을 통해 말씀하시는 하나님이 모든 사실을 아시며, 그 하나님은 우주 안의 어떤 참된 사실과도 모순이 되지 않는 방식으로 말씀하시기 때문이다.

이것은 그리스도인이 피조물과 현대 과학을 공부하기 시작할 때 활용할 수 있는 유익한 관점이다. 우리는 피조 세계의 사실을 과학적으로 연구하기를 두려워해서는 안 되며, 오히려 사실을 바르게 이해할 때 그 사실은 언제나 성경 안에 있는 하나님의 무오한 말씀과 조화를 이루는 것으로 밝혀질 것임을 확신하는 태도로 연구해야 한다. 마찬가지로 성경을 공부할 때도 성경이 자연 세계의 사실과 모순되지 않을 것이라는 확신을 가지고 공부해야 한다.[19]

누군가는 성경이 종교적이며 윤리적인 문제를 가르치기 위해 우리에게 주어졌으므로 이런 논의 전체가 부적절하다고 반론을 제기할지도 모른다. 성경의 의도는 과학을 가르치려는 것이 아니라는 주장이다. 하지만 5장에서 지적했듯이 성경은 다룰 수 있는 주제에 어떤 제한도 두지 않는다. 물론 성경은 공식적인 의미에서 과학 교과서가 아니지만, 그럼에도 성경에는 자연 세계에 관한 주장—그 기원, 목적, 궁극적 운명—과 일상적 기능에 관한 진술이 다수 포함되어 있다. 성경의 모든 말씀을 하신 분이 바로 (인간 저자들뿐만 아니라) 하나님이라는 생각을 진지하게 받아들인다면, 이 진술도 진지하게 받아들이고 믿어야 한다. 성경은 일부 과학적 사실에 대한 우리의 이해가 곧 우리 신앙의 문제라고 말한다. 히브리서 11:3은 "믿음으로 모든 세계가 하나님의 말씀으로 지어진 줄을 우리가 아나니 보이는 것은 나타난 것으로 말미암아 된 것이 아니니라"고 말한다.

2. 우주의 기원에 관한 세속적인 이론은 성경의 가르침과 모순된다

성경을 믿는 사람들은 우주의 기원과 생명의 기원에 관한 세속적인 이론을 받아들일 수 없다. 세속적 이론이란 무한하고 인격적인 하나님이 지적 설계에 의해 우주를 창조하셨다고 보지 않는, 우주와 생명의 기원에 대한 모든 이론이다. 따라서 (하나님이 배제된 세속적 형태의) 빅뱅 이론이나 물질이 언제나 존재했다고 가정하는 이론들은 하나님이 무로부터 우주를 창조했으며, 그분의 영광을 위해 우주를 창조했다는 성경의 가르침과 모순된다.

3. 다윈주의 진화론에 대한 과학적 반론

진화evolution라는 단어는 여러 다른 방식으로 사용될 수 있다. 때로는 소진화microevolution를 지칭하는 말로 사용된다. 이것은 하나의 종 내에서의 작은 발전을 의미하며, 파리나 모기가 살충제에 면역을 갖게 되거나 인간의 키가 더 커지거나 장미 색깔이 다양하게 되는 것을 예시로 들 수 있다. 지금도 이런 소진화의 사례는 많으며, 아무도 이러한 현상의 존재를 부인하지 않는다.[20] 하지만 이것은 창조론과 진화론을 논할 때 사용되는 '진화'라는 단어의 일반적인 의미가 아니다.

진화라는 용어는 대진화—진화에 관한 '일반적 이론' 또는 '신다윈주의 진화론'이라고 불리는 것—를 지칭하는 말로 더 자주 사용된다. (신다윈주의 진화론은 다윈이 주창한 진화 이론을 더 정교하게 만든 새로운 형태의 이론을 가리킨다.) 현재 신다윈주의 진화론은 근본적으로 다윈의 원래 이론과 비슷하지만 백 년 이상의 연구를 통해 다듬어지고 수정되었다. 현대의 다윈주의 진화론에 따르면, 지구상에 존재하던 화학 물질의 혼합물이 단세포 생명체를 저절로 만들어 냈을 때 생명 발달의 역사가 시작되었다. 이 살아 있는 세포가 스스로를 재생산했고, 결국 생산된 새로운 세포들 사이에 일종의 돌연변이나 차이가 발생했다. 이런 돌연변이가 더 복잡한 생명체의 발전으로 이어졌다. 적대적인 환경 때문에 그중 다수는 소멸했겠지만, 환경에 잘 적응한 생명체는 살아남고 증식했을 것이다. 이런 방식으로 자연은 자연 선택의 과정을 작동시켰고, 그 결과 환경에 가장 잘 적응한 유기체만 살아남았다. 점점 더 많은 돌연변이가 일어나 다양한 생명체를 발전시켰고, 이런 무작위 돌연변이와 자연 선택의 과정을 통해 가장 단순한 유기체로부터 지구상의 모든 복잡한 생명체가 발생했다.

이번 장에서 '진화'라는 말을 사용할 때는 대진화 또는 신다윈주의적인 진화에 관한 일반적 이론을 지칭한다.

여기서는 진화론에 대해 설득력 있는 과학적 반론을 설명할 것이다. 성경적 반론은 유신 진화론을 다루는 아래에서 설명할 것이다. 1859년에 찰스 다윈이 『종의 기원』을 처음 출간한 뒤 그리스도인들뿐 아니라 비그리스도인들도 그의 이론에 이의를 제기해 왔다. 사실 1994년에 『조직신학』을 처음 출간한 뒤 25년 동안 상당한 양의 새로운 과학적 연구를 통해 현대 진화론에 강력한 도전이 제기되었다. 내가 공동 편집자로 참여한 『유신 진화론 비판』은 첫 열일곱 장에서 이러한 과학적 연구의 결과들을 간략히 소개하고 있다.[21] 아래서는 이에 대한 개관를 제시하고자 한다. (나는 그 책에서 신학 관련 내용을 편집했다. 하지만 과학자로서 전문적 훈련을 받지 못했으므로 이 책의 나머지 부분에 비해 직접 인용을 더 많이 활용했다.)

a. 진화는 새로운 유전 정보를 만들어 낼 능력이 없다. 무작위 돌연변이와 자연 선택다윈주의적 진화에 필수적인 두 과정에는 새로운 단백질과 생명체를 만들어 내는 데 필수적인 새로운 유전 정보를 생성할 창조적 능력이 없다.

스티븐 마이어는 케임브리지 대학교에서 연구자로 일했던 분자생물학자 더글러스 액스의 연구를 지적한다. 액스는 "150개의 아미노산만으로 이루어진 짧은 기능성 단백질 접힘 구조[22]를 생성하는 DNA 서열 하나에 대해 생물학적 기능을 수행할 수 있는 안정적인 3차원 단백질 구조로 접히지 않는 비기능성 조합이 1,077개 존재한다. 즉 1,077개의 아미노산 배열이 존재한다"라고 결론 내린다.[23] 마이어는 우리의 은하계 전체에 존재하는 원자의 수가 1,065개에 불과하다고 지적함으로써 1,077개가 어느 정도인지를 가늠하게 한다.

하지만 지구상의 생물이 이런 방식으로 작동하는 새로운 단백질 접힘 protein fold을 생산하여 이것을 후대에 전수할 확률은 얼마나 되는가? 마이어는 이렇게 설명한다.

> 한 유기체가 증식하고 새로운 유기체를 생성할 때마다 새로운 유전자 서열을 생성하여 전달할 기회가 생겨난다고 생각해 보라. 그러나 지구상에서 35억 년에 이르는 생명의 역사 동안 고작 1,040개의 개별 유기체가 살았다. 이것은 그 기회가 1,040번 발생했음을 뜻한다. 하지만 1,040은 1,077의 작은 일부에 불과하다. 정확히는 10조 곱하기 1조 곱하기 1조 분의 1, 곧 1/1,037이다.[34]

그리고 1/1,037은 무작위 돌연변이가 단 하나의 단순하고 새로운 단백질 구조를 생산할 확률이다. (평균적인 단백질은 더 복잡하며 약 3백 개의 아미노산으로 이루어져 있다.[25] 따라서 작동하는 새로운 단백질을 생산할 수 있는 실제 확률은 이 숫자가 제시하는 것보다 훨씬 더 희박하다.) 마이어는 지구상에 생명이 존재한 시간의 통상적인 추정치35억 년를 사용해 무작위적인 수단으로 작동하는 새로운 단백질 접힘이 생겨날 확률은 대략 1/1,037이라고 결론 내린다. 이후 마이어는 "그리고 물론 새로운 동물을 만들기 위해서는 단 하나의 단백질이 아니라 수없이 많은 새 단백질이 생성되어야만 한다"라고 덧붙인다.[26]

이 시점에서 모든 생물이 하나의 원시적이고 단순한 생명체로부터 기원하기 위해서는 무작위 돌연변이가 하나의 새로운 단백질이 아니라 지구상 모든 생명체의 구성 요소를 이루는 수천 개의 새로운 단백질을 생산해야 한다는 것을 기억할 필요가 있다. 단 하나의 새로운 단백질을 생산할 확률이 10 뒤에 0이 37개나 더 붙는 숫자 분의 1이라면, 이런 일이 수천 번

성공적으로 일어날 확률은 0이다. 그것은 불가능하다.

b. 인간의 직관은 진화가 불가능함을 올바르게 인식한다. 액스는 가능성이 희박한 사건들의 연속적인 발생이 단지 그럴 법하지 않거나 개연성이 없는 정도가 아니라 실제로 불가능해질 때 인간은 이것을 직관적으로 인식한다는 것을 다음과 같이 예증한다.

내 고양이는 컴퓨터 자판 위에서 걷기를 좋아했지만 고양이의 걸음은 의미 있는 문장을 결코 만들지 못했다. 어떻게 그럴 수 있겠는가?……고양이가 자신의 무게로 키를 누르면서 한 일은 내 컴퓨터의 화면에 글자가 나타나게 했다는 사실을 제외하면 글쓰기와는 절대적으로 무관했다.

그런데 만일 고양이의 걸음이 의미 있는 문단을 작성할 가능성이 있다고 주장해야만 한다면 어떻게 해야 할지 알고 있다. 나는 불가능한 큰 결과물—의미 있는 문단—을 훨씬 더 작은 무언가로 쪼갤 것이다. 한 번에 키를 하나씩 눌러 문단을 작성할 것이고, 이것은 달성할 수 있는 목표가 될 것이다. 예를 들어, 이미 'Novembe'라고 입력했다면 당신의 고양이가 그저 우연히 'r' 키를 밟아 이로써 'November'라는 단어를 완성하는 것이 불가능하다고 생각하는 사람은 아무도 없을 것이다.……그렇다면 그 고양이가 처음에 시프트 키를 밟고 나서 'N' 키를 밟았을 수도 있다고 (그럴 법하지 않지만 불가능하지는 않다고) 동의해야만 할 것이다. 그렇다면 그 다음에 'o'를 밟는 것이 가능성의 영역 안에 들어 있다고 우리 모두가 동의하게 될 것이다. 그리고 만일 그 일이 일어났다면……그 이후에 'v'가 밟힐 수 없다고 누가 말할 수 있겠는가?

무슨 말인지 알 수 있을 것이다. 가능성이 희박하지만 불가능하지 않은 단계의 연쇄를 지속함으로써, 엄밀히 말해 고양이가 나를 위해 이 장을 썼다는 것이 불가능하지 않다고 결론 내릴 수밖에 없어 보인다. 하지만 실제적으로 말해 그것이 불가능함을 우리는 모두 알고 있다.

모순적으로 보이는 이런 평가는, p=0이라는 수식적 의미의 불가능성과 '그 일은 일어나지 않을 테니 그 일이 일어나기를 기다리지 말라'라는 실제적 의미의 불가능성을 구별함으로써 쉽게 조화시킬 수 있다. 생명에 관한 다윈의 설명은 이 실제적 의미에서 실패한다. 실제적 의미의 불가능성이 그의 이론을 무력화하기 때문이다.……우연적인 원인이 생명을 만들어 내는 것은 고양이가 논문을 쓰는 것이 불가능하다는 것과 같은 의미에서 불가능하다. 우리는 두 경우가 한 번도 일어난 적이 없었고 앞으로도 결코 일어나지 않을 것이라고 전적으로 확신할 수 있다.[27]

c. 무작위 돌연변이는 압도적으로 해롭다. 마티 레이졸라는 핀란드의 알토 대학교의 생물공정공학 명예교수다. 그는 실제 돌연변이가 매우 드물고 유익한 경우가 거의 없다고 지적한다. "그렇다면 자연에서는 무슨 일이 일어나는가? 평균적인 돌연변이 비율세포 분열 1회당 DNA 안의 특정 염기가 돌연변이를 일으킬 확률은 10^{-10}이다. 다양한 추정치에 따르면, 부정적 돌연변이가 긍정적 돌연변이의 천 배에서 백만 배에 이른다."[28] 레이졸라는 계속해서 지난 30년 동안의 단백질 공학, 특히 효소공학의 연구를 이렇게 요약한다. "단백질은 무작위 방법과 특수하게 설계된 방법으로 수정될 수 있지만—다만 협소한 범위 안에서만 수정이 가능하며 그 변화는 근본적이지 않다—기본적인 구조는 바꿀 수 없다.……거대한 양의 지적 정보가 입력되었음에도 근원적으로 새로운 것은 아무것도 창조되지 않았다."[29]

d. 무생물은 생명을 위한 필수적인 정보를 담고 있지 않으며 그런 정보를 생산할 수 없다. 합성유기화학자인 제임스 투어는 라이스 대학교의 화학 교수이자, 컴퓨터공학 교수, 재료과학과 나노공학 교수다. 그는 세계 유수 대학들에 의해 "현재 세계에서 가장 영향력 있는 과학자 50인" 중 한 명으로 선정되었으며, 2013년에는 R&D에 의해 "올해의 과학자"로 선정되었다. 그는 "복잡한 분자를 처음부터 합성한 생물학자는 거의 없다. 유기합성에 관한 경험을 근거로 나는 그 자체의 힘에 입각해 작동하는 화학은 살아 있는 세포의 복잡한 나노 체계를 생성하는 것뿐 아니라 생물학적으로 유의미한 고분자를 생성하기 위해 필요한 일도 수행하지 못한다고 주장하게 되었다"라고 말한다.[30] 그런 다음 투어는 가상의 과학자들이 살아 있는 유기체를 만들어 내려고 하는 모습을 이렇게 묘사한다.

세계 최고의 합성화학자와 생화학자, 진화생물학자들이 힘을 합해 팀—'꿈'이라는 단어의 전혀 다른 두 의미에서 드림팀—을 이루었다. 돈이 목표가 아니다. 그들은 가장 발전된 분석 장치와 완전한 과학 문헌, 합성적 및 자연적 결합제, 원하는 모든 시약을 마음껏 쓸 수 있다. 그들의 실험실에는 거울상 이성질체의 순도 100

퍼센트인 탄수화물, 지질, 아미노산, 핵산이 갖추어져 있다.

과연 이 드림팀은 살아 있는 체계를 조립할 수 있을까?

서두를 필요 없다. 수십억 년이 걸려도 된다.

그래도 아무 소득이 없다? 음…….

투어는 "우리는 하나의 메커니즘이 관찰의 결과와 부합하지 않을 때 사실에 부합하도록 그 메커니즘을 수정하거나 전적으로 무시해야 한다고 학생들에게 가르친다.……과학자들이 어떻게 생명의 탄생 이전의 화학적 메커니즘이 최초의 생명을 만들어 냈는지를 과학자들이 이해하고 있다고 생각하는 사람들은 전적으로 잘못 알고 있는 것이다. 어떻게 그 일이 일어났는지를 이해하는 사람은 아무도 없다. 언젠가는 알게 될지도 모른다. 하지만 지금은 아니다"라고 결론 내린다.[31]

시애틀에 있는 디스커버리 연구소의 과학과 문화 센터 책임자인 스티븐 마이어는 무생물이 생명을 만들어 내는 데 필수적인 정보를 포함하지 못한다고 설명한다. 그는 "처음에 생세포를 만들기 위해서도 DNA나 그에 상응하는 분자 안에 저장된 조립 설명서가 반드시 필요했을 것이다"라고 말한다. 하지만 이런 정보는 어디에서 왔는가? 미미한 양의 정보에 관해 이야기하고 있는 것이 아님을 기억해야 한다. 마이어는 "DNA는 컴퓨터 프로그램과 비슷하지만 우리가 만들어 낸 어떤 소프트웨어보다 더 복잡하다"고 했던 빌 게이츠의 말을 인용한다.[32]

하지만 살아 있지 않은 화학 물질이 자연법칙에 따라 그런 정보를 만들어 낼 수도 있지 않은가? 마이어는 이렇게 답한다. "물리 법칙은 복잡한 서열을 만들어 내지 못한다.……고도로 규칙적이고 반복적이며 주기적인 경향을 기술할 뿐이다.……고전적 정보 이론에 따르면 하나의 서열 안에 담긴 정보의 양은 서열의 발생 확률과 반비례한다. 하지만 우리가 법칙이라고 부르는 규칙성은 조건과 사건 사이의 고도로 결정론적인 또는 예측 가능한 관계를 기술한다."[33]

다시 말해, 마이어는 무생물이 특정한 환경에서 어떻게 행동할지를 "자연법칙"이 거의 확실히 예측한다고 말하고 있다. 이것은 물질이 예측 가능한 방식으로 행동할 확률이 거의 100퍼센트라는 뜻이다. 하지만 이것은 무생물의 배열에 존재하는 정보량이 사실상 0100퍼센트의 정반대이라는 뜻이다. 대조적으로 DNA에 담긴 복잡한 정보량은 놀라울 정도로 방대하다. "우리 안에—우리 유전체 안에—있는 DNA의 총합은 30억 개의 염기쌍이 적힌 책이라고 생각할 수 있다."[34] 이러한 DNA 정보가 우연적으로 발생할 확률은 방대함의 정반대, 곧 사실상 0이다. 따라서 자연에 있는 무생물이 살아 있는 유기체를 위해 필수적인 정보를 만들어 낸다는 것은 불가능하다고 결론 내릴 수밖에 없다. 그 정보는 복잡하고 방대해서 틀림없이 다른 곳으로부터, 곧 정보의 지적인 원인intelligent cause으로부터 왔을 것이다.

e. 새로운 생명체를 만들어 내기 위해서는 DNA 내의 돌연변이보다 더 큰 변화가 필요하다. 진화론에 대한 대중적인 설명은 마치 한 유기체의 DNA 안에서 일어난 무작위 돌연변이가 새로운 생명체의 창조를 설명할 수 있다고 말하는 것처럼 보인다. 하지만 분자생물학자인 조나단 웰스는 새로운 생명체의 창조를 위해서는 "후성유전학적 정보"epigenetic information라고 부르는 DNA 외부의 추가적인 정보가 필수적이라고 설명한다. 이 정보가 몸 안에서 기관의 배치와 살아 있는 한 유기체의 전반적인 몸의 형태를 결정하는 배아 발달의 많은 부분을 감독한다. 후성유전학적 정보는 세포막과 마지막으로 접힌 단백질의 형태 안에 포함되어 있는 듯하지만, 이것의 정확한 작동 원리는 아직 알려져 있지 않다.[35] 이러한 후성유전학적 정보가 필수적이라는 사실은, 무생물로부터 생명 창조나 한 생명체로부터 다른 생명체로의 돌연변이를 설명하려는 진화론 지지자들의 모든 시도가 DNA의 유익한 돌연변이의 (추정된) 발생보다 더 많은 것을 설명해야만 함을 의미한다.

f. 배아 발달을 위해서는 수천 개의 유전자가 조화롭게 활동해야만 한다. 배아로부터 온전히 형성된 몸으로의 발달은 다양한 요인들의 정확한 공동 작용을 요구하는 극도로 복잡한 과정이다. 영국의 발달생물학자인 쉬나 타일러에 따르면, "신체 형성 계획에 영향을 미치는 유전자에 돌연변이를 일으키는 실험은 압도적으로 결함이 있거나 결국 죽게 되는 배아를 만들어 내는 경향이 있다."[36] 한 유전자 안에서 발생하는 한 번의 돌연변이 또는 소수의 작은 돌연변이들조차도 동물이 새로운 신체 형태를 갖게 하기에는 충분하지 않을 것이라고 타일러는 설명한다. 왜냐하면 "한 형태로부

터 다른 형태로의 변환은 결코 단순하지 않으며 연관된 모든 구조에 대해 완전히 통합된 변환이 필요하고 이 모든 것이 제대로 작동해야만 하기" 때문이다.[37]

타일러는 배아가 완전히 형성된 몸으로 발달하는 과정은 세심하게 조율되어야 하며, 골격 발달, 신경 체계, 치아 발달, 심혈관계 발달에 대한 연구를 통해 이것을 분명히 알 수 있다고 설명한다.[38] 예를 들어, 전류는 팔이나 다리처럼 장차 생겨날 사지의 올바른 위치를 확인하는 역할을 하며, 사지를 위해 적절한 시간과 위치에 이런 전류가 생산되어야만 한다. "이는 유전자 발현을 지시하는 기저의 사전적 패턴이 존재함을 암시한다."[39] 또 다른 예는 심장과 순환계의 발생에서 확인할 수 있다. 이 과정에서는 "심장 발생의 각 단계마다 **수천 개의** 유전자가 발현"해야만 하며, 이것은 "보조인자들과 상호 작용함으로써, 또한 일군의 조절 DNA 요소와 결합함으로써" 이루어진다. 이에 더해, "심장은 피를 밀어 넣는 순환계도 필요로 하며, 심장과 순환계의 발생이 동시적으로 조율되는 것처럼 보인다."[40] 그는 "이런 조율orchestration의 증거가 크게 늘어나 있으며……세속적인 저자들조차 최상급의 표현을 사용하며 '**완벽할 정도로 정교하게** 조율되어 있다'고 설명한다"라고 덧붙인다.[41]

마지막으로, 다윈주의 진화론을 지지하는 이들은 이전에는 배아 발달의 유사성을 진화의 증거로 제시했다. 하지만 이제는 세포가 처음으로 분열하기 시작할 때 일찍부터 중요한 차이가 존재함을 알게 되었다. "세포 분열 시 배아 내 세포의 공간적 배열을 '난할 유형'이라고 부른다. 다양한 동물군은 이 유형에서 두드러진 근원적 차이를 보인다."[42]

g. 살아 있는 세포의 '환원 불가능한 복잡성'은 진화론적 설명을 거부한다. 20세기 중엽 전자 현미경의 발명과 성능 향상에 또 다른 기술 발전이 더해져 과학자들은 역사상 최초로 살아 있는 세포의 내부 활동을 연구할 수 있었다. 제2차 세계대전 종전 이후 폭발적으로 증가한 새로운 세포 연구를 통해 세포가 이전에 상상했던 것보다 더 복잡하다는 사실을 알게 되었다. 1996년 생물학 교수인 마이클 비히는 『다윈의 블랙박스』[43]라는 책을 출간했는데, 여기서 그는 세포의 여러 부분이 "환원 불가능할 정도로 복잡한" 체계를 포함한다고 주장했다. 그는 환원 불가능할 정도로 복잡한

체계를 "기본적 기능을 하는 많은 구성 요소들이 상호 작용하면서 어울려 구성되는 단일한 체계"로 정의하며, "그 구성 요소들 중 어느 하나라도 제거되면 사실상 그 체계의 기능이 모두 정지한다"라고 설명한다. "환원 불가능할 정도로 복잡한 체계는……선행하는 체계에 대한 사소하며 연속적인 수정에 의해 만들어질 수 없다. 환원 불가능할 정도로 복잡한 체계의 선행하는 체계가 한 부분이라도 결여된다면, 그 정의에 따라 이런 체계는 제대로 기능할 수 없다."[44]

비히는 섬모를 예로 들어 설명했다. 섬모는 "머리카락처럼 생겼으며 채찍처럼 움직임"으로써 마치 노가 배를 움직이듯이 액체 속에서 세포가 움직일 수 있게 해준다. 그러나 세포 안의 또 다른 구성 요소가 "모터"처럼 작동해 에너지를 공급하고 또 다른 구성 요소가 "연결부"처럼 작동해 모터에서 "노"로 에너지를 전달해 줄 때만 섬모가 제 기능을 할 것이다. 이 체계는 환원 불가능한 방식으로 복잡하다. 왜냐하면 어느 한 부분이라도 제거한다면 이 체계 전체가 더 이상 작동하지 않기 때문이다. 그런 다음 비히는 개별 부분이 무용하며 세포에게 아무런 자연적 이점도 제공하지 않을 것이므로 진화론은 이것을 설명할 수 없다고 주장한다. 그의 책을 통해 생물 안에 있는 지적 설계에 대한 과학적 논증이 전 세계에 널리 알려지게 되었다.

2009년에 스티븐 마이어는 『세포 속의 시그니처』에서 DNA에 초점을 맞추면서 비히의 논증을 이어 갔다.[45] 마이어와 비히의 책은 살아 있는 세포의 놀라운 복잡성에 대해, 또한 점진적 진화 과정을 통해 세포가 존재하게 되었을 가능성이 없다는 것에 대해 설득력 있는 증거를 제시한다.

h. 화석 기록 사이에는 수많은 간격이 존재하며 인식할 수 있는 동물 종류의 갑작스러운 등장과 지속으로 특징지어진다. 화석 기록은 1859년 당시 다윈에게 가장 큰 문제였으며, 그 이후로 더 큰 문제가 되었다. 다윈 시대에 이미 먼 과거에 다양한 종류의 동물과 식물이 존재했음을 보여주는 수백 개의 화석이 있었다. 그러나 다윈은 구별되는 종류의 동물들 사이의 간격을 메울 중간 유형의 화석—예를 들어, 한 동물의 일부 특징과 발달 단계상 다음 유형의 몇몇 특징을 동시에 보여주는 화석—을 찾을 수 없었다. 사실 많은 고대의 화석은 현재의 동물들과 정확히 닮아 있으며, 이는 (그

의 관점의 시간적 전제에 따르면) 수많은 동물이 수백만 년 동안 본질적으로 바뀌지 않은 채 존재해 왔음을 보여준다. 다윈은 화석 기록에서 중간 유형의 부재가 자신의 이론을 약화시킨다는 것을 알고 있었지만, 이것은 충분한 화석이 발견되지 않았기 때문이라고 생각했다. 그는 더 많은 화석을 발견하면 수많은 중간 유형의 동물을 찾아낼 수 있을 것이라고 확신했다. 그러나 그 후로 160년 동안 집중적인 고고학 활동이 이루어졌음에도 여전히 필요한 중간 유형을 만들어 내지 못했다.[46]

스티븐 마이어와 독일의 고생물학자 귄터 베힐리는 이렇게 말한다.

> 특히 화석 기록을 통해 다양한 유기체 집단 사이에 커다란 형태학적 간격과 불연속성이 존재함을 알 수 있다. 이 간격과 불연속성은 다양한 생명 형태 사이의 주요한 형태학적 차이를 뜻하는 (문, 강, 목의) 높은 차원의 분류 수준에서 특히 두드러진다. 극소수의 예외가 있기는 하지만, 주요한 유기체 집단은 화석 기록상에서 초기의 것이라고 주장하는 (또한 일반적으로 더 단순한) 조상들과의 뚜렷한 연결도 없이 갑자기 화석 기록에 등장한다.[47]

그들은 "고려해야 할 가장 중요한 증거는 여전히 화석 기록 전반에서 확인할 수 있는 불연속성과 주요한 유기체 집단의 갑작스러운 출현이라고 우리는 생각한다"라고 덧붙인다.[48]

i. 구조와 외형의 유사성은 조상이 같다는 증거보다 설계자가 같다는 증거로 이해하는 편이 낫다. 베흘리와 마이어는 진화론 옹호자들이 두 유기체가 비슷한 신체 기관이나 분자 구조를 공유한다면, 이것은 두 유기체 모두 공통 조상으로부터 내려왔다는 증거라고 전제하는 경우가 많다고 지적한다. 하지만 이에 대해 베흘리와 마이어는 이렇게 답한다.

> 상이한 유기체 안에 존재하는 상이한 유전자와 단백질 사이의 유사성은 지적 설계자가 상이한 유기체 안에 분자의 차원에서 비슷한 기능적 역량을 부여하기로 선택한 결과로서 개별적으로 발생한 것일 수도 있다. 예를 들어, 이 관점에서 볼 때 침팬지와 인간이 지닌 헤모글로빈 단백질은 각 생물체 안에서 동일한 기능, 곧 혈류를 통해 산소를 전달하는 기능을 수행하기 때문에 비슷한 아미노산 서열이나 구조

를 가진다.[49]

같은 책에 기고한 다른 저자들도 비슷하게 지적한다.

지적 행위자는 기능적 필요를 충족하기 위해 상이한 설계에서 동일한 부분을 빈번히 재사용한다. 예를 들면, 자동차와 비행기 모두에 바퀴를 사용하거나 마이크로소프트 윈도우의 다른 버전에 핵심 컴퓨터 코드를 재사용한다.……따라서 공통 설계—공통적 청사진이나 구성 요소의 의도적 재사용—는 다양한 종류의 유기체 안에서 확인할 수 있는 생체분자들 사이에 광범위한 기능적 유사성에 타당한 설명이 될 수 있다.[50]

j. 고고학은 더 오래된 유인원과 비슷한 동물, 그것과 분명히 구별되는 인간이 지구상에 갑자기 출현했음을 지적한다. 대중적인 언론 보도는 인류와 비슷한 피조물이 지구상에 2백만 년 동안 존재해 왔다는 인상을 줄 수 있지만 이는 정확하지 않다. 케이시 러스킨은 이렇게 말한다.

지금까지 알려진 호미닌hominins은 두 집단, 곧 유인원과 비슷한 집단과 인간과 비슷한 집단으로 나뉘며 둘 사이에는 뚜렷한 간격이 존재한다. 사람 속the genus Homo은 다윈주의적이지 않은 방식으로 갑자기 나타나며, 유인원과 비슷한 호미닌으로부터 진화론적으로 전이가 일어났다는 증거가 없다.……많은 연구자들은 고고학적 기록을 통해 약 3만5천 년에서 4만 년 전에 현대의 인간과 비슷한 문화가 폭발적으로 발생했음을 확인했다. 즉 이때 인간의 창의성, 기술, 예술, 심지어 회화가 갑자기 나타났으며, 자의식, 집단 정체성, 상징적 사고가 급속히 출현했음을 보여준다.[51]

k. 인간은 침팬지와 매우 다르다. 인간의 유전자 코드가 침팬지와 1퍼센트밖에 다르지 않다는 주장이 널리 알려져 있으며, 이것은 인간과 침팬지가 공통 조상을 지닌다는 관념을 지지하는 것처럼 보인다. 그러나 생물학자 앤 게이저와 스웨덴의 수학 교수이자 통계학자인 올라 허셔, 유전 알고리즘을 수학적으로 분석하는 영국의 전문가 콜린 리브스에 따르면 이런 주

장은 부정확하다. 그들은 이렇게 말한다.

이 수치가 지속적으로 사용될 수 있게 했던 근본 개념은 공통 계보다. 대부분의 생물학자들은 이 개념이 공리와 같고 건드릴 수 없으며 전적으로 자명하다고 간주하고 그렇기 때문에 1퍼센트라는 수치가 그토록 끈질기게 버티는 힘을 갖게 되었다.……현재의 지식을 근거로 모두가 우리의 DNA에 적어도 5퍼센트의 차이가 존재한다고 말했으며, 이것은 DNA의 일부가 침팬지 DNA와 비교해 끝과 끝이 뒤집힌 모습으로 나타나거나 인간 DNA의 한 부분이 침팬지의 경우와는 다른 위치에 자리 잡고 있는 DNA 내의 재배열을 고려하지 않은 수치다.[52]

계속해서 그들은 더 많은 차이를 지적한다.

우리의 두뇌는 출생 이후에 더 커지고 계속해서 발달된다.……우리의 근육 조직은 더 약하고 뼈와 근육이 붙는 부위도 더 작다. 우리의 갑상선 호르몬 대사도 다르다.……우리의 면역 체계는 다르다. 우리의 섭식도 다르며, 우리의 장은 그 차이를 반영한다. 우리는 눈물을 흘리지만, 침팬지는 그렇지 않다. 우리는 헤엄을 칠 수 있고 잠수 반사를 하지만, 침팬지는 헤엄을 치지 못한다. 우리는 걷고 몸을 세운 채 달릴 수 있다. 우리의 다리도 다르다—우리의 다리는 걷도록 설계되어 있고 침팬지의 다리는 기어오르도록 설계되어 있다.……우리의 어깨는 무언가를 던지도록 설계되어 있지만, 침팬지의 어깨는 기어오르도록 설계되어 있다. 우리의 골반과 엉덩이는 직립 보행이 가능하도록 맞추어져 있다.……우리의 손은 손가락 관절을 땅에 대고 걷기 위해서가 아니라 도구를 사용하도록 설계되어 있다. 우리는 더 정교한 운동 제어 능력을 지니고 있고 우리의 엄지손가락은 우리 손의 먼 곳까지도 닿는다.

마지막으로 문화적, 행동적 차이가 존재한다. 우리는 계획한다. 우리는 과거와 미래에 관해 생각한다. 우리는 의도적인 결정을 한다. 우리는 오랜 기간 동안 만족을 지연시킬 수 있다. 우리는 장기적인 거래를 한다. 어른들도 놀이를 한다. 우리는 춤을 춘다. 우리는 음악을 만든다. 우리는 언어를 가지고 있고 상징적인 의사소통을 한다. 또한 우리는 소설과 시를 쓴다. 우리에게는 수학과 미술이 있다. 우리는 동물을 길들이고 농업에 종사한다. 우리는 옷을 입는다. 우리는 손님을 대접한다.

우리는 불을 통제하고 시간을 관리한다. 우리는 종교 생활을 하고 죽은 사람을 장사 지낸다. 우리는 다른 이들에 대해 공감하고 동물 세계에서는 찾아볼 수 없는 수준의 이타심을 보인다. 우리는 병자와 노인을 돌본다. 침팬지에게서는 인간의 수준과 비슷한 행동을 전혀 찾아볼 수 없다. 동물의 왕국을 기준으로 삼을 때 우리의 문화는 예외적이며, 더 나아가 유일하다. 그것은 침팬지가 하는 어떤 행동보다도 정교한 위대함의 질서다."[53]

진화론은 이 거대한 차이의 기원을 개연성 있는 방식으로 설명할 수 없다. 진화론을 옹호하는 이들은 '사건 a, b, c가 일어났을 수 있고' '사건 m, n, o가 일어났을 수 있으며' '사건 x, y, z가 일어났을 수 있다'라는 개연성 없는 추측에 반복적으로 의존할 수밖에 없다. 하지만 이런 추측을 뒷받침하는 물리적 증거가 전혀 발견되지 않았고, 개연성도 희박하다. 그리고 이런 돌연변이 중 다수가 동시에 일어났어야만 한다. 게이저와 그의 동료들은 계속해서 이렇게 말한다.

그러나 우리가 순전히 자연적인 방법에 의해 유인원을 닮은 조상으로부터 진화되었다는 주장이 사실이기 위해서는 이 수많은 특징이 서로 조율된 방식으로 동시에 나타났어야 하고, 이것은 여러 돌연변이가 동시에 발생했어야 한다는 뜻이다. 예를 들어, 두뇌가 커지려면 두개골뿐만 아니라 턱과 치아에도 변화가 일어나야 한다. 이처럼 중대하고 결정적인 해부학적 변화가 일어나려면 복수의 돌연변이가 일어났어야 한다.[54]

l. 인류의 유전적 다양성이 최초의 한 부부로부터 기원했을 수도 있다. 현대 진화론에서는 인류가 최소한 1만 명의 개인으로부터 유래했으며, 이 1만 명이 인간에 거의 가까운 동물로부터 점진적으로 진화한 각기 다른 결과라고 가정해야만 오늘날 존재하는 유전적 다양성을 설명할 수 있다고 주장한다. 그러나 올라 허셔와 앤 게이저, 콜린 리브스는 유전적으로 서로 다른 최초의 부부만 상정해도 오늘날 우리가 볼 수 있는 유전적 다양성을 얻을 수 있다고 반론한다.

그러나 최초의 부부가 처음부터 다양성을 지닌 채로 창조되었고, 각각이 22쌍의 상염색체를 지니고 있었으며 여자는 XX를, 남자는 XY를 지니고 있었을 수도 있다. 따라서 각각의 비성염색체 총 네 개남녀 각각 둘가 있었을 수도 있다. 이 네 개의 염색체가 각각 고유하게 창조되어 매우 많은 수의 SNP단일염기변형(유전적 차이)를 일으켰을 수도 있다. 이 모든 것이 첫 세대부터 나타났다. 네 개의 상동 염색체의 22쌍 모두에 대해……그럴 수도 있다. 같은 방식으로 세 개의 X 염색체가……다양성을 지닌 채 창조되었을 수도 있다.……첫 여자가 수백 개의 다양한 미토콘드리아를 가지고 있었으므로 그 다양성 중 일부를 딸들에게 전달했을지도 모른다.[55]

m. 진화론의 배후에 자리 잡고 있는 증명되지 않은 전제는 '방법론적 자연주의'다. 위에서 언급한 신다윈주의적 진화를 반박하는 모든 사실적 증거에도 불구하고, 오늘날 수많은 과학 교과서를 통해 진화가 확증된 과학적 사실이라는 견해가 영속화되고 있다는 점은 비극적이다. 이런 관점의 배후에는 하나의 핵심 전제, 곧 '방법론적 자연주의'라고 부를 수 있는 전제가 자리 잡고 있다.

방법론적 자연주의는 한 이론이 과학의 자격을 갖추기 위해서는 순전히 물리적이거나 물질적인—지적이지 않은—원인이나 과정을 통해 모든 현상을 설명해야 한다고 주장한다.[56]

하지만 이 전제에는 연관된 전제가 내포되어 있다. 즉 생물은 무로부터 생명체를 즉각적으로 창조했거나, 그렇지 않다면 생명체를 창조하기 위해 물질의 자연적 행태를 변화시켰던 하나님에 의해 창조되지 않았다는 전제다. (이렇게 전제하지 않는다면 생물의 기원은 과학의 영역 밖에 있는 주제라고 전제한다. 하지만 이것은 대부분의 과학자들이 받아들이기 어려운 전제다.)

어떻게 증명되지 않은 전제를 통해 현대 과학자들은 자신들이 역사적 진리로서 생물의 기원에 대한 설명, 곧 생물이 하나님의 특별한 창조 행위에 의해 처음 만들어졌다는 설명을 배제하지 않았다고 확신할 수 있는가? 만일 현대 과학이 그런 답을 배제하는 방식으로 정의된다면 수백 년, 심지어 수천 년이 더 지나도 모든 생물의 기원을 발견할 수 없을 것이다. 방법

론적 자연주의에 대한 헌신이 실질적 진리의 발견을 계속해서 가로막을 것이기 때문이다.[57]

n. 먼 미래의 과학자들이 실제로 생명을 창조한다면 어떻게 되는가? 언젠가 과학자들이 실제로 실험실에서 생명을 창조한다면 어떻게 되는가? 먼저 그것이 무엇을 뜻하는지 이해하는 것이 중요하다. 첫째, 이것은 이 단어의 순수한 의미에 따른 창조가 아닐 것이다. 왜냐하면 실험실에서 행하는 모든 실험은 이전에 존재하는 물질로부터 시작되기 때문이다. 이것은 물질 자체의 기원에 대해 설명할 수 없을 것이고, 성경에서 하나님이 행하셨다고 말하는 그런 종류의 창조도 아닐 것이다. 둘째, 생명을 창조하고자 하는 현대의 시도들은 대부분 무생물 재료로부터 독립적으로 살아 있는 유기체, 심지어 단 하나의 세포로 이루어진 유기체로 나아가는 거대한 과정에서도 아주 작은 발걸음에 불과하다. 단백질 분자나 아미노산을 만들어 낸다고 해도 이것은 살아 있는 하나의 세포가 지닌 복잡성에 전혀 미치지 못한다. 하지만 가장 중요한 차원에서, 세계에서 가장 명석한 과학자 수천 명이 가장 값비싸고 복잡한 실험 장비를 사용해 수십 년 동안 연구를 거듭한 결과 실제로 살아 있는 유기체를 만들어 낸다면, 이것은 무엇을 입증할 수 있는가? 그것은 하나님이 생명을 창조하지 않았음을 증명하는 것인가? 오히려 그 반대다. 그것은 생명이 우연히 나타나지 않았고, 지적인 설계자에 의해 의도적으로 창조되어야만 했다는 것을 증명할 것이다. 적어도 이론상으로는 하나님의 형상으로 창조되고 하나님이 주신 지성을 사용하는 인간이 언젠가 살아 있지 않은 물질로부터 살아 있는 유기체를 만들어 내는 것이 불가능하지 않다(물론 이 과업의 복잡성은 현재 존재하는 기술의 한계를 훨씬 뛰어넘는다). 하지만 그런 일이 가능하다면, 이것은 하나님이 우리를 하나님을 닮은 존재로 만드셨음—삶의 수많은 다른 영역에서처럼 생물학 연구에서도 우리는 아주 작은 방식으로 하나님의 활동을 모방할 수 있음—을 보여줄 뿐이다. 이런 방향의 모든 과학적 연구는 하나님을 경외하는 마음으로부터, 그분이 우리에게 주신 과학적 능력에 감사하는 자세를 가지고 이루어져야 한다.

o. 성경을 제외한 모든 것을 믿으려고 한다. 하나님을 믿지 않는 과학자들 중 다수는 진화론에 제기된 반론의 축적된 힘에 지대한 영향을 받아

생물이 진화론적으로 발전했다는 주장의 특정 부분에 대한 새로운 입장을 공개적으로 지지하고 있다. DNA 분자의 구조를 발견하는 데 기여한 공로로 노벨상을 수상한 프랜시스 크릭은 1973년에 생명이 먼 행성에서 온 우주선에 의해 이곳으로 보내졌을지도 모른다고 주장했다. 크릭은 이 이론을 "정향적 범종설"Directed Panspermia이라고 부른다.[58] 그토록 탁월한 과학자들이, 지금까지 한 번도 틀렸다고 증명된 적이 없고 수백만 명의 삶을 변화시켰으며 모든 세대의 가장 명석한 학자들 다수가 전적으로 믿었고 세계 역사에서 다른 어떤 책보다 선을 위한 능력을 더 많이 발휘했던 한 권의 책, 바로 그 책이 제시하는 명백한 설명을 거부한 채 뒷받침하는 증거도 전혀 없는 황당한 이론을 주장한다는 것은 아이러니다.

왜 다른 부분에는 명석한 사람들이 이토록 비합리적으로 보이는 신념을 고수하는 것인가? 마치 그들은 성경에 계시된 인격적인 하나님, 곧 우리에게 교만을 버리고 그분 앞에서 겸손해지며 그분의 도덕적 기준에 순종하지 못한 것에 자비를 구하고 삶에서 그분의 도덕적 명령에 순종하라는 하나님에 대한 믿음만 아니라면 무엇이든지 믿으려는 것처럼 보인다. 이러한 것들을 거부하는 것은 비합리적인 일이지만, 죄를 다루는 장에서 보게 되듯이 모든 죄는 그 근원에 있어서 궁극적으로 비합리적이다.

지난 20-30년 동안 진화론에 대한 다른 반론들이 제기되었으며, 앞으로도 더 많은 반론이 제기될 것이다. 우리는 진화론이 개연성을 결여하고 있음을 과학계가 너무 늦기 전에 공개적으로 인정하고, 고등학교와 대학교 교과서에서도 진화가 생명의 기원에 대한 만족스러운 설명이 아니라는 것을 인정하게 되기를 바랄 뿐이다.

p. 진화론이 현대 사상에 준 파괴적인 영향력. 진화론이 현대 사상에 미친 파괴적인 영향력을 이해하는 것이 중요하다. 만일 실제로 생명이 하나님에 의해 창조되지 않았다면, 또한 특히 인간이 하나님에 의해 창조되지 않았거나 그분께 책임질 필요도 없고 우주 안에서 일어난 무작위적 사건의 결과일 뿐이라면, 인간의 생명은 어떤 의미가 있겠는가? 우리는 물질과 시간과 우연의 산물일 뿐이며, 우리가 영원한 중요성을 지닌다고 생각하는 것 또는 거대한 우주 앞에서 중요성을 지닌다고 생각하는 것 자체가 자기기만일 뿐이다. 이 관념을 정직하게 성찰한다면 사람들은 깊은 절망

감에 빠질 수밖에 없다.

그뿐만 아니라 모든 생명이 하나님과 별개로 진화론에 의해 설명될 수 있다면, 또한 우리를 창조하신 하나님이 존재하지 않는다면(또는 적어도 우리가 그분에 관해 아무것도 확실히 알 수 없다면), 우리에게 도덕적인 책임을 물을 수 있는 최고의 심판자도 존재하지 않는 셈이다. 그러므로 인간의 삶에는 아무런 도덕적 절대 가치도 존재하지 않으며, 인간의 도덕관념은 주관적 선호일 뿐이고 자신에게는 좋을지 모르지만 다른 이들에게는 강요할 수 없을 것이다. 실제로 그런 경우에 유일하게 금지되는 것은, 어떤 것이 옳고 어떤 것이 그르다는 것을 누군가 알고 있다고 말하는 것—오늘날 그리스도에 대해 자주 제기되는 불만—이다.

진화론은 또 다른 불행한 결과를 초래한다. 만일 자연 선택의 불가피한 과정이 적자생존을 통해 지구상의 생명체를 계속해서 개선한다면, 왜 우리는 굳이 약하거나 자기방어 능력이 떨어지는 사람들을 돌봄으로써 이 과정을 지연시켜야 하는가? 우리는 그들이 재생산을 하지 못하고 죽도록 내버려두어 우리가 새롭고 더 고등한 형태의 인류, 심지어는 지배 종족으로 발전할 수 있게 해야 하지 않겠는가? 실제로 마르크스와 니체, 히틀러 모두 이런 근거로 전쟁을 정당화했다.[59]

이에 더해 인간이 계속해서 더 나은 방향으로 진보하고 있다면 이전 세대의 (특히 이전의 종교적 신념의) 지혜는 현대의 사상만큼 가치가 없을 것이다. 실제로 다윈의 진화론은 성경의 신뢰성에 대한 많은 사람들의 견해에 대단히 부정적인 영향을 미쳤다.

인간을 고등한 형태의 동물일 뿐이라고 보는 현대의 사회학, 심리학 이론은 진화론 사상의 또 다른 결과물이다. 일체의 (식품, 가죽옷, 의학 연구를 위한) 동물 살해에 반대하는 현대의 극단적인 동물권 운동 역시 진화론 사상으로부터 자연스럽게 흘러나왔다.

4. 유신 진화론은 성경의 가르침과 모순된다

찰스 다윈의 책 『종의 기원』이 출간된 뒤 일부 그리스도인들은 살아 있는 유기체가 다윈이 주장한 진화 과정을 통해 발생했지만, 하나님이 그 과정을 이끄셨으며 그 결과는 그분이 원하신 그대로였다고 주장해 왔다. 이 견해는 하나님에 대한 믿음과 진화에 대한 믿음을 동시에 주장하기 때문에 유신 진화론theistic evolution이라고 불린다.[60]

a. 유신 진화론의 정의. 여기서는 최근 유신 진화론을 옹호하는 저명한 인물들, 곧 바이오로고스 연구소와 관련이 있으며 그 웹사이트BioLogos.org에 글을 발표한 그리스도인들과 대화를 나눌 것이다. 더 구체적으로는 이렇게 정의된 유신 진화론과 대화를 나누고자 한다.

> 하나님은 물질을 창조하셨지만, 그 후에는 모든 생물이 순전히 자연적 과정을 통해 진화할 때까지 물질의 자연적 행동에 경험적으로 감지할 수 있는 변화를 일으키기 위해 직접적으로 지시하거나 개입하거나 행동하지 않으셨다.

이 정의가 포함된 『유신 진화론 비판』이 출간된 뒤[61] 바이오로고스에 게재된 일부 서평은 이 정의가 자신들의 입장을 잘못 설명하고 있다고 반론했다. 대표적인 예시는 바이오로고스의 회장인 데브라 하스마의 사려 깊은 서평이다.[62] 그는 (이것을 "진화적 창조"evolutionary creation[63]라고 부르기를 선호하지만) 유신 진화론에 대한 대안적인 정의를 제안한다.

> 하나님은 그리스도를 통해 그분의 형상을 따라 창조된 인간을 비롯한 모든 생물을 창조하시며, 오늘날 과학자들이 진화라고 부르며 연구하고 있는 의도적으로 설계되고 적극적으로 유지되는 자연적 과정을 사용하신다.

하스마는 "하나님은 배아로부터 아기를 형성하는 과정을 이끄시듯이 진화를 이끄셨다"라고 덧붙인다(바로 앞 문장에서 그는 "주께서 내 내장을 지으시며 나의 모태에서 나를 만드셨나이다"라는 시편 139:13을 인용한다). 또한 그는 "비록 하나님이 그분의 주권으로 새로운 종을 창조하기 위해 초자연적 행위를 사용하는 쪽을 선택할 수도 있었지만, 진화적 창조론자들은 창조 질서 안의 증거를 근거로 하나님이 자연적 기제를 사용하는 쪽을 선택하셨다고 확신한다"라고 말한다.[64]

하지만 하스마의 반론은 위에서 내가 제시한 정의의 정확성을 확증하는 것처럼 보인다.[65] 그가 옹호하는 내용을 추가하기 위해 이 정의를 수정할 수는 있지만, 아래의 예처럼 이 정의의 본질은 그대로 남아 있을 것이다.

하나님이 [자연법칙의 통제를 받으며 규칙적인 속성을 지닌] 물질을 창조하셨지만, 그 후에는 [하나님이 계속해서 물질을 유지하고 그것의 자연적 속성을 보존하셨지만] 모든 생물이 순전히 자연적 과정을 통해 진화할 때까지 [하나님이 적극적으로 유지하지만 변화시키지 않으시는] 물질의 자연적 행동에 경험적으로 감지할 수 있는 변화를 일으키기 위해 직접적으로 지시하거나 개입하거나 행동하지는 않으셨다.

이처럼 수정된 정의는 (골로새서 1:17과 히브리서 1:3에서 확증하듯이) 하나님이 자연 세계의 모든 활동을 적극적으로 떠받치며 유지하신다는 바이오로고스의 믿음을 명시적으로 추가했다. 나는 이 믿음에 동의하고,16장 참조 따라서 이 점에 아무런 이견도 없으며, 이것은 역사적인 기독교 교리와도 조화를 이룬다. 하지만 우리가 내리는 정의의 핵심, 곧 강하게 반대하는 논점은 모든 생물이 "순전히 자연적 과정을 통해 진화할" 때까지 하나님이 "물질의 자연적 행동에 경험적으로 감지할 수 있는 변화를 일으키"지 않으셨다는 주장이다.

하스마는 우리의 정의 중 이 부분에 이의를 제기하지 않으며, 실제로 그가 제안한 정의에서도 같은 내용을 주장한다. "하나님은……모든 생물을 창조하시며……의도적으로 설계되고 적극적으로 유지되는 자연적 과정을 사용하신다."[66]

b. 유신 진화론은 창조와 섭리를 혼동하고 있다. 창조를 이처럼 이해할 때 발생하는 문제는, 처음에 세상을 창조한 하나님의 활동에 관한 성경의 가르침과 섭리적으로 세상을 유지하는 하나님의 계속되는 활동에 관한 성경의 가르침을 혼동한다는 것이다. (유신 진화론에 대한 그들의 정의에서 현재 시제를 사용하고 있음을 눈여겨보라. "하나님이 창조하셨다"가 아니라 "하나님이 창조하신다.") 바이오로고스에 게재된 또 다른 서평에서 짐 스텀프는 "그렇다. 우리는 하나님이 광합성 작용을 이끄신다고 믿는 것처럼 하나님이 진화를 이끄신다고 믿는다"라고 말한다.[67]

하지만 그들은 오해를 불러일으키는 방식으로 '이끌다'라는 단어를 사용하고 있다. 사람들은 보통 어떤 사물의 경로에 영향을 미쳐 그것이 특정한 방향이나 특정한 목적지를 향해 움직이게 하는 행동을 지칭하기 위해 '이끌다'라는 단어를 사용한다.[68] 무언가의 방향에 영향을 미친다는 것은 그것이 가는 방향에 변화를 일으킨다는 것을 내포한다. 그러나 바이오로고스의 설명은 '이끌다'라는 단어를 '어떤 사물의 방향에 영향을 미치는 것이 아니라 그것을 유지하고 그것이 가고 있던 방향으로 계속 나아가게 한다'라는 뜻으로 사용함을 알 수 있다. 따라서 평범한 독자는 '이끌다'라는 단어를 '무언가의 방향에 영향을 미친다'라는 뜻으로 이해하지만, 바이오로고스는 이 단어를 정반대로 '무언가의 방향에 영향을 미치지 않는다'는 뜻으로 이해한다. 그들은 '이끌다'라는 단어를 사람들이 보통 이 말로 뜻하는 바와 정반대의 의미로 사용하고 있으며, 그렇기 때문에 그들의 진술은 평범한 독자들에게 오해를 불러일으킨다.

창조와 섭리의 구별에 관해 창세기 1-2장에 기록된 하나님의 창조 행위의 서사는 하나님의 창조 사역이 오늘날 피조물을 보존하고 그 속성을 유지하는 그분의 섭리 사역과 근본적으로 달랐다는 압도적 증거를 제공한다. 이런 이유 때문에 아래서 논증하듯 유신 진화론이 받아들이는 모든 해석은 창세기 1-2장과 조화를 이룰 수 없다. 창세기는 하나님이 여섯째 날에 인간을 창조하신 뒤 "하나님이 지으신 그 모든 것을 보시니 보시기에 심히 좋았더라"고 말한다.[창 1:31] 그리고 이로써 창조하는 하나님의 최초 사역은 완료되었다.

> 천지와 만물이 다 이루어지니라. 하나님이 그가 하시던 일을 일곱째 날에 마치시니 그가 하시던 모든 일을 그치고 일곱째 날에 안식하시니라.[창 2:1-2]

c. 유신 진화론은 인류의 조상이 단 두 명이 아니라 만 명이었다고 주장한다. 인류의 기원에 관해 유신 진화론을 지지하는 그리스도인들 사이에는 아담과 하와가 역사적 인간으로 실존했는지에 관해 이견이 존재한다. 일부는 아담과 하와가 실제로 존재했다고 믿지 않는다. 데니스 래머로는 "아담은 결코 존재하지 않았고"[69] "성경은 하나님이 어떻게 살아 있는 유기체를 창조하셨는지에 관해 진술하지만, 그런 일은 실제로 일어난 적이 없으며"

"성경 안의 실제 역사는 대략 창세기 12장에 이르러 아브라함과 더불어 시작된다"라고 말한다.[70] 바이오로고스의 웹사이트에 실린 글에서 피터 엔즈는 "아마도 이스라엘의 역사가 먼저 일어났고, 아담 이야기는 그 역사를 반영하도록 기록되었을 것이다"라고 주장한다.[71]

유신 진화론을 지지하는 다른 이들은 역사적 아담과 하와를 믿지만, 여기서 역사적 아담과 하와는 성경의 아담과 하와가 아니다. 왜냐하면 유신 진화론을 지지하는 이들은 아담과 하와가 첫 번째 인간이라고 믿지 않으며, 인류가 그들로부터 기원했다고도 믿지 않기 때문이다. 그 대신 이들은 최근 유전학 연구에 따라 오늘날의 인류는 너무 다양하여 최초의 아담과 하와 같은 단 두 사람으로부터 기원할 수 없음을 보여준다고 주장한다.

프랜시스 콜린스는 "인구 유전학자들은……우리의 종이……약 10만 년에서 15만 년 전에 살았던, 약 만 명에 이르는 하나의 공통된 기원자 집단으로부터 기원했다고……결론 내린다"라고 말한다.[72] 그와 비슷하게 데니스 알렉산더는 "현재 모든 인간의 조상이었던 기원자 집단은……9천 명에서 1만2천5백 명에 불과한 생식적으로 활동적인 개인들이었다"라고 말한다.[73]

그러므로 유신 진화론을 지지하면서도 역사적 아담과 하와에 대한 믿음을 지켜 내기 원하는 이들은 하나님이 지구상에 살았던 수천 명의 인간 중에서 한 남자와 한 여자를 선택하여 그 남자를 아담으로, 그 여자를 하와로 부르셨을 뿐이라고 주장한다. 그다음 그분은 그들과 인격적으로 관계를 맺기 시작하셨으며, 그들을 인류 전체의 대표자로 삼으셨던 것이다.

그렇다면 아담과 하와에 관한 성경의 이야기는 어떻게 되는가? 데니스 알렉산더는 자신의 견해를 이렇게 설명한다.

> 하나님은 그분의 은혜로 아마도 약 8천 년 이전, 근동의 신석기인 농부 부부……또는 어쩌면 농부 공동체를 선택하셨으며, 특별한 방식으로 그들에게 자신을 계시하시고 자신과 사귐을 나누도록—이로써 그들이 자신을 인격적인 하나님으로 알 수 있도록—그들을 부르기로 작정하셨다.……이 첫 번째 부부 또는 공동체는 '호모 디비누스',Homo divinus, 하나님의 사람들 곧 한분이신 참 하나님을 아는 사람들로 명명되었으며, 이것은 창세기의 아담과 하와 이야기와 조화를 이룬다.……분명히 이

시기 전에도 종교적 믿음이 존재했으며, 세계 여러 곳에서 사람들이 하나님이나 신들을 추구했고 자신들의 삶의 의미에 대해 나름의 설명을 제시했다. 그러나 '호모 디비누스'를 통해 하나님은 처음으로 그분과 인류를 향한 그분의 목적을 계시하기로 작정하셨다.……[아담]은……그때 살았던 인류 전체의 언약적 대표federal head로 간주된다.……아담, 하와와 유전적으로 동일했던 신석기 시대의 세계 인구는 백만 명에서 천만 명으로 추정되지만……하나님은 수백만 명 중에서 이 두 농부에게만 자신을 계시하기로 작정하셨다.[74]

N. T. 라이트도 비슷한 설명을 제안한다.

아마도 창세기가 우리에게 말하고자 하는 바는 하나님이 특별하고 이상하며 몹시 어려운 소명을 위해 초기 원시인류hominid 중에서 한 부부를 택하셨다는 것이다. 이 부부(원한다면 그들을 아담과 하와로 부르라)는 인류 전체의 대표 역할을 해야 했다.[75]

칼 기버슨과 프랜시스 콜린스도 비슷한 견해를 제시한다.

성경의 설명과 과학의 설명을 통합하는 일반적이고 종합적인 관점에서는 인간과 비슷한 피조물이 과학적 증거가 보여주는 것처럼 꾸준히 진화하여 점점 더 하나님과 관계를 맺을 수 있게 되었다고 본다. 역사 안의 특정한 시점에서 하나님은 필수적인 속성을 발전시킨 이들과 특별한 관계를 맺기 시작하셨고 그들에게 그분의 형상이라는 선물을 주셨다.……문제의 인간이 집단—아담과 하와가 상징하는—이었든지 특정한 남녀 부부였든지 이 관점이 적용될 수 있다.[76]

아담과 하와에 관한 유신 진화론의 이 설명들은 문제를 가지고 있다. 왜냐하면 이런 설명들은 다음 절에서 설명하겠지만 창세기 1-3장에 기록된 성경의 설명과 크게 다르기 때문이다.

d. 유신 진화론은 창세기 1-3장에 기록된 최소한 열두 개의 사건을 부인한다. (1) 유신 진화론은 아담과 하와가 최초의 인간이 아니었다고 (또한 아담과 하와가 아마도 존재하지 않았을 것이라고) 주장한다. 그러나 우주의 여러 부분에 대한 최초의 창조를 기록한 창세기 1장은 최초의 인간이 어떻게

창조되었는지를 기록하고 있다.

하나님이 이르시되 우리의 형상을 따라 우리의 모양대로 우리가 사람을 만들고 그들로 바다의 물고기와 하늘의 새와 가축과 온 땅과 땅에 기는 모든 것을 다스리게 하자 하시고 하나님이 자기 형상 곧 하나님의 형상대로 사람을 창조하시되 남자와 여자를 창조하시고.[창 1:26-27]

(2) 유신 진화론은 아담과 하와가 인간 부모로부터 태어났다고 주장한다. 유신 진화론은 아담과 하와가 (존재했다면) 인간 부모로부터 태어난 평범한 인간이었다고 주장한다. 하지만 이것은 하나님이 친히 "땅의 흙으로 사람을 지으시고 생기를 그 코에 불어넣으시니 사람이 생령이 되니라"고 말하는 창세기 본문과 모순된다.[창 2:7] 이 본문을 역사적 서사로 이해한다면 아담에게는 인간 부모가 없으며 그는 흙으로부터 지음을 받은 것으로 보아야 한다.

하와에게도 인간 부모가 없었다고 묘사된다. 창세기는 하와가 아담의 몸에서 취한 갈비뼈로부터 창조되었다고 말하기 때문이다. "여호와 하나님이 아담에게서 취하신 그 갈빗대로 여자를 만드시고 그를 아담에게로 이끌어 오시니."[창 2:22]

(3) 유신 진화론은 하나님의 직접적인 또는 구체적인 행동, 곧 땅의 흙으로부터 아담을 창조하신 것이 아님을 주장한다. 이 항목은 아담과 하와에게 인간 부모가 없었다는 이전의 항목과 짝을 이룬다. 유신 진화론은 (아담이 존재했다면) 아담은 이전에 존재했던 인간들의 오랜 계보로부터 태어났을 것이라고 주장한다. 그러나 창세기 2장은 하나님이 흙으로 최초의 인간을 만드셨다고 주장한다. "여호와 하나님이 땅의 흙으로 사람을 지으시고 생기를 그 코에 불어넣으시니 사람이 생령이 되니라."[창 2:7] 창세기의 다음 장도 아담이 흙으로 창조되었다고 분명히 말한다. "네가 흙으로 돌아갈 때까지 얼굴에 땀을 흘려야 먹을 것을 먹으리니 네가 그것에서 취함을 입었음이라. 너는 흙이니 흙으로 돌아갈 것이니라."[창 3:19] 그다음 이야기는 이렇게 이어진다. "여호와 하나님이 에덴 동산에서 그를 내보내어 그의 근원이 된 땅을 갈게 하시니라."[창 3:23]

(4) 유신 진화론은 하나님이 친히 아담의 옆구리에서 취한 갈비뼈로 하와를 창조한 것이 아니라고 주장한다. 유신 진화론은 (하와가 존재했다면) 하와에게 인간 부모가 있었을 것이라고 주장한다. 그러나 창세기 2장은 하나님이 어떻게 하와를 창조하셨는지를 다르게 설명한다.

> 여호와 하나님이 아담을 깊이 잠들게 하시니 잠들매 그가 그 갈빗대 하나를 취하고 살로 대신 채우시고 여호와 하나님이 아담에게서 취하신 그 갈빗대로 여자를 만드시고 그를 아담에게로 이끌어 오시니 아담이 이르되 이는 내 뼈 중의 뼈요 살 중의 살이라 이것을 남자에게서 취하였은즉 여자라 부르리라 하니라.창 2:21-23

(5) 유신 진화론은 아담과 하와가 죄 없는 인간이었던 적이 없었다고 주장한다. 유신 진화론자들은 아담과 하와가 평범한 인간이었으며, 그들은 다른 모든 인간과 마찬가지로 생애 동안 도덕적으로 악한 행동을 했다고 주장한다. 그와 대조적으로 창세기 1-2장에 기록된 아담과 하와의 창조 이야기는 하나님이 그들에게 복과 은혜를 베푸셨다고 말하며, 인간의 죄나 죄에 대한 하나님의 심판이 존재했다는 암시를 전혀 제시하지 않는다.

하나님은 그들을 창조하고 "그들에게 복을 주"셨다.창 1:28 또한 "하나님이 지으신 그 모든 것을 보시니 보시기에 심히 좋았"다.창 1:31 거룩하신 하나님이 보시기에 "심히 좋았"다는 것은 세상에 죄가 없었음을 암시한다.

죄나 죄책이 없는 곳에는 부끄러움도 없다. 따라서 창세기 2장을 마무리하는 이런 진술은 역시 세상에 죄가 없었음을 확증한다. "아담과 그의 아내 두 사람이 벌거벗었으나 부끄러워하지 아니하니라."창 2:25

(6) 유신 진화론은 아담과 하와 이전에도 인간들은 오랫동안 도덕적으로 악한 일을 해왔으므로 인간으로서 최초의 죄를 범한 것은 아담과 하와가 아니라고 주장한다. 이 주장은 하나님이 아담과 하와를 죄 없는 인간으로 창조하셨다는 앞의 항목과 짝을 이룬다. 유신 진화론에 따르면 인간은 언제나 도덕적으로 악한 행동을 범해 왔고 따라서 인간은 아담과 하와 이전에도 수천 년 동안 죄를 짓고 있었다.[77]

그러나 창세기는 아담과 하와가 완벽했으며 인간의 죄가 존재하지 않았던 세상에서 최초의 인간으로서 죄를 범했다고 말한다. "여자가 그 나무를 본즉 먹음직도 하고 보암직도 하고 지혜롭게 할 만큼 탐스럽기도 한 나무인지라. 여자가 그 열매를 따먹고 자기와 함께 있는 남편에게도 주매 그도 먹은지라."창 3:6

(7) 유신 진화론은 아담과 하와 이전에도 오랫동안 인간이 존재해 왔으며 아담 이전의 인간들도 모두 죽을 수밖에 없는 존재였으므로 인간의 죽음은 아담이 죄를 범한 결과로 시작된 것이 아니라고 주장한다. 인간을 포함해 진화론적으로 모든 생물은 결국 죽게 되며, 따라서 유신 진화론은 인간이 언제나 죽을 수밖에 없는 존재였고 아담과 하와가 존재하기 전에도 오랫동안 인간은 죽음을 맞이하고 있었다고 주장한다.

그러나 성경의 서사에 따르면 하나님이 처음 아담과 하와를 만드셨을 때 그들은 죽을 수밖에 없는 존재가 아니었다. 여섯 번째 창조의 날을 요약하는 진술은 아담과 하와가 창조되었을 때 죽음이 부재했음을 암시한다. "하나님이 지으신 그 모든 것을 보시니 보시기에 심히 좋았더라."창 1:31 죽음이 "맨 나중에 멸망받을 원수"라는 성경의 가르침고전 15:26과 장차 올 시대에 "다시는 사망이 없"을 것이라는 예언계 21:4에 비추어 볼 때, "심히 좋았"던 최초의 창조는 아담과 하와가 처음 창조되었을 때 그들이 죽을 수밖에 없는 존재가 아니었음을 암시하는 것으로 이해해야 한다.

다음 장에서 하나님은 아담에게 "선악을 알게 하는 나무의 열매는 먹지 말라. 네가 먹는 날에는 반드시 죽으리라"고 말씀하셨다.창 2:17 이 말씀은 죽음이 처음부터 그들이 맞이할 수밖에 없었던 무언가가 아니라, 불순종에 대한 벌이 될 것임을 암시한다. (창세기 2장은 동물의 죽음을 암시하는 말이 없다. 하나님이 아담에게 친히 하신 말씀은 인간의 죽음만을 암시하기 때문이다. "반드시 죽으리라.") 아담이 죄를 지은 뒤 하나님은 약속된 심판을 선언했으며, 이 심판은 고통스러운 수고로 가득한 삶을 통해 오랜 시간에 걸쳐 집행되고 결국 죽음에 이르게 되는 것이다. "네가 흙으로 돌아갈 때까지 얼굴에 땀을 흘려야 먹을 것을 먹으리니 네가 그것에서 취함을 입었음이라. 너는 흙이니 흙으로 돌아갈 것이니라."창 3:19

(8) 유신 진화론은 하나님이 아담과 하와를 선택했을 때 지구상에 수천 명의 다른 인간들이 존재하고 있었으므로 모든 인간이 아담과 하와로부터 유래한 것은 아니라고 주장한다.

유신 진화론에서 주장하는 아담과 하와는 당시 지구상에 존재하던 수천 명 중 두 사람에 불과하며, 따라서 모든 인간이 아담과 하와로부터 유래한 것은 아니다. 그러나 창세기는 아담과 하와를 최초의 인간으로 묘사하며, 창세기의 뒷부분은 "아담이 그의 아내의 이름을 하와라 불렀으니 그는 모든 산 자의 어머니가 됨이더라"고 분명히 말한다.[창 3:20] 모든 인간은 남자의 조상인 아담과 여자의 조상인 그의 아내 하와로부터 유래했다.

이와 달리 일부 유신 진화론자들은 아담과 하와 시대에 다른 많은 인간이 지구상에 있었을 것이라고 주장한다. 그들이 제시하는 증거는 가인의 아내[창 4:17]가 어딘가에서 와야만 했으며, 가인이 자신을 죽이려고 하는 다른 사람들이 있을 것이라고 예상했다는 점이다.[창 4:14] 심지어 창세기는 가인이 "성"을 쌓았다고 말하는데, 성은 많은 사람들이 거주하는 곳이어야만 한다.[창 4:17]

하지만 우리는 창세기 저자가 이런 어려움을 알지 못했을 것이라고 생각해야 하는가? 창세기 본문 자체가 이 문제에 명백한 해답을 제시한다. 왜냐하면 아담이 930년을 살았으며 "자녀들을 낳았"다고 말하기 때문이다.[창 5:4-5] 본문은 얼마나 많은 자녀를 낳았는지 말하지 않지만, 다 자란 성인으로 창조된 아담과 하와가 첫 해부터 자녀를 낳기 시작했을 수도 있다. 셋이 태어났을 때 아담이 130세였지만,[창 5:3] 그와 하와가 그 이전과 이후로 수십 명의 자녀를 낳았을 수도 있다. 본문이 우리에게 말해 주지 않을 뿐이다.

물론 그렇다면 가인과 셋과 다른 아들들은 첫 세대에 그들의 여자 형제들과 결혼한 셈이다. 하지만 인류 전체가 아담과 하와로부터 유래하기 위해서는 그런 과정이 필수적이었으며, 하나님은 후대에 이를 때까지 근친상간 금지 명령을 내리지 않으셨다.[레 18:6-18; 20:11-20; 신 22:30 참조]

(9) 유신 진화론은 하나님이 다양한 종류의 물고기와 새, 들짐승을 창조하기 위해 자연 세계 안에서 직접적으로 행동하지 않으셨다고 주장한다. 유신 진화론은 모든 생물이 순전히 자연적인 과정을 통해 진화할 때까지 하나님이 물질의 자연적인 행동에 경험적으로 감지할 수 있는 변화를 일으키지 않으셨다고 주장한다.

그러나 이런 주장은 창세기가 제시하는 그림과 긴장을 이룬다. 창세기에서 하나님은 피조물의 여러 특정 부분을 직접 창조하기 위해 구별되며 분리되는 행동들을 하시고, 그다음 구별되는 추가적인 행동을 통해 특정한 종류의 동물을 창조하신다. 예를 들어, 셋째 날에 "하나님이 이르시되 땅은 풀과 씨 맺는 채소와 각기 종류대로 씨 가진 열매 맺는 나무를 내라 하시니 그대로 되"었다.[창 1:11] 그런 다음 다섯째 날에는 별개의 행동을 통해 "하나님이 이르시되 물들은 생물을 번성하게 하라. 땅 위 하늘의 궁창에는 새가 날으라"고 하셨다.[창 1:20] 그리고 여섯째 날에는 더 창조적인 활동이 있었다. "하나님이 땅의 짐승을 그 종류대로 가축을 그 종류대로 땅에 기는 모든 것을 그 종류대로 만드시니 하나님이 보시기에 좋았더라."[창 1:25]

이 구절의 히브리어 본문에는 직접 목적어를 표시하는 '에트'가 세 차례 사용되는데, 이것은 '만들다'라는 동사[아사]의 직접 목적어에 해당하는 구별되는 세 개의 대상이 있음을 뜻한다. 이 구절은 하나님이 (1) 땅의 짐승, (2) 가축, (3) 땅에 기는 모든 것을 구체적으로 만드셨다고 말한다. 이에 더해 이 각각의 집단 안에서 그분은 "그 종류대로" 피조물을 만드셨다. 각 집단 안에 수많은 다른 종류의 동물을 만드셨다는 뜻이다(다만 성경은 "종류"라고 불리는 각 범주의 크기를 구체적으로 정의하지는 않는다). 이 구절은 하나님이 다양한 종류의 동물을 만드는 과정에 직접적이고 적극적으로 관여하셨다고 묘사한다. 이 내용은 물질이 그 자체의 속성에 따라 진화하도록 물질을 유지한다는 유신 진화론의 주장과 전혀 다르다.

같은 날 하나님은 분리된 행동을 통해 "우리의 형상을 따라 우리의 모양대로 우리가 사람을 만들고[아사(구별되는 행동)]"라고 말씀하셨다. 그리고 하나님은 "자기 형상 곧 하나님의 형상대로 사람을 창조하시되 남자와 여자를 창조하"셨다.[창 1:26-27]

마지막으로, 여섯째 날이 끝날 때 "하나님이 지으신 그 모든 것을 보시니 보시기에 심히 좋았"다.[창 1:31] "하나님이 지으신[아사] 그 모든 것"의 범위에는 구별되는 종류의 동물들[여섯째 날]과 인간[여섯째 날]이 모두 포함되며, 이 둘은 하나님이 "지으신" 것으로 특정된다.

그러므로 창세기가 제시하는 그림은 하나님이 다양한 종류의 동물과 인간을 구별되며 분리된 행동을 통해 직접 만드셨다는 것이다. 그러나 유신 진화론은 이 본문의 히브리 독자들이 '만들다'[아사]라는 동사를 통해 이해했던 의미에서 하나님이 창조 활동을 하지 않으셨으며, 수십억 년 전 우주가 시작될 때 하나님이 만드셨던 생명 없는 물질이 그분의 추가적인 창조 행위 없이 그 자체의 속성에 의해 이 모든 동물과 인간으로 진화했다는 의미에서만 하나님이 창조 활동을 하셨다고 말한다.[78]

창세기의 원래 독자들 중 그 누구도 이 본문을 하나님이 처음에 생명 없는 물질을 창조하셨고, 그다음 이 물질이 수십억 년에 걸쳐 하나님의 추가적인 개입 없이 모든 생물을 발생시켰다는 식으로 이해하지 않았을 것이다. 또한 이것은 신약 저자들이 의도했던 의미도 아니었을 것이다. 오히려 인간 저자들또한 신적 저자의 의도는, 원래의 독자들이 바르게 이해했듯이 하나님이 자연 세계 안에서 직접 행동하셔서 오늘날 지구상에 존재하는 모든 종류의 식물과 동물을 창조하셨음을 확증하고자 함이었을 것이다.

(10) 유신 진화론은 지구상에 식물과 동물, 인간이 나타난 뒤 하나님이 그분의 창조 사역으로부터 물러나 안식하거나 모든 특별한 창조 활동을 중단하지 않으셨다고 주장한다. 유신 진화론은 하나님이 처음 물질을 창조한 뒤에는 생물을 창조하기 위해 우주 안에 있는 물질의 행동에 변화를 일으키지 않으셨다고 주장한다. 칼 기버슨과 프랜시스 콜린스는 "여기서 우리가 제안하는, 하나님이 이끄시는 진화의 모형은 하나님의 창조 과정을 설명할 때 그 과정을 이끄는 자연법칙의 기원을 제외하면 외부로부터의 개입을 필요로 하지 않는다"라고 말한다.[79]

이 경우 유신 진화론에 의하면 하나님이 창세기 1장에 기록된 엿새 동안의 창조 이후 그로부터 물러나 안식하실 특별한 활동이 없었다는 뜻이 된다. 성경의 기록은 이러한 유신 진화론의 관점과 양립할 수 없다. 왜냐하면 성경은 하나님이 6일 동안 행하신 창조 사역을 서술한 다음 이렇게 말하기 때문이다.

천지와 만물이 다 이루어지니라. 하나님이 그가 하시던 일을 일곱째 날에 마치시니 그가 하시던 모든 일을 그치고 일곱째 날에 안식하시니라. 하나님이 그 일곱째 날을 복되게 하사 거룩하게 하셨으니 이는 하나님이 그 창조하시며 만드시던 모든 일을 마치시고 그날에 안식하셨음이니라.창 2:1-3

하지만 유신 진화론에 따르면 하나님이 창조의 6일 동안 행하신 특별한 활동은 없었다. 진화가 일어나는 동안 우주의 물질을 유지하는 하나님의 섭리 사역은 바로 지금 우주의 물질을 유지하는 하나님의 계속적인 섭리 사역과 전혀 다르지 않기 때문이다. 하나님이 그로부터 물러나 안식할 만한 특별한 창조 사역은 존재하지 않았다. 이것은 성경은 일어났다고 주장하지만 유신 진화론은 일어나지 않았다고 말하는 우주 역사 안의 또 다른 사건이다.

(11) 유신 진화론은 하나님이 처음에 가시덤불과 엉겅퀴, 다른 해로운 것들이 전혀 없었던 안전한 환경이라는 의미에서 심히 좋은 자연 세계를 창조하지 않았다고 주장한다. 유신 진화론에 의하면 오늘날 존재하는 모든 식물과 동물은 진화적 변화라는 중단 없는 과정의 결과이며, 따라서 오늘 우리가 알고 있는 것과 다른 종류의 자연 질서는 결코 존재한 적이 없다.

이와 대조적으로 수 세기 동안 해석자들은 창세기 1-2장이 "가시덤불과 엉겅퀴",창 3:18 죄로 인해 땅에 내린 저주창 3:17가 없는 지구, 곧 유익한 수확물을 얻는 데 방해가 되는 잡초나 태풍, 회오리바람, 지진, 홍수, 가뭄과 같은 자연재해가 없는 지구에 관해 이야기한다고 이해해 왔다. 어떤 동물도 인간에게 적대적이지 않았다. 이 이상적인 세계에서 동물들의 행동은 아마도 하나님이 장차 회복하실 땅에 대한 예언에 기록된 동물들의 평화로운 행동과 비슷했을 것이기 때문이다.

> 젖 먹는 아이가 독사의 구멍에서 장난하며 젖 뗀 어린아이가 독사의 굴에 손을 넣을 것이라. 내 거룩한 산 모든 곳에서 해 됨도 없고 상함도 없을 것이니…….사 11:8-9

이 본문은 6일째 창조에 관한 기사의 마지막에 기록된 요약적 진술, 곧 "심히 좋았더라"는 구절이 암시하는 이 땅의 모습이라고 해석되었다(이 해석이 옳다고 생각한다). 실제로 현재의 지구, 곧 지진과 태풍, 홍수, 가뭄이 자주 발생하며 독사와 독을 품은 전갈, 말라리아를 퍼트리는 모기, 사람을 잡아먹는 상어와 사자가 존재하는 지구는 하나님이 만드신 최선의 피조 세계, 하나님으로 하여금 "심히 좋았더라"고 경탄하게 할 만한 피조 세계라고 생각하기 어렵다.

그러나 유신 진화론은 인간에 대해 적대적인 모든 것을 포함해 현재 존재하는 모든 생물이 완전히 자연적인 진화 과정의 결과라고 주장하기 때문에 하나님이 만드신 피조물이 앞서 언급한 이상적인 피조물이었다고 주장할 수 없다. 그러므로 지구는 언제나 지금과 똑같은 모습이었다. 그러므로 창세기에서 제시하는 이상적인 피조물의 창조는 역사적으로 신뢰할 만한 서사가 아니다.

(12) 유신 진화론은 아담과 하와가 죄를 범한 뒤 하나님이 내리신 저주, 곧 자연 세계가 작동하는 방식을 변화시키고 그것으로 하여금 인류에 대해 더 적대적인 태도를 취하게 했던 저주를 세상에 내리지 않으셨다고 주장한다.

유신 진화론 주창자들의 이런 믿음은 앞의 주장과 짝을 이룬다. 그들은 하나님이 처음에 이상적인 피조물을 만드셨다고 믿지 않으며, 따라서 하나님이 아담의 죄에 대한 심판으로 이 땅에 저주를 내리셨다거나 하나님이 자연의 작동 방식을 변경해 세상이 인간을 적대적으로 대하게 하셨다고 믿지도 않는다.

그러나 성경 본문을 실제 사건의 역사적 기록으로 이해한다면, 하나님이 아담에게 심판을 내리면서 자연 세계가 작동하는 방식을 변경시키신 것으로 이해해야만 한다.

> 아담에게 이르시되 네가 네 아내의 말을 듣고 내가 네게 먹지 말라 한 나무의 열매를 먹었은즉 땅은 너로 말미암아 저주를 받고 너는 네 평생에 수고하여야 그 소산을 먹으리라. 땅이 네게 가시덤불과 엉겅퀴를 낼 것이라. 네가 먹을 것은 밭의 채소인즉 네가 흙으로 돌아갈 때까지 얼굴에 땀을 흘려야 먹을 것을 먹으리니 네가 그것에서 취함을 입었음이라. 너는 흙이니 흙으로 돌아갈 것이니라 하시니라.창 3:17-19

아담의 삶은 결국 죽음으로 끝날 것이지만("흙으로 돌아갈 것이니라"), 사는 동안에도 그는 적대적으로 변한 땅에서 충분한 양식을 마련하기 위해 고통스러운 노동을 피할 수 없을 것이다("땅은……저주를 받고……얼굴에 땀을 흘려야 먹을 것을 먹으리니").

이제 땅이 “가시덤불과 엉겅퀴”를 낼 것이라는 말씀은 두세 가지의 구체적인 사례로 어떤 범주 전체를 대표하는 성경 화법의 특징으로 이해하는 것이 최선이다. 그런 방식으로 해석할 때 하나님의 심판은 땅이 가시덤불과 엉겅퀴를 낼 뿐 아니라 작물을 망가뜨리는 병충해신 28:22, 38; 암 7:1 나 작물을 먹어 치우는 짐승, 홍수와 가뭄, 회오리바람과 태풍, 곧 농사를 어렵게 하여 삶을 위태롭게 만드는 모든 것전 11:4 이 도사리는 곳이 될 것임을 뜻한다.

신약에서 바울은 현재 자연 세계가 작동하는 방식은, 하나님이 처음 그것을 창조하셨을 때 작동하던 방식이 아니라 하나님이 내린 심판의 결과라고 분명히 말한다. 그는 우리가 육신의 몸으로부터 해방되고 새로운 부활의 몸을 얻기를 고대하듯이 자연도 그런 예속 상태로부터 해방되기를 고대한다고 묘사한다.

> 생각하건대 현재의 고난은 장차 우리에게 나타날 영광과 비교할 수 없도다. 피조물이 고대하는 바는 하나님의 아들들이 나타나는 것이니 피조물이 허무한 데 굴복하는 것은 자기 뜻이 아니요 오직 굴복하게 하시는 이로 말미암음이라. 그 바라는 것은 피조물도 썩어짐의 종노릇한 데서 해방되어 하나님의 자녀들의 영광의 자유에 이르는 것이니라.롬 8:18-21

바울은 피조물이 갑자기 전에는 알지 못했던 새롭고 놀라운 방식으로 작동하게 될 것이라고 말하지 않는다. 그 대신 피조물이 “종노릇한 데서”, 곧 전에는 “굴복”할 수밖에 없었던 예속 상태에서 “해방”될 것이라고 말한다. 물론 여기서 그는 창세기 3장에서 하나님이 죄 때문에 땅에 저주를 내리고 자연이 작동하는 방식을 변화시키신 것에 관해 이야기하고 있다. 그러나 유신 진화론은 바울도 이 점에 관해 오류가 있다고 주장한다.

e. 유신 진화론은 창세기 1-3장이 역사적 서사임을 부인한다. 프랜시스 콜린스는 창세기 1-3장을 “시와 우의”로 이해해야 한다고 말한다.[80] 그러나 이것을 뒷받침하는 증거는 무엇인가? 내가 아는 어떤 성경 번역본도 창세기 1-3장 전체를 시 형식으로 제시하지 않는다. 즉 상대적으로 짧은 행을 연속적으로 배치하고, 균형 잡힌 행으로 이루어진 연에 명백한 병행 구

조가 드러나도록 본문을 제시하지 않는다.

예를 들어, 아래 시편을 눈여겨보라.

여호와는 나의 목자시니 내게 부족함이 없으리로다. 그가 나를 푸른 풀밭에 누이시며 쉴 만한 물 가로 인도하시는도다. 내 영혼을 소생시키시고…….시 23:1-3

이것이 시다. 시는 비슷하거나 연관된 생각을 재진술하는 연속적인 짧은 행들을 포함하며, 이것은 히브리어 병행 구조의 전형적인 특징이다. 그러나 창세기 1-3장은 이처럼 기록되지 않았으며, 따라서 창세기 1-3장은 시가 아니다.[81] 이 본문은 역사적 사건에 관한 서사로 기록되었다. 존 커리드는 "창세기 1-3장의 근원적 역사성을 제거한다면 결국에는 성경의 나머지 부분 전체가 기초로 삼고 있는 역사적 토대까지 제거하게 될 것이다"라고 결론 내린다.[82]

창세기 1-3장은 긴 우의도 아니다. 우의적인 이야기의 핵심은 일관된 2차적인 의미를 갖는다는 점이다.[83] 예를 들어, 사사기에서 요담은 우의적인 이야기를 들려준다.

요담이 그리심 산 꼭대기로 가서 서서 그의 목소리를 높여 그들에게 외쳐 이르되 세겜 사람들아 내 말을 들으라. 그리하여야 하나님이 너희의 말을 들으시리라. 하루는 나무들이 나가서 기름을 부어 자신들 위에 왕으로 삼으려 하여 감람나무에게 이르되 너는 우리 위에 왕이 되라 하매 감람나무가 그들에게 이르되 내게 있는 나의 기름은 하나님과 사람을 영화롭게 하나니 내가 어찌 그것을 버리고 가서 나무들 위에 우쭐대리요 한지라. 나무들이 또 무화과나무에게 이르되 너는 와서 우리 위에 왕이 되라 하매 무화과나무가 그들에게 이르되 나의 단 것과 나의 아름다운 열매를 내가 어찌 버리고 가서 나무들 위에 우쭐대리요 한지라.삿 9:7-11

독자들은 이것이 우의임을 즉시 깨닫는다. 왜냐하면 실제로 나무들이 서로에게 말하며 "기름을 부어 자신들 위에 왕으로 삼"지 않기 때문이다. 또한 독자들은 여러 종류의 나무들이 보이는 반응은 백성을 이끌기를 거부했던 다양한 이들에게 적용되어 일관된 2차적 의미를 전달하는 구체적인 세부 사항임을 알아차리기 때문이다.

그러나 창세기 1-3장은 그렇지 않으며 긴 우의가 아니다. 요담의 우의처럼, 창세기 1-3장의 각 부분을 독자의 경험 안에 존재하는 다른 무언가에 대응하도록 또는 세부 사항들이 일관된 2차적 의미를 갖도록 연결하는 것은 불가능하다. 맥락상 그것을 우의로 받아들여야 할 이유가 전혀 없는데도 역사서 안에 있는 서사적 본문을 우의로 명명하는 것은 올바른 해석이 아니다. 그것은 우의화일 뿐이다. 창세기 1-3장은 역사적 서사로 이해해야 한다.

그뿐만 아니라 창세기 전체가 두 가지 방식으로 단일한 역사적 문서로 통합되어 있다. 첫째, 뒤에 나오는 장들에 기록된 족보 창 5장; 10장과 11장 참조는 후대의 모든 역사적 인물과 사건들을 창세기 1-3장에 등장하는 아담과 하와의 직계 후손과 명시적으로 연결시키며, 창세기 이야기 전체를 시작부터 실제로 존재했던 사람들과 실제로 일어났던 사건을 보도하는 하나의 역사적 서사로 이해해야 한다는 것을 보여준다. 아브라함과 이삭, 야곱은 아담과 하와로부터 유래한 역사적 인물로 제시되며, 따라서 아담과 하와도 역사적 인물로 보아야 한다.

둘째, 창세기에는 "이것이 ~의 족보니라"[84]라는 소개 문구(또는 이와 비슷한 표현)가 11번 등장한다. 창 2:4; 또한 5:1; 6:9; 10:1; 11:10, 27; 25:12, 19; 36:1, 9; 37:2 참조 이런 문학적 장치는 사슬의 첫 고리 역할을 하는 창세기 2:4로부터 시작된다. "이것이 천지가 창조될 때에 하늘과 땅의 내력이니 여호와 하나님이 땅과 하늘을 만드시던 날에." 이 구절은 창세기 2:4부터 4:26에 이르는 내용, 곧 아담과 하와의 창조, 타락, 가인과 아벨, 셋에 관한 이야기에 붙이는 소제목이다. 이 사슬의 두 번째 고리는 "이것은 아담의 계보를 적은 책이니라"는 창세기 5:1 말씀으로, 에녹과 므두셀라, 노아를 비롯해 아담의 자손들을 기록한 긴 목록을 소개하는 역할을 한다. 세 번째 고리는 창세기 6:9이다. "이것이 노아의 족보니라."

이 문학적 사슬의 열한 번째이자 마지막 고리는 야곱과 그의 열두 아들 이야기로서, "야곱의 족보는 이러하니라"라는 창세기 37:2의 소개 문구로 시작되어 이 책의 마지막 구절인 창세기 50:26에 기록된 요셉의 죽음으로 마무리된다.

그러므로 이 문학적 장치는—끊어지지 않은 사슬처럼—아담과 하와의 이야기를 아브라함과 이삭, 야곱, 야곱의 열두 아들의 삶에 관한 이야기, 의문의 여지 없이 실제의 역사적 서사로 기록된 이야기와 연결시킨다. 그러므로 이 책 전체를 역사적 서사로 이해해야 하는 것이 그 기록 목적에 목적에 부합한다.

트리니티 복음주의 신학교에서 구약과 근동 고고학을 가르치는 교수인 제임스 호프마이어도 역시 창세기 1-11장을 역사적인 기록으로 이해해야 한다고 주장한다.

> 학자들은 고대 근동의 족보 문서를 그 본질에 따라 진지하게 취급하며, 설령 그 목록이 생략되어 있거나 선택적이더라도 오만한 태도로 이것을 날조되거나 허구적인 것으로 치부하지 않는다.……이 책창세기의 뼈대를 이루는 가족사는 그 서사를 역사적인 것으로 이해해야 하며 첫 인간 부부이자 모든 인류의 부모인 아담과 하와까지 거슬러 올라가는 이스라엘의 기원에 초점을 맞추고 있음을 보여준다.…… 그 서사는 역사적 인물이 연관된 실제 사건을 다룬다—그리고 여기에는 창세기 1-11장도 포함된다.……서사의 저자는 에덴이 만들어 낸 신화적인 나니아 같은 환상의 나라가 아니라 알려진 고대 근동의 지리 안에 자리 잡고 있었음을 보여주기 위해 많은 노력을 기울인다.[85]

f. 유신 진화론은 신약에 속한 책 열 권의 역사적 신뢰성을 약화시킨다. 신약에 속한 열 권의 책은 창세기 1-3장에 기록된 사건의 역사성을 확증한다.

1. "사람을 지으신 이가 본래 그들을 남자와 여자로 지으시고 말씀하시기를 그러므로 사람이 그 부모를 떠나서 아내에게 합하여 그 둘이 한 몸이 될지니라 하신 것을 읽지 못하였느냐."마 19:4-5
2. "그 위는 에노스요 그 위는 셋이요 그 위는 아담이요 그 위는 하나님이시니라."눅 3:38
3. "우주와 그 가운데 있는 만물을 지으신 하나님께서는……인류의 모든 족속을 한 혈통으로 만드사 온 땅에 살게 하시고."행 17:24, 26
4. "그러므로 한 사람으로 말미암아 죄가 세상에 들어오고 죄로 말미암

아 사망이 들어왔나니……한 사람의 범죄를 인하여 많은 사람이 죽었은즉……한 사람이 순종하지 아니함으로 많은 사람이 죄인 된 것 같이 한 사람이 순종하심으로 많은 사람이 의인이 되리라." 롬 5:12-19

5 "남자가 여자에게서 난 것이 아니요 여자가 남자에게서 났으며." 고전 11:8 "사망이 한 사람으로 말미암았으니 죽은 자의 부활도 한 사람으로 말미암는도다. 아담 안에서 모든 사람이 죽은 것 같이 그리스도 안에서 모든 사람이 삶을 얻으리라." 고전 15:21-22 "기록된 바 첫 사람 아담은 생령이 되었다 함과 같이 마지막 아담은 살려 주는 영이 되었나니." 고전 15:45 "첫 사람은 땅에서 났으니 흙에 속한 자이거니와." 고전 15:47

6. "뱀이 그 간계로 하와를 미혹한 것 같이 너희 마음이 그리스도를 향하는 진실함과 깨끗함에서 떠나 부패할까 두려워하노라." 고후 11:3

7. "만물이 그에게서 창조되되 하늘과 땅에서 보이는 것들과 보이지 않는 것들과……." 골 1:16

8. "이는 아담이 먼저 지음을 받고 하와가 그 후며 아담이 속은 것이 아니고 여자가 속아 죄에 빠졌음이라." 딤전 2:13-14

9. "제칠일에 관하여는 어딘가에 이렇게 일렀으되 하나님은 제칠일에 그의 모든 일을 쉬셨다 하였으며……이미 그의 안식에 들어간 자는 하나님이 자기의 일을 쉬심과 같이 그도 자기의 일을 쉬느니라." 히 4:4, 10

10. "우리 주 하나님이여, 영광과 존귀와 권능을 받으시는 것이 합당하오니 주께서 만물을 지으신지라. 만물이 주의 뜻대로 있었고 또 지으심을 받았나이다." 계 4:11 "세세토록 살아 계신 이 곧 하늘과 그 가운데에 있는 물건이며 땅과 그 가운데에 있는 물건이며 바다와 그 가운데에 있는 물건을 창조하신 이." 계 10:6

따라서 유신 진화론은 창세기 1-3장에 기록된 많은 세부 사항의 역사적 신뢰성을 확증했던 예수와 신약에 속한 열 권의 책을 쓴 저자들이 틀렸다고 주장하는 셈이다. 이것은 한두 절의 역사성에 대한 도전보다 더 심각한 문제다. 이것은 성경 전체의 근본이 되는 세 장의 진실성에 대한 도전이며, 신약의 스물일곱 권 중 열 권의 진실성에 대한 도전이다.

g. 유신 진화론은 인간 지식의 방대한 분야에 관해 가르칠 수 있는 성경

의 능력을 부인한다. 유신 진화론에 관한 논쟁에서 실제로 무슨 일이 일어나고 있는지를 깨닫는 것이 중요하다. 유신 진화론을 주창하는 이들은 성경이 권위를 가지고 말할 수 없는 인간 지식의 여러 영역이 존재한다고 주장한다. 그들은 성경이 우리에게 구원에 관해서만 말하도록 허용할 뿐 지구상의 모든 생물, 인간의 기원, 인류 안에 존재하는 도덕적 악의 기원, 인간 죽음의 기원, 세상 안에 있는 자연적 악의 기원, 하나님이 처음에 창조하셨던 자연 세계의 완벽함, 심지어는 만물, 곧 "하늘과 땅에서 보이는 것들과 보이지 않는 것들"의 창조주[골 1:16]인 그리스도의 인격적인 관여에 대해서도 말하는 것을 허용하지 않으려 한다. 이런 것들은 인간 지식의 방대한 영역으로서 삶 전체에 대한 우리의 전망에 영향을 미친다. 그러나 유신 진화론은 성경이 인간 지식의 이 분야들에 관해 권위를 가지고 우리에게 말할 수 없다고 선언한다.[86] 이 주제들은 현대의 자연주의적 과학의 배타적인 영역으로, 또한 하나님이 그에 관해 우리에게 말씀하실 수 없는 제한 구역으로 간주된다.

h. 유신 진화론은 하나님의 존재를 뒷받침하는 자연의 압도적인 증거를 무효화한다. 성경은 자연이 하나님의 존재에 관해 풍부한 증거를 제공한다고 주장한다. 바울은 이렇게 말한다.

> 이는 하나님을 알 만한 것이 그들 속에 보임이라. 하나님께서 이를 그들에게 보이셨느니라. 창세로부터 그의 보이지 아니하는 것들 곧 그의 영원하신 능력과 신성이 그가 만드신 만물에 분명히 보여 알려졌나니 그러므로 그들이 핑계하지 못할지니라.[롬 1:19-20]

"그가 만드신 만물"이라는 바울의 말에는 식물과 동물, 인간이 분명히 포함되며, 이 모든 것이 하나님의 능력과 (지혜와 지식, 창조성, 사랑, 선하심, 신실하심과 같은) 다른 속성들에 대한 명백한 증거를 제공한다. 이 증거는 너무 강력하여, 하나님의 속성이 자연 세계 안에 "분명히 보여 알려졌"다. 그러므로 하나님께 맞서 반역하는 사람들은 "핑계하지 못할" 것이다. 하나님의 존재를 뒷받침하는 자연의 증거는 압도적이므로 하나님은 이것을 부인하는 사람들에게 도덕적인 책임을 물으신다.

이는 사람들이 인간의 눈이나 새의 날개, 생동하는 세포의 놀라운 복잡성에 관해 숙고할 때 하나님의 존재를 뒷받침하는 증거가 강력하므로 불신앙에 대해 어떤 합당한 변명도 내놓을 수 없음을 뜻한다.

그러나 유신 진화론은 하나님에 대한 이런 증거를 완전히 제거한다. 성경은 "그가 만드신 만물"이 하나님의 "영원하신 능력과 신성"에 대해 명백한 증거를 제공한다고 말하지만,[롬 1:20] 유신 진화론은 모든 생물의 존재를 물질 자체의 속성만을 근거로 설명할 수 있으므로 피조물은 그런 증거를 전혀 제공하지 않는다고 말한다.[88]

차이는 명확하다. 성경은 자연의 모든 것이 하나님을 증언한다고 말하는 반면, 유신 진화론은 자연의 어떤 피조물도 하나님을 증언하지 않는다고 말한다. 비신자가 생물의 놀라운 복잡성을 마주하게 되었을 때, 유신 진화론은 그로 하여금 무작위적인 돌연변이가 놀라운 결과를 만들어 냈다고 생각하도록 하며, 따라서 그는 하나님에 관해 생각할 필요가 전혀 없다. 유신 진화론자들은 무작위적으로 보이는 돌연변이도 사실은 하나님이 이끄신 것이라고 주장할지도 모르지만, 비신자가 그런 하나님의 이끄심을 뒷받침하는 경험적인 증거를 보지 못한다면 하나님의 이끄심 없이 이루어진 무작위적 돌연변이라는 진화론적 사상만으로도 충분한 설명이 될 것이다. 진화론적 과학은 왜 생명이 존재하는지에 대한 완전한 설명을 제공한다. 이런 방식으로 유신 진화론은 생물 안에 있는 하나님의 존재에 대한 증거를 완전히 무효화하며, 따라서 전도를 심각하게 방해한다.

i. 유신 진화론은 몇몇 다른 중요한 기독교 교리를 약화시킨다. 나는 다른 글에서 유신 진화론에 대한 믿음이 어떻게 몇몇 기독교 교리를 약화시키는지를 자세히 설명한 바 있다.[89] 여기서는 그중 일부만 간략히 소개하고자 한다.

1. 성경의 진실성: 이에 관해서는 앞 절에서 설명했다.
2. 하나님의 선하심: 유신 진화론에 따르면 하나님에게는 인류가 지구상에 존재하는 동안 계속해서 고통과 파괴를 야기했던 치명적인 질병과 위험한 동물, 자연 재해로 가득 차 있는 세상을 창조한 책임이 있다. 다시 말해, 지구와 지구의 현재 상태가 하나님이 만들 수 있는 최선의

지구다. 이에 반해 창세기 1-3장에 대한 전통적 관점에서는 세상 안에 존재하는 자연적 악은 하나님이 아니라 아담과 하와의 탓이다.

3. 하나님의 도덕적 정의: 유신 진화론에 따르면, 하나님이 진화를 사용하여 창조한 최초의 인간들은 죄인이었으며 지구상에 존재한 가장 이른 시점부터 도덕적으로 악한 행위를 범했다. 하지만 만일 그렇다면 하나님이 인간의 죄에 대해 책임을 가져야 한다는 결론을 피하기 어렵다. 왜냐하면 하나님은 그분께 순종하며 죄를 범하지 않을 수 있는 인간을 창조하지 않았기 때문이다.
4. 속죄: 만일 죄가 아담을 통해 세상에 들어왔다는 것을 부인한다면 또는 만일 모든 인간이 아담의 후손임을 부인하다면, 바울이 로마서 5:12과 5:19에 제기하는 아담으로 대표되는 인류의 통일성에 관한 주장이 유효하지 않을 것이다. 또한 그와 짝을 이루는 가르침, 곧 그리스도로 대표되는 구속받은 이들의 통일성이라는 가르침도 역시 유효하지 않을 것이다.
5. 부활: 만일 죽음이 아담을 통해 세상에 들어왔음을 부인한다면 또는 만일 아담으로부터 유래하는 인류의 통일성을 부인한다면, 고린도전서 15:21-22이 아담과 그리스도의 대비도 역시 성립하지 않을 것이다. 이런 방식으로 유신 진화론은 그리스도께서 구원하신 모든 이에게 새로운 생명을 주는 부활의 효력을 약화시킨다.

j. 결론. 오늘날 유신 진화론의 가장 존경받는 옹호자들이 제시하는 정의를 따랐을 때, 이 이론은 창세기 1-3장에 기록된 열두 개의 구체적인 사건에 대한 부인을 암시한다. 이 세 장이 창세기의 첫 부분에 배치되어 있다는 점, 이 본문을 비유적으로 이해해야 한다는 것을 독자들에게 알려 주는 문학적 특징의 부재, 창세기 1-3장이 믿을 만한 역사적 서사라고 전제하는 창세기의 나머지 내용 등은 창세기 1-3장이 실제로 일어났던 사건에 대한 역사적 기록이라는 설득력 있는 증거를 제공한다. 이에 더해 신약에 속한 열 권의 책은 다양한 구절에서 이 열두 사건 모두의 역사성을 확증하거나 암시한다.

유신 진화론은 이 열두 사건의 역사성을 부인하기 때문에 몇몇 중요한 기독교 교리도 부인하거나 약화시킨다. 요약하자면, 유신 진화론은 성경의 진실성과 기독교 신앙의 여러 핵심 교리와 양립할 수 없다. 이 이론은 오늘날 성경을 믿는 그리스도인, 특히 기독교 지도자가 받아들일 수 있는 합당한 선택지로 간주되면 안 된다.

5. 창세기 1:1과 1:2 사이에 간격이 존재한다는 이론은 가능성이 희박하다

일부 복음주의자들은 창세기 1:1("태초에 하나님이 천지를 창조하시니라")과 창세기 1:2("땅이 혼돈하고 공허하며 흑암이 깊음 위에 있고") 사이에 수백만 년의 간격이 존재한다고 주장해 왔다. 이 이론에 따르면 하나님은 최초의 창조를 행했지만 결국 (아마도 사탄의 반역과 연관된) 그분에 대한 반역이 있었고, 하나님이 땅을 심판하신 결과 '땅이 혼돈하고 공허해졌다.' 창 1:2의 대안적이지만 의심스러운 번역 90 그리고 창세기 1:3-2:3에 기록된 내용은 하나님의 두 번째 창조로서 하루 24시간을 기준으로 6일 만에 이루어졌으며 상대적으로 최근에 아마도 1만 년에서 2만 년 전 와서 발생한 사건이다. 대다수가 수백만 년이 되었다고 하는 고대 화석들은 창세기 1:1이 언급하는 첫 번째 창조 45억 년 전 로부터 유래했다.

이 이론에 대한 주된 성경적 논증은, 창세기 1:2에 사용된 "혼돈하고 공허하며"와 "흑암"이라는 단어가 하나님께 심판을 받은 땅을 묘사한다는 해석이다. 구약의 다른 곳에서 흑암은 하나님의 심판을 상징하는 경우가 많으며, 이사야 34:11 또는 예레미야 4:23과 같은 구절에 사용된 '토후' 혼돈와 '보후' 공허라는 히브리어 단어는 광야처럼 하나님의 심판을 받아 황량해진 곳을 가리킨다는 것이다.

하지만 이런 주장은 큰 설득력이 없어 보인다. 만일 하나님이 땅을 먼저 창조하시고 1절 나중에 빛을 창조하셨다면, 3절 땅 위에 흑암 2절 이 있었을 수밖에 없다(이것은 창조가 진행 중이라는 뜻이지 악이 존재한다는 뜻이 아니다). 이뿐만 아니라 각각의 날에 있던 저녁은 창조의 6일 동안 어둠이 존재했음을 의미할 뿐 5, 8, 13, 18-19절 등 악이나 하나님의 불승인을 암시하지 않는다. 시 104:20 참조 "혼돈하고 공허하며"라는 구절은 아직 땅에 사람이 살기 적합하지 않았다는 뜻일 뿐이다. 하나님의 준비 작업이 아직 완료되지 않았다.

물론 하나님이 광야를 저주할 때 그곳은 살기에 적합하지 않은 곳이 되지만, 어떤 경우에 해당하는 부적합의 원인광야에 대한 하나님의 저주이 다른 경우에도, 곧 창조에도 그대로 적용된다고 해석해서는 안 된다. 후자의 경우 살기에 부적합한 원인은 하나님의 일이 여전히 진행 중이었고 인간을 위한 준비가 아직 완료되지 않았기 때문일 뿐이다.[91] (한 곳에서 사용된 어떤 단어의 상황을 다른 곳에서 사용된 그 단어에—문맥상 그 단어의 의미와 용례가 동일한 상황을 요구하지 않음에도 불구하고—그대로 적용하여 해석하는 것은 옳지 않다.)

창세기 1:2이 이 견해를 지지하지 않는다는 사실 이외에도 다른 두 논증이 간격설을 강력히 반박한다.

1. 성경의 어떤 구절도 이런 종류의 일차적 창조를 명시적으로 언급하지 않는다. 따라서 이 이론을 명시적으로 지지하는 성경 구절이 하나도 없다.
2. 하나님이 창조 사역을 마친 창세기 1:31은 "하나님이 지으신 그 모든 것을 보시니 보시기에 심히 좋았더라"고 말한다. 간격설에 따르면 하나님은 반역과 갈등, 심판의 결과로 가득 차 있는 땅을 바라보고 있는 셈이다. 또한 그분은 온갖 악마적 존재, 그분께 맞서 반역한 사탄의 무리를 보면서 모든 것이 "심히 좋"다고 말씀하시는 셈이다. 악과 반역과 땅에 대한 심판의 증거가 그토록 많았음에도 하나님이 심히 좋았다고 말씀하셨다고 믿기는 어렵다.

그뿐만 아니라 몇몇 성경 본문이 반역한 천사들이나 땅에 대한 하나님의 심판을 말하지만,사 24:1; 렘 4:23-26; 벧후 2:4 참조 어떤 본문도 이런 심판이 창세기 1:2-31에 기록된 창조 기사보다 먼저 이루어졌다고 말하지 않는다.

이처럼 간격설은 오늘날 복음주의 그리스도인들이 받아들일 수 있는 대안으로 보이지 않는다.

F. 지구의 나이: 예비적 고찰

지금까지 우리는 복음주의 그리스도인들이 폭넓게 동의할 것으로 기대하는 결론을 옹호해 왔다. 하지만 이제 오랫동안 성경을 믿는 그리스도인들이 이견을 드러내고, 때로는 첨예하게 대립하는 당혹스러운 질문을 다룰 차례다. 그 질문은 바로 이것이다. 지구는 얼마나 오래되었는가?

앞의 문제들을 다룬 다음에 이 질문을 다루는 것이 적절하다. 왜냐하면 이 질문은 앞에서 살펴본 교리들보다 덜 중요하기 때문이다. 이전에 다룬 주제는 다음과 같이 요약할 수 있다. (1) 하나님은 무로부터 우주를 창조하셨다. (2) 피조물은 하나님과 구별되지만 언제나 하나님께 의존한다. (3) 하나님은 그분의 영광을 드러내기 위해 우주를 창조하셨다. (4) 하나님이 창조하신 우주는 심히 좋았다. (5) 성경과 과학 사이에는 최종적인 갈등이 존재하지 않을 것이다. (6) 다윈주의 진화론을 비롯해 하나님이 창조주임을 부인하는 세속 이론은 성경에 대한 믿음과 모순된다.

지구의 나이에 대한 질문은 이후의 장들에서 다룰 주제, 곧 (7) 천사 세계의 창조[19장]와 (8) 하나님의 형상대로 창조된 인간[21장과 22장]보다 덜 중요하다. 이것을 명심하는 것이 중요하다. 왜냐하면 그리스도인들이 지구의 연대 논쟁에 많은 시간을 소비하다가 창조에 관한 성경의 전반적인 가르침, 곧 더 중요하고 명확한 양상에 초점을 맞추지 못할 위험이 존재하기 때문이다.

지구의 연대에 관해 택할 수 있는 두 선택지는, 현대 과학에 동의하여 지구가 45억 년 되었다고 보는 오래된 지구론과 지구가 1만 년 또는 2만 년 되었다고 주장하며 현대 과학이 추정하는 연대가 틀렸다고 보는 젊은 지구론이다. 두 관점의 차이는 어마어마하다. 무려 4,499,990,000년이다.

두 입장의 구체적인 논증을 살펴보기 전에 우리는 먼저 성경에 포함된 족보, 공룡의 연대에 관한 상이한 견해, 창세기 1장에 기록된 창조가 이루어진 6일의 길이에 관한 예비적 질문을 검토할 것이다.

1. 성경의 족보에는 간격이 존재한다

성경에 기록된 아담부터 그리스도까지의 구속사에 등장하는 모든 사람의 나이를 더하면 지구가 창조된 대략적인 연대를 알 수 있을 것처럼 보일지도 모른다. 물론 그렇게 할 경우 창조는 아주 최근에 있었던 일이 될 것이다(어셔 대주교는 주전 4004년 지구가 창조되었다고 결론 내렸다). 하지만 성경에 기록된 유사한 인명 목록을 자세히 살펴보면, 성경의 족보는 성경 저자들의 목적을 위해 중요하다고 생각하는 이름만 열거하고 있다는 사실을 성경 자체가 밝히고 있음을 알 수 있다. 실제로 성경에서 어떤 족보는 다른 족보에서 제외한 이름을 포함시킨다.

예를 들어, 마태복음 1:8-9은 아사가 "여호사밧을 낳고 여호사밧은 요람을 낳고 요람은 웃시야를 낳고 웃시야는 요담을 낳고 요담은 아하스를 낳고"라고 말한다. 하지만 (웃시야의 다른 이름인 아하시야를 사용하는) 역대상 3:10-12을 통해 우리는 마태가 세 세대, 곧 요아스와 아마샤, 아사랴를 누락했음을 알 수 있다. 두 본문을 비교하면 다음 표와 같다.

역대상 3:10-12	마태복음 1:8-9
아사	아사
여호사밧	여호사밧
요람	요람
아하시야(웃시야)	웃시야
요아스	
아마샤	
아사랴	
요담	요담
아하스	아하스
히스기야	히스기야

표 | 족보 안에 있는 간격의 예

그러므로 웃시야가 요담을 낳았다고 마태가 말할 때, 이는 그가 요담까지 이어지는 누군가를 낳았다는 뜻일 수 있다. 마태는 자신의 목적을 위해 강조하고 싶은 이름을 선택했다.[92] 주의 천사가 요셉에게 말하며 그를 "다윗의 아들"(개역개정은 "다윗의 자손"으로 번역함—옮긴이)이라고 부르는 마태복음 1:20에서도 비슷한 현상을 확인할 수 있다. 요셉은 다윗이 낳은 아들이 아니지만 요셉은 다윗의 후손이며, 따라서 그의 "아들"로 불린다.

다윗이 관리들을 임명하고 그 목록을 기록한 역대상 26:24에서도 비슷한 사례를 확인할 수 있다. "모세의 아들 게르솜의 아들(개역개정은 "자손"으로 번역함—옮긴이) 스브엘은 곳간을 맡았고."대상 26:24 우리는 출애굽기 2:22을 통해 게르솜이 주전 1480년경에 있었던주전 1330년경 출애굽 이전에 모세에게 태어난 아들임을 알고 있다. 하지만 역대상 26장에 언급된 이 관리들은 다윗이 주전 970년경에 솔로몬을 이스라엘 왕으로 삼았던 때 임명되었다.대상 23:1 참조 이것은 역대상 26:24에서 스브엘이 510년또는 적어도 260년 먼저 태어난 "게르솜의 아들"이라고 말하고 있음을 뜻한다. "~의 아들"이라는 이 표현에는 열 세대 이상이 생략되어 있다.[93]

하지만 창세기 5장과 11장의 족보에도 간격이 존재하는가? 이 두 장에서 사람들과 그들의 자손의 이름은 다음과 같이 특정한 경향을 따른다. "셋은 백오 세에 에노스를 낳았고 에노스를 낳은 후 팔백칠 년을 지내며 자녀들을 낳았으며 그는 구백십이 세를 살고 죽었더라."창 5:6-8

2018년에 앤드루 스타인먼과 제러미 섹스턴은 「복음주의 신학회지」의 지면을 통해 이 문제를 두고 논쟁을 벌였다.[94] 스타인먼은 히필 어간으로 '낳다'라고 번역된 동사알라드가 사역의causative 의미를 가지며 '[누군가로 하여금] 태어나게 하다'라는 뜻을 가질 수 있다고 주장했다. 그러나 이 동사의 직접 목적어에노스는 누군가의 아들을 가리킬 수도 있지만 여러 세대가 지난 뒤의 후손을 가리킬 수도 있다. 따라서 에노스는 사실 셋 이후 여러 세대가 흐른 뒤에 태어난 누군가일 수도 있다. 이 경우 족보에 등장하는 인물들의 많은 나이는 그것을 다 더해 인류의 나이를 가늠할 수 있게 하기 위함이 아니라, 누군가가 건강하고 오래 살아서 백 살이 넘은 나이에도 자녀를 낳을 수 있었으며 심지어는 912세까지 살 수 있었음을 보여주기 위함이다. 실제로 이 족보를 다룬 1911년 논문에서 워필드는 이런 세부 사항을 제시한 의도가 "세상의 전성기였던 그 옛날에 인류의 활력과 위엄을 우리에게 생생히 각인시키기" 위함이라고 말했다.[95]

신약에서 누가가 기록한 예수의 족보에는 창세기 1장에서 생략된 한 세대, 곧 "아박삿의 아들 가이난"이 포함되어 있다. "그 위는 스룩이요 그 위는 르우요 그 위는 벨렉이요 그 위는 헤버요 그 위는 살라요 그 위는 가

이난이요 그 위는 아박삿이요 그 위는 셈이요 그 위는 노아요 그 위는 레멕이요."눅 3:35-36 하지만 창세기 11장에는 아박삿과 살라 사이에 가이난의 세대가 생략되어 있다. "아르박삿은 삼십오 세에 셀라를 낳았고."창 11:12 이 구절에서 "셀라를 낳았고"는 "셀라까지 이어지는 누군가를 낳았고"라는 뜻으로 보아야 한다. 그리고 창세기 11장의 다른 많은 곳에서도 "낳았고"가 이런 의미를 가질 수도 있다.

따라서 성경의 족보에 간격이 존재하며 하나님은 그분의 목적을 위해 중요한 이름들만 기록하게 하셨다고 결론 내리는 것이 타당해 보인다. 얼마나 많은 간격이 존재하며 창세기 서사에서 얼마나 많은 세대가 누락되었는지 우리는 알지 못한다. 아브라함의 연대는 주전 2000년경으로 추정할 수 있다. 아브라함의 삶에 관한 이야기에 언급된 왕들과 지명들은 믿을 수 있는 연대를 제공하는 고고학 자료와 연결시킬 수 있기 때문이다.[96] 그러나 아브라함 이전에는 연대가 불확실하다. 홍수 이전에 사람들의 수명이 예외적으로 길었음을 감안할 때, 이 서사에서 수천 년이 지났다고 생각하는 것은 불합리하게 보이지 않을 것이다. 이것은 인간이 지구상에 최초로 등장한 연대를 생각할 때 우리에게 어느 정도 융통성을 허락한다. (하지만 수백만 년이 누락되었으며, 핵심 인물들의 이름과 그들의 삶의 세부 사항이 그토록 오랜 기간에 걸쳐 기억되고 전수되었다고 생각하는 것은 전혀 다른 문제인 것처럼—또한 서사 안에서의 연속성과도 전혀 어울리지 않아—보인다.)

2. 인류의 나이

앞에서 나는 케이시 러스킨이 했던 아래의 말을 인용했다.

> 사람 속은 유인원을 닮은 종으로부터 진화적으로 전이했다는 증거 없이 갑작스럽게 다윈주의적이지 않은 방식으로 출현했다.……많은 연구자들은 고고학적 기록을 통해 약 3만5천 년에서 4만 년 전에 현대의 인간과 비슷한 문화가 폭발적으로 나타났음을 알 수 있다고 인정한다. 이것은 인간의 창조성, 기술, 예술, 심지어는 회화가 갑자기 출현했음을 보여준다. 즉 자의식, 집단 정체성, 상징적 사고가 급격히 부상했음을 보여준다.[97]

창의성과 기술, 회화와 같은 예술의 존재는 인간이 존재했다는 강력한 증거를 제공한다. 현대의 연대 측정 방법이 정확하다면, 인간은 3만5천 년에서 4만 년 전에 지구상에 존재했을 것이다. 젊은 지구론을 지지하는 이들은 연대 측정 방법에 이의를 제기하며 인간이 지구상에 나타난 것은 불과 6천 년 전이었다고 주장할 것이다. 내 입장은 사용된 연대 측정 방법을 평가할 기술적인 지식이 나에게 없다는 것이다. 약 3만5천 년에서 5만 년 전이라는 연대가 긴 시간처럼 보이지만, 창세기의 족보에 중대한 간격이 존재한다고 인정한다면 불가능해 보이지 않는다. 이미 1911년에 프린스턴의 신학 교수였던 워필드는 "인간이 얼마나 오래전부터 존재했는지에 관한 문제 자체는 신학적으로 전혀 중요하지 않다. 인간이 지구상에서 얼마나 오랫동안 존재해 왔는지는 신학이 전혀 관심을 기울이지 않는 문제다"라고 썼다.

3. 타락 전에 동물이 죽었는가?

젊은 지구론을 지지하는 이들은 타락 전에 동물이 죽었는지 물을 필요가 없다고 본다. 왜냐하면 동물과 인간이 모두 여섯 째 날에 창조되었으며, 그로부터 불과 얼마 되지 않아서 아담과 하와가 죄를 범했을 것이기 때문이다. 그들의 죄와 타락에 따르는 저주로 인해 동물의 왕국에도 죽음이 찾아왔을 것이다.창 3:17-19; 롬 8:20-23

하지만 오래된 지구론을 지지하는 이들에게 이것은 중요한 문제다. 지구상에는 수백만 개의 고대 화석이 존재한다. 이 화석들이 아담과 하와가 창조되기 전에 오랜 시간 동안 살고 죽었던 동물들로부터 온 것인가? 하나님은 창조의 순간부터 죽음을 피할 수 없었던 동물의 왕국을 창조하셨는가? 이것은 충분히 가능하다.

아담과 하와가 식물을 먹어야 했다면 식물에게 죽음이 있었음은 의심할 여지가 없다. 동물의 경우 만일 하나님이 세상을 창조하실 때 동물이 생식도 하고 영원히 살도록 만드셨다면, 지구는 얼마 지나지 않아 과밀해졌을 것이다. 육식 동물이 없었더라도 동물들이 늙어서 평화롭게 죽었을 수는 있다.

창세기 2:17에서 아담에게 주어진 하나님의 경고는 그가 금지된 열매를 먹는다면 동물도 죽기 시작할 것이라는 말씀이 아니라 그가 죽을 것이라는 말씀이었을 뿐이다. 바울은 "한 사람으로 말미암아 죄가 세상에 들어오고 죄로 말미암아 사망이 들어왔나니"라고 말하는데,롬 5:12 다음 구절을 통해 그가 식물과 동물의 죽음이 아니라 인간의 죽음에 관해 말하고 있음을 분명히 알 수 있다. 그는 즉시 "이와 같이 모든 사람이 죄를 지었으므로 사망이 모든 사람안트로포스에게 이르렀느니라"고 덧붙인다.롬 5:12

성경의 정보를 통해서는 하나님이 처음부터 동물이 나이 들어 죽게 만드셨는지 확실히 알 수 없지만 그럴 가능성은 충분하다.

4. 공룡에 관하여

오늘날 과학적 견해는 공룡이 약 6천5백만 년 전에, 곧 인간이 지구상에 출현하기 수백만 년 전에 멸종했다고 주장한다. 그러나 젊은 지구론과 하루 24시간을 기준으로 6일 만에 이루어진 창조 이론을 고수하는 이들은 공룡이 하나님이 인간을 창조하신 바로 그날여섯째 날 함께 창조하신 피조물 중 하나였다고 말할 것이다. 그러므로 그들은 공룡과 인간이 지구상에서 동시에 살았으며, 아마도 홍수 때 공룡이 멸종했다고 말할 것이다. 물론 젊은 지구론을 지지하는 이들은 공룡의 연대를 그처럼 오래전으로 추정하는 데 사용한 방법에 이의를 제기할 것이다.

오래된 지구론을 고수하는 이들 중 일부는 창조의 여섯째 날은 수백만 년에 이르는 시간이었으며, 아담이 창조되어 동물의 이름을 지었을 무렵에는 공룡이 이미 멸종되었다고 말할 것이다. 이 경우에 아담은 공룡의 이름을 짓지 않았다(성경은 아담이 그렇게 했다고 말하지 않는다). 하나님은 아담에게 모든 동물을 자신 앞에 데려와 이름을 지으라고 하셨다.창 2:19-20 물론 이 관점에 의하면, 죄가 존재하기 전에도 동물은 죽었을 것이다.

5. 창조의 6일은 24시간으로 이루어진 날들인가?

젊은 지구론과 오래된 지구론 사이의 논쟁은 많은 부분 창세기 1장이 말하는 날의 길이에 대한 해석에 집중된다. 오래된 지구론은 창조의 6일이 24시간이 아니라 하나님이 창조 활동을 행하신 매우 긴 시간, 곧 수백만 년을 가리킨다고 주장한다. 이런 주장은 젊은 지구론을 고수하며 창조의

6일을 24시간으로 이루어진 날들로 해석해야 한다고 주장하는 다른 복음주의자들과의 논쟁으로 귀결되었다.

a. 날이 긴 시간이라는 견해. '날'을 뜻하는 히브리어 단어 '욤'이 때로는 말 그대로 24시간으로 이루어진 하루가 아니라 더 긴 시간을 가리키는 말로 사용된다는 사실이 창조의 6일을 긴 시간으로 보는 해석을 뒷받침한다. 예를 들면, 이 단어가 창세기 2:4에서 사용될 때 이 점을 확인할 수 있다. "여호와 하나님이 땅과 하늘을 만드시던 날에"라는 구절은 6일 동안의 창조 사역 전체를 가리킨다. '날'이라는 단어가 긴 시간을 뜻하는 다른 예로는 욥 20:28("하나님의 진노의 날"), 시편 20:1("환난 날에 여호와께서 네게 응답하시고"), 잠언 11:4("재물은 진노하시는 날에 무익하나"), 21:31("싸울 날을 위하여 마병을 예비하거니와"), 24:10("네가 만일 환난 날에 낙담하면 네 힘이 미약함을 보임이니라"), 25:13("추수하는 날에"), 전도서 7:14("형통한 날에는 기뻐하고 곤고한 날에는 되돌아 보아라. 이 두 가지를 하나님이 병행하게 하사"), "여호와의 날"을 언급하는 수많은 본문, 심판이나 복의 때를 예언하는 다수의 구약 본문[사 2:12; 또한 13:6, 9; 욜 1:15; 2:1; 습 1:14] 등이 있다. 성구 사전을 찾아보면 구약에서 '날'이라는 단어가 이런 의미로 자주 사용되고 있음을 확인할 수 있을 것이다.

'날'이라는 단어가 오랜 기간을 뜻한다는 또 다른 논거는 여섯째 날에 많은 사건이 일어났다는 사실이다. 따라서 이날은 24시간보다 더 길었을 것이다. 창조의 여섯째 날[창 1:24-31]에는 동물의 창조, 남녀 모두의 창조["남자와 여자를 창조하시고", 창 1:27]가 포함된다. 또한 여섯째 날에 하나님은 아담과 하와에게 복을 주시며 그들에게 "생육하고 번성하여 땅에 충만하라. 땅을 정복하라. 바다의 물고기와 하늘의 새와 땅에 움직이는 모든 생물을 다스리라"고 말씀하셨다.[창 1:28] 하지만 이것은 여섯째 날에 하나님이 아담을 창조하여 에덴동산을 경작하게 하시고, 그에게 선과 악을 알게 하는 나무에 관한 명령을 내리시고,[창 2:15-17] 모든 동물을 자신 앞에 데려와 이름을 짓게 하시고,[창 2:18-20] 그를 돕는 배필이 없음을 아시고[창 2:20] 깊은 잠에 빠진 그의 갈빗대에서 하와를 창조하셨음[창 2:21-25]을 뜻한다. 인간의 본성이 유한하고 하나님이 창조하신 동물의 수가 놀라울 정도로 많았음을 고려하면 그토록 큰 사건이 일어나기 위해서는 하루보다 더 긴 시간이 필요했을 것으로 보인다(적어도 이 관점은 원래의 독자에게 본문에 대한 평범한 이해였을 것이다). 또한 원래의 독자들의 해석과 그 해석의 결론은 이러한 논쟁에서 중요한 사안이다. 문맥을 고려할 때 여섯째 날이 평범한 24시간인 하루보다 더 긴 시간이었다면, 이 문맥은 '날'이라는 단어가 긴 시간이라는 의미를 가졌다는 해석을 지지하는 것이 아닌가?

이와 관련해 고려해야 할 사항이 하나 더 있다. 일곱째 날은 "저녁이 되고 아침이 되니 이는 일곱째 날이니라"는 구절로 마무리되지 않는다는 사실에 주목할 필요가 있다. 본문은 그저 "하나님이 그가 하시던 일을 일곱째 날에 마치시니 그가 하시던 모든 일을 그치고 일곱째 날에 안식하시니라. 하나님이 그 일곱째 날을 복되게 하사 거룩하게 하셨으니"라고 말한다.창 2:2-3 이것이 암시하는 가능성은 일곱째 날이 아직도 계속되고 있다는 것이다. 일곱째 날은 결코 끝나지 않았다. 하지만 일곱째 날 역시 아주 긴 시간에 해당하는 날이다.요 5:17; 히 4:4, 9-10 참조

어떤 이들은 '날'하루이라는 단어가 구약에서 24시간이 아닌 다른 시간을 의미한다고 주장했지만, 창세기 1장의 문맥에 그것을 뒷받침할 명확한 내용이 없으므로 일반적인 '날'을 의미한다고 보아야 한다. 따라서 이것은 설득력 있는 반론이 아니다. 이 반론은 모두가 동의하는 바, 곧 한 단어가 다양한 의미를 가질 수 있을 때 어떤 의미를 갖는지는 문맥에 의해 결정된다는 것을 확증할 뿐이다.

따라서 우리는 다시 원래의 물음으로 되돌아간다. 즉 창세기 1장의 문맥에서 '날'이라는 단어는 무엇을 뜻하는가? 같은 서사 안에서 몇 구절 뒤에 나오는 이 단어가 더 긴 시간을 뜻한다는 사실창 2:4을 감안할 때, 우리는 원래의 독자들이 24시간인 하루를 이야기하고 있음을 확실히 알고 있었으리라고 주장하는 것을 경계해야 한다. 사실 이 서사를 읽는 원래의 독자들에게는 두 의미 모두 널리 알려져 있었다.[99] 창세기 1장에서 '날'이라는 단어가 처음 사용될 때도 24시간인 하루가 아니라 낮 시간을 의미할 뿐이다. "하나님이 빛을 낮(개역개정은 날이 아니라 낮으로 번역함—옮긴이)이라 부르시고 어둠을 밤이라 부르시니라."창 1:5

창조의 여섯 "날"이 긴 시간을 뜻한다고 주장하는 이들의 경우, 문맥이 그런 해석을 요구하고 있지 않음을 깨닫는 것이 중요하다. 그들은 문맥

이 날의 의미를 명확하게 특정하지 않으며, 설득력 있는 과학적 자료를 다양한 분과에서 취하여 지구가 수십억 년 되었을 것이라고 확신할 수 있다면, 이처럼 날을 긴 시간으로 해석하는 것이 채택할 수 있는 최선의 해석일 수 있다고 말하고 있을 뿐이다.

지금 상황은 지구가 그 축을 중심으로 자전하며 태양 주위를 공전한다고 처음으로 주장했던 이들이 직면했던 상황과 비슷하다. 그들은 해가 뜨거나 진다고 말하는 본문이 맥락상 우리에게 태양 중심의 태양계를 믿을 것을 요구하지 않으며 단지 관찰자의 시점에서 태양의 움직임을 묘사하고 있다고 본다면, 태양 중심의 태양계는 본문에 대한 하나의 가능한 해석일 수 있다고 말했을 뿐이다. 과학적 증거 자료를 통해 우리는 이것이 문제의 본문을 해석하는 올바른 방법임을 알게 되었다.

b. 날이 24시간인 하루라는 견해. 이 문제와 관련해 한편으로 창세기 1장의 날을 24시간인 하루로 이해해야 한다는 주장이 자리 잡고 있다.

1. 창세기의 날들이 각각 "저녁이 되고 아침이 되니 이는 첫째 날이니라"[창 1:5]와 같은 표현으로 마무리된다는 점이 중요하다. "저녁이 되고 아침이 되니"라는 구절은 8, 13, 19, 23, 31절에서 반복된다. 이것은 말 그대로 24시간인 하루를 표시하는 사건의 연속을 암시하는 듯 보이며 독자들 역시 그렇게 이해해야 함을 뜻한다.

이는 문맥을 통해 뒷받침되는 주장이며, 많은 이들은 이 주장이 설득력 있다고 생각해 왔다. 그러나 이 날들이 긴 시간을 의미한다고 주장하는 이들은 (a) 저녁과 아침이 하루 전체가 아니라 한 날의 마지막과 다음 날의 시작을 뜻할 뿐이고, 따라서 이 표현은 저자가 창조의 첫 하루가 마무리되었고 창조의 다음 날이 시작되었음을 말하는 방식일 뿐이라고 답할 수 있다.[100] 또한 (b) 넷째 날에 비로소 태양이 창조되었기 때문에 창조의 첫 세 날은 지구를 비추는 태양에 의해 야기된 저녁과 아침으로 구별될 수 없었을 것이라고 답할 수도 있다.[창 1:14-19] 따라서 문맥은 본문에서 말하는 저녁과 아침이 우리가 지금 아는 통상적인 저녁과 아침을 가리키지 않는다는 것을 보여준다. 그러므로 저녁과 아침에서 출발한 논증은 날을 24시간으로 보는 견해에 일정한 무게를 둘 수 있지만 이 견해에 균형추가 결정적으로 기울어지게 하지 않는 것처럼 보인다.

2. 넷째 날까지 태양이 존재하지 않았고 식물은 빛 없이 살 수 없기 때문에 창조의 셋째 날은 길 수 없었다. 이에 대해서는 하나님이 첫째 날에 창조한 빛이 수백만 년 동안 식물에 에너지를 공급했다고 답하거나, "태초에 하나님이 천지를 창조하시니라"창 1:1 라는 창세기의 첫 구절이 말하듯이 태양이 첫째 날 이전에 창조되었을 것이라고 답할 수 있다.

3. 십계명에서 '날'이라는 단어가 24시간인 하루를 뜻하는 말로 사용된다는 결론은 피하기 어렵다.

> 안식일을 기억하여 거룩하게 지키라. 엿새여섯 날 동안은 힘써 네 모든 일을 행할 것이나 일곱째 날은 네 하나님 여호와의 안식일인즉……이는 엿새여섯 날 동안에 나 여호와가 하늘과 땅과 바다와 그 가운데 모든 것을 만들고 일곱째 날에 쉬었음이라. 그러므로 나 여호와가 안식일을 복되게 하여 그날을 거룩하게 하였느니라.출 20:8-11

분명히 이 본문에서 안식일은 24시간인 하루다. 그렇다면 우리는 여호와께서 "엿새 동안" 하늘과 땅을 만드셨다고 말하는 11절에서 같은 의미로 '날'이라는 단어를 사용한다고 말해야 하지 않겠는가? 이 역시 중대한 주장이다. 하지만 이것도 그 자체로 결정적이지 않다. 왜냐하면 이에 대해 원래 독자들이 '욤'날이라는 단어가 일상적인 발화에서 특정되지 않은 기간을 지칭할 수 있다는 것을 알고 있는 평범한 히브리어 독자들이었다고 대답할 수 있기 때문이다. 그들은 (창세기 1-2장을 주의 깊게 읽음으로써) 창세기 1-2장의 날들이 특정되지 않은 기간이었으며, 안식일 명령은 하나님의 백성에게 그분이 창조 때 (여섯 기간 동안 일하고 나서 한 기간 동안 쉬는) 육 더하기 일의 본보기를 따르셨듯이 그들도 그들의 삶에서 (여섯 기간 동안 일하고 한 기간 동안 쉬는, 또한 출애굽기 23:10-11에서 규정하듯이 6년 동안 일하고 1년 동안 안식하는) 육 더하기 일의 본보기를 따라야 한다고 말하는 것일 뿐임을 알고 있었을 것이다. 사실 십계명의 바로 다음 문장에서 "날"은 '기간'을 뜻한다. "네 부모를 공경하라. 그리하면 네 하나님 여호와가 네게 준 땅에서 네 생명(직역하면 "네 날들이"—옮긴이)이 길리라."출 20:12 분명히 이 구절은 (25시간이나 26시간인 하루처럼) 문자적으로 "긴" 날들이 아니라

이 땅에서 한 사람의 생애가 길어질 것이라는 약속이다.[101]

4. 날이 24시간인 하루라고 주장하는 이들은 히브리어 성경의 다른 곳에서 날이 복수로 사용될 때, 특히 ("여섯 날"처럼) 숫자가 붙을 때, 24시간인 하루가 아닌 다른 의미를 가질 때가 있는지 묻기도 한다. 하지만 이런 주장은 설득력이 약하다. 왜냐하면 (a) 복수로 사용된 날들이 기간을 뜻하는 예를 바로 앞에서 논했던 출애굽기 20:12에서 확인할 수 있으며, (b) 만일 이 단어가 단수형으로서 명백히 기간의 의미를 갖는다면(모두가 인정하듯이 그런 의미를 갖는다), 비록 구약의 다른 곳에 그런 의미를 갖는 사례가 없을지라도 독자들은 여섯 기간에 관해 말하는 것을 충분히 이해할 수 있었을 것이기 때문이다. 그런 표현이 다른 곳에 등장하지 않는다는 사실은 그처럼 사용된 경우가 없다는 것을 의미할 뿐이다.

5. 예수께서 "창조 때로부터 사람을 남자와 여자로 지으셨으니"라고 말씀하실 때,[막 10:6] 이것은 아담과 하와가 창조가 시작된 뒤 수십억 년이 지나서가 아니라 창조의 시작 때 만들어졌음을 암시한다. 이 주장 역시 어느 정도 설득력이 있지만, 오래된 지구론 지지자들은 예수께서 모세 율법에 기초한 바리새인들의 논증[4절]을 반박하며 창세기 1-2장 전체를 가리켜 "창조 때"라고 말씀하신다고 대답할 것이다.

나는 24시간인 하루를 지지하는 다섯 가지 논증에 대해 각각 대답했다. 하지만 나의 대답이 그것을 지지하는 이들을 설득할 수는 없을 것이다. 그들은 날을 기간으로 해석하는 입장에 다음과 같이 반론할 것이다. (1) 물론 날이 구약 여러 곳에서 기간을 뜻할 수 있지만, 그렇다고 해서 창세기 1장에서 날이 분명히 그런 의미로 사용되었음이 입증되는 것은 아니다. (2) 특히 아담이 새와 "들의 모든 짐승"[창 2:20] 중 대표적인 종류만 이름을 지었다면 창조의 여섯 날이 24시간인 하루보다 더 길어야 필요는 없었을 것이다. (3) 창조의 첫 세 날을 구분할 태양이 없었어도 지구는 여전히 그 축을 중심으로 고정된 속도로 자전하고 있었고, 하나님이 첫날 창조한 "빛"과 "어둠"이 있었으며,[창 1:3-4] 그분은 빛을 "낮"[날]이라고 부르고 어둠을 "밤"이라고 부르셨다.[창 1:5] 따라서 창세기 1:3-5에 의하면 하나님은 창조의 첫째 날부터 낮과 밤이 바뀌게 하셨다.

c. 창세기 1장의 "날"에 관한 결론. 창세기 1장에서 말하는 날의 길이

에 관해 우리는 어떤 결론을 내릴 수 있는가? 지금 우리에게 주어진 정보로 결론을 내리기는 쉽지 않아 보인다. 이것은 그저 성경을 믿을지 아니면 믿지 않을지에 관한 문제가 아니며, 현대 과학에 굴복할지 아니면 현대 과학의 명백한 결론을 거부할지에 관한 문제도 아니다. 성경의 완전한 진실성을 믿는 사람도 창세기 1장의 본문을 근거로 이 문제에 대해 결론을 내리기 쉽지 않아 보인다. "저녁과 아침"이라는 구절과 날들에 차례로 번호가 매겨져 있다는 사실은 이 날들이 24시간인 하루를 의미한다는 근거가 되지만 결정적일 정도로 강력한 근거는 아니다.

반대편의 논증도 타당해 보인다. 영원히 존재하는 하나님, "하루가 천 년 같고 천 년이 하루 같"으며벧후 3:8 오랜 시간에게 걸쳐 점진적으로 그분의 모든 목적을 이루어 가기를 기뻐하시는 그분께 138억 년이라는 시간은 멀리 떨어져 있는 별에서 온 빛이 지구에 도달하기를 기다리기에 알맞은 시간일지도 모른다. 왜냐하면 이것을 깨닫고 우리는 이토록 광대한 우주를 만든 창조주의 위대함에 경탄할 것이기 때문이다.

하나님은 얼마나 강하고 위대하신가? 초속 30만 킬로미터로 움직이는 빛이 너무나 광대해 그것을 가로질러 비치는 데만 138억 년이 걸릴 정도인 우주를 단번에 창조하실 정도다. 이것은 우리가 이해할 수 없는 거리다. 킬로미터로 계산하면 빛은 1년에 30만 킬로미터 곱하기 31,557,000초의 거리를 이동하며, 이것은 곧 9조4천억 킬로미터에 해당한다. 그런 다음 여기에 138억 년을 곱해 보라. 그 결과는 13,035,768,090,301,442,000킬로미터이며 이는 우주가 헤아릴 수 없을 정도로 크다는 것을 뜻한다. 우리가 그분의 위대함, 그분의 능력, 그분의 전능함, 그분의 영원성에 경외하는 마음을 가질 수 있도록 빛이 그토록 멀리 떨어져 있는 별에서 지구에 닿기까지 하나님이 138억 년을 기다리실 만했다.

지구의 나이에 관해 휴 로스는 (로마서 5:12이 아담이 죄를 범한 결과 인간이 죽게 된 것을 가리킬 뿐이라고 전제하면서) 인간이 지구상에 등장하기 전 수십억 년 동안 식물과 동물이 살고 죽었던 것이 중요한 유익을 제공한다고 본다. 그는 "38억 년 동안 인류보다 먼저 존재했던 동식물이 죽고 멸종한 덕분에 문명에 꼭 필요한 것을 갖추게 되었다. 동식물의 죽음과 부패를 통해 하나님은 모래와 석회석, 대리석, 표층토, 석탄, 석유, 천연가스 등 엄청난 생물학적 퇴적물을 인류에게 주셨다.……문명은……이런 풍부한 자산을 기초로 삼고 있다.……인간은 우리보다 먼저 존재했던 수백만 세대의 동식물이 제공하는 혜택을 누리고 있다"라고 말한다.[102]

이에 더해 지구의 나이가 45억 년이라면 우리는 하나님의 영원성에 대해 더 많이 경탄할 것이다.

> 산이 생기기 전 땅과 세계도 주께서 조성하시기 전 곧 영원부터 영원까지 주는 하나님이시니이다.시 90:2

우주가 믿기지 않을 정도로 광대하다는 사실로 인해 우리가 하나님의 편재와 전능하심에 더 크게 감탄하게 되는 것처럼, 지구와 우주가 믿기지 않을 정도로 오래되었다는 증거는 하나님의 영원성이 더 놀랍다는 것을 일깨워 주는 생생한 증거가 될 수 있다.

그러므로 창세기 1장에서 말하는 날의 길이에 관해서는 하나님이 이 문제에 명확한 결정을 내릴 수 있을 만큼 충분한 정보를 우리에게 주지 않기로 작정하셨을 가능성을 남겨 두어야 한다. 또한 선한 양심과 하나님의 말씀에 대한 온전한 믿음 속에서 이 문제에 대해 다른 입장을 견지하는 이들을 우리가 얼마나 자비롭게 대할 수 있는지가 그분에 대한 신실하심을 가늠하는 참된 시험일 수도 있다.

6. 다양한 종류의 증거가 지구와 우주가 수십억 년 되었음을 보여준다

오늘날 지구의 나이에 관해 논쟁이 벌어지는 이유는 (1) 창세기 1-2장이 많은 사람들에게는 비교적 최근에 일어난 사건을 설명하고 있는 것처럼 보이지만 (2) 천문학과 지구 과학 분야에서 관찰을 통해 얻은 다양한 종류의 증거는 지구와 우주 모두 지극히 오래되었다고우주는 138억 년, 지구는 45억 년 말하는 것처럼 보이기 때문이다.[103] 앞에서 나는 성경의 자료를 자세히 논했으며, 젊은 지구론과 오래된 지구론이 모두 성경의 완전한 무오성에 대한 믿음과 조화를 이루는 유효한 창세기 해석에 기초한다고 결론 내렸다. 이제 지구가 아주 오래되었으며, 우주는 더 오래되었다고 말하는 것처럼 보이는 과학적 자료를 요약해 소개할 필요가 있겠다.

1994년에 나는 이 책의 초판에서 이렇게 예상했다.

> 향후 10년 또는 20년 동안 과학 연구를 통해 젊은 지구론과 오래된 지구론 중 한 쪽으로 기울게 될 것이며, (성경학자들과 과학자들이 지지하는) 기독교 학문의 입장도 어느 한 방향으로 결정적으로 옮겨 가기 시작할 것으로 보인다. 양쪽 입장을 지지하는 이들은 그렇다고 해도 불안해할 필요가 없다. 성경의 진실성은 위협을 받지 않기 때문이다(창세기 1장에 대한 우리의 해석은 둘 중 어느 입장이든 가능할 정도로 불확실성을 지니고 있기 때문이다). 설령 오랫동안 견지해 온 입장을 포기해야만 하더라도 양쪽 모두 진리에 대한 지식에 있어서 자라야 한다.[104]

이제 25년이 지났으며, 내가 보기에 오래된 지구론을 뒷받침하는 과학적 증거가 더 강해졌고 설득력도 더 커졌다. 아래서 나는 그런 증거 중 일부를 요약하고자 한다. (하지만 젊은 지구론 입장을 공평하게 반영하기 위해 웹사이트 answersingenesis.org에 이런 종류의 증거에 대한 젊은 지구론 측의 반론을 소개하고 있다. 독자들은 이런 반론을 직접 평가해 볼 수 있다.)

아래의 자료 중 많은 부분은 기독교 천문학자 휴 로스가 쓴 글*A Matter of Days*을 대폭 확장해 2015년에 출간한 책에서 가져왔다. 이 책의 중요한 특징은 로스가 자신의 주장에 대한 젊은 지구론자들의 반론에 반복적, 구체적으로 대응한다는 점이다.

1. 우주의 확장 속도. 천문학자들은 지구부터 여러 항성과 은하계까지의 거리를 측정할 수 있다. 또한 항성과 은하계가 우리로부터 멀어지는 속도를 측정할 수 있다. 이 두 값을 가지고 그 과정을 역산하여 우주가 얼마나 길게 확장해 왔는지를 알아낼 수 있다. 이런 확장을 측정하는 세 가지 다른 방법을 요약해 설명한 뒤에 로스는 이 방법을 통해 우주의 평균 나이가 "137.9±0.6억 년"임을 알 수 있다고 말하며, "이 세 독립적 방법이 놀라울 정도로 조화를 이룬다"라고 덧붙인다.[105]

하지만 천문학자들은 항성까지의 거리를 어떻게 측정하는가? 많은 항성의 경우 이것은 단순한 기하학의 문제다. 우리가 지구상의 두 지점을 선택하고 그 두 지점을 연결하는 직선을 이등변 삼각형의 밑변으로 삼은 다음 각 장소에서 (예를 들어) 태양까지의 각도를 측정한다면, 태양은 이 삼각형의 세 번째 꼭짓점이 되며 이로써 태양까지의 거리를 계산할 수 있다.

각도의 차이가 너무 작아서 이 직접적인 방법으로는 멀리 떨어져 있는 항성까지의 거리를 정확히 측정할 수 없다고 생각할지도 모른다. 그러나 천문학자들은 태양 주위를 공전하는 지구 궤도의 직경3억 킬로미터 위에 있는 두 지점을 이등변 삼각형의 밑변으로 사용하여 더 정확한 측정을 할 수 있었다.

최근에 한 천문학자는 태양 주위를 공전하는 지구 궤도의 직경보다 "거의 백만 배 더 긴" 이등변 삼각형의 밑변을 활용할 수 있게 되었다. 새롭고 더 긴 이 삼각형의 밑변은 "은하계의 중앙 블랙홀 주위의 메이저 소스maser sources의 직경"이다. (메이저는 우주에서 발견되는 일종의 자연 발생적인 방사선원이다.) 이것은 큰 발전이다. 왜냐하면 은하계 전체의 중심부를 기준으로 삼는 궤도는 우리의 태양과 같은 단일 항성을 기준으로 삼는 궤도에 비해 매우 크기 때문이다. 또한 이 방법을 통해 몇몇 은하계의 중심부에 이르는 거리를 "직접 측정"할 수 있기 때문이다. 여기에는 2천3백만 광년, 1억6천2백만 광년, 4억7천만 광년 떨어진 은하계가 포함된다.[106]

이런 직접적인 측정법에 더해 천문학자들은 (적색 이동 속도와 같은)[107] 다른 방법을 사용해 거리를 측정해 왔지만, 이런 방법들은 (이 책의 저자와 같은) 비전문가들이 이해하기 더 어렵다.

2. 수십억 년 전에 출발한 빛. 많은 항성은 지구에서 멀리 떨어져 있기 때문에 그 빛이 우리에게 도달하는 데 수백만 년, 심지어 수십억 년이 걸린다. 이런 종류의 증거를 이해하기 위해 빛의 속도에 관해 간략히 살펴볼 필요가 있다.

(진공 상태에서) 빛의 속도는 약 초속 30만 킬로미터이며, 태양은 지구로부터 1억5천만 킬로미터 떨어져 있다. 이는 빛이 태양에서 우리에게 도달하기 약 8초가 걸린다는 뜻이다. 그러므로 일출이나 일몰을 볼 때 우리는 바로 그 순간의 태양을 보는 것이 아니라 8초 전의 태양을 보는 셈이다.

이 원리는 다른 항성에서 오는 빛에도 적용된다. 망원경을 통해 켄타우루스 자리의 알파 별을 볼 때 우리는 4.4광년 떨어져 있는 항성을 보고 있다. 이것은 그 항성에서 오는 빛이 우리에게 도달할 때까지 4.4년이 걸린다는 뜻이다. 그러므로 우리가 보는 것은 4.4년 전에 존재했던 켄타우루스 자리 알파 별이다.

이런 과정을 활용할 때 천문학자들은 실제로 항성과 은하계의 과거 역사를 되돌아보고 있는 셈이다. 엄청나게 멀리 떨어져 있는 (수십억 광년 떨어져 있는) 은하계를 관찰할 때 그들은 그 은하계의 아주 오래된 과거를 보고 있다. 이 사실만으로도 우주가 수십억 년 되었다는 증거가 될 수 있다.

젊은 지구론을 지지하는 이들은, 아마도 하나님은 광선이 이미 자리를 잡고 있는 우주를 창조하셨을 것이며, 따라서 아담과 하와는 창조되고 난 첫째 날 밤에 수천 개의 별을 보았을 것이라고 대답할 것이다. 물론 그러했을 가능성도 있다. 하나님이 모든 동물을 다 자란 모습으로 창조하셨듯이 아담과 하와도 분명히 성숙한 모습을 지녔을 것이다.

그러나 우주가 창조될 때 광선이 이미 자리를 잡고 있었다는 주장에는 난점이 존재한다. 첫째, 천문학자들은 항성으로부터 온 빛만이 아니라 빛이 외우주outer space의 가스 구름과 먼지를 통과할 때 발생하는 독특한 변이형도 관찰할 수 있다. 실제로 광선이 가스 구름을 통과해 이동하지 않았다면 왜 그랬던 것처럼 보이는가? 젊은 지구론의 두 번째 문제점은 항성이 수명을 다하고 핵연료를 소진할 때 형성되는 백색 왜성white dwarfs의 존재다.[108] 하지만 "한 항성이 핵연료를 다 소진하고 백색 왜성이 되기까지는 최소한 수백만 년이 걸린다."[109] 우주가 1만 년밖에 되지 않았다면, 또한 하나님이 별을 창조할 때 광선이 이미 자리를 잡고 있는 상태였다면, 실제로는 그런 별이 존재한 적도 없었는데 수십억 년 전에 죽은 별의 흔적을 보여주는 물질처럼 보이는 착시 현상을 만들었는가?

똑같은 문제가 천문학자들이 우주 안에서 관찰하는 다른 현상에도 적용된다. 항성이 불타기 직전에 발생하며 몇 주 또는 몇 달 동안 지속되는 거대하고 극도로 밝은 폭발인 초신성을 예로 들 수 있다. 하지만 휴 로스가 지적하듯이 젊은 지구를 지지하는 이들에 따르면 "과학자들이 16만3천 광년 떨어져 있는 대마젤란 은하에서 관찰했다고 주장하는 초신성 폭발은 16만3천 년 전에 발생하지 않았다." 젊은 지구론에 따르면 1만 년 전에는 아무것도 존재하지 않았으므로 이 폭발도 발생한 적이 없다. 천문학자들이 이런 초신성의 폭발이 발생했다가 급속히 소멸되는 것을 관찰할 때 이것은 외우주에 발생한 착시일 뿐이며, 이런 착시로 인해 우리가 수십만 년 전에 초신성의 폭발이 발생했다고 (잘못) 생각하게 되었다는 말이다. 이처럼 기만적인 것은 하나님의 성품에 반하는 것처럼 보인다.[110]

젊은 지구론을 지지하는 이들 중 일부는 빛의 속도가 변했을 것이며, 몇천 년 전에는 빛이 더 빠르게 이동했을 것이라고 대답해 왔다. 그러나 빛의 속도는 물리학에서 가장 보편적인 상수 중 하나이며, 나는 그 속도가 크게 달랐을 것이라고 추측해야만 한다는 점 때문에 젊은 지구론 전체에 의심을 품을 수밖에 없다고 생각한다.

3. 백색 왜성의 나이. 로스에 의하면 "가장 많이 식은 백색 왜성의 광도와 색을 측정함으로써……천문학자들은 백색 왜성이 얼마나 오랫동안 식어 왔는지를 확인할 수 있다. 가장 오래된 백색 왜성이 식는 데 걸린 시간은 1백억 년이 넘는다." 그 시간에 항성이 형성되고 불타서 백색 왜성이 될 때까지의 시간을 더하면 "우주의 나이는 약 138억 년"이 되는 셈이다.[111]

4. 항성의 연소 주기. (점점 더 멀어지는 별을 관찰하는 방식으로) 시간을 뒤돌아봄으로써 천문학자들은 한 항성이 그 생애 동안 발산하는 빛의 색과 강도의 변화를 측정할 수 있다. 이것은 "천문학자들이 한 항성의 질량을 안다면 그 항성의 색과 밝기에 대한 측정값을 기초로 그 항성의 나이를 정확히 확정할 수 있음"을 뜻한다. 이 방법을 사용할 때 "가장 최근에 항성의 연소만을 근거로 판단한 우주의 나이는 137±4억 년"이다.[112]

5. 현재 태양의 안정성. 태양은 지금 "극도로 안정된 상태"다. 이것은 지구상의 고등한 생명체에게 중요하다. 왜냐하면 태양이 비정상적으로 타고 있다면, 지구상의 고등한 생명체는 추위 때문에 얼어 죽거나 과도한 열 때문에 소멸할 것이기 때문이다. 하지만 현재 태양의 안정된 상태는 태양이 중년 항성임을 뜻한다. 이것은 중요하다. "태양과 대략 동일한 중량을 지닌 모든 항성은 첫 5천만 년 동안 불안정한 광도를 나타내며, 첫 몇백 년 동안 강한 엑스레이 방사선을 발산하기" 때문이다.[113]

6. 우주 배경 복사 온도. 외우주의 평균 온도는 절대 영도화씨 -459.67도 또는 섭씨 -273.15도가 아니라 절대 영도보다 2.72548도 높다. 이것을 '우주 마이크로파 배경 복사'cosmic microwave background radiation라고 부른다. 천문학자들이 더 멀리 있는 은하계를 관찰함에 따라(그들이 더 먼 과거를 관찰함에 따라) 이 온도는 더 높아지고 있다. 우주가 시작될 때 극도로 높은 온도를 역산함으

로써 얻은 가장 최근의 측정값에 따르면 "우주가 137.9±0.6억 년 전에 창조되었음"을 알 수 있다.[114]

7. 빙층. 과학자들은 남극 대륙의 중앙부와 그린란드 북부의 빙층 깊은 곳까지 구멍을 뚫었다. 그들은 "남극 대륙의 세 빙하 코어가……각각 800,000, 720,000, 420,000년의 연속적인 기록을 제공한다"는 것을 알게 되었다.[115] 젊은 지구론을 지지하는 이들은 복수의 층이 한 해 동안 만들어진 것일 수 있다고 반론을 제기할지도 모른다. 그러나 로스는 "이 층들 안에 알려진 화산 폭발의 먼지 서명dust signatures이 존재한다"고 지적한다. 여기에는 주후 70년의 베수비우스 화산 폭발을 비롯해 472, 512, 968, 1037, 1139, 1631, 1944년의 화산 폭발이 포함된다. "이런 화산 폭발의 먼지 서명을 포함하는 층들 사이에 있는 층의 수를 세어 봄으로써 연구자들은 각각의 층이 실제로 1년에 해당함을 확인할 수 있었다."[116]

8. 산호초 층. 로스는 "산호초 층의 기록이 4억 년 전까지 거슬러 올라간다"라고 말한다.[117]

9. 호수 바닥의 퇴적층. 지질학자인 그렉 데이비슨과 켄 월거무스는 "[일본의] 수이게추 호수의 퇴적층이 5만 년 이상 진행된 퇴적의 결과임"을 자세히 보여주는 본문을 썼다. (이런 퇴적층은 호상점토층varves이라고 불린다.) 또한 이들은 가장 최근의 퇴적층이 14만 년 이상 거슬러 올라가는 세 개의 고리와 밀접한 대응을 이루며, (다양한 깊이의 퇴적층에서 채취한 여러 표본을 통해 측정한) 탄소-14 붕괴 속도가 "변하지 않은 채로 남아 있음"을 보여준다.[118]

10. 암석에 대한 다양한 유형의 연대 측정. 화성암은 용암이나 (지표면 아래에 있는 뜨거운 용융 상태의 물질인) 마그마가 식으며 액체에서 고체로 변할 때 형성된 암석이다. 화성암은 그 암석의 일부가 고체화되자마자 붕괴하기 시작하는 방사능 물질로 이루어져 있으며, 붕괴할 때 그 물질은 다른 요소로 바뀐다. 예를 들어, 우라늄-238은 붕괴하여 납-206으로 변한다. 하지만 우라늄-235는 납-207이 되고, 토륨-232는 납-208이 된다.[119] 모든 방사능 물질의 붕괴 속도는 측정될 수 있다. 지질학자들은 그 정보를 바탕으로 한 암석 안에 있는 각 종류의 우라늄과 토륨 동위 원소의 양과 각 종류의 납 동위 원소의 양을 측정할 수 있으며, 그 정보를 바탕으로 한 암석

의 나이에 대한 여섯 개의 독립된 측정값을 판단할 수 있다. 우라늄과 토륨 동위 원소는 다른 속도로 붕괴하기 때문에 한 암석 표본이 우라늄과 토륨 동위 원소 세 개와 이것들이 변해서 만들어진 납 동위 원소 세 개를 가지고 있다면 우라늄, 토륨, 납 각각의 비율을 통해 그 암석의 나이에 대한 여섯 개의 독립된 측정값을 얻을 수 있다. 로스는 "다양한 방사 측정 요소와 납 사이의 비율과 다양한 방사 측정 요소 사이의 비율은 일관되고 정확한 연대를 제시한다. 모든 연대 자료는 지구가 수십억 년 되었다고 말한다."[120]

다른 종류의 방사 측정 물질을 사용하면 다른 범위의 연대를 더 정확히 측정할 수 있다. 젊은 지구론 지지자들은 몇몇 종류의 방사능 연대 측정이 잘못된 결과를 만들어 냈다고 지적하지만, 로스는 내가 보기에 합리적인 반론에 답을 제시한다.[121] 다른 과학자들도 방사능 연대 측정에 대한 젊은 지구론자들의 반론에 자세히 대답한 바 있다.[122] 예를 들어, 다른 유형의 방사능 연대 측정은 범위가 다른 과거의 기간에만 유효하다.[123]

젊은 지구론자들의 또 다른 주장은 노아의 홍수 시대에 일어난 변화 때문에 방사능 연대 측정 기술이 부정확하다는 것이다. 그러나 지질학자인 데이비스 영은 노아의 홍수에 영향을 받았을 가능성이 전혀 없는, 달에서 가져온 암석과 최근 지구에 떨어진 운석에 대한 방사능 연대 측정이 지구상의 다양한 물질로부터 얻어 낸 다수의 방사 측정 증거와 일치하며, 이런 시험의 결과는 "놀라울 정도로 일관되게 약 45-47억 년이라는 측정값을 가리킨다"고 지적했다.[124]

11. 대륙 분리. 화석이 발견되는 아프리카와 남아메리카 해안에서 가까운 암석 지대를 관찰하면 두 지역이 이전에 붙어 있었지만 대륙이 서서히 이동해 분리된 것처럼 보인다. 실제로 지구본을 살펴보면, 북아메리카와 남아메리카 대륙을 동쪽으로 옮기고 유럽과 아프리카 대륙을 서쪽으로 옮길 수 있다면 약간의 회전을 통해 이 대륙들의 대륙붕이 서로 들어맞는다는 것을 알 수 있다. 그뿐만 아니라 대서양 아래에는 이 대륙들 사이의 중간 지점을 연결한 선의 굴곡과 일치하는 형태를 띠는 '대서양중앙해령'Mid-Atlantic Ridge으로 불리는 거대한 해령이 존재한다. 이 모든 것이 판 구조론,plate tectonics 곧 대륙이 자리 잡고 있는 대륙 지각의 판이 이동한 과정을 설명하는 과학적 연구를 뒷받침하는 증거다.[125]

대륙이 얼마나 오래전에 분리되었는지를 판단하는 두 가지 다른 방법이 있다. 대륙의 가장자리에 있는 대서양 지각의 표본을 채취하면 "대서양 지각의 연대가 최대 약 1억8천만 년임을 알 수 있다."[126] 이것은 대륙이 약 1억8천만 년 전에 분리되었고 그 사이에 대서양이 만들어졌음을 암시한다. 북아메리카 해안선의 한 지점과 그에 상응하는 아프리카 해안선의 지점 사이의 거리를 측정하면 그 거리는 5,600킬로미터다. 5,600킬로미터를 180,000,000년으로 나누면 "1년에 3센티미터라는 속도가 나온다."[127] 다양한 지점을 대상으로 반복적으로 계산해 보아도 차이는 1년에 2.8센티미터에서 4.3센티미터에 불과하다.

하지만 이 대륙들이 실제로 이 속도로 움직이고 있는가? 위성을 통해 "북아메리카와 북아프리카의 상대적인 위치"를 장기적으로 자세히 측정한 결과 "현재 대륙은 1년에 약 2.5센티미터의 속도로 이동하고 있음"을 알 수 있으며, 이것은 "방사 측정을 통해 얻은 이동 속도와 놀라울 정도로 일치하는 결과"다. 이것을 통해 대륙들이 1억8천만 년에 분리되기 시작했음이 확증된다(하지만 지구의 나이가 1만 년 미만이라면 이것은 불가능한 일이다).

젊은 지구론자들은 노아의 홍수로 인해 지각판이 불과 몇천 년 만에 빠른 속도로 이동했다가 지각판이 움직이는 속도가 현재의 속도로 빠르게 감소했을 것이라고 주장한다. 이에 대해 윈스는 "이런 주장이 참이기 위해서는 전혀 무관한 두 과정—방사선 동위 원소의 붕괴 속도와 지각판의 이동 속도—이 정확히 같은 속도로 느려졌어야만 한다"라고 대답한다.[128] 이런 가능성은 매우 희박하다.

12. 어떤 과학자도 과학적 증거만으로는 젊은 지구론에 확신을 갖지 못했다. 젊은 지구론 지지자들과 자주 토론하는 휴 로스는 이렇게 말한다.

> 지질공학자이며 현재 창조과학연구소의 회장인 존 모리스는 한 라디오 인터뷰에서 과학만을 근거로 우주나 지구가 불과 몇천 년밖에 되지 않았다고 확신하게 된 과학자를 만나 본 (또는 그런 과학자에 대해 들어 본) 적이 없다고 인정했다. 다른 저명한 젊은 지구론자들도 역시 같은 질문을 받았을 때 이것을 인정한 바 있다.[129]

이런 상황은 진화론 대 지적 설계에 의한 창조에 관한 논쟁과 놀라울 정도로 상이하다. 왜냐하면 유기체에 필수적인 복잡성과 지적 설계를 뒷받침하는 방대한 양의 과학적 증거 때문에 수많은 비그리스도인 과학자들은 신다윈주의 진화론이 생물의 기원을 설명할 수 없다고 확신하게 되었기 때문이다. 지적 설계를 뒷받침하는 과학적 증거는 대단히 강력하며 해마다 계속 늘어나고 있다. 하지만 젊은 지구론을 뒷받침하는 과학적 증거는 그렇지 않다.

7. 오래된 지구론과 젊은 지구론의 성경 해석은 모두 오늘날 그리스도인들이 받아들일 수 있는 유효한 선택지다

지구의 나이에 관한 몇몇 예비적 고찰을 살펴보았으므로 이제 성경 본문을 근거로 오래된 지구론과 젊은 지구론을 주창하는 구체적인 논리에 관해 살펴보고자 한다.

a. 오래된 지구론. 이 첫 범주에는 지구의 나이가 약 45억 년이며 우주의 나이가 약 138억 년이라고 믿는 이들이 주장하는 네 가지 관점이 포함된다.

1. 날-시대 이론(조화론의 관점). 지구가 수백만 년 되었다고 믿는 많은 사람들은 창세기 1장의 날이 극도로 긴 시대라고 주장한다. 앞서 살펴보았던 창세기 1장의 날이 긴 기간이라는 주장이 여기에 적용될 수 있다. 이미 주장했듯이 히브리어 본문에서 날은 오랜 기간을 뜻할 수 있다. 이 관점의 명백한 유익은, 지구가 45억 년 되었다는 현재의 과학적 추정치가 옳다면 성경이 어떻게 이 사실과 조화를 이루는지를 설명할 수 있다는 것이다. 오래된 지구론을 고수하는 복음주의자들 중에서 이 관점을 채택하는 이들이 많다. 이 관점은 성경과 과학적 결론 사이의 일치 또는 조화를 추구하기 때문에 조화론concordism이라고 불린다.

날-시대 이론은 분명히 가능성이 있는 이론이다. 흔히 제기되는 반론은, 창세기 1장에서 묘사하는 사건의 순서가 생명의 발전 단계에 대한 과학적 이해와 정확히 일치하지 않는다는 것이다. 그러나 2014년에 천체물리학자 휴 로스는 이 반론을 설득력 있게 재반박하는 글을 발표하면서 창세기 1장의 여섯 날에 창조된 다양한 종류의 동식물에 관한 자세한 설명을 제시했다.[130] 로스는 창세기 1장을 이해하고자 할 때 핵심적인 해석의 단계는 화자가 지구를 덮고 있는 물의 표면을 보는 관찰자의 시점에서 글을 쓰고 있음을 인식하는 것이라고 주장한다. 이런 관점은 창세기 1:2부터 적용된다. "하나님의 영은 수면 위에 운행하시니라." 창세기 1장이 식물[3일]을 해양 동물[4일]보다 먼저 배치한 것은 잘못이라는 반론에 대해 로스는 지구상의 식물[3일]이 이전에 이해하던 양보다 더 나타났음을 보여주는 증거를 발견했다는 최근의 과학적 연구를 인용한다.[132]

날-시대 이론에 대한 또 다른 반론은 이 관점이 식물과 나무가 창조되고 나서[3일] 수백 년이 지난 후에 해와 달과 별이 창조되었다[4일]고 말하는 것처럼 보인다는 점이다. 지구나 지구상의 생명체보다 먼저 별이 만들어졌다고 보는 현재의 과학적 견해에 따르면 이것은 전혀 말이 되지 않는다. 현재 지구가 작동하는 방식에 비추어 보아도 전혀 말이 되지 않는다. 태양빛이 없이 식물이 자랄 수 없기 때문이다. 그뿐만 아니라 태양 없이 지구상의 물이 수백만 년 동안—단 몇 초라도—얼지 않을 수 있었다는 말인가?

이에 대해 날-시대 이론을 지지하는 이들은 해와 달과 별이 첫째 날 전에, 곧 "하나님이 천지를 창조"하신 "태초에" 창조되었고,[창 1:1] 아마도 전에는 반투명했던 안개 장벽을 얇게 하거나 제거함으로써 넷째 날에 해와 달과 별이 보이게 되었거나 드러나게 되었을 뿐이었다고 말한다.[133] 이것은 14-15절과도 잘 어울린다. "하나님이 이르시되 하늘의 궁창에 광명체들이 있어 낮과 밤을 나뉘게 하고 그것들로 징조와 계절과 날과 해를 이루게 하라. 또 광명체들이 하늘의 궁창에 있어 땅을 비추라 하시니 그대로 되니라."

해와 달과 별이 넷째 날에 드러났을 뿐이라는 생각은 가능성이 가장 높은 창세기 1:1의 해석과도 잘 어울린다. "태초에 하나님이 천지를 창조하시니라."[134] 이것은 해를 비롯한 모든 항성이 첫째 날 이전에 창조되었음을 의미한다.

이것이 올바른 해석이라면 창세기 1:16은 해와 달을 창조한 분이 하나님임을 강조하는 배경 정보를 제공하는 말씀으로 이해해야 한다. "하나님이 두 큰 광명체를 만드사 큰 광명체로 낮을 주관하게 하시고 작은 광명체로 밤을 주관하게 하시며 또 별들을 만드시고." 이 말씀은 14-15절 다음에 일어난 무언가를 지칭할 수 없다. 왜냐하면 14-15절에서 하나님은 이미 해와 달을 드러내셨으며, 이는 "그대로 되니라"15절라는 구절을 통해 분명해진다. 또한 16절을 괄호에 들어갈 배경 정보로 이해한다면,[135] 창세기 1:16의 동사들은 하나님이 전에 행한 일을 가리키는 완료형 동사로 해석해야 한다. "하나님이 두 큰 광명체를 이미 만드사 큰 광명체로 낮을 주관하게 하시고 작은 광명체로 밤을 주관하게 하시며 또 별들을 만드시고." 이것은 문법적으로 가능성이 있는 번역이다(예를 들어, ESV와 NIV는 2:8과 2:19의 같은 동사를 그처럼 해석한다). 이런 선택을 할 경우 날-시대 이론은 충분히 가능한 입장이 된다. 식물을 위해 필요한 빛과 물을 위해 필요한 온기에 관해서는 지구를 둘러싼 불투명한 장벽을 통해 비치는 태양빛이 이미 존재했다고 설명할 수 있다.

날-시대 이론에서 제시하는 또 다른 대답은 넷째 날이 하나님이 행한 점진적인 일에 대한 전체적인 개요를 제시하지만 사건의 역사적 순서를 정확히 반영하지는 않는다는 것이다. 번 포이트레스는 "창세기 1장에는 진행과 시간적 순서의 의미가 포함되어 있다.……하지만 그렇다고 해서 이 본문이 핵심 요점에 집중하면서 주제적 단순성을 위해 한 종류의 피조물을 한데 묶어서 간략히 설명하지 않고 있다는 뜻은 아니다"라고 말한다.[136] (날의 순서상 단절에 관해서는 세 번째 관점을 다룰 때 더 자세히 논할 것이다.)

2. 24시간인 하루 사이에 오랜 기간이 존재한다는 관점. 창세기 1장의 날이 24시간인 하루이며 각각의 날은 수백만 년 떨어져 있다는 관념은 오래된 지구론의 변이형이다. 1977년에 천문학자이며 신학 교수인 로버트 뉴먼이 이 관점을 주창했으며, 나는 이 책의 초판에서 각주를 통해 그의 이론이 가능성 있는 관점이라고 언급한 바 있다.[137] 더 최근에는 옥스퍼드의 수학 교수인 존 레녹스가 이 입장을 옹호한 바 있다.[138] 레녹스는 창세기 1장이 "여섯 창조의 날의 순서"에 관해 이야기한다고 주장한다. 즉 "하나님이 새로운 무언가를 만들기 위해 활동한 (본문이 말하듯이 저녁과 아침이 있는) 정상적인 길이의 날들이지만 오랜 기간에 의해 분리되었을 수도 있는 날들"이라는 것이다.[139] 또한 그는 창세기 1:1-2의 처음 창조가 창세기 1:3-5에서 묘사하는 첫 번째 창조의 날보다 더 먼저 일어났을 수도 있으며, 따라서 지구와 우주가 아주 오래되었을 수 있다는 가능성을 수용하는

관점을 지지한다.[140] 누군가가 날-시대 이론을 채택하기 어려워한다면 24시간인 날과 오래된 지구론 모두를 수용하는 레녹스 입장의 가능성이 높아 보일 것이다.

3. **비유적 날 이론.** 존 콜린스는 창세기 1장이 히브리 노동자의 평범한 일주일을 하나의 유비로 활용해 고대 이스라엘 독자들에게 하나님이 (이스라엘 노동자와 비슷한 방식으로) 창조를 위해 일했음을 가르치려 한다고 주장했다. 따라서 '날'이라는 단어는 구체적인 기간을 암시하지 않으며, 하나님이 숙련된 장인처럼 합리적이고 질서 정연한 방식으로 그분의 일을 행했음을 뜻할 뿐이다. 이에 더하여 "적어도 비공식적인 관찰이라는 관점에서는 제시하는 순서의 논리가 충분히 타당함에도 불구하고" 실제로 사건이 일어난 정확한 순서에 따라 구체적 세부 사항이 각각의 날에 배치된 것일 수도 있고 그렇지 않을 수도 있다. 왜냐하면 "순서는 문학적 제시를 위한 것이며, 이것은 유비적인 것으로서 우리가 지시적 순서라고 부를 수 있는 것에 관한 함의를 지닐 수도 있고 그렇지 않을 수도 있다."[141]

4. **문학적 틀 이론.** 창세기 1장을 해석하는 또 다른 방식이 복음주의자들 사이에서 지지를 얻기 시작했다. 이 관점은 창세기 1장이 지구의 나이에 관해 아무런 정보도 주지 않는다고 주장하기 때문에 지구가 아주 오래되었다고 추정하는 현재의 과학적 입장과 양립 가능하다. 이 관점에서 창세기의 여섯 날은 사건의 연대기적 순서를 기록하려는 것이 아니라 하나님의 창조 활동을 가르치기 위해 저자가 사용한 문학적 틀이라고 주장한다. 이 틀은 첫 번째 3일과 두 번째 3일이 서로 짝을 이루도록 정교하게 구축되었다.[142]

만듦의 날	채움의 날
제1일 빛과 어둠	제4일 해, 달, 별을 나눔(하늘의 빛)
제2일 하늘과 물을 나눔	제5일 물고기와 새
제3일 마른 땅과 바다를 나눔, 식물과 나무	제6일 동물과 사람

이처럼 병행 구조를 확인할 수 있다. 하나님은 첫째 날에 빛과 어둠을 나누

고, 넷째 날에 빛과 어둠 안에 해와 달과 별을 둔다. 둘째 날에 그분은 물과 하늘을 나누고, 다섯째 날에 물 안에 물고기를, 하늘에 새를 둔다. 셋째 날에 그분은 마른 땅과 바다를 나누고 식물이 자라게 하며, 여섯째 날에 마른 땅에 동물과 사람을 두고 그들에게 먹이가 될 식물을 자라게 한다.

문학적 틀 이론에 따르면, 저자가 우리에게 날의 순서나 피조물이 창조된 순서에 관한 정보를 주기 원하는 것처럼 창세기 1장을 읽어서는 안 된다. 또한 저자는 창조가 발생한 시간의 길이를 말하고자 한 것도 아니다. 여섯 개의 날 배열은 하나님이 모든 것을 창조하셨음을 가르치기 위해 저자가 사용한 문학적 장치다. 이 여섯 날은 24시간인 날도 아니고 오랜 기간도 아니며 우리에게 창조에 관한 여섯 개의 다른 그림을 제시한다. 이것을 통해 하나님이 피조물의 모든 양상을 만드셨고, 그분의 창조 활동의 정점이 사람이었으며, 모든 피조물 위에 하나님이 계시고, 그분은 일곱째 날에 안식하셨으며, 인간에게도 안식일에 그분을 예배하라고 말씀하신다고 우리에게 말하는 것이다.[143]

문학적 틀 이론을 지지하는 이들의 말에 따르면 "여기에 연대기를 위한 공간은 없다."[144] 이 가설의 장점은 (1) 위의 표에서 볼 수 있듯이 날들이 깔끔하게 서로 짝을 이룬다는 점, (2) (창세기 본문은 자세한 연대 기록을 전혀 암시하지 않고 있으므로) 지구의 나이와 생물의 나이와 관련해 현대 과학과의 충돌을 피할 수 있다는 사실, (3) 창세기 1장과 2장에서 제시된 순서 사이의 모순을 피할 수 있다는 점(창세기 1장과 다르게 2장에서는 사람창 2:7이 식물창 2:8과 동물창 2:19보다 먼저 창조된 것처럼 보인다), (4) 창세기 2:5에서 창조의 날이 말 그대로 24시간인 하루가 아니었음을 보여준다(아직 비가 오지 않아서 지구상에 식물이 전혀 존재하지 않았다고 말하는데, 식물은 비가 오지 않아도 삼사일은 살아남을 수 있기 때문에 이것은 여섯째 날에 타당하게 적용될 수 없는 설명이다)는 사실이다.

문학적 틀 이론에 몇 가지 반론을 제시해 볼 수 있다.

첫째, 창조의 날 사이에 대응 관계가 존재한다는 주장은 정확한 이론이 아니다. "하늘의 궁창"에 있는 "광명체들"로 창조된 해와 달과 별창 1:14은 첫째 날 창조된 공간이 아니라 둘째 날에 창조된 "궁창"라키아에 배치된다. 실제로 사용된 언어가 명시적인 대응을 이룬다. 첫째 날에는 이 "궁창"

이 전혀 언급되지 않지만 둘째 날에는 다섯 차례,창 1:6-8 넷째 날에는 세 차례창 1:14-19 언급된다. 물론 넷째 날도 (낮과 밤, 빛과 어둠을 고려하면) 첫째 날과 대응을 이룬다. 하지만 두 번째 사흘이 첫 번째 사흘에 창조된 형태나 공간을 채울 사물의 창조를 묘사한다고 말한다면, 넷째 날은 적어도 첫째 날과 짝을 이루는 것만큼이나 둘째 날과도 짝을 이룬다.

이뿐만 아니라 둘째 날과 다섯째 날 사이의 병행 관계도 정확하지 않다. 어떤 의미에서 다섯째 날에 창조된 물고기와 바다 동물, 새를 위한 공간의 준비는 둘째 날이 아니라 셋째 날에 이루어지기 때문이다. 셋째 날이 되어서 하나님이 물을 모으고 그것을 "바다"라고 부르시며,창 1:10 다섯째 날에는 물고기에게 "여러 바닷물에 충만하라"고 명령하신다.창 1:22 다시 한번 26절과 28절에서 물고기를 "바다의 물고기"라고 부르면서 물고기가 사는 영역이 셋째 날에 구체적으로 형성되었다는 사실을 재차 강조한다. 따라서 다섯째 날에 형성된 물고기는 둘째 날에 형성된 궁창 아래 널리 퍼져 있는 물이 아니라 셋째 날에 물고기를 위해 준비된 공간에 속하는 것으로 보인다. 둘째 날과 다섯째 날 사이의 병행 관계를 세우려는 노력은 다섯째 날에 "궁창 위의 물"에서 사는 피조물이 전혀 창조되지 않았다는 사실 때문에 또 다른 어려움에 직면한다. 이날에 창조된 나는 것들(여기에 사용된 히브리어 단어는 새뿐 아니라 날아다니는 곤충까지 포함한다)은 둘째 날에 창조된 하늘뿐 아니라 셋째 날에 창조된 "땅"이나 "뭍"에서 살고 번성한다. (다섯째 날에 하나님이 내린 명령에 주목하라. "새들도 땅에 번성하라."창 1:22) 마지막으로 셋째 날과 여섯째 날 사이의 병행 관계가 정확하지 않다. 왜냐하면 여섯째 날에는 하나님이 셋째 날에 물을 모아 만든 바다를 채울 수 있는 것이 아무것도 창조되지 않았기 때문이다. 이처럼 공간과 그것을 채우도록 창조된 피조물 사이에 부정확한 대응 관계와 중첩이 존재하기 때문에, 문학적 틀 이론이 처음에는 깔끔해 보이지만 본문을 자세히 읽어 볼수록 설득력이 약해진다는 것을 알 수 있다.

둘째, 창세기 1장의 해석에 관한 모든 제안이 지구의 나이에 관한 과학적 자료를 설명하려고 노력하기 때문에 이것은 문학적 틀 이론을 지지하는 독특한 논증이 아니다. 하지만 과학적 발견과 창세기 1장을 화해시키려고 노력해야 한다는 복음주의자들의 부담감을 덜어 준다는 사실이 이 이론의 장점 중 하나임을 인정해야 한다. 하지만 이 이론을 지지하는 한 사람의 말에 의하면, "누군가에게는 안도감을 주는 이 장점이 너무 커서 유혹처럼 느껴질 수도 있다." 그는 "우리는 편리함 때문에 이 이론을 옹호해서는 안 되며, 본문이 우리를 그 방향으로 이끌 때만 이 이론을 옹호해야 한다"라고 지혜롭게 덧붙인다.[145]

셋째, 문학적 틀 이론을 채택하지 않는 이들은 창세기 1장과 2장 사이의 순서에 관해 아무런 충돌이 없다고 본다. 창세기 2장은 동물이나 식물이 처음 창조될 때 순서를 설명하려는 것이 아니라 창세기 2장에서 다루는 아담과 하와의 창조에 관한 구체적인 설명과 관련해 중요한 창세기 1장의 몇몇 세부 사항을 요약하고 있을 뿐이라고 이해해 왔기 때문이다. NIV는 "여호와 하나님이 동방의 에덴을 이미 창설하셨고",창 2:8 "여호와 하나님이 흙으로 각종 들짐승과 공중의 각종 새를 이미 지으셨고"창 2:19라고 번역함으로써 충돌이 존재하는 것 같은 모습을 피한다.

넷째, 창세기 2:5에서 말하려는 바는 땅이 건조해서 식물이 자랄 수 없었다는 것이 아니다. 이 논리를 채택해야 한다면 "땅을 갈 사람"이 없었기 때문에 식물이 없었다고도 말해야 한다.창 2:5 이 구절은 그것이 땅에 비가 오지 않은 이유라고 말하고 있기 때문이다. 더 나아가 이 문장의 나머지 부분은 지구의 상황이 너무 건조해서 식물이 자랄 수 없는 상황과 정반대였다고 말한다. "안개만 땅에서 올라와 온 지면을 적셨더라."창 2:6 창세기 2:5의 진술은 하나님이 인간을 창조한 일반적인 시간 틀에 관한 설명일 뿐이다. 창세기 2:4-6은 "여호와 하나님이 땅에 비를 내리지 아니하셨고 땅을 갈 사람도 없었으므로 들에는 초목이 아직 없었고 밭에는 채소가 나지 아니하였으며 안개만 땅에서 올라와 온 지면을 적셨더라"라고 말하며 배경 상황을 설명한다. 비가 내리지 않았으며 땅을 경작할 사람이 없었다는 진술을 통해 식물이 없었던 물리적 이유를 제시하려는 것이 아니라 하나님의 창조 사역이 완료되지 않았음을 설명하고자 했을 뿐이다. 이런 설명을 통해 우리는 전체 배경이 되는 창조의 첫 여섯째 날로—"여호와 하나님이 땅과 하늘을 만드시던 날"로창 2:4—돌아간다. 이것을 배경으로 2장의 핵심, 곧 인간의 창조를 갑작스럽게 소개한다. 히브리어 본문은 7절 첫 부분에 "그런 다음"then이라는 말이 포함되어 있지 않으며, 그저 "여호와 하나

님이 땅의 흙으로 사람을 지으시고"라고 시작할 뿐이다.창 2:7, KJV [146]

다섯째, 문학적 틀 이론에 가장 강력한 반론은 창세기 1장 전체가 단순한 문학적 틀이 아니라 사건의 시간적 순서를 강하게 암시한다는 점이다. 이것은 상대적으로 소수의 복음주의자들만 이 이론을 채택해 온 이유이기도 하다. 서사가 창조의 덜 복잡한 양상빛과 어둠, 물, 하늘, 뭍에서 더 복잡한 양상물고기와 새, 동물과 인간으로 나아가기 때문에 여기서 우리는 점진적인 강화와 사건의 질서 정연한 순서를 감지할 수 있고, 따라서 이 사건들이 연대기순으로 발생했다고 이해하는 것은 전적으로 타당하다. 일련의 숫자1-2-3-4-5-6가 인간이 경험하는 평범한 1주일과 정확히 짝을 이루는 일군의 날에 덧붙여져 있기 때문에첫째 날, 둘째 날, 셋째 날, 넷째 날, 다섯째 날, 여섯째 날, 그리고 일곱째 날의 안식 이것이 시간적 순서를 따르는 서사라는 암시가 강하다. 날의 순서는 명백히 문학적 틀 이상의 의미를 갖는 것으로 보인다. 본문 어디에도 이것이 문학적 틀임을 명시하지 않으며, 그런 틀을 채택할 때 많은 세부 사항이 들어맞지 않는다. 데릭 키드너는 이렇게 말한다.

> 날의 행렬은 장엄한 진전이어서 질서 정연한 순서라는 함의를 지닐 수밖에 없다. 또한 평범한 독자가 느낄 만한 일차적인 인상을 깎아내리는 본문에 관한 견해를 채택하는 것은 지나치게 섬세한 접근 방식처럼 보인다. 이것은 주장이 아니라 이야기다.[147]

여섯째, 인간에게 '일한 뒤의 안식'이라는 그분 자신의 본보기를 따르라고 한 하나님의 명령도 날의 순서를 암시한다. "안식일을 기억하여 거룩하게 지키라. 엿새 동안은 힘써 네 모든 일을 행할 것이나 일곱째 날은 네 하나님 여호와의 안식일인즉……이는 엿새 동안에 나 여호와가 하늘과 땅과 바다와 그 가운데 모든 것을 만들고 일곱째 날에 쉬었음이라."출 20:8-11 하지만 만일 하나님이 엿새 동안 일하고 일곱째 날에 안식하심으로써 지구를 창조하지 않았다면 그분을 따르라는 명령은 오해를 야기하거나 전혀 말이 되지 않을 것이다.

결론적으로, 문학적 틀 이론은 성경의 진실성을 부인하지 않지만 더 자세히 살펴보았을 때 가능성이 희박해 보이는 성경 해석을 채택하고 있다.

b. 젊은 지구론. 또 다른 일부 복음주의적 해석자들은 지구의 나이가 수백만 년이라고 보는 연대 측정 체계를 거부하면서 지구가 매우 젊고 1만 년도 되지 않았다고 주장한다. 젊은 지구론 지지자들은 지구가 최근에 창조되었음을 뒷받침하는 수많은 과학적 논증을 제시해 왔다.[148] 그들은 일반적으로 다음의 입장 중 하나 또는 둘 다를 지지한다.

1. 성숙한 모습의 창조(성숙한 창조론). 젊은 지구론 지지자들 중 일부는 원래의 창조가 첫날부터 성숙한 모습appearance of age을 지녔을 것이라고 지적한다. (이 관점은 하나님이 성숙한 피조물을 창조했다고 주장하므로 '성숙한 창조론'mature creationism이라고 부른다.) 아담과 하와가 다 자란 어른의 모습이었다는 것을 명백한 사례로 든다. 아담과 하와는 창조된 첫날 밤에 별을 보았겠지만 멀리 떨어진 별에서 출발한 그 빛이 지구에 도달하기까지 수천 년, 심지어는 수백만 년이 걸렸을 것이다. 이것은 하나님이 빛줄기가 이미 자리를 잡은 상태로 별을 창조했음을 암시한다. 또한 다 자란 나무는 이미 나이테를 가지고 있었을 것이다. 이 논리를 따른다면 수많은 지질학적 구조가 처음 창조될 때부터 지금이라면 느린 과정에 의해 수천 년, 심지어는 수백만 년 걸려 완성될 모습으로 만들어졌다고 생각할 수 있지 않겠는가? 많은 사람들이 이런 주장에 동의해 왔으며, 적어도 처음에는 매력적인 제안처럼 보인다.

성숙한 창조론에 흔히 제기되는 반론은 이 이론이 "하나님을 기만하는 분으로 만들며"[149] 이것은 그분의 속성과 모순된다는 것이다. 하지만 하나님이 하루 만에 성숙한 남자와 여자를 창조하고, 그 일을 우리에게 명시적으로 말씀하신다면 그분이 '기만하는 분'이 되는 것인가? 또는 그분이 성숙한 물고기와 동물, 다 자란 나무를 창조한 뒤 그것을 우리에게 말씀하신다면 우리를 기만하는 것인가? 또는 그분이 아담과 하와가 창조된 첫날 밤에 별을 보게 한다면, 곧 사람들로 하여금 그 별을 보고 그분께 영광을 돌리게 하려고 창조한 별을 보게 한다면, 우리를 기만하는 것인가? 이런 행동은 기만이라기보다 하나님의 무한한 지혜와 능력을 가리키는 것으로 보인다. 하나님이 엿새 동안 모든 것을 창조했다고 우리에게 명시적으로 말씀하신다면 특히 더 그러하다.

하지만 성숙한 창조론의 실제적인 문제는 우주 안에 이 이론을 쉽게 설명할 수 없는 것들이 존재한다는 것이다. 아담과 하와가 신생아가 아니라 어른으로 창조되었으며, 따라서 (우리가 그들의 창조에 관해 알지 못한다면) 그들이 성숙한 모습을 지녔다는 데 모두가 동의할 것이다. 창세기 1장의 날이 24시간인 하루라고 주장하는 이들 대부분은 식물과 나무, 모든 동물, 또한 아마도 별에서 오는 빛도 성숙한 모습을 지녔다고 말할 것이다. 그러나 오래전에 죽은 동물 화석의 존재가 심각한 문제를 제기한다. 책임 있는 그리스도인이라면 하나님이 성숙한 모습을 추가적으로 제공하기 위해 지구 전역에 화석을 흩뿌려 두었다고 주장하기를 원하지 않을 것이기 때문이다. 이것은 진행 중이거나 성숙한 상태의 무언가를 창조한 것이 아니다. 동물이 아담과 하와를 섬기게 하기 위해서가 아니라 그저 사람들로 하여금 지구가 실제보다 더 오래되었다고 생각하게 하려고 죽은 동물의 사체를 창조한 것이다.[150] 그러므로 땅속에 화석을 넣어 둔 것은 세상의 초기 역사에 관해 인간에게 오해를 불러일으키거나 인간을 기만하기 위한 목적일 수밖에 없다.

더 심각한 문제는, 연대를 가리키는 다양하고 많은 증거가 모두 동일한 나이, 곧 138억 년 된 우주와 45억 년 된 지구를 가리킨다는 것이다. 아담과 식물, 동물, 별 모두가 (성숙한 기능을 갖춘 모습으로 창조되었기 때문에) 다른 나이를 지니는 것처럼 보였을 것이라는 점은 이해할 만하다. 하지만 현대의 천문학과 지질학 연구는 우주의 팽창, 멀리 떨어진 별에서 오는 빛, 대륙 이동, 방사능 연대 측정, 달 암석과 운석 표본 등을 근거로 대략적으로 동일한 나이를 추정하고 있다. 하나님이 헤아릴 수 없을 만큼 거대한 우주를 창조하여 우리가 그분의 전능하심을 경외하게 했으며, 헤아릴 수 없을 만큼 오래된 우주 안에서 살도록 인간을 창조하여 우리가 그분의 영원하심을 경외하게 했다는 것은 전적으로 가능성이 있는 일이다.

그것이 참되지 않다면 왜 하나님은 우주가 138억 년 되었으며 지구또한 달가 45억 년 되었음을 말해 주는 많고 다양한 증거를 창조하셨는가? 지구가 45억 년 되었다고 결론 내리는 것이 더 낫지 않겠는가? 하나님이 우리를 기만했다고 넌지시 말하기보다는 우리에게 이 사실을 보여주는 수많은 증거를 남겨 두었다고 결론 내리는 것이 더 낫지 않겠는가? 따라서 화석 기록에 관해 그리스도인이 채택할 수 있는 유일하게 믿을 만한 설명은

(1) 결함이 있는 전제 때문에 또는 타락이나 홍수로 인해 야기된 물리학 법칙과 상수의 근원적인 변화 때문에 현재의 연대 측정 방식이 거대한 오류를 지니고 있다는 것, (2) 현재의 연대 측정 방식이 대략적으로 정확하며 지구는 수백만 년, 심지어 수십억 년 되었다는 것이다.

그러나 젊은 지구론 지지자들은 성경이 이 관점을 요구한다고 믿기 때문에 계속 이를 지지할 수 있으며, 따라서 장차 성숙한 창조론을 뒷받침하는 추가적인 설명이 발견되기를 기대할 수 있다. 또는 철저하고 완전한 형태의 성숙한 창조론을 고수하여 하나님이 우주를 창조한 지 1만 년이 채 되지 않았으며 지구는 수십억 년 된 것처럼 보일 뿐이라고 주장할 수도 있다.

2. 홍수 지질학. 복음주의자들에게서 흔히 볼 수 있는 또 다른 관점은 '홍수 지질학'이라고 부를 수 있는 관점이다. 이것은 노아 시대의 홍수창6-9장를 통해 촉발된 자연적 힘이 지구 표면을 크게 바꾸어 놓았으며, 예를 들어 물이 지구에 가한 높은 압력 때문에 수백만 년이 아니라 1년 만에 석탄과 다이아몬드를 만들어 냈다는 것이다. 또한 이 관점은 홍수로 인해 지구 전역의 두터운 퇴적층 속에 화석이 자리 잡게 되었다고 주장한다.[151] 홍수 지질학은 이것을 지지하는 이들이 현재 지구의 지질학적 상태 대부분이 홍수라는 거대한 격변으로부터 기인했다고 주장하기 때문에 "신격변설"neo-catastrophism로 불리기도 한다.

이 관점을 옹호하는 이들이 제시하는 지질학적 주장은 전문적이므로 비전문가가 평가하기 어렵다. 하지만 내가 이해한 바를 근거로 판단할 때 지구의 모든 지질학적 구조가 수백 년 동안의 퇴적 작용, 화산 폭발, 빙하의 움직임, 대륙 이동 등에 의해서가 아니라 노아 홍수에 의해 이루어졌다는 주장에 나는 동의하지 않는다.

앞서 과학적 자료만을 근거로 우주와 지구가 1만 년밖에 되지 않았다고 확신하는 과학자들이 없다고 지적했듯이, 홍수 지질학을 둘러싼 논쟁도 창조에 관한 논쟁의 다른 영역과 놀라운 차이를 보인다. 왜냐하면 이것을 옹호하는 이들은 전문적인 지질학자들, 심지어 성경을 믿는 복음주의 그리스도인인 지질학자들조차도 설득하지 못했기 때문이다. 이와 대조적으로, 위에서 언급했던 진화론을 반박하는 책들은 160년에 걸쳐 제시된

다윈주의 진화론에 대한 설득력 있는 반론, 곧 그리스도인과 비그리스도인을 막론하고 수많은 생물학자, 생화학자, 동물학자, 인류학자, 고생물학자들이 제기한 반론을 기록하고 있다. 왜냐하면 진화론은 창조 세계에 대한 관찰로부터 명백히 드러나는 사실을 설명할 때 많은 문제를 지니기 때문이다. 만일 현재의 지질학적 구조가 지구 전체를 덮었던 홍수의 결과라고 설명할 수밖에 없다면, 그 증거를 보는 비그리스도인에게도 그것이 명백하지 않겠는가? 그런 증거가 존재한다면 전문적인 지질학자인 수백 명의 그리스도인들이 기꺼이 그 증거를 인정하지 않겠는가? 만일 홍수 지질학자들이 옳다면, 일부 전문적인 지질학자들을 설득해 그들의 주장이 개연성이 있다고 인정하게 하는 일에 더 많은 진전을 이룰 수 있다고 기대할 수 있을 것이다.[152]

8. 지구의 나이에 관한 결론: 두 관점은 모두 수용 가능하다

그렇다면 지구는 얼마나 오래되었는가? 이 논의는 우리를 어디로 이끄는가? 내가 기독교 공동체 전체에 강력히 권면하고자 하는 바는 오래된 지구론이나 젊은 지구론은 모두 복음주의 교회와 선교 단체 지도자들이 받아들일 만한 관점이라는 것이다.[153] 이 문제에 관해 양쪽 진영 모두는 성경의 완전한 무오성을 확고히 믿는 수십 명, 심지어 수백 명의 훈련된 성경학자들이 자리를 잡고 있다. 이것은 성경을 믿느냐, 성경을 믿지 않느냐의 문제가 아니다. 이것은 보수적인 신학 대 자유주의 신학의 문제도 아니며 성경의 권위를 믿느냐, 과학의 권위를 믿느냐의 문제도 아니다. 양쪽 진영 모두가 성경이 전적으로 참되다고 굳게 믿는 상황에서 성경을 어떻게 해석할 것인가의 문제일 뿐이다.

개인적인 견해를 밝히자면, 오래된 지구론이 더 설득력이 있어 보인다. 다양한 분과에서 제시하는 과학적 자료들에 근거한 오래된 지구론이 (적어도 나에게는) 설득력이 있어 보인다. 천문학과 연관 분과의 다양한 양상을 반영하는 누적된 증거와 화석에 들어 있는 암석, 산호초, 대륙 이동, 여러 종류의 방사능 연대 측정을 통해 얻어 낸 결과의 유사성과 같은 증거에 근거한 주장은 특히 더 설득력이 있어 보인다. 이 모든 요소는 우주가 138억 년 되었으며, 지구는 45억 년 되었다는 설득력 있는 증거를 제시하는 것처럼 보인다.

젊은 지구론 지지자들이 이 증거에 대한 나의 평가에 동의하지 않을 것을 알고 있다. 그들은 빛의 속도가 크게 달랐을 수도 있고, 동물 화석의 연대 측정이 크게 달랐을 수도 있고, 산호초의 형성 속도가 크게 달랐을 수도 있고, 호수 안에 퇴적층이 만들어지는 속도가 크게 달랐을 수도 있고, 암석 내의 방사 측정 요소의 붕괴 속도가 크게 달랐을 수도 있다는 반론을 제기할 것이다. 나에게는 이런 반론이 결국 "사실이 다르면 그들은 나의 입장을 지지할 것이다"라는 말처럼 들린다. 하지만 사실은 다르지 않다.

성경의 증거에 관해 나는 오래된 지구론과 젊은 지구론 중 어느 한쪽을 허용하는 것을 정당하고 정직하게 이해할 수 있다고 생각한다. 성경이 지구의 나이나 우주의 나이를 우리에게 말해 주지도 않으며, 말하려고 하지도 않는다고 생각하기 때문이다.

9. 앞으로 나아갈 길

우리는 지구의 나이가 성경이 직접적으로 가르치는 문제가 아니라 성경에 근거한 추론을 통해서만 고찰할 수 있는 문제라고 분명히 말해야 한다. 하지만 복음주의권에서는 오래된 지구론과 젊은 지구론을 옹호하는 이들 사이에 논쟁이 계속되고 있다. 이 상황을 고려할 때, (1) 그리스도께서 다시 오기 전에 우리가 이 문제에 대한 명확한 해결책을 발견하도록 하나님이 허락하지 않을지 모른다고 인정하며 (2) 젊은 지구론과 오래된 지구론 진영에 속한 복음주의 과학자와 신학자들에게 위로부터 오는 지혜는 "첫째 성결하고 다음에 화평하고 관용하고 양순하며 긍휼과 선한 열매가 가득하고 편견과 거짓이 없"으며 "화평하게 하는 자들은 화평으로 심어 의의 열매를 거"둔다는 것을 깨달아[약 3:17-18] 공동의 목적을 위해 한마음으로 협력하도록 권하는 것이 최선으로 보인다.

전도와 변증의 목적으로 복음주의권 밖에서 읽힐 수 있는 책을 펴내고자 할 때, 젊은 지구론과 오래된 지구론을 지지하는 이들은 지구의 나이에 관한 입장 차이를 제쳐 놓고 지적 설계에 의한 창조를 뒷받침하는 강력한 논증을 집결시키기 위해 더 많이 협력할 수 있을 것이다. 젊은 지구론 지지자들이 젊은 지구론을 뒷받침하는 과학적 논증과 설계에 의한 창조를 뒷받침하는 과학적 논증을 구별하지 못하고, 그 결과 오래된 지구론 지지자들과 힘을 합쳐 과학계에 협력하는 데 나서지 못하는 경우가 많았다. 이뿐만 아니라 젊은 지구론 지지자들이 (자신들에게 설득력이 강해 보이는) 젊은 지구론을 뒷받침하는 과학적 논증이 지적 설계에 의한 창조를 뒷받침하는 압도적인 과학적 논증만큼 강력하지 못하다는 것을 인정하지 않는 경우도 있었다. 그 결과 젊은 지구론 지지자들은 하나님에 의한 창조만이 아니라 젊은 지구론도 함께 믿는 사람들만 참된 창조론자라는 인상을 주는 경우가 많았다. 결과적으로 그리스도인 과학자들은 불행하게 분열되고 그들의 공동체가 사라지고 말았다. 이것은 사탄이 기뻐하지만 하나님의 성령은 근심하는 일이다.

G. 적용

창조 교리는 오늘날 그리스도인들에게 적용될 수 있는 점이 많다. 이 교리를 통해 우리는 물질적 우주가 그 자체로 선하다는 것을 깨닫는다. 하나님이 그것을 선하게 창조하셨으며, 그분이 기뻐하는 방식으로 우리가 그것을 사용하기를 원하시기 때문이다. 그러므로 우리는 초기 그리스도인들처럼 "기쁨과 순전한 마음으로 음식을 먹"으며[행 2:46] 언제나 하나님께 감사하고 그분의 공급하심을 신뢰해야 한다. 창조에 대한 건전한 이해는 우리가 피조물의 선함과 그것을 통해 우리에게 오는 복을 부인하는 잘못된 금욕주의에 빠지지 않게 해줄 것이다. 또한 이 교리는 그리스도인들이 피조물의 선함에 대한 과학적, 기술적 연구를 하게 만들거나 또는 그런 연구를 지지하도록 권할 것이다.[154] 또한 창조 교리는 과학적, 기술적 연구가 하나님을 영화롭게 한다는 것을 더 분명히 깨닫게 해준다. 이 교리를 통해 우리는 하나님의 창조 사역이 얼마나 지혜롭고 강력하며 솜씨가 좋은지를 깨달을 수 있기 때문이다. "여호와께서 행하시는 일들이 크시오니 이를 즐거워하는 자들이 다 기리는도다."[시 111:2]

또한 창조 교리는 하나님이 창조한 우주를 그분이 주권적으로 다스리신다는 것을 우리에게 상기시켜 준다. 그분이 그 모든 것을 만드셨으며 그 모든 것의 주이시다. 우리는 우리의 존재 전부와 우리가 가진 것 모두를 그분께 빚지고 있으며, 그분이 궁극적으로 그분의 원수를 다 물리치고 영원히 예배를 받는 주권적인 왕으로 나타나실 것을 온전히 확신할 수 있다. 또한 우리가 바른 마음을 가지고 있다면, 우주의 믿기지 않는 크기와 창조된 모든 것의 놀라운 복잡성은 계속해서 우리가 그분의 위대하심으로 인해 그분을 예배하고 찬양하게 만들 것이다.

마지막으로 앞에서 지적했듯이 우리는 창조주 하나님이 우리가 가진 창의성으로 그분을 본받을 수 있게 하신 것에 감사하는 태도로 창조 활동 예술, 음악, 운동, 가사, 문학 등을 전심으로 즐길 수 있다.

개인적 적용을 위한 질문

1. 여러분은 하나님의 탁월한 창조에 어떻게 감사를 드리는가? 주위에서 여러분과 함께 존재하는 피조물들의 선을 드러내는 몇 가지 예시를 들어 보라. 어떻게 하면 여러분은 하나님이 맡기신 피조물을 더 잘 돌보는 청지기가 될 수 있는가?

2. 하나님이 창조한 모든 것의 선함을 깨달을 때, 여러분은 식습관을 바꾸려고 노력할 수 있는가? 하나님이 먹으라고 주신 다양한 음식에 감사하도록 아이들을 가르칠 수 있는가? 창조 교리는 극단적인 비건이나 동물권 옹호자들의 주장에 대한 대답이 되는가? 창 3:21 참조

3. 여러분이 창조가 아닌, 물질과 시간과 우연의 산물로서 수백만 년에 걸친 유기체 내의 임의적 변화로 인한 자연 발생의 결과라고 상상해 보라. 여러분 자신이나 동시대의 다른 사람에 관해 어떻게 느껴지는가? 옳고 그름, 미래 등에 관해 어떻게 생각하는가?

4. 채소를 기르거나 털실을 짜서 옷을 만들 때와 같이 피조물의 일부를 유용하게 사용할 때 여러분은 기쁨을 느끼는가? 이러한 일을 할 때 우리는 어떤 마음과 태도를 지녀야 하는가?

5. 하나님의 능력과 영광을 우리에게 보여주려고 거대한 별들을 우주 안에 두었다는 선언은 우주 속 우리의 위치에 관해 어떤 느낌이 들게 하는가? 그것은 비그리스도인과 어떤 차이가 있는가?

6. 이번 장을 읽기 전 진화론에 관해 어떻게 생각했는가? 지금은 여러분의 견해가 조금이라도 변화되었는가?

7. 여러분은 지구의 나이에 관한 논쟁을 통해 어떤 신학적 통찰을 얻었는가? 이 논쟁은 여러분의 기독교 신앙과 관련해 어떤 의미를 갖는다고 생각하는가?

신학 전문 용어

24시간인 날 이론
간격설
날-시대 이론
내재적
대진화
무로부터의 창조
문학적 틀 이론
방법론적 자연주의
범신론
성숙한 진화론
소진화
신격변설
오래된 지구론
유물론
유신 진화론
이신론
이원론
젊은 지구론
점진적 창조론
조화론
초월적
호모 사피엔스
홍수 지질학
회화적 날 이론

참고 문헌

이 참고 문헌에 관한 설명으로는 1장, 60쪽을 보라. 자세한 서지 자료는 2권 부록 2에서 확인할 수 있다.

복음주의 조직신학 저술의 관련 항목

1. 성공회

1882–1892	Litton, 74–76
2001	Packer, 21–22
2013	Bird, 140–163
2013	Bray, 77–81

2. 아르미니우스주의(또는 웨슬리파/감리교)

1875–1876	Pope, 1:361–420
1892–1894	Miley, 1:276–310
1940	Wiley, 1:440–472
1960	Purkiser, 145–148, 149–163
1983	Carter, 1:130–132, 145–194, 203–208
1983	Cottrell, 1:48–191
1992	Oden, 1:225–269
2002	Cottrell, 100–126

3. 침례교

1767	Gill, 1:366–375
1887	Boyce, 166–173
1907	Strong, 371–410
1917	Mullins, 251–264
1976–1983	Henry, 6:108–196
1983–1985	Erickson, 365–386
1987–1994	Lewis and Demarest, 2:17–70
1990–1995	Garrett, 1:339–372
2007	Akin, 242–293

4. 세대주의

1947	Chafer, 7:99–101, 146
1949	Thiessen, 111–118
1986	Ryrie, 171–194
2017	MacArthur and Mayhue, 213–216

5. 루터교

1917–1924	Pieper, 1:467–482
1934	Mueller, 179–188

6. 개혁주의(또는 장로교)

1559	Calvin, 1:159–183 (1.14)
1724–1758	Edwards, 1:94–121
1871–1873	Hodge, 1:550–574; 2:3–41
1878	Dabney, 26–38, 247–263
1887–1921	Warfield, *SSW*, 2:132–141
1894	Shedd, 366–411
1910	Vos, 1:156–182
1937–1966	Murray, *CW*, 1:325–329; *CW*, 2:3–13
1938	Berkhof, 126–140, 150–164
1998	Reymond, 383–397
2008	Van Genderen and Velema, 246–282
2011	Horton, 324–349
2013	Culver, 141–163
2016	Allen and Swain, 126–147
2017	Barrett, 283–293
2019	Letham, 271–291

7. 부흥 운동(또는 은사주의/오순절)

1988–1992	Williams, 1:95–116
1993	Menzies and Horton, 77–81
1995	Horton, 215–254
2008	Duffield and Van Cleave, 121–124

대표적인 로마 가톨릭 조직신학 저술의 관련 항목

1. 로마 가톨릭: 전통적 입장

1955	Ott, 79–86, 92–94, 100

2. 로마 가톨릭: 제2차 바티칸공의회 이후

1980	McBrien, 1:224–228
2012	*CCC*, paragraphs 279–324

기타 저술

Alexander, Denis. *Creation or Evolution: Do We Have to Choose?*. 2nd ed. Oxford; Grand Rapids: Monarch, 2014. (유신 진화론을 선호함)

Allison, Gregg. *Historical Theology: An Introduction to Christian Doctrine; A Companion to Wayne Grudem's Systematic Theology*. Grand Rapids: Zondervan, 2011, 254–276.

Axe, Douglas. *Undeniable: How Biology Confirms Our Intuition That Life Is Designed*. New York, New York: HarperOne, 2016. (『언디나이어블』, 겨울나무)

Barclay, O. R. "Creation." In *NDT1*, 177–179.

Barrett, Matthew. *Four Views on the Historical Adam*. Grand Rapids: Zondervan, 2013. (『아담의 역사성 논쟁』, 새물결플러스)

Behe, Michael J. *Darwin's Black Box: The Biochemical Challenge to Evolution*. 10th ed. New York: Free Press, 2006. (『다윈의 블랙박스』, 풀빛)

Blocher, Henri. *In the Beginning: The Opening Chapters of Genesis*. Translated by David G. Preston. Leicester: Inter-Varsity Press, 1984.

Brown, Walter T. *In the Beginning: Compelling Evidence for Creation and the Flood*. 7th ed. Phoenix: Center for Scientific Creation, 2001. (젊은 지구 창조론)

Cabal, Theodore, and Peter Rasor II. *Controversy of the Ages: Why Christians Should Not Divide over the Age of the Earth*. Wooster, OH: Weaver, 2017.

Charles, J. Daryl. *Reading Genesis 1–2: An Evangelical Conversation*. Peabody, MA: Hendrickson, 2013. (『창조 기사 논쟁』, 새물결플러스)

Collins, Francis S. *The Language of God: A Scientist

Presents Evidence for Belief. New York: Free, 2006. (유신 진화론을 선호함) (『신의 언어』 김영사)

Collins, C John. *Did Adam and Eve Really Exist? Who They Were and Why You Should Care*. Wheaton, IL: Crossway, 2011. (『아담과 하와는 실제로 존재했는가』 새물결플러스)

____. *Genesis 1-4: A Linguistic, Literary, and Theological Commentary*. Phillipsburg, N.J.: P&R, 2006.

____. *Reading Genesis Well: Navigating History, Poetry, Science, and Truth in Genesis 1-11*. Grand Rapids: Zondervan, 2018.

Coulson, K. P. *Creation Unfolding: A New Perspective on Ex Nihilo*. n.p.: Phaneros, 2020.

Currid, John D. *Against the Gods: The Polemical Theology of the Old Testament*. Wheaton, IL: Crossway, 2013. (『고대 근동 신들과의 논쟁』 새물결플러스)

Davidson, Gregg R. *When Faith and Science Collide: A Biblical Approach to Evaluating Evolution and the Age of the Earth*. Oxford, MS: Malius Press, 2009.

Dembski, William A. *The Design Revolution: Answering the Toughest Questions about Intelligent Design*. Downers Grove, IL: InterVarsity Press, 2004.

____. *Intelligent Design: The Bridge between Science & Theology*. Downers Grove, IL: InterVarsity Press, 1999. (『지적 설계』 IVP)

Dembski, William A., ed. *Darwin's Nemesis: Phillip Johnson and the Intelligent Design Movement*. Downers Grove, IL: IVP Academic, 2006.

____. *Mere Creation: Science, Faith and Intelligent Design*. Downers Grove, IL: InterVarsity Press, 1998.

Denton, Michael. *Evolution: Still A Theory in Crisis*. Seattle: Discovery Institute, 2016. (의사이기도 한 생물학자가 진화론에 대해 이의를 제기한다.)

De Young, Donald B. *Astronomy and the Bible: Questions and Answers*. Grand Rapids: Baker, 1989. (젊은 지구 창조론)

Frair, Wayne, and Percival Davis. *A Case for Creation*. Norcross, GA: CRS, 1983.

Giberson, Karl, and Francis S. Collins. *The Language of Science and Faith: Straight Answers to Genuine Questions*. Downers Grove, IL: IVP Books, 2011. (유신 진화론을 선호함)

Gish, D. T. *Evolution: The Challenge of the Fossil Record*. El Cajon, CA: Master, 1985. (젊은 지구 창조론)

Gundry, Stanley N., and Charles Halton, eds. *Genesis: History, Fiction, or Neither? Three Views on the Bible's Earliest Chapters*. Grand Rapids: Zondervan, 2015. (『창세기 원역사 논쟁』 새물결플러스)

Gundry, Stanley N., J. P. Moreland, and John Mark Reynolds, eds. *Three Views on Creation and Evolution*. Grand Rapids: Zondervan, 1999. (『창조와 진화에 대한 세 가지 견해』 IVP)

Halton, Charles, ed. *Genesis: History, Fiction, or Neither?* Grand Rapids, Michigan: Zondervan, 2015. (『창세기 원역사 논쟁』 새물결플러스)

Hiebert, Robert J. V. "Create, Creation." In *BTDB*, 132-36.

Hill, Carol, Gregg Davidson, Tim Helble, and Wayne Ranney, eds. *The Grand Canyon: Monument to an Ancient Earth*. Grand Rapids: Kregel, 2016. (old earth view)

Johnson, Phillip E. *Darwin on Trial*. Downers Grove, IL: InterVarsity Press, 1991. (『심판대의 다윈』 까치)

Kaiser, Christopher B. *Creation and the History of Science*. Grand Rapids: Eerdmans, 1991.

Keathley, Kenneth D., and Mark Rooker. *40 Questions about Creation and Evolution*. Grand Rapids: Kregel Academic, 2014.

Kelly, Douglas F. *Creation and Change: Genesis 1.1-2.4 In the Light of Changing Scientific Paradigms*. Fearn, Ross-shire: Mentor, 2017.

Kerkut, G. A. *Implications of Evolution*. New York: Pergamon, 1960.

Kofahl, Robert E., and Kelly L. Segraves. *The Creation Explanation: A Scientific Alternative to Evolution*. Wheaton, IL: Shaw, 1975. (젊은 지구 창조론)

Lennox, John C. *Seven Days That Divide the World: The Beginning according to Genesis and Science*. Grand Rapids: Zondervan, 2011. (『최초의 7일』 새물결플러스)

McGrath, Alister E. *A Scientific Theology*. Vol. 1. Grand Rapids: Eerdmans, 2001.

Meyer, Stephen C. *Darwin's Doubt: The Explosive Origin of Animal Life and the Case for Intelligent Design*. New York: HarperOne, 2013.

____. *Signature in the Cell: DNA and the Evidence for Intelligent Design*. New York: HarperOne, 2009.

Moreland, J. P., ed. *The Creation Hypothesis: Scientific Evidence for an Intelligent Designer*. Downers Grove, IL: InterVarsity Press, 1994.

Moreland, J. P., Stephen C. Meyer, Christopher Shaw, Ann K. Gauger, and Wayne Grudem, eds. *Theistic Evolution: A Scientific, Philosophical, and Theological Critique*. Wheaton, IL: Crossway, 2017.

Morris, Henry M., and John D. Morris. *Science, Scripture, and the Young Earth: An Answer to Current Arguments Against the Biblical Doctrine of Recent Creation*. El Cajon, CA: Institute for Creation Research, 1989. (젊은 지구 창조론)

Mortenson, Terry, and Thane H. Ury. *Coming to Grips*

with Genesis: Biblical Authority and the Age of the Earth. Green Forest, AR: Master, 2008.

____. The Great Turning Point: The Church's Catastrophic Mistake On Geology—*Before Darwin*. Green Forest, AR: Master, 2004.

Nelson, David P. "The Work of God: Creation and Providence." In *A Theology for the Church*, ed. Daniel L. Akin et al., 242–267. Nashville: B&H, 2007.

Nevin, Norman Cummings, ed. *Should Christians Embrace Evolution? Biblical and Scientific Responses*. Phillipsburg, NJ: P&R, 2011.

Newman, Robert C., and Herman J. Eckelmann. *Genesis One and the Origin of the Earth*. Downers Grove, IL: InterVarsity Press, 1977. (젊은 지구 창조론을 논박함)

Noble, T. A. "Creation and Evolution." In *NDT2*, 231–232.

Osborn, L. H. "Creation." In *NDBT*, 429–435.

Painter, J. "Creation, Cosmology." In *DLNT*, 250–55.

Pipa, Joseph A., and David W. Hall, eds. *Did God Create in Six Days?* Taylors, SC: Southern Presbyterian Press, 1999. (젊은 지구 창조론)

Pitman, M. *Adam and Evolution*. Grand Rapids: Baker, 1984.

Poythress, Vern S. *Interpreting Eden: A Guide to Faithfully Reading and Understanding Genesis 1–3*. Wheaton, IL: Crossway, 2019.

Richards, Jay, ed. *God and Evolution: Protestants, Catholics, and Jews Explore Darwin's Challenge to Faith*. Seattle: Discovery Institute Press 2010.

Ross, Hugh. *Creation and Time: A Biblical and Scientific Perspective on the Creation-Date Controversy*. Colorado Springs: NavPress, 1994. (고도로 훈련을 받은 과학자가 과학적 증거를 기초로 젊은 지구 창조론을 논리적으로 반박하는 책)

____. *The Genesis Question: Scientific Advances and the Accuracy of Genesis*. 2nd ed. Colorado Springs: NavPress, 2001.

____. *A Matter of Days: Resolving a Creation Controversy*, 2nd ed. Covina, CA: RTB, 2015. (오래된 지구 창조론을 뒷받침하는 과학적 증거를 상세히 제시하고 초판을 크게 증보함)

____. *More Than a Theory: Revealing a Testable Model for Creation*. Grand Rapids: Baker, 2009.

____. *Navigating Genesis: A Scientist's Journey through Genesis 1–11*. Covina, CA: Reasons to Believe, 2014.

Sarfati, Jonathan D. *Refuting Compromise: A Biblical and Scientific Refutation of Progressive Creationism (Billions of Years) as Popularized by Astronomer Hugh Ross*. Green Forest, AR: Master, 2004.

____. *The Genesis Account: A Theological, Historical, and Scientific Commentary On Genesis 1–11*. Powder Springs, GA: Creation Book, 2018.

Schaeffer, Francis. *No Final Conflict*. Downers Grove, IL: InterVarsity Press, 1975.

Stump, J. B., ed. *Four Views on Creation, Evolution, and Intelligent Design*. Grand Rapids: Zondervan, 2017. (『창조, 진화, 지적 설계에 대한 네 가지 견해』 부흥과개혁사)

Thompson, G. J. "Creation." In *NDT2*, 229–231.

Treier, D. J. "Creation and Evolution." In *EDT3*, 218–221.

Van Till, Howard J., Davis A. Young, and Clarence Menninga. *Science Held Hostage: What's Wrong with Creation Science and Evolutionism?* Downers Grove, IL: InterVarsity Press, 1988. (젊은 지구 창조론을 논박함)

Walton, John H. *The Lost World of Adam and Eve: Genesis 2–3 and the Human Origins Debate*. Downers Grove, IL: IVP Academic, 2009. (유신 진화론과 조화를 이룰 수 있는 방식으로 창세기를 해석한다.) (『아담과 하와의 잃어버린 세계』 새물결플러스)

____. *The Lost World of Genesis One: Ancient Cosmology and the Origins Debate*. Downers Grove, IL: IVP Academic, 2009.

Wells, Jonathan. *The Politically Incorrect Guide to Darwinism and Intelligent Design*. Washington, DC: Regnery, 2006.

Whitcomb, John C. *The World That Perished*. Grand Rapids: Baker, 1988. (젊은 지구 창조론)

Wilder-Smith, A. E. *The Natural Sciences Know Nothing of Evolution*. El Cajon, CA: Master, 1981.

Woodward, Thomas. *Darwin Strikes Back: Defending the Science of Intelligent Design*. Grand Rapids, MI: Baker, 2006.

Young, Davis A. *Christianity and the Age of the Earth*. Grand Rapids: Zondervan, 1982. (젊은 지구 창조론을 논박함)

____. *and Ralph F. Stearley*. The Bible, Rocks, and Time: Geological Evidence for the Age of the Earth. Downers Grove, IL: IVP Academic, 2008.

성경 암송 구절

느헤미야 9:6 | 오직 주는 여호와시라. 하늘과 하늘들의 하늘과 일월 성신과 땅과 땅 위의 만물과 바다와 그 가운데 모든 것을 지으시고 다 보존하시오니 모든 천군이 주께 경배하나이다.

찬송가

"할렐루야, 여호와를 찬양하라!"

이 찬송가의 가사에는 시편 148편 내용 전체가 포함되어 있다. "보이는 것들과 보이지 않는 것들"을 포함해 모든 피조물을 향해 우리의 창조주인 하나님을 예배하라고 말한다.

여호와를 찬양하라 찬양하라 그 이름
여호와를 찬양하라 천사들도 찬양해
해와 달과 별들 찬양, 모든 군대도 찬양
하늘의 하늘도 찬양, 주의 이름 찬양해

여호와를 찬양하라 세상 모든 만물아
우릴 다스리는 여호와 그의 영광 찬양해
말씀으로 창조하신 전능하신 하나님
땅의 모든 만물들아 주의 이름 찬양해

여호와를 찬양하라 산과 들과 나무도
여호와를 찬양하라 모든 만물 찬양해
땅의 왕과 모든 사람 권세자들까지도
세상 모든 주의 자녀들 주의 이름 찬양해

여호와를 찬양하라 홀로 높은 그 이름
찬양하라 주의 영광
찬양하라 주의 영광
찬양하라 주의 영광
주의 영광 찬양해

◈

할렐루야 하늘에서 여호와를 찬양하며 높은 데서 그분을 찬양할지어다
모든 천사여, 그분을 찬양하며 모든 군대여, 그분을 찬양할지어다
해와 달아, 그분을 찬양하며 밝은 별들아, 그분을 찬양할지어다
하늘 위의 하늘도 그분을 찬양하며 하늘 위에 있는 물들도 그분을 찬양할지어다

그 이름은 홀로 높으시도다
그 영광이 땅과 하늘 위에 뛰어나심이로다

그분은 그것들을 영원히 세우시고 폐하지 못할 뜻을 정하셨도다

너희 용들과 바다여, 땅에서 여호와를 찬양하라
불과 우박과 눈과 안개와 그분의 말씀을 따르는 폭풍이여,

산들과 모든 작은 언덕과 열매와 모든 백향목이여,
짐승과 모든 가축과 기는 것과 나는 새여,
세상의 왕들과 모든 백성과 고관들과 땅의 모든 재판관들이여,
총각과 처녀와 노인과 아이들아,
여호와의 이름을 찬양할지어다

ㅁ 윌리엄 커크패트릭 작사

현대 찬양곡

"형언할 수 없는" Indescribable

가장 높은 곳에서 가장 깊은 바다까지
피조물이 주님의 위엄을 나태내고
가을의 단풍에서 봄의 향내까지
모든 피조물이 저마다 노래합니다

형언할 수 없는 놀라우신 주님
주께서 하늘에 별을 두셨고
그 이름을 아십니다
놀라우신 주님
전능하신 주님 앞에
우리 엎드려 경배합니다
겸손히 선포합니다
놀라우신 하나님

누가 번개가 칠 곳을 일러두었고
눈으로 가득 찬 하늘의 창고를 보았습니까
누가 태양이 빛을 내게 하였고
또 그 빛을 감춰 서늘한 밤이 오게 했습니까
아무도 이해할 수 없습니다

놀라우신 하나님

형언할 수 없는 놀라우신 주님
주께서 하늘에 별을 두셨고
그 이름을 아십니다
놀라우신 주님
비교할 수 없고 변치 않으신 주님
내 마음 깊은 곳까지 보시고
그래도 나를 사랑하십니다
놀라우신 하나님

내 마음 깊은 곳까지 보시고
변함없이 나를 사랑하십니다
놀라우신 하나님
내 마음 깊은 곳까지 보시고
그래도 나를 사랑하십니다
놀라우신 하나님

ㅁ 제시 리브스, 로라 스토리 작사 155

1 이번 장에 관해 전문적인 논평을 해준 친구들, 특히 스티브 피거드(Steve Figard)와 덕 브랜트(Doug Brandt), 테리 모튼슨(Terry Mortenson)에게 감사를 드린다.

2 우주가 무로부터 창조되었다고 말할 때 발생할 수 있는 오해를 방지하는 것이 중요하다. '무'라는 단어는 일부 철학자들이 생각하는 것처럼 일종의 존재를 암시하지 않는다. 오히려 우리는 하나님이 우주를 창조하실 때 이전에 존재하는 재료를 전혀 사용하지 않으셨다는 뜻으로 이 단어를 사용한다.

3 RSV의 번역("so that what is seen was made out of things which do not appear", 보이는 것은 나타나지 않는 것으로부터 만들어졌다)은 하나님이 일종의 비가시적 물질로부터 우주를 만드셨다고 주장하는 것처럼 보인다. 하지만 헬라어 본문(메 에크 파이노메논)의 어순을 고려할 때 "not"은 "out of appearing things"(나타난 것으로부터)를 부정하는 것이 분명하다. RSV의 번역은 "not"이 "appearing"이라는 분사를 부정하는 것처럼 해석하지만, 그러려면 이 단어가 분사의 바로 앞에 와야 한다. Philip Hughes, *A Commentary on the Epistle to the Hebrews* (Grand Rapids: Eerdmans, 1977), 443-452에 실린 논의를 보라.

4 C. E. B. Cranfield, *A Critical and Exegetical Commentary on the Epistle to the Romans*, ICC (Edinburgh: T&T Clark, 1975), 1:244을 보라. 헬라어 '호스'는 결과를 표현하는 말이다. (『국제비평주석: 로마서』 로고스)

5 피조물을 향한 하나님의 목적에 관해서는 아래의 C절(514-516쪽)을 보라.

6 '군'(히브리어 차바)으로 번역된 단어는 행성과 별을 지칭하기 위해 사용되기도 하지만(신 4:19; 사 34:4; 40:26), *BDB*, 839(1.c)에 인용된 사례 중에서 하나님을 예배하는 별에 관해 말하는 구절은 없으며, 대부분은 이교도들이 잘못 예배하는 "천군"으로서 천상적 존재에 관해 이야기한다(신 17:3; 왕하 17:16; 21:3; 렘 8:2 등).

7 하지만 아래의 4절에 실린 유신 진화론에 관한 논의를 보라.

8 Derek Kidner, *Genesis: An Introduction and Commentary*, TOTC (Chicago: InterVarsity Press, 1967), 57. (『창세기』 기독교문서선교회)

9 304-307쪽을 보라.

10 성령의 사역에 관해서는 30장, 1124-1146쪽을 보라.

11 범신론(모든 것이 하나님이다)은 하나님이 모든 것 안에 계시지만 하나님이 여전히 다른 모든 것과 구별되신다고 주장하는 범재신론(panentheism)과 다르다.

12 우리가 피조물을 올바르게 해석하고자 한다면 성경이 필수적이라는 점에 관해서는 7장, 220-224쪽을 보라.

13 하나님의 독립성에 관한 논의는 11장, 293-296쪽을 보라.

14 피조물 전체가 하나님의 성품의 다양한 양상을 계시하는 방식에 관해서는 11장, 289-293쪽의 논의를 보라.

15 이들 과학자들의 삶과 연구에 관한 간략한 개관으로는 August J. Kling, "Men of Science / Men of Faith," *HIS*, May 1976, 26-31을 보라.

16 점점 더 늘어나고 있는, 진화론에 반하는 과학적 증거에 대한 분석으로는 이번 장의 참고 문헌에 인용된 더글러스 액스(Douglas Axe), 마이클 비히(Michael Behe), 마이클 덴튼(Michael Denton), 필립 존슨(Phillip E. Johnson), 스티븐 마이어(Stephen Meyer), 노먼 네빈(Norman Nevin), 휴 로스(Hugh Ross), 조나단 웰스(Jonathan Wells)의 책을 보라.

17 Schaeffer, *No Final Conflict* (Downers Grove, IL: InterVarsity Press, 1975). (『궁극적 모순은 없다』 생명의말씀사)

18 같은 책, 25-33.

19 성경과 자연 계시의 관계에 관해서는 4장, 127-132쪽의 논의를 보라.

20 Phillip E. Johnson, *Darwin on Trial* (Downers Grove, IL: InterVarsity Press, 1991)에서는 진화의 증거라고 자주 주장하는 일부 연구가 실제로는 유전적 변화가 전혀 없는 일시적 개체 수의 차이일 뿐이라고 지적한다. 예를 들어, 그는 후추 나방의 "공업 암화"(industrial melanism)에 대한 케틀웰(Kettlewell)의 연구를 언급한다. 케틀웰은 옅은 색이었던 나뭇잎이 오염으로 인해 검댕으로 덮였다가 오염이 끝난 후에 다시 옅은 색으로 바뀌는 과정에서 다수 나방의 색이 흰색에서 검은색으로, 다시 흰색으로 바뀌었다고 주장했다. 하지만 모든 단계에 그 비율은 달라졌지만 검은 나방과 흰 나방이 존재했다(나뭇잎 색과 일치하지 않는 나방은 포식자에 의해 더 쉽게 눈에 띄고 잡아먹혔다). 진화 과정은 전혀 발생하지 않았다. 검은 말과 흰 말이 모두 말인 것처럼 검은 나방과 흰 나방 모두 공업화 시기의 나방이었기 때문이다. 사실 나방은 진화하거나 멸종되기보다는 변화하는 환경 속에서 유전적 정체성을 보존하는 방식으로 행동했다(26-28, 160-161쪽을 보라). (『심판대의 다윈: 지적설계 논쟁』 까치)

21 J. P. Moreland, Stephen C. Meyer Christopher Shaw, Ann Gauger, and Wayne Grudem, eds., *Theistic Evolution: A Scientific, Philosophical, and Theological Critique* (Wheaton, IL: Crossway, 2017). (『유신 진화론 비판』 부흥과개혁사)

22 단백질 접힘은 단백질에 의해 형성된 구조의 일종이다. 더 구체적으로 그것은 "단백질이 특정한 생물학적 기능을 수행할 수 있게 하는 독특하고 안정적이며 복합적인 3차원적 구조"이다(Meyer, "Neo-Darwinism and the Origin of Biological Form and Information," in Moreland et al., *Theistic Evolution*, 116).

23 같은 책, 117.

24 같은 쪽.

25 같은 책, 150.

26 같은 책, 118.

27 액스는 고양이와 달리 진화는 자연 선택으로부터 유익을 얻는다고 말함으로써 자신이 든 사례에 대한 반론이 제기될 수 있음을 인정한다. 그의 대답은 자연 선택이 "힘든 발명 작업이 이루어진 후에야 나타났[기 때문에]……진화론을 근본적인 실패로부터 구해낼 수 없다"라는 것이다(99).

28 Leisola, "Evolution: A Story without a Mechanism," in Moreland et al., *Theistic Evolution*, 142.

29 같은 책, 157-158.

30 Tour, "Are Present Proposals on Chemical Evolutionary Mechanisms Accurately Pointing toward First Life?," in Moreland et al., *Theistic Evolution*, 167.

31 같은 책, 190-191.

32 Meyer, "The Difference It Doesn't Make: Why the 'Front-End Loaded' Concept of Design Fails to Explain the Origin of Biological Information," in Moreland et al., *Theistic Evolution*, 224.

33 같은 책, 227.

34 Hossjer, Gauger, and Reeves, "An Alternative Population Genetics Model," in Moreland et al., *Theistic Evolution*, 505.

35 Jonathan Wells, "Why DNA Mutations Cannot Accomplish What Neo-Darwinism Requires," in Moreland et al., *Theistic Evolution*, 237-256.

36 Sheena Tyler, "Evidence from Embryology Challenges Evolutionary Theory," in Moreland et al.,

Theistic Evolution, 294.

37 같은 책, 295.

38 같은 책, 297-309.

39 같은 책, 299.

40 같은 책, 303-305.

41 같은 책, 325.

42 같은 책, 313. 같은 책에서 케이시 러스킨(Casey Luskin)과 폴 넬슨(Paul Nelson)은 "발생학자들은 가장 이른 단계부터 척추동물의 배아 사이에 상당한 차이가 있음을 발견했으며, 이것은 공통 조상 개념으로부터 예상할 수 있는 바와 모순된다"라고 말한다(395).

43 Michael Behe, Darwin's Black Box: The Biochemical Challenge to Evolution (New York: Free Press, 2006). (『다윈의 블랙박스』 풀빛). 2006년 판에는 비히가 비판자들에 대해 답하는 후기가 포함되어 있다. 그는 "설계를 지지하는 과학적 논증은 그 어느 때보다 강력하다.……수백 건의 집요한 논평에도 불구하고……설계를 지지하는 이 책의 논증은 여전히 유효하다.……내가 오늘 초판을 쓴다고 해도 나는 원문을 거의 수정하지 않을 것이다. 하지만 내가 추가할 수 있는 내용은 많다"라고 말한다(255-256).

44 Behe, *Darwin's Black Box*, 39.

45 Stephen Meyer, *Signature in the Cell: DNA and the Evidence for Intelligent Design* (New York: HarperCollins, 2009). (『세포 속의 시그니처: DNA와 지적 설계의 증거』 겨울나무)

46 Johnson, *Darwin on Trial*, 73-85에서는 지금까지 발견된 약 1억 개의 화석 중에서 진화의 증거로 제시되는 두 사례에 관해 논한다. 그것은 시조새(파충류와 유사한 일부 특징을 지닌 새)와 인간 이전의 원시인류(hominid)로 여겨지는 유인원과 비슷한 화석이다. 시조새는 파충류와 비슷한 동물이 아니라 새이며, 이른바 인간 이전 단계의 화석의 특징에 대한 연구에는 많은 양의 주관적인 추측이 포함되어 있어서 이것을 조사한 전문가들 사이에도 의견이 크게 갈린다.

47 Bechley and Meyer, "The Fossil Record and Universal Common Ancestry," in Moreland et al., *Theistic Evolution*, 339.

48 같은 책, 356.

49 같은 책, 359.

50 Casey Luskin, "Universal Common Descent: A Comprehensive Critique," in Moreland et al., *Theistic Evolution*, 377-378.

51 Luskin, "Missing Transitions: Human Origins and the Fossil Record," in Moreland et al., *Theistic Evolution*, 472. (일부 해석자는 러스킨이 제시하는 연대에 관해 이견을 가지고 있을 수도 있지만 여전히 인간이 지구상에 갑작스럽게 출현했음을 인정한다.)

52 Gauger, Hossjer, and Reeves, "Evidence for Human Uniqueness," in Moreland et al., *Theistic Evolution*, 476, 481.

53 같은 책, 491-92.

54 같은 책, 493.

55 Hossjer, Gauger, and Reeves, "An Alternative Population Genetics Model," in Moreland et al., *Theistic Evolution*, 511.

56 Stephen C. Meyer and Paul A. Nelson, "Should Theistic Evolution Depend on Methodological Naturalism?," in Moreland et al., *Theistic Evolution*, 564.

57 Moreland, *Theistic Evolution*의 여러 장에서는 과학을 방법론적 자연주의의 경계 안에 가두어 놓아야 한다는 관념을 더 자세히 비판한다. 특히 19-20장을 보라.

58 *Time*, September 10, 1973, 53. 이 기사에서는 F. H. C. Crick and L. E. Orgel, "Directed Panspermia," in *Icarus* 19 (1973): 341-346을 요약해서 소개한다.

59 *NIDCC*, 283을 보라.

60 유신 진화론을 다루는 이 절에서는 *Theistic Evolution: A Scientific, Philosophical, and Theological Critique*, ed. J. P. Moreland, Stephen C. Meyer, Christopher Shaw, Ann Gauger, and Wayne Grudem (Wheaton, IL: Crossway, 2017), 61-77과 783-838에 실린 "Biblical and Theological Introduction: The Incompatibility of Theistic Evolution with the Biblical Account of Creation and with Important Christian Doctrines" 그리고 "Theistic Evolution Undermines 12 Creation Events and Several Crucial Christian Doctrines"을 축약하여 싣고 있으며, 이에 관해 출판사의 허락을 받았다. 여기서 다루는 주제에 관한 훨씬 더 자세한 분석으로는 이 두 장과 839-926쪽을 보라. 이것은 휘튼 칼리지(Wheaton College) 교수인 존 월튼(John Walton)이 창세기 1-3장에 대한 대안적인 설명에 대해 자세히 답하는 글로서 이 책에 포함시키기에는 너무 길었다.

61 이것은 Moreland et al., *Theistic Evolution*의 편집자들이 제시한 정의로서 우리가 반대하는 견해를 간략히 정리한 것이다.

62 Deborah Haarsma, "A Flawed Mirror: A Response to the Book 'Theistic Evolution,'" BioLogos, April 18, 2018, https://biologos.org/articles/a-flawed-mirror-a-response-to-the-book-theistic-evolution 참조.

63 바이오로고스의 웹사이트에 게재된 글의 저자들은 대체로 유신 진화론(theistic evolution)보다는 진화적 창조론(evolutionary creation)이라는 용어를 선호하지만, 두 용어 모두 그들의 글에 등장한다. 유신 진화론이라는 용어가 한 세기 이상 신학적 논의에서 이 입장을 묘사하는 표준적 구절로 사용되어 왔기 때문에 나는 이 책에서 이 용어를 계속 사용했다. 예를 들어, Louis Berkhof, *Systematic Theology* (Grand Rapids: Eerdmans, 1941), 162을 보라. "성경에 비추어 볼 때 유신 진화론은 지지할 수 없는 이론이다." 또한 벌코프는 Alfred Fairhurst, *Theistic Evolution* (Cincinnati: Standard Publishing, 1919)에 제시된 더 이른 시기의 유신 진화론 비판에 대해서도 언급한다. 그뿐만 아니라 진화적 창조론이라는 용어는 오해를 불러일으키는 것처럼 보인다. 왜냐하면 유신 진화론을 지지하는 이들은 그리스도인들이 그 용어를 사용하는 통상적인 의미에서, 곧 특정한 식물과 동물을 창조하시고 인간을 창조하신 하나님의 직접적 행위라는 의미에서 창조를 믿지 않기 때문이다. 그들은 생물의 진화로 귀결될 수 있는 속성을 지닌 물질의 창조라는 의미에서만 이 용어를 사용한다. 프랜시스 콜린스(Francis Collins)조차 "혼동의 우려 때문에" "창조"라는 단어를 유신 진화론과 연결시켜 사용하는 것에 대해 반대한 바 있다. Collins, *The Language of God* (New York: Free Press, 2006), 203. (『신의 언어』 김영사). (이 각주의 인용문과 내용의 상당 부분은 내가 Moreland et al., *Theistic Evolution*, 65쪽 주 6에 썼던 글에서 가져왔다.)

64 Haarsma, "A Flawed Mirror."

65 이 정의는 유신 진화론을 옹호하는 대표적인 인물인 칼 기버슨(Karl Giberson)과 프랜시스 콜린스의 설명과도 조화를 이룬다. "따라서 우리가 여기서 제안하는, 하나님이 이끄신 진화의 모형은, 그 과정을 이끄는 자연법칙의 기원을 제외하면 하나님의 창조 과정을 설명하기 위해 외부로부터의 침입을 전혀 요구하지 않는다." Karl Giberson and Francis Collins, *The Language of Science and Faith* (Downers Grove, IL: InterVarsity, 2011), 115. (『과학과 하나님의 존재 : 난처한 질문과 솔직한 대답』 새물결플러스)

66 Denis Alexander, *Creation or Evolution: Do We Have To Choose?*, 2nd ed. (Oxford and Grand Rapids: Monarch, 2014), 436에 제시된 비슷한 관점을 보라.

67 Jim Stump, "Does God Guide Evolution?," BioLogos, April 18, 2018, https://biologos.org/articles/does-god-guide-evolution.

68 메리엄-웹스터의 온라인 사전에서는 "이끌다"(guide)를 "길이나 경로를 안내하다" 또는 "통상 특정한 목적을 위해 지시하거나 감독하거나 영향을 미치다"로 정의한다. *Merriam-Webster*, "guide" 항목, 2020년 4월 15일에 접속함, https://www.merriam-webster.com/dictionary/guide.

69 Denis Lamoureux, "No Historical Adam: Evolutionary Creation View," in *Four Views on the Historical Adam*, ed. Matthew Barrett and Ardel Caneday (Grand Rapids: Zondervan, 2013), 58. (『아담의 역사성 논쟁』 새물결플러스). 같은 주장이 그가 쓴 글에도 실려 있다. ("Was Adam a Real Person?," BioLogos, September 2, 2010, https://biologos.org/articles/was-adam-a-real-person)

70 Lamoureux, "No Historical Adam," 56, 44.

71 Peter Enns, "Adam Is Israel," BioLogos, March 2, 2010, http://biologos.org/blogs/archive/adam-is-israel. 다음 단락에서 그는 자신이 이런 관점을 견지한다고 말한다. 기버슨과 콜린스는 엔즈의 이런 견해가 아담과 하와 이야기에 또 다른 해석이 될 수 있다고 언급한다(*Language of Science and Faith*, 211).

72 Collins, *Language of God*, 126, 또한 207을 보라. 기버슨과 콜린스는 *Language of Science and Faith*, 209에서 인류가 "단 두 사람이 아니라……수천 명의 사람"으로부터 기원했다고 주장한다.

73 Alexander, *Creation or Evolution*, 265.

74 Alexander, *Creation or Evolution*, 290-291.

75 N. T. Wright, "Excursus on Paul's Use of Adam," in John Walton, *The Lost World of Adam and Eve* (Downers Grove, IL: IVP Academic, 2015), 177. (『아담과 하와의 잃어버린 세계』 새물결플러스). 존 월튼 역시 아담과 하와를 "인류 전체에서 선택되어 거룩한 공간 안에서 특별하고 대표적인 역할을 부여 받은 개인들"로 볼 수 있다고 주장한다["A Historical Adam: Archetypal Creation View," in Four Views on the Historical Adam, ed. Matthew Barrett and Ardel Caneday (Grand Rapids: Zondervan, 2013), 109].

76 Giberson and Collins, *Language of Science and Faith*, 212.

77 존 월튼은 "인간으로 간주되는 가장 이른 시기의 인구 집단 안에 존재했던 폭력에 관한 인류학적 증거는 죄악된(적어도 개인적으로 악한) 행동이 존재하지 않았던 때가 없었음을 뜻할 것이다"라고 말한다(*The Lost World of Adam and Eve*, 154).

78 유신 진화론을 옹호하는 이들은 모든 창조에 하나님이 계속해서 섭리적으로 관여하심을 믿는다고 자주 말한다. 하지만 그들은 하나님이 물질적 우주의 행동에 개입하거나 이것을 지시하신다는 의미가 아니라 우주의 물질이 처음 창조될 때 지녔던 물질적 속성에 따라 계속해서 행동하도록 우주의 물질을 유지하신다는 의미에서 그렇게 말한다. 데니스 알렉산더는 "폭발하는 별이 죽어가는 순간에 하나님이 너무 세심하게 존재하게 하신 소중한 물질들"에 관해 말하면서 이 물질들이 "생명을 발생시킬 잠재력"을 지니고 있음을 부인하는 것은 옳지 않다고 말한다(*Creation or Evolution*, 436). 그러나 물질이 원래 창조된 속성에 따라 행동하기만 해도 생명을 창조할 수 있다면, 창세기 1장에 묘사하듯이 하나님이 다양한 종류의 생물을 창조하기 위해 자연 세계 안에서 반복적으로 행동하실 필요가 전혀 없었을 것이다.

79 Giberson and Collins, *Language of Science and Faith*, 115.

80 Collins, *Language of God*, 206; 또한 150, 151, 175, 207.

81 창세기 1:27, 2:23, 3:14-19처럼 시적인 구절도 있지만, 이런 구절조차도 다음과 같이 시적 표현 형식을

사용하여 역사적 사실을 서술한다. "하나님이 자기 형상 곧 하나님의 형상대로 사람을 창조하시되 남자와 여자를 창조하시고"(창 1:27).

82 Currid, "Theistic Evolution Is Incompatible with the Teachings of the Old Testament," in Moreland et al., *Theistic Evolution*, 862을 보라. 커리드는 히브리어 언어 구조와 서사의 상호 연결성에 나타난 몇 가지 추가적인 특징을 지적하면서 이런 특징이 이 장들을 시적이거나 비유적이거나 우의적인 문학이 아니라 역사적 서사로 받아들여야 함을 입증한다고 말한다.

83 나는 전화로 나눈 대화를 통해 우의의 이런 특징을 나에게 알려 준 나의 친구 릴런드 라이큰(Leland Ryken, 휘튼 칼리지의 영문학 명예교수)에게 감사를 드린다.

84 일부 번역본(NASB, NIV, NET, NLT)에서는 "이것은 ~의 이야기다"라고 번역한다.

85 James Hoffmeier, "Genesis 1-11 as History and Theology," in *Genesis: History, Fiction, or Neither?*, 30, 32. 강조는 추가됨. (『창세기 원역사 논쟁』 새물결플러스)

86 유신 진화론을 지지하는 사람들은 성경이 이런 주제에 대해 권위를 지니고 말하지만 시적, 은유적 언어로 근대 과학의 견해와 모순을 이루지 않는 방식으로 말하고, 또한 그렇게 믿는다고 반론을 제기할지도 모른다. 그러나 그런 입장을 취할 때도 성경이 우리에게 창조의 세부 사항에 관한 실제의 역사, 따라서 방금 언급한 다른 주제들에 관해 실제의 역사를 권위 있게 제공하도록 허용하기를 거부한다. 그뿐만 아니라, 이 관점에서는 창세기 1-3장 본문 안에 담긴 역사적 서사의 수많은 내용을 근거로 창세기 1-3장을 기록한 저자의 의도는 이 본문을 실제로 일어난 사건을 표현하는 역사적 서사로 이해하는 것이었음(위의 4.d를 보라)을 인정하는 것도 거부할 것이다.

87 나는 이 부분의 논지를 크게 강화할 수 있도록 도움을 준 디스커버리 연구소(Discovery Institute)의 케이시 러스킨(Casey Luskin)에게 감사를 드린다.

88 유신 진화론의 지지자 중 일부는 우주의 미세 조정(fine-tuning)을 근거로 인간의 생명이 하나님의 존재를 뒷받침하는 증거임을 지지할 수 있다고 말할 것이며 나도 이에 동의한다. 그러나 근대 물리학과 화학이 제공하는 그런 종류의 증거는 고대의 독자들에게 알려져 있지 않았고, 따라서 바울이 로마서 1:20에서 "그가 만드신 만물"에 관해 말할 때 의도했던 의미도 아니었을 것이다. 틀림없이 그는 모든 살아 있는 피조물이 "그가 만드신 만물"에 포함된다고 생각했을 것이다.

89 Grudem, "Theistic Evolution Undermines Twelve Creation Events and Several Crucial Christian Doctrines," in Moreland et al., *Theistic Evolution*, 821-837을 보라.

90 *The New Scofield Reference Bible* (Oxford: Oxford University Press, 1967)은 창세기 1:2과 이사야 45:18에 대한 주석에서 이러한 간격설을 하나의 가능한 해석으로 제시한다. 많은 대중적인 성경 해설서에서 여전히 이 이론을 가르치고 있다. 이 이론에 대한 자세한 변론은 Arthur C. Custance, *Without Form and Void: A Study of the Meaning of Genesis 1:2* (Brockville, Ontario: Doorway Papers, 1970)에서 확인할 수 있다. 이 이론에 대한 자세한 비판은 Weston W. Fields, *Unformed and Unfilled* (Nutley, NJ: Presbyterian and Reformed, 1976)에서 확인할 수 있다. 또한 간격설에서 사용하는 어휘적, 문법적 논증에 대한 강력한 비판은 Oswald T. Allis, *God Spake by Moses* (Philadelphia: Presbyterian and Reformed, 1951), 153-159에서 확인할 수 있다. (『모세오경 약해』 생명의말씀사)

어떤 독자들은 왜 내가 이 관점을 세속적 관점이나 유신 진화론과 함께 성경의 가르침과 명백히 모순을 이루는 것처럼 보이는 이론으로 분류하는지를 궁금해할지도 모른다. 여기서 나는 이런 주장에 대한 논증이 나에게는 성경 본문에 대한 가능성이 극히 희박한 해석에 기초한 것처럼 보이기 때문이며, 이 이론을 고수하는 이들이 비신자이거나 성경이 과학에 관해 우리를 가르칠 수 없다고 생각하는 다수의 유신 진화론자들과 비슷하다고 말하려는 것이 아니라는 점을 분명히 밝히고자 한다. 오히려 간격설을 지지하는 이들은 모두 성경이 무슨 주제에 관해 말하든지 성경의 전적인 진실성을 믿는 사람들이다.

91 두 번째 단어 '보후', 곧 "공허"는 성경의 다른 곳에서 두 차례만 등장하며(사 34:11; 렘 4:23), 두 경우 모두 하나님께 심판을 받은 황량한 땅을 묘사한다. 그러나 "형상 없음, 혼란, 실재하지 않음, 공허함"(*BDB*, 1062)을 뜻하는 첫 번째 단어 '토후'는 성경의 다른 곳에서 열아홉 차례 등장한다. 이 단어는 심판의 결과로 황량해진 곳을 뜻할 때도 있고(사 34:11과 렘 4:23, 모두 '보후'와 함께 사용됨), 악이나 심판이라는 함의 없이 단순히 텅 빈 공간을 뜻할 때도 있다(하나님이 북쪽을 "허공"에 펴시며 "아무것도 없는 곳"에 땅을 매다신고 말하는 욥 26:7; 또한 신 32:10; 욥 12:24; 시 107:40). '살 수 없는 곳'이라는 의미는 하나님이 땅을 창조하신 것에 관해 말하는 이사야 45:18과 특히나 잘 어울린다. "혼돈하게(토후) 창조하지 아니하시고 사람이 거주하게 그것을 지으셨으니." 하나님이 땅을 "혼돈하게" 창조하지 않으셨고 "사람이 거주하게 그것을 지으셨"다(사 45:18)는 사실은 완료된 하나님의 창조 사역에 관한 말이며, 창조의 가장 첫 단계에 땅이 "혼돈하고 공허"했음을 부인하지 않는다.

92 족보 안에 존재하는 간격에 관한 더 자세한 논의는 Francis Schaeffer, *No Final Conflict*, 37-43을 보라. 같은 저자의 *Genesis in Space and Time* (Downers Grove, IL: IVP, 1972), 122-124, 154-156에도 비슷한 논의가 실려 있다. (『창세기의 시공간성』 생명의말씀사)

93 NIV는 이 구절을 "게르솜의 자손 스브엘"이라고 번역하지만 이것은 해석일 뿐이다. 왜냐하면 히브리어 본문은 아들을 뜻하는 '벤'이라는 단어를 사용하기 때문이다. 게르솜이 5백 년 넘게 살았을 것이라는 반론을 제기할 수도 없다. 왜냐하면 홍수 이후에는 그렇게 오래 살았던 사람이 없기 때문이다(창 6:3 참조). 사실 아브라함은 거의 백 세가 되었을 때 기적적으로 아들을 얻었다(롬 4:18; 히 11:12 참조). 또한 다윗이나 솔로몬보다 오래전에 살았던 모세는 인간의 수명을 칠팔십 년으로 보았다. "우리의 연수가 칠십이요 강건하면 팔십이라도"(시 90:10).

94 *JETS* 61, no. 1 (2018): 5-45. 섹스턴은 스타인먼의 해석에 대해 이의를 제기하지만 나는 스타인먼의 주장이 더 낫다고 생각한다.

95 Warfield, "On the Antiquity and Unity of the Human Race," in *Studies in Theology* (New York: Oxford University Press, 1932), 241.

96 "Chronology of the Old Testament" in *IBD*, 특히 268-70을 보라.

97 Casey Luskin, "Missing Transitions: Human Origins and the Fossil Record," in Moreland et al., *Theistic Evolution*, 472. (일부 독자들은 러스킨의 연대 추정에 이의를 제기할지도 모르지만 지구상에 인간이 갑작스럽게 나타났다는 것은 인정할 것이다.)

98 B. B. Warfield, "On The Antiquity And The Unity Of The Human Race," in *Studies in Theology* (New York: Oxford University Press, 1932; repr., Grand Rapids: Baker, 1991), 235. *The Princeton Theological Review* 9 (1911): 1-25에 처음 발표됨.

99 여기서 나는 모세가 창세기와 출애굽기 모두를 썼으며 원래의 독자들은 주전 1440년경 광야에서 살고 있던 이스라엘 백성이었다고 가정하고 있다.

100 사실 "저녁이 되고 아침이 되니"라는 표현은 히브리어 구약의 다른 어떤 곳에서도 사용되지 않으며, 따라서 평범한 하루를 지칭하는 일반적인 표현이라고 말할 수 없다.

101 히브리어 본문은 히브리어에서 자주 사용하는 표현을 사용해 "너의 날들이 많을(히브리어 라브) 것이다"(창 21:34; 37:34; 출 2:23; 민 9:19 등)라고 말하지 않고 "너의 날들이 길['길다'를 뜻하는 히브리어 '아라크'로서 왕상 8:8; 시 129:3; 사 54:2("너의 줄을 길게 하며"); 겔 31:5에서 물리적인 길이를 뜻하는 말로 사

용되기도 함] 것이다"라고 말한다. 그러나 브렛 그레이(Brett Gray)는 나에게 "너의 날들을 다 더한 숫자가 길 것이다"라는 뜻일 수도 있다고 말했다. 그럴 수도 있다고 생각하지만 나로서는 가능성이 약해 보인다.

102 Hugh Ross, *A Matter of Days: Resolving a Creation Controversy*, 2nd ed. (Covina, CA: RTB, 2015), 95.

103 '창세기에 답이 있다'(Answers in Genesis)라는 단체의 테리 모튼슨(Terry Mortenson)은 정중하고도 긴 글을 통해 책 초판에 제시된 나의 입장에 대해 이의를 제기한 바 있다. 그는 성경 전체의 진실성을 받아들이는 그리스도인들은 젊은 지구 이론만을 유효한 것으로 받아들일 수 있다고 주장한다. 이 문제에 관해 나는 여전히 그의 주장에 동의하지 않지만(오래전에 그는 나의 학생이었으며 성실한 조교였다) 독자들은 그의 주장을 살펴보고 싶어 할 수도 있다. Terry Mortenson, "Systematic Theology Texts and the Age of the Earth: A Response to the Views of Erickson, Grudem, and Lewis and Demarest," Answers in Genesis, December 16, 2009, https://answersingenesis.org/age-of-the-earth/systematic-theology-texts-and-the-age-of-the-earth 참조.

104 Wayne Grudem, *Systematic Theology* (Leicester: InterVarsity Press; Grand Rapids: Zondervan, 1994), 308.

105 Ross, *A Matter of Days*, 147, 150.

106 이 정보는 모두 Ross, *A Matter of Days*, 149에서 인용했다.

107 같은 책, 146을 보라.

108 "백색 왜성은 블랙홀이나 중성자별이 될 수 있을 만큼 충분한 질량을 갖지 못한 모든 항성의 마지막 단계다"(같은 책, 156).

109 같은 쪽.

110 기쁘게도 나는 '창세기에 답이 있다'(Answers in Genesis)에서 하나님이 항성에서 온 광선과 지구가 이미 자리를 잡고 있는 우주를 창조하셨다는 생각을 거부한다는 것을 알게 되었다. https://answersingenesis.org/astronomy/starlight/does-distant-starlight-prove-the-universe-is-old/ 참조.

111 Ross, *A Matter of Days*, 156-157.

112 같은 책, 154-155.

113 같은 책, 202.

114 같은 책, 152-154.

115 같은 책, 190.

116 같은 책, 190.

117 같은 책, 193.

118 Gregg Davidson and Ken Wolgemuth, "Testing and Verifying Old Age Evidence: Lake Suigtsu, Varves, Tree Rings, and Carbon-14," *Perspectives on Science and Christian Faith* 70, no. 2 (June 2018): 75-89.

119 같은 책, 187.

120 같은 쪽.

121 같은 책, 181-194.

122 간략하면서도 대단히 명료한 논의로는 Roger Wiens, "So Just How Old Is That Rock?," in *The Grand Canyon: Monument to an Ancient Earth*, ed. Carol Hill, Gregg Davidson, Tim Helble, and Wayne Ranney (Grand Rapids: Kregel, 2016), 89-97을 보라. (『그랜드캐니언, 오래된 지구의 기념비』 새물결플러스). 더 길고 자세한 논의로는 Davis A. Young and Ralph F. Stearley, *The Bible, Rocks and Time: Geological*

Evidence for the Age of the Earth (Downers Grove, IL: IVP, 2008), 388-443을 보라. (『성경 바위 시간: 지질학적 증거에 기반한 지구 연대 논쟁』 IVP). 영과 스티얼 리가 쓴 이 책은 Davis A. Young, *Christianity and the Age of the Earth* (Grand Rapids: Zondervan, 1982)의 개정증보판이다.

123 로저 윈스(Roger Wiens)는 우라늄-납, 루비듐-스트론튬, 칼륨-아르곤, 아르곤-아르곤, 우라늄 계열, 탄소-14와 같은 다양한 유형의 방사능 연대 측정과 각각의 방식이 적용될 수 있는 연대의 범위를 보여주는 표를 제시한다(Wiens, "So Just How Old Is That Rock?," 91). 또한 그는 방사 측정 방식이 아닌 연대 측정 방식의 다양한 유형을 소개한다.

124 Young, *Christianity and the Age of the Earth*, 63. 또한 93-116쪽의 자세한 논의와 *Creation and the Flood: An Alternative to Flood Geology and Theistic Evolution* (Grand Rapids: Baker, 1977), 185-193을 보라.

125 지구의 연대에 관한 논의에서 판 구조론과 대서양 중앙 해령의 중요성에 관심을 기울이도록 조언해 준 은퇴한 지질학 교수인 존 위스터(John Wiester)에게 감사를 드린다. 또한 긴 전화 통화를 통해 오래된 지구의 다양한 증거를 설명해 준 독일의 고생물학자 권터 베흘리(Gunter Bechly)에게도 감사드린다. 베흘리 박사는 나에게 이 논문을 살펴보라고 조언하기도 했다. Jonathan Baker, "100 Reasons Why the Earth Is Old," Age of Rocks (blog), https://ageofrocks.wordpress.com/100-reasons-the-earth-is-old/.

126 Wiens, "So Just How Old Is That Rock?," 94.

127 같은 쪽.

128 같은 쪽.

129 Ross, *A Matter of Days*, 219에서 라디오 인터뷰에 관해 언급한다.

130 Hugh Ross, *Navigating Genesis: A Scientist's Journey through Genesis 1-11* (Covina, CA: Reasons to Believe, 2014), 25-67을 보라.

131 같은 책, 31.

132 같은 책, 51.

133 Ross, *A Matter of Days*, 245.

134 John Collins, *Reading Genesis Well: Navigating History, Poetry, Science, and Truth in Genesis 1-11* (Grand Rapids: Zondervan, 2018), 160-163에서는 히브리어 본문에 대한 이런 해석을 뒷받침하는 몇 가지 문법적, 구문론적 논증을 제시한다. 다수의 다른 주석가들과의 대화를 포함한 훨씬 더 자세한 논증으로는 Vern Poythress, "Genesis 1:1 Is the First Event, Not a Summary," in *WTJ* 79 (2017), 97-121; reprinted in Vern Poythress, *Interpreting Eden: A Guide to Faithfully Reading and Understanding Genesis 1-3* (Wheaton, IL: Crossway, 2019), 291-322을 보라. (『천지창조에서 에덴까지: 창세기 1-3장을 성경으로 읽고 해석하기』 새물결플러스)

135 Ross, *A Matter of Days*, 245. 포이트레스는 "이 현상은 실제로 하늘에 나타날 때까지 존재하지 않으며 하나님에 의해 창조되지 않았다.……핵심은 하나님이 나타난 것을 만드셨다는 것이다"라고 지적한다 (Poythress, *Interpreting Eden*, 270).

136 Poythress, *Interpreting Eden*, 270.

137 Grudem, *Systematic Theology*, 1st ed. (Grand Rapids: Zondervan, 1994), 298쪽 주 58. Robert C. Newman and Herman J. Eckelmann Jr., *Genesis One and the Origin of the Earth* (Downers Grove, IL: InterVarsity Press, 1977) 참조.

138 John C. Lennox, *Seven Days That Divide the World: The Beginning according to Genesis and Science*

(Grand Rapids: Zondervan, 2011), 39-66을 보라. (『최초의 7일: 창세기와 과학에 따른 세상의 기원』 새물결플러스). 그는 창조의 날에 대한 다양한 해석을 통찰력 넘치는 방식으로 설명한다.

139 같은 책, 54.

140 같은 책, 53.

141 C. John Collins, *Reading Genesis Well: Navigating History, Poetry, Science, and Truth in Genesis 1-11* (Grand Rapids: Zondervan, 2018), 165. 2019년 7월 22일에 교환한 개인적인 이메일에서 콜린스는 나에게 헤르만 바빙크(Herman Bavinck), 윌리엄 쉐드(William G. T. Shedd), 프란츠 델리치(Franz Delitzsch)가 이미 이 관점을 지지한 바 있다고 말했다.

142 아래의 표는 *The NIV Study Bible*, ed. by Kenneth Barker et al. (Grand Rapids: Zondervan, 1985), 6 (창세기 1:11에 대한 주석)에서 가져왔다. (『NIV 스터디 바이블』 부흥과개혁사). 틀 이론에 대한 강력한 변론으로는 Henri Blocher, *In the Beginning: The Opening Chapters of Genesis*, trans. by David G. Preston (Leicester: Inter-Varsity Press, 1984), 49-59을 보라. 블로쉐는 "문학적 해석"이라고 부르는 이 입장을 견지하는 몇몇 복음주의 학자들로 리더보스(N. H. Ridderbos), 버나드 램(Bernard Ramm), 메리데스 클라인(Meredith G. Kline), 페인(D. F. Payne), 톰슨(J. A. Thompson) 등을 언급한다. Millard Erickson, *Christian Theology*, 3rd ed. (Grand Rapids: Baker, 2013), 381에서는 이 틀 이론을 회화적 날 이론이라고 부른다. (『복음주의 조직신학』 크리스천다이제스트)

143 Ronald Youngblood, *How It All Began* (Ventura, CA: Regal, 1980), 25-33에서도 틀 이론을 주창한다.

144 Blocher, *In the Beginning*, 52.

145 같은 책, 50.

146 창세기 2:5에 관한 더 자세한 논의로는 Meredith G. Kline, "Because It Had Not Rained," *WTJ* 20 (1957-1958): 146-157을 보라. 이에 대한 답변으로는 Derek Kidner, "Genesis 2:5, 6: Wet or Dry?" *TB* 17 (1966): 109-114을 보라.

147 Kidner, *Genesis*, 54-55.

148 (약 1만-2만 년 된) 젊은 지구를 지지하는 과학적 논증으로는 Henry M. Morris, ed., *Scientific Creationism* (San Diego, CA: Creation-Life, 1974), 특히 131-169을 보라. 또한 Kofahl and Segraves, *The Creation Explanation*, 181-213을 보라.

오래된 지구론 관점에서 이런 주장에 대해 답하는 글로는 Davis A. Young in *Christianity and the Age of the Earth*, 71-131을 보라. 특히 홍수 지질학에 대한 반박으로는 *Creation and the Flood*, 171-213을 보라. Howard J. Van Till, Davis A. Young, and Clarence Menninga, *Science Held Hostage: What's Wrong with Creation Science and Evolutionism* (Downers Grove, IL: InterVarsity Press, 1988), 45-125에서는 몇몇 저명한 젊은 지구론자들이 과학 연구 자료를 평가하고 사용하는 방식에 관해 심각한 반론을 제기한다. 영의 주장에 대한 젊은 지구론자들의 예비적인 대답으로는 38쪽 분량의 소책자인 Henry M. Morris and John D. Morris, *Science, Scripture, and the Young Earth* (El Cajon, CA: Institute for Creation Research, 1989) 참조. 하지만 훨씬 더 최근(2015년)에 이런 주장을 다루면서 오래된 지구론을 강력하는 변호하는 글로는 Hugh Ross, *A Matter of Days* 참조.

149 Erickson, *Christian Theology*, 352.

150 홍수 지질학을 옹호하는 이들(아래를 보라)은 창세기 1:31의 시점에 화석이 전혀 존재하지 않았지만 창세기 6-9장에서 묘사하는 홍수에 의해 갑자기 화석이 저장되었다고 말할 것이다.

151 Henry M. Morris and John C. Whitcomb, *The Genesis Flood* (Philadelphia: Presbyterian and Reformed,

1961); John C. Whitcomb, *The World That Perished* (Grand Rapids: Baker, 1988); Stephen A. Austin, *Catastrophes in Earth History* (El Cajon, CA: Institute for Creation Research, 1984) 참조. (『창세기 대홍수』 성광문화사). 홍수 지질학 지지자들에 의한 다른 연구는 *CRSQ*에 발표되고 있다. 하지만 이 학회지의 모든 논문이 홍수 지질학 관점을 옹호하는 것은 아니며, 창조연구회(Creation Research Society)의 모든 회원이 홍수 지질학을 지지하는 것도 아니다.

152 홍수 지질학에 대한 반박을 주도해 온 사람은 전문적 지질학자이기도 한 복음주의자다. 영(Young)의 *Creation and the Flood*와 *Christianity and the Age of the Earth* 참조.

153 이것은 Theodore Cabal and Peter Rasor II, *Controversy of the Ages: Why Christians Should Not Divide over the Age of the Earth* (Wooster, OH: Weaver, 2017)의 입장이기도 하다.

154 Frair and Davis, *A Case for Creation*, 135-140에서는 특정한 종류의 매우 긴요한 연구를 수행함에 있어서 창조를 믿는 과학자들이 직면하는 구체적이고 실천적인 여러 도전에 대해 다룬다.

155

16. 섭리

하나님께서 모든 것을 통제한다면 어떻게 우리의 행동이
참된 의미를 지닐 수 있는가? 하나님의 작정이란 무엇인가?

설명과 성경적 기초

우선 하나님이 전능한 창조주라는 사실을 이해한 다음에는 그분이 우주 안의 모든 것을 보존하고 다스린다고 결론 내리는 것이 합당해 보인다. '섭리'providence라는 용어는 성경에 등장하지 않지만, 전통적으로 하나님과 그분의 피조물 사이의 지속적인 관계를 요약하는 말로 사용된다. 섭리 교리를 받아들일 때 우리는 하나님과 피조물의 관계를 생각할 때 자주 나타나는 네 가지 오류를 피할 수 있다. 성경은 하나님이 세상을 창조한 뒤 사실상 세상을 포기했다고 가르치는 이신론deism도 아니고, 피조물은 그 자체로 구별되는 실재를 갖지 못하고 하나님의 일부라고 가르치는 범신론pantheism도 아니다. 오히려 섭리는 하나님이 모든 순간에 피조물과 적극적으로 관계를 맺으며 피조물에 개입하지만 피조물은 그분과 구별된다고 가르친다. 이뿐만 아니라 성경은 피조물 안에서 일어나는 사건이 우연임의성이나 비인격적인 운명결정론에 의해 결정되는 것이 아니라 인격적이지만 무한한 능력을 지닌 창조주이며 주님이신 하나님에 의해 결정된다고 가르친다.

하나님의 섭리는 다음과 같이 정의할 수 있다. 하나님은 (1) 모든 피조물의 존재와 속성을 보존하고, (2) 피조물의 속성과 행동에 협력하며, (3) 피조물과 관계를 맺으며 그분의 목적을 성취한다.

섭리의 총체적인 범주 아래 위 정의에 포함된 세 요소에 따라 세 하부 주제로 구별할 수 있다. 즉 (1) 보존, (2) 협력, (3) 통치다.

우리는 이 개념들을 각각 따로 살펴본 다음 섭리 교리에 관한 상이한 견해와 반론을 검토할 것이다. 이것은 교회의 초기 역사 이래로, 특히 하나님과 도덕적 피조물의 의지적 선택 사이의 관계에 대해 그리스도인들 사이에 중대한 이견이 존재했던 교리라는 점을 지적할 필요가 있다. 이번 장에서 우리는 먼저 이 책이 선호하는 입장개혁주의 또는 칼뱅주의을 요약한 다음,[1] 또 다른 입장아르미니우스주의에서 주장하는 바를 살펴볼 것이다.

A. 보존

하나님은 모든 피조물이 존재하게 하고, 또한 그분이 그들을 창조하셨을 때 지니고 있던 속성을 유지하게 한다.

히브리서 1:3은 그리스도께서 "그의 능력의 말씀으로 만물을 붙드시며"라고 말한다. "붙드시며"라고 번역된 헬라어 단어는 '나르다, 짐을 지다'라는 뜻의 '페로'다. 신약에서 이 단어는 침상에 누운 중풍병자를 예수께 데려오거나눅 5:18 포도주를 연회장에게 가져다주거나요 2:8 바울에게 겉옷과 책을 가져오는 경우처럼딤후 4:13 주로 무언가를 한 장소에서 다른 장소로 옮길 때 사용된다. 히브리서 1:3에서 이 단어는 무언가를 한 장소에서 다른 장소로 옮길 때 그것을 적극적이고 의도적으로 관리한다는 의미를 가진다. 여기서 현재 분사가 사용된 것은 예수께서 그분의 능력의 말씀으로 우주 안에서 '지속적으로 만물을 지니고 계신다'는 것을 의미한다. 그리스도께서는 섭리 사역에 적극적으로 참여하신다.

이와 비슷하게 골로새서 1:17에서 바울은 그리스도에 관해 "만물이 그 안에 함께 섰느니라"고 말한다. "만물"이라는 말은 우주 안에 있는 창조된 모든 것을 가리키며,16절 따라서 이 구절은 그리스도께서 만물이 계속해서 존재하게 하신다고—그분 안에서 만물이 계속해서 존재하거나 견딘다고enduare, NASB 난외주—주장하는 셈이다. 두 구절 모두 그리스도께서 우주 안의 만물을 유지하는 지속적인 활동을 중단하신다면 그 즉시 삼위일체 하나님을 제외한 모든 것이 더 이상 존재하지 않게 될 것이라고 말한다. "우리가 그를 힘입어 살며 기동하며 존재하느니라"고 말했던 바울행 17:28과 "오직 주는 여호와시라. 하늘과 하늘들의 하늘과 일월 성신과 땅과 땅 위의 만물과 바다와 그 가운데 모든 것을 지으시고 다 보존하시오니 모든 천군이 주께 경배하나이다"라고 말했던 에스라느 9:6 역시 그렇게 가르친다. 베드로도 "하늘과 땅은……보호하신 바 되어……심판과 멸망의 날까지

보존하여 두신 것이니라"고 말한다.벧후 3:7

하나님의 섭리적 보존의 한 양상은 그분이 계속해서 매 순간 우리에게 호흡을 준다는 사실이다. 엘리후는 하나님에 관해 "그가 만일 뜻을 정하시고 그의 영과 목숨을 거두실진대 모든 육체가 다 함께 죽으며 사람은 흙으로 돌아가리라"고 말한다.욥 34:14-15; 또한 시 104:29 참조

하나님은 만물과 그 만물에 부여한 속성을 유지하게 하신다. 하나님은 물이 계속해서 물로 존재하도록 보존하신다. 하나님은 풀이 계속해서 그 독특한 특징을 지닌 채 존재하도록 보존하신다. 하나님은 이 문장이 적힌 종이가 계속해서 종이이게 하시며, 따라서 이 종이는 물속에 들어갈 때 저절로 녹아 떠내려가거나 생명체로 변하지 않는다. 이 종이가 피조물의 다른 부분에 의해 영향을 받아 그 속성이 변할 때까지,예를 들어, 불에 타서 재가 될 때까지 하나님이 만물을 보존하는 한 계속해서 종이처럼 행동할 것이다.

그러나 우리는 하나님의 보존을 계속되는 새로운 창조로 생각해서는 안 된다. 그분은 매 순간 모든 존재하는 것을 위해 새로운 원자와 분자를 계속해서 창조하지 않으신다. 오히려 그분은 이미 창조된 것을 보존하신다. 그분은 자기 능력의 말씀으로 "만물을 지니고 계신다."carries along all things, 히 1:3, 저자 사역 또한 우리는 피조물이 실재하며 그 속성이 실재한다는 것을 이해해야 한다. 내가 그저 내 손 안의 돌멩이가 딱딱하다고 상상하는 것이 아니다(그것은 정말로 딱딱하다. 만일 그것을 내 손에 부딪치면 아플 것이라고 상상하는 데 그치지 않는다. 실제로 아프다). 하나님이 이 돌멩이를 창조할 때 부여하신 속성, 그 속성을 계속 유지하도록 하시기 때문에 이 돌멩이는 창조된 날부터 줄곧 딱딱하며, (피조물 중 다른 무언가가 그것과 상호 작용을 하여 그것을 변화시키지 않는 한) 하나님이 하늘과 땅을 파괴할 그날까지 딱딱할 것이다.벧후 3:7, 10-12

하나님의 섭리는 과학을 위한 근거를 제공한다. 하나님은 예측할 수 있는 방식으로 운행하는 우주를 창조하셨으며 그 우주를 계속해서 유지하신다. 과학 실험을 통해 확실한 결과를 오늘 얻을 수 있다면 우리는 (모든 요인이 동일하다면) 내일도, 백 년이 지난 후에도 동일한 결과를 얻을 수 있을 것이라고 확신할 수 있다. 또한 섭리 교리는 기술을 위한 토대를 제공한다. 나는 휘발유가 어제 그러했듯이 오늘도 자동차를 달리게 할 것이라고

확신할 수 있다. 단지 늘 그렇게 작동해 왔기 때문이 아니라 하나님이 피조물을 창조할 때 부여하신 속성을 피조물이 유지하도록 하나님의 섭리가 우주 안에 작용하기 때문이다. 그 결과는 비신자의 삶과 그리스도인의 삶에서 비슷할 것이다. 우리는 모두 차에 휘발유를 넣고 운전한다. 하지만 대다수는 차가 작동하는 궁극적인 이유를 알지 못한 채 운전할 것이지만, 나는 실제적이고 궁극적인 이유하나님의 섭리를 알고 하나님이 만들고 보존하시는 피조물에 대해 그분께 감사하면서 그렇게 할 것이다.

B. 협력

하나님은 모든 행동에 있어서 피조물과 협력하며, 피조물들의 고유한 속성에 따라 그들이 그렇게 행동하도록 이끄신다.

섭리의 두 번째 양상인 협력concurrence은 첫 번째 양상인 보존에 포함된 생각을 확장한 것이다. 사실 (장 칼뱅과 같은) 일부 신학자들은 협력이라는 사실을 보존이라는 범주 안에서 다루지만, 이것을 별개의 범주로 다루는 편이 더 유익하다.

에베소서 1:11에서 바울은 하나님이 "모든 일을 그의 뜻의 결정대로 일하"신다고 말한다. '일하신다'로 번역된 단어에네르게오는 하나님이 그분의 뜻에 따라 모든 것을 '이루심'을 의미한다. 피조물 안에서 일어나는 어떤 사건도 그분의 섭리 밖에 있지 않다. 물론 우리가 성경을 읽고 그에 관해 알게 되지 않는 한 이 사실은 우리가 볼 수 없도록 숨겨져 있다. 보존과 마찬가지로 협력이라는 하나님의 일도 우리 주변의 자연 세계에 대한 관찰을 통해서는 명백히 드러나지 않는다.

협력을 뒷받침하는 성경적 증거를 제시할 때 우리는 무생물로부터 시작해 동물, 그리고 인간의 삶에서 일어나는 다양한 종류의 사건으로 넘어갈 것이다.

1. 무생물

피조물 안에는 우리가 그저 자연적 협력이라고 생각하는 것들이 많다. 하지만 성경은 이런 일을 일어나게 하시는 분이 하나님이라고 말한다. 성경은 "불과 우박과 눈과 안개와 그의 말씀을 따르는 광풍"에 관해 이야기한다.시 148:8 이와 비슷하게 이야기하는 본문의 내용은 아래와 같다.

눈을 명하여 땅에 내리라 하시며 적은 비와 큰 비도 내리게 명하시느니라.……하나님의 입김이 얼음을 얼게 하고 물의 너비를 줄어들게 하느니라. 또한 그는 구름에 습기를 실으시고 그의 번개로 구름을 흩어지게 하시느니라. 그는 감싸고 도시며 그들의 할 일을 조종하시느니라. 그는 땅과 육지 표면에 있는 모든 자들에게 명령하시느니라. 혹은 징계를 위하여 혹은 땅을 위하여 혹은 긍휼을 위하여 그가 이런 일을 생기게 하시느니라.욥 37:6, 10-13; 또한 38:22-30 참조

다시 한번 시편 기자는 "여호와께서 그가 기뻐하시는 모든 일을 천지와 바다와 모든 깊은 데서 다 행하셨도다"라고 선언한 뒤,시 135:6 하나님이 날씨를 통해 그분의 뜻을 행하신다고 예를 들어 설명한다. "안개를 땅 끝에서 일으키시며 비를 위하여 번개를 만드시며 바람을 그 곳간에서 내시는도다."시 135:7; 또한 104:4 참조

또한 하나님은 풀을 자라게 하신다. "그가 가축을 위한 풀과 사람을 위한 채소를 자라게 하시며 땅에서 먹을 것이 나게 하셔서."시 104:14 하늘의 별을 다스리시는 하나님은 욥에게 이렇게 물으신다. "너는 별자리들을 각각 제 때에 이끌어 낼 수 있으며 북두성을 다른 별들에게로 이끌어 갈 수 있겠느냐."욥 38:32; 또한 31절은 묘성과 삼성을 언급한다 그분은 계속해서 아침이 오게 하시며,욥 38:12 예수께서도 "하나님이 그 해를 악인과 선인에게 비추시며 비를 의로운 자와 불의한 자에게 내려주심이라"마 5:45고 말씀하며 이 사실을 확증하셨다.

2. 동물

성경은 하나님이 들에 있는 야생 동물을 먹이신다고 이야기한다.

이것들은 다 주께서 때를 따라 먹을 것을 주시기를 바라나이다. 주께서 주신즉 그들이 받으며 주께서 손을 펴신즉 그들이 좋은 것으로 만족하다가 주께서 낯을 숨기신즉 그들이 떨고…….시 104:27-29; 또한 욥 38:39-41 참조

예수께서는 "공중의 새를 보라.……너희 하늘 아버지께서 기르시나니" 마 6:26라고 동일하게 말씀하셨다. 또한 그분은 "너희 아버지께서 허락하지 아니하시면" 참새 한 마리도 "땅에 떨어지지 아니하리라"고 말씀하셨다.마 10:29

3. 임의적 또는 우연적으로 보이는 사건

인간의 관점에서 제비뽑기주사위 던지기나 동전 던지기처럼 그에 해당하는 현대의 관행는 우주 안에서 일어나는 임의적 사건의 가장 전형적인 예다. 하지만 성경은 이런 사건의 결과가 하나님으로부터 온다고 분명히 말한다. "제비는 사람이 뽑으나 모든 일을 작정하기는 여호와께 있느니라."잠 16:33 [2]

4. 온전히 하나님이 일으키시며 동시에 온전히 피조물이 일으키는 사건

앞에서 언급한 사건비와 눈, 풀의 성장, 해와 별, 동물의 먹이, 제비뽑기에 관해 (적어도 이론상으로는) 완벽히 만족스러운 자연적 설명을 제시할 수 있을 것이다. 식물학자는 태양과 습기, 온도, 토양 속 영양분 등 풀이 자라게 하는 요인을 자세히 설명할 수 있다. 하지만 성경은 풀이 자라게 하는 분은 하나님이라고 말한다. 기상학자는 비가 오게 하는 요인습기, 온도, 기압 등을 완벽히 설명할 수 있으며, 심지어 기상 실험실에서 비를 만들어 낼 수도 있다. 하지만 성경은 비가 내리게 하는 분은 하나님이라고 말한다. 물리학자는 주사위를 굴리는 힘과 방향에 관한 정확한 정보를 가지고 무엇이 주사위로 하여금 그런 결과를 낳게 했는지를 온전히 설명할 수 있을 것이다. 하지만 성경은 하나님이 제비뽑기의 결과를 결정하신다고 말한다.

이것은 만일 우리가 이 세상에 있는 무언가의 자연적 원인을 알고 있다면 하나님이 그것을 일으키지 않았다고 추론하는 것이 틀렸음을 보여준다. 오히려 비가 내린다면 우리는 그분께 감사해야 한다. 작물이 자란다면 우리는 그분께 감사해야 한다. 이 모든 사건에서 마치 그 사건이 부분적으로는 하나님께로부터 기인했으며 부분적으로는 창조된 세계 안의 어떤 요인에 의해 야기된 것처럼 생각해서는 안 된다. 만일 그렇다면 언제나 우리는 설명할 수 없으며 하나님을 그 원인으로 (이를테면 1퍼센트의 원인으로) 삼을 수 없는, 한 사건의 작은 특징을 찾으려고 할 것이다. 하지만 분명히 이것은 올바른 관점이 아니다. 오히려 위의 본문들은 그런 사건이 전적으로 하나님께로부터 기인했다고 분명히 말한다. 하지만 (또 다른 의미에서) 그런 사건이 전적으로 피조물 안에 있는 요인에 의해 야기되었음을 우리는 알고 있다.

협력 교리는 하나님이 각 피조물의 독특한 속성을 보존하고 그것을 통해 일하시며, 그 결과 우리가 보는 사건들을 야기한다고 주장한다. 이런 방식으로, 그 사건들은 어떤 의미에서 온전히 (100퍼센트) 하나님에 의해 야기되는 동시에 온전히 (100퍼센트) 피조물에 의해 야기된다고 주장하는 것이 가능하다. 그러나 하나님의 원인과 피조물의 원인은 다른 방식으로 작동된다. 각 사건의 신적 원인은 보이지 않으며 배후에서 움직이고 감독하는 원인으로 작용하며, 따라서 일어나는 모든 것을 계획하고 주도하는 일차적 원인이라고 부를 수 있다. 하지만 피조물은 피조물의 속성과 일치하는 방식, 많은 경우 우리 또는 그 과정을 주의 깊게 관찰하는 전문 과학자들이 설명할 수 있는 방식으로 행동을 야기한다. 그러므로 이러한 피조물의 요인과 속성은 관찰을 통해 우리에게 명백한 원인으로 드러날지라도, 일어나는 모든 것의 이차적 원인이라고 부를 수 있다.

5. 나라들의 일

또한 성경은 인간의 일에 대한 하나님의 섭리적 통제에 관해 이야기한다. 성경은 하나님이 "민족들을 커지게도 하시고 다시 멸하기도 하시며 민족들을 널리 퍼지게도 하시고 다시 끌려가게도 하시며"라고 말한다.[욥 12:23] "나라는 여호와의 것이요 여호와는 모든 나라의 주재심이로다."[시 22:28] 그분은 지구상의 각 나라가 존재하는 시간과 장소를 결정해 두셨다. 바울은 "인류의 모든 족속을 한 혈통으로 만드사 온 땅에 살게 하시고 그들의 연대를 정하시며 거주의 경계를 한정하셨으니"라고 증언한다.[행 17:26; 또한 14:16 참조] 그리고 느부갓네살은 회개하면서 하나님을 찬양해야 하는 이유를 깨닫는다.

그 권세는 영원한 권세요 그 나라는 대대에 이르리로다. 땅의 모든 사람들을 없는 것 같이 여기시며 하늘의 군대에게든지 땅의 사람에게든지 그는 자기 뜻대로 행하

시나니 그의 손을 금하든지 혹시 이르기를 네가 무엇을 하느냐고 할 자가 아무도 없도다.단 4:34-35

6. 우리 삶의 모든 양상

성경이 주장하는 바, 곧 하나님이 우리 삶에서 일어나는 다양한 사건에 어느 정도까지 개입하시는지 알게 되면 놀랄 수밖에 없다. 예를 들어, 우리는 양식을 위해 일하고 (인간적인 관찰을 통해 분별할 수 있는 한) 전적으로 자연적인 원인을 통해 그것을 획득하지만 "오늘 우리에게 일용할 양식을 주시옵고"마 6:11라고 기도할 때 날마다 우리에게 양식을 주시는 하나님께 의존하고 있음을 고백한다. 이와 비슷하게 바울은 믿음의 눈으로 사건을 바라보면서 비록 하나님이 (다른 사람들처럼) 일상적인 수단을 사용해 그렇게 하실 수도 있지만 "나의 하나님이……너희 모든 쓸 것을 채우시리라"고 말한다.빌 4:19

하나님은 우리가 태어나기 전에 우리의 날들을 계획하신다. 다윗은 "내 형질이 이루어지기 전에 주의 눈이 보셨으며 나를 위하여 정한 날이 하루도 되기 전에 주의 책에 다 기록이 되었나이다"라고 분명히 말한다.시 139:16 또한 욥은 사람의 "날을 정하셨고 그의 달 수도 주께 있으므로 그의 규례를 정하여 넘어가지 못하게 하셨사온즉"이라고 말한다.욥 14:5 이 점은 하나님이 "내 어머니의 태로부터 나를 택정하"셨다고 말하는 바울의 삶갈 1:15과 하나님이 "내가 너를 모태에 짓기 전에 너를 알았고 네가 배에서 나오기 전에 너를 성별하였고 너를 여러 나라의 선지자로 세웠노라"고 말씀하신 예레미야의 삶을 통해서도 확인된다.렘 1:5

우리의 모든 행동은 하나님의 섭리적인 돌보심을 받는다. 왜냐하면 "우리가 그를 힘입어 살며 기동하"기 때문이다.행 17:28 날마다 우리가 내딛는 모든 발걸음을 주께서 인도하신다. 예레미야는 "여호와여, 내가 알거니와 사람의 길이 자신에게 있지 아니하니 걸음을 지도함이 걷는 자에게 있지 아니하니이다"라고 고백한다.렘 10:23 성경은 "사람의 걸음은 여호와로 말미암"으며,잠 20:24 "사람이 마음으로 자기의 길을 계획할지라도 그의 걸음을 인도하시는 이는 여호와시니라"고 말한다.잠 16:9 비슷하게 잠언 16:1은 "마음의 경영은 사람에게 있어도 말의 응답은 여호와께로부터 나오느

니라"고 분명히 말한다.[3]

무릇 높이는 일이 동쪽에서나 서쪽에서 말미암지 아니하며 남쪽에서도 말미암지 아니하고 오직 재판장이신 하나님이 이를 낮추시고 저를 높이시느니라.[시 75:6-7]

따라서 마리아는 "권세 있는 자를 그 위에서 내리치셨으며 비천한 자를 높이셨고"라고 말할 수 있었다.[눅 1:52] 주께서 자녀를 주시며, "자식들은 여호와의 기업이요 태의 열매는 그의 상급"이기 때문이다.[시 127:3]

우리의 모든 재능과 능력은 주께로부터 왔다. 따라서 바울은 고린도인들에게 "누가 너를 남달리 구별하였느냐 네게 있는 것 중에 받지 아니한 것이 무엇이냐 네가 받았은즉 어찌하여 받지 아니한 것 같이 자랑하느냐"라고 묻는다.[고전 4:7] 다윗은 자신의 군사적 능력도 마찬가지임을 알고 있었다. 비록 그는 오랜 시간 동안 활을 쏘는 기술을 익혔지만 하나님이 "내 손을 가르쳐 싸우게 하시니 내 팔이 놋 활을 당기도다"라고 말할 수 있었다.[시 18:34]

하나님은 통치자들의 결정에 영향을 미치신다. "왕의 마음이 여호와의 손에 있음이 마치 봇물과 같아서 그가 임의로 인도하시"기 때문이다.[잠 21:1] 예를 들어, "바사 왕 고레스의 마음을 감동시키"셔서 이스라엘 백성을 돕게 하셨으며,[스 1:1] 나중에는 "앗수르 왕의 마음을 그들에게로 돌려 이스라엘의 하나님이신 하나님의 성전 건축하는 손을 힘 있게 하도록 하셨"다.[스 6:22] 그러나 하나님이 영향을 미치는 대상은 왕의 마음만이 아니다. 그분은 "세상의 모든 거민들을 굽어살피시"며 "그들 모두의 마음을 지으"신 분이기 때문이다.[시 33:14-15] 성경에서 마음이란 우리의 가장 깊은 생각과 욕망이 자리 잡고 있는 곳을 뜻함을 이해한다면 이것이 중요한 본문임을 알 수 있다. 하나님은 특히 신자들의 욕망과 성향을 인도함으로써 우리 안에서 "자기의 기쁘신 뜻을 위하여" 일하신다.[빌 2:13]

모든 사람의 삶에서 행하는 하나님의 일에 관한 일반적인 진술과 개인의 삶에서 행하는 하나님의 일에 관한 특수한 사례를 담고 있는 이런 본문들을 통해 우리는 협력이라는 하나님의 섭리 사역이 우리 삶의 모든 영역에 적용된다고 결론 내릴 수 있다. 우리의 말, 우리의 발걸음, 우리의 움직임, 우리의 마음, 우리의 능력은 모두 하나님으로부터 온다.

하지만 우리는 오해를 피해야 한다. 보이지 않으며 배후에서 작동하는 일차적 원인으로서 하나님의 섭리적 인도하심을 핑계로 우리의 선택과 행동이 실제적이라는 것을 부인해서는 안 된다. 성경은 반복적으로 우리가 실제로 사건을 일으킨다고 분명히 말한다. 우리에게는 책임이 있다. 우리는 선택을 할 수 있으며, 실제적인 선택은 실제적인 결과를 불러일으킨다. 성경도 이런 진리를 반복적으로 확증한다. 하나님이 딱딱한 속성을 지니도록 만드셨기에 돌멩이가 실제로 딱딱하고 하나님이 축축한 속성을 지니도록 만드셨기에 물이 실제로 축축하며 하나님이 생명의 속성을 지니도록 만드셨기에 식물이 실제로 살아 있듯이, 하나님이 우리를 창조하면서 놀랍게도 우리에게 의지적 선택이라는 속성을 부여하셨기 때문에 우리의 선택은 중요한 효과를 지닌 실제적 선택인 것이다.

하나님의 협력에 관한 이 본문을 해석하는 한 가지 방식은, 우리의 선택이 실제적이라면 그것이 하나님에 의해 야기될 수 없다고 말하는 것이다. 하지만 하나님의 섭리적인 통제를 주장하는 본문들이 너무 많으며 그런 본문을 다르게 해석하는 것은 어렵기 때문에, 이는 올바른 해석 방식일 수 없다고 생각한다. 하나님이 그 모든 사건을 일으키시지만 우리가 책임져야 할 실제적이며 영원한 결과를 일으키는, 곧 의지적이며 책임 있는 선택을 할 수 있는 우리의 능력을 보존하는 방식으로 그분이 사건을 불러일으키신다고 주장하는 것이 더 나아 보인다. 정확히 어떻게 하나님이 그분의 섭리적인 통제와 우리의 의지와 선택을 결합하시는지에 관해 성경은 설명하지 않는다. 하지만 우리는 (어떻게 둘 다 참일 수 있는지 설명할 수 없다고 해서) 한 측면이나 다른 측면을 부인하기보다 성경 전체의 가르침에 충실하려고 노력하면서 둘 다 받아들여야 한다.

두 측면 모두가 참일 수 있다는 것을 이해하는 데 희곡 작가의 비유가 도움이 될 수 있다. 셰익스피어의 희곡 『맥베스』에서 주인공인 맥베스는 던컨 왕을 살해한다. 이제 (만일 이것이 허구적 서사임을 가정한다면) 우리는 '누가 던컨 왕을 죽였는가?'라고 물을 것이다. 하나의 차원에서 올바른 대답은 '맥베스'다. 희곡 안에서 살인을 저지른 그에게 마땅히 그 책임을 물어야 한다. 하지만 또 다른 차원에서 '누가 던컨 왕을 죽였는가?'라는 물음에 대한 올바른 대답은 '윌리엄 셰익스피어가 그의 죽음을 일으켰다'일 것이다. 그는 이 희곡의 작가로서 그 안의 모든 등장인물을 창조했고, 맥베스가 던컨 왕을 살해하는 부분을 썼기 때문이다.

맥베스가 던컨 왕을 죽였으므로 윌리엄 셰익스피어가 그의 죽음을 일으키지 않았다고 말하는 것은 옳지 않다. 또한 윌리엄 셰익스피어가 던컨 왕의 죽음을 일으켰기 때문에 맥베스가 그를 죽이지 않았다고 말하는 것도 옳지 않다. 둘 다 참이다. 희곡 속 등장인물의 수준에서는 맥베스가 전적으로 (100퍼센트) 던컨 왕의 죽음을 일으켰지만, 희곡 작가의 수준에서는 윌리엄 셰익스피어가 전적으로 (100퍼센트) 던컨 왕의 죽음을 일으켰다. 이와 마찬가지로 하나님은 하나의 방식으로 (창조주로서) 전적으로 사건을 일으키시며, 우리는 또 다른 방식으로 (피조물로서) 전적으로 사건을 일으킨다고 이해할 수 있다. (하지만 경고의 말을 덧붙일 필요가 있다. 희곡 저자작가, 창작자의 비유 때문에 하나님이 죄의 저자행위자, 실행자, author의 옛 의미라고 말해서는 안 된다. 그분은 절대로 죄악된 행동을 하지 않으며 그런 행동에 기뻐하지도 않기 때문이다.)[4]

물론 희곡의 등장인물은 실제 인물인 아닌 허구적 인물이다. 하지만 하나님은 우리보다 무한히 더 크며 지혜로우시다. 우리는 희곡 안에서만 허구적 인물을 만들어 낼 수 있지만, 전능하신 하나님은 우리를 의지에 따라 선택하는 실제 인간으로 창조하셨다. 하나님이 (오늘날 일부에서 주장하듯이) 우리가 의지에 따른 선택을 할 수 있는 세상을 만들 수 없었다고 말하는 것은 하나님의 능력을 제한하는 것과 다름없다. 이는 또한 수많은 성경 본문을 부인하는 태도로 보인다.

7. 악은 어떠한가?

만일 하나님이 그분의 섭리 활동을 통해 세상 모든 일을 일으키신다면 이런 의문이 떠오른다. '하나님과 세상 안의 악 사이에는 무슨 관계가 있는가?' '하나님은 사람들이 행하는 악한 행동을 실제로 일으키는가?' '만일 그렇다면 하나님은 죄에 책임이 있는 것이 아닌가?'

이 물음에 접근할 때 먼저 이를 가장 직접적으로 다루는 성경 본문을 읽어 보는 것이 최선이다. 우선 하나님이 악한 사건이나 악한 행동이 이루어지게 하신다고 분명히 말하는 몇몇 본문을 살펴볼 수도 있다. 하지만 우리는 이 본문들을 통해 성경 어디에서도 하나님이 악한 일을 직접 행하신다고 말하지 않으며, 도덕적 피조물이 의지에 따라 행하는 그 행위를 통해 악한 행동을 일으키신다고 말한다는 것이 매우 분명함을 기억해야 한다. 이뿐만 아니라 성경은 악의 책임을 하나님께 돌리거나 하나님이 악을 기뻐하신다고 말하지 않는다. 또한 성경은 결코 인간이 행하는 악행에 대해 인간의 책임을 면해 주지 않는다. 하나님과 악의 관계를 어떻게 이해하든지, 우리가 행하는 악에 대해 우리에게 책임이 없다거나 하나님이 악을 기뻐하고 악에 대해 책임이 있다고 생각하는 데까지 나아가서는 절대로 안 된다. 이런 결론은 성경과 명백히 모순된다.

말 그대로 수십 개의 성경 본문은 하나님이 (간접적으로) 어떤 종류의 악을 일으키셨다고 말한다. 내가 (다음 몇 단락에서) 그런 본문을 길게 인용하는 까닭은, 그리스도인들이 성경이 어느 정도까지 이 점을 직설적으로 가르치고 있는지를 알지 못하는 경우가 많기 때문이다. 하지만 이 모든 사례는 하나님이 실제로 악을 행하신 것이 아니라 그렇게 하기로 선택한 사람들 또는 귀신들이 악을 행한 것임을 기억해야 한다.

가장 분명한 예시는 요셉 이야기에서 확인할 수 있다. 성경은 요셉의 형들이 그를 시기하고[창 37:11] 미워했으며,[창 37:4, 5, 8] 그를 죽이기 원했고,[창 37:20] 그를 구덩이에 던져 넣었고,[창 37:24] 그를 애굽의 노예로 팔아넘겼다[창 37:28]고 분명히 말한다. 하지만 나중에 요셉은 형들에게 "하나님이 생명을 구원하시려고 나를 당신들보다 먼저 보내셨나이다……당신들은 나를 해하려 하였으나 하나님은 그것을 선으로 바꾸사 오늘과 같이 많은 백성의 생명을 구원하게 하시려 하셨나니"라고 말할 수 있었다.[창 45:5; 50:20][5] 여기서 우리는 자신의 죄에 대해 마땅히 책임을 져야 하는 죄인들이 일으킨 악한 행동과 하나님의 목적을 성취하기 위해 이것을 압도하는 하나님의 섭리적인 통제가 결합되는 것을 볼 수 있다. 요셉 이야기는 두 가지 모두를 분명히 주장한다.

출애굽 이야기는 하나님이 바로의 마음을 완악하게 하셨다고 반복적으로 말한다. 하나님은 이렇게 말씀하신다. "내가 그의 마음을 완악하게 한즉."[출 4:21] "내가 바로의 마음을 완악하게 하고."[출 7:3] "여호와께서 바로의 마음을 완악하게 하셨으므로."출 9:12 "여호와께서 바로의 마음을 완악하게 하셨으므로."출 10:20; 또한 10:27과 11:10에서 반복됨 "내가 바로의 마음을 완악하게 한즉."출 14:4 "여호와께서 애굽 왕 바로의 마음을 완악하게 하셨으므로."출 14:8 성경은 바로가 자신의 마음을 완악하게 했다고 말하며,출 8:15, 32; 9:34 하나님이 바로의 마음을 완악하게 하신 것은 바로가 자신의 자유 의지를 통해 스스로 드러낸 반역과 마음의 완악함에 대한 반응일 뿐이었다는 반론을 제기하기도 한다. 그러나 하나님이 바로의 마음을 완악하게 하겠다고 작정하신 것출 4:21; 7:3은 바로가 자신의 마음을 완악하게 했다고 성경이 언급한 때(출애굽기 8:15에서 처음으로 이것을 확인할 수 있다)보다 훨씬 이전이라는 점에 주목할 필요가 있다. 이뿐만 아니라 위에서 살펴본 협력의 교리, 곧 신적 행위자와 인간 행위자 모두가 동일한 사건을 일으킬 수 있다는 가르침을 통해 우리는 두 요인 모두가 동시에 참일 수 있음을 알 수 있다. 즉 바로가 자신의 마음을 완악하게 할 때 이것은 하나님이 바로가 그렇게 하도록 만드셨고, 이를 통해 하나님은 바로의 마음을 완악하게 하신 것이라고 말하는 것과 모순되지 않는다. 마지막으로 만일 누군가 하나님이 바로의 마음속에 이미 자리 잡고 있던 악한 욕망과 선택을 강화하신 것일 뿐이라고 반론을 제기한다고 해도, 이런 종류의 행동은 이론상으로는 오늘날 세상에 존재하는 모든 악에 적용될 수 있다. 모든 사람이 마음속에 악한 욕망을 지니고 있으며 모든 사람이 실제로 악한 선택을 하기 때문이다.

여기에 담긴 하나님의 목적은 무엇인가? 바울은 출애굽기 9:16을 묵상하면서 "성경이 바로에게 이르시되 내가 이 일을 위하여 너를 세웠으니 곧 너로 말미암아 내 능력을 보이고 내 이름이 온 땅에 전파되게 하려 함이라 하셨으니"라고 말한다.롬 9:17 그런 다음 바울은 이 구체적인 예로부터 일반적인 진리를 추론한다. "그런즉 하나님께서 하고자 하시는 자를 긍휼히 여기시고 하고자 하시는 자를 완악하게 하시느니라."롬 9:18 실제로 하나님은 애굽 백성의 마음을 완악하게 해서 그들이 이스라엘을 뒤쫓다가 홍해에 빠지게 했다. "내가 애굽 사람들의 마음을 완악하게 할 것인즉 그들이 그 뒤를 따라 들어갈 것이라. 내가 바로와 그의 모든 군대와 그의 병거와 마병으로 말미암아 영광을 얻으리니."출 14:17 시편 105:25도 이 주제를 되풀이한다. "그 대적들의 마음이 변하게 하여 그의 백성을 미워하게 하시며."

후대의 구약 서사에서 여호수아의 지휘 아래 이루어진 팔레스타인 정복 때 멸망당한 가나안 사람들을 통해서도 비슷한 예를 확인할 수 있다. 성경은 "그들의 마음이 완악하여 이스라엘을 대적하여 싸우러 온 것은 여호와께서 그리하게 하신 것이라. 그들을 진멸하여 바치게 하여"라고 말한다.수 11:20; 또한 삿 3:12; 9:23 참조 또한 삼손이 하나님을 믿지 않는 블레셋 여인에게 결혼을 요구한 것은 "그때에 블레셋 사람이 이스라엘을 다스린 까닭에 삼손이 틈을 타서 블레셋 사람을 치려 함이었으나 그의 부모는 이 일이 여호와께로부터 나온 것인 줄은 알지 못하였더라"삿 14:4고 말한다. 악한 행동에 대해 책망을 받았던 엘리의 아들들에 관해서는 "그들이 자기 아버지의 말을 듣지 아니하였으니 이는 여호와께서 그들을 죽이기로 뜻하셨음이더라"고 말한다.삼상 2:25 이후에는 사울 왕을 괴롭히는 "여호와께서 부리시는 악령"을 언급하기도 한다.삼상 16:14

다윗이 죄를 지었을 때 주께서는 예언자 나단을 통해 그에게 "내가 너와 네 집에 재앙을 일으키고 내가 네 눈앞에서 네 아내를 빼앗아 네 이웃들에게 주리니 그 사람들이 네 아내들과 더불어 백주에 동침하리라. 너는 은밀히 행하였으나 나는 온 이스라엘 앞에서 백주에 이 일을 행하리라"고 말씀하셨다.삼하 12:11-12; 16:22에서 성취됨 다윗의 죄에 대한 추가적인 벌로 "우리아의 아내가 다윗에게 낳은 아이를 여호와께서 치"셨고 결국 그 아이는 죽었다.삼하 12:15-18 다윗은 하나님이 자신에게 재앙을 내릴 수 있다는 사실을 잊지 않고 기억했다. 왜냐하면 이후에 시므이가 다윗을 저주하고 그와 그의 신하들에게 돌을 던졌을 때삼하 16:5-8 다윗은 시므이에게 복수하기를 거부하고 자신의 병사들에게 "여호와께서 그에게 명령하신 것이니 그가 저주하게 버려두라"고 말했기 때문이다.삼하 16:11

다윗의 말년에 주께서 다윗을 "격동"하셔서[6] 인구 조사를 실시하게 하셨지만,삼하 24:1 나중에 그는 이것이 죄임을 인정하면서 "내가 이 일을 행함으로 큰 죄를 범하였나이다"라고 말했으며,삼하 24:10 하나님은 이 죄 때문에 그 땅에 벌을 내리셨다.삼하 24:12-17 그러나 "여호와께서……이스라엘을 향하여 진노하"셨으며,삼하 24:1 따라서 하나님이 다윗을 격동해 죄를 범하게 하신 것은 이스라엘 백성에게 벌을 내리기 위한 수단이었음도 분명하다. 그뿐만 아니라 역대상 21:1은 하나님이 다윗을 격동하신 수단에 관해서도 분명히 언급한다. "사탄이 일어나 이스라엘을 대적하고 다윗을 충동하여 이스라엘을 계수하게 하니라." 이 사건을 통해 성경은 한 행동에 여러 방식으로 기여하는 세 가지 영향력에 대한 놀라운 통찰을 제공한다. 하나님은 그분의 목적을 이루기 위해 사탄을 통해 다윗을 격동해 죄를 짓게 하셨지만, 성경은 그 죄에 대한 책임이 다윗에게 있다고 말한다. 솔로몬이 이방인 아내들로 인해 하나님을 버렸을 때, 하나님은 "에돔 사람 하닷을 일으켜 솔로몬의 대적이 되게 하"셨으며,왕상 11:14 "또 엘리아다의 아들 르손을 일으켜 솔로몬의 대적자가 되게 하"셨다.왕상 11:23 하나님은 이처럼 악한 왕들을 일으키셨다.

욥 이야기에서 하나님은 사탄에게 욥의 재산과 자녀들에게 해를 입히는 것을 허락했으며, 욥은 스바 사람과 갈대아 사람의 악한 행동과 태풍에 의해 해를 당했지만,욥 1:12, 15, 17, 19 욥은 믿음의 눈으로 이러한 이차적 원인 너머를 바라보며 이 모든 것이 주의 손에 의해 일어났다고 말한다. "주신 이도 여호와시요 거두신 이도 여호와시오니 여호와의 이름이 찬송을 받으실지니이다."욥 1:21 구약의 저자는 욥의 말에 바로 이어 이렇게 덧붙인다. "이 모든 일에 욥이 범죄하지 아니하고 하나님을 향하여 원망하지 아니하니라."욥 1:22 욥은 약탈하는 악한 무리가 자신의 양 떼와 가축을 강탈해 갔다는 말을 전해 들었지만 역경 속에서도 큰 믿음으로 인내하며 "거두신 이도 여호와시오니"라고 말한다. 욥은 주께서 이런 일을 행하셨다고 말하지만 그 악의 책임이 하나님께 있다고 말하거나 하나님이 악을 행하셨다고 말하지 않는다. 욥은 "여호와의 이름이 찬송을 받으실지니이다"라고 말한다. 이차적인 행위자들을 통해 하나님이 일으키신 악에 대해 하나님께 책임을 돌리는 것은 죄였을 것이다. 욥은 그렇게 하지 않으며, 성경도 절대 그렇게 하지 않는다. 우리도 그렇게 해서는 안 된다.

구약의 다른 본문은 주께서 "거짓말하는 영을 왕의 이 모든 선지자의 입에 넣으셨고",왕상 22:23 사악한 앗수르 사람을 "내 진노의 막대기"로 보내셨다고 말한다.사 10:5 또한 그분은 느부갓네살을 비롯한 악한 바벨론 사람들을 보내 이스라엘에게 맞서게 하셨으며, "이 땅과 그 주민과 사방 모든 나라를 쳐서 진멸"하겠다고 말씀하셨다.렘 25:9 그런 다음 하나님은 나중에 바벨론 사람들 역시 벌하겠다고 약속하셨다. "내가 바벨론의 왕과 그의 나라와 갈대아인의 땅을 그 죄악으로 말미암아 벌하여 영원히 폐허가 되게 하되."렘 25:12 만일 거짓 메시지를 전하며 속이는 예언자가 있다면, "만일 선지자가 유혹을 받고 말을 하면 나 여호와가 그 선지자를 유혹을 받게 하였음이거니와 내가 손을 펴서 내 백성 이스라엘 가운데에서 그를 멸할 것이라"고 주께서 말씀하신다.겔 14:9 암시된 대답이 언제나 '아니오'인 일련의 수사 의문문을 사용해 아모스는 "성읍에서 나팔이 울리는데 백성이 어찌 두려워하지 아니하겠으며 여호와의 행하심이 없는데 재앙이 어찌 성읍에 임하겠느냐"라고 묻는다.암 3:6 이어지는 아모스 4:6-12에서는 일련의 자연재해가 발생하며, 그때 주께서는 기근, 가뭄, 마르게 하는 재앙과 깜부기 재앙, 팥중이, 전염병, 사람과 말의 죽음으로 백성을 벌하셨지만 "너희가 내게로 돌아오지 아니하였느니라"고 말씀하신다.암 4:6, 8, 9, 10, 11

위에서 언급한 다수의 본문에서 하나님은 사람들의 죄에 대한 심판으로 그들에게 악과 파괴가 임하게 하신다. 그들은 불순종하거나 우상 숭배에 빠졌으며, 주께서는 악한 인간이나 악령의 힘이나 자연재해를 사용해 그들을 심판하신다. (언제나 그렇다는 말은 아니지만—요셉과 욥을 떠올려 보라—많은 경우가 그렇다.) 죄에 대한 심판이라는 이 관념을 통해 우리는 하나님이 의롭게 악한 사건을 일으킬 수 있음을 적어도 부분적으로 이해할 수 있을 것이다. 모든 인간은 죄인이다. 성경은 우리가 "모든 사람이 죄를 범하였으매 하나님의 영광에 이르지 못하더니"라고 말한다.롬 3:23 우리 가운데 그 누구도 하나님의 은혜를 얻을 자격이 없으며, 우리는 모두 영원한 정죄를 받아 마땅할 뿐이다. 그러므로 하나님이 인간에게 악을 일으킬 때, 그것이 그분의 자녀를 징계하기 위해서든, 비신자를 회개로 이끌기 위해서든, 완악한 죄인에게 정죄와 파괴의 심판을 내리기 위해서든, 우리 가운데 그 누구도 하나님이 불의를 행한다고 비난할 수 없다. 궁극적으로 모든 것은 하나님께 영광을 돌리고, 그분의 백성에게 유익을 주고자 하는 그분의 선한 목적을 이루는 데 이바지할 것이다. 하지만 하나님이 (바로와 가나안 사람들, 바벨론 사람들처럼) 속량받지 못한 이들 안에 있는 악을 처벌할 때도 그분의 정의와 거룩하심, 능력을 드러냄으로써 그분이 영화로워짐을 우리는 깨달아야 한다.출 9:16; 롬 9:14-24 참조

예언자 이사야를 통해 하나님은 "나는 빛도 짓고 어둠도 창조하며 나

는 평안도 짓고 환난도 창조하나니 나는 여호와라. 이 모든 일들을 행하는 자니라"고 말씀하신다.사 45:7 7 여기서 '창조하다'에 해당하는 히브리어 단어는 '바라'로서 창세기 1:1에 사용된 것과 같은 단어다. 예레미야애가 3:38은 "화와 복이 지존자의 입으로부터 나오지 아니하느냐"라고 말한다. 이스라엘 백성은 마음으로부터 우러나오는 회개의 시간에 하나님께 부르짖으며 "여호와여, 어찌하여 우리로 주의 길에서 떠나게 하시며 우리의 마음을 완고하게 하사 주를 경외하지 않게 하시나이까"라고 말한다.사 63:17 8

요나의 삶은 인간의 행동 안에서 일하시는 하나님의 협력을 보여주는 놀라운 예다. 다시스로 가는 배에 승선한 사람들은 요나를 바다에 던졌다. 성경은 "[그들이] 요나를 들어 바다에 던지매 바다가 뛰노는 것이 곧 그친지라"고 말한다.욘 1:15 하지만 불과 다섯 구절이 지나서 요나는 그들의 행동을 하나님이 섭리적으로 이끄셨음을 인정한다. 그는 하나님께 "주께서 나를 깊음 속 바다 가운데에 던지셨으므로"라고 말한다.욘 2:3 성경은 사람들이 요나를 바다에 던졌다는 것과 하나님이 그를 바다에 던지셨다는 것을 동시에 인정한다. 하나님의 섭리적인 인도하심은 선원들로 하여금 그들의 의지에 반하는 무언가를 행하도록 강요하지 않았으며, 그들은 자신들이 하나님께 영향을 받고 있음을 의식하지 못했다(사실 그들은 요나를 배 밖으로 던지면서 주께 용서해 달라고 부르짖었다).욘 1:14 성경이 우리에게 계시하는 바와 요나 자신이 깨달은 바는, 하나님은 자신의 행동에 도덕적으로 책임을 져야만 하는 실제 인간들의 의지적 선택을 통해 그분의 계획을 이루신다는 것이다. 우리가 이해할 수 없고 우리에게 계시되지 않은 방식으로 하나님은 그들의 의지적 선택을 일으킨다. 그들은 주변의 모든 상황을 고려해 자신이 하고 싶어 하는 바를 행한다는 의미에서 자유롭다.

이와 비슷하게 성경은 "사울이 자기 칼을 뽑아서 그 위에 엎드러지니"라고 말하는 동시에,대상 10:4 사울이 "여호와께 묻지 아니하였으므로 여호와께서 그를 죽이시고"라고 말한다.대상 10:14 다른 의미에서 두 가지는 다 참되다. 사울은 스스로 죽음을 선택했으며, 주께서는 사울을 죽이셨다.

역사 전체에서 가장 악한 행위인 그리스도의 십자가 처형도 하나님이 예정한 바다. 단지 그 일이 일어날 것이라는 사실뿐 아니라 그에 연루된 모든 개별적 행동까지 하나님이 예정하셨다. 예루살렘 교회는 이를 인정하며 이렇게 기도했다.

과연 헤롯과 본디오 빌라도는 이방인과 이스라엘 백성과 합세하여 하나님께서 기름 부으신 거룩한 종 예수를 거슬러 하나님의 권능과 뜻대로 이루려고 예정하신 그것을 행하려고 이 성에 모였나이다.행 4:27-28

예수의 십자가 처형에 참여한 모든 사람의 모든 행동은 하나님에 의해 예정되었다. 하지만 분명하게 사도들은 도덕적 비난을 하나님께 돌리지 않는다. 모든 행동은 죄악된 사람의 의지적 선택으로부터 기인했기 때문이다. 베드로는 오순절 설교에서 이 점을 분명히 했다. "그가 하나님께서 정하신 뜻과 미리 아신 대로 내준 바 되었거늘 너희가 법 없는 자들의 손을 빌려 못 박아 죽였으나."행 2:23 이 한 문장에서 베드로는 하나님의 계획과 예지를 "법 없는 자들"이 그들의 행동에 대해 져야 할 도덕적 책임과 연결한다. 하나님은 그들이 자신의 의지에 반해 행동하도록 강요하지 않았다. 오히려 하나님은 그들의 의지적 선택을 통해 그분의 계획을 이루셨으며, 그럼에도 그들은 자신의 선택에 대해 책임을 져야 했다.

하나님이 아합 예언자들의 입에 거짓을 말하는 영을 보낸 구약의 사건과 비슷한 사례로서, 성경은 진리를 사랑하기를 거부하는 이들에 관해 이렇게 이야기한다. "이러므로 하나님이 미혹의 역사를 그들에게 보내사 거짓 것을 믿게 하심은 진리를 믿지 않고 불의를 좋아하는 모든 자들로 하여금 심판을 받게 하려 하심이라."살후 2:11-12 또한 베드로는 자신의 독자들에게, 메시아인 그리스도를 거부하면서 그들을 반대하고 박해하는 이들은 "말씀을 순종하지 아니하므로 넘어지나니 이는 그들을 이렇게 정하신 것이라"고 말한다.벧전 2:8 9

8. 하나님과 악을 연결하는 구절 분석

하나님이 인간과 귀신의 악한 행동을 섭리적으로 사용하신다고 말하는 다수의 성경 구절을 분석한 이후, 우리는 이 분석 방법을 통해 무엇을 말할 수 있는가?

a. 하나님은 그분의 목적을 성취하기 위해 모든 것을 사용하시며, 심지

어 그분의 영광과 우리의 유익을 위해 악까지도 사용하신다. 따라서 악이 우리 삶에 찾아와 우리를 괴롭힐 때 우리는 섭리 교리로부터 "하나님을 사랑하는 자 곧 그의 뜻대로 부르심을 입은 자들에게는 모든 것이 합력하여 선을 이루느니라"는 깊은 확신을 얻을 수 있다.롬 8:28 이런 종류의 확신 덕분에 요셉은 형들에게 "당신들은 나를 해하려 하였으나 하나님은 그것을 선으로 바꾸사"라고 말할 수 있었다.창 50:20

또한 우리는 하나님이 악에 대한 심판을 통해서도 영광을 받으신다는 것을 알 수 있다. 성경은 "여호와께서 온갖 것을 그 쓰임에 적당하게 지으셨나니 악인도 악한 날에 적당하게 하셨느니라"고 말한다.잠 16:4 [10] 이와 비슷하게 시편 기자는 "진실로 사람의 노여움은 주를 찬송하게 될 것이요"라고 분명히 말한다.시 76:10 그리고 바로의 예시롬 9:14-24는 하나님이 그분의 영광과 백성들의 유익을 위해 악을 사용하는 방식을 분명히 보여준다.

b. 그럼에도 하나님은 절대로 악을 행하지 않으시며 악의 책임을 그분께 돌릴 수도 없다. 위에서 인용한 사도행전 2:23과 4:27-28과 비슷한 구절은 예수께서 하나님이 십자가 죽음을 예정하신 것과 이것을 실행한 이들이 져야 할 도덕적 책임을 결합한다. "인자는 이미 작정된 대로 가거니와 그를 파는 그 사람에게는 화가 있으리로다."눅 22:22; 또한 마 26:24; 막 14:21 참조 또한 세상 안에 있는 악에 대해서는 더 일반적인 진술을 통해, 곧 예수께서는 "실족하게 하는 일들이 있음으로 말미암아 세상에 화가 있도다. 실족하게 하는 일이 없을 수는 없으나 실족하게 하는 그 사람에게는 화가 있도다"라고 말씀하신다.마 18:7

비슷하게 야고보는 우리가 행하는 악의 책임을 하나님께 돌리지 말라고 경고하면서 "사람이 시험을 받을 때에 내가 하나님께 시험을 받는다 하지 말지니 하나님은 악에게 시험을 받지도 아니하시고 친히 아무도 시험하지 아니하시느니라. 오직 각 사람이 시험을 받는 것은 자기 욕심에 끌려 미혹됨이니"라고 말한다.약 1:13-14 이 구절은 하나님이 결코 악을 발생하지 않게 하신다고 말하지 않는다. 마치 하나님이 우리를 유혹하거나, 그 유혹에 책임을 져야 하는 인격적 행위자인 것처럼 생각해서는 안 된다고 주장할 뿐이다. 우리는 절대로 유혹의 책임을 하나님께 돌릴 수 없으며, 우리가 유혹에 굴복해도 그분이 우리를 지지할 것이라고 생각해서는 안 된다. 우리는 악에 저항하고 언제나 우리를 유혹하는 다른 이들을 탓해야 하며, 절대로 하나님을 탓해서는 안 된다.

하지만 만일 하나님이 "아무도 시험하지 아니하"신다면약 1:13 왜 예수께서는 "우리를 시험에 들게 하지 마시옵고 다만 악에서 구하시옵소서"라고 기도하라고 말씀하시는가?마 6:13 우리가 (1) 적극적으로 누군가를 유혹하는 것과 (2) 누군가를 유혹이나 시험을 받는 상황으로 이끄는 것을 주의 깊게 구별한다면 이것을 이해할 수 있다. 하나님은 적극적으로 우리를 유혹하는 인격적 행위자가 아니지만, 때때로 우리를 어려운 상황으로 이끄실 수 있다. 예수께서도 "성령에게 이끌리어 마귀에게 시험을 받으러 광야로 가"셨다.마 4:1 [11]

이 구절들은 모두 이차적 원인인간과 천사, 귀신이 실재하며, 인간은 악을 초래하고 그에 대해 책임을 져야 한다고 분명히 말한다. 일반적 차원에서, 또한 구체적인 세부 사항에 관해 그런 일이 발생하도록 하나님이 예정하셨지만, 하나님은 실제로 악을 행하는 것과 분리되어 있으며 이차적 원인을 통해 이것을 일으킨다고 해서 그분의 거룩함이 훼손되거나 그분께 책임이 돌아가는 것은 아니다. 장 칼뱅은 이것을 지혜롭게 말한다.

> 도둑과 살인자, 다른 행악자들은 하나님의 섭리의 도구이며, 주께서는 이들을 사용해 그분이 친히 결정하신 심판을 이루신다. 하지만 그들이 저지르는 악한 행동에 대해 이것을 변명으로 삼을 수는 없다고 생각한다. 왜 그러할까? 그들이 같은 죄악에 하나님을 끌어들이거나 자신들의 타락을 그분의 공의로 덮을 수 있을까? 결코 그러할 수 없다.[12]

조금 지나서 칼뱅은 "하나님이 거룩하지 않은 이들의 일을 사용하시며 그들의 마음을 구부려 그분의 심판을 이루시므로 그분은 모든 더러움으로부터 분리된 채 깨끗함을 유지하신다"라고 말한다.[13]

하나님이 그분의 목적을 위해 악을 이용하고, 그분은 절대로 악을 행하지 않으며, 악에 대한 책임이 그분께 없다고 말하는 것에 대한 대안은 바람직하지 않은 것들뿐이다. 만일 하나님이 악을 행하신다면, 그분은 선하고 의로우신 하나님이 아니며, 따라서 그분은 사실 하나님이 아니라고 결론을 내릴 수밖에 없다. 하나님이 그분의 목적을 성취하기 위해 악을 사용하지 않는다고 주장한다면, 우리는 하나님이 의도하지 않은 악이 우주 안에 존재하고 우주는 그분의 통제 아래 있지 않으며 그분은 그분의 목적을 성취할 수 없을 것이라고 결론 내릴 수밖에 없다. 이런 경우 하나님을 사랑하고 그분의 목적에 따라 부르심을 받은 이들을 위해 "모든 것"이 합력하여 선을 이룬다고 주장하기가 매우 어려워질 것이다.롬 8:28 하나님이 악을 의도하거나 악이 존재하기를 원하지 않으신다는 사실에도 불구하고 악이 세상에 들어왔다면, 그분이 의도하지 않으시며 원하지 않으시는 악이 점점 더 많아지지 않을 것이라는 보장이 어디 있겠는가? 그분이 그분의 목적을 위해 악을 이용할 수 있다는—또는 그분이 악을 이기고 승리할 수 있다는—보장이 어디 있겠는가? 당연히 이것은 바람직하지 않은 대안적 입장이다.

c. 하나님은 도덕적 피조물들이 행하는 악에 대해 마땅히 그들에게 책임을 물으며 심판하신다. 많은 성경 본문은 이것을 확언한다. 이사야는 이렇게 말한다.

> 그들은 자기의 길을 택하며 그들의 마음은 가증한 것을 기뻐한즉 나 또한 유혹을 그들에게 택하여 주며 그들이 무서워하는 것을 그들에게 임하게 하리니 이는 내가 불러도 대답하는 자가 없으며 내가 말하여도 그들이 듣지 않고 오직 나의 목전에서 악을 행하며 내가 기뻐하지 아니하는 것을 택하였음이라.사 66:3-4

이와 비슷하게 "하나님은 사람을 정직하게 지으셨으나 사람이 많은 꾀들을 낸 것이니라"고 말한다.전 7:29 악에 대한 책임은 인간이든 귀신이든 언제나 그것을 행한 피조물에게 있으며, 악을 행하는 피조물은 언제나 벌을 받아 마땅하다. 성경은 하나님이 우리의 죄에 대해 우리를 벌하시는 것이 의로우며 정의롭다고 일관되게 주장한다. 그리고 만일 우리가 그분의 뜻에 저항할 수 없기 때문에 그분이 우리를 책망해서는 안 된다고 반론을 제기한다면, 우리는 이 물음에 대한 사도 바울의 대답을 곰곰이 생각해 보아야 한다. "혹 네가 내게 말하기를 그러면 하나님이 어찌하여 허물하시느냐 누가 그 뜻을 대적하느냐 하리니. 이 사람아, 네가 누구이기에 감히 하나님께 반문하느냐 지음을 받은 물건이 지은 자에게 어찌 나를 이같이 만들었느냐 말하겠느냐."롬 9:19-20 우리는 악을 행할 때마다 우리 뜻대로 선택한다는 것을 알고 있으며, 그에 대해 책임을 지는 것이 마땅하다는 것을 깨닫는다.

d. 악은 환영이 아니라 실재하며 언제나 우리와 다른 이들에게 해를 입힐 것이기 때문에, 우리는 결코 악을 행해서는 안 된다. 성경은 우리에게 악을 행할 권리가 전혀 없으며, 우리가 우리 안에 또는 세상 안에 있는 악에 끈질기게 반대해야 한다고 일관되게 가르친다. 우리는 "악에서 구하시옵소서"라고 기도해야 하며,마 6:13 누군가가 진리를 떠나 악을 행하는 것을 본다면 그를 돌이키기 위해 노력해야 한다. 성경은 "너희 중에 미혹되어 진리를 떠난 자를 누가 돌아서게 하면 너희가 알 것은 죄인을 미혹된 길에서 돌아서게 하는 자가 그의 영혼을 사망에서 구원할 것이며 허다한 죄를 덮을 것임이라"고 말한다.약 5:19-20 우리는 악을 행하려는 마음조차 먹어서는 안 된다. 마음에 악한 욕망을 품는 것만으로도 그 욕망이 우리의 영혼에 맞서 싸우고, 우리에게 영적인 해를 가하도록 내버려두는 셈이기 때문이다.벧전 2:11 바울의 가르침을 비방하던 사람들이 그러했던 것처럼 "선을 이루기 위하여 악을 행하자 하지 않겠느냐"라고 말하고 싶은 유혹을 받는다면, 거짓 교리를 가르치는 이들에 관해 바울이 했던 말을 기억해야 한다. "그들은 정죄받는 것이 마땅하니라."롬 3:8

하나님이 그분의 목적을 성취하기 위해 악을 사용하시는 것에 대해 생각할 때, 하나님이 사용하시는 것은 옳지만, 우리가 사용하는 것은 그릇된 일이 존재한다는 것을 기억해야 한다. 하나님은 사람들에게 그분을 예배하라고 요구하시며, 그들의 예배를 받으신다. 그분은 자신을 위해 영광을 구하신다. 그분은 악을 행하는 이들에게 마지막 심판을 집행하실 것이다. 또한 그분은 선한 목적을 이루기 위해 악을 사용하지만, 우리가 그렇게 하는 것을 허락하지 않으신다. 이에 대해 칼뱅은 아우구스티누스의 말을 지지하며 인용한다. "인간이 의도하기에 적절한 것과 하나님이 의도하시기에 적절한 것 사이에는 엄청난 차이가 있다……악한 인간의 나쁜 의지를 통해 하나님은 그분이 의롭게 의도하는 바를 성취하시기 때문이다."[14] 헤르만 바빙크는, 자신은 매우 날카로운 칼을 사용하지만 자녀가 그것을 사용하는 것은 허락하지 않는 부모의 유비를 사용한다. 이처럼 하나님은 선한 목적을 이루기 위해 악을 사용하지만 그분의 자녀가 그렇게 하는 것은 절대로 허락하지 않으신다. 우리가 많은 점에서 하나님의 도덕적 성품을 모방해야 하지만,엡 5:1 참조 이에 관해서는 그분을 모방해서는 안 된다.

e. 하나님은 우리가 악한 행동을 행하도록 예정하시지만 그분은 그 책임을 우리에게 물으실 수 있으며, 그분께는 책임이 없다는 것을 우리는 완벽하게 이해할 수 없다. 우리는 이 모든 것이 참되다고 분명히 말할 수 있다. 왜냐하면 성경이 그처럼 가르치기 때문이다. 하지만 성경은 정확히 어떻게 하나님이 이런 상황을 일으키시는지 또는 어떻게 하나님이 발생하도록 예정하신 것에 대해 우리에게 책임을 물으실 수 있는지 설명하지 않는다. 그에 대해 성경은 침묵하며, 우리는 궁극적으로 "하나님과 죄의 관계라는 문제는 여전히 신비다"라는 벌코프의 말에 동의할 수밖에 없다.[15]

9. 우리는 자유로운가? 우리에게 자유 의지가 있는가?

하나님이 모든 사건에 대해 섭리적인 통제력을 행사하신다면 과연 우리는 자유로운가? 그 대답은 '자유'라는 단어가 무엇을 뜻하는지에 달려 있다. 어떤 의미에서 '자유'라는 말은 우리가 우리의 의지와 선택에 있어서 자유로움을 뜻한다는 데 모두가 동의한다. 개혁주의나 칼뱅주의 전통에 속한 저명한 신학자들조차 이에 동의한다. 루이스 벌코프는『조직신학』에서, 장 칼뱅은『기독교 강요』[16]에서, 어떤 의미에서는 인간의 자유로운 행위와 선택을 말할 수 있다고 인정한다. 하지만 칼뱅 자신은 이 용어를 오해하기 쉽기 때문에 사용하지 않으려고 노력했다. "인간이 은혜의 도움을 받지 못한다면 자유 의지가 인간으로 하여금 선한 행위를 하게 만들기에는 충분하지 않다."[17] 그러므로 칼뱅은 이렇게 결론 내린다.

> 따라서 인간은 이런 종류의 자유로운 결정을 할 수 있다고 말할 수 있다. 이것은 그가 선과 악을 똑같이 자유롭게 선택하기 때문은 아니며, 또한 강요에 의해서가 아니라 의지에 따라 악하게 행동하기 때문이다. 하지만 이토록 보잘것없는 것에 고귀한 이름을 붙이는 것이 무슨 유익이 있겠는가?

계속해서 칼뱅은 이 용어가 얼마나 오해하기 쉬운지 설명한다.

하지만 나는 자유 의지라는 말이 인간에게 적용되는 것을 듣는 즉시, 자기 자신이 스스로 그 마음과 의지의 주인이며 선이나 악을 지향할 능력을 지니고 있다고 생각하지 않을 사람이 몇이나 되는지 묻고자 한다.……따라서 누구든지 나쁜 의미로 이 말을 이해하지 않고 이 말을 쓸 수 있다면, 나는 이로 인해 그를 괴롭히지 않을 것이다.……나로서는 이 말을 사용하지 않는 편을 선호하며, 다른 사람들이 나의 조언을 구한다면 그들 역시 이 용어를 사용하기 않기를 바란다.[18]

따라서 우리에게 자유 의지가 있는지 물을 때는 이 표현이 무엇을 뜻하는지를 명확히 하는 것이 중요하다. 성경 어디에서도 하나님의 통제 바깥에 있거나[19] 다른 어떤 것에 의해서도 영향을 받지 않는 결정을 할 수 있다는 의미에서 우리가 자유롭다고 말하지 않는다. (많은 사람들은 이런 의미에서 우리가 자유롭다고 가정하는 것처럼 보인다.) 하나님의 능력과 무관하게 우리 스스로 선을 행할 수 있다는 의미에서 우리가 자유롭다고 말하지도 않는다.

그럼에도 모든 하나님의 피조물이 자유로울 수 있다는 최대의 의미에서 우리는 자유롭다. 우리는 의지에 따른 선택, 실질적 결과를 맺는 선택을 한다.[20] 우리는 결정을 할 때 하나님이 우리의 의지에 아무런 제약도 가하지 않으신다는 것을 알고 있다.[21] 우리는 우리에게 의지에 따른 선택을 할 수 있는 능력이 있다고 주장해야 한다. 그렇게 하지 않으면 우리는 운명론이나 결정론의 오류에 빠질 것이며, 우리의 선택이 중요하지 않거나 의지에 따른 선택을 할 수 없다고 결론 내리게 될 것이다. 반면에, 만일 예수 그리스도께서 참으로 "그분의 능력의 말씀으로 만물을 지니고 계신다"면,히 1:3, 저자의 사역 만물에 대한 하나님의 섭리적 통제를 부인하는 이들이 요구하는 자유, 곧 유지하며 통제하는 하나님의 활동을 벗어날 수 있는 자유는 불가능할 것이다. 만일 이것이 옳다면, 하나님의 섭리적 통제를 벗어나는 상황은 존재할 수 없을 것이다. 하나님의 통제로부터 전적으로 벗어난 절대적인 자유는 하나님이 섭리적으로 유지하며 인도하는 세상 안에서 불가능하다.

인간의 자유에 관한 학문적 논의에서는 이번 장에서 내가 사용하는 것과 다른 용어를 사용하기도 하며, 여기서 이 점을 언급할 필요가 있다.

특히 브루스 웨어는 자유 의지에 관해 말할 때 사람들이 마음속에 떠올리는 두 가지 다른 의미를 표현하기 위해 흔히 사용되는 두 가지 다른 명칭을 간략히 설명한 바 있다.

1. 자유론적 자유 의지libertarian free will는 "모든 것이 있는 그대로일 때 다르게 선택할 수 있는 능력"이다.[22]

이 경우에 "모든 것"은 한 사람의 모든 주변 환경과 하나님의 섭리적 인도하심과 영향력 전부를 고려하더라도 한 사람은 여전히 선택지 A나 선택지 B 중에서 하나를 선택할 수 있는 능력을 지니고 있음을 뜻한다. 우리의 선택은 하나님에 의해 결정되지 않는다. 웨어는 자유론적 자유 의지와 대비되는 두 번째 유형의 자유를 설명한다.

2. 성향의 자유freedom of inclination는 "우리의 가장 강한 성향이나 가장 심층적인 욕망에 따라 선택할 때 우리가 자유롭다"는 것을 의미한다. 간단히 말해서 가장 하고 싶은 것을 할 때 우리는 자유롭다.

나는 이러한 자유 이해가 이미 이번 장에서 언급한 다수의 구절을 비롯해 성경의 가르침과 더 조화를 이룬다고 생각한다. 우리에게 성향의 자유가 있다고 해도 우리 마음과 정신에서 하나님의 섭리적 인도하심과 그분의 영향력이 반드시 배제되는 것은 아니며, 우리의 선택이 우리가 볼 수 없는 방식으로 하나님에 의해 궁극적으로 결정될 수 있다는 관념이 배제되는 것도 아니다. 이것은 우리가 가장 하고 싶은 것을 선택할 때 우리가 자유롭다는 말일 뿐이다. 이번 장에서 나는 성향의 자유에 관해 말할 때 자발적 선택이나 의지에 따른 선택이라는 표현을 자주 사용했다.

C. 통치

1. 성경의 증거

지금까지 우리는 섭리의 첫 두 가지 양상, 곧 보존과 협력에 관해 논했다.

섭리의 세 번째 양상은, 하나님이 세상 안에서 행하시는 모든 것에는 목적이 있으며, 그분의 목적에 따라 성취되도록 모든 것을 통치하고 감독하심을 의미한다. 시편은 "그의 왕권으로 만유를 다스리시도다"라고 말한다.시 103:19 또한 다니엘서는 "땅의 모든 사람들을 없는 것 같이 여기시며 하늘의 군대에게든지 땅의 사람에게든지 그는 자기 뜻대로 행하시나니 그의 손을 금하든지 혹시 이르기를 네가 무엇을 하느냐고 할 자가 아무도 없"다고 말한다.단 4:35 바울은 "이는 만물이 주에게서 나오고 주로 말미암고 주에게로 돌아감이라"고 말하며,롬 11:36 "만물을 그의 발 아래에 두셨다"라고 확언한다.고전 15:27 하나님은 "모든 일을 그의 뜻의 결정대로 일하시는 이"시며,엡 1:11 궁극적으로 "하늘에 있는 자들과 땅에 있는 자들과 땅 아래에 있는 자들로 모든 무릎을 예수의 이름에 꿇게 하시고 모든 입으로 예수 그리스도를 주라 시인하여 하나님 아버지께 영광을 돌리게 하"실 것이다.빌 2:10-11 하나님이 모든 것을 주권적으로 다스리시며 일어나는 모든 사건 안에서 그분의 목적을 이루신다는 것을 알기 때문에, 바울은 "우리가 알거니와 하나님을 사랑하는 자 곧 그의 뜻대로 부르심을 입은 자들에게는 모든 것이 합력하여 선을 이루느니라"고 선언할 수 있다.롬 8:28

2. 하나님의 의지와 관련된 구별

하나님 안에서 그분의 의지는 통일되어 있으며 나뉘거나 모순적이지 않다. 하지만 우리는 그분의 의지를 깊이 이해할 수 없으며, 부분적으로만 우리에게 계시되어 있을 뿐이다. 그렇기 때문에 13장에서 살펴보았듯이[24] 우리에게는 하나님의 의지의 두 가지 양상이 나타난다. 한편으로 (그분의 '계시된 의지'라고 부르는) 하나님의 도덕적인 의지가 있다. 여기에는 십계명이나 신약의 도덕적 명령과 같은 성경의 도덕적 기준이 포함된다. 하나님의 도덕적 명령은 우리가 그분 앞에서 바르게 행동하고자 할 때 어떤 규준을 따라야 하는지에 관한 설명으로 제시된다. 다른 한편으로, 하나님 의지의 또 다른 양상은 만물에 대한 그분의 섭리적 통치다(이것을 그분의 '감추어진 의지'라고 부른다). 여기에는 예를 들어 그리스도께서 "법 없는 자들"행 2:23에 의해 십자가에 달려 죽으실 것이라는 사실처럼 하나님이 예정하신 역사의 모든 사건이 포함된다. 또한 앞에서 언급한 다른 악한 행동도 모두 포함된다.

일부에서는 이런 방식으로 하나님 의지의 두 가지 양상을 구별하는 것에 이의를 제기하면서, 이런 구별은 하나님 안에 "자기 모순"이 존재함을 의미한다고 주장한다.[25] 하지만 인간 경험의 영역에서도 단기간의 고통을 피하기보다는 원하는 장기적인 결과를 이루기 위해(예를 들어, 자녀의 순종을 이끌어 내거나 더 심각한 질병에 걸리지 않기 위해) 우리가 원하지 않는 고통스러운 무언가(불순종하는 자녀를 벌하거나 일시적으로 우리를 아프게 하는 예방 접종을 받는 것처럼)를 의도하고 수행할 수 있음을 우리는 알고 있다. 하나님은 우리보다 무한히 더 크시며 지혜로우시다. 그분은 장기적으로 더 큰 영광을 받기 위해 피조물이 단기적으로 그분 마음에 들지 않는 무언가를 행하도록 의도하실 수 있다. 이것이 하나님 안에 있는 "자기 모순"이라고 말하는 것은 이 설명이 모순적이지 않게 하는 구별을 이해하지 못했기 때문이다.[26]

D. 하나님의 작정

하나님의 작정The decrees of God이란, 하나님이 이 세상을 창조하시기 전에 일어날 모든 일을 예정하고 결정하신 그분의 영원한 계획이다. 이 교리는 섭리 교리와 비슷하지만, 여기서는 시간 안에서 이루어지는 하나님의 섭리적 행동이 아니라 세상이 창조되기 전에 이루어진 하나님의 결정에 초점을 맞춘다. 그분의 섭리적 행동은 그분이 오래전에 하셨던 영원한 작정의 성취다.작정을 다른 의미로 사용하는 경우는 2장 참조

다윗은 "내 형질이 이루어지기 전에 주의 눈이 보셨으며 나를 위하여 정한 날이 하루도 되기 전에 주의 책에 다 기록이 되었나이다"라고 고백한다(시 139:16; 또한 욥 14:5 참조. 인간의 날과 달, 한계가 하나님에 의해 결정되어 있다). 또한 "하나님께서 정하신 뜻과 미리 아신 대로"행 2:23 예수께서 처형되었으며, 그분을 정죄하고 십자가형에 처한 이들의 행동도 하나님에 의해 "예정"되어 있었다.행 4:28 우리의 구원은 오래전에 결정되어 있었다. 하나님이 "창세 전에 그리스도 안에서 우리를 택하사 우리로 사랑 안에서 그 앞에 거룩하고 흠이 없게 하시려고" 작정하셨기 때문이다.엡 1:4 신자로서

우리의 선행은 "우리로 그 가운데서 행하게" 하시려고 "하나님이 전에 예비하신" 일이다.엡 2:10; 또한 유 1:4 참조

이런 예시는 인간 활동의 다양한 양상을 아우른다. 이 예시를 통해 하나님은 그분이 행하신 모든 일을 세상을 창조하기 전에 계획하셨다고 결론 내리는 것이 적절해 보인다. 사실 이런 것들이 그분께는 영원한 계획이었다. 하나님의 작정을 강조함으로써 얻는 유익은, 일이 진행되는 과정에서 하나님이 갑자기 계획을 만들어 내지 않으신다는 것을 깨닫게 해준다는 것이다. 그분은 처음부터 마지막을 알고 계시며, 그분의 선한 목적을 모두 성취하실 것이다. 이것을 통해 우리는 특히 어려운 상황 속에서도 그분을 더욱 신뢰하게 될 것이다.

E. 인간 행동의 중요성

때때로 우리는 하나님이 섭리적으로 세상을 다스리기 위해 인간의 행동을 통해 일하신다는 것을 잊어버릴지도 모른다. 그럴 때 우리의 행동과 우리의 선택은 크게 중요하지 않다고, 또는 사건의 경과에 큰 영향을 미치지 못한다고 생각하기 시작할 것이다. 하나님의 섭리에 대한 오해를 막기 위해 우리는 몇 가지 내용을 강조하고자 한다.

1. 우리는 여전히 우리의 행동에 책임을 져야 한다

하나님은 우리의 행동에 대한 책임을 우리에게 물으셨으며, 우리의 행동은 실제적이며 영원한 의미를 갖는 결과를 가져온다.

자연 세계의 몇몇 유비가 이것을 이해하는 데 도움을 줄 수 있다. 하나님은 딱딱함이라는 속성을 지닌 돌을 창조하셨으며, 따라서 돌은 딱딱하다. 하나님은 축축함이라는 속성을 지닌 물을 창조하셨으며, 따라서 물은 축축하다. 하나님은 살아 있음이라는 속성을 지닌 식물과 동물을 창조하셨으며, 따라서 식물과 동물은 살아 있다. 마찬가지로 하나님은 우리를 우리의 행동에 책임을 져야 하는 속성을 지니도록 창조하셨으며, 따라서 우리는 우리의 행동에 책임을 져야 한다. 우리가 올바르게 행동하며 하나님께 순종한다면, 그분은 우리에게 상을 주실 것이며 이생과 영원에서 형통

하게 될 것이다. 우리가 잘못 행동하고 하나님께 불순종한다면, 그분은 우리를 징계하고 벌하실 것이며 우리의 삶은 형통하지 못할 것이다. 이런 사실이 현실화될 때 우리는 다른 이들에게 게으름과 불순종을 피하라고 권면하는 목회적 지혜를 가질 수 있을 것이다.

우리가 우리의 행동에 책임을 져야 한다는 사실은, 우리가 절대로 '하나님이 내가 악을 행하게 만드셨고, 따라서 나는 그것에 책임이 없다'라고 생각해서는 안 된다는 것을 뜻한다. 의미심장하게도 아담은 충분히 그런 방식으로 들릴 만한 말로 첫 번째 죄에 대해 핑계를 대기 시작했다. "하나님이 주셔서 나와 함께 있게 하신 여자 그가 그 나무 열매를 내게 주므로 내가 먹었나이다."[창 3:12] 아담과 달리 성경은 결코 죄에 대한 책임을 하나님께 돌리지 않는다. 죄에 대한 책임이 하나님께 있다고 생각하기 시작한다면, 우리는 하나님의 섭리에 관해 잘못 생각하고 있는 셈이다. 죄에 대한 책임은 하나님이 아니라 언제나 피조물에게 있다. 만일 일어나는 모든 사건을 하나님이 예정하셨다면, 그분이 우리에게 책임을 묻는 것이 옳지 않다고 반론을 제기할지도 모른다. 하지만 바울은 그런 생각을 바로잡는다. "혹 네가 내게 말하기를 그러면 하나님이 어찌하여 허물하시느냐 누가 그 뜻을 대적하느냐 하리니. 이 사람아, 네가 누구이기에 감히 하나님께 반문하느냐 지음을 받은 물건이 지은 자에게 어찌 나를 이같이 만들었느냐 말하겠느냐."[롬 9:19-20] 하나님이 악을 책망하고 징계하며 벌하시는 것이 옳다는 것을 우리는 깨닫고 마음속에 새겨야 한다. 또한 우리에게 그렇게 할 책임이 있을 때 우리는 가정과 교회, 심지어 어떤 점에서 주변 사회에 존재하는 악을 책망하고 징계하는 것이 옳다. 우리는 절대로 악한 사건에 관해 "하나님이 의도하셨으며, 따라서 그것은 선하다"라고 말해서는 안 된다. 왜냐하면 우리는 하나님의 뜻으로 계획된 어떤 것들(앞서 설명한 돌이나 물)이 그 자체로 선한 것은 아니라는 것을 인식해야 하기 때문이다. 따라서 인간에 의해 악한 결과를 낳았다면 그것이 하나님의 승인을 받은 것이 아니기 때문에, 우리 역시 승인해서는 안 된다.

2. 우리의 행동은 실제적인 결과를 가져오며 사건의 경로를 바꾼다

만일 내가 건강을 제대로 돌보지 않고 나쁜 식습관을 가지고 있다면 또는 술이나 담배로 몸을 혹사시킨다면 보다 일찍 죽게 될 것이다. 하나님은 우리의 행동이 효과를 발휘하도록 예정하셨다. 하나님은 우리가 사건을 일으킬 때 그 사건이 일어나도록 예정하셨다. 물론 우리는 다음 주나 내년은 고사하고 오늘 남은 시간 동안 하나님이 무엇을 계획하셨는지도 모른다. 하지만 만일 우리가 하나님을 신뢰하고 그분께 순종하면, 그 순종을 통해 좋은 일이 일어나도록 계획해 두셨음을 발견하게 될 것이다. 또한 하나님은 우리가 길을 가다가 많은 사람을 만나게 하시며, 그들을 향해 영원히 중요한 방식으로—좋게 또는 나쁘게—행동할 책임을 우리에게 주셨다.

칼뱅은 삶에서 일상적인 경고에 주의를 기울이고 미리 계획하도록 우리를 권면하기 위해 "하나님은 모든 미래의 사건이 극복되거나 그것에 대해 더 이상 염려할 필요가 없을 때까지 우리가 의심하고 경계하며 대비책을 마련한 채로 그에 맞서기를 멈추지 않게 하시려고 우리에게서 모든 미래의 사건을 숨기기를 기뻐하신다.……하나님의 섭리가 언제나 벌거벗은 채로 우리를 만나는 것은 아니며, 하나님은 어떤 의미에서 활용할 수 있는 수단이라는 옷을 섭리에 입혀 주신다"라고 지혜롭게 지적한다.[27]

반면에 만일 우리가 어떤 위험이나 악한 사건이 미래에 발생할 수도 있음을 예상하고도 그것을 피하기 위한 합당한 수단을 사용하지 않는다면, 하나님이 우리가 행동하지 않은 것을 수단으로 사용하여 그 사건을 발생하게 하셨음을 알게 될 수도 있다.

3. 기도는 분명한 결과를 가져오며 사건의 경로를 바꾸는 구체적인 종류의 행동이다

또한 하나님은 기도가 세상 안에서 결과를 만드는 중요한 수단이 되게 예정하셨다.[28] 구체적인 상황이나 누군가를 위해 간절히 기도할 때 우리는 그 기도가 하나님이 세상에서 변화를 일으키기 위해 사용하시는 수단이 되도록 하나님이 예정해 두셨음을 알게 되는 경우가 많다. 성경은 "너희가 얻지 못함은 구하지 아니하기 때문이요"라고 말하면서 우리에게 이 점을 상기시킨다.[약 4:2] 예수께서는 "지금까지는 너희가 내 이름으로 아무것도 구하지 아니하였으나 구하라. 그리하면 받으리니 너희 기쁨이 충만하리라"고 말씀하신다.[요 16:24]

4. 결론적으로 우리는 행동해야 한다

섭리 교리는 결코 우리에게 한가롭게 멀찍이 앉아 특정 사건의 결과를 기다리라고 권하지 않는다. 물론 하나님은 우리가 행동하기 이전에 그분을 기다리고 우리의 능력이 아니라 그분을 믿어야 한다는 인상을 받게 하실 수도 있다. 물론 이것은 틀리지 않지만, 우리가 책임 있게 행동하는 대신에 하나님을 신뢰한다고 말하는 것은 순전한 게으름일 뿐이며 섭리 교리의 왜곡이다.

실제적인 예를 들면, 내 아들에게 내일까지 마쳐야 하는 숙제가 있다면, 나로서는 아이가 나가서 놀기 전에 숙제를 마무리하도록 시키는 것이 옳다. 나는 그의 성적이 하나님의 손에 달려 있으며 하나님이 오래전에 그 성적이 무엇일지를 결정해 두셨음을 알고 있지만, 나와 내 아들은 그 성적을 알 수 없다. 내가 아는 바는, 아들이 공부를 충실히 한다면 좋은 성적을 받으리라는 것이다. 그렇게 하지 않는다면 좋은 성적을 받지 못할 것이다. 따라서 칼뱅은 이렇게 말한다.

> 이제 우리의 의무가 무엇인지는 매우 분명하다. 만일 주께서 우리 생명을 보호할 책임을 우리에게 맡기셨다면, 우리의 의무는 그것을 보호하는 것이다. 만일 그분이 우리에게 도움을 제공하신다면, 그것을 사용하는 것이 우리의 의무다. 만일 그분이 위험에 대해 우리에게 경고하신다면, 경솔하게 위험 속으로 뛰어들지 않는 것이 우리의 의무다. 만일 그분이 구제 수단을 제공하신다면, 그것을 무시하지 않는 것이 우리의 의무다. 하지만 그들은 그 위험이 치명적이지 않다면 어떤 위험도 우리를 다치게 하지 않을 것이며, 이 경우에 그것은 도저히 바로잡을 수 없다고 말한다. 그러나 주께서 여러분에게 위험을 물리치고 극복할 구제 수단을 제공하셨기 때문에 그 위험이 치명적이지 않다면 어떻겠는가?[29]

하나님에 대한 신뢰와 결합된 적극적인 활동을 보여주는 좋은 예를 사무엘하 10:12에서 확인할 수 있다. 요압은 "너는 담대하라. 우리가 우리 백성과 우리 하나님의 성읍들을 위하여 담대히 하자"라고 말하지만 같은 문장에서 즉시 "여호와께서 선히 여기시는 대로 행하시기를 원하노라"고 덧붙인다.[삼하 10:12] 요압은 전장에 나서는 동시에 하나님이 선하게 여기시는 대로 행하실 것이라고 믿는다.

신약에서도 비슷한 예시를 확인할 수 있다. 바울이 고린도에 있을 때, 주께서는 그가 유대인의 반대에 부딪혀 낙심하는 것을 막기 위해 어느 날 밤, 환상 가운데 그에게 나타나서 이렇게 말씀하셨다. "두려워하지 말며 침묵하지 말고 말하라. 내가 너와 함께 있으매 어떤 사람도 너를 대적하여 해롭게 할 자가 없을 것이니 이는 이 성중에 내 백성이 많음이라."행 18:9-10 만일 바울이 하나님의 섭리를 잘못 이해하는 운명론자였다면, "이 성중에 내 백성이 많음이라"는 하나님의 말씀을 듣고, 하나님이 고린도인 중에서 다수의 구원을 결정하셨다고 생각하여 자신이 그곳에 머물든지 아니든지 그것은 중요하지 않다고 최종적으로 결론을 내렸을 것이다. 그러나 바울은 고린도를 떠나는 실수를 저지르지 않는다. 오히려 그는 고린도의 많은 사람들이 구원받게 되는 것은 아마도 그의 복음 선포라는 수단을 통해서일 것이라고 결론을 내린다. 그러므로 바울은 지혜로운 결정을 내린다. "일 년 육 개월을 머물며 그들 가운데서 하나님의 말씀을 가르치니라."행 18:11

이처럼 하나님의 섭리에 비추어 책임 있게 행동하는 것을, 바울은 디모데후서 2:10에서 한 문장으로 표현한다. "내가 택함받은 자들을 위하여 모든 것을 참음은 그들도 그리스도 예수 안에 있는 구원을 영원한 영광과 함께 받게 하려 함이라." 바울은 하나님이 어떤 사람들을 택하여 구원받게 하셨다는 사실을 근거로 아무것도 할 필요가 없다고 주장하지 않았다. 오히려 그는 하나님의 목적이 그분이 만드신 수단에 의해 이루어지기 위해서는 해야 할 일이 많다고 결론 내렸다. 실제로 바울은 하나님의 영원한 계획이 이루어지도록 온갖 종류의 고난과 고통을 포함해 "모든 것"을 기꺼이 참았다. 하나님의 섭리에 대한 진심 어린 믿음은 행동을 방해하지 않고 오히려 촉구한다.

연관된 예시를 바울의 로마 여정 이야기에서 찾아볼 수 있다. 폭풍이 장시간 계속되자 하나님은 배에 탄 사람 중 누구도 이 폭풍으로 인해 죽지 않을 것이라고 바울에게 분명히 계시하셨다. 바울은 승객과 선원들 앞에 서서 그들에게 용기를 내라고 말한다.

내가 너희를 권하노니 이제는 안심하라. 너희 중 아무도 생명에는 아무런 손상이 없겠고 오직 배뿐이리라. 내가 속한 바 곧 내가 섬기는 하나님의 사자가 어제 밤에 내 곁에 서서 말하되 바울아, 두려워하지 말라. 네가 가이사 앞에 서야 하겠고 또 하나님께서 너와 함께 항해하는 자를 다 네게 주셨다 하였으니. 그러므로 여러분이여, 안심하라. 나는 내게 말씀하신 그대로 되리라고 하나님을 믿노라. 그런즉 우리가 반드시 한 섬에 걸리리라.[행 27:22-26]

하지만 바울은 이렇게 말한 직후 선원들이 몰래 거룻배를 바다에 내리려고 한다는 것을 알아차렸다.[행 27:30] 그들은 항해법을 아는 사람을 하나도 남겨 두지 않은 채 다른 이들을 배에 두고 떠날 계획이었다. 이것을 알게 되었을 때 바울은 잘못된 운명론적 태도를 취하며, 하나님이 기적적으로 배를 해안가로 이끄실 것이라고 생각하지 않았다. 오히려 그는 즉시 선원들을 감독하는 백부장을 찾아갔다. "바울이 백부장과 군인들에게 이르되 이 사람들이 배에 있지 아니하면 너희가 구원을 얻지 못하리라 하니."[행 27:31] 지혜롭게도 바울은 하나님의 섭리적 통제 아래 무슨 일이 일어날지를 분명히 예상하지만, 여전히 하나님은 그것을 이루기 위해 일상적인 인간적 수단을 사용하신다는 것을 알고 있었다. 바울은 담대하게도 그 수단이 필수적이라고 말했다. "이 사람들이 배에 있지 아니하면 너희가 구원을 얻지 못하리라."[행 27:31] 우리는 그를 본받아 하나님의 섭리를 온전히 신뢰하는 동시에 하나님이 계획하신 대로 일이 이루어지기 위해서는 일상적 수단의 사용이 필수적임을 깨달아야 한다.

5. 우리가 이 교리를 완전히 이해하는 것이 가능한가?

하나님의 섭리를 묵상하는 모든 신자는 조만간 "나는 이 교리를 완전히 이해할 수 없어"라고 말할 수밖에 없는 지점에 이른다. 우리는 어떤 점에서 모든 교리에 대해 그처럼 말해야 한다. 하나님은 무한하시며, 우리의 이해는 유한하기 때문이다. 하지만 섭리 교리는 특히 더 그러하다. 이 교리가 성경의 다른 가르침과 어떻게 조화를 이루는지 완전히 이해할 수 없을 때조차도 우리는 성경이 이 교리를 가르치기 때문에 그것을 믿어야 한다. 칼뱅은 지혜로운 조언을 제공한다.

이것이 가혹하다고 생각하는 사람들로 하여금, 자신의 정신적 능력을 초월한다는 이유로 분명한 성경의 증거가 입증하는 것을 거부하는 그들의 태도가 얼마나 용인될 수 있을지 잠시 생각해 보게 하라. 또한 인간이 그것을 아는 것이 유익하다고 판단하지 않으셨다면, 하나님이 그분의 예언자와 사도들에게 가르치라고 결코 명령하지 않으셨을 것임이 공개적으로 제시되어 있다는 점에 불평해 보게 하라. 우리의 지혜는 겸손히 배우고자 하는 마음으로, 적어도 불평하지 않으면서 무엇이든지 거룩한 성경에서 가르치는 바를 받아들이는 것일 뿐이다.[30]

F. 또 다른 복음주의의 관점: 아르미니우스주의 입장

많은 복음주의자들이 견지하는 대안적인 입장이 존재한다. 편의상 우리는 이것을 아르미니우스주의 관점이라고 부를 것이다.[31] 현대 복음주의권의 교파 중 감리교와 나사렛교는 철저히 아르미니우스주의적 경향을 띠는 반면, 장로교와 개혁교회는 개혁주의적인 경향을 띤다. 침례교와 (39개 신조는 개혁주의적인 강조점을 지니지만) 성공회, 세대주의, 복음주의자유교회, (마르틴 루터는 이 문제에 관해 개혁주의 진영에 속하지만) 루터교회, 그리스도교회, (하나님의 성회와 같은 오순절 교단은 압도적으로 아르미니우스주의적이지만) 대부분의 은사주의와 오순절 진영에는 두 가지 관점이 모두 존재한다.

아르미니우스주의 입장을 지지하는 이들은 참된 인간됨을 위해 필수적인, 곧 인간의 실제적인 자유와 선택을 보존하기 위해 하나님은 우리의 자발적 선택을 일으키거나 계획할 수 없다고 주장한다. 그러므로 그들은 역사에 대한 하나님의 섭리적 관여와 통제에는 일어나는 모든 사건의 구체적인 세부 사항이 포함되어서는 안 되며, 그 대신 하나님은 인간의 선택과 행동에 반응하실 뿐이고 그분의 목적이 세상 안에서 궁극적으로 성취되는 방식으로 반응하신다고 결론을 내린다.

이 입장을 지지하는 이들은 세상을 위한 하나님의 목적은 더 일반적이고 다양하며 상이한 종류의 구체적 사건을 통해 성취될 수 있다고 주장한다. 따라서 세상을 위한 하나님의 목적이나 계획은 "모든 미래의 우연한 사건을 포함하는 청사진"이 아니라 "세상을 위한 역동적인 프로그램"으로서, 이것의 실현은 "부분적으로는 인간에게 달려 있다."[32] "하나님은 피조물 안의 모든 개별적인 입자와 사물, 인간, 사건에 대한 구체적이며 무조건적인 목적을 가지고 계시지 않는다"라고 코트렐은 말한다.[33] 아르미니우스주의자들은, 하나님은 무엇이든 인간의 자유로운 선택에 반응하고 그것을 이용하심으로써 그분의 전반적인 목적을 성취하신다고 믿는다.[34] 피녹은 "예정은 모든 개별 행위에 적용되지 않는다. 예정이란 하나님의 포괄적인 목적으로서 그 안에서 역사가 움직이는 구조적 맥락이 된다"라고 말한다.[35]

그뿐만 아니라 아르미니우스주의자들은 하나님의 의지에 악이 포함될 수 없다고 주장한다. 피녹은 "인간의 타락은 하나님의 의지가 언제나 이루어진다는 이론에 대한 설득력 있는 논박"이라고 말한다.[36] 그는 하나님의 의지가 "구원받지 못한 이들의 구원받지 못함을 통해서도 성취된다"고 말하는 것은 틀렸다고 주장한다.[37] 또한 하워드 마셜은 "일어나는 모든 것이 하나님이 원하시는 바라는 말은 참되지 않다"라고 분명히 주장한다.[38] 이런 주장은 개혁주의와 아르미니우스주의 사이에 단순한 용어상의 차이가 아니라 본질적인 차이가 존재함을 분명히 보여준다. 아르미니우스주의를 변호하는 몇 가지 논증을 아래와 같이 네 가지 핵심 주장으로 요약하고자 한다.

1. 성경에 나타난 하나님의 개입은 예외적이며, 또한 하나님이 일반적으로 일하시는 방법을 의미하지 않는다

데이비드 클라인즈는 하나님이 세상에 개입하시는 구약 본문을 검토하면서 하나님의 계획과 그분의 목적에 대한 진술이 제한된 또는 구체적인 사건을 지칭한다고 말한다.

> 하나님의 계획에 관한 구체적인 언급은 거의 모두가 "바벨론에 대한 여호와의 계획"렘 50:45처럼 특정한 사건이나 제한된 일련의 사건을 다룬다. 더 나아가 그것은 단일한 하나님의 계획의 문제가 아니다. 다양한 본문이 다양한 의도에 관해 이야기하며, 실제로 몇몇 본문은 복수형으로 하나님의 계획들이라고 말한다.……[이런 본문들은] 역사 안에서 하나님이 그분의 목적들을 이루어 가신다는 주장으로 볼 수 있다.[39]

잭 코트렐은 몇몇 경우에 하나님이 "그런 [자연] 법칙이나 정신적 상태의 미묘한 조작"을 사용하셔서 흔치 않은 방식으로 세상에 개입하신다는 데 동의한다. 하지만 그는 이런 특이한 사건을 "특별한 섭리"라고 부르며, "구약이 특별한 섭리에 관한 이야기로 가득 차 있는 것은 당연하다. 하지만 하나님이 오스트레일리아와 남아메리카에서 동시에 그런 방식으로 일하셨다고 가정할 이유는 전혀 없다"라고 말한다.[40]

2. 칼뱅주의 관점은 하나님께 죄의 책임을 지게 하는 잘못을 범하고 있다

아르미니우스주의자들은 "만일 하나님이 우리가 죄를 범하도록 정해 두셨다면 어떻게 그분이 거룩할 수 있겠는가?"라고 묻는다. 그들은 하나님은 죄의 창조주가 아니며, "하나님은 악에게 시험을 받지도 아니하시고 친히 아무도 시험하지 아니하"신다고 주장한다.[약 1:13] "하나님은 빛이시라. 그에게는 어둠이 조금도 없으시다."[요일 1:5] "여호와의 정직하심……그에게는 불의가 없음이 선포되리로다."[시 92:15]

위에서 옹호했던 하나님의 섭리의 관점에 따르면, 우리는 하나님이 행하라고 말씀하신 것 말고는 어떤 것도 할 수 없는 꼭두각시나 로봇에 불과하다고 그들은 말할 것이다. 하지만 이런 태도는 도덕적 책임을 하나님께 돌리는 결과를 가져온다. 왜냐하면 마셜이 말한 것처럼 "내가 행위의 주체로서 한 일에 대해서는 책임을 져야 하기" 때문이다.[41] 피녹은 "이 이론처럼, 하나님에 대한 인간의 반역이 어떤 의미에서든 하나님의 주권적 의지나 일차적 원인의 산물이라고 주장하는 것은 신성모독일 뿐"이라고 주장한다.[42]

3. 하나님이 의도하신 선택은 진정한 선택일 수 없다

칼뱅주의자들은 하나님이 우리가 자발적으로 무언가를 선택하도록 개입하실 수 있다고 주장하는 반면, 아르미니우스주의자들은 궁극적으로 하나님에 의해 의도된 선택은 진정한 선택일 수 없으며, 하나님이 우리가 무언가를 선택하도록 의도하신다면 우리는 진정한 인격체가 아니라고 반론을 제기할 것이다. 코트렐은 하나님을 일차적 원인으로, 인간을 이차적 원인으로 보는 칼뱅주의 관점은 무너질 수밖에 없고, 결국 하나님이라는 단 하나의 원인만 존재한다고 말한다. 인간이 지렛대를 사용해 바위를 움직인다면 "지렛대는 참된 이차적 원인이 아니라 그 움직임의 참된 원인에 의해 사용된 도구일 뿐이다.……내가 판단하기에 원인이라는 개념은 이런 의미로 사용될 때 실질적인 의미를 전혀 갖지 못한다. 그런 체계에서 인간은 이미 결정된 바를 행할 뿐이다"라고 말한다.[43]

피녹은 이렇게 말한다.

복음서에서 묘사하는 인격적 사귐은 자유로운 결정을 통해 맺어질 때만 존재할 수 있다. 하나님의 은혜를 그분의 피조물에 대한 인격적인 부르심으로 이해하기 원한다면, 우리는 성경에서 묘사하는 것처럼 은혜를 역동적이고 조작적이지 않으며 강압적이지 않은 것으로 이해해야만 한다.[44]

또한 그는 이렇게 말한다.

만일 세상이 인간의 결정에 의해 전혀 영향을 받지 않는 완전히 결정된 구조라면, 자신이 행위자이며 자유로운 행위의 주체라는 인간의 기본적 직관은 터무니없는 생각일 뿐일 것이다. 계획을 세우거나 세상을 변화시키고자 노력하는 것은 아무런 의미가 없는 일일 것이다.……인간의 자유는 도덕적, 지적 책임의 전제 조건이다.[45]

그렇다면 아르미니우스주의 관점에서 타락과 죄는 왜 발생했는가? 피녹은 "그것은 하나님이 인간을 기계화하거나 그분의 의지를 인간에게 강요하기를 거부하셨기 때문에 발생한다"라고 대답한다.[46] 그리고 "나 자신과 다른 주체에 영향을 미치는 행동 경로를 내가 미리 결정할 수 있는 가능성"에 관해, 마셜은 "자유로운 행위 주체의 차원에서 그것은 불가능하다"라고 말한다.[47] 그는 하나님과 세상을 작가와 희곡에 잇대어 설명하는 유비는 도움이 되지 않는다고 반론을 제기한다. 왜냐하면 우리가 등장인물이 정말로 자유로운지 묻는다면 "이것은 비현실적인 질문"일 것이기 때문이라는 것이다.[48]

하지만 아르미니우스주의자들은 하나님이 인간에게 어떤 종류의 영향을 미치신다는 것을 기꺼이 인정한다는 점을 지적해 둘 필요가 있다. 마셜은 "또한 기도는 인간에게 영향을 미친다……따라서 사람들의 의지는 기도에 영향을 받을 수 있으며, 만일 그렇지 않다면 우리는 그들을 위해 기도하지 않을 것이다. 따라서 기도를 믿는다는 것은 인간의 자유에 대한 어떤 종류의 제한, 인간의 의지에 대한 어떤 종류의 불가해한 영향력을 믿는 것을 뜻한다"라고 말한다.[49]

아르미니우스주의자들은 인간 의지의 본질적 자유를 강력히 주장하기 위해 신약은 반복적으로 복음이 누구에게나 값없이 주어짐을 말한다고 강조한다. 이렇게 사람들을 향해 회개하고 그리스도께 와서 구원을 받으라고 초청하는 것이 진실된 초청이라면, 이 내용은 그들이 응답할 수 있는 능력을 지니고 있음을 암시하는 것이라고 그들은 말할 것이다. 따라서 하나님이 특별히 그런 능력을 주권적으로 주신 사람들만이 아니라 모든 사람이 예외 없이 응답할 수 있는 능력을 지닌다.

4. 칼뱅주의 관점은 위험한 운명론을 조장하는 반면, 아르미니우스주의 관점은 책임 있는 그리스도인의 삶을 장려한다

아르미니우스주의자들은 칼뱅주의 관점이 철저히 강조되면, 책임 있는 그리스도인으로서 행동하고자 하는 동기가 파괴된다고 주장한다. 랜들 베이싱어는 칼뱅주의 관점이 "존재하는 것은 존재해야만 한다고 주장하면서 상황이 달랐을 수도 있고 달랐어야 한다는 점은 고려하지 않는다"고 말한다.[50] 계속해서 베이싱어는 이렇게 말한다.

> 하나님의 주권을 환기하며 이것을 근거로 행동하는 [그리스도인은] 자의적이며 지속될 수 없고 위험한 운명론을 고수하는 잘못을 범한다.……이에 반해 아르미니우스주의자는 세상 안에서 실제로 일어나는 일이 어느 정도까지는 인간 의지의 결과로 발생한다고 믿는다. 하나님이 세상을 철저하게 통제하신다는 것을 부인한다. 이것은 하나님이 의도하거나 원하지 않는 일이 일어날 수도 있음을 뜻한다. 상황은 다를 수 있을 뿐 아니라 달라야만 할 때도 많다. 그리고 이 모든 것 때문에 우리에게는 더 나은 세상을 만들기 위해 하나님과 함께 일해야만 할 책임이 있다.[51]

하지만 베이싱어는 여기서 한 걸음 더 나아간다. 실제로는 칼뱅주의자도 이런 운명론을 피하여 "아르미니우스주의자처럼 살고 말할" 때가 많다.[52] 따라서 베이싱어의 주장은 칼뱅주의가 그리스도인을 극단적인 논리로 몰아가는 것에 대한 경고이다. 다른 한편으로 그의 반론은, 칼뱅주의자들 역시 자신들이 주장하는 책임 있는 자세로 하나님께 복종하는 삶을 살 때, 하나님의 절대 주권과 모순되는 행동을 보이며, 일상에서 하나님의 주권적 통제를 따르지 않는 모습이 있음을 지적한다.

G. 아르미니우스주의 관점에 대한 반론

복음주의권에 속한 많은 사람들은 아르미니우스주의를 뒷받침하는 이 네 가지 논증이 설득력 있다고 생각할 것이다. 그들은 이런 논증이 그들 자신과 그들의 행동, 세상이 작동하는 방식에 관해 직관적으로 알고 있는 바를 반영하고 있으며, 이 논증들이 반복적으로 우리의 책임을 강조하고 우리의 선택이 낳는 실질적인 결과를 강조하는 성경 본문에 대한 최선의 설명이라고 생각할 것이다. 그러나 아르미니우스주의 관점에 대한 몇 가지 대답을 제시해 볼 수 있다.

1. 이 성경 본문들은 특이한 사례인가, 아니면 하나님이 일상적으로 일하시는 방식을 묘사하는가?

하나님의 개입에 관한 예시가 제한적이거나 특정한 사건을 가리킬 뿐이라는 반론에 대해서는, 우선 이러한 예시가 너무 많아서 하나님이 항상 일하시는 방식을 설명하고자 하는 것처럼 보인다고 지적할 수 있다. 하나님은 어떤 풀만 자라게 하시는 것이 아니라 모든 풀이 자라게 하신다. 그분은 어떤 비만 내리게 하시는 것이 아니라 모든 비를 내리게 하신다. 그분은 그분의 뜻이 아니라면 어떤 참새만 땅에 떨어지지 않게 하시는 것이 아니다. 그분의 뜻이 아니라면 모든 참새가 땅에 떨어지지 않게 하신다. 하나님은 다윗이 하려고 했던 말만 아셨던 것이 아니다. 그분은 우리가 말하기 전에도 말하려는 것을 아신다. 하나님은 그분 앞에 거룩하고 흠이 없게 하시려고 바울과 에베소 교회의 그리스도인들만 택하신 것이 아니다. 그분은 그분 앞에 거룩하고 흠이 없게 하시려고 모든 그리스도인을 택하셨다. 그렇기 때문에 하나님이 오스트레일리아와 남아메리카에서 구약 때와 다른 방식으로 일하셨다는 코트렐의 주장[53]은 설득력이 약하다. 성경은 우리에게 하나님의 방식을 알려 주기 위해 주어졌으며, 이것을 분명히 가르치는 사례가 신구약 전체에 수십 개가 있다면, 이것은 하나님이 언제나 인간을 통해 일하시는 방식이라고 결론 내리는 것이 마땅하다. 반면에 어떤 것들이 하나님의 섭리적인 통제를 벗어나 있다고 말하거나 또는 하나님의 행동 방식이 특이하다거나 또는 그분이 일반적으로 행동하시는 방식을 표상하지 않는다고 말하는 성경 본문은 전혀 없는 것으로 보인다.

이뿐만 아니라 하나님의 섭리에 관해 말하는 다수의 구절들은 그 내용이 매우 일반적이다. 그리스도께서 "그의 능력의 말씀으로 만물을 붙드시며"히 1:3 "만물이 그 안에 함께 섰느니라."골 1:17 "우리가 그를 힘입어 살며 기동하며 존재하느니라."행 17:28 그분은 "모든 일을 그의 뜻의 결정대로 일하"신다.엡 1:11 [54] 그분은 우리의 양식을 공급해 주시며,마 6:11 우리의 필요를 채워 주시고,빌 4:19 우리의 발걸음을 인도하시며,잠 20:24 그분이 기뻐하시는 뜻을 위해 우리가 소원을 두고 행하게 하신다.빌 2:13 이런 성경 본문은 하나님이 인간의 일에 특이하게 개입하시는 예외적인 사례보다 더 많은 것을 말하고자 한다. 즉 하나님이 세상 안에서 일상적으로 일하시는 방식을 설명한다.

2. 하나님의 섭리에 관한 칼뱅주의 교리는 죄의 책임을 인간에게 돌리는가?

(하나님이 죄와 악의 허용을 작정하셨다고 말할 수 있다는) 하나님의 섭리에 대한 칼뱅주의 관점에 맞서 아르미니우스주의자들은 하나님이 결코 죄와 악을 예정하거나 일으키지 않으셨기 때문에 죄와 악에 책임이 없으시다고 말할 것이다. 이것은 죄에 대한 책임을 하나님께 돌리지 않을 수 있는 한 방법이다. 하지만 이것이 성경적인 방법인가?

문제는 하나님이 사람들이 죄를 짓거나 악을 행하도록 예정하신다고 분명히 말하는 수많은 본문들을 아르미니우스주의 관점이 제대로 설명할 수 있는지 여부다. 그리스도의 죽음이 가장 중요한 사례지만, 성경에는 다른 많은 사례가 있다(몇 가지만 언급하자면, 요셉의 형들, 바로, 애굽 사람들, 가나안 족속, 엘리의 두 아들, 다윗의 인구 조사, 바벨론 사람들을 생각해 보라). 이런 것들은 특이한 사건으로서 하나님의 일상적인 행동 방식에서 예외적이었다고 답할 수 있을 것이다. 하지만 이런 방식으로 문제를 해결할 수는 없다. 아르미니우스주의 관점을 따라 '하나님이 단 하나의 죄악된 행동이라도 예정하신다면 어떻게 그분이 거룩하실 수 있겠는가?'라고 물을 수 있기 때문이다.

칼뱅주의 관점이 더 나아 보인다. 하나님은 죄를 짓지 않으시지만, 이차적 원인을 통해—하나님이 예정하신 바를 자발적으로, 자신의 의지에 따라 행하는 인격적이며 도덕적인 행위자들을 통해—언제나 그분의 뜻을 이루신다. 인격적이며 도덕적인 이 행위자들인간과 악한 천사은 그들이 행하는 악에 책임을 져야 한다. 아르미니우스주의 관점에서는 인간적 차원에서 어떤 사람이 다른 사람으로 하여금 무언가를 행하게 만드는 것에 책임을 져야 한다고 반론을 제기하겠지만, 이에 대해 성경은 그런 논리를 하나님께 적용하려고 하지 않는다고 대답할 수 있다. 오히려 성경은 사람들이 잘못을 행하도록 하나님이 신비한 방식으로 예정하시는 예시를 반복적으로 제시하지만, 한결같이 그 책임을 잘못을 행한 개인에게 돌리며 절대로 하나님께 돌리지 않는다. 아르미니우스주의는 하나님이 그분의 거룩함과 죄에 대한 인간의 책임을 모두 보존하는 방법으로 일하시는 것이 왜 불가능한지 설명하지 못하는 것처럼 보인다.

3. 하나님이 예정하신 선택이 실제적인 선택일 수 있는가?

하나님이 예정하신 선택은 실제적인 선택일 수 없다는 주장에 대해서는, 이런 주장이 구체적인 성경 본문이 아니라 인간의 경험과 직관에 근거한 가정일 뿐이라고 답해야 한다.[55] 하지만 성경은 피조물, 특히 인간에 대한 하나님의 섭리적인 통제에 관해 인간 경험을 출발점으로 삼아 추론할 수 있다고 말하지 않는다. 아르미니우스주의자들은 이런 물음에 답할 수 없다. 성경 어디에서 하나님이 예정하신 선택이 실제적인 선택이 아니라고 말하는가?[56] 하나님이 우리의 의지, 우리의 선택 능력, 우리의 개인적 의지를 통해 일하신다고 말하는 본문이 존재하는데, 우리가 무슨 근거로 하나님이 이런 수단을 통해 발생하게 하신 선택이 실제적인 선택이 아니라고 말할 수 있겠는가? 하나님은 우리의 선택이 실제적이라고 말씀하신다는 것을 인정하고, 따라서 우리의 선택이 실제적이라고 결론 내리는 것이 더 나아 보인다. 성경은 우리의 선택이 참된 선택이고 실제적인 결과를 가져오며 그 결과가 영원히 지속된다고 반복적으로 강조한다. "이를 행하라. 그러면 살리라."눅 10:28 "하나님이 세상을 이처럼 사랑하사 독생자를 주셨으니, 이는 그를 믿는 자마다 멸망하지 않고 영생을 얻게 하려 하심이라."요 3:16

그렇기 때문에 (1) 하나님은 우리가 하는 모든 것을 예정하시며, (2) 우리가 우리의 개인적인 의지를 행사하여 실제적이고 자발적인 선택을 하도록 우리를 만드셨다고 결론 내려야 한다. 우리가 이것을 이해할 수 없다고 해서 거부해야 하는가? 우리는 식물이 어떻게 살 수 있는지, 호박벌이 어떻게 날 수 있는지, 하나님이 어떻게 편재하거나 영원할 수 있는지 (최종적인 의미에서는) 이해할 수 없다. 그렇다고 이런 사실을 거부해야 하는가? 식물이 실제로 살아 있고 호박벌이 실제로 나는 것을 우리가 보고 있기 때문에, 또한 하나님이 편재하며 영원하시다고 성경 자체가 가르치기 때문에 이 사실을 참된 것으로 받아들여야 하지 않겠는가?

칼뱅은 여러 차례 우리의 의지에 관해 필연성과 강요를 구별한다. 비신자는 필연적으로 죄를 짓지만 결코 그들은 의지에 반해 죄를 짓도록 강요받지 않는다.[57] 어떤 행동이 필연적인 행동이라면 의지에 따르거나 자발적인 행동일 수 없다는 반론에 칼뱅은 (필연적으로 선을 행하는) 하나님의 선한 행위와 (필연적으로 악을 행하는) 악마의 악한 행동을 지적한다. "하나님이 선을 행하셔야만 한다는 사실이 선을 행함에 있어서 그분의 자유 의지를 방해하지 않는다면, 오직 악만 행할 수 있는 악마가 그의 의지에 따라 죄를 짓는다면, 인간이 죄의 필연성에 지배를 받고 있으므로 의지에 따라 죄를 짓는 것이 아니라고 말할 수 있겠는가?"[58]

어떻게 우리가 하나님이 발생하게 하신 선택이 실제적일 수 없다고 말할 수 있겠는가? 무슨 근거로 이것을 증명할 수 있는가? 하나님은 성경을 통해 그분이 모든 일을 예정한다고 말씀하신다. 또한 그분은 우리의 선택과 행동이 그분이 보기에 중요하며, 우리가 그분 앞에서 우리의 행동에 책임을 져야 한다고 말씀하신다. 우리는 그저 이것을 믿고 그 안에서 위로를 얻어야 한다. 결국 오직 그분만이 무엇이 중요하고 무엇이 실제적이며 무엇이 진정한 개인적 책임인지 결정하신다.

하지만 우리의 행동이 하나님께 영향을 미치는가? 이 점에 관해 아르미니우스주의자들은, 칼뱅주의자들이 하나님이 발생하게 하신 선택이 실질적 선택이라고 말하지만 그것은 궁극적인 의미에서 실질적이지 않다고 반론을 제기할 것이다. 칼뱅주의 관점에서 하나님이 행하시는 것은 그 어떤 것도 우리가 행하는 바에 대한 반응일 수가 없기 때문이라고 그들은 주장할 것이다. 잭 코트렐은 이렇게 말한다.

하나님이 행하시는 것은 그 어떤 것도 인간에 의해 한정될 수 없고 세상 안에 있는 무언가에 대한 반응일 수 없다고 선언하는 한 칼뱅주의는 여전히 결정론determinism의 신학이다. 주권적인 하나님은 언제나 행동하며act 반응하지react 않는다는 관념에 거의 모든 칼뱅주의자가 동의하는 것처럼 보인다.……개혁주의 신학자들은 영원한 작정이 무조건적이거나 절대적이라는 데 동의한다.……"작정의 신학"Decretal theology은 "하나님이 그분 외부에 있는 어떤 것에도 영향을 받을 수 없고 어떤 것에 대해서도 반응할 수 없다"고 규정한다고 데인은 말한다.[59]

하지만 여기서 코트렐은 두 가지 이유로 개혁주의 신학을 오해하고 있다. 첫째, 그는 북미주개혁교회 소속이지만 고전적 개혁주의의 옹호자가 아니라 반대자인 제임스 데인을 인용하고 있다. 데인의 주장은 대부분의 개혁주의 신학자들이 지지하는 입장을 대변하지 않는다. 둘째, 코트렐은 창조 이전에 이루어진 하나님의 작정과 시간 속에서 행하는 하나님의 행동을 혼동했다. 실제로 칼뱅주의자라면 하나님의 영원한 작정이 우리의 행동에 전혀 영향을 받지 않고 우리가 그것을 바꿀 수도 없다고 말할 것이다. 왜냐하면 그런 작정은 창조 이전에 이루어졌기 때문이다.[60] 하지만 이것을 근거로 칼뱅주의자들은 하나님이 시간 안에서 우리가 하는 행동에 전혀 반응하지 않으시며 우리가 하는 행동에 전혀 영향을 받지 않으신다고 생각한다고 결론 내린다면 이는 잘못된 결론이다. 하나님이 우리가 하는 일에 영향을 받거나 반응하지 않으신다고 말한 칼뱅주의자는 없다. 그분은 우리의 죄 때문에 슬퍼하신다. 그분은 우리의 찬양으로 인해 기뻐하신다. 그분은 우리의 기도에 응답하신다. 하나님이 우리의 행동에 반응하지 않으신다고 말하는 것은 창세기부터 요한계시록까지 성경의 역사 전체를 부인하는 것과 다름없다.

칼뱅주의자라면 하나님은 지금 우리에게 반응하듯이 그렇게 반응하리라고 영원히 작정하셨다고 덧붙일 것이다. 실제로 그분은 우리가 지금 행동하듯이 그렇게 행동하도록 작정하셨으며, 우리의 행동에 어떻게 반응하실지 작정하셨다. 하지만 그분의 반응은 여전히 참된 반응이다. 기도에 대한 그분의 응답은 여전히 기도에 대한 참된 응답이고, 우리의 찬양으로 인한 그분의 기쁨은 여전히 참된 기쁨이다. 물론 코트렐은 하나님이 오래전에 계획하신 반응은 진정한 반응이 아니라고 반론을 제기할 수도 있지만, 이는 하나님이 우리가 하는 일에 반응하지 않으신다고 칼뱅주의자들이 믿는다고 말하는 것과 전혀 다르다. 우리는 이 반론의 근저에 자리한 근거 없는 가정으로 되돌아가야 한다. 어떤 성경적 근거로 코트렐은 하나님이 오래전에 계획하신 반응이 진정한 반응이 아니라고 말할 수 있다는 말하는가?[61]

여기서 하나님이 창조하신 것 이외에, 우주 안에 다른 실재가 존재하지 않는다는 것을 깨닫는 것이 유익하다. 하나님이 발생시킨 뇌우는 실재하는 뇌우인가? 하나님이 왕좌에 앉힌 왕은 실재하는 왕인가? 하나님이 나로 하여금 말하게 하신 단어[시 139:4; 잠 16:1]는 실재하는 단어인가? 물론 실재한다. 하나님이 창조하신 것 이외에 다른 실재는 존재하지 않는다. 그렇다면 하나님이 발생하게 하신 인간의 선택은 실제적인 선택인가? 물론 그렇다. 뇌우나 왕이 그 고유한 특징과 속성에 따라 실재하듯이 인간의 선택은 실재다. 내가 한 선택은 강요되거나 비자발적인 선택이 아니다—우리는 언제나 선택을 하며, 이것이 아니라 저것을 선택하도록 강요받는다고 전혀 느끼지 않는다. 우리에게는 성향의 자유가 있다. 따라서 우리는 우리가 가장 하고 싶어 하는 바를 행한다.

이런 관점이 우리를 단순한 꼭두각시나 로봇으로 만든다고 반론을 제기하는 사람들도 있을 것이다. 하지만 우리는 꼭두각시나 로봇이 아니다. 우리는 실재하는 인간이다. 꼭두각시와 로봇은 개인적인 선택이나 개인적 사고의 능력이 없다. 우리 인간은 생각하고 결정하며 선택한다. 아르미니우스주의자는 잘못된 방식으로 인간적인 상황으로부터 정보를 취한 다음,

그 정보를 사용해 하나님이 행할 수 있거나 행할 수 없는 일에 한계를 설정한다. 인간의 경험에서 가져온 이 모든 유비는 하나님이 인간적 능력의 한계를 뛰어넘으신다는 것을 제대로 설명하지 못한다. 이뿐만 아니라 우리는 어떤 로봇이나 꼭두각시보다 더 복합적이다. 또한 우리는 무한히 능력이 크시며 지혜로우신 하나님이 창조하신 실재하는 인간이다.

하나님이 우리가 의지에 따라 무언가를 선택하게 하실 수 있는지를 이해하기 어려운 까닭은 우리의 유한한 속성으로부터 기인한다. 우리는 하나님이 땅에 뿌리를 내리고 살도록 창조하신 한 식물이 다른 식물에게 "하나님은 땅 위를 돌아다니는 생물을 만드실 수 없었다"라고 주장하는 모습을 상상해 볼 수 있다. 그 식물은 "어떻게 우리 같은 생물이 뿌리를 지닌 채 돌아다닐 수 있겠는가? 우리 뿌리가 땅속에 있지 않다면 어떻게 영양분을 받을 수 있겠는가?"라고 물을 것이다. 아르미니우스주의적인 식물은 더 나아가 이렇게 주장할 것이다. "생물이 존재하는 세상을 창조하기 위해 하나님은 뿌리를 가지고 있으며 단일한 장소에서 평생을 사는 속성을 지닌 생물을 창조해야만 했다. 하나님이 땅 위를 돌아다니는 생물을 창조할 수 없었다고 말하는 것은 하나님의 전능하심에 대한 도전이 아니다. 왜냐하면 그것은 그분이 논리적으로 할 수 없는 것을 할 수 없다고 말하는 것일 뿐이다. 그러므로 생물이 땅 위를 돌아다닐 수 있는 능력을 지닌 세상을 창조하는 것은 불가능하다." 이 식물의 문제는 자신이 지닌 경험을 통해 하나님의 능력을 제한했다는 것이다.

더 차원을 높여서 식물과 동물은 존재하지만, 인간은 존재하지 않는 세상을 상상해 볼 수 있다. 그런 세상에서 우리는 칼뱅주의적인 개와 아르미니우스주의적인 개 사이의 논쟁을 상상해 볼 수 있다. 칼뱅주의적인 개는 서로를 향해 짖음으로써 의사소통을 할 수 있을 뿐만 아니라 짖는 소리를 종이에 기록하고 며칠이 걸려야 도달할 수 있는 거리의 다른 피조물, 곧 한 번도 만난 적 없는 피조물이 이해하도록 그 소리를 조용히 보낼 수 있는 피조물을 하나님이 창조하실 수 있다고 주장할 것이다. 아르미니우스주의적인 개는 피조물의 의사소통에서 메시지를 전하는 피조물의 모습을 보고 그 소리를 듣는 것이 필수적이기 때문에 하나님은 그렇게 하실 수 없다고 대답할 것이다. 다른 피조물의 소리를 듣거나 그 모습을 보거나 냄새를 맡지도 않고 의사소통이 이루어질 수 있다고 말하는 것은 터무니없는 생각이다. 그것은 가능한 사건의 범위를 넘어서며 논리적으로 생각조차 해볼 수 없다. 그러므로 하나님이 그런 의사소통 능력을 지닌 피조물을 창조할 수 있다고 생각하는 것은 불가능하다.

두 경우 모두 아르미니우스주의적인 식물과 아르미니우스주의적인 개가 틀렸다. 피조물로서 자신의 유한한 속성으로부터 (그들이 판단하기에) 무엇이 하나님께 가능한지를 추론함으로써 하나님의 창조 능력을 제한하는 오류를 범했기 때문이다. 하나님이 의지에 따라 자발적이고 의미 있는 선택을 하는 피조물을 창조했으며 그럼에도 그 선택이 하나님에 의해 예정되는 것은 불가능하다고 (인간 경험에 대한 자신의 지각에 근거해) 주장하는 아르미니우스주의 신학자도 이와 유사하다. 마찬가지로 하나님은 악이 발생하도록 예정하지만, 악에 대한 책임이 없는 상황은 있을 수 없다고 주장하는 아르미니우스주의자도 유한한 인간 경험에 대한 관찰을 근거로 하나님을 제한하는 잘못을 범하고 있다.

4. 섭리에 대한 칼뱅주의 관점은 위험한 운명론이나 아르미니우스주의자처럼 사는 경향성을 조장하는가?

위에서 제시한 섭리관은 책임 있는 순종의 필요성을 강조한다. 따라서 칼뱅주의가 발생한 모든 일은 예정된 것이며, 우리의 결정과 행동은 전혀 중요하지 않다고 운명론을 주장함으로써 삶에 대한 수동적 태도를 조장한다고 말하는 것은 옳지 않다. 개혁주의자들이 이처럼 믿는다고 비난하는 이들은 개혁주의 섭리 교리를 이해하지 못했을 뿐이다.

하지만 칼뱅주의자도 아르미니주의자처럼 생활하지 않는가? 칼뱅주의자와 아르미니우스주의자 모두 우리의 행동이 실제적 결과를 낳고, 또한 상당히 중요하다고 믿는다. 그들은 우리가 우리의 행동에 책임을 져야 하고 자발적이며 의지에 따른 선택을 한다는 데 동의한다. 두 진영 모두 하나님이 기도에 응답하시고 복음 선포의 결과로 사람들이 구원을 받으며, 하나님께 순종하면 삶에서 복을 받고 불순종하면 복을 받지 못한다는 데 동의할 것이다.

하지만 중요한 차이가 있다. 칼뱅주의자들이 그들의 교리에 충실하다면, 그들은 모든 상황에서 하나님을 더 철저하게 신뢰하며 미래에 대한 염려로부터 큰 자유를 누리며 살 것이다. 왜냐하면 그들은 하나님이 그분의 중요한 목적이 결국 제대로 이루어지게 하실 뿐 아니라, 그분을 사랑하며 그분의 목적에 따라 부르심을 받은 사람들에게는 모든 것이 합력하여 선을 이룬다고 확신하기 때문이다.롬 8:28 또한 그들은 우리에게 오는 모든 유익에 대해 하나님께 감사할 것이다. 섭리를 믿는 사람들은 발생하는 모든 일의 궁극적인 이유가 우주 안의 어떤 우연적 사건 또는 다른 인간의 자유의지가 아니라 궁극적인 하나님의 선하심이라고 확신하기 때문이다. 또한 그들은 역경 속에서 인내할 것이다. 그런 역경이 찾아온 것은 하나님이 그것을 막을 수 없기 때문이 아니라 그 역시 그분의 지혜로운 계획의 일부임을 알고 있기 때문이다. 따라서 큰 차이가 난다. 칼뱅은 이렇게 말한다.

> 이를 알 때 호의적인 결과에 감사하는 마음, 역경 중의 인내, 미래에 대한 염려로부터의 놀라운 자유가 반드시 뒤따른다.……섭리에 대한 무지가 궁극적인 불행이다. 섭리를 아는 지식이 최고의 복이다.[62]

5. 아르미니우스주의 관점에 대한 추가적 반론

위에서 언급한 아르미니우스주의의 네 가지 주장에 대한 답변 이외에 몇 가지 추가적인 반론을 검토할 필요가 있다.

a. 아르미니우스주의 관점에서 하나님은 어떻게 미래를 아실 수 있는가? 아르미니우스주의 관점에 따르면 인간의 선택은 하나님에 의해 발생하지 않는다. 인간의 선택은 전적으로 자유롭다. 하지만 성경은 하나님이 미래를 예측하고 예언이 정확히 성취되는 수많은 사례를 제시한다. 무슨 일이 일어날지 확실하지 않다면, 어떻게 하나님이 이런 방식으로 미래를 예측할 수 있는가?

1. 예정 없는 예지. 아르미니우스주의 진영에서 흔히 내놓는 대답은, 하나님은 일어날 모든 일을 아시지만 그렇다고 해서 무슨 일이 일어날지 계획하거나 그 일을 발생하게 하신 것은 아니라는 주장이다(즉 하나님께 미래를 내다볼 수 있는 능력이 있다는 뜻일 뿐이다). (이런 관점을 표현하기 위해 "예지가 예정을 암시하지는 않는다"라는 표현을 사용한다.) 잭 코트렐은 이 관점을

탁월하게 제시한 바 있다. "나는 하나님이 자유 의지에 따른 미래의 선택을 발생시키거나 확실한 것으로 만드는 주체가 되지 않으면서도 그 선택에 대한 참된 예지를 가지고 계신다고 주장한다."[63]

이 관점의 문제는, 하나님이 한 사건이 일어나도록 계획하거나 그것을 발생시키지 않으셨다고 하더라도 그 사건이 미리 알려져 있다는 사실은 그것이 확실히 일어날 것임을 의미한다는 점이다. 또한 이 관점은 우리의 결정이 (운명이든 우주의 불가피한 인과적 기제든) 무언가에 의해 미리 결정되어 있으며, 아르미니우스주의자가 자유롭기를 바라는 그 의미에서 우리의 결정은 여전히 자유롭지 않음을 뜻한다. 미래에 우리가 할 선택이 알려져 있다면 그것은 확정되어 있다. 그리고 확정되어 있다면 그것은 아르미니우스주의적 의미에서(결정되어 있지 않거나 발생하지 않았다는 의미에서) 자유롭지 않다.

2. 열린 신학. 일부 아르미니우스주의자들은 개별 인간이 미래에 어떤 선택을 할지 하나님이 알 수 없다고 말한다. (열린 신학이라 불리는) 이 관점은 가장 일관된 아르미니우스주의 관점이라고 생각한다. 하지만 그 결과는, 하나님이 현재에 대한 완전한 지식을 근거로 상당히 정확한 예측을 하실 수 있지만, 이 예측은 확실한 예측일 수 없으며 틀릴 수도 있다는 것이다. 이 관점은 성경이 예언자들을 통해 하나님이 주신 예언을 바라보는 방식과 다르다.[64]

3. 중간 지식(몰리나주의). 칼뱅주의와 아르미니우스주의 모두에 대한 매력적인 대안으로 중간 지식middle knowledge 입장을 내세우는 사람들이 많다. 그들은 이 입장이 두 이론의 중요한 양상을 보존한다고 주장한다. 하지만 여기서 나는 이 입장을 제3의 아르미니우스주의 관점으로 분류한다. 중간 지식에 따르면 누군가가 구원을 받을지 여부를 결정하는 궁극적 요인은 그 개인에 대한 하나님의 영원한 선택이 아니라 그리스도를 믿겠다는 그 사람의 자유론적 자유 의지에 따른 결정이기 때문이다.

이 관점은 이것을 옹호했던 에스파냐의 로마 가톨릭 사제 루이스 데 몰리나의 이름을 따라 '몰리나주의'로 불린다. 현재 중간 지식을 옹호하는 가장 저명한 신학자는 윌리엄 레인 크레이그다.[65] 그 외에도 존 렝과 커크 맥그레고어 등이 있다.[66]

중간 지식 관점에 따르면, 사람들이 미래에 하는 선택은 하나님에 의해 직접 결정되지 않지만 하나님은 그것을 아신다. 왜냐하면 그분은 발생할 수 있는 일군의 상황에서 각각의 자유로운 피조물이 어떻게 반응할지 알고 계시며, 그런 상황이 발생할 세상을 창조하셨기 때문이다.[67] 크레이그는 이렇게 말한다.

자유로운 피조물의 의지에 대한 하나님의 통찰은 탁월하며, 따라서 하나님은 자유로운 피조물을 특정한 상황에 배치할 때 그가 정확히 무엇을 할지 알고 계신다.……모든 자유로운 피조물이 모든 가능한 상황에서 무엇을 할지 아시기에 하나님은 그런 상황을 발생시키심으로써 그 피조물이 자유롭게 무엇을 할지 아신다.……따라서 그분은 세상에서 일어나는 모든 것을 확실히 예지하신다.[68]

이 관점은 우리가 하나님 안에서 구별할 수 있는 세 종류의 지식 중에서, 그 가운데에 속하기 때문에 '중간 지식'으로 불린다.

1. 하나님의 자연적 지식: 하나님이 창조하실 수 있는 모든 다양한 종류의 세상과 그 세상에서 일어날 수 있는 일을 포함해 그분이 하실 수 있는 모든 일에 대한 지식. (하나님은 자신을 철저히 아시며, 따라서 그분이 하실 수 있는 모든 일을 아시기 때문에 이 모든 것을 반드시 아신다.)
2. 하나님의 중간 지식: 다양한 상황이 주어졌을 때 모든 하나님의 피조물이 자유롭게 선택할 수 있는 것에 대한 지식.
3. 하나님의 자유로운 지식: 실제로 무슨 일이 일어날지에 관한 지식. (이것은 하나님이 피조 세계를 창조하고, 그분이 세상의 상황에 실제로 영향을 미치는 그 방법으로 영향을 미치겠다는 그분의 자유로운 선택의 결과이기 때문에 하나님의 자유로운 지식으로 불린다.)

크레이그는 중간 지식을 설명하면서 몰리나를 인용한다.

그분은 모든 자유로운 의지를 매우 심오하고 신비로운 방식으로 이해하시므로 그분의 본질 안에서 [모든 피조물의] 의지가 여러 상황에 배치되었을 때 또는 무한히 많은 사물의 질서 안에 배치되었을 때 그 고유한 자유를 통해 무엇을 할지—비록 그렇게 하려고 한다면 실제로 그 의지가 정반대로 할 수 있을지라도—아셨다.[69]

그다음 크레이그는 하나의 예시를 제시한다.

이를테면, 하나님은 자연적 지식을 통해 베드로를 특정한 상황에 처하게 했을 때 그리스도를 부인할 수도 있고 그리스도를 부인하지 않을 수도 있음을, 곧 동일한 상황에서 어느 쪽이든 자유롭게 행할 수 있음을 아시지만, 그분의 중간 지식을 통해 베드로가 그런 상황에 처한다면 무엇을 할지를 아신다.[70]

계속해서 그는 이렇게 설명한다.

하나님이 중간 지식을 갖는 것은 그분의 본질에 필수적이지만, 그 지식의 내용은 불확정적contingent이다. 피조물이 동일한 상황에서 다르게 행동할 수 있기 때문이다. 하지만 피조물의 결정이 달라진다면 하나님의 중간 지식의 내용도 달라질 것이다.[71]

특정 개인이 구원을 받을 것이라는 예정에 관해 크레이그는 이렇게 말한다.

하나님은 그분의 선하심으로 세상의 모든 사람이 구원을 받기에 충분한 은혜를 베푸셨으며, 사람들이 예정을 받지 못하는 유일한 이유는 그들이 하나님이 베푸는 신적 도움을 자유롭게 무시하거나 거부하기 때문이다.……몰리나의 견해에 따르면, 우리가 예정을 받는 세상 안에서 우리 자신을 발견할지 여부는 하나님께 달려 있지만, 우리가 우리 자신을 발견하는 세상 안에서 우리가 예정을 받을지 여부는 우리에게 달려 있다고 말할 수 있다.[72]

특정한 질서를 창조하겠다는 하나님의 변치 않는 결정을 고려할 때 그분의 은혜에 응답할 것이라고 하나님이 아셨던 이들은 구원받도록 예정되어 있다. 그들이 하나님의 은혜에 응답하고 그 은혜 안에서 믿음을 지킬 것임은 절대적으로 확실하다.……그들에게는 하나님의 은혜를 거부할 전적인 자유가 있다. 하지만 만일 그들이 그렇게 한다면 하나님은 지금과 다른 중간 지식을 가지셨을 것이며, 따라서 그들은 예정되지 않을 것이다.……따라서 예정과 자유는 전적으로 양립이 가능하다.[73]

크레이그는 중간 지식이 칼뱅주의와 아르미니우스주의를 화해시킬 탁월한 방법이라고 생각한다. 이를 통해 예정도 지키고(이를 통해 칼뱅주의자를 행복하게 하고) 자유론적인 인간의 자유도 보존할 수 있다고(이를 통해 아르미니우스주의도 행복하게 할 수 있다고) 생각하기 때문이다. "나는 '중간 지식'이라는 몰리나주의 이론이 칼뱅주의와 아르미니우스주의 관점 사이의 화해에 크게 기여할 수 있다고 확신한다"라고 그는 말한다.[74] (크레이그는 몰리나의 목적이 "참된 인간의 자유를 부인하는 개신교의 오류를 피하는 것"이었다고 지적한다. 몰리나는 루터와 칼뱅의 가르침 모두에 이 문제들이 나타난다고 주장했다.)[75]

중간 지식 이론에 대답할 때, 우리는 이 논쟁이 다양한 형태로 발생하는 상황에서 사람들이 어떻게 반응할지를 하나님이 아시는지 여부에 관한 것이 아니라는 점을 분명히 해야 한다(나는 12장에서 하나님이 이것을 아신다고 분명히 말했다). 우리가 그것을 중간 지식으로 부르든 다른 무언가로 부르든, 하나님은 이런 종류의 지식을 가지고 계신다. (그리고 존 프레임은 그런 지식이 이미 하나님의 필수적 지식 또는 크레이그가 자연적 지식으로 부르는 것의 일부라고 지적한다.)[76]

오히려 문제는, 이 중간 지식 이론이 하나님의 주권과 인간의 책임 사이에 어떤 관계가 있는지, 특히 개인의 구원에 관한 하나님의 예정이 그리스도를 받아들이거나 거부하는 인간의 선택과 어떤 관계가 있는지를 바르게 이해할 수 있게 해주는지 여부다. 이 물음과 관련하여 중간 지식 이론에 몇 가지 중요한 반론을 제기할 수 있다.

첫째, 중간 지식은 예정에 관한 성경의 설명과 이질적인 이론이다. 중간 지식은, 하나님이 우리를 한 개인으로서 선택하셔서 (가능한 많은 세상들 중 하나를 창조하고 또는 우리가 믿기로 선택할 특정한 일군의 상황들을 창조하기로 선택하신 것이 아니라 개별 인간을 선택하셔서) 구원받게 하신다고 말하는 성경의 가르침과 전혀 다른 이론을 주장한다.

찬송하리로다. 하나님 곧 우리 주 예수 그리스도의 아버지께서 그리스도 안에서 하늘에 속한 모든 신령한 복을 우리에게 주시되 곧 창세 전에 그리스도 안에서 우리를 택하사 우리로 사랑 안에서 그 앞에 거룩하고 흠이 없게 하시려고. 엡 1:3-4

하나님이 미리 아신 자들을 또한 그 아들의 형상을 본받게 하기 위하여 미리 정하셨으니 이는 그로 많은 형제 중에서 맏아들이 되게 하려 하심이니라. 또 미리 정하신 그들을 또한 부르시고 부르신 그들을 또한 의롭다 하시고 의롭다 하신 그들을 또한 영화롭게 하셨느니라. 롬 8:29-30

이방인들이 듣고 기뻐하여 하나님의 말씀을 찬송하며 영생을 주시기로 작정된 자는 다 믿더라. 행 13:48

둘째, 중간 지식은 명시적인 성경적 근거가 결여된 사변적 이론이다. 성경 어디에서도 중간 지식 이론의 독특한 특징을 하나님의 주권과 인간의 선택을 어떻게 화해시킬 것인지의 문제 또는 선택과 유기의 문제에 대한 해법으로 제시하지 않는다. 하나님이 지금처럼 세상을 창조하고 세상에 특정한 일군의 상황들을 배치하셔서, 특정한 사람들로 하여금 자유롭게 구원받기 위해 선택을 하고, 다른 사람들은 그 선택을 하지 않게 되었다고 말하는 성경 본문은 내가 알기로 전혀 없다. 하나님의 섭리에 관해 설명하는 내용은 성경에 이미 차고 넘치며, 따라서 자유론적 자유 의지를 주장하는 아르미니우스주의 교리의 공간을 마련하려는 목적을 위해 중간 지식과 같은 추가적인 이론을 주장할 필요는 전혀 없다.

셋째, 하나님이 수백만 가지의 인간적인 선택들을 결정하지 않으신다면, 일군의 상황들도 결정하실 수 없다. 윌리엄 크레이그는 "모든 자유로운 피조물이 모든 가능한 상황에서 무엇을 할지를 아시기에 하나님은 그런 상황을 발생시킴으로써 그 피조물이 자유롭게 무엇을 할지를 아신다"라고 말한다.[77] 여기서 크레이그는 하나님이 "그런 상황을 발생시키신다"고 말한다. 하지만 사람들이 처하는 모든 상황은 그 자체가 수천, 수백만 가지의 인간적인 선택의 결과다. 책상에 앉아 이 문장을 쓰고 있는 나는 증조할아버지가 1870년대에 노르웨이를 떠나 이민을 가겠다고 결정하고,

그다음 미국에서 결혼한 결과로 여기에 있다. 또한 나는 다른 조상들이 스웨덴과 아일랜드에서 이민을 떠나온 결과로 여기에 있다. 하지만 또 다른 의미에서 나는 필라델피아의 웨스트민스터 신학교에서 나를 가르친 교수들에게 영향을 받았기 때문에 여기에 있으며, 그들은 프린스턴 신학교의 몇몇 보수적인 교수들이 1929년에 웨스트민스터 신학교를 세우기로 결정했기 때문에 그곳에 있었다. 또한 그 행동은 그들의 조상들이 각각 결혼하여 미국에 오기로 결정하고, (많은 경우에) 그리스도를 따르고 자녀들도 그리스도를 따르도록 가르치겠다고 결정한 결과였다. 그리고 나는 애리조나의 몇몇 목회자들이 1987년 이곳에 신학교를 세우겠다고 결정했기 때문에 교수직을 갖게 되었다. 그러므로 나의 현재 상황은 모세가 하나님께 순종해 성경의 다섯 책을 쓰겠다고 결정한 결과이며, 사도 바울이 나의 사유에 중요한 영향을 미친 서신서를 쓰겠다고 결정한 결과다. 그리고 모세와 바울, 다른 성경 저자들의 삶은 그들의 부모와 조부모, 증조부모가 결혼하여 하나님을 따르겠다고 결정한 결과였다. 또한 나의 현재 상황은 미국을 건국한 선조들이 1776년에 대영 제국으로부터 독립을 선언한 결과이며, 그들의 삶은 그들의 선조들이 내린 결정의 결과였다. 오늘날 우리가 처한 상황을 초래한 모든 인간의 선택을 정확히 열거하는 것은 불가능할 것이며, 이것을 아는 것조차도 불가능할 것이다. 그러므로 하나님이 어떤 상황을 발생시키기 위해서는 말 그대로 그 이전에 이루어진 수백만 가지의 인간적인 선택이 특정한 방식으로 결정되어야만 할 것이며, 만일 그렇지 않다면 상황은 달라질 것이다. 하나님이 '그 상황을 발생시키신다'라고 할 때 이 말에는 하나님이 태초에 특정한 종류의 세상을 창조하실 뿐만 아니라, 지금 이 순간에도 원하는 상황을 발생시키기 위해 수백만 가지의 인간적인 선택이 다른 방식이 아닌 특정한 방식으로 결정되도록 정해야 할 암묵적인 필요성이 숨겨져 있다는 결론을 피하기 어렵다. 그러나 이런 과정은 중간 지식의 지지자들이 지키겠다고 주장하는 자유론적 자유 의지를 부인한다.[78]

넷째, 중간 지식은 칼뱅주의와 아르미니우스주의 양쪽 모두의 본질적인 주장과 모순을 이룬다. 한편으로 칼뱅주의자들은 하나님이 환경을 미리 정해 두지만 구원을 위해 개별 인간을 선택하지 않는다는 관념에 동의할 수 없으며, 인간의 선택에 대한 하나님의 예지가 각 인간이 자유롭게 선택하는 바에 의존한다(그 사람이 다르게 선택했을 수도 있다)는 관념에도 동의할 수 없다. 칼뱅주의자들은 '우리가 예정되는지 여부가 우리에게 달려 있다'는 생각에도 동의할 수 없다. 이것은 인간의 운명을 결정하는 궁극적인 요인이 그 사람에 대한 하나님의 선택이 아니라 하나님을 선택하겠다는 그 사람의 결정에 달려 있다고 보는 입장이기 때문이다. 중간 지식 이론은, (a) 하나님은 어떤 사람이 특정한 환경 속에 있다면 그가 그리스도를 신뢰하게 될 것임을 아시며, 따라서 (b) 하나님은 정확히 그 환경이 발생할 세상을 창조하시고, 이로써 그 사람을 구원하기로 예정하신다고 말한다. 하지만 이런 관점은 아르미니우스주의의 표준적인 관점, 곧 예정은 누군가가 자유롭게 믿기로 선택할 것인지에 대한 하나님의 지식에 기초해 있다는 관점을 다소 복잡하게 변형한 것일 뿐이다.

그러므로 중간 지식은 칼뱅주의나 아르미니우스주의보다 더 나은 해법을 제시하지 못한다. 사실상 중간 지식 이론은, 선택이 우리의 믿음에 대한 하나님의 예지에 기초해 있다는 아르미니우스주의 관점의 변이형일 뿐이다. 이 이론은, 하나님은 먼저 개별 인간이 특정한 환경 속에서 어떻게 반응할지 아시고, 그다음에는 인간이 자유롭게 믿기로 선택할 것이라고 알고 계시는 세상과 환경들을 창조하시며, 이것을 통해 그 사람이 구원받도록 예정하신다는 추가적인 세부 사항을 덧붙인다. 이 관점은 여전히 한 사람의 믿음에 대한 예지에 기초한 예정이다.

다른 한편으로, 크레이그의 관점은 아르미니우스주의자들이 옹호하기를 원하는 형태의 인간적인 자유로 귀결되지 않는다. 크레이그는 이 자유를 가리켜 "인간이 실제로 무언가 선택할 때 그와 다른 환경에서도 같은 선택을 할 수 있는 능력"[79] 또는 "피조물이 동일한 환경에서 다르게 행동할 수 있는" 자유라고 말한다.[80] (앞에서 나는 이것을 '자유론적 자유'로 설명했다.) 하지만 크레이그의 관점에서 그런 환경과 사람의 성향에 대한 하나님의 지식은 특정한 선택이 이루어질 것임을 보증한다(그렇지 않다면 하나님은 그 선택이 무엇일지 알 수 없을 것이다). 하지만 그 선택이 무엇일지를 하나님이 아신다면, 그 선택이 일어나도록 보증되어 있는 셈이며, 따라서 그렇지 않을 수가 없다.[81]

결론적으로 몰리나주의는 명시적인 성경적 근거가 없으며, 하나님이 개별 인간을 선택하신다는 성경의 설명과 모순된다. 이 이론은 예정이 한 사람의 믿음에 대한 예지에 기초한다는 아르미니우스주의 관점의 복잡한 판본으로, 특정한 환경으로 이어지는 수백만 가지의 인간적 선택을 하나님이 결정해 두셔야 한다고 주장하고, 칼뱅주의와 아르미니우스주의의 핵심 주장과 모순을 이루는 사변적 이론을 제안한다.

b. 아르미니우스주의 관점에서, 하나님이 악을 원하지 않으셨다면 어떻게 악이 존재할 수 있는가? 아르미니우스주의자들은 악이 세상에 들어온 것은 하나님의 의지에 따라 일어난 일이 아니라고 말한다. 피녹은 "인간의 타락은 하나님의 뜻이 언제나 이루어진다는 이론에 대한 강력한 논박이다"라고 말한다.[82] 하지만 악이 존재하기를 하나님이 원하지 않으셨다면 어떻게 악이 존재할 수 있는가? 악이 발생하기를 하나님이 원하지 않으셨다는 사실에도 불구하고 악이 발생한다면, 이것은 하나님의 전능하심을 부인하는 것처럼 보인다. 그분은 악을 막기를 원하셨지만 그렇게 하실 수 없었다. 그렇다면 어떻게 우리는 그 하나님이 전능하다고 믿을 수 있는가?

아르미니우스주의자들이 흔히 제시하는 대답은, 하나님이 악을 막으실 수 있었지만, 천사와 인간이 의미 있는 선택을 하기 위한 필요한 자유를 갖도록 보증하기 위해 악의 가능성을 허용하기로 결정하셨다는 것이다. 다시 말해, 하나님은 참된 인간의 선택을 허용하기 위해 죄악된 선택의 가능성을 허용하셔야만 했다. 코트렐은 "하나님이 주신 이 자유에는 창조주에 맞서 반역하고 죄를 지을 수 있는 인간의 자유가 포함된다. 죄가 가능한 세상을 창조하심으로써 하나님은 죄가 현실이 된다면 특정한 방식으로 반응하실 수밖에 없게 되었다"라고 말한다.[83]

하지만 이것은 만족스러운 반응이 아니다. 왜냐하면 하나님이 하늘에서도 영원히 죄악된 선택의 가능성을 허용하셔야만 함을 암시하기 때문이다. 아르미니우스주의 관점에 따르면, 하늘에서 우리의 선택과 행동이 참되고 실제적일 수 있으려면 죄악된 선택의 가능성이 포함되어야만 할 것이다. 이런 관점은 우리가 하늘에서도 영원토록 악을 선택할 실제적인 가능성—따라서 하나님께 맞서 반역하고 우리의 구원을 상실하고 하늘에서 추방될 가능성—에 직면하게 될 것임을 암시한다. 이것은 끔찍한 생각이지만 아르미니우스 관점의 필수적인 함의처럼 보인다.

하지만 이보다 더 곤란한 함의가 존재한다. 실제적인 선택이 악을 선택할 가능성을 허용해야만 한다면, (1) 하나님은 악을 선택할 수 없으시므로 그분의 선택은 실제적이지 않거나 (2) 하나님의 선택이 실제적이며 언젠가 그분이 악을 선택할 수 있는 참된 가능성—어쩌면 작고 크게—이 존재하는 셈이다. 이것은 성경의 수많은 증언과 배치된다.[84] 다른 한편으로 첫 번째 함의는 명확히 거짓이다. 하나님은 실제적인 것의 정의이시며, 그분의 선택이 실제적이지 않다고 말하는 것은 분명히 오류다. 그러므로 두 함의 모두 실제적인 선택이 악을 선택할 가능성을 허용해야 한다는 아르미니우스주의 입장을 거부할 타당한 이유를 제공한다. 하지만 이것은 다시 우리를 아르미니우스주의 입장이 만족스러운 답을 내놓을 수 없는 것처럼 보이는 앞의 물음으로 돌아가게 한다. 악이 존재하기를 하나님이 원하지 않으셨다면 어떻게 악이 존재할 수 있는가?

c. 아르미니우스주의 관점에서, 하나님이 악에 대해 승리하실 것을 우리는 어떻게 알 수 있는가? 악이 하나님의 뜻에 따른 것이 아니라는 아르미니우스의 주장으로 돌아가면 또 다른 문제가 발생한다. 하나님이 원하지 않으셨음에도 모든 악이 세상에 들어왔다면 하나님이 궁극적으로 악에 대해 승리하실 것을 어떻게 확신할 수 있는가? 물론 성경에서 하나님은 악에 대해 승리할 것이라고 말씀하신다. 하지만 애초에 그분이 악이 우주 안으로 들어오지 못하게 막을 수 없으셨고 또한 그분의 뜻에 반하여 악이 들어왔다면, 또는 인간과 천사, 악마라는 행위의 주체에 의한 자유로운 선택을 포함하는 모든 미래 사건의 결과를 그분이 예상하실 수 없다면, 모든 악에 대해 승리하실 것이라는 하나님의 선언 자체가 참이라고 어떻게 확신할 수 있겠는가? 어쩌면 이것은 (아르미니우스주의 관점에서 볼 때) 하나님이 알 수 없는 무언가에 대한 희망적인 예상에 불과할지도 모른다. 전능하신 하나님이 "모든 것이 합력하여 선을 이루"게 하신다[롬 8:28]는 것을 알기 때문에 미래에 대한 염려로부터 놀라운 자유를 누리는 칼뱅주의자와 달리, 아르미니우스주의 입장은 논리적으로 우리를 역사의 궁극적 결과에 대해 근원적으로 불안하게 만드는 것처럼 보인다.

악에 관한 마지막 두 가지 반론을 통해, 하나님이 악을 정해 두시며 전적으로 통제하신다고 보는 개혁주의 관점을 생각하는 것이 쉽지 않을 수도 있지만, 하나님이 악을 정해 두지 않으셨고 심지어 의도하신 것도 아니며, 따라서 그분이 악을 통제하신다고 확신할 수 없다고 보는 아르미니우스주의 관점이 더 심각한 문제를 가지고 있음을 알 수 있다.

d. 대답할 수 없는 물음의 차이. 우리의 이해력은 유한하기 때문에 모든 성경의 교리에 우리가 대답할 수 없는 물음이 있을 수밖에 없다. 하지만 이 문제에 관해 칼뱅주의자와 아르미니우스주의자가 답하지 않은 채로 남겨 둔 물음은 전혀 다르다. 한편으로 칼뱅주의자는 자신이 다음 물음에 대한 답을 알지 못한다고 말할 수밖에 없다.

1. 우리가 의지에 따라 악을 행하도록 하나님이 예정하신다면 정확히 어떤 점에서 악에 대한 책임을 하나님께 돌릴 수 없는 것인가?
2. 정확히 어떻게 하나님은 우리가 의지에 따라 무언가를 선택하게 하시는가?

두 물음에 대해 칼뱅주의자는 하나님의 무한한 위대하심에 대한 인식과 그분은 우리가 가능하다고 생각하는 것보다 더 많은 것을 하실 수 있다는 사실에 대한 깨달음 안에서 그 답을 찾을 수 있을 것이라고 말할 것이다. 따라서 대답하지 못한 이 물음들은 우리가 하나님의 위대하심을 더 깊이 이해하는 효과를 낳는다.

다른 한편으로 아르미니우스주의자는 미래에 대한 하나님의 지식과 관련된 물음, 곧 악이 하나님의 뜻에 반한다면 왜 그분이 악을 허용하시는지, 또한 그분이 악에 대해 확실히 승리하실 것인지에 관한 물음을 대답하지 못한 채로 남겨 둘 수밖에 없다. 그들이 이 물음을 해결하지 못할 때, 사실은 하나님의 위대하심—그분의 전지하심과 전능하심, 미래에 대한 그분의 약속의 절대적 신뢰성—을 약화시키는 경향이 있다. 또한 답하지 못한 이 물음들은 인간의 위대함(하나님이 원하지 않으시는 바를 행할 수 있는 인간의 자유)과 악의 힘(하나님이 원하지 않으셔도 악이 우주 안으로 들어와 우주 안에 남아 있다)을 높이는 경향이 있다. 그뿐만 아니라 아르미니우스주의 관점은, 하나님이 실제적인 선택을 할 수 있는 피조물을 만드실 수 있지만, 그럼에도 그 선택은 그분에 의해 발생된 것임을 부인함으로써 창조주

하나님의 지혜와 솜씨를 약화시킨다.

H. 실천적 적용

이 교리의 실천적 적용에 관해 이미 언급한 바 있지만 세 가지 적용점을 덧붙일 수 있다.

1. 두려워하지 말고 하나님을 신뢰하라

예수께서는 우리의 주권적인 주께서 우리를 지켜보시며 돌보신다는 사실을 강조한다. 그분은 "공중의 새를 보라 심지도 않고 거두지도 않고 창고에 모아들이지도 아니하되 너희 하늘 아버지께서 기르시나니 너희는 이것들보다 귀하지 아니하냐……그러므로 염려하여 이르기를 무엇을 먹을까 무엇을 마실까 무엇을 입을까 하지 말라"고 말씀하신다.[마 6:26, 31] 하나님이 새를 먹이고 들의 풀을 입히신다면 반드시 우리를 돌보아 주실 것이다. 이와 비슷하게 예수께서는 "참새 두 마리가 한 앗사리온에 팔리지 않느냐 그러나 너희 아버지께서 허락하지 아니하시면 그 하나도 땅에 떨어지지 아니하리라. 너희에게는 머리털까지 다 세신 바 되었나니 두려워하지 말라. 너희는 많은 참새보다 귀하니라"고 말씀하신다.[마 10:29-31]

다윗은 하나님의 섭리적인 통제 덕분에 그가 안전히 살 수 있음을 알기 때문에 원수들 사이에서 "내가 평안히 눕고 자기도 하리니"라고 말할 수 있었다.[시 4:8] 다수의 시편—예를 들어, 시편 91편("전능자의 그늘 아래에 사는 자여")과 시편 121편("내가 산을 향하여 눈을 들리라")—은 주께서 그분의 백성을 지키고 보호하시므로 우리에게 하나님을 신뢰하라고 권면한다. 우리는 하나님의 섭리적인 돌보심을 확신하기 때문에 해악이 우리에게 찾아와도 그것을 두려워할 필요가 없다. 그것은 하나님의 뜻에 따라, 궁극적으로 우리의 유익을 위해 오는 것일 뿐이다. 따라서 베드로는 "그러므로 너희가 이제 여러 가지 시험으로 말미암아 잠깐 근심하게 되지 않을 수 없으나 오히려 크게 기뻐하는도다. 너희 믿음의 확실함은 불로 연단하여도 없어질 금보다 더 귀하여 예수 그리스도께서 나타나실 때에 칭찬과 영광과 존귀를 얻게 할 것이니라"고 말한다.[벧전 1:6-7] 우리는 미래를 염려할 필요가 없고, 오히려 하나님의 전능하신 돌보심을 신뢰해야 한다.

2. 일어나는 모든 선한 일에 감사하라

모든 선한 일이, 하나님이 일으키신 것이라고 진심으로 믿는다면 우리 마음은 참으로 충만해져서 "내 영혼아, 여호와를 송축하며 그의 모든 은택을 잊지 말지어다"라고 말하게 될 것이다.시 103:2 우리의 일용할 양식에 대해 그분께 감사할 것이다.마 6:11; 딤전 4:4-5 참조 우리는 정말로 "범사에 감사"할 것이다.살전 5:18

3. 우연은 없다

모든 일은 하나님의 지혜로운 섭리에 의해 일어난다. 이것은 우리가 우주와 그 안에서 일어나는 사건을 더 인격적으로 이해하는 태도를 취해야 함을 의미한다. 비인격적 운명이나 운이 아니라 인격적인 하나님이 우주를 다스리신다. 그냥 일어나는 일이란 없다. 우리는 날마다 일어나는 사건 속에서 모든 일이 하나님을 사랑하는 이들을 위해 합력하여 선을 이루게 하시는 그분의 손을 볼 수 있어야 한다.

하나님의 지혜로운 섭리에 대한 이런 확신은 미신이 아니다. 왜냐하면 그것은 비인격적이거나 악마적인 통제에 대한 믿음이 아니고, 순종과 신앙보다 무의미한 의식에 더 관심을 기울이는 변덕스러운 신에 의한 통제도 아니기 때문이다. 섭리 교리를 더 깊이 이해할 때 우리는 미신적인 태도를 갖게 되지 않을 것이다. 우리는 하나님을 더 신뢰하고 그분께 온전히 순종하게 될 것이다.

개인적 적용을 위한 질문

1. 섭리 교리를 통해 하나님을 더 신뢰하게 되었는가? 그 과정에서 미래에 관해 생각하는 방식은 어떻게 바뀌었는가? 현재 여러분 삶에 어려움이나 역경이 있다면, 섭리 교리는 그것에 어떤 도움을 줄 수 있는가?

2. 오늘 하루 지금까지 여러분에게 일어난 다섯 가지 좋은 일을 열거할 수 있겠는가? 그 일들을 두고 하나님께 감사했는가?

3. 여러분의 삶에 일어나는 일들은 운 때문에, 혹은 우연히 발생한다고 생각하는가? 그 생각은 여러분의 미래에 대해 불안감을 증폭시키는가, 아니면 감소시키는가? 과거에 운 때문에 일어났다고 생각했던 사건들을 지혜와 사랑이 넘치는 하늘 아버지의 통제 아래 일어난 것으로 바꾸어 생각할 때 과거와 미래에 대한 생각의 변화가 있는가?

4. 여러분에게는 행운을 가져오거나 불운을 막기 위한 작은 미신적 행동이나 의례가 있는가? 그 행동은 하나님에 대한 신뢰와 순종에 영향을 미치는가?

5. 섭리 교리에 대한 올바른 이해가 어떻게 그리스도인을 더 적극적인 기도 생활로 이끄는지 설명해 보라.

6. 이번 장은 하나님과 여러분의 삶에 일어나는 사건에 관해 여러분이 생각하고 느끼는 방식에 어떤 영향을 미쳤는가?

신학 전문 용어

개혁주의
몰리나주의
보존
섭리
성향의 자유
아르미니우스주의
일차적 원인
이차적 원인
자발적 선택
자유론적 자유 의지
중간 지식
칼뱅주의
통치
하나님의 작정
협력

참고 문헌

이 참고 문헌에 관한 설명으로는 1장, 60쪽을 보라. 자세한 서지 자료는 2권 부록 2에서 확인할 수 있다.

복음주의 조직신학 저술의 관련 항목

1. 성공회

1882–1892	Litton, 76–90
1930	Thomas, 176–183
2001	Packer, 54–56
2013	Bird, 144
2013	Bray, 166, 187, 1077–1079

2. 아르미니우스주의(또는 웨슬리파/감리교)

1875–1876	Pope, 1:437–456; 2:363–367, 386–390
1892–1894	Miley, 1:211–349; 2:271–308
1940	Wiley, 1:478–488
1983	Carter, 1:122–124, 130–133, 222–223

1992	Oden, 1:270–316
2002	Cottrell, 111, 119, 121, 289, 293

3. 침례교

1767	Gill, 1:246–251, 397–434
1887	Boyce, 115–125, 217–230
1907	Strong, 353–370, 410–443
1917	Mullins, 265–276
1976–1983	Henry, 5:307–333; 6:455–491
1983–1985	Erickson, 345–364, 387–432
1987–1994	Lewis and Demarest, 1:291–335; 2:71–122
1990–1995	Garrett, 1:373–395
2007	Akin, 242–293
2013	Erickson, 358–382

4. 세대주의

1947	Chafer, 1:225–259
1949	Thiessen, 100–110, 119–132
2002–2005	Geisler, 1:242–243, 411–412, 2:563–595
2017	MacArthur and Mayhue, 218–221

5. 루터교

1917–1924	Pieper, 1:483–497
1934	Mueller, 176–178, 189–195, 236–241

6. 개혁주의(또는 장로교)

1559	Calvin, 1:197–237, 309–407(1.16–18; 2.4–5)
1679–1685	Turretin, *IET*, 1:489–538
1724–1758	Edwards, 1:3–93; 2:107–110, 525–543
1871–1873	Hodge, 1:535–549, 575–616; 2:280–312
1878	Dabney, 120–132, 221–223, 276–291
1887–1921	Warfield, *SSW*, 1:93–115; *SSW*, 2:411–447
1894	Shedd, 412–415
1906–1911	Bavinck, *RD*, 2:374–380, 591–619
1910	Vos, 1:183–202
1937–1966	Murray, *CW*, 3:161–167, 185–189; *CW*, 2:60–66
1938	Berkhof, 100–108, 165–178
1998	Reymond, 398–414
2008	Van Genderen and Velema, 283–313
2011	Horton, 350–372
2013	Frame, 141–182, 184–203, 282–301
2013	Culver, 191–201
2016	Allen and Swain, 148–164
2017	Barrett, 266–267
2019	Letham, 292–311

7. 부흥 운동(또는 은사주의/오순절)

1988–1992	Williams, 1:117–140, 215–219
1993	Menzies and Horton, 52
2008	Duffield and Van Cleave, 26, 86–88, 376

대표적인 로마 가톨릭 조직신학 저술의 관련 항목

1. 로마 가톨릭: 전통적 입장

1955	Ott, 87–91

2. 로마 가톨릭: 제2차 바티칸공의회 이후

1980	McBrien (관련 내용 없음)
2012	*CCC*, paragraphs 302–324

기타 저술

Allison, Gregg. *Historical Theology: An Introduction to Christian Doctrine; A Companion to Wayne Grudem's Systematic Theology*. Grand Rapids: Zondervan, 2011, 277–297.

Basinger, David, and Randall Basinger, eds. *Predestination and Free Will: Four Views of Divine Sovereignty and Human Freedom*. Downers Grove, IL: InterVarsity Press, 1986.

Berkouwer, G. C. *The Providence of God*. Translated by Lewis B. Smedes. Grand Rapids: Eerdmans, 1952.

Cameron, N. M. de S. "Providence." In *NDT1*, 177–179.

Carson, D. A. *Divine Sovereignty and Human Responsibility: Biblical Perspectives in Tension*. New Foundations Theological Library. Atlanta: John Knox; London: Marshall, Morgan and Scott, 1981. Reprint, Eugene, OR: Wipf & Stock, 2002.

____. *How Long, O Lord? Reflections on Suffering and Evil*. Grand Rapids: Baker, and Leicester: Inter-Varsity Press, 1990. (『위로의 하나님』 기독교문서선교회)

Craig, William Lane. *The Only Wise God: The Compatibility of Divine Foreknowledge and Human Freedom*. Grand Rapids: Baker, 1987.

DiRoberts, Kyle D. *Prayer, Middle Knowledge, and Divine-Human Interaction*. Eugene, OR: Wipf & Stock, 2018.

Elwell, Walter A. "Providence of God." In *BTDB*, 650–653.

Farley, Benjamin Wirt. *The Providence of God*. Grand Rapids: Baker, 1988.

Feinberg, John. *The Many Faces of Evil: Theological Systems and the Problem of Evil*. Rev. ed. Wheaton, IL: Crossway, 2004.

Feinberg, John S. *No One Like Him: the Doctrine of God*. Wheaton, IL: Crossway, 2006.

Flavel, John. *The Mystery of Providence*. 1698. Reprint, Carlisle, PA: Banner of Truth, 1976. (『섭리의 신비』 크리스챤다이제스트)

Gundry, Stanley N., and Dennis W. Jowers, eds. *Four Views on Divine Providence*. Grand Rapids: Zondervan, 2011.

Helm, Paul. *The Providence of God*. Leicester: Inter-Varsity Press; Downers Grove, IL: InterVarsity Press, 1994. (『하나님의 섭리』 IVP)
___. "Providence." In *NDT2*, 714–715.
Nelson, David P. "The Work of God: Creation and Providence." In *A Theology for the Church*, edited by Daniel L. Akin, et al., 267–92. Nashville: B&H, 2007.
Newman, C. C. "God." In *DLNT*, 412–431.
Parker, T. H. L. "Providence of God." In *EDT3*, 705–706.
Pink, Arthur W. *The Sovereignty of God*. Grand Rapids: Baker, 1930. (『하나님의 주권』 요단출판사)
Pinnock, Clark H., ed. *The Openness of God: A Biblical Challenge to the Traditional Understanding of God*. Downers Grove, IL: InterVarsity Press, 1994.
Tiessen, Terrance L. *Providence and Prayer: How Does God Work in the World?* Downers Grove, IL: InterVarsity Press, 2000.
Ware, Bruce A. *God's Greater Glory: The Exalted God of Scripture and the Christian Faith*. Wheaton, IL: Crossway, 2004. (『더 큰 하나님의 영광』 부흥과개혁사)
___. *God's Lesser Glory: The Diminished God of Open Theism*. Wheaton, IL: Crossway, 2000.
Ware, Bruce A., ed. *Perspectives on the Doctrine of God: 4 Views*. Nashville: B&H Academic, 2008.
Warfield, B. B. *Calvin and Calvinism*. New York: Oxford University Press, 1931.
Williams, S. N. "Providence." In *NDBT*, 710–715.
Wood, W. J. "Molinism." In *EDT3*, 556–557.

성경 암송 구절

로마서 8:28 | 우리가 알거니와 하나님을 사랑하는 자 곧 그의 뜻대로 부르심을 입은 자들에게는 모든 것이 합력하여 선을 이루느니라.

찬송가

"주 하나님 크신 능력"

주 하나님 크신 능력
참 신기하도다
바다와 폭풍 가운데
주 운행하시네

참 슬기로운 그 솜씨
다 측량 못하네
주님 계획한 그 뜻은
다 이루어지도다

검은 구름 우리들을
뒤덮을 지라도
그 자비하신 은혜로
우리를 지키네

어둠에서 소경같이
나 헤맬지라도
주 나를 불쌍히 여기사
앞길을 비추시리

하나님은 신비롭게 운행하시어
기적을 행하신다
바다에 그분의 발자취를 남기시고
폭풍우를 타고 다니신다

헤아릴 수 없는 광산 깊은 곳에
완벽한 솜씨로
그분의 빛나는 계획을 간직하시고
그분의 주권적인 뜻을 행하신다

너희 두려워하는 성도들아, 다시 용기를 내라
너희가 그토록 두려워하는 구름은
큰 자비로 가득 차 있으며
너희 머리 위에서 복을 내리리라

연약한 마음으로 주님을 판단하지 말고
은혜를 베푸시는 그분을 신뢰하라
위엄 있는 섭리 뒤에
그분이 미소 짓는 얼굴을 숨겨두셨도다

그분의 목적이 매시간 펼쳐지며
곧 이루어지리라
그 싹은 쓴 맛이어도
그 꽃은 달콤하리라

눈 먼 불신앙은 죄를 범하고
헛되이 그분의 일을 살피나
하나님은 그분 자신의 해석자이시며
모든 것을 분명히 나타내시리라

ㅁ 1774년, 윌리엄 쿠퍼 작사

* 통합찬송가 80장

현대 찬양곡

"주 우리 하나님"

우리와 맺은 그 약속을 지키시는 분
주님이 시작하신 일 주님이 마치십니다
광야에서 우리를 먹이시고
끝까지 우리를 돌보십니다
끝까지 우리를 돌보십니다

주 우리 하나님 언제나 신실하시고
영원히 변함없으시네
주님이 어둠에서 우리를 건지시니
우리 영원히
주 우리 하나님을 찬양합니다

침묵 속에 기다리지만
주님이 선하신 분임을 압니다
주님의 모든 계획은 주님의 영광을 위한 것입니다
우리는 주님이 선하신 분임을 압니다
우리는 주님이 선하신 분임을 압니다

주님 없이 우리는 나아갈 수 없습니다
주님 없이 우리는 나아갈 수 없습니다
주님은 만물의 빛이시며
우리에게 필요한 전부이십니다

ㅁ 크리스천 스탠필, 제이슨 잉그럼 작사 85

주

1 철학자들은 이번 장에서 내가 지지하는 입장을 범주화하기 위해 '결정론'(또는 약한 결정론)이라는 용어를 사용할지도 모르지만, 이 용어는 일상적인 영어에서 쉽게 오해를 받기 때문에 나는 사용하지 않는다. (1) 이 용어는 인간의 선택이 실재적이지 않으며 사건의 결과에 아무런 영향을 미치지 못하는 체계를 암시하며, (2) 사건의 궁극적 원인을 지혜로우며 인격적이신 하나님이 아니라 기계론적인 우주로 보는 체계를 암시한다. 그뿐만 아니라 (3) 이 용어를 사용할 때 비판자들이 너무나도 쉽게 성경의 관점을 비기독교적 결정론 체계와 한데 묶어서 분류하고 둘 사이의 차이를 흐릿하게 만들 수 있다.

이번 장에서 지지하는 관점은 '양립론'(compatibilism)이라고 부르기도 한다. 왜냐하면 하나님의 절대적인 주권이 인간의 중요성과 인간의 실재적인 선택과 양립 가능하다고 주장하기 때문이다. 나는 이 용어에 담긴 미묘한 의미 차이에 대해 반대하지 않지만 이 용어를 사용하지 않기로 결정했다. 왜냐하면 (1) 신학을 공부할 때 전문 용어를 점점 더 많이 사용하는 것을 피하고 싶기 때문이며, (2) 나의 입장을 그저 하나님의 섭리에 관한 전통적인 개혁주의 관점이라고 부르는 것이 더 낫다고 생각하기 때문이다. 그렇게 함으로써 장 칼뱅과 이번 장의 마지막 부분에서 개혁주의 범주에 속한 다른 조직신학자들이 대표하는 신학 전통 안에 나 자신을 위치시키는 것이 더 낫다고 보았다.

2 물론 전도서 9:11은 "빠른 경주자들이라고 선착하는 것이 아니며 용사들이라고 전쟁에 승리하는 것이 아니며 지혜자들이라고 음식물을 얻는 것도 아니며 명철자들이라고 재물을 얻는 것도 아니며 지식인들이라고 은혜를 입는 것이 아니니 이는 시기와 기회는 그들 모두에게 임함이니라"고 말한다. 하지만 마이클 이튼(Michael Eaton)은 "이스라엘 사람이 말할 때 '기회'라는 말은 임의적인 것이 아니라 예상치 못한 것을 뜻한다"라고 바르게 지적한다. [*Ecclesiastes*, TOTC (Leicester: Inter-Varsity Press; Downers Grove, IL: InterVarsity Press, 1983), 70]. 여기서 "기회"로 번역된 단어(히브리어 페가)는 성경에서 한 번밖에 더 사용되지 않을 정도로 드물게 사용되는 말이다(왕상 5:4, 악한 사건에 관해 말할 때). (『전도서』 기독교문서선교회)

3 David J. A. Clines, "Predestination in the Old Testament," in *Grace Unlimited*, ed. Clark H. Pinnock (Minneapolis: Bethany House, 1975), 116-17에서는 이 구절들이 "하나님과 인간 사이에 충돌이 발생할 때 의심할 나위 없이 승리하는 쪽은 인간이 아니라고" 주장할 뿐이라는 반론을 제기한다. 그는 이 구절들이 일반적인 삶을 묘사하는 것이 아니라 하나님이 그분의 특별한 목적을 이루기 위해 인간의 의지를 극복하는 특수한 상황을 묘사한다고 말한다. 클라인즈는 이 구절들이 하나님이 언제나 이렇게 행동하신다는 뜻이라거나 또는 하나님이 일반적으로 인간의 행동을 통제하신다는 뜻이 아니라고 주장한다. 하지만 이 본문들에서 그런 제한을 확인할 수는 없다(잠 16:1, 9 참조). 이 구절들은 하나님이 그분의 목적을 성취하기 위해 개입하실 필요가 있는 드문 경우에 인간의 발걸음을 인도하신다고 말하지 않는다. 그저 세상이 작동하는 방식에 관해 일반적인 진술—하나님은 단지 그분과 인간 사이에 충돌이 존재할 때만이 아니라 일반적으로 인간의 발걸음을 인도하신다—을 하고 있을 뿐이다.

4 I. Howard Marshall, "Predestination in the New Testament" in Pinnock, *Grace Unlimited*, 132-133, 139에서는 저자와 희곡의 비유에 대해 반론을 제기하면서 배우가 "그들에게 부여된 인물과 그들이 습득한 대사에 의해 제약을 받아" 극작가가 "[등장인물로 하여금] 극 안에서 '나는 나의 창조를 사랑한다'라고 말하게 하더라도 그것은 실제적 의미에서 상호적인 사랑이 아니"라고 주장한다. 하지만 마셜은 자신의 분석을 인간의 차원에서 행동하는 인간에게 가능한 것으로 한정한다. 그는 인간이 할 수 있는 것보다 더 많은 것을 하나님이 하실 수 있으시며 단순히 희곡 속의 등장인물이 아니라 진정한 인간을 놀랍게

창조하실 수 있다는 가능성(현실)에 대해 고려하지 않는다. 마셜이 이 논문의 다른 부분에서 했던 유익한 진술에 이 물음을 적용한다면, 이것은 작가와 희곡의 비유에 대한 더 나은 접근 방식이 될 것이다. "기본적인 어려움은 무한하신 하나님과 유한한 인간 사이의 관계의 본질을 설명하려고 시도함에 있다. 우리는 신적 원인 작용을 인간적 원인 작용과 똑같이 생각하려는 유혹을 느끼며, 그렇기 때문에 신적 원인 작용과 인간의 자유를 연결시키려고 하자마자 어려움이 발생한다. 하나님이 어떻게 우리에게 무언가를 행하도록 만드실 수 있는지(또는 우주가 존재하게 하고 그것이 지금처럼 행동하게 하실 수 있는지)를 설명하는 것은 우리의 능력을 넘어서는 일이다. 나는 이 점에 관해 마셜이 하는 모든 말에 전적으로 동의하며 이것이 이 문제에 접근하는 유익한 방법이라고 생각한다.

5 시편 105:17은 하나님이 "한 사람을 앞서 보내셨음이여 요셉이 종으로 팔렸도다"라고 말한다.

6 사무엘하 24:1에서 주께서 이스라엘에 대해 다윗을 격동하셨다고 말할 때 사용된 히브리어 단어는 '자극하다, 유인하다, 부추기다'라는 뜻을 가진 '수트'다(BDB, 694). 같은 단어가 역대상 21:5에서 사탄이 다윗을 충동하여 이스라엘을 계수하게 했다고 말할 때, 열왕기상 21:25에서 이세벨이 아합을 충동하여 악을 행하게 했다고 말할 때, 신명기 13:6(7)에서 사랑하는 사람이 가족을 꾀어 몰래 다른 신들을 섬기게 하는 것에 대해 경고할 때, 역대하 18:31에서 하나님이 아람 군대를 감동시키셔서 여호사밧을 떠나게 하셨다고 말할 때 사용된다.

7 다른 번역본은 히브리어 단어 '라'를 "재앙"(disaster, NIV)이나 "화"(woe, RSV), "참사"(calamity, NASB)로 번역하며, 실제로 이 말은 이런 단어들이 암시하듯이 자연재해를 뜻하는 말로 사용될 수 있다. 하지만 자연재해보다 더 폭넓게 적용될 것이다. 왜냐하면 이 단어는 일반적으로 악을 뜻하는 말로 흔하게 사용되기 때문이다. 어떤 경우든 이사야 45:7은 하나님이 악을 행하신다고 말하지 않는다(아래의 논의를 보라).

8 또 다른 종류의 악은 육신의 병이다. 이에 관해 주께서는 모세에게 "누가 사람의 입을 지었느냐 누가 말 못 하는 자나 못 듣는 자나 눈 밝은 자나 맹인이 되게 하였느냐 나 여호와가 아니냐"라고 말씀하신다(출 4:11).

9 이 구절에서 "정하신"이라는 말은 넘어짐과 불순종 모두에 적용된다고 해석하는 것이 최선이다. 하나님이 불순종하는 이들이 넘어질 것이라는 사실만 예정하셨다고 말하는 것은 옳지 않다. 왜냐하면 이 경우에 하나님에 의해 정해졌다고 말하는 대상은 사실이 아니라 사람들("그들")이기 때문이다. [Wayne Grudem, *The First Epistle of Peter*, TNTC (Leicester: InterVarsity Press; Grand Rapids: Eerdmans, 1988), 106-110의 논의를 보라.] (『베드로전서』 기독교문서선교회)

10 Clines, "Predestination in the Old Testament," 116에서는 이 부분을 "여호와께서 모든 것을 그 짝이 되는 것과 함께 만드셨으며, 따라서 악인은 멸망의 날을 맞게 될 것이다"라고 다시 번역한다. 그는 주께서 악한 날을 위해 악인을 만드셨다는 결론을 피하기 위해 그렇게 했다. "쓰임"으로 번역된 히브리어 단어(마아네)는 구약에서 열일곱 번 등장하며 일반적으로 물음이나 진술에 대한 대답을 지칭한다. 따라서 이것은 적절한 대답이나 상응하는 목적과 비슷한 무언가를 뜻한다. 그러나 전치사 '레'는 ('~와 함께'가 아니라) '~을 위해'로 번역하는 것이 더 정확하다. 따라서 두 경우 모두 이 문장은 주께서 그 적합한 목적을 위해 또는 그에 대한 적절한 반응을 위해 모든 것을 만드셨다고 주장하는 셈이다. 그러므로 '목적'으로 번역하든 '짝'으로 번역하든, 이 구절은 악인조차 하나님이 "악한 날을 위해[히브리어 레]" 창조하셨다고 주장하는 셈이다.

11 2019년 5월 22일에 프란치스코 교황은 공식적으로 주의 기도 문구를 "우리를 시험에 들게 하지 마시옵고"(lead us not into temptation)에서 "우리가 시험에 빠지지 않게 하시옵고"(do not let us fall into temptation)로 변경하며 "원래의 번역문은 하나님이 시험을 유도하고 암시하기 때문"이라고 주장했다. "교황청 관

리들은 바뀐 번역문이 이 기도의 원래 취지에 더 가깝다고 말했다"(Caleb Parke, "Pope Francis Made This Big Change to Lord's Prayer," Fox News [online], June 5, 2019, https://www.foxnews.com/world/pope-francis-lords-prayer-our-father-change). 하지만 이것은 잘못된 수정이다. 마태복음 6:13에서 헬라어 동사는 '에이스페로'로서 '어떤 영역으로 끌고 가다' 또는 '누군가가 특정한 사건이나 상황 속으로 들어가게 하다, 데리고 들어가다'라는 뜻을 갖는다(*BDAG*, 295). 누가복음 5:19에서 이 동사는 중풍병자 친구를 예수께 데리고 간 사람들에 관해 말할 때 사용되었다. 그들은 예수께서 가르치시는 집으로 "메고 들어갈 길을 얻지 못"해서 지붕에 구멍을 냈다. 또한 같은 동사가 "우리가 세상에 아무 것도 가지고 온 것이 없으매"라고 말할 때도 사용된다(딤전 6:7). 이 동사는 적극적으로 이끌거나 가지고 간다는 의미를 담고 있다. '누군가가 떨어지도록 내버려 둔다'라는 수동적 의미를 갖지 않는다.

12 John Calvin, *Institutes of the Christian Religion*, ed. John T. McNeill, trans. F. L. Battles, 2 vols., Library of Christian Classics (Philadelphia: Westminster, 1960), 1:217 (1.16.5).

13 Calvin, *Institutes*, 1:228 (1.18.제목).

14 Calvin, *Institutes*, 1:234 (1.18.3).

15 Berkhof, *Systematic Theology* (Grand Rapids: Eerdmans, 1941), 175. (『벌코프 조직신학』 크리스천다이제스트)

16 Calvin, *Institutes*, 1:296 (2.3.5), 성 베르나르(St. Bernard)를 지지하며 인용함. "모든 살아 있는 존재 중에서 인간만이 자유롭다.……자발적인 것은 또한 자유롭기 때문이다." 같은 단락에서 그는 다시 한번 성 베르나르의 말을 지지하며 인용한다. 이로써 그는 의지가 죄에 얽매어 종노릇하며, 따라서 필연적으로 죄를 범한다고 인정하지만, 그런 다음 "이 필연성은 자발적인 듯하다.……따라서 영혼은……예속된 동시에 자유롭다. 필연성 때문에 예속되어 있으며, 의지 때문에 자유롭다"라고 말한다. 조금 지나 칼뱅은 "인간이 필연적으로 죄를 짓지만 그런 만큼이나 자발적으로 죄를 짓는다"라고 말한다[1:309 (2.4.1)]. 칼뱅은 죄가 세상에 존재하기 전에 아담이 "만일 그렇게 하고자 했다면 영생을 획득할 능력을 자유 의지를 통해 가지고 있었다.……아담은 원한다면 서 있을 수 있었을 것이며, 자신의 의지만으로 넘어졌다는 것을 알았다.……선과 악에 대한 그의 선택은 자유로웠다"라고 분명히 말한다[1:195 (1.15.8)]. 따라서 칼뱅은 자유 의지라는 용어를 '자발적, 의지적'이라는 뜻으로 사용하며, 타락 전 아담에 대해 이 용어를 사용한다. 하지만 자유 의지가 사람들이 "자신의 힘으로 선을 행할 수 있음"을 뜻한다면 이 용어를 죄인에게 적용하지 않으려고 세심한 주의를 기울였다(위의 본문을 보라).

17 Calvin, *Institutes*, 1:262 (2.2.6).

18 같은 책, 1:264, 266 (2.2.7-8).

19 사실 의지에 따라 선택할 수 있는 우리의 능력은 하나님의 의지와 그 의지에 따라 선택을 할 수 있는 그분의 능력을 피조물로서 반영하는 것일 뿐이다. 그러나 만일 우리가 우리의 선택에서 전적으로 자유롭다면 우리는 의지적으로 하나님과 동등할 것이며, 이것은 이생이나 내생에서 우리가 절대로 기대할 수 없는 바다.

20 아르미니우스주의 신학자들은 자유 의지에 대한 이런 이해에 반대하며, 우리의 결정이 우리의 외부에 있는 어떤 것에 의해서도 발생하지 않는다는 것을 뜻하는 자유를 주장한다(655-660쪽에 제시된, 자유가 의지에 따른 선택 이상을 뜻한다는 잭 코트렐의 반론에 관한 논의를 보라).

21 존 파인버그(John Feinberg)는 "만일 그 행동이 행위자의 욕망에 따르는 것이라면, 비록 그 행동이 인과적으로 결정된 것일지라도 그것은 자유로우며 그 행위자는 도덕적으로 책임이 있다"라고 말한다["God Ordains All Things," in *Predestination and Free Will: Four Views of Divine Sovereignty and Human Freedom*, ed. David Basinger and Randall Basinger (Downers Grove, IL: InterVarsity Press, 1986), 37]. (『예

정과 자유의지』 부흥과개혁사).

22 Bruce Ware, *God's Greater Glory* (Wheaton, IL: Crossway, 2004), 112. (『더 큰 하나님의 영광』 부흥과개혁사)

23 같은 책, 114. 성향의 자유를 양립 가능론적 자유라고 부르기도 한다.

24 하나님의 감추어진 의지와 계시된 의지에 관한 더 자세한 논의는 385-390쪽을 보라.

25 이것은 Marshall, "Predestination in the New Testament," 173에서 제기하는 반론이다.

26 장 칼뱅은 하나님 의지의 두 의미에 반대하는 이들에 관해 이렇게 말한다. "나는 그들이 나에게 그분이 의지에 따라 심판을 행하는지, 의도하지 않지만 심판을 행하는지 말해 주기를 바란다.……어떻게 하나님이 친히 금한 것을 발생하도록 의도하실 수 있는지를 이해하지 못한다면, 우리는 우리의 정신적 무능력을 떠올리도록 하자." 또한 그는 아우구스티누스의 말을 지지하며 인용한다. "인간이 의도하기에 적절한 것과 하나님이 의도하기에 적절한 것 사이에는 엄청난 차이가 있다.……악한 인간의 나쁜 의지를 통해 하나님은 그분이 의롭게 의도하는 바를 성취하시기 때문이다"[*Institutes*, 1:233-234 (1.18.3)].

27 Calvin, *Institutes*, 1:216 (1.17.4).

28 기도에 관한 더 자세한 논의는 18장을 보라.

29 Calvin, *Institutes*, 1:216 (1.17.4).

30 Calvin, *Institutes*, 1:237 (1.18.4).

31 아르미니우스주의라는 용어는 이 입장을 대표하는 논문을 모아서 펴낸 책의 제목으로 사용되었다. Clark H. Pinnock, ed., *The Grace of God, The Will of Man: A Case for Arminianism* (Grand Rapids: Zondervan, 1989) 참조. 아래에서 나는 이 책과 피녹이 편집한 책(*Grace Unlimited*)의 내용을 폭넓게 인용한다. 이 두 책은 아르미니우스주의 입장에 대한 탁월한 변론을 제시한다.

야코부스 아르미니우스(Jacob Arminius)는 당대의 지배적인 칼뱅주의에 이의를 제기한 네덜란드 신학자였다. 오늘날 아르미니우스주의자들은 자주 그를 인용하거나 언급하지 않지만, 일반적으로는 하나님의 섭리와 관련해(이번 장의 주제), 구체적으로는 예정이나 선택과 관련해(32장의 주제) 인간의 자유 의지 문제에 관해 칼뱅주의와 입장을 달리한다는 사실을 공통점으로 지닌 다양한 입장에 그의 이름이 붙여졌다.

'아르미니우스주의적'(Arminian)이라는 용어는 '아르메니아인'(Armenian)이라는 용어와 구별되어야 한다(영어에서 두 단어의 발음이 동일함—옮긴이). 후자는 오래된 서아시아 국가 아르메니아에서 살거나 그곳 주민의 후손인 사람들을 가리킨다.

32 Clark Pinnock, "Responsible Freedom in the Flow of Biblical History," in *Grace Unlimited*, 18.

33 Jack Cottrell, "The Nature of the Divine Sovereignty," in Pinnock, *The Grace of God, the Will of Man*, 107. 내가 보기에 코트렐의 논문은 이 책에 실린 다수의 탁월한 아르미니우스주의 논문 중에서 가장 포괄적이며 설득력 있는 글이다—이 책 전체가 아르미니우스주의 사상을 가장 잘 표현한 현대의 책이라고 말할 수 있을 것이다. 이 책에서 클락 피녹과 리처드 라이스는 미래의 사건에 관해 하나님의 전지하심을 부인하지만 코트렐은 이것을 부인하지 않으며, 이 때문에 그는 오늘날 많은 평신도 복음주의자들이 옳다고 생각하는 직관적 아르미니우스주의에 더 가깝다고 볼 수 있다.

34 하워드 마셜은 "Predestination in the New Testament," in Pinnock, *Grace Unlimited*, 127-143의 여러 곳에서 이렇게 주장한다. 마셜은 개별 연주자가 자유롭게 즉흥 연주를 할 수 있지만 그럼에도 불구하고 연주하는 곡의 전반적인 목표와 통일성이 보존되는 재즈 밴드의 유비를 사용한다(133). 따라서 "성경에서는 영원한 과거에 모든 것을 계획하는 하나님의 이미지와 역사 안에서 참신한 방법을 결정하며 인간의 의지와 상호 작용하는 하나님의 이미지를 나란히 제시하며, 두 이미지는 모두 똑같이 유효하

다”(141).

35 Pinnock, “Responsible Freedom,” 102.

36 같은 글, 102.

37 같은 글, 106.

38 Marshall, “Predestination in the New Testament,” 139.

39 Clines, “Predestination in the Old Testament,” 122; 또한 116-117을 보라. 이와 비슷하게 James D. Strauss, “God's Promise and Universal History,” in Pinnock, *Grace Unlimited*, 196에서는, 바울이 로마서 9:9-13에서 언급하는 야곱과 에서의 예시가 야곱과 에서의 후손에 대한 하나님의 공동체적 계획을 언급하며, 하나님이 사람들의 삶이나 마음 안에서 일반적으로 일하는 방식에 관한 실제 예시로 이해되어서는 안 된다고 말한다.

40 Cottrell, “The Nature of the Divine Sovereignty,” 112-113.

41 Marshall, “Predestination,” 136.

42 Pinnock, “Responsible Freedom,” 102.

43 Cottrell, “The Nature of the Divine Sovereignty,” 104-105.

44 Pinnock, *Grace Unlimited*, 15.

45 Pinnock, “Responsible Freedom,” 95.

46 같은 책, 108.

47 Marshall, “Predestination,” 132. 이와 비슷하게 그는 “우리가 자신과 다른 사람 사이의 관계의 경로를 미리 정해 두는 사람에 관해 생각해 보려고 할 때……이런 관념은 논리적으로 자기모순적이다”라고 말한다(135).

48 같은 책, 133.

49 같은 책, 139-140.

50 Randall G. Basinger, “Exhaustive Divine Sovereignty: A Practical Critique,” in Pinnock, *The Grace of God, the Will of Man*, 94.

51 같은 책, 196.

52 같은 책, 204.

53 Cottrell, “The Nature of the Divine Sovereignty,” 113.

54 Cottrell, “The Nature of the Divine Sovereignty”에서는, 에베소서 1:11의 문맥을 살펴보면 우주 안의 만물이 포함되지 않고 구체적인 초점에 한정되어 있음을 알 수 있다고 주장한다. “이 초점은 그 뜻의 비밀(1:9)이며, 이는 유대인과 이방인을 연합하여 한 몸, 곧 교회가 되게 하는 것이다(3:6).” 따라서 이 구절은 “유대인과 이방인을 한 몸 안에서 한 머리 아래로 연합하기 위해 필요한 모든 일에 관해 말하고 있을 뿐”이라고 그는 말한다(116).

그러나 이 주장은 설득력이 없다. 자신이 찾고자 하는 에베소서 1:11의 “모든 일”에 대한 문맥상의 제한된 내용을 얻기 위해 코트렐은 에베소서 3:6으로 건너뛰어야만 했다. 이렇게 하면서 그는 바로 앞 절에 정의된, 이 문맥의 명확히 우주적인 범위를 무시한다. 사실 헬라어 본문에서는 두 절이 같은 문장 안에 속해 있다. “하늘에 있는 것이나 땅에 있는 것이 다('타 판타') 그리스도 안에서 통일되게 하려 하심이라”(엡 1:10). 하늘과 땅에 있는 모든 것은 우주 전체를 포함한다. 에베소서 1:21-22에서는 하나님이 그리스도를 높이셔서 “모든 통치와 권세와 능력과 주권과 이 세상뿐 아니라 오는 세상에 일컫는 모든 이름 위에 뛰어나게 하시고 또 만물을 그의 발 아래에 복종하게 하시고 그를 만물 위에 교회의 머리로 삼으셨느니라"고 추가적으로 설명한다. 다시 한번 그 범위는 보편적이다. 에베소서 1:9에서 언급하는 하나님 뜻의 "비밀"은 (3:6에서 말하는) 유대인과 이방인의 연합에 국한되지 않으며, 1:10에서 그리스도 안에서 만물을 하나가 되게 하는 계획으로 정의된다. 바울서신에서 '비밀'(헬라어 뮈스테리온)이라는 용어는 전에는 숨겨져 있었지만 이제 계시에 의해 알려진 무언가를 뜻하며, 다른 맥락에서 다른 것을 지칭할 수 있다. 예를 들어, 에베소서 5:32에서는 그리스도와 교회의 연합에 대한 상징인 결혼을 지칭하며, 고린도전서 15:51에서는 부활의 몸을 지칭한다.

55 이것은 지렛대를 사용해 바위를 옮기는 인간이라는 코트렐의 유비에도 적용된다. 그는 지렛대가 "참된 이차적 원인이 아니라 참된 원인이 사용하는 도구일 뿐"이라고 말한다("The Nature of the Divine Sovereignty," 104). 하지만 여기서 코트렐은 성경 자체의 증언이 아니라 인간 경험에서 취한 유비가 무엇이 참된 원인이고 무엇이 참된 원인이 아닌지를 결정할 수 있다고 가정하는 흔한 실수를 범한다. 지렛대를 사용해 바위를 움직이는 인간이라는 유비는 적절하지 않다. 왜냐하면 하나님은 인간보다 더 크시며, 참된 인격체인 우리는 그 어떤 지렛대보다 더 크기 때문이다.

56 아르미니우스주의의 이 근본 사상을 지지하는 성경적 근거가 없다는 점은 자유 의지에 관한 책 코트렐의 논의에서 명백히 드러난다. 칼뱅주의자들의 주장, 곧 우리는 자발적이며 의지에 따른 선택을 한다는 의미에서만 자유롭다고 주장한다고 정확히 설명한 뒤 코트렐은 이렇게 말한다. "하지만 내가 판단하기에 한 사람이 욕망에 따라 행동할 수 있는 능력만으로는 자유의 충분한 기준이 되지 못한다."("The Nature of the Divine Sovereignty," 103, 강조는 추가됨.) 이후에 그는 이 판단을 뒷받침하는 성경적 증거를 전혀 제시하지 않는다(103-104). 나로서는 코트렐이 인간 자유의 본질에 관한 비성경적 가정을 논의로 끌어들인 다음 칼뱅주의가 자신의 (비성경적) 기준에 미치지 못한다고 선언하고 있을 뿐이라고 답할 것이다.

57 Calvin, *Institutes*, 1:294-296 (2.3.5) 참조.

58 같은 책, 295 (2.3.5).

59 Cottrell, "The Nature of the Divine Sovereignty," 102-103. 마지막 부분 인용문의 출처는 James Daane, *The Freedom of God* (Grand Rapids: Eerdmans, 1973), 160이다.

60 하나님의 작정에 관해서는 641-642쪽을 보라.

61 나는 하나님이 오래전에 계획하신 반응이 진정한 반응이 아니라는 반론을 코트렐이 제기할 수 있을지 잘 모르겠다. 왜냐하면 그 역시 하나님이 우리의 행동을 미리 아시고 그에 대해 어떻게 반응하실지를 계획하신다고 말하기 때문이다. 그는 "창조 이전에 하나님은 자유 의지에 의해 이루어지는 모든 행동을 미리 아셨다.……어떤 것도 하나님을 놀라게 하지 못한다.……하나님은 이미 창조 전에 그분의 목적을 이루기 위해 그분의 세상에 언제 어떻게 개입하셔야 할지 알고 계셨다.……또한 하나님의 예지 덕분에 그분은 인간의 선택이 이루어지기도 전에 인간의 선택에 대해 어떻게 반응하고 그것을 사용하실지를 계획하실 수 있으시다"라고 말한다("The Nature of the Divine Sovereignty," 112). 하지만 만일 코트렐이 하나님이 인간의 선택에 어떻게 반응하실지 오래전에 계획하셨다고 기꺼이 말하고자 한다면, 우리가 기도하거나 행동할 때 하나님이 어떻게 반응하실지를 오래전에 작정하셨다는 칼뱅주의의 입장에 대해, 그는 어떻게 반론을 제기할 수 있는지 이해하기 어렵다.

62 Calvin, *Institutes*, 1:219-225 (1.17.7, 11).

63 Cottrell, "The Nature of the Divine Sovereignty," 111.

64 열린 신학에 관한 논의는 12장, 346-349쪽을 보라.

65 탈봇 신학교(Talbot School of Theology)와 휴스턴 침례교 대학교(Houston Baptist University)의 교수인 윌리엄 레인 크레이그는 거의 40년 동안 나의 친한 친구로서 기독교 변증학에 엄청난 기여를 했고 이것을 통

해 하나님 나라를 위해 많은 일을 했다. 나는 그의 사역으로 인해 하나님께 감사하며, 아래 내용이 친구 사이의 이견이라고 생각한다.

66 John D. Laing, *Middle Knowledge: Human Freedom in Divine Sovereignty* (Grand Rapids: Kregel, 2018); Kirk MacGregor, *Luis de Molina: The Life and Theology of the Founder of Middle Knowledge* (Grand Rapids: Zondervan, 2015); John Laing, Kirk MacGregor, and Greg Welty, eds., *Calvinism and Middle Knowledge: A Conversation* (Eugene, OR: Wipf & Stock, 2019) 참조.

67 William L. Craig, "Middle Knowledge, a Calvinist-Arminian Rapprochement?," in Pinnock, *The Grace of God, the Will of Man*, 141-164을 보라. 또한 Craig, *The Only Wise God: The Compatibility of Divine Foreknowledge and Human Freedom* (Grand Rapids: Baker, 1987) 참조.

68 Craig, "Middle Knowledge," 150-151.

69 같은 책, 147.

70 같은 쪽.

71 같은 책, 148.

72 같은 책, 157.

73 같은 책, 158. 또한 William Lane Craig, "No Other Name: A Middle Knowledge Perspective on the Exclusivity of Salvation through Christ," *Faith and Philosophy* 6, no. 2 (1989) 참조.

74 Craig, "Middle Knowledge," 151.

75 같은 책, 141-144.

76 John Frame, *Systematic Theology* (Phillipsburg, NJ: P&R, 2013), 325. (『존 프레임의 조직신학』 부흥과개혁사)

77 Craig, "Middle Knowledge," 151.

78 존 프레임은 크레이그의 주장, 곧 베드로가 그리스도를 부인했던 사건을 예로 든 것을 지적하면서 비슷한 주장을 한다. "일단 하나님이 베드로의 부인을 포함하는 (세계사를 포함하는) 세상을 창조하신다면 그 부인은 불가피하다. 그렇다면 이 시나리오 안에서 자유론적 자유의 여지가 과연 존재하는가? 일단 베드로가 창조되면 그의 부인은 불가피하다. 결정되어 있다고 말할 수도 있다.……베드로가 그의 부인을 하나의 사건으로 포함하는 세상의 일부라면, 그의 삶에서 일어나는 사건들이 그가 태어나기 전에 결정되어 있다면, 어떻게 베드로가 자유론적 자유 선택을 할 수 있는가?"(Frame, *Systematic Theology*, 326)

79 같은 책, 144.

80 같은 책, 148.

81 중간 지식에 대한 추가적인 논의는 Ware, *God's Greater Glory*, 110-130을 보라. (웨어는 하나님이 한 사람의 성향을 아시므로, 그 사람이 가지고 있는 가장 강한 성향에 따라 선한 선택이나 악한 선택을 하도록 동기를 부여할 환경들을 그 사람 주위에 배치하실 수 있는 가능성에 관한 흥미로운 논의를 제시한다.) 또한 J. A. Crabtree, "Does Middle Knowledge Solve the Problem of Divine Sovereignty?," in *The Grace of God, the Bondage of the Will, ed. Thomas Schreiner and Bruce Ware* (Grand Rapids: Baker, 1995), 2:429-457과 John Frame, *Systematic Theology* (Phillipsburg, New Jersey: P & R, 2013), 323-326을 보라.

82 Pinnock, "Responsible Freedom," 102.

83 Cottrell, "The Nature of Divine Sovereignty," 109.

84 하나님의 선하심과 거룩하심, 의로우심에 대한 성경의 증언에 관해서는 12장, 357-359, 364-366, 368-370쪽을 보라. 하나님의 불변성에 관해서는 11장, 297-304쪽을 보라.

85 Copyright © 2013 worshiptogether.com Songs (ASCAP) sixsteps Music (ASCAP) (adm. at CapitolCMG

17. 기적

기적이란 무엇인가?

오늘날에도 기적이 일어날 수 있는가?

설명과 성경적 기초

기적이라는 주제는 앞 장에서 살펴본 하나님의 섭리와 밀접하게 연결되어 있다. 앞에서 우리는 하나님이 피조물의 모든 영역에 대해 광범위하고 지속적이며 주권적인 통제를 행사하신다고 주장했다. 이번 장에서는 섭리에 관한 앞 장의 논의를 이해하고 있다고 전제하며 이에 근거하여 '기적'이라는 문제에 접근할 것이다.

A. 정의

기적miracle이란 사람들의 경외심과 놀라움을 불러일으키고 하나님을 증언하기 위해 하나님이 세상 안에서 일하는 흔하지 않은 방식이다.[1] 이 정의는 앞 장에서 다룬, 만물을 보존하고 통제하며 통치하시는 하나님의 섭리에 관한 이해를 전제한다. 섭리를 이처럼 이해한다면 기적에 대한 몇몇 다른 설명이나 정의를 자연스럽게 피할 수 있다.

예를 들어, 기적을 '세상에 대한 하나님의 직접적 개입'으로 정의하기도 한다. 하지만 이 정의는 세상이 저절로 지속되고 하나님은 가끔 세상에 개입하신다는 이신론적 관점을 전제한다. 물론 이것은 성경적 관점이 아니다. 성경적 관점에 따르면 하나님은 비가 내리게 하고,[마 5:45] 풀이 자라게 하며,[시 104:14] 그분의 말씀의 능력으로 계속해서 만물을 붙드신다.[히 1:3] 기적에 대한 또 다른 정의는 '세상 안에서 이루어지는 하나님의 더 직접적인 활동'이다. 하지만 하나님이 더 직접적으로 일하신다는 말은 그분의 통상적인 섭리적 활동이 직접적이지 않음을 암시하고, 다시 한번 이신론적 방식으로 하나님이 세상과 분리되어 있는 것처럼 보이게 한다.

또 다른 정의는 '하나님이 원하는 결과를 일으키기 위한 수단을 사용하지 않고 세상 안에서 일하심'이다. 하지만 하나님이 수단을 사용하지 않고 일하신다고 말한다면 성경 안에 기적이라고 말할 사건이 거의 없게 된다. 수단이 전혀 사용되지 않은 채 일어난 기적은 생각하기 힘들기 때문이다. 예를 들어, 사람을 치유할 때 의심할 나위 없이 아픈 사람의 몸의 몇몇 신체적 속성이 그 치유 사건의 일부로 참여했다고 볼 수 있다. 예수께서 떡과 물고기로 수많은 사람을 먹였을 때 적어도 보리떡 다섯 개와 물고기 두 마리를 사용하셨다. 물을 포도주로 변화시켰을 때는 물을 사용해서 포도주가 되게 하셨다. 이 정의는 부적절해 보인다.[2]

기적의 또 다른 정의는 '자연 법칙에 대한 예외' 또는 '자연 법칙과 모순되는 하나님의 활동'이다. 이 정의는 조금 더 낫지만, 대중적인 이해에서 '자연 법칙'이라는 단어는 존재하는 것들 안에 내재된 특정한 속성, 곧 하나님과 독립적으로 작동하는 자연 법칙이 존재하며 기적이 일어나기 위해서는 하나님이 이런 법칙에 개입하거나 이것을 깨뜨리셔야 함을 암시한다.[3] 이 정의도 섭리에 관한 성경의 가르침을 적절히 설명하지 못한다.

기적의 또 다른 정의는 '자연적 원인으로 설명할 수 없는 사건'이다. 이 정의가 부적절한 이유는 (1) 기적을 일으키는 분이신 하나님이 포함되어 있지 않고 (2) 하나님이 특이하거나 놀라운 방식으로 일할 때 자연적 원인을 사용하지 않으시며, 따라서 하나님이 세상에 가끔 개입하신다고 가정하며, (3) 실제로 일어난 기적을 축소하고 회의론을 확대하는 결과를 가져올 것이기 때문이다. 하나님이 기도에 대한 응답으로 일하시는 많은 경우, 기도한 사람들에게 그 결과는 놀라운 것이다. 하지만 하나님이 친히 일하셨다고 보기를 거부하는 회의론자에게는 그것을 자연적 원인으로 설명하므로 절대적으로 불가능한 것은 아니다.

그러므로 처음에 제시한 정의, 곧 기적을 사람들의 경외심과 놀라움을 불러일으키고 하나님을 증언하기 위해 하나님이 세상 안에서 일하는 흔하지 않은 방식이라고 정의하는 편이 더 나아 보이며 하나님의 섭리에 관한 성경의 교리와도 더 잘 어울리는 것처럼 보인다. 이 정의는 기적이 하나님이 일하시는 다른 종류의 방식이 아니라 흔하지 않은 방식이며, 하나님이 그분 자신을 증언하는 방식으로 사람들의 놀라움과 경외심, 감탄을 불러일으키기 위해 그처럼 일하신다고 말한다. (이 정의에 따르면 중생, 곧 거듭남도 사람들의 삶에 자주 일어나는 놀라운 변화 때문에 기적으로 이해할 수 있다.34장)

기적을 뜻하는 성경의 용어는 사람들의 놀라움과 감탄을 불러일으키는 하나님의 능력이라는 관념과 연결되는 경우가 많다. 일차적으로 세 부류의 용어가 사용된다. (1) 표적오트(히), 세메이온(헬)은 다른 무언가, 특히 (기적과 관련해) 하나님의 행동과 능력을 가리키거나 지시하는 무언가를 뜻한다. (2) 기사모페트(히), 테라스(헬)는 사람들로 하여금 감탄하거나 깜짝 놀라게 하는 사건을 뜻한다.[4] (3) 기적이나 권능게부라(히), 뒤나미스(헬)은 위대한 능력, 특히 (기적과 관련해) 하나님의 능력을 나타내는 행동을 뜻한다.[5] "표적과 기사"는 기적을 지칭하는 표준적인 표현으로 사용되는 경우가 많고,출 7:3; 또한 신 6:22; 시 135:9; 행 4:30; 5:12; 롬 15:19 참조 "권능과 기사와 표적"행 2:22이나 "표적과 기사와 능력"고후 12:12; 히 2:4처럼 세 용어를 동시에 사용할 때도 있다.

기적을 지칭하는 용어의 의미에 더해 우리의 정의를 지지하는 또 다른 이유는 성경의 기적이 사람들의 경외심과 놀라움을 불러일으키고 하나님의 능력이 행사되고 있음을 말해 준다는 사실이다. 성경은 하나님이 기적 또는 놀라운 일을 행하는 분이라고 자주 말한다. 시편 136:4은 하나님이 "홀로 큰 기이한 일들을 행하시는" 분이라고 말한다.시 72:18 모세의 노래에서는 이렇게 선언한다.

> 여호와여 신 중에 주와 같은 자가 누구니이까. 주와 같이 거룩함으로 영광스러우며 찬송할 만한 위엄이 있으며 기이한 일을 행하는 자가 누구니이까.출 15:11

모세의 지팡이가 뱀으로 변했다가 다시 지팡이로 변했을 때나 그의 손에 나병이 생겼다가 다시 깨끗해졌을 때, 모세가 행한 표적출 4:2-8은 하나님이 그를 보내셨음을 이스라엘 백성에게 증명할 수 있도록 주어졌다. 마찬가지로 하나님이 모세와 아론의 손을 통해 행하신 열 재앙의 표적은 바로 궁정의 마술사들이 행한 거짓 기적이나 가짜 표적을 훨씬 능가했으며출 7:12; 8:18-19; 9:11 이로써 이스라엘 백성이 유일한 참 하나님을 예배하고 있음을 보여주었다. 엘리야가 갈멜 산에서 바알의 제사장들과 대결했을 때 왕상 18:17-40 하늘에서 내려온 불 역시 주께서 유일한 참 하나님이심을 입증했다.

만일 기적이 '사람들의 경외심과 놀라움을 자아내고 하나님을 증언하기 위해 하나님이 세상 안에서 일하시는 흔하지 않은 방식'이라는 정의를 받아들인다면, 무엇을 기적으로 간주해야 하는지를 물을 수 있다. 물론 예수께서 신인으로 성육신하고 죽은 자 가운데서 부활하신 사건을 역사 전체에서 핵심적이고 가장 중요한 기적으로 간주하는 것은 옳다. 홍해가 갈라진 사건을 포함한 출애굽 사건과 여리고 함락은 놀라운 기적이었다. 예수께서 사람들을 치유하고 나병환자를 깨끗하게 하고 귀신을 내쫓으시는 등의 사건들도 분명히 기적이었다. 마 11:4-5; 눅 4:36-41; 요 2:23; 4:54; 6:2; 20:30-31 참조

하지만 기도에 대한 특별한 응답을 기적으로 간주할 수 있는가? 사람들의 경외심과 놀라움을 불러일으키고 그들로 하여금 하나님의 능력을 인정하게 할 정도로 놀라운 사건이라면 기적으로 간주할 수 있을 것이다. 하나님께 하늘로부터 불이 내려오기를 간구했던 엘리야의 기도에 대한 응답, 왕상 18:24, 36-38 그 외에도 과부의 죽은 아들이 다시 살아나기를 간구했던 그의 기도에 대한 응답, 왕상 17:21 비가 그치기를 간구하고, 그다음 다시 비가 내리기를 간구했던 그의 기도에 대한 응답 왕상 17:1; 18:41-45; 약 5:17-18 은 기적이었다. 신약에서 교회의 기도에 대한 응답으로 베드로가 감옥에서 풀려난 것은 분명히 기적이었다. 행 12:5-7; 행 28:8 참조 하지만 이런 사건들처럼 극적이지 않은 수많은 기적이 있었을 것이다. 예수께서는 수백 명의 "온갖 병자들"을 치유하셨기 때문이다. 눅 4:40 바울도 "섬 가운데 다른 병든 사람들"을 고쳤다. 행 28:9

다른 한편으로, 그리스도인들은 날마다 기도 응답을 목격한다. 그렇다고 기적에 대한 우리의 정의를 약화시켜 모든 기도 응답을 기적으로 불러서는 안 된다. 하지만 관련된 사람들이 놀라고 하나님의 능력이 특별한 방식으로 행사되고 있음을 인정할 정도로 기도 응답이 놀라운 것이라면 그것을 기적이라고 부르는 것이 적절해 보인다.[6] 이것은 우리의 정의와 부합하고 사람들의 경외심과 놀라움을 불러일으키는 하나님의 일을 기적뒤나미스으로 부르는 성경의 증거에 의해 지지를 받는 것으로 보인다.[7]

하지만 기적의 폭넓은 정의를 채택하든 협소한 정의를 채택하든, 하나님이 우리의 기도에 응답하여 흔한 방식이든 흔하지 않은 방식이든 참으로 일하신다면, 우리가 이것을 인정하고 그분께 감사하는 것이 중요하며, 이를 무시하거나 하나님이 기도에 응답하여 실제로 행하신 일을 다른 자연적 원인으로 설명하려고 애써 노력하지 않는 것이 중요하다. 우리는 기도 응답을 자세히 설명하려고 할 때 과장하지 않으려고 조심해야 하지만, 동시에 하나님이 행하신 일에 대해 그분께 영광을 돌려야 한다.

B. 새 언약 시대의 특징으로서 기적

신약에서 예수의 표적은 그분이 하나님으로부터 오셨음을 증언했다. 니고데모는 "하나님이 함께하시지 아니하시면 당신이 행하시는 이 표적을 아무도 할 수 없음이니이다"라고 인정했다.[요 3:2] 예수께서 물을 포도주로 변화시킨 사건은 "그의 영광을 나타내"는 "표적"이었다. 그리고 "제자들이 그를 믿"었다.[요 2:11] 베드로는 "하나님께서 나사렛 예수로 큰 권능과 기사와 표적을 너희 가운데서 베푸사 너희 앞에서 그를 증언하셨느니라"고 말했다.[행 2:22]

이후 초대교회에서 복음을 선포했던 사도들은 사람들을 놀라게 하고 선포되는 복음을 확증하는 기적을 행했다.[행 2:43; 3:6-10; 4:30; 8:6-8, 13; 9:40-42 등] 사도들이 없는 교회에서도 기적이 일어났다. 예를 들어, 바울은 갈라디아 교회에 보낸 편지에서 다음과 같이 묻는다. "너희에게 성령을 주시고 너희 가운데서 능력을 행하시는 이의 일이 율법의 행위에서냐 혹은 듣고 믿음에서냐."[갈 3:5] 비슷하게 그는 고린도 교회 안의 "능력을 행하는 자"에 관해 언급하며,[고전 12:28] "능력 행함"이 성령께서 주시는 은사라고 말한다.[고전 12:10] 고린도전서 12:4-31은 고린도의 특수한 상황이 아니라, 수많은 지체로 이루어져 있지만 하나의 몸인 "그리스도의 몸", 곧 교회의 본질에 관해 논하고 있기 때문에 이 두 구절은 특히 중요하다.[8]

기적이 일어난다는 것은 신약 교회의 특징인 것처럼 보인다. 워필드는 1918년에 "사도적 교회는 특징적으로 기적을 행하는 교회였다"라고 썼다.[9] 구약에서 기적은 일차적으로 모세와 엘리야, 엘리사처럼 당대의 두

드러진 지도자 한 사람과 관련되어 일어났던 것처럼 보인다. 하지만 신약에 와서 예수께서 그분의 사역을 시작하실 때 기적이 갑자기, 그리고 전례 없이 늘어났다.눅 4:36-37, 40-41 하지만 구약의 경향과 대조적으로 기적을 행하고 귀신을 내쫓는 권위는 예수께만 국한되지 않았고, 예수께서 하늘로 올라가신 뒤에도 기적은 사라지지 않았다. 예수께서 사역하시는 동안에도 그분은 열두 제자뿐 아니라 칠십 제자에게도 병자를 고치고 귀신을 내쫓는 권위를 주셨다.눅 10:1, 9, 17-19; 마 10:8; 눅 9:49-50 참조 그뿐만 아니라 위에서 언급한 고린도전서와 갈라디아서 본문은 기적을 행함이 칠십 제자에 국한되지 않고 갈라디아 지역의 교회들과 신약 교회들의 전반적인 특징이었다고 말한다. 이는 기적을 신약 교회의 특징이자 오순절에 시작되어 교회 시대 동안 계속될 것으로 예상할 수 있는 성령의 강력한 새로운 사역의 증거로 볼 수 있음을 암시한다.[10]

C. 기적의 목적

기적의 한 가지 목적은 복음의 메시지가 참되다는 것을 입증하는 것이다. 니고데모 같은 사람들이 인정했듯이 이 점은 예수의 사역에서 분명히 나타났다. "우리가 당신은 하나님께로부터 오신 선생인 줄 아나이다. 하나님이 함께하시지 아니하시면 당신이 행하시는 이 표적을 아무도 할 수 없음이니이다."요 3:2 이는 또한 예수의 말씀을 들은 이들이 복음을 선포했다는 것을 통해 분명히 드러났다. 그들이 복음을 선포할 때 "하나님도 표적들과 기사들과 여러 가지 능력과 및 자기의 뜻을 따라 성령이 나누어 주신 것으로써 그들과 함께 증언하셨"기 때문이다.히 2:4 복음이 먼저 선포되었을 때신약이 기록되기 이전만 이 목적이 유효했는지, 아니면 교회 시대 동안 유효한지는 기적이 무엇을 확증하는지에 달려 있다. 기적은 (하나님의 말씀인) 성경 말씀의 절대적 진실성만을 확증하는가, 아니면 복음이 선포될 때마다 복음의 진실성을 확증하기 위해 주어지는가? 다시 말해, 기적은 성경을 확증하는가, 아니면 복음을 확증하는가? 아래서 살펴보겠지만 기적은 성경을 기록하거나 사도적 권위를 가지고 말한 사람들에게만 국한되지 않았다.[11] 이것은 복음의 확증을 위해 주어지는 기적이 교회 시대 동안 계속될 것이라고 예상할 수 있음을 암시한다.

기적이 일어날 때 그것은 하나님이 복음과 관련해 참으로 일하고 계신다는 증거를 제공하고, 따라서 기적은 복음을 전하는 데 기여한다. 사마리아 여인은 자기 마을 사람들에게 "내가 행한 모든 일을 내게 말한 사람을 와서 보라"고 선언했고,요 4:29 많은 사마리아인들이 그리스도를 믿었다. 예수의 사역에서 그런 경우가 많았지만 초대교회에서도 마찬가지였다.

> [빌립이 사마리아의 한 도시에 이르렀을 때] 무리가 빌립의 말도 듣고 행하는 표적도 보고 한마음으로 그가 하는 말을 따르더라. 많은 사람에게 붙었던 더러운 귀신들이 크게 소리를 지르며 나가고 또 많은 중풍병자와 못 걷는 사람이 나으니 그 성에 큰 기쁨이 있더라.행 8:6-8

애니아라는 중풍병자가 치유를 받았을 때 "룻다와 사론에 사는 사람들이 다 그를 보고 주께로 돌아"왔다.행 9:35 다비다가 죽은 자 가운데서 다시 살아났을 때 "온 욥바 사람이 알고 많은 사람이 주를 믿"었다.행 9:42 모든 경우에 기적은 복음의 메시지가 참되다는 것을 증명했다. 이 구절들과 비슷한 다른 구절들은 사람들을 믿음으로 이끄는 기적의 긍정적 가치를 반복적으로 보여준다.[12]

신약에서 기적의 두 번째 목적은, 하나님 나라가 임했으며 그 유익한 결과가 사람들의 삶에 나타나기 시작했음을 보여주는 것이다. 예수께서 행한 기적의 결과는 하나님 나라의 특징을 드러내기 때문이다. 예수께서는 "내가 하나님의 성령을 힘입어 귀신을 쫓아내는 것이면 하나님의 나라가 이미 너희에게 임하였느니라"고 말씀하셨다.마 12:28 사탄의 파괴적 힘에 대한 그분의 승리는 하나님 나라가 어떤 모습인지를 보여주었다. 이렇게 모든 치유의 기적이나 악마적 억압으로부터의 해방이라는 기적은 하나님 나라를 드러내며 예수의 사역을 성취하는 데 기여했다. 왜냐하면 그분께 주의 성령이 임하셨고 이로써 그분은 "가난한 자에게 복음을 전하"시며 "포로 된 자에게 자유를 눈 먼 자에게 다시 보게 함을 전파하며 눌린 자를 자유롭게 하"셨기 때문이다.눅 4:18

이와 비슷하게 예수께서는 제자들에게 "모든 귀신을 제어하며 병을 고치는 능력과 권위"를 주셨으며 "하나님의 나라를 전파하며 앓는 자를 고치게 하려고" 그들을 보내셨다.[눅 9:1-2] 그분은 그들에게 "가면서 전파하여 말하되 천국이 가까이 왔다 하고 병든 자를 고치며 죽은 자를 살리며 나병환자를 깨끗하게 하며 귀신을 쫓아내"라고 명령하셨다.[마 10:7-8; 또한 마 4:23; 9:35; 행 8:6-7, 13 참조]

기적의 세 번째 목적은 도움이 필요한 이들을 돕는 것이다. 여리고 근처에서 맹인 두 사람이 "우리를 불쌍히 여기소서"라고 외쳤을 때 예수께서 "불쌍히 여기사" 그들을 고쳐 주셨다.[마 20:30, 34] 5천 명을 기적적으로 먹이신 사건[마 14:13-21]도 이 범주에 속한다. 마찬가지로 예수께서는 큰 무리를 보며 "불쌍히 여기사 그중에 있는 병자를 고쳐 주"셨다.[마 14:14; 또한 눅 7:13 참조] 여기서 기적은 도움이 필요한 이들을 향한 그리스도의 긍휼을 증언한다.

기적의 네 번째 목적은 사람들의 사역에 대한 장애물을 제거하는 것이다. 예수께서 베드로의 장모를 치유하자마자 그가 "일어나서 예수께 수종들"었다.[마 8:15] 하나님이 에바브로디도를 긍휼히 여기어(기적적인 수단을 통해서든 아니든 바울은 빌립보서 2:27에서 하나님의 긍휼 덕분이었다고 말한다) 그의 건강을 회복시키셨을 때 에바브로디도는 바울을 섬길 수 있었고 빌립보 교회로 돌아가 메신저의 역할을 완수할 수 있었다.[빌 2:25-30] 본문에서는 주께서 베드로를 통해 다비다[또는 도르가]를 죽은 자 가운데서 다시 살리신 뒤,[행 9:40-41] (명시적이지 않지만) 다른 이들의 필요를 위한 그의 선행을 목격한 사람들을 언급함으로써[행 9:39] 그가 "선행과 구제하는 일"[행 9:36]을 재개했다고 암시한다. 기적적인 은사가 교회 안에서 사용될 때 덕이 세워질 것이라고 바울이 예상했다는 사실[고전 12:7; 14:4, 12, 26]도 이와 연관이 있으며, 사역에 대한 물리적 장애물을 제거하는 것은 분명히 교회의 덕을 세우는 데 기여할 것이다.

마지막으로, 기적의 다섯 번째 목적[또한 다른 모든 목적을 아우르는 목적]은 하나님께 영광을 돌리는 것이다. 예수께서 중풍병자를 고치셨을 때 무리는 "두려워하며 이런 권능을 사람에게 주신 하나님께 영광을 돌"렸다.[마 9:8] 이와 비슷하게 예수께서는 날 때부터 맹인이 된 사람은 "그에게서 하나님이 하시는 일을 나타내고자" 맹인이 되었다고 말씀하셨다.[요 9:3]

D. 기적은 사도들에게 국한되었는가?

1. 특이할 정도로 사도의 사역에 집중된 기적

어떤 이들은 기적이 사도들에게 또는 사도들과 밀접한 연관이 있는 사람들에게 국한되었다고 주장해 왔다. 그들의 주장을 검토하기 전에 나는 기적이 집중적으로 일어났다는 점이 그리스도의 특별한 대표자인 사도들의 특징이라고 생각한다. 예를 들어, 하나님은 사도들, 특히 베드로와 바울을 통해 특별한 기적이 이루어지는 것을 허락하기를 기뻐하셨다.

> 사도들의 손을 통하여 민간에 표적과 기사가 많이 일어나매……믿고 주께로 나아오는 자가 더 많으니 남녀의 큰 무리더라. 심지어 병든 사람을 메고 거리에 나가 침대와 요 위에 누이고 베드로가 지날 때에 혹 그의 그림자라도 누구에게 덮일까 바라고 예루살렘 부근의 수많은 사람들도 모여 병든 사람과 더러운 귀신에게 괴로움 받는 사람을 데리고 와서 다 나음을 얻으니라.행 5:12-16

이와 비슷하게 바울이 에베소에 있을 때 "하나님이 바울의 손으로 놀라운 능력을 행하게 하시니 심지어 사람들이 바울의 몸에서 손수건이나 앞치마를 가져다가 병든 사람에게 얹으면 그 병이 떠나고 악귀도 나"갔다.행 19:11-12 [13] 또 다른 예를 다비다의 부활에서 확인할 수 있다. 그가 죽었을 때 욥바의 제자들은 베드로에게 사람을 보내 다비다가 죽은 자 가운데서 다시 살아날 수 있도록 와서 기도해 달라고 간청했다.행 9:36-42 그들은 하나님이 베드로에게 (또는 일반적으로 사도들에게) 특이할 정도로 집중적인 기적의 능력을 주셨다고 생각했기 때문일 것이다. 바울의 사역도 전반적으로 기적적인 사건에 의해 특징지어졌다. 그는 로마인들에게 그리스도께서 "표적과 기사의 능력으로 성령의 능력으로" 이방인들을 순종으로 이끌기 위해 그를 통해 행하신 일들에 관해 이야기함으로써 자신의 사역을 요약하기 때문이다.롬 15:19

그럼에도 기적이 사도들의 사역에 집중적으로 나타났다는 사실은 다른 이들이 아무런 기적도 행하지 않았음을 증명하지는 않는다. 앞서 분명히 보았듯이, "능력 행함"고전 12:10과 다른 기적의 은사들(고전 12:4-11에서 여러 가지가 언급된다)은 고린도 교회가 행한 통상적 활동의 일부였고 바울은 하나님이 갈라디아 지역의 교회들 안에서도 "능력을 행하"신다는 것을 알고 있었다.갈 3:5

2. 고린도후서 12:12이 말하는 "사도의 표"란 무엇인가?

그렇다면 왜 일부에서는 기적이 사도를 구별 짓는 "사도의 표"라고 주장해왔는가? 그들의 주장은 대부분 고린도후서 12:12을 근거로 삼는다. 여기서 바울은 "사도의 표가 된 것은 내가 너희 가운데서 모든 참음과 표적과 기사와 능력을 행한 것이라"고 말한다.고후 12:12 [14] 이 본문에서는 사도들또는 그들의 가까운 동역자이 아닌 다른 사람들은 그 권위를 가지고 있지 않았거나 표적을 행할 수 없었음을 암시한다고 그들은 주장한다.[15] 더 나아가 그들은 사도들과 그들의 가까운 동역자들이 죽었을 때 기적이 중단되었다고 주장한다. 그러므로 오늘날에는 더 이상 기적을 기대할 수 없다고 결론 내린다. (이 입장을 견지하는 이들을 은사중지론자cessationists라고 부르기도 한다. 이들은 교회사 초기에 기적이 중단cessation되었다고 주장하기 때문이다.)

이 주장을 뒷받침하기 위해 사용하는 핵심 본문은 고린도후서 12:12이다.

사도의 표가 된 것은 내가 너희 가운데서 모든 참음과 표적과 기사와 능력을 행한 것이라.

이 구절을 어떻게 해석할 것인지 생각할 때 문맥에 주의를 기울이는 것이 중요하다. "사도의 표"에 관해 말할 때 바울은 자신이 사도가 아닌 다른 그리스도인들과 구별되는 사도임을 증명하려고 한 것이 아니다. 오히려 그는 자신이 "거짓 사도",고후 11:13 그리스도의 거짓된 대표자, "의의 일꾼"고후 11:14-15을 자처하는 사탄의 일꾼들과 구별되는 그리스도의 참된 대표자임을 증명하려고 했다. 간단히 말해 기적을 행할 수 있는 사도와 그럴 수 없는 평범한 그리스도인을 대조하는 것이 아니라, 성령을 통해 일하는 참된 그리스도의 사도와 그렇지 않으면서 사도직을 주장하는 비그리스도인을 대조한다. 그러므로 "사도의 표"를 기적으로 이해한다고 하더라도, 이 본문을 근거로 오늘날 그리스도인들을 통해 기적이 일어날 수 없다고 주장하는 이들은 "사도의 표"라는 구절을 바울이 의도하지 않은 방식으로 사용하는 것이다. 바울은 자신을 비그리스도인들과 구별하지만, 은사중지론자는 바울을 다른 그리스도인들과 구별하기 위해 이 본문을 사용한다.

이뿐만 아니라 고린도후서 12:12을 자세히 살펴보면 이 본문에서 "사도의 표"라는 용어가 표적을 의미한다는 해석이 의심스럽다는 것을 알 수 있다. 이 구절에서 바울은 "사도의 표"와 그가 "표적과 기사와 능력"이라고 부르는 기적을 구별하며, 기적이 "사도의 표"와 함께 행해졌다고 지적한다. "사도의 표가 된 것은 내가 너희 가운데서 모든 참음과 표적과 기사와 능력을 행한 것이라."[16] "표적과 기사와 능력"이라는 용어는 기적을 뜻하는 세 단어를 모두 사용하고 있으며, 따라서 기적을 가리키는 것이 분명하다("표적과 기사"라는 표현이 행 4:30; 5:12; 14:3; 15:12; 롬 15:19; 히 2:4 등에 사용되고 있음에 주목하라). 그러므로 "사도의 표"라는 용어는 다른 무언가, 곧 이런 표적과 기사가 동반되는 무언가를 가리킨다고 보아야 한다.

표세메이온라는 단어가 종종 기적을 뜻하지만, 이 단어는 단순한 기적보다 더 폭넓은 범위에서 의미를 가진다. '세메이온'은 "다른 무언가를 지시하거나 가리키는 것"을 뜻한다.[17] 고린도후서 12:12의 "사도의 표"는 바울의 사도적 선교를 특징지으며, 그가 참된 사도임을 보여주는 모든 것으로 이해하는 것이 최선이다.[18] 이 표가 무엇인지 추측할 필요는 없다. 고린도후서의 다른 곳에서 바울은 자신이 참된 사도임을 말해 주는 특징을 설명하고 있기 때문이다.

1. 악과 투쟁하는 영적 힘(10:3-4, 8-11; 13:2-4, 10)
2. 교회의 안녕을 열정적으로 돌봄(11:1-6)
3. 예수와 그분의 복음 계획에 관한 참된 지식(11:6)
4. 자급(사심이 없는 헌신) (11:7-11)
5. 교회를 이용하지 않음, 폭력을 행사하지 않음(11:20-21)
6. 그리스도를 위해 고난과 역경을 견딤(11:23-29)
7. 하늘에 이끌려 올라감(12:1-6)
8. 육체의 가시를 견뎌 낼 수 있는 만족과 믿음(12:7-9)

첫 번째 항목에는 기적이 포함될 수도 있겠지만, 이것은 분명히 그가 말하는 "사도의 표"의 일차적인 초점이 아니다.

고린도후서 12:12에서 말하는 "사도의 표"가 이 모든 것이며 단순히 기적이 아님을 보여주는 또 다른 증거는 바울이 "사도의 표가 된 것은 내가 너희 가운데서 모든 참음……을 행한 것이라"고 말한다는 사실이다. "사도의 표가 된 것은 모든 참음……을 행한 것"이라는 말은 이해가 되지 않을 수 있다. 기적은 빠르게 일어나기 때문이다. 하지만 '사도의 표가 된 것은 그리스도처럼 역경을 견뎠기 때문'이라고 이해하면 단어의 뜻이 통한다.

이 목록 어디에서도 기적이 자신의 참된 사도직을 증명한다고 바울이 주장하지 않는다는 점에 주목해야 한다. 바울이 언급한 것 대부분은 그를 다른 참된 그리스도인들과 구별시키지 않는다. 하지만 이러한 언급은 그를 사탄의 종들, 그리스도인이 아닌 거짓 사도들과 구별시킨다. 그들의 삶은 겸손이 아니라 교만으로, 이타심이 아니라 이기심으로, 후히 베풂이 아니라 탐욕으로, 다른 이들의 유익을 구함이 아니라 다른 이들을 이용함으로, 육신적인 약함 속의 영적 능력이 아니라 타고난 힘에 대한 확신으로, 고난과 역경을 견딤이 아니라 자신의 안위를 구함으로 특징지어질 것이다.[19] 바울이 그들 사이에서 그리스도를 닮은 모습으로 행동할 때, 그의 행동은 자신이 사도라는 주장이 참되다는 "표"였다. 따라서 그런 행동은 "사도의 표"였다. 이 맥락에서 참된 사도를 구별 짓는 "표"는 그와 다른 그리스도인들 사이의 절대적 차이를 보여주는 것일 필요가 없으며, 그의 사역이 거짓 사역과 다르게 참된 것임을 보여주는 것이면 된다. 여기서 그는 고린도인들에게 누가 다른 그리스도인들과 구별되는 사도인지 아는 법을 말하고 있는 것이 아니다(이에 관해 고전 9:1-2; 15:7-11; 갈 1:1, 11-24은 부활하신 그리스도를 만나고 그분께 사도직을 부여받은 사람이 사도라고 말한다). 즉 여기서 그는 무엇이 그리스도께서 인정하시는 참된 사역인지 아는 법을 말하고 있다.

그렇다면 그는 왜 참된 사도의 이 모든 "표"가 고린도인들 사이에서

"표적과 기사와 능력"으로 행해졌다고 덧붙였는가? 그는 앞에서 언급한 자신의 참된 "사도의 표"에 한 가지 추가적인 요소를 덧붙이고 있을 뿐이다. 물론 기적은 바울의 메시지의 진실성을 확증하는 중요한 역할을 했으며, 여기서 바울은 고린도인들이 "사도의 표"라는 말에 포함된다고 전제했을 수도 있고 그렇지 않을 수도 있는 것을 명시적으로 말하고 있다. 참된 사도의 이 모든 다른 "표"에 더해 그의 사역은 하나님 능력의 기적적인 나타남이라는 요소도 보여주었다.[20]

기적이 누군가가 사도임을 증명할 수 없는 또 하나의 중요한 이유가 있다. 신약의 광범위한 맥락에서 스데반,[행 6:8] 빌립,[행 8:6-7] 갈라디아의 몇몇 교회의 그리스도인들,[갈 3:5] 그리스도의 몸에 속한 기적의 은사를 받은 사람들[고전 12:10, 28]처럼 사도가 아닌 사람들도 기적을 행했다. 따라서 기적을 배타적인 "사도의 표"로 간주할 수 없다. 실제로 고린도전서 12:28에서 "능력"과 "병 고치는 은사"는 "사도"와 구별된다. "하나님이 교회 중에 몇을 세우셨으니 첫째는 사도요. 둘째는 선지자요. 셋째는 교사요. 그다음은 능력을 행하는 자요. 그다음은 병 고치는 은사와 서로 돕는 것과 다스리는 것과 각종 방언을 말하는 것이라."

마가복음 16:17-18에서도 비슷한 증거를 확인할 수 있다. 이 본문이 본래 마가복음의 일부인지에 대한 의문이 있지만,[21] 그럼에도 이 본문은 매우 초기의 것이며,[22] 설령 이 본문을 마가복음의 일부로 간주하지 않는다고 해도 최소한 초대교회 내부 전통의 한 흐름을 증언하는 것은 분명하다. 본문에서 예수께서는 이렇게 말씀하신다.

> 믿는 자들에게는 이런 표적이 따르리니 곧 그들이 내 이름으로 귀신을 쫓아내며 새 방언을 말하며 뱀을 집어 올리며 무슨 독을 마실지라도 해를 받지 아니하며 병든 사람에게 손을 얹은즉 나으리라.

여기서도 기적을 행하는 능력을 그리스도인이 흔히 지닌 능력으로 전제한다. 이 초기 전통을 기록하고 전수하며, 이것이 예수의 참된 가르침을 표상한다고 생각했던 사람들은 기적이 사도들과 그들의 가까운 동역자들에게 국한될 것이라는 관념을 전혀 몰랐다.[23]

신약에서 사도들 외에 다른 사람들이 기적을 행했다는 주장에 대한 대응으로, 기적을 행할 수 있었던 이들은 사도들과 그들의 가까운 동역자들이나 사도들이 안수했던 사람들뿐이라고 주장하기도 한다.[24] 하지만 실제로 이것이 증명되는 바는 거의 없다. 신약 교회의 이야기는 사도들과 그들의 가까운 동역자들을 통해 이루어진 일에 관한 이야기이기 때문이다. 만일 그렇다면 전도나 교회 설립에 관해서도 비슷한 주장을 할 수 있을 것이다. "신약에서는 사도들과 그들의 가까운 동역자들만 교회를 세웠다. 그러므로 오늘날 우리는 교회를 세우지 말아야 한다." 또는 "신약에서는 사도들과 그들의 가까운 동역자들만 다른 나라에 가서 선교를 했다. 그러므로 오늘날 우리는 다른 나라에 가서 선교 사역을 해서는 안 된다." 이 유비는 이런 방식의 주장이 부적절함을 잘 보여준다. 신약은 일차적으로 교회가 어떻게 활동해서는 안 되는지가 아니라 어떻게 활동해야 하는지를 보여준다.

하지만 1세기 교회에서 다른 많은 그리스도인들이 성령의 능력을 통해 기적을 행했다면, 기적을 행하는 능력이 사도들을 다른 그리스도인들과 구별시키는 "표"였을 리가 없다.

3. 기적에 관한 노먼 가이슬러의 제한적인 정의

최근에 오늘날 기적이 일어날 수 있음을 부인하는 사람으로는 노먼 가이슬러가 있다.[25] 가이슬러는 이번 장에서 제시한 것보다 기적을 더 제한적으로 정의하며, 이 정의를 활용해 오늘날 기적이 가능하지 않다고 주장한다. "기적은 (1) 언제나 성공적이고 (2) 즉각적이며 (3) 원상 복귀가 없고 (4) 하나님의 메신저에 대한 확증을 제공한다"고 가이슬러는 말한다.[26] 그는 예수의 사역에서 이 주장의 근거를 찾지만, 예수 외에 기적을 행하는 능력을 지녔던 다른 이들이 성공적이지 않았던 적이 없었음을 보여주려고 할 때 그의 주장은 설득력이 더 약해진다. 제자들이 귀신으로부터 해방시켜 주려고 했지만 실패했던 귀신 들린 소년[마 17:14-21]에 관해, 가이슬러는 "제자들이 그때 예수께서 이미 그들에게 주신 능력을 신실하게 실행하는 법을 잊어버렸을 뿐"이라고 말한다.[27] 하지만 이 주장은 설득력이 떨어진다. 가이슬러는 기적을 행하는 능력은 언제나 성공적이었다고 말하며, 성공하지 못한 (따라서 그의 주장과 모순되는) 몇몇 사람들에 관해서는 단지 그들이 "잊어버렸다"고 주장할 뿐이다.[28] 그러나 예수께서는 가이슬러와 다른 이유를 제시하신다. "너희 믿음이 작은 까닭이니라."마 17:20 믿음이 작았기 때문에 기적을 행할 수 있는 능력도 작았다.

바울이 에바브로디도를 고치지 못한 것빌 2:27에 관해 가이슬러는 아마도 (그가 감옥에 갇힌 그를 찾아갔으며 너무 고통스러워 죽을 뻔했음에도 불구하고) 바울이 에바브로디도를 고치려고 한 적이 없었거나 "이때 바울이 치유의 은사를 더 이상 소유하고 있지 않았다"는 의심스러운 주장을 할 수밖에 없었다.[29] 그는 바울이 병든 드로비모를 밀레도에 남겨 두었다는 사실딤후 4:20에 관해서도 동일한 주장을 한다. 이 경우에 가이슬러는 기적이 사도들의 죽음과 함께 종식되었다는 통상적인 은사중지론을 넘어선다. 즉 그는 바울의 삶에서 기적은 로마에서 수감되기 전에 중단되었다고 주장하고 있다. "표적과 기사의 능력으로 성령의 능력으로" 거듭 특징지어졌던 사역을 행했으며,롬 15:19 마지막 서신에서 "나는 선한 싸움을 싸우고 나의 달려갈 길을 마치고 믿음을 지켰으니"딤후 4:7라고 당당히 말할 수 있었던 바울에 관해 이는 설득력이 약한 주장일 뿐이다.

기적에 대한 가이슬러의 묘사는 예수께서 맹인에게 안수하셨던 사건과도 들어맞지 않는다. 처음에 그 맹인은 분명히 보지 못했으며 사람들을 가리켜 "나무 같은 것들이 걸어가는 것"처럼 보인다고 말했다. 예수께서 두 번째로 그에게 안수하셨을 때 그 맹인은 "모든 것을 밝히 보"았다.막 8:24-25 이에 관해 가이슬러는 예수께서 두 단계로 치유를 행하시고 이것을 실례로 들어 제자들의 영적 삶의 점진적인 성장에 관해 그들을 가르치고자 하셨다고 답한다.[30] 본문은 이와 관련해 아무런 언급도 하지 않지만 그러했을 수도 있다. 하지만 그렇다고 해도 이 주장은 가이슬러 자신의 주장을 논박한다. 예수의 의도가 두 단계로 치유하는 것이었다면 오늘날에도 사람들을 두 단계로—세 단계, 네 단계 또는 그 이상의 단계로—치유하는 것이 그분의 의도일지도 모르기 때문이다. 하나님의 의도가 그분의 목적을 성취하기 위해 여러 단계에 걸쳐 기적을 행하는 것일 수도 있음을 가이슬러가 인정한다면, 기적이 즉각적이며 완전해야 한다는 그의 주장 전체가 기각되고 만다. 또한 가이슬러는 (예수께서 귀신들에게 떠나라고 한 차례 이상 명령하셨던) 마가복음 5:8과 (예수께서 나사렛 사람들의 불신앙 때문에 어떤 기적도 행할 수 없었다고 말씀하시는) 마가복음 6:5을 설명하는 데도 큰 어려움을 겪는다.[31]

가이슬러의 정의를 받아들이는 대신, 하나님이 기적을 행할 수 있는 은사를 주신 사람들조차도 언제든지 원할 때 기적을 행할 수 있는 것은 아닐 수도 있다고 결론 내리는 편이 더 낫다. 성령께서는 "그의 뜻대로" 계속해서 기적을 각 사람에게 나누어 주시기 때문이다(고전 12:11; "나누어 주신다"라는 말은 헬라어에서 현재분사에 해당하며 성령의 지속적인 활동을 뜻한다). 이뿐만 아니라 (가이슬러는 그렇게 하고 싶어 하는 것 같지만) 기적이라는 범주에서 기도에 대한 특이하거나 놀라운 응답을 배제하고, 이로써 기적을 극히 제한적으로 정의할 이유도 없어 보인다. 예를 들어, 의학적으로 밝혀지지 않은 질병에 걸린 사람의 육신적 치유를 위한 끈질긴 기도에 하나님이 응답하신 경우, 비록 오랜 시간이 걸려 응답하셨다고 해도 사람들이 하나님께 영광을 돌릴 수 있도록 분명하게 응답하셨다면, 처음에 했던 기도가 즉각적으로 응답을 받지 못했다는 것만으로 기적이 일어났음을 부인할 이유는 없어 보인다.

마지막으로, 가이슬러는 몇몇 신약 본문에서 속성상 기적적이든 그렇지 않든 영적 은사가 힘이나 강도에 있어서 다양할 수 있다고 말한다는 것을 알아차리지 못했다.[32]

4. 히브리서 2:3-4

기적이 사도들과 그들의 가까운 동역자들에게 국한되었다는 관념을 뒷받침하기 위해 사용되는 또 다른 본문은 히브리서 2:3-4이다. 여기서 저자는 구원의 메시지가 "처음에 주로 말씀하신 바요 들은 자들이 우리에게 확증한 바니 하나님도 표적들과 기사들과 여러 가지 능력과 및 자기의 뜻을 따라 성령이 나누어 주신 것으로써 그들과 함께 증언하셨느니라"[33]고 말한다.

즉 기적은 주의 말씀을 직접 들은 이들"들은 자들"을 통해 이루어졌기 때문에, 주의 가르침과 사역의 직접적인 증인이 아닌 다른 사람들을 통해 기적이 이루어질 것이라고 기대해서는 안 된다는 주장이다.[34]

하지만 이 주장은 본문에 실제로 담겨 있는 것보다 더 많은 것을 끌어내고자 하는 시도일 뿐이다. 첫째, "들은 자들"히 2:3이라는 말은 사도들에게 국한되지 않는다. 다른 많은 사람들도 예수의 말씀을 들었기 때문이다. 하지만 더 중요한 점은, 이 입장은 본문이 말하지 않는 무언가를 주장하고 있다는 것이다. (1) 예수의 말씀을 들은 이들에 의해 복음의 메시지가 선포될 때 기적을 통해 그 메시지가 확증되었다는 사실은 (2) 예수의 말씀을 듣지 못한 다른 사람들이 복음을 선포할 때 그 메시지가 기적에 의해 확증될 것인지 여부에 관해 아무것도 말하지 않는다. 마지막으로, 이 본문은 그 메시지가 "표적들과 기사들과 여러 가지 능력"뿐만 아니라 "성령이 나누어 주신 것"에 의해서도 확증되었다고 말한다. 이 본문이 기적을 사도들과 그들의 동역자들에게 국한시킨다고 누군가가 주장한다면, 그 사람은 성령의 은사도 마찬가지로 1세기 교회에 국한된다고 주장해야만 한다. 그러나 오늘날 성령의 은사가 존재하지 않는다고 주장하는 사람은 거의 없다.[35]

5. 결론: 기적은 사도들에게 국한되었는가?

성령의 능력과 영광 속에 이루어지는 사역이 새 언약 시대의 특징이라면고후 3:1-4:18 우리의 기대는 정반대가 될 것이다. 그리스도와 그분의 부활 능력을 알고 있고,빌 3:10 계속해서 성령으로 충만하며,엡 5:17 세상의 전쟁이 아닌 전쟁, 견고한 진을 무너뜨리는 하나님의 능력을 지닌 무기를 가지고 싸우는 전쟁에 참가하고,고후 10:3-4 두려워하는 마음이 아니라 "능력과 사랑과 절제하는 마음"을 받았으며,딤후 1:7 주 안에서 그분의 힘과 능력으로 강건하며 통치자들과 권세들과 하늘에 있는 악의 영들에 맞서기 위해 하나님의 전신 갑주를 입고 있는엡 6:10-12 2세대, 3세대, 4세대 그리스도인들 역시 진리와 사랑으로, 또한 하나님의 능력의 기적적인 나타남으로 복음을 전할 수 있었을 것이라고 우리는 기대할 수 있다. "설득력 있는 지혜의 말로 하지 아니하고 다만 성령의 나타나심과 능력으로 하여 너희 믿음이 사람의 지혜에 있지 아니하고 다만 하나님의 능력에 있게 하려 하였노라"고전 2:4-5는 말씀이 사도들의 복음 선포에만 적용되어야 할 이유를 신약 본문에서 찾기가 어렵다.

기적의 능력이 사도들의 사역에 집중적으로 나타났던 것으로 보이지만, 그 자체가 그들이 죽은 뒤에 기적이 거의 또는 전혀 일어나지 않았다고 생각할 이유가 되지는 못한다. 오히려 사도들은 그 삶과 메시지가 기적적인 방식으로 작동하는 성령의 능력에 의해 특징지어지는 새 언약 교회의 지도자들로 보아야 한다. 성령 하나님께서는 교회의 덕을 세우기 위해 기적 행하기를 기뻐하시므로, 사도들이 모든 역사 속의 교회가 마땅히 본받아야 할 모범을 제시했다고 보아야 한다.[36]

E. 거짓 기적

바로의 마술사들은 몇 가지 거짓 기적을 행할 수 있었지만[출 7:11, 22; 8:7] 이내 하나님의 능력이 더 크다는 것을 인정해야만 했다.[출 8:19] 사마리아 성의 마술사 시몬은 마술을 행하여 사람들을 놀라게 했지만,[행 8:9-11] 빌립을 통해 행해진 기적이 더 컸다.[행 8:13] 빌립보에서 바울은 "점으로 그 주인들에게 큰 이익을 주는" 귀신 들린 여종을 만났다.[행 16:16] 하지만 바울이 귀신을 꾸짖자 귀신이 그녀를 떠났다.[행 16:18] 그뿐만 아니라 바울은 악한 자가 나타날 때 "모든 능력과 표적과 거짓 기적과 불의의 모든 속임으로 멸망하는 자들"이 있을 테지만,[살후 2:9-10] 그들을 따르고 속임을 당하는 이들은 "그들이 진리의 사랑을 받지 아니하여 구원함을 받지 못" 했기 때문에 그렇게 할 것이라고 말한다.[살후 2:10] 이것은 마지막 때에 사탄의 능력으로 거짓 기적을 행하는 이들이 진리를 말하지 않고 거짓 복음을 전할 것임을 의미한다. 마지막으로 요한계시록 13장은 두 번째 짐승이 "땅에서" 올라올 것이며, 이 짐승은 "저 나온 짐승의 모든 권세"를 지니며 "큰 이적을 행하되 심지어 사람들 앞에서 불이 하늘로부터 땅에 내려오게 하고 짐승 앞에서 받은 바 이적을 행함으로 땅에 거하는 자들을 미혹"할 것이라고 말한다.[계 13:11-14] 그러나 거짓 복음에는 기적들이 동반된다. 이 능력은 "과장되고 신성 모독을 말하는" 첫 번째 짐승과 연결되어 행해진다. 이 짐승은 "입을 벌려 하나님을 향하여 비방하되 그의 이름과 그의 장막 곧 하늘에 사는 자들을 비방"한다.[계 13:5-6]

이처럼 성경에 나타난 거짓 기적을 간략히 살펴봄으로써 두 가지 분명한 결론을 얻을 수 있다. (1) 하나님의 능력이 기적을 행하는 사탄의 능력보다 더 크며, 하나님의 사람들은 능력으로 악을 행하는 이들과 대결하여 승리한다. 요한은 "너희 안에 계신 이가 세상에 있는 자보다 크"시다고 말하며 신자들을 안심시킨다.요일 4:4 [37] (2) 이처럼 거짓 기적을 행하는 이들은 복음을 부인하기 때문에 언제나 그 정체가 드러난다. 성경 어디에서도 그 안에 성령께서 계시는 참된 그리스도인들이 거짓 기적을 행할 것이라고 말하지 않는다. 실제로 우상숭배와 귀신 예배로 가득한 도시에서고전 10:20 참조 이교도들에게 둘러싸여 사는 신자들에게 바울은 "성령으로 아니하고는 누구든지 예수를 주시라 할 수 없느니라"고 말했다.고전 12:3 여기서 그는 예수를 주로 믿는다고 참된 고백을 하는 이들은 그 안에 성령께서 거하신다고 말하면서 그들을 안심시킨다. 바로 이어서 그가 모든 참된 신자가 소유한 영적 은사에 관해 설명한다는 점은 의미심장하다.고전 12:7

이를 통해 우리는 참된 믿음을 고백하고,고전 12:3 그리스도의 성육신과 신성을 믿으며,요일 4:2 그들의 삶에서 성령의 열매를 드러내고 사역의 열매를 맺는마 7:20; 요 15:5; 갈 5:22-23 참조 이들이 기적을 행하는 것을 볼 때 그것이 거짓 기적일지도 모른다고 의심해서는 안 되며, 모든 교리에 관해 우리와 동일한 신념을 고수하지 않을지도 모르는 사람들 안에서도 성령께서 일하고 계신다는 것에 하나님께 감사해야 한다고 확신할 수 있다.[38] 만일 하나님이 교리와 삶에서 완벽한 사람들을 통해서만 기적을 행하고자 하신다면 그리스도께서 다시 오실 때까지 어떤 기적도 이루어지지 않을 것이다.

F. 오늘날 그리스도인은 기적을 추구해야 하는가?

오늘날에도 기적이 일어날 수 있다고 말하는 것과 하나님께 기적을 구하는 것은 전혀 다른 문제다. 오늘날 그리스도인이 하나님께 기적을 간구하는 것이 옳은가?

이 질문에 대한 대답은 기적을 추구하는 목적에 따라 달라질 것이다. 마술사 시몬이 그러했듯이 자신의 권력이나 명성을 쌓기 위해 기적의 능력을 추구하는 것은 잘못된 일이다. 베드로는 그에게 "하나님 앞에서 네 마음이 바르지 못하니 이 도에는 네가 관계도 없고 분깃 될 것도 없느니라. 그러므로 너의 이 악함을 회개하고 주께 기도하라. 혹 마음에 품은 것을 사

하여 주시리라"고 말했다.행 8:21-22

또한 헤롯이 그러했듯이 그저 재미를 위해 기적을 구하는 것도 잘못된 일이다. "헤롯이 예수를 보고 매우 기뻐하니 이는 그의 소문을 들었으므로 보고자 한 지 오래였고 또한 무엇이나 이적 행하심을 볼까 바랐던 연고러라."눅 23:8 하지만 예수께서는 헤롯의 물음에 대답조차 하지 않으셨다.

또한 회의적인 비신자가 단지 복음을 전하는 사람들을 비판할 근거를 찾기 위한 목적으로 기적을 구하는 것도 잘못된 일이다.

> 바리새인과 사두개인들이 와서 예수를 시험하여 하늘로부터 오는 표적 보이기를 청하니 예수께서 대답하여 이르시되……악하고 음란한 세대가 표적을 구하나 요나의 표적 밖에는 보여줄 표적이 없느니라 하시고…….마 16:1-4

이처럼 표적을 구하는 대도에 대한 책망은 복음서의 다른 곳에서도 반복적으로 나타난다. 하지만 기적을 구하는 태도에 대한 책망은 언제나 예수를 비판할 기회를 얻기 위해서만 기적을 구하는 적대적인 비신자들을 향한 것이었다는 점에 주목해야 한다.[39] 예수께서는 믿음으로 또는 절실한 마음으로 찾아와 자신을 위해서든 다른 사람을 위해서든 치유나 구원이나 다른 종류의 기적을 구하는 사람들을 결코 책망하지 않으신다.

그렇다면 바울이 "유대인은 표적을 구하고 헬라인은 지혜를 찾으나 우리는 십자가에 못 박힌 그리스도를 전하니 유대인에게는 거리끼는 것이요 이방인에게는 미련한 것이로되 오직 부르심을 받은 자들에게는 유대인이나 헬라인이나 그리스도는 하나님의 능력이요 하나님의 지혜니라"고전 1:22-24고 말하는 것은 어떻게 이해할 수 있는가? 고린도에서 또는 어쩌면 자신의 복음 사역 전반에서 기적"표적"을 행하지 않았다는 의미로 이렇게 말했는가?

여기서 바울이 복음 선포와 관련해 기적을 행했음을 부인하는 것일 리는 없다. 실제로 고린도에 있을 때 기록했던 로마서 15:18-19에서 그는 이렇게 말한다.

> 그리스도께서 이방인들을 순종하게 하기 위하여 나를 통하여 역사하신 것 외에는

내가 감히 말하지 아니하노라. 그 일은 말과 행위로 표적과 기사의 능력으로 성령의 능력으로 이루어졌으며 그리하여 내가 예루살렘으로부터 두루 행하여 일루리곤까지 그리스도의 복음을 편만하게 전하였노라.

또한 고린도후서 12:12은 바울이 고린도인들 사이에서 "표적과 기사와 능력"을 행했다고 말한다.

따라서 고린도전서 1:22-24을 바울이 지혜나 표적의 효력을 부인하고 있다는 의미로 해석할 수는 없다. 그는 그리스도를 통해 표적을 나타냈고 지혜를 가르쳤기 때문이다. 오히려 그는 표적과 지혜 자체가 사람을 구원하지 않는다고 말하고 있을 뿐이다. 복음이 사람을 구원한다. 유대인과 헬라인이 구하는 표적과 지혜는 그리스도의 표적과 지혜가 아니라 그들의 적대감과 회의주의를 부추기는 표적, 하나님의 지혜가 아닌 세상의 지혜였다.

하나님이 기적을 베푸시는 올바른 목적을 위해, 곧 복음 메시지의 진실성을 확증하고 도움이 필요한 이들을 도우며 섬기는 일에 대한 장애물을 제거하고 하나님께 영광을 돌리기 위해 기적을 구하는 것은 부적절한 일이 아니다. 복음서에서는 많은 사람들이 기적을 구하며 예수께 왔고 그분은 이 목적을 위해 그들을 치유하셨다. 이뿐만 아니라 그분이 제자들을 보내 천국이 가까이 왔다고 선포하게 하셨을 때, 그분은 그들에게 "병든 자를 고치며 죽은 자를 살리며 나병환자를 깨끗하게 하며 귀신을 쫓아내되"라고 명령하셨다.마 10:7-8 가는 곳마다 하나님께 기적을 구하지 않고 어떻게 그들이 이런 일을 할 수 있었겠는가? 예수의 명령은 그들에게 기적이 일어나기를 간구할 것을 요구했다.

오순절 이후 초대교회는 복음을 선포할 담대함을 달라고 기도하는 동시에 복음 선포와 함께 기적이 일어날 수 있게 해달라고 하나님께 기도했다. 그들은 하나님께 이렇게 부르짖었다.

주여, 이제도 그들의 위협함을 굽어보시옵고 또 종들로 하여금 담대히 하나님의 말씀을 전하게 하여 주시오며 손을 내밀어 병을 낫게 하시옵고 표적과 기사가 거룩한 종 예수의 이름으로 이루어지게 하옵소서.행 4:29-30

초대교회의 이 본보기는 우리가 하나님께 기적을 간구해서는 안 된다고 가르치지 않으며, 오히려 간구하라고 권면한다. 이와 비슷하게 룻다의 제자들은 다비다가 죽은 뒤 베드로에게 사람을 보내 그를 위한 기도를 요청했다. 따라서 그들은 하나님의 기적적인 개입을 구한 셈이다.행 9:38 또한 야고보는 교회의 장로들에게 아픈 이들을 위해 기도하고 치유를 간구해야 한다고 가르친다.약 5:14 물론 우리는 명백하게 기적적인 기도 응답이 (병에 대한 의료적 도움처럼) 일상적인 수단을 통해 얻은 기도 응답보다 더 낫다고 생각해서는 안 되며, 하나님께 특별한 도움을 간구한다고 해서 반드시 그 기도가 응답을 받게 되는 것은 아니라는 것도 알아야 한다.

반면에 하나님의 강하고 위대하심에도 불구하고 기적적인 방식으로 일하실 것이라는 우리의 믿음이 작을 수 있다. 하나님이 기도에 응답하신다고 해도 가끔 응답하신다고 전제하는 세속적 세계관에 오염되지 않도록 우리는 경계해야 한다. 또한 기적이 일어났을 때 그것을 이야기하는 것에 곤란해하면 안 된다(또는 기적적이지 않은 기도 응답이 더 낫다고 생각해서도 안 된다). 기적은 하나님의 일이며, 그분은 그분께 영광을 돌리고 우리의 믿음을 강화하시려고 기적을 행하신다. 오늘날 사람들이 삶에서 큰 도움이 필요한 경우 하나님께 기도 응답을 구하는 것은 옳은 일이며, 기적적인 개입이 필요한 것처럼 보일 때 하나님이 그렇게 일하기를 기뻐하실지 그분께 묻는 것은 옳은 일이다.[40] 만일 우리의 동기가 도움이 필요한 이들을 향한 그리스도의 긍휼을 보고자 하는 열망일 때, 또한 그리스도의 나라가 확장되고 그분의 이름이 영화로워지는 것을 보려 할 때 이처럼 하는 것은 적절해 보인다.

개인적 적용을 위한 질문

1. 여러분이 처음 그리스도인이 되었을 때 성경의 기적 이야기는 여러분이 성경의 메시지를 믿는 데 (긍정적인 또는 부정적인) 영향을 미쳤는가?

2. 이전에 여러분은 신약 시대의 교회와 현대 교회 중 기적이 더 자주 일어나는 곳은 어디라고 생각했는가? 이번 장을 읽은 뒤 여러분의 입장은 어떻게 변화되었는가?

3. 기적이 그리스도의 재림 전까지 교회의 특징 중 하나라고 생각한다면, 왜 우리는 교회사의 여러 시기와 오늘날 기독교 교회에서 많은 기적을 볼 수 없는 것인가?

4. 여러분은 은사중지론을 지지하는가? 오늘날 치유나 축귀, 성경에 대한 특별한 통찰 등 특별하고 가시적인 기적과 같은 기도 응답이 가능하다고 생각하는가? 기적을 다르게 정의해야 한다면 이번 장에서 제시한 정의와 어떤 차이를 명시하겠는가?

5. 오늘날 교회 안에서 죽은 사람을 살리거나 병을 치유하는 것처럼 크고 놀라운 기적이 아닌, 어떤 작은 기적이 이번 장에서 다룬 기적의 목적을 달성할 수 있는가? 여러분은 교회와 삶에서 이번 장의 첫 부분에서 다룬 정의에 부합하는 기도의 응답으로서 기적을 경험한 적이 있는가?

6. 여러분의 교회 안에서 성령의 기적이나 특별한 기도의 응답이 더 나타나길 바라는가? 그렇게 된다면 어떤 위험과 어떤 유익이 있는가?

신학 전문 용어

기사
기적
사도의 표
은사중지론자
이적
자연 법칙
표적

참고 문헌

이 참고 문헌에 관한 설명으로는 1장, 60쪽을 보라. 자세한 서지 자료는 2권 부록 2에서 확인할 수 있다.

복음주의 조직신학 저술의 관련 항목

1. 성공회

2001	Packer, 57–58
2013	Bray, 993–994

2. 아르미니우스주의(또는 웨슬리파/감리교)

1875–1876	Pope, 1:63–76
1940	Wiley, 1:149, 150, 153, 154
1992	Oden, 1:81
2002	Cottrell, 47, 125, 279, 304

3. 침례교

1907	Strong, 117–133
1987–1994	Lewis and Demarest, 1:100–109, 115–

118
1990–1995 Garrett, 1:395–412
2007 Akin, 673–678, 517–518
2013 Erickson, 379–382

4. 세대주의

1947 Chafer, 7:239
1949 Thiessen, 11–13
1986 Ryrie, 350–351, 372–273
2002–2005 Geisler, 1:43–63, 187–188, 197–200, 2:608–610, 4:671–679
2017 MacArthur and Mayhue, 216–18

5. 루터교

1917–1924 Pieper, 1:459–60
1934 Mueller, 174

6. 개혁주의(또는 장로교)

1559 Calvin, 1:14–18, 85–88; 2:1453–1455, 1465–1467 (*PA*, 3; 1.8.5–8; 4.19.6, 18)
1679–1685 Turretin, *IET*, 1:287–288, 435, 2:293–294, 3:114–115, 241
1871–1873 Hodge, 1:617–636
1887–1921 Warfield, *SSW*, 2:167–206
1894 Shedd, 416–428
1906–1911 Bavinck, *RD*, 1:336 339, 370–376
1910 Vos, 1:157, 184, 196–198
1937–1966 Murray, *CW*, 3:210–214
1938 Berkhof, 176–178
1998 Reymond, 407–414, 553–559
2008 Van Genderen and Velema, 56, 93, 183, 300, 599
2011 Horton, 368–370
2013 Frame, 121–138, 141–143, 928–929
2013 Culver, 203–213
2019 Letham, 302–306

7. 부흥 운동(또는 은사주의/오순절)

1988–1992 Williams, 1:141–168
1993 Menzies and Horton, 113, 166–167, 178
1995 Horton, 12, 58, 466–467
2008 Duffield and Van Cleave, 338, 374, 387, 402, 411–412

대표적인 로마 가톨릭 조직신학 저술의 관련 항목

1. 로마 가톨릭: 전통적 입장

1955 Ott (관련 내용 없음)

2. 로마 가톨릭: 제2차 바티칸공의회 이후

1980 McBrien, 1:325–328
2012 *CCC*, paragraph 156

기타 저술

Berkouwer, G. C. "Providence and Miracles." In *The Providence of God*, translated by Lewis B. Smedes, 188–231. Grand Rapids: Eerdmans, 1952.

Blackburn, B. L. "Miracles and Miracle Stories." In *DJG*, 549–560.

Blomberg, Craig L. "Miracle." In *BTDB*, 531–534.

Boice, James Montgomery. "A Better Way: The Power of Word and Spirit." In *Power Religion: The Selling Out of the Evangelical Church?*, edited by Michael Scott Horton, 119–135. Chicago: Moody Publishers, 1992.

Bridge, Donald. *Signs and Wonders Today*. Leicester: Inter-Varsity Press, 1985.

Brown, Colin. "Miracle." In *NDT1*, 433–434.

____. *That You May Believe: Miracles and Faith—Then and Now*. Grand Rapids: Eerdmans, 1985.

Carson, D. A. "The Purpose of Signs and Wonders in the New Testament." In *Power Religion: The Selling Out of the Evangelical Church?*, edited by Michael Scott Horton, 89–118. Chicago: Moody Publishers, 1992.

Daunton-Fear, Andrew. *Healing in the Early Church: The Church's Ministry of Healing and Exorcism from the First to the Fifth Century*. Milton Keynes: Paternoster, 2009.

Davids, P. H. "Miracles in Acts." In *DLNT*, 746–752.

Deere, Jack. *Surprised by the Power of the Spirit: A Former Dallas Seminary Professor Discovers That God Still Speaks and Heals Today*. Grand Rapids: Zondervan, 1993. (『놀라운 성령의 능력』 은성)

Geisler, Norman. *Signs and Wonders*. Wheaton, IL: Tyndale, 1988.

____. *Miracles and Modern Thought*. With a response by R. C. Sproul. Grand Rapids: Zondervan; Dallas: Probe Ministries, 1982.

Greig, Gary S., and Kevin N. Springer, eds. *The Kingdom and the Power*. Ventura, CA: Regal, 1993.

Gross, Edward N. *Miracles, Demons, and Spiritual Warfare: An Urgent Call for Discernment*. Grand Rapids: Baker, 1990.

Grudem, Wayne. *Power and Truth: A Response to the Critiques of Vineyard Teaching and Practice by D. A. Carson, James Montgomery Boice, and John H. Armstrong in "Power Religion"*. Anaheim, CA: Association of Vineyard Churches, 1993.

____. "Should Christians Expect Miracles Today? Objections and Answers From the Bible." In *The Kingdom and the Power*, edited by Gary Greig and Kevin Springer, 55–110. Ventura, CA: Regal, 1993.

Hicks, P. A. "Miracle." In *NDT2*, 578–579.

Horton, Michael S., ed. *Power Religion: The Selling Out of the Evangelical Church?* Chicago: Moody Publishers, 1992.

Keener, Craig S. *Miracles: The Credibility of the New*

Testament Accounts. 2 Vols. Grand Rapids: Baker Academic, 2011.
Kirk, J. A. "Power." In *NDT1*, 524–525.
Lewis, C. S. *Miracles: A Preliminary Study*. New York: Macmillan, 1947.
Moule, C. F. D., ed. *Miracles*. London: Mowbray, 1965.
Rainey, D. L. "Power." In *NDT2*, 695–696.
Ruthven, J. "Miracle." In *GDT*, 546–550.
Spiceland, J. D. "Miracles." In *EDT3*, 551–552.
Twelftree, Graham H. *Jesus the Miracle Worker: A Historical and Theological Study*. Downers Grove, IL: InterVarsity Press, 1999.
____. *Paul and the Miraculous: A Historical Reconstruction*. Grand Rapids: Baker Academic, 2013.
____. "Signs, Wonders, Miracles." In *DPL*, 875–877.
____. "Signs and Wonders." In *NDBT*, 775–781.
Wenham, David, and Craig Blomberg, eds. *Miracles of Jesus*. Sheffield: JSOT, 1986.
Williams, Don. *Signs, Wonders, and the Kingdom of God: A Biblical Guide for the Skeptic*. Ann Arbor, MI: Servant, 1989.
Wimber, John, with Kevin Springer. *Power Evangelism*. Rev. ed. San Francisco: Harper and Row; London: Hodder and Stoughton, 1992.

성경 암송 구절

히브리서 2:3-4 | 우리가 이같이 큰 구원을 등한히 여기면 어찌 그 보응을 피하리요. 이 구원은 처음에 주로 말씀하신 바요 들은 자들이 우리에게 확증한 바니, 하나님도 표적들과 기사들과 여러 가지 능력과 및 자기의 뜻을 따라 성령이 나누어 주신 것으로써 그들과 함께 증언하셨느니라.

찬송가

"내 주는 강한 성이요" A Mighty Fortress Is Our God

내 주는 강한 성이요 방패와 병기되시니
큰 환난에서 우리를 구하여 내시리로다
옛 원수 마귀는 이때도 힘을 써
모략과 권세로 무기를 삼으니
천하에 누가 당하랴

이 땅에 마귀 들끓어 우리를 삼키려 하나
겁내지 말고 섰거라 진리로 이기리로다
친척과 재물과 명예와 생명을
다 빼앗긴대도 진리는 살아서
그 나라 영원하리라

내 힘만 의지할 때는 패할 수밖에 없도다
힘 있는 장수 나와서 날 대신하여 싸우네
이 장수 누군가 주 예수 그리스도
만군의 주로다 당할 자 누구랴
반드시 이기리로다

우리 하나님은 강한 요새, 결코 무너지지 않는 보루이시라
악이 홍수처럼 밀려와도 그분이 우리를 도우리라
우리의 오랜 원수가 우리를 해하려 하고
그 간교와 힘이 크고 잔인한 미움으로 무장했으니
이 땅에서 누가 그에게 맞서랴

우리 힘만 의지하면 패배할 수밖에 없으리
하나님이 친히 택하신 분이 우리 편에서 싸우지 않으시면 패할 수밖에 없으리
그분이 누구인가? 그리스도 예수시라
그분의 이름은 만군의 주, 영원히 동일하신 분이시라
그분이 반드시 이 싸움을 이기시리라

어둠으로 가득한 이 세상은 우리를 파괴하려고 위협하지만
하나님께서 우리를 통해 승리하시기로 작정하셨기에 우리는 두려워하지 않으리
우리는 어둠의 왕 때문에 두려워 떨지 않네
그의 멸망은 확실하기에 우리는 어둠을 이겨낼 수 있다네
작은 말 한마디에 어둠은 무너지리라

그 말이 지상의 권세를 모두 이기리니
우리의 편이 되어 주시는 그분을 통해 우리는 성령과 선물을 받는다네
재물과 혈육과 이 생명이 사라져도
그들이 우리 몸을 죽일지라도 하나님의 진리는 여전히 남아 있으며
그분의 나라는 영원하리라

□ 1529년, 마르틴 루터 작사

* 새찬송가 585장

"크신 내 주님"Our God

물이 포도주 되고
눈먼 자 눈을 뜨네
주밖에 없네
주밖에
어둠을 비추시며
우리를 일으키네
주밖에 없네
주밖에

그 누가 멈추리요
주가 함께하시면
그 누가 대적하리
주 함께하시면
그 누가 멈추리요
주가 함께하시면
그 누가 대적하리
주 함께하시면
주 함께하시면

크신 내 주님
강하신 주님
그 어느 누구보다 더 높은
주는 치료자
크고 놀라운 주님 주님

◈

주님은 물을 포도주로 바꾸시고
눈 먼 자의 눈을 열어 주셨습니다
주님과 같은 분은 없습니다
주님과 같은 분은 없습니다
주님은 어둠 속에서 빛을 비추시고
재 가운데서 우리를 일으켜 주십니다
주님과 같은 분은 없습니다
주님과 같은 분은 없습니다

우리 하나님이 우리를 위하신다면
누가 우리를 멈출 수 있겠는가
우리 하나님이 우리와 함께하신다면
무엇이 우리를 대적할 수 있겠는가
우리 하나님이 우리를 위하신다면
누가 우리를 멈출 수 있겠는가
우리 하나님이 우리와 함께하신다면
무엇이 우리를 대적할 수 있겠는가
무엇이 우리를 대적할 수 있겠는가

우리 하나님은 더 위대하십니다
우리 하나님은 더 강하십니다
하나님, 주님은 그 누구보다 더 높으십니다
우리 하나님은 치료자이십니다
놀라운 능력의 우리 하나님, 우리 하나님

ㅁ 조너스 마이린, 제시 리브스, 크리스 탐린, 맷 레드먼 작사 41

1 이 정의는 웨스트민스터 신학교의 조직신학 교수였으며 현재는 올랜도 리폼드 신학교의 명예교수인 존 프레임(John Frame)의 미출간 강의에서 가져왔다.

2 하지만 누군가가 기적을 '수단의 통상적 사용 없이 사람들의 경외심과 놀라움을 일으키는 하나님의 일'이라고 정의한다면 이것은 위에서 내가 제시한 정의와 비슷할 것이며, 하나님의 섭리에 관한 성경의 가르침과도 조화를 이룰 것이다[Louis Berkhof, *Systematic Theology* (Grand Rapids: Eerdmans, 1941), 176-177을 보라].

3 만일 그리스도인들이 '자연 법칙'이라는 구절을 단순히 하나님이 모든 피조물에게 주고 그 안에서 유지하는 예측 가능한 행동의 경향성으로 이해한다면 이 정의를 조금 더 호의적으로 받아들일 수 있을 것이다. 의식적으로 하나님의 섭리를 고려하고 있기 때문이다. 하지만 오늘날 영어에서 '자연 법칙'이라는 구절을 일반적으로 그런 방식으로 이해하지 않는다.

4 복음서에서 '감탄하다, 놀라다'라는 뜻의 동사 '타우마조'는 기적에 대한 사람들의 반응을 묘사할 때 자주 사용된다.

5 기적을 뜻하는 신약 어휘에 대한 자세한 논의로는 W. Mundle, O. Hofius, and C. Brown, "Miracle, Wonder, Sign," *NIDNTT*, 2:620-635을 보라.

6 다른 이들은 더 제한적인 방식으로 기적을 정의하여 이 용어를 (예를 들면) 일상적인 수단에 의해서는 절대적으로 일어날 수 없으며 편견이 없는 몇몇 관찰자들이 철저히 목격하고 기록한 사건에만 적용하는 편을 선호할지도 모른다. 그러할 경우 특히 회의주의적이며 초자연적인 것에 적대적인 사회에서는 기적을 더 적게 목격하게 될 것이다. 하지만 이 정의는 바울이 고린도(고전 12:10, 28-29)와 갈라디아(갈 3:5) 교회의 기적에 관해 말할 때 염두에 두었던 모든 종류의 일을 다 아우르지 못할 것이며, 기적의 은사가 오늘날 그리스도인들에게 주어졌을 때도 사람들이 그 은사를 인식하지 못하게 막을지도 모른다. (물론 이 제한적인 정의를 고수하는 그리스도인들도 수많은 기도 응답을 기적이라고 부르지는 않더라도 그에 대해 기꺼이 하나님께 감사할 것이다.)

7 같은 사건을 어떤 사람들은 기적이라고 부르고 다른 사람들은 일상적인 사건이라고 부른다고 해서 이 정의의 적절성이 상실되는 것은 아니다. 한 사건에 대한 사람들의 평가는 그 사건에 대한 그들의 거리, 그들이 지닌 세계관의 전제, 그들이 그리스도인인지의 여부에 따라 다를 것이기 때문이다.

8 예를 들어, 하나님이 교회 안에 첫째로 "사도"를 세우셨다고 말한다는 점에 주목하라(고전 12:28). 하지만 구체적으로 고린도 교회에 주어진 사도는 없었다. 그러므로 이 본문은 교회 전반에 관해 말하고 있음이 분명하다.

B. B. Warfield, *Counterfeit Miracles* (1918; repr., Edinburgh: Banner of Truth, 1972)에서는 고린도 교회 안에서 일상적 교회 예배에 참여하는 사람들은 "기적의 은사가 실행되는 것은 자주 보았을 것"이라고 지적한다. 그는 이렇게 말한다. "고린도의 신생 회중이 이에 관해 특이했다고 믿을 이유가 전혀 없다. 사도 바울은 그 교회만의 독특한 상황을 묘사하는 것처럼 편지를 쓰고 있지 않다.……따라서 그의 나머지 서신들과 사도행전에서 찾을 수 있는 단서를 근거로 우리는 기독교 예배의 이 아름다운 묘사가 사도들이 세계의 길고 넓은 지역을 방문하며 복음을 선포하면서 세웠던 수많은 회중에도 그대로 적용된다고 보아야 한다.……이 기적의 은사가 교회 안에서 나타나는 것이 사도들이 세운 교회들의 특징이라고 생각하는 것은 충분히 정당화될 수 있다. 이 은사들이 있는 교회가 아니라 이 은사들이 없는 교회가 예외였

을 것이다"(4-5). (『기독교 기적론』 나침반)

9 워필드는 자신의 주장을 이어가면서 이렇게 말한다. "모든 곳에서 사도적 교회는 적합한 성령의 사역—치유의 기적, 권능의 기적, 예언의 형식이든 영 분별의 형식이든 지식의 기적, 방언의 은사이든 통역의 은사이든 말의 기적—을 통해 성령을 소유하고 있음을 보여줌으로써 그 자체가 하나님이 주신 선물임을 입증했다"(*Counterfeit Miracles*, 5).

나는 이 문제에 관한 신약의 증거를 분석한 워필드의 견해에 동의하지만 이어지는 그의 주장과 이 책의 핵심 주장, 곧 사도 시대 이후 교회는 기적적 은사의 중단을 경험했으며, 하나님의 의도는 이 은사를 통해 사도들이 아직 살아 있을 동안 초기 사도들의 메시지를 확증하고자 하는 것이었을 뿐이므로 오늘날 우리는 이 은사를 기대해서는 안 된다는 주장에 관해서는 이의를 제기할 여지가 있다.

10 영적 은사와 일부 은사가 중단된 시점에 관해서는 52장의 논의를 보라.

11 695-704쪽 D를 보라.

12 어떤 이들은, 기적이 복음을 증언하는 가치를 지닌다고 말할 때 이것은 우리가 복음 메시지만으로는 약하여 사람들을 믿음으로 이끌 수 없다고 생각한다는 것을 의미한다고 반론을 제기할지도 모른다(특히 James M. Boice, "A Better Way: The Power of Word and Spirit," in *Power Religion*, ed. Michael Scott Horton [Chicago: Moody Publishers, 1992], 119-136을 보라). (『능력 종교: 복음주의 교회는 복을 팔고 있는 것이 아닌가?』 엠마오). 하지만 이것은 정당한 반론이 아니다. 예수와 바울은 그렇게 추론하지 않았기 때문이다—둘 다 복음 선포와 동시에 기적을 행했으며, 예수께서는 제자들에게도 그렇게 하라고 명령하셨다(마 10:7-8). 하나님이 친히 "표적들과 기사들과 여러 가지 능력과 및 자기의 뜻을 따라 성령이 나누어 주"심으로써 복음을 "증언"하셨음을 우리는 기억해야 한다(히 2:4). 또한 우리는 그분이 복음 메시지의 능력에 관한 부적절한 견해를 가지고 계시다고 말할 수 없다.

특히 요한복음에서는 사람들로 하여금 그리스도를 믿도록 권하는 기적의 가치를 잘 보여준다(요 2:11, 23; 3:2; 4:53-54; 6:2, 14; 7:31; 9:16; 11:48; 12:11을 보라. 또한 요약하는 구절로는 20:30-31을 보라). 요한복음의 이러한 긍정적인 강조점은 D. A. Carson in "The Purpose of Signs and Wonders in the New Testament," in Horton, *Power Religion*, 100-101에 제시된 견해와 대조를 이룬다. 여기서 카슨은 요한복음에서 사람들을 믿음으로 이끄는 기적의 긍정적인 역할을 인정하지만 최소화한다. 놀랍게도 그는 위에서 언급한 긍정적 본문 중 일부를 논하지 않으며 요한복음 2:23-25과 4:48, 20:29-31처럼 부정적인 평가가 전혀 없는 본문에서 기적의 가치를 평가절하한다고 말한다. 우리는 (카슨이 101쪽에서 주장하듯이) 기적이 복음 선포에 동반될 때 믿는 사람들이 열등한 믿음을 갖게 될 것이라고 생각해서는 안 된다. 그렇게 생각할 경우 예수와 베드로, 바울의 복음 선포를 믿은 사람들이 열등한 믿음을 지녔다고 말하게 될 것이기 때문이다—신약에서는 이 결론을 제시하지 않는다.

13 둘 중 어느 경우에도 이런 사건이 베드로의 그림자나 바울이 만진 손수건을 통해 자동적으로 일어난 일종의 마법이었다고 생각해서는 안 된다. 오히려 기적은 성령께서 이 사람들의 사역에 온전하고 놀랍게 능력을 부어 주셨으며 이로써 그분이 그분의 사역을 이 사람들의 신체적 현존을 넘어서 그들이 가까이 다가가거나 만진 물건까지 확장하기를 기뻐하셨다는 사실을 보여주는 사건이다.

14 사실 헬라어 본문에는 '참된'(true)이라는 단어가 없으며 "사도의 표"라고만 적혀 있다. (여기서 인용한) ESV와 NIV, RSV, NRSV, NASB에서는 바울이 자신의 사역과 거짓 사도들의 사역을 대비시키고 있다는 의미로 '참된'이라는 말을 덧붙였다.

15 Walter J. Chantry, *Signs of the Apostles*, 2nd ed. (Edinburgh: Banner of Truth, 1976), 특히 17-21쪽; B. B. Warfield, *Counterfeit Miracles*; Norman Geisler, *Signs and Wonders* (Wheaton, IL: Tyndale, 1988)을 보라.

(『오늘날의 은사주의 운동 과연 성경적인가』 부흥과개혁사)

16 헬라어 본문의 문법을 고려하면 이 구별로 해석할 수밖에 없다. "사도의 표"는 주격인 반면 "표적과 기사와 능력"은 여격이고, 따라서 후자는 "사도의 표"와 동격으로 단순히 이를 재진술한 것으로 해석할 수 없기 때문이다. 헬라어에서 동격인 명사는 격이 동일해야 하기 때문이다. (ESV에서 "표적과 기사와 능력" 앞에 오는—옮긴이) 전치사 with는 여격 명사가 흔히 갖는 의미다("동반의 여격"). NIV에서는 "표적과 기사와 능력을 포함하는 사도의 표"라고 특이하게 번역하고 있지만, 헬라어 본문에는 통상적으로 '~을 포함하는'이라는 의미를 제공하는 단어나 구절이나 문법 구조가 없다.

17 기적과 무관한 많은 것이 '표'라고 불린다. 예를 들어, 바울의 친필 서명은 그의 "표시"다(살후 3:17). 할례는 아브라함의 전가된 의를 뜻하는 "표"다(롬 4:11). 유다의 입맞춤은 유대인 지도자들을 위한 "군호"다(마 26:48). 무지개는 언약의 "증거"다(창 9:12 칠십인역). 해마다 유월절에 무교병을 먹는 것은 주의 구원을 뜻하는 "표"다(출 13:9 칠십인역). 라합의 붉은 줄은 정탐꾼들이 그에게 그의 창문에 매달라고 말했던 "표"다(클레멘스 1서 12:7).

18 일부 주석가들은 "사도의 표"가 기적보다 훨씬 더 폭넓은 의미를 갖는다고 이해하면서 바울의 삶과 그의 사역의 결과가 보여주는 특징을 강조한다. Mark Seifrid, *The Second Letter to the Corinthians*, PNTC (Grand Rapids: Eerdmans, 2014), 456-458을 보라. 여기서 그는 "이 시점에서 바울이 논쟁에 새로운 요소를 도입하고 있을 가능성은 희박하다. 이 표현은 이른바 바보 설교(fool's speech, 주석가들은 고후 11:1-12:13을 바보 설교라고 부름—옮긴이)에서 자랑하는 바를 요약한다.……사도의 근본적 표지는 그가 역경과 고난, 죽음 속에서도 실패하지 않았다는 것(4:2, 16)이다"(456-457). 또한 Philip E. Hughes, *Paul's Second Epistle to the Corinthians*, NIC (Grand Rapids: Eerdmans, 1962), 456-458 (크리소스토무스와 칼뱅을 따름); Ralph P. Martin, II Corinthians, WBC (Waco, TX: Word, 1986), 434-438 (자세한 논의를 덧붙이고 있음); Alfred Plummer, *A Critical and Exegetical Commentary on the Second Epistle of St. Paul to the Corinthians*, ICC (Edinburgh: T&T Clark, 1915), 359; R. V. G. Tasker, 2 *Corinthians*, TNTC (London: Tyndale, 1958), 180; Charles Hodge, *An Exposition of 1 and 2 Corinthians* (repr., Wilmington, DE: Sovereign Grace, 1972), 359-360; John Calvin, *The Second Epistle of Paul the Apostle to the Corinthians*, trans. T. A. Smail, ed. D. W. Torrance and T. F. Torrance (Edinburgh: Oliver and Boyd; Grand Rapids: Eerdmans, 1964), 163-164; J. B. Lightfoot, *The Epistle of St. Paul to the Galatians* (Grand Rapids: Zondervan, 1957), 99을 보라. (『고린도후서: 성경주석 뉴 인터내셔널』 생명의말씀사), (『고린도후서: WBC 성경주석 40』 솔로몬), (『고린도후서: 틴데일 신약 주석 시리즈 8』 기독교문서선교회), (『고린도후서』 아가페), (『칼빈 성경주석 제20권』 성서연구원). 이 주석가들 중 일부는 "사도의 표"가 기적을 동반하거나 포함한다고 이해하지만, 아무도 이 구절이 일차적으로 또는 배타적으로 기적을 가리킨다고 이해하지는 않는다.

그러나 다른 주석가들은 고린도후서의 12:12에서 말하는 "사도의 표"를 기적으로 이해한다. Paul Barnett, *The Second Epistle to the Corinthians*, NIC (Grand Rapids: Eerdmans, 1997), 579-581; Colin Kruse, *The Second Epistle of Paul to the Corinthians*, TNTC (Leicester: Inter-Varsity Press; Grand Rapids: Eerdmans, 1987), 209; Jean Hering, *The Second Epistle of Saint Paul to the Corinthians*, trans. A. W. Heathcote and P. J. Allcock (London: Epworth, 1967), 95-96; Murray Harris, "2 Corinthians," *EBC*, 10:398을 보라. (『(NICNT) 고린도후서』 부흥과개혁사), (『고린도후서: 틴데일 신약주석 시리즈 8』 기독교문서선교회). 하지만 해리스는 "표"를 고린도인들의 변화된 삶과 그리스도를 닮은 바울의 성품으로 보는 대안적 견해가 있다고 지적한다.

19 일부 주석가들은 거짓 사도들이 기적을 행하고 하나님으로부터 계시를 받았다고 주장하고 있었으며, 따

라서 바울이 더 큰 기적과 계시를 주장해야 했을 것이라고 가정한다. 하지만 고린도후서 어디에서도 거짓 사도들이 기적이나 계시를 주장했다고 말하지 않는다.

20 다음 절도 이 해석을 확증해 준다. 바울은 "내 자신이……다른 교회보다 부족하게 한 것이 무엇이 있느냐"라고 말한다(고후 12:13). "사도의 표"가 그들에 대한 바울의 사역 전체를 포함해야만, 바울의 돌봄과 관심에 있어서 그들에게 부족함이 전혀 없었다는 사실이 그들에게 그들 사이에서 "사도의 표"가 행해졌음을 입증한다고 말할 수 있을 것이다. 기적만이 "사도의 표"라면 그렇다고 말할 수 없을 것이다.

21 사본의 증거와 문체를 고려하면 이 두 절이 원래 마가가 쓴 복음의 일부가 아니었다고 추론할 수 있다.

22 이 본문은 타티아노스의 디아테사론(Tatian's Diatessaron, 주후 170년, 시리아의 타티아노스가 네 복음서를 하나의 연속된 서사로 편집한 문서—옮긴이)의 몇몇 사본에 포함되어 있으며, 이레나이우스(주후 202년 사망)와 테르툴리아누스(주후 220년 사망)도 이것을 인용했다.

23 나는 여기에 설명한 고린도전서 12:28과 마가복음 16:17-18에 관한 주장을 나에게 제시한 달라스 신학교의 해럴드 호너(Harold Hoehner) 교수에게 감사하다(하지만 그는 여기에서 내린 결론에 동의하지 않을 수도 있다).

24 Chantry, *Signs*, 19-21.

25 Geisler, *Signs and Wonders*. 기적에 대한 그의 정의는 28-32쪽과 149-155쪽에 실려 있다.

26 같은 책, 28-30.

27 같은 책, 150.

28 같은 쪽.

29 같은 쪽.

30 같은 책, 153-154.

31 같은 책, 149, 152.

32 2권 52장, 690-693쪽의 논의를 보라.

33 흠정역(KJV)에서는 "하나님도 표적들과 기사들로 그들에 대해 증언하신다"(God also bearing them witness, both with signs and wonders)라고 번역한다. 이 번역은 기적이 예수의 말씀을 듣고 처음 복음을 선포했던 사람들에 대해 증언한다는 의미를 암시한다. 하지만 여기서 '그들'이라는 단어는 헬라어 본문의 어떤 단어와도 대응을 이루지 못 하며(이 점을 나타내기 위해 흠정역에서는 이 단어를 이탤릭으로 표시한다), 따라서 NKJV나 다른 현대 번역본에서는 이 번역을 따르지 않는다.

34 Chantry, *Signs of the Apostles*, 18-19: "성경 자체가 기적을 사도들의 메시지를 하나님이 승인하신다는 인장으로 보며, 사도들의 메시지는 그들이 예수와 함께 지낼 때 보고 들었던 것들에 대한 기록이었다. 이 기적을 떠올릴 때 그들의 말이 지닌 권위를 존중하는 우리의 마음이 더 깊어질 것이며 우리는 그 메시지에 더 많이 귀를 기울이게 될 것이다."

35 기적이 1세기로 국한된다는 또 다른 주장은, 예언의 은사와 같은 일부 기적이 언제나 성경에 기록될 만한 새로운 계시를 제공한다는 주장에 기초한다. 이 주장에 관해서는 2권 52장, 718-720쪽과 53장, 734-758쪽에서 자세히 다룬다.

36 그러나 그리스도인들은 참된 기적이 일어났을 때 기적을 정확히 알리기 위해 신중하고 극도로 조심해야 한다. 기적이 일어났을 때 그리스도인들이 사소한 방식으로라도 사실을 과장하거나 왜곡한다면 복음에 큰 해를 입힐 수도 있다. 성령의 능력은 무엇이든 그분이 원하시는 방식으로 이루어질 수 있을 정도로 위대하며, 절대로 우리는 실제보다 더 흥미진진하게 들리게 하려고 실제 사실을 과장해서는 안 된다. 모든 상황에서 하나님은 정확히 그분이 행하기를 기뻐하시는 바를 행하신다.

37 어떤 이들은 계시록 13:7에 기록된 종말의 전망이 이에 대한 예외가 될 것이라고 반론을 제기할지도 모

른다. 여기서는 짐승이 "성도들과 싸워 이기"도록 내버려둔다(계 13:7). 하지만 여기서도 짐승의 기적이 성령의 능력보다 더 크다고 말하는 것은 아니다. 이 문구는 기적을 행하는 능력에 관한 대결이 아니라 군사적 힘에 의한 박해로 해석하는 것이 최선인 것처럼 보인다. 뒷부분에 "예수를 증언함과 하나님의 말씀 때문에 목 베임을 당한 자들의 영혼들과 또 짐승과 그의 우상에게 경배하지 아니하고 그들의 이마와 손에 그의 표를 받지 아니한 자들이 살아서 그리스도와 더불어 천 년 동안 왕 노릇 하니"라고 기록되어 있기 때문이다(계 20:4).

38 그리스도의 이름을 부르는 사람들이 예언을 하고 귀신을 쫓아내며 그분의 이름으로 "많은 권능"을 행한다는 사실(마 7:21-23)은 이와 모순을 이루지 않는다. 이들은 비그리스도인이기 때문이다. 예수께서는 그들에게 "내가 너희를 도무지 알지 못하니 불법을 행하는 자들아 내게서 떠나가라"고 말씀하신다(마 7::23). 이것이 악마의 권세에 의해 이루어진 거짓 기적일 수도 있지만, 하나님이 비그리스도인을 통해 행하신 일반 은혜(31장을 보라)가 작동한 결과일 가능성이 더 높아 보인다. 이것은 불순한 동기를 가지고 있으며 마음속에 그리스도를 알지 못하는 이들이 복음을 전할 때도 하나님이 때로는 복음이 그 효과를 발휘하도록 허락하시는 것과 비슷하다(빌 1:15-18 참조).

39 놀랍게도 D. A. Carson, "The Purpose of Signs and Wonders in the New Testament," in Horton, *Power Religion*, 89-118이나 James M. Boice, "A Better Way: The Power of Word and Spirit," in Horton, *Power Religion*, 119-136에서는 예수께서 기적을 구하는 적대적 비신자들만 책망하신다는 사실을 결코 언급하지 않는다. 두 글 모두에서 예수께서 책망하신 것을 오늘날 기적을 구하지 말아야 한다고 신자들을 설득하는 수단으로 사용하지만, 그렇게 하기 위해서는 예수의 진술을 신약의 맥락에 의해 정당화될 수 없는 방식으로 적용해야만 한다[특히 "추가적인 표적과 기사에 대한 욕망은 죄악된 것이며 불신하는 마음에서 나왔다"라는 존 우드하우스(John Woodhouse)의 말을 동의하는 태도로 인용하는 보이스의 글을 보라(126쪽).]

"예수를 시험하여"라는 명시적 진술은 마가복음 8:11과 누가복음 11:16에서도 확인되며, 두 본문의 문맥에서 예수께서는 그분께 표적을 구하는 악한 세대를 책망하신다. 이 책망이 나타나는 유일한 다른 문맥인 마태복음 12:38-42에는 시험의 의도에 관한 명시적 진술이 포함되어 있지 않지만, 예수께서는 분명히 "서기관과 바리새인"에게 대답하고 계시며(38절), 이 사건은 바리새인들이 "나가서 어떻게 하여 예수를 죽일까 논의하"는 마태복음 12:14과 바리새인들이 "이가 귀신의 왕 바알세불을 힘입지 않고는 귀신을 쫓아내지 못하느니라"라고 말하는 마태복음 12:14 다음에 바로 이어서 기록되었다.

40 달라스 신학교의 총장이었던 존 왈보드(John Walvoord)는 기적의 은사를 "그리스도의 이름으로 자신의 뜻대로 기적을 행할 수 있는 능력"으로 이해한다. 그러므로 그는 기적의 은사가 중단되었다고 주장한다. 하지만 그는 여전히 우리가 오늘날에도 기적을 간구하는 기도를 할 수 있다고 주장한다. "여전히 그리스도인은 하나님께 이적을 행해 주실 것을 간구할 수 있으며, 하나님은 정말로 기도에 응답하신다. 하나님은 여전히 치유하실 수 있으며, 그분이 하고자 하신다면 심지어 죽은 자를 다시 살리실 수도 있지만, 이런 기적은 주권적이며 개별적이다.……그러므로 기적의 은사는 하나님의 현재 프로그램의 일부가 아니지만, 하나님께는 기적을 행할 수 있는 능력이 있다고 분명히 말해야 한다"[*The Holy Spirit* (Wheaton, IL: Van Kampen, 1954), 179-180]. (『성령』 생명의말씀사)

41 Copyright © 2010 Thankyou Music (PRS) (adm. worldwide at CapitolCMGPublishing.com excluding Europe which is adm. by Integrity Music, part of the David C Cook family. Songs@integritymusic.com) / Atlas Mountain Songs (BMI) worshiptogether.com Songs (ASCAP) sixsteps Music (ASCAP) Vamos Publishing (ASCAP) (adm. at CapitolCMGPublishing.com). All rights reserved. Used by permission.

18. 기도

하나님께서는 왜 우리가 기도하기를 원하시는가?

우리는 어떻게 효과적으로 기도할 수 있는가?

설명과 성경적 기초

앞 장들에서 다루었던 하나님의 속성과 그분이 세상과 맺는 관계에 관한 논의는 자연스럽게 기도에 관한 고찰로 이어진다. 기도는 다음과 같이 정의할 수 있다. 기도prayer는 하나님과의 인격적 소통이다.

이 정의는 광범위하다. 우리가 기도라고 부르는 것에는 우리 자신이나 다른 이들을 위한 탄원,간구나 중보의 기도라고 부르기도 함 죄의 고백, 경배, 찬양과 감사의 기도가 포함되며, 하나님이 우리에게 응답하시는 것도 포함된다.

A. 왜 하나님은 우리가 기도하기를 원하시는가?

기도를 하는 목적은 하나님이 우리에게 무엇이 필요한지 아시도록 하기 위함이 아니다. 예수께서는 우리에게 "너희에게 있어야 할 것을 하나님 너희 아버지께서 아시느니라"고 말씀하신다.마 6:8 하나님이 우리가 기도하기를 원하시는 이유는 기도를 통해 우리가 하나님께 신뢰를 표현할 수 있고 기도 자체가 그분에 대한 우리의 신뢰를 강화하는 수단이기 때문이다. 아마도 기도에 관한 성경의 가르침에서 가장 강조하는 바는 우리가 믿음을 가지고 기도해야 한다는 것이며, 이것은 하나님을 향한 신뢰나 의존을 뜻한다. 우리의 창조주이신 하나님은 그분의 피조물인 우리가 그분을 신뢰할 때 기뻐하신다. 피조물이 창조주를 의지하는 것은 적합하다. 겸손히 하나님을 의지하며 기도한다는 것은, 우리가 하나님의 지혜와 사랑, 선하심, 능력—그분의 탁월한 성품을 이루는 모든 속성—을 참으로 확신한다는 것을 보여준다. 참으로 기도할 때 우리는 인격체로서 우리 성품 전체를 통해 인격체이신 하나님과 그분의 성품 전체를 통해 관계를 맺는다. 따라서 우리가 하나님에 관해 생각하거나 느끼는 모든 것이 우리의 기도를 통해 표현된다. 하나님은 우리의 이러한 활동을 기뻐하시며, 그분이 우리와 맺는 관계에서 기도를 강조하는 것은 자연스럽다.

"하늘에 계신 우리 아버지여"마 6:9라는 주의 기도 첫 구절을 통해 우리는 사랑이 넘치며 지혜로운 아버지이신 하나님을 의지한다는 것을 인정하며, 그분이 하늘 보좌에서 만물을 다스리시는 것도 인정한다. 성경은 우리가 기도할 때 선하며 지혜로운 우리의 하늘 아버지이신 하나님을 신뢰해야 한다고 반복적으로 강조한다. 예를 들어, 예수께서는 우리의 기도를 아들이 아버지에게 생선이나 계란을 달라고 하는 것에 비교하며,눅 11:9-12 "너희가 악할지라도 좋은 것을 자식에게 줄 줄 알거든 하물며 너희 하늘 아버지께서 구하는 자에게 성령을 주시지 않겠느냐 하시니라"고 결론 내리신다.눅 11:13 자녀가 아버지가 자신의 필요를 채워 줄 것이라고 기대하듯이, 하나님은 우리가 기도를 통해 그분을 의지할 것을 기대하신다. 하나님이 우리의 아버지이시므로 우리는 믿음으로 구해야 한다. 예수께서는 "너희가 기도할 때에 무엇이든지 믿고 구하는 것은 다 받으리라"고 말씀하신다.마 21:22; 또한 막 11:24; 약 1:6-8; 5:14-15 참조

하지만 하나님은 우리가 그분을 신뢰하는 것만을 원하지 않으신다. 더 나아가 그분은 우리가 그분을 사랑하고 그분과 사귐을 누리기를 원하신다. 따라서 이것은 하나님이 우리가 기도하기를 원하시는 두 번째 이유다. 즉 기도는 우리를 하나님과의 더 깊은 사귐으로 이끌며, 그분은 우리를 사랑하고 우리가 그분과 사귐을 나누는 것을 기뻐하신다.

하나님이 우리가 기도하기를 원하시는 세 번째 이유는 기도를 통해 하나님이 피조물인 우리가 영원히 중요한 활동에 참여할 수 있게 하신다는 것이다. 우리가 기도할 때 하나님 나라의 일이 진전된다. 이처럼 기도는 우리에게 하나님 나라의 일에 중요한 방식으로 참여할 수 있는 기회를 제공하며, 따라서 하나님의 형상으로 만들어진 피조물로서 우리의 위대함을 표현한다.

B. 기도의 효력

기도는 정확히 어떻게 작동하는가? 기도는 우리에게 유익을 주는 것뿐만 아니라 하나님과 세상에도 영향을 미치는가?

1. 하나님은 그분이 세상 안에서 행동하는 방식을 바꾸심으로써 우리의 기도에 참으로 응답하신다

야고보는 "너희가 얻지 못함은 구하지 아니하기 때문이요"라고 말한다.약 4:2 그는 우리가 구했다면 하나님이 우리에게 주셨을 것을 구하지 않았기 때문에 받지 못했다고 말한다. 우리가 기도할 때 하나님이 응답하신다. 예수께서도 "구하라. 그러면 너희에게 주실 것이요 찾으라. 그러면 찾아낼 것이요. 문을 두드리라. 그러면 너희에게 열릴 것이니. 구하는 이마다 받을 것이요. 찾는 이는 찾아낼 것이요. 두드리는 이에게는 열릴 것이니라"고 말씀하신다.눅 11:9-10 그분은 하나님께 무언가를 구하는 것과 그것을 받는 것이 연결되어 있다고 분명히 말씀하신다. 성경 전체에서 반복되는 명확한 가르침은 우리가 구할 때 하나님이 응답하신다는 것이다.

우리는 구약에서 이런 일이 수없이 일어났음을 확인할 수 있다. 주께서는 모세에게 이스라엘의 죄 때문에 그들을 진멸하겠다고 선언하셨다.출 32:9-10 "모세가 그의 하나님 여호와께 구하여 이르되 여호와여……주의 맹렬한 노를 그치시고 뜻을 돌이키사 주의 백성에게 이 화를 내리지 마옵소서."출 32:11-12 그러자 "여호와께서 뜻을 돌이키사 말씀하신 화를 그 백성에게 내리지 아니하"셨다.출 32:14 하나님은 그 백성의 죄로 인해 그들을 벌하겠다고 위협하실 때 "내 이름으로 일컫는 내 백성이 그들의 악한 길에서 떠나 스스로 낮추고 기도하여 내 얼굴을 찾으면 내가 하늘에서 듣고 그들의 죄를 사하고 그들의 땅을 고칠지라"고 선언하신다.대하 7:14 하나님의 백성이 (겸손하게 회개하는 마음으로) 기도한다면, 하나님은 그 기도를 듣고 용서하신다. 하나님 백성의 기도는 하나님이 행동하는 방식에 영향을 미친다. 마찬가지로 "만일 우리가 우리 죄를 자백하면 그는 미쁘시고 의로우사 우리 죄를 사하시며 우리를 모든 불의에서 깨끗하게 하실 것"이다.요일 1:9 우리가 죄를 고백하면 그분이 용서하신다.[1]

하나님이 실제로 우리의 기도에 응답하시며 그분이 행동하는 방식을 바꾸신다고 우리가 확신한다면, 따라서 성경에서 반복적으로 가르치듯이 하나님이 기도에 응답하셔서 실제로 세상 안에서 놀라운 변화를 일으키신다고 확신한다면, 우리는 지금보다 더 많이 기도할 것이다. 우리가 기도를 거의 하지 않는다면, 아마도 기도가 많은 것을 이룬다고 믿지 않기 때문일 것이다.

2. 우리의 중보자이신 예수 그리스도께서 효과 있는 기도를 가능하게 만드신다

우리는 죄인이고 하나님은 거룩하시기 때문에 우리는 우리 자신을 의지해 그분의 임재로 들어갈 수 없다. 우리에게는 우리와 하나님 사이에 오셔서 우리를 하나님의 임재로 이끄실 중보자가 필요하다. 성경은 "하나님은 한 분이시요 또 하나님과 사람 사이에 중보자도 한분이시니 곧 사람이신 그리스도 예수라"고 분명히 가르친다.[딤전 2:5]

하지만 예수께서 하나님과 인간 사이의 유일한 중보자라면, 하나님은 예수를 믿지 않는 사람들의 기도를 들으시는가? 그 답은 '들으신다'라는 말이 무엇을 의미하는지에 따라 달라진다. 하나님은 전지하시므로 그리스도를 통해 그분께 나아가지 않는 비신자들이 하는 기도를 알고 계신다는 의미에서 그분은 언제나 그들의 기도를 들으신다. 심지어 하나님이 그분의 자비로 그리스도를 통해 그들을 구원으로 이끌기 위해 그들의 기도에 응답하기도 하신다. 그러나 하나님은 어디에서도 비신자의 기도에 응답하겠다고 약속하지 않으셨다. 하나님이 그분의 뜻에 따라 기도했을 때 응답한다는 의미에서 듣겠다고 약속하신 기도는 그리스도인들이 유일한 중보자이신 예수 그리스도를 통해 드린 기도뿐이다.[요 14:6 참조]

그렇다면 구약의 신자들은 어땠는가? 어떻게 그들은 중보자이신 예수를 통해 하나님께 나아갈 수 있었는가? 답은 제사 체계와 성전에서 제사장들이 바친 제물이 우리의 중보자로서 예수께서 하신 사역을 예시했다는 것이다.[히 7:23-28; 8:1-6; 9:1-14 등] 그러나 제사 체계 자체는 아무런 구원의 공로가 없었다.[히 10:1-4] 제사 체계를 통해 하나님은 그 체계가 예시하는 그리스도의 미래적 사역만을 근거로 신자들을 받아들이셨다.[롬 3:23-26]

중보자로서 예수의 활동은 특히 제사장으로서 하신 사역을 통해 드러난다. 그분은 "승천하신" 우리의 "큰 대제사장"이시며 "모든 일에 우리와 똑같이 시험을 받으"셨지만 "죄는 없으"신 분이다.히 4:14-15

옛 언약 아래서는 제사장을 제외한 모든 신자가 성전 밖에 남아 있어야 했지만 새 언약을 받은 우리는 성전 밖에 머물러 있을 필요가 없다. 우리는 "지성소" 밖에 머물러 있을 필요도 없다.히 9:3 지성소는 성전의 내실로서 하나님이 언약궤 위에 좌정해 계신 곳으로서 일 년에 한 번 대제사장만 들어갈 수 있었다. 하지만 우리의 중보자이신 그리스도께서 우리의 대제사장으로 죽으셨으므로히 7:26-27 이제 우리는 그분을 통해 담대히 하나님의 임재로 나아갈 수 있게 되었다. 그러므로 우리는 "예수의 피를 힘입어 성소에 들어갈 담력을 얻었"다.히 10:19 즉 우리는 성소, 지성소, 하나님의 임재 안으로 들어갈 수 있게 되었다. 우리는 그리스도께서 우리를 위해 열어 놓으신 "새로운 살 길"로 들어간다.히 10:20 결론적으로 히브리서 기자는 이것이 참되며 "하나님의 집 다스리는 큰 제사장이 계시"므로 "참 마음과 온전한 믿음으로 하나님께 나아가자"라고 말한다.히 10:21-22 이렇게 그리스도의 중보 사역은 우리에게 기도를 통해 하나님께 나아갈 수 있다는 확신을 준다.

우리는 이방인이나 방문자, 평신도가 아니라 제사장으로서—성전에 속해 있으며 성전 안의 가장 거룩한 공간에 있을 권리와 심지어 의무를 지닌 사람으로서—하나님의 임재로 나아간다. 히브리서 기자는 제사장의 위임식출 29:4, 21 참조 이미지를 활용해 모든 신자가 하나님을 섬기는 제사장으로 위임을 받았고, 따라서 그분의 임재 안으로 들어갈 수 있다고 묘사한다. 그는 우리가 "마음에 뿌림을 받아 악한 양심으로부터 벗어나고 몸은 맑은 물로 씻음을 받았으니 참 마음과 온전한 믿음으로 하나님께 나아"간다고 말한다.히 10:22; 벧전 2:9 참조 오늘날 그리스도인은 이 모든 것을 이해할 수 있는가? 오늘날에는 누구도 하나님께 "나아가기" 위해 예루살렘을 찾아가지 않는다. 예루살렘에 가도 성전을 찾을 수 없다. 주후 70년에 파괴되었기 때문이다. 그렇다면 히브리서 기자는 어떤 의미로 우리가 "지성소"로 들어간다고 말하는 것인가? 그는 보이지 않는 영적 영역에 관해 이야기하고 있다. 우리의 중보자이신 그리스도와 더불어 우리는 예루살렘에 있는 지상의 성전이 아니라 참된 성소, 그리스도께서 "우리를 위해 하나님 앞에 나타나시"려고 올라가신 "바로 그 하늘"로 들어간다.히 9:24

3. 예수의 이름으로 기도한다는 것은 무엇인가?

예수께서는 "너희가 내 이름으로 무엇을 구하든지 내가 행하리니 이는 아버지로 하여금 아들로 말미암아 영광을 받으시게 하려 함이라. 내 이름으로 무엇이든지 내게 구하면 내가 행하리라"고 말씀하신다.요 14:13-14 또한 그분이 제자들을 선택한 목적은 "내 이름으로 아버지께 무엇을 구하든지 다 받게 하려 함"이라고 말씀하신다.요 15:16 이와 비슷하게 그분은 "내가 진실로 진실로 너희에게 이르노니 너희가 무엇이든지 아버지께 구하는 것을 내 이름으로 주시리라. 지금까지는 너희가 내 이름으로 아무 것도 구하지 아니하였으나 구하라. 그리하면 받으리니 너희 기쁨이 충만하리라"고 말씀하신다.요 16:23-24; 엡 5:20 참조 하지만 이것은 무엇을 의미하는가?

이것은 단순히 기도할 때마다 마지막에 "예수의 이름으로"라는 구절을 덧붙이는 것을 의미하지 않는다. 예수께서는 "무엇이든지 구하고 기도 마지막에 '예수의 이름으로'라는 말을 덧붙이면 내가 행하리라"고 말씀하지 않으셨기 때문이다. 예수께서는 우리의 기도에 능력을 부여하는 일종의 마술적 주문인 것처럼 특정한 말을 덧붙이라고 말씀하지 않으셨다. 사실 성경에 기록된 기도 중에 마지막에 "예수의 이름으로"라는 구절이 포함된 것은 없다.마 6:9-13; 행 1:24-25; 4:24-30; 7:59; 9:13-14; 10:14; 계 6:10; 22:20 참조 [2]

누군가의 이름으로 온다는 것은 우리가 우리 자신의 권위가 아니라 그의 권위로 오는 것을 그가 승인했음을 의미한다. 베드로가 나면서부터 못 걷는 사람에게 "나사렛 예수 그리스도의 이름으로 일어나 걸으라"고 명령할 때행 3:6 그는 자신의 권위가 아니라 예수의 권위로 그렇게 말했다. 바울도 "예수 그리스도의 이름으로" 더러운 영을 꾸짖었을 때,행 16:18 그는 자신의 권위가 아니라 예수의 권위로 그렇게 하고 있음을 분명히 밝혔다. 바울이 음행을 저지른 교인에 대해 "주 예수의 이름으로" 심판을 선언했을 때,고전 5:4 그는 주 예수의 권위로 그렇게 행동했다. 그러므로 예수의 이름으로 기도한다는 것은 그분의 권위에 근거해 기도함을 의미한다.

더 넓은 의미에서 고대 세계에서 한 사람의 이름은 그 사람 자체를 가리키며 따라서 그의 인격 전체를 표상한다. "좋은 이름"을 갖는다는 것잠 22:1; 전 7:1은 좋은 평판을 가지고 있음을 뜻했다. 따라서 예수의 이름은 그분의 존재 전체, 그분의 인격 전체를 표상한다. 이것은 "예수의 이름으로" 기도한다는 것이 그분의 권위로 기도하는 것일 뿐 아니라 그분의 인격과 조화를 이루는 방식으로, 곧 참으로 그분을 표상하고 그분의 삶의 방식과 그분의 거룩한 의지를 반영하는 방식으로 기도하는 것임을 의미하기도 한다.[3] 이런 의미에서 예수의 이름으로 기도한다는 것은 "그의 뜻대로" 기도한다는 개념과 가깝다.요일 5:14-15 [4]

그렇다면 기도의 마지막에 "예수의 이름으로"라는 말을 덧붙이는 것이 틀렸다는 말인가? 물론 우리가 그 의미를 이해하고 반드시 그렇게 해야만 하는 것은 아님을 이해하는 한 이것은 잘못된 일이 아니다. 그러나 만일 공적인 또는 사적인 기도를 할 때마다 이 구절을 덧붙인다면 위험할 수도 있다. 이 구절이 사람들에게 큰 의미 없이 덧붙이고 깊이 생각하지도 않고 말하는 단순한 공식이 될 것이기 때문이다. 특히 어린 신자들은 이 구절을 기도를 더 효과적으로 만드는 일종의 마법 주문으로 여길 수도 있다. 이런 오해를 막기 위해서는 매번 같은 말을 사용하지 않기로 결심하고 다른 말로, 또는 우리가 기도에 접근하는 전반적인 태도와 방식에 있어서 같은 생각을 표현하는 것이 현명할 것이다. 예를 들어, 기도를 시작할 때 "아버지, 우리는 하나님의 아들이신 우리 주 예수 그리스도의 권위로 하나님께 나아갑니다" 또는 "아버지, 우리는 우리 자신의 공로가 아니라 우리에게 하나님 앞으로 나아가라고 초대하신 예수 그리스도의 공로를 힙입어 나아갑니다" 또는 "아버지, 하나님의 아들 예수께서 행하신 일을 통해 우리의 죄를 용서하시고 우리가 주님의 보좌 앞으로 나아갈 수 있게 하시니 감사드립니다"라고 말할 수 있다. 우리가 성부께 기도할 수 있게 해주신 분이 바로 우리의 구속자이심을 끊임없이 자각하는 한, 경우에 따라 이것을 형식적으로 인정하는 말조차 필요하지 않다고 생각할 수도 있다. 참된 기도는 우리가 잘 알고 있는 분이며 또한 우리를 잘 알고 계신 분과 하는 대화다. 서로를 아는 인격체 사이의 참된 대화는 특정한 공식이나 필수적인 단어 사용에 기초하지 않는다. 그것은 우리의 말과 마음의 진실성의 문제, 올바른 태도의 문제, 우리 영이 가진 상태의 문제다.

4. 예수와 성령께도 기도해야 하는가?

신약의 기도를 살펴보면 대부분 성자나 성령께 드리는 기도가 아니라 성부 하나님께 드리는 기도임을 알 수 있다. 그러나 이 기도의 횟수만 고려하는 것은 오해를 야기할 수도 있다. 신약에 기록된 기도 중 대다수는 예수께서 친히 하신 기도이며 그분은 언제나 성부 하나님께 기도했고, 당연히 성자 자신에게 기도하지 않으셨다. 이뿐만 아니라 구약에서는 하나님의 삼위일체적 본질이 분명히 계시되지 않았으므로, 그리스도 시대 이전에 직접적으로 성자나 성령께 드리는 기도의 증거가 많지 않다는 것은 놀랍지 않다.

신약은 성자를 통해 성부 하나님께 기도하는 명확한 경향성이 있지만,[마 6:9; 요 16:23; 엡 5:20] 직접 예수께 기도하는 것도 적절하다고 말한다. 예수께서 친히 다른 모든 사도를 세우셨다는 사실은 사도행전 1:24-25의 기도가 그분께 드리는 기도임을 암시한다. "뭇 사람의 마음을 아시는 주여, 이 두 사람 중에 누가 주님께 택하신 바 되어 봉사와 및 사도의 직무를 대신할 자인지를 보이시옵소서." 죽어가는 스데반은 "주 예수여, 내 영혼을 받으시옵소서"라고 기도한다.[행 7:59] 사도행전 9:10-16에서 아나니아가 "주"와 나눈 대화는 예수와 나눈 대화였다. 17절에서 아나니아는 사울에게 "주 곧 네가 오는 길에서 나타나셨던 예수께서 나를 보내어 너로 다시 보게 하시고"라고 말하기 때문이다. "우리 주여, 오시옵소서"라는 기도[고전 16:22]는 예수께 드리는 기도이며, 요한계시록 22:20에 기록된 "주 예수여, 오시옵소서"라는 기도도 마찬가지다. 또한 바울은 고린도후서 12:8에서 육체의 가시를 두고 "주께" 기도했다.[5]

그뿐만 아니라 예수께서 "우리의 연약함을 동정"할 수 있는[히 4:15] "자비하고 신실한 대제사장"[히 2:17]이라는 사실은 우리에게 "긍휼하심을 받고 때를 따라 돕는 은혜를 얻기 위하여" 기도를 통해 담대하게 "은혜의 보좌" 앞으로 담대히 나아갈 것[히 4:16]을 권면한다. 우리는 이 구절들에 힘입어 우리가 기도할 때 그분이 우리의 연약함을 동정해 주실 것이라고 기대하며 기도를 통해 직접 그분께 나아가야 한다.

그러므로 우리가 성부 하나님(일차적인 경향성은 성부께 기도드리는 것이며 이것은 분명히 주의 기도를 통해 예수께서 우리에게 가르쳐 주신 본보기를 따르는 것이다)뿐만 아니라 성자 하나님이신 우리 주 예수 그리스도께도 직접 기도할 수 있는 성경적 근거가 존재한다. 둘 다 옳다. 우리는 성부께 기도할 수 있고 성자께도 기도할 수 있다.

하지만 성령께도 기도해야 하는가? 성령께 직접적으로 하는 기도는 신약에 기록되어 있지 않지만 그 기도를 금지하는 내용도 없다. 성부, 성자와 마찬가지로 성령께서도 온전히 하나님이며 우리의 기도를 받기에 합당하고 그 기도에 응답할 수 있는 능력을 가지고 있기 때문이다. (에스겔 37:9에서 에스겔이 생기 또는 영을 초대하고 있음에 주목하라. 이것은 성령께 드리는 기도일 수도 있다.)

우리가 성령께 기도할 수 없다고 말하는 것은 우리가 그분께 말하거나 그분과 인격적인 관계를 맺을 수 없다고 말하는 것과 다름없으며, 따라서 이는 옳지 않다. 그분은 우리와 인격적인 방식으로 관계를 맺으신다. 그분은 "보혜사"이며,[요 14:16, 26] 당연히 우리는 우리의 보혜사이신 그분께 말할 수 있어야 한다. 다른 구절에서는 신자들이 그분을 알고,[요 14:17] 그분이 우리를 가르치며,[요 14:26 참고] 우리가 하나님의 자녀임을 우리에게 증언하고,[롬 8:16] 우리의 죄 때문에 근심하신다고[엡 4:30] 말한다. 이뿐만 아니라 성령께서는 인격적인 의지를 행사하여 영적 은사를 나누어 주신다. 그분은 "그의 뜻대로 각 사람에게 나누어 주"신다.[고전 12:11] 그러므로 때때로 성령께 직접 기도를 드리고 그분의 특별한 사역이나 책임의 영역에 관련된 무언가를 해주실 것을 간구하는 것은 잘못된 일처럼 보이지 않는다.[6]

실제로 교회 역사에서 자주 불리던 찬송가 몇 곡은 성령께 드리는 기도다.[30장, 52장, 53장 참조] 그 외에도 "찬송 성부 성자 성령"으로 끝나는 "만복의 근원 하나님"이나 "성령이여, 내 마음에 내려오소서" 등의 찬송가를 예로 들 수 있다. 이에 더해 주후 381년에 개정된 니케아 신조는 "우리는…… 성령을 믿습니다. 그분은 성부와 성자와 함께 영광을 받으시며"라고 말한다.[부록 1] 성령께서 예배를 받으셔야 한다면 그분께 기도하는 것도 적절한 일이다. 하지만 신약 안에서는 이 경향성을 확인할 수 없으며, 우리의 기도 생활에서 이것이 주된 강조점이 되어서도 안 된다.

5. 우리의 기도에서 성령의 역할

로마서 8:26-27에서 바울은 이렇게 말한다.

> 이와 같이 성령도 우리의 연약함을 도우시나니 우리는 마땅히 기도할 바를 알지 못하나 오직 성령이 말할 수 없는 탄식으로 우리를 위하여 친히 간구하시느니라. 마음을 살피시는 이가 성령의 생각을 아시나니 이는 성령이 하나님의 뜻대로 성도를 위하여 간구하심이니라.

여기서 "말할 수 없는 탄식"이 (a) 성령께서 친히 하시는 탄식인지 (b) 성령께서 하나님 앞에서 효과적인 것으로 변화시켜 주시는 기도 중에 있는 우리의 탄식과 신음인지에 관해 해석자들 사이에 이견이 존재한다. 여기서 탄식과 신음은 우리가 하는 것일 가능성이 더 높아 보인다. 바울이 "성령도 우리의 연약함을 도우시나니"라고 말할 때,26절 "도우시나니"라고 번역된 단어쉬난틸람바노마이는 누가복음 10:40에서 마르다가 열심히 식사 준비를 할 때 마리아가 와서 자신을 돕기를 바란다고 말할 때 사용하는 것과 같은 단어다. 이 단어는 성령께서 우리를 대신해 기도하신다는 것이 아니라 성령께서 우리와 함께하며 우리의 연약한 기도를 효과적인 것으로 만드신다는 것을 의미한다.[7] 기도 속의 이런 신음이나 탄식은 우리가 마음과 영혼의 열망을 표현하면서 내는 소리이며, 성령께서 이것을 효과적인 기도로 만들어 주신다고 이해하는 것이 최선이다.[8]

"성령 안에서" 기도하는 것이 무엇을 의미하는지에 관한 물음도 이와 관련이 있다. 바울은 우리가 "모든 기도와 간구를 하되 항상 성령 안에서 기도"해야 한다고 말하며,엡 6:18 유다는 "성령으로 기도"해야 한다고 말한다.유 20[9] 이 구절을 이해하기 위해서는 신약에서 다양한 행동을 "성령 안에서" 할 수 있다고 말하고 있음을 깨달아야 한다. 요한이 주의 날에 그러했듯이 그저 "성령에 감동되어" 있는 것도 가능하다.계 1:10; 4:2 참조 또한 성령으로 인해 기뻐하고,눅 10:21 성령 안에서 무언가를 작정하거나 결정하고,행 19:21 양심이 성령 안에서 증언하고,롬 9:1 성령 안에서 하나님께 나아감을 얻고,엡 2:18 성령 안에서 사랑하는 것골 1:8도 가능하다. 30장에서 더 자세히 설명하듯이 이 표현들은 의식적으로 성령의 임재, 곧 능력과 사랑, 기쁨, 진리, 거룩함, 의로움, 평화와 같은 하나님을 닮은 속성에 의해 특징지어지는 임재 안에 거함을 뜻하는 것처럼 보인다. 따라서 "성령 안에서" 기도한다는 것은, 우리를 둘러싸고 있으며 우리와 우리의 기도 모두를 거룩하게 만드는 하나님의 임재를 의식적으로 지각하며 기도하는 것을 의미한다.

C. 효과적인 기도에서 고려해야 할 중요한 사항들

성경은 하나님이 원하시는 종류의 기도에 대해 우리가 고려해야 할 수많은 사항을 말한다.

1. 하나님의 뜻에 따라 기도하기

요한은 "그를 향하여 우리가 가진 바 담대함이 이것이니 그의 뜻대로 무엇을 구하면 들으심이라. 우리가 무엇이든지 구하는 바를 들으시는 줄을 안즉 우리가 그에게 구한 그것을 얻은 줄을 또한 아느니라"고 말한다.[요일 5:14-15] 예수께서는 우리에게 하나님의 "뜻이……이루어지이다"라고 기도하라고 가르치시며,[마 6:10] 겟세마네 동산에서 그렇게 기도함으로써 우리에게 친히 본을 보이셨다. "그러나 나의 원대로 마시옵고 아버지의 원대로 하옵소서."[마 26:39]

하지만 기도할 때 우리는 하나님의 뜻이 무엇인지 어떻게 알 수 있는가? 만일 우리가 기도하는 문제를 성경 본문에서 직접 다루고 있으며 그 본문에서 하나님이 우리에게 명령을 내리거나 그분의 뜻을 직접적으로 선언한다면, 이 물음에 대한 답은 쉬울 것이다. 그분의 뜻은 그분의 말씀에 순종하고 그 명령을 지키는 것이다. 우리는 하나님의 뜻이 "하늘에서 이루어진 것 같이 땅에서도 이루어"질 수 있도록 이 땅에서 하나님의 도덕적인 뜻에 완벽히 순종하기 위해 노력해야 한다.[마 6:10] 따라서 성경에 대한 지식은 기도할 때 도움이 되며, 또한 초기 그리스도인들의 본보기를 따를 수 있게 해준다.[행 4:25-26 참조] 그리스도인이 자신의 삶에서 오랜 시간에 걸쳐 규칙적으로 성경을 읽고 암송하는 습관을 기른다면 그가 하는 기도의 깊이와 능력, 지혜가 점점 더해질 것이다. 예수께서는 우리 안에 그분의 말씀을 간직하라고 권면하시며, "너희가 내 안에 거하고 내 말이 너희 안에 거하면

무엇이든지 원하는 대로 구하라 그리하면 이루리라"고 말씀하신다.요 15:7

예를 들어, 이것은 우리가 중요한 결정을 할 때 지혜를 구한다면 우리가 올바르게 행동할 그 지혜를 받는 것이 하나님의 뜻인지 아닌지 궁금해할 필요가 없음을 의미한다. 이 문제에 관해 성경은 이미 우리에게 답을 제시했다. 이와 관련된 성경의 약속이 존재하기 때문이다.

> 너희 중에 누구든지 지혜가 부족하거든 모든 사람에게 후히 주시고 꾸짖지 아니하시는 하나님께 구하라. 그리하면 주시리라. 오직 믿음으로 구하고 조금도 의심하지 말라. 의심하는 자는 마치 바람에 밀려 요동하는 바다 물결 같으니 이런 사람은 무엇이든지 주께 얻기를 생각하지 말라. 두 마음을 품어 모든 일에 정함이 없는 자로다.약 1:5-8

우리는 성경의 구체적인 약속이나 명령과 일치하는 무언가를 하나님께 구할 때 그분이 우리의 기도에 응답하실 것이라는 굳은 확신을 가져야 한다. 하나님이 우리에게 말씀하셨기 때문에 우리는 그분의 뜻이 무엇인지 잘 알고 있으며, 그분이 응답하실 것임을 믿고 기도하면 된다.

하지만 우리 삶에는 하나님의 뜻이 무엇인지 알지 못하는 수많은 상황이 존재한다. 성경에 기록된 어떤 약속이나 명령도 적용되지 않기 때문에, 우리가 지원한 일자리를 얻거나 (특히 아이들이 자주 기도하듯이) 우리가 참여하는 운동 경기에서 승리하거나 교회 안에서 직분을 맡도록 선출되는 것이 하나님의 뜻인지 확신할 수 없다. 이 모든 경우에 우리가 이해할 수 있는 성경 본문을 최대한 동원해 어떤 일반적인 원칙 안에서 기도해야 하는지를 알아보아야 한다. 하지만 이것을 넘어서는 경우에 하나님의 뜻이 무엇인지 알 수 없다고 인정해야만 할 때가 많다. 이런 경우 우리는 하나님께 더 깊은 이해를 구해야 하며, 그다음 우리에게 최선인 것처럼 보이는 것을 위해 기도해야 하고, 우리가 구하는 것이 최선처럼 보이는 까닭을 주께 말씀드려야 한다. 하지만 명시적으로든, 적어도 우리 마음의 태도에 있어서든 "그럼에도 제가 이렇게 구하는 것이 틀렸다면, 그리고 주께서 기뻐하시는 일이 아니라면, 주께서 보시기에 최선인 것을 행하소서"라고 덧붙이거나 더 간단하게 "만일 이것이 주님의 뜻이라면"이라고 덧붙이는 것이 옳을 것이다. 때로는 하나님이 우리가 구하는 바를 주실 것이다. 때로는 우리에게 더 깊은 이해를 주시거나 우리의 마음을 변화시켜 우리가 다른 무언가를 구하게 하실 것이다. 또 때로는 우리가 간구하는 바를 전혀 허락하지 않고 그저 우리가 그분의 뜻에 순종해야 함을 깨닫게 하실 것이다.고후 12:9-10 참조

일부 그리스도인들은 우리의 기도에 "만일 이것이 주님의 뜻이라면"이라는 구절을 덧붙이는 것이 "우리의 신앙을 파괴한다"라며 반론을 제기한다. 그 말을 덧붙이는 것은 우리가 기도하는 바가 하나님의 뜻인지 아닌지에 대한 의심을 표현하는 것일 뿐이라는 주장이다. 하나님의 뜻이 무엇인지 우리가 알지 못할 때 그렇게 하는 것은 적절하다. 하지만 이것이 적절하지 않을 때도 있다. 결정을 하기 위해 지혜를 달라고 하나님께 간구한 다음 "나에게 지혜를 주시는 것이 주님의 뜻이라면"이라고 말한다면 이는 부적절할 것이다. 하나님이 야고보서 1:5-8에서 믿음으로 구하면 그분이 이 간구를 들어주시겠다고 하셨던 말씀을 우리가 믿지 않는다고 말하는 것과 다름없기 때문이다.[10]

성경의 명령이나 약속이 적용될 때도 우리가 처음에는 온전히 이해하지 못하는 미묘한 차이가 존재할 수도 있다. 그러므로 기도할 때는 하나님께 말하는 것뿐만 아니라 그분의 말씀에 귀를 기울이는 것도 중요하다. 우리는 자주 하나님께 간구해야 하고, 그다음 그분 앞에서 조용히 기다려야 한다. 이처럼 주를 기다릴 때시 27:14; 38:15; 130:5-6 하나님이 우리 마음의 소망을 변화시키거나, 우리가 기도하는 상황에 대한 추가적인 통찰이나 그분의 말씀에 대한 추가적인 통찰을 주거나, 우리가 더 효과적으로 기도할 수 있게 해주는 성경 본문을 떠올릴 수 있게 하거나, 그분의 뜻이 무엇인지에 대한 확신을 주거나, 우리의 믿음이 크게 자라게 하여 우리가 더 큰 확신을 가지고 기도할 수 있게 해주실 것이다.

2. 믿음으로 기도하기

예수께서는 "그러므로 내가 너희에게 말하노니 무엇이든지 기도하고 구하는 것은 받은 줄로 믿으라. 그리하면 너희에게 그대로 되리라"고 말씀하신다.막 11:24 일부 번역본은 다르게 표현하지만 헬라어 본문은 '너희가 그것

을 받았다고 믿으라'고 번역하는 것이 최선이다. 헬라어 사본을 필사한 후대의 필사자들과 일부 주석가들은 이 구절이 '너희가 그것을 받을 것이라고 믿으라'는 의미로 해석해 왔다. 그러나 가장 이른 시기의 최선의 사본을 받아들인다면 이 구절은 '너희가 그것을 받았다고 믿으라'고 번역해야 한다. 예수께서는 우리가 무언가를 구할 때 결과를 이끌어 낼 믿음은, 우리가 무언가를 구할 때(또는 어쩌면 우리가 일정한 기간 동안 기도하고 난 후에) 하나님이 그 간구를 들어주겠다고 동의하셨다는 것에 대한 굳은 확신이라고 말씀하시는 것으로 보인다. 인격적인 사귐 속에서 하나님이 우리의 간구를 들어준다는 확신을 주실 때만 이 종류의 믿음이 생겨날 수 있을 것이다. 물론 아무리 열광적으로 기도하거나 스스로 믿게 만들기 위해 정서적으로 노력해도 우리는 이 종류의 참된 믿음을 만들어 낼 수 없으며, 우리가 참되다고 생각하지 않는 말을 함으로써 스스로에게 그 믿음을 강요할 수도 없다. 하나님만이 우리에게 이 확신을 주실 수 있으며, 우리가 기도할 때마다 그 확신을 주실 수도 있고 그렇지 않을 수도 있다. 우리가 하나님께 무언가를 구한 다음 그분 앞에서 조용히 응답을 기다릴 때 이 확신의 믿음이 찾아오는 경우가 많을 것이다.

실제로 히브리서 11:1은 "믿음은 바라는 것들의 실상이요 보이지 않는 것들의 증거니"라고 말한다. 성경적 믿음은 막연한 바람이나 의지할 수 있는 확고한 토대가 전혀 없는 모호한 희망이 아니다. 그것은 우리가 하나의 인격, 곧 하나님을 신뢰하고 그분의 말을 그대로 받아들이며 그분이 하신 말씀을 믿고 있다는 사실에 기초한다. 하나님을 향한 이 신뢰나 의지가 확신의 요소를 지닐 때 그것이 바로 참된 성경적 믿음이다.

다른 몇몇 본문도 우리에게 믿음으로 기도할 것을 권면한다. 예수께서는 제자들에게 "너희가 기도할 때에 무엇이든지 믿고 구하는 것은 다 받으리라"고 가르치신다.[마 21:22] 또한 야고보는 우리가 "오직 믿음으로 구하고 조금도 의심하지 말"아야 한다고 말한다.[약 1:6] 기도는 막연한 바람이 아니다. 기도는 우리가 그분의 말씀을 그대로 받아들이기를 원하시는 인격적인 하나님, 그 하나님을 향한 신뢰로부터 나오기 때문이다.

3. 순종

기도는 하나님과의 인격적인 사귐 속에서 이루어진다. 따라서 그 관계를 깨트리는 모든 것은 기도의 장애물이 될 것이다. 시편 기자는 "내가 나의 마음에 죄악을 품었더라면 주께서 듣지 아니하시리라"고 말한다.시 66:18 "악인의 제사는 여호와께서 미워하"시지만 "정직한 자의 기도는 그가 기뻐하"신다.잠 15:8 "여호와는……의인의 기도를 들으시느니라."잠 15:29 그러나 하나님은 그분의 율법을 거부하는 이들을 호의적으로 대하지 않으신다. "사람이 귀를 돌려 율법을 듣지 아니하면 그의 기도도 가증하니라."잠 28:9

베드로는 시편 34편을 인용하며 "주의 눈은 의인을 향하시고 그의 귀는 의인의 간구에 기울이시되"라고 말한다.벧전 3:12 앞에서 악한 말을 삼가고 악에서 떠나 매일의 삶에서 선한 행동을 하라고 권면했으므로, 베드로는 하나님이 그분께 순종하는 삶을 사는 이들의 기도를 기꺼이 들으신다고 말하고 있다. 이와 비슷하게 베드로는 남편들에게 "지식을 따라" 아내와 동거하라고 가르치며 "이는 너희 기도가 막히지 아니하게 하려 함"이라고 말한다.벧전 3:7 마찬가지로 요한은 우리가 기도할 때 하나님 앞에서 깨끗한 양심을 가져야 한다고 강조한다. 그는 "만일 우리 마음이 우리를 책망할 것이 없으면 하나님 앞에서 담대함을 얻고 무엇이든지 구하는 바를 그에게서 받나니 이는 우리가 그의 계명을 지키고 그 앞에서 기뻐하시는 것을 행함이라"고 말한다.요일 3:21-22

하지만 이 가르침을 오해해서는 안 된다. 우리가 죄로부터 완전히 자유로워져야만 하나님이 우리의 기도에 응답하리라고 기대할 수 있는 것은 아니다. 만일 하나님이 죄가 없는 사람의 기도에만 응답하신다면, 성경에서 예수 외에는 누구도 기도 응답을 받지 못했을 것이다. 하나님의 은혜를 통해 그분 앞에 나아갈 때 우리는 그리스도의 피로 깨끗해진 상태로 나아간다.롬 3:25; 5:9; 엡 2:13; 히 9:14; 벧전 1:2 하지만 개인적 삶의 거룩함을 강조하는 성경의 가르침을 무시해서는 안 된다. 그리스도인의 삶에는 은혜가 넘치지만, 우리가 점점 더 거룩해질 때 더 큰 복을 누릴 수 있으며, 이는 기도에도 그대로 적용된다. 앞에서 인용한 본문들은 다른 모든 것이 동일할 때 더 철저한 순종이 더 효과적인 기도 응답으로 귀결될 것이라고 가르친다.히 12:14; 약 4:3-4 참조

4. 죄의 고백

이생에서 하나님을 향한 우리의 순종은 완벽하지 않기 때문에 우리는 끊임없이 우리의 죄에 대한 그분의 용서에 의지한다. 하나님이 우리와의 관계를 날마다 회복하신다는 의미에서 우리를 용서하시기 위해서는 죄의 고백이 필수적이다.[마 6:12; 요일 1:9 참조] 기도할 때 우리가 알고 있는 모든 죄를 주께 고백하고 용서를 구하는 것이 좋다. 우리가 그분을 기다리면 때로는 그분이 우리가 고백해야 할 다른 죄를 떠올리게 하신다. 우리가 기억하지 못하거나 알지 못하는 죄에 관해서는 다윗처럼 "나를 숨은 허물에서 벗어나게 하소서"라고 기도드리는 것이 적절하다.[시 19:12]

때로는 믿을 수 있는 다른 그리스도인들에게 우리의 죄를 고백함으로써 용서에 대한 확신과 죄를 극복할 용기를 얻을 수도 있다. 야고보는 서로에게 죄를 고백하는 것과 기도를 연결시킨다. 강력한 기도에 관해 논하는 본문에서 야고보는 우리에게 "그러므로 너희 죄를 서로 고백하며 병이 낫기를 위하여 서로 기도하라"고 권면한다.[약 5:16]

5. 다른 이들을 용서하기

예수께서는 "너희가 사람의 잘못을 용서하면 너희 하늘 아버지께서도 너희 잘못을 용서하시려니와 너희가 사람의 잘못을 용서하지 아니하면 너희 아버지께서도 너희 잘못을 용서하지 아니하시리라"고 말씀하신다.[마 6:14-15] 또한 이와 비슷하게 "서서 기도할 때에 아무에게나 혐의가 있거든 용서하라. 그리하여야 하늘에 계신 너희 아버지께서도 너희 허물을 사하여 주시리라"고 말씀하신다.[막 11:25] 예수께서는 우리의 칭의 경험을 염두에 두시고 이처럼 말씀한 것이 아니다. 만일 그러하다면 우리가 날마다 하는 기도에 포함되지 않았을 것이기 때문이다.[마 6:12, 14-15 참조] 오히려 그분은 우리에게 날마다 이루어지는 하나님과의 관계에 대해 말씀하시며, 우리가 죄를 범하고 관계가 깨어질 때마다 회복되어야 한다고 강조하신다. 실제로 예수께서는 우리가 우리에게 해를 입힌 다른 이들을 용서하는 (인격적 관계에 있어서의 용서라는 의미, 곧 다른 사람에 대한 원한이나 반감을 품거나 그 사람에게 해를 입히기를 바라지 않는다는 의미로) 것과 똑같은 방식으로 하나님께 용서를 구하라고 명령하신다. "우리가 우리에게 죄 지은 자를 사하여 준 것 같이 우리 죄를 사하여 주시옵고."마 6:12 이 기도를 할 때 다른 이들을 용서하지 않는다면 우리가 죄를 지을 때도 하나님이 우리와의 바른 관계를 회복하지 말라고 기도하는 것과 같다.

기도는 하나님과의 인격적인 사귐 속에서 이루어지기 때문에 이는 놀라운 일이 아니다. 우리가 그분께 죄를 범하고 성령을 근심하게 하여엡 4:30 참조 그 죄를 용서받지 못했다면, 그것은 하나님과 우리의 관계를 방해한다.사 59:1-2 참조 죄를 용서받고 관계가 회복될 때까지 기도가 어려울 것이다. 이뿐만 아니라 우리 마음속에 다른 누군가를 용서하지 않으려는 마음을 품고 있다면 우리는 하나님을 기쁘시게 하고 우리에게 유익이 되는 방식으로 행동하지 않고 있는 것이다. 따라서 하나님은 우리가 다른 이들을 용서할 때까지 우리를 멀리할 것이라고 선언하신다.마 6:12, 14-15

6. 겸손

야고보는 우리에게 "하나님이 교만한 자를 물리치시고 겸손한 자에게 은혜를 주신다"라고 말한다.약 4:6; 또한 벧전 5:5 그러므로 그는 "주 앞에서 낮추라. 그리하면 주께서 너희를 높이시리라"고 말한다.약 4:10 하나님께 기도할 때 올바른 태도는 겸손이며 교만은 전적으로 부적절하다.

바리새인과 세리에 관한 예수의 비유가 이것을 예증한다. 바리새인은 서서 기도하며 자기 자랑을 늘어놓는다. "하나님이여, 나는 다른 사람들 곧 토색, 불의, 간음을 하는 자들과 같지 아니하고 이 세리와도 같지 아니함을 감사하나이다. 나는 이레에 두 번씩 금식하고 또 소득의 십일조를 드리나이다."눅 18:11-12 반면에 세리는 겸손했다. "세리는 멀리 서서 감히 눈을 들어 하늘을 쳐다보지도 못하고 다만 가슴을 치며 이르되 하나님이여, 불쌍히 여기소서. 나는 죄인이로소이다 하였느니라."눅 18:13 예수께서는 세리가 바리새인과 달리 "의롭다 하심을 받고 그의 집으로 내려갔"다고 말씀하셨다. "무릇 자기를 높이는 자는 낮아지고 자기를 낮추는 자는 높아지"기 때문이다.눅 18:14 예수께서는 "외식으로 길게 기도하"며눅 20:47 "사람에게 보이려고 회당과 큰 거리 어귀에 서서 기도하기를 좋아하"는 이들마 6:5을 정죄하셨다.

하나님은 그분의 영광을 위해 질투하신다.[11] 그러므로 그분은 하나님께 영광을 드리지 않고 스스로 영광을 취하는 교만한 이들의 기도에 응답하기를 기뻐하지 않으신다. 다른 이들 앞에서 드러나는 겸손이 효과적 기도를 위해 필수적이다.

7. 오랜 시간 반복적으로 기도하기

모세가 두 차례나 산에 머물며 이스라엘 백성을 위해 하나님 앞에서 40일 동안 기도한 것이나,신 9:25-26; 10-10-11 야곱이 하나님께 "당신이 내게 축복하지 아니하면 가게 하지 아니하겠나이다"라고 말한 것처럼,창 32:26 예수께서도 그분의 삶에서 많은 시간을 기도에 할애하셨음을 알 수 있다. 큰 무리가 예수를 따를 때 "그분은 자주 광야 지역으로 물러나셔서 기도하셨다."눅 5:16, 저자의 사역 12 또 한 번은 "밤이 새도록 하나님께 기도"하셨다.눅 6:12

모세와 야곱처럼 특정한 하나의 제목을 놓고 오랜 시간 기도할 때도 있다.눅 18:1-8 참조 하나님께 특정한 기도에 대한 응답을 간절히 구할 때 우리는 그 간구를 여러 차례 반복할 수도 있다. 바울은 육체의 가시를 제거해 달라고 주께 "세 번" 간구했다.고후 12:8 예수께서도 겟세마네 동산에서 성부께 "이 잔을 내게서 옮기시옵소서. 그러나 나의 원대로 마시옵고 아버지의 원대로 하옵소서"라고 기도하셨다.막 14:36 이후에 제자들이 자고 있는 것을 발견하고 예수께서는 같은 말로 다시 간구하셨다. "다시 나아가 동일한 말씀으로 기도하시고."막 14:39 이것은 절실하게 필요한 것을 반복적으로 간절히 구하는 기도의 예다. 예수께서 금하신 행동—"말을 많이" 해야 하나님이 들으실 것이라는 잘못된 믿음으로 "중언부언"하는 기도마 6:7—의 사례가 아니다.

또한 오랜 시간에 걸쳐 기도할 때 하나님과 지속적인 사귐을 누릴 수 있다. 바울은 우리에게 "쉬지 말고 기도하라"고 말하며,살전 5:17 골로새인들에게 "기도를 계속하고 기도에 감사함으로 깨어 있으라"고 권면한다.골 4:2 바쁠 때도 끊임없이 매일 기도에 전념하는 모습이 모든 신자의 삶을 특징지어야 한다. 사도들이 인상적인 본보기였다. 그들은 기도에 더 많은 시간을 할애하기 위해 다른 책임으로부터 자신을 해방시켰다. "우리는 오로지 기도하는 일과 말씀 사역에 힘쓰리라."행 6:4

8. 간절히 기도하기

우리에게 기도의 본보기가 되는 예수께서는 간절히 기도하셨다. "그는 육체에 계실 때에 자기를 죽음에서 능히 구원하실 이에게 심한 통곡과 눈물로 간구와 소원을 올렸고 그의 경건하심으로 말미암아 들으심을 얻었느니라."히 5:7 성경의 몇몇 기도는 성도들이 하나님 앞에서 자신의 마음을 쏟아 놓는 간절함이 들리는 것처럼 느껴진다. 다니엘은 "주여, 들으소서. 주여, 용서하소서. 주여, 귀를 기울이시고 행하소서. 지체하지 마옵소서. 나의 하나님이여, 주 자신을 위하여 하시옵소서. 이는 주의 성과 주의 백성이 주의 이름으로 일컫는 바 됨이니이다"라고 부르짖는다.단 9:19 하나님이 아모스에게 그분의 백성에게 내릴 심판을 보여주셨을 때, 아모스는 "주 여호와여, 청하건대 사하소서. 야곱이 미약하오니 어떻게 서리이까 하매"라고 탄원한다.암 7:2

인간관계에서 우리가 거짓으로 강렬한 감정을 보이고 마음과 일치하지 않는 감정을 겉으로 드러내려고 한다면 사람들은 즉시 우리의 위선을 알아채고 불쾌해할 것이다. 하물며 우리 마음을 온전히 아는 하나님에 관해서는 말할 것도 없다. 그러므로 기도할 때 거짓으로 감정을 꾸미면 안 된다. 하지만 우리가 진실하게 하나님이 상황을 보시는 것처럼 그 상황을 보고, 아파하며 죽어 가는 세상의 필요를 있는 그대로 보기 시작한다면, 강렬한 감정으로 기도하며 자비로운 아버지인 하나님이 진심어린 기도에 응답할 것이라고 기대하는 것이 당연할 것이다. 그리고 기도회에서 강렬한 감정의 기도가 드려질 때 그리스도인은 이를 받아들이고 감사해야 한다. 많은 경우 그것은 성령께서 기도하는 사람들의 마음속에서 일하신다는 증거이기 때문이다.

9. 주를 기다리기

다윗은 고통 속에서 부르짖으며 하나님께 도움을 구한 뒤 "너는 여호와를 기다릴지어다. 강하고 담대하며 여호와를 기다릴지어다"라고 말한다.시 27:14 이와 비슷하게 그는 "여호와여, 내가 주를 바랐사오니 내 주 하나님이 내게 응답하시리이다"라고 말한다.시 38:15 또한 시편 기자는 이렇게 말한다.

나 곧 내 영혼은 여호와를 기다리며 나는 주의 말씀을 바라는도다. 파수꾼이 아침을 기다림보다 내 영혼이 주를 더 기다리나니 참으로 파수꾼이 아침을 기다림보다 더하도다. 시 130:5-6

인간 경험에서 얻은 유비를 통해 우리는 주 앞에서 기도 응답을 기다릴 때 누릴 수 있는 유익을 이해할 수 있다. 저녁 식사에 누군가를 초대하고 싶을 때 나는 여러 다른 방식을 사용할 수 있다. 첫째, 모호하고 일반적인 방식으로 초대할 수 있다. "언젠가 당신이 저녁 식사에 와주면 좋겠습니다." 이 종류의 초대만 받고 저녁 식사에 올 사람은 거의 없을 것이다. "하나님, 나의 숙모와 삼촌 모두에게, 그리고 모든 선교사에게 복을 주십시오"라는 모호하고 일반적인 기도는 이와 비슷하다. 둘째, 구체적이지만 급하고 비인격적인 방식으로 초대할 수도 있다. "프레드, 금요일 밤 6시 저녁 식사에 와 줄 수 있나요?" 이렇게 말한 뒤 나는 그에게 대답할 시간도 주지 않고서 어리둥절한 표정을 짓는 프레드를 남겨 두고 황급히 떠난다. 우리가 하는 많은 기도가 이와 같다. 우리는 우리가 말하는 바에 마음이 전혀 실리지 않아도 말로 기도하는 행동 자체가 하나님으로부터 응답을 이끌어 낼 수 있기라도 한 것처럼 하나님께 말할 뿐이다. 하지만 이 종류의 간구는 기도가 두 인격체, 곧 나 자신과 하나님 사이의 관계에서 이루어지는 것임을 망각한 결과다.

세 번째 종류의 초대, 곧 진심이 담겨 있고 인격적이며 구체적인 초대가 있다. 나는 프레드가 온전히 관심을 기울이고 있다는 확신이 들 때까지 기다린 뒤에 그의 눈을 똑바로 쳐다보면서 "프레드, 마거릿과 나는 당신이 이번 주 금요일 6시에 우리 집으로 와서 함께 저녁 식사를 할 수 있다면 정말 좋겠어요. 올 수 있나요?"라고 말할 수 있다. 그다음 계속해서 그의 눈을 바라보며 그가 어떻게 대답할지 마음을 정하는 동안 조용히 끈기 있게 기다릴 것이다. 그는 나의 표정과 어조, 내가 말하는 타이밍, 그에게 말을 건넨 상황을 통해 내가 내 전부를 담아 초대하고 있고 인격체이며 친구인 그와 관계를 맺고 있음을 알 수 있을 것이다. 끈기 있게 답을 기다리는 것을 통해 나의 간절함, 기대감, 그를 인격체로서 존중하는 마음이 드러날 것이다. 이런 종류의 요청은, 하나님 앞으로 나아와 그분의 임재 안에서 존재감을 얻고 그분 앞에 간절히 간구를 쏟아 놓은 다음 하나님의 대답에 대한 확신의 느낌을 조용히 기다리는 그리스도인의 간절한 기도와 비슷하다.

우리의 모든 간구가 이런 성격을 지녀야 한다거나 첫 두 종류의 간구가 틀렸다는 말도 아니다. 사실 어떤 경우에 우리는 시간이 촉박해 빨리 기도할 수밖에 없다.느 2:4 또 어떤 상황에 관한 구체적인 정보가 없거나 우리에게서 너무 멀리 떨어져 있거나 시간이 부족해서 일방적으로 기도할 때도 있다. 그러나 간절한 기도와 주를 기다림에 관한 성경의 자료와, 기도가 우리 자신과 하나님 사이의 인격적 소통이라는 사실을 통해 세 번째 종류의 초대와 같은 기도가 더 깊고 의심할 나위 없이 하나님께 기도 응답을 더 많이 받을 수 있다는 것을 알 수 있다.

10. 은밀히 기도하기

다니엘은 다락방으로 올라가 "하루 세 번씩 무릎을 꿇고 기도하며 그의 하나님께 감사"했다.단 6:10 [13] 예수께서는 자주 한적한 곳으로 가서 홀로 기도하셨다.눅 5:16 등 그리고 그분은 "너는 기도할 때에 네 골방에 들어가 문을 닫고 은밀한 중에 계신 네 아버지께 기도하라. 은밀한 중에 보시는 네 아버지께서 갚으시리라"고 가르치신다.마 6:6 그분은 "사람에게 보이려고" 큰 길 모퉁이에서 기도하기를 좋아했던 위선자들의 잘못을 피해야 한다고 가르치셨다.마 6:5 은밀히 기도하라는 예수의 권면에는 지혜가 담겨 있다. 그렇게 할 때 우리는 외식을 피할 수 있을 뿐 아니라, 다른 사람들이 있다는 사실에 주의가 산만해져 그들이 듣기를 기대하는 바에 맞추어 우리의 기도를 수정하지 않을 수 있을 것이다. "문을 닫고"마 6:6 방에 들어가 정말로 혼자서 하나님과 함께 있을 때 우리는 그분 앞에 우리 마음을 쏟아 놓을 수 있다.[14]

은밀히 기도해야 할 필요가 있다는 것은 소모임이나 교회의 기도회에 관해서도 함의를 갖는다. 신자들이 함께 모여 구체적인 문제를 두고 간절히 주를 구할 때, 만일 그들이 집에서 문을 닫고 은밀히 기도함으로써 집단적으로 하나님께 부르짖을 수 있다면 유익할 것이다. 초기 그리스도인들은 베드로가 감옥에서 풀려나기를 하나님께 간절히 간구할 때 이렇게 기도했을 것이다.행 12:5, 12-16 참조

11. 다른 이들과 함께 기도하기

신자들은 다른 이들과 함께 기도할 때 힘을 얻는다. 예수께서는 우리에게 "진실로 다시 너희에게 이르노니 너희 중의 두 사람이 땅에서 합심하여 무엇이든지 구하면 하늘에 계신 내 아버지께서 그들을 위하여 이루게 하시리라. 두세 사람이 내 이름으로 모인 곳에는 나도 그들 중에 있느니라"고 가르치신다.[마 18:19-20] 15

신자들의 무리가 함께 기도하거나 한 사람이 회중 전체를 이끌고 기도하는 다른 많은 예가 성경 안에 있다(열왕기상 8:22-53에서 성전을 봉헌할 때 솔로몬이 "이스라엘의 온 회중" 앞에서 했던 기도나 사도행전 4:24에서 초대교회가 예루살렘에서 "한마음으로 하나님께 소리를 높여" 했던 기도에 주목하라). 주의 기도 역시 복수형을 사용한다. "오늘 나에게 일용할 나의 양식을 주시옵고"가 아니라 "오늘 우리에게 우리의 일용할 양식을 주시옵고"라고 기도하며, "우리 죄를 사하여 주시옵고 우리를 시험에 들게 하지 마시옵고 다만 악에서 우리를 구하시옵소서"라고 기도한다.[마 6:11-13] 따라서 다른 이들과 함께 기도하는 것이 옳으며, 그렇게 할 때 우리의 믿음이 자라고 우리의 기도가 더 효과적인 기도가 될 때가 많다.

12. 금식

성경에서 기도는 자주 금식과 연결된다. 하나님 앞에서 간절히 간구할 때 금식하며 기도한다. 예를 들어, 느헤미야는 폐허가 된 예루살렘 소식을 듣고 "수일 동안 슬퍼하며 하늘의 하나님 앞에 금식하며 기도"했으며,[느 1:4] 유다인을 모두 죽이라는 왕의 명령을 알게 되었을 때 "유다인이 크게 애통하여 금식하며 울며 부르짖"었고,[에 4:3] 다니엘은 "금식하며 베옷을 입고 재를 덮어쓰고" 주께 기도했다.[단 9:3] 금식이 회개와 연결될 때도 있다. 하나님은 그분께 죄를 지은 사람들에게 "너희는 이제라도 금식하고 울며 애통하고 마음을 다하여 내게로 돌아오라"고 말씀하신다.[욜 2:12]

신약에서 안나는 성전에서 "주야로 금식하며 기도"했으며,[눅 2:37] 성령께서 "내가 불러 시키는 일을 위하여 바나바와 사울을 따로 세우라"고 말씀하셨을 때 안디옥 교회는 "주를 섬겨 금식"하고 있었다.[행 13:2] 교회는 첫 번째 선교 여행을 나서는 바나바와 사울을 파송하기 전에 한 번 더 금식하며 기도했다. "이에 금식하며 기도하고 두 사람에게 안수하여 보내니라."행 13:3 사실 금식은 교회의 직분자들과 관련해 주의 인도하심을 구하는 통상적 절차의 일부였다. 바울의 첫 번째 선교 여행 때 그와 바나바는 돌아오는 길에 그들이 세운 교회들에 들러 "각 교회에서 장로들을 택하여 금식 기도"했다.행 14:23

따라서 많은 경우에, 특히 간절한 간구, 회개, 예배의 때와 인도하심을 구할 때 금식하며 기도하는 것이 적절하다. 각각의 경우에 금식으로부터 얻을 수 있는 유익들이 있으며, 이 유익들은 하나님과 우리의 관계에 영향을 미친다. (1) 금식은 겸손과 하나님을 향한 우리 의지에 대한 감각을 강화한다. (우리의 배고픔과 육체적 연약함 때문에 우리에게 주가 필요하다는 것을 계속 떠올리게 되기 때문이다.) (2) 금식을 통해 우리는 기도에 더 많이 집중할 수 있다. (음식을 먹느라 시간을 보내지 않기 때문이다.) (3) 먹지 않음으로써 개인의 안락함을 주께 바치듯 우리의 전부를 그분께 바쳐야 한다는 것을 계속 떠올리게 한다.[16] 이뿐만 아니라 (4) 금식은 자기 훈련을 위해서도 좋다. 우리가 평소에 먹고 싶어 했던 음식을 삼갈 때 다른 때였다면 굴복하고 싶은 유혹을 받았을 죄를 삼가는 능력도 강해지기 때문이다. 금식이라는 작은 고통을 기꺼이 받아들이는 훈련을 한다면 의를 위해 다른 고통을 더 잘 받아들일 수 있게 될 것이다.히 5:8; 벧전 4:1-2 참조 (5) 또한 금식은 영적, 정신적 민감성과 하나님의 임재에 대한 감각을 높여 준다. 금식할 때 우리는 (음식과 같은) 이 세상의 물질적인 것에 덜 집중하게 되고, 또한 우리 몸이 음식을 소화하며 처리하는 일에서 해방되기 때문이다. 그 덕분에 우리는 더 중요한 영원한 영적 실재에 집중할 수 있게 된다.[17] 마지막으로 (6) 금식은 우리 기도의 간절함과 시급성을 표현한다. 만일 우리가 계속 금식한다면 결국 우리는 죽게 될 것이다. 그러므로 우리는 금식을 통해 상징적인 방식으로 하나님께 이 상황이 지속되기보다는 바뀌기 위해서라면 우리 생명을 내려놓을 준비가 되어 있다고 말하는 것이다. 이런 의미에서 교회의 영적 상태가 나쁠 때 금식을 하는 것이 특히 적절하다.

여호와의 말씀에 너희는 이제라도 금식하고 울며 애통하고 마음을 다하여 내게로 돌아오라 하셨나니. 너희는 옷을 찢지 말고 마음을 찢고 너희 하나님 여호와께로

돌아올지어다.욜 2:12-13

신약에서는 우리가 금식을 해야 한다고 구체적으로 명령하거나 금식해야 하는 특별한 때를 정해 두지 않았지만 예수께서는 우리가 금식할 것이라고 분명히 생각하셨다. 그분은 제자들에게 "금식할 때에 너희는……"이라고 말씀하셨다.마 6:16 이뿐만 아니라 예수께서는 "신랑을 빼앗길 날이 이르리니 그때에는 금식할 것이니라"고 말씀하신다.마 9:15 그분은 신랑이며 우리는 그분의 제자다. 그리고 교회의 시대인 지금 그분이 다시 오실 날까지 우리는 그분을 "빼앗긴" 상태다. 서양의 그리스도인 대부분은 금식을 하지 않지만, 우리가 더 자주—한두 끼라도—금식을 한다면 우리는 우리의 삶과 교회에서 더 많은 영적 힘과 능력을 갖게 되었음을 깨닫고 놀랄 것이다.

13. 기도 응답을 받지 못한다면?

먼저 하나님은 하나님이시며 우리는 그분의 피소물이므로 응답받지 못하는 기도가 있을 수밖에 없음을 인정해야 한다. 이것은 하나님이 미래에 대한 그분의 지혜로운 계획을 숨기시기 때문이며, 사람들이 기도하더라도 많은 사건은 하나님이 정해 두신 때가 되어서야 비로소 발생할 것이기 때문이다. 유대인들은 수 세기 동안 메시아가 오기를 기도했으며 그렇게 하는 것이 옳았다. 하지만 때가 찰 때까지 하나님은 그분의 아들을 보내지 않으셨다.갈 4:4 하늘에 있는 순교자들의 영혼은 죄로부터 해방되어 하나님께 땅을 심판해 달라고 부르짖었지만,계 6:10 하나님은 즉각적으로 대답하지 않으셨다. 오히려 그분은 그들에게 잠시 더 쉬라고 말씀하신다.계 6:11 기도하는 사람이 하나님의 시간을 알지 못하기 때문에 오랫동안 기도 응답을 받지 못하는 때가 있을 수 있다는 것이 분명하다.

또한 우리가 어떻게 기도해야 하는지를 언제나 알지 못하며,롬 8:26 언제나 하나님의 뜻에 따라 기도하는 것도 아니고,약 4:3 언제나 믿음으로 구하는 것도 아니기 때문에약 1:6-8 기도 응답을 받지 못할 수도 있다. 그리고 우리는 하나의 해법이 최선이라고 생각하지만 하나님은 더 나은 계획을 가지고 계시며 심지어 고난과 역경을 통해 그분의 목적을 이루기도 하신다. 틀림없이 요셉은 구덩이에서 건져 달라고, 애굽에 노예로 팔려 가지 않게 해달라고 간절히 기도했을 테지만,창 37:23-36 오랜 세월이 지나서 그는 하나님이 이 모든 사건을 선으로 변화시켰음을 깨달았다.창 50:20

기도 응답을 받지 못할 때 우리는 "아버지여, 만일 아버지의 뜻이거든 이 잔을 내게서 옮기시옵소서. 그러나 내 원대로 마시옵고 아버지의 원대로 되기를 원하나이다 하시니"라고 기도하셨던 예수와 같은 처지가 된다. 또한 우리는 육체의 가시를 제거해 달라고 "세 번" 주께 간구했던 바울과도 같은 처지가 된다. 가시는 제거되지 않았고 오히려 주께서는 그에게 "내 은혜가 네게 족하도다. 이는 내 능력이 약한 데서 온전하여짐이라"고 말씀하셨다.고후 12:8-9 우리는 아들의 생명을 구해 달라고 기도했던 다윗과 같은 처지가 되는 것이다. 아들이 죽자 그는 "여호와의 전에 들어가서 경배"했으며, 아들에 관해 "나는 그에게로 가려니와 그는 내게로 돌아오지 아니하리라"고 말했다.삼하 12:20, 23 우리는 오지 않을 구원을 위해 기도했던 교회사 속 순교자들과 같은 처지가 되는 것이다. 왜냐하면 그들은 "죽기까지 자기들의 생명을 아끼지 아니하였"기 때문이다.계 12:11

기도 응답을 받지 못했을 때 우리는 "하나님을 사랑하는 자 곧 그의 뜻대로 부르심을 입은 자들에게는 모든 것이 합력하여 선을 이"룬다는 것을 알고 계속 하나님을 신뢰해야 한다.롬 8:28 그분이 계속해서 우리를 돌보신다는 것을 알고 끊임없이 우리 염려를 주께 맡겨야 한다.벧전 5:7 그분이 날마다 충분한 힘을 주실 것이며신 33:25 "내가 결코 너희를 버리지 아니하고 너희를 떠나지 아니하리라"고 약속하셨음히 13:5; 롬 8:35-39 참조을 기억해야 한다.

또한 우리는 끊임없이 기도해야 한다. 한나가 여러 해가 지난 후에 아이를 낳았을 때나삼상 1:19-20 시므온이 오랫동안 기다렸던 메시아가 성전으로 오는 것을 자기 눈으로 보았을 때처럼눅 2:25-35 오랫동안 기다렸던 응답이 갑자기 주어질 때도 있을 것이다.

하지만 이생에서 끝내 기도 응답을 받지 못하는 경우도 있을 것이다. 때로는 신자가 죽은 뒤에 하나님이 기도에 응답하시거나 응답하지 않으시는 경우도 있을 것이다. 하지만 그럴 때조차도 기도에 표현된 믿음과 하나님이나 사람들을 향한 진실한 사랑의 표현은 하나님을 기쁘시게 하는 향기가 되어 그분의 보좌 앞으로 올라갈 것이며,계 5:8; 8:3-4 "예수 그리스도께서 나타나실 때에 칭찬과 영광과 존귀를 얻게 할 것"이다.벧전 1:7

D. 찬양과 감사

51장에서 더 자세히 다룰 하나님을 향한 찬양과 감사는 기도의 필수 요소다. 예수께서 우리에게 본보기로 남기신 기도는 찬양의 말로 시작된다. "이름이 거룩히 여김을 받으시오며."[마 6:9] 그리고 바울은 빌립보인들에게 "모든 일에 기도와 간구로 너희 구할 것을 감사함으로 하나님께 아뢰라"고 말하며,[빌 4:6] 골로새인들에게는 "기도를 계속하고 기도에 감사함으로 깨어 있으라"고 말한다.[골 4:2] 기도의 다른 모든 양상처럼 감사는 하나님께 '감사합니다'라고 기계적으로 내뱉는 말이 아니라 우리 마음의 감사함을 반영하는 표현이다. 이뿐만 아니라 우리가 구하는 무언가에 응답해 주실 것에 대해 하나님께 감사하면 하나님이 그것을 우리에게 주실 수밖에 없다고 생각해서도 안 된다. 그렇게 한다면 기도는 참되고 진실한 간구에서 우리가 원하는 바를 하나님으로 하여금 행하게 만들 수 있다는 생각으로 하는 요구로 변질되고 말 것이기 때문이다.

반면에 기도에 동반되는 올바른 감사는 모든 상황에 대해, 그분이 우리에게 일어나도록 허락하는 삶의 모든 사건에 대해 하나님께 감사하는 마음의 표현이어야 한다. 겸손하고 아이 같은 마음으로 "범사에" 하나님께 감사하며 기도할 때[살전 5:18] 하나님이 우리의 기도를 받으실 것이다.

개인적 적용을 위한 질문

1. 여러분은 기도에 어려움을 겪을 때가 많은가? 이에 관해 이번 장의 어떤 내용이 여러분에게 도움이 되었는가?

2. 여러분의 삶에서 가장 효과적인 기도의 때는 언제였는가? 그때 어떤 요인들이 기도를 더 효과적으로 만들었는가? 여러분의 기도 생활에서 가장 많이 주의를 기울여야 할 다른 요인으로는 어떤 것들이 있는가? 이 영역들을 강화하기 위해 여러분은 무엇을 할 수 있는가?

3. 다른 그리스도인들과 함께 기도하는 것은 여러분에게 어떤 도움과 격려가 되는가?

4. 간절히 간구하는 기도를 한 뒤에 조용히 주 앞에서 기다려 본 적이 있는가? 만일 있다면 그 결과는 어떠했는가?

5. 여러분은 날마다 정해진 시간에 혼자서 성경을 읽고 기도하는가? 다른 활동 때문에 쉽게 주의가 산만해지고 기도를 중단할 때가 있는가? 그렇다면 어떻게 이것을 극복할 수 있는가?

6. 여러분은 기도하기를 즐거워하는가? 왜 그러한가, 또는 왜 그러하지 않은가?

신학 전문 용어

기도
믿음
"예수의 이름으로"
주를 기다림

참고 문헌

이 참고 문헌에 관한 설명으로는 1장, 60쪽을 보라. 자세한 서지 자료는 2권 부록 2에서 확인할 수 있다.

복음주의 조직신학 저술의 관련 항목

1. 성공회

1882–1892	Litton, 431–432
2001	Packer, 187–189
2013	Bird, 122–123, 692

2. 아르미니우스주의(또는 웨슬리파/감리교)

1940	Wiley, 3:40–44, 153
1960	Purkiser, 421–424
1992	Oden, 1:61, 293, 356
2002	Cottrell, 114, 223, 289, 412, 449, 457

3. 침례교

1907	Strong, 433–439
1990–1995	Garrett, 429–448
2007	Akin, 290–291
2013	Erickson, 378–379

4. 세대주의

1947	Chafer, 5:220–231; 7:252–254
1949	Thiessen, 298–301

1986	Ryrie, 381–382
2017	MacArthur and Mayhue, 136, 641, 779

5. 루터교

1917–1924	Pieper, 3:215–219
1934	Mueller, 428–434, 467–469

6. 개혁주의(또는 장로교)

1559	Calvin, 2:850–920 (3.20)
1679–1685	Turretin, *IET*, 1:319, 328, 2:38–51, 385–390
1724–1758	Edwards, 2:74–88, 113–118
1871–1873	Hodge, 3:692–709
1878	Dabney, 713–725
1894	Shedd, 122, 254, 774
1937–1966	Murray, *CW*, 3:168–171
1998	Reymond, 967–976
2008	Van Genderen and Velema, 673–674
2011	Horton, 785–787
2013	Frame, 931–932, 1053–1057
2013	Culver, 454, 774, 966–967
2016	Allen and Swain, 23
2017	Barrett, 74–75, 198

7. 부흥 운동(또는 은사주의/오순절)

1988–1992	Williams, 2:295–298, 3:95–98
1995	Horton, 520–522, 605
2008	Duffield and Van Cleave, 258, 286–287, 346

대표적인 로마 가톨릭 조직신학 저술의 관련 항목

1. 로마 가톨릭: 전통적 입장

1955	Ott, 91

2. 로마 가톨릭: 제2차 바티칸공의회 이후

1980	McBrien, 1:331–32; 2:1057–99
2012	*CCC*, paragraphs 2558–2597

기타 저술

Bennett, Arthur, ed. *The Valley of Vision: A Collection of Puritan Prayer and Devotions*. Carlisle, PA: Banner of Truth, 1975.

Bloesch, D. G. "Prayer" In *EDT3*, 690–691.

Bounds, Edward M. *The Complete Works of E. M. Bounds on Prayer*. Grand Rapids: Baker, 1994. (『기도에 네 인생이 달렸다』 규장)

Brother Lawrence. *The Practice of the Presence of God*. New York: Revell, 1895. (『하나님의 임재 연습』 크리스찬다이제스트)

Bubeck, Mark I. *Warfare Praying: Biblical Strategies for Overcoming the Adversary*. Chicago: Moody Publishers, 2016.

Carson, D. A., ed. *Teach Us to Pray: Prayer in the Bible and the World*. Grand Rapids: Baker; Exeter: Paternoster, 1990.

Chapell, Bryan. *Praying Backwards: Transform Your Prayer Life by Beginning in Jesus' Name*. Grand Rapids: Baker, 2005. (『예수님의 이름으로 기도를 시작하라』 생명의말씀사)

Clowney, Edmund. *Christian Meditation*. Philadelphia: Presbyterian and Reformed, 1979.

___. "Prayer." In *NDBT*, 691–696.

___. "Prayer, Theology of." In *NDT1*, 526–527.

Dunn, J. D. G. "Prayer." In *DJG*, 617–625.

Forsyth, P. T. *The Soul of Prayer*. Grand Rapids: Eerdmans, 1967 (reprint).

Foster, Richard J. *Celebration of Discipline: The Path to Spiritual Growth*. San Francisco: Harper and Row, 1988. (『영적훈련과 성장』 생명의말씀사)

Hallesby, O. *Prayer*. Translated by Clarence J. Carlsen. Minneapolis: Augsburg, 1959 (reprint). (『할레스비의 기도』 크리스챤다이제스트)

Hernandez, W. "Prayer." In *GDT*, 701–704.

Houston, James M. *The Transforming Friendship: A Guide to Prayer*. Vancouver: Regent College Publishing, 2010.

Hunter, W. Bingham. *The God Who Hears*. Downers Grove, IL: InterVarsity Press, 1986.

___. "Prayer." In *DPL*, 725–734.

Kelly, Thomas R. *A Testament of Devotion*. New York: Harper, 1941.

Law, William. *A Serious Call to a Devout and Holy Life*. Philadelphia: Westminster, 1948 (reprint). (『경건한 삶을 위한 부르심』 크리스챤다이제스트)

M'Intyre, D. M. *The Hidden Life of Prayer*. Reprint, Minneapolis: Bethany Fellowship Press, 1962. (판본에 따라 저자의 이름을 McIntyre로 표기하기도 하고 MacIntyre로 표기하기도 한다.) (『기도의 숨겨진 삶』 좋은씨앗)

Millar, J. Gary. *Calling on the Name of the Lord*. Downers Grove, IL: InterVarsity Press, 2016.

Murray, Andrew. *The Ministry of Intercessory Prayer*. 1897. Reprint, Minneapolis: Bethany House, 1981(originally published as The Ministry of Intercession).

Noble, T. A. "Prayer, Theology of." In *NDT2*, 697–698.

Okholm, Dennis L. "Prayer." In *BTDB*, 621–626.

Ortlund, Raymond C., Jr. *A Passion for God: Prayers and Meditations on the Book of Romans*. Wheaton, IL: Crossway, 1994.

Packer, J. I. and Carolyn Nystrom. *Praying: Finding Our Way through Duty to Delight*. Downers Grove, IL: InterVarsity, 2006. (『제임스 패커의 기도』 IVP)

Prince, Derek. *Shaping History through Prayer and Fasting*. Old Tappan, NJ: Revell, 1973. (『역사를 움직이는 기도와 금식』 복의근원)

Smith, David R. *Fasting: A Neglected Discipline*. Fort Washington, PA: Christian Literature Crusade,

1969.
Spear, Wayne. *Talking to God: The Theology of Prayer*. Pit tsburgh: Crown & Covenant, 2002.
Revised edition of *The Theology of Prayer*. Grand Rapids: Baker, 1979.
Thomas a Kempis. *The Imitation of Christ*. Reprint, Grand Rapids: Baker, 1973. (『그리스도를 본받아』 브니엘출판사)
Unknown Christian. *The Kneeling Christian*. Grand Rapids: Zondervan, 1945. (『무릎으로 사는 그리스도인』 생명의말씀사)
Wallis, Arthur. *God's Chosen Fast: A Spiritual and Practical Guide to Fasting*. Fort Washington, PA: Christian Literature Crusade, 1987.
White, John. *Daring to Draw Near*. Downers Grove, IL: InterVarsity Press, 1977.
Wilkins, M. J. "Prayer." In *DLNT*, 941–948.
Willard, Dallas. *The Spirit of the Disciplines*. San Francisco: Harper and Row, 1988.

성경 암송 구절

히브리서 4:14-16 | 그러므로 우리에게 큰 대제사장이 계시니 승천하신 이 곧 하나님의 아들 예수시라. 우리가 믿는 도리를 굳게 잡을지어다. 우리에게 있는 대제사장은 우리의 연약함을 동정하지 못하실 이가 아니요 모든 일에 우리와 똑같이 시험을 받으신 이로되 죄는 없으시니라. 그러므로 우리는 긍휼하심을 받고 때를 따라 돕는 은혜를 얻기 위하여 은혜의 보좌 앞에 담대히 나아갈 것이니라.

찬송가

"이 세상 풍파 심하고"From Every Stormy Wind

이 세상 풍파 심하고
또 환난 질고 많으나
나 편히 쉬게 될 곳은
주 예비하신 주의 전

그 향기로운 기름을
주 내게 부어 주셔서
내 기쁨 더해 주는 곳
주 피로 사신 주의 전

주 믿는 형제자매들
그 몸은 떠나 있으나
주 앞에 기도드릴 곳
다 함께 모일 주의 전

내 손과 혀가 굳어도
내 몸의 피가 식어도
나 영영 잊지 못할 곳
은혜의 보좌 주의 전

◈

폭풍이 불어올 때마다
고통의 물결이 밀려올 때마다
평온하고 튼튼한 피난처가 있다네
그곳은 은혜의 보좌 아래에 있다네

예수께서 우리의 머리에 기쁨의 기름을
부어 주시는 곳이 있다네
그 무엇보다도 달콤한 곳
그곳은 피로 물든 은혜의 보좌라네

영들이 서로 어울려 지내고
친구들이 사귐을 나누는 곳이 있다네
멀리 떨어져 있어도 그들은 믿음으로
은혜의 보좌 곁에서 함께 만나네

시험과 슬픔과 낙심이 찾아올 때
우리가 어디로 피해 도움을 구할 수 있을까
고통을 당하는 성도들에게 은혜의 보좌가 없다면
지옥의 무리를 어떻게 무찌를 수 있을까

우리는 독수리 날개 타고 그곳으로 날아가고
시간과 감각이 사라진 것처럼 보이며
천국이 내려와 우리의 영혼을 맞이하고
영광이 은혜의 보좌 위에 내려오리라

만일 내가 은혜의 보좌를 잊어버린다면
나의 손은 솜씨를 잊어버리고
나의 혀는 차갑게 침묵하고
뛰는 이 심장은 뛰는 법을 잊어버리겠네

□ 휴 스토웰 작사

* 새찬송가 209장

현대 찬양곡

"내 맘의 눈을 여소서" Open the Eyes of My Heart

내 맘의 눈을 여소서
내 맘의 눈을 열어
주 보게 하소서
주 보게 하소서

거룩 거룩 거룩
거룩 거룩 거룩
거룩 거룩 거룩
주 보게 하소서

주 이름 높이 들리고
영광의 빛 비춰 주시며
권능 넘치길 보기 원하네
거룩 거룩 거룩

◈ ———

내 마음의 눈을 열어 주소서
내 마음의 눈을 열어 주소서
나 주님을 보기 원합니다
나 주님을 보기 원합니다

거룩하고 거룩하고 거룩하신 주님
거룩하고 거룩하고 거룩하신 주님
거룩하고 거룩하고 거룩하신 주님
나 주님을 보기 원합니다

높이 들리신 주님
영광의 빛 가운데 빛나는 주님을 보기 원합니다
우리가 거룩하고 거룩하고 거룩하신 주님을 노래할 때
주님의 능력과 사랑을 부어 주소서

ㅁ 폴 발로쉬 작사 **18**

주

1 성경에서 하나님이 기도에 응답하는 예는 너무 많아서 다 열거할 수 없을 정도다(창 18:22-33; 32:26; 단 10:12; 암 7:1-6; 행 4:29-31; 10:31; 12:5-11 등).

2 사도행전 4:30에서 기도의 마지막에 등장하는 "거룩한 종 예수의 이름으로"라는 문구는 바로 앞에 오는 "표적과 기사가……이루어지게"라는 주절을 수식한다. 이것은 기도 전체를 드리는 방식에 관한 일반적 진술이 아니다.

3 사실 바울은 우리의 기도뿐만 아니라 우리가 행하는 모든 일이 예수의 이름으로 이루어져야 한다고 말한다. "또 무엇을 하든지 말에나 일에나 다 주 예수의 이름으로 하고 그를 힘입어 하나님 아버지께 감사하라."(골 3:17).

4 레온 모리스(Leon Morris)는 요한복음 14:13에 관해 "이것은 그저 이름을 하나의 공식으로 사용하는 것을 뜻하지 않는다. 이것은 기도가 그 이름이 상징하는 모든 것과 일치되어야 함을 의미한다. 이것은 그리스도를 믿음으로부터 나오는 기도, 그리스도께서 상징하는 모든 것과의 일치를 표현하는 기도, 그리스도를 드러내기 위해 노력하는 기도다. 그리고 이 모든 것의 목적은 하나님의 영광이다"라고 말한다(*The Gospel according to John*, 646).

5 사도행전과 서신서에서 '주'(헬라어 퀴리오스)라는 호칭은 일차적으로 주 예수 그리스도를 지칭하는 말로 사용된다.

6 제임스 패커(J. I. Packer)는 "성령께 기도를 드리는 것이 적절한가? 성경 어디에도 그렇게 했던 예가 없지만, 성령께서 하나님이시므로 그러해야 할 타당한 이유가 있다면 그분의 이름을 부르며 그분께 기도하는 것이 잘못된 일일 리가 없다"라고 말한다[*Keep in Step with the Spirit* (Old Tappan, NJ: Revell, 1984), 261]. (『성령을 아는 지식』 홍성사)

7 이러한 신음이나 탄식을 기도할 때 우리의 "탄식"이라고 이해하는 것이 최선이라고 말할 수 있는 다른 이유는 (1) 26절에서 "탄식"으로 번역된 명사(스테나그모스)와 어원이 같은 동사(스테나조)를 사용하여 23절에서 "우리까지도……탄식하여"라고 말하기 때문이다. 또한 (2) 23절에서 일정한 고통이나 불안을 암시하는 것처럼 보이는 "탄식"은 창조주가 아니라 피조물에게 적합한 단어이며(22, 23절) (3) "말할 수 없는 탄식"을 언급하는 26절 하반절은 성령께서 우리의 기도를 대신하시는 것이 아니라 성령께서 우리를 "도우신다"고 말하는 26절의 첫 번째 구절을 설명해 주기 때문이다. "말할 수 없는"이라는 구절이 꼭 '침묵하거나 소리를 내지 않음'을 뜻하지는 않지만 '말로 표현할 수 없음'을 뜻할 수는 있다.

8 로마서 8:26-27에 대한 더 자세한 논의로는 2권 53장, 778-180쪽을 보라.

9 어떤 이들은 바울이 방언을 "영으로" 기도하는 것이라고 말하므로 이것이 방언을 가리킨다고 생각한다(고전 14:15). 하지만 이것은 올바른 이해가 아니다. 고린도전서 14:15에서 "영"은 성령이 아니라 바울의 인간적인 영혼을 가리키기 때문이다. 14절에서 "나의 영"과 "나의 마음"을 대조하는 것에 주목하라. ESV에서는 고린도전서 14:15을 "내 영"으로 바르게 번역한다.

10 기도에 "만일 이것이 주님의 뜻이라면"라는 말을 덧붙이는 것은 아예 구하지 않는 것과 전혀 다르다. 나의 자녀가 와서 나에게 아이스크림을 사달라고 말하면서 (순응하는 태도로) "아빠가 괜찮다고 생각하시면요"라고 덧붙인다면, 이것은 나에게 아무런 부탁을 하지 않는 것과 전혀 다를 것이다. 아이들이 묻지 않았다면 나는 아이스크림을 사러 나갈 생각조차 하지 않았을 것이다. 조건을 덧붙이더라도 아이들이 부탁을 하면 나는 종종 부탁을 들어줄 것이다.

11 370-371쪽, 질투라는 하나님의 속성에 관한 논의를 보라.

12 여기서 완곡어법 미완료(periphrastic imperfect) 시제는 광야로 물러나신 활동이 반복적으로 또는 습관적으로 일어났음을 단순한 미완료보다 훨씬 더 강조한다.

13 다니엘의 적들은 그가 기도하는 것을 보았지만 이것은 그들이 모의하여 그를 몰래 감시했기 때문이다.

14 이 시점에서 바울이 사적인 기도 시간에 방언의 은사를 사용하는 것에 관해 이야기했다는 점도 지적할 수 있다. "내가 만일 방언으로 기도하면 나의 영이 기도하거니와 나의 마음은 열매를 맺지 못하리라. 그러면 어떻게 할까 내가 영으로 기도하고 또 마음으로 기도하며 내가 영으로 찬송하고 또 마음으로 찬송하리라."(고전 14:14-15) "영으로 기도하고"라고 말할 때 바울은 성령이 아니라 그의 인간적 영을 가리켜서 말하고 있다. 이 구절은 "마음으로"와 대조를 이루기 때문이다. 자신의 영이 하나님 앞에 간구를 쏟아내고 있고, 이 간구를 하나님이 이해하며 개인적으로 덕을 세우는 결과를 낳는다. "방언을 말하는 자는 자기의 덕을 세우고 예언하는 자는 교회의 덕을 세우나니"(고전 14:4). 이 은사에 관해서는 53장에서 더 자세히 논할 것이다.

15 앞의 네 절(15-18절)은 교회의 치리와 관련이 있지만 19절 시작 부분에 등장하는 "다시"라는 말은 주제가 조금 바뀐다는 것을 말해 주며, 19-20절을 교회에서 하는 기도 전반에 관한 더 광범위한 진술로 이해하는 것은 적절하지 않다.

16 아마도 바울은 비슷한 이유(기도에 더 많은 시간을 할애하고 개인적인 기쁨을 일정 부분 포기함)로 결혼한 부부들이 "기도할 틈을 얻기 위하여 합의상 얼마 동안은" 성관계를 포기해도 좋다고 말했을 것이다(고전 7:5).

17 마가복음 9:29에서 제자들이 왜 자신들은 특정한 귀신을 내쫓을 수 없는지 물었을 때 예수께서는 "기도 외에 다른 것으로는 이런 종류가 나갈 수 없느니라"고 대답하신다. 믿을 만한 다수의 초기 헬라어 사본과 다른 언어로 번역된 몇몇 초기 사본에서는 "기도와 금식 외에는"이라고 기록되어 있다. 어떤 경우든 이것은 귀신을 내쫓을 때 하는 기도를 뜻하지 않는다. 예수께서는 말씀으로 귀신을 쫓으셨으며 긴 시간 동안 기도하지 않으셨기 때문이다. 오히려 이 구절은 제자들이 이전에 충분한 시간 동안 기도하지 않고 그들의 영적 힘이 약하다는 뜻으로 보아야 한다. 그러므로 다수의 고대 사본에서 언급하는 "금식"은 한 사람의 영적 힘과 능력을 증가시키는 활동 성향에 들어맞는다.

18 Copyright © 1997 Integrity's Hosanna! Music (ASCAP) (adm. at CapitolCMGPublishing.com). All rights reserved. Used by permission.

19. 천사

천사란 어떤 존재인가?

하나님께서는 왜 천사를 창조하셨는가?

설명과 성경적 기초

A. 천사란 어떤 존재인가?

천사는 다음과 같이 정의할 수 있다. 천사는 도덕적 판단력과 높은 지능을 가지고 있지만 신체는 가지지 않은, 창조된 영적 존재다.

1. 창조된 영적 존재

천사가 언제나 존재했던 것은 아니다. 천사는 하나님이 창조하신 우주의 일부다. 천사를 "천군"이라고 부르는 본문에서 에스라는 "오직 주는 여호와시라. 하늘과 하늘들의 하늘과 일월 성신과 땅과 땅 위의 만물과 바다와 그 가운데 모든 것을 지으시고 다 보존하시오니 모든 천군이 주께 경배하나이다"라고 말한다.[느 9:6; 또한 시 148:2, 5 참조] 바울은 하나님이 그리스도를 통해 만물, 곧 "보이는 것들과 보이지 않는 것들"을 창조하셨다고 말하며 그다음 이 창조에 "왕권들이나 주권들이나 통치자들이나 권세들"이라는 구절로 천사의 세계를 구체적으로 포함시킨다.[골 1:16]

천사들 중 일부가 죄를 범했고 그 지위를 잃었다는 사실로부터 천사가 도덕적 판단을 할 수 있음을 알 수 있다.[벧후 2:4; 유 6 참조] 성경 여러 곳에서 천사들이 사람들에게 말하고[마 28:5; 행 12:6-11 등] 하나님을 찬양하는[계 4:11; 5:11] 것을 볼 때 그들의 지능이 높다는 것을 알 수 있다.

천사는 "영"[히 1:14] 또는 영적 존재이기 때문에 통상적으로 신체를 갖지 않는다.[눅 24:39] 그러므로 하나님이 우리에게 천사를 볼 수 있는 특별한 능력을 주지 않으면 우리는 천사를 볼 수 없다.[민 22:31; 왕하 6:17; 눅 2:13] 우리를 인도하고 보호하며[시 34:7; 91:11; 히 1:14] 우리와 함께 하나님을 예배할 때[히 12:22] 천사는 우리 눈에 보이지 않는다. 하지만 성경에서 천사가 신체적인 형상을 입고 다양한 사람들에게 나타나는 경우도 있었다.[마 28:5; 히 13:2]

2. 천사의 다른 이름

성경은 "하나님의 아들들",[욥 1:6; 2:1] "거룩한 자들",[시 89:5, 7] "영",[히 1:14] "순찰자",[단 4:13, 17, 23] "왕권들", "주권들", "통치자들", "권세들"[골 1:16]처럼 천사를 일컫는 다른 용어를 사용하기도 한다.

3. 천상적 존재의 종류

성경은 세 가지 다른 유형의 천상적 존재를 언급한다. 이를 (폭넓은 의미에서) 천사의 특별한 유형으로 생각하든 천사와 구별되는 천상적 존재로 생각하든, 이들은 하나님을 섬기고 예배하는 창조된 영적 존재다.

a. 그룹.[1] 그룹은 에덴동산 입구를 지키는 책무를 부여받았으며,[창 3:24] 하나님이 그룹 위에 좌정하거나 그룹을 타고 다니신다고 묘사되기도 한다.[시 18:10; 겔 10:1-22] 구약의 언약궤 위에는 날개를 뻗고 있는 두 그룹의 금 조각상이 있었으며, 하나님은 바로 그곳에 임재하셔서 그분의 백성 사이에 거하실 것이라고 약속하셨다. "거기서 내가 너와 만나고 속죄소 위 곧 증거궤 위에 있는 두 그룹 사이에서 내가 이스라엘 자손을 위하여 네게 명령할 모든 일을 네게 이르리라."[출 25:22; 18-21 참조]

b. 스랍.[2] 또 다른 천상적 존재인 스랍은 이사야 6:2-7에만 언급된다. 여기서 스랍은 계속해서 주를 예배하며 서로를 향해 "거룩하다. 거룩하다. 거룩하다. 만군의 여호와여, 그의 영광이 온 땅에 충만하도다"라고 외친다.[사 6:3]

c. 생물. 에스겔서와 요한계시록은 하나님의 보좌 주위에 있는 "생물"로 알려진 천상적 존재를 언급한다.[겔 1:5-14; 계 4:6-8][3] 사자나 송아지, 인간, 독수리 등과 비슷한 형상을 지닌 이 생물들은 하나님이 만드신 온 피조물의 다양한 영역[짐승, 가축, 인간, 새]을 대표하는 가장 강력한 존재이며 이들은 계속해서 하나님을 예배한다. "그들이 밤낮 쉬지 않고 이르기를 거룩하다. 거룩하다. 거룩하다. 주 하나님 곧 전능하신 이여, 전에도 계셨고 이제도 계

시고 장차 오실 이시라 하고."계 4:8

4. 천사 간 계급과 서열

성경은 천사들 사이에 계급과 서열이 존재한다고 말한다. 미가엘이라는 천사는 유다서 1:9에서 "천사장"이라고 불린다. 이 호칭은 다른 천사들에 대한 지배력이나 권위를 의미한다. 다니엘 10:13은 그를 "가장 높은 군주 중 하나"라고 부른다. 또한 미가엘은 천군의 지도자인 것처럼 보인다. "하늘에 전쟁이 있으니 미가엘과 그의 사자들이 용과 더불어 싸울새 용과 그의 사자들도 싸우나 이기지 못하여 다시 하늘에서 그들이 있을 곳을 얻지 못한지라."계 12:7-8 그리고 바울은 주께서 "천사장의 소리"와 함께 하늘로부터 재림하실 것이라고 말한다.살전 4:16 이것이 유일한 천사장인 미가엘을 지칭하는지, 다른 천사장들이 있는지 성경은 우리에게 말해 주지 않는다.

5. 천사의 이름

성경에서 이름이 구체적으로 언급된 천사는 둘뿐이다.[4] 미가엘은 유다서 1:9과 요한계시록 12:7-8, 다니엘 10:13, 21에서 언급된다. 다니엘 10장에서는 "가장 높은 군주 중 하나인 미가엘"로 불린다.13절 가브리엘 천사는 다니엘 8:16과 9:21에서 하나님으로부터 와서 다니엘에게 말하는 사자로 언급된다. 또한 가브리엘은 누가복음 1장에서 하나님이 사가랴와 마리아에게 보내신 사자로 등장한다. 이 천사는 사가랴에게 "나는 하나님 앞에서 있는 가브리엘이라"고 대답한다.눅 1:19 또한 이 장에는 "여섯째 달에 천사 가브리엘이 하나님의 보내심을 받아 갈릴리 나사렛이란 동네에 가서 다윗의 자손 요셉이라 하는 사람과 약혼한 처녀에게 이르니 그 처녀의 이름은 마리아라"고 기록되어 있다.눅 1:26-27

6. 한 번에 한 곳에만

성경 여러 곳에서는 천사가 한 곳에서 다른 곳으로 이동한다고 말한다. 위에서 인용한 구절에서는 "가브리엘이 하나님의 보내심을 받아 갈릴리 나사렛이란 동네에 가서"라고 말한다.눅 1:26 한 천사가 다니엘에게 와서 이렇게 말할 때 이 점이 분명히 드러난다.

내가 네 말로 말미암아 왔느니라. 그런데 바사 왕국의 군주가 이십일 일 동안 나를 막았으므로 내가 거기 바사 왕국의 왕들과 함께 머물러 있더니 가장 높은 군주 중 하나인 미가엘이 와서 나를 도와주므로 이제 내가 마지막 날에 네 백성이 당할 일을 네게 깨닫게 하러 왔노라.단 10:12-14

한 천사가 한 번에 한 곳에만 있을 수 있다는 생각은 천사들이 창조된 존재라는 사실과 조화를 이룬다. 편재하는 하나님과 다르게 천사들은 유한한 피조물이며, 따라서 하나님이 창조하신 다른 모든 것과 마찬가지로 한 번에 한 곳에만 존재하는 한계를 지닌다.[5]

7. 얼마나 많은 수의 천사가 존재하는가?

성경은 하나님이 창조하신 천사의 수가 얼마나 되는지 말해 주지 않지만 그 수가 아주 많다는 것은 분명해 보인다. 하나님은 시내 산에서 "일만 성도 가운데에 강림하셨"으며 "그의 오른손에는 그들을 위해 번쩍이는 불이 있"었다.신 33:2 또한 시편 기자는 "하나님의 병거는 천천이요 만만이라"고 말한다.시 68:17 예배할 때 우리는 "천만 천사"가 있는 곳으로 들어간다.히 12:22 [6] 요한계시록 5:11은 그들의 수를 더 인상적인 방식으로 강조한다. 요한은 "내가 또 보고 들으매 보좌와 생물들과 장로들을 둘러선 많은 천사의 음성이 있으니 그 수가 만만이요 천천이라"고 말한다. 이 표현은 (인간적 관점에서) 놀라울 정도로 큰 수—하나님을 찬양하는 헤아릴 수 없을 정도로 많은 천사들—를 뜻한다.

8. 사람들에게는 각자 수호천사가 있는가?

성경은 하나님이 우리를 보호하기 위해 천사를 보내신다고 말한다.

그가 너를 위하여 그의 천사들을 명령하사 네 모든 길에서 너를 지키게 하심이라. 그들이 그들의 손으로 너를 붙들어 발이 돌에 부딪히지 아니하게 하리로다.시 91:11-12

하지만 어떤 사람들은 일반적 보호라는 이 관념을 넘어 하나님이 세상의 모든 개인에게 또는 적어도 모든 그리스도인에게 특정한 수호천사를 보내 주셨을지도 모른다고 생각해 왔다. 예수께서 어린아이들에 관해 하신 말씀에서 이 생각을 뒷받침하는 근거를 찾는다. "그들의 천사들이 하늘에서 하늘에 계신 내 아버지의 얼굴을 항상 뵈옵느니라." 마 18:10 하지만 예수께서는 어린아이들을 보호하는 책무를 맡은 천사들이 언제든지 하나님 앞에 나아갈 수 있다고 단순하게 말씀하시는 것일 수도 있다. (운동과 관련된 유비를 사용하자면 천사들은 대인 방어보다 지역 방어를 하고 있을지도 모른다.)[7] 사도행전 12:15에서 사도들은 틀림없이 베드로의 "천사"가 문을 두드리고 있을 것이라고 말하지만 이것이 반드시 개인적인 수호천사에 대한 믿음을 암시하는 것은 아니다. 바로 그때 한 천사가 베드로를 지키거나 돌보고 있었다는 말일 수도 있다. 그러므로 성경 본문에는 개인적인 수호천사라는 관념을 뒷받침하는 강력한 근거가 없어 보인다.

9. 천사들은 결혼하지 않는다

예수께서는 부활한 사람들이 "장가도 아니 가고 시집도 아니 가고 하늘에 있는 천사들과 같으니라"고 가르치셨다. 마 22:30; 눅 20:34-36 참조 이것은 천사들이 인간들 사이에 존재하는 가족 관계를 맺지 않는다는 것을 암시한다. 이 본문을 제외하면 성경은 이 점에 관해 침묵하고 있으며, 따라서 억측하지 않는 편이 현명하다.[8]

10. 천사의 힘

천사는 매우 큰 힘을 가진 것으로 보인다. 그들은 "능력이 있어 여호와의 말씀을 행하며" 시 103:20 "능력" 엡 1:21 과 "통치자들"과 "권세자들" 골 1:16 로 불린다. 천사들은 반역한 인간보다 "더 큰 힘과 능력을 가진" 것으로 보인다. 벧후 2:11; 또한 마 28:2 참조 적어도 지상에서 존재하는 동안에는 인간이 "천사보다 못"하다. 히 2:7 천사의 힘이 크지만 무한한 것은 아니다. 그러나 그 힘은 사탄의 통제를 받는 악한 귀신의 힘에 맞서 싸우는 데 사용될 수 있다. 단 10:13; 계 12:7-8; 20:1-3 [9] 그럼에도 주께서 다시 오실 때 우리는 천사보다 더 높은 지위에 오르게 될 것이다. 골 6:3

11. 여호와의 사자는 누구인가?

성경, 특히 구약의 여러 본문은 여호와의 사자를 마치 하나님이 친히 인간의 형상을 입고 다양한 사람들에게 잠시 나타나신 것처럼 말한다.

몇몇 본문은 여호와의 사자the angel of the Lord가 곧 여호와라고 말한다. 광야에 있는 하갈에게 나타난 "여호와의 사자"는 그에게 "내가 네 씨를 크게 번성하여 그 수가 많아 셀 수 없게 하리라"고 약속하며,창 16:10 이에 대해 하갈은 "자기에게 이르신 여호와의 이름"을 "나를 살피시는 하나님"이라고 부른다.창 16:13 이와 비슷하게 아브라함이 자신의 아들인 이삭을 제물로 바치려고 할 때 "여호와의 사자"가 하늘로부터 그를 부르고 "네가 네 아들 네 독자까지도 내게 아끼지 아니하였으니 내가 이제야 네가 하나님을 경외하는 줄을 아노라"고 말한다.창 22:12 "하나님의 사자"가 꿈에 야곱에게 나타났을 때, 그는 "나는 벧엘의 하나님이라. 네가 거기서 기둥에 기름을 붓고 거기서 내게 서원하였으니"라고 말했다.창 31:11, 13 "여호와의 사자"가 떨기나무에서 나오는 불꽃 안에서 모세에게 나타났을 때 그는 "나는 네 조상의 하나님이니. 아브라함의 하나님 이삭의 하나님 야곱의 하나님이니라"고 말했다.출 3:2, 6 이 본문들은 분명히 여호와의 사자 또는 하나님의 사자가 하나님으로서, 아마도 더 구체적으로는 인간에게 나타나기 위해 짧은 시간 동안 인간의 몸을 취하신 성자 하나님으로서 나타난 경우다.

다른 때는 여호와의 사자가 하나님과 구별되는 것처럼 보이며,삼하 24:16; 시 34:7; 슥 1:11-13 참조 "여호와의 사자"an angel of the Lord를 언급하는 본문예를 들어, 눅 1:11은 대체로 하나님이 보내신 천사를 말한다.

B. 천사들은 언제 창조되었는가?

모든 천사는 창조의 일곱째 날 이전에 창조되었음이 분명하다. 성경은 "천지와 만물이 다 이루어지니라"고 말하기 때문이다(창 2:1, "만물"을 하나님의 우주 안에 거하는 천상적 존재로 이해할 때). 이보다 더 명시적인 진술은 "이는 엿새 동안에 나 여호와가 하늘과 땅과 바다와 그 가운데 모든 것을 만들고 일곱째 날에 쉬었음이라"는 구절이다.출 20:11 그러므로 적어도 창조의 여섯째 날까지는 모든 천사가 창조되었을 것이다.

더 구체적으로 말하면, "태초에 하나님이 천지를 창조하시니라"라는 진술을 통해 창조의 첫째 날에 천사적 존재가 창조되었을 것이라는 실마리를 얻을 수 있다.창 1:1 바로 이어지는 2절에서 "땅이 혼돈하고 공허하며"라고 말하지만 하늘에 관한 언급은 전혀 없기 때문이다.창 1:2 이것은 살 수 없는 상태였던 땅과 다르게 하늘에서는 하나님이 이미 천사들을 창조하셨고 그들에게 다양한 역할과 질서를 부여하셨음을 암시한다. 이 관념은 하나님이 땅의 "모퉁잇돌"을 놓고 그 "주추"를 마련하셨을 때 "새벽별들이 기뻐 노래하며 하나님의 아들들이 다 기뻐 소리를 질렀느니라"는 말씀을 통해서도 뒷받침된다.욥 38:6-7 하나님이 땅을 살 수 있는 곳으로 만드실 때 천사들"하나님의 아들들"이 기뻐 소리를 질렀다면, 이것은 하나님이 첫날에 먼저 천사들을 창조하셨음을 암시한다고 볼 수 있다.

하지만 성경 안에는 실마리밖에 없으므로, 하나님은 천사들이 창조된 시점에 관해 많은 정보를 우리에게 주지 않으셨다는 사실을 받아들여야 한다. 명확한 성경의 자료 없이 더 많은 것을 추측하려는 시도는 쓸모없어 보인다. "감추어진 일은 우리 하나님 여호와께 속하였거니와 나타난 일은 영원히 우리와 우리 자손에게 속하였나니 이는 우리에게 이 율법의 모든 말씀을 행하게 하심이니라."신 29:29

사탄이 동산에서 하와를 유혹하기 전 언젠가창 3:1 수많은 천사들이 죄를 범하고 하나님께 반역했다.벧후 2:4; 유 1:6 이 사건은 "하나님이 지으신 그 모든 것을 보시니 보시기에 심히 좋았"던 창조의 여섯째 날 이후에 일어난 것으로 보인다.창 1:31 하지만 성경은 이를 넘어서는 추가적인 정보를 우리에게 제공하지 않는다.

C. 하나님의 목적 안에서 천사의 위치

1. 천사는 우리를 향한 하나님의 사랑과 계획의 위대함을 보여준다

인간과 (이 용어를 폭넓게 사용하면) 천사는 하나님이 만드신 피조물 중 유일하게 도덕적이며 지능이 높은 존재다. 그러므로 우리 자신과 천사를 비교할 때 우리를 향한 하나님의 사랑과 계획에 관해 많은 것을 이해할 수 있다.

주목해야 할 첫 번째 차이는 천사들에 관해서는 "하나님의 형상으로"

창조되었다고 말하지 않지만 인간은 하나님의 형상으로 창조되었다고 여러 차례 말한다는 점이다.창 1:26-27; 9:6 하나님의 형상을 지닌다는 것은 하나님과 비슷하다는 것을 뜻하므로[10] 우리가 천사보다도 하나님을 더 닮았다고 결론 내릴 수 있어 보인다.

이 점은 하나님이 언젠가 우리에게 천사들을 판단할 권위를 주실 것이라는 사실에 의해 지지를 받는다. "우리가 천사를 판단할 것을 너희가 알지 못하느냐."고전 6:3 우리는 "잠시 동안 천사보다 못하"지만히 2:7 우리의 구원이 완성될 때 우리는 천사보다 더 높임을 받을 것이며 그들을 다스릴 것이다. 사실 지금도 천사는 우리를 섬기고 있다. "모든 천사들은 섬기는 영으로서 구원받을 상속자들을 위하여 섬기라고 보내심이 아니냐."히 1:14

자신을 닮은 자녀를 낳을 수 있는 인간의 능력("아담은 백삼십 세에 자기의 모양 곧 자기의 형상과 같은 아들을 낳아", 창 5:3)은 우리가 천사보다 더 우월함을 보여주는 또 다른 요소다. 천사는 자녀를 낳을 수 없기 때문이다.마 22:30; 눅 20:34-36 참조

또한 천사는 우리를 향한 하나님의 사랑이 크심을 보여준다. 많은 천사들이 죄를 범했지만 아무도 구원을 받지 못했기 때문이다. 베드로는 "하나님이 범죄한 천사들을 용서하지 아니하시고 지옥에 던져 어두운 구덩이에 두어 심판 때까지 지키게 하셨으며"라고 말한다.벧후 2:4 유다는 "또 자기 지위를 지키지 아니하고 자기 처소를 떠난 천사들을 큰 날의 심판까지 영원한 결박으로 흑암에 가두셨으며"라고 말한다.유 1:6 그리고 히브리서는 "이는 확실히 천사들을 붙들어 주려 하심이 아니요 오직 아브라함의 자손을 붙들어 주려 하심이라"고 말한다.히 2:16

그러므로 우리는 하나님이 두 부류의 지적이며 도덕적인 피조물을 창조하셨음을 알 수 있다. 천사들 중 다수가 죄를 범했지만 하나님은 그들 중 누구도 속량하지 않기로 작정하셨다. 하나님이 그처럼 하신 것은 완벽히 정의로웠으며, 어떤 천사도 하나님께 불공평한 대우를 받았다고 불평할 수 없다.

또 다른 부류의 도덕적 피조물인 인간 중에서도 많은 수가 (사실 전부가) 죄를 범했으며 하나님을 떠났다. 죄를 범한 천사들에게 그러하셨듯이 하나님은 우리 모두가 영원한 정죄를 받도록 우리 자신이 선택한 길을 계

속 걸어가게 내버려두셨을 수도 있다. 하나님이 죄인인 인류 전체 중에서 아무도 구원하지 않기로 작정하셨더라도 그렇게 하시는 것은 완벽히 정의로웠을 것이며, 아무도 불공평하다고 불평할 수 없을 것이다.

하지만 하나님은 단순히 정의의 요구를 충족시키는 것보다 더 많은 일을 하기로 작정하셨다. 그분은 죄인 중 일부를 구원하기로 작정하셨다. 그분이 전체 인류 중에서 다섯 사람만 구원하기로 작정하셨다면 이것은 정의보다 더 큰 영역의 일을 하신 것이다. 이것은 자비와 은혜를 크게 드러내는 일이었을 것이다. 그분이 전체 인류 중에서 백 명만 구원하기로 작정하셨다면 이것도 자비와 은혜를 놀랍게 드러내는 일이었을 것이다. 하지만 실제로 하나님은 그보다 더 많은 일을 하기로 작정하셨다. 그분은 전체 인류 중에서 헤아릴 수 없을 정도로 많은 사람들을 속량하기로 작정하셨다. 하나님은 "각 족속과 방언과 백성과 나라 가운데에서"계 5:9 이들을 택하셨다. 이것은 우리가 도무지 이해할 수 없는 자비와 사랑이다. 이는 값없이 주신 은혜다. 천사의 운명과의 두드러진 대조를 통해 우리는 이 진리를 분명히 깨달을 수 있다.

우리가 하나님께 반역하는 삶으로부터 구원을 받았다는 사실은, 천사들은 결코 영원토록 부를 수 없는 노래를 우리는 부를 수 있음을 의미한다.

날 대속한 어린양 피를
나 기쁘게 선포하리
그 무한한 은혜 힘입어
나 하나님 자녀 되었네[11]

그리스도 안에서 우리의 속량을 선포하는 모든 위대한 찬양은 우리만 부를 수 있다. 타락하지 않은 천사들은 우리가 이 노래를 부르는 것을 보면서 기뻐하지만,눅 15:10 결코 그것을 자신의 찬양으로 만들 수는 없을 것이다.

2. 천사는 보이지 않는 세계가 존재함을 우리에게 상기시킨다

예수 시대에 사두개인들이 "부활도 없고 천사도 없고 영도 없다"행 23:8 라고 말했듯이 우리 시대에 많은 사람들은 눈에 보이지 않는 세계를 부인한다. 하지만 천사의 존재에 관한 성경의 가르침은 눈에 보이지 않는 세계가 존재함을 우리에게 끊임없이 상기시켜 준다. 주께서 엘리사의 사환의 눈을 열어 주셨을 때 비로소 그 사환은 "불말과 불병거가 산에 가득하여 엘리사를" 둘러싸고 있음을 보았다(왕하 6:17, 이는 하나님이 엘리사를 아람 사람들로부터 보호하기 위해 도단으로 보내신 거대한 천사의 군대였다). 천사들에게 "그의 모든 천사여, 찬양하며 모든 군대여, 그를 찬양할지어다"라고 권면했던 시편 기자도 보이지 않는 세계를 알고 있었음을 확인할 수 있다.시 148:2 히브리서 기자는 우리가 예배할 때 천상의 예루살렘으로 들어가 "천만 천사"와 함께 모일 것이며, 우리는 그들을 볼 수 없지만 그들의 존재가 경외감과 기쁨으로 우리 마음을 가득 채울 것임을 우리에게 상기시킨다.히 12:22 사람들은 천사에 관한 이야기가 미신일 뿐이라며 무시할지도 모르지만, 성경은 천사에 관한 이야기를 통해 세계를 있는 그대로 바라볼 수 있는 통찰을 제공한다.

3. 천사는 우리를 위한 본보기다

순종과 예배를 통해 천사는 우리가 본받아야 할 유익한 모범을 제공한다. 예수께서는 우리에게 "뜻이 하늘에서 이루어진 것 같이 땅에서도 이루어지이다"라고 기도하라고 가르치신다.마 6:10 하늘에서 하나님의 뜻은 천사들을 통해 즉시, 기쁘게, 아무런 의문 없이 이루어진다. 우리는 우리의 순종과 다른 이들의 순종이 하늘에 있는 천사들의 순종과 같게 되기를 날마다 기도해야 한다. 천사들은 하나님의 겸손한 종으로서 각자 신실하게 크든 작든 맡겨진 책무를 수행하는 것을 기쁨으로 삼는다. 우리는 우리 자신과 이 땅의 모든 사람이 그렇게 하게 되기를 바라고 기도해야 한다.

또한 천사는 하나님을 예배하는 것에서 우리의 본보기가 된다. 하나님의 보좌 앞에서 스랍은 거룩하신 하나님을 보며 계속해서 "거룩하다. 거룩하다. 거룩하다. 만군의 여호와여, 그의 영광이 온 땅에 충만하도다"라고 외친다.사 6:3 그리고 요한은 수많은 천사들이 하나님의 보좌 주위에서 하나님을 예배하는 것을 보았다. "그 수가 만만이요 천천이라. 큰 음성으로 이르되 죽임을 당하신 어린양은 능력과 부와 지혜와 힘과 존귀와 영광과 찬송을 받으시기에 합당하도다 하더라."계 5:11-12 천사들이 끊임없이 하나님을 찬양하는 것을 가장 큰 기쁨으로 삼듯이 우리도 날마다 하나님을 찬양하기를 기뻐하고, 그것이 우리의 시간을 고귀하고 가치 있게 사용하는 것이라고 생각하며, 그것을 우리의 가장 큰 기쁨으로 삼아야 하지 않겠는가?

4. 천사는 하나님의 계획 중 일부를 이행한다

성경은 천사들을 이 땅에서 하나님의 계획 중 일부를 이행하는 그분의 종으로 본다. 그들은 하나님의 메시지를 사람들에게 전한다.[눅 1:11-19; 행 8:26; 10:3-8, 22; 27:23-24] 그들은 이스라엘에 재앙을 내리거나,[삼하 24:16-17] 앗수르 군대를 멸하거나,[대하 32:21] 하나님께 영광을 돌리지 않은 헤롯 왕을 쳐서 죽게 하거나,[행 12:23] "하나님의 진노의 일곱 대접"을 땅에 쏟음으로써[계 16:1] 하나님의 심판을 수행한다. 그리스도께서 다시 오실 때 천사들은 그들의 왕이며 주이신 그분을 수행하는 큰 군대처럼 그분과 함께 올 것이다.[마 16:27; 눅 9:26; 살후 1:7]

또한 천사는 하나님의 대리자로서 이 땅을 순찰하며[슥 1:10-11] 사탄의 세력에 맞서 전쟁을 수행한다.[단 10:13; 계 12:7-8] 요한은 환상을 통해 한 천사가 하늘에서 내려오는 것을 보았고, 그 천사가 "용을 잡으니 곧 옛 뱀이요 마귀요 사탄이라. 잡아서 천 년 동안 결박하여 무저갱에 던져 넣"었다고 기록한다.[계 20:1-3] 그리스도께서 다시 오실 때 천사장은 그분의 오심을 선포할 것이다.[살전 4:16; 계 18:1-2, 21; 19:17-18 참조]

5. 천사는 직접 하나님께 영광을 돌린다

천사는 또 다른 역할을 행한다. 즉 하나님께 영광을 돌림으로써 직접 그분을 섬긴다. 인간 외에도 우주 안에서 하나님을 영화롭게 하는 또 다른 지적, 도덕적 피조물이 존재한다.

천사는 하나님의 본질과 그분의 탁월성 때문에 그분께 영광을 돌린다.

> 능력이 있어 여호와의 말씀을 행하며 그의 말씀의 소리를 듣는 여호와의 천사들이여, 여호와를 송축하라.[시 103:20; 148:2 참조]

스랍들은 하나님의 거룩함 때문에 계속해서 그분을 찬양하며,[사 6:2-3] 이것

은 네 생물도 마찬가지다.계 4:8

또한 천사는 하나님의 위대한 구원 계획이 펼쳐지는 것을 보면서 그분께 영광을 돌린다. 그리스도께서 베들레헴에서 태어나셨을 때, 수많은 천사가 "지극히 높은 곳에서는 하나님께 영광이요. 땅에서는 하나님이 기뻐하신 사람들 중에 평화로다"라고 하나님을 찬양했다.눅 2:14; 히 1:6 참조 예수께서는 "죄인 한 사람이 회개하면 하나님의 사자들 앞에 기쁨이 되느니라"고 말씀하셨는데,눅 15:10 이것은 누군가가 죄에서 돌이켜 구원자이신 그리스도를 믿게 될 때마다 천사들이 기뻐함을 뜻한다.

바울이 복음을 선포하고 그 결과 다양한 인종적 배경을 지닌 사람들, 유대인과 헬라인 모두가 교회 안으로 들어왔을 때, 그는 교회를 향한 하나님의 지혜로운 계획이 천사들또한 귀신들 앞에서 펼쳐지는 것을 보았다. 왜냐하면 그는 이방인들에게 복음을 전하여 "교회로 말미암아 하늘에 있는 통치자들과 권세들에게 하나님의 각종 지혜를 알게 하"도록 부르심을 받았다고 말하기 때문이다.엡 3:10 그리고 베드로는 하나님의 구원 계획이 날마다 개별 신자의 삶 속에서 성취될 때 "천사들도" 그 영광을 "살펴보기를 원"한다고 말한다.벧전 1:12 12 또한 바울은 그리스도께서 "천사들에게 보이"셨다고 지적한다.딤전 3:16 이것은 천사들이 그리스도께서 보여주신 순종의 삶으로 인해 하나님께 영광을 돌렸음을 암시한다. 이뿐만 아니라 교회가 예배를 위해 모였을 때 고린도의 아내들이 "천사들로 말미암아" 머리 가리개를 씀으로써 결혼한 여자임을 알려야 했다는 사실고전 11:10은 천사들이 그리스도인의 삶을 지켜보고 있으며 우리의 예배와 순종으로 인해 하나님께 영광을 돌린다는 것을 말해 준다. 실제로 바울은 명령의 엄중함을 강조하고자 할 때 우리가 하는 행동을 천사가 보고 있음을 디모데에게 상기시킨다. "하나님과 그리스도 예수와 택하심을 받은 천사들 앞에서 내가 엄히 명하노니 너는 편견이 없이 이것들을 지켜 아무 일도 불공평하게 하지 말며."딤전 5:21; 고전 4:9 참조 디모데가 바울의 가르침을 따른다면 천사들은 그의 순종을 보고 하나님께 영광을 돌릴 것이다. 그가 순종하기를 게을리한다면 이 역시 천사들이 볼 것이며 그로 인해 슬퍼할 것이다.

D. 우리와 천사의 관계

1. 우리는 삶에서 날마다 천사를 의식해야 한다

성경은 천사에 관해 가르치는 많은 구절들을 통해 하나님은 우리가 천사들의 존재와 그들이 하는 활동의 본질을 잘 알기를 원하신다고 분명히 말한다. 그러므로 우리는 천사에 관한 성경의 가르침이 오늘날 우리의 삶과 아무 상관이 없다고 생각해서는 안 된다. 오히려 천사가 존재하며 오늘날에도 세상 안에서 일하고 있음을 깨닫는다면 그리스도인으로서 우리의 삶이 풍성해질 것이다.

예배를 통해 하나님 앞으로 나아갈 때 우리는 이미 죽어 천국에서 하나님의 임재 안으로 들어간 수많은 신자들, 곧 "온전하게 된 의인의 영들"과 함께 예배할 뿐 아니라 수많은 천사들, "천만 천사"와도 함께 예배한다.[히 12:22-23] 보통은 이 천상적 예배의 증거를 보거나 들을 수 없지만, 천사가 우리와 더불어 하나님을 예배한다는 사실을 이해한다면 이것은 우리의 경외감과 하나님의 임재에 대한 기쁨을 더욱 풍성하게 할 것이다.

이뿐만 아니라 우리는 천사가 날마다 하나님에 대한 우리의 순종 또는 불순종을 지켜보고 있음을 깨달아야 한다. 우리가 남몰래 죄를 지었다거나 다른 누구에게도 슬픔을 주지 않았다고 생각할지 모르지만, 어쩌면 수백 명의 천사가 우리의 불순종을 목격하고 슬퍼할 것임을 알아야 한다.[13] 다른 한편으로, 하나님을 향한 우리의 신실한 순종을 아무도 목격하지 않았고 아무에게도 격려가 되지 못할 것이라는 생각 때문에 낙담하게 될 때, 어쩌면 수백 명의 천사가 우리의 외로운 싸움을 지켜보고 있으며 우리 삶에서 그리스도의 위대한 구원이 나타나기를 날마다 고대하고 있음을 깨닫고 위로를 얻을 수 있다.

우리가 하나님을 섬기는 것을 천사들이 보고 있다는 현실을 더 생생하게 묘사하기 위해 히브리서 기자는 천사가 인간의 모습을 취해 마치 신문의 식당 평론가가 변장을 하고 새로 개업한 식당을 점검 방문하듯이 우리를 방문할 수도 있다고 암시한다. "손님 대접하기를 잊지 말라. 이로써 부지중에 천사들을 대접한 이들이 있었느니라."[히 13:2; 또한 창 18:2-5; 19:1-3 참조] 이 말씀을 기억하고 우리가 알지 못하는 다른 사람들의 필요를 채우기 위해 더 열심히 노력해야 한다. 언젠가 천국에 이르렀을 때, 우리는 이 땅에서 고통당하는 인간의 모습으로 일시적으로 나타나서 우리의 도움을 받았던 천사를 만나게 될지도 모른다.

위험이나 고통으로부터 갑자기 구출되었을 때, 우리는 하나님이 천사를 보내 우리를 돕게 하셨다는 생각이 들 수도 있으며, 그럴 때 우리는 감사해야 한다. 천사는 사자들의 입을 막아 다니엘을 해치지 못하게 했으며,[단 6:22] 사도들[행 5:19-20]과 베드로를 감옥에서 구해냈다.[행 12:7-11] 또한 예수께서 시험을 받으신 직후 심히 약해지셨을 때 광야에서 천사들이 그분의 시중을 들었다.[마 4:11] [14]

자동차가 갑자기 방향을 틀어 우리가 다치지 않게 되었을 때, 우리가 갑자기 발 디딜 곳을 발견해 거센 강물에 휩쓸려가지 않을 수 있었을 때, 위험한 동네를 무사히 걸어서 지나갈 때, 하나님이 천사를 보내 우리를 보호하셨다고 생각해야 하지 않겠는가? 성경은 "그가 너를 위하여 그의 천사들을 명령하사 네 모든 길에서 너를 지키게 하심이라. 그들이 그들의 손으로 너를 붙들어 발이 돌에 부딪히지 아니하게 하리로다"라고 약속하지 않는가?[시 91:11-12] 그러므로 우리는 이런 때에 천사를 보내 우리를 보호하시는 하나님께 감사해야 하지 않겠는가? 감사하는 것이 옳아 보인다.

2. 우리와 천사의 관계에서 경계해야 할 점

a. 천사로부터 받았다는 거짓 교리를 경계하라. 성경은 천사에게서 새로운 교리를 받았다고 주장하는 이들에게 경고한다. "그러나 우리나 혹은 하늘로부터 온 천사라도 우리가 너희에게 전한 복음 외에 다른 복음을 전하면 저주를 받을지어다."[갈 1:8] 바울은 기만의 가능성이 존재함을 알기 때문에 이렇게 경고한다. 그는 "사탄도 자기를 광명의 천사로 가장하나니"라고 말한다.[고후 11:14] 이와 비슷하게 열왕기상 13장에서 하나님의 사람을 속이는 거짓 예언자는 "천사가 여호와의 말씀으로 내게 이르기를 그를 네 집으로 데리고 돌아가서 그에게 떡을 먹이고 물을 마시게 하라 하였느니라"고 주장했다.[왕상 13:18] 하지만 성경 본문은 즉시 같은 구절에서 "이는 그 사람을 속임이라"고 덧붙인다.

이것은 모두 천사에 의해 전해진 거짓 교리나 지침의 예다. 흥미롭게도 이 사례들은 우리가 성경의 분명한 가르침이나 하나님의 분명한 명령에 불순종하도록 유혹하는 사탄적 기만의 분명한 가능성을 보여준다.왕상 13:9 참조 그리스도인은 이 경고를 기억하고 예를 들면 몰몬교인들의 주장에 속지 않도록 경계해야 한다. 그들은 한 천사모로니가 조셉 스미스에게 말했고 그에게 몰몬교의 기초를 계시했다고 주장한다. 이 계시는 (삼위일체, 그리스도의 위격, 이신칭의 등 다양한 교리에 관해) 많은 점에서 성경의 가르침과 모순을 이루며, 그리스도인들은 이 주장을 받아들여서는 안 된다는 경고에 주의를 기울여야 한다.[15] 또한 정경이 닫혔으므로 하나님이 오늘날 추가적인 교리를 계시하지 않으시며, 오늘날 천사에게서 새로운 교리에 관한 계시를 받았다는 모든 주장을 거짓된 것으로 즉시 거부해야 함을 기억해야 한다.

b. 천사들을 예배하거나 그들에게 기도하거나 그들을 찾지 말라. "천사 숭배"골 2:18는 골로새에서 가르친 거짓 교리 중 하나였다. 이뿐만 아니라 요한계시록에서 요한에게 말했던 천사도 자신을 예배하지 말라고 경고했다. "나는 너와 및 예수의 증언을 받은 네 형제들과 같이 된 종이니 삼가 그리하지 말고 오직 하나님께 경배하라."계 19:10

천사들에게 기도해서도 안 된다. 우리는 하나님께만 기도해야 한다. 하나님만이 전능하시므로 기도에 응답하실 수 있으시며, 하나님만이 전지하시므로 모든 백성이 하는 기도를 동시에 들으실 수 있기 때문이다. 성자와 성령도 전능하고 전지하시므로 우리의 기도를 받기에 합당하지만 다른 모든 존재는 그렇지 않다. 바울은 우리와 하나님 사이에 다른 "중보자"가 있다고 생각해서는 안 된다고 경고한다. "하나님은 한분이시요 또 하나님과 사람 사이에 중보자도 한분이시니 곧 사람이신 그리스도 예수라."딤전 2:5 우리가 천사들에게 기도한다면 이것은 암묵적으로 그들에게 하나님과 동등한 지위를 부여하는 것이다. 절대로 그렇게 해서는 안 된다. 성경에는 누군가가 천사에게 기도하거나 천사에게 도움을 구하는 사례가 전혀 없다.

그뿐만 아니라 성경은 천사가 우리에게 나타나기를 구해도 된다고 말하지 않는다. 구하지 않았음에도 천사는 나타난다. 천사가 나타나기를 구하는 태도는 건전하지 않은 호기심, 또한 하나님을 사랑하고 그분과 그분의 일에 헌신하기보다 어떤 극적인 사건을 바라는 마음을 드러내는 것처럼 보인다. 성경은 다양한 시점에 천사가 사람들에게 나타났다고 묘사하지만, 그들이 천사가 나타나기를 바랐던 적은 없었다. 우리의 역할은 모든 천사의 사령관이신 주께 말하는 것이다. 하지만 도움이 필요할 때 천사를 보내 우리를 지키시겠다는 시편 91:11의 약속을 성취하실 것을 하나님께 간구하는 것은 잘못된 일처럼 보이지 않는다.

c. 오늘날에도 천사가 사람들에게 나타나는가? 교회사 초기에는 천사들이 활동했다. 천사는 빌립에게 예루살렘에서 가사로 내려가는 길을 통해 남쪽으로 여행하라고 지시했고,[행 8:26] 고넬료에게는 사람을 보내 욥바에 있는 베드로를 데려오라고 지시했으며,[행 10:3-6] 베드로에게는 일어나 감옥에서 걸어 나오라고 지시했으며,[행 12:6-11] 바울에게는 배에 탄 사람이 아무도 죽지 않을 것이며 그가 가이사 앞에 서게 될 것이라고 약속했다.[행 27:23-24] 이뿐만 아니라 히브리서 기자는 사도도 아니었고 사도와 함께 일한 1세대 신자도 아니었던 자신의 독자들에게[히 2:3 참조] 언젠가 자신도 모르게 천사를 대접할 수 있기를 기대하며 계속해서 낯선 사람들에게 환대를 베풀라고 권면했다.[히 13:2]

그러므로 오늘날 천사가 나타날 가능성을 배제할 강력한 이유가 존재하지 않는다. 어떤 이들은 성경으로 충분하며 정경이 닫혔으므로 이제는 천사가 나타날 가능성이 없다고 반론을 제기할 것이다.[16] 그들은 하나님이 천사를 통해 우리와 소통하실 것이라고 기대해서는 안 된다고 말할 것이다. 그러나 이것은 자연스러운 결론이 아니다. 천사가 성경의 교리적, 도덕적 내용에 새로운 무언가를 더하지는 않겠지만, 하나님이 예언을 통해서나[17] 다른 사람들과의 평범한 의사소통을 통해서나 우리가 세상을 관찰한 바를 통해서 그렇게 하시듯이 천사를 통해 우리에게 정보를 전달하실 수도 있다. 하나님이 다른 인간을 보내셔서 우리에게 위험에 대해 경고하거나 우리가 낙심할 때 우리를 격려하실 수 있다면, 가끔 천사를 보내 이 일들을 하지 못하실 이유가 없어 보인다.

그러나 이 특별한 사건이 발생한다면 천사에게서 지침을 받을 때 매우 조심해야 한다. (오늘날 이런 사건이 일어났다는 기록이 극히 드물며, 많은 경우 거짓 교리를 받는 것으로 보아 실제로는 귀신이 나타난 것임을 알 수 있다.) 귀신이 광명의 천사처럼 나타날 수 있으므로[고후 11:14 참조] 천사처럼 보이는 피조물이 나타났다고 해서 반드시 그 존재가 진실을 말하는 것은 아님을 명심해야 한다. 성경이 우리의 안내자이며, 어떤 천사도 성경에 반하는 권위 있는 가르침을 줄 수 없다.갈 1:8 참조

오늘날 천사가 나타나는 일은 드물 것이다. 만일 그런 일이 일어난다면 우리는 신중하게 평가해야 한다. 하지만 극도로 위험하거나 악의 세력과 격렬하게 대립할 때 그런 사건이 일어날 수 없다고 말할 타당한 이유는 없다.

개인적 적용을 위한 질문

1. 이번 장은 여러분이 천사에 관해 생각하는 방식에 어떤 영향을 미쳤는가? 여러분이 하나님을 찬양할 때 천사들이 함께하고 있음을 의식한다면 예배에 임하는 여러분의 태도는 어떻게 달라지겠는가?

2. 지금 여러분을 지켜보는 천사가 있다면 그들은 어떤 태도를 갖는다고 생각하는가? 여러분은 그리스도를 구원자로 받아들인 사람과 함께 기도한 직후 놀라운 기쁨을 경험한 적이 있는가? 죄인이 회개했기에 천사들도 여러분과 더불어 기뻐하기 때문에 그런 기쁨을 느낀 것이라고 생각하는가? 눅 15:10

3. 여러분은 큰 위험으로부터 놀라운 방식으로 구출된 뒤, 그때 천사가 여러분을 도운 것이 아닐까 생각한 적이 있는가?

4. 크든 작든 맡겨진 책무를 기쁘고 신실하게 수행하는 천사들의 본보기는 직장에서든 가정에서든 교회에서든 오늘 여러분에게 주어진 책임을 감당하는 데 어떤 도움을 줄 수 있는가?

5. 하나님이 여러분에게 천사들을 판단하라고 말씀하실 때 어떤 생각이 드는가? 고전 6:3 하나님의 형상으로 창조된 인간성의 위대함에 관한 이 사실이 여러분에게 무엇을 말해 주는지 설명해 보라.

신학 전문 용어

그룹
미가엘
생물
순찰자
스랍
여호와의 사자
천사
천사장
통치자들과 권세들
하나님의 아들들

참고 문헌

이 참고 문헌에 관한 설명으로는 1장, 60쪽을 보라. 자세한 서지 자료는 2권 부록 2에서 확인할 수 있다.

복음주의 조직신학 저술의 관련 항목

1. 성공회

1882–1892	Litton, 125–129
2001	Packer, 64–66
2013	Bird, 102–103
2013	Bray, 803–813

2. 아르미니우스주의(또는 웨슬리파/감리교)

1892–1894	Miley, 2:490–496
1940	Wiley, 1:472–476
1983	Carter, 2:1047–1069
1992	Oden, 1:240–241
2002	Cottrell, 127–133

3. 침례교

1767	Gill, 1:375–384, 434–435
1887	Boyce, 174–181
1907	Strong, 443–464
1976–1983	Henry, 6:229–250
1990–1995	Garrett, 413–428
2007	Akin, 293–339
2013	Erickson, 403–415

4. 세대주의

1947	Chafer, 2:3–32

1949	Thiessen, 133–150
1986	Ryrie, 121–134
2002–2005	Geisler, 2:475–499
2017	MacArthur and Mayhue, 665–676

5. 루터교

1917–1924	Pieper, 1:498–508
1934	Mueller, 196–202

6. 개혁주의(또는 장로교)

1559	Calvin, 1:163–172 (1.14.3–12)
1679–1685	Turretin, *IET*, 1: 335–341, 539–567
1724–1758	Edwards, 2:604–607, 612–617
1871–1873	Hodge, 1:637–643
1878	Dabney, 264–275
1894	Shedd, 44, 57–58, 154, 181
1906–1911	Bavinck, *RD*, 2: 443–472
1910	Vos, 1:4, 39–41, 51
1938	Berkhof, 141–148
2008	Van Genderen and Velema, 276–282
2011	Horton, 406–407
2013	Frame, 771–774, 777–779
2013	Culver, 164–175
2019	Letham, 299

7. 부흥 운동(또는 은사주의/오순절)

1988–1992	Williams, 1:169–196
1993	Menzies and Horton, 51, 87, 217, 247
1995	Horton, 179–193
2008	Duffield and Van Cleave, 471–505

대표적인 로마 가톨릭 조직신학 저술의 관련 항목

1. 로마 가톨릭: 전통적 입장

1955	Ott, 114–121

2. 로마 가톨릭: 제2차 바티칸공의회 이후

2012	*CCC*, paragraphs 328–354

기타 저술

Allison, Gregg. *Historical Theology: An Introduction to Christian Doctrine; A Companion to Wayne Grudem's Systematic Theology*. Grand Rapids: Zondervan, 2011, 298–320.

Arnold, Clinton E. *Powers of Darkness: Principalities and Powers in Paul's Letters*. Downers Grove, IL: InterVarsity Press, 1992.

Borland, James A. *Christ in the Old Testament*. Chicago: Moody Publishers, 1978.

Bromiley, G. W. "Angels." In *EDT3*, 54–55.

Chisholm, R. B., Jr. "Theophany." In *NDBT*, 815–19.

Cole, Graham A. *Against the Darkness: The Doctrine of Satan, Angels, and Demons*. Wheaton, IL: Crossway, 2019.

Davidson, M. J. "Angels." In *DJG*, 8–11.

Dickason, C. Fred. *Angels, Elect and Evil*. Rev. ed. Chicago: Moody Publishers, 1995.

Garrett, Duane A. *Angels and the New Spirituality*. Nashville: Broadman & Holman, 1995.

Goldberg, Louis. "Angel of the Lord." In *BTDB*, 23.

Graham, Billy. *Angels: God's Secret Agents*. Rev. ed. Waco, TX: Word, 1986. (『천사, 하나님의 비밀특사』, 생명의말씀사)

Harrison, R. K. "Angel." In *BTDB*, 21–23.

Joppie, A. S. *The Ministry of Angels*. Grand Rapids: Baker, 1953.

McComiskey, T. E. "Angel of the Lord." In *EDT3*, 54.

Moyer, J. C. "Theophany." In *EDT3*, 875.

Niehaus, Jeffrey Jay. *God at Sinai: Covenant and Theophany in the Bible and Ancient Near East*. Grand Rapids: Zondervan, 1995.

Nkansah-Obrempong, J. "Angels." In *GDT*, 35–39.

Noll, S. F. "Angels, Heavenly Beings, Angel Christology." In *DLNT*, 44–48.

Noll, Stephen F. *Angels of Light, Powers of Darkness: Thinking Biblically about Angels, Satan, and Principalities*. Downers Grove, IL: InterVarsity Press, 1998.

Piggin, F. S. "Principalities and Powers" In *EDT3*, 698–699.

Reid, D. G. "Angels, Archangels." In *DPL*, 20–23.

Schemm, Peter R. "The Agents of God: Angels." In *A Theology for the Church*, edited by Daniel L. Akin et al., 293–337. Nashville: B&H, 2007.

Twelftree, G. H. "Spiritual Powers." In *NDBT*, 796–802.

Williams, William C. "Theophany." In *BTDB*, 770–771.

성경 암송 구절

요한계시록 5:11-12 | 내가 또 보고 들으매 보좌와 생물들과 장로들을 둘러 선 많은 천사의 음성이 있으니 그 수가 만만이요 천천이라. 큰 음성으로 이르되 죽임을 당하신 어린 양은 능력과 부와 지혜와 힘과 존귀와 영광과 찬송을 받으시기에 합당하도다 하더라.

"영광 나라 천사들아" Angels from the Realms of Glory

영광 나라 천사들아
땅 끝까지 날면서
하나님을 찬양하고
구주 나심 전하라
경배하세 경배하세
나신 왕께 절하세

들에 있던 목자들이
밤에 양떼 지킬 때
천사들이 나타나서
주의 나심 전했네
경배하세 경배하세
나신 왕께 절하세

박사들도 기뻐하며
밝은 별을 따라가
구주 예수 나신 것을
널리 증거하였네
경배하세 경배하세
나신 왕께 절하세

성도들이 간절하게
주를 사모하다가
영광 중에 나타나신
주의 얼굴 뵈었네
경배하세 경배하세
나신 왕께 절하세

성도들아 찬양하라
성부 성자 성령께
우리 모두 소리 높여
삼위일체 찬양해
경배하세 경배하세
나신 왕께 절하세

영광 나라의 천사들아,

온 땅 위로 날아와

창조의 이야기를 노래했던 너희는

이제 메시아의 나심을 선포하라

와서 예배하라. 와서 예배하라

새로 태어나신 왕 그리스도를 예배하라

들을 지키던 목자들아,

밤새 양떼를 돌보던 목자들아,

하나님이 이제 우리와 함께 거하신다

저기 아기의 빛이 비친다

와서 예배하라. 와서 예배하라

새로 태어나신 왕 그리스도를 예배하라

박사들아, 저 멀리 더 밝은 빛이 비추니

보기만 하지 말고

열방의 위대한 소망을 찾아가라

그분의 나심을 알리는 별을 보았으니

와서 예배하라. 와서 예배하라

새로 태어나신 왕 그리스도를 예배하라

제단 아래 무릎 꿇던 성도들아,

소망과 두려움 속에 오래 기다린 성도들아,

주께서 불현듯 오셔서

그분의 성전 안에 나타나시리니

와서 예배하라. 와서 예배하라

새로 태어나신 왕 그리스도를 예배하라

온 피조물아,

성부 성자 성령 하나님을 찬양하라

영원하신 삼위일체를

목소리 높여 찬양하라

와서 예배하라. 와서 예배하라

새로 태어나신 왕 그리스도를 예배하라

ㅁ 1816년, 제임스 몽고메리 작사

* 새찬송가 118장

"두렴 없네" Whom Shall I Fear (God of Angel Armies)

내 기도 들으신
주님은 내 노래
어둠도 주의 빛
감추지 못하리
두렴 없네
내 발아래 적을
상하게 하리
절망 속에서도
주 내 검과 방패
두려움 없네

주님은 나의 힘
오직 주님만이 날 구원하시네
주 승리하셨네
두려움 없네
두려움 없네

또 나를 대적할 자 없네
온 세상 주 안에 있네
주님 약속 그 위에 서리
신실하신 주 하나님

주 날 앞서 가시고
내 뒤에 계시네
천군 천사의 주님 내 곁에 계시네
영원히 다스리는 주는
나의 친구
천군 천사의 주님 내 곁에 계시네

◈

내가 부를 때 주님이 들으십니다
주님은 나의 아침 노래이십니다
어둠이 밤을 채우지만
빛을 숨길 수는 없습니다
내가 누구를 두려워하겠습니까
주님은 원수를 내 발 아래 굴복시키십니다
주님은 나의 칼이자 방패이십니다
아직 고난이 남아 있지만
내가 누구를 두려워하겠습니까

나는 누가 내 앞에서 가시는지 압니다

나는 누가 내 뒤에 서 계시는지 압니다
천군 천사의 하나님이 언제나 내 곁에 계십니다
영원히 다스리시는 분
그분이 나의 친구입니다
천군 천사의 하나님이 언제나 내 곁에 계십니다

나의 힘은 주님의 이름 안에 있습니다
주님만 구원하실 수 있기 때문입니다
주님은 나를 구원하실 것입니다
주님은 승리하셨습니다
내가 누구를 두려워하겠습니까
내가 누구를 두려워하겠습니까

내게 맞서는 것은 아무것도 살아남지 못할 것입니다
온 세상이 주님의 손안에 있습니다
나는 주님의 약속을 굳게 붙듭니다
주님은 신실하십니다
주님은 신실하십니다

ㅁ 스캇 캐쉬, 크리스 탐린, 에드 캐쉬 작사 **18**

1 히브리어에서 '그룹'이라는 단어는 단수형이고 복수형은 '케루빔'이다.

2 히브리어에서 '스룹'이라는 단어는 단수형이고 복수형은 '세라핌'이다.

3 생물에 관한 묘사에 있어서 에스겔서와 계시록 사이에 다소 차이가 있지만 유사점도 많다. 이들이 다른 피조물 집단인지, 아니면 계시록의 생물들이 에스겔의 환상에서 취했던 형상으로부터 모습이 변한 것인지는 판단하기가 어렵다.

4 여기서는 타락한 천사인 사탄을 제외했다. 사탄은 여러 다른 이름으로 불리기도 한다. (사탄과 귀신에 관해서는 20장을 보라.)

5 그럼에도 불구하고 악한 천사나 귀신을 예로 들어 설명할 수 있다면 수많은 천사들이 동시에 한 곳에 있는 것은 가능해 보인다. 예수께서 거라사 광인 안에 들어간 귀신들에게 "네 이름이 무엇이냐?"라고 물으셨을 때, 그는 "군대라"고 말했다. "많은 귀신이 들렸"기 때문이었다(눅 8:30). 이것이 말 그대로 로마군 부대(3천-6천 명)와 같은 수를 의미한다고 이해하지는 않더라도, 또한 사탄이 거짓의 아비이므로 이 남자 안에 들어간 귀신들이 크게 과장하여 말하고 있을 가능성을 인정한다고 하더라도, 여전히 누가는 "많은 귀신이 들렸음이라"라고 말한다.

6 '뮈리아스'(무수히 많은)라는 헬라어 용어는 "정확히 정의되지 않은 대단히 큰 수"를 가리키는 표현이다(BAGD, 529). (또한 렘 33:22을 보라).

7 또 다른 가능성은, 마태복음 18:10과 (제자들이 베드로의 천사가 문을 두드린다고 생각했던) 사도행전 12:15의 천사가 천사 같은 존재가 아니라 죽은 사람의 영혼이라는 것이다. 이 관점을 지지하는 입장으로는 B. B. Warfield, "The Angels of Christ's 'Little Ones,'" in *Selected Shorter Writings*, ed. John E. Meeter (Nutley, NJ: Presbyterian and Reformed, 1970), 1:253-266; 또한 D. A. Carson, "Matthew," EBC, 8:400-401을 보라.

이 해석의 문제점은 '천사'(헬라어 앙겔로스)라는 단어가 "죽은 사람의 영혼"을 뜻하는 명확한 사례를 단 하나도 찾을 수 없다는 것이다. 워필드는 정경 외부의 유대교 문헌인 에녹1서 51:4과 바룩2서 51:5에 나타난 예시를 인용하며 카슨도 이것을 따른다. 하지만 이 본문들은 설득력이 없다. 에녹1서 51:4에서는 "그리고 하늘에 있는 [모든] 천사의 얼굴은 기쁨으로 빛날 것이다"라고 말할 뿐이며(R. H. Charles, *The Apocrypha and Pseudepigrapha of the Old Testament*, 2 vols. [Oxford: Clarendon, 1913], 2:219), 사람들이 천사가 될 것이라고 말하지 않는다. 또한 바룩2서 51:5에서는 의인들이 "천사의 영광"으로 변화될 것이라고 말하지만(Charles, 2:508), 이것은 그들이 천사가 된다는 뜻이 아니라 천사처럼 광채를 갖게 될 것이라는 뜻일 뿐이다.

연관된 두 본문인 바룩2서 51:12에서는 의인들이 탁월함에 있어서 "천사를 능가할" 것이라고 말하며, 바룩2서 51:10에서는 "그들이 천사처럼 변하게 될 것"이라고 말한다(Charles, 2:508). 하지만 이 본문들에서도 사람이 천사가 될 것이라고 말하지는 않는다. 그뿐만 아니라 현재로서는 이 세 본문의 헬라어 본문을 확인할 수 없으므로(에녹1서는 헬라어 본문 일부가 포함된 고대 에티오피아어 본문이며 바룩2서는 고대 시리아어 본문이다) 헬라어 단어 '앙겔로스'의 의미를 결정하는 데 유용하지 않다.

또한 워필드는 "하나님을 경외하는 이들은 복되다. 그들은 하나님의 천사가 될 것이기 때문이다"라는 *Acts of Paul and Thecla*, ed. Tischendorf, p. 42, para. 5, ad finem을 인용한다. 하지만 이 본문의 연대는 주후 2세기 말로 추정되며(*ODCC*, 1049), 따라서 초대교회가 믿었던 바나 신약이 가르치는 바에 관한 신뢰할 만한 정보 출처가 아니다.

8 예수께서 일곱 번 결혼한 여자에 관한 사두개인들의 물음에 대해 답하실 때 이 말씀을 하셨음을 기억해야 한다. 예수께서는 그들이 성경과 "하나님의 능력"(마 22:29)을 알지 못하기 때문에 그런 질문을 했다고 말씀하셨다. 그러므로 예수께서 하신 대답을 통해 우리는 위로를 얻어야 하며 괴로워할 필요가 없다. 천국에 관해 생각할 때 우리는 인간관계가 축소될 것이라고 예상하고 슬퍼하는 것이 아니라 더 풍성해진 관계를 고대하며 기뻐해야 한다.

9 죄를 범한 천사들이 하나님께 맞서 반역하고 귀신이 되었을 때 그들의 능력 중 일부를 상실했는지, 아니면 그들의 힘이 그들이 천사였을 때와 동일한지에 관해 성경은 말하지 않고 있다.

10 21장, 826-828쪽을 보라.

11 Fanny Jane Crosby, "Redeemed, How I Love to Proclaim It!" (1882).

12 "원하다"에 해당하는 현재 시제 동사 '에피튀무신'은 이런 것을 살펴보기를 '지속적으로, 심지어 지금도 갈망하고 있다'는 의미이다. 이 갈망에는 그리스도 왕국의 영광이 교회의 역사 전체에서 개별 그리스도인의 삶을 통해 점점 더 온전히 실현되는 것을 바라보고 그로 인해 기뻐하는 거룩한 호기심이 포함된다. [Wayne Grudem, *The First Epistle of Peter*, TNTC (Leicester: InterVarsity Press; Grand Rapids: Eerdmans, 1988), 73에 실린 논의를 보라.]

13 이것은 죄를 짓지 않고자 하는 일차적인 동기가 하나님이 불쾌해하실까 두려워하는 마음이어야 함을 부인하는 것이 아니다. 다른 인간의 존재가 죄를 짓지 않고자 하는 추가적인 동기가 되듯이 천사의 존재에 대한 자각도 그런 추가적인 동기가 되어야 한다는 말일 뿐이다.

14 또한 예수께서 겟세마네 동산에서 기도하실 때 "천사가 하늘로부터 예수께 나타나 힘을 더하더라"라는 누가복음 22:43의 말씀에도 주목하라.

15 물론 성경에서 천사를 통해 교리적 진리가 전해지는 때가 있었다(눅 1:13-20, 30-37; 2:10-14; 행 1:11; 히 2:2). 위에서 언급한 경고 본문에서는 천사로부터 성경과 모순되는 교리를 받는 것을 금지한다.

16 몇몇 영적 은사의 중지에 관한 논의는 52장을 보라.

17 2권 53장, 734-758쪽을 보라.

18

20. 사탄과 귀신

오늘날 그리스도인은 사탄과 귀신을 어떻게 생각해야 하는가?

우리는 영적 전쟁을 어떻게 이해하고 실천해야 하는가?

설명과 성경적 기초

앞 장의 논의는 사탄과 귀신에 관한 고찰로 자연스럽게 이어진다. 사탄과 귀신은 한때 선한 천사였지만 죄를 범하여 하나님을 섬기는 특권을 상실한 악한 천사이기 때문이다. 천사처럼 사탄과 귀신은 도덕적 판단력과 높은 지능을 지녔지만 신체가 없이 창조된 영적 존재다. 우리는 귀신을 다음과 같이 정의할 수 있다. 귀신[demons]은 하나님께 맞서 죄를 범했으며 지금도 세상 안에서 계속해서 악을 행하는 악한 천사다.

A. 귀신의 기원

하나님이 세상을 창조하셨을 때 "그 모든 것을 보시니 보시기에 심히 좋았"다.[창 1:31] 이것은 하나님이 창조하신 천사의 세계에는 그 당시 악한 천사나 귀신이 없었음을 뜻한다. 하지만 창세기 3장에 이르면 뱀의 모습으로 사탄이 하와를 유혹하여 죄를 범하게 하는 것을 볼 수 있다.[창 3:1-5] 그러므로 창세기 1:31과 창세기 3:1에 기록된 사건들 사이 어느 시점에 천사의 세계 내에 반란이 일어나 많은 천사들이 하나님께 대항하고 악해진 것이 분명하다.

신약은 두 곳에서 이에 관해 언급한다. 베드로는 "하나님이 범죄한 천사들을 용서하지 아니하시고 지옥에 던져 어두운 구덩이에 두어 심판 때까지 지키게 하셨으며"라고 말한다.[벧후 2:4 1] 유다는 "또 자기 지위를 지키지 아니하고 자기 처소를 떠난 천사들을 큰 날의 심판까지 영원한 결박으로 흑암에 가두셨으며"라고 말한다.[유 1:6] 다시 한번 그들이 하나님의 임재라는 영광으로부터 쫓겨났으며 그들의 활동이 제한받고 있다는 사실(비유적으로 그들은 "영원한 결박" 상태에 있다)을 강조한다. 하지만 이 본문은 귀신의 영향력이 세상으로부터 제거되거나 일부 귀신들이 격리되어 형벌을 받고 있는 반면에 다른 귀신들은 세상에 영향력을 행사할 수 있다고 암시하지 않는다.[2] 베드로후서와 유다서는 모두 일부 천사들이 하나님께 맞서 반역했으며 그분의 말씀에 대한 적대적인 반대자가 되었다고 말한다. 그들의 죄는 교만, 곧 그들에게 부여된 지위를 받아들이기를 거부한 죄로 보인다. 그들은 "자기 지위를 지키지 아니하고 자기 처소를 떠"났기 때문이다.유 1:6

이사야 14장도 귀신들의 왕인 사탄의 타락을 언급하고 있을 가능성이 있다. 이사야는 바벨론 왕에 대한 하나님의 심판을 묘사한 다음, 단순한 인간 왕을 지칭하기에는 너무 강해 보이는 언어를 사용하기 시작한다.

> 너 아침의 아들 계명성이여,[3] 어찌 그리 하늘에서 떨어졌으며 너 열국을 엎은 자여, 어찌 그리 땅에 찍혔는고. 네가 네 마음에 이르기를 내가 하늘에 올라 하나님의 뭇 별 위에 내 자리를 높이리라 내가 북극 집회의 산 위에 앉으리라 가장 높은 구름에 올라가 지극히 높은 이와 같아지리라 하는도다. 그러나 이제 네가 스올 곧 구덩이 맨 밑에 떨어짐을 당하리로다.사 14:12-15

이처럼 하늘로 올라가 높은 곳에 그의 자리를 마련하고 "지극히 높은 이와 같아지리라"고 말한다는 것은 큰 능력과 위엄을 지닌 천사 같은 피조물이 반란을 일으켰음을 강하게 암시한다. 히브리 예언자가 하는 말 중에 땅에서 일어난 사건과 짝을 이루는 하늘의 사건—지상의 사건을 통해 제한적으로 표현되는—을 묘사하는 것은 드문 일이 아니다.[4] 그렇다면 사탄의 죄를 교만의 죄, 지위와 권위에서 하나님과 동등해지려고 한 죄로 묘사하는 셈이다. (에스겔 28:11-19의 내용도 사탄의 타락을 암시하는 것으로 볼 수 있다.)

그러나 창세기 6:2-4이 귀신들의 타락을 지칭할 가능성은 희박하다. 이 본문은 "하나님의 아들들이 사람의 딸들의 아름다움을 보고 자기들이 좋아하는 모든 여자를 아내로 삼는지라.……당시에 땅에는 네피림이 있었고 그 후에도 하나님의 아들들이 사람의 딸들에게로 들어와 자식을 낳았으니"라고 말한다. 이 본문에서 "하나님의 아들들"이 인간 여자들과 결혼함으로써 죄를 범한 천사라고 생각하는 사람들도 있지만 이는 적절한 해석이 아니다.

천사들은 영적 존재이며 예수께서 하신 말씀에 따르면 결혼을 하지 않는다.[마 22:30] 이 사실은 "하나님의 아들들"이 인간 아내와 결혼한 천사라는 생각에 의심을 품게 한다. 그뿐만 아니라 창세기 6장의 맥락에서 그 어떤 것도 "하나님의 아들들"을 천사로 이해하는 것을 지지하지 않는다(그러므로 이 본문은 욥기 1-2장과 비슷해 보이지 않는다. 후자의 경우는 천상의 회의라는 맥락 때문에 천사를 지칭하고 있음이 명백해 보인다).

창세기 5:2의 "하나님의 아들들"은 하나님께 속하며 하나님처럼 의의 길을 걷는 사람들을 지칭할 가능성이 더 높다(창세기 4:26이 창세기 5장의 서론으로서 사람들이 여호와의 이름을 부르기 시작하는 것과 동시에 셋의 가계의 시작을 알리고 있다는 것에 주목하라). 실제로 창세기 5:3은 아들이 아버지를 닮는다는 것을 강조한다. 그뿐만 아니라 이 본문은 하나님으로부터 아담과 셋을 거쳐 5장 전체의 수많은 "아들들"로 이어지는 족보를 추적한다. 서사의 더 광범위한 목적은 셋의 거룩한 (궁극적으로 메시아가 나올) 가계와 거룩하지 않은 인류의 후손들의 병행적인 발전을 추적하려는 것처럼 보인다. 그러므로 창세기 6:2이 말하는 "하나님의 아들들"은 하늘에 계신 아버지의 성품을 닮으려고 노력하는 의로운 사람들이고, "사람의 딸들"은 거룩하지 않은 아내들이다.[5]

B. 귀신들의 우두머리인 사탄

사탄은 귀신들의 우두머리를 지칭하는 이름이다. 이 이름은 욥기 1:6에서 언급된다. "하루는 하나님의 아들들이 와서 여호와 앞에 섰고 사탄도 그들 가운데에 온지라."[또한 욥 1:7-2:7 참조] 여기서 그는 가혹하게 욥을 시험하는 여호와의 원수로 나타난다. 이와 비슷하게 다윗의 생이 끝날 무렵 "사탄이 일어나 이스라엘을 대적하고 다윗을 충동하여 이스라엘을 계수하게 하니라."[대상 21:1] 이뿐만 아니라 스가랴는 "대제사장 여호수아는 여호와의 천사 앞에 섰고 사탄은 그의 오른쪽에 서서 그를 대적하는" 환상을 보았다.[슥

3:1 '사탄'은 '적'을 뜻하는 히브리 단어사탄다.[6] 신약도 구약의 용례를 그대로 이어받아 '사탄'이라는 이름을 사용한다. 예수께서는 광야에서 시험을 받으실 때 사탄에게 직접 "사탄아, 물러가라"고 말씀하시며마 4:10 "사탄이 하늘로부터 번개 같이 떨어지는 것을 내가 보았노라"고 말씀하기도 하신다.눅 10:18

성경은 사탄을 지칭하는 다른 이름도 사용한다. 그는 "마귀",오직 신약에서, 마 4:1; 13:39; 25:41; 계 12:9; 20:2 등**7** "뱀",창 3:1, 14; 고후 11:3; 계 12:9; 20:2 "바알세불",마 10:25; 12:24, 27; 눅 11:15 "이 세상의 임금",요 12:31; 14:30; 16:11**8** "공중의 권세 잡은 자",엡 2:2 "악한 자"마 13:19; 요일 2:13 등으로 불린다. 예수께서 베드로에게 "사탄아, 내 뒤로 물러가라. 너는 나를 넘어지게 하는 자로다. 네가 하나님의 일을 생각하지 아니하고 도리어 사람의 일을 생각하는도다"라고 말씀하셨을 때마 16:23 베드로의 시도, 곧 그분이 고통을 당하고 십자가에서 죽으시는 것을 막으려는 시도는 성부의 계획에 순종하지 못하게 막으려는 것임을 그분은 아셨다. 예수께서는 그런 반대가 궁극적으로 베드로가 아니라 사탄으로부터 온 것임을 아셨다.

C. 사탄과 귀신들의 활동

1. 사탄으로부터 죄가 기원했다

사탄은 인간이 죄를 범하기 전에 죄를 범했으며, 이것은 그가 (뱀의 형상으로) 하와를 유혹했다는 사실을 통해 분명히 알 수 있다.창 3:1-6; 고후 11:3 신약도 사탄이 "처음부터 살인한 자"이며 "거짓말쟁이요 거짓의 아비"라고 말한다.요 8:44 또한 "마귀는 처음부터 범죄"했다고 말한다.요일 3:8 두 본문 모두에서 "처음부터"라는 구절은 하나님이 세상을 창조하기 시작하신 때부터"세상의 처음부터" 또는 사탄이 존재하기 시작한 때부터"그의 삶의 처음부터" 악했음을 암시하지 않는다. 오히려 이는 세상 역사의 "처음"에 해당하는 부분창세기 3장과 그 이전부터라는 뜻이다. 마귀의 특징은 죄를 발생시키고 다른 이들이 죄를 범하도록 유혹하는 것이다.

2. 귀신들은 하나님이 하시는 모든 일에 반대하며 그 일을 파괴하려고 애쓴다

사탄은 하와를 유혹해 하나님께 맞서 죄를 범하게 하려고 했듯이[창 3:1-6] 예수로 하여금 죄를 범하고 메시아로서 그분의 사명을 이루지 못하게 하려고 했다.[마 4:1-11] 사탄과 귀신들의 전략은 거짓말,[요 8:44] 기만,[계 12:9] 살인,[시 106:37; 요 8:44] 그리고 사람들로 하여금 하나님을 떠나 스스로 멸망하도록 유도하는 모든 종류의 파괴적 활동을 활용하는 것이다.[9] 귀신들은 모든 전략을 사용해 사람들이 복음의 빛을 보지 못하게 하고[고후 4:4] 그들이 하나님께 나아가지 못하게 막는 것들에 예속된 상태로 남아 있게 할 것이다.[갈 4:8] 또한 귀신들은 유혹이나 의심, 죄책감, 두려움, 혼란, 질병, 시기, 교만, 비방, 그 밖의 가능한 모든 수단을 사용해 그리스도인의 증언과 유용성을 방해하려고 할 것이다.

3. 하지만 귀신들은 하나님의 통제 아래 있으며 제한된 능력을 가질 뿐이다

욥 이야기를 통해 사탄은 하나님이 허락한 일만 할 수 있고 그 이상은 아무것도 할 수 없음을 알 수 있다.[욥 1:12; 2:6] 귀신들은 "영원한 결박"으로 갇혀 있으며,[유 1:6] 그리스도인들은 그리스도가 주시는 권위로 귀신들에게 저항할 수 있다.[약 4:7]

이뿐만 아니라 귀신들의 능력은 제한적이다. 하나님께 맞서 반역한 뒤 그들은 천사였을 때 지녔던 능력을 잃게 되었다. 죄의 영향은 파괴적이며 그들의 능력을 약화시키기 때문이다. 그러므로 귀신들의 능력은 크지만 천사들에게 미치지 못할 것이다.

지식에 관해 귀신들이 우리의 미래나 우리의 마음과 생각을 알 수 있다고 생각하면 안 된다. 구약의 여러 본문에서 주께서는 그분만이 미래를 알 수 있다는 사실을 통해 그분이 열방의 거짓 (악마적) 신들과 구별되는 참 하나님이심을 보여주신다. "나는 하나님이라. 나 같은 이가 없느니라. 내가 시초부터 종말을 알리며 아직 이루지 아니한 일을 옛적부터 보이고." 사 46:9-10 **10**

천사조차도 예수께서 재림하실 시간을 알지 못하며,[막 13:32] 성경 어디에서도 천사나 귀신이 미래에 관해 무언가를 안다고 말하지 않는다.

성경은 하나님이 사람들의 생각을 아신다창 6:5; 시 139:2, 4, 23; 사 66:18고 말한다. 하지만 천사나 귀신이 우리의 생각을 알 수 있다는 말씀은 없다. 다니엘은 느부갓네살 왕에게 하늘의 하나님이 아닌 다른 능력으로 말하는 사람은 누구도 왕이 무슨 꿈을 꾸었는지 알아낼 수 없다고 말했다.

> 다니엘이 왕 앞에 대답하여 이르되 왕이 물으신 바 은밀한 것은 지혜자나 술객이나 박수나 점쟁이가 능히 왕께 보일 수 없으되 오직 은밀한 것을 나타내실 이는 하늘에 계신 하나님이시라. 그가 느부갓네살 왕에게 후일에 될 일을 알게 하셨나이다. 왕의 꿈 곧 왕이 침상에서 머리 속으로 받은 환상은 이러하니이다.단 2:27-28 **11**

이에 더해 하나님은 자신이 "산들을 지으며 바람을 창조하며 자기 뜻을 사람에게 보이"는 참 하나님이라고 말씀하시며,암 4:13 이 능력을 그분 자신만 할 수 있는 일로 묘사하신다.

하지만 귀신이 사람들의 마음을 읽을 수 없다면 주술사나 점쟁이, 그 영향 아래에 있는 사람들이 타인의 삶의 세부 사항, 예를 들면 그들이 아침으로 무엇을 먹었는지, 돈을 어디에 숨겼는지 등을 맞출 수 있다는 것을 어떻게 이해해야 하는가? 이런 것 대부분은 귀신들이 세상에서 일어나는 일을 관찰할 수 있으며 이런 관찰로부터 몇 가지 결론을 도출할 수 있다는 것을 통해 설명할 수 있다. 귀신은 내가 아침 먹는 모습을 보았기 때문에 내가 아침으로 무엇을 먹었는지 알 수 있을 것이다. 그리스도인은 특이한 지식을 가진 것처럼 보이는 오컬트나 다른 종교의 신봉자들을 만날 때 미혹되지 말아야 한다. 이런 관찰의 결과는 귀신들이 우리의 생각을 읽을 수 있음을 증명하지 못하며, 성경 어디에서도 그들이 이런 능력을 가지고 있다고 말하지 않는다.

4. 구속사 안에 나타난 귀신들의 활동에는 여러 단계가 존재한다

a. 구약에서. 구약에서 '귀신'이라는 단어가 자주 사용되지 않기 때문에 귀신들의 활동에 관한 언급이 없는 것처럼 보일 수 있다. 하지만 이스라엘 백성은 거짓 신들을 섬김으로써 자주 죄를 범했으며, 이 거짓 신들이 사실은 귀신의 세력임을 깨닫는다면 귀신을 지칭하는 구약의 자료가 적지 않다는

것을 알 수 있다. 예를 들어, 모세는 이렇게 말하면서 거짓 신들과 귀신들을 동일시한다.

그들이 다른 신으로 그의 질투를 일으키며 가증한 것으로 그하나님의 진노를 격발하였도다. 그들은 하나님께 제사하지 아니하고 귀신들에게 하였으니 곧 그들이 알지 못하던 신들……이로다.신 32:16-17

이뿐만 아니라 이스라엘 백성이 이방 민족을 따라 아이들을 제물로 바치는 끔찍한 죄를 범한 것에 관해 시편 기자는 이렇게 말한다.

그 이방 나라들과 섞여서 그들의 행위를 배우며 그들의 우상들을 섬기므로 그것들이 그들에게 올무가 되었도다. 그들이 그들의 자녀를 악귀들에게 희생제물로 바쳤도다.시 106:35-37

이 본문들은 이스라엘을 둘러싼 모든 나라에서 우상에게 바친 예배가 사실은 사탄과 귀신들에 대한 예배였음을 분명하게 말해 준다. 그렇기 때문에 바울은 1세기 지중해 세계의 거짓 종교에 관해 "무릇 이방인이 제사하는 것은 귀신에게 하는 것이요 하나님께 제사하는 것이 아니니"라고 말한다.고전 10:20 따라서 우상숭배를 행했던 이스라엘 주위의 모든 민족이 귀신을 예배했다고 결론 내릴 수 있다. 이스라엘 백성이 이방 민족에 맞서 벌인 싸움은 귀신의 힘에 지배를 받고 있고, 따라서 "악한 자"의 힘에 사로잡힌 민족에 맞선 싸움이었다.요일 5:19 참조 이것은 육신의 싸움일 뿐 아니라 영적인 싸움이었다. 이스라엘 백성은 육신의 영역뿐 아니라 영적인 영역에서도 그들을 도우시는 하나님의 힘에 의지해야 했다.

이에 비추어 볼 때 구약에서 명확한 축귀의 사례가 없다는 점은 의미심장하다. 가장 가까운 예는 다윗이 사울 왕을 위해 수금을 연주한 경우다. "하나님께서 부리시는 악령이 사울에게 이를 때에 다윗이 수금을 들고 와서 손으로 탄즉 사울이 상쾌하여 낫고 악령이 그에게서 떠나더라."삼상 16:23 하지만 성경은 이것이 반복적으로 일어난 사건이라고 말하며, 다윗이 사울을 떠나면 악령이 다시 돌아왔음을 암시한다. 이것은 신약에서 볼 수 있는, 악한 영들에 대한 전적인 승리가 아니었다.

하나님의 모든 선한 일을 파괴하고자 하는 사탄의 목적과 궤를 같이 하는 이교의 귀신 숭배는 아이들을 제물로 바치고,시 106:35-37 자신의 신체를 상하게 하며,왕상 18:28; 신 14:1 참조 이교 예배의 일부로 제의적 매춘을 행하는신 23:17; 왕상 14:24; 호 4:14 등 파괴적인 관습으로 특징지어졌다.[12]

b. 예수의 사역 기간 중. 수백 년 동안 귀신의 세력에 대해 실제로 효과적인 승리를 거두지 못한 가운데[13] 예수께서 오셔서 절대적인 권위로 귀신들을 내쫓으시자 사람들은 놀랐다. "다 놀라 서로 물어 이르되 이는 어쩜이냐 권위 있는 새 교훈이로다. 더러운 귀신들에게 명한즉 순종하는도다 하더라."막 1:27 세계의 역사에서 귀신의 세력을 압도하는 이런 능력은 지금까지 한 번도 보지 못했다.

예수께서는 귀신을 압도하는 그분의 능력이 사람들 가운데 새롭고 강력한 방식으로 하나님 나라의 통치를 시작하는 그분의 사역을 특징짓는 표지라고 설명하신다.

그러나 내가 하나님의 성령을 힘입어 귀신을 쫓아내는 것이면 하나님의 나라가 이미 너희에게 임하였느니라. 사람이 먼저 강한 자를 결박하지 않고서야 어떻게 그 강한 자의 집에 들어가 그 세간을 강탈하겠느냐 결박한 후에야 그 집을 강탈하리라.마 12:28-29

"강한 자"는 사탄이며, 예수께서는 광야에서 시험을 받으실 때 사탄을 이기심으로써 그를 결박하셨다.마 4:1-11 지상에서 사역하는 동안 예수께서는 강한 자의 "집"사탄에게 예속되어 있는 비신자들의 세계에 들어가셨으며, 그의 집을 강탈하셨다. 즉 사탄의 예속으로부터 사람들을 해방시키고 그들을 하나님 나라의 기쁨으로 이끄셨다. 예수께서는 "하나님의 성령을 힘입어" 이 일을 행하셨다. 귀신들에게 맞서 이기는 성령의 새로운 능력은 예수의 사역을 통해 "하나님의 나라가 이미 너희에게 임"했다는 증거였다.

c. 새 언약의 시대 중. 귀신의 세력을 압도하는 이 권위는 예수께 국한되지 않았다. 그분은 열두 제자에게,마 10:8; 막 3:15 또한 72명의 제자들에게 비슷한 권위를 주셨기 때문이다. 사역을 행한 뒤 72명의 제자들이 "기뻐

하며 돌아와 이르되 주여, 주의 이름이면 귀신들도 우리에게 항복하더이다"라고 말했다.눅 10:17 그러자 예수께서 "사탄이 하늘로부터 번개 같이 떨어지는 것을 내가 보았노라"고 대답하셨다.눅 10:18 이것은 사탄의 능력에 대한 뚜렷한 승리를 의미한다(이것은 예수께서 광야에서 시험을 받고 승리하셨을 때를 지칭하는 것이지만 성경은 그 시간을 명시적으로 특정하지 않는다).[14] 이후에는 부정한 영들을 압도하는 권위가 72명의 제자들을 넘어 예수의 이름으로 사역했던 초대교회 신자들에게 확장되었다.행 8:7; 16:18; 약 4:7; 벧전 5:8-9 이 사실은 새 언약의 시대에 예수의 이름으로 행하는 사역이 마귀의 세력에 대한 승리로 특징지어진다는 생각과 일맥상통한다.

d. 천년왕국 기간 중. 천년왕국 기간, 곧 요한계시록 20장에 언급된 대로 미래에 그리스도께서 지상에서 천 년 동안 다스리는 기간 동안[15] 사탄과 귀신들의 활동은 더 많은 제약을 받게 될 것이다. 요한은 오늘날 우리가 보는 사탄의 활동이 더 큰 제약을 받게 될 것임을 암시하는 용어를 사용하며 자신이 보았던 천년왕국의 시작에 관한 환상을 이렇게 묘사한다.

> 또 내가 보매 천사가 무저갱의 열쇠와 큰 쇠사슬을 그의 손에 가지고 하늘로부터 내려와서 용을 잡으니 곧 옛 뱀이요 마귀요 사탄이라. 잡아서 천 년 동안 결박하여 무저갱에 던져 넣어 잠그고 그 위에 인봉하여 천 년이 차도록 다시는 만국을 미혹하지 못하게 하였는데 그 후에는 반드시 잠깐 놓이리라.계 20:1-3

여기서는 사탄이 지상에 영향력을 행사할 능력을 완전히 박탈당할 것이라고 묘사한다. 그러나 천년왕국 기간 동안 비신자들의 마음속에는 여전히 죄가 있을 것이며, 천년왕국의 끝에 이르면 이 죄가 커져서 결국에는 "그 옥에서 놓"인 사탄이 주도하는 그리스도에 대한 대규모 반역이 일어날 것이다.계 20:7-9 그리스도가 다스리는 천 년 동안에 사탄의 활동과 별개로 사람들의 마음속에 죄와 반역이 남아 있을 것이라는 사실은, 우리가 세상의 모든 죄를 사탄과 귀신들 탓으로 돌릴 수 없음을 보여준다. 사탄이 세상에서 아무런 영향을 미치지 못할 때도 죄가 사람들의 마음속에 남아 있을 것이며 여전히 문제를 일으킬 것이다.

e. 마지막 심판 때. 천년왕국의 끝에 사탄이 풀려나 전투를 위해 열방

을 모을 때 그는 결정적으로 패배하고 "불과 유황 못에 던져"져서 "세세토록 밤낮 괴로움을 받"게 될 것이다.계 20:10 이로써 사탄과 그의 귀신들에 대한 심판이 완료될 것이다.

D. 우리와 귀신의 관계

1. 오늘날 귀신들이 세상 안에서 활동하고 있는가?

어떤 사람들은 보거나 만지거나 들을 수 있는 것만 존재한다는 자연주의 세계관에 영향을 받아 오늘날 귀신이 존재한다는 것을 부인하며 귀신에 대한 믿음은 성경과 다른 고대 문화에서 가르쳤던 한물간 세계관을 반영한다고 주장한다. 예를 들어, 독일의 신약학자인 루돌프 불트만은 천사와 귀신이 활동하는 초자연적 세계의 존재를 부인했다. 그는 이것이 고대의 신화였으며 이 신화적 요소를 제거함으로써 신약의 메시지를 비신화화하여 현대의 과학적인 사람들이 복음을 받아들일 수 있게 해야 한다고 주장했다. 또 다른 이들은 성경에서 언급하는 (이제는 받아들일 수 없는) 귀신의 활동에 대응하는 현상은 오늘날 우리 사회 안에 존재하는 조직과 구조의 강력하며 악한 영향력이라고 생각해 왔다. 특히 더 자유주의적 성향을 가진 신학자들은 사람들을 통제하는 악한 정부와 강력한 기업이 악마적이라고 말한다.

그러나 성경이 세상을 있는 그대로 보여준다면 우리는 귀신들이 인간 사회에 적극적으로 개입한다고 묘사하는 성경의 이야기를 진지하게 받아들여야 한다. 우리가 오감으로 귀신의 개입을 지각하지 못한다면 이것은 귀신이 존재하지 않는다는 뜻이 아니라 세상을 이해하는 우리의 능력에 문제가 있다는 뜻이다. 실제로 신약 시대보다 오늘날 세상 안에서 귀신의 활동이 더 적다고 생각할 이유가 전혀 없다. 역사에 대한 하나님의 전반적인 계획 안에서 우리는 같은 시대교회 시대 또는 새 언약의 시대에 살고 있으며, 사탄의 영향력이 지상에서 제거될 천년왕국은 아직 오지 않았다. 서양의 세속화된 사회는 귀신의 존재를 받아들이기를 거부하며 귀신의 활동에 관한 담론 전체를 미신의 범주로 밀어낸다. 하지만 성경적 관점에서 볼 때 현대 사회에서 오늘날 귀신의 활동을 인정하기를 거부하는 이유는 사람들이 세계의 본질을 제대로 보지 못하고 있기 때문이다.

하지만 오늘날 귀신은 어떤 종류의 활동을 하고 있는가? 귀신의 활동이 일어날 때 우리가 이를 알아차릴 수 있는 특징이 존재하는가?

2. 모든 악이 사탄과 귀신들로부터 오는 것은 아니지만 일부는 그러하다

신약 서신서에서 전반적으로 강조하는 바를 살펴본다면, 신자의 삶 속에서 귀신의 활동이나 그 활동에 저항하고 반대하는 방법에 관한 논의에는 지면을 할애하지 않는다는 것을 알 수 있다. 그 대신 신자들이 죄를 범하지 말고 의로운 삶을 살아야 한다고 말하는 데 초점을 맞춘다. 예를 들어, 고린도전서에서 "분쟁"의 문제에 관해 바울은 교회를 향해 분쟁의 영을 꾸짖으라고 말하지 않고 그저 "모두가 같은 말을 하고" "같은 마음과 같은 뜻으로 온전히 합하라"고 권면할 뿐이다.고전 1:10 근친상간의 문제에 관해서는 근친상간의 영을 꾸짖으라고 말하지 않고, 그들에게 통한히 여기며 그 죄를 범한 사람이 회개할 때까지 교회의 권징을 실행해야 한다고 말한다.고전 5:1-5 또한 그리스도인들이 다른 신자들을 법정에 고소하는 문제에 관해서는 송사이기심, 불화의 영을 내쫓으라고 명령하지 않고, 교회 안에서 사건을 해결하고 자신의 이익을 포기하라고 말한다.고전 6:1-8 주의 만찬 때 행해진 무질서에 관해서는 무질서나 폭식이나 이기심의 영을 내쫓으라고 명령하지 않고, "서로 기다"리며 각자 "자기를 살피고 그 후에야 이 떡을 먹고 이 잔을 마"셔야 한다고 말한다.고전 11:33, 28 신약의 다른 서신서에서도 이런 예들을 많이 찾아볼 수 있다.

비신자에게 복음을 전하는 것에 관해 신약은 동일한 경향을 나타낸다. 가끔 예수께서 또는 바울이 특정 지역에서 복음을 전하는 데 문제를 일으키는 악한 영을 내쫓기도 했지만,막 5:1-20(거라사 광인); 행 16:16-18(빌립보의 점치는 소녀) 이것은 사역의 통상적인 경향이 아니었으며 사역의 강조점은 복음을 선포하는 데 있었다.마 9:35; 롬 1:18-19; 고전 1:17-2:5 위에서 언급한 예시도 복음 선포의 과정에서 반대에 직면한 경우였다.

신약은 오늘날 "전략적 차원의 영적 전쟁"[16]을 강조하는 이들의 행동과 두드러진 차이를 보인다. 신약에서는 그 누구도 (1) 복음을 선포하기 위해 어떤 지역에 들어갈 때 "지역 귀신을 소환하거나"(위에서 언급한 두 사례에서 귀신은 한 사람 안에 있었고 귀신의 영향 아래에 있는 사람이 먼저 대결을 시작함) (2) 귀신들에게 지역 귀신들의 위계에 관한 정보를 요구하거나 (3) 귀신들에게서 얻은 정보를 믿거나 가르쳐야 한다고 말하거나 (4) 복음을 효과적으로 선포하기 위해 한 도시를 지배하는 "귀신의 요새"를 깨뜨려야 한다고 가르치지 않았다. 오히려 그리스도인들은 그저 복음을 선포할 뿐이며, 이 복음은 삶을 변화시키는 능력을 동반한다. (물론 귀신의 반대가 있을 수도 있으며, 고린도전서 12:10, 고린도후서 10:3-6, 에베소서 6:12에 따르면 하나님은 친히 반대하는 귀신의 본성을 계시하고, 그리스도인들은 이에 맞서 기도할 수도 있다.)

그러므로 신약은 귀신의 활동이 세상과 신자의 삶에 영향을 미친다는 것을 분명히 인정하지만, 전도와 그리스도인의 성장과 관련해서는 사람들의 직접적인 선택과 행동에 일차적으로 초점을 맞춘다.갈 5:16-26; 엡 4:1-6:9; 골 3:1-4:6 등 참조 마찬가지로 우리가 거룩함과 믿음에서 자라나고, 우리 삶에 남아 있는 죄악된 욕망과 행동을 극복하며,롬 6:1-23 참조 믿지 않는 세상으로부터 우리를 향해 오는 유혹을 극복하려고 노력할 때도고전 10:13 우리의 선택과 행동에 일차적으로 초점을 맞추어야 한다.[17] 우리는 주께 순종하고 우리 자신의 범죄 행위를 귀신의 탓으로 돌리지 않는 책임을 받아들여야 한다.

그럼에도 신약의 저자들이 분명히 의식하는 바, 곧 세상과 그리스도인의 삶에 귀신의 영향력이 존재한다는 것을 보여주는 본문들은 많다. 바울은 우상을 섬기는 신전으로 가득했던 고린도 교회에 보낸 편지에서 "무릇 이방인이 제사하는 것은 귀신에게 하는 것이요 하나님께 제사하는 것이 아니니"라고 말했다.고전 10:20 이것은 고린도뿐만 아니라 고대 지중해 세계의 대부분의 도시에도 적용되는 상황이었다. 또한 바울은 마지막 날에 어떤 이들이 "믿음에서 떠나 미혹하는 영과 귀신의 가르침을 따"를 것이며,딤전 4:1 이것은 결혼과 특정한 음식을 피해야 한다는 주장으로 이어질 것이라고3절 경고했다. 하지만 결혼과 음식 모두 하나님이 "선하"게 창조하신 것이다.4절 따라서 그는 몇몇 거짓 교리가 기원에 있어서 사탄적이라고 보았다. 디모데후서에서 바울은 건전한 교리에 반대하는 이들은 마귀에게 사로잡혀 그의 뜻을 행한다고 넌지시 말한다. "주의 종은 마땅히 다투지 아니하고 모든 사람에 대하여 온유하며 가르치기를 잘하며 참으며 거역하는 자를 온유함으로 훈계할지니 혹 하나님이 그들에게 회개함을 주사 진리를 알게 하실까 하며 그들로 깨어 마귀의 올무에서 벗어나 하나님께 사로잡힌 바 되어 그 뜻을 따르게 하실까 함이라."

예수께서도 자신을 완고하게 반대하는 유대인들은 그들의 아비인 마귀를 따르고 있다고 말씀하셨다. "너희는 너희 아비 마귀에게서 났으니 너희 아비의 욕심대로 너희도 행하고자 하느니라. 그는 처음부터 살인한 자요 진리가 그 속에 없으므로 진리에 서지 못하고 거짓을 말할 때마다 제 것으로 말하나니 이는 그가 거짓말쟁이요 거짓의 아비가 되었음이라."요 8:44

비신자들의 적대적인 행동이 귀신에게 영향을 받았거나 귀신으로부터 기원했음을 강조하는 내용은 요한의 첫 서신에서 더 분명히 나타난다. 그는 "죄를 짓는 자는 마귀에게 속하나니"요일 3:8라는 일반적인 진술을 한 다음 이어서 "이러므로 하나님의 자녀들과 마귀의 자녀들이 드러나나니 무릇 의를 행하지 아니하는 자나 또는 그 형제를 사랑하지 아니하는 자는 하나님께 속하지 아니하니라"고 말한다.요일 3:10 여기서 요한은 하나님으로부터 나지 않은 모든 사람이 마귀의 자녀이며 마귀의 영향력과 욕망에 사로잡혀 있다고 말한다. 따라서 아벨을 살해할 때 가인은 "악한 자에게 속하여 그 아우를 죽였"다.요일 3:12 창세기 본문창 4:1-16은 사탄의 영향력을 전혀 언급하지 않음에도 요한은 그처럼 말한다. 또한 요한은 "또 아는 것은 우리는 하나님께 속하고 온 세상은 악한 자 안에 처한 것이며"라고 말한다.요일 5:19 요한계시록은 사탄을 "온 천하를 꾀는 자"라고 부른다.계 12:9 앞에서 지적했듯이 사탄은 "이 세상의 임금",요 14:30 "이 세상의 신",고후 4:4 "지금 불순종의 아들들 가운데서 역사하는 영"엡 2:2이라고도 불린다.

이 모든 진술을 하나로 묶어, 사탄이 거짓말과 살인, 기만, 거짓 가르침, 죄를 발생시키는 존재임을 깨닫는다면, 신약은 우리가 오늘날 발생하는 죄들에 대해 귀신이 일정한 영향을 미치고 있음을 이해하기 원한다고 결론 내리는 것이 합당해 보인다. 모든 죄를 사탄이나 귀신들이 발생시키는 것도 아니고, 귀신의 활동이 죄의 주요한 영향력이나 원인인 것도 아니다. 하지만 귀신의 활동은 거의 모든 죄와 오늘날 세상 안에서 하나님의 일에 반대하는 대부분의 파괴적인 활동에 있어서 하나의 요인으로 작용한다고 말할 수 있을 것이다.

앞에서 지적했듯이, 그리스도인의 삶에 관해 신약은 귀신들의 영향력이 아니라 신자의 삶에 남아 있는 죄를 강조한다. 그럼에도 (심지어 그리스도인들이) 죄를 범하는 것이 우리의 삶에 귀신이 영향을 미칠 수 있는 발판을 제공한다는 것을 깨달아야 한다. 따라서 바울은 "분을 내어도 죄를 짓지 말며 해가 지도록 분을 품지 말고 마귀에게 틈을 주지 말라"고 말했다.엡 4:26-27 잘못된 분노는 마귀또는 귀신들가—아마도 우리의 정서를 통해 우리를 공격함으로써, 또한 우리가 다른 이들에 대해 이미 느끼고 있는 잘못된 분노를 증폭함으로써—우리의 삶에서 부정적인 영향력을 행할 수 있는 빌미를 제공할 수 있다. 비슷한 의미에서 바울은 우리가 "마귀의 간계"에 맞서기 위해 사용해야 할 전신갑주의 일부인 "의의 호심경"에 관해 이야기하면서 "우리의 씨름은 혈과 육을 상대하는 것이 아니요 통치자들과 권세들과 이 어둠의 세상 주관자들과 하늘에 있는 악의 영들을 상대함이라"고 주장한다.엡 6:11-14 만일 우리의 삶에 지속되는 죄의 문제가 있다면, 우리가 착용한 "의의 호심경"에 약한 부분과 구멍이 존재한다는 뜻이며, 바로 이 영역에서 우리는 귀신의 공격에 취약한 셈이다. 이와 대조적으로 죄로부터 완벽히 자유로운 예수께서는 사탄에 관해 "그는 내게 관계할 것이 없으니"라고 말씀하실 수 있었다.요 14:30 요한일서 5:18도 죄를 범하지 않음과 악한 자가 건드리지 못함을 연결시킨다. "하나님께로부터 난 자는 다 범죄하지 아니하는 줄을 우리가 아노라 하나님께로부터 나신 자가 그를 지키시매 악한 자가 그를 만지지도 못하느니라."

따라서 지금까지 언급한 본문들은 그리스도인의 삶에서 죄가 끈질기게 사라지지 않는 한두 영역이 존재한다면 그 죄는 일차적으로 개별 그리스도인과 그 잘못된 경향성을 지속시키는 그의 선택으로부터 기인한다.롬 6장, 특히 12-16절 참조, 또한 갈 5:16-26 참조 그럼에도 그 죄악된 경향성에 기여하며 이를 강화하는 귀신의 영향력이 존재할 수도 있다. 예를 들어, 여러 해 동안 쉽게 화를 내는 성향을 극복하기 위해 애쓰며 기도해 온 그리스도인의 경우 분노의 영이 죄의 경향성에 지속적으로 영향을 미치고 있을 수도 있다. 우울증을 극복하기 위해 노력해 온 그리스도인은 우울이나 낙심의 영에게 공격을 받고 있을 수 있으며, 이것이 전반적인 상황에 영향을 미치는 하나의 요인일 수도 있다.[18] 정당한 권위에 순종하기를 거부하는 태도나 과식 습관, 게으름, 원한, 시기 등 다른 영역에서 문제를 겪고 있는 신자라면 귀신의 공격이나 영향력이 이런 상황을 만들어 낼 요인이 아닌지, 그로 인해 주님을 건강하게 섬기지 못하고 있는 것은 아닌지 생각해 볼 수 있다.

3. 그리스도인도 귀신 들릴 수 있는가?

'귀신 들림'demon possession이라는 용어는 불행히도 일부 영역본 성경에서 사용되고 있지만 헬라어 본문에는 그에 상응하는 표현이 나오지 않는다. 헬라어 본문은 "귀신을 지닌" 사람들에 관해 말하거나마 11:18; 눅 7:33; 8:27; 요 7:20; 8:48, 49, 52; 10:20 귀신의 영향력 때문에 고통을 당하는다이모니조마이 [19] 사람들에 관해 말하지만 귀신이 실제로 누군가를 소유한다는 것을 암시하는 표현은 결코 사용하지 않는다.

'귀신 들림'demon possession과 '악마화됨'demonized이라는 용어가 지닌 문제는, 귀신의 영향력이 강해서 귀신의 공격을 받고 있는 사람이 그 영향력에 굴복할 수밖에 없다는 뜻을 갖고 있다는 점이다. 즉 그 사람이 더 이상 자신의 의지를 행사할 수 없고 전적으로 악한 영의 지배 아래에 있음을 암시한다. 거라사 광인(막 5:1-20 참조. 예수께서 그에게서 귀신들을 쫓아내신 뒤에 그의 "정신이 온전"해졌음에 주목하라. 15절 참조)처럼 극단적인 사례에는 이것이 적용될 수 있을지도 모르지만, 사람들이 삶에서 귀신의 공격을 받거나 귀신과 싸우는 수많은 경우에는 적용되지 않을 것이다.

그렇다면 '그리스도인도 귀신 들릴 수 있는가?'라는 물음에 대해 어떻게 대답해야 하는가? 답은 '들림'이라는 말을 어떤 의미로 사용하는지에 달려 있다. '귀신 들림'이라는 용어는 헬라어 본문에 등장하는 단어를 반영하지 않기 때문에 성경의 어떤 구절과도 명확히 연결된다고 확신할 수 없는 다양한 의미로 이 용어를 정의할 수 있으며, 한 사람의 정의가 옳고 다른 사람의 정의는 틀리다고 말하기가 어려워진다. 앞에서 설명한 이유 때문에 나는 어떤 경우에도 '귀신 들림'이라는 표현을 사용하지 않는 편을 선호한다.

하지만 사람들이 '귀신 들림'이라는 말을 어떤 의미로 사용하는지 명확히 설명한다면, 그들이 제시한 정의에 따라 이 물음에 답할 수 있다. 한 사람의 의지가 귀신에 의해 전적으로 지배를 받아 옳은 일을 하고 하나님께 순종하는 것을 선택할 능력이 전혀 남아 있지 않다는 의미로 '귀신 들림'이라는 용어를 사용한다면, '그리스도인이 귀신 들릴 수 있는가?'라는 물음에 대한 답은 분명히 '아니다'일 것이다. 성경은 우리가 그리스도와 함께 다시 살아났으므로 죄가 더 이상 우리를 주장할 수 없다고 단언하기 때문이다.롬 6:14; 4, 11절 참조

반면에 대부분의 그리스도인은 신자의 삶 속에 귀신의 공격이나 영향력이 다양한 정도로 존재할 수 있다는 점에 동의할 것이다.눅 4:2; 고후 12:7; 엡 6:12; 약 4:7; 벧전 5:8 참조 가벼운 의미 또는 더 강한 의미에서 신자는 때때로 귀신의 공격을 받을 수 있다.[20] ("열여덟 해 동안 사탄에게 매인 바 된" "아브라함의 딸"이 "귀신 들려 앓으며 꼬부라져 조금도 펴지 못"했던 것을 떠올려 보라.눅 13:16, 11) 오순절 이후 그리스도인들은 그들 안에서 일하며 그들로 하여금 귀신의 공격에 승리하게 하는 성령의 능력을 더 온전히 누릴 수 있게 되었지만,[21] 마땅히 그들의 것인 이 능력을 그들이 언제나 구하는 것도 아니며 그에 관해 언제나 알고 있는 것도 아니다. 그렇다면 성령께서 그리스도인의 삶, 곧 그들 안에 거하시는 오순절 이후에 귀신의 영향력은 얼마나 강해질 수 있는가?

이 물음에 답하기 전에 이것이 죄에 관한 물음과 비슷하다는 점에 주목할 필요가 있다. '참된 그리스도인은 죄가 그의 삶을 어느 정도까지 지배하도록 내버려두고도 여전히 거듭난 그리스도인일 수 있는가?' 추상적으로는 이 물음에 대답하기 어렵다. 왜냐하면 그리스도인들은 그들이 살아야 하는 방식으로 살고 있지 않을 때, 또는 다른 그리스도인들과의 정기적인 교제, 성경 공부, 가르침을 통해 유익을 얻지 못할 때 심각한 정도로 죄의 길에 빠질 수 있지만 여전히 거듭난 그리스도인이라고 말할 수 있기 때문이다. 그러나 이 상황들은 비정상적이다. 이것은 그리스도의 삶이 나타내야만 하고, 또한 나타낼 수 있는 그런 모습이 아니다. 마찬가지로 귀신의 영향력이 참된 그리스도인의 삶에 얼마나 영향을 미칠 수 있는지 묻는다면, 추상적으로는 답하기가 어렵다. 이것은 그리스도인의 삶이 얼마나 비정상적일 수 있는지 묻는 것과 같다. 특히 그리스도인들이 활용할 수 있는 영적 전쟁의 무기에 관해 알지 못하고 이를 사용하지 않으며, 귀신이 활동

할 수 있는 공간을 열어 주는 죄를 계속 행하고, 귀신의 공격에 맞서기 위한 영적인 사역의 도움을 받지 못하고 있다면 더 어렵다. 이 경우에는 그리스도인의 삶에 귀신의 공격과 영향력이 강할 것이다. 그 사람이 그리스도인이기 때문에 이런 영향력이 전혀 있을 수 없다고 말하는 것은 옳지 않다. 그러므로 누군가가 '그리스도인이 귀신 들릴 수 있는가?'라고 물을 때 '그리스도인이 귀신들의 강한 영향력 아래 있거나 귀신들의 공격을 받을 수 있는가?'라는 의미로 그런 질문을 한다면, '그렇다'라고 답해야 할 것이다. 하지만 여기서 '귀신 들림'이라는 단어가 혼란스러운 방식으로 사용되고 있다는 경고를 덧붙여야 한다. 모든 경우에, 특히 그리스도인들을 가리켜 말할 때 '귀신 들림'이라는 용어가 오해를 불러일으키는 방식으로 사용되기 때문에 나는 이 용어를 전적으로 사용하지 않는 것을 선호한다. 사람들, 심지어 그리스도인들에 대해 귀신의 공격이나 영향력이 다양하게 존재할 수 있음을 인정하는 것이 더 낫다. 모든 경우에 해법은 동일하다. 예수의 이름으로 그 귀신을 꾸짖고 떠나라고 명령하는 것이다.

4. 귀신의 영향력을 어떻게 알 수 있는가?

복음서에 기록된 것처럼 귀신이 강한 영향력을 행사하는 경우에 그 영향을 받는 사람은 기괴하고 폭력적인 행동을 하며, 특히 복음 선포에 반대할 것이다. 예수께서 가버나움에서 회당에 들어갔을 때 한 사람이 일어나 이처럼 외치며 예배를 방해했다(더 정확히는 그 사람 안에 있는 귀신이 이렇게 외쳤다). "마침 그들의 회당에 더러운 귀신 들린 사람이 있어 소리 질러 이르되 나사렛 예수여, 우리가 당신과 무슨 상관이 있나이까 우리를 멸하러 왔나이까 나는 당신이 누구인 줄 아노니 하나님의 거룩한 자니이다."막 1:23-24

예수께서 변화산에서 내려온 뒤에 한 사람이 자신의 아들을 예수께 데려와 "말 못하게 귀신 들린 내 아들을 선생님께 데려왔나이다. 귀신이 어디서든지 그를 잡으면 거꾸러져 거품을 흘리며 이를 갈며 그리고 파리해지는지라"고 말했다. 그 아이를 예수께 데려오자 "귀신이 예수를 보고 곧 그 아이로 심히 경련을 일으키게" 했다. 그는 "땅에 엎드러져 구르며 거품을 흘"렸다. 아버지는 "귀신이 그를 죽이려고 불과 물에 자주 던졌나이다"라고 말했다.막 9:17-18, 20, 22 이 폭력적인 행동, 특히 파괴적인 행동은 귀신의 활동을 보여주는 분명한 증거였다. 거라사 광인의 경우도 비슷한 행동을 보였다.

더러운 귀신 들린 사람이 무덤 사이에서 나와 예수를 만나니라. 그 사람은 무덤 사이에 거처하는데 이제는 아무도 그를 쇠사슬로도 맬 수 없게 되었으니 이는 여러 번 고랑과 쇠사슬에 매였어도 쇠사슬을 끊고 고랑을 깨뜨렸음이러라. 그리하여 아무도 그를 제어할 힘이 없는지라. 밤낮 무덤 사이에서나 산에서나 늘 소리 지르며 돌로 자기의 몸을 해치고 있었더라.막 5:2-5

예수께서 귀신들을 내쫓고 그 사람을 파괴할 수 없게 하자 그들은 즉시 돼지 떼로 들어가 그 돼지 떼를 몰살한다.막 5:13 사탄과 귀신의 활동은 언제나 하나님의 피조물 중 일부, 특히 하나님의 형상으로 만들어진 인간을 궁극적으로 파괴하려는 경향을 가진다.어린아이를 희생제물로 바치는 관습을 언급하는 시편 106:37 참조

흥미롭게도 어떤 경우에는 예수께서 귀신을 내쫓으며 간질 환자를 치유하셨지만마 17:14-18 다른 곳에서는 간질 환자를 귀신의 영향을 받는 사람과 구별한다. "그의 소문이 온 수리아에 퍼진지라 사람들이 모든 앓는 자 곧 각종 병에 걸려서 고통 당하는 자, 귀신 들린 자, 간질하는 자, 중풍병자들을 데려오니 그들을 고치시더라."마 4:24 이것은 다른 육체적 질병에 관해서도 마찬가지다. 어떤 경우에는 단순히 예수께서 그 사람을 위해 기도하고 말씀함으로써 그 사람이 치유된다. 다른 경우에는 귀신의 영향 때문에 질병으로 고통받고 있음을 암시하기도 한다. 예수께서는 "열여덟 해 동안이나 귀신 들려 앓"았던 여인을 치유하시고,눅 13:11 그 여인을 가리켜 "열여덟 해 동안 사탄에게 매인 바 된 이 아브라함의 딸"이었다고 말씀하셨다.눅 13:16 베드로의 장모를 치유할 때는 예수께서 "열병을 꾸짖"자 "병이 떠"났다.눅 4:39 이것은 예수께 책망을 받을 수 있는 어떤 인격적인 영향력이 (따라서 귀신의 영향력이) 존재했음을 암시한다.

서신서는 귀신의 영향력 때문에 거짓 교리를 진술한다고 말한다. 예를 들면, "예수를 저주할 자"라고 하거나고전 12:3 "예수 그리스도께서 육체로 오신 것"을 시인하기를 거부한다.요일 4:2-3 두 가지 경우는 모두 거짓 예언자일 가능성이 있는 사람으로서 영적 은사를 이용해 교회의 모임 중에 말하거

나고전 12장 특히 예언하기를요일 4:1-6 원하는 사람들을 어떻게 가려낼 것인지에 관해 이야기하는 본문이다. 이 본문들은 거짓된 교리가 모두 귀신의 영감을 받은 것으로 생각해야 한다고 말하지 않지만, 성령의 능력으로 말한다고 주장하는 이들이 거짓 교리를 진술할 때는 분명히 이 범주에 속한다고 볼 수 있다. 고린도에서 스스로 사도라고 주장하지만 사도가 아닌 사람들이 바울의 사도적 권위에 적극적이고 끈질기게 반대했을 때 바울은 그들을 의의 일꾼으로 가장한 사탄의 일꾼으로 보았다.고후 11:13-15

이처럼 겉으로 명백히 드러나는 증거에 더해, 악한 영적인 영향력이 존재한다는 주관적인 감각을 통해 귀신의 활동을 알아차리는 경우도 있었다. 고린도전서 12:10에서 바울은 "영들 분별함"을 영적 은사의 한 종류로 언급한다. 이 은사는 한 사람의 삶 속에서 성령께서 일하는 것과 악한 영이 일하는 것 사이의 차이를 지각하거나 분별하는 능력인 것으로 보인다.[22] 이 은사에는 객관적이며 관찰 가능한 사실을 통해, 또한 악의 존재에 대한 정서적, 영적 불편함, 지각을 통해 귀신의 영향력을 알아차릴 수 있는 능력이 포함될 것이다.

하지만 귀신의 영향력을 지각할 수 있는 능력이 이 특별한 은사를 지닌 사람들에게만 국한되는가? 모든 영적 은사와 마찬가지로 이 은사의 개발에서도 강도나 능력의 정도 차이가 존재하는 것으로 보인다.[23] 그러므로 어떤 이들은 이 은사를 고도로 개발했을 수도 있고, 다른 이들에게는 가끔 이 은사가 작동했을 수도 있다. 그뿐만 아니라 이 은사와 유사한 무언가, 곧 자신의 영 안에서 성령의 임재를 느끼거나 다른 사람들 안에서 종종 귀신의 영향력이 나타나는 것을 느끼는 일종의 능력이 모든 신자의 삶에 존재할지도 모른다.

바울은 신자들이 그와 그의 동료들을 만날 때 긍정적인 영적 감각을 느낀다고 말한다. "우리는 구원받는 자들에게나 망하는 자들에게나 하나님 앞에서 그리스도의 향기니 이 사람에게는 사망으로부터 사망에 이르는 냄새요 저 사람에게는 생명으로부터 생명에 이르는 냄새라."고후 2:15-16 오늘날 그리스도인들이 일상에서 사실 여부를 확인하기도 전에 다른 누군가가 그리스도인이라는 주관적인 감각을 느낄 때가 있을 것이다. 또한 신자가 정반대의 영적 감각을 통해 객관적인 증거를 확인하기도 전에 누군가의 삶에 귀신의 영향력이 존재한다는 것을 느끼게 되는 경우도 있을 것이다.

더 나아가 귀신의 힘에 의해 영적으로 공격을 받는 사람이 이를 알거나 느끼는 경우도 있을 것이다. 어려운 문제를 두고 누군가와 상담하는 성숙한 목회자나 그리스도인 친구는 "악한 영적 힘에 의한 공격이 이 상황에 영향을 미치는 하나의 요인일 수 있다고 생각하는가?"라고 묻는 것이 현명할 것이다. 그 사람은 "아니다"라고 말할지도 모르지만, 많은 경우에 상담을 받고 있는 사람은 그 가능성에 대해 이미 생각해 보았거나 심지어 이를 분명히 자각하고 있을 수도 있지만 이상한 사람으로 취급을 받는 것이 두려워서 아무 말도 하지 않은 것일지도 모른다. 다른 그리스도인이 이것을 가능한 요인으로 고려해 준다면 그 사람에게 격려가 될 것이다.

귀신의 영향력을 알아차리려고 할 때, 우리는 어떤 영적인 은사도 이 시대에 완벽히 작동하지 않으며 우리가 사람들의 마음을 온전히 알 수도 없음을 기억해야 한다. "우리가 다 실수가 많으니."약 3:2 어느 한 사람이 참된 그리스도인인지, 그 사람의 동기가 진실한지를 우리가 확실할 수 없는 경우가 많다. 또한 우리의 삶에서 하나님이 이끄는 방향에 관해 우리가 분명히 알 수 없고, 특정한 문제에 관해 말하는 것이 적절한지, 아니면 침묵하는 것이 적절한지 확신할 수 없을 때도 있다. 따라서 귀신의 영향력에 대한 우리의 지각에 관해서도 어느 정도 불확실성이 존재할 수 있음을 놀라워해서는 안 된다. 하지만 그렇다고 해서 귀신의 영향력이 있을 수 있는 가능성을 무시해야 한다는 말이 아니다. 그리고 우리가 영적으로 점점 더 성숙해지고 민감해질수록, 도움이 필요한 다른 이들을 섬기는 경험을 더 많이 할수록 다양한 상황에서 귀신의 영향력을 알아차리는 능력도 의심하지 않을 정도로 커지게 될 것이다.

5. 예수께서는 모든 신자에게 귀신들을 꾸짖고 떠나라고 명령할 권위를 주신다

예수께서는 열두 제자를 먼저 보내며 하나님 나라를 선포하라고 하셨을 때 그들에게 "모든 귀신을 제어하며 병을 고치는 능력과 권위를 주"셨다.눅 9:1 72명의 제자들은 동네와 마을에서 하나님 나라를 선포한 뒤 기뻐하며 돌아와 "주여, 주의 이름이면 귀신들도 우리에게 항복하더이다"라고 말했다.눅 10:17 그리고 예수께서는 그들에게 "내가 너희에게……원수의 모든 능력을 제어할 권능을 주었으니"라고 말씀하셨다.눅 10:19 전도자인 빌립이 사마리아로 내려가 그리스도의 복음을 전했을 때 "더러운 귀신들이 크게 소리를 지르며 나"갔다.행 8:7 또한 바울은 귀신들을 다스리는 영적 권위를 행사하여 한 소녀 안에 들어가 있던 점치는 영에게 "예수 그리스도의 이름으로 내가 네게 명하노니 그에게서 나오라"고 말했다.행 16:18

바울은 사도행전 16장처럼 귀신을 직접 대면할 때나 자신의 기도 생활에서 자신이 지닌 영적 권위에 대해 알고 있었다. 그는 "우리가 육신으로 행하나 육신에 따라 싸우지 아니하노니. 우리의 싸우는 무기는 육신에 속한 것이 아니요. 오직 어떤 견고한 진도 무너뜨리는 하나님의 능력이라"고 말했다.고후 10:3-4 이뿐만 아니라 그는 "하늘에 있는 악의 영들"을 대적하는 싸움에 관해 설명하며 그리스도인들이 "마귀의 간계"에 맞서는 투쟁을 이야기했다.엡 6:10-18 참조 야고보는 (여러 교회 안에 있는) 자신의 모든 독자들에게 "마귀를 대적하라. 그리하면 너희를 피하리라"고 말했다.약 4:7 마찬가지로 베드로는 소아시아의 여러 교회에 속한 자신의 독자들에게 "너희 대적 마귀가 우는 사자 같이 두루 다니며 삼킬 자를 찾나니 너희는 믿음을 굳건하게 하여 그를 대적하라"고 말했다.벧전 5:8-9 **24**

어떤 이들은 유다서 1:9에서 그리스도인들이 악한 영들에게 명령하거나 그들을 꾸짖어서는 안 된다고 가르친다면서 반론을 제기할지도 모른다. "천사장 미가엘이 모세의 시체에 관하여 마귀와 다투어 변론할 때에 감히 비방하는 판결을 내리지 못하고 다만 말하되 주께서 너를 꾸짖으시기를 원하노라 하였거늘."

하지만 문맥상 유다는 귀신의 세력에 맞서는 그리스도인에 관해 말하는 것이 아니라 일반적으로 "권위를 업신여기며 영광을 비방하는" 부도덕하고 반역을 일삼는 거짓 교사들의 오류를 지적하고 있다.유 1:8 이들은 스스로 권위를 주장하며 어리석게도 천사든 귀신이든 천상적 존재에 맞서는 신성모독적인 발언을 하고 있었다. 미가엘에 대한 언급은 아무리 강력하다고 해도 가장 위대한 천사조차 하나님이 그에게 주신 권위의 한계를 감히 넘어서지 못함을 보여주고자 함이었다. 그러나 거짓 교사들은 그들의 한계를 훌쩍 뛰어넘었고 그들이 "알지 못하는 것을 비방"했다.유 1:10 그러므로 이 구절의 교훈은 '하나님이 주신 권위를 뛰어넘으려고 하지 말라'는 것이다. 유다서 1:9을 이런 방식으로 해석할 때 이 구절에서 그리스도인이 제기할 수 있는 유일한 질문은 '귀신의 세력에 대해 하나님은 우리에게 어떤 권위를 주셨는가?'이다. 그리고 신약의 몇몇 본문은 이에 대해 분명한 답을 제시한다. 예수와 그분의 열두 제자들뿐만 아니라 72명의 제자들과 바울, (사도가 아니었던) 빌립에게도 주 예수에 의해 귀신들을 다스리는 권위가 주어졌다. 그러므로 유다서 1:9은 인간이 귀신들을 꾸짖거나 그들에게 명령하는 것이 잘못된 일이거나 사도가 아닌 사람이 그렇게 하는 것이 잘못된 일이라는 뜻이 아니다. 사실 베드로와 야고보는 모든 그리스도인에게 마귀를 "대적"하라고 권면하며, 바울은 신자들에게 전신갑주를 입고 영적 전쟁을 준비하라고 권면한다.

이 권위가 실제로 어떻게 작동하는지 더 자세히 살펴보기 전에 먼저 그리스도께서 십자가 위에서 행하신 일이 귀신에 대한 우리의 권위의 궁극적 토대임을 깨닫는 것이 중요하다.[25] 그리스도께서는 광야에서 사탄에게 승리했지만, 서신서는 십자가가 사탄이 결정적으로 패배한 순간이었다고 지적한다. 예수께서는 "죽음을 통하여 죽음의 세력을 잡은 자 곧 마귀를 멸하시"려고 혈과 육을 취하셨다.히 2:14 하나님은 "통치자들과 권세들을 무력화하여 드러내어 구경거리로 삼으시고 십자가로 그들을 이기셨"다.골 2:15 그러므로 사탄은 그리스도의 십자가를 증오한다. 십자가에서 결정적으로 영원한 패배를 경험했기 때문이다. 그리스도의 피가 사탄의 죽음을 분명히 가리키기 때문에 요한계시록은 이 세상에서 벌어지는 투쟁 가운데 그리스도의 피로 사탄을 이긴 사람들에 관해 이야기한다. "우리 형제들이 어린양의 피와 자기들이 증언하는 말씀으로써 그를 이겼으니."계 12:11 그리스도의 십자가 죽음 때문에 우리의 죄가 완전히 용서를 받았으며, 사탄은 우리에 대해 아무런 정당한 권위도 가질 수 없다.

둘째, 우리가 자녀로서 하나님의 가족에 속해 있다는 사실은 영적 전쟁에 임할 때 우리가 가지는 확고한 영적 지위다. 바울은 모든 그리스도인에게 "너희가 다 믿음으로 말미암아 그리스도 예수 안에서 하나님의 아들이 되었으니"라고 말한다.갈 3:26 우리를 공격할 때 사탄은 하나님의 자녀이

자 하나님의 가족 구성원을 공격하는 것이다. 이 진리가 그에게 맞서 성공적으로 전쟁을 치르며 그를 무찌를 수 있는 권위를 우리에게 준다.[26]

우리가 신자로서 귀신에게 꾸짖는 말을 하는 것이 옳다고 생각한다면, 우리가 귀신을 두려워할 필요가 없음을 기억하는 것이 중요하다. 사탄과 귀신들은 우리 안에서 일하는 성령의 능력보다 약한 힘을 가지고 있음에도 불구하고, 사탄의 전략은 우리로 하여금 두려워하게 만드려는 것이다. 그리스도인은 그런 두려움에 굴복하는 대신 스스로 성경의 진리를 되새겨야 한다. 성경은 우리에게 "너희는 하나님께 속하였고 또 그들을 이기었나니 이는 너희 안에 계신 이가 세상에 있는 자보다 크심이라"고 말하며,요일 4:4 또한 "하나님이 우리에게 주신 것은 두려워하는 마음이 아니요 오직 능력과 사랑과 절제하는 마음이니"라고 말한다.딤후 1:7 빌립보인들과 그들을 반대하는 자들의 관계와 관련해 바울이 말했던 바는 복음에 대한 귀신의 반대에 직면하는 상황에도 적용될 수 있다. 바울은 그들에게 굳게 서서 "무슨 일에든지 대적하는 자들 때문에 두려워하지" 말라고 하며 "이것이 그들에게는 멸망의 증거요 너희에게는 구원의 증거니 이는 하나님께로부터 난 것이라"고 덧붙인다.빌 1:28 또한 그는 에베소인들에게 "악한 자의 모든 불화살을 소멸"할 수 있는 "믿음의 방패"를 사용해 영적 전쟁에 임하라고 말한다.엡 6:16 이것은 매우 중요하다. 두려움의 반대는 하나님을 향한 믿음이기 때문이다. 또한 바울은 그들에게 영적 전쟁에서 담대하게 하나님의 전신갑주를 취하라고 말하면서 "이는 악한 날에 너희가 능히 대적하고 모든 일을 행한 후에 서기 위함이라"고 덧붙인다.엡 6:13 적대적인 영적 세력과 맞서 싸울 때, 그들은 퇴각하거나 두려움에 떨지 말아야 하며, 그 무기와 갑옷이 "어떤 견고한 진도 무너뜨리는 하나님의 능력"임을 알고 담대히 자리를 지켜 내야만 한다.고후 10:4; 요일 5:18 참조

하지만 우리는 이렇게 물을 수 있다. 왜 하나님은 그리스도인들이 하나님께 기도하며 귀신을 내쫓기를 구하는 것보다 누군가를 괴롭히는 귀신에게 직접 말하기를 원하시는가? 어떤 의미에서 이것은 왜 그리스도인들이 하나님께 기도하며 누군가에게 직접 복음을 나타내기를 구하는 것보다 그 사람에게 복음을 직접 전해야 하는지 묻는 것과 비슷하다. 또는 왜 우리는 하나님이 친히 낙심한 그리스도인을 격려해 주기를 기도하는 것보다

우리가 그 사람에게 격려의 말을 해야 하는지, 왜 우리는 누군가가 특정한 종류의 죄에 가담하는 것을 보았을 때 하나님이 그 사람의 삶의 죄를 해결해 주기를 기도하기보다 우리가 그 사람에게 책망이나 온화한 훈계의 말을 해야 하는지 묻는 것과 비슷하다. 이 모든 물음에 대한 대답은 하나님이 창조하신 세상에서 그분은 그분의 계획, 특히 하나님 나라의 성취와 교회의 덕을 세우기 위한 그분의 계획을 이루고자 할 때 우리에게 적극적인 역할을 부여하셨다는 것이다. 이 모든 경우, 우리의 기도에 더하여 우리의 직접적인 참여와 활동도 중요하다. 우리가 귀신의 세력에 맞서는 것도 마찬가지다. 자녀를 위해 그들의 모든 말다툼을 해결해 주는 것보다 때로는 자녀를 놀이터로 돌려보내 그들 스스로 말다툼을 해결하게 하는 지혜로운 아버지처럼, 하늘에 계신 우리 아버지께서도 우리에게 그리스도의 이름과 성령의 능력으로 귀신의 세력과 직접 맞서 싸우라고 권면하신다. 이를 통해 그분은 우리가 영원토록 중요한 사역에 참여하는 기쁨과 사람들의 삶에 나타난 사탄과 귀신들의 파괴적인 힘에 대해 승리하는 기쁨을 얻게 하신다. 우리가 하나님께 귀신의 공격을 해결해 주기를 기도할 때마다 그분이 그렇게 할 수 없다는 말이 아니다. 오히려 그분은 그처럼 할 수 있으며 당연히 그러할 때도 있다. 하지만 일반적으로 신약에서 하나님은 그리스도인들이 더러운 영들에게 직접 말하기를 기대하신다.

우리 자신의 삶이나 주위에 있는 사람들의 삶에 귀신의 영향력이 나타난다고 느낄 때, 우리는 실제로 귀신을 꾸짖는 이 권위를 통해 악한 영에게 짧게 명령할 수 있다.[27] 우리는 "마귀를 대적"해야 하고,[약 4:7] 대적할 때 마귀는 우리에게서 떠날 것이다.[28] 어떤 때는 예수의 이름으로 짧게 명령하는 것으로도 충분할 것이다. 또한 악한 영에게 떠나라고 명령하는 과정에서 성경을 인용하는 것이 도움이 될 수 있다. 바울은 "성령의 검 곧 하나님의 말씀"에 관한 말한다.[엡 6:17][29] 예수께서도 광야에서 사탄에게 시험을 받을 때 그 시험에 맞서 성경을 거듭 인용하셨다.[마 4:1-11] 성경에는 특별한 시험이나 어려움에 관해 직접적으로 말하는 구절뿐만 아니라 사탄에 대한 예수의 승리에 관해 말하는 일반적 진술[마 12:28-29; 눅 10:17-19; 고후 10:3-4; 골 2:15; 히 2:14; 약 4:7; 벧전 5:8-9; 요일 3:8; 4:4; 5:18]도 포함되어 있다.[30]

우리 자신의 삶에서 (비합리적인 두려움, 분노, 증오, 원한, 정욕, 탐심과 같은) 죄악된 감정들이 생각이나 마음속에서 솟아날 때 예수께서 이를 극복하도록 도와주시기를 기도하는 것에 더해 "두려움의 영아, 예수의 이름으로 내가 너에게 명하노니 여기를 떠나고 다시는 돌아오지 말라"와 같은 말을 하는 것이 적절하다. 특정한 상황에서 귀신이 영향을 미치고 있는지 확신할 수 없더라도, 또는 귀신의 존재가 그 상황에 영향을 미치는 하나의 요인일 뿐이더라도 이처럼 꾸짖는 말을 하는 것이 때로는 효과적이다. 신약에 사도 바울의 개인적인 기도 생활이 모두 기록되어 있지는 않지만 그는 "혈과 육을 상대하는 것이 아니요……하늘에 있는 악의 영들을 상대"하는 싸움 엡 6:12과 "육신에 따라 싸우지 아니"함 고후 10:3에 관해 공개적으로 이야기한다. 그의 광범위한 기도 생활에는 영적 전쟁의 한 양상으로서, 귀신의 세력을 말로 꾸짖는 기도도 포함되어 있다고 생각할 수 있다.

그뿐만 아니라 "악의 영들"에 맞서는 이 싸움은 상황을 구성하는 한 요소일지도 모르는 귀신의 세력을 말로 꾸짖는 것, 곧 우리가 다른 이들을 위해 개인적으로 기도할 때도 이것을 포함시켜야 함을 의미한다. (우리가 걱정하는 그 사람 앞에서는 이런 종류의 영적 전쟁을 수행하지는 않을 것이다. 불필요하게 그 사람을 혼란스럽고 두렵게 할 수 있기 때문이다.) 예를 들어, 부모는 자녀 안에 있는 반역의 영, 게으름의 영, 분노의 영에 대해 승리할 수 있도록 기도하면서 자녀를 가르치고 훈육하는 동시에 짧은 말로 이 영들을 꾸짖을 수 있다.[31]

6. 다른 사람들을 섬길 때 그리스도인의 영적 권위를 적절하게 사용하는 방법

우리 자신과 가족의 삶 속에 존재하는 영적 전쟁에 관해 논의했으므로 이제 영적인 공격을 받은 사람들을 섬기는 사역에 관해 이야기하고자 한다. 예를 들어, 다른 사람이 직면한 상황에서 귀신의 공격이 하나의 요인인 것처럼 보일 때 우리는 그 사람을 위해 상담을 해주거나 함께 기도할 것이다. 이런 경우 몇 가지 추가적인 고려 사항이 있다.

첫째, 우리에게는 익숙하지만 다른 이들에게는 무서울 수도 있는 분야에 관해 경솔하게 이야기함으로써 두려워하지 않도록 해야 한다. 성령은 온유와 평강의 영이다.고전 14:33 참조 많은 경우에 우리가 돕고자 하는 사람에게 질문을 던지기만 하는 것이 현명하다. 우리는 "이 상황에서 악한 영이 당신을 공격하고 있다고 생각합니까?" 또는 "이 상황의 요인 중 하나일지도 모르는 악한 영에게 꾸짖는 말을 해도 될까요?"라고 물을 수 있다. 또한 귀신이 공격하고 있다면, 이 상황이 그 사람의 영적 상태를 부정적으로 생각하게 만들기보다 오히려 그 사람이 주님을 위해 살지 못하게 만들고 있다는 뜻으로 생각하도록 해야 한다. 모든 그리스도인은 영적 군대에 속한 군사이며, 따라서 악한 영에게 공격을 받기 쉽다.

그 사람이 허락한다면, 큰 소리로 짧게 명령하며 악한 영에게 떠나라고 명령해야 한다.[32] 공격을 받고 있는 사람이 귀신의 존재를 느끼는 경우가 많기 때문에 악한 영에게 떠나라고 명령한 뒤 이 말을 했을 때 무엇이 다르게 느껴졌는지 물어보아야 한다. 만일 정말로 그 상황에 귀신이 영향을 미치고 있었다면, 그 사람은 즉각적인 안도감이나 해방감을 표현할 것이며, 기쁨과 평화도 함께 느끼는 경우가 많을 것이다.

이 모든 것이 극적이거나 극도로 감정적인 절차일 필요는 없다. 귀신과의 오랜 싸움에 대하여 오늘날 그리스도인 상담자는 귀신과 논쟁하며 반복적으로 몇 시간에 걸쳐 귀신에게 소리를 지른다고 말하기도 한다. 그러나 신약 어디에서도 귀신이 잘 듣지 못한다고 말하지 않으며, 귀신을 떠나게 만들기 위해 그토록 오랜 시간에 걸쳐 싸우는 예도 없다. 예수께서는 그저 "말씀으로 귀신들을 쫓아내"셨다.[마 8:16] 다만 하나의 사례[거라사 광인]에서 처음에는 악한 영이 저항하기도 했다.[막 5:8; 눅 8:29 참조] 그 후 예수께서는 그에게 이름을 물으셨고, 즉시 수많은 귀신을 내쫓으셨다.[막 5:9-13; 눅 8:30-33] 귀신을 내쫓는 능력은 우리의 힘이나 목소리에서 나오는 것이 아니라 성령으로부터 온다.[마 12:28; 눅 11:20] 따라서 조용하고 확신에 차 있으며 권위 있는 어조로 말하는 것으로 충분하다.

둘째, 의도하지 않게 귀신과 오래 대화하거나 싸우는 것을 피하기 위해 그리스도인 상담자는 귀신이 아니라 섬김의 대상인 사람에게, 또한 인정하고 믿어야 할 성경의 진리에 초점을 맞추어야 한다. 진리의 띠[엡 6:14]는 사탄에 맞서 우리를 지키는 전신갑주의 일부이며, "성령의 검 곧 하나님의 말씀"[엡 6:17]도 마찬가지다. 만일 그 사람이 성경의 진리에 초점을 맞추고 그 진리를 믿고 죄를 버리며 "의의 호심경"을 착용한다면,[엡 6:14] 악한 영은 그 사람의 삶에 아무런 거점도 차지하지 못할 것이다. 이에 더해, 귀신에게 눌림을 경험하는 사람이 진심으로 그 귀신이 떠나기를 원하는 것이 중요하다. 또한 그 사람이 명백히 귀신의 영향 아래에 있다면, 그 사람에게 진심으로 귀신이 떠나기를 원하는지 묻는 것이 도움이 될 것이다. 예수의 이름으로 내린 명령에도 불구하고 귀신이 떠나기를 거부한다면, 그 사람과 이 사역에 참여하는 사람들이 더 많이 기도하고 개인적으로 영적인 준비를 할 때까지 기다리는 것이 최선이다.마 17:19-20; 막 9:29; 아래 논의 참조 [33]

셋째, 그리스도인이 '귀신과의 영적 전쟁'이라는 이 분야에 지나치게 관심을 기울여서는 안 된다. 주님은 모든 그리스도인에게 이 사역에 참여할 권위를 주셨다. 그럼에도 성경은 우리에게 "악에는 어린아이가 되라"고 말한다.고전 14:20 즉 악의 문제에 지나치게 매혹되어 우리의 호기심을 충족하기 위해 특정한 종류의 악에 대한 전문가가 되려고 해서는 안 된다.[34]

넷째, 사역의 대상인 그 사람이 그리스도인이 아니라면, 귀신을 쫓아낸 직후에는 성령께서 그 사람 안에 거하며 공격으로부터 그를 보호하시도록 그리스도를 구원자로 영접할 수 있게 권면하는 것이 중요하다. 그렇지 않으면 나중에 더 나쁜 결과가 있을지도 모른다.

> 더러운 귀신이 사람에게서 나갔을 때에 물 없는 곳으로 다니며 쉬기를 구하되 쉴 곳을 얻지 못하고 이에 이르되 내가 나온 내 집으로 돌아가리라 하고 와 보니 그 집이 비고 청소되고 수리되었거늘 이에 가서 저보다 더 악한 귀신 일곱을 데리고 들어가서 거하니 그 사람의 나중 형편이 전보다 더욱 심하게 되느니라. 이 악한 세대가 또한 이렇게 되리라.마 12:43-45

다섯째, 귀신의 영향력이 심각한 경우에 사역의 유효성은 우리 자신의 영적 상태와 연관이 있을 것이다. 예수께서 간질을 앓는 소년에게서 귀신을 내쫓으시자 소년은 즉시 나았다. 제자들은 조용히 예수께 다가와 "우리는 어찌하여 쫓아내지 못하였나이까"라고 물었다.마 17:18-19 그러자 예수께서는 그들에게 "너희 믿음이 작은 까닭이니라"고 말씀하셨다.마 17:20 마가복음은 예수께서 제자들에게 "기도 외에 다른 것으로는 이런 종류가 나갈 수 없느니라"고 대답하셨다고 말한다(일부 사본에는 "그리고 금식"이라는 말을 덧붙인다).[막 9:29] 제자들은 그때 믿음이 약했던 것으로 보인다. 그들은 기도하는 데 충분한 시간을 보내지 않았으며, 온전히 성령의 능력 안에 있지 않았다.[35]

예수께서는 귀신을 이기는 우리의 능력에 대해 지나치게 기뻐하거나 자랑스러워해서는 안 되며 오히려 우리가 구원받은 것에 대해 기뻐해야 한다고 분명히 경고하신다. 우리는 교만해져서 성령께서 그분의 능력을 우리에게서 거두지 않도록 이를 명심해야 한다. 72명이 기뻐하며 돌아와 "주여, 주의 이름이면 귀신들도 우리에게 항복하더이다"라고 말했을 때,[눅 10:17] 예수께서는 그들에게 "귀신들이 너희에게 항복하는 것으로 기뻐하지 말고 너희 이름이 하늘에 기록된 것으로 기뻐하라"고 말씀하셨다.[눅 10:20] [36]

7. 우리는 복음이 능력 가운데 찾아와 마귀의 일을 이기고 승리할 것이라고 기대해야 한다

예수께서 갈릴리에 오셔서 복음을 전하셨을 때 "여러 사람에게서 귀신들이 나"갔다.[눅 4:41] 빌립이 사마리아에 가서 복음을 전했을 때 "많은 사람에게 붙었던 더러운 귀신들이 크게 소리를 지르며 나"갔다.[행 8:7] 예수께서는 바울에게 이방인들 사이에서 복음을 전함으로써 그들의 "눈을 뜨게 하여 어둠에서 빛으로 사탄의 권세에서 하나님께로 돌아오게 하고 죄 사함과 나를 믿어 거룩하게 된 무리 가운데서 기업을 얻게 하"라고 명하셨다.[행 26:18] 바울은 자신의 복음 선포가 "설득력 있는 지혜의 말로 하지 아니하고 다만 성령의 나타나심과 능력으로" 한 것이라고 말했다.[고전 2:4-5; 또한 고후 10:3-4 참조] 우리가 귀신의 존재와 활동에 대한 성경의 증언을 믿는다면, 또한 "하나님의 아들이 나타나신 것은 마귀의 일을 멸하려 하심"임을 믿는다면,[요일 3:8] 오늘날에도 복음이 비신자들에게 선포될 때, 또한 영적 투쟁의 이러한 차원을 지금까지 알지 못할 수 있는 신자들을 위해 기도할 때, 원수의 능력에 대한 진정한 승리, 즉각적으로 알아차릴 수 있는 승리가 있음을 기대하는 것이 합당해 보인다. 우리는 이 일이 일어날 것이라고 기대하고, 이것을 그리스도의 왕국을 세우는 그분의 사역의 정상적인 일부로 생각하며 그리스도의 승리로 인해 기뻐해야 한다.

개인적 적용을 위한 질문

1. 이번 장을 읽기 전에 귀신의 활동은 대부분 신약 시대나 다른 문화에 해당된다고 생각했는가? 이번 장을 읽은 뒤 여러분은 사회에서 오늘날 귀신의 영향력이 존재하는 분야가 있다고 생각하는가? 여러분은 귀신의 활동을 마주할 가능성에 대해 두려움을 느끼는가? 이 두려움에 대해 성경은 구체적으로 무엇이라고 말하는가? 그런 두려움을 느낀다면 주께서 여러분을 어떻게 바라보시는가?

2. 여러분의 삶에서 귀신의 활동에 거점을 제공할지도 모르는 죄의 영역이 존재하는가? 만일 그렇다면, 주께서는 여러분이 그 죄에 대해 어떻게 하라고 명령하시겠는가?

3. 예수의 이름으로 말함으로써 귀신의 세력에 대해 승리를 거둔 경험이 있는가? 이번 장의 내용은 이런 종류의 영적 투쟁에서, 어떻게 여러분이 더 효과적으로 싸울 수 있도록 돕는가? 이런 종류의 사역에 지나치게 관심을 기울이거나 너무 깊이 관여할 때 어떤 위험이 존재하는가? 이 사역을 과도하게 강조하는 것을 어떻게 막을 수 있는가? 바울이 복음을 한 번도 들은 적이 없으며 귀신을 숭배하는 도시들을 찾아가 복음을 전할 때 그는 어떤 절차로 그 사역을 수행했는가? 바울의 본보기를 통해 오늘날 교회는 어떤 유익을 얻을 수 있는가?

신학 전문 용어

귀신
귀신 들림
사탄
악마화
영 분별
축귀

참고 문헌

이 참고 문헌에 관한 설명으로는 1장, 60쪽을 보라. 자세한 서지 자료는 2권 부록 2에서 확인할 수 있다.

복음주의 조직신학 저술의 관련 항목

1. 성공회

1882–1892	Litton, 129–136
2001	Packer, 67–70
2013	Bird, 686, 690
2013	Bray, 441–445

2. 아르미니우스주의(또는 웨슬리파/감리교)

1892–1894	Miley, 1:539–40; 2:497–504
1940	Wiley, 1:476–477
1983	Carter, 2:1069–1097
1992	Oden, 3:456–459
2002	Cottrell, 170–178

3. 침례교

1767	Gill, 1:435–440
1887	Boyce, 181–189
1907	Strong, 450–464
1976–1983	Henry, 6:229–250
1987–1994	Lewis and Demarest, 2:257–263
1990–1995	Garrett, 1:429–450
2007	Akin, 303–311

2013	Erickson, 415–420

4. 세대주의

1947	Chafer, 2:33–124
1949	Thiessen, 133–150
1986	Ryrie, 135–168
2017	MacArthur and Mayhue, 676–719
2002–2005	Geisler, 2:541–542, 3:174–178

5. 루터교

1917–1924	Pieper, 1:504–514
1934	Mueller, 202–204

6. 개혁주의(또는 장로교)

1559	Calvin, 1:172–179 (1.14.13–19)
1679–1685	Turretin, *IET*, 1:335–341, 548–549, 601–602, 605–609
1724–1758	Edwards, 2:607–612
1871–1873	Hodge, 1:643–648
1894	Shedd, 552–553, 701–702, 847, 865, 928, 938
1906–1911	Bavinck, *RD*, 3:146–148, 185–190
1910	Vos, 2:41, 43, 49–51, 53, 71, 86, 125–126
1937–1966	Murray, *CW*, 2:67–70
1938	Berkhof, 148–149
1998	Reymond, 659–660
2008	Van Genderen, 416–417, 484–485
2011	Horton, 407, 503
2013	Frame, 775–777
2013	Culver, 176–190
2016	Allen and Swain, 263–264
2017	Barrett, 736

7. 부흥 운동(또는 은사주의/오순절)

1988–1992	Williams, 1:173, 224–236
1993	Menzies and Horton, 202–203
1995	Horton, 194–214
2008	Duffield and Van Cleave, 505–519

대표적인 로마 가톨릭 조직신학 저술의 관련 항목

1. 로마 가톨릭: 전통적 입장

1955	Ott, 119–124

2. 로마 가톨릭: 제2차 바티칸공의회 이후

1980	McBrien, 1:329; 2:1105, 1153–1154
2012	*CCC*, paragraphs 391–395

기타 저술

Allison, Gregg. *Historical Theology: An Introduction to Christian Doctrine; A Companion to Wayne Grudem's Systematic Theology*. Grand Rapids: Zondervan, 2011, 298–320.

Anderson, Neil. *The Bondage Breaker*. Rev. ed. Eugene, OR: Harvest House, 2000. (『이제 자유입니다』 죠이선교회)

___. *The Steps to Freedom in Christ*. 2nd ed. Minneapolis: Bethany House, 2014. (『그리스도 안의 자유』 항상기도)

___. *Victory over the Darkness*. 2nd ed. Minneapolis: Bethany House, 2014. (『내가 누구인지 이제 알았습니다』 죠이선교회)

Arnold, Clinton E. *3 Crucial Questions about Spiritual Warfare*. Grand Rapids: Baker, 1997.

___. "Early Church Catechesis and New Christians' Classes in Contemporary Evangelicalism." *JETS* 47, no. 1 (March 2004): 39–54.

___. "Satan, Devil." In *DLNT*, 1077–1082.

___. *Powers of Darkness: Principalities & Powers in Paul's Letters*. Downers Grove, IL: InterVarsity Press, 1992.

Beilby, James K. and Paul R. Eddy, eds. *Understanding Spiritual Warfare: Four Views*. Grand Rapids: Baker Academic, 2012. (『영적 전쟁 어떻게 할 것인가』 부흥과개혁사)

Buchanan, D. "Satan." In *GDT*, 791–793.

Collins, James Michael. *Exorcism and Deliverance Ministry in the Twentieth Century: An Analysis of the Practice and Theology of Exorcism in Modern Western Christianity*. Eugene, OR: Wipf & Stock, 2009.

Dickason, C. Fred. *Angels, Elect and Evil*. Rev. ed. Chicago: Moody Publishers, 1995.

___. *Demon Possession and the Christian: A New Perspective*. Westchester, IL: Crossway, 1991.

Dunnett, Walter M. "Satan." In *BTDB*, 714–715.

Green, Michael. *I Believe in Satan's Downfall*. Grand Rapids: Eerdmans, 1981.

Kreider, Alan. "Baptism, Catechism, and the Eclipse of Jesus' Teaching in Early Christianity." In *Tyndale Bulletin* 47, no. 2 (November 1996): 315–348.

Lewis, C. S. *The Screwtape Letters*. New York: Macmillan, 1961. (『스크루테이프의 편지』 홍성사)

MacMillan, John A. *The Authority of the Believer: A Compilation of "The Authority of the Believer" and "The Authority of the Intercessor."* Harrisburg, PA: Christian Publications, 1980.

McClelland, S. E. "Demon, Demon Possession." In *EDT3*, 236–238.

Mallone, George. *Arming for Spiritual Warfare*. Downers Grove, IL: InterVarsity Press, 1991.

Moreau, A. S. "Satanism." In *EDT3*, 773–774.

Moreau, A. Scott. "Demon." In *BTDB*, 162–165.

Mounce, W. D. "Heavenlies, The" In *EDT3*, 371.

Moreau, A. Scott, ed. *Deliver Us from Evil: An Uneasy Frontier in Christian Mission*. Monrovia, CA.

World Vision International, 2002.
Murphy, Edward F. *The Handbook for Spiritual Warfare*. Rev. ed. Nashville: Nelson, 2003.
Nkansah-Obrempong, J. "Angels." In *GDT*, 35–39.
Penn-Lewis, Jessie, with Evan Roberts. *War on the Saints*. Unabridged ed. New York: Lowe, 1973. (『성도들의 영적 전쟁』 벧엘서원)
Pentecost, Dwight. *Your Adversary, the Devil*. Grand Rapids: Zondervan, 1969.
Powlison, David. *Power Encounters: Reclaiming Spiritual Warfare*. Grand Rapids: Baker, 1995.
Reid, D. G. "Satan, Devil." In *DPL*, 862–867.
Schemm, Peter R. "The Agents of God: Angels." In *A Theology for the Church*, edited by Daniel L. Akin et al., 326–337. Nashville: B&H, 2007.
Twelftree, G. H. "Demon, Devil, Satan." In *DJG*, 163–172.
____. "Devil and Demons." In *NDT1*, 196–198.
____. "Spiritual Powers." In *NDBT*, 796–802.
____. *In the Name of Jesus: Exorcism Among Early Christians*. Grand Rapids: Baker Academic, 2007.
Unger, M. F. "Satan." In *EDT3*, 773.
____. *Demons in the World Today: A Study of Occultism in the Light of God's Word*. Wheaton, IL: Tyndale, 1971.
____. *What Demons Can Do to Saints*. Chicago: Moody Publishers, 1991.
Warner, Timothy M. *Spiritual Warfare: Victory over the Powers of This Dark World*. Wheaton, IL: Crossway, 1991. (『영적 전투』 죠이선교회)
Wright, N. G. "Devils and Demons." In *NDT2*, 253–255.
Wright, Nigel. *The Satan Syndrome: Putting the Power of Darkness in Its Place*. Grand Rapids: Zondervan, 1990.
Yong, A. "Discernment, Discerning the Spirits." In *GDT*, 232–235.

성경 암송 구절

야고보서 4:7-8 | 그런즉 너희는 하나님께 복종할지어다. 마귀를 대적하라. 그리하면 너희를 피하리라. 하나님을 가까이하라. 그리하면 너희를 가까이하시리라. 죄인들아 손을 깨끗이 하라. 두 마음을 품은 자들아 마음을 성결하게 하라.

찬송가

"그리스도인이여, 그들이 보이는가?" Christian, Dost Thou See Them?

그리스도인이여, 거룩한 땅 위에 있는 그들이 보이는가
당신 주위에서 어둠의 세력이 날뛰는 것이 보이는가
그리스도인이여, 일어나 그들을 무찌르라
거룩한 십자가의 힘으로 물러서지 말고 전진하라

그리스도인이여, 그들이 우리 안에서 일하고 있는 것이 느껴지는가
싸우고 유혹하고 죄를 짓도록 부추기는 것이 느껴지는가
그리스도인이여, 떨지 말라. 낙심하지 말라

전투를 준비하라. 경계하며 기도하고 금식하라

그리스도인이여, 그들이 당신에게 듣기 좋은 말을 하는 것이 들리는가
"늘 금식하고 철야해야 할까? 늘 경계하고 기도해야 할까?"
그리스도인이여, 담대히 대답하라. "숨 쉬는 동안 나는 기도한다"
전투가 끝나 평화가 오고 밤이 지나 낮이 되리라

예수의 말씀을 들으라. "오 나의 참된 종아,
너는 심히 지쳤구나. 나도 지쳤었지만
그 수고로 인해 너는 내 것이 될 것이고
슬픔이 끝나면 내 보좌 가까이에 이르게 될 것이다"

ㅁ 1862년, 존 메이슨 닐 작사

* 대체할 수 있는 찬송가: "그리스도의 군사들아, 일어나라", "영원한 왕이여, 이끄소서", "믿는 사람들은 주의 군사니"

현대 찬양곡

"시편 46편(만군의 여호와)" Psalm 46 (Lord Of Hosts)

와서 여호와의 행적을 볼지어다
열방이 그분 앞에 무릎을 꿇으며
그분이 활과 창을 꺾으며
전쟁을 그치게 하신다
이스라엘의 전능하신 하나님, 주님이 우리와 함께하십니다
우리는 수레를 불사르시는 하나님을 믿는
믿음으로 걸어가네

만군의 여호와, 주님은 불 가운데서도 우리와 함께하십니다
피난처로서 우리와 함께하시고
폭풍 속에서 우리와 함께하십니다
맹렬한 전투 속에서 우리를 이끄시고
우리가 어디로 가든지
만군의 여호와께서 우리와 함께하십니다

위대하신 야곱의 하나님,

주께서 목소리 높여 말씀하시니

땅이 변하고

산이 흔들려 바다 가운데에 빠집니다

주님은 인간의 마음을 아시고도

인간이 살아가도록 내버려두십니다

산을 녹게 하시는 하나님,

와서 우리와 싸워 승리하소서

바다가 솟아나도 주님은 만유의 주님이십니다

바람과 파도를 잠잠하게 하시며

내 마음을 잔잔하게 하십니다

땅이 무너지고

산이 바다에 빠지고

열방이 날뛰어도

나는 나의 하나님이 모든 것을 다스리심을 압니다

ㅁ 제니 리 리들, 조사이어 워너킹, 조쉬 밀러, 쉐인 바너드 작사[37]

주

1 이것은 죄를 범한 이 천사들이 현세에 아무런 영향을 미치지 못한다는 뜻이 아니다. 9절에서 베드로는 주께서 "불의한 자는 형벌 아래에 두어 심판 날까지 지키"실 방법도 아신다고 말하기 때문이다. 여기서 그는 여전히 세상에 영향을 미치고 있으며 심지어 베드로의 독자들을 괴롭히고 있는 죄인들을 가리켜 이렇게 말한다. 베드로후서 2:4은 악한 천사들이 하나님의 임재로부터 쫓겨나 마지막 심판 때까지 영향력을 제한받고 있다고 말할 뿐이며, 그들이 그때까지 세상 안에서 계속해서 활동할 것임을 부인하지 않는다.

2 베드로후서 2:4에서 "하나님이 범죄한 천사들 중 일부를 용서하지 아니하시고" 또는 "하나님이 범죄한 천사들 중 일부를 지옥에 던져"라고 말하지 않고 일반적으로 "범죄한 천사들"이라고 말한다는 점을 눈여겨보라. 마찬가지로 유다서 1:6에서도 "자기 지위를 지키지 아니하고 자기 처소를 떠난 천사들"에 관해 말하며, 이것은 죄를 범한 천사 모두를 암시한다. 그러므로 이 두 절은 모든 귀신에게 적용되는 무언가를 말하고 있음이 분명하다. 그들이 거처를 떠나 돌아다니며 세상에 있는 사람들에게 영향을 미칠 수 있기는 하지만 현재 그들의 집과 거처는 "지옥"과 "어두운 구덩이"다.

3 흠정역에서는 "계명성"을 "루시퍼"(Lucifer)로 번역하는데, 이 이름은 "빛을 지닌 자"를 뜻한다. 흠정역의 다른 곳에서는 루시퍼라는 이름이 등장하지 않으며 더 최근의 성경 번역본에도 이 이름은 전혀 등장하지 않는다.

4 예를 들어, 지상의 왕에 대한 묘사에서 신적인 메시아에 대한 묘사로 넘어가는 시편 45편을 보라.

5 더 자세한 논증으로는 Grudem, *The First Epistle of Peter*, 211-213을 보라. 여기서는 그 논의를 요약해서 제시하고 있다. 이 본문에 대한 후대의 유대교 해석자들은 "하나님의 아들들"이 천사들이라고 생각하는 이들과 그들이 인간이라고 생각하는 이들로 거의 똑같이 나눠져 있다.

6 *BDB*, 966.

7 마귀(devil)라는 단어는 '비방하는 자'를 뜻하는 헬라어 '디아볼로스'를 번역한 말이다(BAGD, 182). 사실 영어 단어 'devil'은 바로 이 헬라어 단어에서 유래했지만, 헬라어에서 라틴어, 고대 영어, 현대 영어로 전해지는 사이에 단어의 발음이 크게 바뀌었다.

8 요한은 "세상"이나 "이 세상"이라는 말을 하나님께 맞서는 악한 세상의 체계를 가리키는 말로 자주 사용한다(요 7:7; 8:23; 12:31; 14:17, 30; 15:18, 19; 16:11; 17:14). 성경은 사탄이 온 세상을 다스리는 것이 아니며, 그가 하나님께 맞서는 죄악된 체계를 다스리는 통치자라고 가르친다. 바울이 사용한 "이 세상의 신"이라는 구절과 비교하라(고후 4:4).

9 요 10:10 참조. "도둑이 오는 것은 도둑질하고 죽이고 멸망시키려는 것뿐이요."

10 미래에 관한 하나님의 지식에 관한 논의는 11장, 286-289, 304-314쪽을 보라.

11 바울은 "사람의 일을 사람의 속에 있는 영 외에 누가 알리요 이와 같이 하나님의 일도 하나님의 영 외에는 아무도 알지 못하느니라"고 말하며(고전 2:11) 다른 어떤 피조물도 한 사람의 생각을 알 수 없다고 주장한다(다만 다니엘 2장이나 바울의 말에서는 천사나 귀신 같은 피조물이 포함되는지를 명확히 언급하지 않는다). 또한 방문자의 마음속 "숨은 일들"이 드러나게 되는 것이 하나님이 임하셔서 예언의 은사를 통해 일하시는 분명한 증거가 된다고 말하는 고린도전서 14:24-25을 보라. 우상의 신전에서 이루어지는 귀신 숭배로 가득 차 있던 고린도에서 이것은 매우 중요했다(고전 10:20). 이것은 귀신들이 한 사람의 마음속에 있는 은밀한 생각을 알 수 없음을 뜻한다. (행 16:16에 관해서는 다음 단락을 보라.)

12 심지어 오늘날도 기독교가 아닌 다수 종교의 특징 중 하나는 가장 열성적인 신봉자들이 신체적 건강이나 정신적, 정서적 안정, 하나님이 의도하신 인간의 성과 같은 인간 본성의 여러 측면을 파괴하는 종교적 의례에 참여한다는 것이다. 이런 행위는 하나님이 선하게 창조하신 모든 것을 파괴하고자 하는 사탄의 목적을 성취한다(딤전 4:1-3 참조). 사탄은 "거짓말쟁이요 거짓의 아비"이기 때문에(요 8:44) 거짓 종교 안에, 특히 귀신이 강한 영향력을 행사할 때 진리를 왜곡하거나 부인하는 태도도 나타난다.

13 구약과 신약의 중간기에 귀신의 세력과 맞서려고 했던 유대교 축귀자들(exorcists)이 있었지만, 그들이 실제로 효과적으로 축귀를 행했는지에 관해서는 회의적이다. 사도행전 19:13에서는 "돌아다니며 마술하는 어떤 유대인들"이 주 예수의 이름을 새로운 마법 주문처럼 사용하려고 했다고 언급하지만 이들은 그리스도인이 아니었으며 예수께서 주시는 영적 권위도 가지고 있지 않았다. 그들은 비참한 결과를 맞았다(15-16절). 또한 예수께서는 바리새인들과 논쟁하실 때 "내가 바알세불을 힘입어 귀신을 쫓아내면 너희의 아들들은 누구를 힘입어 쫓아내느냐"라고 말씀하셨다(마 12:27). 그분의 말씀은 그들의 아들들이 성공을 거두고 있다는 뜻이 아니라 그들이 귀신을 쫓을 때 또는 쫓으려 할 때 제한적인 성공을 거둘 뿐이었다는 뜻이다. 실제로 그들이 대체로 실패했다면 예수의 논증은 매우 효과적인 셈이다. '내가 귀신을 내쫓는 일에 큰 성공을 거두는 것이 사탄 때문이라면 너희의 아들들이 제한적인 성공을 거두는 것은 무엇 때문이겠느냐? 아마도 사탄보다 약한 힘일 것이다. 분명히 하나님은 아닐 것이다!' 이것은 유대교 축귀자들의 제한적인 힘이 하나님이 아니라 사탄으로부터 온 것임을 암시한다.

요세푸스는 솔로몬으로부터 유래했다는 주문을 사용했던 엘르아살이라는 유대인이 효과적으로 축귀를 행했다고 기록한다(*Antiquities* 8:45-48; 민수기 랍바 19:8; 토빗 8:2-3; *Testament of Solomon* 참조). 이 축귀 활동이 얼마나 널리 퍼져 있었으며 얼마나 성공적이었는지는 정확히 알 수 없다. 한편으로, 하나님이 모든 시대의 신실한 유대교 신자들에게 귀신을 이길 영적 힘을 어느 정도 주셨을 수도 있다. 그분은 주변 민족들이 섬기던 귀신의 세력으로부터 신실한 이스라엘 백성을 보호하셨다. 다른 한편으로, 사탄이 수많은 다른 불신의 문화에 속한 사람들뿐만 아니라 믿지 않는 유대인들 사이에서도 일했으며 축귀자들에게 제한적인 힘처럼 보이는 것을 주기는 했지만 궁극적으로는 언제나 사람들을 더 심한 영적 예속 상태에 묶어 두는 결과를 낳았다고 보는 것도 역시 불가능하지 않다. 확실한 것은 예수께서 사람들이 전에 보았던 것보다 훨씬 더 많은 영적 능력을 가지고 오셨으며, 이로써 귀신을 내쫓으시는 것을 보면서 사람들이 놀랐다는 것이다. [유대교의 축귀에 관한 자세한 논의는 Emil Schurer, *The History of the Jewish people in the Age of Jesus Christ*, rev. ed., ed. G. Vermes et al., 3 vols. in 4 (Edinburgh: T&T Clark, 1973-1987), vol. 3.1, pp. 342-361, 376, 440을 보라.]

14 또 다른 해석은 72명이 보냄을 받아 일할 때 예수께서 사탄이 떨어지는 것을 보셨다는 것이다.

15 천년왕국에 관한 논의는 55장을 보라.

16 C. Peter Wagner, *Confronting the Powers: How the New Testament Church Experienced the Power of Strategic-Level Spiritual Warfare* (Ventura, CA: Regal, 1996) 참조. (『영적 전투를 통한 교회 성장』 서로사랑)

17 오늘날 우리 삶에 영향을 미치는 악의 세 근원을 요약하는 표현은 "세상, 육체, 마귀"이다(여기서 "육체"는 우리의 죄악된 욕망을 가리킨다).

18 모든 우울증이 귀신으로부터 기원하는 것은 아니다. 어떤 우울증은 의학적으로 치료할 수 있는 화학적 요인에서 기인한 것일 수도 있다. 다른 우울증은 성경적 기준에 따라 행하지 않은 다양한 행동 경향이나 대인 관계에서 기인한 것일 수도 있다. 그러나 귀신의 영향력이 하나의 요인일 수 있는 가능성을 배제해서는 안 된다. 다양한 요인에 관한 분석으로는 J. P. Moreland, *Finding Quiet: My Story of Overcoming Anxiety and the Practices That Brought Peace* (Grand Rapids: Zondervan, 2019) 참조.

19 ‘귀신에 의해 억압을 당함’이나 ‘귀신의 영향을 받고 있음’이나 ‘귀신 들림’(demonized)으로 번역할 수 있는 ‘다이모니조마이’라는 단어는 신약에서 열세 차례 사용되며 모두 복음서에서 등장한다(마 4:24; 8:16, 28, 33; 9:32; 12:22; 15:22; 막 1:32; 5:15, 16, 18; 눅 8:36; 요 10:21). 모두가 심각한 수준으로 귀신의 영향을 받고 있는 상황을 가리킨다. 하지만 나는 대부분의 사례에 대해 ‘악마화’라는 단어를 사용하지 않기를 권한다. 영어에서 ‘악마화’라는 말은 귀신이 극단적으로 강하거나 철저한 영향력이나 통제를 행사함을 암시하는 것처럼 보이기 때문이다. [pasteurized(저온살균된), homogenized(균질화된), tyrannized(압제를 당하는), materialized(구체화된), nationalized(국유화된)처럼 비슷하게 -ized가 붙은 단어와 비교해 보라. 이 단어들은 모두 단순히 약하거나 온건한 영향력이 아니라 문제의 대상이 철저하게 변화되었음을 가리킨다.] 그러나 오늘날 일부 기독교 서적에서 귀신의 공격을 받는 사람들이 ‘악마화’되었다고 말하는 경우가 많아졌다. 이 용어는 귀신의 영향이 더 심각한 경우에만 사용하는 편이 더 현명할 것이다. [ESV에서는 가장 심각한 사례를 제외한 모든 경우에 “귀신에게 억압을 당함”(oppressed by demons)이라는 표현을 사용한다.]

20 일부에서 시도했듯이 눌림(depressed), 짓눌림(oppressed), 사로잡힘(obsessed)과 같은 말로 귀신의 영향력의 범주나 정도를 정의하려는 시도는 크게 도움이 되지 않는 것처럼 보인다. 성경은 이런 방식으로 범주의 목록을 제시하지 않으며, 이 범주는 단순한 진리, 곧 한 사람의 삶 속에 귀신의 공격이나 영향력이 다양한 정도로 존재할 수 있다는 진리를 복잡하게 만드는 경향이 있을 뿐이다.

21 오순절 이후 신자들의 삶에서 성령의 능력이 더 크게 작용하고 있다는 점에 관해서는 30장, 1139-1140쪽과, 2권 39장, 254-256쪽을 보라.

22 고린도전서 12:10에 등장하는 헬라어 구절 ‘디아크리세이스 프뉴마톤’(영들을 구별함)의 의미에 대한 자세한 분석으로는 W. Grudem, “A Response to Gerhard Dautzenberg on 1 Corinthians 12:10,” *Biblische Zeitschrift*, NF, 22, no. 2 (1978): 253-270을 보라.

23 영적 은사에 강도의 차이가 존재할 수 있다는 사실에 관해서는 2권 52장, 690-693쪽을 보라.

24 물론 귀신들을 향해 직접 말하고 떠나라고 명령함으로써 귀신의 세력에 맞섰던 가장 위대한 본보기는 예수이시다. 복음서에서 그분은 자주 그렇게 하셨으며, 본보기와 말씀을 통해 제자들에게 자신을 본받으라고 가르치셨다.

25 이 단락과 양자됨에 관한 다음 단락에서 나는 Timothy M. Warner, *Spiritual Warfare* (Wheaton, IL: Crossway, 1991), 55-63의 탁월한 연구에 빚을 지고 있다. (『영적 전투: 어둠의 권세에 승리하는 능력』 죠이선교회)

26 양자됨에 관해서는 2권 37장, 200-210쪽을 보라.

27 성경에서는 귀신들이 우리의 생각을 알 수 있다고 말하지 않기 때문에(785-786쪽을 보라), 귀에 들리도록 명령해야 하는 것처럼 보인다.

28 예를 들어, 우리 자신이나 우리의 자녀가 무서운 꿈을 꾸다가 깨었을 때 우리는 예수께서 위로와 보호를 해주시기를 기도할 뿐 아니라 “예수의 이름으로 내가 이 무서운 꿈을 꾸게 한 악한 영에게 명하노니 떠날지어다”라고 말할 수 있다. 밤에 마녀나 요괴 등의 형상이 꿈에 나타나거나 생각이 나서 무서워하는 아주 어린아이에게는 “예수의 이름으로 떠나라”고 말하고 예수께서 보호해 주시며 행복한 생각을 할 수 있게 해주시기를 기도하라고 가르칠 수 있다. 그리스도를 믿는 아이들의 이런 행동은 놀라울 정도로 효과적일 것이다. 예수에 대한 그들의 믿음은 매우 단순하고 참되기 때문이다(마 18:1-4을 보라).

29 여기서 “말씀”으로 번역된 헬라어 단어는 ‘레마’로서 일반적으로는 (하나님이 하셨든, 다른 사람들이 했든) 소리를 내어 한 말을 가리킨다. 이 단어는 하나님이 말씀하시거나 사람들이 성경을 인용하는 성경 말씀에 관해 말할 때 사용되기도 한다[마 4:4; 요 15:7; 17:8; 롬 10:17; 히 6:5; 벧전 1:25(2회)]. 바울이 에베

소서 6:17에서 이 단어를 사용할 때도 이런 의미로 사용되고 있다. 즉 우리가 성경 말씀을 말할 때 이 말씀에는 성령의 일하심이 동반되며 이 말씀은 영적인 검으로서 힘을 가진다.

30 그리스도인들이 여기에 열거된 구절을 암송하여 영적 전쟁에 임할 때 외워둔 성경 말씀을 말할 수 있다면 좋을 것이다.

31 성경은 귀신들이 우리의 생각을 읽을 수 있다고 말하지 않기 때문에 귀신을 꾸짖을 때는 작게라도 소리를 내어 말해야 한다. 반대로 하나님은 당연히 우리의 생각을 아시므로, 그분께 기도할 때는 크게 소리를 내어 말하지 않고 생각만으로도 기도할 수 있다.

32 영어에서 'exorcise'라는 동사는 '마법의 주문이나 구두 명령으로 (악한 영을) 내쫓다'라는 뜻이다. 축귀(exorcism)는 이렇게 악한 영을 내쫓는 행위로 정의할 수 있다. 이 단어는 성경에 등장하지 않는다(다만 사도행전 19:13은 귀신 축출가로 행세하는 유대인을 언급한다). 역사적으로 기독교적 맥락뿐 아니라 이교적 맥락에서도 이 용어들을 사용하기 때문에 이 용어들을 사용해 오늘날 그리스도인의 실천을 지칭하는 것이 현명한지에 관해서는 그리스도인들 사이에 이견이 있을 수 있다.

33 어려움을 겪는 경우에는 더 성숙하고 이 분야에 경험이 많은 누군가에게 도움을 받는 것이 현명할 것이다.

34 그러므로 그리스도인은 밀교(occult)나 뉴에이지(New Age) 운동과 연관된 문제에 몰두해서는 안 된다. 우리는 "경건"하며 "정결"하고 "칭찬 받을 만"한 것들을 생각해야 한다(빌 4:8).

35 "기도 외에 다른 것으로는 이런 종류가 나갈 수 없느니라"라고 말씀하셨을 때(막 9:29), 예수께서는 귀신을 쫓기 전에 반드시 그 상황에 관해 오랜 기간 동안 기도해야 한다는 뜻으로 그렇게 말씀하지 않으셨다. 그분은 전혀 기도하지 않고 그저 말씀을 하심으로써 즉시 귀신을 쫓으셨기 때문이다. 따라서 그분은 지속적인 기도 생활을 하고 하나님 안에 거한다면 영적으로 준비된 상태를 유지할 수 있을 것이고 성령의 기름 부으심을 통해 영적 능력을 소유하게 될 것이며, 이로써 심각한 귀신의 공격이나 영향력에 맞서는 싸움에서도 효과적으로 사역할 수 있을 것이라는 의미로 말씀하셨을 것이다.

36 원수가 정복되고 사람들이 속박으로부터 해방될 때 기뻐하는 것이 잘못되었다는 의미로 예수께서 그렇게 말씀하신 것이 아니다. 이것은 분명히 기뻐할 만한 합당한 이유이기 때문이다. 오히려 그분의 의도는 제자들이 받은 구원의 위대함이 그들이 기뻐해야 할 일차적인 이유라고 말씀하심으로써 절대적인 기쁨과 상대적인 기쁨을 대조하고자 하신 것이다.

37

3부 • 하나님의 형상으로 창조된 인간에 관한 교리

21. 인간의 창조

하나님께서는 왜 인간을 창조하셨는가?

하나님께서는 어떻게 인간을 그분과 비슷하게 만드셨는가?

우리는 어떻게 매일의 삶에서 그분을 기쁘시게 할 수 있는가?

설명과 성경적 기초

이전 장들에서는 하나님의 본성과 우주의 창조, 그분이 창조한 영적 존재들, 기적을 행하고 기도에 응답하는 관점에서 그분이 세상과 맺는 관계를 살펴보았다. 3부는 하나님의 창조 활동의 정점에 초점을 맞춘다. 그분이 인간, 곧 남자와 여자를 다른 피조물보다 그분을 더 많이 닮도록 창조하신 것에 집중한다. 먼저 하나님이 인간을 창조한 목적과 창조 때의 인간 본성에 대해 살펴볼 것이다.[21-23장] 그다음 죄, 곧 하나님에 대한 아담과 하와의 불순종과 그 본질에 대해 살펴볼 것이다.[24장] 마지막으로 인간을 구원하기 위한 하나님의 계획의 시작과 하나님이 세운 여러 언약을 통해 우리가 하나님과 맺는 관계에 대해 논할 것이다.[25장]

A. '남자'man라는 단어를 사용하여 인류를 지칭함

이번 장의 주제를 논하기 전에 인류 전체를 지칭하기 위해 '남자'man라는 단어를 사용하는 것이 적절한지 간략히 검토할 필요가 있다(이 책에서는 'man'이라는 단어가 인류 전체를 지칭하는 말로 사용될 경우 '인간'으로 번역함—옮긴이). 오늘날 어떤 사람들은 '남자'라는 단어를 (남자와 여자를 모두 포함하는) 인류 전체를 지칭하는 말로 사용하는 것에 반대한다. 이 용법은 여성에 대해 민감하지 못한 태도를 드러내기 때문이라고 그들은 주장한다. 이 반론을 제기하는 이들은 인간이라는 종족 전체를 지칭할 때 인류humanity, humankind나 인간,human beings 사람들persons처럼 성 중립적인gender neutral 용어를 사용한다.

이 주장을 검토한 뒤 이 책에서는 '남자'라는 단어를 (이런 용어들 중 몇 가지를 사용해) 인류를 지칭하는 말로 계속 사용하기로 결정했다. 창세기 5장을 통해 하나님이 이런 용법을 허락하셨음을 확인할 수 있으며, 또한 여기에 신학적인 문제가 걸려 있다고 생각하기 때문이다. 창세기 5:1-2은 "하나님이 사람을 창조하실 때에 하나님의 모양대로 지으시되 남자와 여자를 창조하셨고 그들이 창조되던 날에 하나님이 그들에게 복을 주시고 그들의 이름을 사람이라 일컬으셨더라"고 말한다.창 1:27 "사람"으로 번역된 히브리어 단어는 '아담'으로서, 아담의 이름으로 사용된 말과 동일하다.창 3:17, 21; 4:1, 25; 5:1 또한 이 단어는 창세기 2장에서 여자와 남자가 구별되기 전 사람을 지칭하는 데 이미 여덟 번 사용된다.

여호와 하나님이 아담에게서 취하신 그 갈빗대로 여자를 만드시고 그를 아담에게로 이끌어 오시니.창 2:22

아담이 이르되 이는 내 뼈 중의 뼈요 살 중의 살이라. 이것을 남자에게서 취하였은즉 여자라 부르리라 하니라.창 2:23

아담과 그의 아내 두 사람이 벌거벗었으나 부끄러워하지 아니하니라.창 2:25

아담과 그의 아내가 여호와 하나님의 낯을 피하여 동산 나무 사이에 숨은지라.창 3:8

여호와 하나님이 아담을 부르시며 그에게 이르시되 네가 어디 있느냐.창 3:9

아담이 이르되 하나님이 주셔서 나와 함께 있게 하신 여자 그가 그 나무 열매를 내게 주므로 내가 먹었나이다.창 3:12

아담이 그의 아내의 이름을 하와라 불렀으니.창 3:20

그러므로 같은 용어를 사용해 (1) 남자 인간을 지칭하기도 하고 (2) 인류 전체를 지칭하기도 하는 것은 하나님으로부터 시작된 관행이며, 우리는 이를 불쾌하거나 무례하다고 생각해서는 안 된다.

어떤 이들은 이것이 히브리어의 우연한 특징일 뿐이라고 반론을 제기할지도 모르지만 그 주장은 설득력이 없다. 창세기 5:2은 인류 전체에 적용될 이름을 택하시는 하나님의 행동을 구체적으로 묘사하기 때문이다.[1]

나는 우리가 언제나 성경의 발화 형식을 그대로 따라야 한다거나, 성 중립적인 용어를 사용해 인류를 지칭하는 것이 잘못된 일이라고 주장하려는 것이 아니다. 하지만 나는 창세기 5:2에 기록된 하나님의 명명命名 행위를 통해 '남자'라는 단어를 사용해 인류 전체를 지칭하는 것이 적절하다고 보는 입장이다.[2]

신학적인 논점은 창조의 시작부터 가정에서의 남성 리더십이나 머리됨에 대한 암시가 존재했는가 하는 점이다. 하나님이 인류를 여자가 아니라 남자로 부르기로 작정하셨다는 사실이 남자와 여자에 대한 하나님의 최초의 계획을 이해하는 데 중요한 의미를 가질 수도 있다.[3] 물론 우리가 인류를 지칭할 때 사용하는 언어 문제가 이 논의에서 유일한 요인은 아니지만 하나의 요인이 되며, 이에 관해 우리가 사용하는 언어는 오늘날 남자와 여자의 역할에 대한 논의에서도 중요한 의미를 갖는다.[4]

B. 인간은 왜 창조되었는가?

1. 하나님은 인간을 창조할 필요가 없었지만 그분의 영광을 위해 우리를 창조하셨다

11장에서 하나님의 독립성에 관해 논할 때, 하나님은 피조물을 필요로 하지 않지만, 피조물은 그분을 영화롭게 한다는 사실을 다루었다. 삼위일체의 위격 사이에는 온전한 사랑과 사귐이 존재했다.요 17:5, 24 따라서 하나님은 외롭거나 사귐이 필요해 우리를 창조하신 것이 아니다. 하나님은 어떤 이유로도 우리를 필요로 하지 않으셨다.

그럼에도 하나님은 그분 자신의 영광을 위해 우리를 창조하셨다. 하나님은 땅의 끝에서 그분의 아들들과 딸들을 "내가 내 영광을 위하여 창조한 자"로 부르신다.사 43:7; 또한 엡 1:11-12 참조 그러므로 우리는 "무엇을 하든지 다 하나님의 영광을 위하여" 해야 한다.고전 10:31

이 사실은 우리의 삶이 중요함을 나타낸다. 하나님이 우리를 창조하실 필요가 없었으며 어떤 이유로도 우리를 필요로 하지 않으심을 깨달을 때, 우리는 우리 삶이 전혀 중요하지 않다고 결론 내릴 수도 있다. 하지만 성경은 우리가 하나님을 영화롭게 하기 위해 창조되었다고 말하며, 이것은 우리가 하나님께 중요한 존재임을 뜻한다. 이것이 우리 삶의 참된 의미다. 우리가 하나님께 영원히 중요한 존재라면, 이보다 더 큰 의미를 바랄 수 있겠는가?

2. 우리 삶의 목적은 무엇인가?

하나님이 그분의 영광을 위해 우리를 창조하셨다는 사실은 '우리 삶의 목적이 무엇인가?'라는 물음에 대한 올바른 답을 결정한다. 우리 삶의 목적은 하나님이 우리를 창조하신 목적을 성취하는 것이다. 즉 그분을 영화롭게 하는 것이다. 하나님에 관해 이야기할 때, 이것은 우리 삶의 목적에 대한 훌륭한 요약이다. 그러나 우리 자신의 유익에 관해 생각할 때, 우리는 하나님을 즐거워하며 그분과 맺는 관계에서 기쁨을 얻는다는 것을 발견하고 행복해할 것이다. 예수께서는 "내가 온 것은 양으로 생명을 얻게 하고 더 풍성히 얻게 하려는 것이라"고 말씀하신다.요 10:10 다윗은 하나님께 "주의 앞에는 충만한 기쁨이 있고 주의 오른쪽에는 영원한 즐거움이 있나이다"라고 말하며,시 16:11 "여호와의 아름다움을 바라보며" 영원히 여호와의 집에서 살기를 갈망한다.시 27:4 또한 아삽은 이렇게 외친다.

> 하늘에서는 주 외에 누가 내게 있으리요. 땅에서는 주 밖에 내가 사모할 이 없나이다. 내 육체와 마음은 쇠약하나 하나님은 내 마음의 반석이시요 영원한 분깃이시라.시 73:25-26

하나님을 알고 그분의 탁월하신 성품으로 인해 기뻐할 때 우리는 충만한 기쁨을 누릴 수 있다. 그분 앞에 있는 것, 그분과의 사귐을 누리는 것은 상상할 수 있는 그 어떤 것보다 더 큰 복이다.

> 만군의 여호와여, 주의 장막이 어찌 그리 사랑스러운지요. 내 영혼이 여호와의 궁

정을 사모하여 쇠약함이여 내 마음과 육체가 살아 계시는 하나님께 부르짖나이다.……주의 궁정에서의 한 날이 다른 곳에서의 천 날보다 나은즉…….시 84:1-2, 10

그러므로 그리스도인의 온전한 마음가짐은 주로 인해, 또한 그분이 우리에게 주신 삶의 교훈으로 인해 기뻐하는 것이다.롬 5:2-3; 빌 4:4; 살전 5:16-18; 약 1:2; 벧전 1:6, 8 등 **5**

성경은 우리가 하나님을 영화롭게 하고 즐거워할 때, 그분이 우리로 인해 기뻐하신다고 말한다. "신랑이 신부를 기뻐함 같이 네 하나님이 너를 기뻐하시리라."사 62:5 또한 스바냐는 주께서 "너로 말미암아 기쁨을 이기지 못하시며 너를 잠잠히 사랑하시며 너로 말미암아 즐거이 부르며 기뻐하시리라"고 예언한다.습 3:17

인간의 창조에 관한 교리를 이처럼 이해하는 것은 실제적인 결과를 가져온다. 우리가 하나님을 영화롭게 하도록 창조되었음을 깨닫고, 그 목적을 성취하는 방식으로 행동하기 시작할 때 이전에는 결코 알지 못했던 강렬한 기쁨을 주 안에서 경험하기 시작한다. 더 나아가 우리가 그분과의 사귐을 즐거워할 때 하나님도 기뻐하신다는 사실을 깨닫는다면 우리의 기쁨은 형언할 수 없고, 하늘의 영광으로 가득하게 된다.벧전 1:8 참조 **6**

어떤 이들은 하나님이 인간을 창조하여 영광을 얻으려는 것은 잘못된 일이라고 반론을 제기할지도 모른다. 헤롯 아그립바 1세의 죽음이라는 극단적인 예를 통해서 볼 수 있듯이, 인간이 자신을 위해 영광을 구하는 것은 분명히 잘못된 일이다. 그가 "이것은 신의 소리요 사람의 소리가 아니라"는 군중의 외침을 교만하게 받아들였을 때,행 12:22 "주의 사자가 곧 치니 벌레에게 먹혀 죽"게 되었다.행 12:23 헤롯은 하나님의 영광, 곧 자신이 아니라 마땅히 하나님이 받으셔야 할 영광을 가로챘기 때문에 죽게 되었다.

하지만 하나님이 스스로 영광을 취할 때 다른 누군가의 영광을 빼앗는다는 말인가? 하나님보다 더 영광을 받기에 합당한 누군가가 존재하는가? 당연히 없다. 그분은 창조주이고 만물을 만들었으며 모든 영광을 받기에 합당하다. 그분께는 영광을 받을 자격이 있다. 인간은 자신을 위해 영광을 구해서는 안 된다. 즉 자신을 위해 영광을 구하는 것은 인간에게는 잘못된 일이지만 하나님께는 올바른 일이다. 하나님은 창조주이기 때문이다.

그분이 영광을 받는 것은 잘못된 일이 아니라 올바른 일이다. 그분이 우주의 모든 피조물로부터 영광을 받지 않는다면, 오히려 그것이 잘못된 일이다. 하나님의 보좌 주위에서 이십사 장로들은 계속해서 이렇게 노래한다.

> 우리 주 하나님이여, 영광과 존귀와 권능을 받으시는 것이 합당하오니 주께서 만물을 지으신지라. 만물이 주의 뜻대로 있었고 또 지으심을 받았나이다.계 4:11

바울은 "만물이 주에게서 나오고 주로 말미암고 주에게로 돌아감이라. 그에게 영광이 세세에 있을지어다. 아멘"이라고 외친다.롬 11:36 모든 찬양을 받기에 합당하고 무한하며 완전한 창조주의 본성을 이해하기 시작할 때, 우리는 우리의 "마음을 다하고 목숨을 다하고 뜻을 다하고 힘을 다하여" 그분께 영광을 돌리기 전까지 안식을 누리지 못할 것이다.막 12:30

C. 하나님의 형상으로 창조됨

1. 하나님의 형상과 그 의미

하나님이 만든 모든 피조물 중에서 단 하나, 곧 인간만이 하나님의 형상으로 창조되었다.[7] 이것이 의미하는 바는 무엇인가? 다음과 같이 말할 수 있다. 인간이 하나님의 형상으로 창조되었다는 사실은 인간이 하나님을 닮았으며 그분을 표상한다는 것을 의미한다.

이는 신학자들이 하나님의 형상의 의미에 관해 일반적으로 합의된 의견을 공유한다는 말이 아니다. 하나님의 형상에 관한 수많은 이견들이 존재하기 때문이다. 『복음주의 조직신학』에서 밀러드 에릭슨은 교회사에 나타난 하나님의 형상에 관한 세 가지 주요 견해를 요약하여 제시한다. (1) (이성이나 영성처럼) 인간의 특정한 속성을 인간 안에 있는 하나님의 형상과 동일시하는 본질적 견해(루터, 칼뱅, 다수의 초기 교회 저자들), (2) 하나님의 형상이 인격체로서 우리가 서로 맺는 관계와 연관이 있다고 주장하는 관계적 견해(에밀 브루너, 또한 하나님의 형상이 남자와 여자로 창조되었다는 사실과 연관이 있다고 본 칼 바르트), (3) 하나님의 형상이 우리가 수행하는 기능, 일반적으로 피조물에 대한 통치권의 행사와 연관이 있다고 주장하는

기능적 견해다.[8]

하나님의 형상의 의미를 발견하고자 할 때 가장 효과적인 방법은 먼저 성경에서 이 개념에 관해 말할 때 사용된 히브리어를 이해하는 것이다. 하나님이 "우리의 형상을 따라 우리의 모양대로 우리가 사람을 만들고"라고 말씀하실 때,[창 1:26] 그 의미는 하나님 자신을 닮은 피조물을 만들고자 계획하신다는 것이다. "형상"[첼렘]과 "모양"[데무트]에 해당하는 히브리어 단어가 지칭하는 것은, 곧 그것이 표상하거나 그 형상이 되는 것과 비슷하지만 동일하지 않은 무언가를 지칭한다. "형상"이라는 단어는 다른 무언가를 표상한다는 의미로 사용될 수도 있다.[9]

그러므로 "형상"과 "모양"으로 번역된 히브리어는 원독자들에게 분명한 의미를 지녔다. 원독자들은 이 단어들을 인간이 하나님과 비슷하며 많은 점에서 하나님을 표상한다는 의미로 이해했다. 이 결론을 통해 하나님의 형상의 의미에 관한 논쟁이 지나치게 협소하고 구체적인 의미를 찾고자 하는 노력임을 알 수 있다. 성경에서 하나님이 "우리의 형상을 따라 우리의 모양대로 우리가 사람을 만들고"라고 말씀하실 때,[창 1:26] 원독자들은 이 말씀을 '우리와 비슷하며 우리를 표상하도록 인간을 만들자'라는 뜻으로 이해했을 것이다.

형상과 모양이 이와 같은 의미를 지녔기 때문에 성경은 인간이 하나님의 형상으로 창조되었다는 것이 무엇을 의미하는지 더 자세히 설명할 필요가 없었다. 이러한 설명이 불필요한 이유는 이 용어가 분명한 의미를 지녔기 때문일 뿐 아니라 어떤 목록으로도 이 주제를 제대로 설명할 수 없기 때문이다. 그러나 성경의 나머지 부분에서는 더 자세한 내용을 채워 넣음으로써 이에 대해 설명하고 있다. 실제로 성경의 나머지 부분을 읽어 보면, 인간이 하나님을 닮았다는 것을 온전히 이해하기 위해서는 하나님의 존재와 행동, 곧 하나님이 어떤 분이신지에 대한 온전한 이해와, 또한 인간이 어떤 존재이며 무엇을 하는지에 대한 온전한 이해가 필요함을 깨닫게 된다. 하나님과 인간에 대해 더 많이 알수록 둘 사이의 유사성을 더 많이 인식하게 될 것이며, 인간이 하나님의 형상으로 창조되었다는 성경의 말씀이 무엇을 뜻하는지 더 온전히 이해하게 될 것이다. '하나님의 형상'이라는 표현은 인간이 하나님을 닮은 모든 방식을 가리킨다. (그러므로 하나님의 형상에 관한 본질적 견해, 관계적 견해, 기능적 견해는 모두 일정한 진리를 담고 있으며, 우리는 그중에서 하나만 선택할 필요가 없다.)

창세기 1:26과 창세기 5:3의 유사점은 인간이 하나님의 형상으로 창조되었다는 사실과 그 의미에 대한 이해를 뒷받침해 준다. 창세기 1:26에서는 하나님이 인간을 그분의 형상과 모양대로 창조하겠다는 의도를 선언하며, 창세기 5:3에서는 아담이 "백삼십 세에 자기의 모양데무트 곧 자기의 형상첼렘과 같은 아들을 낳아 이름을 셋이라" 부른다. 셋은 아담과 똑같지 않았지만, 아들이 아버지를 닮듯 많은 부분에서 비슷했다. 본문의 의미는 그저 셋이 아담과 비슷했다는 것이다. 구체적으로 어떤 점에서 셋이 아담과 비슷했는지 밝히지 않고 있으며, 따라서 셋의 어느 한 특징이 아담의 형상과 모양과의 유사성을 결정한다는 주장은 본문에 지나치게 제한을 가한다. 그는 갈색 눈이었을까, 아니면 곱슬머리였을까? 진지한 성향이었을까, 아니면 쉽게 화를 내는 성격이었을까? 물론 이런 억측들은 쓸데없다. 셋이 아담을 닮았다는 것, 따라서 셋이 아담의 형상의 일부를 가지고 태어난 것은 자명하다. 마찬가지로 인간은 하나님과 비슷한 존재로서, 하나님의 형상과 모양의 일부를 가지고 태어난 것이다.

2. 타락: 하나님의 형상은 왜곡되었지만 상실되지 않았다

인간이 죄를 범한 뒤에도 여전히 하나님과 비슷하다고 할 수 있는지 질문할 수 있다. 이에 대한 답은 창세기 초반부에서 찾을 수 있다. 하나님은 홍수 사건 이후 노아에게 인간 사이에서 발생한 살인에 대해 사형을 선고할 권위를 주신다. "다른 사람의 피를 흘리면 그 사람의 피도 흘릴 것이니. 이는 하나님이 자기 형상대로 사람을 지으셨음이니라."창 9:6 인간이 죄인임에도 불구하고 여전히 인간 안에 하나님의 형상이 남아 있고, 따라서 다른 사람을 살해하는 것("피를 흘림"은 인간의 생명을 취하는 것을 뜻하는 구약의 표현이다)은 하나님을 가장 많이 닮은 피조물을 공격하는 행위이며, 하나님을 공격하고자 하는 의도나 욕망을 드러내는 행위다.[10] 인간은 여전히 하나님의 형상을 지닌다. 신약에서도 이 점을 확증한다. 야고보서 3:9은 신자들뿐만 아니라 모든 인간이 "하나님의 형상대로 지음을 받"았다고 말한다.

하지만 인간은 죄를 범했기 때문에 하나님을 온전히 닮았다고 말할 수 없다. 인간은 도덕적 순수성을 상실했고, 죄인인 인간의 성품은 하나님의 거룩하심을 반영할 수 없다. 인간의 지성은 거짓과 오해에 의해 더렵혀졌고, 그의 말은 하나님께 영광을 돌리기를 거부한다. 인간의 관계는 사랑보다 이기심에 의해 지배되는 경우가 많다. 인간은 여전히 하나님의 형상을 지니고 있지만 삶의 모든 영역에서 그 형상을 이루는 부분들이 왜곡되거나 상실되었다. 간단히 말해서 "하나님은 사람을 정직하게 지으셨으나 사람이 많은 꾀들을 낸 것"이다.전 7:29 따라서 타락 이후에 인간은 여전히 하나님의 형상을 지니고 있지만—하나님과 비슷하며 그분을 표상하지만—인간 안에 있는 하나님의 형상은 왜곡되어 있다. 죄가 들어오기 전의 인간과 비교하면, 우리는 이전보다 하나님을 온전히 닮지 못한 채로 존재한다.

그러므로 하나님의 형상을 온전히 이해하려면 단지 현재에 존재하는 인간을 관찰할 뿐만 아니라 하나님이 아담과 하와를 창조하셨을 때, 하나님이 지으신 모든 것이 "심히 좋았"을 때창 1:31 그들이 가지고 있던 본성에 관한 성경 말씀을 살펴보는 것이 중요하다. 이 땅에서 그리스도의 삶, 그 초기 단계를 통해서도 하나님의 형상을 지닌 인간의 참된 본성이 확인된다. 그리스도께서 다시 오셔서 우리를 위해 획득한 그 구원의 유익을 우리가 모두 누릴 때까지 이 땅에서는 인간이 가진 탁월함을 온전히 보지 못할 것이다.

3. 그리스도 안의 구속: 하나님의 형상의 점진적 회복

그럼에도 신약으로 눈을 돌려 그리스도 안에 있는 우리의 구속이 무엇을 의미하는지 깨달을 때 우리는 위로를 얻게 된다. 이것은 우리가 이 땅에서도 점진적으로 하나님을 닮아 갈 수 있음을 뜻하기 때문이다. 예를 들어, 바울은 그리스도인으로서 우리가 "자기를 창조하신 이의 형상을 따라 지식에까지 새롭게 하심을 입은 자"라는 새로운 본성을 가지고 있다고 말한다.골 3:10 하나님과 그분의 말씀과 세상을 온전히 이해하게 될 때, 우리의 생각은 그분의 생각에 가까워지기 시작한다. 이처럼 우리는 "지식에까지 새롭게 하심을 입"어 하나님의 생각과 점점 더 비슷해진다. 이는 그리스도의 통상적인 삶의 과정을 묘사한 것이다. 바울도 우리가 "그와 같은 형상으로 변화하여 영광에서 영광에 이"른다고 말한다.고후 3:18 [11] 우리가 이 땅에서 그리스도인으로서 성숙해지는 만큼 하나님을 닮게 된다. 더 구체적으로는 우리의 삶과 성품이 그리스도를 점점 더 닮아 가는 것이다. 그리스도께서 우리를 속량하신 목적은 우리가 "그 아들의 형상을 본받"아[롬 8:29] 우리의 성품이 그리스도를 닮게 하기 위함이다.

4. 그리스도께서 재림하실 때: 하나님의 형상의 온전한 회복

신약은 우리가 아담을 닮은 것처럼(사망과 죄에 굴복한 것) 또한 그리스도를 닮게 될 것(도덕적으로 순결하며 다시는 죄에 굴복하지 않을 것)을 약속한다. "우리가 흙에 속한 자의 형상을 입은 것 같이 하늘에 속한 이의 형상을 입으리라."[고전 15:49][12] 그러나 죄를 범한 아담의 삶을 통해서는 우리가 하나님의 형상으로 창조되었음을 온전히 볼 수 없다. 마찬가지로 현재 우리의 삶을 통해서도 그것을 온전히 볼 수 없다. 우리의 모습은 불완전하기 때문이다. 하지만 신약은 하나님이 인간을 그분의 형상으로 창조하신 목적이 예수 그리스도의 인격을 통해 온전히 실현되었다고 강조한다. "그리스도는 하나님의 형상"이며,[고후 4:4] "보이지 아니하는 하나님의 형상"이나.[골 1:15] 예수 안에서 우리는 하나님이 뜻하신 대로 그분을 닮은 인간의 모습을 볼 수 있으며, 하나님이 "그 아들의 형상을 본받게 하기 위하여" 우리를 예정하셨음을 알고 기뻐할 수 있다.[롬 8:29; 또한 고전 15:49 참조] "그가 나타나시면 우리가 그와 같"게 될 것이다.[요일 3:2]

5. 하나님의 형상의 구체적 양상

하나님을 닮은 우리의 모든 모습을 규정하는 것은 어렵지만, 그럼에도 우리가 다른 피조물보다 하나님을 더 많이 닮았음을 나타내는 몇 가지 양상을 제시할 수 있다. 하나님의 피조물 중 그 무엇도 하나님의 형상으로 창조되었다고 언급하지 않는다.[13]

a. 도덕적 양상. (1) 우리는 하나님 앞에서 우리의 행동에 도덕적으로 책임을 져야 하는 피조물이며, 이는 하나님이 우리에게 그분의 거룩함을 본받을 것을 요구하신다는 사실에 기초한다. "내가 거룩하니 너희도 거룩할지어다."[벧전 1:16] 그 책임에 상응하는 방식으로, 우리는 (2) 우리를 동물과 구별시키는 감각, 곧 옳고 그름을 판단하는 감각을 가지고 있다(동물은 도덕이나 정의에 대한 내적 감각을 거의 가지고 있지 않으며, 처벌에 대한 두려움이

나 보상에 대한 기대에 따라 반응한다). 우리가 하나님을 닮았다는 사실은, 우리가 하나님의 도덕적 기준에 따라 (3) 그분 앞에서 행하는 거룩하고 의로운 행위를 통해 드러난다. 반대로 죄를 범할 때마다 하나님을 닮지 못한 우리의 모습이 드러난다.

b. 영적 양상. (4) 우리는 물질적인 신체뿐 아니라 비물질적인 영도 지니고 있으며, 따라서 영적인 영역에서도 의미 있는 방식으로 행동할 수 있다. 이것은 우리가 (5) 하나님과의 인격적인 관계 속에서 그분께 기도하고 찬양하며, 그분의 말씀을 들을 수 있는 영성을 가지고 있다는 뜻이다.[14] 어떤 동물도 오랜 시간 친척이나 친구의 구원을 위해 기도하지 않는다. 하지만 우리는 하나님의 형상으로 창조되었으며 영적으로 하나님과 관계를 맺는다.[요 4:24] (6) 우리의 불멸성은 이러한 영적인 삶과 연관된다. 우리는 존재하기를 그치지 않고 영원히 살 것이다.

c. 정신적 양상. (7) 우리는 논리적으로 추론하고 생각하는 능력을 가지고 있으며, 이 능력은 인간과 동물의 차이를 말해 준다. 추론 능력은 분명히 하나님의 형상의 일부다. 물론 동물도 미로를 빠져나오거나 어떤 문제를 해결하는 등의 행동을 하지만, 추상적인 추론을 수행하지는 못한다. 예를 들면, 개의 철학사와 같은 것은 존재하지 않는다. 창조 세계의 어떤 동물도 윤리 문제를 이해하거나 철학 개념을 사용하지 못했다. 신체와 기술을 발달시키는 능력에서도 동물은 우리와 전혀 다르다. 비버는 수천 세대에 걸쳐 짓던 것과 동일한 종류의 댐을 지금도 만들고, 새는 여전히 같은 종류의 둥지를 만들며, 꿀벌은 여전히 같은 종류의 벌집을 만든다. 하지만 우리는 인간 활동의 모든 분야에서 더욱 뛰어나고 복잡한 기술을 계속해서 발전시킨다.

(8) 우리가 복잡하고 추상적인 언어를 사용한다는 사실은 우리를 동물과 구별시킨다. 나는 아들이 네 살일 때 지하실 작업대로 가서 크고 빨간 드라이버를 가져오라고 시킨 적이 있었다. 아들이 그 물건을 한 번도 본 적이 없었더라도 '가다, 가져오다, 큰, 빨간, 드라이버, 작업대, 지하실'의 의미를 알기 때문에 그 과제를 쉽게 수행할 수 있었다. 아들은 그 외에도 한 번도 본 적이 없지만 내가 몇 개의 간단한 단어로 묘사할 때 머릿속에 그려볼 수 있는 수십 개의 다른 물건에 대해서도 똑같이 할 수 있었을 것이다.

그러나 어떤 침팬지도 그런 과제를 수행할 수 없을 것이다. 하지만 네 살 정도의 인간은 이런 과제를 일상적으로 수행하며, 이는 대수롭지 않게 여겨진다. 여덟 살이 되면 인간은 동물원으로 소풍을 간 경험을 묘사하는 편지를 쓸 수 있으며, 또는 외국으로 이주해 그 나라의 언어를 배울 수도 있다. 우리는 이것이 정상이라고 생각한다. 하지만 어떤 동물도 편지를 쓰거나, 프랑스어 동사의 과거, 현재, 미래 시제를 배우거나, 추리 소설을 읽고 이해하거나, 성경의 한 구절이라도 그 의미를 이해하지 못할 것이다. 인간은 이 모든 일을 쉽게 할 수 있으며, 이로써 인간이 어떤 동물보다 우월함을 입증한다. 그러므로 어떤 사람들의 생각, 곧 인간이 또 다른 종류의 동물일 뿐이라는 생각은 의아하지 않을 수 없다.

(9) 인간과 동물의 또 다른 정신적 차이는, 인간은 먼 미래를 의식하며 죽음 이후를 생각한다는 것이다. 인간이 가진 이 내적 인식 때문에 많은 사람들은 죽기 전에 하나님과 관계를 바로잡고자 한다.전 3:11 참조

(10) 미술, 음악, 문학, 과학, 기술직 발명 등 여러 분야에서 이루어지는 인간의 활동을 통해 우리는 하나님의 형상으로 창조되었음을 확인할 수 있다. 우리는 이런 창의성이 세계적으로 유명한 음악가나 미술가에게 국한된다고 생각해서는 안 된다. 아이들이 즐겁게 연극을 할 때, 식사를 준비하거나 집을 꾸미거나 정원을 가꿀 때, 사람들이 제대로 작동하지 않는 기계를 고칠 때도 이런 창의성이 드러난다.

지금까지 언급한 하나님의 형상의 양상들은 인간과 동물 사이에 그저 정도의 차이가 존재하는 것이 아니라 인간이 동물과 절대적으로 다르다는 것을 말해 준다. 하지만 인간이 동물과 상대적으로 다른 영역도 있으며, 이 영역들도 인간이 하나님과 비슷하다는 것을 보여준다.

(11) 감정의 영역에서 정도와 복잡성을 통해 인간이 하나님과 닮았다는 것을 알 수 있다. 물론 동물도 일정한 감정을 드러낸다(강아지를 키우는 사람이라면 강아지가 기쁨과 슬픔, 무언가를 잘못했을 때 느끼는 처벌에 대한 두려움, 다른 동물이 영역을 침범할 때 느끼는 분노, 만족감, 애정을 표현하는 것을 알 것이다). 하지만 인간이 경험하는 감정의 복잡성은 다른 피조물들과 전혀 다르다. 아들의 야구 경기를 지켜보며, 나는 아들의 팀이 졌다는 것에 슬픔을 느끼지만 아들이 경기를 잘하는 것에 행복함을 느끼며, 아들이 좋

은 선수인 것에 자랑스러움을 느끼고, 또한 내게 아들을 주시고 그가 자라는 것을 지켜보는 기쁨을 주신 하나님께 감사함을 느끼며, 오후 내내 머릿속에 맴돌던 찬송가 때문에 기쁨을 느끼고, 동시에 저녁 식사가 늦어지는 것에 불안감을 느낄 수 있다. 동물이 이런 복잡한 감정을 경험할 가능성은 없을 것이다.

d. 관계적 양상. (위에서 살펴본) 하나님과 관계를 맺을 수 있는 인간의 특별한 능력에 더해 하나님의 형상을 구성하는 다른 관계적 양상이 있다. (12) 동물도 공동체 의식을 가지고 있지만 인간은 결혼을 통해, 하나님의 질서를 따르는 가정을 통해 주님과 사귐을 나누고, 또한 신자들이 서로 교제하며 살아가는 공동체로서 교회를 통해 동물이 경험하는 것보다 깊은 공동체적 사귐을 경험한다. 또한 가정과 교회에서 인간은 천사들, 곧 결혼하지도 않고 자녀를 낳지도 않으며 구속된 하나님의 자녀 공동체에서 살 수 없는 천사들보다 더 우월하다.

(13) '결혼'이라는 관계에서 남자와 여자는 동등한 존재 가치를 갖지만 그 역할에서는 차이가 있게 창조되었으며, 이러한 사실은 하나님의 본성을 반영한다.[22장 참조]

(14) 인간은 다른 피조물과 맺는 관계에서도 하나님을 닮았다. 구체적으로 인간은 피조물을 다스릴 권리를 부여받았으며, 그리스도께 다시 오실 때 천사를 판단하는 권위까지 얻게 된다.[고전 6:3; 창 1:26, 28; 시 8:6-8 참조]

e. 신체적 양상. 인간의 신체도 하나님의 형상으로 창조되었다는 의미의 일부라고 말할 수 있는가? 물론 인간이 신체를 가지고 있다고 해서 하나님도 신체를 가지고 있다고 생각하면 안 된다. "하나님은 영"이시기 때문이다.[요 4:24] 하나님이 물질적, 신체적 몸을 가진 것처럼 그분을 생각하거나 묘사하는 것은 죄다.[출 20:4; 시 115:3-8; 롬 1:23 참조] **15** 하지만 인간의 신체가 하나님의 성품에 속하는 무언가를 반영하며, 이를 통해 인간은 하나님의 형상으로 창조되었다는 의미의 일부를 이룬다고 말할 수 있는가? 몇 가지 점에서는 그렇게 말할 수 있다.

예를 들어, 인간의 몸은 눈으로 무언가를 볼 수 있다. 이것은 하나님과 비슷한 속성이다. 하나님은 보실 수 있으며, 신체적인 눈으로 보는 것은 아니지만 인간보다 더 많은 것을 보신다. 인간의 귀는 소리를 들을 수 있으며, 이 또한 하나님을 닮은 능력이다. 물론 하나님은 신체적인 귀가 없다. 인간의 입은 말할 수 있으며, 이는 하나님이 말씀하는 분이라는 사실을 반영한다. 미각, 촉각, 후각 등 인간의 감각은 피조물들을 이해하고 누릴 수 있게 해주며, 이는 하나님도 그 피조물들을 이해하고 누리신다는 사실을 반영한다. 물론 그분의 감각은 인간의 감각보다 더 탁월하다.

하나님의 형상으로 창조된 것은 단지 인간의 영이나 지성만이 아니라 인간 전체라는 사실을 깨닫는 것이 중요하다. 몸은 우리 존재의 중요한 부분이며, 그리스도께서 다시 오셔서 그것을 변화시키실 때도 계속해서 영원히 실재하는 우리 존재의 일부가 될 것이다.고전 15:43-45, 51-55 참조 그러므로 우리의 몸은 하나님의 본성과 닮도록 창조된 인간적 본성을 신체적인 방식으로 표상하기에 적합한 도구로 창조되었다. 사실 우리가 행하는 모든 일은 우리의 몸을 통해 이루어진다. 우리의 생각, 도덕적 판단, 기도와 찬양, 서로에 대한 사랑과 관심 등, 이 모두가 하나님이 우리에게 주신 몸을 통해 이루어진다. 그러므로 우리가 하나님이 신체를 가지고 있다고 주장하는 것이 아님을 분명히 한다면, (15) 우리의 몸도 다양한 방식으로 하나님의 성품에 속하는 무언가를 반영한다고 말할 수 있다. 이뿐만 아니라 신체적 활동과 하나님이 주신 기술의 활용도 대부분 우리의 몸을 통해 이루어진다. 또한 (16) 우리를 닮은 자녀를 낳고 기르는 능력은 하나님이 주신 능력이며,창 5:3 참조 그분의 형상으로 인간을 창조한 하나님의 능력을 반영한다.

특히 마지막 항목들에서 인간과 다른 피조물 사이의 차이는 절대적 차이가 아니라 상대적으로 큰 차이인 경우가 많다. 앞서 동물이 경험하는 몇몇 종류의 감정이 존재한다고 언급한 바 있다. 동물의 무리에도 리더가 있고 다른 구성원들이 그것을 받아들인다는 점에서 일종의 권위에 대한 경험이 존재한다. 이뿐만 아니라 우리가 더 절대적이라고 생각하는 차이점에서도 어느 정도 유사성이 나타난다. 동물도 어느 정도 추론할 수 있으며, 원시적인 의미에서 언어라고 할 수 있는 다양한 방식으로 서로 소통할 수도 있다. 이것은 놀랍지 않다. 하나님이 그분의 성품을 다양한 방식으로 반영하도록 피조물 전체를 창조하셨다면, 이는 예상할 수 있는 것이다. 비교적 더 복잡하고 발달된 동물은 저등한 동물보다 하나님을 더 많이 닮아 있다. 그러므로 인간만이 하나님과의 유사성을 반영한다고 말해서는 안 된다.[16] 하지만 모든 피조물 중 오직 인간만이 하나님의 형상으로 창조되었으며 하나님을 닮았음을 깨닫는 것은 여전히 중요하다. 이러한 성경의 진술과 아울러 우리가 삶에서 하나님을 본받아야 한다는 성경의 명령, 엡 5:1; 벧전 1:16 참조 우리 자신과 다른 피조물에서 관찰 가능한 사실, 이 모두를 통해 우리가 다른 피조물보다 하나님을 더 많이 닮아 있음을 알 수 있다. 어떤 측면에서는 차이가 절대적이며, 또 어떤 측면에서는 차이가 상대적이다. 이 모든 차이가 중요하다.

마지막으로 우리가 다른 피조물과 달리 삶 속에서 점점 더 하나님을 닮아 갈 수 있는 능력을 가지고 있음을 깨달을 때, 우리는 어떤 의미에서 하나님을 닮아 있는지 분명히 이해할 수 있다. 우리의 도덕적 감각은 성경 공부와 기도를 통해 더 고도로 발전될 수 있다. 우리의 도덕적 행동은 하나님의 거룩하심을 점점 더 반영할 수 있다.고후 7:1; 벧전 1:16 참조 우리의 영적인 삶은 더 풍성해지고 깊어질 수 있다. 이성과 언어의 사용은 더 정확하고 진실해질 수 있다. 더욱 하나님께 영광을 돌리는 방식으로 이성과 언어를 사용할 수 있다. 하나님과 영원히 살 것이라는 소망 가운데 성숙해짐에 따라 미래에 대한 우리의 감각이 더 강해질 수 있다. 우리가 하늘에 보물을 쌓고 하늘의 보상을 추구할 때 우리의 미래가 풍성해질 수 있다.마 6:19-21; 고전 3:10-15; 고후 5:10 참조 하나님이 우리에게 주신 은사를 신실하게 사용함으로써 피조물을 다스리는 능력이 확장될 수 있다. 우리가 가정에서 성경의 원리를 따를 때 남자와 여자로 우리를 창조하신 하나님의 목적에 부합하는 신실한 삶을 살 수 있다. 우리는 점점 더 하나님이 기뻐하는 방식으로 우리의 창의성을 활용할 수 있다. 우리의 감정이 성경이 제시하는 본보기에 일치될수록 우리는 다윗처럼 하나님의 마음에 맞는 사람이 될 것이다.삼상 13:14 가정과 교회 안에서 조화로운 대인 관계를 형성할 때 우리는 삼위일체 내의 위격들 사이에 존재하는 통일성을 점점 더 많이 반영할 수 있다. 이 모든 분야에서 하나님을 닮으려고 의식적으로 노력할 때 우리는 다른 피조물과 우리를 구별시키는 능력을 발휘할 수 있다.

6. 하나님의 형상으로서 인간의 존엄성

우리가 하나님의 형상이며 그분을 닮았다는 점을 숙고하는 것은 우리에게 유익한 일이다. 우주를 창조한 그분이 자신의 형상대로 무언가, 곧 다른 모든 피조물보다 그분을 닮은 무언가를 창조하기 원하셨을 때 인간을 창조하셨다는 사실은 우리를 놀라게 한다. 이 사실을 깨달을 때 우리는 위엄과 중요성에 대한 감각을 얻게 된다. 하나님이 지으신 다른 모든 피조물, 곧 별이 빛나는 우주, 아름답고 풍성한 지구, 식물과 동물의 세계, 놀랍고 장엄한 천사들은 피조물로서 탁월하지만 우리 인간은 이 모든 피조물보다 창조주를 더 닮았다. 우리는 무한히 지혜로운 하나님의 창조 사역의 정점에 해당한다. 비록 죄가 이 형상을 크게 망가뜨렸지만, 그럼에도 우리는 이 형상의 많은 부분을 반영하고 있으며 그리스도를 닮아 갈 때 그것을 더 많이 반영하게 될 것이다.

그러나 우리 안의 하나님 형상이 죄와 타락 때문에 왜곡되고 축소되었더라도 여전히 하나님의 형상으로 지음받았음을 반드시 기억해야 한다. 창세기 9:6은 신자들뿐 아니라 모든 사람이 "[하나님의] 형상대로" 창조되었다고 말하며, 야고보서 3:9도 모든 사람이 "하나님의 형상대로 지음을 받"았다고 말한다. 이것은 하나님의 형상이 죄나 질병, 약함, 나이, 다른 장애에 의해 아무리 많이 훼손되었더라도 모든 인간은 하나님의 형상으로 창조되었다는 그 지위를 여전히 유지하며, 그러므로 모든 인간을 하나님의 형상을 지닌 존재로, 곧 존엄하고 존귀한 존재로 대해야 한다.

인종적, 민족적 배경과 상관없이 모든 사람은 하나님의 형상으로 창조되었으며 따라서 존중받는 것이 마땅하다. 이것을 강조하는 것은 다른 이들을 대하는 우리의 태도에 심오한 함의를 갖는다. 이는 마땅히 모든 인종과 민족에 속한 사람들이 동등한 존엄성과 권리를 가질 자격이 있음을 의미한다. 또한 노인과 심각한 질병을 가진 사람들, 정신적으로 장애가 있는 사람들, 아직 태어나지 않은 아이들이 인간으로서 온전한 보호와 존중을 받아 마땅함을 의미한다. 피조물 중 유일하게 하나님의 형상을 지닌 존재라는 우리의 독특한 지위를 부인한다면 우리는 인간 생명의 가치를 약화시켜 갈 것이고, 인간을 그저 고등한 동물로 볼 것이며, 다른 이들을 그렇게 대하기 시작할 것이다. 또한 삶의 의미와 관련된 감각 중에서 많은 부분을 상실하게 될 것이다.

개인적 적용을 위한 질문

1. 성경은 삶의 목적을 무엇이라고 하는가? 현재 여러분 삶의 주된 목표나 목적(우정, 결혼, 교육, 직업, 소비, 교회)은 성경의 가르침에 부합하는가? 하나님께서 현재 여러분의 삶을 기뻐하신다고 생각하는가?

2. 인간이 하나님과 가장 닮은 피조물이라는 사실은 여러분의 행동을 어떻게 변화시키는가?

3. 인간보다 하나님을 더 닮은 존재가 있다고 생각하는가? 예수께서 '인간'이 되셨다는 사실은 어떤 신학적 함의를 갖고 있는가?

4. 삶에서 하나님을 닮음으로 기쁨을 누린 적이 있는가? 지금은 어떤 영역에서 하나님을 더 닮기 원하는가?

5. 모든 인간이 하나님의 형상으로 창조되었다는 사실은, 여러분이 비그리스도인과 맺는 관계에 어떤 영향을 미치는가?

6. 하나님의 형상에 관한 이해는 타인종이나 사회적 약자 및 소수자들을 보는 우리의 관점이나 행동의 변화를 이끌어 내는가?

신학 전문 용어

모양

이마고 데이 (*imago Dei*)

하나님의 형상

참고 문헌

이 참고 문헌에 관한 설명으로는 1장, 60쪽을 보라. 자세한 서지 자료는 2권 부록 2에서 확인할 수 있다.

복음주의 조직신학 저술의 관련 항목

1. 성공회

1882–1892	Litton, 109–122
2001	Packer, 71–73
2013	Bird, 649–656
2013	Bray, 79

2. 아르미니우스주의(또는 웨슬리파/감리교)

1875–1876	Pope, 1:430–436
1892–1894	Miley, 1:355–422, 406–408
1940	Wiley, 2:7–50
1960	Purkiser, 204–222
1983	Carter, 1:195–236
1992	Oden, 1:23–24
2002	Cottrell, 134–158

3. 침례교

1767	Gill, 1:440–451
1887	Boyce, 189–194, 213–217
1907	Strong, 465–483, 514–532
1976–1983	Henry, 2:124–142; 4:494–521
1987–1994	Lewis and Demarest, 2:123–182
1990–1995	Garrett, 1:451–468
2007	Akin, 342–343
2013	Erickson, 423–456, 457–474

4. 세대주의

1947	Chafer, 2:125–143, 161–173
1949	Thiessen, 151–157
1986	Ryrie, 189–194
2002–2005	Geisler, 2:449–458; 3:17–79, 552–563

2017	MacArthur and Mayhue, 399–415

5. 루터교

1917–1924	Pieper, 1:515–527
1934	Mueller, 205–209

6. 개혁주의(또는 장로교)

1559	Calvin, 1:183–196 (1.15)
1679–1685	Turretin, *IET*, 1:451–452, 457–477, 611–613
1871–1873	Hodge, 2:92–116
1878	Dabney, 293–294
1887–1921	Warfield, *BTS*, 238–261
1894	Shedd, 429–493
1906–1911	Bavinck, *RD*, 2:511–529
1937–1966	Murray, *CW*, 2:14–22, 34–46
1938	Berkhof, 181–190, 202–210
1998	Reymond, 415–417
2008	Ven Genderen and Velema, 265–276
2011	Horton, 373–407
2013	Frame, 783–797, 802–806
2013	Culver, 246–247
2016	Allen and Swain, 165–193
2017	Barrett, 293–311
2019	Letham, 315–347

7. 부흥 운동(또는 은사주의/오순절)

1988–1992	Williams, 1:197–220
199	Menzies and Horton, 77–81
1995	Horton, 215–254
2008	Duffield and Van Cleave, 121–140

대표적인 로마 가톨릭 조직신학 저술의 관련 항목

1. 로마 가톨릭: 전통적 입장

1955	Ott, 94–96, 101–106

2. 로마 가톨릭: 제2차 바티칸공의회 이후

1980	McBrien, 1:101–178
2012	*CCC*, paragraphs 355–361

기타 저술

Allison, Gregg. *Historical Theology: An Introduction to Christian Doctrine; A Companion to Wayne Grudem's Systematic Theology*. Grand Rapids: Zondervan, 2011, 321–341.

Baker, William H. *In the Image of God: A Biblical View of Humanity*. Chicago: Moody Press, 1991.

Barclay, O. R. "Creation." In *NDT1*, 177–179.

Berkouwer, G. C. *Man: The Image of God*. Grand Rapids: Eerdmans, 1962.

Blocher, H. A. and W. A. Dyrness. "Anthropology, Theological." In *GDT*, 42–52.

Boston, Thomas. *Human Nature in Its Fourfold State*. 1720. Reprint, London: Banner of Truth, 1964. (『인간 본성의 4중 상태』 부흥과개혁사)

Bray, G. L. "Image of God." In *NDBT*, 575–576.

____. "Image of God." In *NDT2*, 438–440.

Cooper, J. W. "Human Being." In *EDT3*, 403–407.

Dearborn, K. L. "Image of God." In EDT3, 415–417.

Engel, Mary Potter. *John Calvin's Perspectival Anthropology*. Eugene, OR: Wipf and Stock, 2002.

Ferguson, S. B. "Image of God." In *NDT1*, 328–329.

Grenz, Stanley J. *The Social God and the Relational Self: A Trinitarian Theology of the Imago Dei*. Louisville: Westminster John Knox, 2001.

Hammett, John S. "Human Nature." In *A Theology for the Church*, edited by Daniel L. Akin et al., 340–408. Nashville: B&H, 2007.

Henry, C. F. H. "Image of God." In *EDT1*, 545–548.

Hiebert, Robert J. V. "Create, Creation." In *BTDB*, 132–136.

Hoekema, Anthony A. *Created in God's Image*. Grand Rapids: Eerdmans; Exeter: Paternoster, 1986, 1–111. (『개혁주의 인간론』 부흥과개혁사)

Hughes, Philip Edgcumbe. *The True Image: The Origin and Destiny of Man in Christ*. Grand Rapids: Eerdmans; Leicester: Inter-Varsity Press, 1989, 1–70.

Kilner, John Frederic. *Dignity and Destiny: Humanity in the Image of God*. Grand Rapids: Eerdmans, 2015.

Kline, Meredith G. *Images of the Spirit*. Grand Rapids: Baker, 1980. (『언약과 성령』 부흥과개혁사)

Laidlaw, John. *The Bible Doctrine of Man*. Edinburgh: T&T Clark, 1905.

Machen, J. Gresham. *The Christian View of Man*. 1937. Reprint, London: Banner of Truth, 1965.

McConville, J. G. *Being Human in God's World: An Old Testament Theology of Humanity*. Grand Rapids: Baker Academic, 2016.

McDonald, H. D. "Man, Doctrine of." In *EDT1*, 676–680.

____. *The Christian View of Man*. Westchester, IL: Crossway, 1981.

Middleton, J. Richard. *The Liberating Image: The Imago Dei in Genesis 1*. Grand Rapids: Brazos, 2005. (『해방의 형상』 SFC출판부)

Ortlund, Jr., R. C. "Man and Woman." In *NDBT*, 650–654.

Pyne, Robert A. *Humanity and Sin: The Creation, Fall, and Redemption of Humanity*. Nashville: Word, 1999.

Robinson, H. W. *The Christian Doctrine of Man*. 3rd ed. Edinburgh: T. & T. Clark, 1926.

Rosenberg, Stanley, ed. *Finding Ourselves after Darwin: Conversations on the Image of God, Original Sin, and the Problem of Evil*. Grand Rapids: Baker Academic, 2018.

Sherlock, Charles. *The Doctrine of Humanity*. Downers Grove, IL: InterVarsity Press, 1996.

Smail, Thomas Allan. *Like Father, Like Son: The Trinity Imaged in Our Humanity*. Grand Rapids: Eerdmans, 2006.
Thompson, G. J. "Creation." In *NDT2*, 229–231.

성경 암송 구절

창세기 1:26-27 | 하나님이 이르시되 우리의 형상을 따라 우리의 모양대로 우리가 사람을 만들고 그들로 바다의 물고기와 하늘의 새와 가축과 온 땅과 땅에 기는 모든 것을 다스리게 하자 하시고 하나님이 자기 형상 곧 하나님의 형상대로 사람을 창조하시되 남자와 여자를 창조하시고.

찬송가

"하나님의 크신 사랑" Love Divine, All Love Excelling

하나님의 크신 사랑
하늘에서 내리사
우리 마음에 항상 계셔
온전하게 하소서
우리 주는 자비하사
사랑 무한하시니
두려워서 떠는 자를
구원하여 주소서

전능하신 아버지여
주의 능력 주시고
우리 마음에 임하셔서
떠나가지 마소서
주께 영광 항상 돌려
천사처럼 섬기며
주의 사랑 영영토록
찬송하게 하소서

걱정 근심 많은 자를
성령 감화하시며
복과 은혜 사랑받아
평안하게 하소서
처음과 끝이 되신 주님
항상 인도하셔서
마귀 유혹받는 것을
속히 끊게 하소서

우리들이 거듭나서
흠이 없게 하시고
주의 크신 구원받아
온전하게 하소서
영광에서 영광으로
천국까지 이르러
크신 사랑 감격하여
경배하게 하소서

◈ ———

하나님의 사랑, 모든 것을 능가하는 사랑
천국의 기쁨이신 하나님, 이 땅에 오소서
비천한 우리 안에 거하소서
신실한 주의 백성에게 자비를 내려 주소서
예수님, 주님은 긍휼이 넘치십니다
주님은 순전하고 무한한 사랑이십니다
오셔서 주님의 구원을 베푸소서
두려워 떠는 모든 마음 안에 들어오소서

불안한 모든 마음에
주님의 사랑의 영을 불어넣어 주소서
우리가 주의 백성이 되게 하소서
주께서 약속하신 안식을 찾게 하소서
죄에서 떠나게 하소서
알파와 오메가 되신 주님
믿음의 시작이자 마지막이신 주님
우리 마음을 자유케 하소서

전능하신 주님, 오셔서 우리를 구원하소서
주의 생명을 우리에게 주소서
어서 우리에게 오셔서
주님의 성전을 떠나지 마소서
우리가 언제나 주님을 찬양하겠습니다
하늘의 군사처럼 주님을 섬기겠습니다
쉬지 않고 기도하며 주님을 찬양하겠습니다
주님의 완전한 사랑을 기뻐하겠습니다

이제 우리를 새롭게 창조하소서
우리를 흠없고 순전하게 하소서
우리가 주님의 위대한 구원을 보게 하시고
주님 안에서 온전히 회복시키소서
우리가 천국에서 그 기쁨을 얻기까지
영광에서 영광으로 이르게 하소서
경이와 사랑과 찬양 속에서
우리의 면류관을 주님 앞에 내려놓을 때까지

□ 1747년, 찰스 웨슬리 작사

* 새찬송가 15장

현대 찬양곡

"송축해 내 영혼" 10,000 Reasons (Bless The Lord)

송축해 내 영혼 내 영혼아
거룩하신 이름
이전에 없었던 노래로
나 주님을 경배해

해가 뜨는 새 아침 밝았네
이제 다시 주님 찬양
무슨 일이나 어떤 일이 내게 놓여도
저녁이 올 때 나는 노래해

노하기를 더디하시는 주

그의 크신 사랑 넘치네

주의 선하심 내가 노래하리

수많은 이유로 나 노래해

곧 그날에 나의 힘 다하고

나의 삶의 여정 마칠 때

끝없는 찬양 나 드리리라

수많은 세월 지나 영원히

◈

주님을 송축하라

내 영혼아,

그분의 거룩한 이름을 예배하라

새로운 노래로 송축하라

내 영혼아,

나는 주의 거룩한 이름을 찬양하리라

새로운 아침의 해가 밝았습니다

다시 주님을 찬양할 때가 왔습니다

내 앞에 무슨 일이 놓여 있든

저녁이 올 때 나는 주님을 찬양하겠습니다

주님은 사랑이 풍성하고 노하기를 더디하십니다

주님의 이름은 위대하고 주님의 마음은 자비롭습니다

주님의 선하심을 끊임없이 노래하겠습니다

내가 찬양할 이유는 만 가지나 찾을 수 있습니다

내 힘이 다하는 그날에

끝이 찾아왔을 때

그때도 내 영혼은 주님을 찬양하며 그치지 않고 노래할 것입니다

만 년이 지나도 영원히

□ 맷 레드먼, 조너스 마이린 작사 **17**

주

1 연관된 반론은 동산에서 아담과 하와, 하나님이 어떤 언어로 대화했는지 우리가 알지 못하며, 어쩌면 그 언어에서는 (1) 남자 인간과 (2) 인류를 뜻하는 두 개의 다른 단어가 있었을지도 모른다는 것이다. 그러므로 두 의미 모두에 대해 동일한 단어를 사용하는 것은 히브리어의 독특한 특징이며, 우리는 이것을 지나치게 강조하면 안 된다는 주장이다.

이것에 대한 답변으로, 곧 성경의 완전한 권위와 무오성에 대한 믿음은 아담과 하와, 하나님이 히브리어가 아닌 다른 언어로 대화했다고 하더라도 성경의 히브리어 본문에 기록된 단어가 그 다른 언어의 의미를 정확하게 반영한다는 것을 암시한다고 할 수 있다. 예수께서 아람어로 말씀하며 가르치신 경우에도 우리가 가지고 있는 헬라어 복음서의 기록이 예수께서 하신 말씀의 의미를 충실하고 정확히 반영하다고 말할 때도 동일한 원리가 적용된다.

2 그러나 "아무든지(any man, RSV) 나를 따라오려거든 자기를 부인하고 날마다 제 십자가를 지고 나를 따를 것이니라"(눅 9:23)라는 말씀처럼 불특정한 한 사람을 지칭할 때 '남자'라는 단어를 사용할 것인지에 관한 문제는 다른 문제다. 이 표현은 인류 진체를 지칭하는 것을 염두에 두고 있지 않으며, 헬라어 원문의 단어('티스', 누군가, 누구든지)가 남성을 구체적으로 지칭하지 않기 때문이다. 이런 경우에는 남성뿐만 아니라 여성도 배려하고 오늘날의 언어적 관행을 따르는 방식으로 성 중립적 언어를 사용하는 것도 적절할 것이다.

3 22장, 856쪽을 보라. 또한 Raymond C. Ortlund Jr., "Male-Female Equality and Male Headship: Genesis 1-3," in *Recovering Biblical Manhood and Womanhood: A Response to Evangelical Feminism*, ed. John Piper and Wayne Grudem (Wheaton, IL: Crossway, 1991), 98을 보라. 오틀런드는 "하나님이 인류를 남자라고 명명하셨다는 사실은 남성의 리더십을 암시한다"라고 말한다(같은 쪽).

4 인류를 지칭할 때 '남자'라는 단어를 사용하는 것에 가장 심하게 반대하는 이들(가정에서 남성의 독특한 리더십에 반대하는 여성주의자들) 중 다수도 이 점은 인정할 것이다.

5 웨스트민스터 대교리문답의 첫 번째 물음은 "인간의 첫째 되고 가장 높은 목적은 무엇인가?"이다. 대답은 "인간의 첫째 되고 가장 높은 목적은 하나님을 영화롭게 하며 영원토록 온전히 그분을 누리는 것"이다.

6 Grudem, *The First Epistle of Peter*, TNTC (Leicester: Inter-Varsity Press; Grand Rapids: Eerdmans, 1988), 66을 보라.

7 라틴어 '이마고 데이'(*imago Dei*)는 '하나님의 형상'을 뜻하며 신학 담론에서 영어 구절 'image of God' 대신 사용되기도 한다. 이 책의 다른 곳에서는 이 구절을 사용하지 않았다.

8 Millard Erickson, *Christian Theology*, 3rd ed. (Grand Rapids: Baker, 2013), 460-469. (『복음주의 조직신학』 크리스챤다이제스트). 다양한 견해에 대한 간략한 개관으로는 D. J. A. Clines, "The Image of God in Man," TB (1968): 54-61을 보라.

9 '형상'(첼렘)이라는 단어는 다른 무언가와 비슷하며 많은 경우 그것을 표상하는 물건을 의미한다. 이 단어는 독종과 쥐의 형상에 관해 말할 때(삼상 6:5, 11), 벽에 그린 병사의 그림에 관해 말할 때(겔 23:14), 이교 우상이나 신을 표상하는 조각상에 관해 말할 때(민 33:42; 왕하 11:18; 겔 7:20; 16:17 등) 사용된다. '모양'(데무트)이라는 단어도 다른 무언가와 비슷한 물건을 뜻하지만 (예를 들어, 신적인) 표상이나 대체물이라는 관념보다는 유사성이라는 관념이 더 강조될 때 더 자주 사용된다. 아하스 왕이 다메섹에서 보았던 제단의 모형이나 그림을 "양식"(likeness)이라고 부르며(왕하 16:10) 놋 제단 아래의 소 형상(대하 4:3-4)과

바벨론의 병거를 담당하는 고관의 벽화(겔 23:15)도 역시 마찬가지다. 시편 58:4(히브리어 본문에서는 5절)은 악한 자의 독이 뱀의 독과 같다고(likeness) 말한다. 이것은 그 둘의 특징이 매우 비슷하다는 뜻이지만 실제의 표상 또는 대체물이라는 관념은 없다. 이 모든 증거를 통해 형상(image)과 모양(likeness)이라는 단어가 이것에 해당하는 히브리어 단어를 매우 정확히 반영하고 있음을 알 수 있다.

10 이 본문에 대한 자세한 분석으로는 John Murray, *Principles of Conduct* (Grand Rapids: Eerdmans, 1957), 109-13을 보라. (『성경과 기독교 윤리』 엠마오)

11 이 구절에서 바울은 우리가 그리스도의 형상으로 변하고 있다고 구체적으로 말한다. 하지만 네 절 아래에서는 그리스도께서 하나님의 형상이라고 말한다(고후 4:4, 두 절 모두에서 '에이콘'이라는 단어를 사용한다).

12 형상에 해당하는 신약의 헬라어 단어(에이콘)는 구약에서 이것에 상응하는 단어와 비슷한 의미를 지닌다(위 참조). 그것이 표상하는 것과 유사하거나 대단히 비슷한 무언가를 가리킨다. 한 가지 흥미로운 용례는 로마의 동전에 새겨진 가이사의 그림을 지칭하는 경우다. 예수께서는 바리새인들에게 "이 형상과 이 글이 누구의 것이냐"라고 물으셨다. 그들은 "가이사의 것이니이다"라고 대답했다(마 22:20-21). 형상은 가이사를 닮았으며 그를 표상한다(야고보서 3:9에서는 "하나님의 형상대로 지음을 받은 사람"에 관해 말할 때 형상을 뜻하는 헬라어 단어 '호모이오시스'를 사용한다).

13 하지만 천사들도 아래의 양상 중 다수에 관해 의미 있는 정도로 하나님과 비슷하다.

14 우리가 그리스도에 의해 구속되었다는 사실은 비록 우리가 지닌 하나님의 형상의 한 양상은 아니지만 하나님이 만드신 다른 모든 피조물로부터 우리를 절대적으로 구별시킨다. 이것은 우리가 하나님의 형상으로 창조되었다는 것의 의미를 구성하는 한 부분이라기보다는 우리가 하나님의 형상으로 창조되었으며 하나님이 우리를 사랑하신다는 사실로부터 기인한 결과다.

15 하나님의 영적 본성에 관한 논의는 12장, 336-339쪽을 보라.

16 하나님의 이름과 피조물 전체에 하나님의 본성이 반영되어 있다는 사실에 관한 논의는 11장, 289-293쪽을 보라.

17

22. 남자와 여자로서 인간

하나님께서는 왜 두 가지 성을 창조하셨는가?

남자와 여자가 동등하지만 다른 역할을 가질 수 있는가?

설명과 성경적 기초

앞 장에서 설명한 바는, 곧 인간이 하나님의 형상으로 창조되었다는 사실의 한 양상은 남자와 여자로 창조되었다는 것이다. "하나님이 자기 형상 곧 하나님의 형상대로 사람을 창조하시되 남자와 여자를 창조하시고."창 1:27 마찬가지로 창세기 5:1-2도 하나님의 형상으로 창조된 것과 남자와 여자로 창조된 것을 연결시킨다. "하나님이 사람을 창조하실 때에 하나님의 모양대로 지으시되 남자와 여자를 창조하셨고 그들이 창조되던 날에 하나님이 그들에게 복을 주시고 그들의 이름을 사람이라 일컬으셨더라."[1] 남자와 여자의 창조가 하나님의 형상으로 창조된 유일한 방식은 아니지만, 그것의 중요한 한 양상이기 때문에 성경은 창조된 첫 인간을 설명하는 바로 그 구절에서 이를 언급한다. 남자와 여자의 창조가 우리가 하나님의 형상으로 창조되었음을 표상하는 방식은 다음과 같이 요약할 수 있다.

인간이 남자와 여자로 창조되었다는 것은 (1) 인간 사이의 조화로운 관계, (2) 인간성과 중요성에 있어서 동등성, (3) 역할과 권위의 차이를 통해 하나님의 형상을 보여준다.[2]

A. 인격적 관계

하나님은 인간이 고립된 개인으로 존재하도록 창조하지 않으셨다. 하나님은 그분의 형상으로서 인간이 모든 형태의 사회 안에서 인격체 간에 다양한 종류의 통일성을 이룰 수 있도록 창조하셨다. 인간 사이의 통일성은 가족 안에서, 또한 우리의 영적 가족인 교회 안에서 특히 깊어질 수 있다. 이 땅에서 남자와 여자의 통일성은 결혼을 통해 가장 온전히 표현된다. 이 관계 안에서 남편과 아내는 하나 안에 있는 두 인격체가 된다. "이러므로 남자가 부모를 떠나 그의 아내와 합하여 둘이 한 몸을 이룰지로다."창 2:24 이 통일성은 단순히 육체뿐 아니라 심오한 차원의 영적, 정서적 통일성이기도 하다. 하나님은 결혼을 통해 남편과 아내가 하나되도록 "짝지어 주"셨다.마 19:6 자신의 아내나 남편이 아닌 다른 누군가와의 성적 결합은 자신의 몸에 대해 특히 모욕적인 죄이다.고전 6:16, 18-20 참조 결혼 관계 안에서 남편과 아내는 더 이상 자신의 몸에 대해 독점적인 지배권을 갖지 못하며 자신의 몸을 배우자와 공유한다.고전 7:3-5 참조 남편은 "자기 아내 사랑하기를 자기 자신과 같이" 해야 한다.엡 5:28 남편과 아내 사이의 연합은 일시적이지 않고 평생 지속되며,말 2:14-16; 롬 7:2 참조 사소한 관계가 아니라 하나님이 그리스도와 그분의 교회 사이의 관계를 표상하도록 창조한 심오한 관계다.엡 5:23-32 참조

하나님이 한 사람이 아니라 구별되는 두 인격체, 곧 남자와 여자를 창조하셨다는 사실은 우리가 하나님의 형상으로 창조되었다는 사실의 일부다. 이것은 삼위일체 안의 위격의 복수성을 어느 정도 반영한다고 볼 수 있기 때문이다. 우리가 남자와 여자로 창조되었다고 말하는 말씀의 바로 앞 구절은 하나님 안에 복수의 위격이 있음을 처음으로 명시한다. "하나님이 이르시되 우리의 형상을 따라 우리의 모양대로 우리가 사람을 만들고 그들로 바다의 물고기와 하늘의 새와 가축과 온 땅과 땅에 기는 모든 것을 다스리게 하자 하시고."창 1:26 여기에는 어느 정도 유사성이 존재한다. 세상이 창조되기 전 삼위일체의 위격들 사이에 사귐과 교통과 영광의 공유가 존재했듯이,요 17:5, 24; 또한 요 14장 참조 하나님은 아담과 하와가 인격적 관계 안에서 사랑을 나누고 서로에게 영광을 주도록 창조하셨다. 물론 삼위일체의 반영은 사회 안에서 다양한 방식으로 표현될 수 있지만, 처음부터 결혼이라는 친밀한 인격체 사이의 통일성에 의해 존재했다.

어떤 이들은 하나님 안의 위격의 복수성을 이런 식으로 표상하는 것은 온전한 표상일 수 없다고 반론을 제기할 것이다. 하나님은 한분 안의 세 위격이시지만, 아담과 하와의 경우 하나의 존재 안의 두 인격체로 만드셨을 뿐이라는 것이다. 삼위일체 안의 위격의 복수성을 우리에게 반영하기 원하셨다면, 왜 하나님은 삼위일체의 사이의 위격적 통일성을 반영하도록

두 인격체가 아닌 세 인격체를 창조하지 않으셨는가? 첫째, 우리는 이 사실이 결혼과 삼위일체 사이의 유비가 엄밀하지 않은 유비임을 보여준다는 것을 인정해야만 한다. 둘째, 성경에서 하나님이 무언가를 하지 않으신 이유를 명시적으로 밝히지 않을 때 우리가 그 이유를 확실히 알 수는 없지만, 두 개의 가능한 대답을 제시해 볼 수 있다. (1) 하나님이 한분 안의 세 위격이신 반면 아담과 하와가 하나의 존재 안의 두 인격체일 뿐이라는 사실은, 하나님의 탁월하심이 우리의 탁월함보다 더 크며, 그분은 피조물인 우리가 소유할 수 있는 것보다 더 큰 복수성과 통일성을 소유하신다는 것을 상기시킨다. (2) 정확히 같은 의미의 통일성은 아니지만, 가정 안에서 남편과 아내, 자녀 사이의 통일성도 삼위일체의 위격들 사이의 통일성과 다양성을 어느 정도 반영한다고 볼 수 있다.

예수께서 결혼하지 않으셨고, 바울 역시 사도였을 때 (아마 그 이전에도) 결혼하지 않았으며, 더욱이 그가 그리스도인은 결혼하지 않는 것이 더 낫다고 말하는 것처럼 보인다 고전 7:1, 7-9 는 사실을 근거로 반론을 제기할지도 모른다. 우리가 하나님의 형상을 반영함에 있어서 결혼이 그토록 중요한 부분이라면, 왜 예수와 바울은 결혼하지 않았으며, 왜 바울은 다른 이들에게 결혼하지 말라고 권했는가?

예수께서 처한 상황은 독특하다. 그분은 하나님인 동시에 사람이며, 모든 피조물을 다스리는 주님이시기 때문이다. 그분은 어느 한 개인과 결혼하기보다 교회 전체를 그분의 신부로 취하셨고, 엡 5:23-32 참조 교회의 모든 구성원과 영원토록 지속될 영적, 정서적 통일성을 누리신다.

바울이나 그가 고린도인들에게 했던 조언의 경우는 상황이 다르다. 바울은 결혼하는 것이 잘못이라고 말하지 않는다. 고전 7:28, 36 참조 오히려 그는 결혼을 좋은 것으로, 하나님 나라를 위해 포기할 수도 있는 권리이자 특권으로 본다. "내 생각에는 이것이 좋으니 곧 임박한 환난으로 말미암아 사람이 그냥 지내는 것이 좋으니라.……그때가 단축하여진 고로……이 세상의 외형은 지나감이니라." 고전 7:26, 29, 31 이런 식으로 바울은 하나님의 형상을 반영하고 세상 안에서 하나님의 목적을 이룰 수 있는 다른 방법(교회를 위한 그의 사역)을 추구하기 위해 하나님의 형상을 반영할 수 있는 한 방법 결혼 을 포기한다. 예를 들어, 그는 전도 사역과 제자를 길러 내는 사역을 영적 자녀를 낳고 주 안에서 그들을 양육하는 것으로 보았다.고전 4:14, 또한 갈 4:19; 딤전 1:2; 딛 1:4 참조 이뿐만 아니라 교회를 세우는 일은 수천 명의 사람들을 그리스도께로 이끌고 그들이 삶에서 그분의 성품을 더 온전히 반영함으로써 하나님께 영광을 돌리게 하는 과정이었다. 이에 더해, 결혼이 삼위일체 안의 통일성과 다양성을 우리 삶에 반영할 수 있는 유일한 방식이 아님을 깨달아야 한다. 그것은 교회 공동체 안에서 신자들의 통일성에 의해서도 반영될 수 있다. 또한 참된 교회 공동체 안에서 결혼한 사람들뿐만 아니라 (바울과 예수처럼) 독신자들도 삼위일체의 본성을 반영하는 인격적 관계를 맺을 수 있다. 그러므로 교회를 세우고 교회의 통일성과 순수성을 강화함으로써 세상 안에서도 하나님 성품의 반영을 촉진할 수 있다.

B. 인간성과 중요성에 있어서 동등성

삼위일체의 위격들이 서로 구별되는 동시에 각 위격이 중요성과 존재에 있어서 동등하시듯,14장 참조 남자와 여자도 그들의 중요성과 인간성에 있어서 동등하게 창조되었다. 하나님은 남자와 여자를 똑같이 그분의 형상대로 창조하셨다.창 1:27; 5:1-2 따라서 남자와 여자는 모두 그들의 삶에서 하나님의 성품을 반영한다. 이는 우리가 서로의 삶 속에 반영된 하나님의 성품을 볼 수 있음을 의미한다. 우리가 그리스도인 남성으로만 이루어진 사회나 그리스도인 여성으로만 이루어진 사회에서 산다면, 거룩한 남성과 여성이 함께 조화를 이루며 하나님의 성품의 아름다움을 반영하는 것을 볼 때와 비교해 하나님의 성품의 온전한 이미지를 볼 수 없을 것이다.

하지만 우리가 동등하게 하나님의 형상으로 창조되었다면, 남자와 여자가 하나님께 똑같이 중요하고 소중하다고 말할 수 있다. 우리는 영원토록 그분 앞에서 동등한 가치를 지닌다. 성경에서 남자와 여자가 모두 하나님의 형상으로 창조되었다고 말한다는 사실을 기억한다면 결코 우월감 또는 열등감을 갖거나, 하나의 성이 다른 성보다 더 좋거나 더 나쁘다는 생각을 할 수 없을 것이다. 수많은 비기독교 문화와 종교에서 주장하는 바와 다르게, 그 누구도 남자라는 이유로 자랑스러움이나 우월감을 느껴서는 안 되며, 여자라는 이유로 실망감이나 열등감을 느껴서는 안 된다.[3] 하나님이 우리의 가치를 동등하게 생각하신다면, 이로써 모든 문제가 해결된다. 하나님의 평가는 개인의 가치에 대해 영원히 참된 기준이 될 것이기 때문이다.

"남자는 하나님의 형상과 영광이니 그 머리를 마땅히 가리지 않거니와 여자는 남자의 영광이니라."고전 11:7 여기서 바울은 여성이 하나님의 형상으로 창조되었음을 부인하는 것이 아니다. 그는 남자와 여자 사이에 영속적인 차이가 존재하며, 이 차이는 회중으로 모였을 때 그들이 옷을 입고 행동하는 방식에 반영되어야 한다고 말할 뿐이다. 이런 차이 중 하나는 여자와의 관계에서 남자가 하나님을 표상하거나 그분이 어떤 분인지를 보여주는 특별한 역할을 맡으며, 그리고 이 관계에서 여자는 남자로부터 창조된 그 자신의 존재로써 남자의 탁월함을 보여준다. 하지만 두 경우 모두에 있어서 바울은 그들의 상호 의존성을 강조한다.11-12절 참조

하나님 앞에 있는 인간으로서 우리의 동등성은 삼위일체의 위격들의 동등성을 반영하며, 자연스럽게 남자와 여자가 서로를 존귀하게 여기는 것으로 귀결될 것이다. 잠언 31장은 경건한 여자에게 주어지는 영광을 아름답게 묘사한다.

> 누가 현숙한 여인을 찾아 얻겠느냐. 그의 값은 진주보다 더 하니라.……그의 자식들은 일어나 감사하며 그의 남편은 칭찬하기를 덕행 있는 여자가 많으나 그대는 모든 여자보다 뛰어나다 하느니라. 고운 것도 거짓되고 아름다운 것도 헛되나 오직 여호와를 경외하는 여자는 칭찬을 받을 것이라.잠 31:10, 28-30

마찬가지로 베드로는 남편들에게 아내를 "귀히 여기라"고 말하며,벧전 3:7 바울은 "그러나 주 안에는 남자 없이 여자만 있지 않고 여자 없이 남자만 있지 아니하니라. 이는 여자가 남자에게서 난 것 같이 남자도 여자로 말미암아 났음이라"고 강조한다.고전 11:11-12 남자와 여자는 모두 똑같이 중요하다. 둘 다 서로를 의지하며 존중받는 것이 마땅하다.

새 언약에 속한 교회는 남자와 여자가 인간성에 있어서 동등한 존재로 창조되었다는 사실을 새로운 방식으로 강조한다. 즉 오순절에 하나님이 요엘의 예언을 통해 약속하신 바가 성취된 것이다.

내가 내 영을 모든 육체에 부어 주리니 너희의 자녀들은 예언할 것이요……그때에 내가 내 영을 내 남종과 여종들에게 부어 주리니 그들이 예언할 것이요.행 2:17-18; 욜 2:28-29의 인용

새로운 능력으로 성령이 교회에 부어지며, 남자와 여자가 모두 놀라운 방식으로 섬기는 은사를 받는다. 오순절을 시작으로 교회의 역사 전체에 걸쳐 영적 은사가 모든 남자와 여자에게 주어진다. 바울은 모든 그리스도인을 그리스도의 몸의 소중한 지체로 간주한다. "각 사람에게 성령을 나타내심은 유익하게 하려 하심"이기 때문이다.고전 12:7 몇몇 은사를 언급한 뒤에 그는 "이 모든 일은 같은 한 성령이 행하사 그의 뜻대로 각 사람에게 나누어 주시는 것이니라"고 말한다.고전 12:11 베드로는 소아시아의 여러 교회에 보내는 편지에서 "각각 은사를 받은 대로 하나님의 여러 가지 은혜를 맡은 선한 청지기 같이 서로 봉사하라"고 말한다.벧전 4:10 모든 신자가 동일한 은사를 갖지는 않는다. 하지만 남자와 여자는 모두 교회의 사역을 위한 소중한 은사를 가지며, 이 은사는 남자와 여자 모두에게 널리, 아낌없이 주어질 것이다.

그러므로 '남자와 여자 중 누가 더 효과적으로 기도할 수 있는가?' 또는 '남자와 여자 중 누가 하나님을 더 잘 찬양할 수 있는가?' 또는 '누가 더 영적으로 민감하며 하나님과 더 깊은 관계를 맺을 수 있는가?'라고 묻는 것은 무의미해 보인다. 우리는 이 물음에 답할 수 없다. 새 언약을 통해 성령께서 부어 주시는 능력을 받아들일 때 남자와 여자는 동등하다. 교회사 전체에 걸쳐 위대한 남자와 여자가 여럿 존재했다. 그들은 모두 강력한 기도의 전사들이었으며, 우리 주 예수 그리스도의 이름으로 지상의 권력과 영적 요새에 맞서 승리했다.[4]

새 언약의 교회는 세례 예식을 통해서도 하나님 앞에서 남자와 여자의 동등성을 강조했다. 오순절에 복음을 믿은 남자와 여자는 모두 세례를 받았다. "그 말을 받은 사람들은 세례를 받으매 이날에 신도의 수가 삼천이나 더하더라."행 2:41 이 점은 중요하다. 옛 언약에서는 하나님의 백성이라는 표지가 할례이며 이는 남자에게만 주어졌기 때문이다. 하나님의 백성의 새로운 표지, 곧 남자와 여자 모두에게 주어지는 세례라는 표지는 남자

와 여자 모두를 하나님의 백성의 온전하며 동등한 일원으로 보아야 한다는 추가적인 증거다.

바울은 갈라디아서에서 하나님의 백성 사이의 동등한 지위를 강조한다. "누구든지 그리스도와 합하기 위하여 세례를 받은 자는 그리스도로 옷 입었느니라. 너희는 유대인이나 헬라인이나 종이나 자유인이나 남자나 여자나 다 그리스도 예수 안에서 하나이니라."갈 3:27-28 여기서 바울은 육체적으로 아브라함의 후손인 유대인이나 경제적, 법적으로 더 큰 권력을 지닌 자유인 등 어떤 계급의 사람도 교회 안에서 특별한 지위나 특권을 주장할 수 없음을 강조한다. 노예는 자신이 자유인보다 열등하다고 생각해서는 안 되며, 자유인은 자신이 노예보다 우월하다고 생각해서는 안 된다. 유대인은 자신이 헬라인보다 우월하다고 생각해서는 안 되며, 헬라인은 자신이 유대인보다 열등하다고 생각해서는 안 된다. 마찬가지로 바울은 남자들이 지배적인 문화의 태도, 심지어는 1세기 유대교의 태도를 받아들여 자신이 여자들보다 더 중요하다거나 하나님 앞에서 더 귀한 존재라고 생각해서는 안 된다고 강조한다. 여자들도 역시 교회 안에서 자신이 열등하거나 덜 중요하다고 생각해서는 안 된다. 남자와 여자, 유대인과 헬라인, 종과 자유인은 모두 그 중요성과 하나님이 보시는 가치에 있어서 동등하며, 그리스도인의 몸인 교회의 구성원으로서 영원토록 동등한 지위를 갖는다.

실천적인 차원에서 우리는 절대로 교회 안에 열등한 사람이 있다고 생각해서는 안 된다. 남자든 여자든, 고용주든 피고용자든, 유대인이든 이방인이든, 흑인이든 백인이든, 부자이든 가난하든, 젊든 나이가 많든, 건강하든 아프든, 강하든 약하든, 매력적이든 매력적이지 못하든, 똑똑하든 배움이 더디든, 모두가 똑같이 하나님께 소중한 존재이며 서로에게도 똑같이 소중한 존재가 되어야 한다. 이 동등성은 기독교 신앙의 놀라운 요소이며 기독교를 거의 모든 종교, 사회, 문화와 구별시킨다. 경건한 남성성과 여성성의 참된 존엄성은 성경 안에 담긴 하나님의 구원의 지혜에 대한 순종을 통해서만 온전히 실현될 수 있다.

C. 역할의 차이

1. 삼위일체와 결혼 관계에서 남자의 머리됨의 연관성

삼위일체의 위격들 사이에는 중요성과 위격성, 신성에 있어서 영원한 동등성이 존재한다. 하지만 그분들 사이에는 역할의 차이도 존재한다.[5] 성부 하나님은 아버지와 아들의 관계처럼 언제나 성부로서 성자와 관계를 맺으신다. 삼위일체의 세 위격은 능력과 다른 모든 속성에 있어서 동등하지만, 성부는 더 큰 권위를 가지신다. 성부 하나님은 세 위격 사이에서 리더 역할을 맡으며, 성자와 성령은 이 역할을 가지고 있지 않다. 창조 사역에서 성부는 말씀하는 분으로서 주도적인 역할을 한다면, 성자는 창조 사역을 수행하고 성령은 계속적인 임재를 통해 창조 세계를 유지한다.창 1:1-2; 요 1:1-3; 고전 8:6; 히 1:2 참조 구속 사역에서 성부는 성자를 세상으로 보내며, 성자는 성부께 순종하여 세상으로 와서 우리의 죗값을 치르기 위해 죽으신다.눅 22:42; 빌 2:6-8 참조 성령은 성자가 승천한 뒤 오셔서 교회에 능력을 주신다.요 16:7; 행 1:8; 2:1-36 참조 성부와 성령은 우리의 죗값을 치르고 죽기 위해 이 땅에 오신 것이 아니다. 오순절에 새 언약의 능력으로 교회에 부어진 분은 성부와 성자가 아니다. 삼위일체의 위격은 각각 구별되는 역할과 기능을 가지고 계신다. 따라서 삼위일체의 위격들 사이에 존재하는 역할과 권위의 차이는 동등한 중요성과 위격성, 신성에 있어서 전적으로 양립한다.

인간이 하나님의 성품을 반영한다면 모든 인간적 차이 중 가장 기본적인 차이, 곧 남자와 여자 사이에도 역할의 차이가 있다고 예상할 수 있으며 성경 본문도 분명히 그렇게 말한다.

바울은 이 유사성을 명시적으로 언급하며 "나는 너희가 알기를 원하노니 각 남자의 머리는 그리스도요 여자의 머리는 남자요 그리스도의 머리는 하나님이시라"고 말한다.고전 11:3 [6] 이와 같은 권위의 구별은 다음과 같이 표현할 수 있다.

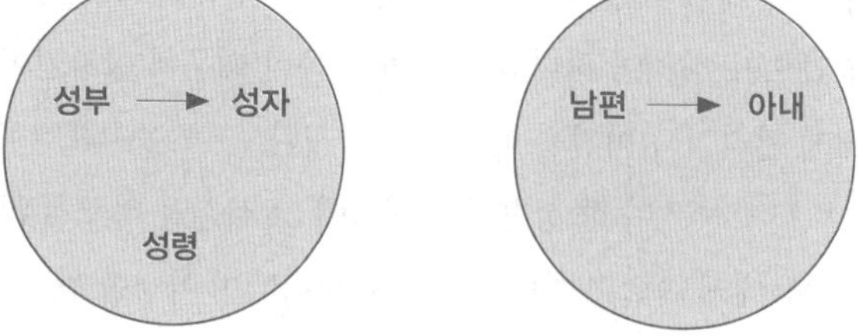

표 22.1 | 삼위일체의 동등성과 차이는 결혼 관계의 동등성과 차이에 반영된다

성부와 성자의 신성은 동등하지만 성부가 성자에게 권위를 가지시는 것처럼, 결혼 관계에서도 남편과 아내의 인간성은 동등하지만 남편이 아내에게 권위를 갖는다. 남자의 역할은 성부의 역할과 비슷하며, 여자의 역할은 성자의 역할과 유사하다. 둘은 중요성에 있어서 동등하지만 다른 역할을 갖는다.

2. 타락 이전에 역할의 차이가 있었다는 증거

남자와 여자의 역할을 구별하는 것은 처음 창조되었을 때부터인가, 아니면 타락으로 인한 형벌로 부과된 것인가? 하나님이 하와에게 "너는 남편을 원하고 남편은 너를 다스릴 것이니라"고 말씀했을 때,창 3:16 곧 이때가 하와가 아담의 권위에 복종하기 시작한 시점인가?

세상에 죄가 있게 된 후 권위의 차이가 유입되었다는 생각은 에이더 스펜서[7]와 길버트 빌러지키언[8] 같은 일부 저자들의 지지를 받았다. 빌러지키언은 "하와에 대한 아담의 지배는 타락으로부터 기인했기 때문에 기원에 있어서 사탄적인 것으로 간주되며 죽음 자체와 다름"없다고 말한다.[9] 하지만 창세기를 살펴보면 세상에 죄가 있기 이전에 아담과 하와 사이에 역할의 차이가 존재했다는 몇 가지 증거를 확인할 수 있다.

a. 아담이 먼저 창조되고 하와는 그다음에 창조되었다. 하나님이 아담을 먼저 창조하고 그다음에 하와를 창조하셨다는 사실창 2:7, 18-23 참조은, 가정에서 아담에게 지도자 역할이 부여되었음을 암시한다. 하나님이 창조하신 어떤 동물에 관해서도 이와 같은 2단계 과정이 언급되지 않는다. 하지만 인간에게는 특별한 목적이 있어 보인다. 아담을 먼저 창조한 것은 장

자라는 구약의 개념에 일맥상통한다. 맏아들의 권리는 구약 전체에 걸쳐 전제되어 있으며, 심지어 하나님의 특별한 목적 때문에 장자권이 다른 어린 형제에게 팔리거나 이전될 때도 마찬가지다.창 25:27-34; 35:23; 38:27-30; 49:3-4; 신 21:15-17; 대상 5:1-2 참조 특수한 상황이 발생하여 그 사실을 바꾸지 않는 한 장자권은 맏아들에게 속한 것이다.[10] 따라서 하나님이 아담을 먼저 창조하신 것으로부터 그분의 목적을 읽어 내는 것이 옳다. 그분의 목적은 하나님이 남자와 여자에게 주신 영속적인 역할의 구별을 반영하며, 이는 디모데전서 2:13의 지지를 받는다. 여기서 바울은 "아담이 먼저 지음을 받고 하와가 그 후"에 지음을 받았다는 사실을 교회 안에서 다스리고 가르치는 역할을 남자에게 국한하는 이유로 제시한다.

b. 하와는 아담을 돕는 배필로 창조되었다. 성경은 하나님이 하와를 위해 아담을 만든 것이 아니라 아담을 위해 하와를 만드셨음을 구체적으로 밝힌다. "사람이 혼자 사는 것이 좋지 아니하니 내가 그를 위하여 돕는 배필을 지으리라."창 2:18 바울은 이 점을 중요하게 여기고 예배에서 남자와 여자를 구별하는 근거로 삼는다. "또 남자가 여자를 위하여 지음을 받지 아니하고 여자가 남자를 위하여 지음을 받은 것이니."고전 11:9 이것을 중요성의 차이를 암시하는 것으로 받아들여서는 안 된다. 하지만 처음부터 역할의 차이가 존재했음을 의미하는 것은 분명하다.

최근에 일부 저자들은 돕는 배필에제르이 구약에서 도움을 받는 사람보다 더 위대하고 강력한 누군가를 가리키는 말로 사용된다는 이유로 하와가 아담을 돕는 배필로 창조된 것이 역할과 권위의 차이를 의미한다는 것을 부인해 왔다.[11] 실제로 구약에서 이 단어는 그분의 백성을 돕는 하나님을 지칭하는 말로 사용된다. 하지만 핵심은 구약에서든 현대적 용법에서든, 누군가가 다른 누군가를 도울 때 그 구체적인 책무에서 돕는 사람이 도움을 받는 사람에 비해 종속적이거나 열등한 지위를 갖는다는 것이다. 이 주장은 내가 이웃 소년의 자전거 수리를 도와주는 상황에도 그대로 적용된다. 이 일은 이웃 소년의 책임이자 책무이며, 나는 필요한 도움을 제공할 뿐이다. 이 일은 나의 책임이 아니다. 데이비드 클라인스는 히브리어 구약성경 전체에 관해 이렇게 말할 수 있다고 결론 내린다.

히브리어 성경의 모든 용례를 살펴본 뒤 내린 결론은, 우월한 자가 열등한 자를 도울 수도 있고 강한 자가 약한 자를 도울 수도 있으며 신들이 인간들을 도울 수도 있지만 돕는 행위에 있어서 그들은 열등하다는 것이다. 다시 말해, 그들은 스스로 부차적이며 종속적인 지위를 취한다. 그들의 도움이 필수적이거나 결정적일 수도 있지만, 그들은 다른 누군가가 맡은 책무를 돕고 있다. 그들이 실제로 그 책무를 수행하는 것이 아니며 협력하는 것도 아니다. 왜냐하면 협력하는 경우에는 다른 어휘를 사용하기 때문이다. 히브리어에서 돕는 자가 된다는 것은 동등한 자가 된다는 뜻이 아니다.[12]

또 다른 반론은, 창세기 2:18에서 "~를 위하여"라고 번역된 히브리어 단어가 '~의 앞에'라는 뜻이기 때문에 하와가 아담보다 우월함을 암시한다는 것이다.[13] 레이몬드 오틀런드는 이 히브리어 단어가 '~보다 우월함'을 뜻할 수 없으며, 만약 그렇지 않다면 시편 119:168에서 시편 기자가 하나님께 '나의 모든 행위가 주보다 더 낫습니다'라고 말하는 셈이라고 지적한다. 이 말은 '~와 일치하다'라는 뜻일 뿐이다.[14]

c. 아담이 하와의 이름을 지었다. 아담이 모든 동물의 이름을 지었다는 사실창 2:19-20 참조은 아담이 그 동물들을 다스리는 권위를 지녔음을 뜻한다. 구약에서 누군가의 이름을 짓는 것은 그 사람을 다스리는 권위를 암시했기 때문이다(하나님이 아브라함과 사라 같은 사람들에게 이름을 지어 주시는 것을 통해, 또한 부모가 자녀의 이름을 짓는 것을 통해 이것을 확인할 수 있다). 히브리어 이름은 누군가의 성품이나 기능을 반영하기 때문에 아담은 동물의 특징을 구체적으로 지칭했다. 그러므로 아담이 "이것을 남자에게서 취하였은즉 여자라 부르리라"고 말함으로써창 2:23 하와의 이름을 지었을 때는 그가 리더 역할을 맡았음을 의미했다.[15] 이것은 아담이 자신의 아내를 "여자"라고 이름 지었던 타락 이전에도 적용되며, 타락 이후에도 적용된다. "아담이 그의 아내의 이름을 하와라 불렀으니 그는 모든 산 자의 어머니가 됨이더라."창 3:20 [16] 어떤 이들은 아담이 타락 전에 하와라는 이름을 짓지 않았다는 반론을 제기해 왔다.[17] 그러나 그는 모든 생물을 그 이름대로 불렀듯창 2:19-20 참조 자신의 아내를 "여자"라고 불렀으며,창 2:23 이것은 아내에게 이름을 지어 주었음을 뜻한다. 구약에서 어머니가 자녀의 이름을 지어 주

었다는 사실은 이름을 짓는 행위가 권위를 표상한다는 관념과 모순을 이루지 않는다. 어머니와 아버지는 모두 부모로서 자녀에 대한 권위를 지니기 때문이다.

d. 하나님은 인류를 여자가 아니라 남자로 명명하셨다. 하나님이 인류를 여자나 성 중립적인 용어가 아니라 남자로 명명하셨다는 사실은 21장에서 설명했다.[18] 창세기 5:2은 "그들이 창조되던 날에" 하나님이 "그들의 이름을 사람이라 일컬으셨더라"고 말한다. 구체적으로 아담 또는 여자와 구별되는 남자를 지칭하기도 하는 용어로 인류를 명명하셨다는 것은 리더 역할이 남자의 것임을 암시한다. 이는 결혼할 때 여자가 남자의 성을 따르는 관습과 비슷하며, 가정 안에서 남자의 머리됨을 암시한다.

e. 뱀이 먼저 하와에게 왔다. 사탄은 죄를 범한 뒤 하나님이 계획하고 선하게 창조하신 모든 것을 왜곡하고 약화시키려 했다. (뱀의 모습을 한) 사탄이 하와에게 먼저 접근함으로써 하와가 하나님께 불순종하고 리더 역할을 하도록 유혹하여 역할을 역전시키려고 했을 가능성이 있다.[창 3:1 참조] 이는 하나님이 그들에게 다가가신 방식과 대조를 이룬다. 하나님은 둘 중 먼저 아담에게 말씀하셨다.[창 2:15-17; 3:9 참조] 바울은 "아담이 속은 것이 아니고 여자가 속아 죄에 빠졌음이라"고 말하는데, 이 역할의 역전을 염두에 둔 것으로 보인다.[딤전 2:14] 이것은 적어도 사탄이 먼저 여자에게 다가가서 하나님이 결혼 관계 안에 세우신 남자의 리더십을 약화시키고자 했음을 암시한다.

f. 하나님은 타락 후에 아담에게 먼저 말씀하셨다. 하나님이 하와가 창조되기 전에 아담에게 말씀하셨듯,[창 2:15-17 참조] 타락 이후 하와가 죄를 범했음에도 하나님은 먼저 아담에게 가서 그의 행동을 설명하라고 말씀하셨다. "여호와 하나님이 아담을 부르시며 그에게 이르시되 네가 어디 있느냐."[창 3:9] 하나님은 아담이 가정의 리더로, 곧 가정 안에서 일어난 일을 먼저 설명해야 할 사람이라고 생각하셨다. 이때는 죄가 발생한 이후였지만, 하나님이 하와에게 "남편은 너를 다스릴 것이니라"[창 3:16]고 말씀하시기 이전이었다는 사실이 중요하다. 오늘날 일부 저자들은 하나님이 하와에게 그렇게 말씀하심으로써 남자의 머리됨이 시작되었다고 주장하기 때문이다.

g. 하와가 아니라 아담이 인류를 대표했다. 하와가 먼저 죄를 범했지만

[창 3:6] 우리는 하와의 죄가 아닌 아담의 죄 때문에 죄인으로 간주된다. 신약은 "아담 안에서 모든 사람이 죽은 것 같이",[고전 15:22, 또한 49절 참조] "한 사람의 범죄를 인하여 많은 사람이 죽었은즉"[롬 5:15, 또한 12-21절 참조]이라고 말한다. 이것은 하나님이 아담에게 인류를 대표하는 머리됨 또는 리더십을 주셨으며 하와에게는 이 역할이 없었음을 뜻한다.

h. 저주를 통해 새로운 역할이 도입된 것이 아니라 이전의 역할이 왜곡되었다. 하나님은 아담과 하와에게 내린 벌을 통해 새로운 역할이나 기능을 도입하지 않으셨고, 그들이 이전에 가지고 있던 기능에 고통과 왜곡을 더하셨을 뿐이다. 따라서 아담은 여전히 땅을 경작하고 작물을 기르는 일차적인 책임을 지니지만, 땅은 "가시덤불과 엉겅퀴"를 낼 것이며 그는 얼굴에 땀을 흘려야 먹거리를 얻을 수 있을 것이다.[창 3:18, 19] 마찬가지로 하와도 여전히 아이를 낳는 책임을 지니지만, 이 일은 고통스러울 것이다. "네가 수고하고 자식을 낳을 것이며."[창 3:16] 또한 하나님은 이전에는 조화로웠던 아담과 하와의 관계에 갈등과 고통을 도입하셨다. 하나님은 하와에게 "너는 남편을 원하고 남편은 너를 다스릴 것이니라"고 말씀하셨다.[창 3:16] 수잔 포는 이 구절에서 "원하고"로 번역된 단어[테슈카]가 적대적인 태도를 암시하며 '정복하기를 원하다'와 비슷한 의미를 갖는다고 주장했다. 이것은 하와가 남편의 다스리는 권위를 찬탈하려는 잘못된 욕망을 지니게 될 것임을 뜻한다.[19] (NLT, NET뿐만 아니라 ESV의 2016년 본문, 일부 주석에도 반영된) '원하다'[desire]라는 단어의 의미를 따르면, 하나님은 아담과 하와의 관계에 갈등을 도입하셨으며 하와에게 아담의 권위에 맞서려는 욕망을 갖게 하셨다.

아담에 대하여, 하나님은 하와에게 "남편은 너를 다스릴 것이니라"고 말씀하셨다.[창 3:16] 여기서 "다스리다"라는 단어[마샬]는 일반적으로 가정 안에서의 권위가 아니라 군주의 통치라는 강한 의미를 지니고 있다.[20] 이 단어는 다스림을 받는 이들에 의한 참여적 통치를 암시하지 않는다. 사려 깊고 신중한 통치보다는 오히려 독재적, 절대적인 권위의 행사를 암시한다. 친절함보다는 가혹함을 암시한다. 이것은 아담이 아내를 가혹하게 지배함으로써 자신의 권위를 남용할 것이며, 이로써 이전에는 조화로웠던 관계에 다시 한번 고통과 갈등이 발생할 것임을 뜻한다. 아담이 타락 전에는 아무런 권위가 없었다는 뜻이 아니라 타락 이후에 그 권위를 남용할 것이라는 뜻이다.

따라서 타락 전에 존재했던 아담의 겸손하고 사려 깊은 리더십과 그 리더십에 대한 하와의 지혜롭고 자발적인 순종이 저주로 인해 왜곡되고 말았다.

i. 그리스도의 구속은 창조 질서를 재확증한다. 앞선 주장, 곧 타락으로 인해 시작된 역할의 왜곡이 옳다면, 죄와 저주에 기인한 관계의 고통스러운 양상이 신약에서는 회복될 것이라고 기대할 수 있다. 우리는 그리스도의 구속이 아내가 남편의 권위에 맞서지 않도록, 남편이 자신의 권위를 가혹하게 사용하지 않도록 권면할 것이라고 기대할 수 있다. 실제로 신약에서 이와 같은 권면을 확인할 수 있다. "아내들아, 남편에게 복종하라. 이는 주 안에서 마땅하니라. 남편들아, 아내를 사랑하며 괴롭게 하지 말라."골 3:18-19; 또한 엡 5:22-33; 딛 2:5; 벧전 3:1-7 참조 아내가 남편의 권위에 복종하는 것이 죄악된 태도라면 베드로와 바울은 그리스도인의 결혼 관계에서 그와 같은 태도를 유지하라고 명령하지 않았을 것이다. 예를 들어, 그들은 "정원에 가시가 자라게 하라" 또는 "출산을 가능한 한 고통스럽게 만들라" 또는 "하나님과 소외된 채로, 그분과의 사귐으로부터 단절된 채로 있으라"고 말하지 않는다. 그리스도의 구속은 죄와 타락의 결과를 제거하는 것을 목표로 삼는다. "하나님의 아들이 나타나신 것은 마귀의 일을 멸하려 하심이라."요일 3:8 결혼에 관한 신약의 명령은 저주의 요소나 죄악된 행동 양식을 영속화하지 않는다. 오히려 하나님의 선한 창조가 시작될 때 존재했던 질서와 역할의 구별을 재확증한다.

실천적으로 적용하면, 우리는 그리스도 안에서 더 성숙해짐에 따라 하나님이 세우고 지혜롭게 만드신 가정 안에서의 역할 차이에 대해 더 기쁘고 즐거워하는 태도를 갖게 될 것이다. 이와 같은 성경의 가르침을 이해할 때 남자와 여자는 모두 마음속으로 '하나님이 계획하신 것은 아름답고 옳으며, 그분이 나를 창조하신 방식과 그분이 나에게 주신 구별된 역할에 대해 기쁘다'라고 생각할 수 있을 것이다. 삼위일체 안에, 또한 인간의 가정 안에 존재하는 이 역할 차이에는 영원한 아름다움과 위엄과 옳음이 존재한다. 더 낫거나 더 나쁘다는 생각 없이, 더 중요하거나 덜 중요하다는 생각 없이, 남자와 여자는 모두 하나님이 창조하신 방식에 대해 온전히 기뻐할 수 있어야 한다.

3 에베소서 5:21-33과 상호 복종에 대한 빈번한 오해

에베소서 5장은 이렇게 말한다.

> 아내들이여, 자기 남편에게 복종하기를 주께 하듯 하라. 이는 남편이 아내의 머리됨이 그리스도께서 교회의 머리됨과 같음이니 그가 바로 몸의 구주시니라. 그러므로 교회가 그리스도에게 하듯 아내들도 범사에 자기 남편에게 복종할지니라.엡 5:22-24

표면적으로 이 말씀은 지금까지 주장한 바, 곧 결혼을 위한 창조 질서를 확증하는 것처럼 보이지만, 최근에 이 단락에서 사용된 '복종하다'라는 동사휘포타소의 의미에 관한 논쟁이 있었다. 일부 해석자들은 "그리스도를 경외함으로 피차 복종하라"엡 5:21는 선행 구절을 지적하며 이 단락 전체의 올바른 의미는 상호 복종, 곧 남편과 아내가 모두 상대방이 필요하고 원하는 바를 고려함으로써 "피차 복종"해야 한다는 것이라고 주장해 왔다. 그러므로 본문의 핵심은 '사려 깊게 서로 배려하라. 서로를 사랑하는 마음으로 행동하라'는 것이다. 이처럼 이해한다면, 이 본문은 아내가 남편의 권위에 복종할 특수한 책임을 지닌다고 가르치지 않는 것이 된다. 남편과 아내는 모두 서로를 배려하고 사랑해야 하기 때문이다. 이런 관점에 따르면 이 본문에서는 권위에 대한 복종이 보이지 않는다.[21]

그러나 이 본문을 상호 복종으로 해석하는 것은 '휘포타소'라는 단어의 확립된 모든 의미와 양립이 불가능하다. 이 단어는 언제나 권위에 대한 일방적인 복종을 암시하기 때문이다.[22] 신약의 다른 곳에서 이 단어는 부모의 권위에 대한 예수의 순종,눅 2:51 귀신들이 제자들에게 항복함,눅 10:17, 여기서 '배려하다'라는 의미는 부적절함 시민들이 정부의 권위에 복종함,롬 13:1, 5; 딛 3:1; 벧전 2:13 우주가 그리스도께 복종함,고전 15:27; 엡 1:22 보이지 않는 영적 권세가 그리스도께 복종함,벧전 3:22 그리스도가 성부 하나님께 복종함,고전 15:28 교인들이 교회 지도자들에게 순종함,고전 16:15-16; 벧전 5:5 아내가 남편에게 복종함,골 3:18; 딛

2:5; 벧전 3:5; 또한 엡 5:22, 24 참조 교회가 그리스도께 복종함,엡 5:24 종이 주인에게 순종함,딛 2:9; 벧전 2:18 그리스도인이 하나님께 복종함히 12:9; 약 4:7이라는 뜻으로 사용된다. 이 관계들 중에서 어느 것도 역전되지 않는다. 즉 남편이 아내에게 "복종"휘포타소 해야 한다고 하거나 정부가 시민에게, 주인이 종에게, 제자들이 귀신들에게 복종해야 한다고 말하지 않는다. 사실 신약 외부에서 이 단어는 군대에서 병사들이 상급자에게 복종하고 순종하는 것을 묘사하는 말로 사용된다.[23]

이에 더해 이어지는 문맥에서 바울은 앞서 "피차 복종하라"엡 5:21 고 말한 것이 무엇을 뜻하는지 정의하는데, 이것은 곧 '교회에서 여러분에 대한 권위를 지닌 직책을 맡은 이들에게 복종하라'는 뜻이다. 이에 대해서는 다음과 같이 설명할 수 있다. (1) 아내는 남편에게 복종해야 하지만,엡 5:22-24 남편은 아내에게 복종하라고 말하지 않는다. 바울은 아내들에게 "자기 남편에게 복종하"라고 말하지만엡 5:22 교회 안의 모든 사람, 모든 남편에게 복종하라고 말하지 않는다. (2) 자녀는 자신의 부모에게 복종해야 하지만, 엡 6:1-3 부모는 자녀에게 복종하거나 순종하라고 말하지 않는다. (3) 종은 자신의 주인에게 복종해야 하지만, 주인에게는 종에게 복종하라고 말하지 않는다.[24] 그러므로 ('모든 사람이 모든 사람에게 복종해야 한다'는 의미에서) 상호 복종이라는 관념은 에베소서 5:21에 대한 합당한 해석이 아니다.[25] 이와 비슷하게 골로새서 3:18-19에서 바울은 "아내들아, 남편에게 복종하라. 이는 주 안에서 마땅하니라. 남편들아, 아내를 사랑하며 괴롭게 하지 말라"고 말한다.딛 2:4-5; 벧전 3:1-7 참조

D. 결혼 생활에 대한 적용

우리의 분석이 옳다면 특별히 결혼 관계, 또한 남자와 여자의 관계에 대한 실천적인 적용점들을 발견할 수 있다.

남편들이 이기적이고 무자비하며 오만하고 폭력적이며 잔인하게 행동할 때, 그들은 그것이 죄와 타락의 결과로서 그들을 위한 하나님의 목적에 파괴적이며 모순적이라는 것을 깨달아야 한다. 이런 식으로 행동할 때 그들의 삶에, 특히 그들의 결혼 생활에 파괴적인 결과가 나타날 것이다. 남

편은 그렇게 행동하는 대신 아내를 사랑하고 존중하며 배려하고 아내의 유익을 우선으로 삼으라는 신약의 명령을 성취해야 한다.

마찬가지로 아내들은 남편에게 반항심이 들고 그의 리더십에 대해 분노가 생길 때, 또는 가정의 리더십을 두고 남편과 경쟁할 때, 그것이 죄와 타락의 결과임을 깨달아야 한다. 부부는 그렇게 행동하면 안 된다. 그와 같은 행동은 결혼 생활에 파괴적인 결과를 가져올 것이다. 하나님이 세운 본보기에 따라 행동하기를 원하는 아내는 남편에게 복종할 것이며 남편이 가정의 리더임을 기뻐하며 동의할 것이다.[26]

이렇게 말한 다음, 우리는 성경이 가르치는 본보기 두 가지에 반대되는 왜곡이 발생할 수 있음을 깨달아야 한다. 남편의 학대와 아내가 남편의 권위를 강탈하는 것이 공격성의 오류라면 또 다른 두 가지 오류, 곧 수동성 또는 게으름의 오류가 존재한다. 무자비한 폭군 같은 남편의 정반대는 전적으로 수동적인 태도를 취하며 가정에서 주도권을 발휘하지 못하는 남편이다(소위 겁쟁이처럼 구는 것이다). 성경이 가르치는 본보기를 이런 식으로 왜곡할 때 남편의 배려로 아내가 모든 결정을 하게 되며, 아내가 자신에게 잘못을 행하도록 다그칠 때도 동의하게 된다(이런 태도를 보였던 아담과 아합, 솔로몬 등을 생각해 보라). 이런 남편들은 (육체적으로든 정서적으로든) 집을 비우고 다른 관심사에 몰두하게 된다.

아내가 남편을 지배하거나 그 권위를 빼앗으려는 태도의 정반대는 전적으로 수동적인 태도를 취하며 가정의 의사 결정 과정에 아무런 기여도 하지 않고, 남편이 잘못할 때도 그를 바로잡으려는 말을 하지 않는 것이다. 권위에 대한 복종이란 전적으로 수동적인 태도를 취하며 권위를 지닌 사람이 말하거나 주장하는 모든 것에 동의하는 것을 뜻하지 않는다. 고용주나 정부의 권위에 복종할 때(우리는 정부와 의견을 달리하며 복종할 수 있다), 교회에서 직분자의 권위에 복종할 때(우리는 그들이 내린 결정 중 일부에 동의하지 않더라도 그들에게 복종할 수 있다) 우리는 당연히 그렇게 행동하지 않는다. 아내는 남편의 권위에 복종하며 의사 결정 과정에 전적으로 참여할 수 있다.

그러므로 남편은 가정에서 사랑하고 배려하며 사려 깊은 리더가 되도록 노력해야 한다. 아내는 남편의 권위에 적극적이고 현명하며 기쁨으로 복종하기 위해 노력해야 한다. 두 종류의 실수를 피하고 성경이 가르치는 본보기를 따를 때 남편과 아내는 하나님이 창조하신 대로 고귀한 존엄성과 기쁨에 넘치는 상호 보완성이라는 참된 성경적 남성성과 여성성을 발견할 것이며, 이를 통해 그들의 삶은 하나님의 형상을 더 온전히 반영하게 될 것이다.

개인적 적용을 위한 질문

신학 전문 용어

상호 복종

역할 차이

인간성의 동등성

장자권

1. 여러분은 하나님이 주신 성별에 만족하는가? 성별을 바꾸고 싶은 적이 있는가? 하나님은 이 질문을 어떻게 바라보시는가?

2. 여러분은 성별을 바꾸려고 하는 이들도 하나님이 소중하게 여기시는 존재라고 생각하는가?

3. 삼위일체 하나님의 관계성이 우리의 가정을 이해하는 데 유익한 방식이라고 생각하는가? 가정에서 하나님의 성품을 더 온전히 반영하기 위한 방법은 무엇인가?

4. 남녀의 역할에 관한 이번 장의 내용과 오늘날 사회의 관점에는 어떤 차이가 존재하는가? 그 간극 안에서 교회는 무엇을 할 수 있는가?

5. 하나님이 교회 공동체 안에서 남녀의 교제를 기뻐하신다고 생각하는가? 이는 삼위일체와 어떤 관련이 있는가? 과거 남녀 교제를 금지했던 일부 교회 역사를 생각할 때, 이를 통해 우리가 경계해야 할 것이 있는가?

6. 가정 안에서 하나님이 여러분에게 주신 역할(남편, 아내 등)에 만족하는가?

참고 문헌

이 참고 문헌에 관한 설명으로는 1장, 60쪽을 보라. 자세한 서지 자료는 2권 부록 2에서 확인할 수 있다.

복음주의 조직신학 저술의 관련 항목

이번 장의 주제는 조직신학을 다루는 책 안에서 별도의 항목으로 다루지 않는 경우가 많다. 그러므로 이번 장의 목록은 이 책의 통상적인 목록보다 짧다.

1. 성공회

2001	Packer, 74–76

2. 아르미니우스주의(또는 웨슬리파/감리교)

1983	Carter, 1:214–220
2002	Cottrell, 134–158
2013	Bird, 651–656
2013	Bray, 81–88

3 침례교

1990–1995	Garrett, 1:485–496
2007	Akin, 353–361
2013	Erickson, 498–501

4. 세대주의

1947	Chafer, 7:233–234, 310–311

2017 MacArthur and Mayhue, 426–433

5 루터교

1917–1924 Pieper, 1:523–527

193 Mueller, 209

6 개혁주의(또는 장로교)

1679–1685 Turretin, *IET*, 1:464–465

1894 Shedd, 429

1906–1911 Bavinck, *RD*, 2:576–578

2008 Van Genderen and Velema, 316, 368–374

2011 Horton, 391

2013 Frame, 792–797

2013 Culver, 240–247

2016 Allen and Swain, 165–193

2017 Barrett, 293–311

2019 Letham, 321–328

7. 부흥 운동(또는 은사주의/오순절)

1988 Williams, 1:203–206

1995 Horton, 236–238

대표적인 로마 가톨릭 조직신학 저술의 관련 항목

1. 로마 가톨릭: 전통적 입장

1955 Ott, 460–473 (on matrimony)

2. 로마 가톨릭: 제2차 바티칸공의회 이후

1980 McBrien, 2:848–854

212 *CCC*, paragraph 369–373

기타 저술

+을 표시한 저작은 이번 장에서 제시한 관점에 대해 대체로 동의하는 반면, ++을 표시한 저작은 동의하지 않는다.

Alsford, S. E., and S. Mann. "Feminist Theology." In *NDT2*, 336–341.

Bacchiocchi, Samuele. *Women in the Church: A Biblical Study of the Role of Women in the Church*. Berrien Springs, MI: Biblical Perspectives, 1987.+

Bilezikian, Gilbert. *Beyond Sex Roles: What the Bible Says about a Woman's Place in Church and Family*. 3rd ed. Grand Rapids: Baker, 2006.++

Clark, Stephen B. *Man and Woman in Christ: An Examination of the Roles of Men and Women in Light of Scripture and the Social Sciences*. Ann Arbor, MI: Servant, 1980.+

Clouse, Bonnidell, and Robert G. Clouse, eds. *Women in Ministry: Four Views*. Downers Grove, IL: InterVarsity Press, 1989.

Colwell, J. E. "Anthropology." In *NDT1*, 28–30.

Conn, H. M. "Feminist Theology." In *NDT1*, 255–258.

Cooper, J. W. "Human Being." In *EDT3*, 403–407.

Cottrell, Jack. *Feminism and the Bible: An Introduction to Feminism for Christians*. Joplin, MO: College Press, 1992.+

Creegan, N. H. "Feminist Theology." In *EDT3*, 314–316.++

Creegan, Nicola Hoggard. *Living on the Boundaries: Evangelical Women, Feminism and the Theological Academy*. Downers Grove, IL: InterVarsity Press, 2005.++

Evans, Mary J. *Women in the Bible: An Overview of All the Crucial Passages on Women's Roles*. Downers Grove, IL: InterVarsity Press, 1983.++

Foh, Susan. *Women and the Word of God: A Response to Biblical Feminism*. Phillipsburg, NJ: Presbyterian and Reformed, 1980.+

Grenz, Stanley J., and Denise Muir Kjesbo. *Women in the Church: A Biblical Theology of Women in Ministry*. Downers Grove, IL: InterVarsity Press, 1995.++

Grudem, Wayne. *Evangelical Feminism: A New Path to Liberalism?* Wheaton, IL: Crossway, 2006.+ (『복음주의 페미니즘』 크리스챤다이제스트)

____. *Evangelical Feminism and Biblical Truth*. Wheaton, IL: Crossway, 2012.+

Grudem, Wayne, ed. *Biblical Foundations for Manhood and Womanhood*. Wheaton, IL: Crossway, 2002.+

Gundry, Patricia. *Heirs Together*. Grand Rapids: Zondervan, 1980.++

____. *Woman Be Free! The Clear Message of Scripture*. Grand Rapids: Zondervan, 1988.++

Hammett, John S. "Human Nature." In *A Theology for the Church*, edited by Daniel L. Akin et al., 353–61, 375–77, 388–93. Nashville: B&H, 2007.

House, H. Wayne. *The Role of Women in Ministry Today*. Nashville: Nelson, 1990.+

Hurley, James. *Man and Woman in Biblical Perspective*. Leicester: Inter-Varsity Press; Grand Rapids: Zondervan, 1981.+

Jepsen, Dee. *Women: Beyond Equal Rights*. Waco, TX: Word, 1984.+

Jewett, Paul K. *Man as Male and Female*. Grand Rapids: Eerdmans, 1975.++

Kassian, Mary A. *Women, Creation and the Fall*. Westchester, IL: Crossway, 1990.+

____. *The Feminist Gospel: The Movement to Unite Feminism with the Church*. Wheaton, IL: Crossway, 1992.+

Keener, C. S. "Man and Woman." In *DPL*, 583–592.++

____. "Woman and Man." In *DLNT*, 1205–1215.++

Knight, George W., III. *The Role Relationship of Men and Women: New Testament Teaching*. Chicago: Moody Publishers, 1985.+

Kroeger, C. C. "Women in the Early Church." In *DLNT*, 1215–1222.++

Lee-Barnewall, Michelle. *Neither Complementarian nor Egalitarian: A Kingdom Corrective to the Evangelical Gender Debate*. Grand Rapids: Baker Academic, 2016.

Mickelsen, Alvera, ed. *Women, Authority, and the Bible*. Downers Grove, IL: InterVarsity Press, 1986.++

Neuer, Werner. *Man and Woman in Christian Perspective*. Translated by Gordon Wenham. Westchester, IL: Crossway, 1991.+

Noble, T. A. "Anthropology." In *NDT2*, 39–42.

Ortlund, R. C., Jr. "Man and Woman." In *NDBT*, 650–654.+

Payne, Philip B. *Man and Woman, One in Christ: An Exegetical and Theological Study of Paul's Letters*. Grand Rapids: Zondervan, 2009.++

Perriman, Andrew. *Speaking of Women*. Leicester: Inter-Varsity Press, 1998.++

Pierce, Ronald W., and Rebecca Merrill Groothuis, eds. *Discovering Biblical Equality: Complementarity without Hierarchy*. Downers Grove, IL: InterVarsity Press, 2004.++

Piper, John. *What's the Difference? Manhood and Womanhood Defined according to the Bible*. Westchester, IL: Crossway, 1990.+ (『남자와 여자 무엇이 다른가?』 부흥과개혁사)

___. *and Wayne Grudem, eds.* Recovering Biblical Manhood and Womanhood: A Response to Evangelical Feminism. Westchester, IL: Crossway, 1991.+

Spencer, Aida Besancon. *Beyond the Curse: Women Called to Ministry*. Peabody, MA: Hendrickson, 1985.++

___. *William Spencer, Steve Tracy, and Celestia Tracy.* Marriage at the Crossroads: Couples in Conversation about Discipleship, Gender Roles, Decision Making, and Intimacy. Downers Grove, IL: InterVarsity Press, 2009.

Tucker, Ruth A., and Walter Liefeld. *Daughters of the Church: Women in Ministry from New Testament Times to the Present*. Grand Rapids: Zondervan, 1987.++

Van Leeuwen, Mary Stewart. *Gender and Grace: Love, Work and Parenting in a Changing World*. Leicester: Inter-Varsity Press; Downers Grove, IL: InterVarsity Press, 1990.++

Westfall, Cynthia Long. *Paul and Gender: Reclaiming the Apostle's Vision for Men and Women in Christ*. Grand Rapids: Baker Academic, 2016. (『바울과 젠더』 새물결플러스)

Williams, William C. "Sexuality, Human." In *BTDB*, 531–534.

Yang, Hongyi. *A Development Not a Departure: The Lacunae in the Debate of the Doctrine of the Trinity and Gender Roles*. Phillipsburg, NJ: P&R, 2018.+

성경 암송 구절

골로새서 3:18-19 | 아내들아, 남편에게 복종하라. 이는 주 안에서 마땅하니라. 남편들아, 아내를 사랑하며 괴롭게 하지 말라.

찬송가

"여호와를 경외하는 자 복이 있도다" Blest the Man that Fears Jehovah

이 찬송가는 곡조에 맞춰 시편 128편을 풀어쓴 곡이다. 하나님의 길을 걷는 가정의 복에 관해 이야기한다.

여호와를 경외하며
그의 길을 걷는 자마다 복이 있도다
네가 네 손이 수고한 대로 먹을 것이라
네가 복되고 형통하리로다

너는 네 아내로 인해 기뻐하리라
그는 좋은 것으로 네 집을 채울 것이라
사랑으로 섬기며 행복하고
기쁨으로 자녀를 기를 것이라

기쁨이 넘치는 자녀, 아들들과 딸들이
너의 식탁에 둘러앉아 있으리라
튼튼하고 아름다운 그들은 감람나무 같아서
소망과 달콤한 꿈으로 가득하리라

여호와를 경외하는 자는
이같이 복을 얻으리로다
여호와께서 시온에서
네게 복을 주실지어다

너는 평생에 목숨이 다할 때까지
하나님 나라의 번영을 보며
네 자식의 자식을 볼지어다
네 자손에게 평강이 있을지로다

□ 1912년, *The Psalter*, 시편 128편

현대 찬양곡

"주님이 나의 구원이십니다" The Lord Is My Salvation

하나님의 은혜가 나를 붙드십니다
사나운 바다에서 나를 건지셨고
반석 위에서 나는 안전합니다
주님이 나의 구원이십니다

사랑으로 우리를 붙드시는
우리 하나님, 주님과 같은 이가 어디 있습니까?
내 죄를 갚으시고 승리하신 주님
주님이 나의 구원이십니다

어둠 속에서도 나는 두렵지 않습니다
주의 힘에 의지하여 벽을 넘습니다
새벽을 지나 해가 솟아오르는 것을 봅니다
주님이 나의 구원이십니다

나의 소망은 주님께 있습니다
주님은 약속하신 말씀을 모두 이루십니다
겨울은 끝나고 봄이 올 것입니다
주님이 나의 구원이십니다

곤궁 속에 기다리며
좌절하고 연약할 때
주님의 은혜로 새날이 올 것을 압니다
주님이 나의 구원이십니다

성부 하나님께 영광
성자 하나님께 영광
성령 하나님께 영광
주님이 나의 구원이십니다

□ 조너스 마이린, 네이선 노클스, 크리스틴 케티, 키스 케티 작사 **27**

주

1 모든 인간(남자와 여자)를 지칭할 때 영어 단어인 'man'을 사용하는 것에 관해서는 21장, 289-293쪽을 보라.

2 창세기 1-3장에서 남자와 여자를 구별하는 것이 신학적으로 어떤 함의를 갖는지에 관한 더 자세한 논의로는 Raymond C. Ortlund Jr., "Male-Female Equality and Male Headship: Genesis 1-3," in *Recovering Biblical Manhood and Womanhood: A Response to Evangelical Feminism*, ed. by John Piper and Wayne Grudem (Wheaton, IL: Crossway, 1991), 98을 보라. 나는 이번 장의 여러 곳에서 오틀런드 박사의 분석에 의존했다.

3 1994년 9월 6일, 「유에스에이 투데이 국제판」(*USA Today: International Edition*)의 1면 기사에서는 지배적인 남성의 비극적인 사례를 보도한다. 인도에서 임신한 여성에 대해 초음파 검사를 실시하는 의사의 사진에 "여자 아기 출산 불허: 성별에 따른 낙태, 도덕적 논쟁 촉발"이라는 설명이 있었다. "아시아인들의 남아 선호가 치명적 선택으로 이어진다"라는 제목의 기사에서는, 봄베이의 산부인과 의사 다타 파이(Datta Pai)가 "여아를 임신한 사람 중 99퍼센트가 태어나지 않은 자녀를 낙태했다"라고 보도했다(2A). 또한 다음과 같이 보도했다. "현대 기술, 남아에 대한 강한 문화적 선호, 인구 감소에 대한 압박 등의 요인이 결합되어 인도와 중국, 아시아의 많은 곳에서 태아의 성별을 선택하는 산업이 크게 성장했다.…… 아시아 전역과 북아프리카에 이르기까지 성비의 불균형을 보이는 최근의 통계 자료를 근거로 판단할 때 여성인 태아에 대한 낙태가 흔히 이루어지는 것으로 보인다. 성별 선택은 낙태에 국한되지 않는다. 여성 영아 살해, 여자아이 유기, 급식과 치료에서 남자아이를 우선시하는 관행으로 인해 성비 불균형이 심화되고 있다."(1A-2A) 계속해서 이 기사에서는 출생 당시의 정상적인 성비에 따르면 현재 세계 인구 중에서 1억 명 이상의 여성이 실종된 상태라고 말한 하버드 대학교 교수인 아마르티아 센(Amartya Sen)의 말을 인용한다. 정상적인 성비를 기준으로 살아 있어야 하는 여성의 수와 비교할 때, 중국에서는 여성 인구가 4천4백만 명이 부족하고, 인도에서는 3천7백만 명이 부족하다(2A).

이것은 차마 입에 담을 수 없을 정도로 불행한 일이다. 잃어버린 생명 피해에 더하여, 살아남은 여성들의 삶에 가해지는 파괴적인 결과에 대해서도 생각해 보아야 한다. 아주 어렸을 때부터 그들은 가족과 사회로부터 "소년이 소녀보다 더 낫다. 나는 네가 남자아이길 바랐어"라는 말을 듣는다. 이것은 그들의 자존감에 파괴적인 영향을 미칠 것이다. 하지만 이 모든 비극은 남자와 여자, 소년과 소녀가 하나님이 보시기에 동등한 가치를 지니며 우리가 보기에도 동등한 가치를 지녀야 한다는 것을 깨닫지 못한 결과로 발생한다. 우리 모두가 하나님의 형상으로 창조되었다고 말하는 성경의 첫 번째 장은 이 관행을 바로잡으며, 소년이 소녀보다 더 소중하다고 마음속에 은밀히 자리 잡은 모든 생각을 바로잡는다.

4 "누가 더 기도를 잘 하는가?"라는 물음과 "누가 하나님을 더 잘 찬양하는가?"라는 물음에 대해서는 아마도 "둘이 함께"라고 답해야 할 것이다. 남성과 여성들의 기도 모임은 각자 귀하지만, 남성과 여성 또는 그들의 자녀들과 함께 하나님의 백성 공동체 전체가 하나님의 보좌 앞에 모여 기도할 때보다 더 풍성하거나 완전한 것은 아니다. "오순절 날이 이미 이르매 그들이 다같이 한 곳에 모였더니"(행 2:1). "그들이 듣고 한마음으로 하나님께 소리를 높여 이르되"(행 4:24). 베드로가 "마가라 하는 요한의 어머니 마리아의 집에 가니 여러 사람이 거기에 모여 기도하고 있더라"(행 12:12).

5 삼위일체의 구성원들 사이에 존재하는 역할의 차이에 관해서는 14장, 445-448쪽을 보라.

6 어떤 이들은 고린도전서 11:3에 사용된 '머리'라는 단어가 원천을 의미하며 결혼 관계에서의 권위와 무

관하다고 주장해 왔다. 예를 들어, 바울이 '머리'라는 단어를 사용해 "각 남자의 머리는 그리스도요 여자의 머리는 남자요 그리스도의 머리는 하나님이시라"고 말한 것(고전 11:3)을 가리켜 고든 피(Gordon Fee)는 다음과 같이 말한다. "이 은유에 대한 바울의 이해, 따라서 고린도인들이 이해했을 유일한 의미는 원천, 특히 생명의 원천으로서의 머리다"[*The First Epistle to the Corinthians*, NIC (Grand Rapids: Eerdmans, 1987), 503]. (『고린도전서』 부흥과개혁사)

이와 비슷하게 1990년 4월 9일 자 「크리스채너티 투데이」(*CT*), 36-37에 광고로 실린 "남성과 여성, 성경적 평등"(Men, Women and Biblical Equality)이라는 제목의 성명서에는 이렇게 기술한다. "머리로서 남편의 기능은 상호 복종의 관계 안에서 자기를 내어 주는 사랑과 섬김으로 이해해야 한다(엡 5:21-33; 골 3:19; 벧전 3:7)." 따라서 그들은 머리를 위가 아니라 (사랑과 섬김의) 원천이라는 뜻으로 이해한다.

이 해석에 대한 반론과 여기서 '머리'라는 단어가 원천이 아니라 권위를 뜻하는 이유에 관한 논의로는 (1) Wayne Grudem, *Evangelical Feminism and Biblical Truth: An Analysis of Over 100 Disputed Questions* (Sisters, OR: Multnomah, 2004), 201-11; (2) Grudem, "Does *Kephalē* ('Head') Mean 'Source' or 'Authority Over' in Greek Literature? A Survey of 2,336 Examples," *TrinJ* 6 (Spring 1985): 38-59; (3) Grudem, "The Meaning of *Kephalē* ('Head'): A Response to Recent Studies," *TrinJ* 11 (Spring 1990): 3-72 (repr., *Recovering Biblical Manhood and Womanhood*, 425-68); 특히 (4) "The Meaning of *Kephalē* ("head"): *An Analysis of New Evidence, Real and Alleged,*" *JETS* 44, no. 1 (March, 2001): 25-65. See also (5) Joseph Fitzmyer, "Another Look at *Kephalē* in 1 Cor. 11:3," *NTS* 35 (1989): 503-11을 보라. 고대 헬라어 문헌에서 '케팔레'라는 단어가 사용된 50개 이상의 사례를 살펴보면, A라는 사람이 B라는 사람(들)의 '머리'(케팔레)로 불릴 때, 이 모든 경우에 A가 B에 대해 권위를 갖는 위치에 있다는 뜻임을 알 수 있다. 고대 헬라어 문헌에서 이에 대한 반대 사례를 전혀 찾아볼 수 없다.

7 Spencer, *Beyond the Curse*, 2nd ed. (Nashville: Nelson, 1985), 20-42.

8 Bilezikian, *Beyond Sex Roles* (Grand Rapids: Baker, 1985), 21-58.

9 같은 책, 58.

10 어떤 이들은 창세기 서사에 적용되지 않는 것이라고 반론을 제기한다. 동물이 아담보다 먼저 창조되었고, 그렇다면 인간을 다스릴 권위를 동물에게 부여하는 것이라는 반론이다(Bilezikian, *Beyond Sex Roles*, 257, n.13). 하지만 이 반론을 제기하는 이들은 장자권의 원칙이 인간 사이에서만 적용되며, 같은 가족에 속한 이들에게는 국한되는 것을 이해하지 못하는 것이다. [빌러지키언은 다른 반론들을 제기하지만 (255-257쪽), 디모데전서 2:13이 창세기 2장에 대한 이 해석을 지지하는 점에 대해서는 논하지 않는다.]

11 Spencer, *Beyond the Curse*, 23-29을 보라.

12 David J. A. Clines, "What Does Eve Do to Help? and Other Irredeemably Androcentric Orientations in Genesis 1-3," paper, Society of Biblical Literature annual meeting, December 7, 1987, Boston, Massachusetts.

13 Spencer, *Beyond the Curse*, 23-26. 그는 "히브리어 본문에서는 여자가 남자 앞이나 위에 있다는 뜻"을 가진다고 말한다(26쪽).

14 Ortlund, "Male-Female Equality," 103-4. 또한 BDB, 617, 2a 참조.

15 Ortlund, "Male-Female Equality," 102-3의 논의를 보라.

16 게르하르트 폰 라트는 "고대 오리엔트에서 이름 짓기는 일차적으로 주권을 행사하고 명령하는 행위"라고 말한다(*Genesis: A Commentary*, rev. ed. [Philadelphia: Westminster, 1972], 83). (『창세기』 한국신학연구소)

17 Bilezikian, *Beyond Sex Roles*, 260-61을 보라.

18 563-565쪽을 보라.

19 Susan T. Foh, "What Is the Woman's Desire?" in *WTJ* 37 (1975): 376-83을 보라. 포는 같은 히브리어 단어가 불과 몇 절이 지나서 대단히 비슷한 진술 속에 다시 사용된다고 지적한다. 즉, 하나님이 가인에게 "죄가 문에 엎드려 있느니라. 죄가 너를 원하나 너는 죄를 다스릴지니라"고 말씀하실 때다(창 4:7). 히브리어 본문에서 이 두 절 사이에 존재하는 병행 구조는 대단히 주목할 만하다. (접속사와 전치사를 포함해) 여섯 단어가 정확히 동일하며 같은 순서를 갖는다. 그밖에도 네 개의 명사와 대명사가 같은 자리에 배치되어 있으며 문장 안에서 동일한 기능을 한다. 다만 관련된 당사자가 달라서 명사와 대명사가 다를 뿐이다. 하지만 그 문장에서 죄가 가인을 원한다는 것은 분명히 그를 압도하거나 정복하기 원한다는 뜻이며, 이는 문에 "엎드려"서 그를 기다리는 동물의 이미지를 통해서 명백히 알 수 있다. 두 경우를 제외하고 이 히브리어 단어가 사용된 유일한 사례는 아가 7:10로서 문맥상 적대적인 욕망이 아닌 긍정적인 성적 욕망을 의미한다. 이 단어가 창세기 3:16에서 성적 욕망을 뜻할 가능성은 희박하다. 그것은 타락으로부터 시작되지도 않았고 하나님이 내리신 저주의 일부인 것도 아니기 때문이다. 포는 자신의 주장을 뒷받침하는, 관련된 셈어족의 병행 구조에 대해서도 지적한다. 또한 David Talley, "*teshûqāh,*" *in* NIDOTTE, 4:341-342을 보라. 이 논문에서는 이 단어가 아가서 7:10에서는 성적 의미로 "갈망이나 욕망, 충동"을 강조하지만 창세기 4:7에서는 "원수를 무너뜨리고자 하는 욕망"을 뜻하며, 창세기 3:16에서는 부정적 의미로 사용될 가능성이 높다고 말한다(341쪽). 또한 DCH 8:684 (entry II) 참조.

20 신 15:6("네가 여러 나라를 통치할지라도 너는 통치를 당하지 아니하리라"); 잠 22:7("부자는 가난한 자를 주관하고"); (블레셋의 이스라엘 지배에 관해 말하는) 삿 14:4; 15:11; 창 37:8; 잠 12:24 등을 보라.

21 예를 들어, Bilezikian, *Beyond Sex Roles*, 154을 보라. 또한 I. Howard Marshall, "Mutual Love and Submission in Marriage: Colossians 3:18-19 and Ephesians 5:21-33," in *Discovering Biblical Equality*, ed. Ronald Pierce and Rebecca Groothuis (Downers Grove, IL: InterVarsity Press, 2004), 195-98을 보라.

22 하워드 마셜이 에베소서 5장에서 상호 복종을 가르친다고 주장하며 "모든 신자는 이러한 상호 겸손의 자세로 스스로 다른 신자보다 낮아져야 한다"고 말한 다음 "이 본문이 휘포타소마이(휘포타소)라는 동사가 이렇게 사용된 유일한 사례임에도 불구하고" 이 해석을 지지한다고 인정한다는 점은 의미심장하다(같은 책, 197). 하지만 이것은 고대 헬라어 문헌 어디에서도 이 동사가 상호 복종의 해석을 뒷받침하는 방식으로 사용된 사례가 없음을 인정하는 것이다. 이 해석 방식의 위험은 명확하다. 신약의 헬라어 단어가 고대 문헌 어디에도 뒷받침하는 증거가 존재하지 않는 새로운 의미를 취하도록 허용하기 시작한다면, 또한 그 단어의 널리 받아들여진 의미가 문맥상 뜻이 통하는 본문에서, 곧 수백 개의 다른 용례에 의해 확립된 그 단어의 의미를 거부하며 새로운 의미를 취하도록 허용한다면, 우리는 신약이 아무것이나 다 말할 수 있게 만들 수 있다.

23 Josephus, *War* 2.566, 578; 5.309을 보라. 클레멘스 1서 37:2의 부사를 참조하라. 또한 휘포타소(수동형)가 '순종하다'를 뜻한다고 정의하는 *LSJ*, 1897을 보라.

24 '피차'(알레루스)라는 단어가 전적으로 상호적이어야 한다는(이 말이 '모두가 모두에게'라는 뜻이라는) 전제 때문에 이 구절에 관한 오해가 발생했다. 하지만 이 말이 그 의미를 취하지 않고 '어떤 사람들이 다른 사람들에게'라는 뜻으로 사용되는 사례가 많다. 예를 들어, 요한계시록 6:4에서 "서로 죽이게 하고"라는 구절은 '어떤 사람들이 다른 사람들을 죽이게 하고'라는 뜻이다. 갈라디아서 6:2에서 "너희가 짐을 서로 지라"라는 구절은 '모든 사람이 다른 모든 사람과 짐을 교환해야 한다'는 뜻이 아니라 '능력이 더 많은 일부 사람들이 능력이 더 작은 다른 사람들의 짐을 지는 것을 도와야 한다'는 뜻이다. 고린도전서 11:33에서

"먹으러 모일 때에 서로 기다리라"라는 구절은 '일찍 준비가 된 사람들이 늦게 오는 다른 사람들을 기다려야 한다'는 뜻이다(눅 2:15; 21:1; 24:32 참조). 마찬가지로 이어지는 문맥과 '휘포타소'의 의미를 고려할 때 에베소서 5:21은 '권위 아래에 있는 사람들은 자신에 대한 권위를 지닌 다른 사람들에게 복종해야 한다'라는 뜻으로 해석해야 한다. (결혼 관계에서 복종은 노예 제도에서 복종과 비슷하며 이것은 둘 다 잘못된 것이라는 반론에 관해서는 2권 47장, 553-554쪽을 보라.)

25 물론 모든 그리스도인은 서로를 사랑해야 하며 배려해야 한다. 만약 그것이 상호 복종의 의미라면 이에 대해서는—비록 그것이 에베소서 5:21에서 가르치는 바가 아니며 성경의 다른 곳에서는 이에 관해 '휘포타소'가 아닌 다른 단어를 사용할지라도—아무런 반론도 있을 수 없다. 그러나 '상호 복종'이라는 표현은 대체로 이와 다른 의미로, 곧 결혼 안에서 남편이 지닌 독특한 권위를 제거하는 의미로 사용된다.

26 복종이 무엇을 의미하며 무엇을 의미하지 않는지에 관한 논의로는 Grudem, "Wives Like Sarah, and the Husbands Who Honor Them: 1 Peter 3:1-7," in *Recovering Biblical Manhood and Womanhood*, 194-205을 보라.

27

23. 인간의 본질적 속성

성경이 말하는 영과 혼은 무엇을 뜻하는가?

영과 혼은 동일한 것인가?

설명과 성경적 기초

A. 서론: 삼분설, 이분설, 일원설

인간은 몇 개의 부분으로 이루어져 있는가?[1] 인간이 물질적인 신체를 가지고 있다는 점에는 모두가 동의한다. 또한 많은 사람들은 (그리스도인과 비그리스도인 모두) 비물질적인 부분—몸이 죽은 뒤에도 계속 존재하는 혼soul—이 있다고 느낀다.

하지만 의견의 일치는 여기까지다. 어떤 사람들은 몸과 혼에 더해 제3의 부분, 곧 하나님과 가장 직접적으로 관계를 맺는 영spirit이 있다고 믿는다. 인간이 세 부분몸, 혼, 영으로 이루어져 있다는 견해는 삼분설trichotomy이라고 불린다.[2] 이 견해는 복음주의권에서 흔히 접할 수 있지만, 오늘날 학문적으로는 거의 지지를 받지 못한다. 삼분설을 지지하는 사람들에 따르면 인간의 혼에는 지성과 감정, 의지가 포함된다. 그들은 모든 사람이 이와 같은 혼을 가지고 있으며, 혼의 다른 요소들이 하나님을 섬길 수도 있고 죄에 굴복할 수 있다고 주장한다. 영은 우리 안에 있는 고등한 능력으로, 한 사람이 그리스도인이 될 때 살아난다고 주장한다. 따라서 한 사람의 영은 가장 직접적으로 하나님을 예배하고 그분께 기도하는 그 사람의 구성 요소다.요 4:24; 빌 3:3 참조

다른 이들은 영이 인간의 개별적 구성 요소가 아니라 혼을 가리키는 다른 용어일 뿐이며, 성경에서 두 용어는 인간의 비물질적 요소, 곧 우리 몸이 죽은 뒤에도 계속 존재하는 부분에 관해 이야기할 때 서로 교환 가능한 방식으로 사용된다고 주장한다. 인간이 두 부분몸과 영 또는 혼으로 이루어

져 있다는 견해는 이분설dichotomy이라고 불린다. 이 견해를 지지하는 이들은 성경에서 우리가 하나님과 맺는 관계에 대해 다룰 때 '영'루아흐(히), 프뉴마(헬)이라는 단어를 더 자주 사용한다는 데 동의하지만, 이 용례가 한결같은 것은 아니며 '영'이라는 말이 사용될 수 있는 모든 방식으로 '혼'이라는 단어도 사용된다고 지적한다.

또 다른 견해는 주로 복음주의권 밖에서 확인할 수 있다. 그것은 인간이 물질적인 몸과 분리된 채로 존재할 수 없으며, 따라서 몸이 죽은 뒤에 혼이 따로 존재할 수 없다는 관념이다(다만 이 견해에서도 미래의 어느 시점에 온전한 인간의 부활이 가능하다고 말할 수는 있다). 인간이 단 하나의 요소이며 그의 몸이 그의 인격체라는 견해는 일원설monism이라고 불린다.[3] 일원설에 따르면, '혼'과 '영'이라는 성경의 용어는 그 사람 또는 그 사람의 생명을 지칭하는 다른 표현일 뿐이다. 복음주의 신학자들은 일반적으로 이 견해를 채택하지 않는다. 성경은 우리 몸이 죽은 뒤에도 혼이나 영이 계속 살아 있음을 분명히 말하는 것처럼 보이기 때문이다(창 35:18, 라헬이 "죽게 되어 그의 혼이 떠나려 할 때에"; 시 31:5; 눅 23:43, "오늘 네가 나와 함께 낙원에 있으리라"; 눅 23:46; 행 7:59, "주 예수여, 내 영혼을 받으시옵소서"; 빌 1:23-24; 고후 5:8; 히 12:23; 계 6:9; 20:4; 또한 중간 상태에 관해서는 42장 참조).

하지만 오늘날 기독교에서는 주로 두 견해가 지지를 받는다. 이분설은 교회사 전체에 걸쳐 지지를 받아 왔고 오늘날에도 복음주의 신학자들 사이에서 채택을 받고 있지만, 삼분설도 많은 지지를 받아 왔다.[4]

이번 장에서는 인간이 두 부분, 곧 몸과 혼또는 영으로 이루어져 있다는 이분설을 지지하겠지만 삼분설을 지지하는 주장도 살펴볼 것이다.

B. 성경의 자료

성경이 혼과 영을 인간을 이루는 별개의 구성 요소로 보는지 묻기 전에, 먼저 성경이 하나님이 창조하신 인간의 전체적 통일성을 강조한다는 점을 지적할 필요가 있다. "하나님이……생기를 그 코에 불어넣으시니 사람이 생령이 되니라."창 2:7 여기서 아담은 몸과 혼soul이 함께 살아 움직이는 통일된 인격체다. 그리스도께서 다시 오시고 우리의 혼과 함께 몸도 온전히 속랑될 때 이 조화롭고 통일된 인간의 본래 상태가 드러날 것이다.고전 15:51-54 참조 그러나 우리는 현재 삶의 모든 양상에서, 우리의 혼과 영뿐 아니라 몸에서도 점점 더 거룩해져야 하며 하나님을 더 많이 사랑하는 사람으로 자라 가야 한다.고전 7:34 참조 "하나님을 두려워하는 가운데서 거룩함을 온전히 이루어 육과 영의 온갖 더러운 것에서 자신을 깨끗하게 하자."고후 7:1

그러나 성경은, 하나님이 우리를 몸과 혼의 통일성을 지니도록 창조하셨으며 이생에서 우리가 하는 모든 행동은 전 인격체적인 행동이라는 사실을 강조하고, 그다음에 인간 본성의 비물질적 요소가 존재한다고 가르치고 있음을 지적해야 한다. 우리는 그 부분이 어떤 모습인지 살펴볼 수 있다.

1. 성경은 혼과 영을 교환 가능한 방식으로 사용한다

성경에서 혼네페쉬(히), 프쉬케(헬)과 영루아흐(히), 프뉴마(헬)으로 번역된 단어의 용례를 살펴보면 두 단어는 교환 가능한 방식으로 사용되고 있다. 예를 들어, 요한복음 12:27에서 예수께서는 "지금 내 마음soul이 괴로우니"라고 말씀하시는데, 비슷한 맥락의 다음 장에서는 "심령spirit이 괴로우니"라고 말씀하신다.요 13:21 또한 누가복음 1:46-47에서 마리아는 "내 영혼soul이 주를 찬양하며 내 마음spirit이 하나님 내 구주를 기뻐하였"다고 말한다. 이것은 히브리어의 병행 구조, 곧 같은 뜻을 가진 단어를 사용해 같은 생각을 반복하는 시적 장치의 분명한 예시로 보인다. 이처럼 두 용어를 서로 바꾸어 쓸 수 있기 때문에 죽어서 천국이나 지옥에 간 사람들을 "영들"히 12:23, "온전하게 된 의인의 영들"; 벧전 3:19, "옥에 있는 영들"이라고 부를 수도 있고 "혼들"계 6:9, "하나님의 말씀과 그들이 가진 증거로 말미암아 죽임을 당한 영혼들"; 20:4, "예수를 증언함과 하나님의 말씀 때문에 목 베임을 당한 자들의 영혼들"이라고 부를 수도 있다.

그러나 두 용어 사이에는 적어도 하나의 중요한 차이가 존재한다. 혼에 해당하는 단어네페쉬(히), 프쉬케(헬)는 경우에 따라 인격체 전체를 지칭하는 말로 사용된다.[5] "야곱과 함께 애굽에 들어간 자네페쉬는……육십육 명네페쉬이니"창 46:26 또는 "각 사람프쉬케은 위에 있는 권세들에게 복종하라"롬 13:1 등을 예로 들 수 있다. 영에 해당하는 단어루아흐(히), 프뉴마(헬)는 이런 식으로 사용되지 않는다.

2. 성경은 인간이 죽을 때 혼이나 영이 떠난다고 말한다

성경은 라헬의 죽음을 묘사할 때 "그가 죽게 되어 그의 혼이 떠나려 할 때에"라고 표현한다.[창 35:18] 엘리야는 죽은 아이의 "혼"이 그에게 돌아오게 해달라고 기도하며,[왕상 17:21] 이사야는 여호와의 종이 "자기 영혼을 버려 사망에 이르게" 했다고 말한다.[사 53:12] 신약에서 하나님은 어리석은 부자에게 "오늘 밤에 네 영혼을 도로 찾으리니"라고 말씀하신다.[눅 12:20] 반면에 죽음을 영이 하나님께 돌아가는 것으로 보기도 한다. 다윗은 나중에 예수께서 십자가 위에서 인용하신 대로, 곧 "내가 나의 영을 주의 손에 부탁하나이다"라고 기도한다.[시 31:5; 눅 23:46 참조] 인간이 죽을 때 "영은 그것을 주신 하나님께로 돌아"간다.[전 12:7 6] 예수께서 죽으실 때 "머리를 숙이니 영혼이 떠나가"셨으며,[요 19:30] 마찬가지로 스데반도 죽기 전에 "주 예수여, 내 영혼을 받으시옵소서"라고 기도한다.[행 7:59]

이 본문들에 대해, 삼분설을 지지하는 이들은 인간이 죽을 때 그의 혼과 영이 모두 하늘로 올라가기 때문에 혼과 영은 서로 다른 것이라고 주장할지도 모른다. 그러나 성경 어디에서도 한 사람의 혼과 영이 떠난다거나 하나님께 돌아간다고 말하지 않는다. 만일 혼과 영이 구별되는 별개의 실체라면, 독자로 하여금 인간의 본질적 요소가 남겨지지 않는다는 확신을 주기 위해서라도 성경 어딘가에서 그렇게 주장할 것이다. 그러나 성경 저자들은 죽을 때 혼이 떠나는지, 영이 떠나는지에 대해 신경을 쓰지 않는 것처럼 보인다. 두 가지는 모두 동일한 것을 뜻하는 것으로 보이기 때문이다.

또한 위에서 인용한 구약의 본문들을 살펴볼 때 일부의 주장, 곧 인간의 통일성을 지나치게 강조한 나머지 구약에는 몸과 분리된 영혼의 존재라는 관념이 없다고 말하는 것도 옳지 않음을 알 수 있다. 구약 본문들 중 일부는 한 사람이 죽어 몸이 소멸된 뒤에도 그 사람이 계속해서 존재한다고 인식하고 있음을 암시한다.

3. 사람은 몸과 혼 또는 몸과 영이라고 말한다

예수께서는 "몸은 죽여도 영혼은 능히 죽이지 못하는 자들"을 두려워하지 말고 "몸과 영혼을 능히 지옥에 멸하실 수 있는 이를 두려워하라"고 말씀하신다.[마 10:28] 여기서 영혼[soul]은 분명히 죽음 이후에도 존재하는 한 사람의 구성 요소를 지칭할 것이다. 이 단어는 사람이나 생명을 의미할 수 없다. 몸이 죽은 뒤에도 계속해서 살아 있는 그 사람의 요소가 존재하지 않는다면, "몸은 죽여도 사람은 능히 죽이지 못하는 자들"이나 "몸은 죽여도 생명은 능히 죽이지 못하는 자들"을 이야기하는 것은 뜻이 통하지 않을 것이기 때문이다. 이뿐만 아니라 예수께서는 혼과 몸soul and body에 대해 말씀하실 때 영spirit을 별개의 구성 요소로 언급하지 않으면서도 분명히 전 인격체를 가리키시는 것으로 보인다. 즉 '혼'이라는 단어는 사람의 비신체적인 구성 요소 전체를 뜻하는 것으로 보인다.

다른 한편으로, 인간을 몸과 영body and spirit이라고 말하기도 한다. 바울은 고린도 교회를 향해 진리에서 떠난 형제를 사탄에게 내어 주라고 하며 "이는 육신은 멸하고 영은 주 예수의 날에 구원을 받게 하려 함이라"고 말한다.고전 5:5 바울은 사람의 혼도 구원받는다는 것을 잊어버린 것이 아니라, '영'spirit이라는 단어를 사람의 비물질적인 존재 전체를 지칭하는 말로 사용할 뿐이다. 이와 비슷하게 야고보는 "영혼spirit 없는 몸이 죽은 것 같이"라고 말하지만,약 2:26 구별되는 혼soul은 전혀 언급하지 않는다. 그뿐만 아니라 바울은 한 개인의 거룩한 성장에 관해 이야기하며, "몸과 영을 다 거룩하게 하려"고 노력하는 여성을 칭찬한다.고전 7:34 이것은 몸과 영이 그 사람의 삶 전체를 아우른다고 말하는 것과 같다. 고린도후서 7:1은 더 명시적이다. "우리는 하나님을 두려워하는 가운데서 거룩함을 온전히 이루어 육과 영의 온갖 더러운 것에서 자신을 깨끗하게 하자." 혼이나 영의 더러운 것에서 우리 자신을 깨끗하게 하는 일에는 우리 존재의 비물질적인 측면도 포함되는 것이다.또한 롬 8:10; 고전 5:3; 골 2:5 참조

4. 혼과 영은 죄를 범할 수 있다

삼분설을 지지하는 이들은 혼이 지성과 감정, 의지를 포함한다고 생각하므로 혼이 죄를 범할 수 있다는 데 대체로 동의할 것이다. (혼이 죄를 범할 수 있다는 사실은 베드로전서 1:22과 요한계시록 18:14 등의 본문에서 암시된다.)

하지만 삼분설을 지지하는 이들은 일반적으로 영이 혼보다 더 순수하며, 새롭게 될 때 죄로부터 자유로워져서 성령의 자극에 반응할 수 있다고 생각한다. (대중적인 기독교 설교와 글쓰기에 스며든) 이런 식의 이해는 성경

본문의 지지를 받지 못한다. 바울은 고린도인들에게 "육과 영의 온갖 더러운 것에서" 자신을 깨끗하게 하라고 권면하며,[고후 7:1] 우리의 영 안에 더러움[또는 죄]이 존재할 수 있다고 분명히 말한다. 그는 "몸과 영을 다 거룩하게" 하기 위해 전념하는 미혼 여성에 대해 언급하기도 한다.[고전 7:34] 이러한 사상은 성경의 다른 본문에서도 발견된다. 예를 들어, 주께서는 헤스본 왕 시혼의 "성품"[spirit]을 완강하게 하셨다.[신 2:30] 시편 78편은 "그 심령[spirit]이 하나님께 충성하지 아니하는" 패역한 이스라엘 백성에 관해 이야기한다.[시 78:8] "거만한 마음[spirit]은 넘어짐의 앞잡이"며,[잠 16:18] 죄인은 "교만한 마음"[spirit]을 가질 수 있다.[전 7:8] 이사야는 "마음[spirit]이 혼미"한 이들에 관해 이야기한다.[사 29:24] 느부갓네살은 "뜻[spirit]이 완악하여 교만을 행"했다.[단 5:20] "사람의 행위가 자기 보기에는 모두 깨끗하여도 여호와는 심령[spirit]을 감찰하"신다는 사실[잠 16:2]은 우리의 영이 하나님 보시기에 잘못된 것일 수 있음을 암시한다.[또한 시 32:2; 51:10 참조] 또한 성경에서 "자기의 마음[spirit]을 다스리는" 사람을 칭찬한다는 사실[잠 16:32]은 우리의 영이 인간의 가장 순수한 부분만을 가리키지 않으며, 우리의 영도 죄악된 욕망을 지닐 수 있고 통제받아야 함을 암시한다.

5 혼이 행하는 모든 것을 영도 행하며, 그 반대의 경우도 마찬가지다

삼분설을 옹호하는 이들은 (그들이 보는 관점에서) 혼과 영 사이에 무슨 차이가 있는지 명확히 정의하는 데 어려움을 겪는다. 그들의 주장, 곧 영이 우리가 예배를 드리고 기도할 때 하나님과 직접적으로 관계를 맺는 구성 요소이며 동시에 혼이 지성,[생각] 감정,[느낌] 의지[결단]를 포함한다는 것을 성경이 명백히 지지한다면 삼분설을 옹호하는 이들은 설득력이 강한 주장을 펼치는 것이다. 하지만 성경은 이런 구별을 허용하지 않는 것처럼 보인다.

한편으로, 성경은 생각하고 느끼며 결단하는 행동이 혼에 의해서만 이루어진다고 말하지 않는다. 영도 감정을 경험할 수 있다. 예를 들어, 바울은 "마음[spirit]에 격분"했으며,[행 17:16] 예수께서는 "심령[spirit]이 괴로워"하셨다.[요 13:21] 또한 "심령의 근심"을 지니는 것도 가능하고 정반대로 "마음의 즐거움"을 지니는 것도 가능하다.[잠 17:22]

이뿐만 아니라 우리의 영은 알고 지각하며 생각하는 기능도 수행한다. 예를 들어, 마가는 예수께서 "중심spirit에 아"신다고 말한다.막 2:8 성령께서 "우리가 하나님의 자녀인 것을 증언하"실 때롬 8:16 우리의 영은 그 증언을 받아들이고 이해하는데, 이는 분명히 무언가를 아는 기능이다. 사실 우리의 영은 우리가 생각하는 바를 매우 심층적으로 아는 것처럼 보인다. 따라서 바울은 "사람의 일을 사람의 속에 있는 영 외에 누가 알리요"라고 묻는다.고전 2:11; 또한 사 29:24 참조

이 본문들의 요점은 혼이 아닌 영이 무언가를 느끼고 생각한다는 것이 아니라, 혼과 영은 모두 인간의 비물질적인 측면을 지칭하는 용어이며 두 언어의 용례가 실질적으로 구별되는 것으로 보기 어렵다는 점이다.

우리는 (무언가를 생각하고 느끼며 결정하는 것과 같은) 특정한 활동이 우리를 이루는 단 한 부분에 의해서만 수행된다고 생각해서는 안 된다. 오히려 이런 활동은 전 인격체에 의해 수행되는 것이다. 우리가 무언가를 생각하거나 느낄 때 우리의 몸도 모든 것에 관여한다. 우리는 생각할 때마다 하나님이 주신 물리적인 두뇌를 사용한다. 우리가 감정을 느낄 때도 우리의 두뇌와 신경 체계 전체가 관여하며, 때로는 이런 감정이 우리 몸의 다른 부분에서 느껴지는 신체적 감각에도 관여한다. 이것은 우리가 논의를 시작할 때 언급했던 바를 재차 강조한다. 즉 성경 전체는 일차적으로 인간이 통일체이며, 물리적인 신체와 인격체라는 비물리적 요소가 지속적으로 상호 작용하며 하나의 통일체로서 기능하고 있음에 초점을 맞춘다.

삼분설을 지지하는 이들은 우리의 영이 예배와 기도에서 하나님과 가장 직접적으로 관계를 맺는 인간의 구성 요소라고 주장하지만, 이것은 성경의 지지를 받지 못한다. 많은 성경 본문은 혼soul이 다른 종류의 영적 활동을 통해서도 하나님을 예배하고 그분과 관계를 맺는다고 말한다. "여호와여 나의 영혼soul이 주를 우러러보나이다."시 25:1 "나의 영혼soul이 잠잠히 하나님만 바람이여."시 62:1 "내 영혼soul아 여호와를 송축하라."시 103:1 "내 영혼soul아 여호와를 찬양하라."시 146:1 "내 영혼soul이 주를 찬양하며."눅 1:46

이 본문들은 우리의 혼이 하나님을 예배하고 찬양하며 그분께 감사할 수 있다고 말한다. 한나가 "여호와 앞에 내 심정soul을 통한 것뿐이오니"라고 말한 것처럼, 우리의 혼은 하나님께 기도할 수 있다.삼상 1:15 실제로 가장 큰 계명은 "너는 마음을 다하고 뜻soul을 다하고 힘을 다하여 네 하나님

여호와를 사랑"하는 것이다.신 6:5; 막 12:30 참조 우리의 혼은 하나님을 갈망하고 그분을 찾는 것에 갈급할 수 있으며,시 42:1-2 "하나님께 소망을 둘" 수 있다.시 42:5 우리의 혼은 하나님으로 인해 기뻐하고 즐거워할 수 있다. 다윗은 "내 영혼soul이 여호와를 즐거워함이여 그의 구원을 기뻐하리로다"라고 말하며,시 35:9; 사 61:10 참조 시편 기자는 "주의 규례들을 항상 사모함으로 내 마음soul이 상하나이다",시 119:20 "내 영혼soul이 주의 증거들을 지켰사오며 내가 이를 지극히 사랑하나이다"라고 말한다.시 119:167 성경에서 하나님과의 관계나 삶에 있어서 우리의 혼이 아니라 오직 영이 활동한다고 말하는 영역은 없어 보인다. 우리가 하나님과 맺는 관계의 모든 영역에 관해 말할 때 두 용어는 모두 사용된다.

그러나 이 본문들을 근거로 우리의 혼또는 영만 하나님을 예배할 수 있다고 주장한다면, 그것 또한 잘못된 일이다. 우리의 몸도 예배에 참여할 수 있기 때문이다. 우리는 몸과 영/혼으로 이루어진 통일체다. 우리가 하나님을 예배하거나 마음을 다해 그분을 사랑할 때 우리의 두뇌는 그분을 생각한다.막 12:30 참조 다윗은 하나님의 임재 안에 있기를 갈망하며 "물이 없어 마르고 황폐한 땅에서……내 육체가 주를 앙모하나이다"라고 말한다.시 63:1 비슷하게 시편 기자도 "내 마음과 육체가 살아 계시는 하나님께 부르짖나이다"라고 말한다.시 84:2 우리가 소리를 내어 기도하고 하나님을 찬양할 때 우리의 입술과 목소리가 참여하며,시 28:2; 47:1; 63:4; 134:2; 143:6; 딤전 2:8 참조 악기를 연주하며 하나님을 찬양하는 행동에도 우리의 몸과 악기의 물리적 재료가 참여한다.시 150:3-5 참조 즉 우리는 전 인격체로서 그분을 예배한다.

결론적으로 성경은 혼(이 단어가 한 사람의 비물질적인 부분을 지칭할 때)과 영의 구별을 지지하지 않는다. 따라서 우리가 삼분설을 지지하는 이들에게 제기할 수 있는 물음, 곧 '혼은 할 수 없지만 영은 할 수 있는 것은 무엇인가? 영은 할 수 없지만 혼은 할 수 있는 것은 무엇인가?'라는 물음에 대한 만족스러운 답이 존재하지 않는 것처럼 보인다.

C. 삼분설을 지지하는 주장

삼분설 지지자들은 수많은 성경 본문을 근거로 제시한다. 가장 흔히 사용되는 본문은 다음과 같다.

1. **데살로니가전서 5:23.** "평강의 하나님이 친히 너희를 온전히 거룩하게 하시고 또 너희의 온 영과 혼과 몸이 우리 주 예수 그리스도께서 강림하실 때에 흠 없게 보전되기를 원하노라." 이 본문은 인간을 이루는 세 부분에 관해 분명히 말하지 않는가?
2. **히브리서 4:12.** "하나님의 말씀은 살아 있고 활력이 있어 좌우에 날 선 어떤 검보다도 예리하여 혼과 영과 및 관절과 골수를 찔러 쪼개기까지 하며 또 마음의 생각과 뜻을 판단하나니." 성경이라는 검이 혼과 영을 쪼갠다면 이는 인간을 이루는 구별된 두 부분이 아니겠는가?
3. **고린도전서 2:14-3:4.** "육신에 속한" 사람들,사르키노스, 고전 3:1 "육에 속한" 사람들,프쉬키코스, 문자적으로 '혼의', 고전 2:14 "신령한" 사람들.프뉴마티코스, 고전 2:15 이 범주들은 서로 다른 부류의 사람들, 곧 "육신에 속한" 비그리스도인들, 혼의 욕망을 따르는 "육에 속한" 그리스도인들, 영의 욕망을 따르는 더 성숙한 그리스도인들이 존재함을 암시하지 않는가? 이는 혼과 영이 우리의 본성을 이루는 다른 요소임을 암시하지 않겠는가?
4. **고린도전서 14:14.** "내가 만일 방언으로 기도하면 나의 영이 기도하거니와 나의 마음은 열매를 맺지 못하리라."고전 14:14 여기서 바울은 자신의 마음이 자신의 영과 다른 무언가를 행한다고 암시하지 않는가? 이는 우리의 마음과 생각이 우리의 영이 아니라 우리의 혼이 활동하는 영역이라는 삼분설 지지자들의 주장을 뒷받침하지 않겠는가?
5. **개인적 경험에 입각한 주장.** 많은 삼분설 지지자들은 일상적인 사유 과정과 정서적 경험의 차이를 알 수 있는 방식으로, 그들에게 영향을 미치는 하나님의 임재에 대한 영적 지각을 가진다고 말한다. 그들은 이렇게 묻는다. "나의 생각이나 감정과 구별되는 영을 가지고 있지 않다면, 나의 생각이나 감정과 다르다고 느끼는 것, 곧 내가 영으로 하나님을 예배하고 그분의 임재를 지각한다고 묘사할 수밖에 없는 그것은 정확히 무엇이겠는가? 나의 지성과 감정과 의지를 넘어서는 무언가가 내 안에 존재하며, 이를 나의 영이라고 불러야 하지 않겠는가?"
6. **우리의 영이 우리를 동물과 다른 존재로 만든다.** 일부 삼분설 지지자

들은 인간과 동물이 모두 혼을 가지고 있지만, 인간과 동물을 구별시키는 것은 영의 존재라고 주장한다.

7. **우리의 영은 거듭남을 통해 살아나는 것이다.** 또한 삼분설 지지자들은 우리가 그리스도인이 될 때 우리의 영이 살아난다고 주장한다. "또 그리스도께서 너희 안에 계시면 몸은 죄로 말미암아 죽은 것이나 영은 의로 말미암아 살아 있는 것이니라."롬 8:10

D. 삼분설을 지지하는 주장에 대한 반론

1. 데살로니가전서 5:23

"너희의 온 영과 혼과 몸"이라는 구절은 그 자체로 확정적이지 않다. 성경의 다른 곳에서 간혹 그러하듯이 바울은 그저 강조를 위해 동의어를 반복하는 것일 수도 있다. 예를 들어, 예수께서는 "네 마음heart을 다하고 목숨soul을 다하고 뜻mind을 다하여 주 너의 하나님을 사랑하라"고 말씀하신다.마 22:37 목숨이 마음이나 뜻과 다르다는 의미인가?[7] 마가복음 12:30은 문제가 더 크다. "네 마음heart을 다하고 목숨soul을 다하고 뜻mind을 다하고 힘strength을 다하여 주 너의 하나님을 사랑하라 하신 것이요." 이런 용어들이 인간을 이루는 여러 요소를 가리킨다는 원칙을 고수한다면, 더 나아가 이 목록에 영을 (아마도 몸까지도) 더한다면 인간에게 대여섯 부분이 있는 것이다. 하지만 이 결론은 분명히 잘못되었다. 예수께서는 우리가 우리 존재 전체로 하나님을 사랑해야 함을 강조하기 위해 대략적으로 같은 뜻을 지닌 용어를 반복하신 것뿐이라고 이해하는 편이 적절하다.

마찬가지로 데살로니가전서 5:23에서 바울은 우리의 혼과 영이 구별되는 실체라는 것이 아니라 우리 존재의 비물질적 요소를 무엇이라고 부르든지 그리스도의 날이 오기까지 하나님이 계속해서 우리를 온전히 성화시켜 주시기를 원한다고 말할 뿐이다.

2. 히브리서 4:12

"하나님의 말씀은……혼과 영과 및 관절과 골수를 찔러 쪼개기까지 하며." 이 구절은 데살로니가전서 5:23과 비슷한 의미로 이해하는 것이 최선이다. 저자는 하나님의 말씀이 영과 혼을 분리할 수 있다는 것이 아니라, 다양한 용어를 사용해 하나님의 말씀이 지닌 꿰뚫는 힘으로부터 숨을 수 없는 우리 존재의 깊숙한 내면에 관해 말하고 있다. 이런 용어들을 우리의 혼으로 부르고자 한다면, 성경은 그 한가운데로 꿰뚫고 들어가 그것을 나누고 그것의 가장 내밀한 의도를 안다는 말이다. 우리 존재의 가장 내밀한 비물질적 측면을 우리의 영으로 부르고자 한다면, 성경은 그 한가운데로 꿰뚫고 들어가 그것의 가장 심층적인 의도와 생각을 안다는 말이다. 또는 은유적으로 우리의 가장 내밀한 존재가 우리의 관절과 골수 안에 숨겨져 있다고 생각해 보자면, 성경은 우리 관절을 쪼개거나 우리의 뼛속 깊숙이 꿰뚫고 들어가 골수까지도 쪼개는 칼과 같다고 말할 수 있다.[8] 어떤 경우든 하나님의 말씀은 너무도 강력해서 하나님에 대한 모든 불순종과 순종의 결여를 찾아내고 드러낼 수 있다. 성경은 결코 혼과 영을 분리된 부분으로 간주하지 않는다. 이 둘은 우리의 내밀한 존재를 가리키는 부가적인 용어일 뿐이다.

3. 고린도전서 2:14-3:4

바울은 고린도전서 2:14-3:4에서 "육에 속한"프쉬키코스 사람과 "신령한"프뉴마티코스 사람을 분명히 구별한다. 그러나 이 맥락에서 "신령한"은 '성령에 의해 영향을 받는'이라는 의미로 보인다. 이 단락 전체는 신자에게 진리를 드러내는 성령의 사역에 관해 이야기하기 때문이다. 따라서 "신령한"이라는 단어는 '성령의'Spiritual로 번역할 수 있다. 하지만 이것이 그리스도인은 영을 지니지만 비그리스도인은 영을 지니지 않는다거나, 그리스도인의 영은 살아 있지만 비그리스도인의 영은 그렇지 않음을 암시하는 것은 아니다. 바울은 인간의 구성 요소가 아니라 성령의 영향 아래에 들어가는 것에 관해 말하고 있다.

4. 고린도전서 14:14

"나의 영이 기도하거니와 나의 마음은 열매를 맺지 못하리라." 이는 바울 자신이 기도하는 바를 이해하지 못한다는 뜻이다. 바울은 그 자신의 비물질적 구성 요소, 곧 하나님께 기도할 수 있는 자기 안의 영이 존재한다고 암시한다. 그러나 이 구절에서 어떤 것도 바울이 자신의 영을 혼과 다른 것으로 간주하고 있음을 암시하지 않는다. 마음이 영의 일부라고 전제할 때—이 삼분설의 주장은 위에서 지적한 것처럼 성경의 지지를 받기 어렵다—이런 오해가 생기게 된다. 바울은 "내 혼이 기도하거니와 나의 마음은 열매를 맺지 못하리라"고 말할 수도 있었을 것이다.[9] 핵심은, 우리의 존재에 있어서 때때로 그것이 어떻게 기능하는지 우리가 의식적으로 지각하는지와 상관없이 기능하는 비물질적 요소가 존재한다는 것이다.

5. 개인적 경험에 입각한 주장

그리스도인은 영적 지각, 곧 예배와 기도를 통해 경험하는 하나님의 임재에 대한 지각을 지니고 있다. 때로 우리는 깊은 내면적 차원에서 영적 고통이나 우울을 느낄 수도 있고, 어쩌면 적대적인 귀신의 세력이 가까이 와 있다고 느낄 수도 있다. 많은 경우에 이런 지각은 우리의 의식적, 합리적 사고 과정과 구별된다. 바울은 자신의 영이 기도하지만 자신의 정신은 그것을 이해하지 못할 때가 있음을 깨닫는다.고전 14:14 참조 그러나 이런 영적 지각은 성경이 우리의 혼이라고 부르는 것과 다른 무언가 안에서 일어나는가? 마리아의 어휘를 사용하자면, 우리는 기쁘게 "내 영혼soul이 주를 찬양하며"라고 말할 것이다.눅 1:46 다윗은 "내 영혼soul아, 여호와를 송축하라"고 말하며,시 103:1 예수께서는 우리의 "목숨soul을 다하"여 "하나님을 사랑하라"고 말씀하신다.막 12:30 사도 바울은 '영'이라는 단어를 사용하지만, 이는 용어상의 차이일 뿐이며 인간의 다른 부분을 지칭하지 않는다. 우리 안에는 영적 영역에 속한 것들을 지각할 수 있는 영이 존재하지만,롬 8:16과 행 17:16 참조 우리의 영에 대해서도 그렇게 말할 수 있으며 그 의미는 동일하다. 성경은 두 용어를 모두 사용하기 때문이다.

6. 무엇이 우리를 동물과 다르게 만드는가?

우리는 우리를 동물과 다른 존재로 만들어 주는 영적 능력을 지니고 있다.[10] 우리는 예배와 기도를 통해 하나님과 관계를 맺을 수 있으며, 영이신 하나님과 사귐을 나누는 영적 삶을 누린다. 하지만 우리에게 영이라고 불리는 구별된 요소가 있기 때문에 그러하다고 생각해서는 안 된다. 우리는 우리의 마음으로 하나님을 사랑하고, 그분의 말씀을 읽고 이해하며, 그분의 말씀이 참되다고 믿을 수 있기 때문이다. 우리의 혼은 하나님을 예배하고 그분으로 인해 기뻐할 수 있다. 우리의 몸도 부활하여 하나님과 영원히 살게 될 것이다. 그러므로 우리는 우리의 혼이나 몸과 구별되는 부분을 가지고 있으며 그것이 우리를 동물과 다르게 만든다고 말할 필요가 없다. (우리의 마음을 포함하는) 우리의 혼과 몸은, 동물은 불가능한 방식으로 하나님과 관계를 맺기 때문이다. 즉 우리를 동물과 다르게 만드는 것은 하나님이 우리의 몸과 혼또는 영에 부여하신 영적 능력이다.

동물이 혼을 가지고 있는지에 관한 물음은 혼을 정의하는 방식에 따라 답이 달라진다. 혼이 지정의知情意를 뜻한다면, 적어도 고등 동물에게는 혼이 있다고 결론 내려야 할 것이다. 하지만 이번 장에서 정의한 대로 혼이 하나님과 관계를 맺으며시 103:1; 눅 1:46 등 참조 영원히 사는계 6:9 참조 우리 본성의 비물질적 요소를 뜻한다면, 동물에게는 혼이 없다고 말해야 한다. 혼에 해당하는 히브리어 '네페쉬'가 종종 동물에 관해서도 사용된다는 사실창 1:21; 9:4 참조은 이 단어가 단순히 생명을 뜻할 때도 있음을 보여줄 뿐이다. 이는 동물이 인간과 동일한 종류의 혼을 지니고 있음을 의미하지 않는다.[11]

7. 거듭날 때 우리의 영이 살아나게 되는가?

인간의 영은 비신자 안에서 죽어 있다가 그리스도를 믿을 때 살아나는 무언가가 아니다. 성경은 분명 살아 있지만 하나님께 반역하는 영을 지닌 비신자들에게 관해 이야기하기 때문이다. 헤스본 왕 시혼,신 2:30, "여호와께서……그의 성품(spirit)을 완강하게 하셨고" 느부갓네살,단 5:20, "[그의] 뜻(spirit)이 완악하여 교만을 행하므로" 신실하지 않은 이스라엘 백성시 78:8, "그 심령(spirit)이 하나님께 충성하지 아니하는 세대" 등이 그 예다. 일부 번역본은 로마서 8:10을 "[너희] 영spirits은 의로 말미암아 살아 있는 것"이라고 옮기지만,RSV; NASB와 1984년판 NIV도 비슷하다 이 구절은 '하나님께 대해 살아 있음'을 뜻하는 것으로 보인다. 하지만 이는 전에는 우리의 영이 완전히 죽어 있었다는 것이 아니라 하나님과의 사귐을 누리지 못한 채 살고 있었으며 그런 의미에서 죽어 있었음을 암시할 뿐이다. 그러나 가장 최근의 번역 위원회들은 로마서 8:10을 인간의 영이 아니라 성령을 가리키는 것으로 보고 "성령이 생명이다"the Spirit is life라고 옮긴 ESV와 비슷한 의미를 갖도록 번역하고 있다.[12] 마찬가지로 우리는 전 인격체로서 "허물과 죄로" 죽어 있었지만,엡 2:1 하나님께 대해 살아나게 되었으며 이제는 우리 자신을 "죄에 대하여는 죽은 자요 그리스도 예수 안에서 하나님께 대하여는 살아 있는 자"로 여겨야 한다.롬 6:11 살아나게 된 것은 (영으로 불리는) 우리의 한 부분만이 아니다. 우리는 전 인격체로서 그리스도 안에서 "새로운 피조물"이다.고후 5:17

8. 결론

삼분설을 뒷받침하는 주장은 어느 정도 설득력이 있지만, 혼과 영이라는 용어가 많은 경우 서로 교환 가능하며 동의어임을 보여주는 성경의 증언을 반박할 결정적인 증거는 제시하지 못한다.

또한 우리는 삼분설의 기원에 관한 벌코프의 지적에 주목할 필요가 있다.

> 인간이 세 부분으로 이루어져 있다는 관념은 헬라 철학에서 기원했으며, 헬라 철학은 인간의 몸과 영 사이의 관계를 물질적인 우주와 하나님 사이의 상호 관계라는 유비에 따라 이해했다. 후자가 제3의 실체 또는 매개적 존재를 통해서만 서로 소통할 수 있는 것처럼, 전자도 제3의 또는 매개적인 요소, 곧 영을 통해서만 서로와 생명의 관계를 맺을 수 있다고 생각했다.[13]

오늘날 일부 삼분설 지지자들은 헬라 철학에서 발견되는 동류의 오류—우리의 몸을 비롯한 물질세계가 본질적으로 악하며 그로부터 벗어나야 할 무언가라고 보는 관념—를 채택하는 경향이 있다. 그들은 영의 영역을 가장 중요한 것으로 여기며, 그 결과 하나님이 창조하셨고 심히 좋아하셨으며,창 1:31 참조 하나님을 섬기기 위해 그분께 드려야 할롬 12:1 참조 몸의 가치를 낮게 평가할 위험이 있다.

삼분설은 반지성주의적 경향을 띨 수도 있다. 우리의 영이 하나님과 가장 직접적인 관계를 맺을 수 있는 구성 요소라면, 또한 영이 우리의 지성과 감정과 의지삼분설에 의하면 이 모두는 혼에 속한다와 구별되는 무언가라고 생각한다면, 우리는 왕성한 학문 활동이 '영적이지 않다'고 보는 반지성주의적 기독교—우리 "마음"mind을 다해 하나님을 사랑하라는 예수의 명령막 12:30과 "모든 생각을 사로잡아 그리스도에게 복종하게" 하고자 했던 바울의 바람 고후 10:5과 모순되는 견해—에 쉽게 빠져들 수 있다. 이처럼 영의 영역을 지성의 영역과 분리하는 태도는 건전한 교리나 하나님의 말씀에 관한 광범위한 가르침과 지식의 필요성을 무시하는 태도로—하나님의 백성 사이에서 일하며 그들의 "믿음"과 "경건함에 속한 진리의 지식"이 자랄 수 있게 하기 위해 노력했던 바울의 목표에 반하여딛 1:1; 9절 참조—귀결되기가 쉽다. 이와 비슷하게 우리의 영이 하나님과 가장 직접적으로 관계를 맺을 수 있는 구별된 구성 요소라고 생각한다면, 무언가를 결정할 때 성경 공부와 성숙한 지혜의 역할을 무시하고, 인도하심을 받기 위한 영적 분별에 지나치게 의존하게 된다. 교회의 역사 내내 이를 강조하는 견해 때문에 많은 열성적인 그리스도인들이 길을 잃고 거짓 가르침과 지혜롭지 못한 실천에 빠져들었다. 마지막으로 삼분설은 우리의 감정이 영과 혼의 일부이므로 중요하지 않다거나 크게 영적이지 않다고 생각하도록 교묘하게 영향을 미칠 수 있다.

대조적으로, 인간의 전체적 통일성을 지지하는 이분설을 견지한다면, 우리의 지성이나 감정, 몸의 가치를 낮게 평가하는 오류를 피하기 쉬울 것이며, 인간의 몸이 본질적으로 악하거나 중요하지 않다고 생각하지 않을 것이다. 또한 몸과 영이 통일성 안에서 둘로 구별된다는 견해는 이생에서 우리의 몸과 영이 지속적으로 상호 작용하며 서로에게 영향을 미친다는 것을 우리가 기억할 수 있도록 도와줄 것이다. "마음의 즐거움은 양약이라도 심령의 근심은 뼈를 마르게 하느니라."잠 17:22 **14**

이뿐만 아니라 전체적 통일성 안에서 몸과 영이 둘로 구별된다는 이분설을 건전하게 강조하는 입장은 그리스도인의 성숙이 우리 삶의 모든 양상을 아울러야 함을 일깨워 준다. 우리는 계속해서 "하나님을 두려워하는 가운데서 거룩함을 온전히 이루어 육과 영의 온갖 더러운 것에서 자신을 깨끗하게" 해야 한다.고후 7:1 우리는 "하나님을 아는 것에 자라"가야 하며,골 1:10 우리의 감정과 욕망은 성령의 소욕을 점점 더 닮아 가야 한다.갈 5:17 참조 여기에는 "사랑과 희락과 화평" 등과 같은 경건한 감정이 자라나는 것도 포함된다.갈 5:22 **15**

E. 성경은 몸 없이 존재할 수 있는 인간의 비물질적 부분에 관해 분명히 이야기한다

비그리스도인 철학자들은 인간에게 혼이나 영과 같은 비물질적 요소가 있다는 생각에 강력히 이의를 제기해 왔다.[16] 일부 복음주의 신학자들이 부분적으로는 이 비판에 대한 반응으로 이분설을 주장하기 주저했다.[17] 대신 그들은 성경이 인간을 통일체로 본다고 반복적으로 주장해 왔다(이 주장은 참되지만, 이를 통일된 인간 본성을 구별된 두 요소로 이루어진 것으로 보는 성경의 관점을 부인하기 위한 근거로 삼아서는 안 된다). 물론 우리의 감각을 넘어서는 영적 영역이 존재하지 않는다고 전제하고, 이 전제로부터 더 나아가 우리의 감각만을 근거로 하나님, 천국, 천사, 귀신이 존재하지 않는다고 주장하는 철학자들은 비슷한 논증을 사용해 인간 안에 구별된 영혼이 존재한다는 것도 부인할 것이다. 우리가 영이나 혼을 가지고 있다는 지각은 비가시적이고 영적인 영역에 속하며, 그리스도인에게도 희미하고 주관적인 지각일 뿐이다. 그러므로 영에 대한 우리의 지식은 일차적으로 성경에 기초해야만 하는데, 이는 하나님이 성경을 통해 우리 존재의 비물질적 양상을 분명히 증언하시기 때문이다. 성경의 증언 없이는 우리 존재에 관한 이 진리를 확실히 알 수 없다는 사실 때문에 이 진리를 주장하는 것을 망설이면 안 된다.

성경은 우리에게 몸과 구별되는 영이 있다고 분명히 말한다. 우리의 영은 일상적인 사고 과정과 독립적으로 기능할 수 있고,고전 14:14; 롬 8:16 참조 더 나아가 죽음 이후에도 몸과 별개로 계속해서 의식적으로 활동하며 하나님과 관계를 맺을 수 있다. 예수께서는 죽어 가는 강도에게 "오늘 네가 나와 함께 낙원에 있으리라"고 말씀하셨다.눅 23:43 예수와 강도 모두 몸은 곧 죽을 것이었지만 예수께서는 그처럼 말씀하셨다. 죽어 가던 스데반은 자신이 즉시 하나님의 임재 안으로 들어갈 것을 알고 있었다. 그래서 그는 "주 예수여, 내 영혼spirit을 받으시옵소서"라고 외쳤다.행 7:59 바울도 죽음을 두려워하지 않았다. "차라리 세상을 떠나서 그리스도와 함께 있는 것이 훨씬 더 좋은 일이라."빌 1:23 그는 이를 이생에 남아 있는 것과 대조하며, 그것을 "육신으로 있는 것"이라고 불렀다.빌 1:24 실제로 그는 "우리가 담대하여 원하는 바는 차라리 몸을 떠나 주와 함께 있는 그것이라"고 말했다.고후 5:8 바울은 신체적으로 죽어도 그의 영은 하나님의 임재 안으로 들어가 즉시 그곳에서 하나님과 사귐을 누릴 것이라고 확신하고 있었다. 요한계시록은 "하나님의 말씀과 그들이 가진 증거로 말미암아 죽임을 당한 영혼들souls"이 천국에 있으며계 6:9 이 땅을 정의로 다스려 주시기를 큰 소리로 하나님께 간구할 수 있다고 말한다.계 6:10; 또한 20:4 참조

그러므로 성경이 이생의 우리를 한 인격체로서 몸과 영이 함께 활동하는 통일체로 본다는 데 동의할 수밖에 없지만, 우리의 죽음과 그리스도의 재림 사이의 시간 동안에는 우리의 영이 일시적으로 우리의 몸과 분리된 채로 존재할 것이다.[18]

F. 우리의 영혼은 어디에서 왔는가?

우리 영혼의 기원은 어디인가? 이 질문에 관해 교회 역사에서 두 가지 견해가 통용되어 왔다.

창조설creationism은 하나님이 각 사람을 위해 새로운 영혼을 창조하시고 잉태와 탄생 사이에 그 사람의 몸에 영혼을 보내신다는 견해다. 반면에 유전설traducianism은 잉태될 때 아기의 몸뿐만 아니라 영혼도 부모로부터 물려받는다고 주장한다. 두 가지 견해 모두에 대해 교회 역사에 걸쳐 수많은 옹호자들이 존재했으며, 특히 로마 가톨릭 교회 안에서는 창조설이 지배적이었다. 루터는 유전설을 지지한 반면, 칼뱅은 창조설을 선호했다. 반면에 (오늘날 대다수의 루터교 신학자들처럼) 스트롱과 같은 후대의 칼뱅주의자들은 유전설을 지지하기도 했다. 현대의 복음주의자들 중에는 창조설을 지지하는 이들도 많다.[19]

선재설preexistentianism이라고 불리는 또 하나의 대중적인 관점이 있다. 이는 인간의 영혼이 어머니의 자궁에서 몸이 잉태되기 훨씬 이전에 천국에 존재하며, 아기가 자궁 안에서 자랄 때 하나님이 영혼을 보내 아기의 몸과 결합하게 하신다는 견해다. 그러나 동양 종교에서 볼 수 있는 윤회 사상과 위험할 정도로 비슷한 이 관점을 로마 가톨릭이나 개신교는 지지하지 않으며, 더욱이 성경적 근거가 없다. 어머니의 자궁에서 잉태되기 전에 우리

는 존재하지 않았다. 물론 하나님은 미래를 내다보시고 우리가 존재할 것임을 아셨지만, 이는 우리가 이전에 실제로 존재했다고 말하는 것과는 전혀 다르다. 이러한 견해는 우리가 현재의 삶을 중요하지 않은 것으로 보게 만들고, 몸 안에서 사는 삶이 바람직하지 못하며 자녀 양육도 덜 중요하다고 생각하게 만드는 경향이 있다.

유전설을 지지하는 입장에서, 하나님이 인간을 하나님의 형상으로 창조하셨고[창 1:27] 이는 하나님과의 유사성, 곧 우리와 같은 다른 인간을 "창조"하는 놀라운 능력도 포함된다고 주장할 수 있다. 동물과 식물이 "그 종류대로" 후손을 낳듯이,[창 1:24] 아담과 하와도 몸뿐만 아니라 영적 본성을 지닌, 그들과 비슷한 자녀를 낳을 수 있었다. 이것은 아담과 하와의 자녀의 영혼이 아담과 하와로부터 유래했음을 암시한다. 그뿐만 아니라 성경은 후손이 이전 세대에 속한 누군가의 몸 안에 존재한다고 말하기도 한다. 예를 들어, 히브리서 기자는 멜기세덱이 아브라함을 만났을 때 "레위는 이미 자기 조상의 허리에 있었음이라"고 말한다.[히 7:10] 마지막으로 유전설은 죄악되거나 죄를 지향하는 성향을 지닌 영혼을 창조한 직접적인 책임을 하나님께 돌리지 않으면서 부모의 죄가 자녀에게 유전된다고 설명할 수 있다.

그러나 창조설을 뒷받침하는 성경의 주장은 이 문제를 더 직접적으로 다루고 강력히 지지하는 것처럼 보인다. 첫째, 시편 127편은 "자식들은 여호와의 기업이요 태의 열매는 그의 상급이로다"라고 말한다.[시 127:3] 이것은 영혼뿐만 아니라 몸을 포함하는 자녀의 인격체 전체가 하나님이 주신 선물이라는 뜻이다. 이 관점에서 볼 때, 부모가 자녀의 존재의 어떤 양상에 대해 스스로 책임진다는 것은 이상해 보인다. 다윗의 말처럼 "나의 모태에서 나를 만드"신 분은 하나님이시다.[시 139:13] 이사야는 하나님이 "하늘을 창조하"시고 땅을 내신 분이며, "땅 위의 백성에게 호흡[네페쉬]을 주시며 땅에 행하는 자에게 영을 주시는" 분이라고 말한다.[사 42:5] 스가랴는 "사람 안에 심령을 지으신" 하나님에 관해 이야기한다.[슥 12:1] 히브리서 기자는 "모든 영의 아버지"이신 하나님에 관해 이야기한다.[히 12:9] 이 본문들을 살펴보면 하나님이 우리의 영혼을 창조하신 분이라는 결론을 피하기 어렵다.

하지만 이 자료들로부터 결론을 도출할 때 신중해야 한다. 우리는 16

장에서 하나님의 섭리를 다루면서 하나님이 대체로 이차적인 원인을 통해 일하신다는 것을 논증했다. 하나님은 인간의 행동을 통해 그분이 원하는 결과를 일으키실 때가 많다. 이것은 자녀의 잉태와 출산에도 적용된다. 인간이 태어나기 전 어느 시점에 하나님은 개별 인간의 영혼을 창조하시며 잉태와 출산을 허락하시는 분이라고 해도, 실제로 남자와 여자의 육체적 결합 없이는 그 누구도 태어날 수 없음을 인정해야만 한다. 따라서 우리는 자녀의 탄생에서 부모의 역할이 없다고 주장할 수 없다. 우리가 하나님을 우리 모두를 만드신 분, 곧 "모든 영의 아버지"이며 모든 인간 영혼의 창조주라고 말한다면, 하나님이 인간의 생식이라는 놀라운 과정을 통해 이 창조 활동을 수행하신다고 또한 분명히 말해야 한다. 하나님이 몸뿐만 아니라 영혼의 창조 과정에 인간 부모를 어느 정도 개입시키시는지에 관해 우리는 아무 말도 할 수 없다. 그것은 보이지 않는 영역에서 일어나는 일이며, 우리는 성경의 가르침을 제외하면 이에 관해 어떤 정보도 가지고 있지 않다. 그리고 성경도 이에 관한 결론을 내리기에 충분한 정보를 우리에게 제공하지 않는다.

위에서 열거한 유전설을 뒷받침하는 논증들에 설득력이 없다고 말할 수도 있다. 아담과 하와가 그들의 형상과 같은 자녀를 낳았다는 사실창 5:3 참조은 자녀가 부모로부터 영혼을 물려받는 것으로 이해할 수도 있지만, 개별적으로 창조된 영혼을 하나님이 자녀에게 주시며, 자녀가 부모로부터 물려받도록 그분이 허락하신 유전적 특징과 개성을 그 영혼이 갖게 된다는 뜻일 수도 있다. 레위가 이미 아브라함의 몸 안에 있었다는 생각히 7:10 참조은 문자적인 의미가 아니라 대리나 비유의 의미로 이해하는 것이 최선이다. 이뿐만 아니라 여기서는 레위의 영혼만이 아니라 몸과 영혼을 포함하는 인격체 전체로서 레위를 말하고 있다. 물론 레위의 몸은 아브라함의 몸 안에 물리적으로 존재하지 않았다. 그 당시에는 다른 누군가가 아니라 레위라고 말할 수 있는 유전자의 독특한 조합이 존재하지 않았기 때문이다. 마지막으로 하나님이 물리적 세계 안에서 인간의 자발적 행동과 조화를 이루는 사건을 일으키시기 때문에, 하나님이 각 자녀에게 부모의 성향과 비슷하게 죄를 짓는 성향을 지닌 인간 영혼을 주신다고 말하는 데는 실질적인 신학적 어려움이 없어 보인다. 실제로 구약에서 하나님은 "나를 미워하는 자의 죄를 갚되 아버지로부터 아들에게로 삼사 대까지 이르게 하거니와"라고 말씀하신다.출 20:5 그리고 인간 영혼의 문제와 별개로, 자녀가 부모의 삶 속에 존재하는 좋은 특징과 나쁜 특징 모두를 모방하는 경향이 있으며, 그것이 모방의 결과일 뿐 아니라 유전적 성향 때문이기도 함을 우리는 경험을 통해 알고 있다. 이처럼 하나님이 각 자녀에게 부모를 모방하는 경향과 함께 인간 영혼을 주시는 것은, 그분이 그 영혼을 창조하실 때 다른 문제에 있어서 인류를 대하는 방식과 일관된 방식으로 행동하신다는 것을 뜻한다.

결론적으로 성경의 증언을 살펴볼 때 하나님이 창조의 모든 사건에서 그러하시듯이 적극적으로 모든 인간의 영혼을 창조하신다는 결론을 피하기 어려워 보인다. 하지만 성경은 하나님이 어느 정도까지 매개적 또는 이차적 원인부모로부터의 유전의 사용을 허용하시는지 설명하지 않는다. 그러므로 이 문제에 관한 억측에 시간을 허비하는 것은 무익하다.

개인적 적용을 위한 질문

1. 여러분은 그리스도인으로서 영혼을 가진 존재라는 것을 자각하고 있는가? 영적인 자녀됨을 알고,롬8:16 하나님의 임재를 인식하며,요 4:23; 빌 3:3 영으로 예배하고,눅 1:47; 시103:1 "마음을 다하고 목숨을 다하고 뜻을 다하고 힘을 다하여" 하나님을 사랑하는 것막 12:30이 어떤 것인지 설명할 수 있는가? 자신의 영혼에 민감해지는 것과 그리스도인으로서 성숙해지는 것은 어떤 관련이 있는가?

2. 이번 장을 읽고 여러분은 이분설과 삼분설 중 어떤 의견을 지지하게 되었는가? 이를 통해 자신의 몸과 정신, 감정을 더 잘 이해할 수 있게 되었는가?

3. 여러분은 전인격적으로 예배를 드리고 있는가? 전인격적으로 예배와 찬양, 기도를 드리기 위해서는 어떻게 해야 하는가?

4. 성경은 우리의 영혼뿐만 아니라 육체적으로도 점점 더 거룩해지라고 권면한다.고후7:1 이 말씀은 구체적으로 무엇을 의미하겠는가?

신학 전문 용어

삼분설
영
유전설
이분설
일원설
창조설
혼

참고 문헌

이 참고 문헌에 관한 설명으로는 1장, 60쪽을 보라. 자세한 서지 자료는 2권 부록 2에서 확인할 수 있다.

복음주의 조직신학 저술의 관련 항목

1. 성공회

1882–1892	Litton, 113–116, 122–125
2013	Bird, 662–665
2013	Bray, 81–88

2. 아르미니우스주의(또는 웨슬리파/감리교)

1875–1876	Pope, 1:435–436
1892–1894	Miley, 1:397–403
1940	Wiley, 2:15–19
1960	Purkiser, 215–220
2002	Cottrell, 134–158

3. 침례교

1887	Boyce, 194–212
1907	Strong, 483–513
1990–1995	Garrett, 1:469–84, 497–520
2007	Akin, 340–408
2013	Erickson, 475–493

4 세대주의

1947	Chafer, 2:144–199
1949	Thiessen, 158–167
1986	Ryrie, 193–200
2002–2005	Geisler, 3:17–79
2017	MacArthur and Mayhue, 416–425

5. 루터교

1917–1924	Pieper, 1:94, 476–477
1934	Mueller, 58, 184

6. 개혁주의(또는 장로교)

1679–1685	Turretin, *IET*, 1:477–488
1871–1873	Hodge, 2:42–77, 78–91
1878	Dabney, 317–321

1906–1911	Bavinck, *RD*, 2:580–588
1937–1966	Murray, *CW*, 2:23–33
1938	Berkhof, 191–201
2011	Horton, 379–405
2013	Frame, 797–802
2013	Culver, 258–281
2016	Allen and Swain, 165–193
2017	Barrett, 298–300
2019	Letham, 337–347

7. 부흥 운동(또는 은사주의/오순절)

1988–199	Williams, 1:208–214
1993	Menzies and Horton, 81–85
1995	Horton, 238–253
2008	Duffield and Van Cleave, 129–137

대표적인 로마 가톨릭 조직신학 저술의 관련 항목

1. 로마 가톨릭: 전통적 입장

1955	Ott, 96–101

2. 로마 가톨릭: 제2차 바티칸공의회 이후

1980	McBrien (관련 내용 없음)
2012	*CCC*, paragraphs 362–368

기타 저술

21장의 참고 문헌에 포함된 책 중 일부에도 하나님의 형상으로 창조된 인간, 또한 인간의 본성과 영혼의 기원을 다루는 항목이 포함되어 있다.

Allison, Gregg. *Historical Theology: An Introduction to Christian Doctrine; A Companion to Wayne Grudem's Systematic Theology*. Grand Rapids: Zondervan, 2011, 321–341.

Chamblin, J. K. "Psychology." In *DPL*, 765–775.

Colwell, J. E. "Anthropology." In *NDT1*, 28–30.

Cooper, J.W. "Human Being." In *EDT3*, 403–407.

Cooper, John W. *Body, Soul, and Life Everlasting: Biblical Anthropology and the Monism-Dualism Debate*. Grand Rapids: Eerdmans, 1989.

Delitzsch, F. *A System of Biblical Psychology*. Translated by R. E. Wallis. 2nd ed. Grand Rapids: Baker, 1966.

Gundry, Robert H. *Soma in Biblical Theology: With Emphasis on Pauline Anthropology*. Grand Rapids: Zondervan, 1987.

Hammett, John S. "Human Nature." In *A Theology for the Church*, edited by Daniel L. Akin et al., 382–86. Nashville: B&H, 2007.

Heard, J. B. *The Tripartite Nature of Man*. 5th ed. Edinburgh: T&T Clark, 1882.

Hoekema, Anthony A. "The Whole Person." In *Created in God's Image*. Grand Rapids: Eerdmans; Exeter: Paternoster, 1986, 203–26. (『개혁주의 인간론』 부흥과개혁사)

Johnston, P. S. "Humanity." In *NDBT*, 564–567.

Ladd, George Eldon. "The Pauline Psychology." In *A Theology of the New Testament*, 457–478. Grand Rapids: Eerdmans, 1974.

Laidlaw, John. *The Bible Doctrine of Man*. 2nd ed. Edinburgh: T&T Clark, 1905.

McDonald, H. D. "Man, Doctrine of." In *EDT1*, 676–680.

Moreland, J. P. *The Soul: How We Know It's Real and Why It Matters*. Chicago: Moody Publishers, 2014.

___, and Scott B. Rae. *Body and Soul: Human Nature and the Crisis in Ethics*. Downers Grove, IL: InterVarsity Press, 2000.

Murphy, Nancey. *Bodies and Souls, or Spirited Bodies?* Cambridge: Cambridge University Press, 2006.

Noble, T. A. "Anthropology." In *NDT2*, 39–42.

Pyne, Robert A. *Humanity and Sin: The Creation, Fall, and Redemption of Humanity*. Nashville: Word, 1999.

Schultz, Carl. "Person, Personhood." In *BTDB*, 602–604.

___. "Soul." In *BTDB*, 743–744.

___. "Spirit." In *BTDB*, 744–745.

Towner, Philip H. "Mind/Reason." In *BTDB*, 527–530.

Travis, S. H. "Psychology." In *DLNT*, 984–988.

Ury, M. William. "Will." In *BTDB*, 818–820.

Waltke, Bruce K. "Heart." In *BTDB*, 331–332.

Ward, W. E. "Dichotomy" In *EDT3*, 245.

___. "Trichotomy" In *EDT3*, 897.

Woodward, John B. *Man as Spirit, Soul, and Body: A Study of Biblical Psychology*. Pigeon Forge, TN: Grace Fellowship International, 2007.

성경 암송 구절

고린도후서 7:1 | 그런즉 사랑하는 자들아, 이 약속을 가진 우리는 하나님을 두려워하는 가운데서 거룩함을 온전히 이루어 육과 영의 온갖 더러운 것에서 자신을 깨끗하게 하자.

찬송가

"잠잠하라" Be Still, My Soul

잠잠하라 주 네 편 되시니
슬픔 고통 잘 참고 견디며
네 모든 것 다 주께 맡기어라
영원토록 주 신실하시리
잠잠하라 네 친구 되신 주님
기쁨으로 널 인도하시리

잠잠하라 그때가 다가와
영원토록 주 함께 살리라
실망과 슬픔 두렴 사라지고
사랑의 기쁨 회복되리라
잠잠하라 이 눈물 지나가면
평안과 축복 함께 누리리

잠잠하라 주 너의 앞길을
전과 같이 늘 인도하시리
소망과 확신 항상 굳게 하라
이 모든 신비 밝혀지리라
잠잠하라 능력의 구주 예수
파도와 바람 다스리셨네

◈

내 영혼아, 잠잠하라 주께서 네 편이 되시니
슬픔과 고통의 십자가를 인내할 때
명령하시며 공급하시는 주께 맡기라
모든 것은 변해도 그분은 항상 신실하시리라
내 영혼아, 잠잠하라 너의 가장 좋으신 친구, 하늘에 계신 너의 친구께서
고통의 길을 지나 기쁨으로 가득한 곳으로 너를 인도하시리니

내 영혼아, 잠잠하라 네 하나님이
이전에도 너를 인도하셨듯이 앞으로도 인도하시리니

아무것도 너의 소망과 확신을 흔들지 못하게 하라
모든 비밀이 마침내 밝게 드러나리라
내 영혼아, 잠잠하라 파도와 바람이 자신들을 다스리셨던
그분의 목소리를 아직도 알고 있으니

내 영혼아, 잠잠하라 가장 소중한 친구가 떠날 때도
눈물의 골짜기 속에서 사방이 어두워졌을 때도
네 슬픔과 두려움을 달래기 위해 오시는
그분의 사랑, 그분의 마음을 알지어다
내 영혼아, 잠잠하라 예수께서 그분의 충만함으로
그분의 모든 것을 너에게 주시리니

내 영혼아, 잠잠하라 영원히 주와 함께할
시간이 다가오고 있으니
실망과 슬픔, 두려움이 사라지고
비탄이 잊히고 순전한 사랑의 기쁨이 회복될 것이니
내 영혼아, 잠잠하라 변화와 눈물이 사라질 때
마침내 우리 모두 안전하고 복되게 다시 만나리라

□ 1752년, 카타리나 폰 쉴레겔 저작

* 연합감리교회 한영찬송가 『찬송과 예배』 307장

현대 찬양곡

"주 나의 모든 것" You Are My All in All

약할 때 강함 되시네 나의 보배가 되신 주
주 나의 모든 것
주 안에 있는 보물을 나는 포기할 수 없네
주 나의 모든 것

십자가 죄 사하셨네 주님의 이름 찬양해
주 나의 모든 것
쓰러진 나를 세우고 나의 빈 잔을 채우네
주 나의 모든 것

예수 어린양 존귀한 이름
예수 어린양 존귀한 이름

◈

내가 약할 때 주께서 나의 힘이 되십니다
주님은 내가 찾는 보물이십니다
주님은 나의 전부이십니다

소중한 보석이신 주님을 찾습니다
주님을 포기한다면 나는 바보일 것입니다
주님은 나의 전부이십니다

나의 죄, 나의 십자가, 나의 수치를 담당하시고
다시 사신 주님, 주님의 이름을 찬양합니다
주님은 나의 전부이십니다

내가 쓰러질 때 주님이 나를 일으켜 세워 주십니다
내가 목마를 때 주님이 내 잔을 채워 주십니다
주님은 나의 전부이십니다

예수 하나님의 어린양, 주님의 이름이 존귀합니다
예수 하나님의 어린양, 주님의 이름이 존귀합니다

□ 데니스 저니건 작사[20]

주

1 인간 또는 남자와 여자를 포함하는 인류 전체를 지칭하는 합당한 방식으로 '남자'(man)라는 단어를 사용하는 이유에 대한 설명으로는 21장, 820-823쪽을 보라.

2 삼분설을 옹호하는 입장은 Franz Delitzsch, *A System of Biblical Psychology*, trans. R. E. Wallis, 2nd ed. (Grand Rapids: Baker, 1966)을 보라.

3 더 자세한 설명은 Millard Erickson, *Christian Theology*, 3rd ed. (Grand Rapids: Baker, 2013), 524-527과 로빈슨(J. A. T. Robinson)에 관한 그의 해설을 보라.

4 교회사에 나타난 견해들에 관한 개관은 Louis Berkhof, *Systematic Theology* (Grand Rapids: Eerdmans, 1941), 191-192을 보라.

5 실제로 앨런 고메스는 성경에서 혼이 거의 언제나 전 인격체를 지칭하는 반면 영은 전 인격체가 아니라 인간의 비물질적 부분만 가리킨다고 주장한다. Alan Gomes, *40 Questions about Heaven and Hell* (Grand Rapids: Kregel, 2018), 46-50을 보라.

6 George Ladd, *A Theology of the New Testament* (Grand Rapids: Eerdmans, 1974)에서는 구약에서 혼이나 영을 "바사르(육신)의 죽음 이후에도 계속해서 살아 있는 인간의 부분으로 생각하지 않는다"고 말한다(459). 이 단락에서 인용한 구약의 구절에 비추어 볼 때 이 주장은 정확하지 않다. 이에 관한 래드의 분석은 W. D. Stacey, *The Pauline View of Man* (London: Macmillan, 1956)에 크게 의존하고 있으며, 458-59에서 래드는 이 책을 14번 인용한다. 하지만 스테이시는 죽음이 인간의 소멸을 의미한다고 생각한다(Ladd, 463). 또한 래드는 인간이 비가시적 혼이나 영을 지니고 있음을 루돌프 불트만이 강력히 부인했다고 지적하지만, 래드는 신약의 자료를 다루면서 불트만의 견해를 거부한다(460쪽 주 14; 464쪽을 보라). (『신약신학』 대한기독교서회)

7 성경에서 "마음"은 한 사람의 가장 깊고 내밀한 생각과 감정을 뜻하는 표현이다(창 6:5, 6; 레 19:17; 시 14:1; 15:2; 37:4; 119:10; 잠 3:5; 행 2:37; 롬 2:5; 10:9; 고전 4:5; 14:25; 히 4:12; 벧전 3:4; 계 2:23 등을 보라).

8 골수로부터 관절을 쪼개는 것이 아님에 주목하라. 관절은 관절과 골수가 만나는 곳이 아니라 뼈와 뼈가 만나는 곳이다.

9 그러나 바울이 사용하는 어휘를 고려하면 예배와 기도를 통해 우리가 하나님과 맺는 관계에 관해 이야기할 때 '영'이라는 단어를 사용하는 쪽이 더 자연스럽다. 바울은 '혼'(프쉬케)이라는 단어를 자주 사용하지 않으며(14회, 그에 비해 신약 전체에서는 이 단어가 101회 등장한다), 그가 이 단어를 사용할 때는 한 사람의 생명을 지칭하거나 로마서 9:3; 13:1; 16:4; 빌립보서 2:30에서처럼 그 사람 자체를 가리키는 것으로 이 말을 자주 사용한다. 혼이라는 단어를 사용해 인간의 비물질적 측면을 지칭하는 사례는 복음서와 구약의 다수 본문에서 더 흔히 볼 수 있다.

10 인간과 동물 사이의 수많은 차이에 관해서는 21장, 830-835쪽을 보라.

11 사실 "인생들의 혼"과 대조되는 "짐승의 혼"에 관해 이야기하는 본문도 있다(전 3:21). 하지만 이 맥락(18-22절)은 삶의 덧없음을 드러내며 사람이 짐승일 뿐이라고 주장하는 세속적이며 냉소적인 관점을 표현하는 맥락이다. 이 책의 전체적인 맥락을 고려할 때 이것이 저자가 독자들에게 믿기를 권하는 내용인지는 분명하지 않다.

12 몇몇 다른 번역본에서도 이 구절이 성령을 가리키는 것으로 번역한다. NRSV, NIV (2011), NET, CSV, NLT, KJV, NKJV를 보라. 또한 Douglas Moo, *The Epistle to the Romans*, NIC (Grand Rapids:

Eerdmans, 1996), 492; John Murray, *The Epistle to the Romans*, NIC, 2 vols. (Grand Rapids: Eerdmans, 1959, 1965), 1:289-91에 제시된 논증을 보라. (『로마서』 솔로몬) (『로마서 주석』 아바서원)

13 Berkhof, *Systematic Theology*, 191.

14 많은 성경 본문에서는 우리의 몸과 영혼이 상호 작용을 하며 서로에게 영향을 미친다고 말하지만, 이 두 가지가 어떻게 상호 작용을 하는지에 관해서는 많은 내용을 말해 주지 않는다. 벌코프는 "몸과 영혼은 상호 작용을 하는 구별된 실체지만, 인간은 그 상호 작용의 방식을 자세히 이해할 수 없고 우리에게는 여전히 신비로 남아 있다"고 지혜롭게 말한다(*Systematic Theology*, 195).

15 어떤 이들은 사랑이 행동을 통해 드러나고 타인을 향한 사랑을 느끼지 못할 때도 행동에 옮기겠다고 결심할 수 있기 때문에 사랑은 단순한 감정이 아니라고 반론을 제기할 것이다. 이것에 동의하지만, 사랑에는 분명히 정서적 요소가 존재한다. 우리는 타인을 향해 사랑을 느낄 수 있다. 이것을 부인하려고 한다면, 우리가 하나님이나 타인과 맺는 관계의 풍성함 중에서 많은 부분을 잃어버리게 될 것이다.

16 이것에 관한 논의는 Erickson, *Christian Theology*, 530-36을 보라.

17 예를 들어, G. C. Berkouwer, *Man: The Image of God*, trans. Dirk W. Jellma (Grand Rapids: Eerdmans, 1962), 194-233을 보라.

18 그리스도의 죽음과 재림 사이의 중간 상태에 관한 자세한 논의는 2권 41장, 326-347쪽을 보라.

19 예를 들어, Berkhof, *Systematic Theology*, 196-201을 보라.

20

24. 죄

- 죄란 무엇인가?
- 죄는 어디에서 왔는가?
- 우리는 아담으로부터 죄인의 본성을 물려받았는가?
- 우리는 아담으로부터 죄책을 물려받았는가?

설명과 성경적 기초

A. 죄의 정의

성경이 제시하는 인류의 역사는 일차적으로 죄를 범하여 하나님께 반역한 인류와 그들을 다시 자신에게 돌아오게 하시려는 하나님의 구원 계획이 펼쳐지는 역사다. 그러므로 이제 인간을 하나님으로부터 분리시키는 죄의 본질에 관해 고찰하려고 한다.

죄Sin란 무엇인가? 죄는 행동이나 태도, 본성에 있어서 하나님의 도덕법을 따르는 데 실패하는 것이다. 즉 여기서 죄는 하나님과 관련해, 또한 그분의 도덕법과 관련해 정의된다. 죄에는 도둑질, 거짓말, 살인과 같은 개별적인 행동뿐만 아니라 하나님께 반역하는 태도도 포함된다. 이것을 우리는 십계명에서 확인할 수 있다. 십계명은 죄악된 행동뿐만 아니라 잘못된 태도까지 금지한다. "네 이웃의 집을 탐내지 말라. 네 이웃의 아내나 그의 남종이나 그의 여종이나 그의 소나 그의 나귀나 무릇 네 이웃의 소유를 탐내지 말라."출 20:17 이웃의 소유를 탐내거나 간음하려는 욕망도 하나님이 보시기에 죄다. 산상설교도 분노마 5:22나 정욕마 5:28과 같은 죄악된 태도를 금지한다. 바울은 시기, 분노, 이기심 등갈 5:20이 성령의 소욕과 반대되는 육체의 일갈 5:17이라고 말한다. 하나님이 기뻐하시는 삶은 행동뿐만 아니라 마음으로도 순수한 삶이다. 가장 큰 계명이 명하는 바도 우리 마음이 하나님을 향한 사랑의 태도로 가득 차 있어야 한다는 것이다. "네 마음을 다하고 목숨을 다하고 뜻을 다하고 힘을 다하여 주 너의 하나님을 사랑하라."막 12:30

위에서 제시한 정의는 죄가 행동과 태도뿐만 아니라 우리의 도덕적 본성에 있어서도 하나님의 도덕법을 따르는 데 실패하는 것이라고 명시한다. 우리의 본성, 곧 인격체로서 우리 정체성의 본질에 해당하는 내적인 성품도 죄악될 수 있다. 그리스도에 의해 속량되기 전에 우리는 죄악된 행동과 태도를 가졌을 뿐만 아니라 본성상 죄인이기도 했다. 따라서 바울은 "우리가 아직 죄인 되었을 때에 그리스도께서 우리를 위하여 죽으"셨으며, 롬 5:8 또한 우리가 전에는 "다른 이들과 같이 본질상 진노의 자녀"였다고 말한다. 엡 2:3 비신자가 잠잠할 때, 비록 죄악된 행동과 태도를 가지지는 않지만 하나님이 보시기에 여전히 죄인이다. 그는 여전히 하나님의 도덕법을 따르지 않는 죄악된 본성을 지니고 있다.

어떤 이들은 죄의 본질이 이기심이라고 정의하기도 한다.[1] 그러나 이 정의는 만족스럽지 않다. (1) 성경은 죄를 이처럼 정의하지 않기 때문이다. (2) 성경은 자기 이익의 추구를 승인하며 따라서 그것은 악하지 않다. 예를 들면, 예수께서는 "오직 너희를 위하여 보물을 하늘에 쌓아 두라"고 명령하시며, 마 6:20 우리는 더욱 거룩하고 그리스도인으로서 성숙해지기 위해 노력한다. 살전 4:3 참조 또한 우리는 구원받기 위해 그리스도를 통해 하나님께 나아간다. "돌이키고 돌이키라. 너희 악한 길에서 떠나라. 어찌 죽고자 하느냐" 겔 33:11 라고 말씀하실 때, 하나님은 죄악된 인간이 자신의 이익을 추구하는 태도에 호소하신다. 죄의 본질을 이기심으로 정의할 때 많은 이들은 자신의 개인적 유익을 추구하는 모든 욕망을 버려야 한다고 생각할 것이며, 이는 분명히 성경이 말하는 바와 배치된다.[2] (3) '죄'라는 용어는 많은 경우 이기심이 아니다. 사람들은 거짓 종교나 성경과 배치되는 세속적이며 인본주의적인 교육적, 정치적 목적에 대해 이타적인 헌신을 보일 수 있다. 하지만 이러한 헌신은 이 단어의 일반적 의미에 따른 이기심 때문이 아닐 것이다. 하나님에 대한 적대, 우상숭배, 불신앙은 일반적으로 이기심 때문이 아니지만 대단히 심각한 죄다. (4) 이 정의는 하나님께도 악행이나 죄악됨이 존재한다고 암시할 수도 있다. 하나님의 최고 목적은 그분의 영광을 구하는 것이기 때문이다. 사 42:8; 43:7; 엡 1:12 [3] 이러한 결론은 분명히 잘못된 것이다.

죄를 성경의 방식대로, 곧 하나님의 법과 그분의 도덕적 성품과 관련해 정의하는 편이 더 낫다. 요한은 "죄는 불법이라"고 말한다.요일 3:4 바울은 모든 사람이 죄인임을 논증하며, 유대인에게 주어진 기록된 법이든롬 2:17-19 참조 이방인의 양심 안에서 작동하는 기록되지 않은 법이든, 하나님의 법에 호소한다. 또한 바울은 이방인들이 그들의 행동을 통해 "그 마음에 새긴 율법의 행위를 나타내느니라"고 말한다.롬 2:15 어떤 경우에도 그들의 죄인됨은 그들이 하나님의 도덕법을 따르지 않음에 의해 증명된다.

마지막으로 우리는 이 정의가 죄의 심각성을 강조한다는 데 주목해야 한다. 우리는 죄가 우리의 삶에 고통과 파괴적인 결과를 초래한다는 것을 경험적으로 알고 있다. 하지만 죄를 하나님의 도덕법을 따르는 데 실패함이라고 정의하는 것은, 죄가 단순히 고통스럽고 파괴적인 것 이상이라고 말하는 것이다. 즉 죄는 그 단어의 가장 심층적인 의미에서 잘못된 것이다. 죄는 하나님의 선하심에 반대한다. 죄의 본질은 하나님의 선하신 성품에 대한 거부다. 하나님은 그러한 죄를 영원히 미워하신다.

B. 죄의 기원

죄는 어디에서 왔는가? 어떻게 죄가 이 세계에 들어오게 되었는가? 첫째, 우리는 하나님이 죄를 짓지 않으셨다고 분명히 말해야 한다. 죄에 대한 책임을 하나님께 돌려서는 안 된다. 죄를 범한 것은 인간과 천사였다. 인간과 천사는 모두 고의적이고 자발적인 선택으로 죄를 지었다. 죄에 대한 책임을 하나님께 돌리는 것은 하나님의 성품에 대한 모독이다. "그가 하신 일이 완전하고 그의 모든 길이 정의롭고 진실하고 거짓이 없으신 하나님이시니. 공의로우시고 바르시도다."신 32:4 아브라함은 "세상을 심판하시는 이가 정의를 행하실 것이 아니니이까"라고 말한다.창 18:25 또한 엘리후는 "하나님은 악을 행하지 아니하시며 전능자는 결코 불의를 행하지 아니하시고"라고 말한다.욥 34:10 사실 하나님 자신이 잘못을 행하기를 원하시는 것조차 불가능하다. "하나님은 악에게 시험을 받지도 아니하시고 친히 아무도 시험하지 아니하시느니라."약 1:13

하지만 우리는 반대의 오류에 대해서도 경계해야 한다. 즉 하나님의 능력과 비슷하거나 동등한 악이 영원히 존재한다고 말하는 것은 잘못이다. 이처럼 말하는 것은 궁극적 이원론을 주장하는 것과 같다. 이원론이란 선한 힘과 악한 힘, 곧 동등하게 궁극적인 두 힘이 존재한다는 견해다.[4] 또한 우리는 절대로 죄가 전능과 섭리로 우주를 다스리시는 하나님을 놀라게 하거나 그분께 도전하거나 그분을 이겼다고 생각해서는 안 된다. 그러므로 우리는 하나님이 죄를 짓거나 죄에 대한 책임이 그분께 있다고 말해서는 안 되지만, 동시에 "모든 일을 그의 뜻의 결정대로 일하시"며[엡 1:11] "하늘의 군대에게든지 땅의 사람에게든지……자기 뜻대로 행하시"는[단 4:35] 하나님이 죄가 세상에 들어오도록 작정하셨다고 말해야 한다. 하지만 그분은 죄를 기뻐하지 않으시며, 피조물의 자발적인 선택을 통해 이 일이 일어나도록 작정하셨다.[5]

아담과 하와의 불순종 이전에 이미 사탄의 타락으로 천사의 세계 안에 죄가 존재했다.[6] 하지만 인류와 관련해 첫 번째 죄는 아담과 하와가 에덴동산에서 범한 죄였다.[창 3:1-19 참조] 그들이 선악을 알게 하는 나무의 열매를 먹은 것은 죄의 전형적인 특징들을 보여준다. 첫째, 그들의 죄는 지식의 토대를 공격했다. 그들의 죄는 '무엇이 참인가?'라는 물음에 대해 다른 답을 제시했기 때문이다. 하나님은 아담과 하와에게 그 나무의 열매를 먹으면 죽으리라고 말씀하셨지만,[창 2:17 참조] 뱀은 "너희가 결코 죽지 아니하리라"고 반박했다.[창 3:4] 그러자 하와는 하나님 말씀의 진실성을 의심하고 그분의 말씀을 시험해 보기로 결정했다.

둘째, 그들의 죄는 도덕적 기준의 토대를 공격했다. '무엇이 옳은가?'라는 물음에 다른 답을 제시했기 때문이다. 하나님은 아담과 하와가 그 나무의 열매를 먹지 않는 것이 도덕적으로 옳다고 말씀하셨다.[창 2:17 참조] 하지만 뱀은 그 열매를 먹는 것이 옳으며, 그것을 먹으면 아담과 하와가 "하나님과 같이" 될 것이라고 주장했다.[창 3:5] 하와는 하나님의 말씀에 따라 옳고 그름을 판단하기보다, 자신의 평가를 신뢰했다. 하와가 보기에 그 나무는 "먹음직도 하고 보암직도 하고 지혜롭게 할 만큼 탐스럽기도 한 나무"였다. 그러므로 그녀는 "그 열매를 따먹"었다.[창 3:6]

셋째, 그들의 죄는 '나는 누구인가?'라는 물음에 다른 답을 제시했다. 올바른 답은 아담과 하와가 창조주 하나님께 언제나 의존하고 복종해야 하는 피조물이라는 것이다. 하지만 아담과 하와는 "하나님과 같이" 되려는 유혹에 굴복했고,창 3:5 따라서 스스로 하나님의 자리를 차지하려고 했다.

아담과 하와의 타락의 역사적 진실성을 지키는 것은 중요하다. 아담과 하와의 창조 기사가 창세기의 나머지 역사적 서사와 결합되어 있는 것처럼,[7] 타락 서사도 역사적 서사로 제시된다. 그뿐만 아니라 신약의 저자들은 이 이야기를 돌아보면서 "한 사람으로 말미암아 죄가 세상에 들어"왔고,롬 5:12 "심판은 한 사람으로 말미암아 정죄에 이르렀"으며롬 5:16 "뱀이 그 간계로 하와를 미혹"했다고고후 11:3; 딤전 2:14 참조 주장한다. 그 뱀은 의심할 여지 없이 실제로 몸을 가진 뱀이었고, 사탄은 그 몸을 통해 말할 수 있는 능력이 있었기 때문이다.창 3:15과 롬 16:20을 비교하라. 또한 민 22:28-30; 계 12:9; 20:2 참조

마지막으로, 모든 죄는 궁극적으로 비합리적인 것임을 지적해야 한다. 사실상 사탄이 하나님보다 높아질 수 있다는 기대로 하나님께 반역했다는 것은 말이 안 된다. 아담과 하와가 창조주의 말씀에 불순종함으로 무언가를 얻을 수 있다고 생각했다는 것도 말이 안 된다. 이는 어리석은 선택이었다. 오늘날까지도 사탄이 하나님께 반역하기를 고집하는 것은 여전히 어리석은 선택이며, 하나님께 반역하는 상태를 지속하겠다는 인간의 결정도 마찬가지다. "그의 마음에 이르기를 하나님이 없다 하는" 것은 지혜로운 사람이 아니라 "어리석은 자"다.시 14:1 잠언은 모든 종류의 죄를 무모하게 탐닉하는 사람을 가리켜 "미련한 자"라고 일컫는다.잠 10:23; 12:15; 14:7, 16; 15:5; 18:2 등 사람들은 죄를 짓는 타당한 이유가 있다고 생각하지만, 마지막 날의 진리에 비추어 볼 때 죄는 모든 경우에 비합리적인 것임을 깨닫게 될 것이다.

C. 유전된 죄의 교리

아담의 죄가 어떻게 우리에게 영향을 미치는가?[8] 성경은 우리가 두 가지 방식으로 아담으로부터 죄를 물려받는다고 가르친다.

1. 유전된 죄책: 우리는 아담의 죄 때문에 유죄로 간주된다

바울은 아담이 지은 죄의 결과를 이렇게 설명한다. "그러므로 한 사람으로 말미암아 죄가 세상에 들어오고 죄로 말미암아 사망이 들어왔나니. 이

와 같이 모든 사람이 죄를 지었으므로 사망이 모든 사람에게 이르렀느니라."롬 5:12 문맥을 통해 바울이 사람들이 일상적으로 짓는 실제 죄들을 이야기하는 것이 아님을 알 수 있다. 이 단락 전체롬 5:12-21 참조는 아담과 그리스도를 비교하고 있기 때문이다. 그리고 바울은 아담의 죄로 말미암아 "모든 사람이 죄를 지었"다고 주장한다.[9] "이와 같이후토스(이처럼, 이 방식으로) 모든 사람이 죄를 지었으므로 사망이 모든 사람에게 이르렀느니라."

"모든 사람이 죄를 지었으므로"의 의미, 곧 하나님은 아담이 불순종했을 때 우리 모두가 죄를 지은 것으로 여기셨다는 것을 다음의 두 구절을 통해서도 확인할 수 있다. "죄가 율법 있기 전에도 세상에 있었으나 율법이 없었을 때에는 죄를 죄로 여기지 아니하였느니라. 그러나 아담으로부터 모세까지 아담의 범죄와 같은 죄를 짓지 아니한 자들까지도 사망이 왕 노릇 하였나니 아담은 오실 자의 모형이라."롬 5:13-14 바울은 아담의 시대로부터 모세의 시대까지 사람들이 하나님의 기록된 율법을 가지고 있지 않았음을 지적한다. 그들의 죄는 (율법의 위반과 같은) "죄로 여기지 아니하였"지만 그들은 여전히 죽었다. 그들이 죽었다는 사실은 하나님이 아담의 죄를 근거로 그들에게 죄가 있는 것으로 여기셨다는 강력한 증거다.

하나님이 아담의 죄 때문에 우리에게 죄가 있다고 여기셨다는 것은 로마서 5:18-19에 의해 추가로 확증된다. "그런즉 한 범죄로 많은 사람이 정죄에 이른 것 같이 한 의로운 행위로 말미암아 많은 사람이 의롭다 하심을 받아 생명에 이르렀느니라. 한 사람이 순종하지 아니함으로 많은 사람이 죄인 된 것 같이 한 사람이 순종하심으로 많은 사람이 의인이 되리라." 바울은 한 사람의 죄를 통해 "많은 사람이 죄인 되"었다고카테스타테산, 부정과거 직설법으로 완료된 과거의 동작을 가리킴 분명히 말한다. 하나님은 아담이 죄를 지었을 때 장차 아담의 후손이 될 모든 사람을 죄인으로 간주하셨다. 우리는 아직 존재하지 않았지만, 하나님은 미래를 보시고 우리가 존재할 것임을 아시며 우리를 아담처럼 죄가 있는 자로 간주하기 시작하셨다. 이는 "우리가 아직 죄인 되었을 때에 그리스도께서 우리를 위하여 죽으"셨다는 바울의 진술과도 조화를 이룬다.롬 5:8 물론 그리스도께서 죽으셨을 때 우리는 아직 존재하지도 않았다. 그런데도 하나님은 우리를 구원이 필요한 죄인으로 여기셨다.

이 구절에서 끌어낼 수 있는 결론은, 아담이 에덴동산에서 시험받을 때 인류를 대표했다는 것이다. 아담은 인류의 대표로서 죄를 지었고, 따라서 하나님은 아담뿐만 아니라 우리도 죄인으로 여기셨다. 하나님은 아담의 죄책을 우리의 것으로 여기셨고, 우주 만물의 궁극적 심판자이신 하나님의 생각은 언제나 참되시므로 아담의 죄책은 실제 우리의 것이다. (이 관계를 지칭할 때 사용되는 용어는 전가impute이며, 그 의미는 '어떤 것을 누군가에게 속한 것으로 생각하고, 따라서 그것을 그 사람에게 속하게 하다'라는 뜻이다. 하나님은 정당하게 아담의 죄책을 우리에게 전가하셨다.)

아담으로부터 유전된 죄의 교리를 원죄original sin 교리라고 부른다. 위에서 설명했듯,[10] 이 책에서는 이 용어를 사용하지 않았다. 이 용어를 사용할 경우, 그때 죄는 아담이 지은 첫 번째 죄가 아니라 우리가 지니고 태어나는 죄책과 죄짓는 성향을 가리킨다. 여기서 말하는 죄는 아담에게서 나왔다는 점에서 원천적original이고, 인간이 태어날 때부터 가지고 있다는 점에서도 원천적이지만, 그 강조점은 아담의 죄가 아니라 우리가 죄를 가졌다는 데 있다. 원죄라는 표현과 짝을 이루는 원천적 죄책original guilt이라는 용어도 있다. 이것은 위에서 다루었던 아담으로부터 유전된 죄, 곧 우리가 아담으로부터 죄책을 물려받았다는 관념을 가리킨다.

우리가 아담의 죄를 물려받았다는 사실을 처음 접할 때 우리는 그것이 불공평하다며 이의를 제기하는 경향이 있다. 실제로 죄를 짓기로 결심하지 않았다면 어떻게 우리가 죄인으로 간주될 수 있는가? 하나님이 이처럼 행동하시는 것은 정당한가?

이 물음에 대해 세 가지 답을 제시할 수 있다. (1) 이것이 불공평하다고 이의를 제기하는 모든 사람은 하나님이 유죄를 선언하실 만한 수많은 죄를 이미 자의적으로 범했다. 그 죄들은 마지막 날에 우리를 심판하는 일차적 근거가 될 것이다. 하나님은 "각 사람에게 그 행한 대로 보응하"실 것이며,롬 2:6 "불의를 행하는 자는 불의의자신이 행한 불의에 대해 보응을 받"을 것이기 때문이다.골 3:25 (2) 어떤 이들은 우리 중 누군가가 아담의 자리에 있었다면 그처럼 죄를 지었을 것이며, 그 이후에 일어난 하나님에 대한 우리의 반역은 그것을 입증한다고 주장해 왔다. 이 주장은 참이라고 생각하지만, 결정적인 논증처럼 보이지 않는다. 일어나거나 일어나지 않을 일에 대해 너무 많은 것을 전제하기 때문이다. 이 불확실성은 어떤 이들이 느끼는 불공평함을 줄이는 데 큰 도움이 되지 못할 것이다.

(3) 이 반론에 대한 가장 설득력 있는 대답은, 우리가 아담에 의해 대표되는 것이 불공평하다면, 우리가 그리스도에 의해 대표되고 하나님에 의해 그분의 의가 우리에게 전가되는 것도 불공평하게 여겨야 함을 지적하는 것이다. 양자에서 하나님이 행하신 절차가 동일했기 때문이다. 이것이 바로 바울이 로마서 5:12-21에서 펼치는 주장이다. "한 사람이 순종하지 아니함으로 많은 사람이 죄인 된 것 같이 한 사람이 순종하심으로 많은 사람이 의인이 되리라."롬 5:19 우리의 첫 번째 대표인 아담은 죄를 범했다(그리고 하나님은 우리를 죄인으로 여기셨다). 하지만 그리스도를 믿는 모든 사람의 대표이신 그리스도는 하나님께 완전히 순종하셨다(그리고 하나님은 우리를 의인으로 여기셨다). 이것이 바로 하나님이 인류가 운행하도록 계획하신 방식이다. 하나님은 인류를 그 머리인 아담에 의해 대표되는 유기적 통일체로 간주하신다. 또한 하나님은 그리스도인이라는 새로운 인류, 곧 그리스도께서 속량하신 사람들을 그분의 백성의 머리이신 그리스도에 의해 대표되는 유기적 통일체로 여기신다.

하지만 모든 복음주의자들이 우리가 아담의 죄 때문에 죄인으로 간주된다는 데 동의하는 것은 아니다. 일부 신학자들, 특히 아르미니우스주의자들은 이것이 하나님에 대한 공정하지 못한 생각이며 로마서 5장이 가르치는 바가 아니라고 생각한다.[11] 그러나 대부분의 복음주의자들은 우리가 아담으로부터 죄인의 본성과 죄짓는 성향을 물려받았다는 데 동의한다.

2. 유전된 타락: 우리는 아담의 죄 때문에 죄인의 본성을 지닌다

하나님이 아담의 죄 때문에 우리에게 전가하신 법적 죄책에 더해, 우리는 그로부터 죄인의 본성도 물려받았다. 이처럼 유전된 죄인의 본성을 원죄라고 부르기도 하고, 더 정확히 원천적 오염original pollution이라고 부르기도 한다. 이 책에서는 유전된 타락inherited corruption이라는 용어를 사용했는데, 이 용어가 더 명확하고 구체적인 표현처럼 보이기 때문이다.

다윗은 "내가 죄악 중에서 출생하였음이여. 어머니가 죄 중에서 나를 잉태하였나이다"라고 말한다.시 51:5 어떤 이들은 여기서 다윗 어머니의 죄를 논한다고 보지만, 그것은 옳지 않다. 문맥 전체는 다윗의 어머니와 아무 관계가 없다. 다윗은 이 단락 전체에서 자신의 죄를 고백하고 있다.

> 하나님이여……내게 은혜를 베푸시며……내 죄악을 지워 주소서. 나의 죄악을 말갛게 씻으시며……무릇 나는 내 죄과를 아오니……내가 주께만 범죄하여…….시 51:1-4

다윗은 자신의 죄를 자각하고 그에 압도되어 지난 삶을 돌아보면서 그가 처음부터 죄인이었음을 깨닫는다. 더 나아가, 자신이 기억할 수 있는 바, 곧 그가 죄인의 본성을 지니고 있음을 깨닫는다. 그는 "죄악 중에서 출생하였"고, "어머니가 죄 중에서 [그]를 잉태하였"다.시 51:5 즉 그는 분명 태어나기도 전에 "죄악"을 가지고 있었으며, 잉태의 순간에 죄인의 본성을 지니고 있었다. 이것은 죄인의 본성, 곧 죄짓는 성향이 처음부터 우리 삶에 존재한다는 강력한 진술이다. 시편 58:3도 비슷한 생각을 표현한다. "악인은 모태에서부터 멀어졌음이여 나면서부터 곁길로 나아가 거짓을 말하는도다."

그러므로 우리의 본성에는 죄짓는 성향이 포함되어 있으며, 따라서 바울은 우리가 그리스도인이기 전에 "다른 이들과 같이 본질상 진노의 자녀이었더니"라고 주장한다.엡 2:3 자녀를 가진 사람은 누구든지 우리 모두가 죄짓는 성향을 지니고 태어난다는 사실을 경험적으로 증언할 수 있다. 아이들에게 잘못을 행하는 법을 가르칠 필요가 없다. 그들은 스스로 알아낸다. 부모로서 해야 할 일은 자녀에게 바른 일을 하는 법을 가르쳐 주고 "주의 교훈과 훈계로 양육하"는 것이다.엡 6:4

하지만 인간이 죄짓는 성향을 제어하지 못하는 것은 아니다. 시민법의 제약, 가정과 사회의 기대, 죄를 깨닫게 하는 인간의 양심롬 2:14-15 참조 등이 죄인의 본성을 제어할 수 있다. 그러므로 하나님의 일반 은혜에 의해(모든 인간에게 주어진 은혜에 의해) 사람들은 교육, 과학과 기술의 진보, 문명의 발전이나 예술 분야에서 아름다움과 기술의 발전, 법률의 발전, 또한 이웃을 향한 친절이라는 일반적인 영역에서 많은 선을 행할 수 있었다.[12] 사실 한 사회에서 기독교의 영향력이 클수록 일반 은혜를 비신자의 삶에서 더 분명히 볼 수 있을 것이다. 그러나 유전된 타락, 곧 아담으로부터 물려받은 죄짓는 성향은 그분을 기쁘시게 하는 일을 아무것도 할 수 없게 한다. 이것은 두 가지 방식으로 확인할 수 있다.

a. 우리 존재는 하나님 앞에서 순전하지 못하다. 단순히 우리의 일부가 죄로 오염되고 다른 일부는 순결하다는 것이 아니다. 오히려 우리 존재의 모든 부분—우리의 지성, 감정과 욕망, 마음, 목표와 동기, 심지어 몸까지도—이 죄에 의해 영향을 받고 있다. 바울은 이렇게 말한다. "내 속 곧 내 육신에 선한 것이 거하지 아니하는 줄을 아노니"[롬 7:18] "더럽고 믿지 아니하는 자들에게는 아무것도 깨끗한 것이 없고 오직 그들의 마음과 양심이 더러운지라"고 말한다.[딛 1:15] 예레미야도 "만물보다 거짓되고 심히 부패한 것은 마음이라. 누가 능히 이를 알리요"라고 말한다.[렘 17:9] 이 본문들은 비신자가 (진실함, 공정함, 친절, 용기, 자비, 기쁨 등과 같은 의미에서) 선한 생각이나 동기를 가지고 있음을 부인하지 않는다. 하지만 무한히 거룩하신 하나님이 보시기에 이러한 생각이나 욕망은 여전히 죄에 의해 오염되어 있으며 하나님을 향한 순전한 헌신이 결여되어 있다. 우리 삶의 어떤 부분도 하나님 앞에서 순전하지 못하다.[13]

b. 우리 행위는 하나님 앞에서 순전하지 못하다. 이 관념은 앞의 것과 연관되어 있다. 죄인인 우리에게는 영적인 선이 전혀 없을 뿐만 아니라, 우리 스스로 하나님을 기쁘시게 하거나 하나님께 나아갈 수 있는 능력이 없다. "육신에 있는 자들은 하나님을 기쁘시게 할 수 없느니라."[롬 8:8] 하나님의 나라를 위해 열매 맺는 삶을 살고 그분을 기쁘시게 하는 일을 행하는 것에 관해 예수께서는 "나를 떠나서는 너희가 아무것도 할 수 없음이라"고 말씀하신다.[요 15:5] 비신자의 행위는 어떤 이유에서든 하나님을 향한 믿음과 사랑으로부터 나오지 않으며, 그들의 행위는 단 하나의 이유, 곧 "믿음이 없이는 하나님을 기쁘시게 하지 못"하기[히 11:6] 때문에 하나님을 기쁘시게 할 수 없다. 바울은 그의 독자들이 비신자였을 때 "허물과 죄로 죽었던……그때에 너희는 그 가운데서 행하"였다고 말한다.[엡 2:1-2] 비신자는 죄에 대한 예속 또는 노예 상태에 있다. "죄를 범하는 자마다 죄의 종이"기 때문이다.[요 8:34] 인간적인 관점에서는 사람들이 많은 선을 행할 수 있다고 생각할지도 모르지만, 이사야는 "우리의 의는 다 더러운 옷 같으며"라고 분

명히 말한다.사 64:6; 롬 3:9-20 참조 비신자는 하나님의 일을 바르게 이해할 수 없다. "육에 속한 사람은 하나님의 성령의 일들을 받지 아니하나니 이는 그것들이 그에게는 어리석게 보임이요. 또 그는 그것들을 알 수도 없나니 그러한 일은 영적으로 분별되기 때문"이다.고전 2:14 또한 우리는 우리의 힘으로 하나님께 나아갈 수 없다. 예수께서는 "나를 보내신 아버지께서 이끌지 아니하시면 아무도 내게 올 수 없으니"라고 말씀하신다.요 6:44

하지만 하나님이 보시기에 우리의 행위가 전적으로 무능하다면, 우리에게 선택의 자유가 있다고 말할 수 있는가? 물론 그리스도 밖에 있는 사람도 여전히 자의적 선택voluntary choices을 한다. 즉 그들이 원하는 것을 선택하고 그것을 행한다. 이러한 의미에서 사람들이 하는 선택에는 여전히 일종의 자유가 존재한다.[14] 하지만 비신자는 선을 행할 수 없고 하나님에 대한 근본적인 반역 상태로부터 벗어날 수 없기 때문에, 또한 근본적으로 죄짓는 성향을 가지기 때문에 가장 중요한 의미에서 자유—하나님을 기쁘시게 하는 일을 할 수 있는 자유—를 가지고 있지 않다.

우리 삶에 적용할 점은 분명하다. 하나님이 누군가에게 회개하고 그리스도를 믿기 원하는 마음을 주신다면, 그는 지체하지 않을 것이며 자신의 마음을 완고하게 하지 않을 것이다.히 3:7-8; 12-17 이처럼 회개하는 능력과 그리스도를 믿기 원하는 마음은 자연적으로 우리에게 속한 것이 아니라 성령의 추동推動하심으로 주어진 것이며, 영원히 지속되지 않을 것이다. "오늘 너희가 그의 음성을 듣거든……너희 마음을 완고하게 하지 말라."히 3:15

D. 우리가 삶에서 실제로 행하는 죄

1. 모든 인간은 하나님 앞에서 죄인이다

성경은 여러 곳에서 모든 인간이 죄인임을 증언한다. "다 치우쳐 함께 더러운 자가 되고 선을 행하는 자가 없으니 하나도 없도다."시 14:3 "주의 눈앞에는 의로운 인생이 하나도 없나이다."시 143:2 "범죄하지 아니하는 사람이 없사오니."왕상 8:46; 잠 20:9 참조

신약에서 바울은 유대인과 헬라인을 비롯한 모든 인간이 하나님 앞에서 죄인임을 자세히 논증한다.롬 1:18-3:20 참조 "유대인이나 헬라인이나 다 죄

아래에 있다고 우리가 이미 선언하였느니라. 기록된 바 의인은 없나니 하나도 없으며."롬 3:9-10 바울은 "모든 사람이 죄를 범하였으매 하나님의 영광에 이르지 못"한다고 확신한다.롬 3:23 주의 형제 야고보도 "우리가 다 실수가 많"다고 인정한다.약 3:2 초대교회의 지도자이자 사도[15] 인 그가 실수가 많다고 인정했다면, 우리도 그와 같다고 기꺼이 인정해야만 한다. 예수께 사랑을 받았고 그분과 특별히 가까웠던 제자 요한은 이렇게 말한다. "만일 우리가 죄가 없다고 말하면 스스로 속이고 또 진리가 우리 속에 있지 아니할 것이요. 만일 우리가 우리 죄를 자백하면 그는 미쁘시고 의로우사 우리 죄를 사하시며 우리를 모든 불의에서 깨끗하게 하실 것이요. 만일 우리가 범죄하지 아니하였다 하면 하나님을 거짓말하는 이로 만드는 것이니 또한 그의 말씀이 우리 속에 있지 아니하니라."요일 1:8-10 [16]

2. 우리의 능력에 따라 그 책임이 달라지는가?

펠라기우스는 하나님이 인간이 행할 수 있는 것에는 그 책임을 물으신다고 가르쳤다. 즉 하나님이 선을 행하라고 명령하시는 것은 우리에게 선을 행할 능력이 있다는 것이다. 펠라기우스의 관점은 유전된 죄원죄 교리를 거부하며 죄가 개별적인 죄악된 행동에 의해 존재한다고 주장한다.[17]

그러나 우리가 행할 수 있는 것에 대해 책임을 진다는 관점은 성경의 증언과 배치된다. 성경은 우리가 "허물과 죄로 죽"어 있었으며,엡 2:1 따라서 영적인 선을 전혀 행할 수 없을 뿐만 아니라 하나님 앞에서 우리 모두가 죄인이라고 말한다. 만일 우리가 하나님 앞에서 자신의 능력에 따라 책임을 진다면, 죄에 전적으로 예속된 죄인은 날마다 하나님께 순종하려고 노력하는 성숙한 그리스도인보다 죄책이 더 작을 것이며, 영원히 악을 행하는 능력밖에 없는 사탄에게도 죄책이 전혀 없을 것이다(물론 이것은 잘못된 결론이다).

우리의 책임과 죄책의 참된 기준은 하나님께 순종하는 우리 자신의 능력이 아니라 하나님의 도덕법과 (그 법에 반영된) 그분의 거룩하심이다. "그러므로 하늘에 계신 너희 아버지의 온전하심과 같이 너희도 온전하라." 마 5:48

3. 유아는 실제로 죄를 범하기도 전에 죄인인가?

어떤 이들은 성경이 책임 연령을 가르치며, 이 연령 이전에는 죄에 대해 책임지지 않아도 되고 따라서 하나님 앞에서 죄인으로 간주되지 않는다고 주장한다.[18] 그러나 앞에서 인용한 성경 본문을 통해 인간은 태어나기 전에 이미 죄인의 본성을 지니고 있으며, 이 본성은 태어날 때부터 죄짓는 성향을 갖게 할 뿐 아니라 하나님으로 하여금 그들을 죄인으로 여기게 하신다는 것을 알 수 있다. "내가 죄악 중에서 출생하였음이여 어머니가 죄 중에서 나를 잉태하였나이다."시 51:5

일부 본문은 사람들이 실제로 저지른 죄악된 행동이라는 관점에서 마지막 심판이 이루어진다고 말한다.롬 2:6-11 참조 하지만 이 본문들은 유아기 초기에 사망한 아이들의 경우처럼 옳거나 그른 개별적 행동이 존재하지 않을 때의 심판 근거에 관해서는 아무 말도 하지 않는다. 이 경우에는 태어나기 전부터 죄인의 본성을 지니고 있다는 성경의 말씀을 받아들여야 한다. 더 나아가 아기가 가진 죄인의 본성은 아주 일찍, 곧 첫 두 해 동안에 나타날 수 있다. 아이를 키워 본 사람은 누구든지 이를 확인할 것이다. (다윗은 시편 58:3에서 "악인은 모태에서부터 멀어졌음이여 나면서부터 곁길로 나아가 거짓을 말하는도다"라고 말한다.)

하지만 복음을 이해하고 믿을 수 있을 정도로 나이가 들기 전에 죽은 유아에 관해서는 무엇을 말할 수 있는가? 그들은 구원받을 수 있는가?

만일 그 아이들이 구원을 받는다면, 그들의 공로가 아니라 그들 안에서 이루어지는 성령을 통한 그리스도의 구속을 근거로 구원이 이루어져야 한다고 말해야 한다. "하나님은 한분이시요 또 하나님과 사람 사이에 중보자도 한분이시니 곧 사람이신 그리스도 예수라."딤전 2:5 "사람이 거듭나지 아니하면 하나님의 나라를 볼 수 없느니라."요 3:3

하지만 한 아이가 태어나기 전에 하나님이 그에게 거듭남새로운 영적 생명을 주시는 것도 분명히 가능한 일이다. 세례 요한이 그러했다. 요한이 태어나기 전에 천사 가브리엘은 그에 관해 "모태로부터 성령의 충만함을 받아"라고 말했다.눅 1:15 우리는 세례 요한이 태어나기도 전에 거듭났다고 말할 수 있다. 사실 그의 어머니 엘리사벳은 예수의 어머니 마리아가 방문해 자신에게 문안 인사를 전했을 때 요한에 관해 "아이가 내 복중에서 기쁨으로 뛰놀았도다"고 말했다.[눅1:44] 시편에도 다윗에 관한 비슷한 예가 있다. 다윗은 작은 아기였을 때도 하나님을 신뢰했다. "오직 주께서……내 어머니의 젖을 먹을 때에 의지하게 하셨나이다.……모태에서 나올 때부터 주는 나의 하나님이 되셨나이다."[시22:9-10] 더 나아가 시편 71편의 저자는 "내가 모태에서부터 주를 의지하였으며"라고 말했다.[시 71:6] 그러므로 하나님이 특별한 방식으로, 곧 유아가 복음을 듣고 이해하는 것과 별개로 아주 일찍, 때로는 태어나기도 전에 거듭나게 하심으로써 그들을 구원하실 수 있음은 분명하다. 아마도 이 거듭남에는 유아의 직관적인 하나님 인식과 신뢰가 뒤따를 것이다. 하지만 이것은 우리가 이해할 수 없는 사안이다.[19]

물론 이 방법은, 하나님이 인간을 구원하는 통상적인 방식이 아니라고 분명히 말해야만 한다. 일반적으로 구원은 누군가가 복음을 듣고, 이해하고, 그리스도를 신뢰할 때 일어난다. 하지만 세례 요한처럼 특별한 경우에 하나님은 이러한 이해보다 먼저 구원을 베푸셨다. 그리고 이를 통해 우리는 유아가 복음을 듣기 전에 죽을 것을 하나님이 아시는 경우에도 구원하실 가능성이 분명히 존재한다고 결론 내릴 수 있다.

하나님은 얼마나 많은 유아를 이런 방식으로 구원하시는가? 성경이 이에 대해 말하지 않으므로 우리는 알 수 없다. 성경이 침묵하는 문제에 관해 우리가 확정적인 입장을 갖는 것은 지혜롭지 못하다. 그러나 우리는 성경 전체에서 하나님이 그분을 믿는 사람들의 자녀를 구원하시는 모습을 빈번히 볼 수 있다. 노아와 그의 자녀,[창7:1; 히 11:7 참조] 라합의 가족,[수 2:18 참조] 여호수아의 가족,[수 24:15 참조] 예수께서 멀리 떨어진 곳에서 그 아들을 고쳐 주신 왕의 신하의 "온" 집안,[요 4:53] 로마 백부장 고넬료의 "온" 집안,[행 11:14] 빌립보 간수의 온 가족,[행 16:31 참조] 고린도의 회당장 그리스보의 "온 집안"[행 18:8]을 통해 이것을 확인할 수 있다. 우리는 하나님의 의가 일반적으로 "자손의 자손"에게까지 확장되는 것이 그분의 통상적인 행동 방식이라는 사실에 대해 하나님을 찬양해야 한다.[시 103:17] 비슷하게 장로의 자녀들은 신자가 될 것으로 기대되었다.[딛 1:6 참조] 다른 본문에서도 비슷한 기대를 말한다.[행 2:39; 고전 1:16; 7:14; 마 18:10, 14 참조]

이 본문들은 하나님이 모든 신자의 자녀를 자동적으로 구원하신다고 말하지 않지만(경건한 부모의 자녀로 태어났지만, 어른이 된 뒤에 하나님을 거부하는 이들에 관해 우리 모두는 알고 있다. 에서와 압살롬의 사례를 보라) 신자의 자녀를 그분께로 이끄시는 것이 하나님의 일반적 경향성, 곧 그분이 행동하시는 통상적인 또는 기대되는 방식임을 보여준다. 신자의 자녀가 아주 어렸을 때 죽는 경우 우리는 그렇지 않을 것이라고 생각할 이유가 없다.

여기서 특별히 적절한 사례는 밧세바가 낳은 다윗 왕의 첫 번째 아기다. 아기가 죽자 다윗은 "나는 그에게로 가려니와 그는 내게로 돌아오지 아니하리라"고 말했다.삼하 12:23 평생 자신이 주의 임재 안에서 영원히 살 것이라고 굳게 확신했던 다윗시 23:6 참조은 아기가 죽었을 때 그를 다시 볼 수 있을 것이라고 확신했다. 이는 그가 자기 아이와 함께 주님의 임재 안에서 영원히 살 것임을 암시한다고 해석하는 것이 최선이다.[20] 마찬가지로 이 본문과 위에서 언급한 다른 본문들을 통해 유아기의 자녀를 잃은 모든 신자도 언젠가 천상 왕국의 영광 속에서 자녀를 다시 볼 수 있으리라고 확신할 수 있다.

비신자의 자녀가 아주 어렸을 때 죽는 경우에 관해 성경은 침묵한다. 우리는 그저 이 문제를 하나님의 손에 맡기고 그분이 의로우신 동시에 자비로우실 것이라고 믿어야 한다. 그 아이들이 구원받는다면, 그들 자신의 공로나 순결함에 근거해서가 아니다. 그것은 그리스도의 구속 사역에 근거해서다. 그리고 태어나기 전에 세례 요한이 거듭났듯이 그들의 거듭남은 하나님의 자비와 은혜에 의해 이루어질 것이다. 구원은 언제나 우리의 공로가 아니라 그분의 자비 때문이다.롬 9:14-18 참조 성경은 우리가 그보다 더 많은 것을 말하도록 허락하지 않는다.

4. 죄의 등급이 존재하는가?

어떤 죄는 다른 죄보다 더 나쁜가? 이 물음이 의도하는 의미에 따라 그렇다고 답할 수도 있고 그렇지 않다고 답할 수도 있다.

a. 법적인 죄책. 단 하나의 죄만으로도, 심지어 아주 사소해 보이는 죄만으로도 우리는 하나님 앞에서 법적으로 죄인이며, 따라서 영원한 형벌을 받아 마땅하다. 아담과 하와는 에덴동산에서 이것을 배웠다. 그곳에서 하나님은 그들에게 단 하나의 불순종 행위가 죽음의 형벌을 초래할 것이라고 말씀하셨다.창 2:17 참조 또한 바울은 "심판은 한 사람one trespass, 하나의 범죄으

로 말미암아 정죄에 이르렀"다고 분명히 말한다.롬 5:16 이 한 가지 죄로 인해 아담과 하와는 하나님 앞에서 죄인이 되었고, 더 이상 그분의 거룩한 임재 안에 머물 수 없게 되었다.

이 진리는 인류의 역사 전체에 그 효력을 유지하고 있다. 바울은 (신명기 27:26을 인용하며) "누구든지 율법 책에 기록된 대로 모든 일을 항상 행하지 아니하는 자는 저주 아래에 있는 자라"고 분명히 말한다.갈 3:10 또한 야고보는 "누구든지 온 율법을 지키다가 그 하나를 범하면 모두 범한 자가 되나니. 간음하지 말라 하신 이가 또한 살인하지 말라 하셨은즉 네가 비록 간음하지 아니하여도 살인하면 율법을 범한 자가 되느니라"고 말한다.약 2:10-11 **21** 그러므로 법적인 죄책에 있어서 모든 죄는 똑같이 악하며, 하나님 앞에서 우리 모두를 죄인으로 만든다.

b. 우리의 삶과 하나님과의 관계에서 나타나는 결과. 어떤 죄는 우리의 삶에 더 해로운 결과를 초래하고, 우리와 하나님 아버지의 인격적 관계에서 그분을 진노하게 하며 그분과의 사귐을 깨트리기 때문에 다른 죄보다 더 악하다.

성경은 죄의 심각성의 정도에 관해 다루기도 한다. 예수께서는 본디오 빌라도 앞에 섰을 때 "나를 네게 넘겨준 자의 죄는 더 크다"고 말씀하셨다.요 19:11 이는 그분을 죽이기 위해 로마인들에게 넘겨줄 음모를 꾸몄던 유대인 지도자 대제사장 가야바를 가리켜 하신 말씀일 것이다.마 26:3, 57; 요 11:49; 18:14 참조 빌라도는 유대 총독으로서 예수를 판결한 권한을 지니고 있었으며 죄가 없는 사람에게 사형 선고를 내리는 것을 용인하는 잘못을 저질렀음에도 가야바의 죄가 더 컸다. 그가 의도했던 일이고, 예수에 대해 더 큰 적의를 품고 있었기 때문일 것이다.

하나님은 예루살렘 성전에서 범해지는 죄에 대한 환상을 에스겔에게 보여주실 때, 앞서 몇 가지 환상을 보여주신 뒤 "너는 다시 다른 큰still greater, 훨씬 더 큰 가증한 일을 보리라"고 말씀하셨다.겔 8:6 또한 그분은 몇몇 이스라엘 장로들의 은밀한 죄를 에스겔에게 보여주시고 "너는 다시 그들이 행하는 바 다른 큰 가증한 일을 보리라"고 말씀하셨다.겔 8:13 또한 그분은 에스겔에게 바벨론 신을 위해 울고 있는 여인들의 모습을 보여주시고 "너는 또 이보다 더 큰 가증한 일을 보리라"고 말씀하셨다.겔 8:15 마지막으로 그분은 에스겔에게 성전 안에서 주님을 등지고 태양을 예배하는 스물다섯 명의 사람들의 모습을 보여주셨다. 이를 통해 하나님이 보시기에 더 큰 죄와 가증함이 존재한다는 것을 알 수 있다.

예수께서는 산상설교에서 "누구든지 이 계명 중의 지극히 작은 것 하나라도 버리고 또 그같이 사람을 가르치는 자는 천국에서 지극히 작다 일컬음을 받을 것이요"라고 말씀하시며마 5:19 더 작은 명령과 더 큰 명령이 존재함을 암시하신다. 마찬가지로 그분은 향신료에 대해서도 십일조를 드리는 것이 옳다고 말씀하시면서도 "율법의 더 중한 바 정의와 긍휼과 믿음"은 무시하는 바리새인들에게 화가 있을 것이라고 선언하신다.마 23:23 예수께서는 두 가지 경우에서 모두 더 작은 계명과 더 큰 계명을 구별하시는데, 이는 하나님이 그 중요성을 평가하시므로 어떤 죄는 다른 죄보다 더 악하다는 것을 암시한다.

일반적으로 어떤 죄가 하나님을 더 많이 모독하거나 우리 자신이나 다른 이들, 교회에 더 많은 해를 끼친다면, 다른 죄보다 더욱 해로운 결과를 초래한다고 말할 수 있다. 그뿐만 아니라 의도적이고 반복적이며 알면서도 완악해진 마음으로 죄를 행한다면, 무지로 인해 죄를 짓고 그것을 반복하지 않는 경우보다 또는 선한 동기와 악한 동기가 섞여 있는 채로 죄를 지은 다음에 후회하고 회개하는 경우보다 하나님께 더 가증스럽다. 따라서 하나님이 모세에게 주신 율법에는 사람들이 "부지중에" 죄를 짓는 경우에 관한 규정이 마련되어 있다.레 4:2, 13, 22 고의적이지 않은 죄도 여전히 죄다. "만일 누구든지 여호와의 계명 중 하나를 부지중에 범하여도 허물이라. 벌을 당할 것이니."레 5:17 그럼에도 하나님이 보시기에 죄의 심각성의 정도와 요구되는 형벌은 고의적인 죄의 경우보다 덜할 것이다.

반면에 고의로 하나님의 계명을 무시하며 저지른 죄는 훨씬 더 심각하게 여겨졌다. "본토인이든지 타국인이든지 고의로 무엇을 범하면 누구나 여호와를 비방하는 자니 그의 백성 중에서 끊어질 것이라."민 15:30; 27-29절 참조

어떤 죄는 우리 자신과 다른 이들, 하나님과의 관계에서 더 해로운 결과를 초래함을 쉽게 알 수 있다. 만일 우리가 이웃의 차를 탐한다면, 그것은 하나님 앞에서 죄일 것이다. 하지만 탐심 때문에 실제로 그 차를 훔치게

된다면, 그것은 더 심각한 죄일 것이다. 차를 훔치는 과정에서 이웃과 싸우고 그를 다치게 하거나 그 차를 무모하게 운전하다가 다른 누군가를 다치게 한다면, 그것은 더욱더 심각한 죄일 것이다.

마찬가지로 이전에 쉽게 화를 내고 싸움에 휘말리는 성향이 있던 새 신자가 비신자인 친구들에게 복음을 증언하기 시작했지만, 어느 날 너무 화가 나서 누군가를 때린다면, 그것은 하나님이 보시기에 분명히 죄다. 하지만 성숙한 목회자나 다른 저명한 기독교 지도자가 공적인 자리에서 화를 참지 못하고 누군가를 때린다면, 그것은 하나님이 보시기에 더 심각한 죄일 것이다. 그와 같은 죄는 복음의 평판에 해를 입힐 것이며, 하나님은 지도자의 위치에 있는 사람에게 더 높은 책임의 수준을 요구하신다. "선생된 우리가 더 큰 심판을 받을 줄 알고."약 3:1; 눅 12:48 참조 따라서 결과라는 견지에서, 또한 하나님이 보시기에 심각성의 정도에서 볼 때 분명히 어떤 죄는 다른 죄보다 더 악하다.

그러나 죄의 심각성의 정도에 관한 구별이 죄를 두 가지 범주, 곧 소죄와 대죄로 나누는 로마 가톨릭의 가르침을 지지한다는 것을 암시하지는 않는다.[22] 로마 가톨릭 교회는 죄를 (살인, 간음, 신성모독처럼) 대죄와 (경솔한 잡담이나 무절제한 웃음처럼) 소죄로 나눈다.[23] 로마 가톨릭의 가르침에서 소죄는 많은 경우 이생이나 (죽은 뒤 천국에 들어가기 전에) 연옥에서 형벌을 받은 뒤에 용서받을 수 있다. 대죄는 영적인 죽음을 초래하는 죄이며, 죽기 전에 회개하지 않으면 용서받을 수 없다. 대죄는 사람들을 하나님 나라에서 배제한다.

그러나 성경에 따르면, 가장 작은 죄조차도 우리를 하나님 앞에서 법적으로 죄인으로 만들고 영원한 형벌을 받아 마땅하게 하기 때문에 모든 죄가 대죄다. 하지만 우리는 구원을 위해 그리스도께 나아갈 때 가장 심각한 죄까지도 용서받는다(고린도전서 6:9-11에서 하나님 나라로부터 배제되는 죄를 열거하는 동시에 그런 죄를 범한 고린도인들도 그리스도에 의해 구원받았다고 분명히 말하고 있다는 점에 주목하라). 그런 의미에서 모든 죄는 소죄처럼 보인다.[4] 가톨릭은 이 관점을 선호하지만, 이 관점은 성화나 주의 일을 효과적으로 하는 데 크게 방해가 되는 몇몇 죄에 관해 부주의한 태도를 취하게 하거나 다른 죄에 관해서는 과도한 두려움과 절망, 결코 용서를 확신할 수 없는 상태에 이르도록 만든다. 우리는 (위의 예처럼 화를 참지 못하고 누군가를 때리는 행동처럼) 똑같은 행동이 연관된 사람이나 상황에 따라 더 심각할 수도 있고 덜 심각할 수 있음을 깨달아야 한다. 죄가 그 결과에 따라, 또한 우리와 하나님의 관계를 파괴하고 그분의 진노를 초래하며 그 상태를 방치하는 정도에 따라 심각성이 다를 수 있다고 인정하는 편이 더 낫다. 그럴 때 우리는 이 주제에 관한 성경의 일반적 가르침을 넘어서지 않을 것이다.

죄의 정도에 관한 성경의 구별은 긍정적인 가치를 지닌다. 첫째, 우리가 점점 더 거룩해지려고 노력할 때 어떤 부분에 더 많은 노력을 기울여야 하는지 알 수 있게 해준다. 둘째, 우리가 어떤 경우에 친구나 가족의 사소한 잘못을 눈감아 주어야 하는지, 또 어떤 경우에 명백한 죄에 관해 누군가와 대화를 나누는 것이 옳은지 판단할 수 있도록 도와준다.약 5:19-20 참조 셋째, 어떤 경우에 교회의 권징이 적합한지 결정할 수 있도록 도와주며, 교회의 권징을 실행하는 데 제기되는 반론, 곧 "우리 모두 죄인이므로 다른 누군가의 삶에 간섭해서는 안 된다"는 반론에 대답을 제공한다. 우리 모두는 죄인이지만, 몇몇 죄는 교회와 교회 안의 인간관계에 명백한 해를 입히기 때문에 직접적으로 다루어야만 한다. 넷째, 이 구별은 정부가 (살인이나 절도와 같은) 몇몇 종류의 악행을 금지하는 법과 처벌을 시행할 수 있지만, (분노, 질투, 탐욕, 소유물의 이기적인 사용과 같은) 다른 악행에 대해서는 그럴 수 없는 근거를 제공한다. 몇몇 종류의 악행에 대해서는 형법에 의한 처벌이 필요하지만, 모든 종류의 악행에 처벌이 필요한 것은 아니라는 말은 모순적이지 않다.

5. 그리스도인이 죄를 지을 때 무슨 일이 일어나는가?

a. 하나님 앞에서 우리의 법적 지위는 변화되지 않는다. 이 주제는 나중에 그리스도인의 양자됨이나 성화와 관련해 다룰 수도 있지만, 이 시점에서 다루는 것이 적합하다.

그리스도인이 죄를 지을 때 하나님 앞에서 그의 법적 지위는 변화되지 않는다. 그는 여전히 용서받은 사람이다. "그러므로 이제 그리스도 예수 안에 있는 자에게는 결코 정죄함이 없"기 때문이다.롬 8:1 구원은 우리의 공로에 기초하지 않으며 하나님이 값없이 주시는 선물이다.롬 6:23 참조 또한 그리스도의 죽음으로 우리의 모든 죄—과거, 현재, 미래—에 대한 죗값이 지불되었다. 그리스도께서는 "우리 죄를 위하여" 죽으셨으며 여기에는 구별이 없다.고전 15:3 신학적 용어로 우리는 칭의justification를 여전히 유지한다.[25]

그뿐만 아니라 우리는 여전히 하나님의 자녀이며, 하나님의 가족에 속한 구성원으로서 지위를 여전히 유지한다. 요한은 "만일 우리가 죄가 없다고 말하면 스스로 속이고 또 진리가 우리 속에 있지 아니할 것이요"라고 말하는 동시에요일 1:8 "사랑하는 자들아, 우리가 지금은 하나님의 자녀라"고 말한다.요일 3:2 우리 삶에 죄가 남아 있다는 사실은 우리가 하나님의 자녀로서 지위를 상실했음을 뜻하지 않는다. 신학적 용어로 우리는 양자됨adoption을 유지한다.[26]

b. 하나님과의 사귐이 단절되며 그리스도인으로서 삶이 무너진다. 우리가 죄를 지을 때도 하나님은 그 사랑을 멈추지 않으시지만, 우리 때문에 노여워하신다. (사람들 사이에서도 누군가를 사랑하지만 동시에 그 사람 때문에 언짢아할 수 있다. 부모나 아내나 남편이라면, 누구든지 그렇다고 증언할 것이다.) 바울은 그리스도인이 "하나님의 성령을 근심하게" 할 수 있다고 말한다.엡 4:30 죄를 지을 때 우리는 그분을 슬프게 하며, 그분은 우리 때문에 노여워하신다. 히브리서 기자는 "주께서 그 사랑하시는 자를 징계하시고"라고 말하며,히 12:6, 잠 3:11-12을 인용함 또한 "모든 영의 아버지……우리의 유익을 위하여 그의 거룩하심에 참여하게 하시느니라"고 말한다.히 12:9-10 우리가 죄를 지을 때, 지상의 아버지가 자녀의 불순종 때문에 슬퍼하듯이 하나님 아버지가 슬퍼하시며 우리를 징계하신다. 요한계시록 3장에서도 비슷한 주제를 확인할 수 있다. 부활하신 그리스도께서는 하늘에서 라오디게아 교회를 향해 "무릇 내가 사랑하는 자를 책망하여 징계하노니 그러므로 네가 열심을 내라 회개하라"고 말씀하신다.계 3:19 여기서도 사랑과 죄에 대한 책망이 같은 문장 안에 연결되어 있다. 따라서 신약은 그리스도인이 죄를 지을 때 삼위일체의 세 위격 모두가 노여워하신다고 말하는 셈이다.또한 사 59:1-2; 요일 3:21 참조

웨스트민스터 신앙고백은 그리스도인들에 관해 이처럼 지혜롭게 말한다. "그들이 칭의 상태로부터 타락하는 일은 결코 없을지라도, 자기들의

죄로 말미암아 하나님 아버지를 노엽게 할 수는 있다. 그들이 스스로 낮추고, 죄를 고백하여 용서를 빌고 그들의 신앙과 회개를 새롭게 하기까지 하나님의 얼굴의 빛이 그들에게 비치지 않을 수도 있다."[27] 성경 안의 수많은 역사적 사례들과 마찬가지로 히브리서 12장은 그리스도인의 삶에서 하나님의 아버지 같은 노여워하심이 징계로 귀결될 때가 많다는 것을 보여준다. "그들은 잠시 자기의 뜻대로 우리를 징계하였거니와 오직 하나님은 우리의 유익을 위하여 그의 거룩하심에 참여하게 하시느니라."히 12:10 예수께서는 "우리가 우리에게 죄 지은 자를 사하여 준 것 같이 우리 죄를 사하여 주시옵고"라고 기도할 것을 가르치시며 정기적으로 죄를 고백하고 회개해야 할 필요성에 대해 일깨워 주신다.마 6:12; 또한 눅 11:4; 요일 1:9 참조

죄를 지을 때 우리는 하나님과 맺는 인격적인 관계만 단절되는 것이 아니다. 그리스도인으로서 우리의 삶과 사역의 결실도 타격을 받는다. 예수께서는 "가지가 포도나무에 붙어 있지 아니하면 스스로 열매를 맺을 수 없음 같이 너희도 내 안에 있지 아니하면 그러하리라"고 경고하신다.요 15:4 우리의 죄 때문에 그리스도와의 사귐으로부터 이탈할 때 우리는 그리스도 안에 거하는 정도를 약화시키게 된다.

신약의 저자들은 죄가 신자의 삶에 초래하는 파괴적 결과에 대해 자주 이야기한다. 사실 서신서의 많은 부분은 그리스도인들이 저지르는 죄를 책망하며 그러한 죄를 짓지 않게 권면하는 내용으로 채워져 있다. 바울은 그리스도인들이 죄에 굴복한다면 죄의 "종"이 되겠지만,롬 6:16 하나님은 그리스도인들이 삶에서 점점 더 의로워지는 길로 나아가기를 원하신다고 말한다. 우리의 목표가 죽어서 하늘에 계신 하나님의 임재 안으로 들어갈 때까지 점점 더 풍성한 삶 안에서 자라는 것이라면, 죄를 짓는다는 것은 그와 정반대의 일이며 하나님을 닮겠다는 목표로부터 멀어지는 내리막길을 걷는 것이다. 그것은 "사망에 이르"는 방향이자롬 6:16 하나님과 영원히 분리되는 방향, 우리가 그리스도인이 되었을 때 그로부터 벗어나도록 구원받았던 방향으로 가는 것이다.[28]

베드로는 우리 마음속에 남아 있는 죄악된 욕망이 우리 "영혼을 거슬러 싸"운다고 말한다.벧전 2:11 이 군사적 언어는 베드로의 표현의 올바른 번역으로, 우리 안에 있는 욕망이 전투에 임한 병사와 비슷하며 그 전투의 대

상이 우리의 영적 안녕이라는 이미지를 담고 있다. 그 죄악된 욕망에 굴복하는 것, 우리 마음속에 있는 그 욕망을 기르고 중시하는 것은 적의 군대를 환영하고 그들에게 음식과 거처를 제공하는 셈이다. 우리의 영혼을 거슬러 싸우는 욕망에 굴복한다면, 우리는 영적 능력을 상실하고, 하나님 나라를 위한 일에서 효율성이 약화되는 것을 느낄 수밖에 없다.

이뿐만 아니라 그리스도인으로서 죄를 지을 때 우리는 하늘의 보상을 상실할 것이다. 금은과 보석이 아니라 "나무나 풀이나 짚"으로 교회의 일을 세운다면,고전 3:12 그의 일은 심판의 날에 불타고 "해를 받으리니 그러나 자신은 구원을 받되 불 가운데서 받은 것 같"을 것이다.고전 3:15 바울은 "우리가 다 반드시 그리스도의 심판대 앞에 나타나게 되어 각각 선악 간에 그 몸으로 행한 것을 따라 받으려 함이라"고 말한다.고후 5:10 그는 하늘에서 보상의 정도 차이가 존재하며,[29] 죄가 하늘의 보상을 상실하게 한다는 점에서 부정적 영향을 초래한다고 암시한다.

c. 회심하지 않은 교인의 위험. 죄를 지은 참된 그리스도인은 하나님 앞에서 그의 칭의나 양자됨을 잃어버리지 않는다. 하지만 단순히 복음주의 교회에 소속되어 기독교로 인정받는 행동을 외적으로 따른다고 구원이 보장되는 것은 아님을 경고할 필요가 있다. 특히 사람들이 스스로 그리스도인이라고 밝히기가 쉬운 (심지어는 그렇게 하도록 기대를 받는) 사회와 문화에서는 참으로 거듭나지 않은 이들이 교회의 일원이 될 실제적인 가능성이 존재한다. 만일 그들이 삶에서 점점 더 그리스도께 불순종하게 된다면, 그들이 여전히 칭의나 양자됨을 소유하고 있다고 확신하며 자기만족에 빠지게 내버려두면 안 된다. 어떤 신자가 그리스도께 지속적으로 불순종하는 경향을 보이는 동시에 사랑, 희락, 화평 등 성령의 열매의 구성 요소들갈 5:22-23 참조이 결여되어 있다면, 이는 그가 내적으로 참된 그리스도인이 아닐지도 모르며 처음부터 참된 믿음이 없었고 거듭나게 하시는 성령의 일도 없었을지도 모른다는 경고 신호다. 예수께서는 예언을 하고 귀신을 내쫓고 그분의 이름으로 많은 권능을 행한 사람들에게 "내가 너희를 도무지 알지 못하니"라고 말씀할 것이라고 경고하신다.마 7:23 또한 요한은 "그를 아노라 하고 그의 계명을 지키지 아니하는 자는 거짓말하는 자요 진리가 그 속에 있지 아니하되"라고 말한다(요한은 끈질기게 반복되는 생활 방

식에 관해 언급한다).요일 2:4

6. 용서받을 수 없는 죄는 무엇인가?

몇몇 성경 본문은 용서받지 못할 죄에 관해 이야기한다. 예수께서는 "그러므로 내가 너희에게 이르노니 사람에 대한 모든 죄와 모독은 사하심을 얻되 성령을 모독하는 것은 사하심을 얻지 못하겠고 또 누구든지 말로 인자를 거역하면 사하심을 얻되 누구든지 말로 성령을 거역하면 이 세상과 오는 세상에서도 사하심을 얻지 못하리라"고 말씀하신다.마 12:31-32 마가복음에서도 등장한다. 예수께서는 "누구든지 성령을 모독하는 자는 영원히 사하심을 얻지 못하고"라고 말씀하신다.눅 12:10 참조 이와 비슷하게 히브리서 6장은 이렇게 말한다.

> 한 번 빛을 받고 하늘의 은사를 맛보고 성령에 참여한 바 되고 하나님의 선한 말씀과 내세의 능력을 맛보고도 타락한 자들은 다시 새롭게 하여 회개하게 할 수 없나니 이는 그들이 하나님의 아들을 다시 십자가에 못 박아 드러내 놓고 욕되게 함이라.히 6:4-6; 10:26-27 참조; 또한 요일 5:16-17의 "사망에 이르는 죄"

이 본문들은 같은 죄에 관해 이야기하는 것일 수 있고, 다른 죄에 관해 이야기하는 것일 수도 있다. 이에 관한 결정을 내리기 위해서는 이 본문들의 문맥을 검토해 보아야 한다.

용서받을 수 없는 죄에 관해서는 몇 가지 다른 견해가 제시되었다.[30]

1. 어떤 이들은 그 죄는 그리스도께서 이 땅에 계시는 동안에만 인간이 범할 수 있는 것이라고 생각했다. 하지만 예수께서 "사람에 대한 모든 죄와 모독은 사하심을 얻되"라고 하신 말씀마 12:31은 일반적이므로 그분이 이 땅에 계시는 동안에만 발생할 수 있는 무언가를 가리킨다는 것은 근거가 없어 보인다(문제의 본문들은 그런 제한을 명시하지 않는다). 그뿐만 아니라 히브리서는 예수께서 하늘로 승천하신 뒤 여러 해가 지나서 발생한 배교에 관해 언급한다.히 4:4-6 참조

2. 어떤 이들은 그 죄가 죽음의 시간까지 지속되는 불신앙이며, 따라서 불신앙 속에서 죽는 모든 사람(또는 적어도 그리스도에 관해 들었지만, 불

신앙 속에서 죽은 모든 사람)은 그 죄를 범해 왔다고 주장한다. 물론 죽을 때까지 불신앙을 고수하는 이들이 용서받지 못한다는 것은 사실이다. 하지만 문제는 이 본문들이 그 사실에 관해 논하고 있느냐는 것이다. 이 본문들을 자세히 읽어 보면, 그런 설명이 인용된 본문들의 언어와 어울리지 않는 것으로 보인다. 일반적인 불신앙이 아니라, 구체적으로 "성령을 거역하"하고,마 12:32 "성령을 모독하"며,막 3:29 "타락한" 히 6:6 누군가에 관해 이야기하기 때문이다. 이 본문들은 구체적인 죄—성령의 사역을 고의적으로 거부하고 그 사역을 비방하며, 그리스도의 진리를 고의적으로 거부하고 그분을 "드러내 놓고 욕되게" 하는 죄히 6:6—를 염두에 두고 있다. 이뿐만 아니라 그 죄가 죽을 때까지 지속되는 불신앙이라는 관념은, 마태복음과 마가복음에서 바리새인들이 하는 말을 책망하는 문맥에도 어울리지 않는다.

3. 어떤 이들은 그 죄가 참된 신자들의 심각한 배교이며, 참으로 거듭난 이들만 그 죄를 지을 수 있다고 주장한다. 그들은 히브리서 6:4-6에 언급된 배교의 본질에 관한 그들의 이해(배교는 참된 그리스도인이 그리스도를 거부하고 구원을 상실하는 것이다)를 이 관점의 근거로 삼는다. 그러나 이는 히브리서 6:4-6에 대한 최선의 해석으로 보이지 않는다.[31] 그뿐만 아니라 히브리서 6장에서는 이 관점이 지지받을 수 있을지도 모르지만, 복음서 본문에서 말하는 성령에 대한 모독은 설명하지 못한다. 복음서 본문에서는 예수께서 완악한 마음으로 그분을 통한 성령의 사역을 부인하는 바리새인들을 향해 말씀하신다.

4. 네 번째 가능성은 그 죄가 그리스도를 증언하는 성령의 사역에 대한 특별히 악의적이고 고의적인 거부와 비방, 또한 그 사역이 사탄에게서 기원했다고 주장하는 행동이라는 것이다. 마태복음과 마가복음에서 예수께서 하신 진술의 문맥을 자세히 살펴보면, 예수께서 "이가 귀신의 왕 바알세불을 힘입지 않고는 귀신을 쫓아내지 못하느니라"는 바리새인들의 고발마 12:24에 대해 답하고 계심을 알 수 있다. 바리새인들은 예수의 사역을 반복적으로 목격해 왔다. 방금 그분은 귀신 들려 눈멀고 말 못하는 사람을 고쳐 주셔서 그가 말하고 볼 수 있게 하셨다.마 12:22 참조 많은 사람들이 놀라워했고 예수를 따랐다. 바리새인들은 예수를 통해 많은 사람들에게 생명과 건강을 주시는 성령의 놀라운 능력이 분명히 나타나는 것을 목격해

왔다. 하지만 바리새인들은 자신들의 눈앞에 성령의 사역이 나타났음에도 예수의 권위와 그분의 가르침을 고의적으로 거부했고, 이것이 사탄으로부터 온 것이라고 주장했다. 그러자 예수께서는 그들에게 "스스로 분쟁하는 동네나 집마다 서지 못하리라. 만일 사탄이 사탄을 쫓아내면 스스로 분쟁하는 것이니 그리하고야 어떻게 그의 나라가 서겠느냐"라고 말씀하셨다.마 12:25-26 따라서 예수의 축귀 사역이 사탄의 능력에 의한 것이라는 바리새인들의 주장은 비합리적이며 어리석은 것이었다(이는 전형적이고 고의적이며 악의적인 거짓말이다).

예수께서는 "내가 하나님의 성령을 힘입어 귀신을 쫓아내는 것이면 하나님의 나라가 이미 너희에게 임하였느니라"마 12:28고 설명하신 뒤 이렇게 경고하신다. "나와 함께 아니하는 자는 나를 반대하는 자요 나와 함께 모으지 아니하는 자는 헤치는 자니라."마 12:30 그분에게 중립은 존재하지 않으며, 바리새인처럼 그분의 메시지에 반대하는 이들은 그분께 반대하는 것이라고 경고하신다. 그다음 그분은 즉시 이렇게 덧붙이신다. "그러므로 내가 너희에게 이르노니 사람에 대한 모든 죄와 모독은 사하심을 얻되 성령을 모독하는 것은 사하심을 얻지 못하겠고."마 12:31 성령의 사역이 사탄에 힘입은 것이라고 주장했던 바리새인의 죄처럼, 예수를 통해 이루어지는 성령의 사역에 대한 고의적, 악의적 비방은 용서받을 수 없다.

예수께서는 그저 그분을 믿지 않거나 거부하는 죄에 관해 말씀하시는 것이 아니라 (1) 그리스도께서 어떤 분인지를 분명히 알고 있으면서, 또한 그분을 통해 일하시는 성령의 능력에 관해 알고 있으면서 (2) 그 사실을 고의적으로 거부하고 (3) 그리스도 안에서 이루어진 성령의 사역이 사탄의 능력을 힘입은 것이라고 비방하는 죄에 관해 말씀하고 있음을 문맥을 통해 알 수 있다. 이 경우에는 마음의 완악함이 심하여 죄인을 회개로 이끄는 일상적인 수단은 이미 거부한 상태일 것이다. 진리를 설득하려는 노력은 효과가 없을 것이다. 그런 사람들은 진리를 이미 알고 있지만, 고의적으로 진리를 거부하기 때문이다. 치유하고 다시 살리시는 성령의 능력을 보여준다고 해도 효과가 없을 것이다. 그들은 그것을 보았지만 거부했을 뿐이다. 이는 죄 자체가 끔찍해서 그리스도의 구속 사역이 그것을 감당할 수 없는 것이 아니라, 죄인의 완악한 마음이 회개를 통해, 또한 구원을 위해 그리스도를 신뢰함으로써 용서를 받게 하시는 하나님의 일상적 수단이 미치지 않은 곳으로 그를 이끈 결과다. 그 죄는 죄인을 진리와 회개를 통해 얻을 수 있는 구원에 대한 믿음으로부터 단절시키기 때문에 용서받을 수 없다.

벌코프는 그 죄를 다음과 같이 지혜롭게 정의한다.

> 그 죄는 증거와 확신에 맞서 그리스도 안에 있는 하나님의 은혜에 관한 성령의 증언을 의식적, 악의적, 고의적으로 거부하고 비방하며, 증오와 적의의 마음으로 그 증언이 어둠의 권세로부터 온 것이라고 말하는 것이다.……그 죄를 저지를 때 인간은 하나님의 일로 명확히 인식되는 것을 사탄의 영향력과 활동으로부터 기인한다고 고의적, 악의적, 의도적으로 말한다.[32]

또한 벌코프는 그 죄는 "진리를 의심하고 죄악된 태도로 그것을 부인하는 것이 아니라, 지성의 확신과 양심의 조명 심지어 마음의 판결을 거스르면서 거부하는 것"이라고 설명한다.[33]

용서받을 수 없는 죄가 이처럼 극단적인 완악함이나 회개의 결여를 포함한다는 사실을 통해, 죄를 지었지만 여전히 마음속에 죄에 대한 슬픔과 하나님을 추구하는 마음을 가진 사람들은 그 죄가 있는 자의 범주에 들지 않는다는 것을 알 수 있다. 벌코프는 "그 죄를 저질렀을까 봐 두려워하고 이것을 염려하며 자신을 위한 다른 이들의 기도를 원하는 사람들은 그 죄를 저지르지 않았다고 합리적으로 확신할 수 있다"고 말한다.[34]

용서받을 수 없는 죄에 관한 이 해석은 히브리서 6:4-6과도 잘 어울린다. 이 본문은 "타락한 자들"이 진리에 대한 온갖 종류의 지식과 확신을 가지고 있었다고 말한다. 그들은 "한 번 빛을 받고 하늘의 은사를 맛보"았다. 또한 여러 방식으로 성령의 사역에 참여하고 "하나님의 선한 말씀과 내세의 능력을 맛"본 적이 있다. 하지만 그들은 그리스도를 외면하고 "드러내 놓고 욕되게" 했다.[히 6:4-6] 그들은 우리를 회개와 믿음으로 이끄시는 하나님의 일상적 수단이 미치지 않는 곳으로 스스로 나아간 셈이다.

그러나 요한일서 5:16-17은 또 다른 범주에 들어가는 것처럼 보인다. 이 본문은 용서받을 수 없는 죄가 아니라, 그 안에 계속 머무른다면 죽음에 이르는 죄에 관해 이야기한다. 이 죄는 그리스도에 관한 심각한 교리적 오류와 복음의 핵심과 모순되는 가르침을 포함하는 것처럼 보인다. 믿음 안에서 하나님의 뜻에 따라 무엇을 구한다는 맥락에서,요일 5:14-15 참조 요한은 회개하지 않는 한 우리가 하나님께 그 죄를 용서해 주시기를 믿음으로 간구할 수 없다고 말한다. 물론 그는 이단적인 교사들이 이단으로부터 돌이켜 회개하고 이로써 용서받기를 간구하는 것을 금하지 않는다. 심각한 교리적 오류를 가르치는 많은 사람들은, 아직 용서받을 수 없는 죄를 저지르거나 마음의 완악함으로 인해 회개와 믿음이 불가능한 데까지 이르지 않았다.

E. 죄에 대한 형벌

비록 죄에 대한 하나님의 형벌이 더 많은 죄를 짓는 것을 막는 억제 수단이자 이를 목격하는 이들에 대한 경고로서 기능하지만, 이것이 하나님이 죄를 벌하시는 일차적인 이유는 아니다. 일차적인 이유는 하나님의 공의가 형벌을 요구하며, 이로써 그분이 창조하신 우주 안에서 그분을 영화롭게 하기 위함이다. 하나님은 "사랑과 정의와 공의를 땅에 행하는" 분이다. "나는 이 일을 기뻐하노라. 여호와의 말씀이니라."렘 9:24

바울은 그리스도 예수를 "하나님이 그의 피로써 믿음으로 말미암는 화목제물로 세우셨"다고 말한다.롬 3:25 그다음 그는 하나님이 예수를 "화목제물"(죄에 대한 하나님의 형벌을 담당하는 희생제물)로 세우신 이유를 설명한다. "이는 하나님께서 길이 참으시는 중에 전에 지은 죄를 간과하심으로 자기의 의로우심을 나타내려 하심이니."롬 3:25 바울은 그리스도께서 오셔서 죄에 대한 형벌을 감당하지 않으셨다면, 하나님이 의로우심을 나타낼 수 없으셨을 것을 깨닫는다. 만일 그분이 과거의 죄를 간과하고 벌하지 않으셨다면, 사람들은 죄를 벌하지 않으시는 하나님은 의로우신 하나님이 아니라고 전제하며 그분의 불의를 정당하게 고발할 수 있을 것이다. 그러므로 그리스도를 보내셔서 우리의 죄에 대한 형벌을 담당하게 하셨을 때, 하나님은 그분이 여전히 의로우실 수 있음을 보여주셨다(그분은 과거의 죄에 대한 형벌을 쌓아 두셨으며, 완벽한 공의로 그 죄에 대한 형벌을 십자가에 달리신 예수께 내리셨다). 이로써 골고다의 화목제물은 하나님의 의로우심을 명백히 보여주었다. "곧 이때에 자기의 의로우심을 나타내사 자기도 의로우시며 또한 예수 믿는 자를 의롭다 하려 하심이라."롬 3:26

십자가는 우리에게 하나님이 죄를 벌하시는 이유를 분명히 드러낸다. 죄를 벌하지 않으신다면, 그분은 의로우신 하나님이 아니실 것이며 우주 안에 궁극적인 정의도 없을 것이다. 하지만 죄에 대한 형벌이 내려질 때 하나님은 그분 자신이 만물에 대한 의로운 심판자이시며 그분의 우주 안에서 정의가 이루어진다는 것을 보여주신다.

개인적 적용을 위한 질문

1. 이번 장을 통해 여러분에게 남아 있는 죄를 더 알게 되었는가? 구체적으로 설명할 수 있는가? 이번 장을 통해 죄를 미워하는 마음이 커졌는가? 그 마음을 평소에도 느끼지 못하는 이유는 무엇이라고 생각하는가? 이번 장이 하나님과의 인격적인 관계에 도움이 되었는가?

2. 하나님이 죄가 이차적인 행위자를 통해 이 세상에 들어오도록 작정하셨기 때문에 죄가 세상 안으로 들어왔다고 생각하는 것, 또는 그분의 뜻에 반하는 것에도 불구하고 이것을 막을 수 없었기 때문에 죄가 세상 안으로 들어왔다고 생각하는 것 중에 무엇이 더 위안이 되겠는가? 악이 언제나 존재해 왔으며 우주 안에 궁극적인 이원론이 존재한다고 생각한다면, 우주와 그 안에서 여러분의 위치에 관해 어떤 느낌이 들겠는가?

3. 하와가 직면한 유혹과 현재 여러분이 그리스도인의 삶에서 직면하는 유혹 사이의 유사점을 열거해 보라.

4. (만일 여러분이 로마서 5:12-21의 가르침에 동의한다면) 아담의 죄 때문에 여러분이 죄인으로 여겨지는 것이 불공평하다고 느껴지는가? 여러분과 하나님의 관계에 걸림돌이 되는 것을 막기 위해 그 느낌을 어떻게 다룰 수 있는가? 여러분은 참된 그리스도인이 되기 전에 하나님 앞에서 영적인 선을 행하는 것에 철저히 무능했다고 깊이 확신하는가? 마찬가지로 모든 비신자가 그러하다고 깊이 확신하는가? 아니면 이것이 참일 수도 있고 그렇지 않을 수 있는 교리, 적어도 여러분이 알고 있는 비신자의 삶을 바라볼 때 확신하기 어려워 보이는 교리일 뿐이라고 생각하는가?

5. 여러분이 알고 있는 비신자들은 실제로 어떤 부분에서 선택의 자유를 가지고 있는가? 성령의 일하심이 없어도 그들이 하나님께 맞서는 근본적인 반역의 태도를 바꿀 것이라고 확신하는가?

신학 전문 용어

대죄
소죄
용서받을 수 없는 죄
원죄
원천적 오염
원천적 죄책
유전된 죄
유전된 죄책
유전된 타락
이원론
전가
전적 무능
전적 타락
죄
책임 연령
펠라기우스
화목제물

6. 죄의 심각성에 대한 성경의 가르침은 그리스도인으로서 여러분의 삶에 어떤 도움을 줄 수 있는가? 여러분은 죄를 지었을 때 하나님의 "아버지 같으신 언짢아하심"fatherly displeasure을 느낀 적이 있는가? 그것을 느꼈을 때 여러분의 반응은 어떠했는가?

7. 여러분은 오늘날 그리스도인들이 죄의 가증스러움을 제대로 이해하지 못한다고 생각하는가? 비신자들도 이것을 이해하지 못하고 있는가? 여러분은 우리가 그리스도인으로서 비신자 안에 죄가 철저히 만연해 있음을, 또한 인류와 모든 사회와 문명의 가장 큰 문제가 교육이나 의사소통의 부족이나 물질적인 행복의 결여가 아니라 하나님께 맞서는 죄라는 진리를 제대로 보지 못하고 있다고 생각하는가?

참고 문헌

이 참고 문헌에 관한 설명으로는 1장, 60쪽을 보라. 자세한 서지 자료는 2권 부록 2에서 확인할 수 있다.

복음주의 조직신학 저술의 관련 항목

1. 성공회

1882–1892	Litton, 136–177
1930	Thomas, 155–175, 210–214, 234–235, 501–506
2001	Packer, 74–86
2013	Bird, 666–683
2013	Bray, 84–88

2. 아르미니우스주의(또는 웨슬리파/감리교)

1875–1876	Pope, 2:1–86
1892–1894	Miley, 1:423–533; 2:505–524
1940	Wiley, 2:51–140
1960	Purkiser, 223–242
1983	Carter, 1:27–86
2002	Cottrell, 159–169

3. 침례교

1767	Gill, 1:451–490
1887	Boyce, 230–247
1907	Strong, 533–664
1976–198	Henry, 6:229–250, 269–304
1987–1994	Lewis and Demarest, 2:183–245
1990–1995	Garrett, 1:521–606
2007	Akin, 409–479
2013	Erickson, 513–547, 548–564, 565–583, 584–599

4. 세대주의

1947	Chafer, 2:200–373
1949	Thiessen, 188–198
1986	Ryrie, 201–234
2002–2005	Geisler, 3:80–178
201	MacArthur and Mayhue, 451–478

5. 루터교

1917–1924	Pieper, 1:527–577
1934	Mueller, 210–241

6. 개혁주의(또는 장로교)

1559	Calvin, 1:239–309 (2.1–3)
1679–1685	Turretin, *IET*, 1: 591–658, 659–685
1724–1758	Edwards, 1:143–233
1871–1873	Hodge, 2:122–279
1878	Dabney, 36–51
1894	Shedd, 535–609
1887–1921	Warfield, *BTS*, 262–269
1906–1911	Bavinck, *RD*, 3:25–74, 75–125, 126–157, 158–190
1910	Vos, 2:21–75
1937–1966	Murray, *CW*, 2:67–89; *IAS*, 5–95
1938	Berkhof, 219–261
1998	Reymond, 440–460
2008	Van Genderen and Velema, 385–436
2011	Horton, 408–445
2013	Frame, 845–871
2013	Culver, 337–418
2016	Allen and Swain, 194–215
2017	Barrett, 302–307

2019	Letham, 366–400

7. 부흥 운동(또는 은사주의/오순절)

1988–199	Williams, 1:221–274
1993	Menzies and Horton, 85–93
1995	Horton, 255–290
2008	Duffield and Van Cleave, 155–182

대표적인 로마 가톨릭 조직신학 저술의 관련 항목

1 로마 가톨릭: 전통적 입장

1955	Ott, 106–114

2. 로마 가톨릭: 제2차 바티칸공의회 이후

1980	McBrien, 1:123, 162–168; 2:953–960
2012	*CCC*, paragraphs 1846–1876

기타 저술

Allison, Gregg. *Historical Theology: An Introduction to Christian Doctrine; A Companion to Wayne Grudem's Systematic Theology*. Grand Rapids: Zondervan, 2011, 342–364.

Berkouwer, G. C. *Sin*. Translated by Philip C. Holtrop. Grand Rapids: Eerdmans, 1971.

Blocher, Henri A. G. "Evil." In *NDBT*, 465–467.

____. "Fall." In *NDT2*, 327–330.

____. *Original Sin: Illuminating the Riddle*. Grand Rapids: Eerdmans, 1999.

____. "Sin." In *NDBT*, 781–788.

Bloesch, D. G. "Sin." In *EDT3*, 808–811.

Brand, Chad Owen, ed. *Perspectives on Our Struggle with Sin: 3 Views of Romans 7*. Nashville: B&H Academic, 2011.

Carson, D. A. *How Long, O Lord? Reflections on Suffering and Evil*. Grand Rapids: Baker, 1990. (『위로의 하나님』 기독교문서선교회)

Colwell, J. E. "Anthropology." In *NDT1*, 28–30.

____. "Fall." In *NDT*, 249–251.

____. "Sin." In *NDT*, 641–643.

Crisp, O. D., and M. Jenson. "Sin." In *NDT2*, 841–843.

Demarest, B. A. "Fall of Humanity." In *EDT3*, 305–307.

Doriani, Daniel. "Sin." In *BTDB*, 736–739.

Feinberg, J. S. *The Many Faces of Evil: Theological Systems and the Problem of Evil*. Rev. ed. Wheaton, IL: Crossway, 2004.

____. *Theologies and Evil*. Washington, DC: University Press of America, 1979.

Geisler, Norman. *The Roots of Evil*. Grand Rapids: Zondervan, 1978.

Hoekema, Anthony A. *Created in God's Image*. Grand Rapids: Eerdmans; Exeter: Paternoster, 1986, 112–86. (『개혁주의 인간론』 부흥과개혁사)

Hughes, Philip Edgcumbe. *The True Image: The Origin and Destiny of Man in Christ*. Grand Rapids: Eerdmans; Leicester: Inter-Varsity Press, 1989, 71–210.

Johnson, D. H. "Flesh." In *DLNT*, 374–376.

Johnson, R. K. "Imputation." In *EDT3*, 423–424.

Lewis, C. S. *The Problem of Pain*. New York: Macmillan, 1962. (『고통의 문제』 홍성사)

Madueme, Hans and Michael Reeves, eds. *Adam, The Fall, and Original Sin: Theological, Biblical, and Scientific Perspectives*. Grand Rapids: Baker Academic, 2014. (『아담, 타락, 원죄』 새물결플러스)

McCall, Thomas H. *Against God and Nature: The Doctrine of Sin*. Wheaton, IL: Crossway, 2019.

McKnight, Scot. "Blasphemy Against the Holy Spirit." In *BTDB*, 67–69.

Morgan, Christopher and Robert Peterson, eds. *Fallen: A Theology of Sin*. Wheaton, IL: Crossway, 2013.

Morris, Leon. "Sin, Guilt." In *DPL*, 877–881.

Murray, John. *The Imputation of Adam's Sin*. Grand Rapids: Eerdmans, 1959.

Norman, R. Stanton. "Human Sinfulness." In *A Theology for the Church*, edited by Daniel L. Akin et al., 409–78. Nashville: B&H, 2007.

Peters, Ted. *Sin: Radical Evil in Soul and Society*. Grand Rapids: Eerdmans, 1994.

Peterson, Michael L. *Evil and the Christian God*. Grand Rapids: Baker, 1982.

Pink, Arthur Walkington. *Gleanings From the Scriptures: Man's Total Depravity*. Chicago: Moody Publishers, 1970.

Plantinga, Alvin. *God, Freedom and Evil*. New York: Harper and Row, 1974.

Porter, S. E. "Sin, Wickedness." In *DLNT*, 1095–1098.

Pyne, Robert A. *Humanity & Sin: The Creation, Fall, and Redemption of Humanity*. Nashville: Word, 1999.

Ramm, Bernard. *Offense to Reason: The Theology of Sin*. San Francisco: Harper and Row, 1985.

Reichenbach, B. R. "Evil." In *NDT2*, 316–319.

Ryrie, C. C. "Depravity, Total." In *EDT3*, 240–241.

Shuster, M. and J. Nkansah-Obrempong. "Sin." In *GDT*, 817–827.

Smith, David L. *With Willful Intent: A Theology of Sin*. Wheaton, IL: BridgePoint, 1994.

Stenschke, C. W . "Guilt." In *NDBT*, 529–531.

Thomas, R. L. "Sin, Conviction of." In *EDT3*, 811–812.

Turner, David L. "Sin unto Death." In *BTDB*, 739–740.

Vickers, Brian J. *Jesus' Blood and Righteousness: Paul's Theology of Imputation*. Wheaton, IL: Crossway, 2006.

Wenham, J. W. *The Enigma of Evil: Can We Believe in the Goodness of God?* Grand Rapids: Zondervan, 1985.

성경 암송 구절

시편 51:1-4 | 하나님이여, 주의 인자를 따라 내게 은혜를 베푸시며 주의 많은 긍휼을 따라 내 죄악을 지워 주소서. 나의 죄악을 말갛게 씻으시며 나의 죄를 깨끗이 제하소서. 무릇 나는 내 죄과를 아오니 내 죄가 항상 내 앞에 있나이다. 내가 주께만 범죄하여 주의 목전에 악을 행하였사오니 주께서 말씀하실 때에 의로우시다 하고 주께서 심판하실 때에 순전하시다 하리이다.

찬송가

"자비하신 예수여" God, Be Merciful to Me

이 곡은 시편에 곡조를 붙인 탁월한 사례다. 이 시편은 원래 다윗 왕이 하나님 앞에서 큰 죄를 진심으로 고백하는 노래였지만, 지금까지도 우리가 하나님께 죄를 고백할 때 활용할 수 있는 탁월한 본보기다.

자비하신 예수여 내가 사람 가운데
의지할 이 없으니 슬픈 자가 됩니다
마음 심히 어두우니 밝게 하여 주소서
나를 보호하시고 항상 인도하소서

허락하심 이루어 사랑 항상 있도다
모두 이루어 주심을 나는 믿사옵니다
구주 밖에 누구를 달리 찾아보리요
복과 영생 예수니 더 원할 것 없도다

죄를 지은 까닭에 나의 맘이 곤하니
용서하여 주시고 쉬게 하여 주소서
천국 가고 싶으나 나의 공로 없으니
예수 공로 힘입어 천국 가게 하소서

거룩하신 구주여 피로 날 사셨으니
어찌 감사하온지 말로 할 수 없도다
주의 귀한 형상을 나도 입게 하시고
하늘나라 가서도 사랑하게 하소서

◈

하나님이여, 주의 인자를 따라
내게 은혜를 베푸시며
주의 긍휼을 따라
내 죄악을 지워 주소서
나의 죄악을 말갛게 씻으시며
나의 죄를 깨끗이 제하소서

무릇 나는 내 죄과를 아오니
내 죄가 항상 내 앞에 있나이다
내가 주께만 범죄하여
주의 목전에 악을 행하였사오니
주께서 말씀하실 때에 의로우시다 하고
주께서 심판하실 때에 순전하시다 하리이다

내가 죄악 중에서 출생하였음이여
어머니가 죄 중에서 나를 잉태하였나이다
보소서 주께서는 중심이 진실함을 원하시오니
내게 지혜를 은밀히 가르치시리이다
우슬초로 나를 정결하게 하소서 내가 정하리이다
나의 죄를 씻어 주소서 내가 눈보다 희리이다

내게 즐겁고 기쁜 소리를 들려 주사
주께서 꺾으신 뼈들도 즐거워하게 하소서
주의 얼굴을 내 죄에서 돌이키시고
내 모든 죄악을 지워 주소서

하나님이여, 내 속에 정한 마음을 창조하시고
내 안에 정직한 영을 새롭게 하소서
나를 주 앞에서 쫓아내지 마시며
주의 성령을 내게서 거두지 마소서
주의 구원의 즐거움을 내게 회복시켜 주시고
자원하는 심령을 주사 나를 붙드소서

그리하면 내가 범죄자에게 주의 도를 가르치리니
죄인들이 주께 돌아오리이다
하나님이여, 나의 구원의 하나님이여,
피 흘린 죄에서 나를 건지소서
내 혀가 주의 의를 높이 노래하리이다
주여, 내 입술을 열어 주소서
내 입이 주를 찬송하여 전파하리이다

ㅁ 출처: *The Psalter*, 시편 51:1-15

* 새찬송가 395장

현대 찬양곡

"주 나의 모든 것" Lord, I Need You

주 앞에 경배해
안식을 나 찾았네
주 없이 난 설 수 없네
주님만 내 인도자

주님만이 내 모든 것
항상 내 모든 것
나의 방패 내 의로움
오 주 내 모든 것

죄악 속에 방황할 때
주의 은혜 더해지네
주 계신 곳 나 자유해
거룩한 주 내 안에
주 계신 곳 나 자유해
거룩한 주 내 안에

시험이 다가 올 때 나를 일으키소서
나 고난 중에 주 의지하리
예수 나의 참 소망
나 고난 중에 주 의지하리
예수 나의 참 소망

주님, 주님께 나아와 고백합니다
여기에 머리를 조아리고 안식을 찾습니다
주님이 없다면 나는 무너지고 맙니다
주님만이 내 마음을 인도하시는 분이십니다

주님, 내게 주님이 필요합니다.
모든 순간 내게 주님이 필요합니다
나의 유일한 방패이시며 나의 의이신
오 하나님, 내겐 주님이 필요합니다

죄가 깊어지는 곳에 주님의 은혜가 더 많이 흐릅니다
은혜가 있는 곳이 곧 주님이 계신 곳입니다
주님이 주가 되시는 곳에서 나는 자유롭습니다
내 안에 계신 그리스도께서 거룩함이십니다

내게 노래를 가르쳐주셔서 주님 계신 곳에 오르게 하소서
유혹이 내게 찾아올 때, 내가 설 수 없을 때
내가 주님을 의지합니다
예수님, 주님이 나의 소망이시며 나의 방패이십니다

□ 제시 리브스, 대니얼 카슨, 크리스천 스탠필, 크리스티 노클스, 맷 마 작사35

1 예를 들어, A. H. Strong, *Systematic Theology* (Valley Forge, PA: Judson, 1907), 567-573을 보라. 하지만 스트롱은 이기심을 이 용어의 일상적인 의미와 다르게 매우 특수한 방식으로—곧 특히 다른 사람을 희생시켜 자신의 이익을 추구하는 태도로—정의한다. 스트롱은 이기심이 "자아를 최고의 목적으로 선택하는 태도로 하나님에 대한 지극한 사랑과 반대다"라고 말하며(567), 이것을 "애정의 대상과 존재의 최고의 목적으로 하나님 대신 자아를 택하는 근본적이며 적극적인 선택"으로 본다(572). 이처럼 이기심을 하나님과 관련해, 특히 하나님을 향한 사랑에 대한 반대로, 또한 "하나님 안에 있는 가장 특징적이며 근원적인 것, 곧 그분의 거룩하심에 대한 사랑"에 대한 반대로 정의함으로써(567), 스트롱은 이기심을 특히 태도(그는 태도가 행동으로 귀결된다고 설명한다)의 영역과 관련해 우리가 채택한 정의(하나님의 도덕법을 따르지 않음)와 거의 비슷한 것으로 만들었다. 이처럼 특이한 방식으로 이기심을 정의할 때, 스트롱의 정의는 성경과 크게 모순되지 않는다. 그는 죄가 우리 마음을 다해 하나님을 사랑하라는 큰 계명의 반대라고 말하고 있을 뿐이기 때문이다. 하지만 이 정의의 문제는 그가 이기심이라는 단어를 영어에서 흔히 이해하는 방식과 다른 방식으로 사용하고 있으며, 따라서 죄에 대한 그의 정의가 빈번히 오해를 불러일으킬 수도 있다는 것이다. 여기서 우리는 죄가 스토롱이 제시한 특이한 의미에서의 이기심이라는 데 반대하지 않는다. 다만 이기심이라는 용어를 일상적으로 의미하는 방식으로 죄를 이기심으로 정의하는 데 반대할 뿐이다.

2 물론 다른 이들을 희생시켜 자신의 유익을 추구하는 이기심은 잘못된 것이며, 바로 그런 의미에서 성경은 우리에게 "아무 일에든지 다툼이나 허영으로 하지 말고 오직 겸손한 마음으로 각각 자기보다 남을 낫게 여기"라고 말한다(빌 2:3). 하지만 많은 사람들이 잘못된 의미에서 이기심과 성경이 인정하는 자기 이익을 제대로 구별하지 못하고 있다.

3 370-371쪽에 있는 하나님의 질투에 관한 논의를 보라.

4 이원론에 관한 논의는 15장, 511-514쪽을 보라.

5 하나님의 섭리와 악의 관계에 관해서는 16장, 625-637쪽을 보라. 하나님은 "죄악을 기뻐하는 신이 아니시"며(시 5:4) "악인과 폭력을 좋아하는 자를 마음에 미워하"신다(시 11:5). 따라서 하나님은 죄에 대해 기뻐하지 않으신다. 그럼에도 불구하고 하나님은 그분의 목적을 위해, 여전히 우리에게는 신비로 남아 있는 방식으로 죄가 세상 안으로 들어오게 작정하셨다.

6 천사의 죄에 관한 논의는 20장, 780-783쪽을 보라.

7 아담과 하와의 역사성을 주장해야 할 필요성에 관해서는 15장, 539-541쪽을 보라.

8 이 책에서는 더 흔하게 사용되는 원죄(original sin)라는 용어보다 유전된 죄(inherited sin)라는 용어를 사용한다. 원죄라는 용어는 아담이 타락한 결과로 우리의 것이 된 죄(전통적으로 이해하는 원죄의 의미)가 아니라 아담의 첫 번째 죄를 지칭한다고 쉽게 오해되는 것처럼 보이기 때문이다. 유전된 죄는 훨씬 더 즉각적으로 이해할 수 있으며 오해를 받을 가능성도 더 적다. 어떤 이들은 엄밀히 말해 하나님이 우리에게 죄책을 직접적으로 전가하시며, [전통적으로 원천적 오염(original pollution)으로 불리며, 여기서는 유전된 오염(inherited pollution)이라고 부르는] 죄악된 행동을 하는 성향처럼 죄책이 우리 부모로부터 물려받음으로써 오는 것이 아니기 때문에 우리가 죄책을 물려받는 것이 아니라고 반론을 제기할지도 모른다. 하지만 우리의 법적 죄책이 조상들의 계보를 통해서가 아니라 아담으로부터 직접 물려받은 것이라는 사실이 그것을 덜 유전된 것으로 만드는 것은 아니다. 죄책은 우리의 첫 아버지인 아담에게 속했고 우리가 그

로부터 그것을 물려받기 때문에 우리의 것이다.

9 역사적 서사에서 부정과거(aorist) 직설법 동사 '헤마르톤'은 완료된 과거의 행동을 지칭한다. 여기서 바울은 무언가가 일어났으며 과거에 완료되었다고 말하고 있다. 즉, "모든 사람이 죄를 지었다." 그러나 바울이 이 글을 쓰고 있을 때 모든 사람이 실제로 죄악된 행동을 저질렀다는 말은 옳지 않다. 어떤 사람들은 아직 태어나지도 않았으며, 다른 많은 사람들은 의식적으로 죄의 행동을 저지르기 전에 유아의 상태로 죽었기 때문이다. 따라서 바울의 말은 아담이 죄를 지었을 때 아담 안에서 모든 사람이 죄를 지었다는 것이 옳다고 하나님이 여기셨다는 뜻으로 보아야 한다.

10 주 8을 보라.

11 예를 들어, H. Orton Wiley, *Christian Theology*, 3 vols. (Kansas City, MO: Beacon Hill, 1941-49), 3:109-40에 실린 자세한 논의를 보라.

12 일반 은총에 관해서는 2권 31장, 36-49쪽을 보라.

13 영적 선의 절대적 결여와 하나님 앞에서 선을 행할 수 없음을 전통적으로 전적 타락이라고 말해 왔지만, 이것을 오해하기 쉽기 때문에 여기서는 이 표현을 사용하지 않을 것이다. 이 표현은 비신자가 어떤 의미에서도 선을 행할 수 없다는 인상을 줄 수 있으며, 그것은 분명히 이 용어나 이 교리가 의도하는 바가 아니다.

14 자유 의지의 문제에 관한 논의는 16장, 637-639쪽을 보라.

15 주의 형제 야고보가 사도였는지에 관한 문제는 3장, 주 27을 보라.

16 이 본문에 대한 일부 대중적 해석에서는, 8절이 모든 그리스도인에게 적용됨을 부인한다. 이 입장을 취하는 의도는 일부 그리스도인이 완전 성화(perfect sanctification)의 상태에 도달하면, 이생에서 죄로부터 완전히 자유로워질 수 있다고 말하기 위함이다. 이 견해에 따르면 8절("만일 우리가 죄가 없다고 말하면 스스로 속이고 또 진리가 우리 속에 있지 아니할 것이요")은 죄가 없는 완전의 단계에 도달하기 이전의 그리스도인에게 적용된다. 우리의 고백과 하나님이 우리를 "모든 불의"에서 깨끗하게 하심에 관해 이야기하는 다음 문장은 과거의 죄를 다루고 이것을 용서받는 과정을 포함한다. 그다음 마지막 문장(10절)은 죄가 없는 완전의 상태를 획득한 이들을 포함한다—그들은 더 이상 현재 그들의 삶에 죄가 있다고 말할 필요가 없으며 과거에 죄를 지었다고 인정하기만 하면 된다. "만일 우리가 범죄하지 아니하였다 하면 하나님을 거짓말하는 이로 만드는 것이니"라는 말은 그들에게도 적용된다(요일 1:10).

하지만 이 설명은 설득력이 없다. 요한은 첫 문장(8절)을 과거 시제로 썼으며, 이것은 모든 시기의 모든 그리스도인에게 적용되기 때문이다. 요한은 "만약 우리가 여전히 성숙하지 못한 그리스도인일 때 우리에게 죄가 없다고 말한다면, 우리 자신을 속이는 것이다"라고 말하지 않는다. 또한 (이 관점에서 주장하듯이) "우리가 죄가 없는 완전의 상태에 도달하기 전에 우리에게 죄가 없다고 말한다면, 우리 자신을 속이는 것이다"라고 말하지도 않는다. 오히려 요한은 자신의 삶 막바지에 이르러 수십 년 동안 그리스도 안에서 점점 더 성숙해지고 있는 이들을 포함해 모든 그리스도인들에게 보내는 일반적인 편지를 쓰면서 자신의 편지의 수신자가 되는 모든 그리스도인들에게 적용되리라고 예상하는 무언가에 관해 전혀 모호하지 않게 말하고 있다. "만일 우리가 죄가 없다고 말하면 스스로 속이고 또 진리가 우리 속에 있지 아니할 것이요." 이것은 이생에 있는 한 모든 그리스도인에게 적용되는 명확한 진술이다. 그렇지 않다고 말한다면, 우리는 "스스로 속이"는 것이다.

17 펠라기우스주의(Pelagianism)는 더 근본적으로 구원의 문제에 초점을 맞췄으며, 개입하시는 하나님의 은총과 별개로 인간이 스스로 구원을 향해 첫 번째이자 가장 중요한 발걸음을 내딛을 수 있다고 주장했다. 펠라기우스주의는 주후 418년 5월 1일 카르타고 공의회에서 이단으로 정죄되었다.

18 이것은 밀러드 에릭슨(Millard Erickson)이 *Christian Theology*, 639에서 제시하는 입장이다. 그는 'age of responsibility'라는 용어 대신 'age of accountability'라는 표현을 사용한다.

19 그러나 우리 모두는 유아가 거의 태어날 때부터 어머니에 대한 본능적 신뢰와 자신이 어머니와 구별되는 인격체라는 자각을 보인다는 것을 알고 있다. 따라서 유아가 하나님에 대한 본능적 자각을 지니는 것이, 또한 하나님이 주신다면 하나님을 신뢰하는 직관적 능력까지도 갖게 되는 것이 불가능하다고 주장해서는 안 된다.

20 어떤 이들은 다윗이 아들이 죽은 것처럼 자신도 죽음의 상태로 들어가게 될 것이라고 말하고 있을 뿐이라는 반론을 제기할지도 모른다. 하지만 이 해석은 이 구절의 언어에 부합하지 않다. 다윗은 "그가 있는 곳에 내가 갈 것이다"라고 말하지 않고 "내가 그에게 갈 것이다"라고 말한다. 이것은 개인적 재결합의 언어이며, 언젠가 아들을 보고 그와 함께 있게 될 것이라는 다윗의 기대를 표현한다.

21 하나님의 다양한 도덕법은 그분의 완전한 도덕적 성품의 다양한 모습일 뿐이며, 그분은 우리가 그 모습을 그대로 따르기를 기대하신다는 것을 깨달을 때 우리는 이 원칙을 더 분명히 이해할 수 있다. 그분의 성품의 어느 한 부분을 위반하는 것은 그분을 닮지 않게 되는 것이다. 예를 들어, 도둑질을 한다면 나는 도둑질을 금하는 명령(8계명)을 어길 뿐만 아니라 동시에 하나님의 이름을 욕되게 하고(3계명; 잠 30:9을 보라), 내 부모와 그들의 좋은 이름을 욕되게 하며(5계명), 나에게 속하지 않은 무언가를 탐하고(10계명), 하나님보다 물질적인 소유를 우선시하며(1계명; 엡 5:5을 보라), 다른 인간에게 해를 입히고 그의 생명을 해하는 행동을 하는 셈이다(6계명; 마 5:22 참조). 조금만 생각해 보면, 거의 모든 죄가 십계명의 각 계명에 구현된 원칙 중 일부를 위반한다는 것을 알 수 있다. 이것은 하나님의 율법이 통일된 총체이며, 그분의 위격의 통합된 단일성 안에서 하나님의 도덕적 순수성과 완전성을 반영한다는 사실의 반영일 뿐이다.

22 대죄와 소죄의 구별은 요한일서 5:16-17에 의해 지지를 받는 것처럼 보인다. "누구든지 형제가 사망에 이르지 아니하는 죄 범하는 것을 보거든 구하라. 그리하면 사망에 이르지 아니하는 범죄자들을 위하여 그에게 생명을 주시리라. 사망에 이르는 죄가 있으니 이에 관하여 나는 구하라 하지 않노라. 모든 불의가 죄로되 사망에 이르지 아니하는 죄도 있도다."

요한이 이 서신서에 예수께서 육신을 입고 오신 하나님이심을 고백하지 않는 이단에 맞서는 싸움에 초점을 맞추고 있음을 고려할 때(요일 4:2-3을 보라), 여기서 "사망에 이르는" 죄는 그리스도를 부인하고 그 결과 그분을 통한 구원을 얻지 못하는 것을 지칭할 가능성이 높다. 그렇다면 요한은 우리가 하나님이 그리스도를 거부하고 심지어는 그분에 관해 심각하게 이단적인 교리를 가르치는 죄를 용서해 주시기를 구하는 기도를 해서는 안 된다고 말하고 있을 뿐이다. 하지만 요한이 "사망에 이르는" 하나의 죄(그리스도를 거부함)가 있다고 말한다는 사실이 용서받을 수 없는 죄들이라는 범주를 따로 만드는 것을 정당하게 해주지는 않는다.

23 *Catechism of the Catholic Church* (1997), 1854-1864을 보라.

24 이 진술에 대한 하나의 예외인 "용서받을 수 없는 죄"에 관해서는 923-927쪽을 보라.

25 칭의에 관해서는 2권 36장, 158-190쪽을 보라.

26 양자됨에 관해서는 2권 37장, 200-210쪽을 보라.

27 웨스트민스터 신앙고백 11.5.

28 바울은 로마서 6:16에서 참된 그리스도인이 실제로 영원한 정죄 아래로 떨어지는 지점까지 퇴보할 것이라고 말하는 것이 아니다. 하지만 우리가 죄에 굴복할 때 (영적, 도덕적 의미에서) 그 방향으로 가는 것이라고 말하는 것처럼 보인다.

29 하늘에서 받을 보상의 차이에 관해서는 2권 56장, 889-892쪽을 보라.

30 각 입장을 대변하는 이들에 관해서는 Louis Berkhof, *Systematic Theology* (Grand Rapids: Eerdmans, 1941), 252-253을 보라.

31 히브리서 6:4-6에 관한 자세한 논의로는 2권 40장, 294-301쪽을 보라.

32 Berkhof, *Systematic Theology*, 253. (『벌코프 조직신학』 크리스천다이제스트)

33 같은 쪽.

34 같은 책, 254.

35 Copyright © 2011 Thankyou Music (PRS) (adm. worldwide at CapitolCMGPublishing.com excluding Europe which is adm. by Integrity Music, part of the David C Cook family. Songs@integritymusic.com) / worshiptogether.com Songs (ASCAP) sixsteps Music (ASCAP) Sweater Weather Music (ASCAP) Valley Of Songs Music (BMI) (adm. at CapitolCMGPublishing.com) All rights reserved. Used by permission.

25. 하나님과 인간 사이의 언약

하나님께서 우리와 관계를 맺는 방식을 결정하는 원리는 무엇인가?

설명과 성경적 기초

하나님은 어떤 방식으로 인간과 관계를 맺으시는가? 세상이 창조된 뒤 하나님과 인간의 관계는 특정한 요구와 약속에 의해 규정되어 왔다. 하나님은 인간에게 어떻게 행동하기를 원하는지 말씀하시고, 그분 자신도 인간에게 어떻게 행동하실지를 약속하신다. 성경에는 하나님과 인간의 관계를 규정하는 조항을 담은 본문들이 있으며, 그것을 통틀어 언약covenants이라고 부른다. 이 언약은 하나님에 의해 부여되었으며, 하나님과 인간 사이에 체결된 변경 불가능한 법적 합의로서 하나님과 인간 사이의 관계 조건을 규정한다.

이 정의는 관계의 규정 조항을 지켜야 할 하나님과 인간이라는 두 당사자가 존재한다는 것을 보여주기 위해 '합의'라는 단어를 사용하지만, 인간이 하나님과 협상을 하거나 언약의 조건을 변경할 수 없음을 분명히 밝히기 위해 "하나님에 의해 부여된"이라는 문장을 포함시킨다. 하나님만이 언약의 의무를 받아들이거나 거부할 수 있다. 이러한 이유 때문에 구약을 헬라어로 번역한 (곧 칠십인역을 만든) 이들과 그들을 따라 신약의 저자들은 계약이나 합의를 뜻하는 일반적인 헬라어 단어쉰테케를 사용하지 않고 덜 사용되는 단어인 '디아테케'를 택했을 것이다. 전자의 경우 두 당사자의 지위가 동등한 반면, 후자는 두 당사자 중 한쪽만이 언약의 규정을 명시한다. (사실, '디아테케'라는 단어는 한 사람이 죽은 뒤 자신의 재산을 분배하기 위해 남기는 유언장을 지칭하는 경우가 많았다.)

또한 이 정의는 언약이 변경 불가능하다고 지적한다. 언약은 다른 언약에 의해 대체될 수 있지만, 일단 세워진 뒤에는 변경될 수 없다. 성경의 역사를 통해 하나님이 인간과 맺으신 언약에 수많은 세부 사항이 추가되었지만, 그 핵심을 차지하는 본질적 요소는 "나는 그들의 하나님이 되고 그들은 내 백성이 될 것이라"는 약속이다. 렘 31:33; 고후 6:16 등

창세기부터 요한계시록까지 성경 전체에서 언약은 다양한 형태로 나타나며, 조직신학은 이 주제를 여러 다른 지점에 배치할 수 있다. 우리는 여기서 먼저 (하나님의 형상으로) 창조된 인간과 죄로 타락한 인간에 관해 논한 후, 그리스도의 위격과 사역에 관해 논하기 전에 이 주제를 다루고자 한다.

A. 행위 언약

어떤 이들은 하나님이 에덴동산에서 아담과 하와와 맺으신 행위 언약을 다루는 것이 적절한지 의문을 제기해 왔다. '언약'이라는 단어는 창세기에서 실제로 사용되지 않는다. 하지만 언약의 필수적 요소들이 모두 등장한다. 즉 언약에 임하는 당사자의 명확한 정의, 그들 관계의 조건에 대한 법적 구속력을 지닌 규정들, 순종에 대해 복을 베푸시겠다는 약속, 이 복을 얻기 위한 조건 등을 확인할 수 있다.

이뿐만 아니라 이스라엘의 죄를 가리켜 "그들은 아담처럼 언약을 어기고"라고 말하는 호세아 6:7은[1] 아담이 언약 관계를 맺었으며 에덴동산에서 그 언약을 어겼다고 진술한다. 이에 더해 바울은 아담과 그리스도가 모든 사람을 대표하는 머리로 묘사하며, 이것은 타락 이전에 아담이 언약 안에 있었다는 관념과 전적으로 조화를 이룬다고 말할 수 있다.

에덴동산에서 하나님과 인간 사이의 관계 조건을 규정하는, 법적 구속력이 있는 조항들이 존재했음은 분명해 보인다. 하나님이 아담에게 말씀하시고 명령하신 것은 두 당사자의 존재를 보여준다. 관계 조건을 규정하는 조항들은 하나님이 아담과 하와에게 주신 명령 창 1:28-30; 2:15 참조과 아담에게 직접 주신 명령, 곧 "동산 각종 나무의 열매는 네가 임의로 먹되 선악을 알게 하는 나무의 열매는 먹지 말라. 네가 먹는 날에는 반드시 죽으리라" 창 2:16-17는 말씀을 통해 분명히 규정된다.

선악을 알게 하는 나무에 관해 하나님이 아담에게 하신 말씀 안에는

불순종에 대한 형벌의 경고가 담겨 있다. 그것은 죽음이며, 이에 대한 가장 온전한 이해는 광범위한 의미에서의 죽음, 곧 육체적이고 영적이며 영원한 죽음과 하나님으로부터의 분리를 뜻한다고 보는 것이다.[2] 그러나 불순종에 대한 형벌의 경고에는 순종에 대한 복의 약속이 암시되어 있다. 이 복은 죽음을 맞이하지 않는 것이며 죽음의 반대를 암시한다. 이 복에는 끝이 없는 육체적인 삶, 하나님과의 관계가 영원히 계속된다는 의미에서 영적인 삶이 포함된다. 또한 "동산 가운데" 있는 "생명 나무"창 2:9는 아담과 하와에 대한 시험이 완료되었다고 하나님이 결정하실 때까지 그들이 순종함으로 언약 관계의 조건을 충족한다면, 하나님과 영원한 삶을 누릴 것을 의미했다. 타락 이후에 하나님은 아담과 하와를 동산으로부터 추방하셨으며, 그 결과 그들은 생명 나무 열매를 "따먹고 영생"할 수 없게 되었다.창 3:22

아담과 하와가 온전히 순종한다면 영생을 주시겠다는 약속이 동산에서 누리던 하나님과의 언약 관계에 포함되어 있었다는 또 다른 증거는, 신약에서 바울이 온전한 순종이 가능하다면 실제로 생명에 이를 수 있는 것처럼 말한다는 사실이다.롬 7:10, "생명에 이르게 할 그 계명" 또한 바울은 율법이 믿음에 기초하지 않는다는 것을 논증하기 위해 율법에 관해 다루는 레위기 18:5을 인용하며 "율법을 행하는 자는 그 가운데서 살리라"고 말한다.갈 3:12; 롬 10:5 참조

성경의 다른 언약에는 (할례나 세례와 성찬처럼) 언약과 연관된 외적 표지가 일반적으로 포함된다. 창세기는 행위 언약을 위한 표지를 분명히 명시하지 않지만, 굳이 하나를 언급하자면 동산 한가운데 있는 생명 나무일 것이다. 아담과 하와는 그 나무의 열매를 먹음으로써 하나님이 주시는 영생의 약속을 받으려 했을지 모른다. 열매 자체에 마법적인 힘이 있는 것은 아니지만, 그것은 하나님이 외적으로 보증하시는 표지였을 것이다.

에덴동산에서 하나님과 인간의 관계를 언약 관계라고 말하는 것이 중요한 이유는 무엇인가? 그것을 통해 우리는 순종의 명령과 순종에 대한 복의 약속을 포함하는 이 관계가, 창조주와 피조물의 관계에서 자동적으로 발생하는 것이 아니었음을 알 수 있다. 예를 들어, 하나님은 그분이 창조하신 동물들과 이러한 언약을 맺지 않으셨다.[3] 또한 하나님이 창조하신 인간도 본성적으로는 하나님께 인간과의 교제를 요청하거나 하나님과 인간의

관계에 관한 약속, 또는 인간이 무엇을 해야 하는지에 관한 분명한 지침을 요구하지 않는다. 이 모든 것은 그분이 창조하신 남자와 여자에 대한 하나님의 아버지 같으신 사랑의 표현이었다. 그뿐만 아니라 이 관계를 '언약'이라고 명시할 때, 우리는 이 관계와 이후에 하나님이 그분의 백성과 맺으신 언약적 관계 사이의 명확한 유사성을 볼 수 있다. 언약의 모든 구성 요소당사자의 명백한 규정, 언약의 조건에 대한 진술, 순종에 대한 복과 불순종에 대한 형벌의 약속가 존재하기 때문에 우리가 그것을 '언약'이라고 부르지 않을 이유는 없다.

타락 이전에 존재했던 이 언약은 (아담 언약이나 자연 언약처럼) 다양한 용어로 지칭되어 왔지만, 행위 언약이라는 명칭이 가장 유용해 보인다. 이 언약의 복에 참여할 수 있는지의 여부는 분명히 아담과 하와의 순종 또는 행위에 달려 있었기 때문이다.

하나님이 인간과 맺으신 모든 언약과 마찬가지로 여기서도 규정에 관한 협상은 불가능하다. 하나님은 이 언약을 아담과 하와에게 주권적으로 부여하셨으며, 그들에게는 세부 사항을 변경할 권리가 주어지지 않았다. 그들은 이 언약을 지킬 것인지, 아니면 어길 것인지를 선택할 수 있을 뿐이다.

행위 언약은 여전히 유효한가? 몇 가지 중요한 점에서 유효하다. 바울은 하나님의 율법에 대한 순종이 가능하다면, 이를 통해 생명에 이를 수 있다고 넌지시 말한다.롬 7:10; 10:5; 갈 3:12 참조 또한 이 언약에 대한 형벌이 여전히 유효하다는 점도 주목해야 한다. "죄의 삯은 사망이"기 때문이다.롬 6:23 이것은 비록 어떤 죄인도 그 규정을 성취하고 이로써 복을 얻을 수 없음에도, 그리스도와 분리되어 있는 모든 인간에 대한 행위 언약이 여전히 유효함을 암시한다. 마지막으로 우리는 그리스도께서 우리를 위해 행위 언약에 완벽히 순종하셨음을 주목해야 한다. 그분은 아무 죄도 짓지 않으셨으며,벧전 2:22 참조 우리를 대신해 하나님께 온전히 순종하셨기 때문이다.롬 5:18-19 참조

다른 한편으로 행위 언약은 어떤 의미에서 더 이상 유효하지 않다. (1) 선악을 알게 하는 나무의 열매를 먹지 말라는 구체적인 명령이 더 이상 우리에게는 적용되지 않는다. (2) 그리스도인과 비그리스도인은 모두 죄인된 본성을 지니고 있으므로 우리는 우리의 힘으로 행위 언약의 규정을 성취하거나 그 유익을 받을 수 없다(이 언약이 우리에게 적용된다면 형벌

을 받을 수밖에 없다). (3) 그리스도께서는 그리스도인들을 위해 단번에 영원히 이 언약의 규정을 성취하셨으며, 우리는 우리의 순종이 아닌 그리스도께서 행하신 일의 공로를 신뢰함으로 그 유익을 얻는다. 실제로 오늘날 그리스도인들이 하나님의 은혜를 얻기 위해 순종해야 한다고 생각한다면, 스스로 구원의 소망을 버리는 것과 다름없다. "무릇 율법 행위에 속한 자들은 저주 아래에 있나니.……또 하나님 앞에서 아무도 율법으로 말미암아 의롭게 되지 못할 것이 분명하니."갈 3:10-11 그리스도인들은 그리스도께서 행하신 일 덕분에, 또한 그들이 새 언약, 곧 은혜 언약에 포함된 덕분에 행위 언약으로부터 자유로워졌다.

B. 구속 언약

신학자들은 또 다른 종류의 언약, 곧 하나님과 인간 사이가 아니라 삼위일체의 위격 사이에서 맺어진 언약에 관해 논한다. 그들은 이 언약을 구속 언약covenant of redemption이라고 부른다. 이것은 성부, 성자, 성령 사이의 합의로, 이 합의에 따라 성자께서는 인간이 되어 우리의 대표가 되시고, 우리를 대신해 행위 언약의 요구에 순종하시며, 우리가 마땅히 받아야 할 죄에 대한 형벌을 담당하기로 하셨다. 성경이 이 언약의 존재를 가르치는가? 그렇다. 성경은 우리의 구속을 획득하기 위해 성부, 성자, 성령께서 합의하신 구체적인 계획과 목적에 관해 이야기한다.

성부에 관한 이 구속 언약에는 성부께서 속량하려는 백성을 성자께 주시고,요 17:2, 6 참조 성자를 그들의 대표로 보내시며요 3:16; 롬 5:18-19 참조 그분이 인간으로 거하실 몸을 준비하시고,골 2:9; 히 10:5 참조 성자를 그분이 속량하신 그분의 백성의 대표로 받아들이시며,히 9:24 참조 그분의 백성에게 구속함을 입게 할 능력을 지닌 성령을 부어 주실 권세행 1:4; 2:33 참조를 비롯해 그분에게 하늘과 땅의 모든 권세를 주시겠다마 28:18 참조는 합의가 포함되었다.

또한 그 언약에는 성자께서 인간으로 세상에 오셔서 모세의 율법 아래 인간으로 살고갈 4:4; 히 2:14-18 참조 죽기까지, 심지어 십자가에서 죽기까지 순종하심으로써빌 2:8 참조 성부의 모든 명령에 온전히 순종하시겠다는히 10:7-9 참조 합의가 포함되었다. 또한 그분은 성부께서 주신 이들을 한 사람도 잃

어버리지 않기 위해 친히 백성을 모으겠다고 합의하셨다.요 17:12 참조

이 주제를 논할 때 구속 언약에서 성령의 역할이 간과되는데, 그 역할은 분명히 필수적이었다. 성령은 성부의 뜻을 행하고 그리스도를 충만하게 하며 이 땅에서 그 사역이 수행될 수 있도록 능력을 부어 주시겠다고, 마 3:16; 눅 4:1, 14, 18; 요 3:34 참조 또한 그리스도께서 승천하신 뒤 그분이 이룬 구속 사역의 유익을 그분의 백성에게 적용하겠다고 합의하셨다.요 14:16-17, 26; 행 1:8; 2:17-18, 33 참조

삼위일체의 위격 사이의 이 합의를 언약으로 부름으로써 우리는 그것이 하나님이 그분의 본성에 의해 시작하셔야만 했던 것이 아니라, 그분이 자발적으로 시작하신 것임을 알 수 있다. 하지만 이 언약은 하나님과 인간 사이의 언약과 다른 것이다. 언약의 당사자들이 동등한 입장에서 언약을 맺기 때문이다. 이와 달리 인간과 맺으신 언약에서 하나님은, 그분의 작정에 따라 언약의 규정을 부여하는 주권적인 창조주이시다. 반면에 언약을 구성하는 요소들이 있다는 점에서는 하나님이 인간과 맺으신 언약들과 비슷하다.

C. 은혜 언약

1. 필수 요소

인간이 행위 언약으로 복을 얻는 것을 실패했을 때, 하나님은 또 다른 수단, 곧 인간이 구원받을 수 있는 수단을 세우셔야 했다. 창세기 3장의 타락 뒤에 펼쳐지는 성경의 내용은, 죄인 된 인간이 하나님과의 사귐 안으로 들어올 수 있게 할 구속 계획을 하나님이 역사 안에서 이루어 가시는 이야기다. 다시 말해서, 하나님은 그분과 그분이 속량하실 이들 사이의 관계를 명시할 언약의 조항을 분명히 정의하신다. 이 조항은 신구약 전체의 세부 사항에서 몇 가지 변형된 형태로 나타난다. 하지만 각각에 언약의 필수 요소는 다 들어 있으며, 그 필수 요소의 본질은 신구약 전체에 동일하게 남아 있다.

은혜 언약의 당사자는 하나님과 그분이 속량하실 사람들이다. 하지만 이 경우에 그리스도께서 "중보자"로서 특별한 역할을 수행하신다.히 8:6; 9:15;

12:24 그분은 중보자로서 우리를 위해 언약의 조건을 성취하시며, 이로써 우리를 하나님과 화목하게 하신다. (행위 언약에서는 하나님과 인간 사이에 중보자가 없었다.)

언약에 참여하는 조건요구 사항은 구속자이신 그리스도께서 행하신 일에 대한 믿음이다.롬 1:17; 5:1 참조 메시아의 구속 사역에 대한 믿음이라는 이 조건은 바울이 아브라함과 다윗의 예를 통해 분명히 논증하듯,롬 4:1-15 참조 구약에서도 언약의 복을 얻기 위한 조건이었다. 구약의 다른 신자들처럼 그들은 장차 오실 메시아께서 행하실 일을 기대하고 그분을 믿음으로 구원을 받았다.[4]

그러나 은혜 언약을 시작하는 조건은 언제나 그리스도의 사역에 대한 믿음뿐이지만, 이 언약에 계속 머무는 조건은 하나님의 명령에 대한 순종이다. 우리가 이 순종을 통해 하나님 앞에서 공로를 얻을 수 없지만, 그럼에도 그리스도에 대한 우리의 믿음이 참되다면 그 믿음은 순종을 만들어 낼 것이다.약 2:17 참조 또한 신약은 그리스도에 대한 순종을 우리가 참으로 신자이며 새 언약의 구성원이라는 필수적인 증거로 본다.요일 2:4-6 참조

이 언약에서 복의 약속은 영생에 관한 하나님과의 약속이다. 이 약속은 신구약 전체에서 자주 반복된다. 하나님은 우리의 하나님이 되고 우리는 그분의 백성이 될 것이다. "내가 내 언약을 나와 너 및 네 대대 후손 사이에 세워서 영원한 언약을 삼고 너와 네 후손의 하나님이 되리라."창 17:7 "나는 그들의 하나님이 되고 그들은 내 백성이 될 것이라."렘 31:33 "그들은 내 백성이 되겠고 나는 그들의 하나님이 될 것이며……내가……영원한 언약을 그들에게 세우고."렘 32:38-40; 또한 겔 34:30-31; 36:28; 37:26-27 참조 이 주제는 신약에서도 반복된다. "나는 그들의 하나님이 되고 그들은 나의 백성이 되리라."고후 6:16; 17-18절; 벧전 2:9-10 참조 히브리서 기자는 새 언약과 관련해 예레미야 31장을 인용한다. "나는 그들에게 하나님이 되고 그들은 내게 백성이 되리라."히 8:10 이 복은 하나님의 백성인 교회를 통해 성취되며, 요한이 장차 올 시대에 대한 환상을 통해 보았듯 새 하늘과 새 땅에서 가장 위대하게 성취될 것이다. "보라, 하나님의 장막이 사람들과 함께 있으매 하나님이 그들과 함께 계시리니 그들은 하나님의 백성이 되고 하나님은 친히 그들과 함께 계셔서."계 21:3

이 언약의 표지는 구약과 신약 사이에 차이가 있다. 구약에서 언약 관계의 시작을 상징하는 외적 표지는 할례였다. 언약 관계의 지속을 상징하는 표지는, 하나님이 다양한 시대에 그 백성에게 주신 모든 절기와 예식법을 계속해서 준수하는 것이었다. 새 언약에서 언약 관계의 시작을 상징하는 표지는 세례이며, 그 관계에 계속 머무는 것을 상징하는 표지는 성찬 참여다.

이 언약을 은혜 언약이라고 부르는 이유는, 그것이 하나님이 속량하시는 이들을 향한 하나님의 은혜, 곧 받을 자격 없는 이들에게 베푸시는 은혜에 전적으로 기초해 있기 때문이다.

2. 언약의 다양한 형태

은혜 언약의 필수 요소는 하나님과 백성 사이에 동일하게 유지되었지만, 언약의 구체적인 규정은 시대에 따라 달랐다. 아담과 하와 시대에는 창세기 3:15에 기록된 여자의 후손의 약속과 하나님이 은혜로 아담과 하와에게 옷을 제공하셨다는 사실[창 3:21 참조]을 통해 하나님과의 관계의 가능성에 관한 희미한 실마리만 확인할 수 있을 뿐이었다.

a. 노아 언약. 하나님이 홍수 이후에 노아와 맺으신 언약[창 9:8-17 참조]은 이후의 언약들과 크게 다르며, 따라서 이후의 다른 언약들, 곧 명백히 은혜 언약의 범주에 속하는 언약들과 같은 범주에 넣어야 하는지에 대해서는 의문이 존재한다. 하지만 이 언약도 하나님의 은혜에 의존한다. 그러나 이는 영생이나 하나님과의 영적 사귐이라는 복을 모두 약속하는 언약이 아니었다. 그 대신 하나님은 모든 인류와 동물에게 땅이 다시는 홍수에 의해 파괴되지 않을 것이라고 약속하셨다. 이러한 의미에서 노아 언약은 물론 하나님의 은혜, 곧 받을 자격 없는 이들에게 베푸시는 은혜에 의존하기는 하지만, 언약의 당사자,[모든 인류] 명시된 조건,[믿음이나 순종을 요구하지 않음] 약속된 복[영생의 약속이 아님]에 관해 다른 언약들과 매우 달라 보인다. 언약의 표지[무지개]도 인간의 적극적 또는 자발적 참여를 요구하지 않는다는 점에서 다르다.

b. 아브라함 언약. 아브라함과 맺은 언약을 시작으로[창 15:1-21; 17:1-27] 은혜 언약의 필수 요소가 모두 나타난다. 바울은 "성경이……먼저 아브라함에게 복음을 전하되"라고 말한다.[갈 3:8] 이뿐만 아니라 누가는 세례 요한의

아버지인 사가랴가 그리스도의 길을 예비하기 위해 세례 요한이 오는 것이, 하나님이 아브라함에 주신 언약을 성취하는 사역의 시작이라고 예언한다.눅 1:72-73 참조 따라서 아브라함에게 주신 언약은 그리스도 안에서 성취될 때도 여전히 유효했다.롬 4:1-25; 갈 3:6-18, 29; 히 2:16; 6:13-20 참조 [5]

c. 모세 언약. 그렇다면 그리스도 안의 새 언약과 대조되는 옛 언약이란 무엇인가? 구약 전체가 옛 언약인 것은 아니다. 신약은 아브라함, 다윗과 맺은 언약을 결코 옛 언약이라고 부르지 않는다. 오히려 모세 언약과 시내 산에서 맺은 언약만 그리스도 안에 있는 새 언약에 의해 대체될눅 22:20; 고전 11:25; 고후 3:6; 히 8:8, 13; 9:15; 12:24 옛 언약으로 불린다.고후 3:14; 히 8:6, 13 참조 모세 언약은 일정 기간 동안 사람들의 죄를 억제하고 그들을 그리스도께로 향하게 하는 길잡이 역할을 하도록 주어진 자세히 기록된 율법의 시행[6]이었다. 바울은 "그런즉 율법은 무엇이냐. 범법하므로 더하여진 것이라……약속하신 자손이 오시기까지 있을 것이라"고 말하고,갈 3:19 이어서 "율법이 우리를 그리스도께로 인도하는 초등교사가 되어"라고 말한다.갈 3:24

우리는 모세 때부터 그리스도께서 오실 때까지 사람들에게 은혜가 주어지지 않았다고 생각해서는 안 된다. 하나님이 아브라함에게 주신, 믿음에 의한 구원의 약속은 그 효력이 계속 유지되었기 때문이다. "이 약속들은 아브라함과 그 자손에게 말씀하신 것인데……하나님께서 미리 정하신 언약을 사백삼십 년 후에 생긴 율법이 폐기하지 못하고 그 약속을 헛되게 하지 못하리라. 만일 그 유업이 율법에서 난 것이면 약속에서 난 것이 아니리라. 그러나 하나님이 약속으로 말미암아 아브라함에게 주신 것이라."갈 3:16-18 모세 언약의 "제사로는 나아오는 자들을 언제나 온전하게 할 수 없"었지만,히 10:1-4 그것은 온전한 희생제물이며 동시에 대제사장이신 그리스도께서 죄를 담당하실 것에 대한 전조가 되었다.히 9:11-28 참조 그럼에도 온갖 자세한 율법 조항들이 포함된 모세 언약 자체는 사람들을 구원할 수 없었다. 율법이 그 자체로 잘못된 것은 아니다. 율법은 거룩하신 하나님이 주신 것이기 때문이다. 하지만 율법은 사람들에게 새로운 생명을 줄 능력이 없었고, 더욱이 그들은 율법에 온전히 순종할 수 없었다. "그러면 율법이 하나님의 약속들과 반대되는 것이냐. 결코 그럴 수 없느니라. 만일 능히 살게 하는 율법을 주셨더라면 의가 반드시 율법으로 말미암았으리라."갈 3:21 바울은, 율법은 결코 그럴 수 없었지만 우리 안에서 일하시는 성령께서 능력을 주셔서 하나님께 순종할 수 있게 하신다는 것을 깨달았다. 따라서 그는 하나님이 "우리를 새 언약의 일꾼 되기에 만족하게 하셨으니 율법 조문으로 하지 아니하고 오직 영으로 함이니 율법 조문은 죽이는 것이요 영은 살리는 것이니라"고 말한다.[고후 3:6]

d. 다윗 언약. 하나님이 다윗과 맺으신 언약은, 아브라함 언약이나 모세 언약을 대체하지 않고 오히려 그 예언에 다윗과 그 후손에게 영원히 지속될 것이라는 새로운 약속과 특정한 조건을 추가한다. 예언자 나단은 다윗에게 이렇게 말했다.

> 그러므로 이제 내 종 다윗에게 이와 같이 말하라. 만군의 여호와께서 이와 같이 말씀하시기를 내가 너를 목장 곧 양을 따르는 데에서 데려다가 내 백성 이스라엘의 주권자로 삼고 네가 가는 모든 곳에서 내가 너와 함께 있어 네 모든 원수를 네 앞에서 멸하였은즉 땅에서 위대한 자들의 이름 같이 네 이름을 위대하게 만들어 주리라. 내가 또 내 백성 이스라엘을 위하여 한 곳을 정하여 그를 심고 그를 거주하게 하고 다시 옮기지 못하게 하며 악한 종류로 전과 같이 그들을 해하지 못하게 하여 전에 내가 사사에게 명령하여 내 백성 이스라엘을 다스리던 때와 같지 아니하게 하고 너를 모든 원수에게서 벗어나 편히 쉬게 하리라. 여호와가 또 네게 이르노니 여호와가 너를 위하여 집을 짓고 네 수한이 차서 네 조상들과 함께 누울 때에 내가 네 몸에서 날 네 씨를 네 뒤에 세워 그의 나라를 견고하게 하리라. 그는 내 이름을 위하여 집을 건축할 것이요 나는 그의 나라 왕위를 영원히 견고하게 하리라. 나는 그에게 아버지가 되고 그는 내게 아들이 되리니 그가 만일 죄를 범하면 내가 사람의 매와 인생의 채찍으로 징계하려니와 내가 네 앞에서 물러나게 한 사울에게서 내 은총을 빼앗은 것처럼 그에게서 빼앗지는 아니하리라. 네 집과 네 나라가 내 앞에서 영원히 보전되고 네 왕위가 영원히 견고하리라 하셨다 하라.[삼하 7:8-16]

영원한 다윗의 왕위에 관한 이 약속은 궁극적으로 다윗의 자손이신 예수 그리스도를 통해 성취되었다.[마 1:1; 눅 1:32-33; 행 2:29-32; 롬 1:3; 딤후 2:8; 계 3:7; 5:5; 22:16 참조]

e. 새 언약. 그리스도 안에 있는 새 언약은 오래전 예레미야 31:31-34에서 주어졌던 더 나은 언약에 대한 약속, 이후에 히브리서 8:6-13에서 인

용했던 약속을 성취하므로 더 좋은 언약이다.

그러나 이제 그는 더 아름다운 직분을 얻으셨으니 그는 더 좋은 약속으로 세우신 더 좋은 언약의 중보자시라. 저 첫 언약이 무흠하였더라면 둘째 것을 요구할 일이 없었으려니와 그들의 잘못을 지적하여 말씀하시되 주께서 이르시되 볼지어다. 날이 이르리니 내가 이스라엘 집과 유다 집과 더불어 새 언약을 맺으리라. 또 주께서 이르시기를 이 언약은 내가 그들의 열조의 손을 잡고 애굽 땅에서 인도하여 내던 날에 그들과 맺은 언약과 같지 아니하도다. 그들은 내 언약 안에 머물러 있지 아니하므로 내가 그들을 돌보지 아니하였노라. 또 주께서 이르시되 그날 후에 내가 이스라엘 집과 맺을 언약은 이것이니 내 법을 그들의 생각에 두고 그들의 마음에 이것을 기록하리라. 나는 그들에게 하나님이 되고 그들은 내게 백성이 되리라. 또 각각 자기 나라 사람과 각각 자기 형제를 가르쳐 이르기를 주를 알라 하지 아니할 것은 그들이 작은 자로부터 큰 자까지 다 나를 앎이라. 내가 그들의 불의를 긍휼히 여기고 그들의 죄를 다시 기억하지 아니하리라 하셨느니라. 새 언약이라 말씀하셨으매 첫 것은 낡아지게 하신 것이니 낡아지고 쇠하는 것은 없어져 가는 것이니라.[히 8:6-13]

이 새 언약 안에는 더 큰 복이 있다. 메시아 예수께서 오셔서 우리 가운데서 살고 죽으시며 부활하셔서 우리의 죄를 단번에 영원히 대속하셨고,[히 9:24-28 참조] 우리에게 하나님을 더 온전히 계시하셨으며,[요 1:14; 히 1:1-3 참조] 새 언약의 능력으로 그분의 백성 모두에게 성령을 부으셨으며,[행 1:8; 고전 12:13; 고후 3:4-18 참조] 그분의 법을 우리 마음에 기록하셨기 때문이다.[히 8:10 참조] (새 언약 안에서 성령이 행하시는 더 강력한 사역에 관해서는 39장에서 더 다룰 것이다.) 이 새 언약은 그리스도 안의 "영원한 언약"으로,[히 13:20] 이것을 통해 우리는 하나님과 영원한 사귐을 누리며, 그분은 우리의 하나님이 되시고 우리는 그분의 백성이 될 것이다.

D. 언약 사이의 관계

수십 년 동안 언약신학과 세대주의 사이에 토론이 이어져 왔다. 위에서 제시한 언약에 관한 개관은 (은혜 언약에 있어서) 구약과 신약 사이의 연속성을 강조하는 언약신학을 대표한다. 반면에 세대주의는 하나님이 역사의 각 시대마다 사람들과 관계를 맺으시는 방식들 사이의 불연속성을 강조한다. 일곱 세대는 (1) 무죄 창 1:28-30 (2) 양심 창 3:8-8:22 (3) 인간 통치 창 8-11장 (4) 약속 창 12:1-출 19:22 (5) 율법 출 20장에서 그리스도의 죽음까지 (6) 은혜 그리스도의 죽음에서 재림까지 (7) 천년왕국 계 20:1-10이다.[7]

최근에는 점진적 언약론 progressive covenantalism으로 불리는 제3의 대안이 영향력을 키우고 있다. 이 관점은 구약에 다섯 개의 다른 언약 창조(또한 노아를 통한 갱신), 아브라함, 이스라엘, 다윗이 들어 있고, 이 언약들이 그리스도 안에서 성취되었다고 주장한다. 또한 성경에 나타난 언약들은 (어떤 의미에서 신실하게 언약을 지키는 사람을 필요로 하며, 물론 그렇게 하시는 분은 궁극적으로 그리스도이시다) 조건적인 동시에 (또 다른 의미에서 하나님은 그분의 목적을 이루실 것이다) 무조건적이라고 주장한다.[8]

개인적 적용을 위한 질문

1. 이번 장을 읽기 전에 여러분은 언약의 관점에서 하나님과 여러분의 관계에 대해 생각해 본 적이 있는가? 하나님이 변함없는 약속으로 그 관계를 주관하신다는 것을 알 때 하나님과 여러분의 관계에 관해 더 큰 확신과 안정감을 갖게 되는가?

2. 여러분과 하나님이 당사자가 되는 언약의 관점에서 그분과의 인격적인 관계를 생각할 때, 그 언약의 조건은 무엇인가? 여러분은 현재 그 조건을 지키고 있는가? 그리스도께서는 그 언약 관계에서 어떤 역할을 하시는가? 여러분이 이 조건을 지킨다면 하나님은 어떤 복을 주겠다고 약속하시는가? 이 언약에 참여하는 것을 상징하는 표지는 무엇인가? 이처럼 언약을 이해할 때 세례와 성찬을 더 깊이 이해할 수 있는가?

신학 전문 용어

구속 언약
새 언약
언약
옛 언약
은혜 언약
점진적 언약론
행위 언약

참고 문헌

이 참고 문헌에 관한 설명으로는 1장, 60쪽을 보라. 자세한 서지 자료는 2권 부록 2에서 확인할 수 있다.

복음주의 조직신학 저술의 관련 항목

1. 성공회
1882–1892 Litton (관련 내용 없음)
1930 Thomas, 134–141
2001 Packer, 87–90
2013 Bird, 496–497, 502–506, 508–511
2013 Bray, 51–67

2. 아르미니우스주의(또는 웨슬리파/감리교)
1992 Oden, 1:220
2002 Cottrell, 366, 409, 465
1983 Carter, 1:476–483

3. 침례교
1767 Gill, 1:300–359, 491–530
1887 Boyce, 247–258
1990–1995 Garrett, 1:105–115
2007 Akin, 199–201

4. 세대주의
1947 Chafer, 7:96–99
1949 Thiessen, 199–205
1986 Ryrie, 453–460
2002–2005 Geisler, 4:499–546
2017 MacArthur and Mayhue, 26, 852, 860, 870–880

5. 루터교
1934 Mueller (관련 내용 없음)

6. 개혁주의(또는 장로교)
1679–1685 Turretin, *IET*, 1:574–578, 616–617, 2:169–269, 3:344, 472–473
1871–1873 Hodge, 2:117–122, 354–377
1878 Dabney, 292–305, 429–463
1894 Shedd, 350, 678–81, 844
1906–1911 Bavinck, *RD*, 3:193–232
1910 Vos, 2:76–138
1937–1966 Murray, *CW*, 2:47–59, 123–131
1938 Berkhof, 211–218, 262–301
1962 Buswell, 1:307–320
1998 Reymond, 404–406
2008 Van Genderen and Velema, 539–572
2011 Horton, 44–47
2013 Frame, 17–20, 55–84, 248–252
2013 Culver, 397–398, 855–856
2016 Allen and Swain, 107–125
2017 Barrett, 163
2019 Letham, 431–467

7. 부흥 운동(또는 은사주의/오순절)
1988–1992 Williams, 1:275–304
2008 Duffield and Van Cleave, 60, 68, 221, 379

대표적인 로마 가톨릭 조직신학 저술의 관련 항목

1. 로마 가톨릭: 전통적 입장
1955 Ott (관련 내용 없음)
2. 로마 가톨릭: 제2차 바티칸공의회 이후
1980 McBrien (관련 내용 없음)

기타 저술

Archer, G. L. "Covenant." In *EDT3*, 214–215.
Bingham, D. Jeffrey and and Glenn R. Kreider, eds. *Dispensationalism and The History Of Redemption: A Developing and Diverse Tradition*. Chicago: Moody Publishers, 2015. (『세대주의와 구속사』 기독교문서선교회)
Blaising, C. A. "Dispensation, Dispensationalism." In *EDT3*, 248–249.
Campbell, W. S. "Covenant and New Covenant." In *DPL*, 179–183.
Collins, G. N. M. "Federal Theology." In *EDT3*, 311–312.
Dumbrell, W. J. *Covenant and Creation*. Nashville: Nelson, 1984.
Fuller, Daniel P. *Gospel and Law: Contrast or Continuum? The Hermeneutics of Dispensationalism and Covenant Theology*. Grand Rapids: Eerdmans, 1980.
Gentry, Peter and Stephen J. Wellum. *Kingdom through Covenant: A Biblical-Theological Understanding of the Covenants*, 2nd ed. Wheaton, IL: Crossway, 2018. (『언약과 하나님 나라』 새물결플러스)
Jocz, Jakob. *The Covenant: A Theology of Human Destiny*. Grand Rapids: Eerdmans, 1968.
Kaiser, Walter C., Jr. *Toward an Old Testament Theology*. Grand Rapids: Zondervan, 1978.
Martens, Elmer. *God's Design: A Focus on Old Testament Theology*. Grand Rapids: Baker, 1981.
McComiskey, Thomas E. *The Covenants of Promise: A Theology of the Old Testament Covenants*. Grand Rapids: Baker, 1985.
Meyer, Jason C. *The End of the Law: Mosaic Covenant in Pauline Theology*. Nashville: B&H Academic, 2009.
Murray, John. *Covenant of Grace*. London: Tyndale, 1954.
Newman, C. C. "Covenant, New Covenant." In *DLNT*, 245–250.
Osterhaven, M. E. "Covenant Theology." In *EDT3*, 215–216.
Pentecost, J. Dwight. *Thy Kingdom Come*. Wheaton, IL: Scripture Press, 1990.
Peters, G. N. H. *The Theocratic Kingdom*. 3 vols. 1884. Reprint, Grand Rapids: Kregel, 1988.
Rayburn, R. S. "Covenant, The New." In *EDT1*, 278–279.
Robertson, O. Palmer. *The Christ of the Covenants*. Grand Rapids: Baker, 1980.
Ryrie, C. C. *Dispensationalism*. Rev. ed. Chicago: Moody Publishers, 2007.
VanGemeren, Willem. *The Progress of Redemption*. Grand Rapids: Zondervan, 1988. (『구원계시의 발전사』 솔로몬)
Van Groningen, Gerard. "Covenant." In *BTDB*, 124–132.
Wellum, Stephen, and Brent Parker, eds. *Progressive Covenantalism: Charting a Course between Dispensational and Covenantal Theologies*. Nashville: B&H, 2016.
Williamson, P. R. "Covenant." In *NDBT*, 419–429.
Williamson, Paul R. "The Pactum Salutis: A Scriptural Concept or Scholastic Mythology?" *Tyndale Bulletin* 69, no. 2 (2018): 259–281.

성경 암송 구절

히브리서 8:10 | 또 주께서 이르시되 그날 후에 내가 이스라엘 집과 맺을 언약은 이것이니 내 법을 그들의 생각에 두고 그들의 마음에 이것을 기록하리라. 나는 그들에게 하나님이 되고 그들은 내게 백성이 되리라.

찬송가

"예수 따라가며" Trust and Obey

이 찬송가에서는 하나님의 복을 누리는 것이 신약에서 규정한 대로 우리가 계속해서 믿음과 순종이라는 조건을 성취하는 데에 달려 있으며, 신약은 하나님이 우리와 맺으신 새 언약의 규정에 관한 기록임을 상기시켜 준다.

예수 따라가며 복음 순종하면
우리 행할 길 환하겠네
주를 의지하며 순종하는 자를
주가 안위해 주시리라

의지하고 순종하는 길은
예수 안에 즐겁고 복된 길이로다

해를 당하거나 우리 고생할 때
주가 위로해 주시겠네
주를 의지하며 순종하는 자를
주가 안위해 주시리라

남의 짐을 지고 슬픔 위로하면
주가 상급을 주시겠네
주를 의지하며 순종하는 자를
항상 복 내려 주시리라

우리 받은 것을 주께 다 드리면
우리 기쁨이 넘치겠네
주를 의지하며 순종하는 자를
은혜 풍성케 하시리라

주를 힘입어서 말씀 잘 배우고
주를 모시고 살아가세
주를 의지하며 항상 순종하면
주가 사랑해 주시리라

◈

우리가 말씀의 빛 안에서 주님과 함께 걸을 때
우리 앞길에 놀라운 영광을 비추어 주시네
우리가 그분의 선한 뜻을 행할 때 그분이 함께하시네
믿고 순종하는 모든 이들과 함께 거하시네

신뢰하고 순종하라. 예수 안에서 행복할 수 있는 길은
오직 신뢰하고 순종하는 것뿐이기에

그림자도 하늘의 구름 한 조각도 일어날 수 없으리
그분의 미소가 금세 그것을 몰아내리니

우리가 신뢰하고 순종할 때
의심도 두려움도 한숨도 눈물도 없으리

우리가 져야 할 짐도 우리가 나누어야 할 슬픔도 없으리
그분이 우리의 수고를 풍성히 갚아 주시네
슬픔도 상실도 고통도 십자가도 없으리
우리가 신뢰하고 순종한다면 모든 것이 복되겠네

하지만 모든 것을 제단에 내려놓을 때까지
우리는 그분의 사랑의 기쁨을 증명할 수 없다네
그분이 베풀어 주시는 호의와 기쁨은
신뢰하고 순종하는 이들을 위한 것이기에

마침내 우리는 그분 곁에 앉아 달콤한 사귐을 누리리
그리고 그분 곁에서 걸으리
말씀하시는 대로 우리 행하고 보내시는 곳에 우리 가리니
두려워하지 말고 신뢰하고 믿기만 하라

ㅁ 제임스 새미스 저작

* 새찬송가 449장

현대 찬양곡

"주 나의 왕" You Are My King (Amazing Love)

주 날 위해
버림 받으심으로
나 용서받고
용납됐네
날 위해 죽으시고
부활하신 주의 성령
내 안에 계시네

오 놀라운 주의 사랑
날 위해 죽으신 주
오 놀라운 주의 사랑
기쁨으로 경배해
내 삶 다해 주 경배해

주 나의 왕
주 나의 왕
예수 주 나의 왕
예수 주 나의 왕

나는 용서받았습니다
주님이 버림을 받으셨기 때문입니다
나는 용납받았습니다
나는 삶을 얻었습니다
주의 성령께서 내 안에 계십니다
이 모든 것은 주께서 죽으시고
다시 살아나셨기 때문입니다

놀라운 사랑
어떻게 왕이신 주님이
나를 위해 죽으셨나
놀라운 사랑
나는 그것이 참되다는 것을 압니다
주님을 높이는 것이 나의 기쁨입니다
내가 하는 모든 일을 통해 주님을 높입니다

주님은 나의 왕이십니다
주님은 나의 왕이십니다
예수님, 주님은 나의 왕이십니다
예수님, 주님은 나의 왕이십니다

ㅁ 빌리 제임스 푸트 작사 9

주

1 ESV, NASB, NLT, CSB에서는 (아담을 한 사람으로 지칭하며) "아담처럼"(like Adam)이라고 번역하는 반면, NIV, NET, RSV, NRSV에서는 "아담에서"(at Adam)라고 번역한다. *ESV Study Bible* 주석에서는 "아담은 누구 또는 무엇을 지칭하는가? 많은 주석가들이 지리적인 장소를 제안한다. 문제는 아담이라고 불리는 장소에서 언약을 깨뜨린 기록이 존재하지 않으며,……'~처럼'이라는 전치사(히브리어 케-)를 미심쩍은 방식으로 '에서'라는 뜻으로 새겨야만 한다는 것이다.……아담을 최초의 인간의 이름으로 이해하는 것이 최선이다[*ESV Study Bible* (Wheaton, IL: Crossway, 2008), 1631]. (『ESV 스터디 바이블』 부흥과개혁사)

2 죽음의 처벌은 아담과 하와가 죄를 지은 날에 집행되기 시작했지만, 그들의 몸이 쇠약해지고 죽게 될 때까지 오랜 시간에 걸쳐 천천히 집행되었다. 영적 죽음의 약속은 즉시 집행되었다. 그들이 하나님과의 사귐으로부터 단절되었기 때문이다. 영원한 정죄의 죽음은 마땅히 그들의 것이었지만, 본문에 있는 구속의 실마리(창 3:15, 21 참조)는 이 처벌이 그리스도께서 값을 치르고 사신 구속을 통해 궁극적으로 극복되었음을 암시한다.

3 하지만 하나님이 노아에게 주신 언약에는 인간과 함께 동물도 포함되었다. 그분은 다시 홍수로 땅을 멸망시키지 않겠다고 약속하셨다(창 9:8-17 참조).

4 구약의 신자들이 오실 메시아를 신뢰함으로써만 구원을 받았다는 사실에 관한 논의로는 7장, 214-218쪽을 보라.

5 하나님이 다윗과 말씀을 나누시며(특히 삼하 7:5-16; 또한 렘 33:19-22을 보라), 다윗 가문의 왕이 하나님의 백성을 영원히 다스릴 것이라는 약속을 다윗에게 주셨을 때, 아브라함에게 주신 언약의 약속이 갱신되었으며 그것에 대한 추가적인 확신이 주어졌다. 아브라함, 다윗과 맺으신 언약과 새 언약에 나타난 하나님의 약속의 연속성에 관한 탁월한 논의로는 Thomas E. McComiskey, *The Covenants of Promise: A Theology of the Old Testament Covenants* (Grand Rapids: Baker, 1985) 특히 59-93을 보라.

6 전반적인 약속의 언약(covenant of promise)과 하나님이 여러 다른 시대에 사용하셨던, 다양하게 집행된 언약(administrative covenants)의 차이에 관한 탁월한 논의로는 McComiskey, *Covenants of Promise*, 특히 139-177, 193-211을 보라.

7 이 세대의 목록은 많은 곳에서 찾아볼 수 있지만, Steve Johnson, "How Does the Bible Fit Together? Three Views" at http://www.ps.edu/bible-fit-together-three-views/에서 이 목록을 인용했다.

8 같은 글. 점진적 언약론(progressive covenantalism)에 대한 자세한 설명은 Peter Gentry and Stephen Wellum, *Kingdom through Covenant: A Biblical-Theological Understanding of the Covenants*, second ed. (Wheaton, IL: Crossway, 2018)과 Stephen Wellum and Brent Parker, eds., *Progressive Covenantalism: Charting a Course between Dispensational and Covenantal Theologies* (Nashville: B&H, 2016)에서 확인할 수 있다. (『언약과 하나님 나라』 새물결플러스)

9 Copyright © 1999 worshiptogether.com Songs (ASCAP) (adm. at CapitolCMGPublishing.com). All rights reserved. Used by permission.

4부 · 그리스도와 성령에 관한 교리

26. 그리스도의 위격

온전한 신성과 온전한 인성을 지닌 예수께서는 어떻게 한 위격일 수 있는가?

설명과 성경적 기초

우리는 그리스도의 위격에 관한 성경의 가르침을 다음과 같이 요약할 수 있다. 예수 그리스도는 한 위격 안에서 온전히 하나님이자 온전히 인간이시며 영원히 그처럼 존재하실 것이다.

방대한 성경 자료는 이 정의를 뒷받침한다. 우리는 그리스도의 인성을 먼저 논하고, 그다음에는 그분의 신성을 논할 것이다. 그리고 예수의 신성과 인성이 그리스도의 한 위격 안에서 어떻게 연합되어 있는지 설명하고자 한다.

A. 그리스도의 인성

1. 동정녀 탄생

그리스도의 인성을 논할 때, 그리스도의 동정녀 탄생에 대한 고찰로 시작하는 것이 적절하다. 성경은 예수께서 성령의 사역에 의해 인간 아버지 없이 그분의 어머니인 마리아의 자궁 안에서 잉태되었다고 말한다.

"예수 그리스도의 나심은 이러하니라. 그의 어머니 마리아가 요셉과 약혼하고 동거하기 전에 성령으로 잉태된 것이 나타났더니."마 1:18 이후에 주의 사자는 마리아와 정혼한 요셉에게 "다윗의 자손 요셉아, 네 아내 마리아 데려오기를 무서워하지 말라. 그에게 잉태된 자는 성령으로 된 것이라"고 알렸다.마 1:20 이에 요셉이 "주의 사자의 분부대로 행하여 그의 아내를 데려왔으나 아들을 낳기까지 동침하지 아니하더니 낳으매 이름을 예수라 하"였다.마 1:24-25

누가복음도 동일한 사실, 곧 천사 가브리엘이 마리아에게 나타난 사건을 보도한다. 천사가 그에게 아들을 낳을 것이라고 고지하자, 마리아는 "나는 남자를 알지 못하니 어찌 이 일이 있으리이까"라고 말한다. 그때 천사는 이렇게 대답한다.

성령이 네게 임하시고 지극히 높으신 이의 능력이 너를 덮으시리니. 이러므로 나실 바 거룩한 이는 하나님의 아들이라 일컬어지리라.눅 1:35; 3:23 참조

최소한 세 가지 영역에서 동정녀 탄생의 교리적 중요성을 확인할 수 있다. 첫째, 이것은 구원이 궁극적으로 주께로부터 와야만 한다는 것을 보여준다. 여자의 "후손"창 3:15이 궁극적으로 뱀을 멸할 것이라고 하나님이 약속하셨듯이, 그분은 그저 인간의 노력을 통해서가 아니라 그분 자신의 능력으로 그 일을 이루셨다. 그리스도의 동정녀 탄생은 구원이 결코 인간의 노력을 통해 이루어질 수 없으며 반드시 하나님이 친히 이루시는 일이어야만 한다는 것을 우리에게 상기시켜 준다. 우리의 구원은 하나님이 행하시는 초자연적인 일을 통해서만 이루어지며, 이는 예수의 삶이 시작될 때부터 명백했다. "하나님이 그 아들을 보내사 여자에게서 나게 하시고 율법 아래에 나게 하신 것은 율법 아래에 있는 자들을 속량하시고 우리로 아들의 명분을 얻게 하려 하심이라."갈 4:4-5

둘째, 동정녀 탄생을 통해 온전한 신성과 온전한 인성이 한 위격 안에서 연합되는 것이 가능해졌다. 이는 하나님이 그분의 아들을 인간으로 세상에 보내기 위해 사용하신 수단이었다.요 3:16; 갈 4:4 참조 그리스도께서 이 땅에 오시는 다른 가능한 방식을 떠올려 본다면, 그 어떤 방식도 인성과 신성을 한 위격 안에 그토록 분명하게 연합할 수 없을 것이다. 하나님이 하늘에서 예수를 온전한 인간으로 창조하시고 인간 부모를 통하지 않고 그분을 하늘에서 땅으로 내려보내는 것이 가능했을지도 모른다. 하지만 그럴 경우 우리는 어떻게 예수께서 우리처럼 온전히 인간일 수 있는지 이해하기 어려웠을 것이며, 그분은 육신으로 아담에게서 내려온 인류의 일부가 될 수 없었을 것이다. 반면에 하나님이 예수를 세상에 보내어 두 인간 부모, 곧 아버지와 어머니 사이에서 태어나게 하시고, 그분의 생애 초기 어느 시

점에 그분의 온전한 신성이 그분의 인성과 기적적으로 연합하게 하는 것이 가능했을지도 모른다. 우리의 탄생과 그분의 탄생을 비교하면, 우리로서는 어떻게 예수께서 온전히 하나님이었는지를 이해하기 어렵다. 하지만 동정녀 탄생의 두 가지 다른 가능성을 생각하면, 하나님의 지혜를 알 수 있다. 하나님은 동정녀 탄생 안에서 신성과 인성이 결합되게 하셨고, 그 결과 인간 어머니로부터 태어났다는 사실은 예수의 온전한 인성을, 또한 성령에 의해 잉태되었다는 사실은 예수의 온전한 신성을 부여한다.[1]

셋째, 동정녀 탄생은 그리스도께서 유전된 죄 없이 참된 인성을 지닐 수 있게 한다. 24장에서 지적했듯, 모든 인간은 그들의 첫 번째 아버지인 아담으로부터 법적 죄책과 부패한 도덕적 본성을 물려받았다(이것을 유전된 죄 또는 원죄라고 부른다). 하지만 예수께 인간 아버지가 없으셨다는 사실은 아담으로부터 내려오는 계보가 부분적으로 중단되었음을 뜻한다. 예수께서 다른 모든 인간이 아담의 후손인 것과 정확히 같은 방식으로 아담의 후손이신 것은 아니다. 또한 이것은 다른 모든 인간에게 속한 법적 죄책과 도덕적 부패가 그리스도께 속하지 않은 이유를 이해할 수 있도록 도와준다.

천사 가브리엘이 마리아에게 했던 말은 이러한 생각을 담고 있는 것으로 보인다.

> 성령이 네게 임하시고 지극히 높으신 이의 능력이 너를 덮으시리니. 이러므로 나실 바 거룩한 이는 하나님의 아들이라 일컬어지리라.눅 1:35

성령께서 마리아가 예수를 잉태하게 하셨기 때문에 그 아이는 "거룩한 이"라고 불릴 것이다.[2] 이 결론이 인류 안에서 죄의 전달이 아버지를 통해서만 이루어진다는 것을 뜻하는 것은 아니다. 성경 어느 곳에서도 그처럼 주장하지 않는다. 우리로서는 아담으로부터 끊어지지 않고 내려오는 계보가 이 경우에는 중단되었으며, 예수께서 성령의 능력으로 잉태되셨다고 말하는 것으로 충분하다. 누가복음 1:35은 성령에 의한 이 잉태를 그리스도의 거룩하심이나 도덕적 순결과 연결한다. 우리는 이 사실을 묵상함으로써 인간 아버지의 부재로 인해 예수께서 전적으로 아담의 후손인 것은 아니며, 이 계보의 중단이 예수께서 온전한 인간이시면서도 아담으로부터 유전된 죄를 공유하지 않도록 하나님이 사용하신 방법이었음을 이해할 수 있다.

하지만 예수께서 마리아로부터 죄인의 본성을 물려받지 않으신 이유는 무엇인가? 로마 가톨릭은 이 물음에 대해 마리아 역시 죄가 없었다고 대답한다. 하지만 성경 어디에서도 그렇게 가르치지 않으며, 그 주장은 실제로 문제를 해결하지도 못한다(그렇다면 마리아가 그의 어머니로부터 죄를 물려받지 않은 이유는 무엇이겠는가?).[3] 더 나은 해결책은 마리아 안에서 이루어진 성령의 사역이 (예수께는 인간 아버지가 없으셨으므로) 요셉으로부터 죄가 전해지는 것을 막았을 뿐 아니라 기적적인 방법으로 마리아로부터 죄가 전해지는 것도 막았다고 말하는 것이다. "성령이 네게 임하시고…… 이러므로 나실 바 거룩한 이는 하나님의 아들이라 일컬어지리라."[눅 1:35]

이전 세대에는 성경의 진실성을 받아들이지 않는 이들이 동정녀 탄생 교리를 부인하는 경우가 많았다. 그러나 우리의 믿음이 성경의 진술에 의해 통제된다면, 우리는 이 가르침을 결코 부인하지 않을 것이다. 이 가르침의 교리적 중요성을 분별할 수 있든지 없든지, 무엇보다도 성경이 먼저 확증하기 때문에 우리는 이 가르침을 믿어야 한다. 물론 우주와 그 안에 있는 모든 것을 창조하신 하나님께 이 기적은 전혀 어려운 일이 아니다. 누구든지 동정녀 탄생이 불가능하다고 주장한다면, 성경의 하나님에 대한 자신의 불신앙을 고백하는 것일 뿐이다. 그러나 성경이 동정녀 탄생을 가르친다는 사실에 더해 우리는 이것의 교리적 중요성을 이해할 수 있으며, 그리스도의 위격에 관한 성경의 가르침을 바르게 이해하고자 한다면 먼저 이 교리를 명확히 밝히는 것이 중요하다.

2. 인간의 약함과 한계

a. 예수께서는 인간의 몸을 지니셨다. 예수께서 우리와 똑같은 인간의 몸을 지니셨다는 사실은 성경 본문을 통해 확인할 수 있다. 그분은 모든 인간이 태어나듯 태어나셨다.[눅 2:7 참조] 그분은 모든 인간이 그러하듯 똑같이 어린 시절을 거쳐 어른으로 자라셨다. "아기가 자라며 강하여지고 지혜가 충만하며 하나님의 은혜가 그의 위에 있더라."[눅 2:40] "예수는 지혜와 키가 자라

가며 하나님과 사람에게 더욱 사랑스러워 가시더라."눅 2:52

예수께서는 우리처럼 피곤해하셨다. "예수께서 길 가시다가 피곤하여 우물 곁에 그대로 앉으시니."요 4:6 그분은 십자가에 달리셨을 때 "내가 목마르다"고 하셨으며,요 19:28 광야에서 40일 동안 금식하신 뒤 "주리"셨다.마 4:2 그분은 육신적으로 약해질 때도 있었다. 그분이 광야에서 시험을 받으며 40일 동안 금식하실 때(이 시점에 인간의 신체적 힘은 거의 없어지며, 금식을 지속할 경우 신체에 회복할 수 없을 정도의 해를 입게 된다), "천사들이 나아와서 수종"들었으며마 4:11 이는 그분이 충분히 기력을 회복할 때까지 천사들이 돌보며 영양을 공급했다는 말일 것이다. 예수께서 십자가에 못 박히는 곳까지 가실 때 병사들은 구레네 사람 시몬에게 그분의 십자가를 지게 했다.눅 23:26 참조 그분은 태형을 당하신 까닭에 십자가를 질 정도의 기력이 남아 있지 않았을 것이다. 인간의 몸이라는 차원에서 그분이 갖는 한계의 절정은 십자가에 달려 죽으셨다는 사실이다.눅 23:46 참조 우리가 죽을 때 그러하듯 그분의 몸은 생명과 기능이 중단되었다.

또한 예수께서는 인간의 몸을 입으신 채로 죽은 자 가운데서 다시 살아나셨다. 물론 그것은 온전해지고 더 이상 약함이나 질병, 죽음에 굴복하지 않는 몸이었다. 그분은 제자들에게 자신이 실제 몸을 가지고 계신다는 것을 반복적으로 보여주신다. "내 손과 발을 보고 나인 줄 알라. 또 나를 만져 보라. 영은 살과 뼈가 없으되 너희 보는 바와 같이 나는 있느니라."눅 24:39 그분은 "살과 뼈"를 가지고 계시며 몸이 없는 "영"이 아님을 그들에게 보여주고 가르쳐 주신다. 이 사실을 뒷받침하는 또 다른 증거는 "구운 생선 한 토막을 드리니 받으사 그 앞에서 잡수"셨다는 것이다.눅 24:42-43; 또한 30절; 요 20:17, 20, 27; 21:9, 13 참조

또한 예수께서는 (온전해진 부활의 몸이지만) 바로 그 인간의 몸을 지닌 채 하늘로 올라가셨다. 그분은 떠나기 전에 "내가……다시 세상을 떠나 아버지께로 가노라"고 말씀하셨다.요 16:28; 17:11 참조 예수께서 하늘로 올라가신 방식을 통해 이곳 지상에서 육신의 몸으로 계셨던 그분의 존재와 하늘에서도 계속해서 그 몸으로 계시는 그분의 존재 사이의 연속성이 입증된다. 누가복음에서 예수께서는 그들에게 "영은 살과 뼈가 없으되 너희 보는 바와 같이 나는 있느니라"고 말씀하신다.눅 24:39 그다음에는 "그들을 데리고

베다니 앞까지 나가사 손을 들어 그들에게 축복하시더니 축복하실 때에 그들을 떠나 하늘로 올려지"신다.눅 24:50-51 비슷하게 사도행전도 예수께서 "그들이 보는데 올려져 가시니 구름이 그를 가리어 보이지 않게 하더라"고 보도한다.행 1:9

이 모든 본문을 통해 예수의 부활 이전의 몸은 모든 점에서 우리의 몸과 같았고, 부활 이후에는 여전히 "살과 뼈"로 되었지만 온전해진 몸, 곧 그리스도께서 다시 오시고 우리도 죽은 자 가운데서 다시 살아날 때 우리가 가지게 될 몸과 같다는 것을 알 수 있다.[4] 예수께서는 하늘에서도 계속해서 그 인간의 몸으로 존재하시며, 이를 가르치는 것이 승천의 목적이기도 했다.

b. 예수께서는 인간의 정신을 지니셨다. 예수의 "지혜와 키가 자라" 갔다는 사실눅 2:52은 그분이 다른 모든 아이들처럼 학습 과정을 거치셨다는 것을 말해 준다. 그분은 먹는 법, 말하는 법, 읽고 쓰는 법, 부모에게 순종하는 법을 배우셨다.히 5:8 참조 이 평범한 학습 과정은 그리스도의 인성 일부에 해당했다.

또한 예수께서 이 땅에 다시 오실 날에 관해 말씀하실 때, 우리는 그분이 우리와 동일한 인간의 정신을 가지고 계셨음을 알 수 있다. "그러나 그 날과 그때는 아무도 모르나니 하늘에 있는 천사들도 아들도 모르고 아버지만 아시느니라."막 13:32 [5]

c. 예수께서는 인간의 영혼과 감정을 지니셨다. 성경은 여러 본문을 통해 예수께서 인간의 영혼을 가지고 계셨다고 말한다. 예수께서는 십자가에 달려 죽으시기 전에 "지금 내 마음이 괴로우니"라고 말씀하셨다.요 12:27 조금 뒤에 요한은 "예수께서 이 말씀을 하시고 심령이 괴로워" 하셨다고 진술한다.요 13:21 두 구절 모두에서 '괴롭다'로 옮겨진 헬라어 단어는 '타라소'이며, 이 단어는 사람들이 불안하거나 위험을 느껴 갑자기 크게 놀라는 모습을 묘사할 때 자주 사용된다.[6]

이뿐만 아니라 예수께서는 십자가에 달려 죽으시기 이전에 자신이 어떤 고통을 맞게 될지를 아시고 "내 마음이 매우 고민하여 죽게 되었으니"라고 말씀하셨다.마 26:38 그분은 큰 슬픔을 느끼시며 마치 그 슬픔이 조금이라도 더 강해진다면 그분의 생명을 앗아 갈 것처럼 생각하신 것 같다.

예수께서는 인간의 모든 감정을 느끼셨다. 그분은 백부장의 믿음을 "놀랍게 여"기셨으며,마 8:10 나사로가 죽었을 때 슬퍼 우셨다.요 11:35 또한 감정이 가득한 마음으로 기도하셨다. "그는 육체에 계실 때에 자기를 죽음에서 능히 구원하실 이에게 심한 통곡과 눈물로 간구와 소원을 올렸고 그의 경건하심으로 말미암아 들으심을 얻었느니라."히 5:7

더 나아가 히브리서 기자는 "그가 아들이시면서도 받으신 고난으로 순종함을 배워서 온전하게 되셨은즉 자기에게 순종하는 모든 자에게 영원한 구원의 근원이 되시고"라고 진술한다.히 5:8-9 하지만 예수께서 죄를 짓지 않으셨다면, 어떻게 "순종함을 배"우실 수 있었겠는가? 예수께서는 점점 더 성숙해짐에 따라 다른 모든 인간 아이들처럼 점점 더 많은 책임을 맡으실 수 있었을 것이다. 예수의 부모는 성인이 된 예수에게 더 많은 순종을 요구했을 것이며, 하늘에게 계신 아버지께서는 예수에게 점점 더 어려운 책무를 수행하도록 명하셨을 것이다. 무거운 책무가 맡겨짐에 따라, 심지어 (히브리서 5:8에서 명시하듯이) 그 책무를 수행하기 위해 고통당하셔야만 했을 때 예수의 인간적인 도덕적 능력, 곧 점점 더 어려운 상황에서 순종하는 능력도 커졌다. 고된 훈련을 통해 그분의 도덕적 기개가 강화되었다고 말할 수도 있다. 하지만 이 모든 것에 있어서 그분은 단 한 번도 죄를 짓지 않으셨다.

광야에서만이 아니라 생애 전체를 통해 예수께서 혹독한 시험에 직면하셨음을 고려할 때 그분의 삶 속에 죄가 부재했다는 사실은 더욱더 놀랍다. 히브리서 기자는 "모든 일에 우리와 똑같이 시험을 받으신 이로되 죄는 없으시니라"고 말한다.히 4:15 예수께서 시험을 당하셨다는 사실은 그분이 시험받을 수 있는 참된 인성을 지니셨음을 뜻한다. 성경은 "하나님은 악에게 시험을 받지도 아니하시고"라고 말하기 때문이다.약 1:13

d. 예수와 가까웠던 사람들은 그분을 인간으로만 보았다. 마태는 예수의 사역 중에 일어난 놀라운 사건을 보도한다. 예수께서 갈릴리 전역에서 가르치시며 "백성 중의 모든 병과 모든 약한 것을 고치"셨고, 그 결과 "수많은 무리가" 그분을 따랐음에도마 4:23-25 그분이 고향 마을인 나사렛에 가셨을 때 오랫동안 그분을 알고 있었던 사람들은 그분을 받아들이지 않았다.

예수께서 이 모든 비유를 마치신 후에 그 곳을 떠나서 고향으로 돌아가사 그들의 회당에서 가르치시니. 그들이 놀라 이르되 이 사람의 이 지혜와 이런 능력이 어디서 났느냐 이는 그 목수의 아들이 아니냐 그 어머니는 마리아, 그 형제들은 야고보, 요셉, 시몬, 유다라 하지 않느냐 그 누이들은 다 우리와 함께 있지 아니하냐 그런즉 이 사람의 이 모든 것이 어디서 났느냐 하고 예수를 배척한지라.……그들이 믿지 않음으로 말미암아 거기서 많은 능력을 행하지 아니하시니라.마 13:53-58

예수를 가장 잘 알던 사람들, 30년 동안 그분과 함께 살며 일했던 이웃들은 그분을 그저 평범한 사람으로만 보았다. 물론 공정하고 친절하며 진실된 선인으로 보았지만, 기적을 행할 수 있는 하나님의 예언자로 보지 않았으며, 더욱이 육신을 입으신 하나님으로도 보지 않았다. 다음 구절에서 우리는 예수께서 모든 점에서 온전히 하나님이셨음을—한 위격 안에서 참으로 하나님이자 인간이셨음—보겠지만, 이 본문들이 지닌 힘을 깨달아야만 한다. 예수께서는 생애 첫 30년 동안 평범하게 사셨으며, 따라서 그분을 가장 잘 알던 나사렛 사람들은 그분이 권위 있게 가르치고 기적을 행하실 수 있음을 깨닫고 놀라워했다. 그분은 그들 중 한 사람이셨다. 그분은 "목수의 아들"이셨으며,마 13:55 친히 "목수"이기도 하셨다. 그분은 평범하셨으므로 그들은 "이 사람의 이 모든 것이 어디서 났느냐"라고 묻는다.마 13:56 또한 요한은 "그 형제들까지도 예수를 믿지 아니함이러라"고 진술한다.요 7:5

예수께서는 온전히 인간이셨으며, 그 결과 30년 동안 함께 일했던 사람들이나 함께 자랐던 형제들조차 그분이 그저 선인이 아니라 그것을 훨씬 능가하는 분이심을 깨닫지 못했다. 그들은 그분이 육신으로 오신 하나님이심을 전혀 알지 못했던 것으로 보인다.

3. 죄 없으심

신약은 예수께서 온전히 인간이셨으나, 한 가지 중요한 점에서는 우리와 다르셨다고 분명히 말한다. 즉 그분은 죄가 없으셨다. 어떤 이들은 예수께서 죄를 짓지 않으셨다면, 모든 인간이 죄를 짓기 때문에 그분은 참 인간이 아니라고 반론을 제기한다. 하지만 이 반론을 제기하는 이들은 지금 인간이 비정상적인 상태에 있음을 깨닫지 못하고 있을 뿐이다. 하나님은 우리를 죄인이 아니라 거룩하고 의로운 존재로 창조하셨다. 에덴동산에서 죄를 짓기 전 아담과 하와는 참으로 인간이었으며, 또한 비록 지금 우리는 인간으로서 살아가지만 하나님이 우리를 위해 의도하신 그 모습, 곧 온전하고 죄 없는 인간성이 회복될 때의 모습에 이르지 못한 채 살아간다.

신약은 예수의 죄 없으심을 자주 가르친다. 그분의 생애 초기부터 그에 관한 암시를 확인할 수 있다. 그분께는 "지혜가 충만하며 하나님의 은혜가 그의 위에 있"었다.눅 2:40 또한 사탄은 성공적으로 예수를 시험할 수 없었으며, 40일이 지난 후에도 그분이 죄를 짓도록 설득하는 데 실패했다. "마귀가 모든 시험을 다 한 후에 얼마 동안 떠나니라."눅 4:13 또한 공관복음 마태복음, 마가복음, 누가복음 안에서 예수께서 악을 행하셨다는 증거를 전혀 찾을 수 없다. 예수께서는 그분을 반대하는 유대인들에게 "너희 중에 누가 나를 죄로 책잡겠느냐"라고 물으셨으며,요 8:46 아무도 그분께 대답하지 못했다.

요한복음은 예수의 죄 없으심을 더 명시적으로 진술한다. 예수께서는 "나는 세상의 빛이니"라고 놀라운 선언을 하셨다.요 8:12 빛이 진실함과 도덕적 순결을 상징한다고 이해한다면, 여기서 예수께서는 그분이 진리의 원천이자 세상의 도덕적 순결과 거룩함의 원천이심을 주장하시는 것이다. 이것은 놀라운 주장이며 죄가 없는 사람만이 할 수 있는 주장이다. 이뿐만 아니라 그분은 하늘에 계신 아버지를 향한 순종에 관해 "나는 항상 그가 기뻐하시는 일을 행하므로"라고 말씀하셨다(요 8:29, 여기서 현재 시제는 행위의 지속성을 지시한다. '나는 그분이 기뻐하시는 일을 항상 하고 있다'). 생애 마지막에 그분은 "내가 아버지의 계명을 지켜 그의 사랑 안에 거하는 것 같이"라고 말씀하셨다.요 15:10 그분이 빌라도 앞에서 재판을 받으셨을 때 유대인들의 고발에도 불구하고 빌라도가 "나는 그에게서 아무 죄도 찾지 못하였노라"고 결론 내릴 수밖에 없었다는 사실은 의미심장하다.요 18:38

사도행전은 예수를 가리켜 "거룩한 자"나 "의로운 이"라고 여러 차례 부르며, 또한 비슷한 표현으로 그분을 지칭한다.행 2:27; 3:14; 4:30; 7:52; 13:35 참조 바울은 예수께서 인간으로 이 땅에 오셨으나 "죄 있는 육신"을 취하지 않으셨음을 분명히 하며, 하나님이 자신의 아들을 "죄 있는 육신의 모양으로 보내어 육신에 죄를 정하사"라고 말한다.롬 8:3 그분은 "죄를 알지도 못하신 이"이다.고후 5:21

히브리서 기자는 예수께서 시험을 받으셨다고 분명히 말하지만 동시에 그분이 죄를 짓지 않으셨다고 주장한다. "[예수께서는] 모든 일에 우리와 똑같이 시험을 받으신 이로되 죄는 없으시니라."히 4:15 그분은 "거룩하고 악이 없고 더러움이 없고 죄인에게서 떠나 계시고 하늘보다 높이 되신" 대제사장이시다.히 7:26 베드로는 구약의 이미지를 사용해 예수께서 모든 도덕적 부정으로부터 자유로우심을 천명하며 그분이 "흠 없고 점 없는 어린양" 같다고 묘사한다.벧전 1:19 예수께서 죽으셨을 때, 그것은 "의인으로서 불의한 자를 대신하셨으니 이는 우리를 하나님 앞으로 인도하려 하심이"다.벧전 3:18 그리고 요한은 그의 첫 번째 서신서에서 그분을 "의로우신 예수 그리스도"라고 부르며,요일 2:1 "그에게는 죄가 없"다고 말한다.요일 3:5 따라서 신약의 모든 주요한 부분에서 예수의 죄 없으심을 분명히 가르치고 있다. 그분은 참으로 인간이시지만, 죄는 없으셨다.

예수의 죄 없으심과 연관해서는, 그분이 광야에서 받으신 시험의 성격을 더 자세히 살펴보아야 한다.마 4:1-11; 막 1:12-13; 눅 4:1-13 이 시험의 본질은 예수께서 메시아이신 그분이 걸어가야 할 순종과 고난이라는 길에서 벗어나도록 설득하려는 시도였다. 그분은 "광야에서 사십 일 동안 성령에게 이끌리시며 마귀에게 시험을 받으"셨다.눅 4:1-2 많은 점에서 이 시험은 아담과 하와가 에덴동산에서 직면했던 시험과 유사했지만 훨씬 더 어려웠다. 아담과 하와는 하나님과, 또한 서로 사귐을 누렸으며 온갖 종류의 음식을 풍성히 먹을 수 있었다. 그들은 한 나무의 열매만 먹지 말라는 명령을 받을 뿐이었다. 그러나 예수께는 사귐을 나눌 사람도, 먹을 음식도 전혀 없었다. 또한 40일 동안 금식을 하신 뒤 그분은 육체적 죽음에 이르기 직전이었다. 두 경우 모두 요구된 순종은 하나님의 성품에 뿌리를 내린 영원한 도덕적 원리에 대한 순종이 아니라, 하나님의 구체적인 명령에 대한 순전한 순종의 시험이었다. 하나님은 아담과 하와에게 선과 악을 알게 하는 나무의 열매를 먹지 말라고 말씀하셨으며, 문제는 그분이 그처럼 말씀하셨다는 이유만으로 그들이 순종할 것인지 여부였다. 예수께서 광야에서 40일 동안 "성령에게 이끌리"셨던 경우는, 그 기간 동안 아무것도 먹지 않은 채 성령의 이끄심을 통해 성부께서 시험이 끝났으니 떠나도 좋다고 말씀하실 때까지 그곳에 머무르는 것이 성부의 뜻이었음을 그분은 알고 계셨던 것으

로 보인다.[7]

따라서 우리는 "네가 만일 하나님의 아들이어든 이 돌들에게 명하여 떡이 되게 하라"는 사탄의 도발이 얼마나 큰 시험이었는지 이해할 수 있다.[눅 4:3] 물론 예수께서는 하나님의 아들이었으며, 그분은 돌을 즉시 빵으로 만들 수 있는 능력을 가지고 계셨다. 그분은 물을 포도주로 바꾸고 보리떡과 물고기의 양을 늘릴 수 있는 분이셨다. 그분이 음식을 먹지 않는다면 생명을 잃을 것처럼 보였다는 사실 때문에 이 시험은 더욱 강력해졌다. 하지만 그분은 우리를 대신해 하나님께 온전히 순종하기 위해 오셨으며 인간으로서 그 일을 하러 오셨다. 이는 그분이 자신의 인간적인 능력만으로 순종하셔야만 함을 뜻했다. 만일 그분이 자신의 신적 능력을 활용해 시험을 쉽게 만드셨다면, 온전히 인간으로서 하나님께 순종하신 것은 아니라고 말할 수 있다. 사탄의 시험은 요구 사항에 대해 약간의 속임수를 써서 쉽게 순종할 수 있도록 신적 능력을 사용하라는 것이었다. 그러나 예수께서는 아담과 하와와 다르게 그분 자신에게 좋고 필요해 보이는 것을 취하기를 거부하셨고, 하늘에 계신 그분의 아버지의 명령에 순종하는 것을 택하셨다.

사탄에게 잠시 절하고 예배한다면 "천하 만국"을 다스리는 권위를 받게 될 것이라는 시험[눅 4:5]은 하늘에 계신 그분의 아버지께 평생토록 순종하는 길을 통해서가 아니라 어둠의 권세에 대한 잘못된 복종을 통해 권세를 받으라는 유혹이었다. 다시 말해, 예수께서는 쉬워 보이는 길을 거부하고 십자가에 이르는 순종의 길을 택하셨다.

마찬가지로 성전 꼭대기에서 뛰어내리라는 시험[눅 4:9-11 참조]은 하나님께 기적을 행하며 놀라운 방식으로 자신을 구원하기를 강요하라는 유혹이었다. 이로써 앞으로의 험난한 길, 곧 3년 동안 사람들의 필요를 채우고 권위를 가지고 가르치며 혹독한 반대 속에서도 절대적인 거룩함을 실천해 본을 보여야만 하는 그 길을 가지 않고도 많은 추종자를 모을 수 있다는 유혹이었다. 하지만 다시 한번 예수께서는 메시아로서 그분의 목표를 성취할 수 있는 이 쉬운 길에 저항하셨다(물론 실제로 이 쉬운 길로는 이러한 목표를 결코 성취할 수 없었다).

이 시험은 예수의 어린 시절과 성인 초기에 이루어지던 도덕적 강화와 성숙이라는 평생의 과정 중 정점에 해당했다. 이 과정에 관해 성경은 그분이 "지혜와 키가 자라 가며 하나님과 사람에게 더욱 사랑스러워 가"셨으며,눅 2:52 "받으신 고난으로 순종함을 배"우셨다고 말한다.히 5:8 광야 시험과 33년 동안 살면서 그분이 겪으신 다양한 시험을 통해 그리스도께서는 우리를 대신해서, 우리의 대표로서 하나님께 순종하셨으며, 이로써 아담이 실패했던 곳과 이스라엘 백성이 광야에서 실패했던 곳, 우리가 실패했던 곳에서 성공하셨다.롬 5:18-19 참조

우리는 이해하기 어렵지만, 성경은 이 시험을 통해 예수께서 우리를 이해하고 우리가 시험을 당할 때 우리를 도울 수 있는 능력을 얻으셨다고 말한다. "그가 시험을 받아 고난을 당하셨은즉 시험 받는 자들을 능히 도우실 수 있느니라."히 2:18 계속해서 히브리서 기자는 우리의 약함에 공감하실 수 있는 예수의 능력을 우리처럼 그분이 시험받으셨다는 사실과 연결한다. "우리에게 있는 대제사장은 우리의 연약함을 동정하지 못하실 이가 아니요 모든 일에 우리와 똑같이 시험을 받으신 이로되 죄는 없으시니라. 그러므로 우리는 긍휼하심을 받고 때를 따라 돕는 은혜를 얻기 위하여 은혜의 보좌 앞에 담대히 나아갈 것이니라."히 4:15-16

이것은 우리에게 실천적으로 적용될 수 있다. 시험에 맞서 씨름하는 모든 상황 속에서 우리는 예수의 삶을 묵상해야 한다. 그분의 삶을 조금만 묵상해 보면, 우리가 날마다 직면하는 시험에 그분이 겪으신 시험과 매우 비슷한 것들이 있음을 깨달을 수 있을 것이다.[8]

4. 예수께서 죄를 지으실 수도 있었는가?

때때로 '그리스도께서 죄를 지으시는 것이 가능했는가?'라는 물음이 제기된다. 어떤 이들은 그리스도께서 죄를 지으실 수 없다고 주장한다.[9] 다른 이들은 예수께서 죄를 지으실 수 없었다면, 그분이 받으신 시험은 실제적일 수 없었을 것이라고 반론을 제기한다. 시험받는 사람이 죄를 지을 수 없다면, 어떻게 시험이 실제적일 수 있겠는가?

이 물음에 답하기 위해서는 성경이 명확히 밝히는 것과 속성상 우리가 추론할 수 있는 것을 구별해야 한다. (1) 성경은 그리스도께서 절대로 실제적인 죄를 짓지 않으셨다고 말한다. 이 사실에 관해서는 우리 마음속

에 어떤 의문도 없어야 한다. (2) 또한 성경은 예수께서 시험을 받으셨으며, 그것이 실제적인 시험이었다고 분명히 말한다.눅 4:2 참조 성경을 믿는다면 우리는 그리스도께서 "모든 일에 우리와 똑같이 시험을 받으신 이로되 죄는 없으시니라"고 주장해야 한다.히 4:15 그렇지 않다면 우리는 잘못된 결론, 곧 성경의 분명한 진술과 모순되는 결론에 도달하게 된다.

(3) 또한 우리는 성경과 더불어 "하나님은 악에게 시험을 받지도 아니하시고"라고 분명히 말해야 한다.약 1:13 하지만 여기서 문제가 어려워진다. 만일 예수께서 온전히 인간이실 뿐 아니라 온전히 하나님이시라면, (어떤 의미에서) 예수께서 "악에게 시험을 받으실 수 없다"라고 분명히 말해야 하지 않겠는가?

성경의 명시적인 진술과 관련해 우리가 말할 수 있는 것은 여기까지다. 이 시점에서 우리는 성경이 우리의 이해와 직접적으로 모순되지 않더라도, 최소한 우리의 이해와 결합하기 어려워 보이는 수많은 다른 교리적 딜레마와 비슷한 딜레마에 직면하게 된다. 예를 들어, 삼위일체 교리에 관해 우리는 하나님이 세 위격으로 존재하시고, 각 위격은 온전히 하나님이시며, 한분 하나님이 계신다고 분명히 말해야 한다. 이 진술들은 모순적이지 않지만, 그럼에도 서로 연결해 이해하기 어렵다. 또한 이 진술들이 어떻게 서로 조화를 이루는지 이해할 때 어느 정도는 진전을 이룰 수 있지만, 최소한 이생에서는 우리가 이 어려운 문제를 최종적으로 이해할 수 없다는 것을 인정해야만 한다. 여기서도 사정이 비슷하다. 실제적인 모순은 없다. 성경은 "예수께서 시험을 받으셨다"라고 말하지, "예수께서 시험을 받지 않으셨다"라고 말하지 않는다(두 문장에서 "예수께서"와 "시험을 받으셨다"가 정확히 같은 의미로 사용되었다면, 이것은 모순이다). 성경은 "예수께서 시험을 받으셨고" "온전히 인간이셨으며" "온전히 하나님이셨고" "하나님은 시험을 받으실 수 없다"라고 말한다. 이처럼 성경의 가르침들을 조합할 때, 예수의 인성과 신성이 조화를 이루는 방식을 이해하는 것처럼 그분이 어떤 의미에서는 시험을 받으실 수 있지만, 또 다른 의미에서는 시험을 받으실 수 없음을 이해할 수 있는 가능성이 열린다. (이 가능성에 관해서는 아래에서 더 자세히 논할 것이다.)

그렇다면 이제 우리는 성경의 명확한 진술을 넘어서서, 그리스도께서 죄를 지으셨을 수도 있었는지 여부에 관한 문제의 해결책을 제시하고자 한다. 하지만 다음의 해결책은 속성상 성경의 다양한 가르침을 조합하는 방법의 제안에 가까우며, 성경의 명시적 진술에 의해 직접적으로 지지받지 못한다는 것을 인정하는 것이 중요하다. 이것을 염두에 둔 채 우리는 다음과 같이 말할 수 있다.[10] (1) 만일 예수의 인성이 신성과 분리된 채 독립적으로 존재했다면, 이는 하나님이 아담과 하와에게 주셨던 것과 똑같은 인성이었을 것이다. 그것은 죄로부터 자유롭지만, 그럼에도 죄를 지을 수 있는 인성이었을 것이다. 그러므로 예수의 인성이 독립적으로 존재했다면, 아담과 하와의 인성이 죄를 지을 수 있었던 것처럼 예수께서도 죄를 지으실 수 있었던 추상적, 이론적 가능성을 논할 수 있다. (2) 그러나 예수의 인성은 결코 신성과 분리된 채로 존재하지 않았다. 그분은 잉태되는 순간부터 참으로 하나님이자 참으로 인간으로 존재하셨다. 그분의 인성과 신성은 모두 한 위격 안에 연합된 채로 존재했다. (3) 예수께서 (예를 들어, 굶주림이나 목마름, 약함처럼) 그분의 인성만으로 경험하셨고 신성으로는 경험하지 않았던 것들이 존재했지만, 그럼에도 죄의 행동은 그리스도의 위격 전체가 관여하는 도덕적 행동이었을 것이다. 그러므로 그분이 죄를 지으셨다면 여기에는 그분의 인성과 신성 모두가 관여했을 것이다. (4) 그러나 그리스도께서 한 위격으로 죄를 지으시고, 또한 죄에 그분의 인성과 신성이 모두 관여했다면 하나님이 죄를 지으신 셈이며, 따라서 그분은 더 이상 하나님이 아니셨을 것이다. 하지만 이는 하나님의 본성의 무한한 거룩함 때문에 명백히 불가능하다. (5) 그러므로 예수께서 죄를 지으시는 것이 실제로 가능했는지 묻는다면, 우리는 그것이 불가능했다고 결론지어야만 한다. 한 위격 안에서 그분의 인성과 신성이 연합되어 있었기 때문이다.

하지만 '그렇다면 예수께서 받으신 시험이 실제적이었는가?'라는 물음이 남는다. 돌을 떡으로 바꾸라는 시험의 사례가 이와 관련해 유익하다. 예수께서는 그분의 신성 안에서 이 기적을 행할 수 있는 능력을 가지고 계셨지만 그분이 이를 행하셨다면, 그분은 더 이상 그분의 인성만으로 순종하는 것이 아니었고 아담이 실패했던 시험에 실패하셨으며, 우리를 위해 구원을 획득하지 못하신 것과 같다. 그러므로 예수께서는 그분의 신성에 의지해 스스로를 위해 순종을 더 쉽게 만들기를 거부하셨다. 비슷한 방식으로 예수께서 죄를 짓게 하는 모든 시험을 그분의 신적 능력이 아니라 그분 인성의 힘만으로 이겨 내셨다고 결론짓는 것이 마땅해 보인다(물론 인성의 힘만으로는 아니었다. 예수께서 인간이 사용해야 할 그런 종류의 믿음을 사용하시면서 매 순간 성부 하나님과 성령께 온전히 의존하셨기 때문이다). 그분 신성의 도덕적 힘은 어떤 경우도 그분이 죄를 짓지 못하도록 막는 일종의 안전장치로 여전히 남아 있었지만(따라서 우리는 그분이 죄를 짓는 것은 가능하지 않았다고 말할 수 있다), 그분은 그분 신성의 힘에 의지해 시험에 직면하기를 쉽게 만들지 않으셨으며,[11] 그분이 사역을 시작하실 때 돌을 떡으로 바꾸기를 거부하신 사건은 이 점을 명백히 보여준다.

그렇다면 시험은 실제적이었는가? 많은 신학자들은 끝까지 시험에 성공적으로 저항한 자만이 시험의 힘을 온전히 느낀다고 지적해 왔다. 역도 경기에서 가장 무거운 바벨을 머리 위로 들어 올린 우승자가 그 바벨을 들어 올리려고 시도했다가 떨어뜨린 사람보다 그 무게를 더 온전히 느끼는 것처럼, 끝까지 시험을 성공적으로 이겨 낸 그리스도인은 그것에 즉시 굴복하기보다 이겨 내기가 훨씬 더 어렵다는 것을 알고 있다. 이는 예수께도 그대로 적용된다. 그분은 당하신 모든 시험을 끝까지 이겨 내고 승리하셨다. 그분은 시험에 굴복하지 않으셨지만 시험은 실제적이었다. 사실 그분이 굴복하지 않으셨기 때문에 시험은 더욱더 실제적이었다.

그렇다면 "하나님은 악에게 시험을 받지도 아니하시고"라는 사실에 관해서는 무엇을 말할 수 있는가?[약 1:13] 이는 우리가 예수의 신성에는 적용되지만 그분의 인성에는 적용되지 않는다고 밝혀야만 하는 수많은 사실 중 하나인 것처럼 보인다. 그분의 신성은 악에게 시험을 받을 수 없지만, 그분의 인성은 시험을 받을 수 있고 실제로 시험을 받았다. 시험에 직면할 때 이 두 본성이 한 위격 안에서 어떻게 연합되어 있었는지, 성경은 우리에게 분명히 설명하지 않는다. 하지만 이렇게 한 본성에 적용되는 바와 또 다른 본성에 적용되는 바를 구별하는 것은 성경이 우리에게 요구하는 수많은 비슷한 진술의 한 예다(이와 관련해 우리는 예수께서 어떻게 한 위격 안에서 하나님이면서 인간이실 수 있는지에 관해 논하면서 이를 구별한다. 995-1006쪽).

5. 예수의 온전한 인성이 필수적인 이유는 무엇이었는가?

요한이 첫 번째 서신을 쓸 때 그 교회에는 예수께서 인간이 아니셨다는 이단적 가르침이 유포되고 있었다. 이 이단은 가현설docetism로 알려졌다.[12] 그리스도에 관한 진리를 부인하는 이 거짓 교리가 심각했기에 요한은 이를 가리켜 "적그리스도"의 교리라고 말했다. "이로써 너희가 하나님의 영을 알지니 곧 예수 그리스도께서 육체로 오신 것을 시인하는 영마다 하나님께 속한 것이요 예수를 시인하지 아니하는 영마다 하나님께 속한 것이 아니니 이것이 곧 적그리스도의 영이니라."요일 4:2-3 사도 요한은 예수의 참된 인성을 부인하는 것은 기독교의 핵심 진리를 부인하는 것이며, 따라서 예수께서 "육체로 오신 것"을 부인하는 사람은 누구도 하나님으로부터 보내심을 받지 않았다고 이해하는 셈이다.

신약을 살펴봄으로써 우리는 예수께서 메시아로서 우리의 구원을 획득하기 위해 온전히 인간이셔야만 했던 몇 가지 이유를 확인할 수 있다. 여기서 그중 일곱 가지 이유를 열거해 보겠다.

a. 대표로서 순종을 위해. 앞서 하나님과 인간 사이의 언약을 다룬 장에서 지적했듯,[13] 예수께서는 우리의 대표로서 아담이 실패하며 불순종한 부분에서 우리를 위해 순종하셨다. 우리는 광야에서 예수께서 시험받으실 때눅 4:1-13 참조와 동산에서 아담과 하와가 시험받을 때창 2:15-3:7 참조의 유사성을 통해 이것을 확인할 수 있다. 또한 아담의 순종과 불순종에 있어서 아담과 그리스도의 유사성에 관한 바울의 논의에도 이 점이 분명히 반영되어 있다. "그런즉 한 범죄로 많은 사람이 정죄에 이른 것 같이 한 의로운 행위로 말미암아 많은 사람이 의롭다 하심을 받아 생명에 이르렀느니라. 한 사람이 순종하지 아니함으로 많은 사람이 죄인 된 것 같이 한 사람이 순종하심으로 많은 사람이 의인이 되리라."롬 5:18-19 그렇기 때문에 바울은 그리스도를 "마지막 아담"이라고 부르며고전 15:45 아담을 "첫 사람"으로, 그리스도를 "둘째 사람"으로 부른다.고전 15:47 예수께서는 우리의 대표가 되시고 우리를 대신해 순종하기 위해 인간이 되셔야 했다.

b. 화목제물이 되시기 위해. 만일 예수께서 인간이 아니셨다면, 그분은 우리를 대신해 죽으시고 우리가 마땅히 받아야 할 형벌을 담당할 수 없으셨을 것이다. "이는 확실히 천사들을 붙들어 주려 하심이 아니요 오직 아브

라함의 자손을 붙들어 주려 하심이라. 그러므로 그가 범사에 형제들과 같이 되심이 마땅하도다. 이는 하나님의 일에 자비하고 신실한 대제사장이 되어 백성의 죄를 속량하려 하심이라."히 2:16-17; 14절 참조 예수께서는 천사가 아니라 인간이 되셔야 했다. 하나님은 천사가 아니라 인간을 구원하고자 하셨기 때문이다. 하지만 인간을 구원하기 위해서는 그분이 모든 면에서 우리와 비슷하게 되심으로써 우리를 위한 화목제물, 곧 우리를 대신할 희생제물이 되셔야 했다. 이 사상은 속죄를 다루는 27장에서 더 자세히 논하겠지만, 여기서는 그리스도께서 온전히 인간이 아니셨다면 인간의 죄에 대한 형벌을 담당하기 위해 죽을 수 없으셨을 것임을 깨닫는 것이 중요하다.

c. 하나님과 인간 사이의 중보자가 되시기 위해. 우리는 죄로 인해 하나님으로부터 소외되어 있었기 때문에, 우리에게는 하나님과 우리 사이에 오셔서 우리를 다시 그분께로 인도할 누군가가 필요했다. 즉 우리에게는 하나님 앞에서 우리를 대표하며 우리를 향해 하나님을 대표하실 중보자가 필요했다. 이 요구 사항을 성취하신 단 한분이 존재한다. "하나님은 한분이시요 또 하나님과 사람 사이에 중보자도 한분이시니 곧 사람이신 그리스도 예수라."딤전 2:5 [14] 이 중보자 역할을 성취하기 위해 예수께서는 온전히 하나님이신 동시에 온전히 인간이 되셔야만 했다.

d. 하나님이 주신 인간의 본래 목적, 피조물을 다스리는 목적을 성취하기 위해. 하나님이 인간을 창조하신 목적에 관해 논의하면서 살펴보았듯,[15] 하나님은 그분을 대표해 인류로 하여금 땅을 정복하고 다스리게 하셨다. 하지만 인류는 그 목적을 성취하지 못했고 죄에 빠졌다. 히브리서 기자는 만물이 인간에게 복종하는 것이 하나님의 의도였음을 알고 있지만, "만물이 아직……복종하고 있는 것을 보지 못"했다고 진술한다.히 2:8 예수께서 인간으로 오셨을 때 그분은 하나님께 순종하시고 이로써 인간으로서 피조물을 다스릴 권리를 가지셨으며, 또한 인간을 향한 하나님의 본래 목적을 성취하셨다. 히브리서 기자는 이것을 깨달아 "우리가……영광과 존귀로 관을 쓰신 예수를 보니"라고 말한다.히 2:9 즉 예수께서 우주를 다스리는 자리에 계신다는 것이다. 실제로 예수께 "하늘과 땅의 모든 권세"가 주어졌으며,마 28:18 하나님은 "만물을 그의 발 아래에 복종하게 하시고 그를 만물 위에 교회의 머리로 삼으셨"다.엡 1:22 언젠가 우리는 보좌에 앉으신 그

리스도와 함께 다스릴 것이며,계 3:21 참조 우리의 주님이신 그리스도께 복종함으로 우리에게 땅을 다스리게 하신 하나님의 목적이 성취되는 것을 경험할 것이다.눅 19:17, 19; 고전 6:3 참조 예수께서는 인류로 하여금 피조물을 다스리게 하신 하나님의 본래 목적을 성취하기 위해 인간이 되셔야 했다.

e. 우리의 삶을 위한 본보기가 되시기 위해. 요한은 "그의 안에 산다고 하는 자는 그가 행하시는 대로 자기도 행할지니라.……그가 나타나시면 우리가 그와 같을" 것이라고 말한다.요일 2:6; 3:2 장차 우리가 그리스도의 성품과 같게 될 것이라는 이 소망을 품을 때 현재 우리의 삶도 도덕적으로 점점 더 순결하게 된다. 바울은 우리가 계속해서 "그와 같은 형상으로 변화하"고 있으며,고후 3:18 우리가 "그 아들의 형상을 본받게" 함이라는 목적,롬 8:29 곧 하나님이 우리를 구원하신 목적을 향해 나아간다고 말한다. 베드로는 우리가 특히 고통을 당할 때 그리스도께서 보이신 본보기를 생각해야 한다고 말한다. "그리스도도 너희를 위하여 고난을 받으사 너희에게 본을 끼쳐 그 자취를 따라오게 하려 하셨느니라."벧전 2:21 그리스도인으로 살아가는 동안 우리는 "믿음의 주요 또 온전하게 하시는 이인 예수를 바라보"며 우리가 달려야 할 길을 꾸준히 달려가야 한다.히 12:2 죄인들의 적대감과 반대로 인해 낙심하게 될 때도 우리는 "죄인들이 이같이 자기에게 거역한 일을 참으신 이를 생각"해야 한다.히 12:3 또한 예수께서는 죽음에서도 우리의 본이 되신다. 바울의 목표는 "그의 죽으심을 본받"는 것이다.빌 3:10; 또한 행 7:60; 벧전 3:17-18과 4:1 참조 우리의 목표는 죽음에 이르기까지 우리 삶의 모든 날에 그리스도를 닮고, 하나님을 향한 굳은 신뢰와 타인에 대한 사랑과 용서로 하나님께 신실하게 순종하는 것이어야 한다. 예수께서는 우리에게 본보기를 보여주시기 위해 우리와 같은 인간이 되셔야 했다.

f. 우리의 속량된 몸을 위한 "첫 열매"가 되시기 위해. 바울은 예수께서 죽은 자 가운데서 부활하셨을 때 새로운 몸으로 다시 살아나셨다고 말한다. 그분은 "썩지 아니할 것으로……영광스러운 것으로 다시 살아나며……강한 것으로 다시 살아나며……신령한 몸으로 다시 살아"나셨다.고전 15:42-44 예수의 이 부활의 몸은 우리가 죽은 자 가운데서 다시 살아날 때 가지게 될 몸의 본보기다. 그리스도께서는 "첫 열매"이시기 때문이다.고전 15:23 이 농작물 비유는 그리스도를 수확의 "첫 열매"에 빗대어 설명한다.

이 "첫 열매"는 수확할 다른 열매가 어떤 모습일지 보여준다. 지금 우리는 아담의 몸을 가지고 있지만, 장차 우리는 그리스도의 몸과 비슷한 몸을 가지게 될 것이다. "우리가 흙에 속한 자의 형상을 입은 것 같이 또한 하늘에 속한 이의 형상을 입으리라."고전 15:49 예수께서는 "죽은 자들 가운데서 먼저 나신 이", 곧 우리가 나중에 가지게 될 몸을 위한 본보기가 되기 위해 인간으로 부활하셔야 했다.골 1:18

g. 대제사장으로서 우리의 연약함을 동정하시기 위해. 히브리서 기자는 "그가 시험을 받아 고난을 당하셨은즉 시험 받는 자들을 능히 도우실 수 있느니라"고 말한다.히 2:18; 4:15-16 참조 만일 예수께서 인간이 아니셨다면, 그분은 우리가 겪는 이생의 시험과 역경을 경험으로 알 수 없으실 것이다. 하지만 그분은 인간으로 사셨기에 삶의 경험에서 우리의 연약함을 더 온전히 이해하고 동정하실 수 있다.[16]

6. 예수께서는 영원히 인간으로 존재할 것이다

예수께서는 죽음과 부활 이후에도 인성을 포기하지 않으셨다. 그분은 부활 이후에 인간으로서, 심지어 못 자국이 손에 그대로 남은 채 제자들에게 나타나셨다.요 20:25-27 참조 그분은 "살과 뼈"를 지니셨으며눅 24:39 음식을 잡수셨다.눅 24:41-42 나중에 그분은 여전히 부활하신 인간의 몸으로 승천하셨으며, 두 천사는 그분이 똑같은 모습으로 다시 오실 것이라고 약속했다. "너희 가운데서 하늘로 올려지신 이 예수는 하늘로 가심을 본 그대로 오시리라."행 1:11 그 후에 스데반은 하늘을 올려다보았을 때 "인자가 하나님 우편에 서신 것"을 보았다.행 7:56 또한 예수께서는 다메섹으로 가는 길에 사울에게 나타나셔서 "나는 네가 박해하는 예수라"고 말씀하셨다.행 9:5 바울은 예수께서 자신에게 나타나신 사건과 부활하신 몸으로 다른 이들에게 나타나신 사건을 연결 지었다.고전 9:1; 15:8 참조 요한계시록에 기록된 요한의 환상에서 예수께서는 큰 영광과 능력으로 가득 차 있었으며, 그분이 나타나심으로 인해 요한은 경외하는 마음으로 그 발 앞에 엎드릴 수밖에 없었지만,계 1:13-17 참조 그분은 여전히 "인자 같은 이"로 나타나신다.계 1:13 그분은 언젠가 아버지의 나라에서 제자들과 다시 포도주를 마시게 될 것이라고 약속하시며,마 26:29 참조 하늘에서 열릴 성대한 혼인 잔치에 우리를 초대하신다.계 19:9

참조 이뿐만 아니라 예수께서는 예언자와 제사장, 왕으로서 그분의 직분을 영원히 수행하실 것이며, 그분은 영원히 하나님인 동시에 인간이라는 사실로 인해 이 모든 직분을 완수하실 수 있다.[17]

이 모든 본문은 예수께서 일시적으로 인간이 되신 것이 아니라, 그분의 신성이 그분의 인성과 항구적으로 연합되었다고 말한다. 그분은 단지 영원하신 하나님의 아들, 삼위일체의 두 번째 위격으로서만이 아니라 마리아에게서 나신 인간 예수로서, 또한 그분 백성의 메시아이자 구원자이신 그리스도로서 영원히 살아 계신다. 예수께서는 영원히 온전한 하나님이자 온전한 인간이지만 한 위격으로 존재하실 것이다.

B. 그리스도의 신성

예수 그리스도에 관한 성경의 가르침을 완성하기 위해 우리는 그분이 온전히 인간일 뿐만 아니라 온전히 하나님이었다고 분명히 말해야 한다. 이 말이 성경에 명시적으로 등장하는 것은 아니지만, 교회는 예수께서 인간의 몸으로 이 땅에 오신 하나님이셨다는 사실을 가리켜 성육신incarnation이라는 용어를 사용해 왔다. 성육신은 성자 하나님이 스스로 인간의 본성을 취하신 그분 자신의 행위였다.[18] 신약에는 그리스도의 신성을 뒷받침하는 성경적 증거가 많다. 우리는 그 증거를 몇 가지 범위로 나누어 살펴보고자 한다.[19]

1. 성경의 직접적 주장

이 부분에서 우리는 예수께서 하나님이라고 말하는 성경의 직접적인 진술을 검토할 것이다.[20]

a. 그리스도에 관해 사용된 하나님테오스이라는 단어. 신약에서는 하나님을 뜻하는 '테오스'가 대부분 성부 하나님을 지칭하는 말로 사용되지만, 몇몇 본문에서는 이 단어가 예수 그리스도를 지칭하는 말로 사용된다. 그 본문들에서 '하나님'은 강력한 의미에서 하늘과 땅의 창조주이며 만물을 다스리는 통치자를 지칭하는 말로 사용된다. 그러한 예로 요한복음 1:1; 1:18(더 오래되고 더 나은 사본들); 20:28; 로마서 9:5; 디도서 2:13; (시편

45:6을 인용하는) 히브리서 1:8; 베드로후서 1:1 등이 있다.[21] 이 본문들은 14장에서 이미 다루었으며, 삼위일체의 각 위격이 온전히 하나님이라고 주장한다. 여기서 독자들은 그 내용을 간략하게 복습하기를 원할지도 모른다.[22] 신약에는 예수를 하나님으로 명시적으로 지칭하는 본문이 최소한 일곱 개 존재한다는 것을 지적하는 것으로도 충분하다.

그리스도께 하나님이라는 명칭이 적용된 구약의 한 가지 예시로 메시아에 관한 익숙한 본문을 들 수 있다. "이는 한 아기가 우리에게 났고 한 아들을 우리에게 주신 바 되었는데 그의 어깨에는 정사를 메었고 그의 이름은 기묘자라 모사라 전능하신 하나님이라."사 9:6

b. 그리스도에 관해 사용된 주퀴리오스라는 단어. '퀴리오스'라는 단어는 신분이 높은 사람을 공손하게 부르는 말로 사용되며, 이 경우 우리가 사용하는 선생님sir이라는 말과 거의 비슷한 의미를 가진다.마 13:27; 21:30; 27:63; 4:11 참조 또한 이 말은 하인이나 종의 주인을 뜻할 수 있다.마 6:24; 21:40 참조

하지만 칠십인역에서 이 단어는 히브리어 '여호와' 또는 (흔히 번역되듯이) '주'LORD의 헬라어 번역어로 사용되기도 한다. 칠십인역에서 '퀴리오스'라는 단어는 '주'라는 의미로 6,814번 사용된다. 그러므로 신약 시대에 헬라어를 사용하는 독자로서 칠십인역을 읽는 사람이라면 누구든지 '주'라는 단어가 적합한 맥락에서 사용될 때 하늘과 땅을 창조하고 유지하시는 분, 곧 전능하신 하나님의 이름임을 인식했을 것이다.

신약성경에서는 그리스도에 관해 '주'라는 단어가 사용되는데, 이러한 구약의 강력한 의미, 곧 여호와 또는 하나님으로서 '주'라는 의미로 이해할 수밖에 없는 수많은 사례가 존재한다. 천사가 베들레헴의 목자들에게 한 말에서 '주'라는 단어를 이처럼 사용했다는 사실은 매우 놀랍다. "오늘 다윗의 동네에 너희를 위하여 구주가 나셨으니 곧 그리스도 주시니라."눅 2:11 성탄절 이야기를 자주 읽은 우리에게는 이 말이 익숙하지만, 1세기 유대인은 아기로 태어난 누군가가 "그리스도"메시아이며,[23] 더 나아가 그분이 "주"—주 하나님—이시기도 하다는 말이 충격적이었을 것이다. 천사의 진술을 목자들이 믿을 수 없었던 이유는, 그 말이 사실상 '오늘 베들레헴에 너희의 구원자이자 메시아, 하나님인 아기가 태어났다'는 뜻이었기 때문이다. "듣는 자가 다 목자들이 그들에게 말한 것들을 놀랍게 여"긴 것

도 당연하다.눅 2:18

예수께서 태어나기 여러 달 전에 마리아가 엘리사벳을 방문했을 때, 엘리사벳은 "내 주의 어머니가 내게 나아오니 이 어찌 된 일인가"라고 말했다.눅 1:43 아직 예수께서 태어나지 않으셨으므로 엘리사벳이 '주'라는 단어를 인간 주인의 의미로 사용했을 리가 없다. 오히려 그녀는 구약의 의미로 이 단어를 사용한 것이 분명하며, 따라서 그녀의 말은 놀라운 의미를 갖게 된다. '주 하나님의 어머니가 나를 찾아오다니 어떻게 된 일인가?' 이는 매우 강력한 진술이며, 이 맥락에서 '주'라는 단어를 그보다 더 약한 의미로 이해하기는 어렵다.

광야에서 "너희는 주의 길을 준비하라. 그가 오실 길을 곧게 하라"마 3:3 고 외친 세례 요한의 말을 통해 또 다른 예를 확인할 수 있다. 여기서 요한은 주 하나님이 친히 그분의 백성 가운데 오신다고 말하는 이사야 40:3을 인용하고 있다. 하지만 문맥상 이 본문은 예수께서 오실 길을 예비하는 요한의 역할에 적용된다. 이는 예수께서 오실 때 주께서 친히 오실 것이라는 함의를 갖는다.

예수께서도 바리새인들에게 시편 110:1에 관해 물으시며, 그분 자신이 구약의 주권적인 주라고 말씀하신다. "주께서 내 주께 이르시되 내가 네 원수를 네 발 아래에 둘 때까지 내 우편에 앉아 있으라 하셨도다."마 22:44 이 진술이 놀라운 까닭은 "성부 하나님이 성자 하나님다윗의 주께 '내 우편에 앉아 있으라'고 말씀하셨다"라는 의미이기 때문이다. 바리새인들은 그분이 자신에 관해 말씀하고 계시며 스스로를 '퀴리오스', 곧 '주'라는 구약의 명칭으로 불리기 합당한 분이라고 선언하고 계심을 알고 있었다.

'주'가 그리스도를 가리키는 칭호로 자주 사용되는 서신서에서 이 용례를 확인할 수 있다. 바울은 "우리에게는 한 하나님 곧 아버지가 계시니 만물이 그에게서 났고 우리도 그를 위하여 있고 또한 한 주 예수 그리스도께서 계시니 만물이 그로 말미암고 우리도 그로 말미암아 있느니라"고 말한다.고전 8:6; 12:3 참조 신약은 예수의 신성을 천명하는 의미로 400회 이상 예수를 '주'라고 부른다.[24]

태초에 주께서 행하신 일을 (시편 102편을 인용하며) 그리스도에게 적용하는 히브리서 1장은 예수의 신성을 특별하고 분명히 밝히는 본문이라고 말할 수 있다.

또 주여, 태초에 주께서 땅의 기초를 두셨으며 하늘도 주의 손으로 지으신 바라. 그것들은 멸망할 것이나 오직 주는 영존할 것이요. 그것들은 다 옷과 같이 낡아지리니 의복처럼 갈아입을 것이요. 그것들은 옷과 같이 변할 것이나 주는 여전하여 연대가 다함이 없으리라.히 1:10-12

이 본문은 그리스도께서 만물을 창조하셨으며, 영원히 동일하게 남아 계시는 하늘과 땅의 영원한 주라고 명시적으로 말한다. 이처럼 '주'라는 용어를 사용해 그리스도를 지칭하는 가장 강력한 용례는 그리스도께서 정복하는 왕으로 다시 오실 것을 묘사하는 요한계시록 19:16이다. "그 옷과 그 다리에 이름을 쓴 것이 있으니 만왕의 왕이요 만주의 주라 하였더라."

c. 신성에 대한 다른 강력한 주장. '하나님'과 '주'라는 단어를 사용해 그리스도를 지칭하는 사례 외에도 그리스도의 신성을 강력하게 주장하는 다른 본문이 있다. 예수께서 유대인 반대자들에게 "아브라함은 나의 때 볼 것을……기뻐하였느니라"고 말씀하실 때,요 8:56 그들은 "네가 아직 오십 세도 못 되었는데 아브라함을 보았느냐"라고 이의를 제기했다.요 8:57 이때 "아브라함이 있기 전에 내가 있었다"라는 대답만으로도 그분의 영원성을 입증할 수 있었을 것이다. 하지만 예수께서는 그처럼 말씀하지 않으셨다. 그 대신 더 놀라운 주장을 하셨다. "진실로 진실로 너희에게 이르노니 아브라함이 나기 전부터 내가 있느니라."요 8:58 예수께서는 순서상 말이 통하지 않는 것처럼 보이는 두 주장을 결합하셨다. "과거의 무언가가 일어나기(아브라함이 있기) 전에 현재의 무언가가 일어났다(내가 있다)." 유대인 지도자들은 그분이 수수께끼를 내거나 말이 안 되는 소리를 하는 것이 아님을 즉시 알아차렸다. "내가 있느니라"고 말씀하셨을 때 그분은, 하나님이 모세에게 "나는 스스로 있는 자이니라"고 말씀하셨을 때출 3:14 사용한 것과 동일한 단어를 반복하셨다. 예수께서는 "스스로 있는 자"라는 칭호, 곧 그분 자신이 영원히 존재하시는 분, 존재의 원천이자 어제도 계셨고 오늘도 계시며 언제나 존재할 하나님이심을 밝히며 그 칭호를 스스로 취하셨다. 유대인들은 이 말씀을 들을 때 그분이 스스로 하나님이라고 주장한다는

사실을 알 수 있었다. "그들이 돌을 들어 치려 하거늘 예수께서 숨어 성전에서 나가시니라."요 8:59 [25]

신성에 대한 또 다른 강력한 주장은 요한계시록 마지막에 등장하는 예수의 말씀이다. "나는 알파와 오메가요 처음과 마지막이요 시작과 마침이라."계 22:13 요한계시록 1:18에 기록된 성부 하나님의 말씀"나는 알파와 오메가라"을 결합하면, 이 구절 역시 성부 하나님과 동등한 신성을 강력히 주장하는 말씀이 된다. 모든 역사와 모든 피조물을 다스리는 예수께서는 처음과 마지막이시다.

요한복음 1:1에서 요한은 예수를 "하나님"으로 부를 뿐만 아니라 그분을 가리켜 "말씀"로고스이라고 일컫는다. 요한의 독자들은 '로고스'라는 용어가 이중적 의미를 갖는다는 것을 알아차렸을 것이다. 즉 이 용어가 구약에서 하늘과 땅이 창조된 수단이기도 했던 강력하고 창조적인 하나님의 말씀시 33:6 참조과 헬라 사상에서 우주를 체계화하거나 통일하는 원리, 곧 우주를 지탱하고 우주가 의미를 가질 수 있게 하는 것을 모두 지칭함을 알아차렸을 것이다.[26] 요한은 예수를 이 두 가지 관념 모두와 동일시하고 있으며, 그분이 강력하고 창조적인 하나님의 말씀이며 우주를 체계화하고 통일하는 힘일 뿐만 아니라, 더 나아가 인간이라고 말한다. "말씀이 육신이 되어 우리 가운데 거하시매 우리가 그의 영광을 보니 아버지의 독생자의 영광이요 은혜와 진리가 충만하더라."요 1:14 이 또한 예수께서 인간이 되셨으며 인간으로서 우리 가운데 사셨다는 명시적인 진술과 결합된 인성에 대한 강력한 주장이다.

예수께서 자신을 "인자"라고 부르셨다는 사실도 신성에 대한 주장의 추가적인 증거가 된다. 사복음서에서 이 칭호는 84회 사용되지만, 예수께서 자신에 관해 말씀하실 때만 사용된다.마 16:13; 눅 9:18 참조 신약의 나머지 부분에서 "인자"the Son of Man, 정관사 the와 함께는 사도행전 7:56에서 단 한 번 사용되며, 여기서 스데반은 그리스도를 가리켜 "인자"라고 말한다. 이 독특한 용어의 배경은 다니엘 7장의 환상이다. 이 환상에서 다니엘은 "인자" 같은 이를 보았으며, 그가 "옛적부터 항상 계신 이"라고 말한다. 또한 "그에게 권세와 영광과 나라를 주고 모든 백성과 나라들과 다른 언어를 말하는 모든 자들이 그를 섬기게 하였으니 그의 권세는 소멸되지 아니하는 영원한 권세"라고 말한다.단 7:13-14 놀랍게도 이 "인자"는 "하늘 구름을 타고" 왔다.단 7:13 이 본문은 천상적 기원을 지니며 온 세상에 대한 영원한 통치권을 부여받은 누군가에 관해 말하고 있다. 예수께서 "이후에 인자가 권능의 우편에 앉아 있는 것과 하늘 구름을 타고 오는 것을 너희가 보리라"고 말씀하셨을 때마 26:64 대제사장들과 그 공회는 이 본문의 핵심을 놓치지 않았다. 그들은 예수께서 다니엘 7:13-14을 가리켜 이처럼 말씀하신 것이 틀림없으며, 그분이 자신을 가리켜 다니엘의 환상에서 말하는 천상적 기원을 지닌 세상의 영원한 통치자라고 주장하고 있음을 알았다. 그러므로 즉시 그들은 "그가 신성모독 하는 말을 하였으니……그는 사형에 해당하니라"고 선고했다.마 26:65-66 이전에 예수께서는 "인자"라는 칭호를 자신에게 적용하며 넌지시 신성을 주장하신 반면에, 여기서는 마침내 그분 자신이 세상의 영원한 통치자이심을 명시적으로 주장하기에 이른다.

"하나님의 아들"이라는 칭호가 이스라엘마 2:15이나 하나님이 창조하신 인간,눅 3:38 일반적으로 구속된 인간롬 8:14, 19, 23을 지칭하는 말로 사용될 수도 있지만, 그럼에도 "하나님의 아들"이라는 칭호가 하나님과 동등하며 천상의 영원한 아들이신 예수를 지칭하는 경우도 있다.마 11:25-30; 17:5; 고전 15:28; 히 1:1-3, 5, 8 특히 예수께서 성부를 온전히 계시하는,요 8:19; 14:9 성부로부터 오신 독생자요 1:14, 18, 34, 49임을 강조하는 요한복음에서 그 예가 두드러지게 나타난다. 아들이신 그분은 위대하시므로 우리는 그분이 영생을 주실 것이라고 신뢰할 수 있다(어떤 피조물에 대해서도 그렇게 말할 수 없을 것이다).요 3:16, 36; 20:31 또한 그분은 생명을 주시고, 영원히 심판하시며, 만물을 다스리실 모든 권세를 성부로부터 받은 분이기도 하다.요 3:36; 5:20-22, 25; 10:17; 16:15 아들이신 그분은 성부에 의해 보냄을 받으셨으며, 따라서 그분은 세상에 오기 전부터 계셨다.요 3:17; 5:23; 10:36

히브리서 1:1-3은 성자께서 하나님이 "만유의 상속자로 세우시고 또 그로 말미암아 모든 세계를 지으"신 분이며,히 1:2 "하나님의 영광의 광채시요 그 본체의 형상이"며 "그의 능력의 말씀으로 만물을 붙드"신다고 강력하게 선언한다.히 1:3 예수께서는 하나님의 "본체"휘포스타시스(존재, 본질)와 동일하신 분이며, 따라서 그분은 모든 속성에서 하나님과 정확히 동등하시다. 이뿐만 아니라 그분은 "그의 말씀의 능력으로" 우주를 계속해서 지탱하시는데, 이는 오직 하나님만 할 수 있는 일이다.

이 본문들을 하나로 묶어서 보면, "하나님의 아들"이라는 칭호가 그리스도께 적용되는 경우 삼위일체 안의 영원하신 성자로서 모든 속성에 있어서 성부와 동등하신 그분의 신성을 강력히 밝히고 있음을 알 수 있다.

2. 예수께서 신성을 지니셨다는 증거

위에서 인용한 예수의 신성을 선언하는 본문들 외에도 그분이 이 땅에서 행하신 일을 통해 그분의 신성을 가리키는 다수의 본문이 있다.

예수께서는 말씀으로 바다의 폭풍을 잠잠하게 하시고,[마 8:26-27 참조] 떡과 물고기의 양을 늘리시고,[마 14:19 참조] 물이 변해 포도주가 되게 하심으로써[요 2:1-11 참조] 그분의 전능함을 증명하셨다. 어떤 이들은 기적이란 성령께서 다른 인간을 통해서도 일하시듯 그분을 통해 일하시는 능력을 보여주는 사건이므로, 예수의 신성을 증명하지 않는다고 반론을 제기할지도 모른다. 그러나 이러한 사건들의 문맥 속에서 제시된 설명은, 기적이 성령의 능력에 관해 증명하는 것이 아니라 예수에 관해 증명하는 바를 가리키는 경우가 많다. 예를 들어, 예수께서 물이 변해 포도주가 되게 하셨을 때, 요한은 "예수께서 이 첫 표적을 갈릴리 가나에서 행하여 그의 영광을 나타내시매 제자들이 그를 믿으니라"고 진술한다.[요 2:11] 그분의 신적 능력이 물을 포도주로 변화시켰을 때 드러난 것은 성령의 영광이 아니라 예수의 영광이었다. 이와 비슷하게 예수께서 갈릴리 바다에서 폭풍을 잠잠하게 하셨을 때, 제자들은 "이 예언자를 통해 일하시는 성령의 능력은 얼마나 위대한가"라고 말하지 않고 "이이가 어떠한 사람이기에 바람과 바다도 순종하는가"라고 말했다.[마 8:27] 바람과 파도는 예수의 권위에 순종했으며, 이것은 바다를 다스리시며 파도를 잠잠하게 할 능력을 지니신 하나님의 권위를 통해서만 가능한 일이었다.[시 65:7; 89:9; 107:29 참조][27]

예수께서는 "아브라함이 나기 전부터 내가 있느니라"[요 8:58] 또는 "나는 알파와 오메가요"[계 22:13]라고 말씀하심으로써 그분의 영원성을 주장하신다.

그분이 사람의 생각을 아시고,[막 2:8 참조] 먼 곳에서 나다나엘이 무화과나무 아래 있는 것을 보시며,[요 1:48 참조] "믿지 아니하는 자들이 누구며 자기를 팔 자가 누구인지 처음부터 아"셨다는 것[요 6:64] 등을 통해 예수의 전지하심이 증명된다. 물론 개별적이며 구체적인 사건이나 사실에 대한 계시는 하나님이 신구약에서 예언의 은사를 지닌 모든 사람에게 주실 수 있다. 하지만 예수의 지식은 그보다 더 광범위했다. 그분은 "믿지 아니하는 자들이 누구"인지 아셨으며, 이는 사람들의 마음속에 있는 신앙이나 불신앙을 아셨음을 암시한다. 실제로 요한은 예수께서 "사람에 대하여 누구의 증언도 받으실 필요가 없었으니 이는 그가 친히 사람의 속에 있는 것을 아셨음이니라"고 분명히 말한다.요 2:25 이후에 제자들은 그분께 "우리가 지금에야 주께서 모든 것을 아시고 또 사람의 물음을 기다리시지 않는 줄 아나이다"라고 말하기도 했다.요 16:30 이 진술은 예수의 전지하심을 암시하기 때문에 신구약의 위대한 예언자나 사도에 관해 말할 수 있는 바를 훨씬 능가한다.[28]

마지막으로 부활 이후 예수께서 베드로에게 자신을 사랑하는지 물으셨을 때, 베드로는 "주님, 모든 것을 아시오매 내가 주님을 사랑하는 줄을 주님께서 아시나이다"라고 대답했다.요 21:17 여기서 베드로는 예수께서 자신의 마음을 아신다는 것보다 더 많은 것을 말한다. 그는 일반적인 진술"주님, 모든 것을 아시오매"을 하고 있으며, 그로부터 구체적인 결론"내가 주님을 사랑하는 줄을 주님께서 아시나이다"을 이끌어 낸다. 베드로는 예수께서 모든 사람이 마음에 품은 바를 아신다고 확신하며, 따라서 예수께서 자신의 마음도 아실 것이라고 확신한다.

'편재'라는 신적 속성에 관해서는, 이 속성이 예수의 지상 사역 동안 그분께 적용된다고 직접적으로 주장하기는 어렵다. 하지만 예수께서는 교회가 세워질 때를 기대하며 "두세 사람이 내 이름으로 모인 곳에는 나도 그들 중에 있느니라"고 말씀하셨다.마 18:20 이뿐만 아니라 그분은 이 땅을 떠나기 전에 제자들에게 "내가 세상 끝날까지 너희와 항상 함께 있으리라"고 약속하셨다.마 28:20 [29]

예수께서 죄를 용서하실 수 있다는 사실을 통해 신적 주권, 곧 하나님께만 속한 그 권위를 가지신다는 것을 확인할 수 있다.막 2:5-7 참조 "여호와께서 이르시되"라고 선언했던 구약의 예언자들과 다르게 그분은 "나는 너희에게 이르노니"라는 선언으로 말씀을 시작할 수 있었다.마 5:22, 28, 32, 34, 39, 44 이것은 그분 자신의 권위에 대한 놀라운 주장이다. 그분은 온전히 하나님이셨기 때문에 하나님의 권위를 가지고 말씀하실 수 있었다. 성부께서 그분의 손에 "모든 것"을 주셨으며, 그분이 선택한 사람이면 누구에게든지 성부를 계시할 수 있는 권위를 가지셨다.마 11:25-27 그분의 권위가 이러하므로 우주에 있는 모든 사람이 장차 처하게 될 영원한 상태는 그들이 그분을 믿는지, 아니면 거부하는지에 달려 있다.요 3:36 참조

또한 예수께서는 불멸이라는 신적 속성을 소유하셨다. 우리는 예수께서 유대인들에게 "너희가 이 성전을 헐라. 내가 사흘 동안에 일으키리라"고 말씀하시는 요한복음 서두에서 이것을 확인할 수 있다.요 2:19 요한은 그분이 예루살렘에 있는 돌로 만든 성전을 말씀하신 것이 아니라 "예수는 성전된 자기 육체를 가리켜 말씀하신 것이라. 죽은 자 가운데서 살아나신 후에야 제자들이 이 말씀하신 것을 기억하고 성경과 예수께서 하신 말씀을 믿었더라"고 설명한다.요 2:21-22 물론 우리는 예수께서 참으로 죽으셨다고 말해야 한다. 이 본문은 그분이 "죽은 자 가운데서 살아나신 후"에 관해 다루고 있다. 하지만 동시에 예수께서 그분 자신의 부활에서 능동적인 역할을 할 것이라고 예언하신다는 점도 중요하다. "내가……일으키리라." 성경의 다른 본문에서는 성부 하나님이 그리스도를 죽은 자 가운데서 다시 살아나게 하시는 능동적 주체이지만, 여기서는 그분이 자신의 부활에 있어서 능동적으로 일하실 것이라고 말씀하신다.

예수께서는 요한복음의 또 다른 본문에서 자신의 생명을 내려놓고 다시 가져올 권세를 주장하신다. "내가 내 목숨을 버리는 것은 그것을 내가 다시 얻기 위함이니 이로 말미암아 아버지께서 나를 사랑하시느니라. 이를 내게서 빼앗는 자가 있는 것이 아니라 내가 스스로 버리노라. 나는 버릴 권세도 있고 다시 얻을 권세도 있으니 이 계명은 내 아버지에게서 받았노라."요 10:17-18 여기서 예수께서는 다른 어떤 인간도 갖지 못했던 권세—자신의 목숨을 내려놓을 권세와 그것을 다시 가져올 권세—에 관해 말씀하신다. 다시 말해 이것은 예수께서 불멸이라는 신적 속성을 소유하셨음을 보여준다. 마찬가지로 히브리서 기자는 예수께서 "육신에 속한 한 계명의 법을 따르지 아니하고 오직 불멸의 생명의 능력을 따라" 제사장이 되셨다고 말한다.히 7:16 ("오직 [하나님께만] 죽지 아니함이 있"다고 말하는 디모데전서 6:16을 통해 불멸이 하나님만의 고유한 속성이라는 사실을 확인할 수 있다.)

그리스도의 신성에 대한 또 다른 명백한 증거는 그분이 예배를 받으

시기에 합당한 분으로 선포된다는 사실이다. 천사를 포함해 피조물에 속한 그 어떤 존재에 대해서도 그럴 수 없으며 오직 하나님에 대해서만 그렇게 말할 수 있다.계 19:10 참조 하지만 성경은 그리스도에 관해 "하나님이 그를 지극히 높여 모든 이름 위에 뛰어난 이름을 주사 하늘에 있는 자들과 땅에 있는 자들과 땅 아래에 있는 자들로 모든 무릎을 예수의 이름에 꿇게 하시고 모든 입으로 예수 그리스도를 주라 시인하여 하나님 아버지께 영광을 돌리게 하셨느니라"고 말한다.빌 2:9-11 마찬가지로 하나님은 천사들에게 그리스도를 예배하라고 명령하신다. "그가 맏아들을 이끌어 세상에 다시 들어오게 하실 때에 하나님의 모든 천사들은 그에게 경배할지어다 말씀하시며."히 1:6

요한은 하늘의 예배를 잠시 볼 수 있도록 허락받았다. 그는 하나님의 보좌 주위에 있는 수천수만의 천사들과 천상의 피조물들이 노래하는 소리를 듣는다. "죽임을 당하신 어린양은 능력과 부와 지혜와 힘과 존귀와 영광과 찬송을 받으시기에 합당하도다……하늘 위에와 땅 위에와 땅 아래와 바다 위에와 또 그 가운데 모든 피조물이 이르되 보좌에 앉으신 이와 어린양에게 찬송과 존귀와 영광과 권능을 세세토록 돌릴지어다."계 5:12-13 여기서 그리스도께서는 "죽임을 당하신 어린양"으로 불리며, 성부 하나님께 드려지는 우주적인 예배를 받으신다. 따라서 이것은 신성의 동등성을 명백히 입증한다.[30]

3. 케노시스 이론: 예수께서는 이 땅에 있는 동안 그분의 신적 속성 중 일부를 포기하셨는가?

바울은 빌립보인들에게 보낸 편지에서 "너희 안에 이 마음을 품으라. 곧 그리스도 예수의 마음이니. 그는 근본 하나님의 본체시나 하나님과 동등됨을 취할 것으로 여기지 아니하시고 오히려 자기를 비워 종의 형체를 가지사 사람들과 같이 되셨고"라고 말한다.빌 2:5-7 19세기에 이 본문을 근거로 독일과 영국의 일부 신학자들이 교회사에서 이전에 없던 성육신 이론을 주창하기 시작했다. 이 새로운 관점은 케노시스 이론kenosis theory으로 불렸으며, 그 전반적인 입장은 케노시스 신학kenotic theology으로 불렸다. 케노시스 이론은 그리스도께서 인간으로 이 땅에 있는 동안 그분의 신적 속성 중 일부를 포기하셨다고 주장한다. ('케노시스'라는 말은 헬라어 동사 '케노오'에서 유래했는데 이 동사는 일반적으로 '비우다'를 뜻하며 빌립보서 2:7에서는 "자기를 비워"로 번역된다.) 이 이론에 따르면, 그리스도께서는 인간으로 이 땅에 있는 동안 전지, 전능, 편재와 같은 그분의 신적 속성 중 일부를 스스로 비우셨다. 이것은 그리스도의 자발적 자기 제한이며, 그분은 자신의 구속 사역을 성취하기 위해 이것을 행하셨다.[31]

그러나 빌립보서 2:7이 그리스도께서 그분의 신적 속성 중 일부를 스스로 비우셨다고 가르치며 신약의 나머지 부분은 이것을 확증하는가? 성경의 증거는 두 가지 물음에 대해 모두 부정적으로 대답한다. 먼저 헬라어를 모국어로 사용했던 신학자들을 포함해 교회사의 첫 1800년 동안 인정받는 신학자들 중에서, 빌립보서 2:7의 "자기를 비워"를 하나님의 아들이 그분의 신적 속성 중 일부를 포기하셨음을 의미한다고 생각한 사람은 아무도 없었다. 둘째, 우리는 이 구절이 그리스도께서 '어떤 능력을 스스로 비워'나 '신적 속성을 스스로 비워' 또는 그와 비슷한 내용을 말하지 않는다는 점을 인정해야 한다. 셋째, 이 구절은 예수께서 이 '비움'으로 무엇을 하셨는지 설명한다. 그분은 "종의 형체를 가지"심으로써, 곧 인간으로 살기 위해 오심으로써, 그리고 "사람의 모양으로 나타나사 자기를 낮추시고 죽기까지 복종하셨으니 곧 십자가에 죽으심"으로써 비움을 행하셨다.빌 2:8 따라서 문맥 자체에 의해 이 '비움'은 예수께서 자기를 낮추고 낮은 신분과 지위를 취하신 것과 동일하게 해석된다. 따라서 NIV는 이 구절을 '그분이 자기를 비워'He emptied himself로 번역하지 않고, '자신을 아무것도 아닌 것으로 만드셔서'made himself nothing라고 번역한다.빌 2:7 NIV 비움에는 본질적 속성이나 본성이 아니라 역할과 지위의 변화가 포함된다.

이 문맥에서 바울이 목적으로 삼는 바를 통해 이처럼 해석해야 할 네 번째 이유를 확인할 수 있다. 그의 목적은 빌립보인들을 "아무 일에든지 다툼이나 허영으로 하지 말고 오직 겸손한 마음으로 각각 자기보다 남을 낫게 여기"도록 설득하고자 함이었고,빌 2:3 따라서 그는 이어서 그들에게 "각각 자기 일을 돌볼뿐더러 또한 각각 다른 사람들의 일을 돌보"라고 권면한다.빌 2:4 그는 그들이 겸손해지고 다른 이들의 일을 먼저 돌볼 수 있게 설득하기 위해 그리스도를 본보기로 제시한다. "너희 안에 이 마음을 품으

라. 곧 그리스도 예수의 마음이니. 그는 근본 하나님의 본체시나 하나님과 동등됨을 취할 것으로 여기지 아니하시고 오히려 자기를 비워 종의 형체를 가지사." 빌 2:5-7

하지만 바울은 빌립보인들에게 그들의 본질적 속성이나 능력을 포기하라고 요구하지 않는다. 즉 그는 그들에게 지성이나 힘, 기술을 포기하고 실제보다 더 못한 존재가 되라고 요구하지 않는다. 오히려 그는 그들에게 다른 이들의 일을 먼저 돌보라고 요구한다. "각각 자기 일을 돌볼뿐더러 또한 각각 다른 사람들의 일을 돌보아." 빌 2:4 이것이 바울의 목적이기 때문에, 그가 그리스도를 그처럼 행한 최고의 본보기로 제시하고 있다고 이해하는 것이 문맥에 부합한다. 그분은 다른 이들의 일을 먼저 돌보셨으며, 하나님으로서 그분의 것이던 특권과 지위 중 일부를 기꺼이 포기하셨다.

그러므로 이 구절에 대한 최선의 해석은 예수께서 하늘에서 그분의 것이던 지위와 특권을 포기하셨음을 말한다고 보는 것이다. 그분은 "하나님과 동등됨을 취할 것으로 여기지 아니하시고……자기를 비워", 곧 우리를 위해 "스스로 낮아지셔서" 우리 가운데 살아가기 위해 오셨다. 예수께서는 다른 곳에서 그분이 "창세 전에" 성부와 함께 가지셨던 "영화"에 관해 말씀하신다. 요 17:5 그분은 바로 이 영화를 포기하셨고, 하늘로 올라가셨을 때 다시 이 영화를 얻으실 것이다. 또한 바울은 그리스도께서 "부요하신 이로서 너희를 위하여 가난하게 되"셨다고 말한다. 고후 8:9 이 구절 역시 그분이 마땅히 받으셔야 하지만 우리를 위해 일시적으로 포기하셨던 특권과 영광에 관해 말한다.

마지막으로 빌립보서 2:7에 대한 케노시스 이론을 거부해야 할 다섯 번째 이유는 신약의 가르침과 성경 전체의 교리적 가르침이라는 더 광범위한 맥락 때문이다. 이처럼 중대한 사건이 일어난 것이 사실이라면, 곧 영원하신 하나님의 아들이 한동안 하나님의 모든 속성을 소유하기를 중단하셨다면(한동안 전지하고 전능하며 편재하기를 중단하셨다면), 서신서에 나타나는 한 단어에 대한 의심스러운 해석을 통해서만 그 사건을 발견할 수 있는 것이 아니라, 신약 전체에서 분명하고 반복적으로 가르칠 것이라고 예상할 수 있다. 그러나 우리가 확인할 수 있는 것은 정반대다. 다른 어느 본문에서도 하나님의 아들이 영원히 소유한 신적 속성 중 일부를 포기했다고 진술하지 않는다. 케노시스 이론이 옳다면 우리는 예수께서 이 땅에 있는 동안 온전히 하나님이셨다고 더 이상 주장할 수 없을 것이다(이것이 이 이론에 대한 근원적 반론이다).[32] 케노시스 이론은 궁극적으로 예수 그리스도의 온전한 신성을 부인하며 그분을 온전한 하나님이 아닌 존재로 만든다. 스미스는 "모든 형태의 고전적 정통은 케노시스 신학을 명시적으로 거부하거나 원칙적으로 거부한다"고 인정한다.[33]

사람들이 케노시스 이론에 설득력이 있다고 생각하는 주된 이유는 그들이 빌립보서 2:7이나 신약의 다른 본문에 대한 더 나은 해석을 발견했기 때문이 아니라, 사람들이 역사적, 고전적 정통에서 제시하는 그리스도 교리의 공식화된 표현에 불편함을 느끼기 때문이다. 현대의 합리적이며 과학적인 사람들은 예수 그리스도께서 참으로 인간이신 동시에 온전한 하나님이라는 것을 믿기 어려워한다.[34] 케노시스 이론은 예수께서 (어떤 의미에서) 하나님이었지만 신적 속성 중 일부, 곧 현대 세계에서 사람들이 받아들이기 힘든 속성들을 한동안 포기한 하나님이었다고 주장하는 것처럼 보인다.

4. 결론: 그리스도께서는 온전한 하나님이시다

신약은 많은 곳에서 예수를 "하나님"이나 "주님"으로 부르며, 하나님께만 적용될 수 있는 행동이나 말씀을 그분이 하셨다고 진술함으로써 그분의 절대적이고 온전한 신성을 반복적으로 밝힌다. "아버지께서는 모든 충만으로 예수 안에 거하게 하시고",골 1:19 "그 안에는 신성의 모든 충만이 육체로 거하시고."골 2:9 앞에서 우리는 예수께서 온전한 인간이심을 주장했다. 이제 우리는 그분이 또한 온전한 하나님이시라고 결론 내린다. 그분의 이름은 "임마누엘", 곧 "우리와 함께 계시"는 하나님이시다.마 1:23

5. 성육신 교리는 오늘날 이해할 수 없는 교리인가?

교회사 전체를 통해 그리스도의 온전한 신성에 관한 신약의 가르침에 반론이 제기되었다. 이 교리를 공격한 저서들 중 존 힉이 편집한 『성육신하신 하나님이라는 신화』는 여기서 다룰 만한 가치가 있다. 이 책의 기고자들은 모두 영국의 저명한 교회 지도자들이었고, 따라서 그로 인해 큰 논쟁이 일어났기 때문이다. 제목이 책의 논지를 그대로 드러낸다. 예수께서 성육신하신 하나님, 곧 육신이 되신 하나님이라는 것은 신화—이전 세대의 신앙에는 유익했지만 오늘날에는 믿을 수 없는 이야기—라는 주장이다.

이 책의 논증은 몇 가지 근본 전제로부터 시작된다. (1) 성경은 오늘날 우리에게 절대적인 신적 권위를 가지지 못한다. (2) 기독교는 모든 인간의 삶과 사상처럼 시간에 걸쳐 진화하며 변화하고 있다. 이 책의 핵심 주장은 1-2장에서 제시된다. 1장에서 모리스 와일스는 성육신 교리 없는 기독교가 가능하다고 주장한다. 교회는 성찬에서 그리스도의 실재적 임재와 성경의 무오성, 동정녀 탄생과 같은 이전의 교리들을 포기한 적 있다. 그러므로 전통적인 성육신 교리를 포기해도 여전히 기독교 신앙을 유지할 수 있다. 또한 성육신 교리는 성경에 직접적으로 나타나 있는 것이 아니라 초자연적인 것에 대한 믿음이 가능한 상황에서 기원했으며, 교회 역사에 걸쳐 이 교리는 논리적이거나 명료하게 이해할 수 있는 것이 아니었다.

2장에서 프랜시스 영은 그리스도에 관한 다양한 기록이 신약에 포함되어 있지만, 신약의 전체적인 가르침에서는 그리스도에 관한 단 하나의 관점, 또는 통일된 관점을 얻을 수 없다고 주장한다. 그리스도의 위격에 관한 초기 교회의 이해는 오랜 시간에 걸쳐 다양한 방향으로 발전되었다. 그는 오늘날도 상황이 비슷하다고 결론 내린다. 또한 우리도 각자 예수 그리스도에 관해 들을 때 다양하게 반응하고, 교회는 그 반응을 받아들일 수 있으며, 이 반응에는 그리스도가 하나님의 일을 특별히 행한 인물이지만 온전한 하나님이신 인간은 아니었다는 반응도 포함될 것이라고 그는 주장한다.[35]

복음주의 관점에서 대답하자면, 먼저 모든 점에서 진실한 신약을 신적 권위를 지닌 문서로 받아들일 수 없다고 전제하면, 예수의 신성을 전면적으로 거부하는 것이 가능해진다. 권위에 관한 이 논의는 그리스도의 위격에 관한 결론에서 차이를 가르는 중요한 구분선이 된다. 둘째, 성육신 교리에 대한 비판 중 다수는 이 교리가 논리적이지 않거나, 이해할 수 없다는 주장에 초점을 맞춘다. 하지만 핵심적으로 이 비판은 자연적 우주가 기적이나 성육신 같은 신적인 개입에 닫힌 체계, 곧 과학적 세계관에 부합하지 않는 모든 것을 받아들이지 않을 뿐이다. "예수께서는 한 위격 안에서 온전히 하나님이시자 온전히 인간이셨다"라는 주장은 모순이 아니지만, 우리가 이 시대에나 어쩌면 앞으로도 영원히 온전히 이해할 수 없는 역설이다. 하지만 우리가 이 교리에 논리적이지 않거나 이해 불가능하다는 꼬리표를 붙일 권리는 없다. 그 누구도 이 교리가 예수께서 온전히 하나님이신 동시에 온전히 인간이심을 완벽히 설명한다고 주장하지 않지만, 역사 전체에 걸쳐 교회가 해석해 왔던 성육신 교리는 논리적이며 이해할 수 있는 것이었다. 우리의 적절한 반응은 성육신에 관한 성경의 명확하고 핵심적인 가르침을 거부하는 것이 아니라, 그것이 역설로 남아 있음에도 하나님이 계시하기로 작정하신 모든 것이며 참되다고 인정하는 것이다. 만일 하나님과 성경에 기록된 그분의 말씀에 순종하고자 한다면, 우리는 그것을 믿어야 한다.

6. 예수의 신성은 왜 필수적인가?

앞에서는 예수께서 인간을 구원하기 위해 온전한 인간이셔야 했던 이유들을 살펴보았다. 여기서는 그리스도의 온전한 신성을 주장하는 것이 필수적임을 다룰 것이다. 성경이 이것을 분명히 가르치기 때문이며, 그 외에 다음과 같은 이유들도 있다. (1) 무한하신 하나님만이 그분을 믿는 사람들의 모든 죄에 대한 형벌을 온전히 담당할 수 있다. 유한한 피조물은 그 형벌을 감당할 수 없다. (2) "구원은 여호와께 속하였나이다"욘 2:9 라는 말씀과 성경의 메시지 전체가 어떤 인간이나 피조물도 인간을 구원할 수 없으며 오직 하나님만 구원하실 수 있음을 보여준다. (3) 참되고 온전한 하나님이신 그분만이 하나님과 인간 사이에 유일한 중보자가 될 수 있으며,딤전 2:5 참조 우리를 하나님께 다시 이끄는 동시에 하나님을 우리에게 온전히 계시하실 수 있다.요 14:9 참조

예수께서 온전한 하나님이 아니시라면, 우리에게는 구원이 없고 궁극적으로 기독교도 없다. 역사적으로 그리스도의 온전한 신성에 대한 믿음을 포기한 집단들이 기독교 신앙 안에 오래 남아 있지 못하고, 미국과 다른 곳에서 유니테리언주의로 대표되는 다른 종교로 변질된 것은 우연이 아니다. "아들을 부인하는 자에게는 또한 아버지가 없으되."요일 2:23 "지나쳐 그리스도의 교훈 안에 거하지 아니하는 자는 다 하나님을 모시지 못하되 교훈 안에 거하는 그 사람은 아버지와 아들을 모시느니라."요이 1:9

C. 성육신: 그리스도의 한 위격 안에 있는 신성과 인성

그리스도의 온전한 신성과 온전한 인성에 관한 성경의 가르침은 방대하며, 교회사 초기부터 두 가르침 모두를 믿어 왔다. 하지만 온전한 신성과 온전한 인성이 한 위격 안에서 어떻게 연합될 수 있는지에 관한 정확한 이해는 교회 안에서 점진적으로 공식화되었으며, 주후 451년 칼케돈 신조에 이르러 최종적인 형태를 갖추었다. 이전 시대에도 그리스도의 위격에 대한 견해들이 제시되었지만 부적절한 것으로서 거부되었다. 그중 한 견해, 곧 예수께서 온전한 하나님이 아니라고 주장하는 아리우스주의는 앞서 삼위일체 교리를 논한 장에서 다루었다.[36] 여기서는 이단으로 거부된 다른 세 견해를 다루고자 한다.

1. 그리스도의 위격에 관한 세 가지 부적절한 견해

a. 아폴리나리우스주의. 주후 361년경에 라오디게아의 주교가 된 아폴리나리우스는 그리스도의 한 위격이 인간의 몸을 가졌지만, 인간의 정신이나 영혼은 가지지 않았으며 그리스도의 정신과 영혼은 신적 본성으로부터 왔다고 가르쳤다. 이 견해는 표 26.1처럼 표현할 수 있다.

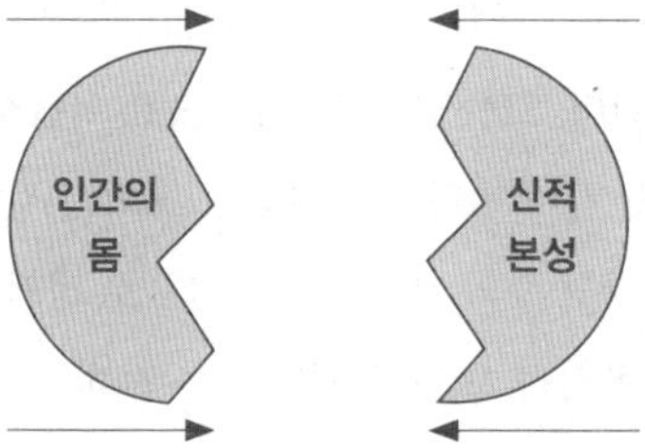

표 26.1 | 아폴리나리우스주의

그러나 아폴리나리우스의 견해는 당시 교회 지도자들에 의해 거부되었다. 교회 지도자들은 인간의 몸뿐만 아니라 인간의 정신과 영혼까지도 구원되어야 하며, 그리스도의 구속 사역에서 그분에 의해 대표되어야 함을 깨달았다. 그리스도께서 우리를 구원하고자 한다면, 그분은 온전하고 참된 인간이어야만 했다.히 2:17 아폴리나리우스주의는 주후 362년의 알렉산드리아 공의회로부터 주후 381년의 콘스탄티노폴리스 공의회에 이르기까지 여러 공의회에 의해 거부되었다.[37] 이 견해는 결국 참된 하나님이지만 온전한 인간이 아닌 그리스도로 귀결되기 때문에 이 견해를 거부했던 초기 교회의 지도자들의 판단은 옳았다.

b. 네스토리오스주의. 그리스도 안의 분리된 두 인격, 곧 인간의 인격과 신적 위격이 존재했다는 교리이며, 이 교리는 예수를 하나의 위격으로 보는 성경의 관점과 구별되는 가르침이다. 네스토리우스주의는 표 26.2처럼 나타낼 수 있다.

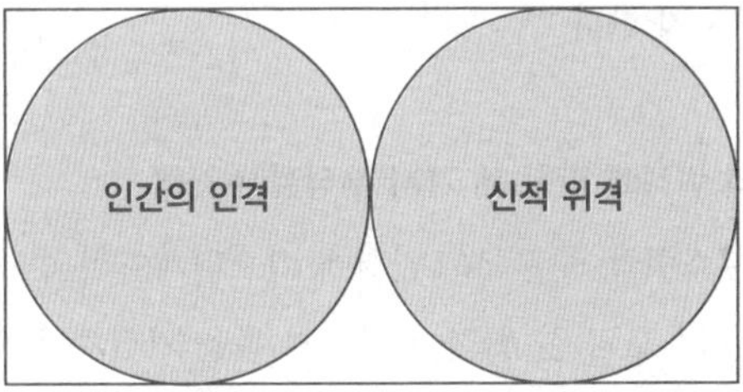

표 26.2 | 네스토리오스주의

네스토리오스는 안디옥의 인기 있는 설교자였고 주후 428년부터 콘스탄티노폴리스의 주교였다. 그는 자신의 이름으로 이단적 견해를 직접 가르친 적은 없었지만, 몇 가지 개인적인 갈등과 교회의 정치적 요소가 결합되어 주교직에서 쫓겨났고 그의 가르침은 이단으로 정죄되었다.[38]

그리스도가 구별되는 두 인격체였다는 견해를 당시 교회가 받아들일 수 없었던 이유를 이해해야 한다. 예를 들어, 성경 어디에서도 그리스도의 인성이 신성에 반대되는 행동을 선택한다고 말하지 않는다. 또한 그리스도 안에서 신성과 인성이 서로 이야기를 나눈다거나 갈등한다거나 또는 그와 비슷한 일이 있었다고 말하지 않는다. 오히려 우리는 통일성과 일치 속에서 행동하는 단일한 위격에 관한 일관된 묘사를 발견한다. 예수께서는 그분 자신과 성부를 함께 가리켜 "우리"라고 말씀하시지만,요 14:23 그 때를 제외하면 언제나 "우리"가 아니라 "나"로서 말씀하신다.[39] 성경은 언제나 예수를 가리켜 "그들"이 아니라 "그"라고 말한다. 그리고 우리가 가끔 성경에 기록된 진술과 행동 중 일부를 더 잘 이해하기 위해 신성과 인성의 각 행동을 구별할 수 있지만, 성경은 두 본성이 별개의 인격체인 것처럼 "예수의 인성이 이것을 했다" 또는 "예수의 신성이 그것을 했다"고 하지 않으며, 언제나 그리스도의 위격이 행하신 것을 말한다. 그러므로 교회는 예수께서 신성과 인성을 모두 소유하지만 한 위격이라고 계속해서 주장했다.

c. 단성론. **에우티케스주의** 세 번째 부적절한 견해는 단성론monophysitism이라고 불리며, 그리스도가 하나의 본성만을 가졌다는 견해다.모노스(하나), 퓌시스(본성) 초기 교회에서 이 견해의 주된 옹호자는 콘스탄티노폴리스의 수도원 지도자였던 에우티케스였다. 에우티케스는 네스토리오스주의와 반대되는 오류를 가르쳤다. 그는 그리스도 안의 신성과 인성이 각각 온전한 상태로 유지되는 것을 부인했다. 오히려 그는 그리스도의 신성과 인성 안으로 흡수되었고, 그 결과 두 본성이 변화되어 제3의 본성이 되었다고 주장했다.[40] 물이 든 컵에 잉크 한 방울을 떨어뜨리는 것이 에우티케스주의의 유비가 될 수 있다. 그 결과 생긴 혼합물은 순수한 잉크도 아니고 순수한 물도 아닌 제3의 물질, 곧 잉크와 물 모두가 변화된 둘의 혼합물이다. 이와 비슷하게 에우티케스는 예수께서 신성과 인성의 혼합물이며, 그 안에서 두 요소 모두가 변화되어 하나의 새로운 본성을 이루었다고 가르쳤다. 이것을 표 26.3과 같이 표현할 수 있다.

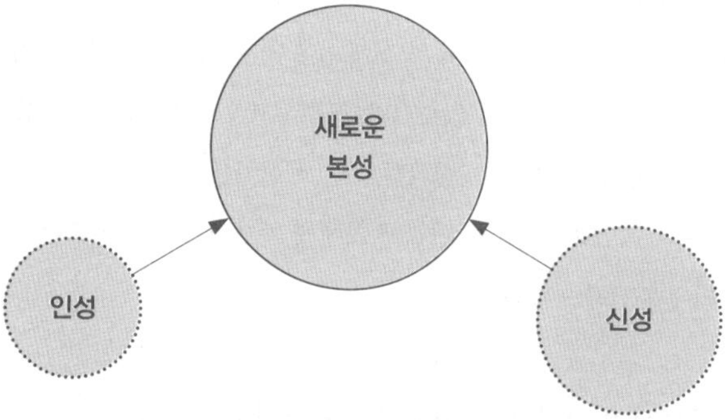

표 26.3 | 에우티케스주의

단성론도 교회 안에서 큰 문제를 일으켰다. 이 교리에 따르면 그리스도는 참된 하나님도 아니고 참된 인간도 아니다. 그렇다면 그분은 참된 인간으로서 우리를 대표할 수 없으며 참된 하나님으로서 우리를 구원할 수도 없다.

2. 논쟁에 대한 해법: 주후 451년의 칼케돈 신조

그리스도의 위격에 관한 논쟁을 해결하기 위해 주후 451년 10월 8일부터 11월 1일까지 칼케돈에서 공의회가 열렸다. 이 공의회의 결과로 작성된 선언문은 칼케돈 신조로 불리며, 아폴리나리우스주의와 네스토리오스주의, 에우티케스주의에 맞서 올바른 교리를 지켰다. 그 후로 이 문서는 기독교 내의 가톨릭, 개신교, 정교회 분파 모두가 그리스도의 위격에 관해 성경이 가르치는 표준적이며 정통적인 신조로 받아들이고 있다.

이 선언문은 길지 않으므로 그 전체를 인용하고자 한다.[41]

우리는 거룩한 교부들을 따르며 모두 한 마음으로 한분이시며 동일하신 성자 우리 주 예수 그리스도를 고백하도록 가르친다. 그분은 신성으로도 완전하시고 인성으로도 완전하시며, 참으로 하나님이시고 참으로 사람이시며, 이성적인 영혼과 몸을 가지신다. 신성으로는 성부와 동일본질이시며, 인성으로는 우리와 동일본질이시다. 모든 점에서 우리와 같으시나 죄는 없으시다. 신성으로는 만세 전에 성부로부터 나셨으며, 인성으로는 마지막 때에 우리와 우리의 구원을 위해 하나님의 어머니 동정녀 마리아에게서 태어나셨다. 한분이시며 동일하신 그리스도 성자 주 독생자께서 섞이지 않고 변하지 않으며 나뉘지 않고 분리되지 않는 두 본성으로 계심을 마땅히 인정해야 한다. 두 본성의 구별은 연합에 의해 절대로 없어지지 않고 오히려 각 본성의 속성이 한 위격과 한 실재 안에서 보존되고 협력한다. 그분은 두 위격으로 분할되거나 분리되지 않으시며, 한분이시자 동일하신 성자, 독생자, 말씀이신 하나님, 주 예수 그리스도이시다. 이는 예언자들이 처음부터 그분에 관해 선포했고, 주 예수 그리스도께서 친히 우리에게 가르치셨으며, 거룩한 교부들의 신조가 우리에게 전해준 바다.

그리스도께서 인간의 정신이나 영혼을 가지지 않으셨다는 아폴리나리우스의 견해에 맞서 이 선언문은 그분이 "참으로 사람이시며, 이성적인 영혼과 몸을 가지신다.……인성으로는 우리와 동일본질이시다. 모든 점에서 우리와 같"다고 말한다. ('동일본질'은 '같은 본성 또는 본질을 가진다'는 것을 뜻한다.)

그리스도께서 한 몸 안에 연합된 두 인격체라는 네스토리오스주의의 견해에 반대하며, 이 선언문은 "나뉘지 않고 분리되지 않는……한 위격과 한 실재 안에서 보존되고 협력한다.……두 위격으로 분할되거나 분리되지 않으"신다고 말한다.

그리스도께서 하나의 본성만 가지시며, 그분의 신성과 인성이 연합하여 제3의 새로운 본성을 이루었다는 단성론의 견해에 맞서, "섞이지 않고 변하지 않으며……두 본성의 구별은 연합에 의해 절대로 없어지지 않고 오히려 각 본성의 속성이 보존"된다고 말한다. 그리스도께서 인간일 때 인성과 신성은 혼합되거나 변화되지 않았으며, 인성은 인성으로, 신성은 신성으로 남아 있었다.

이 점을 설명할 때 표 26.4가 도움이 될 것이다. 앞의 표와 대조적으로 이 표는 영원하신 하나님의 아들이 참으로 인성을 스스로 취하셨고, 그리스도의 신성과 인성이 구별된 상태로 남아 있으며 그 고유한 속성을 유지하지만 한 위격 안에서 영원히 그리고 분리될 수 없도록 연합되어 있음을 보여준다.

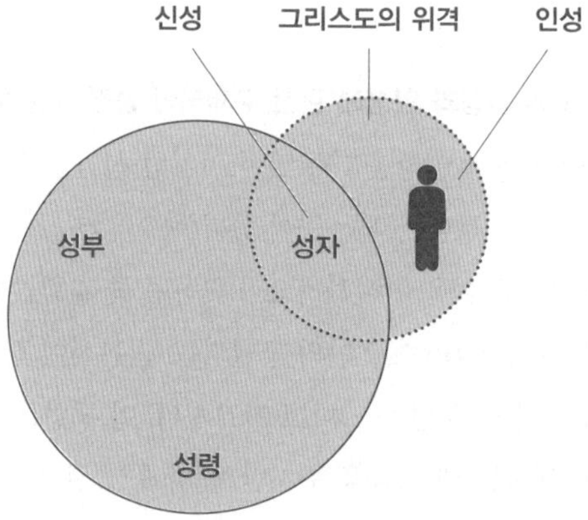

표 26.4 | 칼케돈 신조의 그리스도 이해

어떤 이들은 칼케돈 신조가 그리스도의 위격이 실제로 무엇인지에 대해 어떤 긍정적인 방식으로 정의한 것이 아니라, 단지 그렇지 않다는 것을 몇 가지만 말해 줄 뿐이라고 지적해 왔다. 그런 점에서 그들은 이것이 유익한 정의가 아니라고 말한다. 하지만 그 비판은 오해를 불러일으키며 부정확하다. 이 신조는 우리가 성경의 가르침을 바르게 이해하는 데 실제로 큰 도움을 준다. 칼케돈 신조는 그리스도께서 분명히 두 본성, 곧 신성과 인성을 지니신다고 가르쳤다. 또한 그분의 신성이 성부의 본성과 정확히 동일하며("신성으로는 성부와 동일본질이시며"), 인성은 우리의 인간적 본성과 정확히 동일하지만 죄는 없다고 가르쳤다("인성으로는 우리와 동일본질이시다. 모든 점에서 우리와 같으시나 죄는 없으시다"). 그뿐만 아니라 그리스도의 위격 안에서 인성이 그 특유의 속성을 유지하며 신성도 그 특유의 속성을 유지한다고 밝혔다("두 본성의 구별은 연합에 의해 절대로 없어지지 않고 오히려 각 본성의 속성이 한 위격과 한 실재 안에서 보존되고"). 마지막으로, 우리가 그것을 이해할 수 있든 없든, 이 두 본성이 그리스도의 한 위격 안에서 연합되어 있다고 확증했다.

칼케돈 신조에서 그리스도의 두 본성이 "한 위격과 한 실재 안에서" 함께 나타난다고 말할 때, "실재"로 번역된 헬라어 단어는 존재를 뜻하는 '휘포스타시스'이다. 따라서 한 위격 안에서 그리스도의 신성과 인성의 연합을 위격적 연합hypostatic union이라고 부르기도 한다. 즉 하나의 존재 안에서 그리스도의 신성과 인성이 연합되어 있음을 뜻한다.

3. 그리스도의 신성과 인성에 관한 구체적인 성경 본문들의 결합

앞서 예수의 신성과 인성을 다루었던 것처럼 신약을 살펴보면 함께 조화를 이루기 어려워 보이는 본문들이 있다(예수의 전능과 약함, 예수의 승천과 편재 등). 이 가르침들을 이해하려고 노력하던 중 교회는 칼케돈 신조를 확정했다. 이 신조는 그리스도 안의 구별되는 두 본성이 각 속성을 유지하지만 한 위격 안에 함께 남아 있다고 가르친다. 이 구별은 앞서 언급한 성경 본문들을 이해하는 데 도움을 주지만, 동시에 그 본문들이 이러한 구별을 요구하는 것처럼 보인다.

a. 한 본성은 다른 본성이 하지 않는 것들을 한다. 이전 세대의 복음주

의자들은 그리스도의 인성에 의해 행해졌지만 그분의 신성에 의해 행해지지 않은 것, 또한 그분의 신성에 의해 행해졌지만 그분의 인성에 의해 행해지지 않은 것을 구별했다. "각 본성의 속성이…… 보존"된다는 칼케돈 신조를 적극적으로 주장한다면, 두 본성을 구별해야 하는 것으로 보인다. 하지만 최근의 신학자들 중에는 그런 구별을 적극적으로 하려고 하지 않는다. 그 이유는 우리가 이해할 수 없는 그 무엇을 주장해야 하기 때문이다.

예수의 인성에 관해 우리는 그분이 승천했으며 더 이상 이 세상에 계시지 않는다고 말할 수 있다.[요 16:28; 17:11; 행 1:9-11 참조 42] 그러나 그분의 신성에 관해서는 예수께서 어디에나 계신다고 말할 수 있다. "두세 사람이 내 이름으로 모인 곳에는 나도 그들 중에 있느니라."[마 18:20] "내가 세상 끝날까지 너희와 항상 함께 있으리라 하시니라."[마 28:20] "사람이 나를 사랑하면 내 말을 지키리니. 내 아버지께서 그를 사랑하실 것이요 우리가 그에게 가서 거처를 그와 함께 하리라."[요 14:23] 따라서 우리는 그리스도의 위격에 관해 두 가지 모두가 참되다고 말할 수 있다(즉 그분은 승천했으며 또한 우리와 함께하신다).

이와 비슷하게 그분의 인성에 관해서는 예수께서 약 30세였다고 말할 수 있지만,[눅 3:23 참조] 그분의 신성에 관해서는 그분이 영원히 존재한다고 말할 수 있다.[요 1:1-2; 8:58 참조]

예수께서는 인성으로는 약하고 피곤함을 느끼기도 하셨지만,[마 4:2; 8:24; 막 15:21; 요 4:6 참조] 신성은 전능하셨다.[마 8:26-27; 골 1:17; 히 1:3 참조] 특히 놀라운 것은 갈릴리 바다에서 큰 풍랑을 만났을 때 예수께서 배에서 취하신 행동이다. 그때 그분은 피곤해서 주무셨을 것이다.[마 8:24 참조] 하지만 그분은 잠에서 깨어 한마디 말씀으로 바람과 바다를 잠잠하게 하셨다.[마 8:26-27 참조] 이처럼 예수께서는 피곤했지만 전능하셨다. 하늘과 땅의 주께서 하신 말씀을 통해 전능하심이 나타날 때까지 예수의 인성은 그 전능하심을 온전히 숨겼다.

예수께서 배에서 주무실 때도 "그의 능력의 말씀으로 만물을 붙드"셨는지,[히 1:3] 그때도 그분이 우주의 모든 것을 유지하셨는지 묻는다면,[골 1:17 참조] 그러하다고 답해야 한다. 이러한 활동은 언제나 삼위일체의 두 번째 위격인 영원하신 성자의 특별한 책임이었으며 언제나 그분의 책임일 것이다. 성육신 교리를 '이해할 수 없다'고 생각하는 이들은 그분이 베들레헴의 구유에 누인 아기였을 때도 '우주를 유지하셨는지' 묻는다. 이 물음에도 그러하다고 답해야 한다. 예수께서는 그저 잠재적으로 하나님이신 분 또는 하나님이 그분 안에서 독특하게 일하신 분이 아니라 하나님의 모든 속성을 가지신 온전하고 참된 하나님이셨다. 그분은 "구주……곧 그리스도 주"이시다.눅 2:11 이것이 불가능하다고 거부하는 이들은 하나님께 무엇이 가능한지에 관해 성경이 계시하는 바와 다른 정의를 가지고 있는 것이다.[43] 우리가 이러한 일을 이해할 수 없다고 말하는 것은 적절한 겸손이다. 하지만 그것이 가능하지 않다고 말하는 것은 지적인 교만이다.

마찬가지로 우리는 예수께서 인성을 가지고 죽으셨음을 이해할 수 있다.눅 23:46; 고전 15:3 참조 그러나 그분은 신성에 있어서는 죽지 않으시고 죽은 자 가운데서 부활하셨다.요 2:19; 10:17-18; 히 7:16 참조 하지만 이 논의는 신중해야 한다. 예수께서 죽으실 때 그분의 인간적인 영혼이 몸과 분리되어 하늘에 계신 성부 하나님의 임재 안으로 들어갔다는 것은 참이다.눅 23:43, 46 참조 이처럼 그분은 우리가 신자로서 그리스도의 재림 이전에 죽는다면 경험하게 될 죽음과 같은 죽음을 경험하셨다. 또한 이러한 죽음을 활동의 중단이나 의식의 중단, 힘의 상실로 이해한다면 예수께서 신성에 있어서도 죽었다거나 죽을 수 있다고 말하는 것은 부적절하다. 그럼에도 예수의 신성은 인성과의 연합을 통해 죽음을 어느 정도 경험할 수 있었다. 즉 그리스도의 위격이 죽음을 경험했다. 그런데 예수께서 인성만으로 수많은 사람들의 죄에 대한 하나님의 진노를 어떻게 감당하실 수 있었는가? (비록 성경 어디에서도 이것을 명시적으로 주장하지는 않지만) 예수의 신성이 그 진노를 담당했던 것처럼 보인다. 그러므로 예수의 신성은 실제로 죽음을 경험하지 않았지만, 예수께서는 온전한 위격으로서 죽음을 경험하셨으며 신성과 인성이 모두 그 경험에 동참했다. 성경은 우리가 이것을 넘어서 더 많은 것을 말할 수 있도록 허락하지 않는다.

또한 예수의 신성과 인성의 구별은 우리가 예수께서 받은 시험을 이해할 수 있게 도와준다. 그분의 인성 안에서 그분은 모든 점에서 우리처럼 시험을 받으셨지만 죄는 없으시다.히 4:15 참조 하지만 그분의 신성 안에서 그분은 시험을 받지 않으셨다. 하나님은 악에게 시험을 받을 수 없기 때문이다.약 1:13 참조

이 시점에서 예수께서 두 개의 구별된 의지인 인간적 의지와 신적 의

지를 지니시며, 이 두 개의 의지는 그리스도의 위격이 아니라 그분의 구별된 두 본성에 속한다고 말해야 한다. 사실 예수께서 하나의 의지만 가지셨다고 주장하는 입장, 곧 단의론monothelitism이라고 불리는 견해가 있었다. 하지만 이것은 교회 안에서 소수 견해였고, 주후 681년 콘스탄티노폴리스 공의회에서 이단적인 견해로 거부되었다. 그 이후 그리스도께서 두 의지를 지니셨다는 견해가 보편적이지는 않았어도 일반적으로 교회의 지지를 받아 왔다. 찰스 하지는 이처럼 말한다.

> 네스토리오스에 맞서 그리스도의 위격의 통일성을 주장한 결정, 에우티케스에 맞서 본성의 구별을 천명한 결정, 단성론자들에 맞서 인간적 본성의 소유에는 인간적 의지의 소유가 반드시 포함된다고 선언한 결정은 헬라와 라틴, 개신교의 보편 교회에 의해 참된 신앙으로 받아들여졌다.[44]

또한 그는 교회가 "그리스도의 인간적 의지를 부인하는 것은 그분이 인성을 지니셨음을 또는 그분이 참으로 인간이셨음을 부인하는 일"로 여겼다고 설명한다. "이것은 그분이 시험을 받을 수 있는 가능성을 배제하고, 따라서 성경과 모순되며 그분을 그분의 백성과 분리시켜 그들이 시험을 받을 때 그분이 그들을 동정하실 수 없다고 말하는 것이다."[45] 이뿐만 아니라 그는 그리스도께서 두 의지를 지니셨다는 사상과 더불어 그분이 지성과 의지의 두 중심을 지니셨다는 연관된 사상이 존재한다고 지적한다. "구별되는 두 본성, 곧 신성과 인성이 존재하듯, 지성과 의지의 두 중심, 곧 오류를 범할 수 있는 유한한 것과 변하지 않는 무한한 것이 반드시 존재해야 한다."[46]

이처럼 지성과 의지의 두 중심을 구별함으로써 어떻게 예수께서 무언가를 배우시지만 모든 것을 아실 수 있는지 이해할 수 있다. 한편으로 그분의 인성에 따라 그분은 제한된 지식을 가지고 계셨으며,막 13:32; 눅 2:52 참조 다른 한편으로는 모든 것을 분명히 아셨다.요 2:25; 16:30; 21:17 참조 예수께서는 그분의 인성에 따라 제한된 지식을 가지고 무언가를 배우기도 하셨지만, 그분의 신성에 의해 언제나 전지하셨고, 따라서 무엇이든 그분의 사역을 위해 필요한 정보를 언제든지 머릿속에 떠올릴 수 있으셨다. 재림의 시기에 관해 예수의 진술도 이러한 방식으로 이해할 수 있다. "그러나 그날과 그

때는 아무도 모르나니 하늘에 있는 천사들도 아들도 모르고 아버지만 아시느니라."막 13:32 그분이 재림할 때를 모른다는 것은 예수의 인성과 인간적 지성에만 해당된다. 왜냐하면 그분의 신성은 전지하시며 그분이 이 땅에 다시 오실 때를 확실하게 알고 계셨기 때문이다.[47]

만일 예수께서 지성과 의지의 두 중심을 가지셨다면, 그분이 구별되는 두 인격체이셔야만 하고 결국 네스토리오스주의의 오류에 빠진다고 반론할지도 모른다. 하지만 이에 대해 예수께서 지성과 의지의 두 중심을 가지신다고 해서 그분이 구별되는 두 인격체이셔야만 하는 것은 아니라고 말해야 한다. 이러한 반론은 근거 없는 단순한 주장에 불과하다. 누군가가 예수께서 지성과 의지의 두 중심을 가지시지만 어떻게 여전히 한 위격일 수 있는지 이해할 수 없다면, 모두 그 사실을 받아들일 것이다. 하지만 무언가를 이해하지 못한다는 것은 그것이 불가능함을 뜻하는 것이 아니며, 그저 우리의 이해가 제한적임을 뜻할 뿐이다. 교회사에서 대부분의 교회들은 예수께서 지성과 의지의 두 중심을 가지셨지만 여전히 한 위격이었다고 말해 왔다. 이러한 공식화는 불가능하지 않으며, 지금은 우리가 온전히 이해하지 못하는 신비일 뿐이다. 다른 해법을 채택할 때 더 큰 문제가 생길 수 있다. 그것은 그리스도의 온전한 신성과 인성의 포기를 요구할 것이며, 우리는 결코 그럴 수 없다.[48]

b. 그리스도의 위격은 각각의 본성이 행하는 모든 것을 행한다. 앞에서 그리스도의 위격 안에서 한 본성에 의해 행해졌지만 다른 본성에 의해 행해지지 않았던 많은 일들을 언급했다. 이제 우리는 신성과 인성에 적용되는 모든 것이 그리스도의 위격에 적용된다고 주장해야 한다. 따라서 예수께서는 "아브라함이 나기 전부터 내가 있느니라"고 말씀하신다.요 8:58 그분은 "아브라함이 나기 전부터 나의 신성이 존재했다"고 말씀하지 않으신다. 그분은 신성에 의해서만, 또는 인성에 의해서만 행해진 모든 일을 그분이 행한 일로 말씀하실 수 있기 때문이다.

인간적인 경험에서 이해하면, 이것은 우리의 대화에도 적용된다. 가령 내가 편지를 쓸 때 나의 발과 발가락은 그 일에 아무런 기여를 하지 않았지만, 나는 사람들에게 "나의 손가락은 편지를 썼지만 나의 발가락은 아무 일도 하지 않았다"고 말하지 않는다(물론 이는 맞는 말이다). 나의 한 부분에 의해 행해진 모든 일이 내가 한 일이므로 "내가 편지를 썼다"라고 말하는 것이 옳다.

따라서 "그리스도께서 우리 죄를 위하여 죽으"셨다.고전 15:3 실제로는 그분의 몸이 죽은 것이지만, 우리를 위해 죽으신 것은 한 위격이신 그리스도였다. 이는 한 본성이나 다른 본성에 관해 말할 수 있는 모든 것은 그리스도의 위격에 관해 말할 수 있음을 확언하는 하나의 방법일 뿐이다.

그러므로 예수께서는 "내가……세상을 떠나"요 16:28 또는 "나는 세상에 더 있지 아니하오나"요 17:11라고 말씀하시는 동시에 "내가……너희와 항상 함께 있으리라"마 28:20고 말씀하실 수 있다. 한 본성이나 다른 본성에 의해 행해진 모든 것은 그리스도의 위격이 하신 일이기 때문이다.

c. 하나의 본성을 가리키는 칭호들은 다른 본성에 의해 그 칭호들이 사용될 때도 위격에 적용될 수 있다. 신약의 저자들은 그리스도의 위격을 말하기 위해 그분의 신성이나 인성을 가리키는 칭호를 사용한다. 이때 언급된 그분의 행동은 우리가 사용하는 칭호를 통해 떠올리는 본성이 아닌 다른 본성에 의한 것일 수도 있다. 예를 들어, 바울은 이 세상의 통치자들이 하나님의 지혜를 이해했다면 "영광의 주를 십자가에 못 박지 아니하였으리라"고 말한다.고전 2:8 여기서 "영광의 주"라는 칭호는 예수의 신성을 가리킨다. 하지만 바울은 (악을 드러내기 위해 의도적으로) 이 칭호를 사용해 예수께서 십자가에 못 박혀 죽으셨다고 말한다. 예수의 신성은 못 박혀 죽지 않았으며, 그분이 못 박혀 죽으셨다는 진술은 위격으로서 예수께 적용된다.

이와 비슷하게 엘리사벳이 마리아를 "내 주의 어머니"눅 1:43라고 부를 때, "주"라는 칭호는 신성을 가리킨다. 하지만 마리아는 예수의 신적 어머니는 아니다. 예수의 신성은 언제나 존재했기 때문이다. 마리아는 예수의 인간적 어머니다. 그럼에도 엘리사벳은 "주"라는 칭호를 사용해 그리스도의 위격을 지칭하기 때문에 그녀를 "내 주의 어머니"라고 부를 수 있다. 누가복음 2:11에도 비슷한 표현이 등장한다. "오늘 다윗의 동네에 너희를 위하여 구주가 나셨으니 곧 그리스도 주시니라."

우리는 마가복음에서 예수께서 자신이 재림하실 때를 아무도 알지 못한다고 하신 말씀도 이처럼 이해할 수 있다. "하늘에 있는 천사들도 아들도 모르고 아버지만 아시느니라."막 13:32 "아들"이라는 칭호는 예수께서 성부 하나님의 천상적이며 영원하신 아들임을 가리키지만, 여기서는 신성이 아니라 한 위격인 예수를 가리키기 위해, 또한 인성에만 적용되는 무언가를 밝히기 위해 사용된다.[49] 또한 예수께서는 그분의 인성에 따라 그날과 그때를 알지 못했다는 것도 사실이다.

d. 요약. 조직신학을 공부할 때 우리는 다음 문장으로 성육신을 요약할 수 있다. "성자 하나님은 본래 그분의 본성인 것을 유지하신 채로 본래 그분의 본성이 아닌 존재가 되셨다." 다시 말해 예수께서는 그분의 본성을 계속 유지하시면서(온전히 하나님이신 채로) 전에는 그분의 본성이 아니던 존재가 되셨다(동시에 온전히 인간이 되셨다). 예수께서는 인간이 되셨을 때 신성을 결코 포기하지 않으셨으며, 전에는 그분의 것이 아니던 인성을 취하신 것이다.

e. 속성의 교류. 예수께서 온전히 인간이신 동시에 온전히 하나님이셨으며, 그분의 신성과 인성이 온전히 남아 있다고 분명히 말한 뒤에도 여전히 우리는 한 본성으로부터 다른 본성으로 전해진 또는 교류된 속성이 있는지 물을 수 있다. 물론 그러한 속성은 존재했던 것으로 보인다.

1. 신성으로부터 인성으로. 예수의 인성은 그 본질적 속성이 변화되지 않았음에도 하나의 위격 안에서 신성과 연합되었기 때문에 (a) 마땅히 예배를 받으실 자격과 (b) 죄를 지을 수 없는 속성을 획득했으며, 그렇지 않았다면 이 두 가지는 인간에게 속하지 않는 것이었다.[50]

2. 인성으로부터 신성으로. 예수의 인성은 그분께 (a) 고통과 죽음을 경험할 수 있고, (b) 우리가 경험하는 바를 이해할 수 있는 능력과 (c) 우리의 화목제물이 될 수 있는 능력을 부여했다. 하나님이시기만 했던 예수께서는 이러한 일을 행하실 수 없었을 것이다.

f. 결론. 이처럼 긴 논의를 거친 뒤에 우리는 성경이 실제로 가르치는 바를 놓치기 쉬울지도 모른다. 그 가르침은 바로 성경 전체를 통틀어 가장 놀라운 기적이다. 이 기적은 부활보다 훨씬 놀라우며, 심지어 우주의 창조보다도 놀랍다. 무한하고 전능하며 영원하신 하나님의 아들이 인간이 되시고 자신을 인성과 연합하셨으며 이로써 무한한 하나님이 유한한 인간과 또한 하나의 위격이 되셨다는 사실, 그것은 온 우주 안에서 가장 심오한 기적이자 신비로 영원히 남을 것이다.

개인적 적용을 위한 질문

1. 이번 장을 통해 예수께서 여러분과 더 닮았다고 생각한 지점이 있는가? 예수의 인성에 관한 이해는 시험을 당할 때, 또는 기도할 때 어떤 도움을 줄 수 있는가? 여러분은 삶에서 가장 어려울 때 예수께서 직면하신 상황과 연결할 수 있는가? 그것은 여러분의 담대한 기도에 용기를 불어넣는가? 예수께서 "아브라함이 나기 전부터 내가 있느니라"고 말씀하실 때 그 자리에 있었다면, 어떠했을지 솔직한 마음을 설명해 보라.[51]

2. 이번 장을 통해 예수의 신성에 관해 알게 된 내용은 무엇인가? 여러분은 예수께서 영원한 생명을 주실 분이라고 생각하는가? 여러분은 지금 그분을 예배하기를 기뻐하는가? 하늘에 계신 그분의 보좌 옆에서 수많은 사람들과 그분을 예배한다면 행복하겠는가?

신학 전문 용어

가현설
네스토리우스주의
단성론
단의론
동정녀 탄생
로고스
성육신
속성의 교류
아리우스주의
아폴리나리우스주의
에우티케스주의
위격적 연합
인자
죄를 지으실 수 없음
주
칼케돈 신조
케노시스 신학
하나님
하나님의 아들

참고 문헌

이 참고 문헌에 관한 설명으로는 1장, 60쪽을 보라. 자세한 서지 자료는 2권 부록 2에서 확인할 수 있다.

복음주의 조직신학 저술의 관련 항목

1. 성공회

1882–1892	Litton, 178–218
1930	Thomas, 32–49, 223–228
2001	Packer, 104–124
2013	Bird, 343–345
2013	Bray, 211–404

2. 아르미니우스주의(또는 웨슬리파/감리교)

1875–1876	Pope, 2:106–151, 188–196, 254–262
1892–1894	Miley, 2:4–62
1940	Wiley, 2:143–186
1960	Purkiser, 164–182
1983	Carter, 1:331–374
1992	Oden, 2:31–196
2002	Cottrell, 224–258

3. 침례교

1767	Gill, 1:537–569
1887	Boyce, 258–291
1907	Strong, 669–700
1976–1983	Henry, 3:9–215
1987–1994	Lewis and Demarest, 2:251–370
1990–1995	Garrett, 1: 607–716
2007	Akin, 480–544
2013	Erickson, 603–691

4. 세대주의

1947	Chafer, 1:318–96; 5:3–176
1949	Thiessen, 206–228
1986	Ryrie, 235–253, 260–266
2002–2005	Geisler, 2:280–285, 597–631
2017	MacArthur and Mayhue, 235–326

5. 루터교

1917–1924 Pieper, 2:55–279

1934 Mueller, 255–286

6. 개혁주의(또는 장로교)

1559 Calvin, 1:423–494 (2.9–14)

1906–1911 Turretin, *IET*, 2:271–373

1724–1758 Edwards, 2:499–510, 949–955

1871–1873 Hodge, 1:483–521; 2:378–454

1878 Dabney, 464–499

1887–1921 Warfield, *BTS*, 157–237; *SSW*, 1:139–66; *BD*, 71–100, 175–212; *PWC*, 4–319; *LG*, 1–304; *CC*, 3–389, 447–458

1894 Shedd, 613–674

1906–1911 Bavinck, *RD*, 3:233–319

1910 Vos, 3:20–84

1937–1966 Murray, *CW*, 1:29–35, 340–343; 2:132–141; 4:58–91

1938 Berkhof, 305–330

1998 Reymond, 545–622

2008 Van Genderen and Velema, 437–461

2011 Horton, 446–482

2013 Frame, 189, 361, 390–392, 395, 399, 446–471, 476, 481, 484, 490–495, 500, 505, 512, 672

2013 Culver, 419–638

2016 Allen and Swain, 216–242

2017 Barrett, 313–346

2019 Letham, 471–541

7 부흥 운동(또는 은사주의/오순절)

1988–1992 Williams, 1:305–352

1993 Menzies and Horton, 59–74

1995 Horton, 291–324

2008 Duffield and Van Cleave, 93–108

대표적인 로마 가톨릭 조직신학 저술의 관련 항목

1. 로마 가톨릭: 전통적 입장

1955 Ott, 125–175

2. 로마 가톨릭: 제2차 바티칸공의회 이후

1980 McBrien, 1:267–546

2012 *CCC*, paragraphs 422–682

기타 저술

Akin, Daniel L. "The Person of Christ." In *A Theology for the Church*, edited by Daniel L. Akin et al., 480–544. Nashville: B&H, 2007.

Allison, Gregg. *Historical Theology: An Introduction to Christian Doctrine; A Companion to Wayne Grudem's Systematic Theology*. Grand Rapids: Zondervan, 2011, 365–388.

Anselm. "The Incarnation of the Word." In *Anselm of Canterbury*. Vol. 3. Toronto: Mellen, 1976.

____. *Why God Became Man: and The Virgin Conception and Original Sin*. Translated by Joseph M. Colleran. Albany, NY: Magi, 1969.

Athanasius. *On the Incarnation*. Translated by a religious of C.S.M.V. New York: Macmillan, 1946. (『말씀의 성육신에 관하여』 죠이북스)

Berkouwer, G. C. *The Person of Christ*. Translated by John Vriend. Grand Rapids: Eerdmans, 1954.

Bock, Darrell L., and Robert L. Webb, eds. *Key Events in the Life of the Historical Jesus: A Collaborative Exploration of Context and Coherence*. Grand Rapids: Eerdmans, 2010.

Bowman, Robert M., and J. Ed Komoszewski. *Putting Jesus in His Place: The Case for the Deity of Christ*. Grand Rapids: Kregel, 2007.

Bray, G. L. *Creeds, Councils and Christ*. Leicester: Inter-Varsity Press, 1984.

____. "Christology." In *NDT1*, 137–140.

Brown, Harold O. J. *Heresies: The Image of Christ in the Mirror of Heresy and Orthodoxy From the Apostles to the Present*. Garden City, NY: Doubleday, 1984.

Bruce, F. F. *Jesus: Lord and Savior*. The Jesus Library, edited by Michael Green. Downers Grove, IL: InterVarsity Press, 1986.

Erickson, Millard. *The Word Became Flesh: A Contemporary Incarnational Christology*. Grand Rapids: Baker, 1991.

Green, Joel B., and Max Turner, eds. *Jesus of Nazareth: Lord and Christ: Essays on the Historical Jesus and New Testament Christology*. Eugene, OR: Wipf & Stock, 1999.

Gruenler, Royce Gordon. "Christ, Christology." In *BTDB*, 83–89.

Guthrie, Donald. *Jesus the Messiah*. Grand Rapids: Zondervan, 1972.

____. *New Testament Theology*. Leicester: Inter-Varsity Press; Downers Grove, IL: InterVarsity Press, 1981, 219–365. (『신약신학』 기독교문서선교회)

Harris, Murray J. *Jesus As God*. Grand Rapids: Baker, 1992.

Higton, M. "Christology." In *NDT2*, 175–179.

House, H. Wayne. *The Jesus Who Never Lived*. Eugene, OR: Harvest House, 2008.

Hughes, Philip Edgcumbe. *The True Image: The Origin and Destiny of Man in Christ*. Grand Rapids: Eerdmans; Leicester: Inter-Varsity Press, 1989, 211–414.

Hurtado, L. W. "Christology." In *DLNT*, 170–184.

Hurtado, Larry W. *Lord Jesus Christ: Devotion to Jesus in Earliest Christianity*. Grand Rapids:

Eerdmans, 2003. (『주 예수 그리스도』 새물결플러스)
Karkkainen, V.-M., J. Levison, and P. Pope-Levison. "Christology." In *GDT*, 167-186.
Lincoln, Andrew. *Born of a Virgin? Reconceiving Jesus in the Bible, Tradition, and Theology*. Grand Rapids: Eerdmans, 2013.
Longenecker, Richard. *The Christology of Early Jewish Christianity*. London: SCM, 1970.
Marshall, I. Howard. *I Believe in the Historical Jesus*. Grand Rapids: Eerdmans, 1977.
___. "Jesus Christ." In *NDBT*, 592-602.
McGrath, Alister E. *Understanding Jesus: Who He Is and Why He Matters*. Grand Rapids: Zondervan, 1987.
Moule, C. F. D. *The Origin of Christology*. Cambridge: Cambridge University Press, 1977.
Payne, Philip B. "Jesus' Implicit Claim to Deity in His Parables." TrinJ 2, no. 1 (Spring 1981): 3-23.
Reymond, Robert L. *Jesus, Divine Messiah*. Phillipsburg, NJ: Presbyterian and Reformed, 1990.
Runia, Klaas. *The Present-Day Christological Debate*. Leicester: Inter-Varsity Press, 1984.
Sproul, R. C. *The Glory of Christ*. Wheaton, IL: Tyndale, 1990.
Stein, R. H. "Jesus Christ." In *EDT1*, 582-585.
Treier, D. J. "Jesus Christ." In *EDT3*, 442-449.
Wallace, R. S. "Christology." In *EDT1*, 221-227.
Walvoord, John F. *Jesus Christ Our Lord*. Chicago: Moody Publishers, 1969.
Ware, Bruce. *The Man Christ Jesus: Theological Reflections on the Humanity of Christ*. Wheaton, IL: Crossway, 2013.
Wells, David F. *The Person of Christ: A Biblical and Historical Analysis of the Incarnation*.
Westchester, IL: Crossway, 1984. (『기독론』 부흥과개혁사)
Wellum, Stephen J. *God the Son Incarnate: The Doctrine of Christ*. Wheaton, IL: Crossway, 2016.
Wilkins, Michael J., and J. P. Moreland. *Jesus under Fire: Modern Scholarship Reinvents the istorical Jesus*. Grand Rapids: Zondervan, 1995; Carlisle: Paternoster, 1996.
Witherington, Ben, III. "Christ." In *DLNT*, 152-159.
___. "Christology." In *DPL*, 100-115.
___. *The Christology of Jesus*. Minneapolis: Fortress, 1990.
Witmer, John A. *Immanuel: Jesus Christ, Cornerstone of Our Faith*. Nashville: Word, 1998.

성경 암송 구절

요한복음 1:14 | 말씀이 육신이 되어 우리 가운데 거하시매 우리가 그의 영광을 보니 아버지의 독생자의 영광이요 은혜와 진리가 충만하더라.

찬송가

"만유의 주재" Fairest Lord Jesus

만유의 주재 존귀하신 예수
사람이 되신 하나님
나 사모하여 영원히 섬길
내 영광되신 주로다

화려한 동산 무성한 저 수목
다 아름답고 묘하나
순전한 예수 더 아름다워
봄 같은 기쁨 주시네

광명한 해와 명랑한 저 달빛
수많은 별들 빛나나
주 예수 빛은 더 찬란하여
참 비교할 수 없도다

◈ ———

아름다우신 주 예수, 만물의 통치자

하나님의 아들이시며 인자이신 분

소중한 나의 주님께 영광을 돌립니다

내 영혼의 영광이자 기쁨이자 면류관이신 주님

봄꽃이 만발한

아름다운 들판과 아름다운 숲보다

더 아름답고 순전하신 예수

슬픔을 노래로 바꾸십니다

아름다운 햇빛과 아름다운 달빛

반짝이는 수많은 별

예수께서는 하늘이 모든 천사가 자랑하는 것보다

더 밝고 순전하게 빛나십니다

아름다우신 구원자, 열방의 주님

하나님의 아들이시며 인자이신 분

영광과 존귀, 찬양, 경배가

이제부터 영원히 주님의 것입니다

□ 출처: *From Munster Gesangbuch*, 1677, 1850, 1873년에 번역됨

* 새찬송가 32장

현대 찬양곡

"구원자 주 예수" There Is a Redeemer

구원자 주 예수 하나님의 아들

귀하신 어린양 메시아 거룩하신 하나님

오 하나님 감사해 독생자 주시고

또 성령님 보내사 주의 일을 이루시네

예수 나의 구주 놀라운 그 이름

귀하신 어린양 메시아 죄인 위해 죽으셨네

영광 중에 설 때 주 얼굴 뵈옵고

왕 되신 주 그곳에서 영원토록 섬기리

◈ ———

구속자가 계시니 예수, 하나님의 아들

귀하신 하나님의 어린양, 메시아, 거룩하신 분이십니다

나의 아버지

주님의 아들을 우리에게 주시고

주님의 성령을 보내셔서

이 땅에서 주님의 일을 이루게 하시니 감사합니다

예수, 나의 구속자, 모든 이름 위에 뛰어난 이름

귀하신 하나님의 어린양, 메시아, 죄인을 위해 죽으신 분

영광 중에 설 때 나 그분의 얼굴 뵈오리

그 거룩한 곳에서 영원히 나의 왕을 섬기리

□ 멜로디 그린 작사 52

주

1 이것은 하나님이 그리스도를 다른 방식으로 세상에 보내시는 것이 불가능했을 것이라는 말이 아니다. 하나님이 그분의 지혜로 이것이 그 일을 이루시는 최선의 방식이 될 것이라고 판단하셨으며, 이는 동정녀 탄생이 어떻게 예수께서 온전히 하나님이신 동시에 온전히 인간이신지를 우리가 이해하는 데 도움을 준다는 사실을 통해 명백히 드러난다는 말일 뿐이다. 성경은 우리에게 그리스도를 세상에 보내시는 다른 방법이 '가능하다'라는 말의 절대적 의미에서 '가능했을지' 여부에 관해 말해 주지 않는다.

2 여기서는 ESV의 번역("the child to be born will be called holy-the Son of God", 태어날 아이는 거룩하신 분, 하나님의 아들이라고 일컬어질 것이다)을 인용했으며, 이 번역이 옳다고 생각한다(NIV의 난외주도 마찬가지다). 하지만 문법상 이 구절을 "태어나실 거룩한 분은 하나님의 아들이라고 일컬어질 것이다"(so the holy one to be born will be called the Son of God)라고 번역하는 것도 가능하다(NIV, NASB도 비슷하다). 헬라어 구절은 '디오 카이 토 겐노메논 하기온 클레테세타이 휘오스 테우'이다. 어떤 번역이 옳은지에 관한 판단은, "태어날 아이"라는 뜻의 '토 겐노메논'을 주어로 해석할 것인지, 아니면 주어는 '토 하기온', "거룩하신 분"이나 분사 '겐노메논'은 형용사로 기능하여 "태어날 거룩하신 분"을 뜻한다고 볼 것인지에 달려 있다(NIV와 NASB에서는 이처럼 해석한다).

최근에는 더 광범위한 어휘 연구를 통해 '토 겐노메논'이라는 표현이 "태어날 아이"라는 뜻으로 해석될 수 있는 표현으로 자주 사용되었음을 알게 되었다. 예를 들어, Plotinus, *Nead*, 3.6.20-24; Plato, *Menexenus*, 237E; *Laws*, 6.775C; Philo, *On the Creation*, 100; *On the Change of Names*, 267; Plutarch, *Moralia*, "Advice to Bride and Groom," 140F; "On Affection for Offspring," 495E에서 이 용례를 확인할 수 있다. 컴퓨터를 활용해 더 광범위한 연구를 실시하면 더 많은 사례를 찾을 수도 있을 것이다. 하지만 이 사례는 누가복음 1:35을 NIV와 NASB의 방식으로 번역하는 것의 문법적 가능성이 그 번역을 선호하는 것에 대한 강력한 논증임을 입증하기에는 충분하지 않다. 헬라어를 사용하는 1세기 독자는 '토 겐노메논'이라는 두 단어 표현을 통상적으로 "태어날 아이"를 뜻하는 숙어로 이해했을 것이기 때문이다. 이 사실 때문에 ESV에서는 1세기 독자들이 이 문장을 이해했을 의미로 이 구절을 번역한다. "그러므로 태어날 아이는 거룩하다고 일컬어질 것이다"(therefore the child to be born will be called holy). [나는 트리니티 복음주의 신학교(Trinity Evangelical Divinity School)의 아이비커스(Ibycus) 컴퓨터의 그리스어 색인(Thesaurus Linguae Graecae) 데이터베이스 검색을 통해 '토 겐노메논'의 용례를 찾아냈다.]

3 로마 가톨릭 교회에서는 원죄 없는 잉태(immaculate conception)를 가르친다. 이 교리는 마리아의 자궁 안에 예수께서 잉태되신 것을 지칭하는 것이 아니라 마리아가 그의 어머니의 자궁 안에 잉태된 것을 가리키며, 마리아가 유전된 죄로부터 자유로웠다고 가르친다. 1854년 12월 8일에 교황 비오 9세는 "복되신 동정 마리아께서는 잉태되는 첫 순간부터……원죄에 조금도 물들지 않게 보호되셨다"고 선언했다(*Catechism of the Catholic Church*, paragraph 491). 또한 가톨릭 교회에서는 "마리아는 하느님의 은총으로 일생 동안 어떠한 죄도 범하지 않았다"고 가르친다(같은 책, paragraph 493).

이것에 대해 우리는 신약에서 마리아를 "하나님께 은혜를 입"은 사람(눅 1:30)이자 "여자 중에……복이 있"는 사람(눅 1:42)으로 존귀하게 여기지만, 성경 어디에도 마리아가 유전된 죄(원죄)로부터 자유롭다고 말하지 않는다고 말해야 한다. "은혜를 받은 자여, 평안할지어다. 주께서 너와 함께 하시도다"(눅 1:28)라는 표현은 마리아가 '은혜로 가득 차 있다'는 뜻이 아니라 마리아가 하나님께 큰 복을 받았다는 뜻일 뿐이다. 누가복음 1:28에서 "은혜를 입다"로 번역된 단어(카리토오)가 에베소서 1:6에서는 모든 그리스도인들을 지칭하는 말로 사용된다. "그가 사랑하시는 자 안에서 우리에게 거저 주시는 바 그의 은혜의 영광……." 실제로 Ludwig Ott, *Fundamentals of Catholic Dogma*, trans. Patrick Lynch (Rockford: Tan, 1960)에서는 "마리아의 원죄 없는 잉태 교리가 성경 안에 명시적으로 계시되지는 않다"고 말한다(200쪽). 다만 그는 창세기 3:15과 누가복음 1:28, 41가 이 교리를 암시한다고 생각한다.

4 부활의 몸의 본질에 관해서는 28장, 1087-1089쪽과 2권 42장, 361-367쪽을 보라.

5 이 구절에 관한 더 자세한 논의는 1004-1006쪽을 보라.

6 예를 들어, '괴롭다'라는 뜻의 '타라소'는 박사들이 유대인의 새로운 왕을 찾아왔다는 말을 들었을 때 헤롯이 괴로워했다는 사실을 이야기할 때 사용된다(마 2:3 참조). 제자들은 갑자기 예수께서 바다 위를 걸어오시는 것을 보고 그분이 유령이라고 생각했을 때 "무서워"했다(마 14:26). 사가랴는 갑자가 천사가 예루살렘 성전에 나타난 것을 보았을 때(눅 1:12) "무서워"했다. 또한 제자들은 예수께서 부활하신 뒤에 그들 사이에 갑자기 나타나셨을 때 "두려워"했다(눅 24:38). 하지만 이 단어는 예수께서 요한복음 14:1, 27에서 "너희는 마음에 근심하지 말라"고 말씀하실 때도 사용된다. 그러므로 예수께서 마음으로 괴로워하셨을 때, 이것이 믿음의 결여나 관련된 죄의 존재를 뜻한다고 생각해서는 안 된다. 하지만 분명히 이것은 극단적으로 위험한 때에 동반되는 강한 인간적인 감정이었다.

7 여기서 "성부의 뜻"이라고 말하는 까닭은, 예수께서는 평생 하늘에 계신 그분의 아버지께 순종하는 삶을 사셨기 때문이다. "나를 보내신 이가 나와 함께 하시도다. 나는 항상 그가 기뻐하시는 일을 행하므로."(요 8:29) "아버지께서 내게 하라고 주신 일을 내가 이루어 아버지를 이 세상에서 영화롭게 하였사오니."(요 17:4) "하늘로부터 소리가 있어 말씀하시되 이는 내 사랑하는 아들이요 내 기뻐하는 자라 하시니라."(마 3:17) 또 다른 이유는 창세기 3장에 기록된 아담과 하와에 대한 시험과의 유사성이다.

8 특히 가정생활과 관련해, 예수께서 열두 살이었을 때 성전에서 일어난 사건 이후로는 복음서 어느 곳에도 요셉이 언급되지 않는다는 것을 기억함으로 유익을 얻을 수 있다. 예수의 어머니와 다른 가족을 열거하고 심지어는 그분의 형제와 자매의 이름까지 언급하는 구절에도 요셉은 언급되지 않는다는 점은 특히 흥미롭다(마 13:55-56; 막 6:3을 보라. 또한 마 12:48 참조). 예를 들어, 갈릴리의 가나 혼인 잔치에 "예수의 어머니"는 참석했지만(요 2:1) 그분의 아버지가 여전히 살아 있었다면 그는 참석하지 않은 것이다(요 2:12 참조). 이것은 예수께서 열두 살이었던 때로부터 얼마의 시간이 지난 후 요셉이 죽었으며, 예수께서 그분 인생의 일정 기간 동안 한부모 가정에서 자랐음을 암시한다. 이것은 그분이 나이가 듦에 따라 그 가정의 가장으로서 점점 더 많은 책임을 맡게 되셨고, "목수"로서 생계를 꾸리며(막 6:3), 동생을 돌보는 일까지 맡으셨어야 했음을 의미했다. 그러므로 예수께서는 결혼을 하지 않으셨지만 오늘날 가정이 경험하는 것과 비슷한 가정의 상황과 갈등을 다채롭게 경험하셨다고 말할 수 있다.

9 라틴어 단어 '페카레'(*pecarre*)는 '죄를 짓다'라는 뜻이다.

10 아래의 논의에서 나는 Geerhardus Vos, *Biblical Theology* (Grand Rapids: Eerdmans, 1948), 339-342의 결론을 대체로 따른다.

11 이것을 예증하는 다른 두 사례로, 구조선을 동반했지만 도움을 받지 않고 수영으로 영불 해협을 건넌 수영 선수와 아래에 안전망이 설치되어 있었지만 거기에 떨어지지 않았던 외줄타기 선수를 들 수 있다.

12 가현설(docetism)이라는 단어는 '~처럼 보이다, ~인 듯하다'라는 뜻의 헬라어 동사 '도케오'에서 유래했다. 예수께서 사실은 인간이 아니셨고 인간인 것처럼 보였을 뿐이라고 말하는 모든 신학적 입장은 가현설의(docetic) 입장으로 불린다. 가현설의 배후에는 물질적 창조가 본래적으로 악하며, 따라서 하나님의 아들이 참된 인성과 연합될 수 없었을 것이라는 전제가 자리 잡고 있다. 저명한 교회 지도자 중 그 누구도 가현설을 옹호하지 않았지만, 이 이론은 교회의 첫 4세기 동안에 다양한 지지자를 확보한 골치 아픈

이단이었다. 그리스도의 온전한 인성에 관해 가르치기를 소홀하게 하는 현대의 복음주의자들은 자신도 모른 채 청중 안에 가현설의 경향이 생겨나도록 부추기게 될 수도 있다.

13 25장, 945-946쪽, 또한 27장, 1022-1024쪽을 보라.

14 22장(856쪽)에서 설명한 이유 때문에, 이 책에서는 'man'이라는 단수 명사를 인류 전체를 지칭하는 말로 사용한다. 하지만 여기서는 디모데전서 2:5을 설명할 때를 제외하고 복수 명사인 'men'을 일반적으로 사람들이나 인간들을 지칭하는 말로 사용하지 않았다. "하나님과 사람(men) 사이에 중보자도 한 분이시니 곧 사람(man)이신 그리스도 예수라"는 (여기서 인용한) ESV의 번역이 정확하다고 생각한다. "men……man"이라는 번역어가 헬라어 안트로포스(사람, 인간)가 이 구절에서 두 번 사용되고 있으며, 한 번은 인간 전체를 지칭하고 한 번은 그리스도를 지칭한다는 사실을 충실히 반영하기 때문이다.

15 15장, 514-516쪽과 21장, 823-826쪽을 보라.

16 이것은 우리가 이해하기 어려운 개념이다. 우리는 예수께서 인간이 되심으로써 추가적인 지식이나 정보를 획득하셨다고 말하고 싶지 않기 때문이다. 물론 그분은 모든 것을 아시는 하나님으로서 인간이 겪는 고통의 경험에 관해 알 수 있는 모든 사실을 아신다. 하지만 히브리서 기자는 "그가 시험을 받아 고난을 당하셨은즉 시험 받는 자들을 능히 도우실 수 있느니라"고 분명히 말하며(히 2:18), 우리는 이 진술이 참되다고 주장해야 한다. 즉, 예수의 고난과 우리와 공감하고 시험 가운데 우리를 도우실 수 있는 그분의 능력 사이에는 연관성이 존재한다. 히브리서 기자가 추가적으로 사실적 또는 지적 지식에 관해 이야기하는 것이 아니라 그분이 친히 겪으신 인격적 경험을 회상할 수 있는 능력, 곧 그런 개인적 경험이 없었다면 가질 수 없었을 능력에 관해 이야기하고 있을 것이다. 의사이며 어쩌면 산과 교과서를 집필했을 수도 있는 남자가 자신의 부모보다 출산에 관해 훨씬 더 많은 정보를 알고 있을지도 모른다는 사실을 통해 이와 희미하게나마 비슷한 사례를 들 수 있다. 하지만 그는 남자이기 때문에 그 실제적인 경험에 결코 동참하지 않을 것이다. 직접 아이를 낳은 여자(또는 더 밀접하게 유사한 예로, 먼저 교과서를 쓴 다음 직접 아기를 낳은 여자 의사)는 아이를 낳는 다른 여자들에 대해 훨씬 더 많이 공감할 수 있다.

17 그리스도의 직분에 관해서는 29장, 1108-1118쪽을 보라.

18 라틴어 단어 '*incarnāre*'는 '육신으로 만들다'라는 뜻으로 ('무언가가 무언가가 되게 하다'라는 사역의 의미를 갖는) 접두사 'in'과 '육신'이라는 뜻의 어간 'caro, carnis'에서 유래했다.

19 아래에서는 예수께서 친히 신성을 주장하신 경우와 다른 이들이 그분에 관해 했던 주장을 구별하지 않았다. 이 구별이 그리스도에 대한 사람들의 이해가 어떻게 발전했는지를 추적하는 데 유익하지만, 현재 우리의 논의와 관련해서는 신약 정경에서 두 종류의 진술을 모두 확인할 수 있으며, 두 진술 모두 기독교 교리를 구축하기 위한 유효한 자료다.

20 특히 신약 안에 있는 그리스도의 칭호를 중심으로 그리스도의 신성을 뒷받침하는 신약의 증거에 관한 탁월한 논의를 전개하는 책으로는 Donald Guthrie, *New Testament Theology* (Leicester: Inter-Varsity Press; Downers Grove, IL: InterVarsity Press, 1981), 235-365을 보라. (『신약 신학』 기독교문서선교회)

21 디도서 1:4에서 그리스도 예수를 "우리 구주"로 부른다는 사실이나 바울에게 복음을 전할 책임을 맡기신 분이 예수 그리스도셨다는 사실과 연관해 디도서 1:3은 '하나님'이라는 단어를 사용해 그리스도를 지칭하는 또 다른 사례로 간주될 수도 있다.

22 예수를 하나님으로 부르는 본문에 관한 논의로는 14장, 417-122쪽을 보라. 또한 지금까지 출판된 글 중에서 예수를 하나님으로부터 부르는 신약 본문을 다루는 가장 자세한 주석으로는 Murray J. Harris, *Jesus as God* (Grand Rapids: Baker, 1992)을 보라.

23 '그리스도'라는 단어는 '메시아'라는 히브리어 단어를 헬라어로 번역한 말이다.

24 ESV의 사도행전, 서신서, 요한계시록 본문에는 영어 단어 'Lord'가 447회 등장하며, 그중에서 441회가 그리스도의 신성을 천명하는 경우에 해당한다고 생각한다. 즉, 하나님의 이름인 구약의 강력한 의미에서 그분을 퀴리오스, 곧 "주"로 부른다. (행 25:26; 고후 1:24; 벧전 3:6에서는 Lord가 더 약한 의미로 사용되고 있으며, 아마도 행 9:5; 22:8; 26:15의 첫 번째 경우에도 더 약한 의미로 사용되고 있을 것이다.)

25 그 외에도 요한복음에서 예수께서 "생명의 떡"(6:35) "세상의 빛"(8:12) "양의 문"(10:7) "선한 목자"(10:11) "부활이요 생명"(11:25) "길과 진리" "생명"(14:6) "참 포도나무"(15:1)라고 주장하실 때도 "내가 있느니라"(I am)라는 진술이 사용되며, 이것도 그리스도의 신성에 대한 요한의 전반적인 묘사에 기여한다. Guthrie, *New Testament Theology*, 330-332을 보라.

26 Guthrie, *New Testament Theology*, 특히 326을 보라.

27 다른 본문에서는 그리스도께서 성령을 통해 다른 기적을 행하셨다고 말하고 있다는 점을 나는 인정한다(마 12:28; 눅 4:14, 18, 40을 보라).

28 마가복음 13:32과 전능하심, 또한 그리스도께서 인간으로 무언가를 배우시는 것이 어떻게 조화를 이룰 수 있는지에 관한 논의는 1004-1006쪽을 보라.

29 나의 의도는 이 구절들이 예수의 인성이 편재했음을 보여준다고 암시하고자 함이 아니다. 그분의 육신적 몸을 포함하는 예수의 인성은 결코 한 번에 하나 이상의 장소에 있지 않았다. 이 구절들은 예수의 신성에 관해 말하고 있다고 이해하는 것이 아마도 최선일 것이다(그리스도의 두 본성 사의 구별에 관한 논의로는 995-1006쪽을 보라). 또한 마태복음 8:13을 보라.

30 또한 부활하신 뒤 예수께서 제자들의 예배를 받으시는 마 28:17을 보라.

31 케노시스 신학의 역사에 대한 명쾌한 개관으로는 "Kenosis, a Kenotic Theology" by S. M. Smith, in *EDT*, 600-602을 보라. (그의 논문이 실린 책이 어떤 책인지를 고려할 때) 놀랍게도 스미스는 케노시스 신학을 정통적, 성경적 신앙의 유효한 형태로 지지하는 것으로 글을 마무리한다.

32 '케노시스'라는 단어를 온전한 의미에서 케노시스 이론에 적용하지 않고, 그저 예수께서 이 땅에 계시는 동안 그분의 영광과 특권을 포기하셨다고 보는, 곧 빌립보서 2:7에 대한 더 정통적인 해석을 지칭하는 더 약한 의미로 사용하기도 한다. (이것이 본질적으로 이 책에서 지지하는 관점이다.) 하지만 빌립보서 2:7에 대한 이 전통적인 해석을 지칭하기 위해 케노시스라는 용어를 사용하는 것은 전혀 지혜로워 보이지 않는다. 본질적으로 그리스도의 온전한 신성을 부인하는 본격적인 케노시스 교리와 혼동되기가 쉽기 때문이다. 공식적으로 거짓된 교리적 가르침에 적용되는 용어를 취해 성경적으로 건전한 입장에 적용하는 것은 대부분의 사람들에게 혼란을 일으킬 뿐이다.

33 Smith, "Kenosis, A Kenotic Theology," 601.

34 스미스는 몇몇 사람들이 케노시스 신학을 채택하게 만든 일차적 영향력 중 하나가 19세기에 이루어진 현대 심리학의 성장이었다고 지적한다. "그 시대는 심리학의 범주라는 관점에서 생각하는 것을 배우고 있었다. 의식이 핵심 범주였다. 만약 우리의 의식이 우리의 중심에 자리 잡고 있다면, 또한 예수께서 전지한 하나님이신 동시에 제한된 인간이셨다면, 그분께는 두 개의 중심이 있었으며, 따라서 근본적으로 그분은 우리 중 하나가 아니셨다. 일부 사람들에게 기독론은 이해할 수 없는 것이 되고 있었다"(같은 글, 600-601). 다시 말해, 현대 심리학의 연구가 주는 압력 때문에 온전한 신성과 온전한 인성이 그리스도의 한 위격 안에서 결합되었다는 믿음은 설명하기 어렵거나 심지어는 지적으로 당혹스러운 것이 되었다. 어떻게 누군가가 우리와 그토록 다른 동시에 여전히 참으로 인간일 수 있는가?

하지만 우리는 현대 심리학이 단순한 인간만을 유일한 연구 대상으로 삼고 있기에 본질적으로 제한적이라고 답할 수 있다. 어떤 현대 심리학자도 (그리스도처럼) 죄로부터 완벽히 자유로우며 (그리스도처럼) 온전히 하나님이신 동시에 온전히 인간이신 분을 연구해 본 적이 없다. 만일 우리가 우리의 이해를 현대 심리학이 우리에게 가능하거나 생각해 볼 수 있다고 말하는 것으로 제한한다면, 우리는 죄 없는 그리스도나 신적인 그리스도를 결코 이해할 수 없을 것이다. 다른 많은 교리와 마찬가지로 이것에 관해서도 무엇이 가능한지에 관한 우리의 이해는 유한하고 타락한 세계에 대한 현대의 경험적 연구에 의해서가 아니라 성경 자체의 가르침에 의해 결정되어야 한다.

35 이 책에 대해 답하는 논문들이 Michael Green, ed., *The Truth of God Incarnate* (Sevenoaks, UK: Hodder and Stoughton; Grand Rapids: Eerdmans, 1977)으로 출간되었다. 나중에 *The Myth of God Incarnate*의 저자들과 그들의 비판자들 중 일부는 3일간 토론회를 열고 그 결과물을 세 번째 책으로 출간했다. Michael Golder, ed., *Incarnation and Myth: The Debate Continued* (London: SCM, 1979)

36 아리우스주의에 관한 논의는 14장, 428-431쪽을 보라.

37 놀랍게도, 또한 내 생각에는 불행하게도 최근 윌리엄 레인 크레이그(William Lane Craig)는 *Philosophical Foundations for a Christian Worldview*에 실린 글에서 그리스도의 위격에 관한 아폴리나리우스의 견해를 옹호한 바 있다. J. P. Moreland and William Lane Craig, *Philosophical Foundations for a Christian Worldview* (Downers Grove, IL: IVP Academic, 2003), 608-13. (『기독교 세계관의 철학적 기초5: 기독교 철학』 기독교문서선교회)

38 해럴드 브라운(Harold O. J. Brown)은 다음과 같이 말한다. "네스토리오스의 성육하신 위격은 그의 비판자들이 생각했던 두 인격체가 아니라 단일한 위격이었지만, 그는 자신의 생각이 그러함을 다른 이들에게 납득시키지 못했다. 따라서 그가 실제로 믿었던 바가 칼케돈에서 재확증되었음에도 불구하고 그는 역사 속에서 심각한 이단자로 규정되고 말았다"(Heresies, 176). 172-184쪽에 실린 네스토리오스주의와 연관된 문제에 관한 브라운의 자세한 논의는 대단히 유익하다.

39 요한복음 3:11에는 예수께서 갑자기 복수형으로 전환하셔서 "진실로 진실로 네게 이르노니 우리는 아는 것을 말하고 본 것을 증언하노라. 그러나 너희가 우리의 증언을 받지 아니하는도다"라고 말씀하시는 특이한 용례가 있다. 예수께서는 니고데모가 대화를 시작할 때 암시했던 유대교 지도자들을 지칭하는 "우리"와 대조하시면서 그분 자신과 언급되지 않는 그분의 몇몇 제자들을 지칭해서 그렇게 말씀하셨을 것이다. "랍비여, 우리가 당신은 하나님께로부터 오신 선생인 줄 아나이다"(요 3:2). 또한 예수께서 그분 자신과 증인이신 성령을 함께 지칭하셨을 수도 있다. 대화의 주제가 성령의 사역이기 때문이다(5-9절). 어떤 경우든 예수께서는 그 자신을 "우리"로 지칭하지 않으시며 바로 그 문장에서 자신을 "나"로 지칭하신다. Leon Morris, *The Gospel according to John*, 221-22의 논의를 보라.

40 에우티케스주의의 변이형에서는 인간적 본성이 신적 본성 안에서 상실되었고, 그 결과 신적 본성만 남게 되었다고 주장했다.

41 영어 번역문의 출처는 Philip Schaff, *Creeds of Christendom*, 2:62-63이지만 나는 샤프가 썼던 "inconfusedly, unchangeably, indivisibly, inseparably"라는 단어 대신 "without confusion, without change, without division, without separation"이라는 더 명료한 표현을 사용했다.

42 루터교 신학자들은 마르틴 루터를 따라 예수의 인간적 본성, 심지어는 그분의 인간적인 몸도 모든 곳에 계시다며, 곧 편재하신다고(ubiquitous) 주장했다. 그러나 기독교 교회의 다른 분파에서는 이 입장을 채택하지 않았으며, 루터가 주의 만찬에서 그리스도의 몸이 (요소 자체 안에서가 아니라 요소와 더불어) 실재적으로 임재하신다는 자신의 견해를 정당화하고자 할 때 취했던 입장이었던 것으로 보인다.

43 레인(A. N. S. Lane)은 그럴 수가 없다는 이유로 그리스도에 관한 칼케돈의 관점을 명시적으로 부인한다. "전지하심과 무지, 전능하심과 무능은 공존할 수 없다. 전자가 후자를 압도한다"["Christology Beyond Chalcedon," in *Christ the Lord: Studies in Christology Presented to Donald Guthrie*, ed. Harold H.

Rowden (Leicester; Inter-Varsity Press; Downers Grove, IL: InterVarsity Press, 1982), 270]. 그는 "그리스도께서 그분의 전능하심을 명시적으로 부인하셨지만(마 24:36과 막 13:32) 그리스도의 명확한 말씀만으로 가현설로 치우치는 경향성에 맞서기에 충분하다.……역사적 예수의 전능하심은 성경적으로 근거가 전혀 없으며 복음서의 분명한 가르침과 모순된다.……그것은 성경에서 가르치는 그분의 참된 인성을 약화시키므로 심각한 신학적 함의를 갖는다"고 말한다(271).

그러나 마태복음 24:36과 마가복음 13:32은 예수께서 그분의 인간적 본성에서 가진 지식을 가리키는 말로 이해할 수 있다. 그리고 레인이 전지하심과 무지가 "공존할 수 없다"고 말할 때 그는 성경의 역설 중 한 부분을 다른 부분과 대립시킨 다음 한 부분이 불가능하다고 주장하고 있을 뿐이다. 어떤 근거로 전지하신 신적 본성과 제한된 지식을 지닌 인간적 본성이 "공존할 수 없다"고 말하는 것이 정당화될 수 있는가? 또는 전능하신 신적 본성과 연약한 인간적 본성이 "공존할 수 없다"고 말할 수 있는가? 이런 주장은 무한한 신성과 유한한 인성이 같은 위격 안에서 함께 존재할 수 있음을 근본적으로 부인한다. 다시 말해, 예수께서 온전히 하나님이시며 동시에 온전히 인간이실 수 있음을 부인한다. 이런 방식으로 성육신의 본질을 부인한다.

44 Charles Hodge, *Systematic Theology*, 3 vols. (1871-73; repr., Grand Rapids: Eerdmans, 1970), 2:405. (『조직신학』 기독교문사)

45 같은 책, 2:404-405.

46 같은 책, 2:405.

47 마가복음 13:32을 주석하면서 장 칼뱅과 성공회 주석가 스위트(H. B. Swete)[*The Gospel according to St. Mark* (London: Macmillan, 1913), 316], 루터교 주석가 렌스키(R. C. H. Lenski)[*The Interpretation of St. Mark's Gospel* (repr., Minneapolis: Augsburg, 1961), 590]는 예수께서 이것을 알지 못하시는 것이 그분의 인간적 본성에만 적용되며 그분의 신적 본성에는 적용되지 않는다고 지적한다. (『마가복음』 로고스)

48 이와 관련해 우리의 인간적 경험에서 가져온 유비가 도움이 될 수 있다. 달리기 경주를 해본 사람은 경주 막바지에 이르면 내부에 상충하는 욕망이 존재한다는 것을 알고 있다. 한편으로, 경주자의 폐와 다리와 팔은 "멈춰! 멈춰!"라고 외치는 것처럼 보인다. 신체적인 고통 때문에 멈추고자 하는 분명한 욕망이 존재한다. 다른 한편으로, 경주자의 마음속에 있는 무언가가 "계속 달려! 계속 달려! 나는 이기고 싶어!"라고 말한다. 우리 안의 상충하는 욕망에 관한 비슷한 예를 우리 모두 알고 있다. 평범한 인간인 우리가 우리 안에 다르거나 구별되는 욕망을 가지고 있지만 여전히 한 인격체일 수 있다면, 인간인 동시에 하나님이신 분이 그처럼 하시는 것은 얼마나 더 가능하겠는가? 어떻게 그럴 수 있는지 이해할 수 없다고 말한다면, 이것은 우리가 그 상황에 대해 무지함을 인정하는 것일 뿐이다. 아무도 하나님인 동시에 인간이라는 것이 어떤 것인지 경험한 적이 없으며, 앞으로도 그런 경험을 하지 못할 것이기 때문이다. 우리는 그것이 불가능하다고 말해서는 안 되며, 신약 본문이 우리를 이런 본문으로 이끈다고 확신한다면 그것을 받아들이고 그것에 동의해야만 한다.

49 아마도 요한복음 3:13과 사도행전 20:28에서도 비슷한 용례를 확인할 수 있을 것이다.

50 편재도 신적 본성으로부터 인적 본성으로 전해진다는(communicated) 루터교의 관점에 관해서는 주 42를 보라.

51 주 25에 있는 "나는 있느니라" 말씀의 목록을 보라.

52

27. 속죄

그리스도의 죽음은 필연적이었는가?

그리스도의 삶은 우리의 구원과 어떤 연관이 있는가?

속죄의 원인과 본질은 무엇인가?

그리스도께서는 지옥으로 내려가셨는가?

설명과 성경적 기초

우리는 속죄atonement를 그리스도께서 우리의 구원을 위해 그분의 삶과 죽음으로 행하신 일로 정의할 수 있다. 이 정의를 통해 우리는 '속죄'라는 단어를 보다 더 폭넓은 의미로 사용하고 있음을 알 수 있다. 때로 이 단어는 예수께서 십자가 위에서 죽으시고 우리의 죗값을 치르신 것만을 지칭하기도 한다. 하지만 우리는 그리스도의 삶을 통해서도 구원의 혜택을 누리므로 이 정의에는 그분의 삶에 관한 언급도 포함되어야 한다.[1]

A. 속죄의 원인

그리스도께서 이 땅에 오셔서 우리 죄를 위해 죽으셔야 했던 궁극적인 원인은 무엇이었는가? 이 물음에 답하기 위해 우리는 하나님의 성품에 관해 논해야 한다. 성경은 하나님의 성품에 관한 두 가지, 곧 하나님의 사랑과 공의를 가리킨다.

우리는 잘 알려진 성경 본문을 통해 하나님의 사랑이 속죄의 이유임을 알 수 있다. "하나님이 세상을 이처럼 사랑하사 독생자를 주셨으니 이는 그를 믿는 자마다 멸망하지 않고 영생을 얻게 하려 하심이라."요 3:16 하지만 동시에 하나님은 그분의 공의 때문에 우리가 받아야 할 죄에 대한 형벌이 이루어질 수 있는 방식을 찾으셔야 했다(형벌이 이루어지지 않았다면 하나님은 우리를 받아들이거나 우리와 사귐을 가질 수 없기 때문이다). 그러므로 바울은 하나님이 그리스도를 보내셔서 "화목제물"propitiation, 하나님이 자비를 베풀도록(propitious) 진노를 담당하는 희생제물이 되게 하셨다고 설명한다.롬 3:25 "이는 하나님께서 길이 참으시는 중에 전에 지은 죄를 간과하심으로 자기의 의로우심을 나타내려 하심이니."롬 3:25 여기서 그는 구약에서 하나님이 아무런 형벌도 내리지 않은 채 죄를 용서하셨다고 말한다(사람들은 이 사실로 인해 하나님의 공의를 의심하며 그분이 형벌 없이 죄를 용서할 수 있는지 물었을 것이다). 참으로 공의로운 하나님이라면 그처럼 하실 수 없지 않겠는가? 하지만 하나님이 그리스도를 보내셔서 우리의 죄에 대한 형벌을 짊어지게 했을 때, "곧 이때에 자기의 의로우심을 나타내사 자기도 의로우시며 또한 예수 믿는 자를 의롭다 하려 하"셨다.롬 3:26

그러므로 하나님의 사랑과 공의는 모두 속죄의 궁극적인 원인이었다. 하지만 둘 중 어느 것이 더 중요한지 묻는 것은 우리에게 유익하지 않다. 하나님의 사랑이 없다면 그분은 우리의 죄를 용서하기 위해 어떤 조치도 취하지 않으셨을 것이다. 하나님의 공의가 없다면 그리스도께서 우리 죄를 용서하기 위해 필요한 구체적인 요구 조건이 충족되지 않았을 것이다. 이처럼 하나님의 사랑과 공의는 모두 동일하게 중요했다.

B. 속죄의 필요성

하나님께서 그리스도를 보내시고 그분이 죽지 않는 방법으로 인간을 구원하실 수는 없었는가?

이 물음에 답하기 전에 우리는 하나님이 인간을 구원할 필요가 없었음을 깨닫는 것이 중요하다. "하나님이 범죄한 천사들을 용서하지 아니하시고 지옥에 던져 어두운 구덩이에 두어 심판 때까지 지키게 하셨으며."벧후 2:4 이 본문은 하나님의 공의는 범죄한 우리를 심판 때까지 내버려두시기로 작정할 수 있음을 알려 준다. 하나님이 범죄한 천사들을 용서하지 않은 것처럼, 우리도 구원하지 않기로 작정하실 수 있었다. 이런 의미에서 속죄가 절대적으로 필요했던 것은 아니다.

하지만 하나님은 그분의 사랑으로 인간을 구원하겠다고 작정하셨으며, 성경은 성자의 죽음 외에 다른 방법이 없었다고 말한다. 속죄가 절대적으로 필요한 것은 아니었지만, 인간을 구원하겠다는 하나님의 작정의 결과인 속죄는 절대적으로 필요했다. 속죄에 대한 이러한 입장을 "결과적인 절대적 필요성"consequent absolute necessity이라고 부른다.

예수께서는 겟세마네 동산에서 "만일 할 만하시거든 이 잔을 내게서 지나가게 하옵소서. 그러나 나의 원대로 마시옵고 아버지의 원대로 하옵소서"라고 기도하신다.마 26:39 우리는 예수께서 언제나 성부의 뜻에 따라 믿음으로 기도하셨다고 확신할 수 있다. 따라서 마태가 우리를 위해 기록한 이 기도는 예수께서 곧 그분에게 다가올 십자가 죽음(그분의 것이 될 것이라는 고통의 "잔")을 피하는 것이 불가능하다고 말씀하는 것처럼 보인다. 예수께서 성부의 명령을 이행하고자 한다면, 또한 예수께서 우리 죄에 대한 형벌을 짊어지려면 십자가에서 죽으시는 것이 필수적이었다.

예수께서는 부활하신 뒤 엠마오로 가는 길에서 두 제자와 대화를 나누며 비슷한 말씀을 하셨다. 예수께서 죽으셨다는 사실을 듣고 슬퍼하는 그들에게 그분은 "미련하고 선지자들이 말한 모든 것을 마음에 더디 믿는 자들이여, 그리스도가 이런 고난을 받고 자기의 영광에 들어가야 할 것이 아니냐"고 대답하셨다.눅 24:25-26 예수께서는 (제자들을 위해 수많은 구약 본문을 근거로 설명하신) 하나님의 구원 계획에 따라 메시아가 백성들의 죄를 위해 죽어야 함을 아셨다.눅 24:27 참조

위에서 살펴보았듯, 바울도 로마서 3장에서 하나님이 "의로우"시며 동시에 인간을 구원하고자 한다면 그리스도를 보내셔서 죄에 대한 형벌을 담당하게 하셔야만 했다고 설명한다. "곧 이때에 자기의 의로우심을 나타내사 자기도 의로우시며 또한 예수 믿는 자를 의롭다 하려 하심이라."롬 3:26 히브리서는 그리스도께서 우리의 죄를 위해 고난을 당하셔야 했다고 강조한다. "그가 범사에 형제들과 같이 되심이 마땅하도다. 이는 하나님의 일에 자비하고 신실한 대제사장이 되어 백성의 죄를 속량하려 하심이라."히 2:17 또한 히브리서 기자는 "황소와 염소의 피가 능히 죄를 없이 하지 못"하며,히 10:4 "더 좋은 제물"이 필요하다고 주장한다.히 9:23 그리스도의 피, 곧 그분의 죽음만이 실제로 죄를 제거할 수 있다.히 9:25-26 참조 그리스도께서 우리를 위해 죽으시는 것 외에 하나님이 우리를 구원하실 수 있는 다른 방법은 없었다.

C. 속죄의 본질

여기서는 그리스도께서 하신 일의 두 양상에 관해 생각해 보려고 한다. 이는 (1) 우리를 위한 그리스도의 순종, 곧 그분이 우리를 대신해 율법의 요구에 순종하고 우리의 대표로서 성부 하나님의 뜻에 완벽히 순종하셨다는 것과 (2) 우리를 위한 그리스도의 고난, 곧 그분이 우리의 죄로 인해 우리가 마땅히 받아야 할 형벌을 담당하셨으며, 그 결과 우리의 죄를 위해 죽으셨다는 것이다.

그리스도께서 하신 일의 두 양상은 모두 일차적으로 우리에 대한 것이 아니라 성부 하나님에 대한 것이었다. 예수께서는 우리를 대신해 성부께 순종하셨고 율법의 요구를 완벽히 충족하셨다. 그리고 그분은 우리를 대신해 고난당하셨으며, 성부 하나님이 우리에게 주신 형벌을 친히 담당하셨다. 두 경우 모두 속죄는 객관적인 것, 곧 하나님께 일차적으로 영향을 미치는 무언가로 간주된다. 그것은 부차적으로 우리에게 적용되며, 이는 우리의 구원을 보증하는 결정적인 사건이 성부 하나님과 성자 하나님 사이의 관계 안에서 일어났기 때문이다.

1. 우리를 위한 그리스도의 순종(그리스도의 능동적 순종)

그리스도께서 우리의 죄를 용서하는 데 그쳤다면 우리는 천국에 들어갈 자격을 얻지 못할 것이다. 그것은 그저 아담과 하와가 선이나 악을 행하기 전 상태에 해당할 뿐이다. 아담과 하와가 의로움을 인정받고 하나님과의 사귐을 영원히 얻기 위해서는 일정 기간 동안 하나님께 온전히 순종해야 했다. 그처럼 했다면 하나님이 그들의 순종을 기쁘게 바라보셨을 것이며, 그들은 영원히 그분과 사귐을 누리며 살 수 있었을 것이다.[2]

이러한 이유로 그리스도께서는 우리를 위한 의를 획득하고자 하나님께 온전히 순종하는 삶을 살아야 했다. 그분의 완벽한 순종이라는 긍정적인 공로merits가 우리의 것으로 여겨지도록 그분은 우리를 대신해 평생 율법에 순종해야 했다. 때로는 이것을 그리스도의 능동적 순종active obedience이라고 부르는 한편, 그분이 우리 죄를 위해 고난받으시고 죽으신 것을 수동적 순종passive obedience이라고 부른다.[3] 바울은 자신의 목표는 그리스도 안에서 발견되며, "내가 가진 의는 율법에서 난 것이 아니요 오직 그리스도를 믿음으로 말미암은 것이니 곧 믿음으로 하나님께로부터 난 의"라고 말한다.빌 3:9 바울이 그리스도께 얻어야 하는 것은 도덕적 중립성(죄를 용서받은 백지상태)만이 아니었다. 바울에게는 긍정적인 도덕적 의가 필요했다. 바울은 그 도덕적 의가 자신으로부터 올 수 없고 노력이나 일을 통해 얻어질 수도 없으며, 그리스도를 믿는 믿음을 통해 와야 한다는 것을 알았다. 그리스도께서 "우리에게……의로움이 되셨"기 때문이다.고전 1:30 그리고 그는 "한 사람이 순종하지 아니함으로 많은 사람이 죄인 된 것 같이 한 사람이 순종하심으로 많은 사람이 의인이 되리라"고 명시적으로 선언한다.롬 5:19

바로 이 생각, 곧 그리스도의 완전한 의가 우리의 장부에 기입되었다는 생각을 고린도후서에서 확인할 수 있다. "하나님이 죄를 알지도 못하신 이를 우리를 대신하여 죄로 삼으신 것은 우리로 하여금 그 안에서 하나님의 의가 되게 하려 하심이라."고후 5:21 여기서 바울은 하나님이 그리스도를 죄로 삼으셨다고, 곧 죄인으로 여기셨다고—그분의 죄 때문이 아니라(그분은 "죄를 알지도 못하"시므로) 우리의 죄 때문에("우리를 대신하여")—말한다. 따라서 우리는 "하나님의 의가 되"었다. 하나님은 우리의 죄가 그리스도께 속한다고 생각하시는 것처럼 그리스도의 의가 우리에게 속한다고 생각하신다. 하나님은 우리가 의롭다고 생각하시며, 우리를 의롭다고 간주하신다. 어떻게 그러실 수 있는가? 그분은 우리가 "그 안에", 곧 그리스도 안에 있다고 생각하시기 때문이다. 하나님은 그리스도께서 우리의 대표로서 우리와 연합되어 있음을 아시며, 따라서 그리스도의 의를 우리의 의로 간주하신다.

일부 신학자들은 그리스도께서 우리를 위해 평생 온전히 순종할 필요가 있다고 가르치지 않았다. 그들은 그리스도께서 죽으시고 이로써 우리의 죄에 대한 형벌을 담당하셔야 했음을 강조했다.[4] 그러나 그런 강조는 그리스도께서 그저 우리를 위해 죽는 것보다 더 많은 일을 행하신 이유를 적절히 설명하지 못한다. 그리스도는 하나님 앞에서 우리의 의가 되셨다. 예수께서는 세례 요한에게 세례를 받으시기 전 그에게 "우리가 이와 같이 하여 모든 의를 이루는 것이 합당하니라"고 말씀하셨다.마 3:15

그들은 그리스도께서 흠 없는 제물이 되기 위해, 또한 우리가 아닌 그분 자신을 위해 온전히 순종하는 삶을 살아야 했다고 주장할지 모른다. 하지만 예수께서는 그분 자신을 위해 온전히 순종하는 삶을 살아야 할 필요가 없으셨다. 이미 그분은 영원토록 성부와 더불어 사랑의 사귐을 나누셨으며, 그분의 성품 안에서 성부의 기쁨과 즐거움을 받으시기에 영원토록 합당하셨다. 오히려 그분은 우리를 위해, 곧 그분이 머리로서 대표하시는 사람들을 위해 "모든 의를 이루"셔야 했다. 그분이 우리를 위해 그처럼 하지 않으셨다면, 우리는 하나님의 은혜를 받고 그분과 영원한 삶을 누릴 자격을 얻을 수 있는 순종의 증거를 가지지 못할 것이다. 그뿐만 아니라 예수께서 온전히 순종하는 삶을 살아야 했던 것이 아니라 그저 흠 없는 제물이 되기만 했다면, 그분은 33세가 되었을 때가 아니라 어린아이였을 때 우리를 위해 죽으셨을 수도 있다.

우리는 하나님 앞에 설 때 무엇을 의지해야 할지 자문해 보아야 한다. 즉 그리스도의 순종에 의지할 것인지, 아니면 우리 자신의 순종에 의지할 것인지를 돌아보아야 한다. 예수께서 보이신 온전히 순종하는 삶을 살펴본 뒤, 우리는 그분의 순종을 의지하려고 하는지 스스로 점검해 보아야 한다.

2. 우리를 위한 그리스도의 고난(그리스도의 수동적 순종)

그리스도께서는 우리를 위해 평생 율법에 온전히 순종했을 뿐만 아니라 우리의 죄에 대한 형벌을 담당하기 위해 필요한 고난을 당하기도 하셨다.

a. 그분이 삶에서 당하신 고난. 넓은 의미에서 그리스도께서 우리의 죗값을 치르기 위해 담당하신 형벌은 그분이 삶에서 당하신 고난이었다. 고난의 절정은 십자가 죽음이었지만, 타락한 세상에서 사는 그분의 삶 전체가 고난이었다. 예를 들어, 예수께서는 광야에서 고난을 당하셨다.마 4:1-11 참조 그분은 40일 동안 사탄의 시험을 받으셨다.[5] 또한 그분은 성인이 될 때까지 고난을 당하셨다. "그가 아들이시면서도 받으신 고난으로 순종함을 배워서."히 5:8 그분은 사역 초기에 유대 지도자들의 심한 반대 속에서 고난을 경험하셨다.히 12:3-4 참조 또한 인간 아버지를 여의었을 때 그분이 고통과 슬픔을 경험하셨을 것이라고 추측할 수 있다.[6] 실제로 그분은 친밀한 관계에 있던 나사로가 죽었을 때 슬퍼하셨다.요 11:35 참조 이사야는 메시아의 오심에 관해 그분이 "간고를 많이 겪었으며 질고를 아는 자"일 것이라고 예

언했다.사53:3

b. 십자가의 고난. 예수께서 십자가에 가까워질수록 그분의 고난은 커져 갔다. 그분은 제자들에게 자신이 겪고 있던 고난에 관해 "내 마음이 매우 고민하여 죽게 되었으니"라고 말씀하셨다.마26:38 우리를 위한 예수의 고난이 절정에 이른 것은 십자가 위에서였다. 바로 그곳에서 그분이 우리의 죄에 대한 형벌을 담당하시고 우리를 대신해 죽으셨기 때문이다. 성경은 예수께서 경험하신 고난에 네 가지 다른 양상이 있다고 가르친다.

1. 육체적 고난과 죽음. 우리는 예수께서 모든 인간이 경험한 고난보다 더 심한 육체적 고난을 당하셨다고 주장할 필요가 없다. 성경 어디에서도 그런 주장을 하지 않기 때문이다. 하지만 십자가 죽음이 인간이 만들어낸 가장 끔찍한 처형 방식 중 하나임을 잊어서는 안 된다.

고대 세계의 복음서 독자 중 다수는 십자가형을 목격한 적이 있었을 것이며, 따라서 그분을 "십자가에 못 박고"막15:24라는 구절을 읽을 때 그들은 그 장면을 고통스러울 정도로 생생하게 떠올렸을 것이다. 십자가에 못 박힌 범죄자는 질식에 의해 아주 천천히 죽어 갔다. 그는 펼친 채 못 박힌 팔로 몸무게 대부분을 지탱해야만 했다. 이때 흉강이 위쪽과 바깥쪽으로 당겨지기 때문에 호흡이 어려워지며, 호흡 곤란이 견딜 수 없을 정도가 되면 발로 자신의 몸을 밀어 올려 팔이 지탱하는 무게를 덜어줌으로써 흉강이 보다 정상적으로 수축할 수 있게 해야만 했다. 범죄자는 이렇게 질식을 막을 수도 있지만 이는 극도로 고통스러운 일이었다.[7] 이미 채찍질을 당해 찢어진 등은 숨을 쉴 때마다 나무에 쓸려 고통을 더했을 것이다. 세네카는 십자가에 못 박혀 "오래 지속되는 고통 속에서 생명의 숨을 들이마시는" 사람에 관해 언급했다.Epistle 101, to Lucilius, section 14

1986년에 「미국의학협회지」에 실린 글에서 한 의사는 십자가형을 당할 느끼는 고통을 이렇게 설명했다.

> 적절하게 숨을 내쉬기 위해서는 발로 몸을 밀어 올리고 발꿈치를 구부림으로써 몸을 들어 올려야 했다.……하지만 이 동작을 취하면 몸무게 전체가 발목에 쏠리고, 그 결과 견디기 어려운 고통이 가해졌을 것이다. 이것에 더해 팔꿈치를 구부리면 손목이 쇠 나사 주위로 회전할 것이며 이로써 손상된 정중 신경을 따라 불타는 고

통을 느끼게 될 것이다.……밖으로 뻗어 들어 올린 팔의 근육 경련과 감각 이상이 불쾌함을 더할 것이다. 그 결과 호흡하려고 할 때마다 고통스럽고 기진맥진하여 결국 질식에 이르고 말 것이다.[8]

어떤 경우에는 십자가에 못 박힌 자가 여러 날 생존해 있기도 하는데 거의 질식할 지경이지만 죽지는 않은 상태일 뿐이다. 그러므로 요한복음 19:31-33에서 보도하듯 형 집행자들은 빨리 죽음에 이르도록 범죄자의 다리를 부러뜨리기도 했다.

이날은 준비일이라. 유대인들은 그 안식일이 큰 날이므로 그 안식일에 시체들을 십자가에 두지 아니하려 하여 빌라도에게 그들의 다리를 꺾어 시체를 치워 달라 하니 군인들이 가서 예수와 함께 못 박힌 첫째 사람과 또 그 다른 사람의 다리를 꺾고 예수께 이르러서는 이미 죽으신 것을 보고 다리를 꺾지 아니하고.

2. 죄를 담당하는 고난. 예수께서 우리의 죄를 담당하는 심리적 고난은 그분이 당하신 육체적 고난보다 더 끔찍했다. 그리스도인으로서 우리는 죄를 지었음을 알 때 느끼는 불안을 경험적으로 알고 있다. 죄는 우리 마음을 무겁게 짓누르며, 올바른 삶에서 분리된 것 같은 쓰라린 감정, 심층적으로 존재하지 말아야 할 무언가가 존재한다는 것을 자각하게 한다. 사실 우리가 하나님의 자녀로서 점점 더 거룩해질수록 우리는 죄에 대한 이 본능적인 증오를 더욱 강렬하게 느끼게 된다.

예수께서는 거룩하신 분으로서 죄를 미워하셨다. 예수께서 죄를 생각하는 것 자체가 그분의 성품과 모순된다. 예수께서는 우리보다 더 본능적으로 죄를 증오하셨다. 하지만 그분은 성부를 향한 순종과 우리를 향한 사랑으로 죄를 담당하셨다. 그분이 죄를 담당하실 때 그분의 존재 깊은 곳에서는 증오감이 생겨났다. 그분이 본능적으로 증오하는 죄가 그분에게 온전히 쏟아져 그것을 담당해야 했기 때문이다.

성경은 그리스도께서 우리의 죄를 담당하셨다고 말한다. "우리는 다 양 같아서 그릇 행하여 각기 제 길로 갔거늘 여호와께서는 우리 모두의 죄악을 그에게 담당시키셨도다."사 53:6 "그가 많은 사람의 죄를 담당하며."사

53:12 세례 요한은 예수를 가리켜 "세상 죄를 지고 가는 하나님의 어린양"이라고 불렀다.요 1:29 바울은 하나님이 그리스도를 "죄로 삼으"셨으며고후 5:21 그분이 "우리를 위하여 저주를 받은 바 되사"라고 선언한다.갈 3:13 히브리서 기자는 그리스도께서 "많은 사람의 죄를 담당하시려고 단번에 드리신 바 되셨"다고 말한다.히 9:28 그리고 베드로는 그분이 "친히 나무에 달려 그 몸으로 우리 죄를 담당하셨"다고 말한다.벧전 2:24 [9]

우리의 죄를 그리스도께 담당시키신 분은 바로 성부 하나님이셨다.고후 5:21 아담의 죄가 우리에게 전가된 것과 마찬가지로[10] 하나님은 우리의 죄를 그리스도께 전가시키셨다. 즉 그분은 우리의 죄가 그리스도께 속한다고 생각하셨다. 그분은 어떤 것이 실제로 우주에 존재하는지를 궁극적으로 판단하고 정의하시는 분이므로, 그분이 우리의 죄가 그리스도께 속한다고 생각하셨을 때 우리의 죄는 실제로 그리스도께 속하게 되었다. 이는 하나님이 그리스도께 죄를 지웠다거나 그리스도께서 죄인의 본성을 지닌다고 생각하셨다는 뜻이 아니라, 하나님이 우리의 죄에 대한 죄책형벌을 받아야 할 책임이 우리가 아닌 그리스도께 속한다고 생각하셨다는 뜻이다.

일부에서는 하나님이 죄책을 그리스도께로 옮기는 것이 정의롭지 않다고 반론을 제기해 왔다. 하지만 그리스도께서는 자발적으로 그 죄책을 친히 담당하셨으며, 따라서 이 반론은 설득력이 약하다. 또한 무엇이 정의로운지는 삼위일체 하나님이 궁극적으로 판단하시며, 하나님은 이 방법으로 속죄가 이루어지도록 작정하셨다.

3. 버려지심. 예수께서는 위에서 언급한 고난들을 홀로 담당하셔야 했다. 예수께서 베드로와 야고보, 요한을 데리고 겟세마네 동산에 가셨을 때 그분은 자신이 겪는 고난에 관해 "내 마음이 심히 고민하여 죽게 되었으니"라고 말씀하셨다.막 14:34 이것은 마치 친한 친구에게 속내를 털어놓는 것과 같았으며, 그분이 가장 큰 고난을 경험하는 시간에 도움을 요청하셨음을 암시한다. 하지만 예수께서 체포되시자마자 제자들은 "다 예수를 버리고 도망"갔다.마 26:56

또한 이에 관해서도 우리의 경험 안에 희미한 유비가 존재한다. 살다 보면 우리는 친한 친구, 부모나 자녀, 아내나 남편에게 거부를 당할 때 내적 고통을 느낀다. 그러나 이 모든 경우에는 적어도 작은 부분에서 우리에게 잘못이 있을 수도 있다. 예수와 제자의 경우에는 그렇지 않았다. 그분은 "세상에 있는 자기 사람들을 사랑하시되 끝까지 사랑하"셨기 때문이다.요 13:1 그분은 그들을 끝까지 사랑하셨지만, 그분의 사랑에도 불구하고 그들은 모두 그분을 버렸다.

하지만 가장 가까운 제자들에게 버림받았다는 것보다 더 큰 고난은 그분께 가장 큰 기쁨이던 성부와의 사귐으로부터 단절되었다는 사실이었다. "엘리 엘리 라마 사박다니", 곧 "나의 하나님, 나의 하나님, 어찌하여 나를 버리셨나이까"라는 외침은마 27:46 예수께서 성부와의 사귐으로부터 단절되었음을 보여준다. 십자가에서 우리의 죄를 담당하실 때, 예수께서는 "눈이 정결하시므로 악을 차마 보지 못하시"는 하늘에 계신 그분의 아버지합 1:13께 버림받으셨다. 그분은 수백만 가지의 죄로 인한 죄책의 무게를 홀로 견디셔야 했다.

4. 하나님의 진노를 담당하심. 하지만 예수께서 당하신 고난의 이 세 양상보다 더 어려운 것은 하나님의 진노를 친히 담당하시는 고난이었다. 예수께서 우리의 죄책을 홀로 담당하실 때, 전능한 창조주이며 우주의 주이신 성부 하나님이 그분의 진노를 예수께 쏟으셨다. 예수께서는 하나님이 세상이 시작된 뒤로 오래 참으시며 쌓아 두신, 죄에 대한 강렬한 증오와 복수의 대상이 되셨다.

하나님은 그리스도를 화목제물로 세우셨다.롬 3:25 화목제물은 '하나님의 진노를 끝까지 담당하고, 우리를 향한 하나님의 진노를 은혜로 바꾸는 제물'을 뜻한다. 바울은 "이는 하나님께서 길이 참으시는 중에 전에 지은 죄를 간과하심으로 자기의 의로우심을 나타내려 하심이니 곧 이때에 자기의 의로우심을 나타내사 자기도 의로우시며 또한 예수 믿는 자를 의롭다 하려 하심이라"고 말한다.롬 3:25-26 하나님이 단순히 죄를 용서하시고 여러 세대의 형벌에 관해 잊어버리신 것이 아니다. 그분은 죄를 용서하셨고 그 죄에 대한 그분의 의로운 진노를 쌓아 두셨다. 그러나 그분이 그동안 쌓아 두셨던 죄에 대한 모든 진노가 십자가 위의 그분의 아들에게 쏟아졌다.

복음주의권 외부에 있는 신학자들은 예수께서 죄에 대한 하나님의 진노를 담당하셨다는 사상에 반대해 왔다.[11] 그들의 기본 전제는 하나님이 사랑의 하나님이시므로 그분이 창조하신 인간에게 진노를 나타내는 것은

그분의 성품과 모순된다는 것이다. 안타깝게도 일부 저명한 복음주의자들도 이 입장을 옹호해 왔다.[12]

그러나 복음주의 신학자들은 하나님의 진노가 신구약 모두에 나타난다고 설득력 있게 주장해 왔다. 신약학자인 레온 모리스는 "로마서 첫 부분의 전체적인 주장은 모든 사람, 곧 이방인과 유대인 모두가 죄인이며 하나님의 진노와 정죄 아래 있다는 것이다"라고 말한다.[13]

로마서 3:25 외에도 신약의 중요한 세 본문, 곧 히브리서 2:17과 요한일서 2:2, 4:10도 예수의 죽음을 가리켜 "화목제물"이라고 말한다. 이 본문에서 사용하는 헬라어힐라스코마이(유화하다, 가라앉히다), 힐라스모스(유화의 제물)는 "하나님의 진노를 가라앉히는—이로써 하나님이 우리를 향해 자비를 베푸시도록 하는—제물"이라는 의미를 갖는다.[14] 이것은 성경 외의 문헌에서 이 단어가 사용된 의미와도 조화를 이룬다. 헬라의 이교를 가리켜 말할 때 사람들은 이 단어를 쉽게 이해했다. 이 본문들은 예수께서 죄에 대한 하나님의 진노를 담당하셨음을 뜻한다.

그 외에도 고린도후서 5:21은 "하나님이 죄를 알지도 못하신 이를 우리를 대신하여 죄로 삼으신 것은 우리로 하여금 그 안에서 하나님의 의가 되게 하려 하심이라"고 말한다. 이는 하나님이 그리스도를 "죄"로 여기셨으며, 하나님의 공의 때문에 이 죄는 하나님의 진노가 그리스도께 내릴 것을 요구한다는 뜻이다. 그것은 우리의 유익을 위함이었다. 하나님은 우리의 죄가 그리스도께 속한다고 여기셨듯 그리스도의 의가 우리에게 속한다고 여기셨다("우리로 하여금 그 안에서 하나님의 의가 되게 하려 하심이라"). 이와 비슷하게 갈라디아서 3:13은 "그리스도께서 우리를 위하여 저주를 받은 바 되사 율법의 저주에서 우리를 속량하셨으니"라고 말한다. 즉 이는 그분이 우리를 위해 "저주를 받은 바" 되심으로써 하나님의 진노를 담당하셨음을 암시한다. 히브리서 9:28은 그리스도께서 "많은 사람의 죄를 담당하"셨다고 말하며, 베드로전서 2:24은 "친히 나무에 달려 그 몸으로 우리 죄를 담당하셨"다고 말한다. 이 본문들도 그리스도께서 우리를 위해 죄에 대한 형벌을 담당하셨음을 암시한다.

하나님의 진노를 담당한다는 사상은 하나님의 진노의 잔을 마심으로써 그 진노를 친히 받아들인다는 이미지를 통해서도 표현된다. 구약은 예루살렘이 하나님의 심판을 받을 때에 관해 이야기할 때 이 이미지를 사용한다.사 51:17; 또한 시 75:8; 사 51:22; 렘 25:15 참조 신약의 마지막 책인 요한계시록에서는 인류에게 내릴 하나님의 진노에 관한 예언에 하나님의 "맹렬한 진노의 포도주 잔"을 받을 "큰 성 바벨론"에 대한 심판이 포함된다.계 16:19; 또한 14:10 참조 예수께서는 겟세마네 동산에서 "내 아버지여, 만일 할 만하시거든 이 잔을 내게서 지나가게 하옵소서. 그러나 나의 원대로 마시옵고 아버지의 원대로 하옵소서"라고 기도하실 때 구약의 이미지를 잘 이해하고 계셨다.마 26:39; 요 18:11 참조

또한 구약의 이사야 53장에 기록된 그리스도의 고난에 관한 예언에서는, 우리가 우리의 죄 때문에 마땅히 받아야 할 하나님의 형벌을 그리스도께서 담당하셨음을 여러 차례 명시적으로 언급한다(아래 인용에서 강조한 부분을 주목하라).

그는 실로 우리의 질고를 지고 우리의 슬픔을 당하였거늘 우리는 생각하기를 그는 징벌을 받아 **하나님께 맞으며** 고난을 당한다 하였노라. **그가 찔림은 우리의 허물 때문이요 그가 상함은 우리의 죄악 때문이라.** 그가 징계를 받으므로 우리는 평화를 누리고 그가 채찍에 맞으므로 우리는 나음을 받았도다. 우리는 다 양 같아서 그릇 행하여 각기 제 길로 갔거늘 **여호와께서는 우리 모두의 죄악을 그에게 담당시키셨도다.**

그가 곤욕을 당하여 괴로울 때에도 그의 입을 열지 아니하였음이여 마치 도수장으로 끌려가는 어린양과 털 깎는 자 앞에서 잠잠한 양 같이 그의 입을 열지 아니하였도다. 그는 곤욕과 심문을 당하고 끌려갔으나 그 세대 중에 누가 생각하기를 그가 살아 있는 자들의 땅에서 끊어짐은 **마땅히 형벌 받을 내 백성의 허물 때문이라** 하였으리요. 그는 강포를 행하지 아니하였고 그의 입에 거짓이 없었으나 그의 무덤이 악인들과 함께 있었으며 그가 죽은 후에 부자와 함께 있었도다.

여호와께서 그에게 상함을 받게 하시기를 원하사 질고를 당하게 하셨은즉 그의 영혼을 속건제물로 드리기에 이르면 그가 씨를 보게 되며 그의 날은 길 것이요 또 그의 손으로 여호와께서 기뻐하시는 뜻을 성취하리로다. 그가 자기 영혼의 수고한

것을 **보고 만족하게 여길 것이라.** 나의 의로운 종이 자기 지식으로 많은 사람을 의롭게 하며 **또 그들의 죄악을 친히 담당하리로다.** 그러므로 내가 그에게 존귀한 자와 함께 몫을 받게 하며 강한 자와 함께 탈취한 것을 나누게 하리니 이는 그가 자기 영혼을 버려 사망에 이르게 하며 범죄자 중 하나로 헤아림을 받았음이니라. 그러나 그가 많은 사람의 죄를 담당하며 범죄자를 위하여 기도하였느니라.사 53:4-12

그리스도께서 우리를 대신해 하나님의 진노를 담당하셨다는 사실을 주장하는 것은 중요하다. 그것이 속죄 교리의 핵심이기 때문이다. 그것은 하나님의 거룩하심과 공의로 죄에 대한 형벌이 이루어져야 한다는 영원하며 변함없는 요구가 존재함을 의미한다. 더 나아가 속죄는 우리의 주관적 의식에 영향을 미치기 전에 먼저 하나님께, 또한 그분과 그분이 속량하기로 계획하신 죄인들의 관계에 영향을 미쳤다. 이 핵심적 진리를 제쳐 두고 그리스도의 죽음을 제대로 이해할 수 없다.

우리는 그리스도께서 하신 경험에 대한 유비를 제시할 때 신중해야 한다(그분의 경험은 전례가 없고 앞으로도 없을 것이며, 비길 데가 없으며 앞으로도 그럴 수 없기 때문이다). 그럼에도 어떤 의미에서 우리는 우리 삶의 유비적 경험을 통해 예수의 고난을 이해한다. 하나님이 성경을 통해 우리에게 그처럼 가르치시기 때문이다.[15] 다시 말해, 우리의 인간적 경험은 하나님의 진노를 담당한다는 것의 의미를 이해하는 데 도움을 주는 희미한 유비를 제공한다. 아마도 우리는 자녀로서 잘못을 저질러 부모의 진노에 직면하거나, 어른으로서 저지른 실수로 인해 고용주의 분노를 경험한 적이 있을 것이다. 우리는 내적으로 동요하며 불쾌한 감정으로 가득 차 있는 다른 인격체가 우리의 자아 안으로 밀고 들어오는 것 때문에 불안해한다. 우리는 떨며 두려워한다. 그런데 어떤 유한한 인간이 아니라 전능하신 하나님이 진노를 쏟아붓는다면 우리가 경험할 인격적인 붕괴의 위협이 어느 정도일지 상상조차 못할 것이다. 하나님이 진노를 드러내지 않으실 때조차 그분의 임재가 우리 안에 두려움과 떨림을 불러일으킨다면,히 12:21, 28-29 참조 진노하시는 하나님의 임재 앞에 서는 것은 얼마나 두려운 일이겠는가.히 10:31 참조

이것을 염두에 둘 때 우리는 "나의 하나님, 나의 하나님, 어찌하여 나

를 버리셨나이까"라는 예수의 황량한 외침을 더 잘 이해할 수 있다.마 27:46 이는 '하나님 어찌하여 나를 영원히 떠나셨습니까'라는 물음이 아니다. 예수께서는 자신이 세상을 떠나 성부께로 돌아갈 것을 아셨기 때문이다.요 14:28; 16:10, 17 참조 그분은 자신이 부활하실 것을 아셨다.요 2:19; 눅 18:33; 막 9:31 참조 그분이 "십자가를 참으사 부끄러움을 개의치 아니하"신 것은 "그 앞에 있는 기쁨을 위"함이었으며, 이제 그분은 "하나님 보좌 우편에 앉"아 계신다.히 12:2 그분은 여전히 하나님을 "나의 하나님"으로 부를 수 있음을 아셨다. 이 황량한 외침은 절대적인 절망의 외침이 아니다. 더 나아가 "어찌하여 나를 버리셨나이까"라는 물음은 그분이 자신이 죽어 가고 있는 이유에 관해 의심하셨다는 것을 암시하지 않는다. 그분은 이미 "인자가 온 것은 섬김을 받으려 함이 아니라 도리어 섬기려 하고 자기 목숨을 많은 사람의 대속물로 주려 함이니라"고 말씀하셨다.막 10:45 그분은 자신이 우리의 죄를 위해 죽을 것을 아셨다.

예수의 외침은 시편 22:1의 인용이다. 이 시편 기자는 하나님이 어째서 자신을 돕지 않으시는지, 어째서 자신을 구원하지 않고 지체하시는지 묻는다.

> 내 하나님이여, 내 하나님이여, 어찌 나를 버리셨나이까. 어찌 나를 멀리 하여 돕지 아니하시오며 내 신음 소리를 듣지 아니하시나이까. 내 하나님이여, 내가 낮에도 부르짖고 밤에도 잠잠하지 아니하오나 응답하지 아니하시나이다.시 22:1-2

하지만 시편 기자는 결국 하나님께 구원을 받았으며, 황량한 그의 외침은 찬양의 노래로 바뀌었다.22-31절 성경의 말씀을 자신이 친히 하신 말씀으로 삼으신 예수께서는 시편 22편의 맥락을 잘 알고 계셨다. 이 시편을 사용할 때 그분은 그 문맥에서 궁극적으로 자신을 구원하실 하나님에 대한 흔들리지 않는 믿음을 암시하는 이 외침을 인용한 것이다. 그럼에도 그것은 여전히 매우 실제적인 고통의 외침이었다. 고통이 오래 지속되고 있었으며 고통으로부터의 해방을 기대할 수 없었기 때문이다.

이와 같은 인용의 맥락을 고려할 때 "어찌하여 나를 버리셨나이까"라는 물음은 '어찌하여 나를 이토록 오래 내버려두시나이까'라는 뜻으로 이해하는 편이 더 나을 것이다. 시편 22편의 물음이 바로 이 의미였다. 예수께서는 그분의 인성 안에서 우리의 죄를 담당하고 고난을 당하며 죽어야 한다는 것을 아셨다. 하지만 그분의 인간적인 의식은 이 고통이 얼마나 길게 지속될지 모르셨을 것이다. 하지만 수백만 가지의 죄책을 한순간 담당하는 것도 영혼에 가장 큰 고통을 불러올 것이다. 잠시라도 무한하신 하나님의 깊고 맹렬한 진노에 직면하는 것은 가장 심층적인 두려움을 야기할 것이다. 하지만 예수의 고통은 1분이나 10분 만에 끝나지 않았다. '언제 이 고통이 끝날까? 더 많은 죄의 무게가 기다리는 것은 아닐까? 더 많은 하나님의 진노가 기다리는 것은 아닐까?' 한두 시간의 고통이 계속되었다. 어두운 죄의 무게와 하나님의 깊은 진노가 파도처럼 계속해서 예수께 쏟아졌다. 예수께서는 마침내 "나의 하나님, 나의 하나님, 어찌하여 나를 버리셨나이까"라고 외치셨다. '왜 이 고통이 이토록 오래 계속되어야 합니까? 오, 하나님, 나의 하나님, 이 고통을 끝내기는 하실 것입니까?'

예수께서는 이제 고통이 거의 끝나고 있음을 아셨다. 그분은 우리의 죄에 대한 성부의 모든 진노를 감당하셨음을 아셨다. 하나님의 분노가 잦아들고 끔찍한 죄의 무게가 사라지고 있었기 때문이다. 그분은 영혼을 하늘에 계신 아버지께 맡기고 죽는 것만 남았음을 아셨다. 승리의 외침으로 예수께서는 "다 이루었다"고 말씀하셨다.[요 19:30] 그다음 큰 목소리로 다시 한번 "아버지, 내 영혼을 아버지 손에 부탁하나이다"라고 외치셨다.[눅 23:46] 그렇게 그분은 아무도 빼앗을 수 없는 생명을 자발적으로 내어 주시고[요 10:17-18 참조] 죽으셨다. 이사야가 예언했듯이 "자기 영혼을 버려 사망에 이르게" 하셨고 "많은 사람의 죄를 담당하"셨다.[사 53:12] 성부 하나님은 그분의 "영혼의 수고한 것"을 보고 "만족하게 여"기셨다.[사 53:11] 이처럼 우리 죄로 인해 우리가 마땅히 받아야 할 형벌이 온전히 이루어졌다.

c. 그리스도의 죽음에 대한 더 심층적인 이해

1. 형벌은 성부 하나님에 의해 가해졌다. "그리스도께서 우리의 죄에 대한 형벌을 담당하실 것을 누가 요구했는가?"라고 묻는다면, 성경에서 제시하는 답은 삼위일체의 주권을 대변하시는 성부 하나님이셨다는 것이다. 죄에 대한 형벌을 요구하는 것은 하나님의 공의였으며, 삼위일체의 위격 중 그 형벌을 요구하는 역할을 하시는 분은 성부 하나님이셨다. 성자 하

나님은 죄에 대한 형벌을 담당하시는 역할을 자발적으로 맡으셨다. 바울은 성부 하나님에 관해 "하나님이 죄를 알지도 못하신 이[그리스도]를 우리를 대신하여 죄로 삼으신 것은 우리로 하여금 그 안에서 하나님의 의가 되게 하려 하심이라"고 말했다.[고후 5:21] 이사야는 "여호와께서는 우리 모두의 죄악을 그에게 담당시키셨도다"라고 말했다.[사 53:6] 계속해서 그는 그리스도의 고난을 이렇게 묘사했다. "여호와께서 그에게 상함을 받게 하시기를 원하사 질고를 당하게 하셨은즉."[사 53:10]

이것을 통해 우리는 성부 하나님과 성자 하나님이 보여주시는 놀라운 사랑에 관해 알 수 있다. 예수께서는 자신이 십자가의 고난을 감당하게 될 것을 아셨으며, 또한 성부 하나님도 그분이 깊이 사랑하는 성자에게 이 형벌을 가해야만 할 것을 아셨다. "우리가 아직 죄인 되었을 때에 그리스도께서 우리를 위하여 죽으심으로 하나님께서 우리에 대한 자기의 사랑을 확증하셨느니라."[롬 5:8]

2. 영원한 고난이 아니라 완전한 형벌. 우리가 우리의 죄에 대한 형벌을 받아야만 한다면 우리는 하나님과 분리된 채 영원히 고난을 당해야만 할 것이다.[16] 그러나 예수께서는 영원한 고난을 당하지 않으셨다. 여기에는 두 가지 이유가 있다. (a) 만일 우리가 우리 죄로 인해 고난을 당한다면, 우리는 결코 우리 힘으로 하나님과 바른 관계를 회복할 수 없을 것이다. 우리에게는 하나님 앞에서 다시 살아나 온전한 의를 획득할 방법이 없고, 죄인의 본성을 제거하고 하나님 앞에서 그것을 올바른 본성으로 만들 방법도 없기 때문에 아무런 소망이 없을 것이다. 그뿐만 아니라 우리는 하나님 앞에서 순전한 마음으로 고난을 받아들이지 못하고 하나님에 대한 분노와 원한을 품은 채 고통당하는 죄인으로 계속해서 존재할 것이며, 따라서 계속해서 우리의 죄를 더할 것이다. (b) 예수께서는 우리의 죄에 대한 하나님의 모든 진노를 담당하시고 그것을 끝까지 담당하실 수 있었다. 인간이기만 한 존재는 누구도 그럴 수 없었지만, 예수께서는 그분 안에 신성과 인성이 연합되어 있기에 죄에 대한 하나님의 모든 진노를 끝까지 담당하실 수 있었다. 이사야는 "[하나님이] 자기 영혼의 수고한 것을 보고 만족하게 여길 것이라"고 예언했다.[사 53:11] 우리의 죄에 대한 형벌을 온전히 감당하셨음을 아셨을 때 예수께서는 "다 이루었다"고 말씀하셨다.[요 19:30] 그리스도

께서 모든 형벌을 담당하지 못하셨다면 우리에 대한 정죄가 여전히 남아 있었을 것이다. 그러나 우리가 받아야 할 형벌을 그분이 온전히 담당하셨으므로 "이제 그리스도 예수 안에 있는 자에게는 결코 정죄함이 없"다.롬 8:1

여기서 우리는 하나님의 영원한 성품 안에서 그 무엇도, 하나님이 인류를 위해 주신 율법 안에서 그 무엇도 인간을 벌하기 위해 영원한 고통이 있어야 한다고 요구하지 않음을 깨닫는 것이 도움이 될 것이다. 사실 영원한 고난이 존재한다면 형벌은 온전히 이루어지지 않을 것이며, 이는 악을 행하는 자가 본성에 의해 계속해서 죄인으로 남아 있을 것을 뜻할 뿐이다. 그러나 그리스도의 고난이 십자가 위에서 마침내 끝났을 때, 이것은 그분이 죄에 대한 하나님의 진노를 온전히 담당하셨으며 더 이상 형벌이 남아 있지 않다는 것을 보여주었다. 또한 그분은 하나님 앞에서 의로우심을 보여주었다. 이처럼 그리스도께서 영원히 고난당하지 않고 제한된 시간 동안 고난당했다는 사실은 그분의 고난을 통해 죄에 대한 충분한 형벌이 이루어졌음을 보여준다. 히브리서 기자는 이 주제를 반복적으로 지적하며 그리스도의 구속 사역의 완결성과 최종성을 강조한다.

> 대제사장이 해마다 다른 것의 피로써 성소에 들어가는 것 같이 자주 자기를 드리려고 아니하실지니 그리하면 그가 세상을 창조한 때부터 자주 고난을 받았어야 할 것이로되 이제 자기를 단번에 제물로 드려 죄를 없이 하시려고 세상 끝에 나타나셨느니라.……이와 같이 그리스도도 많은 사람의 죄를 담당하시려고 단번에 드리신 바 되셨고 구원에 이르게 하기 위하여 죄와 상관 없이 자기를 바라는 자들에게 두 번째 나타나시리라.히 9:25-28

신약이 우리를 위한 그리스도의 자기희생의 완결성과 최종성을 강조한다는 사실은 많은 실천적 적용점을 지닌다. 그것은 우리가 받아야 할 죄에 대한 형벌이 더 이상 남아 있지 않다는 것을 우리에게 확인시키기 때문이다. 그리스도께서 우리의 형벌을 완전히 담당하셨으므로, 우리는 더 이상 정죄나 형벌을 두려워할 필요가 없다.

3. 그리스도께서 흘리신 피의 의미. 신약은 그리스도께서 흘리신 피와 우리의 구속을 연결한다. 예를 들어, 베드로는 "너희가 알거니와 너희 조

상이 물려준 헛된 행실에서 대속함을 받은 것은 은이나 금 같이 없어질 것으로 된 것이 아니요 오직 흠 없고 점 없는 어린양 같은 그리스도의 보배로운 피로 된 것이니라"고 말한다.벧전 1:18-19

그리스도의 피는 그분이 우리의 죄를 위해 제물로서 죽으실 때 그분의 피가 쏟아졌다는 명백한 외적 증거다(그리스도의 피는 그분의 죽음을 뜻한다).[17] 그리스도의 피가 (그분의 생명이 바쳐졌다는 증거로) 하나님 앞에서 우리의 법적 죄책이 제거되었다는 것만을 뜻한다고 생각할지도 모르지만—이것이 일차적인 의미이므로—신약의 저자들은 몇 가지 다른 효력이 있다고 말한다. 그리스도의 피로 우리는 양심이 깨끗해졌으며,히 9:14 참조 예배와 기도로 하나님께 나아갈 담대함을 얻었다.히 10:19 참조 또한 우리에게 남아 있는 죄가 점점 더 제거되어 깨끗해지고,요일 1:7; 계 1:5b 참조 우리 형제들을 참소하는 자를 쫓아내며,계 12:10-11 참조 죄악된 삶의 방식으로부터 구원을 받는다.벧전 1:18-19 참조 [18]

그리스도의 피 흘리심이 사법적 처벌을 통해 그분의 생명이 바쳐졌다는(그분이 사형을 선고받고 인간 재판관과 하늘에 계신 하나님이 부과한 형벌을 받아 죽으셨다는) 분명한 증거이기 때문에, 성경은 그분의 피를 많이 언급한다. 또한 성경이 그리스도의 피를 강조한다는 사실은, 그리스도의 죽음과 제물의 피를 쏟는 것이 포함된 구약의 많은 제사들이 분명히 연결되어 있음을 보여준다. 이러한 제사들은 모두 그리스도의 죽음을 가리키며 예견했다.

4. 형벌 대속으로서 그리스도의 죽음. 여기서 제시하는 그리스도의 죽음에 대한 관점은 형벌 대속penal substitution 이론이라고 부른다. 그리스도의 죽음은 그분이 처벌을 받으셨다는 점에서 형벌적이며, 우리를 대신하기 때문에 대속적이었다. 이것은 복음주의자들이 견지하는 속죄 이해다. 이 속죄 이해는 하나님의 진노나 죄에 대한 형벌을 빼고 설명하는 다른 속죄 이론과 대조를 이룬다.

이 속죄론은 대리적 속죄vicarious atonement 이론으로 부르기도 한다. 대리인vicar이란 다른 사람을 대신하거나 대표하는 누군가다. 그리스도께서는 우리를 대신하셨고 우리를 대표하셨기 때문에 그분의 죽음은 대리적이었다. 그분은 우리의 대표로서 우리가 마땅히 받아야 할 형벌을 받으셨다.

5. 형벌 대속을 부인하는 몇몇 잘못된 이론. 런던의 저명한 침례교 목회자인 스티브 초크는 2003년에 『잃어버린 예수의 메시지』라는 논쟁적인 책을 출간했다. 이 책에서 그는 그리스도의 죽음을 형벌 대속이라는 관점에서 이해해야 한다는 것을 부인했다. 그는 "우리는 어떻게 십자가에서 사랑의 하나님이 갑자기 그분의 아들에게 진노를 쏟아붓기로 결정하셨다고 믿게 되었는가? 사실 십자가는 우주적 차원의 아동 학대—복수심으로 가득 찬 성부께서 그분의 아들이 저지르지도 않은 죄를 벌하신 사건—가 아니다."[20] 초크는 속죄를 형벌 대속으로 보는 관점은 "왜곡된 사건 서술"이고 "도덕적으로 의심스러우며" "신앙에 대한 거대한 걸림돌"이라고 주장한다. "이 관념은 '하나님은 사랑이시다'라는 진술과 전적으로 모순되며…… 원수를 사랑하고 악을 악으로 갚지 말라는 예수의 가르침에 대한 조롱이다."[21]

초크는 하나님의 진노를 담당한다는 사상을 논할 때 앞에서 우리가 인용한 성경 구절들을 전혀 다루지 않는다. 그는 속죄가 하나님의 사랑뿐만 아니라 하나님의 공의로부터도 기원했다는 수 세기 동안 계속된 정통적인 개신교의 관점에 반론을 제기하지 않으며 이를 언급하지도 않는다.[22] 그는 로마서 1-3장의 논증이 제기하는 물음도 다루지 않는다. 이 논증은 바울의 말처럼 "죄의 삯은 사망"롬 6:23이기 때문에 하나님의 공의가 죄에 대한 형벌을 요구한다는 것이다. 초크는 하나님의 모든 행동이 그분의 모든 속성과 조화를 이루어야 한다는 것을 인식하지 못하고 하나님의 한 속성만을 근거로 논증을 펼치는 실수를 범한다.[23] 그의 관점은 이 주제에 관한 성경 전체의 가르침을 충실히 반영하지 못한다.

초크의 책으로 인해 영국의 복음주의자들 사이에 중요한 논쟁이 벌어졌으며[24] 그에 대한 여러 반론이 발표되었다.[25] 초크의 관점은 그가 성경 전체의 절대적 권위에 대한 믿음으로부터 이탈했음을 보여주는 것 같다. 2013년에 그는 동성 결혼의 정당성을 주장했으며[26] 이는 성경이 무오하거나 무류하다는 관점을 거부한다고 분명히 밝혔기 때문이다.[27]

2000년에 출간된 책에서 신약학 교수인 조엘 그린과 신학 교수인 마크 베이커는 십자가를 형벌 대속으로 보는 관점을 "교회 안팎의 사람들이 일종의 신적 아동 학대로 이해한다"고 경고한다.[28] 그들은 "대중적 차원에서 형벌 대속으로 이해하는 속죄신학에 대한 가장 강력한 반론은 여성주의 신학자들로부터 제기된다"라고 지적하면서, 이것은 그들이 이 관점을 "완벽한 자녀에 대한 학대"로 보기 때문이라고 설명한다.[29]

그린과 베이커는 "형벌 대속"이 "성경적 관념을 배제하며" "속죄에 대한 유일하게 올바르고 필수적인 설명"을 자처하려고 하기 때문에 "성경적이지 않다"고 주장한다.[30] 또한 그들은 이 속죄 이론이 부정적인 결과를 낳을 것이라며 반론을 제기한다.

> 이 이미지는 무엇으로 귀결되는가? 여성주의 신학자들은 이처럼 이해된 속죄신학이 인간관계에서, 특히 가정에서 학대를 정당화하고 영속화한다고 지적해 왔다. 그뿐만 아니라 불의한 고통의 자발적 희생자로 특징지어진 예수를 기독교 신앙의 핵심에 자리 잡게 하는 것은 희생자의 미덕을 이상화하며 학대를 당한 이들에게 스스로 희생을 감수하도록 권하는 것과 다름없다.[31]

그들은 찰스 하지를 형벌 대속 이론의 주요한 대변자로 본다.[32] 그들은 하지가 이 관점을 옹호한 이유는 "성경이 아니라 자기 시대의 개인주의적이고 법적인 틀을 근거로 이 모형을 이해했기 때문"이라고 주장한다. "그러므로 하나님에 대한 그의 이미지는 그리스도 안에서의 하나님의 자기 계시가 아니라 자신의 동시대인들이 지닌 정의 관념에 의해 더 많이 통제를 받고 있다.……십자가의 구원 사역에 대한 그의 근본 관념은 성경에 의해 형성되지 않았다."[33]

하지의 형벌 대속 이론에 대한 그들의 반론은 하지가 128쪽에 걸쳐 치밀한 논리로 속죄를 분석한 글에 포함된, 신구약을 근거로 한 수많은 자세하고 구체적인 주장들을 논박하지도 않고,[34] 구체적인 성경 본문에 대한 그의 분석이 어떻게 틀렸는지를 구체적으로 설명하려고 하지도 않는다. 그들은 그저 하지가 성경 대신 자신의 동시대 문화로부터 자신의 이론을 취했다고 근거 없이 주장할 뿐이다. 그러나 하지는 수십 쪽에 걸쳐 성경을 근거로 구체적인 논증을 전개한다. 형벌 대속 이론에 반대하는 일부 여성주의 신학자들이 이것이 잘못된 해석이라고(이 이론이 신적 아동 학대를 암시한다고) 주장한다는 것은 찰스 하지처럼 책임 있는 태도로 이 관점을 옹호하는 이들의 논증을 거부할 타당한 이유를 제공하지 못한다. 이들 모두가 아동 학대라는 관념을 끔찍한 악으로 볼 것이기 때문이다. 아무도 책임 있는 태도로 옹호한 적이 없는 해석 방식을 근거로 어떤 관점을 거부하는 것은 효과적인 논증이 아니다.

그린과 베이커는 2011년에 그들의 책 제2판을 출간했다.[35] 그들의 기본적인 주장은 동일하지만, 로마서 1-3장이라는 더 넓은 맥락에서 로마서 3:25을 그리스도께서 하나님의 진노를 담당하셨다는 의미로 이해해서는 안 되고 "속상",expiation 곧 죄의 제거와 용서, 관계의 회복과 같은 다른 범주로 이해해야 한다고 주장하는 내용을 추가했다.[36] 그러나 신약이 (관계의 회복, 사탄에 대한 승리, 수치의 극복, 죄가 우리 삶에서 점진적으로 제거됨과 같이) 속죄에 의해 성취된 다른 것들에 관해 말한다는 사실만으로 복수의 본문에 의해 지지를 받는 핵심적 진리, 곧 속죄를 통해 그리스도께서 우리가 마땅히 받아야 할 죄에 대한 하나님의 진노를 실제로 담당하셨다는 진리가 거짓임이 입증되는 것은 아니다.[37] 이는 복음 메시지의 핵심이며, 복음 메시지가 성경 전체의 주된 메시지다. 형벌 대속이라는 사상을 공격하는 것은 성경의 핵심 메시지를 공격하는 것과 다름없다.

d. 속죄의 다양한 양상을 묘사하는 신약의 용어. 그리스도의 속죄 사역은 우리에게 여러 가지 영향을 미치는 복잡한 사건이다. 그러므로 몇 가지 다른 측면에서 이 사역을 바라볼 수 있다. 신약에서는 이 측면을 묘사하기 위해 다양한 용어를 사용한다. 여기서는 더 중요한 네 가지 용어를 살펴보고자 한다.

이 네 가지 용어는 그리스도의 죽음이 죄인으로서 우리가 지닌 네 가지 필요를 충족했음을 보여준다.

1. 우리는 죄에 대한 형벌로 죽어 마땅하다.
2. 우리는 죄에 대한 하나님의 진노를 받아 마땅하다.
3. 우리는 우리의 죄에 의해 하나님과 분리되어 있다.
4. 우리는 죄와 사탄의 왕국에 예속되어 있다.

이 네 가지 필요는 그리스도의 죽음에 의해 다음과 같이 충족되었다.

1. 제물. 우리가 우리의 죄 때문에 마땅히 치러야 할 죽음의 형벌을 담당하기 위해 예수께서 우리를 위한 제물로 죽으셨다. "이제 자기를 단번에 제물로 드려 죄를 없이 하시려고 세상 끝에 나타나셨느니라."히 9:26
2. 화목제물. 우리가 마땅히 받아야 할 하나님의 진노로부터 우리를 건져 내기 위해 그리스도께서 우리의 죄를 위한 화목제물로 죽으셨다. "사랑은 여기 있으니 우리가 하나님을 사랑한 것이 아니요 하나님이 우리를 사랑하사 우리 죄를 속하기 위하여 화목제물로 그 아들을 보내셨음이라."요일 4:10
3. 화목. 하나님과의 분리를 극복하기 위해 우리에게 화목을 제공하고, 이로써 다시 하나님과의 사귐으로 이끌 누군가가 필요했다. "[하나님이] 그리스도로 말미암아 우리를 자기와 화목하게 하시고 또 우리에게 화목하게 하는 직분을 주셨으니 곧 하나님께서 그리스도 안에 계시사 세상을 자기와 화목하게 하시며."고후 5:18-19
4. 속량. 우리는 죄인으로서 죄와 사탄에게 예속되어 있기 때문에 우리를 그 예속으로부터 속량할 누군가가 필요하다. 속량에 관련된 성경의 용어는 "대속물"이다. 대속물이란 누군가를 예속 또는 포로 상태로부터 속량하기 위해 치러야 할 대가다. 예수께서는 자신에 관해 "인자가 온 것은 섬김을 받으려 함이 아니라 도리어 섬기려 하고 자기 목숨을 많은 사람의 대속물로 주려 함이니라"고 말씀하셨다.막 10:45

속전이 누구에게 지불되었는지 묻는다면, 대속물이라는 인간적인 유비가 모든 세부 사항에 있어서 그리스도의 속죄에 들어맞지 않는다는 것을 알 수 있다. 우리는 죄와 사탄에게 예속되어 있었지만 죄나 사탄에게 치른 속전이 없다. 죄와 사탄은 속전의 지불을 요구할 권한이 없기 때문이다. 사탄은 죄에 의해 그 거룩함이 침해되어 죄에 대한 형벌을 요구할 존재가 아니다. 앞서 살펴보았듯 그리스도께서 죄에 대한 형벌을 받으심으로 그 값을 치르셨으며 성부 하나님은 이를 받아들이셨다. 그러나 우리는 성부 하나님께 속전을 지불했다고 말하기를 주저하게 된다. 우리를 예속 상태로 붙잡고 있는 것은 그분이 아니라 사탄과 우리의 죄였기 때문이다. 그러므로 이 점에 관해 속전의 지불이라는 관념을 모든 세부 사항까지 밀어붙일 수는 없다. 값이 지불되었으며 그리스도의 죽음 그 결과 우리가 예속으로부터 속량되었다고 지적하는 것으로 충분하다.

"온 세상은 악한 자 안에 처한 것"이기 때문에, 요일 5:19 또한 그리스도께서 오셔서 "죽기를 무서워하므로 한평생 매여 종노릇하는 모든 자들을 놓아 주"시려고 죽으셨기 때문에 히 2:15 우리는 사탄에 대한 예속으로부터 속량되었다. 성부 하나님이 "우리를 흑암의 권세에서 건져내사 그의 사랑의 아들의 나라로 옮기셨"다. 골 1:13

죄에 대한 예속으로부터의 구원에 관해 바울은 "이와 같이 너희도 너희 자신을 죄에 대하여는 죽은 자요 그리스도 예수 안에서 하나님께 대하여는 살아 있는 자로 여길지어다.……죄가 너희를 주장하지 못하리니 이는 너희가 법 아래에 있지 아니하고 은혜 아래에 있음이라"고 말한다. 롬 6:11, 14 우리는 죄책에 대한 예속으로부터, 또한 우리 삶을 지배하는 죄의 권세에 대한 예속으로부터 해방되었다.

e. 속죄를 바라보는 다른 관점. 교회 역사에서 이번 장에서 제시한 형벌 대속 이론과 대조를 이루는 몇몇 다른 관점이 지지를 받기도 했다.

1. 사탄에게 속전을 지불했다는 이론. 알렉산드리아 출신으로 나중에는 가이사랴에서 활동한 신학자인 오리게네스가 이러한 관점을 주장했다. 이후 초기 교회에서 다른 몇 사람도 이 관점을 고수했다. 이 관점에 따르면, 그리스도께서 우리를 속량하기 위해 치르신 속전은 사탄에게 지불되었으며, 이것은 모든 사람이 죄로 인해 그의 왕국에 속해 있었기 때문이다.

성경에서는 이 이론을 뒷받침하는 증거를 전혀 찾을 수 없으며, 교회 역사에서 이 이론을 지지하는 이들도 거의 없었다. 이 이론은 하나님이 아니라 사탄이 죄에 대한 속전의 지불을 요구한다고 잘못 생각하며, 따라서 하나님의 공의가 죄에 대해 요구하는 바를 전적으로 무시한다. 또한 사탄이 하늘로부터 추방되었으며 하나님께 무언가를 요구할 권리가 전혀 없는 존재라고 간주하기보다, 실제보다 훨씬 더 큰 권세, 곧 사탄이 무엇이든지 하나님께 원하는 바를 요구할 수 있는 권세를 가지고 있다고 간주한다. 성경 어디에도 우리가 죄인으로서 사탄에게 무언가를 빚지고 있다고 말하지 않는다. 오히려 하나님이 우리에게 우리의 죄에 대한 대가를 치를 것을 요구하신다고 반복적으로 말한다. 따라서 이 관점은 그리스도의 죽음이 우리의 죄를 위해 성부 하나님께 바쳐진 화목제물이라고 말하는 본문이나, 성부 하나님이 그리스도를 통해 죄에 대한 대가를 치르신 것을 받아들이실 때 삼위일체를 대표하셨다는 사실을 제대로 설명하지 못한다.

2. 도덕 감화설. 프랑스 신학자 피에르 아벨라르가 처음으로 주창한 도덕 감화설The moral influence theory은 하나님이 죄에 대한 형벌이라는 대가의 지불을 요구하지 않으셨으며, 하나님이 그리스도의 죽음을 인간의 고통과 동일시하심으로 그분이 인간을 얼마나 많이 사랑하시는지, 곧 죽기까지 인간을 사랑하심을 보여주신 방식일 뿐이었다고 주장한다. 그러므로 그리스도의 죽음은 우리를 향한 하나님의 사랑을 보여주고 우리에게서 감사의 반응을 이끌어 냄으로 우리가 그분을 사랑하여 용서를 받게 하는 위대한 가르침의 본보기가 된다.

이 관점이 지닌 심각한 문제점은, 그리스도께서 우리의 죄를 대신 담당하셨으며 화목제물로 죽으셨다고 말하는 수많은 성경 본문과 모순된다는 것이다. 그뿐만 아니라 이 관점은 속죄가 하나님께 어떤 영향도 미치지 못했다고 주장함으로써 속죄의 객관적 속성을 제거한다. 마지막으로, 이 이론으로는 우리의 죄책을 전혀 해결할 수 없다. 그리스도께서 우리의 죄값을 치르기 위해 죽지 않으셨다면 우리에게는 그분을 믿음으로 죄사함을 얻을 권리가 전혀 없다.

3. 모범설. 모범설The example theory은 파우스트 소시누스의 추종자들인 소시누스주의자들이 가르친 속죄 이론이다. 이탈리아 출신 신학자인 소시누스는 1578년에 폴란드에 정착하여 많은 추종자를 거느렸다.[38] 도덕 감화설처럼 모범설 역시 하나님의 공의가 죄에 대한 형벌을 요구함을 부인한다. 이 이론에서 그리스도의 죽음은, 설령 신뢰와 순종이 끔찍한 죽음으로 귀결된다고 할지라도 우리가 하나님을 온전히 신뢰하고 그분께 순종해야 함을 가르쳐 주는 본보기를 제공할 뿐이다. (도덕 감화설은 그리스도의 죽음이 하나님이 우리를 얼마나 사랑하시는지 가르쳐 주는 반면, 모범설은 그리스도의 죽음이 우리가 어떻게 살아야 하는지 가르쳐 준다고 말한다.) 베드로전서 2:21은 이 관점을 뒷받침하는 증거로 사용된다. "이를 위하여 너희가 부르심을 받았으니 그리스도도 너희를 위하여 고난을 받으사 너희에게 본을 끼쳐 그 자취를 따라오게 하려 하셨느니라."

그리스도께서는 죽음에서도 우리의 본보기가 된다는 사실은 맞지만, 문제는 이 사실이 속죄의 온전한 설명이 되는지 여부다. 모범설은 그리스도의 죽음이 죄에 대한 대가의 지불임을 강조하는 성경 본문을 설명하지 못한다. 그리스도께서 우리의 죄를 담당하셨다는 사실과 그분이 우리의 죄를 위한 화목제물이 되셨다는 사실을 제대로 설명할 수 없다. 이런 점만 고려해도 이 관점을 거부해야만 한다. 그뿐만 아니라 이 관점은 그리스도의 본보기를 따름으로, 그리고 그리스도께서 그러하셨듯 하나님을 신뢰하고 그분께 순종함으로 인간이 자신을 구원할 수 있다는 주장으로 귀결된다. 따라서 우리의 죄책이 어떻게 제거될 수 있는지를 보여주지 못한다. 왜냐하면 그리스도께서 죽으심으로 우리의 죄에 대한 형벌을 실제로 감당하셨으며 우리의 죄책을 해결하셨다고 주장하지 않기 때문이다.

4. 도덕적 통치설. 도덕적 통치설The governmental theory을 처음으로 가르친 사람은 네덜란드의 신학자이자 법학자인 후고 그로티우스였다. 이 이론은 하나님이 죄에 대한 대가의 지불을 요구하실 필요가 없다고 주장한다. 그분은 전능하신 하나님이므로 그 요구를 무시하고 형벌이라는 대가의 지불 없이 죄를 용서할 수도 있었다. 그렇다면 그리스도께서 죽으신 목적은 무엇이었는가? 그 목적은 그분의 율법이 위배되었고 그분은 도덕법을 주신 분이자 우주의 통치자이므로, 그 율법이 위배될 때마다 어떤 종류의 형벌이 이루어져야 한다는 사실을 입증하기 위함이었다. 따라서 그리스도께서는 인간의 실제 죄에 대한 형벌을 담당하신 것이 아니라 하나님의 율법이 위배되었을 때 형벌이 이루어져야만 함을 보여주기 위해 고난당하셨을 뿐이다.

이 관점의 문제는 그리스도께서 십자가에서 우리의 죄를 담당하셨고, 바로 하나님이 그리스도께 우리 모두의 죄를 담당하게 하셨으며, 그리스도께서 구체적으로 우리의 죄를 위해 죽으신 우리를 위한 화목제물이라고 말하는 성경 본문을 제대로 설명하지 못한다는 것이다. 그뿐만 아니라 속죄의 목적이 하나님의 공의의 만족이 아니라 우리에게 영향을 미쳐 하나님께서 율법을 세우셨으며 그 율법은 지켜져야만 함을 깨닫게 하기 위함이라고 주장함으로 속죄의 객관적 성격을 제거한다. 또한 이 관점은 그리스도께서 실제로 죄에 대한 대가를 치르신 것이 아니기 때문에, 우리가 그리스도께서 다 이루신 일을 신뢰함으로써 죄사함을 얻을 수 없다고 암시한다. 이뿐만 아니라 우리를 위해 실제로 용서를 획득한 것은 그리스도의 십자가 죽음과 무관하게 하나님의 마음속에서 일어난 일이라고 말한다(하나님은 우리에게 형벌을 받을 것을 요구하지 않고 우리를 용서하기로 이미 작정하셨으며, 그다음 그분이 여전히 우주의 도덕적 통치자임을 증명하기 위해 그리스도를 벌하셨다). 그러나 이것은 그리스도께서 (이 관점에 따르면) 우리를 위해 실제로 용서나 구원을 획득하신 것이 아니었음을 뜻하며, 그 결과 그분의 구속 사역의 가치가 크게 축소된다. 마지막으로 이 이론은 하나님의 불변성과 그분의 공의의 무한한 순수성을 제대로 설명하지 못한다. (성경 전체에서 죄가 언제나 형벌이라는 대가의 지불을 요구한다는 사실에도 불구하고) 하나님이 아무런 형벌도 요구하지 않으신 채 죄를 용서할 수 있다고 말하는 것은 하나님의 공의라는 절대적인 속성을 심각하게 과소평가하는 것과 다름없다.

f. 그리스도께서는 지옥으로 내려가셨는가?[39] 어떤 이들은 그리스도께서 죽으신 뒤 지옥으로 내려가셨다고 주장하기도 하지만 그런 내용은 성경에 등장하지 않는다. 그러나 널리 사용되는 사도신조에는 그리스도께서 '십자가에 못 박혀 죽으시고, 장사되신 뒤 지옥으로 내려가셨다가 사흘 만에 죽은 자 가운데서 다시 살아나셨다'라는 구절이 포함되어 있다. 이는 그리스도께서 십자가에 달려 죽으신 뒤 추가적으로 고난을 받으셨다는 뜻인가? 아래에서 살펴보겠지만, 성경의 증거를 검토하면 그분이 그렇게 하지 않으셨음을 알 수 있다. 하지만 관련된 성경 본문을 살펴보기 전에 먼저 사도신조에 들어 있는 '그리스도께서 지옥으로 내려가셨다'라는 구절을 검토해 볼 필요가 있다.

1. '그리스도께서 지옥으로 내려가셨다'라는 구절의 기원. 이 구절의 역사 이면에는 모호한 배경이 자리 잡고 있다. 우리가 확인할 수 있는 이 구절의 기원은 전혀 신뢰할 만하지 않다. 위대한 교회사가인 필립 샤프는 사도신조의 발전 과정을 요약한 바 있으며, 1046-1047쪽의 표는 그 일부를 인용한 것이다.

이 표에서는 니케아 신조나 칼케돈 신조와 달리 사도신조는 단일한 공의회에 의해 하나의 구체적인 시간에 작성되거나 승인되지 않았음을 보여준다. 사도신조는 대략 주후 200년부터 750년까지 점진적으로 형성되었다.

'그리스도께서 지옥으로 내려가셨다'라는 구절이 주후 390년 루피누스가 기록한 두 판본 중 하나에 나타날 때까지 사도신조의 초기 판본로마와 이탈리아의 나머지 지역, 아프리카에서 사용된 판본 어디에도 포함되지 않았다는 사실은 놀랍다. 그다음 다시 주후 650년까지 사도신조의 어느 판본에도 이 구절이 포함되지 않았다. 그뿐만 아니라 주후 650년 이전에 유일하게 이 구절을 포함시킨 루피누스는 그것이 그리스도께서 지옥으로 내려가셨다는 뜻이 아니라 그저 그분이 '장사 지낸 바 되셨다'는 뜻으로 이해했다.[41] 다시 말해, 그는 이 구절을 그리스도께서 '무덤으로 내려가셨다'는 뜻으로 받아들였다. (여기서 사용된 헬라어 단어는 '하데스'로서 '지옥, 형벌의 공간'을 뜻하는 '게헨나'가 아니라 단순히 '무덤'을 가리킬 수도 있다.) 우리는 이 구절이 루피누스의 기록을 통해 우리에게 전해진 두 판본의 사도신조 중 하나에만 등장한다는 점에도 주목해야 한다. 그가 보존한 사도신조의 로마 판본에는 이 구절이 없다.

그러므로 주후 650년까지는 사도신조의 어떤 판본에도 '그리스도께서 지옥으로 내려가셨다'는 의미로 이 구절이 포함된 적이 없다(주후 650년 전에 이 구절이 포함된 유일한 판본에서는 다른 의미를 갖는다). 따라서 우리는 '사도'라는 용어가 과연 이 구절에 적용될 수 있는지, 곧 이 구절이 그리스도의 첫 사도들로부터 전해져 내려왔다고 주장하는 이 사도신조 안에서 정당한 위치를 갖는지 의문을 가질 수밖에 없다.

이처럼 사도신조의 역사적 형성 과정을 살펴보면 이 구절이 처음으로 널리 사용되기 시작했을 때 "장사된"이라는 표현이 없었던 (우리에게는 전해지지 않는) 다른 판본에서 사용되었을 수도 있다는 가능성이 제기된다. 그럴 경우 다른 이들도 이 구절을 루피누스가 이해했던 의미, 곧 "무덤으로 내려가셨다"라는 의미로 이해했을 것이다. 그러나 이후에 이 구절을 이미 "장사된"이라는 말이 포함된 신조의 다른 판본에 포함시켰을 때, 그에 대한 다른 설명이 필요했다. 다시 말해 "장사된"이라는 말 뒤에 이 구절을 잘못 삽입한 결과, 성경의 나머지 부분과 모순되지 않는 방식으로 '그리스도께서 지옥으로 내려가셨다'라는 구절을 설명하려는 온갖 시도가

사도신조의 점진적 형성		
	크레도(나는 믿습니다)	
	제3항	
서방 교회 신조의 최종 본문 프리미니우스, 주후 750년	passus	Sub Pontio Pilato
영어 번역	Suffered	Under Pontius Pilate
한국어 번역	고난을 받으사	본디오 빌라도에게
1. 성 이레나이우스, 주후 200년	καί τὸ πάθος	(SUB PONTIO PILATO)
2. 테르툴리아누스, 주후 220년	CRUCIFIXUM (passum)	sub Pontio Pilato
3. 성 키프리아누스, 주후 250년		
4. 노바티아누스, 주후 260년		
5. 마르셀루스, 주후 341년		τὸν ἐπὶ ποντίου πιλάτου
6. 루피누스, 주후 390년, 아퀼레아		sub Pontio Pilate
7. 루피누스, 로마, 주후 390년		sub Pontio Pilate
8. 성 아우구스티누스, 주후 400년	passus	sub Pontio Pilate
9. 성 니케타스, 주후 450년	passus	sub Pontio Pilate
10. 에우세비우스 갈루스, 주후 550년(?)		
11. 갈리아 전례서, 주후 650년	passus	sub Pontio Pilate
	제5항	
서방 신조의 최종 본문 프리미니우스, 주후 750년	Descendit ad Inferna	Tertia die
영어 번역	He descended into hell	The third day
한국어 번역		
1. 성 이레나이우스, 주후 200년		
2. 테르툴리아누스, 주후 220년		TERTIA DIE
3. 성 키프리아누스, 주후 250년		
4. 노바티아누스, 주후 260년		
5. 마르셀루스, 주후 341년		καὶ τῇ τρίτῃ ἡμέρα
6. 루피누스, 주후 390년, 아퀼레아	DESCENDIT in INFERNA	Tertia die
7. 루피누스, 로마, 주후 390년		Tertia die
8. 성 아우구스티누스, 주후 400년		Tertia die
9. 성 니케타스, 주후 450년		Tertia die
10. 에우세비우스 갈루스, 주후 550년(?)		Tertia die
11. 갈리아 전례서, 주후 650년	Descendit AD Inferna	Tertia die

Crucifixus	Mortuus	Et Sepultus
Was crucified	Dead	And buried
십자가에 못 박혀	죽으시고	장사한 지
	(MORTUUM)	(ET SEPULTUM secundum Scripturas)
σταυρωθέντα		καὶ ταφέντα
crucifixus		et sepultus
crucifixus		et sepultus
crucifixus		et sepultus
	mortuus	et sepultus
crucifixus	mortuus	et sepultus

Resurrexit	a mortuis	
He rose again	From the dead	
다시 살아나시며	죽은 자 가운데서	
καὶ τὴν ἔγερσιν (et resurgens)	ἐκ νεκρῶν	
resuscitatum (a Patre) (resurrexisse)	E MORTUIS	
ἀναστάντα	ἐκ τῶν νεκρῶν	
RESURREXIT	A mortuis	
resurrexit	a mortuis	
resurrexit	a mortuis	
resurrexit	vivus a mortuis	
resurrexit	a mortuis	
resurrexit	a mortuis	

이어졌다.

어떤 이들은 이 구절을 그리스도께서 십자가에 달리셨을 때 지옥을 경험하셨다는 의미로 받아들였다. 예를 들어, 칼뱅에 따르면 "그리스도의 지옥 강하"는 그분이 단지 육체적으로 죽으셨을 뿐만 아니라 "동시에 하나님이 내리시는 진조를 경험하시고, 그분의 진노를 달래시며, 그분의 의로운 심판을 만족시키시는 것이 합당했다"는 사실을 의미한다.[42]

이와 비슷하게 하이델베르크 교리문답 제44문은 이렇게 묻는다.

> **문:** 왜 사도신조에는 "지옥에 내려가셨다가"라는 구절이 덧붙여져 있습니까?
>
> **답:** 내가 깊은 두려움과 유혹의 위기에 처할 때에 그리스도께서 나의 주님이 되시어 온 삶을 통하여, 특별히 십자가에서 형언할 수 없는 영혼의 괴로움과 고통, 두려움을 당하시면서 나를 지옥의 괴로움과 고통으로부터 구원하셨다는 것을 확신하게 합니다.[43]

하지만 이것이 '그리스도께서 지옥으로 내려가셨다'라는 구절에 대한 만족스러운 설명인가? 그리스도께서 하나님의 진노가 자신에게 쏟아지는 십자가 고통을 감당하신 것은 사실이지만, 이 설명은 사도신조의 맥락에 잘 들어맞지 않는다. '내려가셨다'라는 말에는 이 관념이 거의 담겨 있지 않으며, "십자가에 못 박혀 죽으시고, 장사되시고"라는 말 뒤에 이 구절이 배치되어 있음을 고려하면 이 해석은 인위적이며 설득력이 없어 보일 뿐이다.

다른 이들은 이 구절이 그리스도께서 부활하실 때까지 "죽음의 상태"로 머무셨음을 뜻한다고 이해했다. 웨스트민스터 대교리문답 제50문은 "그리스도께서 죽으신 뒤 그분의 낮아지심은 그분이 장사 지낸 바 되시고, 죽은 자 가운데 계속 머무시며, 셋째 날까지 죽음의 권세 아래 계시는 것으로 이루어졌다. 이것을 다른 말로 '그분이 지옥으로 내려가셨다'라고 표현한다"고 말한다. 비록 그리스도께서 셋째 날까지 죽음의 상태 안에 계속 머무신 것은 사실이지만, 이 역시 '그리스도께서 지옥으로 내려가셨다'라는 구절에 대한 억지스럽고 설득력이 떨어지는 설명이다. 이 구절의 배치로 인해 "그리스도께서 십자가에 못 박히시고, 죽으시고, 장사 지낸 바 되시고, 죽음의 상태로 내려가셨다"라는 어색한 의미가 되기 때문이다. 이 해석은 이 구절의 처음 순서가 의미했던 바를 설명하지 못하며, 그로부터 신학적으로 받아들일 만한 의미를 건져 내기 위한 설득력이 약한 시도에 불과하다.

그뿐만 아니라, 지옥hell이라는 영어 단어는 '죽어 있다'라는 의미를 갖지 않으며(다만 헬라어 '하데스'는 이러한 의미를 갖기도 한다), 따라서 이것은 영어를 구사하는 사람들에게 이중적으로 인위적인 설명이 된다.

마지막으로 어떤 이들은 이 구절이 처음 읽을 때 의미하는 것으로 보이는 바를 의미한다고 주장했다. 즉 그리스도께서 십자가에 달려 죽으신 뒤 실제로 지옥으로 내려가셨음을 의미한다. 사도신조가 그런 의미를 갖는다고 이해하기는 쉽다(사실 그것이 자연스러운 의미다). 하지만 또 다른 물음이 제기된다. 과연 이러한 생각은 성경의 지지를 받고 있는가?

2. 그리스도의 지옥 강하를 뒷받침할 가능성이 있는 성경적 근거. 그리스도께서 지옥으로 내려가셨다는 사상을 지지하는 성경적 근거로 주로 다섯 개의 본문, 곧 사도행전 2:27, 로마서 10:6-7, 에베소서 4:8-9, 베드로전서 3:18-20, 베드로전서 4:6이 제시된다. (몇몇 다른 본문도 있지만 설득력이 약하다.)[44] 그러나 과연 이 본문들이 이 사상을 분명히 뒷받침한다고 말할 수 있는가?

(a) 사도행전 2:27. 이 본문은 베드로의 오순절 설교 중 일부이며, 여기서 그는 시편 16:10을 인용한다. "이는 주께서 내 영혼을 스올에 버리지 아니하시며 주의 거룩한 자를 멸망시키지 않으실 것임이니이다." Because thou wilt not leave my soul in hell, neither wilt thou suffer thine Holy One to see corruption. KJV

이것은 그리스도께서 죽으신 뒤 지옥으로 내려가셨음을 의미하는가? 반드시 그런 것은 아니다. 이 구절의 의미를 다르게 해석하는 것도 가능하다. "스올"hell은 무덤이나 죽음죽음의 상태을 뜻하는 헬라어하데스와 히브리어스올로 음역되는 쉐올를 번역한 말이다.[45] 여기서는 이러한 의미죽음의 상태를 '지옥'보다 선호한다. 이 문맥에서는 그리스도의 몸이 무덤에 남아 있던 다윗의 몸과 다르게 무덤으로부터 다시 살아나셨음을 강조하기 때문이다. 베드로는 그리스도께서 육신으로 죽은 자 가운데서 다시 살아나셨기 때문에 시편 16편이 다윗보다는 그리스도께 적용되며, 따라서 "[내] 육체도 희망에 거하리니"행 2:26; 시 16:9라고 결론 내릴 수 있었다. 베드로는 다윗의 시편을 이용해 그리스도의 몸이 썩지 않았음을 보여준다. 그분은 "죽어 장사되어 그 묘가 오늘까지 우리 중에 있"는 다윗과 다르다.행 2:29 그러므로 그리스도께서 무덤으로부터 부활하셨음을 말하는 이 본문은 그분이 지옥으로 내려가셨다는 사상을 설득력 있게 뒷받침하지 않는다.

(b) 로마서 **10:6-7**. 이 본문은 두 개의 수사 의문문이 포함되며, 또한 구약신 30:13을 인용한다. "네 마음에 누가 하늘에 올라가겠느냐 하지 말라 하니 올라가겠느냐 함은 그리스도를 모셔 내리려는 것이요. 혹은 누가 무저갱에 내려가겠느냐 하지 말라 하니 내려가겠느냐 함은 그리스도를 죽은 자 가운데서 모셔 올리려는 것이라."롬 10:6-7 하지만 이 본문이 그리스도께서 지옥으로 내려가셨다고 가르친다고 보기는 어렵다. 여기서 바울이 말하려는 것은 그리스도께서 멀리 계시지 않으며—그분은 가까이 계신다—그분을 믿는 믿음이란 우리 입으로 시인하고 마음속으로 믿는 것이므로9절 그런 질문이 불필요하다는 것이다. 여기서 금지하는 질문은 성경이 가르치는 바에 대한 것이 아니라 불신앙의 질문이다. 그러나 어떤 이들은 그리스도께서 실제로 "무저갱에" 내려가셨음이 널리 알려져 있지 않았다면, 그의 독자들이 그런 질문을 하리라고 바울이 예상하지 못했을 것이라며 반론을 제기한다. 그러나 설령 이것이 사실이라고 해도 성경은 그리스도께서 ('게헨나', 곧 죽은 자들의 형벌이 이루어지는 공간이라는 의미에서) "지옥"으로 들어가셨다고 말하거나 암시하지 않으며, 그저 그분이 "무저갱"아뷔소스, 칠십인역은 주로 대양의 깊은 곳을 지칭하지만, 죽은 자들의 영역을 뜻할 수 있다으로 들어가셨다고 말할 뿐이다.[46]

여기서 바울은 인간이 닿거나 접근할 수 없는 공간이라는 의미에서 '깊은 곳'아뷔소스을 하늘과 대조되는 말로 사용한다. 여기서 대조되는 개념은 '누가 그리스도를 찾으러 복된 공간천국으로 가거나 형벌의 공간으로 가겠는가?'가 아니라 오히려 '누가 그리스도를 찾으러 접근할 수 없을 정도로 높은 곳하늘이나 접근할 수 없을 정도로 낮은 곳깊은 곳 또는 죽음의 영역으로 가겠는가?'이다. 이 본문에서는 지옥 강하에 대한 명확한 주장이나 부인을 확인할 수 없다.

(c) 에베소서 **4:8-9**. 여기서 바울은 "올라가셨다 하였은즉 땅 아래 낮

은 곳으로 내리셨던 것이 아니면 무엇이냐"라고 말한다.

이것은 그리스도께서 지옥으로 "내려가셨음"을 의미하는가? RSV는 이 구절을 "그분이 땅의 더 낮은 부분에도 내려가셨다"라고 번역하지만, 위에서 인용한 ESV가 더 나은 의미를 전달하며 이는 NIV도 마찬가지다. ESV와 NIV 모두 "내려오셨다"라는 말을 그리스도께서 아기로 이 땅에 오심성육신을 지칭한다고 해석한다. 마지막 구절the lower regions, the earth, 땅의 더 낮은 부분은 헬라어 본문에 대한 받아들일 만한 해석으로서, "땅의 더 낮은 영역"the lower regions of the earth을 "땅이라는 더 낮은 영역"lower regions which are the earth이라는 의미로 이해한다(헬라어 문법에서 동격의 소유격으로 불리는 형식이다). 영어에서도 같은 형식이 사용된다—예를 들어, '시카고의 도시'the city of Chicago는 '시카고라는 도시'the city which is Chicago를 뜻한다.

이 문맥에서는 바울이 (승천을 통해) 하늘로 올라가신 그리스도는 먼저 하늘로부터 내려오셨던 바로 그분이라고 말하고 있기 때문에10절 ESV나 NIV의 번역이 더 낫다. 물론 그리스도께서 인간으로 이 땅에 오실 때 이처럼 하늘로부터 "내려오심"이 이루어졌다. 따라서 이 구절은 그리스도의 지옥 강하가 아니라 성육신에 관해 말하고 있다.[47]

(d) 베드로전서 3:18-20. 이 본문은 이 주제에 관련해 많은 사람들에게 큰 당혹감을 준다. 베드로는 그리스도께서 "육체로는 죽임을 당하시고 영으로는 살리심을 받으셨으니 그가 또한 영으로 가서 옥에 있는 영들에게 선포하시니라. 그들은 전에 노아의 날 방주를 준비할 동안 하나님이 오래 참고 기다리실 때에 복종하지 아니하던 자들이라"고 말한다. 이 본문에 대한 몇 가지 다른 설명이 존재한다.

(1) 어떤 이들은 "그가 또한 영으로 가서 옥에 있는 영들에게 선포하시니라"는 구절을 그리스도께서 지옥으로 가셔서 그곳에 있는 영들에게 선포하셨다—복음을 선포하고 회개할 두 번째 기회를 제공하셨거나, 그분이 그들에 대해 승리하셨으며 그들은 영원히 정죄를 받았음을 선포하셨다—는 의미로 받아들인다.

하지만 이러한 해석은 본문 자체도, 문맥 속에서 이 본문의 배경도 적절히 설명하지 못한다. 베드로는 그리스도께서 모든 영에게 선포하셨다고 말하지 않는다. 오히려 "노아의 날 방주를 준비할 동안……복종하지 아니하던 자들"에게만 선포하셨다고 말한다. 이처럼 제한된 청중—방주를 세우는 동안 불순종한 사람들—은 그리스도께서 지옥으로 내려가셔서 선포의 대상으로 삼기에 적합하지 않은 집단일 것이다. 그리스도께서 그분의 승리를 선포하셨다면, 왜 모든 죄인이 아니라 그 죄인들에게만 그처럼 하셨는가? 또한 그분이 구원을 위한 두 번째 기회를 제공하셨다면, 왜 모든 죄인이 아니라 이 죄인들에게만 그처럼 하셨는가? 이 관점이 가진 훨씬 더 어려운 문제는, 성경의 다른 곳에서는 우리가 죽은 뒤에는 회개할 기회가 없다고 말한다는 사실이다.눅 16:26; 히 10:26-27

이뿐만 아니라 베드로전서 3장의 문맥을 고려하면 '그리스도의 지옥 선포'를 뜻할 가능성이 희박해진다. 베드로는 독자들에게 주변에 있는 적대적인 비신자들에게 담대하게 복음을 증언하라고 권면하고 있다. 그는 방금 그들에게 "너희 속에 있는 소망에 관한 이유를 묻는 자에게는 대답할 것을 항상 준비"해야 한다고 말했다.벧전 3:15 만일 베드로가 죽은 뒤에 주어지는 구원을 위한 두 번째 기회를 가르치고 있다면, 전도에 대한 이 권면은 그 절박성을 상실하고 말 것이다. 또한 정죄의 선포와도 전혀 어울리지 않을 것이다.

(2) 이 난제에 대한 더 나은 설명을 제시하기 위해 몇몇 주석가들은 "옥에 있는 영들"을 귀신의 영들, 타락한 천사들의 영들이라는 의미로 받아들이며, 그리스도께서 이 영들에게 정죄를 선포하셨다고 이해한다. 이는 베드로의 독자들을 억압하는 귀신의 세력이 그리스도에 의해 정복될 것을 보여주기 때문에 그들에게 위로가 되었을 것이다(라는 주장이다).

그러나 베드로가 명시적으로 가르치지 않는 상황에서 이 결론을 도출하기 위해 그의 독자들은 놀라울 정도로 복잡한 추론 과정을 거쳐야만 했을 것이다. 그들은 (a) 오래전에 죄를 지은 몇몇 귀신들이 정죄를 받았다는 사실로부터 출발해 (b) 다른 귀신들이 지금 너희를 박해하는 이들을 자극하고 있고, (c) 이 귀신들도 언젠가는 정죄를 당할 것이며, (d) 따라서 너희를 박해하는 이들도 결국 심판받으리라고 추론해야 할 것이다. 그 후에 비로소 베드로의 독자들은 베드로의 논점에 이를 수 있을 것이다. 즉 (e) '너희를 박해하는 이들을 두려워하지 말라.'

그리스도께서 타락한 천사들에게 선포하셨다는 견해를 지지하는 이들은, 베드로의 독자들이 행간을 읽어 내어 "[그리스도께서] 영으로 가서 옥에 있는 영들에게 선포하시니라. 그들은 전에……복종하지 아니하던 자들이라"는 단순한 진술벧전 3:19-20로부터 이 모든 것을 결론으로 도출했을 것이라고 전제해야만 한다. 하지만 베드로가 자신의 독자들이 이 모든 의미를 더해 본문을 읽어 낼 것을 알고 있었다고 말하는 것은 너무 억지스러워 보이지 않는가?

그뿐만 아니라 베드로는 이 문맥에서 귀신들이 아니라 적대적인 사람들을 강조한다.벧전 3:14, 16 그런데 베드로의 독자들은 "방주를 준비할 동안" 천사들이 죄를 지었다는 생각을 어디에서 얻었는가? 창세기의 방주 건립 이야기에는 그 내용이 전혀 없다. 일부에서 주장하는 바에도 불구하고, 홍수 이야기에 대한 유대교의 모든 해석 전통을 살펴보아도 구체적으로 "방주를 준비할 동안" 천사들이 죄를 지었다는 언급은 전혀 찾을 수 없다.[48] 그러므로 그리스도께서 타락한 천사들에게 심판을 선포하신 것에 관해 베드로가 말하고 있다는 견해 역시 설득력이 없다.

(3) 이 본문에 대한 또 다른 견해는, 그리스도께서 죽으신 뒤 그분의 구속 사역이 완료될 때까지 천국에 들어갈 수 없었던 구약의 신자들에게 가셔서 해방을 선포하셨다는 것이다.

하지만 우리는 이 견해가 본문이 실제로 말하는 바를 제대로 설명하는지 다시 한번 의문을 제기할 수 있다. 여기서 베드로는 그리스도께서 신자들이나 하나님께 신실했던 이들이 아니라 "전에……복종하지 아니하던 자들"에게 선포하셨다고 말한다(즉 그들의 불순종을 강조한다). 그뿐만 아니라 그는 구약의 신자들 전체가 아니라 "노아의 날 방주를 준비할 동안" 불순종했던 이들을 특정해서 말하고 있다.벧전 3:20

마지막으로, 성경은 구약의 신자들이 죽은 뒤 천국에서 하나님의 임재의 복을 온전히 누리기까지 기다려야 했다고 생각할 만한 명백한 증거를 제시하지 않는다. 그러나 사실 몇몇 본문은 그리스도 이전에 죽었던 신자들이 오실 메시아를 믿음으로 죄를 용서받았기 때문에 즉시 하나님의 임재로 들어갔다고 암시한다.창 5:24; 삼하 12:23; 시 16:11; 17:15; 23:6; 전 12:7; 마 22:31-32; 눅 16:22; 롬 4:1-8; 히 11:5

(4) 베드로전서 3:19-20에 대한 가장 만족스러운 설명은 오래전에

아우구스티누스가 제안한(하지만 실제로 옹호하지는 않은) 설명인 듯하다. 즉 이 본문은 그리스도께서 그분의 죽음과 부활 사이에 행하신 일이 아니라, 그분이 노아 시대에 "실존의 영적 영역에서"(또는 "성령을 통해") 행하신 바에 관해 말하고 있다는 것이다. 그리스도께서는 노아 시대에 "영으로" 노아를 통해 그의 주변에 있던 적대적인 비신자들에게 선포하셨는가?[49]

이 견해는 베드로전후서의 다른 두 진술로부터 지지를 얻는다. 베드로전서 1:11에서 베드로는 "그리스도의 영"이 구약 예언자들을 통해 말씀하셨다고 말한다. 이것은 그가 "그리스도의 영"이 노아를 통해서도 말씀하셨다고 생각했을 수 있음을 암시한다. 그다음 베드로후서 2:5에서는 노아를 "의를 전파하는" 자라고 부르며, 베드로전서 3:19에 사용된 '선포하다'라는 동사[에케뤽센]와 동일한 어근을 갖는 명사[케뤽스]를 사용한다. 따라서 그리스도께서 "옥에 있는 영들에게 선포하"셨다는 구절은 그분이 홍수가 일어나기 전에 노아를 통해 선포하셨다는 뜻일 가능성이 있다.

그리스도께서 노아를 통해 선포하신 대상은 노아 시대를 살던 비신자들이었지만, 베드로는 그들이 지금 지옥이라는 감옥에 있기 때문에—그 선포가 행해질 때 그들은 그저 "영들"이기만 한 것이 아니라 땅 위에서 살아가는 사람들이었음에도 불구하고—그들을 "옥에 있는 영들"이라고 부른다. (NASB는 그리스도께서 "지금 옥에 있는 영들에게"to the spirits now in prison 선포하셨다고 옮긴다.) 영어에서도 같은 방식으로 말할 수 있다. "나는 부시 대통령이 대학생이었을 때 그를 알았다"I knew President Bush when he was a college student라는 말은 그가 대학을 다닐 때 대통령이 아니었음에도 적절한 진술이다. 이 문장은 '나는 지금의 부시 대통령을 대학생이었을 때 알았다'는 뜻이다. 따라서 그리스도께서 옥에 있는 영들에게 선포하셨다는 것은, '그리스도께서 지금은 옥에 있는 영들인 자들이 땅 위에서 살아가는 사람들이었을 때 그들에게 선포하셨다'는 뜻이다.[50]

이러한 해석은 베드로전서 3:13-22의 더 광범위한 문맥에도 매우 잘 부합한다. 노아의 상황과 베드로의 독자들의 상황 사이에는 몇 가지 분명한 유사점이 존재한다.

노아	베드로의 독자들
의로운 소수 집단	의로운 소수 집단
적대적인 비신자들에게 둘러싸여 있음	적대적인 비신자들에게 둘러싸여 있음
하나님의 심판이 임박했다	하나님의 심판이 곧 임할 수도 있다(벧전 4:5, 7; 벧후 3:10)
노아는 (그리스도의 능력으로) 담대히 증언했다	그들은 그리스도의 능력으로 담대히 증언해야 한다(벧전 3:14, 16-17; 3:15; 4:11)
노아는 마침내 구원을 받았다	그들은 마침내 구원을 받을 것이다(벧전 3:13-14; 4:13; 5:10).

본문을 이처럼 이해하는 것이 이 당혹스러운 본문에 대한 가장 적절한 해결책으로 보인다. 하지만 이는 그리스도의 지옥 강하를 뒷받침할 가능성이 있는 네 번째 증거 역시 부정적인 것으로 판명되었음을 의미한다. 이 본문은 그리스도께서 노아 시대에 이 땅에서 행하신 일에 관해 말하고 있기 때문이다.

(e) **베드로전서 4:6.** 마지막 다섯째 본문은 "이를 위하여 죽은 자들에게도 복음이 전파되었으니 이는 육체로는 사람으로 심판을 받으나 영으로는 하나님을 따라 살게 하려 함이라"고 말한다. 이 구절은 그리스도께서 지옥으로 가셔서 이미 죽은 이들에게 복음을 선포하셨다는 뜻인가? 그렇다면 이것은 죽음 뒤에 주어지는 구원을 위한 "두 번째 기회"에 관해 가르치는 성경의 유일한 본문인 셈이며, 분명히 그 가능성을 부인하는 것처럼 보이는 누가복음 16:19-31이나 히브리서 9:27 등과 모순을 이룰 것이다. 그뿐만 아니라 이 구절은 그리스도께서 사람들이 죽은 뒤에 그들을 향해 선포하셨다고 명시적으로 말하지 않으며, 그보다 현재 죽은 상태인 사람들에게 복음이 선포되었다(이 구절에서는 그리스도께서 선포하셨다고 말하지도 않는다)는 뜻일 수 있다. 즉 그들이 아직 땅 위에 살고 있을 때 그들에게 복음이 선포되었다는 의미로 이해할 수도 있다.

이것이 통상적인 설명이며, 이 구절과 훨씬 더 잘 어울리는 것처럼 보인다. 이 구절의 첫 번째 단어인 "이"this라는 말이 그런 설명을 지지한다. 이 단어는 5절 마지막에 언급된 마지막 심판을 가리키기 때문이다. 여기서 베드로는 복음이 죽은 이들에게 선포된 것은 마지막 심판 때문이었다고 말하고 있다.

이를 통해 독자들은 이미 죽은 자신들의 그리스도인 친구들에 관해 위로를 얻었을 것이다. 그들은 '복음이 그들을 죽음으로부터 구해 주지 못했다면 과연 그들에게 유익을 주었다고 할 수 있는가?'라는 의문을 품었을지도 모른다. 베드로는 복음이 죽은 이들에게 선포된 이유는 그들을 육신의 죽음으로부터 구원하는 것이 아니라(그들은 "육체로는 사람으로 심판을 받"았다) 그들을 마지막 심판으로부터 구원하기 위함이라고 대답한다("영으로는 하나님을 따라 살게" 될 것이다). 그러므로 그들이 죽었다는 사실은 복음이 그 목적을 이루는 데 실패했음을 뜻하지 않는다. 그들은 분명 영적인 영역에서 영원히 살 것이기 때문이다.

따라서 "죽은 자들"이란 복음이 그들에게 선포될 때는 땅 위에서 살아가고 있었지만 지금은 죽어 있는 이들이다. (NIV는 "이를 위하여 지금 죽어 있는 사람들에게도 복음이 전파되었으니"For this is the reason the gospel was preached even to those who are now dead라고 번역한다.) 이 해석은 죽은 뒤에 주어지는 구원을 위한 두 번째 기회라는 교리적 문제를 피할 수 있으며 이 구절의 어법이나 문맥에도 부합한다.

그러므로 이 마지막 본문은 그 문맥을 고려할 때 그리스도의 지옥 강하에 대한 설득력 있는 근거를 제공하지 못한다고 결론 내릴 수 있다.

우리는 그리스도께서 실제로 지옥으로 내려가셨는지에 관해 어떤 입장을 취하든지, 적어도 성경 어느 곳에서도 그 관념을 명확히 또는 명시적으로 가르치지 않는다는 점에는 동의할 수 있을 것이다. 그리고 (필자를 비롯해) 많은 사람들은 성경이 이 관념을 전혀 가르치지 않는다고 결론 내릴 것이다. 나아가 우리는 이 관념을 적극적으로 가르치는 본문이 있는가 하는 물음을 넘어서서, 그것이 성경과 모순되지는 않는지 물어야 한다.

3. 지옥 강하에 대한 성경의 반대. 그리스도께서 지옥으로 내려가셨음을 뒷받침하는 성경적 증거가 거의 없다는 사실에 더해, 그분이 죽으신 뒤 지옥으로 가셨을 가능성을 논박하는 몇몇 신약 본문이 존재한다.

예수께서 십자가에 달리셨을 때 강도에게 "오늘 네가 나와 함께 낙원에 있으리라"고 하신 말씀눅 23:43은 예수께서 죽으신 뒤 그분의 몸은 여전히 지상에 남아 장사되었지만, 그분의 영혼은 즉시 하늘에 계신 성부의 임재 가운데로 가셨음을 암시한다. 어떤 이들은 낙원이 천국과 구별되는 공간이라고 주장함으로써 이것을 부인하지만, 신약의 다른 두 용례에서 이 단어는 분명히 천국을 뜻한다. 고린도후서 12:4에서 낙원은 바울이 천국의 계시를 받았을 때 그가 이끌려간 곳이며, 요한계시록 2:7에서는 생명나무가 있는 공간이다(계 22:2, 14에서도 이 공간은 분명히 천국을 뜻한다).[51]

이것에 더하여 "다 이루었다"라는 예수의 외침요 19:30은 그리스도의 고난이 그 순간에 끝났으며, 그분이 우리의 죄를 담당하셨기 때문에 겪으셔야 했던 성부로부터의 소외도 끝났음을 강하게 암시한다. 따라서 그분은 지옥으로 내려가지 않고 즉시 성부의 임재 안으로 들어가셨다고 이해할 수 있다.

마지막으로, "아버지, 내 영혼을 아버지 손에 부탁하나이다"라는 외침눅 23:46 역시 그리스도께서 그분의 고난과 소외가 즉각적으로 종식되고 성부 하나님이 그분의 영혼을 천국으로 맞아들이실 것이라고 (바르게) 기대하셨음을 암시한다(행 7:59에 기록된 스데반의 비슷한 외침을 떠올려 보라).

따라서 이 본문들은 그리스도께서 죽으실 때 지금 신자들이 죽을 때 경험하는 것과 똑같은 것을 경험하셨다고 말한다. 즉 그분의 죽은 몸은 (우리의 몸이 그리되듯) 지상에 남아 장사되었지만, 그분의 영혼은 (우리의 영혼이 그리되듯) 즉시 천국에 계신 하나님의 임재 안으로 들어갔다. 첫 부활절 아침에 그리스도의 영혼은 그분의 몸과 다시 연합되었으며, 그분은 죽은 자 가운데서 다시 살아나셨다. 마찬가지로 이미 죽은 그리스도인들은 (그리스도께서 다시 오실 때) 그들의 몸과 다시 연합되고 온전한 부활의 몸을 입고 새로운 생명으로 부활할 것이다.[52]

이 사실은 우리에게 목회적 권면이 된다. 우리는 죽음을 두려워할 필요가 없다. 죽음 뒤에는 영생이 기다리고 있을 뿐만 아니라 우리의 구원자께서 우리가 경험하게 될 것과 똑같은 경험을 친히 하셨음을 우리가 알기 때문이다. 그분은 그 길을 준비하셨고, 심지어 그 길을 거룩하게 하셨다. 우리는 담대하게 그분을 따라 그 길을 한 걸음씩 나아가야 한다. 이것은 죽음에 관하여 지옥 강하와 관련된 어떤 견해보다 더 큰 위로를 우리에게 제공한다.

4. 사도신조와 그리스도의 지옥 강하 문제에 대한 결론. '그리스도께

서 지옥으로 내려가셨다'라는 구절을 모두가 동의할 수 있는 신앙의 위대한 교리들과 나란히 사도신조 안에 남겨 둘 만한 가치가 있는가? 이를 지지하는 주장은 이 구절이 오랫동안 사도신조에 포함되어 있다는 사실뿐인 것으로 보인다. 하지만 오래된 실수도 실수일 뿐이다. 이 구절이 남아 있는 한 그 의미를 둘러싼 혼란과 의견의 불일치도 계속 남아 있을 것이다.

반면에 이 구절을 남겨 두는 것에 반대하는 몇몇 강력한 근거가 존재한다. 이 구절은 사도적이라고 주장할 만한 근거가 없으며 (지옥 강하라는 의미에서) 교회 역사 첫 6세기 동안 아무런 지지도 받지 못했다. 이 구절은 사도신조의 가장 이른 판본 안에 포함되지 않았고, 그 의미에 대한 오해 때문에 나중에 가서야 포함되었다. 사도신조의 다른 모든 구절과 다르게 이 구절은 모든 그리스도인이 동의하는 주요한 교리를 표상하지 않으며, 오히려 대다수의 그리스도인이 동의하지 못할 진술로 보인다.[53] 이 구절은 현대의 그리스도인들에게 기껏해야 혼란이나 오해를 야기할 뿐이다. 개인적으로 판단하기에, 이 구절을 사도신조에서 제거해도 아무런 손해가 없으며 오히려 큰 유익을 얻게 될 것이다.

그리스도께서 죽으신 뒤 지옥으로 내려가셨는지에 관한 교리적 문제에 대해 몇몇 성경 본문이 제시하는 답은 분명히 '아니요'인 것처럼 보인다.

D. 속죄의 범위

개혁주의 신학자들과 다른 개신교 및 가톨릭 신학자들 사이의 차이점 중 하나는 속죄의 범위라는 문제다. 이 문제는 이렇게 표현할 수 있다. 그리스도께서 십자가에 달려 죽으셨을 때 그분은 인류 전체의 죄에 대한 대가를 치르셨는가? 아니면 궁극적으로 구원받게 될 것임을 그분이 아셨던 이들의 죄에 대해서만 대가를 치르셨는가?

개혁주의자가 아닌 이들은 성경에서 반복적으로 모든 사람에게 복음이 제시되며, 이 복음 제시gospel offer가 참된 것이기 위해서는 모든 사람을 위해 죄의 대가가 이미 치러졌어야 하며 모든 사람이 실제로 그 유익을 받을 수 있어야 한다고 주장한다. 또한 그들은 그리스도께서 그 죄의 대가를 치르신 이들이 제한된다면 값없이 주어지는 복음의 제시free offer of the gospel 역시 제한적이고, 복음 제시가 예외 없이 모든 인류에게 이루어질 수 없다고 지적한다.

반면에 개혁주의자들은 그리스도의 죽음에 의해 지금까지 살았던 모든 사람의 죄에 대한 대가가 실제로 치러졌다면 받아야 할 형벌이 전혀 남아 있지 않는 것이고, 따라서 누구도 죄의 대가를 치를 필요가 없으며, 결과적으로 모든 사람이 예외 없이 구원받게 될 것이라고 주장한다. 왜냐하면 하나님은 그 죄의 대가가 이미 치러진 사람에게 영원한 형벌을 내리실 수 없기 때문이다. 그렇게 하신다면 이것은 이중적인 대가 지불을 요구하는 셈이며, 따라서 불의한 일일 것이다. 이것이 모든 사람에게 값없이 주어지는 복음의 제시를 약화시킨다는 반론에 대해, 개혁주의자들은 누가 그리스도를 믿게 될지 우리는 알 수 없고 오직 하나님만이 아신다고 대답한다. 우리는 예외 없이 모든 사람을 향해 값없이 주어지는 복음을 제시해야 한다. 우리는 회개하고 그리스도를 믿는 모든 사람이 구원받을 것이며, 따라서 모두가 회개하도록 부르심을 받는다는 것을 알고 있다.행 17:30 참조 만일 누가 구원받게 될지 하나님이 미리 아셨더라도, 또한 그분이 그리스도의 죽음을 그들의 죄에 대한 대가의 지불로만 받아들이셨더라도, 여전히 그것은 값없이 주어지는 복음의 제시를 금하지 않는다. 여기에 누가 응답할지는 하나님의 비밀스러운 뜻 안에 감추어져 있다. 추수의 범위를 알 수 없다는 사실이 농부가 밭에 씨를 뿌리는 것을 막지 못하듯, 누가 응답할지 우리가 알지 못한다는 사실이 모든 사람에게 복음을 제시하지 않을 이유가 될 수 없다.

마지막으로, 개혁주의자들은 구속에 있어서는 삼위일체 안에서 그 목적에 관한 합의가 이루어졌으며, 그 목적은 확실히 성취되었다고 주장한다. 하나님께서는 사람들을 구원하고자 계획하셨고, 그리스도께서는 그 사람들을 위해 죽으셨으며, 성령께서는 그들에게 그리스도의 구속 사역의 유익을 틀림없이 적용시키고 그들의 믿음을 일깨우시며요 1:12; 빌 1:29; 또한 엡 2:2 참조 그리스도를 신뢰하도록 그들을 부르실 것이다. 성자와 성령께서는 성부의 계획에 동의하시며 그 계획을 확실히 성취하셨다.[54]

1. 개혁주의의 관점을 지지하기 위해 사용되는 성경 본문

몇몇 성경 본문은 그리스도께서 그분의 백성을 위해 죽으셨다는 사실에 관해 말한다. "선한 목자는 양들을 위하여 목숨을 버리거니와."요 10:11 "나는 양을 위하여 목숨을 버리노라."요 10:15 바울은 "하나님이 자기 피로 사신 교회"에 관해 말한다.행 20:28 또한 그는 "자기 아들을 아끼지 아니하시고 우리 모든 사람을 위하여 내주신 이가 어찌 그 아들과 함께 모든 것을 우리에게 주시지 아니하겠느냐"라고 말한다.롬 8:32 이 본문에는 "우리 모든 사람을 위하여" 자신의 아들을 내어 주신 하나님의 목적과, 구원에 관련된 "모든 것"을 우리에게 주시는 것이 서로 연결되어 있다. 그다음 구절에서 바울은 이것의 적용이 구원받을 사람들에게 국한된다는 점을 분명히 한다. 그는 그 이유가 누구도 "능히 하나님께서 택하신 자들을 고발"할 수 없기 때문이며, 롬 8:33 그리스도의 죽음이 이를 뒷받침한다고 주장한다.롬 8:34 또 다른 본문에서 바울은 "남편들아, 아내 사랑하기를 그리스도께서 교회를 사랑하시고 그 교회를 위하여 자신을 주심 같이 하라"고 말한다.엡 5:25

그뿐만 아니라 그리스도께서는 지상 사역 동안 성부께서 자신에게 주신 사람들에 관해 알고 계셨다. "아버지께서 내게 주시는 자는 다 내게로 올 것이요 내게 오는 자는 내가 결코 내쫓지 아니하리라.……나를 보내신 이의 뜻은 내게 주신 자 중에 내가 하나도 잃어버리지 아니하고 마지막 날에 다시 살리는 이것이니라."요 6:37-39 또한 그분은 "내가 비옵는 것은 세상을 위함이 아니요 내게 주신 자들을 위함이니이다. 그들은 아버지의 것이로소이다"라고 말씀하신다.요 17:9 그런 다음 구체적으로 제자들을 가리켜 "내가 비옵는 것은 이 사람들만 위함이 아니요 또 그들의 말로 말미암아 나를 믿는 사람들도 위함이니"라고 말씀하신다.요 17:20

마지막으로, 몇몇 본문은 그리스도께서 죽으실 때 성부와 성자 사이에 이루어진 결정적인 계약, 곧 구체적으로 믿게 될 사람들과 연관된 계약에 관해 말한다. 예를 들어, 바울은 "우리가 아직 죄인 되었을 때에 그리스도께서 우리를 위하여 죽으심으로 하나님께서 우리에 대한 자기의 사랑을 확증하셨느니라"고 말한다.롬 5:8 여기에 그는 "곧 우리가 원수 되었을 때에 그의 아들의 죽으심으로 말미암아 하나님과 화목하게 되었은즉 화목하게 된 자로서는 더욱 그의 살아나심으로 말미암아 구원을 받을 것이니라"

고 덧붙인다.롬 5:10 이 하나님과의 화해는 구체적으로 구원받게 될 사람들을 위해 이루어졌으며, "우리가 원수 되었을 때에" 이루어졌다. 이와 비슷하게 바울은 "하나님이 죄를 알지도 못하신 이를 우리를 대신하여 죄로 삼으신 것은 우리로 하여금 그 안에서 하나님의 의가 되게 하려 하심이"며, 고후 5:21; 또한 갈 1:4; 엡 1:7 참조 "그리스도께서 우리를 위하여 저주를 받은 바 되사 율법의 저주에서 우리를 속량하셨"다고 말한다.갈 3:13

더 나아가 믿음과 회개, 구속을 적용하는 성령의 사역을 비롯한 모든 복은 그리스도의 구속 사역에 의해 구체적으로 그분의 백성을 위해 확보되었음을 고려할 때 개혁주의의 관점을 뒷받침하는 추가적인 증거를 확인할 수 있다. 그리스도께서 그분의 백성을 위해 그들에 대한 용서를 획득하셨으며, 그들은 자신들을 위해 획득된 다른 유익도 누리게 되었다.엡 1:3-4; 2:8; 빌 1:29 참조 [55]

여기서 '개혁주의 관점'은 흔히 '제한 속죄'limited atonement로 불린다.[56] 그러나 오늘날 이 관점을 지지하는 신학자들 대다수는 이 용어를 선호하지 않는다. 그 이유는 그리스도의 속죄 사역에 무언가 결함이 있었다고 주장하는 것처럼 오해를 불러일으키기 때문이다. 일반적으로 선호하는 용어는 '특별 구속'particular redemption이다. 이 관점은 그리스도께서 특정한 사람들구원받게 될 사람들, 그분이 속죄하려는 사람들을 위해 죽으셨으며, 그분이 그들 모두를 개인적으로 미리 아셨고엡 1:3-5 참조 그분의 속죄 사역에서 그들을 개인적으로 염두에 두셨다고 주장하기 때문이다.[57]

반대 입장, 곧 그리스도의 죽음이 지금까지 살았던 모든 사람의 죄에 대한 대가를 실제로 지불했다는 입장은 '일반 구속' 또는 '무제한적 속죄'로 불린다.

2. 비개혁주의의 관점일반 구속 또는 무제한적 속죄을 지지하기 위해 사용되는 성경 본문

다수의 성경 본문은 어떤 의미에서 그리스도께서 온 세상을 위해 죽으셨다고 말한다. 세례 요한은 예수를 가리켜 "보라, 세상 죄를 지고 가는 하나님의 어린양이로다"라고 말한다.요 1:29 또한 요한복음 3:16은 "하나님이 세상을 이처럼 사랑하사 독생자를 주셨으니 이는 그를 믿는 자마다 멸망하지 않고 영생을 얻게 하려 하심이라"고 선포한다. 예수께서는 "내가 줄 떡은 곧 세상의 생명을 위한 내 살이니라"고 말씀하신다.요 6:51 바울은 "하나님께서 그리스도 안에 계시사 세상을 자기와 화목하게 하시며"고후 5:19 "모든 사람을 위하여 자기를 대속물로 주셨"다고 말한다.딤전 2:6 요한일서는 그리스도에 관해 "그는 우리 죄를 위한 화목제물이니 우리만 위할 뿐 아니요 온 세상의 죄를 위하심이라"고 말한다.요일 2:2 또한 히브리서 기자는 예수께서 "하나님의 은혜로 말미암아 모든 사람을 위하여 죽음을 맛보"시려고 잠시 동안 천사들보다 못하게 하심을 입으셨다고 말한다.히 2:9

그리스도께서 구원받지 못할 이들을 위해 죽으셨다고 말하는 것처럼 보이는 본문도 있다. 바울은 "그리스도께서 대신하여 죽으신 형제를 네 음식으로 망하게 하지 말라"고 말한다.롬 14:15 비슷한 맥락에서 그는 고린도인들에게 우상의 신전에서 공개적으로 음식을 먹지 말라고 경고한다. 믿음이 약한 이들이 양심을 어기면서 우상에게 바쳐진 음식을 먹도록 부추길 위험이 있기 때문이다. 그다음 그는 "그러면 네 지식으로 그 믿음이 약한 자가 멸망하나니 그는 그리스도께서 위하여 죽으신 형제라"고 지적한다.고전 8:11 베드로는 거짓 교사들에 관해 이렇게 말한다. "그러나 백성 가운데 또한 거짓 선지자들이 일어났었나니 이와 같이 너희 중에도 거짓 선생들이 있으리라. 그들은 멸망하게 할 이단을 가만히 끌어들여 자기들을 사신 주를 부인하고 임박한 멸망을 스스로 취하는 자들이라."벧후 2:1; 히 10:29 참조

3. 몇 가지 합의점과 논란이 되는 본문에 관한 몇 가지 결론

먼저 두 진영이 합의하는 항목을 나열해 보는 것이 도움이 될 것이다.

1. 모든 사람이 구원받지 않을 것이다.
2. 태어난 모든 사람에게 값없이 주시는 복음을 마땅히 제시할 수 있다. 그렇게 하고자 하는 사람은 누구든지 구원을 위해 그리스도께 나아올 수 있으며 그분께 나아오는 사람은 누구도 거부되지 않는다는 것은 전적으로 옳다. 값없이 주시는 복음은 모든 사람에게 선의로 제공된다.
3. 그리스도께서는 무한하신 하나님의 아들이므로 그분의 죽음 자체가 무한한 공로를 지니며, 그 수가 많든 적든 성부와 성자께서 작정하신 모든 사

람의 죄에 대한 형벌을 감당하기에 그 자체로 충분하다. 문제는 그리스도의 고난과 죽음의 본래적 공로에 관한 것이 아니라 그리스도께서 죽으셨을 때 성부와 성자께서 그리스도의 죽음이 몇 명의 죄에 대한 대가를 지불하기에 충분하다고 여기셨는지에 관한 것이다.

그러나 이 합의점을 넘어서면 다음의 질문과 관련해 차이점이 존재한다. "그리스도께서 죽으셨을 때 그분은 그분을 믿게 될 사람들의 죄에 대해서만 실제로 대가를 치르셨는가? 아니면 지금까지 살았던 모든 사람의 죄에 대해 대가를 치르셨는가?" 이 물음에 관해 특별 구속을 주장하는 이들의 논증이 더 강력해 보인다. 첫째, 일반 구속의 관점을 옹호하는 이들이 대체로 대답하지 못하는 중요한 점은, 지옥으로 가도록 영원히 정죄받은 사람들이 그들 자신의 모든 죄에 대해 형벌을 당하며, 따라서 그들의 형벌은 그리스도께서 온전히 담당할 수 없었으리라는 것이다. 일반 구속의 관점을 고수하는 이들은 사람들이 그들의 다른 죄에 대해서는 대가가 치러졌지만 그리스도를 거부한 죄 때문에 지옥에서 고통을 당한다고 대답한다. 하지만 이것은 만족스러운 설명이 아니다. (1) 어떤 이들은 그리스도에 관해 전혀 들어 보지 못했기 때문에 그분을 거부한 적이 없으며, (2) 성경이 영원한 형벌에 관해 말할 때는 사람들이 그리스도를 거부했기 때문에 고난당하는 것이 아니라 그들이 이생에서 지은 죄 때문에 고난을 당한다는 사실을 강조하기 때문이다.롬 5:6-8, 13-16 참조 이 중요한 논점 때문에 특별 구속의 입장이 결정적으로 유리한 자리를 차지하게 되는 것처럼 보인다.

특별 구속을 지지하는 또 다른 중요한 논점은, 그리스도께서 우리의 모든 죄에 대한 형벌을 담당하심으로써 우리의 구원을 온전히 획득하셨다는 사실이다. 그분은 그저 우리를 잠재적으로 속량하신 것이 아니라 그분이 사랑하시는 개개인으로서 우리를 실제로 속량하셨다. 특별 구속을 지지하는 세 번째 중요한 논점은 하나님의 뜻과 계획 안에, 또한 그 계획을 성취하시는 성부, 성자, 성령의 사역 안에 영원한 일치가 존재한다는 사실이다.롬 8:28-30 참조

일반 구속을 지지하는 데 사용되는 성경 본문에 관해서는 다음과 같이 말할 수 있다. "세상"에 관해 이야기하는 몇몇 본문은 세상 모든 사람이

구원받을 것을 암시하지 않으며 그저 일반적으로 죄인이 구원받을 것을 뜻할 뿐이다. 따라서 그리스도께서 세상 죄를 지고 가는 하나님의 어린양이라는 것요 1:29은 (누구의 해석을 따르든지) 그리스도께서 세상에 있는 모든 사람의 죄를 실제로 제거하신다는 뜻이 아니다. 양쪽 진영은 모두 모든 사람이 구원받는 것은 아니라는 점에 동의하기 때문이다. 이와 비슷하게 하나님이 그리스도 안에서 세상을 자신과 화목하게 하셨다는 것고후 5:19은 세상 모든 사람이 하나님과 화목하게 되었다는 뜻이 아니라, 일반적으로 죄인이 하나님과 화목하게 되었다는 뜻이다. 이 두 본문을 다르게 표현하면, 예수께서 사람들의 죄를 지고 가시는 하나님의 어린양이셨으며, 하나님이 그리스도 안에서 죄인들을 자신과 화목하게 하셨다고 말할 수 있다. 이것은 모든 죄인이 구원을 받거나 하나님과 화목하게 되었다는 뜻이 아니라 일반적으로 죄인으로서 집단이 하나님의 구속 사역의 대상이었으며 그 집단 안의 모든 개인이 반드시 구속 사역의 대상인 것은 아니었다는 뜻이다. 이는 세상 모든 죄인이 구원받을 것임을 암시하지 않으며, "하나님이 죄인들을 이처럼 사랑하사 독생자를 주셨"음을 의미할 뿐이다.

그리스도께서 온 세상을 위해 죽으셨다고 말하는 본문은 값없이 주어지는 복음의 제시가 모든 사람에게 이루어짐을 가리킨다고 이해하는 것이 최선이다. "내가 줄 떡은 곧 세상의 생명을 위한 내 살이니라 하시니라."요 6:51 여기서 예수께서는 자신이 하늘로부터 내려온 떡이며, 그 떡이 사람들에게 제공되었고 그들이 받고자 한다면 그 떡을 받을 수 있다는 뜻으로 그처럼 말씀하셨다. 앞서 같은 담화에서 예수께서는 "하나님의 떡은 하늘에서 내려 세상에 생명을 주는 것이니라"고 말씀하셨다.요 6:33 이 말씀은 세상 모든 사람이 속량하는 생명을 가지게 될 것이라는 뜻이 아니라, 그분이 속량하는 생명을 세상으로 가져오신다는 뜻으로 이해하는 것이 최선일 것이다. 그다음 예수께서는 이 생명의 떡을 받도록 사람들을 초대하신다. "내게 오는 자는 결코 주리지 아니할 터이요 나를 믿는 자는 영원히 목마르지 아니하리라.……이는 하늘에서 내려오는 떡이니 사람으로 하여금 먹고 죽지 아니하게 하는 것이니라. 나는 하늘에서 내려온 살아 있는 떡이니 사람이 이 떡을 먹으면 영생하리라. 내가 줄 떡은 곧 세상의 생명을 위한 내 살이니라."요 6:35, 50-51 예수께서는 세상으로 생명을 가져오고 세상에 생명을 제공하기 위해 자신의 살을 주신다. 하지만 예수께서 세상에 영생을 주러 오셨다는 말(두 진영 모두가 동의하는 논점)은 그분이 앞으로 살게 될 모든 사람의 죄에 대한 형벌을 실제로 담당하셨다는 말이 아니다. 그것은 별개의 문제이기 때문이다.

그리스도께서 "우리 죄를 위한 화목제물이니 우리만 위할 뿐 아니요 온 세상의 죄를 위하심이라"는 요한의 진술요일 2:2은 그리스도께서 화목제물이시며 이제 복음이 그 화목제물을 세상 모든 사람의 죄에 대해 적용될 수 있게 만든다는 뜻으로 이해할 수 있다. '위하여'라는 전치사헬라어 페리는 그리스도께서 세상의 죄를 위한 화목제물이라는 구체적인 의미와 관련해 모호하다. '페리'는 '관하여'나 '관련해'라는 뜻을 갖지만, 정확히 어떤 방식으로 그리스도께서 세상의 죄와 관련해 제물이 되시는지를 정의하기에는 충분히 구체적이지 않다. 여기서 요한이 그리스도께서 세상 모든 사람의 죄에 대한 대가를 치를 수 있는 화목제물이라고 말하고 있다면 이 구절의 언어와 전적으로 조화를 이룬다고 볼 수 있다.[58] 마찬가지로 바울이 그리스도께서 "모든 사람을 위하여 자기를 대속물로 주셨으니"라고 말할 때딤전 2:6 우리는 이것을 예외 없이 모든 사람에게 제공되는 대속물이라는 뜻으로 이해해야 한다.[59]

그리스도께서 "하나님의 은혜로 말미암아 모든 사람을 위하여 죽음을 맛보"기 위해 천사들보다 못하게 하심을 입었다고 말하는 본문히 2:9은 모든 그리스도의 사람, 속량된 모든 사람을 가리킨다고 이해하는 것이 최선이다. 온 세상 모든 사람이나 그와 비슷한 표현을 사용하지 않지만 바로 이어지는 문맥에서 히브리서 기자는 분명히 속량된 사람들에 관해 말한다("많은 아들들을 이끌어 영광에 들어가게 하시는",10절 "거룩하게 함을 입은 자들",11절 "하나님께서 내게 주신 자녀"13절 등의 본문 참조). 여기서 "모든 사람"으로 번역된 헬라어 '파스'는 히브리서 8:11에서 비슷한 의미로 사용되어 '모든 하나님의 사람'을 뜻한다. "다 나를 앎이라."히 8:11 히브리서 12:8의 경우도 마찬가지다. "징계는 다 받는 것이거늘 너희에게 없으면 사생자요 친아들이 아니니라." 두 경우 모두에서 '다'라는 단어가 '모든 하나님의 사람'과 같이 구체적이고 명시적으로 한정되지 않지만, 전반적인 문맥에서 분명히 그런 의미를 지닌다. 물론 다른 문맥에서 '다'는 '예외 없이 모든 사람'을 뜻할 수도 있지만, 이는 각각의 문맥에 따라 결정되어야 한다.

바울이 로마서 14:15과 고린도전서 8:11 등과 같이 그리스도께서 "위하여 죽으신" 사람들이 "망할" 가능성을 말하는 말하는 본문과 관련해서도, '위하여'라는 단어를 그리스도께서 이 사람들의 '구원을 가능하게 만들기 위해' 또는 '교회의 사귐과 연결된 이 사람들에게' 값없이 주시는 복음을 제공하기 위해 죽으셨다는 뜻으로 이해하는 것이 최선인 것처럼 보인다. 바울은 성부께서 그리스도의 죽음을 누구의 죄에 대한 대가 지불로 받아들이실지에 관한 삼위일체 내부의 결정이라는 구체적인 문제를 염두에 두지 않은 것으로 보인다. 오히려 그는 복음이 제시되는 사람들에 관해 말하고 있다. 바울이 약한 신자를 가리켜 "그리스도께서 위하여 죽으신 형제"로 부르는 고린도전서 8:11은 한 사람의 마음의 영적인 상태에 대한 진술로 볼 필요가 없으며, 흔히 너그러운 분별judgment of charity이라고 불리는 것에 따라 말하고 있을 뿐이라고 이해할 수 있다. 즉 그 태도를 가지고 교회의 사귐에 참여하는 이들을 형제자매로 부르는 것이 옳다는 말이다.[60]

베드로가 "자기들을 사신 주를 부인하"는 파괴적인 이단을 끌어들인 거짓 교사들에 관해 말할 때,벧후 2:1 '주'라는 칭호데스포테스가 그리스도를 가리키는지,유 1:4 참조 아니면 성부 하나님을 가리키는지는 명확하지 않다.눅 2:29; 행 4:24; 계 6:10 참조 어느 경우든 신명기 32:6을 암시하는 것으로 보이는데, 여기서 모세는 하나님을 버리고 떠난 반역자들에게 "그분은 너희를 사신 너희 아버지가 아니시냐"라고 말한다.저자의 사역 [61] 베드로는 과거 이스라엘의 거짓 예언자들과 그의 편지를 받는 교회들 안에 나타날 거짓 교사들을 비교한다. "그러나 백성 가운데 또한 거짓 선지자들이 일어났었나니 이와 같이 너희 중에도 거짓 선생들이 있으리라. 그들은 멸망하게 할 이단을 가만히 끌어들여 자기들을 사신 주를 부인하고 임박한 멸망을 스스로 취하는 자들이라."벧후 2:1 이처럼 구약의 거짓 예언자들을 분명히 가리켜 말할 뿐 아니라, 반역하는 유대인들이 출애굽을 통해 애굽으로부터 그들을 "사신" 하나님을 버리고 떠났다는 사실도 암시한다. 출애굽 이후 모든 유대인은 자신이 하나님이 출애굽을 통해 "사신" 존재이며, 따라서 하나님의 소유라고 생각했을 것이다. 이러한 의미에서 교회의 거짓 교사들은 그들이 마땅히 성부 하나님의 소유임에도 불구하고 그분을 부인하고 있었다.[62] 따라서 이 본문은 그리스도께서 이 거짓 예언자들을 속량하셨다는 뜻이 아니라, 그들 또는 그들의 조상이 애굽 땅으로부터 건짐을 받았으므로 마땅히 하나님의 소유이지만 그분의 은혜를 저버리고 반역하는 유대인들 또는 교회에 출석하지만 반역하는 사람들이라는 뜻일 뿐이다. 따라서 이 본문은 십자가에서 이루신 그리스도의 구체적인 구속 사역에 관한 것이 아니다.[63]

그리스도께서 그분의 양 떼나 교회, 백성을 위해 죽으셨음을 말하는 본문들에 관해 개혁주의자가 아닌 사람들은 그리스도께서 다른 이들을 위해서도 형벌을 담당하셨음을 부인하는 것은 아니라고 대답할지도 모른다. 이 본문들이 그리스도께서 다른 이들을 위해서도 죽으셨음을 명시적으로 부인하지 않는다는 것은 참일 수 있지만, 그분이 그분의 백성을 위해 죽으셨음을 자주 언급한다는 사실은 적어도 이것이 올바른 해석임을 강력히 암시한다고 볼 수 있다. 이 본문들이 구속의 특수성을 절대적으로 암시하지 않더라도 이러한 방식으로 해석하는 것이 가장 자연스러워 보인다.

결론적으로, 나에게는 특별 구속이라는 개혁주의의 입장이 성경의 전반적인 가르침과 가장 조화를 이루는 것처럼 보인다. 하지만 이와 관련해 몇 가지 주의할 점을 지적해 둘 필요가 있다.

4. 이 교리와 관련해 해명해야 할 점과 주의해야 할 점

몇 가지 분명히 해야 할 논점과 특별 구속의 일부 옹호자들이 그들의 주장을 표현하는 방식에서 우리가 정당하게 반론을 제기할 수 있는 영역들을 지적할 필요가 있다. 또한 이 가르침의 목회적 함의가 무엇인지 묻는 것도 중요하다.

1. 벌코프가 했던 방식으로 이 문제를 진술하고[64] 실제로 속죄에서 일어난 일보다 성부와 성자의 목적에 초점을 맞추는 것은 실수로 보인다. 우리가 논의를 속죄의 목적으로 한정한다면, 이것은 하나님의 목적이 (a) 모든 인간을 구원하는 것인지—이 목적은 반역하는 인간의 의지에 의해 좌절되고 말았다. 이것이 아르미니우스주의의 입장이다—, 아니면 (b) 그분이 택하신 이들을 구원하는 것인지—칼뱅주의의 입장—에 관한 칼뱅주의자들과 아르미니우스주의자들 사이의 더 광범위한 논쟁의 또 다른 형식일 뿐이다. 이 문제는 속죄의 범위라는 협소한 논점에서 결정되지 않을 것

이다. 이 논점에 관한 구체적인 성경 본문은 그 수가 너무 적고 어느 쪽과 관련해서도 결정적이라고 말할 수 없기 때문이다. 이 본문들에 대한 해석은 속죄의 본질, 하나님의 섭리와 주권, 선택 교리라는 더 광범위한 논점에 관해 성경 전체가 무엇을 가르치는가 하는 더 광범위한 물음에 대한 해석자의 견해로 결정되는 경향이 있다. 이러한 더 광범위한 주제에 관해 어떤 해석적 결정을 내리든지, 그 결정은 이 논점에 구체적으로 적용될 것이며 사람들은 그에 따라 자신의 결론에 이르게 될 것이다.

그러므로 속죄의 목적에 초점을 맞추기보다 속죄에 관해 이렇게 묻는 것이 옳다. '그리스도께서는 영원히 정죄받게 될 모든 비신자의 죄에 대한 대가를 치르셨는가? 그분은 십자가에서 그들의 죄에 대해 온전하고 완전한 대가를 치르셨는가?' 이 물음에 대해 우리는 '아니요'라고 대답해야 할 것이다.

2. "그리스도께서 그분의 백성만을 위해 죽으셨다"라는 진술과 "그리스도께서 모든 사람을 위해 죽으셨다"라는 진술은 어떤 의미에서 둘 다 참되지만, 이 두 진술의 '위해'라는 단어에 부여할 수 있는 다양한 의미 때문에 이 문제에 관한 논쟁이 혼란스러워지는 경우가 많았다.

"그리스도께서 그분의 백성만을 위해 죽으셨다"라는 진술은 '그리스도께서 그분의 백성의 모든 죄에 대해서만 실제로 형벌을 담당하고 그 대가를 치르기 위해 죽으셨다'라는 뜻으로 이해할 수 있다. 그런 의미에서 이 진술은 참되다. 하지만 개혁주의자가 아닌 이들은 "그리스도께서 그분의 백성만을 위해 죽으셨다"라는 문장을 들을 때 이것을 '그리스도께서 선택받은 소수에게만 복음이 제공되게 하시려고 죽으셨다'라는 의미로 받아들이는 경우가 많으며, 모든 사람에게 값없이 주어지는 복음의 제시에 대한 실제적 위협으로 여기기도 한다. 특별 구속을 주장하는 개혁주의자들은 "그리스도께서 그분의 백성만을 위해 죽으셨다"는 문장이 오해될 수 있는 가능성을 인식해야 하며, 진리에 대한 열심에서, 또한 값없이 주어지는 복음을 올바로 제시하고 그리스도의 지체 안에서 오해가 생겨나는 것을 피하고자 하는 목회적 열심에서 자신들이 뜻하는 바를 정확히 말하기 위해 더 세심한 주의를 기울여야 한다. "그리스도께서 그분의 백성만을 위해 죽으셨다"라는 단순한 문장은 위에서 설명한 의미에서 참되지만 개혁주의 교리에 익숙하지 않은 사람들이 이 말을 들을 때 그런 의미로 이해되는 경우가 거의 없으며, 따라서 이처럼 모호한 문장은 아예 사용하지 않는 편이 더 낫다.

반면에 "그리스도께서 모든 사람을 위해 죽으셨다"라는 문장이 '그리스도께서 구원을 모든 사람에게 유익한 것으로 만들기 위해 죽으셨다' 또는 '그리스도께서 모든 사람에게 값없이 주어지는 복음을 제공하기 위해 죽으셨다'라는 뜻이라면 이 문장은 참되다. 실제로 이는 요한복음 6:51과 디모데전서 2:6, 요한일서 2:2 등과 같은 본문에서 사용하는 언어다.[65] 개혁주의자들이 담화의 순수성을 지나치게 고집하면서 누군가가 "그리스도께서 모든 사람을 위해 죽으셨다"라고 말할 때마다 이의를 제기한다면, 그것은 논쟁과 무익한 논란을 만들어 내는 말장난으로 보인다. 성경 저자들의 발언과 조화를 이루는 방식으로 이 문장을 해석하는 방식이 분명히 존재한다.

마찬가지로 문맥상 복음이 제공하는 유익을 받기 이전에 반드시 그리스도를 믿어야 한다고 분명하게 말한다면, 비신자 청중에게 "그리스도께서 여러분의 죄를 위해 죽으셨다"라고 말하는 복음 전도자를 성급하게 비판해서는 안 된다고 생각한다. 그런 의미에서 이 문장은 '그리스도께서 여러분의 죄에 대한 용서를 제공하기 위해 죽으셨다' 또는 '그리스도께서 여러분의 죄에 대한 용서를 유익하게 만들려고 죽으셨다'라는 뜻으로 이해할 수 있다. 여기서 중요한 점은, 구원이 모든 사람에게 유익하며 죄에 대한 대가 지불이 모든 사람에게 유익함을 죄인들이 깨달아야 한다는 것이다.

이에 대해 일부 개혁주의 신학자들은 반론을 제기할 것이며, 우리가 비신자들에게 "그리스도께서 여러분의 죄를 위해 죽으셨다"라고 말한다면 그 비신자들은 "그러므로 내가 무엇을 하든지 나는 구원을 받았다"라고 결론 내릴 것이라고 경고할 것이다. 하지만 이것은 실제로 문제가 되지 않을 것이다. 왜냐하면 (개혁주의자든 아니든) 복음주의자들이 비신자들에게 복음에 관해 말할 때마다 그들은 그리스도를 믿지 않는다면 그리스도의 죽음은 아무런 유익이 없을 것이라는 사실을 언제나 분명히 말할 것이기 때문이다. 그러므로 문제는 개혁주의자들이 (만일 하나님의 비밀스러운 뜻에 관한 추론, 곧 그리스도께서 십자가에서 화목제물로 자신을 내어 주신 시점에 삼위일체의 작정 안에서 성부와 성자 사이의 관계에 관한 추론을 유지한다면) 생각하기에 비신자들이 믿음을 가져야 한다는 것과 관련이 있어 보인다. 그러나 비신자들은 그런 방식으로 추론하지 않는다. 그들은 그리스도의 구속 사역으로부터 유익을 누리기 전에 그리스도에 대한 믿음을 가져야 함을 알고 있다. 그뿐만 아니라, 사람들은 "그리스도께서 여러분의 죄를 위해 죽으셨다"라는 문장을 '그리스도께서 죽으셨고 이로써 이미 여러분의 모든 죄에 대한 형벌을 완전히 담당하셨다'라는 의미로 이해하기보다, '그리스도께서 여러분의 죄에 대한 용서를 제공하기 위해 죽으셨다'라는 교리적으로 올바른 의미로 이해할 가능성이 훨씬 더 높다.[66]

3. 우리의 말이 지닌 실천적, 목회적 영향력이라는 관점에서 특별 구속을 지지하는 이들과 일반 구속을 지지하는 이들 모두가 몇 가지 핵심 논점에 대해 의견을 같이한다.

첫째, 양쪽 진영은 모두 진심으로 사람들이 그리스도를 믿든지 안 믿든지 구원받을 것이라는 암시를 피하기 원한다. 개혁주의자가 아닌 사람들은 개혁주의자들이 선택을 받은 자가 복음에 대한 응답과 무관하게 구원받을 것이라고 주장한다고 비판하지만, 이것은 명백히 개혁주의 입장에 대한 오해다. 반면에 개혁주의자들은 일반 구속을 지지하는 이들이 모든 사람이 그리스도를 믿든지 안 믿든지 구원을 받을 것이라고 암시하는 위험에 빠진다고 생각한다. 하지만 이것은 일반 구속의 옹호자들이 실제로 지지하는 입장이 아니며, 또한 그들이 다른 견해들과의 일관성을 유지하기 위한 어느 한 가지 입장을 지지한다고 말하지 않으므로 그 진영의 사람들을 비판하는 것은 언제나 위험한 일이다.

둘째, 두 진영은 사람들이 구원받기 위해 그리스도께 나아오지만, 그리스도께서 그들을 위해 죽지 않으셨으므로 거부당할 수 있다는 암시를 피하기를 원한다. 아무도 비신자에게 "그리스도께서는 여러분의 죄를 위해 죽으셨을 수 있다(하지만 그러지 않으셨을 수도 있다)"라고 말하거나 그처럼 암시하기를 원하지 않는다. 두 진영은 구원을 위해 그리스도께 나아오는 사람 모두가 실제로 구원받을 것이라고 분명히 선언하기를 원한다. "내게 오는 자는 내가 결코 내쫓지 아니하리라."요 6:37

셋째, 두 진영 모두는 하나님이 값없이 주시는 복음을 제시할 때 가설적인 태도를 취하거나 진실되지 않다는 암시를 피하기 원한다. 복음 제시는 진실된 것이며, 구원을 위해 그리스도께 나아오기를 원하며 실제로 그분께 나아오는 모든 사람이 구원을 받게 된다는 것은 언제나 참되다.

넷째, 우리는 이 문제가 왜 이토록 중요한지 물을 수 있다. 개혁주의자들은 특별 구속에 대한 믿음을 교리적 정통의 시금석으로 삼았지만, 성경은 결코 이것을 특정하여 중요한 교리로 강조하거나, 명시적인 신학적 논의의 주제로 삼지 않는다는 점을 인식하는 것이 유익하다. 이 주제에 관한 우리의 지식은 다른 교리적, 실천적 문제를 다루는 본문에서 이를 부수적으로 언급하는 내용을 통해 얻어진 것일 뿐이다. 사실 이것은 삼위일체의 내적인 의도를 알아보려는 노력이며, 직접적인 성경의 증언이 거의 없는 영역의 문제다(이 사실 때문에라도 우리는 이 문제를 다룰 때 주의를 기울여야 한다). 따라서 우리는 목회적 관점에서 균형감을 가지고 다음과 같이 진술할 수 있다. 특별 구속이라는 가르침은 우리에게 참된 것으로 보이고, 이 가르침은 우리의 신학 체계에 논리적 일관성을 부여하며 사람들로 하여금 그들을 향한 그리스도의 사랑과 그들을 위한 그분의 구속 사역의 완결성을 확신하게 하는 데 도움을 줄 수 있다. 하지만 동시에 이 가르침은 거의 불가피하게 어느 정도 오해를 야기하고, 때로는 하나님의 백성 사이에 그릇된 논쟁과 분열을 초래하는 주제이며, 이 모든 것이 부정적인 목회적 고려 사항이다. 그렇기 때문에 요한과 베드로, 바울 같은 사도들은 지혜롭게 이 문제를 강조하지 않았을 것이다. 그들의 본보기를 우리도 심사숙고하는 것이 마땅하다.

개인적 적용을 위한 질문

1. 이번 장을 통해 그리스도의 죽음에 관한 이해가 더 풍성해졌는가? 여러분은 그리스도께서 실제로 우리의 죄에 대한 대가를 치르셨다는 사실을 더 확신하게 되었는가?

2. 속죄의 궁극적인 원인이 하나님의 사랑과 공의에 있다면, 우리에게 하나님의 사랑과 구원을 요구할 만한 것이 있다고 생각하는가? 이 질문에 대한 답은 우리를 향한 하나님 사랑의 속성에 대한 이해나 여러분과 하나님의 관계에 어떤 도움을 주는가?

3. 그리스도의 고난은 우리 죄에 대한 대가를 치르기에 충분했다고 생각하는가? 여러분은 그분의 고난을 의지하며, "내게로 오라. 내가 너희를 쉬게 하리라"마11:28 고 말씀하시는 그분을 구원자로서 지금, 항상 마음을 다해 신뢰하고 있는가?

4. 그리스도께서 우리의 모든 죄의 죄책과 우리를 향한 하나님의 진노와 형벌을 담당하셨다면, 하나님은 앞으로 여러분에게 진노하신다고 생각하는가?롬8:31-39 그렇다면 삶 속의 고난은 하나님의 진노 때문일 수 있는가? 만일 그것이 아니라면 그리스도인이 그와 같은 어려움과 고난을 겪는 이유는 무엇인가?롬8:28; 히 12:3-11 참조

5. 여러분은 그리스도의 삶이 누구보다 선했다고 생각하는가? 그분은 의지하고 신뢰할 만큼 신실한 구원자인가? 여러분은 자기 자신을 의지하는가, 아니면 그리스도를 의지하며 살아가는가?

6. 그리스도께서 죄와 사탄의 왕국에 대한 예속으로부터 여러분을 속량한 사실을 깨달을 수 있는 삶의 영역들이 있는가? 이는 그리스도인으로서 살아갈 때 어떤 격려가 되는가?

7. 여러분은 그리스도께서 담당하신 죄의 대속이 공평하다고 생각하는가? 이 사실은 여러분으로 하여금 어떤 태도와 감정을 갖게 하는가?

신학 전문 용어

그리스도의 피
능동적 순종
대리적 속죄
도덕적 감화설
도덕적 통치설
모범설
무제한적 속죄
속량
속전
속죄
수동적 순종
일반 구속
전가
제한 속죄
특별 구속
형벌 대속
화목제물
화해
희생제물

참고 문헌

이 참고 문헌에 관한 설명으로는 1장, 60쪽을 보라. 자세한 서지 자료는 2권 부록 2에서 확인할 수 있다.

복음주의 조직신학 저술의 관련 항목

1. 성공회

1882–1892 Litton, 221–236
1930 Thomas, 49–72, 414–426
2001 Packer, 131–139
2013 Bird, 385–434
2013 Bray, 899–920

2. 아르미니우스주의(또는 웨슬리파/감리교)

1875–1876 Pope, 2:141–188, 263–316
1892–1894 Miley, 2:65–240
1940 Wiley, 2:217–300
1960 Purkiser, 243–268
1983 Carter, 1:483–505
1992 Oden, 2:279–450
2002 Cottrell, 259–283

3. 침례교

1767 Gill, 1:562–583; 2:1–68
1887 Boyce, 295–341
1907 Strong, 701–706, 713–775
1987–1994 Lewis and Demarest, 2:371–436
1990–1995 Garrett, 2:3–80
2007 Akin, 551–571
2013 Erickson, 713–768

4. 세대주의

1947 Chafer, 3:35–164, 183–205; 5:177–230
1949 Thiessen, 229–242
1986 Ryrie, 275–309, 318–323
2002–2005 Geisler, 2:405; 3:202–215, 230–235
2017 MacArthur and Mayhue, 511–564

5. 루터교

1917–1924 Pieper, 2:280–330, 342–382
1934 Mueller, 287–295, 305–313

6. 개혁주의(또는 장로교)

1559 Calvin, 1:503–534 (2.16–17)
1679–1685 Turretin, *IET*, 2:247–257, 352–356, 438–445
1724–1758 Edwards, 1:574–580; 2:565–578
1871–1873 Hodge, 2:480–591, 610–625
1878 Dabney, 485–553
1887–1921 Warfield, *SSW*, 1:167–177; *SSW*, 2:308–320; *BD*, 327–438; *PWC*, 325–530; *CC*, 393–444
1894 Shedd, 690–760
1906–1911 Bavinck, *RD*, 3:323–417, 447–475
1910 Vos, 4:173, 175, 179–180
1937–1966 Murray, *CW*, 1:36–39, 59–85; 2:142–57; *RAA*, 9–57
1938 Berkhof, 331–343, 361–399
1998 Reymond, 623–702
2008 Van Genderen and Velema, 462–538
2011 Horton, 492–520
2013 Frame, 217, 899–920, 969, 1068
2013 Culver, 540–570, 592–600
2016 Allen and Swain, 268–290
2017 Barrett, 347–392
2019 Letham, 376–379, 387–396, 551–573

7. 부흥 운동(또는 은사주의/오순절)

1988–1992 Williams, 1:353–380
1993 Menzies and Horton, 95–108
1995 Horton, 325–374
2008 Duffield and Van Cleave, 183–196

대표적인 로마 가톨릭 조직신학 저술의 관련 항목

1. 로마 가톨릭: 전통적 입장

1955 Ott, 175–179, 182–192, 211–219

2. 로마 가톨릭: 제2차 바티칸공의회 이후

1980 McBrien, 1:417–423; 2:865–901
2012 *CCC*, paragraphs 595–623

기타 저술

Allen, David Lewis. *The Extent of the Atonement: A Historical and Critical Review.* Nashville: B&H Academic, 2016.

Allen, David Lewis, and Steve Lemke. *Whosoever Will: A Biblical–Theological Critique of Five–Point Calvinism.* Nashville: B&H Academic, 2010.

Allison, Gregg. *Historical Theology: An Introduction to Christian Doctrine; A Companion to Wayne Grudem's Systematic Theology.* Grand Rapids: Zondervan, 2011, 389–410.

Baker, Mark D., and Joel B. Green. *Recovering the Scandal of the Cross: Atonement in New Testament and Contemporary Contexts.* 2nd ed. Downers Grove, IL: IVP Academic, 2011.

Bauckham, R. J. "Descent into Hell." In *NDT2*, 251.

Berkouwer, G. C. *The Work of Christ.* Translated by Cornelius Lambregtse. Grand Rapids: Eerdmans, 1965.

Brown, John. *The Sufferings and Glories of the Messiah.* 1852. Reprint, Evanston, IN: Sovereign Grace, 1959.

Campbell, John McLeod. *The Nature of the Atonement.* 6th ed. 1856. Reprint, New York: Macmillan, 1886.

Demarest, B. A. "Amyraldianism." In *EDT3*, 48.

Demarest, Bruce. *The Cross and Salvation: The Doctrine of Salvation.* Wheaton, IL: Crossway,

2006, 27–43. (『십자가와 구원』 부흥과개혁사)
Eddy, P. R. and J. Beilby. "Atonement." In *GDT*, 84–92.
Elwell, W. A. "Atonement, Extent of the." In *EDT3*, 100–101.
Emerson, Matthew Y. *He Descended to the Dead: An Evangelical Theology of Holy Saturday*. Downers Grove, IL: IVP Academic, 2019.
Gibson, David, and Jonathan Gibson, eds. *From Heaven He Came and Sought Her: Definite Atonement in Historical, Biblical, Theological, and Pastoral Perspective*. Wheaton, IL: Crossway, 2013.
Green, Michael. *The Empty Cross of Jesus*. The Jesus Library, ed. by Michael Green. Downers Grove, IL: InterVarsity Press, 1984.
Grensted, L. W. *A Short History of the Doctrine of the Atonement*. Manchester: University Press; London: Longmans, 1962.
Hodge, Archibald A. *The Atonement*. London: Nelson, 1868.
Kapic, K. M. "Atonement." In *EDT3*, 96–100.
Kendall, R. T. *Calvin and English Calvinism to 1649*. 2nd ed. Eugene, OR: Wipf and Stock, 2011.
Lightner, Robert P. *The Death Christ Died: A Biblical Case for Unlimited Atonement*. 2nd ed. Grand Rapids: Kregel, 1998.
Macleod, Donald. *Christ Crucified: Understanding the Atonement*. Downers Grove, IL: InterVarsity, 2014.
McDonald, H. D. *The Atonement of the Death of Christ*. Grand Rapids: Baker, 1985.
McGrath, Alister E. *Luther's Theology of the Cross: Martin Luther's Theological Breakthrough*. Oxford: Basil Blackwell, 1985.
___. *The Mystery of the Cross*. Grand Rapids: Zondervan, 1988.
___. *What Was God Doing on the Cross?* Grand Rapids: Zondervan, 1993. (『십자가란 무엇인가』 IVP)
Martin, Hugh. *The Atonement: In Its Relations to the Covenant, the Priesthood, the Intercession of Our Lord*. Philadelphia: Smith and English, 1871.
Morey, Robert A. *Studies in the Atonement*. Maitland, FL: Xulon, 2011.
Morris, Leon. *The Apostolic Preaching of the Cross*. 3rd ed. Grand Rapids: Eerdmans, 1965.
___. "Atonement." In *EDT1*, 97.
___. *The Atonement: Its Meaning and Significance*. Leicester: Inter-Varsity Press; Downers Grove, IL: InterVarsity Press, 1983.
___. "Atonement, Theories of the." In *EDT1*, 100–102.
___. *The Cross in the New Testament*. Grand Rapids: Eerdmans, 1965.
___. *The Cross of Jesus*. Grand Rapids: Eerdmans, and Exeter: Paternoster, 1988.
Murray, John. *Redemption Accomplished and Applied*. Grand Rapids: Eerdmans, 1955, 9–78. (『존 머레이의 구속』 복 있는 사람)
Naselli, Andrew David, and Mark A. Snoeberger, eds. *Perspectives on the Extent of the Atonement: 3 Views*. Nashville: B&H Academic, 2015.
Owen, John. *The Death of Death in the Death of Christ*. Reprint, Carlisle, PA: Banner of Truth, 1959 (includes excellent introductory essay by J. I. Packer).
Patterson, Paige. "The Work of Christ." In *A Theology for the Church*, edited by Daniel L. Akin et al., 547–588. Nashville: B&H, 2007.
Reicke, Bo. *The Disobedient Spirits and Christian Baptism: A Study of 1 Pet. III. 19 and Its Context*. Eugene, OR: Wipf & Stock, 2005.
Seifrid, M. A. "Death of Christ." In *DLNT*, 267–286.
Smeaton, George. *The Apostles' Doctrine of the Atonement*. 1870. Reprint, Grand Rapids: Zondervan, 1957.
___. *The Doctrine of the Atonement as Taught by Christ Himself*. 1871. Reprint, Grand Rapids: Zondervan, 1953.
Stott, John R. W. *The Cross of Christ*. Leicester: Inter-Varsity Press; Downers Grove, IL: InterVarsity Press, 1986. (『그리스도의 십자가』 IVP)
Thomas, G. Michael. *The Extent of the Atonement: A Dilemma for Reformed Theology from Calvin to the Consensus (1536–1675)*. Carlisle: Paternoster, 1997.
Trotter, Andrew H., Jr. "Atonement." In *BTDB*, 42–45.
Turretin, Francis. *The Atonement of Christ*. Translated by James R. Willson. Latin ed. published in 1674. Reprint of 1859 ed., Grand Rapids: Baker, 1978.
Wallace, Ronald S. *The Atoning Death of Christ*. Westchester, IL: Crossway, 1981.
Yarbrough, R. W. "Atonement." In *NDBT*, 389–393.

성경 암송 구절

로마서 3:23-26 | 모든 사람이 죄를 범하였으매 하나님의 영광에 이르지 못하더니 그리스도 예수 안에 있는 속량으로 말미암아 하나님의 은혜로 값 없이 의롭다 하심을 얻은 자 되었느니라. 이 예수를 하나님이 그의 피로써 믿음으로 말미암는 화목제물로 세우셨으니 이는 하나님께서 길이 참으시는 중에 전에 지은 죄를 간과하심으로 자기의 의로우심을 나타내려 하심이니 곧 이 때에 자기의 의로우심을 나타내사 자기도 의로우시며 또한 예수 믿는 자를 의롭다 하려 하심이라.

찬송가

"주 달려 죽은 십자가" When I Survey the Wondrous Cross

주 달려 죽은 십자가
우리가 생각할 때에
세상에 속한 욕심을
헛된 줄 알고 버리네

못 박힌 손 발 보오니
큰 자비 나타내셨네
가시로 만든 면류관
우리를 위해 쓰셨네

죽으신 구주밖에는
자랑을 말게 하소서
보혈의 공로 힘입어
교만한 맘을 버리네

온 세상 만물 가져도
주 은혜 못 다 갚겠네
놀라운 사랑 받은 나
몸으로 제물 삼겠네

◈

영광의 왕께서 죽으신
놀라운 십자가를 내가 바라볼 때
나의 가장 값비싼 것도 필요 없고
나의 모든 자랑도 필요가 없습니다

주님, 나의 하나님, 그리스도의 죽음 외에는
아무것도 자랑하지 말게 하소서
이전에 기뻐하던 모든 헛된 것을
주님의 보혈 앞에 내려놓습니다

보라, 그분의 머리, 그분의 손, 그분의 발에서
슬픔과 사랑이 뒤섞여 흘러내린다
사랑과 슬픔이 이렇게 만난 적이 있던가
가시가 그토록 풍성한 면류관이 된 적이 있던가

죽어 가며 흘리신 그분의 피가 예복처럼
나무에 달리신 그분의 몸 위에 펼쳐졌네
이제 나는 온 세상에 대해 죽고
온 세상은 나에 대해 죽었다네

온 천지가 나의 것이라고 해도
그것은 너무 작은 예물일 뿐이라네
너무나도 놀라우며 거룩한 사랑이
나의 영혼, 나의 생명, 나의 모든 것을 요구하네

□ 1707년, 아이작 와츠 저작
* 새찬송가 149장

현대 찬양곡

"십자가 그 능력" The Power of the Cross (Oh, to see the dawn)

어둡던 그날 새벽을 보네
주가 서 계신 갈보리
죄인들에게 고난 당하사
못 박히시었네

십자가 그 능력
우리 죄 지셨네
용서의 십자가
그 앞에 우린 서 있네

주의 얼굴의 고통을 보네
주가 참으신 죄의 짐
모든 고통과 모든 죄악의
가시관 쓰셨네

해가 빛 잃고 땅 흔들렸네
창조주 머리 숙일 때
휘장 찢기고 죽은 자 사네
승리를 외쳤네

그 상처 위에 내 이름 보네
주 고통 인해 자유해
죽음 이기고 생명 주셨네
오 사랑의 승리

십자가 그 능력
우리 죄 지셨네
용서의 십자가
그 앞에 우린 서 있네
구원자 주 예수 하나님의 아들
귀하신 어린양 메시아 거룩하신 하나님

◈ ———

그 어두운 날의

새벽을 보라

갈보리 오르시던 그리스도

죄인들에게 재판을 받으시고

찢기고 매를 받으신 뒤

나무 십자가에 못 박히셨네

이것이 그리스도의 능력이네

그리스도께서 우리를 위해 죄인이 되셨네

우리를 위해 비난받고 진노를 견디셨네

십자가에서 우리는 용서받았네

주님의 얼굴에 새겨진

고통을 보네

끔찍한 죄의 무게를 짊어지시고

모든 가증스러운 생각

모든 악한 행위를

주님이 피투성이가 된 머리에 관처럼 쓰셨네

창조주가 얼굴을 돌리실 때

햇빛이 사라지고

땅이 진동하네

휘장이 둘로 찢어지고

죽은 자가 생명으로 부활하네

"다 이루었다!" 승리의 외침

주님의 상처 안에 새겨진

나의 이름을 보네

주님의 고통으로 나는 자유를 얻었네

죽음은 끝나고

나의 생명은 시작되었네

주님의 사랑의 희생을 통해 나는 생명을 얻었도다

이것이 그리스도의 능력이네

우리를 위해 죽임당하신 하나님의 아들

놀라운 사랑 놀라운 희생

십자가에서 우리는 용서받았네

□ 스튜어트 타우넌드, 키스 게티 작사 67

주

1 물론 그리스도의 부활과 승천, 대제사장으로서 계속해서 우리를 중보하시는 그분의 사역과 재림을 통해 얻게 되는 구원의 혜택도 있다. 이것에 관해서는 이어지는 장에서 별도의 주제로 다룰 것이다. 명료성을 위해 나는 '속죄'라는 제목 아래에 그리스도께서 그분의 지상적 삶과 그분의 죽으심을 통해 우리의 구원을 위해 행하신 일만 포함시켰다.

2 행위 언약에 관한 논의는 25장, 942-945쪽을 보라.

3 어떤 이들은 능동과 수동이라는 용어가 전적으로 만족스럽지는 않다고 반론을 제기해 왔다. 그리스도께서 우리의 죄값을 치르실 때조차도 어떤 의미에서는 성부께서 그분에게 주신 고난을 능동적으로 받아들이셨고, 심지어 그분 자신의 생명을 능동적으로 내려놓으셨기 때문이다(요 10:18). 이뿐만 아니라 그리스도의 순종의 두 양상 모두가 그분의 생애 전체에서 지속되었다. 그분의 능동적 순종에는 태어나실 때부터 죽으실 때까지 행하신 신실한 순종이 포함되며, 그분이 우리를 대신해 당하신 고난이 십자가 죽음에서 절정에 이르기는 했지만 그분의 평생에 걸쳐 계속되었다. 그럼에도 능동적 순종과 수동적 순종의 구별은 우리를 위해 그리스도께서 하신 일의 두 양상을 이해하는 데 도움을 주기 때문에 여전히 유용하다. [John Murray, *Redemption Accomplished and Applied* (Grand Rapids: Eerdmans, 1955), 20-24의 논의를 보라.] (『존 머레이의 구속』 복 있는 사람). 레이몬드(R. L. Reymond)는 논문에서 (능동적보다) 교훈적(preceptive), (수동적보다) 형벌적(penal)이라는 용어를 선호한다. "Obedience of Christ," EDT, 785.

4 예를 들어, 나는 일곱 권으로 이루어진 Lewis Sperry Chafer, *Systematic Theology* (Dallas: Dallas Seminary Press, 1947-1948)이나 Millard Erickson, *Christian Theology*, 3rd ed. (Grand Rapids: Baker, 2013), 695-768에서 그리스도의 능동적 순종에 관한 논의를 전혀 찾을 수 없었다. (『복음주의 조직신학』 크리스찬다이제스트)

5 마가복음 1:13에서 "시험을 받으시며"로 번역된 현재분사 '페이라조메노스'는 이 구절의 주가 되는 미완료 동사(엔, "계시면서")를 수식한다. 이것은 예수께서 광야에서 지내신 40일 동안 지속적으로 시험을 받고 계셨음을 말해 준다.

6 성경에서는 예수의 생애 동안 요셉이 죽었다고 명시적으로 말하지 않지만, 예수께서 열두 살이셨던 때가 지나서는 그에 관해 아무런 언급도 하지 않는다. 26장, 주 8의 논의를 보라.

7 대개 "손"으로 번역되는 헬라어 단어(케이르: 눅 24:39-40; 요 20:20)가 때로는 팔을 지칭할 수도 있다(BDAG에서는 "팔을 뜻할 수도 있다"고 말한다. LSJ, 1983, 2 참조). 손을 관통하는 못은 몸무게를 지탱할 수 없었을 것이다. 손이 찢어졌을 것이기 때문이다.

8 William Edwards, MD, et al., JAMA 255, no. 11 (March 21, 1986): 1461.

9 베드로전서 2:24이 그리스도께서 "우리의 죄를 십자가 위로 가져가셨지만" 십자가 위에서 우리 죄책을 그분이 친히 담당하지는 않으셨다는 뜻이라는 다이스만(Deissmann)의 견해에 대한 자세한 반론으로는 Grudem, 1 Peter, 133-134을 보라. BDAG, 75, 3에서는 다이스만의 견해를 받아들여 베드로전서 1:24에 따르면 그리스도께서 "그분의 몸 안에서 우리의 죄를 십자가에 가지고 가셨으며", 베드로전서 1:24에 사용된 동사 '아나페로'가 "담당하다" 또는 "제거하다"라는 "의미를 갖지 않는 것처럼 보인다"고 말한다. 그러나 이것은 사실과 다르다. Polybius 1.36.3와 Thucydides 3.38.3에서는 이 동사가 "담당하다"라는 의미를 갖는 성경 외부의 예를 제공하며, 칠십인역의 이사야 53:4, 11, 12과 이사야 53:12을 인용하는 히브리서 9:28에서도 분명히 그 의미로 사용된다. LSJ, 125, 3을 참고하라.

10 우리에게 전가된 아담의 죄에 관한 논의는 24장, 905-911쪽을 보라.

11 자세한 언어학적 논증으로는 C. H. Dodd, *The Bible and the Greeks* (London: Hodder and Stoughton, 1935), 82-95을 보라. 도드는 화목제물이라는 관념이 이교에서는 흔했지만 구약과 신약 저자들의 사상과는 이질적이라고 주장한다.

12 같은 주장을 사용해 그리스도께서 죄에 대한 하나님의 진노를 담당하셨음을 부인하는 세 명의 영향력 있는 복음주의자에 관해서는 1037-1039쪽의 논의를 보라.

13 Leon Morris, "Propitiation," EDT, 888 (간략한 참고 문헌 목록이 포함되어 있음). 모리스의 저작은 이 주제에 관한 복음주의 학계의 가장 탁월한 연구로 인정받았다. Morris, *The Apostolic Preaching of the Cross*, 3rd ed. (London: Tyndale, 1965), 144-213을 보라. 또한 12장, 370-373쪽에 있는 하나님의 진노에 관한 논의를 보라. 화목제물에 관한 명징한 설명을 포함해 그리스도께서 죄에 대한 하나님의 진노를 담당하신 것이 속죄의 핵심임을 간략하고 탁월하게 제시한 글로는 J. I. Packer, *Knowing God* (Downers Grove, IL: InterVarsity, 1973), 161-180에 실린 "복음의 핵심"(The Heart of the Gospel)을 보라. (『하나님을 아는 지식』 IVP)

14 화목제물이라는 사상이 신약에 존재함을 부인하는 학자들의 영향력 때문에 RSV에서는 '힐라스모스'를 "속상"(expiation)으로 번역했다. 이 단어는 "죄를 씻는 행동"을 뜻하지만 하나님의 진노를 누그러뜨린다는 관념은 포함하지 않는다. 차이는, 속상에서는 죄가 영향을 받는 반면(그것이 제거된다), 유화(propitiation)에서는 하나님이 영향을 받으신다(그분의 진노가 호의로 바뀐다). RSV가 로마서 3:25; 히브리서 2:17; 요한일서 2:2과 4:10에서 "화목제물"이라는 용어를 제거했다는 사실은, RSV가 복음주의자들 사이에서 널리 받아들여지지 못했던 이유 중 하나다. (도드는 RSV 번역 위원회의 위원이었다. 각주 11을 보라.)

ESV, NASB, CSB, NKJV, KJV에서는 "화목제물"(propitiation)이라는 더 정확한 번역어를 유지한 반면, NIV에서는 "속죄제물"(sacrifice of atonement)이라는 용어를 채택했다. 하지만 이 번역어는 하나님의 진노를 담당하고 그것을 호의로 바꾸는 제물이라는 의미를 구체적으로 담아내지 못한다.

15 성경에서 하나님에 관해 가르칠 때 신인동형론적 언어를 사용하는 것에 관한 논의로는 11장, 291-293쪽을 보라.

16 영원한 형벌에 관해서는 2권 56장, 896-903쪽을 보라.

17 Morris, *The Apostolic Preaching of the Cross*, 112-126.

18 이 단락은 Wayne Grudem, *The First Epistle of Peter*, TNTC (Leicester: Inter-Varsity Press; Grand Rapids: Eerdmans, 1988), 84에서 인용함.

19 1027-1033쪽을 보라.

20 Steve Chalke and Alan Mann, *The Lost Message of Jesus* (Grand Rapids: Zondervan, 2003), 182.

21 위의 책, 182-183.

22 1018-1020쪽을 보라.

23 11장 320-324쪽을 보라.

24 Pat Ashworth, "Atonement Row Gets Personal as Evangelical Partnership Splits," Church Times, April 26, 2007, https://www.churchtimes.co.uk/articles/2007/27-april/news/uk/atonement-row-gets-personal-as-evangelical-partnership-splits을 보라.

25 특히 Steve Jeffery, Michael Ovey, and Andrew Sach, *Pierced for Our Transgressions: Rediscovering the Glory of Penal Substitution* (Nottingham: Inter-Varsity Press; Wheaton, IL: Crossway, 2007)을 보라. 또한 J. I. Packer and Mark Dever, *In My Place Condemned He Stood: Celebrating the Glory of the*

Atonement (Wheaton, IL: Crossway, 2007); Simon Gathercole, *Defending Substitution: An Essay on Atonement in Paul* (Grand Rapids: Baker, 2015)을 보라. (『십자가를 아는 지식』 살림). 개더콜은 형벌 대속 이론에 대한 비판이 "극도로 얄팍하며" "결국에는 사람들이 '나는 이 교리를 좋아하지 않는다'라고 말하는 것에 불과한" 경우가 많다고 지적한다(24).

26 Ruth Gledhill, "Evangelicals' Leader Backs Gay Marriage," The Times, January 15, 2013, https://www.thetimes.co.uk/article/evangelicals-leader-backs-gay-marriage-r9cxk7bv59c을 보라.

27 Derek Flood, "Steve Chalke on Taking the Bible Beyond Fundamentalism and Atheism," HuffPost, April 20, 2014, https://www.huffingtonpost.com/derek-flood/video-steve-chalke-on-tak_b_4799911.html을 보라. 온라인 기사에서 초크는 성경 이해에 관한 논의를 위해 다음과 같은 원칙을 제안한다고 말한다. "우리는 성경이 이 용어들의 대중적 이해에 따라 무오하거나 무류하다고 믿지 않는다.……성경은……잘못을 저지르기 쉬운 인간들에 의해 기록되었으며 이들의 글에는……그들이 살던 시대와 문화의 선입관에 포함된 한계와 동시에 그들이 하나님을 만나 삶이 변화된 경험을 보여주는 특징들이 드러나 있다. Steve Chalke, *Restoring Confidence in the Bible*, Kindle edition (Amazon.com services, 2014), loc. 135-142.

28 Joel Green and Mark Baker, *Recovering the Scandal of the Cross: Atonement in New Testament and Contemporary Contexts* (Downers Grove, IL: InterVarsity, 2000), 32 (2nd ed., 49). 아동 학대라는 반론이 132-133, 181 (2nd ed., 158, 219)에 다시 등장한다. (『십자가와 구원의 문화적 이해: 신약성경과 현대의 속죄』 죠이선교회)

29 Green and Baker, *Recovering the Scandal*, 90-91 (2nd ed., 116), 마지막 구절에서는 리타 나카시마 브록(Rita Nakashima Brock)의 글을 인용함.

30 같은 책, 148 (2nd ed., 174).

31 같은 책, 92 (2nd ed., 116).

32 같은 책, 142-150 (2nd ed., 170-191).

33 같은 책, 150 (2nd ed., 176).

34 Charles Hodge, *Systematic Theology*, 3 vols. (1872-1873. repr., Grand Rapids: Eerdmans, 1970), 2:464-591.

35 Mark Baker and Joel Green, *Recovering the Scandal of the Cross: Atonement in New Testament and Contemporary Contexts*, 2nd ed., (Downers Grove, IL: InterVarsity, 2011). 2판에는 하워드 마셜(I. Howard Marshall)과 존 맥아더(John MacArthur), 마틴 로이드 존스(Martyn Lloyd-Jones), 토머스 슈라이너(Thomas Schreiner), 워치먼 니(Watchman Nee)의 형벌 대속 이론에 대한 비판이 추가되었지만(177-184) 형벌 대속 이론에 대한 케빈 밴후저(Kevin Vanhoozer)의 변론에 대해서는 긍정적으로 평가한다(184-191).

36 같은 책, 75(새로운 내용은 72-83쪽에 실림).

37 712-717쪽, "하나님의 진노를 담당하심"을 보라. 조얼 그린의 관점에 대한 더 자세한 분석으로는 Thomas Schreiner, "Penal Substitution Response," *in The Nature of the Atonement: Four Views, edited by James Beilby and Paul Eddy* (Downers Grove, IL: interact to the, 2006), 192-195을 보라. (『속죄의 본질 논쟁: 속죄론에 대한 네 가지 신학적 관점』 새물결플러스). 슈라이너는 같은 책에 실린 그린의 글에 대해 논평하면서 "나는 그가 성경 이야기 곳곳에 하나님의 진노가 나타나 있음을 지나치게 과소평가한다고 생각한다.……나에게는 제사가 하나님의 진노와 무관하다는 그린의 주장이 놀라울 따름이다. 여기서

그가 논증이 아니라 단언하고 있을 뿐이라는 점을 눈여겨보라.……그는 주석을 근거로 자신의 주장을 전개하지 않는다"(194-195).

38 소시누스주의자들은 그리스도의 신성을 부인했으므로 반(反)삼위일체주의자들이었다. 그들의 사상은 현대의 유니테리언주의로 이어졌다.

39 아래의 내용은 Wayne Grudem, "He Did Not Descend Into Hell: A Plea for Following Scripture Instead of the Apostles' Creed," JETS vol. 34, no. 1 (March 1991): 103-113에서 인용함.

40 이 도표는 Philip Schaff, *The Creeds of Christendom*, 3 vols. (1931; repr., Grand Rapids: Baker, 1983), 2:52-55에서 가져왔다. 샤프는 이 구절이 더 이른 시기(주후 360년경)에 나타나지만, 이 경우에도 정통적 신조나 사도신조의 판본이 아니라 아리우스주의자들—그리스도의 온전한 신성을 부인하며 성자께서 성부에 의해 창조되었다고 주장하는 사람들—의 일부 신조에 등장한다고 지적한다(Schaff, Creeds, 2:46 주 2를 보라). (샤프는 아리우스주의 신조의 출처를 제시하지 않는다.)

41 샤프가 자신의 책 *Creeds of Christendom* 곳곳에서 편집자주를 통해 그리스도께서 십자가에서 죽으신 뒤 실제로 지옥으로 내려가셨다는 해석을 옹호하고 있음을 지적해 둘 필요가 있다. 예를 들어, 그는 "그러나 루피누스 자신은 이것을 잘못 이해하여 장사됨과 같은 의미로 받아들였다"라고 말한다(1:21 주 6). 따라서 샤프는 이 구절을 "그분이 무덤으로 내려가셨다"라는 의미로 이해하는 것은 이 구절을 잘못 이해하는 것이라고 생각한다(또한 2:46 주 2; 3:321 주 1을 보라).

42 John Calvin, *Institutes of the Christian Religion*, ed. John T. McNeill, trans. F. L. Battles, 2 vols., Library of Christian Classics (Philadelphia: Westminster, 1960), 1.515 (2.16.10).

43 Schaff, 3.321.

44 예를 들어, 그리스도께서 밤낮 사흘 동안 "땅 속에" 계실 것이라고 말하는 마태복음 12:40은 그분이 죽음과 부활 사이에 무덤 속에 계셨다는 사실을 가리킬 뿐이다[칠십인역에서 시 45:3(영어 성경에서는 46:2)과 욘 2:3을 비교해 보라].

45 ESV에서는 이 본문에서 '하데스'의 어떤 의미를 의도하는지에 관해, 이것을 독자의 결정에 맡긴다. "이는 내 영혼을 음부에 버리지 아니하시며"(행 2:27, "You will not abandon my soul to Hades").

46 클레멘스 1서 28:3에서는 시편 139:8의 "스올에 내 자리를 펼지라도 거기 계시니이다"라는 구절을 번역할 때 칠십인역의 '하데스' 대신 '아뷔소스'를 사용한다. 신약에서 이 용어를 사용한 경우는 누가복음 8:31과 로마서 10:7, 요한계시록의 일곱 구절(거기에서는 '끝없이 깊은 구덩이'를 뜻한다)뿐이다. 그러므로 이 용어는 (요한계시록에서처럼) 정죄당한 귀신들의 거처를 지칭할 수도 있지만, 이것은 칠십인역에서 흔히 사용되는 의미가 아니며 신약의 용례에서 반드시 그 의미를 갖는 것도 아니다. 이 용어의 주된 의미는 깊고 인간이 알 수 없으며 통상적으로 인간이 닿을 수 없는 곳이다. [C. E. B. Cranfield, *A Critical and Exegetical Commentary on the Epistle to the Romans*, ICC (Edinburgh: T&T Clark, 1975), 2.525에서는 '아뷔소스'가 칠십인역에서 히브리어 '테홈'에 대한 일반적 번역어이며, 미쉬나(페사힘 7:7; 나지르 9:2)에서는 '테홈'이 알려지지 않았던 무덤을 지칭하는 말로 사용된다고 지적한다.] (『국제 비평주석: 로마서』 로고스)

47 에베소서 4:9을 가리켜 비텐하르트(H. Bietenhard)는 "현대의 주석에서 이 본문이 'descensus ad inferos'("그분이 지옥으로 내려가셨다"라는 사도신조의 문구)를 뜻한다고 보는 관점은 거의 예외 없이 거부되고 있다"라고 말한다(NIDNTT, 2:210).

48 창세기 6:2, 4에서 말하는 "하나님의 아들들"의 죄와 방주를 건설할 동안 죄를 지은 이들의 정체성에 대한 유대교의 해석을 다룬 자세한 논의로는 "Christ Preaching Through Noah: 1 Peter 3:19-20 in the

Light of Dominant Themes in Jewish Literature," in Wayne Grudem, *The First Epistle of Peter*, 203-239을 보라. (이 부록에서는 베드로전서 3:19-20에 관해 길게 다루고 있으며, 나는 여기서 그 논의를 간략하게 요약했을 뿐이다.)

49 이 절은 Wayne Grudem, *The First Epistle of Peter*, 157-162과 203-239에 실린 이 본문에 관한 더 자세한 논의를 간략히 요약한 글이다.

50 나의 제자인 텟림 이(Tet-Lim Yee)는 성경의 다른 곳에도 매우 비슷한 표현이 있음을 알려 주었다. 나오미는 룻과 오르바가 "죽은 자들을 선대했다"고 말한다(룻 1:8). 여기서 그는 룻과 오르바가 자신들의 남편이 아직 살아 있을 때 그들을 선대했다고 말하고 있다.

51 이것을 뒷받침하는 추가적인 증거는 '낙원'으로 번역되는 단어 '파라데이소스'가 (특히 칠십인역에서 에덴 동산을 지칭할 때처럼) '즐거운 동산'을 뜻할 수도 있지만 "천국"이나 "하나님의 임재 안의 복된 공간"을 뜻하는 경우도 많다는 사실이다(사 51:3; 겔 28:13, 31:8-9; 레위의 유언 18:10; 에녹1서 20:7, 32:3; 시빌 의 신탁 3:48을 보라). 이것이 신구약 중간기 유대교 문헌에서 이 용어의 의미로 점차 자리 잡게 되었다[Joachim Jeremias, paradeisos, TDNT 5 (1967), 765-773, 특히 767쪽 주 16-23에서 몇 가지 추가적인 용례의 출처를 확인할 수 있다].

52 요한복음 20:17("나를 붙들지 말라. 내가 아직 아버지께로 올라가지 아니하였노라")은 부활의 몸을 입고 새로운 부활의 상태에 있었던 예수께서 아직 천국에 다시 올라가지 않으셨다는 뜻으로 해석하는 것이 최선이다. 그러므로 마리아는 예수의 몸을 붙들려고 해서는 안 된다. "올라가지"에 해당하는 '아나베베카'의 완료 시제는 "아직은 내가 올라가지 않았고 올라간 곳에 머물지 않고 있다" 또는 "나는 아직 승천한 상태에 있지 않다"라는 의미를 부여한다[후자의 표현은 D. A. Carson, *The Gospel according to John* (Leicester: Inter-Varsity Press; Grand Rapids: Eerdmans, 1991), 644에서 가져왔다]. (『요한복음』 부흥과개혁사)

53 랜들 오토(Randall E. Otto)도 비슷하게 권고한다. "신앙의 기초적이며 필수적인 가르침에 대한 요약이 되어야 할 신조 안에 이처럼 신비로운 조항을 포함시키는 것은 대단히 어리석어 보인다"["Descendit in Inferna: A Reformed Review of a Doctrinal Conundrum," WTJ 52 (1990): 150].

54 제한 속죄를 상세히 변론한 책으로는 David Gibson and Jonathan Gibson, eds., *From Heaven He Came and Sought Her: Definite Atonement in Historical, Biblical, Theological, and Pastoral Perspective* (Wheaton, IL: Crossway, 2013)을 보라.

55 "개혁주의의 관점"이라고 부른 입장, 곧 흔히 특별 구속(particular redemption)이나 제한 속죄(limited atonement)라고 불리는 관점을 지지하는 아르미니우스주의자를 나는 알지 못한다. 하지만 누군가가 그리스도의 죽음이 믿을 것임을 하나님이 아셨던 이들의 죄에 대한 처벌을 실제로 담당하셨으며 다른 이들에 대한 형벌을 담당하신 것은 아니라는 신념과 결합된 (누가 믿게 될지 하나님이 미리 아셨으며 그러한 예지를 기초로 그들을 예정하셨다는) 전통적인 아르미니우스주의 입장을 고수하는 것이 논리적으로 불가능해 보이지는 않는다. 다시 말해, 제한 속죄가 구속 사역 전체를 주관하시는 하나님의 전반적인 주권이라는 가르침의 논리적 귀결이므로 개혁주의 관점의 필수 요소지만, (적어도 이론상으로는) 제한 속죄를 고수하면서도 일반적으로 삶에서, 구체적으로는 구원에서 작동하는 하나님의 주권에 관해 개혁주의 입장을 채택하지 않을 수 있다는 것이다.

56 이것은 칼뱅주의자나 개혁주의 신학자를 많은 다른 개신교인과 구별하는 다섯 개의 교리적 입장을 지칭하는 소위 칼뱅주의 5대 교리를 상징하는 TULIP의 L에 해당한다. TULIP이 상징하는 다섯 교리는 전적 타락(Total depravity), 무조건적 선택(Unconditional election), 제한 속죄(Limited atonement), 불가항력적 은총(Irresistible grace), 성도의 견인(Perseverance of the saints)이다. [이 책에서는 이 다섯 교리를 지지하지

만, 각각의 경우 반대하는 입장을 지지하는 주장을 지적하고 두 입장을 대표하는 적절한 참고 문헌을 제공하고자 한다. 개별 항목에 관해서는 이어지는 장들을 보라. 24장(T), 32장(U), 27장(L), 34장(I), 40장(P).]

57 개혁주의자들은 실제로 속죄의 능력을 제한하는 것은 다른 관점이라고 주장한다. 그 관점에서 속죄는 하나님의 백성을 위한 구원을 실제로 보증하지 못하고 모든 사람들을 위해 구원을 가능하게 만들 뿐이기 때문이다. 다시 말해, 속죄가 그것이 적용되는 사람들의 수에 관해 제한적이지 않다면, 그것이 실제로 성취하는 바에 관해 제한적일 수밖에 없다.

58 비슷한 의미로 사용되는 히브리서 10:26의 '죄를 위한'(헬라어 페리 하르마르티온, 개역개정에서는 "속죄하는"으로 번역됨—옮긴이)이라는 구절과 비교하라. 히브리서 기자는 누군가가 진리를 아는 지식을 받은 뒤에 계속해서 고의로 죄를 짓는다면 "다시 속죄하는 제사가 없"다고 말한다. 이것은 그리스도의 제사가 더 이상 존재하지 않는다는 뜻이 아니라 의도적으로 그것을 멸시하고 자신을 의지에 따른 회개의 영역 외부에 두는 사람에게는 그 제사가 더 이상 제공되지 않는다는 뜻이다. 여기서 "속죄하는 제사"는 '죄에 대한 대가 지불이라고 주장할 수 있는 제사'라는 뜻이다. 마찬가지로 요한일서 2:2은 (특히 유대인뿐 아니라 이방인까지 가리켜) "온 세상의 죄를 위해 제공된 화목제물"을 뜻할 수 있다.

59 하나님이 "모든 사람 특히 믿는 자들의 구주"시라고 말할 때(딤전 4:10), 바울은 그리스도가 아니라 성부 하나님을 가리켜 그처럼 말하고 있으며, 아마도 "구주"라는 단어를 '사람들의 죄를 용서하는 사람'이라는 의미가 아니라 '사람들의 생명을 보존하고 그들을 위험으로부터 구하는 사람'이라는 의미로 사용하고 있을 것이다. 분명히 바울은 모든 사람이 구원을 받을 것이라는 뜻으로 그처럼 말하지 않기 때문이다. 그러나 가능한 또 다른 의미는 하나님이 "모든 종류의 사람들—곧 믿는 사람들의—의 구주"시라는 것이다[이 견해에 대한 변론으로는 George W. Knight III, The Pastoral Epistles, NIGTC (Grand Rapids: Eerdmans; Carlisle: Paternoster, 1992), 203-204을 보라].

60 이 두 본문에 대한 또 다른 해석 가능성은, '망하다'라는 말을 여전히 신자로 남아 있지만 원칙에 관해 타협하는 사람의 사역이나 그리스도인으로서의 성장을 망가뜨린다는 의미로 보는 것이다. 그 의미는 분명히 두 경우 모두에 문맥과 잘 어울린다. 하지만 이것에 대한 반론은, 이 두 경우 모두에 사용된 '망하다'에 해당하는 헬라어 단어 '아폴뤼미'가 그 바울의 의도보다 더 강한 의미를 담은 단어처럼 보인다는 것이다. 같은 단어는 영원한 파멸을 지칭하는 말로 자주 사용된다(요 3:16; 롬 2:12; 고전 1:18; 15:18; 고후 2:15; 4:3; 벧후 3:9 참조). 하지만 고린도전서 8:11의 문맥을 고려하면, 여기서는 이 본문들과 다른 의미로 사용되고 있을지도 모른다. 이 구절은 하나님이 누군가를 멸망시키시는 것이 아니라 사람들이 다른 사람들을 망하게 하는 무언가를 행하는 것에 관해 말하기 때문이다. 이는 여기서 이 단어가 더 약한 의미로 사용되고 있음을 암시한다.

61 칠십인역에서는 베드로가 채택한 '아고라조'가 아니라 '카타오마이'를 사용하지만, 많은 경우에 두 단어는 같은 의미를 지니며 두 단어 모두 '사다, 값을 치르고 사다'라는 뜻을 가질 수 있다. 신명기 32:6에 사용된 히브리어 단어는 '카나흐'로 구약에서 '값을 치르고 사다, 사다'라는 뜻으로 자주 사용된다.

62 이것은 John Gill, *The Cause of God and Truth* (1735; repr. of 1855 ed., Grand Rapids: Baker, 1980), 61에서 채택하는 견해다. 길은 본문을 다르게 해석할 수 있는 가능성에 관해서도 논하지만 이것이 가장 설득력 있어 보인다. 우리는 베드로전후서에서 베드로가 구약의 하나님 백성에게 적용된 풍성한 이미지를 통해 자신의 편지를 받는 교회들을 대단히 자주 묘사하고 있음을 인식해야 한다. Grudem, *The First Epistle of Peter*, 113을 보라.

63 "주"로 번역된 헬라어 단어 '데스포테스'는 다른 곳에서, 특히 세상의 창조주이자 통치자이신 그분의 역

할을 강조하는 맥락에서 하나님을 지칭하는 말로 사용된다(행 4:24; 계 6:10).

64 루이스 벌코프는 "문제는 속죄의 계획과 관계가 있다. 성부께서 그리스도를 보내실 때, 또한 그리스도께서 속죄를 이루기 위해 세상으로 오실 때 택하심을 입은 사람들만을 구원하기 위한 계획이나 목적을 위해 그렇게 하셨는가? 아니면 모든 사람들을 구원하기 위한 계획이나 목적을 위해 그렇게 하셨는가? 이것이 문제이며, 이것만이 문제다"라고 말한다[*Systematic Theology* (Grand Rapids: Eerdmans, 1941), 394]. (『벌코프 조직신학』 크리스천다이제스트)

65 벌코프는 디모데전서 2:1이 "유대인과 이방인 모두가 구원을 받아야 한다는 하나님의 계시된 의지"를 가리킨다고 말한다(같은 책, 396).

66 여기서 나는 우리가 사용하는 언어에 관해 부주의해도 상관없다는 주장을 하려는 것이 아니다. 나의 주장은, 다른 그리스도인들이 성경의 가르침을 거스르고자 하는 의도 없이 모호한 언어를 경솔하게 사용할 때 그들을 성급하게 비판하지 말아야 한다는 것이다.

67 Copyright © 2005 Thankyou Music (PRS) (adm. worldwide at CapitolCMGPublishing.com excluding Europe which is adm. by Integrity Music, part of the David C Cook family. Songs@integritymusic.com). All rights reserved. Used by permission.

28. 부활과 승천

부활하신 그리스도의 몸은 어떤 모습이었는가?

그리스도의 부활은 우리에게 어떤 의미를 주는가?

그리스도께서 승천했을 때 그분께 무슨 일이 일어났는가?

그리스도의 이중적 상태라는 교리는 무엇인가?

설명과 성경적 기초

A. 부활

1. 신약의 증거

복음서는 그리스도의 부활에 대한 다수의 증거를 포함하고 있다.마 28:1-20; 막 16:1-8; 눅 24:1-53; 요 20:1-21:25 참조 복음서의 증거에 더해, 사도행전에서도 사도들이 그리스도의 부활을 선포하며, 살아 계시고 하늘에서 다스리시는 그리스도께 계속해서 기도를 드리며 그분을 신뢰할 것을 촉구한다. 서신서는 전적으로 예수께서 이제 높이 들리신 교회의 머리이고, 믿고 예배하며 경배할 분이시고, 언젠가 능력과 큰 영광 가운데 다시 오셔서 왕으로서 이 땅을 다스리실 살아 계신 구원자라는 전제에 기초해 있다. 요한계시록도 하늘에서 다스리시는 부활하신 그리스도를 반복적으로 보여주며, 그분이 다시 오셔서 그분의 원수를 정복하고 영광 중에 다스리실 것이라고 예언한다.

신약의 가르침만을 근거로 삼아 그리스도의 부활을 믿는 것이 마땅하다. 하지만 신약의 권위를 받아들이지 않는 사람들을 위해서도 그리스도의 부활에 대한 설득력 있는 역사적 논증이 존재하며, 이 논증을 통해 부활을 논박하던 수많은 회의론자들이 부활을 믿게 되었다.[1]

2. 그리스도의 부활의 본질: 온전해진 몸

그리스도의 부활은 이전에 나사로요 11:1-44 참조와 같은 이들이 경험했듯 단순히 죽은 자가 다시 살아난 것이 아니었다. 만일 그러했다면 예수께서는 나이가 들어 약해지며 결국 다른 모든 인간이 죽듯이 다시 죽으셨을 것이기 때문이다. 부활하신 예수께서는 새로운 종류의 인간 삶의 "첫 열매"고전 15:20, 23가 되셨다.[2] 즉 이 새로운 삶에서 그분의 몸은 온전해졌고, 더 이상 약해지거나 나이가 들거나 죽지 않고 영원히 살 수 있게 되었다.

예수의 두 제자가 엠마오로 가는 길에 그분과 함께 걷는 동안 그분을 알아보지 못한 것은 사실이다.눅 24:13-32 참조 누가는 이것이 "그들의 눈이 가리어져서 그인 줄 알아보지 못"했기 때문이고눅 24:16 나중에는 "그들의 눈이 밝아져 그인 줄 알아 보"았다고눅 24:31 구체적으로 진술한다. 막달라 마리아는 잠시 예수를 알아보지 못했다.요 20:14-16 어쩌면 너무 어두웠거나 처음에 마리아가 그분을 쳐다보지 않고 있었기 때문일 수도 있다. 마리아는 "일찍이 아직 어두울 때에" 예수의 무덤을 찾아왔으며,요 20:1 일단 그분을 알아본 뒤에는 "돌이켜" 그분께 말했다.요 20:16

다른 경우에 제자들은 빠르게 예수를 알아보았다.마 28:9, 17; 요 20:19-20, 26-28; 21:7, 12 참조 예수께서 예루살렘에 있는 열한 제자에게 나타나셨을 때 그들은 처음에 놀라며 두려워했지만,눅 24:33, 37 참조 예수의 손과 발을 보고, 또한 그분이 음식을 드시는 것을 보고 그분이 다시 살아나셨다고 확신했다. 이 예시는 예수께서 죽으시기 전과 부활하신 후의 신체적 외형 사이에 상당한 정도의 연속성이 존재했음을 말해 준다. 하지만 그분이 죽으시기 전과 정확히 같은 모습이셨던 것은 아니다. 그렇기 때문에 제자들은 그들 눈앞에 일어난 일을 보고 놀랐으며 예수를 즉시 알아볼 수 없었다. 아마도 신체적 외형의 차이는 고통과 역경, 슬픔의 삶을 산 인간과 그 몸이 건강하고 젊은 모습으로 온전히 회복된 사람 사이의 차이였을 것이다. 예수의 몸은 여전히 육신의 몸이었지만 부활하여 결코 다시는 고통을 당하거나 약해지거나 아프거나 죽을 수 없는 변화된 몸이었다. 그 몸은 "죽지 아니함을 입"었다.고전 15:53 바울은 부활한 몸이 "썩지 아니할 것으로……영광스러운 것으로……강한 것으로……" 부활한 "영의 몸"이라고 말한다.고전 15:42-44 [3]

예수의 무덤을 찾아온 여자들은 부활하신 그분을 뵙고 그 "발을 붙잡"았고마 28:9 엠마오로 가는 길에서 그분은 평범한 여행자의 모습으로 제자들에게 나타나셨으며,눅 24:15-18, 28-29 참조 떡을 드시고 떼어 주셨으며,눅 24:30 참조 그분이 영이기만 한 것이 아니라 육신의 몸을 지니고 계심을 분명히 보여주기 위해 "구운 생선 한 토막을" 잡수셨으며,눅 24:42-43 자신을 "동산지기"로 여긴 마리아에게 그분은 "손과 옆구리를 보"이셨으며요 20:15, 20 도마에게는 그분의 손과 옆구리를 만져 보라고 말씀하셨으며,요 20:27 참조 제자들을 위해 아침 식사를 준비하시고요 21:12-13 참조 그들에게 "내 손과 발을 보고 나인 줄 알라. 또 나를 만져 보라. 영은 살과 뼈가 없으되 너희 보는 바와 같이 나는 있느니라"눅 24:39는 명시적인 말씀을 하셨다. 이를 통해 예수께서 부활 이후에 만질 수 있는 육신의 몸을 지니고 계셨다는 사실을 확인할 수 있다. 베드로는 제자들이 "부활하신 후 그를 모시고 음식을 먹"었다고 말했다.행 10:41

예수께서는 갑작스럽게 나타날 수도 있었으며 보이지 않도록 사라질 수도 있었다.눅 24:31, 36; 요 20:19, 26 참조 하지만 우리는 이 사실에서 너무 많은 결론을 끌어내지 않도록 주의해야 한다. 모든 본문에서 예수께서 갑자기 나타나거나 사라질 수 있다고 말하는 것은 아니기 때문이다. 어떤 본문은 단지 예수께서 오셔서 제자들 사이에 서 계셨다고 말한다. 엠마오에서 예수께서 제자들의 시야에서 갑자기 사라졌을 때, 이것은 특별하고 기적적인 사건이었을지도 모른다. 사도행전도 이와 비슷한 사건을 보도한다. "주의 영이 빌립을 이끌어간지라. 내시는 기쁘게 길을 가므로 그를 다시 보지 못하니라."행 8:39 또한 예수께서 문이 잠긴[4] 상태에서 오셔서 제자들 사이에 서 계셨다는 사실요 20:19, 26 참조로부터 너무 많은 결론을 끌어내려고 해서도 안 된다. 어떤 본문은 예수께서 벽을 통과하시거나 그와 비슷한 행동을 하셨다고 진술하지 않기 때문이다. 사도행전은 잠긴 옥의 문이 기적적으로 열려 베드로가 밖으로 나갈 수 있었다고 보도한다.행 12:10 참조[5]

3. 성부와 성자가 모두 부활에 참여하셨다

몇몇 본문은 성부 하나님이 그리스도를 죽은 자 가운데서 다시 살아나게 하셨다고 분명히 말하지만,행 2:24; 롬 6:4; 고전 6:14; 갈 1:1; 엡 1:20 참조 다른 본문은 예수께서 그분의 부활에 참여하셨다고 말한다. "내가 내 목숨을 버리는 것은 그것을 내가 다시 얻기 위함이니 이로 말미암아 아버지께서 나를 사랑하시느니라. 이를 내게서 빼앗는 자가 있는 것이 아니라 내가 스스로 버리노라. 나는 버릴 권세도 있고 다시 얻을 권세도 있으니 이 계명은 내 아버지에게서 받았노라." 요 10:17-18; 2:19-21 참조 따라서 성부와 성자가 모두 부활에 참여하셨다고 결론 내리는 것이 최선이다. 실제로 예수께서는 "나는 부활이요 생명이니"라고 말씀하신다. 요 11:25; 히 7:16 참조[7]

4. 부활의 교리적 의의

a. 그리스도의 부활은 물질적 창조가 선하다는 것을 주장한다. 예수의 육신적 부활과 그분이 그 몸을 영원히 소유한다는 사실은 하나님의 물질적 창조가 선하다는 것을 명확히 주장한다. "하나님이 지으신 그 모든 것을 보시니 보시기에 심히 좋았더라." 창 1:31 우리는 부활한 자들로서 "의가 있는 곳인 새 하늘과 새 땅"에서 영원히 살 것이다. 벧후 3:13 우리는 "썩어짐의 종 노릇 한 데서 해방"되어 롬 8:21 새로운 에덴동산처럼 변해 새로워질 땅에서 살 것이다. 새로운 예루살렘이 있을 것이며, 사람들은 "만국의 영광과 존귀를 가지고 그리로 들어"갈 것이다. 계 21:26 그곳에는 "수정 같이 맑은 생명수의 강"이 있을 것이며, 이 강은 "하나님과 및 어린양의 보좌로부터 나와서 길 가운데로" 흐르고 "강 좌우에 생명나무가 있어 열두 가지 열매를 맺되 달마다 그 열매를 맺"을 것이다. 계 22:1-2 이처럼 물리적이며 새롭게 된 우주 안에서 우리는 하나님의 새로워진 물리적 창조 안에서의 삶에 합당한 육신을 지닌 인간으로서 살아갈 것이다. 부활하신 예수의 육신은 하나님의 본래적 인간 창조가 선한 이유, 곧 인간을 천사처럼 영으로만 창조하지 않으시고 "심히 좋"은 육신을 지닌 피조물로 창조하셨기 때문임을 밝힌다. 우리는 비물질적 세계가 피조물에게 더 나은 것이라고 생각하는 오류에 빠지지 말아야 한다. 하나님이 그분의 창조의 절정으로서 우리를 만드셨을 때 그분은 우리에게 육신을 주셨다. 예수께서는 온전해진 몸으로 죽은 자 가운데서 다시 살아나셨고, 지금은 하늘에서 다스리시며, 다시 오셔서 우리가 영원히 그분과 함께 살 수 있게 하실 것이다.

b. 그리스도의 부활은 우리의 거듭남을 보증한다. 베드로는 하나님이 "예수 그리스도를 죽은 자 가운데서 부활하게 하심으로 말미암아 우리를 거듭나게 하사 산 소망이 있게 하"셨다고 말한다. 벧전 1:3 여기서 그는 예수의 부활과 우리의 거듭남 또는 신생을 명시적으로 연결한다. 예수께서 죽은 자 가운데서 다시 살아나셨을 때 그분은 질적으로 새로운 삶, 영원히 하

나님과 사귐을 누리고 그분께 순종하기에 온전히 적합한 인간의 몸과 영혼으로 살아가는 부활의 삶을 가지셨다. 부활을 통해 예수께서는 그분의 삶과 동일한 새로운 삶을 우리를 위해 획득하셨다. 우리는 그리스도인이 될 때 이 새로운 부활의 삶을 전부 받지는 못한다. 우리의 몸은 전과 같이 약함과 나이듦, 죽음에 여전히 굴복하기 때문이다. 하지만 우리의 영 안에서 우리는 새로운 부활의 능력으로 다시 살아나게 된다.[8] 따라서 부활을 통해 그리스도께서는 우리가 거듭날 때 얻는 새로운 종류의 삶을 우리를 위해 획득하셨다. 그러므로 바울은 "허물로 죽은 우리를 그리스도와 함께 살리셨고 (너희는 은혜로 구원을 받은 것이라) 또 함께 일으키사"라고 말한다.엡 2:5-6; 골 3:1 참조 하나님이 그리스도를 죽은 자 가운데서 다시 살리실 때 그분은 우리가 그리스도와 함께 다시 살아났으며, 따라서 부활의 공로를 얻을 자격이 있다고 여기셨다. 바울은 자신의 삶의 목표가 "내가 그리스도와 그 부활의 권능……을 알고자" 함이라고 말한다.빌 3:10 그는 이생에서도 그리스도의 부활이 그리스도인의 사역과 하나님에 대한 순종을 위한 새로운 능력을 부여한다는 것을 알았다.

바울은 에베소인들을 위해 "그의 힘의 위력으로 역사하심을 따라 믿는 우리에게 베푸신 능력의 지극히 크심이 어떠한 것을 너희로 알게 하시기를 구하노라. 그의 능력이 그리스도 안에서 역사하사 죽은 자들 가운데서 다시 살리시고 하늘에서 자기의 오른편에 앉히사"엡 1:19-20 라고 기도하며 그리스도의 부활과 우리 안에서 작동하는 영적인 힘을 연결시킨다. 여기서 그는 하나님이 그리스도를 죽은 자 가운데서 다시 살리신 힘이 우리 안에서 작동하는 바로 그 힘이라고 말한다. 더 나아가 그는 우리를 그리스도 안에서 다시 살아난 이들로 보며 "그러므로 우리가 그의 죽으심과 합하여 세례를 받음으로 그와 함께 장사되었나니 이는 아버지의 영광으로 말미암아 그리스도를 죽은 자 가운데서 살리심과 같이 우리로 또한 새 생명 가운데서 행하게 하려 함이라.……이와 같이 너희도 너희 자신을 죄에 대하여는 죽은 자요 그리스도 예수 안에서 하나님께 대하여는 살아 있는 자로 여길지어다"라고 말한다.롬 6:4, 11 우리 안에 있는 이 새로운 부활의 능력에는—비록 이생에서는 우리가 결코 온전해질 수 없을지라도—우리의 삶 안에 남아 있는 죄에 대해 점점 더 많은 승리를 얻을 수 있는 능력이 포함된다. "죄가 너희를 주장하지 못하리니."롬 6:14; 고전 15:17 참조 또한 이 부활의 능력에는 하나님 나라를 위해 일하는 능력도 포함된다. 예수께서 제자들에게 "너희가 권능을 받고 예루살렘과 온 유대와 사마리아와 땅 끝까지 이르러 내 증인이 되리라"고 약속하신 것은 그분의 부활 이후였다.행 1:8 이처럼 복음을 선포하고 기적을 행하며 원수의 반대를 이기고 승리하는 새롭게 강화된 능력은 그리스도께서 부활하신 뒤 제자들에게 주어졌으며, 그리스도인으로서 그들의 삶을 특징짓는 부활의 능력의 일부였다.

c. 그리스도의 부활이 우리의 칭의를 보증한다. 바울은 단 한 차례 그리스도의 부활과 우리의 칭의(우리가 하나님 앞에서 죄인이 아니라 의인이라는 선언을 받는 것)를 명시적으로 연결한다.[9] "[예수께서는] 우리가 범죄한 것 때문에 내줌이 되고 또한 우리를 의롭다 하시기 위하여 살아나셨느니라."롬 4:25 그리스도의 부활은 그리스도의 구속 사역을 승인한다는 하나님의 선언이었다. 그리스도께서 "자기를 낮추시고 죽기까지 복종하셨으니 곧 십자가에 죽으"셨기 때문에빌 2:8 "하나님이 그를 지극히 높"이셨다.빌 2:9 성부 하나님은 그리스도를 죽은 자 가운데서 다시 살리심으로써 우리를 위해 고난을 당하고 죽으신 그리스도의 사역을 승인하셨으며, 이는 그분의 일이 완료되었고 그분이 더 이상 죽음에 머물러 있을 필요가 없다고 선언하신 셈이다. 죄에 대한 형벌과 하나님의 진노를 담당해야 할 책임이 더 이상 남아 있지 않았다. 모든 것에 대해 대가가 온전히 치러졌으며, 아무런 죄책도 남아 있지 않았다.

이것은 어떻게 바울이 그리스도께서 "우리를 의롭다 하시기 위하여 살아나셨"다고 말할 수 있었는지를 설명해 준다.롬 4:25 하나님이 우리를 그분과 함께 다시 살리셨다면,엡 2:6 참조 우리와 그리스도의 연합에 힘입어 그리스도를 승인하신다는 하나님의 선언은 우리를 승인하신다는 선언이기도 한 셈이다. 성부께서 그리스도에게 "죄에 대한 모든 형벌이 끝났으며 이제 너는 나에게 의인이다"라고 말씀했을 때, 이로써 그분은 우리가 구원을 위해 그리스도를 신뢰할 때 우리에게도 적용될 선언을 하신 셈이다. 이 방식으로 그리스도의 부활은 그분이 우리의 칭의를 획득하셨다는 최종적인 증거도 함께 제공했다.

d. 그리스도의 부활은 우리도 온전한 부활의 몸을 받을 것을 보증한다.

신약은 여러 차례 예수의 부활을 우리가 누리게 될 부활의 몸과 연결한다. "하나님이 주를 다시 살리셨고 또한 그의 권능으로 우리를 다시 살리시리라."고전 6:14 "주 예수를 다시 살리신 이가 예수와 함께 우리도 다시 살리사 너희와 함께 그 앞에 서게 하실 줄을 아노라."고후 4:14 하지만 그리스도의 부활과 우리의 부활 사이의 관계를 가장 자세히 다룬 본문은 고린도전서 15:12-58이다. 바울은 그리스도를 "첫 열매"아파르케라고 부르면서 은유를 사용해 우리가 그리스도처럼 변화될 것이라고 말한다. "첫 열매", 곧 농작물을 수확하고 처음 맛본 열매가 나머지 수확물이 어떠할지를 보여주듯, "첫 열매"이신 그리스도께서는 하나님의 마지막 수확에서 우리를 죽은 자 가운데서 다시 살리시고 그분의 임재 안으로 들어가게 하실 때 우리가 받을 부활의 몸이 어떠할지를 보여준다.[10]

예수께서는 부활하신 뒤에도 그분의 손과 발에 못 자국을, 그분의 옆구리에 창에 찔린 자국을 지니셨다.요 20:27 참조 사람들은 이것이 우리가 이 생에서 받은 심각한 상처가 부활한 몸에도 그대로 남아 있을 것을 뜻하는지 궁금해한다. 그러나 아마도 이생에서 받은 상처의 흔적은 부활한 우리의 몸에 전혀 남아 있지 않을 것이고 우리 몸은 온전해져서 썩지 않을 것이며 영광 중에 부활할 것이다. 예수께서 십자가 죽음으로 인해 얻으신 상처는 우리를 위한 그분의 고난과 죽음을 영원히 기억하게 하기 때문에 독특하다.[11] 그분이 이 상처를 계속 지니고 계신다는 사실은 우리가 우리의 상처를 계속 지닐 것임을 뜻하지 않는다. 오히려 모든 것이 치유될 것이며, 모든 것이 온전해질 것이다.

5. 부활의 윤리적 의의

바울은 부활이 이생에서 우리가 하나님께 순종하는 데도 적용점을 갖는다고 생각한다. 바울은 부활에 관해 길게 진술한 뒤 독자들에게 "그러므로 내 사랑하는 형제들아, 견실하며 흔들리지 말고 항상 주의 일에 더욱 힘쓰는 자들이 되라. 이는 너희 수고가 주 안에서 헛되지 않은 줄 앎이라"고 권면하며 논의를 마무리한다.고전 15:58 그리스도께서 죽은 자 가운데서 다시 살아나셨기 때문에, 또한 우리도 죽은 자 가운데서 다시 살아날 것이기 때문에 우리는 부단히 주의 일을 해야 한다. 우리가 사람들을 하나님의 나라

안으로 이끌고 믿음 안에서 그들을 세우기 위해 하는 모든 일은 영원한 의미를 갖는다. 그리스도께서 다시 오시는 날에 우리 모두는 다시 살아나 그분과 함께 영원히 살 것이기 때문이다.

둘째, 바울은 우리가 부활에 관해 생각할 때 우리의 목표로서 장차 받을 하늘의 보상에 초점을 맞추라고 권면한다. 그는 부활을 이생의 모든 분투를 보상받게 될 때로 이해한다. 하지만 그리스도께서 다시 살아나지 않으셨다면, "너희의 믿음도 헛되고 너희가 여전히 죄 가운데 있을 것이요 또한 그리스도 안에서 잠자는 자도 망하였으리니. 만일 그리스도 안에서 우리가 바라는 것이 다만 이 세상의 삶뿐이면 모든 사람 가운데 우리가 더욱 불쌍한 자"이다.고전 15:17-19; 32절 참조 하지만 그리스도께서 다시 살아나셨기 때문에, 또한 우리가 그분과 함께 다시 살아났기 때문에 하늘의 보상을 추구하고 하늘의 것에 우리 마음을 집중할 수 있다.

그러므로 너희가 그리스도와 함께 다시 살리심을 받았으면 위의 것을 찾으라. 거기는 그리스도께서 하나님 우편에 앉아 계시느니라. 위의 것을 생각하고 땅의 것을 생각하지 말라. 이는 너희가 죽었고 너희 생명이 그리스도와 함께 하나님 안에 감추어졌음이라. 우리 생명이신 그리스도께서 나타나실 그때에 너희도 그와 함께 영광 중에 나타나리라.골 3:1-4

부활의 세 번째 윤리적 적용점은 우리 삶에서 죄에 대한 굴복을 그쳐야 할 의무가 우리에게 있다는 것이다. 바울은 그리스도의 부활과 우리 안에 있는 그분의 부활 능력을 힘입어 우리 자신을 "죄에 대하여는 죽은 자요 그리스도 예수 안에서 하나님께 대하여는 살아 있는 자로" 여기라고 말한 다음,롬 6:11 바로 이어서 "그러므로 너희는 죄가 너희 죽을 몸을 지배하지 못하게 하여……너희 지체를 불의의 무기로 죄에게 내주지 말"라고 한다.롬 6:12-13 바울은 우리가 삶에서 죄의 지배를 극복하는 새로운 부활의 능력을 지닌다는 사실을 우리에게 더 이상 죄를 짓지 말라고 권면할 이유로 제시한다.

B. 승천

1. 하나의 공간으로 승천하신 그리스도

예수께서는 부활하신 뒤 "사십 일 동안" 지상에 계셨고,행 1:3 그다음 제자들을 예루살렘 외곽의 베다니로 데려가서 "손을 들어 그들에게 축복하시더니 축복하실 때에 그들을 떠나 하늘로 올려지"셨다.눅 24:50-51 누가는 사도행전 첫 부분에서도 비슷한 이야기를 전한다.

> 이 말씀을 마치시고 그들이 보는데 올려져 가시니 구름이 그를 가리어 보이지 않게 하더라. 올라가실 때에 제자들이 자세히 하늘을 쳐다보고 있는데 흰 옷 입은 두 사람이 그들 곁에 서서 이르되 갈릴리 사람들아 어찌하여 서서 하늘을 쳐다보느냐 너희 가운데서 하늘로 올려지신 이 예수는 하늘로 가심을 본 그대로 오시리라 하였느니라.행 1:9-11

이 이야기는 예수께서 하나의 공간으로 가셨음을 제자들에게 보여주기 위한 의도가 명확한 사건을 묘사한다. 예수께서는 그들이 그분을 볼 수 없도록 갑자기 그들을 떠나 사라지신 것이 아니다. 그분은 그들이 지켜보는 가운데 서서히 승천하셨으며, 그다음 (하나님의 영광의 구름인 것처럼 보이는) 구름에 의해 그분은 그들의 시야에서 가려졌다. 그러자 그들 곁에 선 천사들은 즉시 그분이 하늘로 올라가신 것과 동일한 방식으로 다시 오실 것이라고 말한다. 예수께서 공간의 제약을 받는 부활의 몸을 지니셨다는 사실(그 몸은 한 번에 하나의 공간에만 존재할 수 있을 것이다)은 그분이 하늘로 올라가셨을 때 특정한 공간으로 가셨음을 의미한다.

일부 복음주의 신학자들조차도 천국이 하나의 공간 또는 예수께서 시공간의 우주 안 어딘가에 있는 명확하게 한정된 공간으로 올라가셨다고 분명하게 말하길 주저한다는 점은 놀랍다. 누구나 인정하듯 지금 우리는 예수께서 어디에 계신지 알 수 없지만, 그것은 그분이 시공간의 우주 안에 위치하지 않는 어떤 영묘한 존재의 상태 안으로 들어가셨기 때문이 아니라, 우리의 눈이 우리를 둘러싸고 존재하는 영적 세계를 못 보기 때문이다. 마찬가지로 우리 주위에 천사들이 있지만, 우리의 눈은 그들을 볼 수 있는 능력이 없을 뿐이다. 엘리사는 도단에서 아람 사람들로부터 그를 보호하는 천사의 군대와 병거로 둘러싸여 있었지만, 엘리사의 종은 하나님이 그의 눈을 열어 이 영적 차원의 존재들을 볼 수 있게 할 때까지 그들을 볼 수 없었다.왕하 6:17 참조 이와 비슷하게, 스데반이 죽어 갈 때 하나님은 지금은 우리의 눈으로부터 감추어진 세상을 볼 수 있는 능력을 그에게 주셨다. "[그가] 성령 충만하여 하늘을 우러러 주목하여 하나님의 영광과 및 예수께서 하나님 우편에 서신 것을 보고 말하되. 보라, 하늘이 열리고 인자가 하나님 우편에 서신 것을 보노라 한대."행 7:55-56 또한 예수께서도 "내 아버지 집에 거할 곳이 많도다. 그렇지 않으면 너희에게 일렀으리라. 내가 너희를 위하여 거처를 예비하러 가노니 가서 너희를 위하여 거처를 예비하면 내가 다시 와서 너희를 내게로 영접하여 나 있는 곳에 너희도 있게 하리라"고 친히 말씀하셨다.요 14:2-3

물론 우리는 "하늘"이 정확히 어디에 있는지 말할 수 없다. 성경은 (예수께서 그러셨고 엘리야가 그랬듯이) 사람들이 하늘로 올라가거나 (야곱의 꿈에서 천사들이 그랬듯이, 창 28:12) 하늘에서 내려온다고 묘사하기도 한다. 따라서 하늘이 땅 위 어딘가에 있다고 생각할 수 있다. 땅은 둥글고 회전하므로 우리는 하늘이 어디에 있는지 더 자세히 말할 수 없다. 그에 관해 성경이 우리에게 말하지 않기 때문이다. 하지만 (엘리야가 그랬듯이, 왕하 2:11) 예수께서 어딘가로 가셨다는 사실과 새 예루살렘이 하나님으로부터 하늘에서 내려올 것이라는 사실계 21:2 참조이 반복적으로 강조된다는 점을 통해 분명히 하늘이 시공간의 우주 안 특정한 곳에 존재함을 알 수 있다. 우주에서 귀환한 뒤 어디에서도 하나님이나 하늘을 보지 못했다고 선언한 최초의 러시아 우주비행사처럼 성경을 믿지 않는 이들은 이 생각을 비웃을 것이고 어떻게 그럴 수 있는지 의문을 품을 것이다. 하지만 이는 그들의 눈이 영적 세계를 보지 못한다는 것을 말해 줄 뿐이며, 천국이 특정한 공간에 존재하지 않는다는 것을 의미하지 않는다. 사실 예수께서 승천하신 목적은 하늘이 시공간의 우주 안에 있는 하나의 공간에 존재함을 우리에게 가르치고자 함이다. (하늘의 본질에 관한 추가적인 논의는 57장을 보라.)

2. 그리스도는 하나님이자 인간으로서 영광을 받으셨다

예수께서 승천하실 때 그분은 이전에 하나님이자 인간으로서 그분의 것이 아니던 영광과 존귀, 권위를 받으셨다. 예수께서는 죽기 전에 "아버지여, 창세 전에 내가 아버지와 함께 가졌던 영화로써 지금도 아버지와 함께 나를 영화롭게 하옵소서"라고 기도하셨다.요 17:5 12 오순절 설교에서 베드로는 "하나님이 오른손으로 예수를 높이시매"라고 말했으며,행 2:33 바울은 "하나님이 그를 지극히 높"이셨으며빌 2:9 그분이 "영광 가운데서 올려지셨느니라"딤전 3:16; 히 1:4 참조고 선언했다. 그리스도께서는 지금 하늘에 계시며, 천사 찬양대는 "죽임을 당하신 어린양은 능력과 부와 지혜와 힘과 존귀와 영광과 찬송을 받으시기에 합당하도다"라며 그분을 찬양한다.계 5:12 13

3. 그리스도는 하나님 오른편에 앉으셨다(그리스도의 좌정하심)

예수께서 하늘로 올라가시고 영광을 받으신 것의 구체적인 한 양상은 그분이 하나님 오른편에 앉으셨다는 것이다. 이를 가리켜 그분이 하나님 오른편에 좌정session하셨다고 말하기도 한다. (좌정이라는 단어가 전에는 자리에 앉는 행위를 뜻했지만 현재 일상적인 용례에서는 더 이상 그런 의미를 갖지 않는다.)

구약은 메시아가 하나님 오른편에 앉을 것이라고 예언했다. "여호와께서 내 주에게 말씀하시기를 내가 네 원수들로 네 발판이 되게 하기까지 너는 내 오른쪽에 앉아 있으라 하셨도다."시 110:1 그리스도께서 다시 하늘로 올라가셨을 때 그 약속이 성취되었다. "죄를 정결하게 하는 일을 하시고 높은 곳에 계신 지극히 크신 이의 우편에 앉으셨느니라."히 1:3 이처럼 그분이 하나님의 임재 안으로 받아들여지고 하나님 오른편에 앉으셨다는 사실은 그리스도의 구속 사역이 완료되었음을 극적으로 보여준다. 인간이 중대한 책무를 완수한 뒤 앉아서 그 성취의 만족감을 즐기듯, 예수께서는 하나님 오른편에 앉으셔서 그분의 구속 사역이 완성되었음을 가시적으로 증명하셨다.

그리스도께서 하나님 오른편에 앉으신 것은 그분의 구속 사역이 완성되었음을 보여줄 뿐만 아니라 그분이 우주를 다스리는 권위를 받으셨음을 말해 준다. 바울은 하나님이 그분을 "죽은 자들 가운데서 다시 살리시고 하늘에서 자기의 오른편에 앉히사 모든 통치와 권세와 능력과 주권과 이 세상뿐 아니라 오는 세상에 일컫는 모든 이름 위에 뛰어나게 하시고"라고 말한다.엡 1:20-21 이와 비슷하게 베드로는 예수께서 "하늘에 오르사 하나님 우편에 계시니 천사들과 권세들과 능력들이 그에게 복종하느니라"고 말한다.벧전 3:22 또한 바울도 시편 110:1을 언급하며 그리스도께서 "모든 원수를 그 발 아래에 둘 때까지 반드시 왕 노릇 하시리니"라고 말한다.고전 15:25

그리스도께서 성부의 오른편에 앉으실 때 성부로부터 받은 영광의 또 다른 양상은 교회에 성령을 부어 주시는 권위였다. 베드로는 오순절 설교에서 "하나님이 오른손으로 예수를 높이시매 그가 약속하신 성령을 아버지께 받아서 너희가 보고 듣는 이것을 부어 주셨느니라"고 말한다.행 2:33

예수께서 지금 하나님 오른편에 앉아 계신다는 사실은 그분이 항구적으로 거기에 자리를 잡으셨거나 그분이 활동하지 않으신다는 것을 의미하지 않는다. 성경은 그분이 하나님 오른편에 서 계신다고 말하기도 하고,행 7:56 참조 하늘에서 "일곱 금 촛대 사이를" 걸어 다니신다고 말하기도 한다.계 2:1 인간 왕이 왕좌에 앉지만 날마다 수많은 일을 하듯, 그리스도께서 그분의 구속 사역을 완료하고 우주를 다스리는 권위를 받았다는 극적인 증거로 하나님 오른편에 앉으셨지만 당연하게도 여전히 일하고 계신다.

4. 그리스도의 승천은 우리 삶과 관련해 교리적 의의를 갖는다

부활이 우리 삶에 심층적인 함의를 가지고 있듯 그리스도의 승천은 우리에게 중요한 함의를 가지고 있다. 첫째, 우리는 그리스도께서 행하신 구속 사역의 모든 양상에서 그분과 연합되어 있으므로[14] 그리스도의 승천은 장차 우리가 그분과 더불어 하늘로 올라가게 될 것을 예시한다. "그 후에 우리 살아 남은 자들도 그들과 함께 구름 속으로 끌어 올려 공중에서 주를 영접하게 하시리니 그리하여 우리가 항상 주와 함께 있으리라."살전 4:17 히브리서 기자는 우리가 예수의 발걸음을 따라가고 있으며, 결국에는 그분이 지금 누리시는 하늘의 복에 이르게 될 것임을 알고 살아가기를 원한다. "인내로써 우리 앞에 당한 경주를 하며 믿음의 주요 또 온전하게 하시는 이인 예수를 바라보자. 그는 그 앞에 있는 기쁨을 위하여 십자가를 참으사 부끄러움을 개의치 아니하시더니 하나님 보좌 우편에 앉으셨느니라."히 12:1-2 예수께서도 언젠가 우리를 데려가서 그분과 함께 지내게 할 것이라

고 말씀하신다.요 14:3 참조

둘째, 예수의 승천은 우리의 마지막 거처가 그분과 함께 살아가는 천국에 있을 것이라는 확신을 준다. "내 아버지 집에 거할 곳이 많도다. 그렇지 않으면 너희에게 일렀으리라. 내가 너희를 위하여 거처를 예비하러 가노니 가서 너희를 위하여 거처를 예비하면 내가 다시 와서 너희를 내게로 영접하여 나 있는 곳에 너희도 있게 하리라."요 14:2-3 예수께서는 죄가 없으나 모든 면에서 우리와 비슷한 인간이셨고, 결국 우리도 그분을 따라 천국에 이르러 영원히 함께 살 수 있게 하시려고 우리보다 먼저 그곳으로 올라가셨다. 예수께서 이미 하늘로 올라가셔서 그분께 주어진 목적을 성취하셨다는 사실은 우리도 결국에는 그곳에 이를 것이라는 담대한 확신을 제공한다.

셋째, 승천하신 그리스도와 연합해 있기 때문에 우리는 지금 (부분적으로) 우주를 다스리시는 그리스도의 권위에 참여할 수 있으며, 나중에는 더 온전히 참여할 수 있을 것이다. 이는 바울이 하나님이 우리를 그분과 "함께 일으키사 그리스도 예수 안에서 함께 하늘에 앉히시니"라고 말할 때 지적하는 바다.엡 2:6 물론 현재 우리는 육신적으로 하늘에 있지 않으며 이곳 지상에 머무르고 있다. 그러나 그리스도께서 하나님 오른편에 앉아 계심이 그분이 권위를 받으셨음을 뜻한다면, 하나님이 그리스도와 함께 우리를 앉히셨다는 사실은 우리가 그리스도께서 가지신 권위, 곧 "하늘에 있는 악의 영들"엡 6:12과 맞서고 "견고한 진도 무너뜨리는 하나님의 능력"고후 10:4을 지닌 무기를 가지고 싸울 수 있는 권위엡 6:12; 10-18절 참조에 일정 부분 참여하고 있음을 의미한다. 장차 올 시대에 우리는 이처럼 우주를 다스리시는 그리스도의 권위에 참여하는 특권을 더 온전히 누리게 될 것이다. "우리가 천사를 판단할 것을 너희가 알지 못하느냐."고전 6:3 그뿐만 아니라 우리는 하나님이 만드신 피조물에 대한 그리스도의 권위에도 참여하게 될 것이다.히 2:5-8 참조 15 예수께서는 "이기는 자와 끝까지 내 일을 지키는 그에게 만국을 다스리는 권세를 주리니 그가 철장을 가지고 그들을 다스려 질그릇 깨뜨리는 것과 같이 하리라. 나도 내 아버지께 받은 것이 그러하니라"고 약속하신다.계 2:26-27 또한 그분은 "이기는 그에게는 내가 내 보좌에 함께 앉게 하여 주기를 내가 이기고 아버지 보좌에 함께 앉은 것과 같이 하리라"고 약속하신다.계 3:21 이는 장차 우리가 그리스도께서 하나님 오른편에 좌정하심에 동참하게 될 것이라는 놀라운 약속이다. 그때가 되어야 비로소 우리는 이 약속을 온전히 이해하게 될 것이다.

C. 그리스도의 상태

그리스도의 삶과 죽음, 부활을 논할 때 신학자들은 그리스도의 상태states에 관해 말한다. 그들은 예수와 인류를 위한 하나님의 율법, 권위의 소유, 존귀를 받으심 사이의 상이한 관계라는 의미로 이 용어를 사용한다. 일반적으로 두 상태낮아지심과 높이 들리심를 구별한다. 따라서 그리스도의 이중적 상태라는 교리는 그리스도께서 먼저 낮아지심의 상태를, 그다음으로 높이 들리심의 상태를 경험하셨다는 가르침이다.

그리스도의 낮아지심에는 그분의 성육신, 고난, 죽음, 장사되심이 포함된다. 다섯째 양상지옥 강하이 포함되지만, 위에서 설명했듯 이 책에서는 그 관념이 성경에서 지지받지 못하고 있다는 입장을 취한다.

그리스도의 높이 들리심에도 그분의 부활, 승천, 하나님 오른편에 좌정하심, 영광과 권세 중의 재림이라는 네 가지 양상이 존재한다. 많은 조직신학자들은 낮아지심의 상태와 높이 들리심의 상태를 예수의 사역에 관한 그들의 논의를 체계화하는 폭넓은 범주로 사용한다.[16]

개인적 적용을 위한 질문

1. 여러분은 이번 장을 읽으면서 부활의 몸에 관한 성경의 가르침 중 어떤 측면을 새롭게 이해하게 되었는가? 여러분이 기대하는 부활의 몸의 특징을 생각해 보라. 그러한 몸을 갖는다고 생각할 때 어떤 기분이 드는가?

2. 육신의 약함이나 한계 때문에 여러분이 하고 싶지만 할 수 없는 일은 무엇인가? 장차 하늘에서 누릴 여러분의 삶에 그 활동이 적합하다고 생각하는가? 그날에 그 활동을 할 수 있을 것이라고 생각하는가?

3. 거듭났을 때 여러분은 새로운 영적 생명을 받았다. 이 새로운 영적 생명이 여러분 안에서 일하는 그리스도의 부활 능력의 일부라고 생각한다면, 이것은 여러분이 그리스도인으로서 살고 사람들을 섬기며 그들의 필요를 채워 줄 수 있도록 어떻게 권면하는가?

4. 성경은 여러분이 지금 하늘에 그리스도와 함께 앉아 있다고 말한다.[엡 2:6] 이 사실을 묵상할 때 여러분의 기도 생활이나 영적 싸움에 어떤 영향을 미치겠는가?

5. 지금 하늘에 계신 그리스도에 관해 생각할 때, 이것은 여러분에게 영원한 의의를 갖는 일들에 더 집중하게 만드는가? 여러분이 하늘에서 그분과 함께 지내게 될 것이라는 확신을 굳게 해주는가? 장차 그리스도와 함께 열방을, 심지어 천사들을 다스릴 것이라는 전망에 관하여 여러분은 어떠한 기분이 느껴지는가?

신학 전문 용어

강한 것으로 다시 살아남
그리스도의 낮아지심
그리스도의 높이 들리심
부활
승천
썩지 않음
영광스러운 것으로 다시 살아남
영의 몸
예수 그리스도의 상태
좌정

참고 문헌

이 참고 문헌에 관한 설명으로는 1장, 60쪽을 보라. 자세한 서지 자료는 2권 부록 2에서 확인할 수 있다.

복음주의 조직신학 저술의 관련 항목

1. 성공회

1882–1892	Litton, 195–196
2001	Packer, 125–128
1930	Thomas, 73–87
2013	Bird, 435–459

2. 아르미니우스주의(또는 웨슬리파/감리교)

1875–1876	Pope, 3:401–406
1992	Oden, 2:451–526
2002	Cottrell, 12, 27, 42, 272–282

3. 침례교

1767	Gill, 1:583–602
1907	Strong, 706–710, 1015–1023
1917	Mullins, 44–46, 158–164, 472–478

1983–1985 Erickson, 769–779
1987–1994 Lewis & Demarest, 2:437–496
1990–1995 Garrett, 2:81–132
2007 Akin, 519–520, 590–596
2013 Erickson, 631–633, 709–712

4. 세대주의

1947 Chafer, 5:231–279
1949 Thiessen, 243–250
1986 Ryrie, 267–274
2002–2005 Geisler, 2:615–628
2017 MacArthur and Mayhue, 565–566

5. 루터교

1917–1924 Pieper, 2:324–330
1934 Mueller, 295–300

6. 개혁주의(또는 장로교)

1679–1685 Turretin, *IET*, 1:36, 2:364–369
1861 Heppe, 488–509
1871–1873 Hodge, 2:626–638
1894 Shedd, 653
1906–1911 Bavinck, *RD*, 3:418–447
1910 Vos, 3:187
1887–1921 Warfield, *SSW*, 1:178–202; *PWC*, 535–548
1937–1966 Murray, *CW*, 1:40–43; *CW*, 4:82–91
1938 Berkhof, 344–355
1962 Buswell, 2:32–40
1998 Reymond, 565–582
2008 Van Genderen and Velema, 471–486–501
2011 Horton, 521–550
2013 Frame, 89, 135, 666–667, 908–909
2013 Culver, 601–622
2016 Allen and Swain, 235–236
2017 Barrett, 738–739
2019 Letham, 196, 574–586, 862–865

7. 부흥 운동(또는 은사주의/오순절)

1988–1992 Williams, 1:381–413
1993 Menzies and Horton, 69–72
1995 Horton, 152–153, 603–604
2008 Duffield and Van Cleave, 197–209

대표적인 로마 가톨릭 조직신학 저술의 관련 항목

1. 로마 가톨릭: 전통적 입장

1955 Ott, 192–196

2. 로마 가톨릭: 제2차 바티칸공의회 이후

1980 McBrien, 1:405–417
2012 *CCC*, paragraphs 638–667

기타 저술

Adams, Eric W. "Resurrection." In *BTDB*, 676–679.

Allison, Gregg. *Historical Theology: An Introduction to Christian Doctrine; A Companion to Wayne Grudem's Systematic Theology*. Grand Rapids: Zondervan, 2011, 411–429.

Bowald, M. A. "Ascension of Christ." In *EDT3*, 87–88.

Bray, G. L. "Ascension and Heavenly Session of Christ." In *NDT1*, 46–47.

Bryan, David K., and David W. Pao, eds. *Ascent into Heaven in Luke-Acts: New Explorations of Luke's Narrative Hinge*. Minneapolis: Fortress. 2016.

Chester, Tim and Jonny Woodrow. *The Ascension: Humanity in the Presence of God*. Fearn, Ross-shire: Christian Focus, 2013.

Craig, William Lane. *The Son Rises: The Historical Evidence for the Resurrection of Jesus*. Chicago: Moody Publishers, 1981.

Dawson, Gerrit Scott. *Jesus Ascended: The Meaning of Christ's Continuing Incarnation*. Phillipsburg, NJ: P&R, 2004.

Farrow, Douglas. *Ascension and Ecclesia: On the Significance of the Doctrine of the Ascension for Ecclesiology and Christian Cosmology*. Grand Rapids: Eerdmans, 1999.

Fuller, Daniel P. *Easter Faith and History*. Grand Rapids: Eerdmans, 1965.

Gaffin, Richard B., Jr. *Resurrection and Redemption: A Study in Paul's Soteriology*. Formerly, *The Centrality of the Resurrection: A Study in Paul's Soteriology*. Phillipsburg, NJ: Presbyterian and Reformed, 1978.

Giles, K. "Ascension." *In DJG*, 46–50.

Habermas, G. R. "Resurrection of Christ." In *EDT3*, 742–744.

&8212;&8212;&8212;, and Anthony Flew. Did Jesus Rise From the Dead? The Resurrection Debate. Edited by Terry L. Miethe. New York: Harper and Row, 1987.

Harris, Murray J. *From Grave to Glory: Resurrection in the New Testament, Including a Response to Norman L. Geisler*. Grand Rapids: Zondervan, 1990.

____. "Resurrection, General." In *NDT1*, 581–582.

Kreitzer, L. J. "Resurrection." In *DPL*, 805–812.

Ladd, George E. *I Believe in the Resurrection of Jesus*. Grand Rapids: Eerdmans, 1975.

Larkin, W. J., Jr. "Ascension." In *DLNT*, 95–102.

Macleod, D. "Resurrection of Christ." In *NDT1*, 582–585.

McDowell, Josh, and Sean McDowell. *Evidence for the Resurrection: What It Means for Your Relationship with God*. Ventura, CA: Regal, 2009.

Merrick, J. R. A. "Resurrection of Christ." In *NDT2*, 765–769.
Milligan, William. *The Ascension and Heavenly Priesthood of Our Lord*. Eugene, OR: Wipf & Stock, 2006.
Morison, Frank. *Who Moved the Stone?* London: Faber and Faber, 1930; reprint, Grand Rapids: Zondervan, 1958. (『누가 돌을 옮겼는가?』 생명의말씀사)
O'Donovan, Oliver. *Resurrection and Moral Order*. Leicester: Inter-Varsity Press, 1986.
Orr, Peter C. *Exalted Above the Heavens: The Risen and Ascended Christ*. Downers Grove, IL: InterVarsity Press, 2019.
Osborne, G. R. "Resurrection." In *DJG*, 673–688.
Ovey, M. "Ascension [and Heavenly Session of Christ]." In.*NDT2*, 66–68.
Patterson, Paige. "The Work of Christ." In *A Theology for the Church*, edited by Daniel L. Akin et al., 589–596. Nashville: B&H, 2007.
Prime, Derek. *The Shout of a King: The Ascension of Our Lord Jesus Christ and His Continuing Work Today*. Epsom, UK: DayOne, 1999.
Ross, A. "Ascension of Christ." In *EDT*, 86–87.
Stobart, A. J. "Resurrection, General." In *NDT2*, 769–770.
Swete, Henry Barclay. *The Ascended Christ: A Study in the Earliest Christian Teaching*. London: Macmillan, 1910.
Tait, Arthur J. *The Heavenly Session of Our Lord: An Introduction to the History of the Doctrine*. London: Robert Scott, 1912.
Tenney, Merrill C. *The Reality of the Resurrection*. New York: Harper and Row, 1963.
Thomas, Derek. *Taken Up into Heaven: The Ascension of Christ*. Darlington: Evangelical, 1996.
Toon, Peter. *The Ascension of Our Lord*. Nashville: Nelson, 1984.
Torrance, Thomas F. *Space, Time and Resurrection*. Edinburgh: T&T Clark, 2019.
Travis, S. H. "Resurrection." In *DLNT*, 1015–1020.
Trotter, Andrew H., Jr. "Ascension of Jesus Christ." In *BTDB*, 38–40.
Wenham, John. *The Easter Enigma*. London: Paternoster, 1984.

성경 암송 구절

고린도전서 15:20-23 | 그러나 이제 그리스도께서 죽은 자 가운데서 다시 살아나사 잠자는 자들의 첫 열매가 되셨도다. 사망이 한 사람으로 말미암았으니 죽은 자의 부활도 한 사람으로 말미암는도다. 아담 안에서 모든 사람이 죽은 것 같이 그리스도 안에서 모든 사람이 삶을 얻으리라. 그러나 각각 자기 차례대로 되리니 먼저는 첫 열매인 그리스도요 다음에는 그가 강림하실 때에 그리스도에게 속한 자요.

찬송가

"예수 부활했으니" Christ the Lord Is Risen Today

예수 부활했으니 할렐루야
만민 찬송하여라 할렐루야
천사들이 즐거워 할렐루야
기쁜 찬송 부르네 할렐루야

대속하신 주 예수 할렐루야
선한 싸움 이겼네 할렐루야
사망 권세 이기고 할렐루야
하늘 문을 여셨네 할렐루야

무덤 권세 이긴 주 할렐루야
왕의 왕이 되셨네 할렐루야
높은 이름 세상에 할렐루야
널리 반포하여라 할렐루야

길과 진리되신 주 할렐루야
우리 부활하겠네 할렐루야
부활 생명되시니 할렐루야
우리 부활하겠네 할렐루야

◈

주 그리스도께서 오늘 부활하셨다 할렐루야
사람의 아들들과 천사들이 말한다 할렐루야
기뻐하며 승리를 외치라 할렐루야
하늘아, 노래하고 땅아, 화답하라 할렐루야

돌도 경비병도 봉인도 헛되었도다 할렐루야
그리스도께서 지옥의 문을 깨뜨리셨다 할렐루야
죽음이 헛되이 막으려 했으나 그분은 다시 사셨네 할렐루야
그리스도께서 낙원을 여셨다 할렐루야

영광스러운 우리의 왕이 다시 살아나셨다 할렐루야
사망아, 너의 쏘는 것이 어디 있느냐 할렐루야
우리 영혼을 구원하시려고 그분이 죽으셨네 할렐루야
무덤아, 너의 승리가 어디 있느냐 할렐루야

이제 우리는 그리스도께서 이끄신 곳으로 날아오르네 할렐루야
높이 들려 우리 머리 되신 그분을 따라 할렐루야
그분처럼 변화되어 우리도 부활하리 할렐루야
십자가와 무덤과 하늘이 우리의 것이라네 할렐루야

땅과 하늘의 주님을 찬양합니다 할렐루야
땅과 하늘이 주님을 찬양합니다 할렐루야
이제 우리 승리하신 주님을 맞이합니다 할렐루야
부활하신 주님을 찬양합니다 할렐루야

□ 1739년, 찰스 웨슬리 저작

* 새찬송가 164장

"그리스도께서 다시 사셨네"Christ Is Risen

아무도 죄 안에 갇혀 있게 하지 말라
내면의 수치라는 거짓말 안에 갇혀 있게 하지 말라
우리의 눈을 십자가에 고정하고
위대한 사랑을 보여주시고
우리를 위해 피 흘리신 그분께 달려가라
아무 값없이 주님이 우리를 위해 피 흘려 주셨다

그리스도께서 죽은 자 가운데서 다시 살아나셨고
죽음으로 죽음을 이기셨다
어서 깨어나라 어서 깨어나라
무덤에서 다시 일어나라
그리스도께서 죽은 자 가운데서 다시 살아나셨다
우리는 다시 그분과 하나가 되었다
어서 깨어나라 어서 깨어나라
무덤에서 다시 일어나라

우리 죄의 무게 아래에서
주님은 오직 하늘의 뜻에만 순종하셨다
지옥의 계략도 조롱하는 자들의 면류관도
그 어떤 무거운 짐도 주님을 제압할 수 없도다
주님은 능력으로 다스리신다
주님의 교회가 영원히 선포하게 하소서

사망아, 너의 쏘는 것이 어디 있느냐
지옥아, 너의 승리가 어디 있느냐
교회여, 와서 빛 가운데 서라
하나님의 영광이 밤을 무찔렀으니
사망아, 너의 쏘는 것이 어디 있느냐
지옥아, 너의 승리가 어디 있느냐
교회여, 와서 빛 가운데 서라
우리 하나님은 죽지 않으셨다
그분은 살아 계신다
그분은 살아 계신다

□ 맷 마, 미아 필즈 작사 17

주

1 이처럼 회의론을 버리고 믿음을 갖게 된 사례로 Frank Morison, *Who Moved the Stone?* (London: Faber and Faber, 1930; repr., Grand Rapids: Zondervan, 1987)을 들 수 있다. (『누가 돌을 옮겼는가?』 생명의말씀사) 이 논증을 요약한 소책자로는 J. N. D. Anderson, *The Evidence for the Resurrection* (London; Inter-Varsity Press; Downers Grove, IL: InterVarsity Press, 1966)이 있다. (『부활의 증거』 IVP). (모리슨과 앤더슨 모두 법률가로 훈련받았다.) 최근에 나온 책으로 이 논증을 더 자세히 다룬 글로는 William Lane Craig, *The Son Rises: The Historical Evidence for the Resurrection of Jesus* (repr., Eugene, OR: Wipf & Stock, 2000); Gary Habermas and Anthony Flew, *Did Jesus Rise From the Dead? The Resurrection Debate*, ed. Terry L. Miethe (New York: Harper and Row, 1987); Gary Habermas, "Resurrection of Christ," in *EDT*, 938-941; Gary Habermas and Michael Licona, *The Case for the Resurrection of Jesus* (Grand Rapids: Kregel, 2004)이 있다. (『부활 논쟁』 IVP). 그리스도의 부활에 대한 증거의 압도적 신빙성을 주장하는 저명한 학자들의 논증을 소개하고 인용한 책으로는 Josh McDowell and Sean McDowell, *Evidence that Demands a Verdict*, rev. ed. (Nashville: Nelson, 2017), 232-302을 보라.

2 첫 열매에 관한 논의는 1092-1093쪽을 보라.

3 바울이 말하는 "영의 몸"은 비물질적인 몸이 아니라 성령의 인도하심에 대해 적합하며 그것에 반응하는 몸을 뜻한다. 바울서신에서 '영적'(프뉴마티코스)이라는 단어는 '비신체적'이라는 의미를 갖는 경우가 거의 없고 '성령의 속성이나 활동과 조화를 이루는'이라는 뜻을 갖는다[롬 1:11; 7:14; 고전 2:13, 15; 3:1; 14:37; 갈 6:1 ("신령한 너희는"); 엡 5:19을 보라]. "육신의 몸으로 심고 영적인 몸으로 다시 살아나나니"(It is sown a physical body, it is raised a spiritual body)라고 한 RSV의 번역은 심각한 오해를 불러일으킬 수 있다. 왜냐하면 바울은 육신의 몸(소마티코스)에 관해 말하고자 할 때 사용할 수 있는 단어를 사용하지 않고, 이 문맥에서 '자연적'(natural)이라는 뜻을 갖는 단어 '프쉬키코스'라는 단어를 사용하기 때문이다(따라서 ESV, NIV, NASB에서는 natural이라는 단어를 채택한다). 여기서 자연적인 몸이란 그 자체의 생명과 능력 안에서 지금 이생의 특징을 지닌 채 살아가지만 성령의 속성과 의지에 온전히 복종하지 않고 순응하지 않는 몸을 뜻한다. 그러므로 이 구절은 '그것은 이 시대의 특징과 욕망에 복종하는 자연적인 몸으로 심겼지만, 성령의 의지에 온전히 복종하며 성령의 인도하심에 반응하는 영적인 몸으로 다시 살아난다'라고 더 명확히 풀어쓸 수 있다. 그 몸은 결코 비신체적이지 않으며, 하나님이 원래 의도하신 완벽한 수준으로 부활한 신체적인 몸이다.

4 헬라어의 완료분사 '케클레이스메논'은 문이 닫혀 있었음을 의미할 수도 있고 잠겨 있었음을 의미할 수도 있다.

5 나는 부활하신 예수의 몸이 문이나 벽을 통과해 방으로 들어가는 것이 불가능했다고 주장하려는 것이 아니라 성경 어디에서도 그처럼 말하지 않는다고 주장하려고 할 뿐이다. 그것은 가능하지만 많은 대중적 설교와 복음주의 학계에서는 마치 이것을 확실한 결론인 것처럼 말한다. 그러나 그 가능성을 확실한 결론으로서 지위를 부여하는 것은 부적절하다. 이것은 이 본문으로부터 추론할 수 있는 여러 가능성 중 하나일 뿐이다. 레온 모리스(Leon Morris)는 "어떤 이들은 예수께서 닫힌 문을 통과해 들어왔다거나 문이 저절로 열렸다고 말한다. 그러나 성경에서는 예수께서 그 방으로 어떻게 들어왔는지에 관해 아무 것도 말하지 않으며, 따라서 우리도 이것에 관해 명확한 결론을 끌어내려고 해서는 안 된다"고 말한다[*The Gospel according to John* (Grand Rapids: Eerdmans, 1971), 844]. 예수께서 벽을 통과하셨다는 주장이 지

닌 문제점은, 사람들이 부활하신 예수의 몸을 마치 비물질적인 것으로 생각하게 만들 수 있으며, 이것은 우리가 신약의 여러 본문을 통해 확인할 수 있는 그분의 몸의 물질적 특징에 관한 명시적 주장과 모순을 이룬다.

6 성부와 성자께서 부활에 참여하심에 관해서는 26장, 989-986쪽의 논의를 보라.

7 하나님의 일은 일반적으로 삼위일체 전체의 일이기 때문에 성령께서도 예수를 죽은 자 가운데서 다시 살리시는 데 참여했다고 말하는 것이 아마도 참일 테지만, 어떤 성경 본문에서도 이것을 명시적으로 천명하지 않는다(하지만 롬 8:11 참조).

8 2권 34장, 108-117쪽에 있는 거듭남에 관한 논의를 보라.

9 칭의에 관해서는 2권 36장, 158-190쪽의 논의를 보라.

10 부활한 우리 몸의 성격에 관한 더 자세한 논의는 2권 42장, 361-367쪽을 보라.

11 사실, 예수께서 십자가에 달려 죽으시기 전에 혹독하게 매를 맞고 신체가 훼손된 증거는 모두 치유되었을 것이며, 그분의 손과 발, 옆구리의 상처만이 우리를 위한 그분의 죽음에 대한 증거로 남아 있었다. 즉, 예수께서는 끔찍하게 신체가 훼손된 상태로 가까스로 다시 살아나신 것이 아니라 영광 중에 부활하셨다(고전 15:32 참조).

12 이 구절은 예수께서 받으신 영광이 하나님의 영원한 아들로서 그분이었다고 말하지만, 이 영광은 신-인으로 성육신한 그분의 것은 아니었다.

13 일부 루터교 신학자들은 예수께서 하늘로 올라가셨을 때 그분의 인간적 본성이 편재하게(어디에나 계시게) 되었다고 말했다. 26장, 주 42의 논의를 보라.

14 그리스도와의 연합에 관해서는 43장, 374-387쪽의 논의를 보라.

15 26장, 977-978쪽에 있는 히브리서 2:5-8에 관한 논의를 보라. 또한 516-517쪽을 보라.

16 이것은 유용한 체계화 방식이지만 나는 이 책에서 이것을 사용하지 않았다. 하지만 이 책에서는 이 두 상태에 관한 논의에 포함된 모든 주제를 이번 장과 다른 장들에서 다루었다. 더 자세한 논의를 위해서는 Wayne Grudem, "States of Jesus Christ," *EDT*, 1052-1054을 보라.

17 Copyright © 2009 Thankyou Music (PRS) (adm. worldwide at CapitolCMGPublishing.com excluding Europe which is adm. by Integrity Music, part of the David C Cook family. Songs@integritymusic.com) / Spiritandsong.Com Pub (BMI) (adm. at CapitolCMGPublishing.com). All rights reserved. Used by permission.

Upside Down Under (BMI) / Be Essential Songs (BMI) / (admin at EssentialMusicPublishing.com [3]). All rights reserved. Used by permission.

29. 그리스도의 직분

그리스도께서는 어떻게 예언자, 제사장, 왕이신가?

설명과 성경적 기초

구약의 이스라엘 백성에게는 세 가지 주요 직분이 있었다. 즉 (나단과 같은, 삼하 7:2) 예언자와 (아비아달과 같은, 삼상 30:7) 제사장, (다윗과 같은, 삼하 5:3) 왕이다. 예언자는 하나님의 말씀을 백성에게 전했고, 제사장은 백성을 대신해 하나님께 제사와 기도, 찬양을 드렸으며, 왕은 하나님의 대리자로서 백성을 다스렸다. 이 세 직분은 상이한 방식으로 그리스도께서 행하실 일을 나타냈다. 그러므로 우리는 세 직분을 통해 그리스도에 관해 생각해 볼 수 있다.[1] 그리스도께서는 다음과 같이 세 직분을 성취하신다. 예언자로서 그분은 하나님을 우리에게 계시하시고 우리에게 하나님의 말씀을 하시며, 제사장으로서 그분은 우리를 대신해 하나님께 제사를 드리고 또한 친히 드려지는 제물이 되시며, 왕으로서 그분은 교회와 우주를 다스리신다. 이제 우리는 각 직분을 더 자세히 살펴보고자 한다.

A. 예언자이신 그리스도

구약의 예언자는 백성에게 하나님의 말씀을 전했다. 모세는 최초의 예언자였으며, 그는 성경의 첫 다섯 책인 오경을 기록했다. 모세 이후에도 하나님의 말씀을 전하고 기록한 예언자들이 있었다.[2] 하지만 모세는 언젠가 자신과 같은 또 다른 예언자가 올 것이라고 예언했다.

네 하나님 여호와께서 너희 가운데 네 형제 중에서 너를 위하여 나와 같은 선지자 하나를 일으키시리니 너희는 그의 말을 들을지니라. 이것이 곧 네가……네 하나님 여호와께 구한 것이라.……여호와께서 내게 이르시되……내가 그들의 형제 중에서 너와 같은 선지자 하나를 그들을 위하여 일으키고 내 말을 그 입에 두리니 내가 그에게 명령하는 것을 그가 무리에게 다 말하리라.신 18:15-18

비록 복음서에 이런 취지의 언급이 종종 나오지만, 예수께서는 일차적으로 예언자 또는 모세와 같은 예언자로 간주되지 않았음을 알 수 있다. 많은 경우에 예수를 예언자로 부른 이들은 그분에 관해 아는 것이 거의 없었으며, 그분에 관해 다양한 견해가 퍼져 있었다. "더러는 세례 요한, 더러는 엘리야, 어떤 이는 예레미야나 선지자 중의 하나라 하나이다."마 16:14; 눅 9:8 참조 예수께서 나인 성 과부의 죽은 아들을 다시 살리셨을 때 사람들은 두려워하며 "큰 선지자가 우리 가운데 일어나셨다"고 말했다.눅 7:16 예수께서 사마리아 우물가에서 만난 여인의 과거에 대해 말씀하셨을 때, 그녀는 즉시 "주여, 내가 보니 선지자로소이다"라고 대답했다.요 4:19 하지만 그녀는 아직 그분에 관해 아는 바가 거의 없었다. 날 때부터 맹인이었다가 성전에게 치유를 받은 남자의 반응도 비슷했다. "선지자니이다"(요 9:17, 나중에 그가 예수와 대화를 나눈 뒤 37절에서 그분이 메시아이며 하나님이심을 믿게 되었다는 점에 주목하라).[3] 그러므로 예언자는 예수의 일차적인 호칭이나 그분 스스로 사용하거나 그분에 대해 자주 사용된 호칭은 아니었다.

그럼에도 모세와 같은 예언자가 오실 것이라는 기대는 여전히 존재했다.신 18:15, 18 예를 들어, 예수께서 빵과 물고기로 많은 사람들을 먹이신 뒤 어떤 이들은 "이는 참으로 세상에 오실 그 선지자라 하더라"라고 외쳤다.요 6:14; 7:40 참조 베드로도 그리스도께서 모세가 말한 그 예언자라고 말했다.행 3:22-24, 신 18:15을 인용함 참으로 예수께서는 모세가 말한 그 예언자다.

그럼에도 서신서의 경우 예수를 '예언자'나 '그 예언자'로 부르지 않았다. 이것은 특히 히브리서 첫 장에서 중요한 의미를 가지는데, 저자가 원한다면 예수를 예언자라고 부를 분명한 기회가 있었기 때문이다. 그는 다음과 같은 말로 책을 시작한다. "옛적에 선지자들을 통하여 여러 부분과 여러 모양으로 우리 조상들에게 말씀하신 하나님이 이 모든 날 마지막에는 아들을 통하여 우리에게 말씀하셨으니."히 1:1-2 그다음 1-2장에서 성자의 위대하심에 관해 말한 뒤 그는 "그러므로 모든 예언자 중에서 가장 위대하신 예언자이신 예수를 생각하라" 또는 그와 비슷한 말이 아니라, "그러므로 함께 하늘의 부르심을 받은 거룩한 형제들아, 우리가 믿는 도리의 사도이시며 대제사장이신 예수를 깊이 생각하라"고 권면하며 이 부분을 마무리한다.히 3:1

이처럼 예수를 예언자로 부르는 것을 피한 이유는 무엇이었는가? 예수께서는 모세가 말한 그 예언자이지만, 그분은 두 가지 점에서 구약의 모든 예언자보다 훨씬 더 위대한 분이다.

1. 예수께서는 구약의 예언을 성취하신 분이다. 엠마오로 가는 길에서 두 제자와 말씀하실 때 예수께서는 그들에게 구약 전체를 가르치시면서 구약의 예언들이 자신을 가리키고 있음을 보여주셨다. "이에 모세와 모든 선지자의 글로 시작하여 모든 성경에 쓴 바 자기에 관한 것을 자세히 설명하시니라."눅 24:27 그분은 제자들에게 그들이 "선지자들이 말한 모든 것을 마음에 더디 믿는"다고 말씀하시며 "그리스도가 이런 고난을 받고 자기의 영광에 들어가야" 한다는 것을 보여주셨다(눅 24:25-26, 구약의 예언자들이 그리스도께서 "받으실 고난과 후에 받으실 영광을 미리 증언"했다고 말하는 벧전 1:11 참조). 따라서 구약의 예언자들은 그들이 기록한 글을 통해 앞으로 오실 그리스도를 기대했으며, 신약의 사도들은 교회의 유익을 위해 그리스도의 삶을 되돌아보고 해석했다.

2. 예수께서는 단순히 (다른 모든 예언자들처럼) 하나님으로부터 오는 계시의 전달자가 아니라 그분 자신이 하나님으로부터 오는 계시의 원천이셨다. 예수께서는 구약의 모든 예언자처럼 "여호와께서 이르시되"가 아니라 "나는 너희에게 이르노니"라는 말씀으로 신적인 권위를 지닌 가르침을 시작하셨다.마 5:22 등 주의 말씀이 구약의 예언자들에게 임했지만, 예수께서는 우리에게 성부를 완벽히 계시하신요 14:9; 히 1:1-2 참조 영원하신 하나님의 말씀요 1:1 참조으로서 자신의 권위를 근거로 말씀하셨다.

물론 하나님을 계시하고, 하나님의 말씀을 전하는 자라는 예언자의 광범위한 의미에서 그리스도는 참으로 온전히 예언자이시다. 사실 구약의 모든 예언자가 그들의 말과 행동을 통해 그분을 예시했다.

B. 제사장이신 그리스도

구약에서 제사장은 하나님께 제사를 드리도록 세워진 사람들이었다. 또한 그들은 백성을 대신해 하나님께 기도와 찬양을 드렸다. 그렇게 함으로써 그들은 백성을 거룩하게 했다. 즉 구약 시대 동안 비록 제한된 방식이지만 백성을 하나님의 임재 안으로 들어가기에 합당하도록 만들었다. 신약에서는 예수께서 우리의 대제사장이 되신다. 이 주제를 자세히 다루는 히브리서를 통해 우리는 예수께서 두 가지 방식으로 제사장 역할을 하신다는 것을 알 수 있다.

1. 예수께서는 온전한 제사를 드리셨다

예수께서 속죄를 위해 드리신 제물은 동물의 피가 아니었다. "이는 황소와 염소의 피가 능히 죄를 없이 하지 못함이라."히 10:4 그 대신 예수께서는 그분 자신을 완벽한 제물로 드리셨다. "이제 자기를 단번에 제물로 드려 죄를 없이 하시려고 세상 끝에 나타나셨느니라."히 9:26 이것은 다시는 반복되지 않을 온전하고 최종적인 제사이며, 히브리서는 이 주제를 반복적으로 강조한다.7:27; 9:12, 24-28; 10:1-2, 10, 12, 14; 13:12 참조 그러므로 예수께서는 구약의 제사뿐만 아니라 그 제사를 드린 제사장들의 삶과 행동을 통해 예시된 모든 기대를 성취하셨다. 그분은 제물이신 동시에 그 제물을 드리는 제사장이셨다. 예수께서는 승천하신 "큰 대제사장"으로서히 4:14 "이제 우리를 위해 하나님 앞에 나타나"셨다.히 9:24 그분은 추가적인 제사의 필요성을 영원히 끝내는 제사를 드리셨다.

2. 예수께서는 우리를 하나님 가까이로 이끄신다

구약의 제사장은 제사를 드릴 뿐만 아니라 백성의 대표로 하나님의 임재 안에 들어가기도 했다. 하지만 예수께서는 그보다 훨씬 더 많은 일을 하신다. 우리의 온전한 대제사장이신 그분은 계속해서 우리를 하나님의 임재 안으로 이끄시며, 따라서 우리에게는 더 이상 예루살렘 성전이나 우리와 하나님 사이에서 중재자 역할을 하는 특별한 제사장직이 필요 없다. 그리고 예수께서는 예루살렘에 있는 지상 성전의 내부지성소로 들어가지 않으시고, 지성소의 천상적 대응물, 곧 하늘에 계신 하나님의 임재 안으로 이미 들어가셨다.히 9:24 참조 그러므로 우리는 그분을 따라 그곳으로 들어갈 수 있다는 소망을 갖게 되었다. "우리가 이 소망을 가지고 있는 것은 영혼의 닻 같아서 튼튼하고 견고하여 휘장 안에 들어 가나니 그리로 앞서 가신 예수께서 멜기세덱의 반차를 따라 영원히 대제사장이 되어 우리를 위하여 들어 가셨느니라."히 6:19-20 이것은 우리가 그 시대에 살았던 사람들보다 더 큰 특권을 가지고 있음을 의미한다. 그들은 성전의 첫 번째 방, 곧 성소에도 들어갈 수 없었다. 그곳은 제사장들만 들어갈 수 있었기 때문이다. 그리고 성전의 내부, 곧 지성소에는 대제사장만 들어갈 수 있었으며, 대제사장조차도 1년에 단 한 번만 들어갈 수 있었다.히 9:1-7 참조 그러나 예수께서 속죄를 위해 완전한 제물을 드리셨을 때 지성소의 입구를 막고 있던 성소의 휘장이 위로부터 아래로 둘로 찢어졌다.눅 23:45 참조 이것은 하늘에 계신 하나님께 나아가는 길이 예수의 죽음에 의해 열렸음을 상징적으로 보여준다. 그러므로 히브리서 기자는 모든 신자들에게 이처럼 권면한다.

> 그러므로 형제들아, 우리가 예수의 피를 힘입어 성소성소와 지성소 모두에 들어갈 담력을 얻었나니……또 하나님의 집 다스리는 큰 제사장이 계시매……참 마음과 온전한 믿음으로 하나님께 나아가자.히 10:19-22

예수께서 우리를 위해 하나님께로 나아가는 길을 열어 주셨으며, 따라서 우리는 두려움 없이 "담력"을 가지고 "온전한 믿음"으로 하나님의 임재 안으로 계속해서 "나아갈" 수 있다.

3. 예수께서는 우리를 위해 기도하신다

구약에서 제사장의 또 다른 역할은 백성을 대신해 기도하는 것이었다. 히브리서 기자는 예수께서도 이 역할을 수행하신다고 말한다. "자기를 힘입어 하나님께 나아가는 자들을 온전히 구원하실 수 있으니 이는 그가 항상 살아 계셔서 그들을 위하여 간구하심이라."히 7:25 바울도 예수를 "우리를 위해 간구하시는 자"라고 부르면서 같은 주장을 한다.롬 8:34

어떤 이들은 대제사장적 중보라는 예수의 역할이 그분이 우리의 모든 죄에 대한 형벌을 감당했음을 지속적으로 상기시키시면서 성부의 임재 안에 머무시는 행동일 뿐이라고 주장했다. 이 견해에 따르면, 예수께서 실제로 우리 삶의 개별적 필요에 관해 성부 하나님께 구체적으로 기도드리시는 것은 아니다. 그분은 우리의 대제사장적 대표로서 하나님의 임재 안에 머문다는 의미에서만 우리를 위해 간구하신다.

그러나 이 견해는 실제로 로마서 8:34과 히브리서 7:25에 사용된 언어와 조화를 이루지 않는다. 두 본문에서 "간구"로 번역된 헬라어는 '엔튕카노'이다. 이 단어는 단순히 '누군가의 대표로서 다른 사람 앞에 서 있다'라는 뜻이 아니라 누군가 앞에서 구체적인 요청이나 탄원을 한다는 의미를 가진다. 예를 들어, 베스도는 아그립바 왕에게 "당신들이 보는 이 사람은 유대의 모든 무리가 크게 외치되 살려 두지 못할 사람이라고 하여 예루살렘에서와 여기서도 내게 청원하였으나"라고 말하면서 이 단어를 사용한다.행 25:24 바울도 엘리야가 하나님 앞에서 이스라엘을 고발한 것을 언급하면서 이 단어를 사용한다.롬 11:2 두 경우 모두에서 요청은 매우 구체적이다.[4]

따라서 바울과 히브리서 기자가 말하듯, 예수께서는 하나님의 임재 안에 머무시면서 우리를 대신해 하나님 앞에서 구체적인 간구와 탄원을 하신다고 우리는 결론 내릴 수 있다. 이것은 인간이자 하나님이신 예수께서만 하실 수 있는 일이다. 성부 하나님은 우리의 모든 필요를 채우실 수 있지만,마 6:8 참조 그분은 기도에 대한 응답으로 역사하고 결정하기를 기뻐하신다. 기도를 통해 드러나는 믿음이 그분을 영화롭게 하기 때문일 것이다. 특히 하나님은 그분의 형상으로 창조된 사람들의 기도를 기쁘게 여기신다. 그리스도께서는 기도를 통해 계속해서 하나님께 영광을 돌리는 참 사람, 온전한 사람이라고 우리는 말할 수 있다. 이로써 인간됨이 매우 고양된 자리까지 높여진다. "하나님은 한분이시요 또 하나님과 사람 사이에 중보자도 한분이시니 곧 사람이신 그리스도 예수라."딤전 2:5

그러나 인성만으로는 예수께서 온 세상에 있는 그분의 모든 백성을 위한 대제사장이 될 수 없을 것이다. 그분은 저 멀리에서 사람들의 기도를 들을 수 없을 것이고, 한 사람이 마음속으로 하는 기도도 들을 수 없을 것이다. 그분은 모든 간구를 동시에 들으실 수 없을 것이다(세상 곳곳에서 매 순간 수백만 명이 그분께 기도할 것이기 때문이다). 그러므로 우리를 위해 간구하는 온전한 대제사장이 되기 위해 그분은 인간일 뿐만 아니라 하나님이시기도 해야 한다. 그분의 신성은 모든 것을 아는 동시에 그것을 성부의 임재 안으로 가져갈 수 있어야 한다. 그러나 그분은 인간이 되셨고 계속해서 인간이시므로 하나님 앞에서 우리를 대표할 권리가 있고, 우리를 긍휼히 여기는 대제사장, 곧 우리가 겪는 바를 경험으로 이해하며 간구하실 수 있다.

그러므로 예수께서는 온 우주에서 영원토록 천상의 대제사장이 될 수 있는 유일한 분, 곧 영원히 하늘 위로 높이 들리신 참 하나님이시자 참 인간이신 분이다.

예수께서 우리를 위해 기도하신다는 것은 우리에게 큰 격려가 된다. 그분은 성부의 뜻에 따라 우리를 위해 언제나 기도하시며, 따라서 우리는 그분의 간구가 이루어질 것을 알 수 있다. 벌코프는 이렇게 말한다.

> 우리가 기도 생활을 게으르게 할 때도 그리스도께서 우리를 위해 기도하고 계신다는 생각은 위로가 된다. 그분은 우리가 마음속에 떠올리지 못하며 우리의 기도에 포함시키기를 잊어버릴 때가 많은 영적 필요를 성부께 간구하신다. 또한 그분은 우리가 의식하지 못하는 위험과 우리가 알아차리지 못한 상태에서 우리를 위협하는 원수로부터 우리를 보호해 주실 것을 간구하신다. 그분은 우리의 믿음이 그치지 않고, 우리가 끝까지 승리할 수 있기를 간구하신다.[5]

C. 왕이신 그리스도

구약에서 왕은 이스라엘 민족을 다스릴 권위를 지닌다. 예수께서는 유대인의 왕으로 태어나셨지만,[마 2:2 참조] 그분을 군사적, 정치적 권력을 지닌 지상의 왕으로 만들고자 하는 사람들의 시도를 거부하셨다.[요 6:15 참조] 그분은 빌라도에게 "내 나라는 이 세상에 속한 것이 아니니라. 만일 내 나라가 이 세상에 속한 것이었더라면 내 종들이 싸워 나로 유대인들에게 넘겨지지 않게 하였으리라. 이제 내 나라는 여기에 속한 것이 아니니라"고 말씀하셨다.[요 18:36]

그럼에도 예수께서는 한 왕국의 도래를 선포하셨다. "이때부터 예수께서 비로소 전파하여 이르시되 회개하라. 천국이 가까이 왔느니라 하시더라."마 4:17; 또한 4:23; 12:28 등 참조 그분은 하나님의 새로운 백성의 참된 왕이시다. 따라서 예수께서는 예루살렘에 입성하실 때 "찬송하리로다. 주의 이름으로 오시는 왕이여"라고 외친 제자들을 책망하지 않으셨다.눅 19:38; 39-40 참조; 또한 마 21:5; 요 1:49; 행 17:7

예수께서 부활하신 뒤 성부 하나님께서는 그분에게 교회와 우주를 다스리는 더 큰 권위를 부여하셨다. 하나님은 그분을 다시 살리시고 "하늘에서 자기의 오른편에 앉히사 모든 통치와 권세와 능력과 주권과 이 세상뿐 아니라 오는 세상에 일컫는 모든 이름 위에 뛰어나게 하시고 또 만물을 그의 발 아래에 복종하게 하시고 그를 만물 위에 교회의 머리로 삼으셨"다.엡 1:20-22; 또한 마 28:18; 고전 15:25 참조 예수께서 권세와 큰 영광 중에 다시 이 땅에 오셔서 다스리실 때 사람들은 교회와 우주를 다스리는 이 권위를 더 온전히 인정하게 될 것이다.마 26:64; 살후 1:7-10; 계 19:11-16 참조 그때 그분은 "만왕의 왕이요 만주의 주"로 인정받으실 것이며,계 19:16 모두가 그분께 무릎을 꿇게 될 것이다.빌 2:10 참조

D. 예언자, 제사장, 왕으로서 우리의 역할

타락 이전의 아담의 모습과 그리스도와 함께할 미래에 관해 생각할 때, 세 직분은 하나님이 본래 인간을 위해 의도하신 것임을, 또한 영원한 나라에서 우리를 통해 성취될 것임을 알 수 있다.

에덴동산에서 아담은 하나님에 대한 참된 지식을 가지고 있었으며 언제나 하나님과 그분의 피조물에 관해 진실되게 말하는 예언자였다. 그는 자유롭게, 공개적으로 하나님께 기도와 찬양을 드리는 제사장이었다. 죄의 대가를 치르기 위한 제사를 드릴 필요는 없었지만, 아담과 하와가 하는 일은 감사로 하나님께 드려졌을 것이며, 따라서 또 다른 종류의 제사였을 것이다.히 13:15 참조 또한 아담과 하와는 피조물에 대한 지배권과 통치권을 부여받았다는 의미에서 왕이었다.창 1:26-28 참조

죄가 세상에 들어온 뒤 타락한 인간은 더 이상 예언자 역할을 하지 못했다. 그들은 하나님에 관한 거짓 정보를 믿고 다른 이들에게 그분에 관한

거짓된 말을 했기 때문이다. 죄가 그들을 하나님의 임재로부터 단절시켰기에 그들은 더 이상 제사장으로서 그분께 나아갈 수 없었다. 왕으로서 피조물을 다스리는 대신 피조물 때문에 고통당하고, 홍수와 가뭄과 불모의 땅에 의해, 또한 폭군적인 통치자에 의해 압제를 당했다. 하나님은 인간이 참된 예언자, 제사장, 왕이 되도록 창조하셨지만 인간의 고결함은 죄로 말미암아 상실되고 말았다.

이스라엘은 예언자, 제사장, 왕이라는 세 가지 직분을 세움으로써 각 역할의 순수성이 부분적으로 회복되었다. 때때로 거룩한 이들이 이 직분을 맡아 수행했다. 하지만 거짓 예언자, 거룩하지 않은 제사장, 불의한 왕도 있었다. 하나님이 원래 의도하신 바는 인간이 순수함과 거룩함으로 이 직분을 수행하는 것이었지만, 그분의 의도는 온전히 실현되지 못했다.

그리스도께서 오셨을 때 처음으로 이 세 직분이 성취되었다. 그분은 하나님의 말씀을 우리에게 온전히 선포하신 예언자, 온전히 제사를 드리시고 그분의 백성을 하나님께로 이끄신 대제사장, 의의 막대기사 11:4로 새 하늘과 새 땅을 영원히 다스리실 참된 왕이시다.

놀랍게도 그리스도인들은 비록 종속적인 방식이지만 이 각각의 역할에서 그리스도를 따라 행동했다. 복음을 세상에 선포하며 하나님의 말씀을 전할 때 우리는 예언자의 역할을 한다. 실제로 우리가 신자나 비신자에게 하나님에 관해 진실되게 말할 때마다 우리는 (예언자적이라는 단어를 폭넓은 의미로 사용하면) 예언자적 기능을 수행한다.

또한 우리는 제사장이다. 베드로는 우리를 "왕 같은 제사장들"이라고 부른다.벧전 2:9 그는 우리에게 "신령한 집으로" 세워져서 "예수 그리스도로 말미암아 하나님이 기쁘게 받으실 신령한 제사를 드릴" 뿐만 아니라 "거룩한 제사장"이 되라고 권면한다.벧전 2:5 히브리서 기자는 우리가 지성소 안으로 들어갈 수 있는 제사장이며,히 10:19, 22 참조 "예수로 말미암아 항상 찬송의 제사를 하나님께 드"릴 수 있다고 말한다. 그는 이것을 가리켜 "그 이름을 증언하는 입술의 열매"라고 부른다.히 13:15 또한 그는 우리의 선한 행위가 하나님이 기뻐하시는 제사라고 선언한다. "오직 선을 행함과 서로 나누어 주기를 잊지 말라. 하나님은 이같은 제사를 기뻐하시느니라."히 13:16 바울도 우리가 수행해야 할 제사장 역할을 염두에 두면서 "그러므로 형제들아,

내가 하나님의 모든 자비하심으로 너희를 권하노니 너희 몸을 하나님이 기뻐하시는 거룩한 산 제물로 드리라. 이는 너희가 드릴 영적 예배니라"고 말한다.[롬 12:1]

또한 우리는 이미 왕이신 그리스도의 통치에 부분적으로 참여하고 있다. 하나님이 우리를 일으키셔서 그분과 함께 하늘에 앉히셨고,[엡 2:6 참조] 따라서 우리에게 맞선 악한 영적 세력을 압도하시는 그분의 권위에 일정 부분 참여하고 있기 때문이다.[엡 6:10-18; 약 4:7; 벧전 5:9; 요일 4:4 참조] 하나님은 이미 이 세상이나 교회의 다양한 영역에 대한 권위를 우리에게 맡기셨다. 어떤 이들에게는 많은 것에 대한 권위를, 어떤 이들에게는 작은 것에 대한 권위를 주셨다. 하지만 주께서 다시 오실 때 작은 것에 충실했던 이들은 많은 것에 대한 권위를 부여받게 될 것이다.[마 25:14-30 참조]

그리스도께서 다시 오셔서 새 하늘과 새 땅을 다스리실 때, 우리는 다시 한번 참된 예언자가 될 것이다. 그때 우리의 지식이 온전해지고 (하나님이) 우리를 아시는 것처럼 우리도 알 수 있을 것이기 때문이다.[고전 13:12 참조] 그때 우리는 하나님에 관해, 그분의 세상에 관해 진리만을 말할 것이며, 우리 안에서 하나님이 처음 아담에게 주신 예언자적 목적이 성취될 것이다. 우리는 영원히 제사장이 될 것이다. 우리는 하나님의 얼굴을 바라보고 그분의 임재 안에 거하면서 영원히 그분을 예배하고 그분께 기도드릴 것이기 때문이다.[계 22:3-4 참조] 우리는 언제나 우리 자신과 우리가 지닌 모든 것과 우리가 행하는 모든 것을 가장 참되신 우리의 왕께 제사로 드릴 것이다.

하지만 우리는 하나님께 복종하는 동시에 우주에 대한 통치에도 참여할 것이다. 우리는 그분과 함께 "세세토록 왕 노릇" 할 것이다.[계 22:5] 예수께서는 "이기는 그에게는 내가 내 보좌에 함께 앉게 하여 주기를 내가 이기고 아버지 보좌에 함께 앉은 것과 같이 하리라"고 말씀하신다.[계 3:21] 실제로 바울은 고린도인들에게 "성도가 세상을 판단할 것을 너희가 알지 못하느냐……우리가 천사를 판단할 것을 너희가 알지 못하느냐"라고 말한다.[고전 6:2-3] 그러므로 영원토록 우리는 하나님의 통치 아래 예언자, 제사장, 왕의 역할을 할 것이다. 하지만 우리는 지극히 높으신 예언자, 제사장, 왕이신 주 예수께 언제나 복종할 것이다.

개인적 적용을 위한 질문

1. 그리스도의 세 직분을 통해 구약 시대의 예언자, 제사장, 왕의 역할을 더 온전히 이해할 수 있었는가? 열왕기상 4:20-34과 10:14-29에 기록된 솔로몬 왕국이 그리스도의 세 직분과 왕국에 대한 묘사로 연결된다고 생각하는가? 새 언약 시대에 교회의 구성원으로 사는 것을 특권이라고 생각하는가?

2. 여러분은 삶에서 예언자, 제사장, 왕의 역할을 성취하고 있는가? 이 역할을 어떻게 발전시킬 수 있겠는가?

신학 전문 용어

간구(중보)
왕
예언자
제사장

참고 문헌

이 참고 문헌에 관한 설명으로는 1장, 60쪽을 보라. 자세한 서지 자료는 2권 부록 2에서 확인할 수 있다.

복음주의 조직신학 저술의 관련 항목

1. 성공회

1882–1892	Litton, 219–238
2001	Packer, 121–122
2013	Bird, 359–364
2013	Bray, 535–541

2. 아르미니우스주의(또는 웨슬리파/감리교)

1875–1876	Pope, 2:197–262
1940	Wiley, 2:187–216
1983	Carter, 1:363–364
1992	Oden, 2:279–316

3. 침례교

1767	Gill, 1:602–644
1887	Boyce, 291–295
1907	Strong, 710–776
1990–1995	Garrett, 1:625–664, 699–710
2007	Akin, 546–551
2013	Erickson, 695–703

4. 세대주의

1947	Chafer, 3:17–30
1986	Ryrie, 254–259
2017	MacArthur and Mayhue, 253–254

5. 루터교

1917–1924	Pieper, 2:330–396
1934	Mueller, 301–318

6. 개혁주의(또는 장로교)

1559	Calvin, 1:494–503 (2.15)
1679–1685	Turretin, *IET*, 2:303–304, 380–381, 391–394, 397–486
1871–1873	Hodge, 2:455–490, 592–609
1878	Dabney, 475–477, 483–487
1894	Shedd, 675–689
1906–1911	Bavinck, *RD*, 3:244–245, 345, 364–368, 420–421
1910	Vos, 3:85–182
1937–1966	Murray, *CW*, 1:44–58
1938	Berkhof, 356–366, 406–412
1998	Reymond, 623–624
2008	Van Genderen and Velema, 463–468
2011	Horton, 483–520
2013	Frame, 92, 557–559, 673, 894–896, 900–910
2013	Culver, 506–507, 508–509, 629–638, 1103
2016	Allen and Swain, 230–231
2017	Barrett, 313–346
2019	Letham, 545–548, 579–580, 584–594

7. 부흥 운동(또는 은사주의/오순절)

1993	Menzies and Horton, 66–68
1995	Horton, 297–299

대표적인 로마 가톨릭 조직신학 저술의 관련 항목

1. 로마 가톨릭: 전통적 입장

1955	Ott, 179–191

2. 로마 가톨릭: 제2차 바티칸공의회 이후

1980	McBrien (관련 내용 없음)
2012	*CCC*, paragraph 783

기타 저술

Baker, J. P. "Offices of Christ." In *NDT1*, 476–477.

Belcher, Richard P. *Prophet, Priest, and King: The Roles of Christ in the Bible and Our Roles Today*. Phillipsburg, NJ: P&R, 2016.

Boettner, Loraine. "The Offices of Christ." In *Studies in Theology*, 241–59. Phillipsburg, NJ: Presbyterian and Reformed, 1947.

Clowney, Edmund P. *The Unfolding Mystery: Discovering Christ in the Old Testament*. Phillipsburg, NJ: Presbyterian and Reformed, 1988.

Edmondson, Stephen. *Calvin's Christology*. Cambridge; New York: Cambridge University Press, 2004.

Fruchtenbaum, Arnold G. *Messianic Christology: A Study of Old Testament Prophecy Concerning the First Coming of the Messiah*. Tustin, CA: Ariel Ministries, 1998.

Johnson, Dennis E. *Walking with Jesus through His Word: Discovering Christ in All the Scriptures*. Phillipsburg, NJ: P&R, 2015.

Kaiser, Walter C., Jr. "Prophet, Christ as." In *BTDB*, 639–641.

Letham, R. W. A. "Offices of Christ." In *NDT2*, 628–630.

Letham, Robert. *The Work of Christ*. Downers Grove, IL: InterVarsity Press, 1993.

Ortlund, Gavin. "Resurrected as Messiah: The Risen Christ as Prophet, Priest, and King." *JETS* 54, no. 4 (December 2011): 749–766.

Patterson, Paige. "The Work of Christ." In *A Theology for the Church*, edited by Daniel L. Akin et al., 546–51. Nashville: B&H, 2007.

Perrin, Nicholas. *Jesus the Priest*. Grand Rapids: Baker Academic, 2018.

Peterson, Robert A. "Christ's Threefold Office of Prophet, King, and Priest." In *Calvin and the Atonement*, 45–60. Fearn, Ross-shire: Mentor, 1999.

Reymond, R. L. "Offices of Christ." In *EDT3*, 793.

Shoemaker, Melvin H. "King, Christ as." In *BTDB*, 447–449.

———. "Priest, Christ as." In *BTDB*, 631–632.

Wiley, H. Orton. "The Offices and Titles of Christ." In *Man's Need and God's Gift: Readings in Christian Theology*, edited by Millard J. Erickson. Grand Rapids: Baker, 1976.

성경 암송 구절

베드로전서 2:9-10 | 그러나 너희는 택하신 족속이요 왕 같은 제사장들이요 거룩한 나라요 그의 소유가 된 백성이니 이는 너희를 어두운 데서 불러 내어 그의 기이한 빛에 들어가게 하신 이의 아름다운 덕을 선포하게 하려 하심이라. 너희가 전에는 백성이 아니더니 이제는 하나님의 백성이요 전에는 긍휼을 얻지 못하였더니 이제는 긍휼을 얻은 자니라.

찬송가

"만유의 주 앞에" Rejoice the Lord Is King

이 힘찬 찬송가에서는 우리에게 그리스도의 현재적, 미래적 왕권에 대해 기뻐하라고 권면한다. (그리스도의 제사장직에 관한 탁월한 찬송가로서 역시 찰스 웨슬리가 작사한 "일어나라 내 영혼아"Arise, My Soul, Arise라는 곡을 대신 사용할 수도 있다. 또한 존 뉴튼이 작사한 "귀하신 주의 이름은",How Sweet the Name of

Jesus Sounds 특히 4절을 대신 사용할 수 있다.)

만유의 주 앞에 감사를 드리고
다 경배하면서 찬송을 부르세
네 맘 열어 한 소리로 기뻐 주를 찬양하라

영원한 그 나라 주 다스리시니
생명의 열쇠는 주님의 것이라
네 맘 열어 한 소리로 기뻐 주를 찬양하라

죄 짐을 벗은 후 주 앞에 가리니
마음에 영원한 기쁨이 넘친다
네 맘 열어 한 소리로 기뻐 주를 찬양하라

참 소망 가지고 그날을 기리며
주 다시 오실 때 기쁘게 맞으리
네 맘 열어 한 소리로 기뻐 주를 찬양하라

◈ ————

기뻐하라 주께서 왕이시니 그분을 경배하라
기뻐하라 감사하고 노래하라 영원히 승리하리라
마음과 목소리를 드높이라 기뻐하라 다시 말하노니 기뻐하라

구원자이시며 진리와 사랑의 하나님이신 예수께서 다스리신다
그분은 우리의 더러움을 씻어 주셨고 하늘의 보좌에 앉으셨다
마음과 목소리를 드높이라 기뻐하라 다시 말하노니 기뻐하라

그분의 나라는 무너지지 않으리 그분이 땅과 하늘을 다스리시네
죽음과 지옥의 열쇠가 우리 예수께 있네
마음과 목소리를 드높이라 기뻐하라 다시 말하노니 기뻐하라

모든 원수가 그분께 굴복하고 그분의 발 아래 엎드릴 때까지
그분은 하나님 오른편에 앉아 계시네
마음과 목소리를 드높이라 기뻐하라 다시 말하노니 기뻐하라

□ 1746년, 찰스 웨슬리 저작

* 새찬송가 22장

현대 찬양곡

"예수 메시아" Jesus Messiah

우리가 그분의 의가 되게 하시려고
죄를 알지도 못하시는 그분이 죄가 되셨네
자신을 낮추시어 십자가를 지셨네
놀라운 사랑 놀라운 사랑

예수 메시아 모든 이름 위에 뛰어난 이름
복되신 구속자 임마누엘
죄인을 구하려고
하늘로부터 오신 대속물
예수 메시아 만유의 주

그분의 몸인 떡 그분의 피인 포도주
오직 사랑을 위해 찢기시고 흘리셨네
온 세상은 진동했고 휘장은 찢어졌네
놀라운 사랑 놀라운 사랑

모든 소망이 주님 안에 있습니다
모든 소망이 주님 안에 있습니다
모든 영광을 주님께 드립니다
세상의 빛이신 하나님께 드립니다

□ 제시 리브스, 대니얼 카슨, 에드 캐쉬, 크리스 탐린 작사 6

주

1 장 칼뱅은 이 세 범주를 그리스도의 사역에 적용한 최초의 주요 신학자였다. 이후에 많은 신학자들이 이 범주들을 그리스도께서 하신 일의 다양한 양상을 이해하는 유익한 방식으로 채택해 왔다.

2 구약의 정경에 포함된 책들이 어떻게 기록되었는지에 관한 논의는 3장, 84-91쪽을 보라.

3 누가복음 24:19에서 엠마오로 가던 두 여행자는 예수를 가리키면서 "선지자"라고 말하며, 예수의 삶을 둘러싸고 일어난 사건에 관해 거의 알지 못하는 낯선 사람을 위해 그분을 하나님이 보내신 종교 지도자라는 일반적인 범주에 넣는다.

4 구약 외부의 문헌에서도 '엔튕카노'가 '요청하다, 탄원하다'라는 의미로 사용된 예를 확인할 수 있다. 예를 들어, 지혜서 8:21("나는 주님을 향하여 간청하며 온 마음을 다하여 이렇게 기도하였다"); 마카베오 1서 8:32, 마카베오 3서 6:37("그들은 왕에게 그들을 고향으로 돌려보내 달라고 간청했다"); 클레멘서 1서 56:1; 폴리카르포스가 빌립보인들에게 보낸 편지 4:3; 요세푸스, 『유대 고대사』 12:18; 16:170(구레네의 유대인들이 그들의 땅에서 거짓으로 세금을 징수하고 있는 사람들에 관해 마르쿠스 아그리파에게 탄원한다). 더 많은 예를 찾을 수 있다(또한 롬 8:27, 같은 어원의 단어가 사용된 26절을 참조하라).

5 Louis Berkhof, *Systematic Theology* (Grand Rapids: Eerdmans, 1941), 403. (『벌코프 조직신학』 크리스천다이제스트)

6 Copyright © 2008 worshiptogether.com Songs (ASCAP) sixsteps Music (ASCAP) Vamos Publishing (ASCAP) (adm. at CapitolCMGPublishing.com). All rights reserved. Used by permission.

© 2008 Wonderously Made Songs/BMI (a div. of Wondrous Worship & Llano Music, LLC) (admin. by Music Services)/Worshiptogether.com Songs/ASCAP (admin. by Capitol CMG Publishing)/Sixsteps Music/ASCAP (admin. by Capitol CMG Publishing/Vamos Publishing (admin. by Capitol CMG Publishing). All Rights Reserved. Used By Permission.

30. 성령의 사역

성경에 나타난 성령의 독특한 사역은 무엇인가?

설명과 성경적 기초

앞서 우리는 성부와 성자의 각 위격과 그 사역에 관해 논한 바 있다. 또한 (삼위일체 교리와 관련해) 성령의 신성과 위격에 관한 성경의 증거도 살펴보았다. 이번 장에서는 성령의 독특한 사역에 초점을 맞추고자 한다. 삼위일체 각 위격의 사역 가운데 성령의 독특한 사역은 무엇인가?

먼저 이 책의 다른 장들에서는 성령의 사역, 그 독특한 양상들을 다소 직접적으로 다룬다. 성령 세례와 성령 충만,[39장] 성령의 은사[52-53장]에 관한 장에서는 성령의 사역을 구체적으로 다룬다. 이뿐만 아니라 성경의 권위,[4장] 기도,[18장] 복음의 부름,[33장] 중생,[34장] 성화,[38장] 견인,[40장] 영화,[42장] 교회의 권징,[46장] 교회 안에서 은혜의 수단,[48장] 예배[51장]를 논하는 장에서도 세상에서, 특히 신자의 삶 속에서 이루어지는 성령의 다양한 사역을 다룬다. 이번 장에서는 성부와 성자에 의해 부여된 성령의 독특한 사역을 이해하고자 하며, 이를 위해 성령의 사역에 관한 성경 전체의 가르침을 개관하고자 한다.

성령의 사역은 세상 안에서, 특히 교회 안에서 하나님의 임재를 나타내는 것으로 정의할 수 있다. 이는 성경이 가장 빈번히 제시하는 성령의 정의로서, 세상 속에서 하나님의 일을 하기 위해 임재하시는 삼위일체의 한 위격으로서 성령을 말한다. 이 정의는 성경에서뿐만 아니라 새 언약 시대에도 유효하다. 구약에서 하나님의 임재는 그분의 영광을 통해 여러 차례 나타났으며, 복음서에서는 예수께서 사람들 가운데 하나님의 임재를 나타내셨다. 하지만 예수께서 승천하신 뒤에는 교회 시대 전체에 걸쳐 성령께서 우리 가운데 계시는 삼위일체의 임재를 일차적으로 나타내신다. 그분은 지금 우리에게 가장 뚜렷하게 임재하시는 분이다.[1]

성령의 사역은 성부 하나님이 계획하시고 성자 하나님이 시작하신 바를 완성하고 유지하는 것임을 확인할 수 있다. 창세기 1:2은 "하나님의 영은 수면 위에 운행하시니라"고 진술하며, 그 영은 오순절에 그리스도 안에서 새 창조가 시작될 때 교회에 능력을 주기 위해 임재하셨다.행 10:38; 2:4, 17-18 참조 성령께서는 새 언약 시대에 하나님의 임재를 나타내는 삼위일체의 위격이다. 따라서 바울은 성령을 가리켜 "처음 익은 열매",롬 8:23 우리가 새 하늘과 새 땅에서 알게 될, 온전히 나타날 하나님의 임재에 대한 "보증"또는 계약금, 고후 1:22; 5:5이라고 말한다.계 21:3-4 참조

이미 구약도 성령의 임재가 하나님으로부터 풍성한 복을 가져다줄 것이라고 예언했다. 이사야는 성령께서 새로운 일을 행하실 것을 예언했다.

> 대저 궁전이 폐한 바 되며 인구 많던 성읍이 적막하며……마침내 위에서부터 영을 우리에게 부어 주시리니 광야가 아름다운 밭이 되며 아름다운 밭을 숲으로 여기게 되리라. 그때에 정의가 광야에 거하며 공의가 아름다운 밭에 거하리니 공의의 열매는 화평이요 공의의 결과는 영원한 평안과 안전이라. 내 백성이 화평한 집과 안전한 거처와 조용히 쉬는 곳에 있으려니와…….사 32:14-18

이와 비슷하게 하나님은 이사야를 통해 야곱에게 "나는 목마른 자에게 물을 주며 마른 땅에 시내가 흐르게 하며 나의 영을 네 자손에게, 나의 복을 네 후손에게 부어 주리니"라고 말씀하셨다.사 44:3

반대로 성령께서 떠나시면 하나님의 복은 백성에게서 제거되었다. "그들이 반역하여 주의 성령을 근심하게 하였으므로 그가 돌이켜 그들의 대적이 되사 친히 그들을 치셨더니."사 63:10 그럼에도 구약의 몇몇 예언은 성령께서 더 큰 충만함으로 오실 때와 하나님이 그분의 백성과 새로운 언약을 맺으실 때에 관해 말한다.겔 36:26-27; 37:14; 39:29; 욜 2:28-29 참조

성령께서는 구체적으로 어떻게 하나님의 복을 주시는가? 하나님의 임재를 나타내며 복을 주시는 성령의 사역은 네 가지로 구분할 수 있다. (1) 성령께서는 정결하게 하신다. (2) 성령께서는 하나가 되게 하신다. (3) 성령께서는 계시하신다. (4) 성령께서는 능력을 주신다. 아래에서는 이 네

가지 사역을 각각 살펴볼 것이다. 마지막으로 우리는 성령의 네 가지 사역을 당연시하거나 이 사역들이 자동적으로 발생하는 것으로 여겨서는 안 된다. 오히려 성령께서는 백성의 반응에 대한 하나님의 기쁨과 분노를 반영한다. 따라서 우리는 성령의 다섯째 사역을 살펴볼 필요가 있다. (5) 성령께서는 하나님에 대한 우리의 반응에 따라 하나님의 임재와 복에 관한 증거를 상이하게 나타내신다.

A. 성령께서는 정결하게 하신다

삼위일체의 위격인 성령께서는 거룩한 영으로 불리신다. 따라서 그분의 주된 사역 중 하나는 우리를 죄로부터 깨끗하게 하시고 우리를 성화하시는 일, 곧 실제 삶에서 우리를 더 거룩하게 만드시는 일이다. 성령께서는 세상으로 하여금 죄를 깨닫게 하시므로, 심지어 비신자의 삶에도 그분의 제어하는 영향력이 일정 부분 존재한다.요 16:8-11; 행 7:51 참조 그러나 한 사람이 그리스도인이 될 때 성령께서는 일차적으로 그를 정결하게 하셔서 죄로부터 단절하게 하신다.[2] 바울은 "주 예수 그리스도의 이름과 우리 하나님의 성령 안에서 씻음과 거룩함과 의롭다 하심을 받았느니라"고 말한다.고전 6:11; 또한 딛 3:5 참조 이처럼 정결하게 하시는 성령의 사역은, 세례 요한이 예수께서 "성령과 불로" 사람들에게 세례를 베푸실 것이라고 말할 때 불이라는 은유가 상징하는 바다.마 3:11; 눅 3:16

성령께서는 우리가 죄로부터 단절하게 하신 뒤, 거룩한 삶 안에서 자라나게 하신다. 그분은 우리 안에 "성령의 열매", 곧 하나님의 성품을 반영하는 속성들을 만들어 내신다("사랑과 희락과 화평과 오래 참음과 자비와 양선과 충성과 온유와 절제", 갈 5:22-23). 우리가 계속해서 "그와 같은 형상으로 변화하여 영광에서 영광에 이르"게 될 때 그것이 "주의 영으로 말미암"는 것임을 기억해야 한다.고후 3:18 성화는 성령의 능력에 의해 이루어지며,살후 2:13; 벧전 1:2; 롬 8:4, 15-16 참조 따라서 우리는 "영으로써" "몸의 행실을 죽이"고 점점 더 거룩해질 수 있다.롬 8:13; 또한 7:6; 빌 1:19 참조[3]

오늘날 어떤 이들은 성령에 의해 쓰러질 때 정결하게 하시는(또는 치유하시는) 성령의 일이 나타난다고 말한다. 이것은 의식이 반쯤 없는 상태로 갑자기 쓰러져 일정 시간 동안 그 상태를 유지하는 경험을 가리킨다. 이 경험을 지칭하는 용어는 성경 어디에도 없지만, 하나님이 임하실 때 사람들이 땅에 엎드리거나 무아지경에 빠지는 사례가 있다.[4] 이 경험에 대한 평가는 그것이 사람들의 삶에 어떤 지속적 결과"열매"를 갖는지에 따라 이루어져야 한다.마 7:15-20; 고전 14:12, 26 참조

B. 성령께서는 하나되게 하신다

성령께서 오순절에 교회에 임하셨을 때 베드로는 요엘 2:28-32의 예언이 성취되었다고 선언했다.

이는 곧 선지자 요엘을 통하여 말씀하신 것이니 일렀으되 하나님이 말씀하시기를 말세에 내가 내 영을 모든 육체에 부어 주리니 너희의 자녀들은 예언할 것이요 너희의 젊은이들은 환상을 보고 너희의 늙은이들은 꿈을 꾸리라. 그때에 내가 내 영을 내 남종과 여종들에게 부어 주리니 그들이 예언할 것이요.행 2:16-18

여기서는 성령께서 신자의 공동체에 임하심을 강조한다. 모세나 여호수아 같은 지도자만이 아니라 아들과 딸들, 늙은이와 젊은이들, 남종과 여종들을 비롯해 모두에게 성령이 임할 것이다.[5]

오순절에 성령께서는 새로운 공동체, 곧 교회를 만드셨다. 누가가 상기시키는 것처럼 이 공동체의 독특성은 하나됨이었다.

믿는 사람이 다 함께 있어 모든 물건을 서로 통용하고 또 재산과 소유를 팔아 각 사람의 필요를 따라 나눠 주며 날마다 마음을 같이하여 성전에 모이기를 힘쓰고 집에서 떡을 떼며 기쁨과 순전한 마음으로 음식을 먹고 하나님을 찬미하며 또 온 백성에게 칭송을 받으니.행 2:44-47

바울은 고린도 교회에게 하나되게 하시는 성령의 교통하심을 추구하는 복을 누리기를 바라며 "주 예수 그리스도의 은혜와 하나님의 사랑과 성령의 교통하심이 너희 무리와 함께 있을지어다"라고 말한다.고후 13:13 삼위일체

적인 이 기도에서 바울은 신자들 사이에서 사귐[교통]이 깊어지게 하는 것을 성부나 성자가 아니라 성령께서 하시는 일이라고 말하며, 이것은 교회 안에서 성령이 하나되게 하시는 사역과 일맥상통하는 진술이다.

바울이 빌립보인들에게 "그러므로 그리스도 안에 무슨 권면이나 사랑의 무슨 위로나 성령의 무슨 교제나 긍휼이나 자비가 있거든 마음을 같이하여 같은 사랑을 가지고 뜻을 합하며 한마음을 품어"[빌 2:1-2]라고 말하는 것을 통해서도 하나되게 하시는 것이 성령의 사역임을 알 수 있다. 이와 비슷하게 그는 교회 안에서 유대인과 이방인 사이의 새로운 통일성을 강조하면서 "이는 그로 말미암아 우리 둘이 한 성령 안에서 아버지께 나아감을 얻게 하려 하심이"며,[엡 2:18] "성령 안에서" 하나님이 거하실 새로운 처소가 되기 위해 그들이 주 안에 함께 지어져 간다고 말한다.[엡 2:22] 그는 그들이 그리스도인으로서 지녀야 할 하나됨을 상기시키면서 "평안의 매는 줄로 성령이 하나 되게 하신 것을 힘써 지키라"고 권면한다.[엡 4:3]

영적 은사에 관한 바울의 논의에서도 하나되게 하시는 성령의 사역이라는 주제를 반복한다. 상이한 은사를 지닌 사람들이 서로 화합하지 못할 것이라고 생각할지도 모르지만 바울의 결론은 정반대다. 우리는 서로에게 의존하지 않을 수 없기 때문에, 상이한 은사는 우리를 더 가까워지게 한다. "눈이 손더러 내가 너를 쓸 데가 없다 하거나 또한 머리가 발더러 내가 너를 쓸 데가 없다 하지 못하리라."[고전 12:21] 이 상이한 은사는 "같은 한 성령이 행하사 그의 뜻대로 각 사람에게 나누어 주시는 것"이며,[고전 12:11] 따라서 교회 안에서 "각 사람에게 성령을 나타내심은 유익하게 하려 하심"이다.[고전 12:7] "유대인이나 헬라인이나 종이나 자유인이나 다 한 성령으로 세례를 받아 한 몸이 되었고 또 다 한 성령을 마시게 하셨[다]."[고전 12:13] [6]

성령께서 교회를 하나되게 하신다는 것은 "분쟁과 시기와……당 짓는 것과 분열함과 이단"[갈 5:20]이 "성령의 인도하시는 바"[갈 5:18; 25절 참조]와 반대되는 육체의 욕심이라는 사실을 통해서도 드러난다. 성령께서는 우리 마음속에 사랑을 만드시는 분이며,[롬 5:5; 갈 5:22; 골 1:8] 이 사랑은 "온전하게 매는 띠"이다.[골 3:14] 그러므로 성령께서 하나님의 임재를 드러내기 위해 강력히 역사하실 때 교회는 아름다운 조화를 이루고 서로에 대한 사랑으로 넘칠 것이다.

C. 성령께서는 계시하신다

1. 예언자와 사도들에 대한 계시

4장에서 우리는 하나님의 말씀을 구약의 예언자들과 신약의 사도들에게 계시하는 성령의 사역에 관해 논했다. 많은 경우에 이 말씀은 기록되어 성경의 일부가 되었다.[예를 들어, 민 24:2; 겔 11:5; 슥 7:12 참조] "성령의 감동하심을 받은 사람들이 하나님께 받아 말"했기 때문에 구약성경이 생겨났다.[벧후 1:21] 다른 본문들은 성령께서 구약의 예언자를 통해 행하신 일을 언급한다.[마 22:43; 행 1:16; 4:25; 28:25; 벧전 1:11 참조] 신약성경의 말씀을 기록한 사도들과 다른 이들도 성령에 의해 "모든 진리 가운데로" 인도되었다.[요 16:13] 또한 성령께서는 성부와 성자로부터 들은 바를 사도들에게 말씀하셨고 그들에게 "장래 일"을 알려 주셨다.[요 16:13; 엡 3:5 참조] 또한 엘리사벳,[눅 1:41] 사가랴,[눅 1:67] 시므온[눅 2:25] 처럼 성령으로 충만했던 사람들이 성경의 일부가 된 말이나 노래를 하기도 했다.

2. 성령께서는 하나님의 임재에 대한 증거를 주신다

성령의 사역은 자신이 아니라 성부와 성자께 영광을 돌리는 것이라고 말한다. 그러나 이것은 성경의 지지를 받지 못하는 잘못된 이분법처럼 보인다. 물론 성령께서는 예수를 영화롭게 하시며[요 16:14 참조] 그분을 증언하신다.[요 15:26; 행 5:32; 고전 12:3; 요일 4:2 참조] 하지만 이는 성령께서 자신의 행동이나 말씀을 알리지 않는다는 뜻이 아니다. 성경에는 성령의 사역에 관해 말하는 수백 개의 구절이 있으며, 성경 자체가 성령께서 하신 말씀이거나 그분의 영감으로 기록된 말씀이다.

또한 구약과 신약 시대에 성령께서는 다양한 현상을 통해 자신이 활동하고 계심을 알리셨다. 성령께서 모세와 칠십 장로에게 임하셔서 그들이 예언했을 때[민 11:25-26 참조]나 사사들에게 임하셔서 그들이 놀라운 일을 할 수 있었을 때[삿 14:6, 19; 15:14 등 참조]가 그 예시에 해당한다. 이 경우에 사람들은 성령이 임하신 결과를 볼 수 있었다. 성령께서 사울에게 강력히 임하셔서 그가 예언자 무리와 함께 예언했을 때,[삼상 10:6, 10 참조] 또한 하나님이 구약의 예언자들에게 능력을 주셔서 공적인 예언을 할 수 있게 하셨을 때도 그 예시에 해당된다.

또한 성령께서 비둘기같이 내려와서 예수 위에 머물렀을 때요 1:32 참조 나 오순절에 급하고 강한 바람 소리와 함께 갈라진 불의 혀와 같은 형상으로 제자들에게 임했을 때행 2:2-3 참조도 자신의 임재를 가시적으로 드러내셨다. 사람들이 방언하거나 즉흥적인 방식으로 하나님을 찬양하기 시작했을 때행 2:4; 10:44-46; 19:6 참조도 그분은 자신의 임재를 알리셨다. 또한 예수께서는 우리 안에 계신 성령이 우리의 가장 깊은 곳에서 흘러나오는 생수의 강과 같을 것이라고 말씀하셨다.요 7:39 참조 이 비유는 사람들이 성령의 임재를 인지할 수 있음을 암시한다.

각 신자의 삶에서도 성령께서는 자신의 사역을 다양한 방식으로 알리신다. 그분은 우리가 하나님의 자녀임을 증언하시며롬 8:16 참조 하나님을 "아빠 아버지"라고 부르게 하신다.갈 4:6 그분은 우리가 장차 하늘에서 그분과 누릴 사귐에 대한 보증 또는 계약금을 제공하시며,고후 1:22; 5:5 참조 그분의 열망을 우리에게 나타내셔서 그 열망을 따를 수 있게 하신다.롬 8:4-16; 갈 5:16-25 참조 그분은 그분의 임재를 나타내는 은사를 주신다.고전 12:7-11 참조 그리고 때로는 복음이 선포될 때 하나님의 임재를 강력히 입증하는 표적과 기적을 행하신다.히 2:4; 또한 고전 2:4; 롬 15:19 참조

그러므로 성령께서는 예수를 영화롭게 하시지만 동시에 자신의 사역을 나타내는 증거를 주신다고 말하는 것이 더 정확해 보인다. 실제로 새 언약 시대에 성령의 일차적 목적 중 하나는 하나님의 임재를 드러내는 것, 곧 하나님의 임재를 알리는 증거를 제공하는 것이다. 신자는 성령의 사역을 통해 하나님이 가까이 계시며 그분의 계획이 이루어진다는 것, 그분이 우리에게 복을 주신다는 것에 위로를 얻을 수 있다.

3. 성령께서는 하나님의 백성을 인도하신다

성경은 성령께서 다양한 사람들을 직접 인도하시는 수많은 사례를 제시한다. 구약에서 하나님은 사람들이 "나의 영으로 말미암지" 않은 "맹약"을 다른 이들과 맺는 것은 죄라고 말씀하신다.사 30:1 그들은 그 맹약을 맺기 전에 성령의 인도하심을 구하기보다 지혜와 상식을 기초로 결정을 내렸던 것으로 보인다. 예수께서는 "성령에게 이끌리어"시험을 받으셨다.마 4:1; 눅 4:1 이

성령의 강력한 이끄심을 마가는 "성령이 곧 예수를 광야로 몰아내신지라" 고 진술한다.막 1:12 [7]

다른 맥락에서 성령께서는 사람들에게 직접적인 말씀을 주심으로 인도하셨다. 예를 들어, 그분은 빌립에게 "이 수레로 가까이 나아가라"행 8:29 고 말씀하셨고, 베드로에게 고넬료의 집으로부터 그를 찾아온 세 사람과 함께 가라고 말씀하셨다.행 10:19-20; 11:12 참조 또한 안디옥의 그리스도인들에게 "내가 불러 시키는 일을 위하여 바나바와 사울을 따로 세우라"고 지시하셨다.행 13:2

성령의 인도하심의 범주에서 더 직접적인 사례로는 그분이 사람을 다른 장소로 옮기신 경우가 있다. "주의 영이 빌립을 이끌어간지라. 내시는……그를 다시 보지 못하니라. 빌립은 아소도에 나타나."행 8:39-40 성령의 인도하심이 이보다 더 분명할 수는 없었을 것이다. 몇몇 구약 예언자들에게도 비슷한 일이 일어났다. 엘리야를 아는 사람들은 하나님의 성령께서 그를 낚아채어 어딘가로 옮기실 것이라고 예상했던 것처럼 보인다(왕상 18:12; 왕하 2:16, "여호와의 성령이 그를 들고 가다가 어느 산에나 어느 골짜기에 던지셨을까 하나이다"). 에스겔은 주의 영이 여러 차례 "나를 들어올려서" 그를 어떤 장소로 데려가셨다고 말한다.겔 11:1; 37:1; 43:5 요한도 요한계시록 후반부에 기록된 환상에서 그런 경험을 했다.계 17:3; 21:10 [8]

그러나 많은 경우에 성령의 인도하심은 그처럼 극적이지 않다. 성경은 날마다 이루어지는 성령의 인도하심에 관해 이야기한다.

> 무릇 하나님의 영으로 인도함을 받는 사람은 곧 하나님의 아들이라.롬 8:14

> 너희가 만일 성령의 인도하시는 바가 되면 율법 아래에 있지 아니하리라.갈 5:18

우리는 이러한 성령의 인도하심을 어떻게 이해해야 하는가? 게리 프리슨은 이 본문들이 일상생활에서 이루어지는 개별적인 행동에 대한 성령의 인도하심을 말하는 것이 아니라고 본다.[9] 그는 이 본문들의 문맥이 "날마다 명령을 받지 않는 영역에서 이루어지는 결정 과정을 다루지 않는다"고 말한다. 오히려 로마서 8:14에서 성령의 인도하심은 하나님의 도덕적인 뜻 안으로 이끄셔서 하나님을 기쁘시게 하는 일을 행하게 하는 것이다.[10] 그리고 갈라디아서 5:18에서는 의심의 여지 없이 성경에 계시된 하나님의 도덕적인 뜻과 관련이 있다.[11]

그러나 이 해석은 '인도하심'에 해당하는 헬라어 동사 아고이끌다, 데려가다를 충분히 설명하지 못한다고 생각한다. 이 동사는 신약에서 자주69회 사용되며, 누군가가 구체적으로 한 사람또는 동물을 다른 장소로 이끌고 가는 모습을 묘사한다. 아래는 이 동사가 사용된 몇 가지 사례다.

너희는 맞은편 마을로 가라. 그리하면 곧 매인 나귀와 나귀 새끼가 함께 있는 것을 보리니 풀어 내게로 끌고아고 오라.마 21:2

사람들이 너희를 끌어다가아고 넘겨 줄 때에 무슨 말을 할까 미리 염려하지 말고 무엇이든지 그때에 너희에게 주시는 그 말을 하라 말하는 이는 너희가 아니요 성령이시니라.막 13:11

예수께서 성령의 충만함을 입어 요단 강에서 돌아오사 광야에서 사십 일 동안 성령에게 이끌리시며.아고, 눅 4:1, 이것은 로마서 8:14과 갈 5:18의 표현과 매우 비슷하며, 광야 안에서 구체적인 장소로 인도하심을 의미한다. 병행구절인 마태복음 4:11에서는 어원이 같은 동사를 사용하여 예수께서 "성령에게 이끌리어(아파고)……광야로 가사"라고 말한다.

또 이끌고아고 예루살렘으로 가서 성전 꼭대기에 세우고 이르되 네가 만일 하나님의 아들이어든 여기서 뛰어내리라.눅 4:9

가까이 가서 기름과 포도주를 그 상처에 붓고 싸매고 자기 짐승에 태워 주막으로 데리고 가서아고 돌보아 주니라.눅 10:34

그안드레가 먼저 자기의 형제 시몬을 찾아 말하되 우리가 메시야를 만났다 하고 (메시야는 번역하면 그리스도라) 데리고아고 예수께로 오니 예수께서 보시고 이르시되 네가 요한의 아들 시몬이니 장차 게바라 하리라 하시니라(게바는 번역하면 베드로라).요 1:41-42

그들이 예수를 가야바에게서 관정으로 끌고아고 가니. 요 18:28

누가만 나와 함께 있느니라. 네가 올 때에 마가를 데리고아고 오라. 그가 나의 일에 유익하니라. 딤후 4:11

수많은 비슷한 예가 있지만, 논점은 명확하다. 바울이 이 동사를 사용해 성령의 인도하심에 관해 이야기하는 것을 들었을 때 (한 사람이 다른 사람을 다른 장소로 인도하는 것을 말하기 위해 '아고'라는 동사를 자주 사용했던) 1세기 독자들은 이 말이 일상생활의 다양한 선택과 결정에 관한 구체적인 지침을 의미한다고 이해했을 것이다. 로마서 8:14과 갈라디아서 5:18처럼 '아고'를 사용하는 신약의 모든 사례는 단지 일반화된 도덕관념에 따라 구체적인 목적을 이루도록 이끄는 것을 뜻한다.

갈라디아서 5장에서 바울은 "성령을 따라 행하라"고 말하며, 갈 5:16 몇 구절이 지나서는 "만일 우리가 성령으로 살면 또한 성령으로 행할지니"라고 말한다. 갈 5:25 두 구절은 모두 행함이라는 비유를 사용해 성령의 인도하심에 관해 말한다. 이 단락 전체는 성령의 인도하심을 통해 행동하는 것을 일상생활의 이미지로 전달한다. 또한 이것은 규칙적이고 지속적인 활동으로 묘사된다. 바울은 두 구절 모두에서 현재 시제 동사를 사용하며, 따라서 로마서 8:14은 '하나님의 성령에 의해 인도하심을 받고 있는 모든 사람은 하나님의 아들이다'라는 의미가 된다. "all who are being led by the Spirit of God, these are the sons of God", NASB

두 구절의 문맥을 통해 성령의 인도하심을 받는 사람들이 하나님의 도덕법에 맞서 죄의 성향을 보이지 않을 것이라는 프리슨의 주장에는 동의한다. 하지만 그의 주장은 성령의 구체적인 인도하심이라는 맥락과도 잘 들어맞는다. 우리가 성령의 인도하심을 받는다면 그 인도하심을 따를 것이며, 또한 하나님의 도덕법을 성취하게 될 것이기 때문이다. "너희는 성령을 따라 행하라. 그리하면 육체의 욕심을 이루지 아니하리라." 갈 5:16

이것은 성령의 인도하심이 성경에 기록된 하나님의 도덕법을 따르도록 우리를 가르치는 것에 국한된다는 뜻이 아니라, 성령의 구체적인 인도하심은 언제나 성령의 성품과 일치될 것이며, 따라서 반드시 하나님의 도덕법을 따를 것이라는 뜻이다. 하지만 성령의 인도하심은 단순히 그 도덕법을 따르게 하는 것보다 더 광범위한 현실이다. 성령의 인도하심은 실제로 우리 삶의 경로를 인도하신다.

사도행전에는 성령께서 사람들을 직접 인도하시는 구체적인 사례들이 있다. 예루살렘 공의회 이후 지도자들은 교회들에 보내는 편지에서 "성령과 우리는 이 요긴한 것들 외에는 아무 짐도 너희에게 지우지 아니하는 것이 옳은 줄 알았노니"라고 말한다.[행 15:28] 이 구절은 공의회가 이 문제에 관해 성령께서 기뻐하시는 바를 깨달았음을 암시한다. 그들은 무엇이 성령께서 옳게 여기시는지를 알게 되었다. 바울의 2차 선교 여행에 관해 누가는 "성령이 아시아에서 말씀을 전하지 못하게 하"셨고, "비두니아로 가고자 애쓰되 예수의 영이 허락하지 아니하"셨다고 기록했다.[행 16:6-7] 물론 그들이 구약성경에 기록된 원칙을 근거로 아시아나 비두니아에서 복음을 전할 수 없다고 결론 내린 것은 아니었을 것이다. 오히려 성령께서는 그들이 다른 지역으로 여행하려고 했을 때 들을 수 있는 말이든, 머릿속에 들리는 말씀을 통해서든, 성령의 임재와 복이 부재한다는 강한 주관적 인상을 통해서든, 어떤 구체적인 방식으로 그들에게 직접적인 지침을 전해 주셨을 것이다. 이후에 예루살렘으로 향하는 중에 바울은 "이제 나는 성령에 매여 예루살렘으로 가는데 거기서 무슨 일을 당할는지 알지 못하노라. 오직 성령이 각 성에서 내게 증언하여 결박과 환난이 나를 기다린다 하시나"라고 말했다.[행 20:22-23] 바울은 자신이 다른 선택을 할 수 있다고 생각하지 않았다. 성령께서 그분의 임재와 바람을 그에게 분명히 드러내셨으므로 바울은 성령에 "매여" 그처럼 행동했다.[12]

다른 경우에 성령께서는 다양한 사역이나 교회의 직분을 위해 사람들을 세우는 것에 관한 지침을 주셨다. 따라서 성령께서는 안디옥 교회에 속한 몇몇 사람들에게 "내가 불러 시키는 일을 위하여 바나바와 사울을 따로 세우라"고 말씀하셨다.[행 13:2] 또한 바울은 성령께서 에베소 교회의 장로들을 세우셔서 그 직분을 맡게 하셨다고 진술하며, 그들을 향해 "여러분은 자기를 위하여 또는 온 양 떼를 위하여 삼가라. 성령이 그들 가운데 여러분을 감독자로 삼고"라고 말한다.[행 20:28] 마지막으로, 성령께서는 예언과 같은 영적 은사를 통해 사람들을 인도하기도 하셨다.[고전 14:29-33 참조 13]

4. 성령께서는 하나님의 성품을 닮은 속성을 나타내신다

성령께서는 온전히 하나님이시며 하나님의 모든 속성을 공유하신다. 따라서 그분은 하나님의 성품을 닮은 속성들을 나타내신다. 그분은 거룩한 영이시기 때문에 죄와 공의, 심판에 대한 깨달음을 불러일으킬 때도 있다.요 16:8-11 참조 하나님은 사랑이시기 때문에 성령께서는 우리 마음속에 하나님의 사랑을 부어 주시며,롬 5:5; 15:30; 골 1:8 참조 성령의 강력한 임재가 나타날 때 사랑의 기류가 만들어질 때도 많다. 하나님은 "무질서의 하나님이 아니시요 오직 화평의 하나님이시"기 때문에,고전 14:33 성령께서는 화평한 분위기를 우리의 상황 가운데 불어넣으신다. "하나님의 나라는 먹는 것과 마시는 것이 아니요 오직 성령 안에 있는 의와 평강과 희락이라."롬 14:17; 갈 5:22 참조 또한 이 구절은 성령께서 기쁨을 전해 주신다고 가르친다.행 13:52; 살전 1:6 참조 비록 모든 항목을 빠짐없이 열거한 목록은 아니지만, 바울은 갈라디아서 5:22-23에서 성령의 열매의 다양한 요소를 나열함으로 성령께서 만들어 내시는 하나님과 같은 여러 속성을 요약한다.

성령께서 전해 주시는 속성들 중 다른 요소로는 진리,요 14:17; 15:26; 16:13; 요일 5:7 지혜,신 34:9; 사 11:2 위로,행 9:31 자유,고후 3:17 의,롬 14:17 소망,롬 15:13; 갈 5:5 참조 아들됨이나 양자됨에 대한 자각,롬 8:15-16; 갈 4:5-6 심지어는 영광고후 3:8이 있다. 또한 성령께서는 하나됨엡 4:3과 능력행 10:38; 고전 2:4; 딤후 1:7; 행 1:8 참조을 주신다. 이 모든 요소는 성령께서 하나님의 임재를—이로써 하나님의 성품을—나타내실 때 이루는 다양한 속성들을 가리킨다.

5. 성령께서는 확신을 주신다

성령께서는 "우리의 영과 더불어 우리가 하나님의 자녀인 것"을 증언하시며,롬 8:16 하나님이 우리 안에서 일하신다는 증거를 주신다. "우리에게 주신 성령으로 말미암아 그가 우리 안에 거하시는 줄을 우리가 아느니라."요일 3:24 "그의 성령을 우리에게 주시므로 우리가 그 안에 거하고 그가 우리 안에 거하시는 줄을 아느니라."요일 4:13 성령께서는 우리가 하나님의 자녀임을 우리에게 증언하실 뿐만 아니라 하나님이 우리 안에 거하시며 우리가 그분 안에 거하고 있음도 증언하신다. 이 증언은 우리의 지성만을 대상으로 삼지 않는다. 성령께서는 영적이며 정서적인 지각이라는 주관적인 차원에서도 우리에게 확신을 주기 위해 일하신다.

6. 성령께서는 가르치며 비추신다

계시하시는 성령의 사역의 또 다른 양상은 하나님의 사람들에게 무언가를 가르치고 그들의 마음을 비추셔서 그들이 이해할 수 있게 하신다는 것이다. 예수께서는 특히 제자들에게 이 가르침을 약속하시면서 성령께서 "너희에게 모든 것을 가르치고 내가 너희에게 말한 모든 것을 생각나게 하"실 것이며,요 14:26 "너희를 모든 진리 가운데로 인도하시리니"라고 말씀하셨다.요 16:13 그뿐만 아니라 제자들이 박해를 받고 공회에 넘겨질 때 성령께서 그들에게 무엇을 말할지 가르쳐 주실 것이라고 약속하셨다.눅 12:12; 또한 마 10:20; 막 13:11 참조 성령께서는 사람들에게 구체적인 정보를 계시하실 때도 있다. 예를 들어, 그분은 시므온에게 그가 메시아를 볼 때까지 죽지 않을 것을 약속하셨고,눅 2:26 참조 아가보에게는 흉년이 들 것이며 행 11:28 참조 바울이 예루살렘에서 체포될 것이라고 계시하셨다.행 21:11 참조 또한 바울에게는 그가 예루살렘에서 고통당할 것을 계시하셨고,행 20:23; 21:4 참조 나중에 일어날 일을 바울에게 분명하게 고지하셨으며,딤전 4:1 참조 하나님이 그분을 사랑하는 이들을 위해 무엇을 예비하셨는지를 계시하셨다.고전 2:10 참조

성령께서 우리를 깨닫게 하신다는 사실을 통해 조명하시는 성령의 사역을 확인할 수 있다. "우리가 세상의 영을 받지 아니하고 오직 하나님으로부터 온 영을 받았으니 이는 우리로 하여금 하나님께서 우리에게 은혜로 주신 것들을 알게 하려 하심이라."고전 2:12 그러므로 "육에 속한 사람은 하나님의 성령의 일들을 받지 아니하"지만 "신령한 자는 모든 것을 판단"한다.고전 2:14-15 우리는 성령께서 우리를 비추시고, 이로써 우리가 성령에 관해 가르침을 받거나 우리의 삶을 숙고할 때 바르게 이해하도록 도와주시기를 기도해야 한다. 성령을 구체적으로 언급하지 않았지만, 시편 기자는 하나님께 "내 눈을 열어서 주의 율법에서 놀라운 것을 보게 하소서"라고 기도하며 그 조명하심을 간구했다.시 119:18 이와 비슷하게 바울은 에베소와 그 주변에 있는 그리스도인들을 위해 다음과 같이 기도했다.

우리 주 예수 그리스도의 하나님, 영광의 아버지께서 지혜와 계시의 영을 너희에

게 주사 하나님을 알게 하시고 너희 마음의 눈을 밝히사 그의 부르심의 소망이 무엇이며 성도 안에서 그 기업의 영광의 풍성함이 무엇이며 그의 힘의 위력으로 역사하심을 따라 믿는 우리에게 베푸신 능력의 지극히 크심이 어떠한 것을 너희로 알게 하시기를 구하노라.엡 1:17-19

D. 성령께서는 능력을 주신다

1. 성령께서는 생명을 주신다

자연의 영역에서 성령의 역할은 땅에 있든, 하늘에 있든, 바다에 있든 살아 있는 모든 피조물에게 생명을 주시는 것이다. "주의 영을 보내어 그들을 창조하"셨기 때문이다.시 104:30 반대로 하나님은 피조물의 영과 목숨을 거두어 "모든 육체가 다 함께 죽으며 사람은 흙으로 돌아"가게 하실 수도 있다.욥 34:14-15 이를 통해 우리는 모든 피조물에게 생명을 부여하고 유지하는 성령의 역할을 확인할 수 있다.

이와 비슷하게 중생에서 우리에게 새로운 생명을 주시는 것도 성령의 역할이다.[14] 예수께서는 니고데모에게 "육으로 난 것은 육이요 영으로 난 것은 영이니 내가 네게 거듭나야 하겠다 하는 말을 놀랍게 여기지 말라"고 말씀하셨다.요 3:6-7; 또한 3:5, 8; 6:63; 고후 3:6 참조 또한 그분은 "살리는 것은 영이니 육은 무익하니라"고 말씀하셨다.요 6:63; 또한 고후 3:6; 행 10:44-47; 딛 3:5 참조 성령께서 예수를 그분의 어머니 마리아의 자궁에 잉태시키셨다는 사실은 생명을 주시는 성령의 역할과 조화를 이룬다.마 1:18; 눅 1:35 참조 그리고 그리스도께서 다시 오실 때 바로 그 성령께서 죽을 수밖에 없는 우리의 몸에 새로운 부활의 생명을 주심으로써 생명을 주시는 그분의 일을 완성하실 것이다. "예수를 죽은 자 가운데서 살리신 이의 영이 너희 안에 거하시면 그리스도 예수를 죽은 자 가운데서 살리신 이가 너희 안에 거하시는 그의 영으로 말미암아 너희 죽을 몸도 살리시리라."롬 8:11

2. 성령께서는 섬김의 능력을 주신다

a. 구약. 구약에서는 성령께서 특별한 섬김을 위해 사람들에게 능력을 주실 때가 많았다. 그분은 여호수아에게 리더십과 지혜를 주셨으며,민 27:18; 신

34:9 참조 사사들에게 능력을 주셔서 이스라엘을 압제자들로부터 구하게 하셨다("여호와의 영이" 삿 3:10에서 옷니엘에게, 6:34에서는 기드온에게, 11:29에서는 입다에게, 13:25; 14:6, 19; 15:14에서는 삼손에게 임하셨음을 주목하라). 성령께서는 사울에게 강력히 임하셨고 그를 일깨워 이스라엘의 원수들에게 맞서 싸우게 하셨다.삼상 11:6 참조 또한 다윗이 왕으로 기름부음을 받았을 때 "이날 이후로 다윗이 여호와의 영에게 크게 감동"되었다.삼상 16:13 이처럼 성령께서는 하나님이 그에게 맡기신 왕의 책무를 수행할 수 있는 능력을 주셨다.[16] 조금은 다른 종류의 능력이지만 성령께서는 브살렐에게 성막과 성막의 기구를 만들기 위해 필요한 예술적 기술을 주셨고,출 31:3; 35:31 참조 이 기술을 다른 이들에게 가르칠 수 있는 능력도 주셨다.출 35:34 참조[17]

또한 성령께서는 하나님의 백성을 보호하시고 그들이 원수를 이길 수 있게 하셨다. 예를 들어, 하나님은 출애굽 과정에 그들 가운데 성령을 두셨으며,사 63:11-12 참조 그들이 포로 생활을 마치고 돌아온 뒤에는 성령을 그들 가운데 두셔서 그들을 보호하고 두려움으로부터 지키셨다.학 2:5 참조 사울이 무력으로 다윗을 체포하려고 했을 때 성령께서 사울의 전령들에게 임하셨고,삼상 19:20 참조 결국 사울에게 임하셔서23절 자신도 모르게 바닥에 쓰러져 몇 시간 동안이나 예언하게 하셨다. 이로써 사울의 목적을 이루지 못하게 하시고, 다윗과 사무엘을 적대하며 무력을 사용한 그가 오히려 수치를 당하게 하셨다. 이와 비슷하게 에스겔이 이스라엘의 일부 지도자들에게 맞서 성령의 능력으로 심판을 예언했을 때, 지도자들 중 블라댜라는 사람이 실제로 죽었다.11:5, 13 참조 이처럼 성령께서는 즉각적인 심판을 행하시기도 한다.

마지막으로, 구약은 성령께서 종이자 메시아이신 분에게 큰 충만함과 능력으로 기름 부으실 것이라고 예언했다. "그의 위에 여호와의 영 곧 지혜와 총명의 영이요 모략과 재능의 영이요 지식과 여호와를 경외하는 영이 강림하시리니 그가 여호와를 경외함으로 즐거움을 삼을 것이며."사 11:2-3 이사야는 하나님이 장차 올 이 종에게 "나의 영"을 줄 것이며,사 42:1 그 종은 "주 여호와의 영이 내게 내리셨으니 이는 여호와께서 내게 기름을 부으사" 라고 말할 것이라고 예언했다.사 61:1; 눅 4:18 참조

구약 시대에 능력을 부어 주시는 성령의 역할에 관한 논의를 마무리

하기 전에, 구약은 사람들 안에서 이루어지는 성령의 일이 없었다고 말한다는 점을 지적해 둘 필요가 있다. 이러한 생각은 주로 요한복음 14:17에서 예수께서 제자들에게 "그는 너희와 함께 거하심이요 또 너희 속에 계시겠음이라"고 하신 말씀을 근거로 삼았다. 그러나 이 구절을 근거로 오순절 이전에는 사람들 안에서 이루어지는 성령의 일이 없었다고 결론 내려서는 안 된다. 구약은 성령께서 그 안에 거하시는 사람들 또는 성령으로 충만한 사람들에 관해 자주 말하지 않지만 몇몇 사례가 존재한다. 그중 여호수아에 관해서는 "그 안에" 거하셨다고 말한다. 그는 "그 안에 영이 머무는 자"로 불렸다.[민 27:18; 신 34:9 참조] 이외에도 성령께서 그 안에 계신 이들로 브살렐,[출 31:3] 에스겔,[겔 2:2; 3:24] 다니엘,[단 4:8-9, 18; 5:11] 미가[미 3:8] 등이 있다.[18] 이는 예수께서 제자들에게 성령이 "너희와 함께 거하심이요 또 너희 속에 계시겠음이라"고 말씀하실 때[요 14:17] 성령이 행하시는 옛 언약의 사역과 새 언약의 사역 사이에 절대적인 차이가 존재한다는 의미로 말씀하셨을 리가 없다는 뜻이다. 또한 요한복음 7:39("예수께서 아직 영광을 받지 않으셨으므로 성령이 아직 그들에게 계시지 아니하시더라")도 오순절 이전에 사람들의 삶 속에서 성령의 활동이 전혀 없었음을 뜻하지 않는다. 두 본문은 오순절 이후의 삶을 특징짓는 더 강력하고 충만한 성령의 사역이 아직 제자들의 삶 속에서 시작되지 않았다는 의미일 뿐이다. 다시 말해, 새 언약 시대에 하나님이 성령을 그분의 백성 안에 두시겠다고 약속하셨던 방식으로 성령께서 그들 안에 임하지 않으셨으며,[겔 36:26, 27; 37:14 참조] 그 시대를 특징지을 풍성함과 충만함으로 성령이 부어지지도 않았다.[욜 2:28-29 참조] 이러한 새 언약의 관점에서 성령께서는 아직 제자들 안에서 일하지 않으셨다.[19]

b. 신약. 신약에서 능력을 부어 주시는 성령의 사역은 예수를 메시아로 기름 부으시고 능력을 주신 사건을 통해 처음으로, 또한 가장 온전하게 확인된다. 성령께서는 예수께서 세례를 받으실 때 그분에게 임하셨다.[마 3:16; 막 1:11; 눅 3:22 참조] 세례 요한은 "내가 보매 성령이 비둘기 같이 하늘로부터 내려와서 그의 위에 머물렀더라"고 진술한다.[요 1:32] 그러므로 광야로 가서 시험을 받으실 때 예수께서는 "성령의 충만함을 입"은 상태였고,[눅 4:1] 시험을 받은 뒤에 사역을 시작할 때 "성령의 능력으로 갈릴리에 돌아가"셨다.[눅 4:14] 예수께서 나사렛 회당에서 말씀을 전하실 때, 그분은 이사야의 예

언이 그분 자신에게 성취되었다고 선언하셨다. "주의 성령이 내게 임하셨으니 이는 가난한 자에게 복음을 전하게 하시려고 내게 기름을 부으시고 나를 보내사 포로 된 자에게 자유를 눈 먼 자에게 다시 보게 함을 전파하며 눌린 자를 자유롭게 하고 주의 은혜의 해를 전파하게 하려 하심이라." 눅 4:18-19 또한 예수의 삶에서 성령의 능력은 말씀으로 귀신들을 내쫓고 자신에게 오는 모든 사람을 치유하며 행하신 기적을 통해 드러났다. 눅 4:36, 40-41 참조 성령께서는 예수 안에 거하시며 능력을 부어 주시기를 기뻐하셨다. 그분은 예수의 삶의 절대적인 도덕적 순수성을 온전히 기뻐하셨기 때문이다. 예수의 사역과 성부께서 그 사역에 복 주시는 것에 관한 맥락에서 요한은 "이는 하나님이 성령을 한량 없이 주심이니라. 아버지께서 아들을 사랑하사 만물을 다 그의 손에 주셨으니"라고 진술한다. 요 3:34-35 예수께서는 성령의 기름 부으심을 한량없이 받으셨고, 이 기름 부으심이 그분 "위에 머물렀"다. 요 1:32; 행 10:38 참조

성령께서는 예수의 제자들에게 능력을 주셔서 다양한 종류의 사역을 수행할 수 있게 하셨다. 예수께서는 그들에게 "오직 성령이 너희에게 임하시면 너희가 권능을 받고 예루살렘과 온 유대와 사마리아와 땅 끝까지 이르러 내 증인이 되리라"고 약속하셨다. 행 1:8 [20] 성령께서 초기 그리스도인들에게 능력을 주셔서 그들이 복음을 선포할 때 기적을 행할 수 있었던 몇몇 구체적인 사례가 있다(행 6:5, 8의 스데반과 롬 15:19, 고전 2:4의 바울을 떠올려 보라). 하지만 성령께서는 초대교회의 설교에도 큰 능력을 주셨고, 그 결과 제자들이 성령으로 충만하여 담대히 말씀을 선포했다. 행 4:8, 31; 6:10; 살전 1:5; 벧전 1:12 참조 일반적으로 복음의 메시지가 사람들의 마음에 효과적으로 선포될 때 성령께서 그 메시지를 통해 말씀하신다고 할 수 있다. 신약은 성령과 교회의 초대로 마무리되는데, 성령과 교회가 함께 사람들을 구원으로 부른다. "성령과 신부가 말씀하시기를 오라 하시는도다 듣는 자도 오라 할 것이요." 계 22:17 사실 복음의 메시지를 선포할 뿐만 아니라 성경을 읽고 가르칠 때도 성령께서 계속해서 사람들의 마음을 향해 말씀하신다(구약의 본문을 인용하면서 성령께서 지금도 독자들에게 그 본문을 말씀하신다고 말하는 히 3:7과 10:15을 보라).

섬김을 위해 능력을 주시는 성령의 사역의 또 다른 양상은 그리스도

인들이 사역을 감당할 수 있도록 영적 은사를 주시는 활동이다. 바울은 다양한 영적 은사를 열거한 뒤 "이 모든 일은 같은 한 성령이 행하사 그의 뜻대로 각 사람에게 나누어 주시는 것이니라"고 말한다.고전 12:11 성령께서는 세상 안에서 하나님의 임재를 보여주거나 나타내시는 분이기 때문에, 바울이 영적 은사를 가리켜 성령의 "나타내심"이라고 말하는 것은 놀랍지 않다.고전 12:7 [21] 영적 은사가 실제로 나타날 때 이것은 성령 하나님이 교회 안에 계신다는 또 다른 증거가 된다.[22]

우리는 개별 신자의 기도 생활에서 성령께서 기도를 가능하게 하며 효과적으로 만드시는 것을 알 수 있다. "우리는 마땅히 기도할 바를 알지 못하나 오직 성령이 말할 수 없는 탄식으로 우리를 위하여 친히 간구하시느니라."롬 8:26 [23] 또한 바울은 우리가 "성령 안에서 아버지께 나아감을 얻"는다고 말한다.엡 2:18 신약이 성령께서 가능하게 하신다고 말하는 구체적인 기도로 방언의 은사가 있다.고전 12:10-11; 14:2, 14-17 참조 [24]

섬김을 위해 능력을 주시는 성령의 사역의 또 다른 양상은 사람들이 복음 선포와 그리스도인들의 삶 속에서 행하시는 하나님의 일에 대한 영적 반대를 극복할 수 있게 하시는 활동이다. 영적 전쟁에서 나타나는 이 능력은 먼저 예수의 삶 속에 나타났다. 그분은 "내가 하나님의 성령을 힘입어 귀신을 쫓아내는 것이면 하나님의 나라가 이미 너희에게 임하였느니라"고 말씀하셨다.마 12:28 바울이 구브로에 왔을 때 그는 마술사 엘루마의 반대에 직면했지만, "성령이 충만하여 그를 주목하고 이르되 모든 거짓과 악행이 가득한 자요 마귀의 자식이요 모든 의의 원수여, 주의 바른 길을 굽게 하기를 그치지 아니하겠느냐. 보라, 이제 주의 손이 네 위에 있으니 네가 맹인이 되어 얼마 동안 해를 보지 못하리라 하니. 즉시 안개와 어둠이 그를 덮어 인도할 사람을 두루 구"했다.행 13:9-11 성령께서 주시는 영들을 "분별"할 수 있는 은사고전 12:10도 영적 전쟁에서 "성령의 검" 역할을 하는 하나님의 말씀처럼엡 6:17 어둠의 세력에 맞서는 이 전쟁에서 활용할 수 있는 도구다.

E. 성령께서는 우리의 반응에 따라 하나님의 임재와 복에 관한 증거를 상이하게 나타내신다

성령께서 기뻐하시거나 근심하시는 것에 따라 복을 주거나 다시 가져가신다는 것을 신구약의 많은 사례를 통해 알 수 있다. 주목할 점은, 예수께서는 완전히 죄가 없으셨다는 것과 성령께서 "그의 위에" 머무르며 그분께 한량없이 주어졌다는 것이다.요 1:32 구약에서는 성령께서 여러 차례 삼손에게 강력히 임하셨지만삿 13:25; 14:6, 19; 15:14 참조 그가 계속해서 죄를 범하자 결국 그를 떠나셨다.삿 16:20 참조 마찬가지로 사울이 불순종을 반복했을 때 성령께서 그를 떠나셨다.삼상 16:14 참조 또한 이스라엘 백성이 반역하고 성령을 근심하게 했을 때 그분은 그들을 대적하셨다.사 63:10 참조

신약에서도 성령께서 근심하고 복 주시기를 중단했던 상황이 있다. 스데반은 유대인 지도자들을 책망하면서 "너희도 너희 조상과 같이 항상 성령을 거스르는도다"라고 말했다.행 7:51 바울은 에베소 교회에 "하나님의 성령을 근심하게 하지 말라. 그 안에서 너희가 구원의 날까지 인치심을 받았느니라"고 경고하고,엡 4:30 데살로니가 교회에는 "성령을 소멸하지 말"라고 권면한다(살전 5:19; 문을 열기 지체해 사랑하는 자를 실망시킨다는 아 5:3, 6의 은유와 비교해 보라). 비슷한 취지로 바울은 그리스도인들에게 성령께서 그들 안에서 거하시기 때문에 음행으로 자신의 몸을 더럽히지 말라고 심각하게 경고한다. "너희 몸은 너희가 하나님께로부터 받은 바 너희 가운데 계신 성령의 전인 줄을 알지 못하느냐. 너희는 너희 자신의 것이 아니라 값으로 산 것이 되었으니 그런즉 너희 몸으로 하나님께 영광을 돌리라."고전 6:19-20

성령을 근심하게 하거나 소멸하게 하는 것보다 훨씬 심각한 일은 그분에 대한 더 심층적이고 완악한 불순종이며, 이는 강력한 심판을 초래한다. 베드로가 "어찌하여 사탄이 네 마음에 가득하여 네가 성령을 속이고 땅 값 얼마를 감추었느냐"라며 아나니아를 책망했을 때 그는 쓰러져 죽었다.행 5:3 마찬가지로 베드로가 아나니아의 아내인 삽비라에게 "너희가 어찌 함께 꾀하여 주의 영을 시험하려 하느냐"라고 책망했을 때 삽비라도 즉시 쓰러져 죽었다.행 5:9 히브리서 기자는 "하나님의 아들을 짓밟고 자기를

거룩하게 한 언약의 피를 부정한 것으로 여기고 은혜의 성령을 욕되게 하는" 자는 혹독한 처벌을 받아 마땅하다고 경고한다.히 10:29 이런 사람들에게는 "무서운 마음으로 심판을 기다리는 것"만 남아 있을 뿐이다.히 10:27 25

마지막으로 성령을 거스르는 죄의 또 다른 차원이 있다. 이 차원의 죄는 그분을 근심하게 하거나 징계나 심판을 초래하는 그분에 대한 완악한 불순종보다 훨씬 심각하다. 성령을 거슬러 죄를 깨닫게 하시는 그분의 사역이 한 사람의 삶 속에서 다시는 효력을 발휘하지 않게 될 수도 있다.

사람에 대한 모든 죄와 모독은 사하심을 얻되 성령을 모독하는 것은 사하심을 얻지 못하겠고 또 누구든지 말로 인자를 거역하면 사하심을 얻되 누구든지 말로 성령을 거역하면 이 세상과 오는 세상에서도 사하심을 얻지 못하리라.마 12:31-32; 또한 막 3:29; 눅 12:10 참조

이 말씀은 바리새인들이 예수께서 행하신 일에서 명백히 드러난 성령의 강력한 사역이 사탄으로부터 온 것이라고 고의적이고 악의적으로 주장하는 상황에서 주어졌다. 성령께서 하나님의 임재를 분명히 드러내셨기 때문에 그분의 활동을 사탄의 능력으로 말미암은 것이라고 주장하는 사람들은 "영원한 죄"를 범한 것이다.막 3:29 26

이 모든 본문은 우리가 성령을 근심하게 하거나 거스르지 않도록 대단히 조심해야 한다고 말한다. 그분은 우리의 뜻에 반대해 그분 자신을 우리에게 강요하지 않으시지만,고전 14:32 참조 우리가 그분께 맞서고 반대한다면, 능력을 주시는 그분의 사역이 중단될 것이며 그분은 우리 삶에서 하나님의 복을 많은 부분 제거하실 것이다.

다른 한편으로, 하나님이 기뻐하시는 행동을 하는 그리스도인의 삶 속에는 성령께서 임하시며 이는 큰 복을 가져올 것이다. 오순절에 충만하게 부어진 성령은행 2:17-18 참조 이제 참된 신자들 안에 거하시며 그들을 살아 있는 하나님의 성전으로 만드신다.고전 3:16; 6:19-20 참조 우리는 우리 삶 속에서 성령과의 친밀한 사귐과 협력을 경험할 수 있다.고후 3:14; 빌 2:1 참조 그분은 우리에게 은사고전 12:11 참조와 진리딤후 1:1 참조와 사역행 20:28 참조을 맡기신다. 실제로 그분의 임재가 충만하고 풍부할 것이므로, 예수께서는 그분이 "생수

의 강"처럼 우리의 가장 내밀한 존재로부터 흘러나올 것이라고 약속하신다.요 7:38-39 베드로는 그분의 임재가 특별히 그리스도를 위해 고통당하는 이들에게 머물 것이라고 약속한다. "너희가 그리스도의 이름으로 치욕을 당하면 복 있는 자로다. 영광의 영 곧 하나님의 영이 너희 위에 계심이라." 벧전 4:14

그러므로 우리의 모든 사역이 성령 안에서 이루어지는 것이 중요하다. 즉 우리는 성령께서 만드신 하나님을 닮은 환경—권능과 사랑, 기쁨. 진리, 거룩함, 의, 평화의 환경—안에 의식적으로 거해야 한다. 하지만 성령의 임재에 대한 인식이 성령께서 만드신 환경의 이 특징들보다 더 크다(성령 안에 있음은 실제로 나타난 하나님의 임재라는 상황 안에 있음이다). 그렇기 때문에 신약에서 사람들은 "성령의 위로로 진행할" 수 있으며,행 9:31 요한이 "주의 날"에 그랬듯 성령 안에 머물 수 있다.계 1:10; 또한 4:2 참조

놀랍게도 신약은 많은 특수한 활동이 성령 "안에서" 이루어진다고 말한다. 성령 안에서 기뻐하고,눅 10:21 참조 성령 안에서 무언가를 작정하거나 결정하며,행 19:21 참조 성령 안에서 양심이 증언하게 하고,롬 9:1 참조 성령 안에서 하나님께 나아감을 얻으며,엡 2:18 참조 성령 안에서 기도하고,엡 6:18; 유 1:20 참조 성령 안에서 사랑할 수 있다.골 1:8 참조 이 본문들에 비추어 우리는 날마다 이런 활동에 관해 얼마나 성령의 임재와 복을 의식하고 있는지 자문해 볼 수 있다.

또한 성령으로 충만함도 가능하다.엡 5:18; 또한 눅 1:15, 41, 67; 4:1; 행 2:4; 4:8; 6:3, 5; 7:55; 9:17; 11:24; 13:9 참조 성령으로 충만함이란 하나님의 즉각적인 임재로 충만함이며, 그 결과 하나님이 느끼는 바를 느끼고, 하나님이 바라는 바를 바라고, 하나님이 원하는 바를 행하고, 하나님의 능력으로 말하고, 하나님이 주시는 힘으로 기도하고 사역하며, 하나님이 친히 주시는 지식으로 알게 될 것이다.[27] 교회가 부흥을 경험할 때, 성령께서는 특별히 강력한 방식으로 이런 결과를 우리 삶 속에 만들어 내신다.

그러므로 "만군의 여호와께서" 모든 중요한 일이 "힘으로 되지 아니하며 능력으로 되지 아니하고 오직 나의 영으로 되느니라"고 말씀하신다는 것을 깨닫고슥 4:6 우리 삶에서 성령의 능력에 의지하는 것이 중요하다. 바울은 갈라디아인들에게 그들이 그리스도인으로서의 삶이 시작될 때 믿

음으로 성령을 받았으며, 회심 이후에는 그들의 믿음에 따라 그분이 계속해서 그들의 삶 속에서 일하실 것이라고 힘주어 말한다. "성령으로 시작하였다가 이제는 육체로 마치겠느냐……너희에게 성령을 주시고 너희 가운데서 능력을 행하시는 이의 일이 율법의 행위에서냐 혹은 듣고 믿음에서냐."갈 3:3, 5

그러므로 우리는 성령의 인도하심을 따라 걸으며롬 8:12-16; 갈 5:16-26 참조 "영의 일"을 생각해야 한다.롬 8:4-6 그것이 어떤 형식을 취하든지 우리의 모든 사역은 성령의 능력으로 이루어져야 한다.

개인적 적용을 위한 질문

1. 이전에 여러분은 성령을 임재나 힘이 아닌 위격으로 생각했었는가? 이번 장이 그러한 이해에 어떤 도움을 주었는가? 여러분은 그 성령과 관계를 맺고 있는가? 삼위일체의 위격이 서로 구별된다는 것을 이해하는 데 도움이 되는 것은 무엇인가?

2. 그리스도인으로서 여러분은 성부, 성자, 성령과 맺는 관계의 차이를 이해하는가? 그 차이는 무엇이며, 어떻게 알 수 있는지 설명해 보라.

3. 여러분은 어떤 상황에서 성령의 임재를 인식하는가? 교회에서 봉사하는 가운데 그것을 깨달았던 경험이 있는가?

4. 성령께서 성경 말씀을 통해 여러분을 인도하심을 느낀 적이 있는가? 그것을 느끼기 위해 어떻게 성경을 읽어야 하는가? 성경 말씀 외에 성령의 인도하심을 느낀 다른 방식은 무엇이 있는가?

5. 우리의 어떤 행동이 성령을 기쁘게 하거나 근심하게 하는가? 지금 여러분의 삶에서 성령을 근심하게 하는 것이 존재하는가? 만일 존재한다면, 그 문제를 어떻게 다룰 것인가?

6. 성경에서 삼손이 죄를 지을 때, 성령은 즉시 그를 떠나셨다고 생각하는가? 삿 13:25;14:6, 19; 15:14 참조 우리 사역에 영적 능력이 나타나는 것이 성령께서 그 삶 전체를 기뻐하신다는 보증이 되는가?

신학 전문 용어

성령
성령 모독
성령 안에서
성령 충만
하나님의 적극적인 임재를 나타냄

참고 문헌

이 참고 문헌에 관한 설명으로는 1장, 60쪽을 보라. 자세한 서지 자료는 2권 부록 2에서 확인할 수 있다.

복음주의 조직신학 저술의 관련 항목

1. 성공회

1882–1892 Litton, 242–247
1930 Thomas, 90–99
2001 Packer, 143–145
2013 Bird, 621–648
2013 Bray, 723–984

2 아르미니우스주의(또는 웨슬리파/감리교)

1875–1876 Pope, 2:321–336
1940 Wiley, 2:303–333

1960	Purkiser, 183–203
1983	Carter, 1:415–472
1992	Oden, 3:31–78
2002	Cottrell, 284–305

3. 침례교

1917	Mullins, 359–365
1976–1983	Henry, 4:476–493; 6:370–401
1990–1995	Garrett, 2:133–240
2007	Akin, 604–685
2013	Erickson, 771–821

4. 세대주의

1947	Chafer, 1:397–414; 6:26–298
1949	Thiessen, 251–256
1986	Ryrie, 341–390
2002–2005	Geisler, 2:286–291, 675–678
2017	MacArthur and Mayhue, 333–392

5. 루터교

1917–1924	Pieper (no extensive treatment, but see extensive index entries: 4:391–399)
1934	Mueller, 443

6 개혁주의(또는 장로교)

1559	Calvin, 2:537–542 (3.1)
1679–1685	Turretin, *IET*, 1:302–310, 2:340–347, 542–558
1887–1921	Warfield, *SSW*, 1:203–222; *BD*, 101–132
1894	Shedd, 47, 225, 242–253
1906–1911	Bavinck, *RD*, 2:182–187, 311–314
1910	Vos, 1:53, 66–67
1937–1966	Murray, *CW*, 1:138–142, 186–192; *CW*, 3:210–214
1938	Berkhof, 423–431
1998	Reymond, 312–316, 331–337, 391–392
2008	Van Genderen and Velema, 753–818
2011	Horton, 551–560
2013	Frame, 401, 472, 923–927
2013	Culver, 574, 707, 758–759, 800
2016	Allen and Swain, 101–102
2017	Barrett, 393–422
2019	Letham, 86–93

7 부흥 운동(또는 은사주의/오순절)

1988–1992	Williams, 2:137–207, 237–270
1993	Menzies and Horton, 133–144
1995	Horton, 375–422
2008	Duffield and Van Cleave, 271–287

대표적인 로마 가톨릭 조직신학 저술의 관련 항목

1 로마 가톨릭: 전통적 입장

1955	Ott (관련 내용 없음)

2. 로마 가톨릭: 제2차 바티칸공의회 이후

1980	McBrien (관련 내용 없음)
2012	*CCC*, paragraphs 687–747

기타 저술

Allison, Gregg. *Historical Theology: An Introduction to Christian Doctrine; A Companion to Wayne Grudem's Systematic Theology*. Grand Rapids: Zondervan, 2011, 430–452.

Blomberg, Craig L. "Holy Spirit." In *BTDB*, 344–348.

Bruner, Frederick Dale. *A Theology of the Holy Spirit*. Grand Rapids: Eerdmans, 1970. (『성령신학』 나눔사)

Burgess, Stanley M. *The Holy Spirit: Ancient Christian Traditions*. Grand Rapids: Baker, 1997.

____. *The Holy Spirit: Eastern Christian Traditions*. Grand Rapids: Baker, 1989.

____. *The Holy Spirit: Medieval Roman Catholic and Reformation Traditions* (Sixth–Sixteenth Centuries). Grand Rapids: Baker, 1997.

Burns, Lanier. *The Nearness of God: His Presence with His People*. Phillipsburg, NJ: P&R, 2009. (『하나님과의 동행』 개혁주의신학사)

Carson, D. A. *Showing the Spirit: A Theological Exposition of 1 Corinthians 12–14*. Grand Rapids: Baker, 1987.

Carter, Charles. *The Person and Ministry of the Holy Spirit*. Grand Rapids: Baker, 1974.

Caulley, T. S. "Holy Spirit." In *EDT1*, 521–527.

Cole, G. A. "Holy Spirit." In *EDT3*, 395–398.

Cole, Graham A. *He Who Gives Life: The Doctrine of the Holy Spirit*. Wheaton, IL: Crossway, 2007.

Duvall, J. Scott. *God's Relational Presence: The Cohesive Center of Biblical Theology*. Grand Rapids: Baker Academic, 2019. (『하나님의 임재 신학』 새물결플러스)

Fee, Gordon D. *God's Empowering Presence: The Holy Spirit in the Letters of Paul*. Peabody, MA: Hendrickson, 1994. (『성령: 하나님의 능력 주시는 임재』 새물결플러스)

____. *Paul, the Spirit, and the People of God*. Peabody, MA: Hendrickson, 1996. (『바울, 성령, 그리고 하나님의 백성』 좋은씨앗)

Gaffin, Richard B., Jr. "The Holy Spirit." *WTJ* 43, no. 1 (Fall 1980): 58–78.

Green, Michael. *I Believe in the Holy Spirit*. Grand Rapids: Eerdmans, 1975.

Gromacki, Robert Glenn. *The Holy Spirit: Who He Is, What He Does*. Nashville: Word, 1999.

Hamilton, James M. *God's Indwelling Presence: The Holy Spirit in the Old & New Testaments*. Nashville: B&H, 2006.

Hawthorne, Gerald F. "Holy Spirit." In *DLNT*, 489–499.

____. *The Presence and the Power: The Significance*

of the Holy Spirit in the Life and Ministry of Jesus. Dallas: Word, 1991.

Hildebrandt, Wilf. *An Old Testament Theology of the Spirit of God*. Peabody, MA: Hendrickson, 1995.

Hoekema, Anthony A. "The Role of the Holy Spirit." In *Saved By Grace*, 28–53. Grand Rapids: Eerdmans; Exeter: Paternoster, 1989.

Horton, S. M. *What the Bible Says about the Holy Spirit*. Springfield, MO: Gospel, 1976.

Hughes, Kyle R. *How the Spirit Became God: The Mosaic of Early Christian Pneumatology*. Eugene, OR: Cascade, 2020.

Karkkainen, Veli-Matti. "Pneumatology." In *GDT*, 659–669.

Ladd, George E. *The Presence of the Future: The Eschatology of Biblical Realism*. Grand Rapids: Eerdmans, 1974. (『조지 래드 하나님 나라』 크리스찬다이제스트)

Moule, C. F. D. *The Holy Spirit*. Grand Rapids: Eerdmans, 1978.

Pache, Rene. *The Person and Work of the Holy Spirit*. Chicago: Moody Publishers, 1954.

Packer, J. I. "Holy Spirit." In *NDT1*, 316–319.

____. *Keep in Step with the Spirit*. Old Tappan, NJ: Revell, 1984. (『성령을 아는 지식』 홍성사)

Paige, Terence P. "Holy Spirit." In *DPL*, 404–413.

Palmer, Edwin H. *The Person and Ministry of the Holy Spirit*. Grand Rapids: Baker, 1958.

Ryrie, C. C. *The Holy Spirit*. Chicago: Moody Publishers, 1965.

Sawyer, M. James, and Daniel B. Wallace, eds. *Who's Afraid of the Holy Spirit? An Investigation into the Ministry of the Spirit of God Today*. Dallas: Biblical Studies, 2005.

Smail, T. A. "Holy Spirit." In *NDT2*, 421–425.

Smeaton, G. *The Doctrine of the Holy Spirit*. 2nd ed. Edinburgh: T&T Clark, 1889.

Sproul, R. C. *The Mystery of the Holy Spirit*. Wheaton, IL: Tyndale, 1990. (『성령』 생명의말씀사)

Stott, John R. W. *Baptism and Fullness: The Work of the Holy Spirit Today*. Downers Grove, IL: InterVarsity Press, 1964. (『성령세례와 충만』 IVP)

Swete, Henry B. *The Holy Spirit in the New Testament*. 2nd ed. London: Macmillan, 1910.

Turner, M. M. B. "Holy Spirit." In *DJG*, 341–351.

____. "Holy Spirit." In *NDBT*, 551–558.

Walvoord, John F. *The Holy Spirit: A Comprehensive Study of the Person and Work of the Holy Spirit*. Wheaton, IL: Van Kampen, 1954.

White, John. *When the Spirit Comes with Power*. Downers Grove, IL: InterVarsity Press, 1988.

Wood, Leon J. *The Holy Spirit in the Old Testament*. Grand Rapids: Zondervan, 1976.

Yarnell, Malcolm B. "The Person and Work of the Holy Spirit." In *A Theology for the Church*, edited by Daniel L. Akin et al., 604–84. Nashville: B&H, 2007.

성경 암송 구절

로마서 8:12-14 | 그러므로 형제들아 우리가 빚진 자로되 육신에게 져서 육신대로 살 것이 아니니라. 너희가 육신대로 살면 반드시 죽을 것이로되 영으로써 몸의 행실을 죽이면 살리니 무릇 하나님의 영으로 인도함을 받는 사람은 곧 하나님의 아들이라.

찬송가

"오소서, 창조의 성령이시여"Come, O Creator Spirit

이 곡은 가장 오래된 찬송가 중 하나로서 10세기 또는 그 이전에 이름을 알 수 없는 작가가 가사를 썼다. 이 곡에서는 직접 성령께 아뢰면서 그분께 우리 마음속에 오셔서 복을 주시고, 기쁨과 사랑과 찬양으로 우리를 채우시고, 원수로부터 우리를 지켜 주시고, 우리 삶에 평화를 주시기를 간구한다.

오소서. 복되신 창조의 성령이시여,
우리 마음속에 거하소서
은혜의 성령이시여, 하늘의 도움으로
우리 영혼에 찾아오소서

성령께서는 지극히 높으신 하나님이
이 땅에 보내신 위로자이십니다
생명의 샘, 사랑의 불
위로부터 우리에게 기름을 부어 주시는 분이십니다

우리 하나님이여, 전능하신 오른손으로
하늘로부터 오는 은혜를 일곱 배나 부어 주소서
오래전부터 약속된 복되신 성령이시여,
친히 우리에게 오시니 우리 마음이 깨어나 노래합니다

우리의 아둔한 마음이 환희로 빛나게 하소서
우리의 마음이 사랑으로 흘러넘치게 하소서
우리의 연약한 육신이 쇠하여도
하나님의 능력은 영원히 흥할 것입니다

원수를 내쫓아 우리 영혼을 떠나게 하시고
우리가 평화 안에 거하게 하소서
주님이 우리의 인도자가 되시면
악이 다가오지 못하고 해가 닥치지 않을 것입니다

우리가 거룩하신 성부를 보게 하시고
우리가 영원하신 성자를 알도록 도와주소서
거룩하신 성령이시여,
영원히 우리는 주님을 믿고 경배합니다

ㅁ 10세기, 저자 미상

"성령" Holy Spirit

살아 있는 하나님의 숨이신 성령님
내 영혼에 새 생명을 불어넣어 주소서
부활하신 주님의 임재가
내 마음을 새롭고 온전하게 하소서
주님의 말씀이 내 안에서 살아나게 하소서
볼 수 없는 것을 믿는 믿음을 나에게 주소서
주님의 순결함을 내가 사랑하게 하소서
성령님, 내 안에 새 생명을 불어넣어 주소서

성령님, 오셔서 내 안에 거하소서
내가 하는 모든 일에서 주님의 기쁨이 나타나게 하소서
모든 죄를 덮기에 충분한 사랑이
모든 생각과 행동과 태도 안에 있게 하소서
만나는 모든 이들에게 친절을 베풀고
온유함으로 평화의 길을 심게 하소서
하나님의 숨이신 성령님, 나의 분투를 은혜의 일로 변화시켜 주시고
내가 하는 모든 일 안에서 그리스도를 나타내소서

피조물이 태어날 때부터
하나님이 만드신 모든 것에 생명을 주신 성령님,
다시 한번 이 땅 위에 주님의 권능을 보여주소서
교회가 주님의 길을 갈망하게 하소서
우리 기도의 향기가 하늘로 오르게 하소서
우리를 희생의 길로 인도하셔서
하나됨 안에서 그리스도의 얼굴을
온 세상이 분명히 보게 하소서

ㅁ 스튜어트 타운넨드, 키스 게티 작사 **28**

주

1 11장에서 하나님의 편재를 다룰 때 논했듯, 여기서 임재라는 단어는 '복을 주기 위한 임재'라는 뜻으로 사용한다. 물론 그분은 온전히 하나님이시므로 성령의 존재는 모든 곳에 계시지만(그분은 편재하시지만), 그분이 언제나 복을 주는 활동을 통해 그분의 임재를 보여주시는 것은 아니다(11장, 316-320쪽을 보라).

2 이것에 관한 논의로는 John Murray, "Definitive Sanctification," in *Collected Writings of John Murray* (Edinburgh and Carlisle, PA: Banner of Truth, 1977), 277-284을 보라.

3 성화에 대한 더 자세한 논의는 2권 38장, 218-236쪽을 보라.

4 창 15:12; 출 40:35; 삼상 19:24; 왕상 8:11; 겔 1:28; 3:23; 단 8:27; 요 18:6; 행 9:4; 10:10; 계 1:17; 4:10을 보라(천사와의 만남을 묘사하는 단 8:17-18; 10:7-17와 비교해 보라).

5 이것은 주께서 그분의 모든 백성에게 그분의 영을 부어 주시기를 원했던 모세의 바람(민 11:29)과 에스겔 37장에 기록된, 성령에 의해 되살아나는 마른 뼈의 골짜기에 관한 환상의 성취이기도 했다. Donald Guthrie, *New Testament Theology* (Leicester: Inter-Varsity Press; Downers Grove, IL: InterVarsity Press, 1981), 512-513, 540, 562을 보라. (『신약 신학』 기독교문서선교회)

6 이 절에 관한 자세한 논의는 39장, 249-252쪽을 보라.

7 여기서 "몰아내신지라"로 번역된 동사는 '에크발로'라는 강력한 용어로 '몰아내다, 쫓아내다'라는 뜻을 지니며, 문자적으로는 '던져버리다'를 의미할 수 있다.

8 에스겔과 요한이 문자 그대로 신체적인 여행이 아니라 (겔 8:3과 11:24에서처럼) 환상 속에서 몸이 옮겨졌다고 말하는 것일 수 있다. 바울은 고린도후서 12:2-3에서 두 가능성을 모두 허용한다.

9 게리 프리슨의 주장에 관한 아래의 논의는 Grudem, *Christian Ethics: An Introduction to Biblical Moral Reasoning* (Wheaton, IL: Crossway, 2018)에서 가져왔으며, 허락을 받고 사용되었다. (『기독교 윤리학』 부흥과개혁사)

10 Garry Friesen with J. Robin Maxson, *Decision Making and the Will of God*, rev. ed. (1980; repr., Colorado Springs: Multnomah, 2004), 100. (『하나님의 뜻과 자유의지』 아가페출판사)

11 같은 책, 102.

12 "매여"로 번역된 단어는 '데오'의 완료수동분사이며, 이전에 완료되었지만 현재까지 지속적으로 영향을 미치는 사건(아마도 예루살렘으로 가는 여정에 관해 바울이 결정적으로 마음을 정하게 했던 성령이 주시는 강한 확신)을 의미한다. 따라서 바울은 그가 말할 때도 여전히 "매여" 있었다(그 사건은 여전히 바울에게 강한 영향력을 미치고 있어서 그는 예루살렘을 향해 계속 나아가는 것 외에는 다른 선택을 할 수 없었다).

13 그러나 교회 시대인 지금 즉흥적인 예언만을 지침으로 삼는 것은 언제나 위험하다. 우리는 오늘날 모든 예언이 결코 무오하며 백 퍼센트 정확하다고 생각해서는 안 되기 때문이다. 특별히 개인적으로 인도하심을 받으려 할 때 실수하기 쉽다. 하지만 그렇다고 해서 예언을 통해 주어지는 인도하심이 있을 수 없다고 말해서는 안 된다. 일반적으로는 주관적 인도하심을, 구체적으로는 예언의 은사를 다룬 내용으로 8장, 244-245쪽과 2권 53장, 753-758쪽을 보라.

14 2권 34장, 108-117쪽에 있는 중생에 관한 논의를 보라. 더 나아가 39장에서 주장하듯, 신약에서는 우리가 그리스도인이 될 때 성령께서 행하시는 일에 관해 이야기할 때 성령 세례(예를 들어, 고전 12:13)라는 구절을 사용한다(다만 오늘날 많은 복음주의자들, 특별히 은사주의와 오순절 진영에 속한 이들은 성령 세례가 회심 뒤에 성령께서 행하시는 무언가를 뜻한다고 이해한다).

15 성령께서 우리에게 그분의 일을 인치셔서 참된 신자들이 하나님으로부터 멀어져 그들의 구원을 잃어버리지 않도록 지켜 주신다는 사실도 생명을 주시는 성령의 일과 관련이 있다(엡 1:13).

16 "나를 주 앞에서 쫓아내지 마시며 주의 성령을 내게서 거두지 마소서"라고 기도할 때(시 51:11) 다윗은 성령께서 그에게 왕의 책무를 수행할 수 있는 능력을 주신다는 의미에서 성령을 자신에게서 거두지 말 것을 간구하는 셈이다. 사울을 왕으로 기름부으시는 역할을 하신 성령께서 다윗에게 임하는 것과 동시에 사울을 떠났듯(삼상 16:13과 14절 참조), 밧세바를 범하는 죄를 지은 뒤에(시 51편의 제목을 보라) 다윗은 그와 비슷하게 성령을 자신에게서 거두지 말 것을 기도했다.

17 또한 성령께서는 구약의 예언자들에게 말할 계시를 주심으로 그들에게 능력을 부어 주셨다. 하지만 이 역할은 위의 C절("성령께서는 계시하신다")에 포함시켰다.

18 신약의 사도행전에서도 오순절 사건이 2장에서 일어나기 전에 세례 요한(눅 1:15)과 엘라사벳(눅 1:41), 사가랴(눅 1:67)가 성령으로 충만했다고 말한다. 하지만 이들은 여전히 옛 언약 아래에서 살고 있었다.

19 옛 언약과 새 언약에서 이루어지는 성령의 사역 사이의 차이에 관한 더 자세한 논의로는 253-256쪽을 보라.

20 여기서 "권능"으로 번역된 단어(뒤나미스)는 사도행전에서 아홉 차례 더 등장한다. 한 곳에서는(4:33) 이 "권능"이 듣는 이들에게 죄를 깨닫게 하는 강력한 설교를 가리키는지, 그 설교에 동반되는 표적을 가리키는지 분명하지 않다. 하지만 다른 여덟 곳[2:22; 3:12; 4:7; 6:8; 8:10(이 구절에서는 기적을 행하는 이교도의 능력을 지칭함), 13; 10:38; 19:11]에서는 모두 기적을 행하는 능력을 가리킨다. '뒤나미스'라는 용어의 이 의미는, 이 용어가 누가복음에서 기적을 행하는 능력을 뜻하는 말로 자주 사용된다는 사실에 의해서도 추가로 확인된다. 그러므로 예수께서 사도행전 1:8에서 제자들에게 성령이 그들에게 임하시면 그들이 "권능"을 받게 될 것이라고 약속하셨을 때, 그들은 그분의 말씀을 적어도 복음의 진실성을 입증할 기적을 행하는 성령의 능력을 뜻한다고 이해했을 것으로 보인다. 또한 이 문장의 직접적인 문맥에서는 예수를 위한 증인이 되는 것에 관해 이야기하고 있기 때문에, 그들은 성령의 능력을 받아 복음을 전하고 사람들에게 죄를 깨닫게 하고 그들의 마음속에 믿음을 일깨워 주게 될 것이라는 뜻으로 그분의 말씀을 이해했을 것이다. 이 복음 선포의 능력은 이어지는 사건에서 분명히 나타났다. 즉, 베드로의 설교를 듣는 사람들이 "마음에 찔"렸고(행 2:37), "말씀을 들은 사람 중에 믿는 자가 많으니 남자의 수가 약 오천이나 되었"다(행 4:4).

21 "나타내심"으로 번역된 헬라어 단어 '파네로시스'는 드러난 무언가, 공적으로 명확해지거나 분명해진 무언가를 뜻한다. 연관된 형용사인 '파네로스'는 '가시적인, 분명한, 명백히 볼 수 있는, 개방된, 명백한, 알려진'이라는 뜻이다(BAGD, 852).

22 또한 성령께서는 그리스도인이 살아가는 동안 하나님께 순종할 수 있게 하신다(정결하게 하시는 성령의 사역에 관한 논의를 보라).

23 롬 8:26에 관한 논의는 18장, 730-731쪽과 2권 53장, 778-780쪽을 보라.

24 방언에 관한 논의는 2권 53장 770-780쪽을 보라.

25 이 본문은 이어지는 단락에서 논의되는 다음 범주에 넣을 수 있다.

26 용서받을 수 없는 죄에 관한 더 자세한 논의는 24장, 923-927쪽을 보라.

27 성령 충만에 관한 더 자세한 논의는 2권 39장, 267-269쪽을 보라.

28 Copyright. © 2006 Thankyou Music (PRS) (adm. worldwide at CapitolCMGPublishing.com excluding Europe which is adm. by Integrity Music, part of the David C Cook family. Songs@integritymusic.com). All rights reserved. Used by permission.

찾아보기 | 찬송가와 현대 찬양곡

찾아보기 | 성구

찾아보기 | 주제

찾아보기 | 인명